寶鷄年鑑

2015

BAOJI NIANJIAN

宝鸡市人民政府　主办

《宝鸡年鉴》编纂委员会　编

陕西新华出版传媒集团
三　秦　出　版　社

图书在版编目（CIP）数据

宝鸡年鉴. 2015 / 《宝鸡年鉴》编纂委员会编. —西安：三秦出版社，2015.10
ISBN 978-7-5518-1124-8

Ⅰ.①宝… Ⅱ.①宝… Ⅲ.①宝鸡市－2015－年鉴 Ⅳ.①Z524.13

中国版本图书馆CIP数据核字(2015)第248930号

寶鷄年鑒

2015

宝鸡市人民政府 主办
《宝鸡年鉴》编纂委员会 编

出版发行	陕西新华出版传媒集团 三秦出版社
社　址	西安北大街147号
电　话	（029）87205121
邮政编码	710003
印　刷	宝鸡市盛章教育印务有限公司
开　本	889mm×1194mm　1/16
印　张	38.5
插　页	33
字　数	1601千字
版　次	2015年10月第1版 2015年10月第1次印刷
印　数	1-3000
标准书号	ISBN 978-7-5518-1124-8
定　价	280.00元

网　址　http：//www.sqcbs.cn

《宝鸡年鉴》编纂委员会

《宝鸡年鉴》编辑部

印象寶鷄

IMPRESSION OF BAOJI

宝鸡称誉

宝鸡古称陈仓，是华夏始祖炎帝故里，全球华人老家，是周秦王朝的发祥地，有“青铜器之乡”“民间工艺美术之乡”和“佛骨圣地”的美誉，是西北工业重镇，关中——天水经济区副中心城市。

宝鸡区位

宝鸡市位于关中平原西部，地处陕、甘、宁、川四省区结合部，处于西安、兰州、银川、成都四个省会城市的中心位置；陇海、宝成、宝中铁路于此交会，宝鸡是新欧亚大陆桥上东西贯通陇海，北连包兰，南接成昆诸线的全方位铁路交通枢纽；连霍高速公路穿境而过，宝平高速公路、川陕公路、310国道等多条公路网四通八达，是西部大开发承东启西的重要支点，是区域性物流商贸中心。

宝鸡数字（2014年）

区　　划：3区9县和1个国家级高新技术开发区
人　　口：375.32万
面　　积：1.8117万平方公里
生产总值：1658.54 亿元
全社会固定资产投资：2105.59亿元
财政总收入：188.11亿元
地方财政收入：78.06亿元
外贸进出口总额：52.73亿元
城区居民人均可支配收入：31560元
农民人均纯收入：9421元
人口自然增长率：3.55‰

宝鸡城市精神

崇德尚礼　和谐包容　闻鸡起舞　开放创新

宝鸡市市树

白皮松

宝鸡市市花

海棠花

中国名牌产品

中字牌螺旋缝埋弧焊钢管　　宝钛牌钛及钛合金加工材
秦川牌数控齿轮加工机床　　宝石机械牌石油钻机
汉德牌汽车车桥总成　　老牛牌小麦粉

国家地理标志产品

西凤酒　太白酒　凤县大红袍花椒　陕西苹果
宝鸡辣椒　猕猴桃　太白贝母

国家级非物质文化遗产

凤翔木版年画　　凤翔泥塑　　宝鸡社火
西秦刺绣　　炎帝陵祭典

宝鸡节庆

全球华人省亲祭祀炎帝大典
法门寺国际文化旅游节
太白山旅游登山节
岐山周文化艺术节（祭祀周公大典）
清明节祭祀炎帝典礼
古凤州民俗文化旅游暨凤县紫柏山登山节

胜迹景观

法门寺文化景区(5A)
太白山国家森林公园(4A)
周公庙风景名胜区(4A)
中华礼乐城(4A)
通天河景区(4A)
凤县凤凰湖景区(4A)
中华石鼓园(4A)
太白青峰峡森林公园(4A)
红河谷森林公园(4A)
消灾寺(4A)
关山草原(4A)

友好城市

福建福州市
江苏淮安市
江苏镇江市
江苏连云港市
广西柳州市
四川攀枝花市
辽宁鞍山市
安徽马鞍山市
甘肃白银市
日本八幡市
法国贝尔福省
澳大利亚墨尔顿市
德国巴尔尼姆专区
英国斯托克波特市

城市荣誉

全国文明城市
国家园林城市
全国百强城市
中国品牌经济城市
全国人民防空先进城市
全国双拥模范城“七连冠”
中国优秀旅游城市
国家卫生城市
国家环保模范城市
全国绿化模范城市
中国最具国际影响力的旅游城市
中国最佳旅游品牌目的地
中国优秀节庆城市
国家森林城市
中国人居环境奖
国家节水型城市
全国环境优美城市
中国十大生态宜居城市
中国十大绿色生态城市
全国创新型城市
中国十大生态旅游城市
中国绿色旅游目的地城市
全国全民健身示范试点城市
全国残疾人工作示范城市
中国最佳文化休闲旅游目的地城市
全国卫生城市创建典型城市
全国和谐社区建设示范城市
2014中国最干净城市

历史名人

炎　帝	姬　昌	姬　发	姬　旦
姜　尚	秦穆公	燕　伋	白　起
马　援	班　固	班　超	耿　弇
法　正	王　珪	李淳风	王　焘
马　璘	段秀实	李茂贞	张　载
张　珏	吴　玠	吴　璘	张　抚
白　鸾	阎仲宇	李　柏	党崇雅

2014年10月16日，中共中央书记处书记、全国政协副主席杜青林，全国政协副主席马飚考察法门寺佛文化景区
（法门寺佛文化景区 供）

2014年11月20日，全国人大常委会副委员长、全国妇联主席沈跃跃在岐山县专题调研妇联工作 （市人大 供）

2014年7月9日，全国人大副委员长艾力更·依明巴海到宝鸡开展《大气污染防治法执法》检查 （市人大 供）

2014年9月11日，全国人大常委会副委员长严隽琪率全国人大执法检查组到宝鸡开展《旅游法》执法检查
（市人大 供）

2014年5月23日，全国人大常委会副委员长张宝文在省委书记赵正永、省长娄勤俭和宝鸡市市长钱引安陪同下视察第十八届西洽会暨丝博会宝鸡投资洽谈馆（市招商局 供）

2014年10月14日，全国政协副主席何厚铧到宝鸡视察并同省市领导合影（市政协 供）

2014年4月17日，省委书记赵正永在市委书记上官吉庆，市长钱引安，市委常委、市委秘书长白升安陪同下到千阳县南寨镇朝阳村考察社区服务中心及互助幸福院，并与休闲娱乐的老人交谈 （民政局 供）

2014年10月15日，省长娄勤俭、副省长白阿莹在市委书记上官吉庆陪同下到法门寺检查第27届世界佛教徒联谊会筹备情况 （政府办 供）

2014年8月22日，省政协主席马中平在市委书记上官吉庆、市长钱引安陪同下就宝鸡市食品安全工作进行专题调研

（市药监局 供）

2014年7月16日，市委书记、市人大常委会主任上官吉庆到太白县检查党的群众路线教育实践活动开展情况

（市委办 供）

2014年8月27日，市长钱引安到金台区调研人口计生工作 （计生局 供）

宝鸡市第十四届人代会第四次会议
BAOJISHIDISHISIJIERENDAIHUIDISICIHUIYI

大会执行主席、主席团常务主席上官吉庆主持会议

代市长钱引安向大会作政府工作报告

2014年2月10日，宝鸡市第十四届人民代表大会第四次会议在工人文化宫开幕（孙海 摄）

政协宝鸡市第十一届三次会议
ZHENGXIEBAOJISHIDISHIYIJIESANCIHUIYI

市政协主席张民义代表政协宝鸡市第十一届委员会常务委员会向大会作工作报告
（市政协 供）

2014年2月9日，政协宝鸡市第十一届三次会议在城际酒店开幕（黎楠 摄）

2014年6月25日，省委常委、宣传部长景俊海到宝鸡高新区检查宝鸡市创文工作（徐小红 摄）

2014年5月13日，市委书记上官吉庆到渭滨区姜谭街社区检查创文工作（王晓春 摄）

第四届全国文明城市奖牌（市文明办 供）

2014年1月9日，宝鸡市公安局交警支队民警为宝鸡市直机关党员志愿者进行文明交通行为岗前培训（市直机关工委 供）

2014年9月9日，市政协志愿者到渭河滩捡垃圾（市政协 供）

2014年4月4日，宝鸡市宣传干部“进基层校园讲中国故事”活动在宝鸡市高新一小举办（市委宣传部 供）

2014年7月12日，宝鸡市举行“去城郊捡垃圾”大型志愿服务活动，志愿者们在斗鸡宏文路铁路两旁清理杂物（市文明办 供）

2014年8月7日，市委书记上官吉庆、副市长刘桂芳检查陕西省十五运会筹备工作（市体育局 供）

2014年8月20日，宝鸡市市长钱引安将陕西省运会会旗交给陕西省第十五届运动会组委会主任、陕西省副省长白阿莹，白阿莹把陕西省省运会会旗传递给下一届运动会举办城市咸阳市市长卫华（孙海 摄）

2014年8月19日，陕西省十五运会青少年组田径比赛现场　（市体育局 供）

2014年8月18日，陕西省十五运会射箭比赛现场（市体育局 供）

2014年8月20日，陕西省第十五届运动会闭幕式在宝鸡市体育馆举行　（孙海 摄）

2014年8月20日，陕西省第十五届运动会“体育道德风尚奖”获奖单位代表领奖　（市体育局 供）

2014年8月20日，市委书记上官吉庆给陕西省第十五届运动会“体育道德风尚奖”获奖单位代表颁奖　（康明 摄）

2014年8月20日，市长钱引安给陕西省第十五届运动会贡献单位代表颁奖　（孙海 摄）

2015年5月24日，第十九届西洽会上宝鸡高新技术产业开发区举行项目集中签约 （殷兴龙 摄）

2014年12月31日，陕西法士特100万台轻卡变速器项目在宝鸡高新区签约 （徐小红 摄）

2015年5月21日，中国钛谷博览会项目集中签约现场（徐小红 摄）

2014年5月22日，凤翔县招商引资项目推介会在西安曲江国际会议中心举行，市政协主席张民义、市人大常委会常务副主任孙惜玲、副市长丁琳出席推介会（凤翔县 供）

2014年6月，宝鸡市游泳跳水馆建成投用（刘俊成 摄）

2014年3月14日，凤翔县长青工业园区总投资12.45亿元的宝氮集团化工有限公司整体搬迁技改项目开工（凤翔县 供）

宝鸡市高新创业园（刘俊成 摄）

2014年6月，宝鸡市射击射箭中心落成投用（刘俊成 摄）

2014年4月，宝鸡市高新区渭河生态体育公园建成为市民开放 （刘俊成 摄）

2014年12月16日，宝鸡中国钛谷交易中心建成投用 （徐小红 摄）

宝鸡市高新区汽车城 （刘俊成 摄）

2014年4月3日，市委、市人大、市政府、市政协、市纪委领导与眉县、扶风、岐山县地方领导，相关部队和数千名社会各界群众齐聚眉县扶眉战役纪念碑前，祭奠在该战役中牺牲的3000名英烈 （黎楠 摄）

2014年09月18日，市委书记上官吉庆出席“聚丰香树湾杯进基层社区，讲中国故事”大赛活动，同获奖选手合影 （黎楠 摄）

2014年9月30日，宝鸡市党政军慰问团到雪域高原格尔木看望慰问开展外训的驻宝某部官兵 （市文广局 供）

2014年7月19日，陕西卫视大型全媒体文化体验活动《丝绸之路万里行》宝鸡站在宝鸡青铜器博物院举办“青铜记忆”文艺演出活动 （黎楠 摄）

2014年8月18日，“到群众中去”宝鸡市文联文艺志愿服务活动在太白县举行（市文联 供）

2014年12月29日，宝鸡市2015年新年合唱音乐会在市教育中心学术报告厅举行（市文联 供）

2014年1月24日，“我们的中国梦”文化进万家宝鸡市2014春节联欢会在宝鸡石油机械有限责任公司举行（市文联 供）

2015年2月12日，宝鸡市高新区举办践行社会主义核心价值观诗词大赛（徐小红 摄）

2014年7月26日，宝鸡市高新区举行迎接省运会骑行活动（唐宏 摄）

法门寺
法门寺佛文化景区晋升

第七届中国西部文化产业博览会

① 2014年10月14日，法门寺佛文化景区举行国家5A级旅游景区授牌仪式，省旅游局局长杨忠武向景区颁发国家5A级景区铭牌，市委书记，市人大常委会主任上官吉庆接受铭牌（法门寺佛文化景区管委会 供）

② 2014年10月7日，世界马氏宗亲联谊总会首届祭拜伏波将军马援大典在扶风县伏波村马援墓地举行（扶风县 供）

③ 2014年9月5日，《凤飞羌舞》演出亮相第七届中国西部文化产业博览会（凤县 供）

④ 2014年春节期间法门寺佛文化景区游人如织（法门寺佛文化景区 供）

⑤ 太白山景区新建的一级旅游客运站（孟民 摄）

⑥ 凤翔东湖（凤翔县 供）

⑦ 灵山远景（凤翔县 供）

⑧ 秦岭花谷（凤县 供）

⑨ 2014年羌历新年篝火晚会（凤县 供）

⑩ 汤峪湖音乐喷泉（眉县 供）

野河山早春（扶风县 供）

2014年9月26日，全市以城带乡共建美丽乡村现场会在扶风县召开（扶风县 供）

太白县鹦鸽镇楚家坪移民新村

“最美乡村”标兵村凤翔县城关镇周家门前村

眉县汤峪镇闫家堡（眉县 供）

扶风县法门镇美阳村

凤县东河桥村岭南豆腐宴美食一条街（凤县 供）

园林中的金台区东岭村委会

岐山县北郭村

千阳县城关镇安坡新农村

渭滨区石鼓镇赵家庄（刘俊成 摄）

① 扶风县杏林镇现代农业园区小麦新品种观摩会

② 扶风新红锋现代农业园区产品——晚熟桃

③ 扶风新红锋现代农业园区产品——户太8号葡萄

④ 扶风新红锋现代农业园区产品——樱桃

⑤ 扶风苹果

⑥ 扶风阳晨现代农业园区现代化养猪场（扶风县 供）

⑦ 猕猴桃（眉县 供）

⑧ 陈仓区绿丰源礼品西瓜

⑨ 西北农林科技大学太白蔬菜试验示范站

⑩ 凤翔县柳林镇柳林力兴蔬菜育苗中心现代化连栋温室（凤翔县 供）

① ⑥
② ③ ④ ⑦ ⑧
⑤ ⑨ ⑩

10S-1

五环公园（刘俊成 摄）

瓦峪河新貌（刘俊成 摄）

高新广场夜景

石坝河夜景

渭河百里画廊卧龙寺段

渭河公园市区段（刘俊成 摄）

瓦峪河新貌

清华大学博士生在凤翔县开展社会实践活动（凤翔县 供）

2014年4月15日，高新区渭河生态公园落成暨首届男子篮球赛开赛（徐小红 摄）

2015年卷《宝鸡年鉴》主审名单

（按篇目顺序排列）

任小康	王宝强	李富生	魏武生	吕千军	张海明
陈卫东	张　宁	宁怀彬	王都让	赵周荣	李　明
窦潇儒	葛利怀	刘拴怀	毕小平	杨建成	王丹红
白　鹤	张建兴	白亚民	沈　瑜	王　波	韩文杰
李宏发	梁少华	张田力	张校平	白林祥	张积勤
陈天仓	田　晶	王志林	田筱虎	郭小军	陈彦名
张军强	马宗科	赵宝润	王虎贤	乔春芳	魏　莉
曹海芹	冯宗善	张　捷	和惠敏	孙忠印	李春红
田虎成	赵天佑	蔡苏科	霍永库	史安学	苏红旗
杨锦辉	张德科	董晓岗	王海鳌	武玉明	毛跃利
周海军	张周让	杨陆平	刘汉卿	高锁扬	胡公尚
刘平厚	辛公良	王宇翔	王林哲	刘　超	郝小宁
高宏真	段寅生	张世杰	徐占良	刘周安	薄团会
贾明贵	刘焕勋	段积仓	徐林科	景东成	刘一良
杨旺余	赵　磊	武世孝	徐　勇	何长发	张湛林
张卫东	张拴科	张永利	索东亮	刘立民	马军炜
李成林	尚立本	刘卫锋	李月平	解志炯	赵玉林
谢天勇	王晓林	张东周	赵益军	苏永兴	任红亮
周　义	魏永贵	王春霞	张　辉	吕向阳	宁建国
韩满奎	范根科	刘忠良	杨　文	马天利	杨宏亮
李西强	赵甲宏	曹广勤	雒和忠	吴维强	齐　升
魏建儒	韩景钰	闫秉云	张建科	郑维国	

《宝鸡年鉴》编辑说明

一、《宝鸡年鉴》是由宝鸡市人民政府主办，宝鸡市地方志办公室承编的综合性地方年鉴，旨在全面、系统地记录宝鸡地区上年度经济社会发展的基本情况。1999年创刊，每年出版一卷，公开发行，2015年卷《宝鸡年鉴》为第17卷。

二、本卷年鉴着重反映2014年全市各级加快打造关天副中心、建设和谐新宝鸡，努力走在建设"三个陕西"前列的发展状况。真实记载全市各项事业的新变化、新进展、新成果、新特点和新问题，为社会各界暨海内外人士了解、研究宝鸡提供详实的信息资料和历史借鉴。

三、本卷年鉴除特载、大事记、人物·荣誉榜、统计资料、文件·法规、附录外，年鉴的主体内容均按类目、分目、条目分类编排，共设40个类目、246个分目、2191个条目，57个表格，随文附图83张，并以条目为记载资料的基本单位，条目标题均用黑体字加【 】号标注。

四、本卷年鉴由市直各部门、各县区、驻宝部队等133家单位提供稿件，"统计资料"由市统计局提供；各供稿单位提供的数据资料，均以市统计局的资料为准审核校正。

五、在2015年卷《宝鸡年鉴》的编纂工作中，得到了全市各参编单位的大力支持和撰稿人员的全力配合，在此谨表示衷心的感谢。

六、2015年卷《宝鸡年鉴》在编辑出版过程中，由于时间仓促，难免存在舛误，敬请广大读者批评指正。

目　录
CONTENTS

特　载
SPECIAL CONTRIBUTION

把握新常态　聚力新突破
努力走在建设“三个陕西”前列
在市委十一届七次全体（扩大）会议上的报告 …… 上官吉庆（1）
政府工作报告 …… 钱引安（10）

双迎双创
DOUBLE GREETING DOUBLE CREATION

第27届世界佛教徒联谊会大会　The 27th General of the World Fellowship of Buddhists
概况 …… (16)
法门寺活动 …… (16)
佛教与公益慈善论坛 …… (17)
“法门·梵音·慈悲心”主题晚会 …… (17)
佛教文化系列展览 …… (17)
成立宝鸡市组委会 …… (17)
会前氛围营造 …… (17)
泰国新闻发布会 …… (17)
北京新闻发布会 …… (18)
宝鸡新闻发布会 …… (18)
陕西省第十五届运动会　The 15th Games of Shaanxi Province
概况 …… (18)
公布会徽会歌吉祥物主题口号 …… (19)
省十五运会列入“双迎双创”重点内容之一 …… (19)
组织管理人员培训班 …… (19)
省十五运会倒计时牌揭幕仪式 …… (19)
迎省十五运会倒计时一百天纪念活动 …… (19)
省十五运会行业组比赛 …… (20)
竞赛组织 …… (20)
接待保障 …… (20)
志愿服务 …… (20)
场馆建设及改造 …… (20)
赴21军司训大队协调开幕式节目展演 …… (20)
举办省十五运会青少年组比赛 …… (21)
召开省十五运会新闻发布会 …… (21)
召开省十五运会记者招待会 …… (21)
赵正永娄勤俭接见全省体育工作先进代表 …… (21)
举行省十五运会开幕式 …… (21)
举行省十五运会闭幕式 …… (21)
创建全国文明城市　Establish National Civilized City
概况 …… (22)
完善创建工作机制 …… (22)
营造创建氛围 …… (22)
加快“一言九鼎·诚信宝鸡”建设 …… (22)
推进志愿服务制度化 …… (22)
实施“四大文明行动” …… (23)
加强市民道德教育 …… (23)
创建国家生态园林城市　Establish National Ecological Garden City
概况 …… (24)
实施增绿提质工程 …… (24)
加大生态环境治理 …… (24)
完善市政基础设施 …… (24)
提高社保覆盖面 …… (25)

重大活动
SIGNIFICANT EVENTS

招商引资　Enlist Merchants and Introduce Bankroll
概况 …… (26)
项目准备 …… (26)
参加第18届西洽会 …… (26)
参加第四届中国—亚欧博览会 …… (26)
参加第二届中国南亚博览会 …… (27)
参加第十五届中国西部国际博览会 …… (27)
参加第四届陕粤港澳经济合作周活动 …… (27)
德国拉腾市市长到宝鸡考察 …… (27)
市招商局率队赴新疆开展小分队招商 …… (27)
经济协作　Economic Cooperation

商会组织 …………………………………………（27）
区域经济合作 ……………………………………（27）
陕甘川宁毗邻地区经联会 ………………………（27）

宝鸡概况
GENERAL SITUATION OF BAOJI

地理环境 Geographical Environment
位置、面积 ………………………………………（35）
地质、地貌 ………………………………………（35）
自然资源 Natural Resources
河流、水资源 ……………………………………（35）
土壤、动植物 ……………………………………（35）
矿产资源 …………………………………………（36）
气候与气象 Climate and Meteorology
气候 ………………………………………………（36）
2014 年气候特点及评价 …………………………（36）
气温 ………………………………………………（36）
降水 ………………………………………………（36）
日照 ………………………………………………（36）
2014 年重大气候事件 The 2014 Important Climate Events
暴雪 ………………………………………………（36）
雾霾 ………………………………………………（36）
连阴雪 ……………………………………………（36）
强降温 ……………………………………………（36）
透雨 ………………………………………………（36）
高温 ………………………………………………（37）
干旱 ………………………………………………（37）
暴雨 ………………………………………………（37）
雷雨冰雹、大风 …………………………………（37）
连阴雨 ……………………………………………（37）
秋淋 ………………………………………………（37）
初霜冻 ……………………………………………（37）
2014 年气候影响 The 2014 Climate Impact
气候对农业生产的影响 …………………………（37）
气候对经济作物的影响 …………………………（37）
气候对交通等方面的影响 ………………………（38）
历史沿革 Historical Evolution …………………（38）
历代名人 Successive Celebrity …………………（38）
重要兵事 Important Military Affairs
概况 ………………………………………………（39）
周文王拓疆战争 …………………………………（39）
秦穆公霸西戎之战 ………………………………（39）
刘邦“明修栈道，暗度陈仓” …………………（39）
蜀魏陈仓、五丈原之战 …………………………（40）
李茂贞与朱温争帝之战 …………………………（40）
吴玠、吴璘和尚原抗金 …………………………（40）
西府战役 …………………………………………（40）
扶眉战役 …………………………………………（40）
交通网络 Network of Traffic
交通地位 …………………………………………（40）
铁路交通网络 ……………………………………（41）
公路交通网络 ……………………………………（41）
旅游资源 Tourism Resources
概况 ………………………………………………（41）
法门寺景区（5A） ………………………………（41）
太白山国家森林公园（4A） ……………………（41）
周公庙风景名胜区（4A） ………………………（42）
中华礼乐城（4A） ………………………………（42）
凤县凤凰湖景区（4A） …………………………（42）
宝鸡社火 …………………………………………（42）
行政区划、土地和人口 Administrative Districts and Population
行政区划 …………………………………………（43）
土地和人口 ………………………………………（43）

中共宝鸡市委员会
BAOJI MUNICIPAL COMMITTEE OF THE COMMUNIST PARTY OF CHINA

市委工作概述 The Summary of The Municipal Committee
概况 ………………………………………………（44）
做大经济总量、做优发展质量 …………………（44）
开展“双创双迎” ………………………………（44）
开展治污降霾 ……………………………………（45）
持续改善民生 ……………………………………（45）
坚持从严治党 ……………………………………（45）
重要会议 The Important Conference
市委十一届六次全会 ……………………………（45）
市委十一届七次全会 ……………………………（45）
重大决策 The Major Policy Decisions
出台市级四大班子联席会议议事规则 …………（46）
建立健全百姓问政制度 …………………………（46）
制定 2013-2017 年干部教育培训规划 …………（46）
全面深化农村改革加快推进农业现代化 ………（46）
分类推进事业单位改革 …………………………（46）
市县政府职能转变和机构改革 …………………（46）
全面推进各项改革 ………………………………（46）
落实党风廉政建设“两个责任” ………………（46）
加强新时期科协工作 ……………………………（46）
加强督促检查推动工作落实 ……………………（46）
加强政治协商工作 ………………………………（46）
重要活动 The Major Activity
开展党的群众路线教育实践活动 ………………（46）
开展“学习贯彻三中全会精神我们怎么办”大讨论活动 ………………………………………（47）
创建全国文明城市 ………………………………（47）
组织工作 Organization Work

开展党的群众路线教育实践活动 …………………… (47)
深化习近平系列重要讲话精神教育培训 ………… (47)
从严管理干部 ………………………………………… (47)
柔性引进人才 ………………………………………… (48)
基层组织建设 ………………………………………… (48)
强化目标责任考核工作 …………………………… (48)
中共宝鸡市委及其工作部门领导成员 …………… (48)
宣传工作 Propaganda Work
重大理论宣传与阐释 ……………………………… (49)
开展大型主题宣传活动 …………………………… (49)
推进全国文明城市创建 …………………………… (50)
提高公共文化服务水平 …………………………… (50)
精神文明建设 Construction of Spiritual Civilization
推进党的创新理论进基层 ………………………… (50)
培育和践行社会主义核心价值观 ………………… (50)
群众性精神文明创建活动 ………………………… (51)
加强未成年人思想道德建设 ……………………… (51)
统战工作 United Front Work
开展党的群众路线教育实践活动 ………………… (51)
加强政治协商工作 ………………………………… (52)
指导民主党派开展社会服务活动 ………………… (52)
参与世佛联大会、道文化论坛组织工作 ………… (52)
开展乱建庙宇专项治理工作 ……………………… (52)
加强非公经济人士思想建设 ……………………… (52)
促进非公有制经济发展 …………………………… (53)
开展对台交流合作 ………………………………… (53)
政策研究 Policy Research
构建大调研工作格局 ……………………………… (53)
加强调查研究工作 ………………………………… (53)
开展重点课题调研 ………………………………… (53)
打造宣传载体 ……………………………………… (54)
农村工作 Rural Work
农村改革稳步推进 ………………………………… (54)
持续开展晋星创建 ………………………………… (54)
农民收入持续增加 ………………………………… (54)
开展美丽乡村创建 ………………………………… (54)
加快城乡一体步伐 ………………………………… (54)
争先进位激发活力 ………………………………… (54)
加强基层干部培训 ………………………………… (55)
政法工作 Politics and Law Work
服务全市发展大局 ………………………………… (55)
维护社会稳定 ……………………………………… (55)
创新社会治理方式 ………………………………… (55)
推进执法规范化建设 ……………………………… (55)
加强政法队伍建设 ………………………………… (55)
社会治安综合治理 Comperehesive Management of Social Security
概况 ………………………………………………… (55)
开展平安建设责任大落实活动 …………………… (56)
开展百日社会治安排查整治专项行动 …………… (56)
社会治理特色突出 ………………………………… (56)
社会治安防控体系建设 …………………………… (56)
开展社会治理调查研究 …………………………… (56)
强化基层基础建设 ………………………………… (57)
健全矛盾纠纷排查化解机制 ……………………… (57)
老干部工作 Old Cadres Work
概况 ………………………………………………… (57)
落实老干部政治待遇 ……………………………… (57)
提升老干部生活待遇 ……………………………… (57)
推进老干部学习活动阵地建设 …………………… (57)
支持老干部参与社会活动 ………………………… (57)
老干部工作队伍建设呈新貌 ……………………… (57)
市直机关党的工作 The Party's Work of department Which is leaded by Municipal Committee
深化理论武装工作 ………………………………… (58)
强化服务型党组织建设 …………………………… (58)
开展党员志愿者活动 ……………………………… (58)
加大党风廉政建设力度 …………………………… (58)
发挥群团组织优势 ………………………………… (59)
机构编制 Institution Arrangement
市县党政群机构改革 ……………………………… (59)
行政审批制度改革 ………………………………… (59)
事业单位分类改革 ………………………………… (59)
机构编制核查和实名制管理工作 ………………… (59)
落实控编减编目标 ………………………………… (59)
镇村综合改革试点工作 …………………………… (60)
教育编制调整 ……………………………………… (60)
规范事业单位领导职数 …………………………… (60)
保障重点领域机构编制需求 ……………………… (60)
市属医院法人治理结构试点 ……………………… (60)
机构编制专项督查 ………………………………… (60)
事业单位年度检验 ………………………………… (60)
党史资料征集研究工作 Research and Collect Documents of The Party History
概况 ………………………………………………… (60)
编写《中国共产党宝鸡历史》(第二卷)大纲 … (60)
出版《2013'宝鸡党委工作纪事》 ……………… (61)
出版《宝鸡革命遗址通览》 ……………………… (61)
出版《中共党史知识读本》三册 ………………… (61)
开展理论征文活动 ………………………………… (61)
举办党史知识竞赛 ………………………………… (61)
完成“知史爱党、知史爱国”党史宣传教育活动 ……………………………………………… (61)
建立宝鸡党史网 …………………………………… (61)
党史专题研究 ……………………………………… (61)
党史资料征集 ……………………………………… (61)
档案工作 Files Work
上级领导视察档案工作 …………………………… (61)
召开全市档案工作会议 …………………………… (61)
党的群众路线教育实践活动查找出问题 21 条 … (61)

《历史的记忆—宝鸡精品档案集锦》出版发行 …………（62）
市委常委会研究档案工作 …………（62）
召开“最美档案人”先进事迹报告会 …………（62）
加强档案执法检查和业务指导 …………（62）
强化档案基础业务建设 …………（62）
推进县区档案馆建设和档案管理认证工作 …………（63）
党校工作 The Municipal Party School Work
概况 …………（63）
优化教学布局 …………（63）
加强实践问题研究 …………（63）
推动教研一体发展 …………（63）
强化理论宣传 …………（64）
提升科学管理水平 …………（64）
加强机关党的建设 …………（64）
保密工作 Secrecy Work
召开全市保密工作会议 …………（64）
“三大管理”取得新突破 …………（64）
提升保密监管能力 …………（64）
开辟保密宣传教育新途径 …………（64）
保密调研和通联工作成效明显 …………（65）
开展全市保密委主任讲党课活动 …………（65）
加强保密行政执法与技防建设 …………（65）
推进保密组织机构建设 …………（65）

宝鸡市人民代表大会
THE PEOPLE'S REPRESENTATIVE CONGRESS OF BAOJI

宝鸡市人民代表大会及其常委会会议 Session of The People's Congress Committee and Its Standing Committee
宝鸡市第十四届人民代表大会第四次会议 …………（66）
宝鸡市第十四届人大常委会会议 …………（66）
宝鸡市第十四届人大常委会第十三次会议 …………（66）
宝鸡市第十四届人大常委会第十四次会议 …………（66）
宝鸡市第十四届人大常委会第十五次会议 …………（67）
宝鸡市第十四届人大常委会第十六次会议 …………（67）
宝鸡市第十四届人大常委会第十七次会议 …………（67）
宝鸡市第十四届人大常委会第十八次会议 …………（68）
重要工作会议 The Important Work of The Conference
举行庆祝人民代表大会成立60周年大会 …………（68）
市委、县（区）人大工作座谈会 …………（68）
召开纪念人民代表大会成立60周年理论研讨会 …………（68）
县区人大工作座谈会第十六次会议 …………（68）
全省十市人大常委会秘书长联席会第十五次会议 …………（69）
宝鸡市人大常委会主要工作 The Main Work of People's Congress Standing Committee
开展代表活动 …………（69）
参加省人大代表履职培训班 …………（69）
征求代表对建议办理情况的意见 …………（69）
省人大代表到宝鸡市视察调研 …………（70）
召开代表建议办理情况现场督办会 …………（70）
市人大常委会领导走访人大代表 …………（70）
开展“宝鸡人大新闻奖”评选活动 …………（70）
宣传工作与对外交流工作 …………（70）
开展2014年陈仓环保世纪行活动 …………（70）
开展规范性文件备案审查工作 …………（71）
调查研究 Investigation and Research
概况 …………（71）
调研依法治市情况 …………（71）
调研预防青少年违法犯罪工作 …………（71）
调研现代农业园区发展情况 …………（71）
调研非公有制经济发展情况 …………（71）
调研重点建设项目进展情况 …………（71）
调研贯彻落实交通安全相关法律情况 …………（72）
调研耕地保护情况 …………（72）
调研水污染防治情况 …………（72）
组织代表跨地区开展视察活动 …………（72）
宝鸡市人大与商洛市人大互相开展执法检查 …………（72）
全国、省人大常委会在宝鸡调研情况 …………（72）
宝鸡市第十四届人大常委会及各工作机构领导成员 …………（74）

宝鸡市人民政府
BAOJI MUNICIPAL PEOPLE'S GOVERNMENT

市政府工作 Municipal Government Work
概况 …………（75）
农业 …………（75）
工业和建筑业 …………（75）
固定资产投资 …………（76）
国内贸易、对外经济和旅游 …………（76）
交通和邮电 …………（76）
金融、证券和保险业 …………（76）
教育和科学技术 …………（76）
文化、卫生和体育 …………（77）
人口、人民生活和社会保障 …………（77）
城市建设 …………（77）
环境、资源和安全生产 …………（78）
市政府重要会议 The Important Government Meetings
市政府第一次全体会议 …………（78）
市政府第二次全体会议 …………（78）
市政府第三次全体会议 …………（78）

市政府第一次常务会议 …… (78)
市政府第二次常务会议 …… (78)
市政府第三次常务会议 …… (79)
市政府第四次常务会议 …… (79)
市政府第五次常务会议 …… (79)
市政府第六次常务会议 …… (79)
市政府第七次常务会议 …… (79)
市政府第八次常务会议 …… (79)
市政府第九次常务会议 …… (79)
市政府第十次常务会议 …… (79)
市政府第十一次常务会议 …… (79)
市政府第十二次常务会议 …… (79)
市政府第十三次常务会议 …… (79)
市政府第十四次常务会议 …… (79)
市政府第十五次常务会议 …… (80)
市政府第十六次常务会议 …… (80)
市政府第十七次常务会议 …… (80)
市政府第十八次常务会议 …… (80)

政府法制 Government Legal System

概况 …… (80)
市级行政职权清理 …… (80)
行政执法和刑事司法衔接工作 …… (80)
新一轮行政执法证件申领 …… (80)
规范性文件监督管理 …… (80)
行政复议应诉 …… (81)
宝鸡市人民政府及其工作部门领导成员 …… (81)

人力资源和社会保障 Human Resources and Social Security

概况 …… (84)
举办 2014 年“春风行动”大型就业招聘洽谈会 …… (84)
全市人力资源和社会保障工作会议召开 …… (84)
翟四虎到宝鸡调研社会保障卡建设试点工作 …… (85)
国家人社部养老保险司副司长贾江到宝鸡调研 …… (85)
出台城乡居民社会养老保险丧葬补助金制度 …… (85)
宝鸡市调整部分城镇基本医疗保险政策 …… (86)
宝鸡市赴北大清华引进优秀毕业生来宝就业创业 …… (86)
宝鸡技师学院邀请德国专家开展学术交流 …… (86)
2014 中国·宝鸡人才招聘会暨创业博览会 …… (86)
2014 年 SYB 创业师资培训班 …… (87)
“关中—天水经济区城市人才合作联盟”第六届年会 …… (87)
劳动保障监察“两网化”管理现场会 …… (87)
人才引进开发 …… (87)
规范人事管理 …… (87)
就业创业工作 …… (88)
健全社会保障体系 …… (88)
和谐劳动关系 …… (88)

民政 Civil Administration

概况 …… (88)
规范管理 …… (89)
社会救助 …… (89)
医疗救助 …… (89)
五保供养 …… (89)
社区建设 …… (89)
社会福利 …… (89)
福彩事业 …… (89)
社会组织管理 …… (90)
双拥工作 …… (90)
优抚工作 …… (90)
退伍安置 …… (90)
防灾减灾 …… (90)
区划地名 …… (90)
基层政权建设 …… (90)
殡葬事业 …… (90)
婚姻管理 …… (91)
流浪救助 …… (91)

人口与计划生育 Population and Family Planning

概况 …… (91)
省卫计委副主任陈昭到宝鸡调研 …… (91)
国家卫生计生委到宝鸡调研 …… (91)
省卫计委副主任吴相国到宝鸡检查卫生计生安全生产工作 …… (91)
陈光明调研市流动人口服务管理工作 …… (92)
上官吉庆调研人口计生系统党的群众路线教育实践活动 …… (92)
钱引安调研人口计生工作 …… (92)
国家卫生计生委综合督查组到宝鸡指导工作 …… (92)
省人口计生领导小组考核宝鸡市人口计生工作 …… (93)
新家庭计划—家庭发展能力建设项目督查组到宝鸡调研 …… (93)

外事 Foreign Affairs

概况 …… (93)
因公出国（境）管理 …… (93)
国际交流活动 …… (93)
市级领导出访 …… (94)
友好城市交流 …… (94)
涉外管理 …… (94)
健全外事管理制度 …… (94)

地方志 Chorography

概况 …… (94)
三部县区志通过省级终审 …… (94)
抓紧编辑《宝鸡年鉴》 …… (95)
完成地情网站全覆盖项目 …… (95)
出版《宝鸡历史文化历史名人剪纸艺术》 …… (95)
参与全省系列活动夺魁 …… (95)
贯彻地方志工作会议精神 …… (95)

开展群众路线教育实践活动 …………………………（96）
抓学习转作风 ………………………………………（96）
信访工作 Complain Letter and Visit
概况 …………………………………………………（96）
日常信访工作 ………………………………………（96）
阳光信访拓宽群众诉求表达渠道 …………………（97）
以信访改革规范信访工作 …………………………（97）
督办化解信访突出问题 ……………………………（97）
听证评议化解信访积案 ……………………………（97）
气象工作 Meteorological Work
概况 …………………………………………………（97）
气象工作政府化 ……………………………………（98）
气象现代化建设 ……………………………………（98）
人工影响天气 ………………………………………（98）
气象防灾减灾 ………………………………………（98）
气象基层综改 ………………………………………（99）
科研成果 ……………………………………………（99）
宝鸡市气象局领导成员 ……………………………（99）
经济社会发展研究 Research of Economic and Society Development
概况 …………………………………………………（99）
围绕中心服务全市发展大局 ………………………（99）
紧扣全市工作主线开展调查研究 …………………（99）
以文辅政完成重要文稿起草 ………………………（100）
借智引智发挥决策咨询作用 ………………………（100）

中国人民政治协商会议宝鸡市委员会

CHINA PEOPLE'S POLITICAL CONSULTATION CONGRESS OF BAOJI MUNICIPALITY COMMITTEE

政协主要会议 The Important session of China People's Political Consultation Congress of Baoji Municipality Committee
市政协十一届三次全体会议 …………………………（101）
市政协十一届十一次常委会议 ………………………（101）
市政协十一届十二次常委会议 ………………………（101）
市政协十一届十三次常委会议 ………………………（101）
市政协十一届十四次常委会议 ………………………（101）
市政府与市政协领导联席会议 ………………………（101）
参政议政 Discuss Politics
概况 …………………………………………………（102）
委员议政日活动 ……………………………………（102）
无主题约谈活动 ……………………………………（102）
对口协商活动 ………………………………………（102）
反映社情民意 ………………………………………（102）
行风评议活动 ………………………………………（102）
提案工作 Proposals Work
概况 …………………………………………………（102）
提案办复率达到100% ……………………………（102）
广泛征集精品提案 …………………………………（102）
搭建提案协商平台 …………………………………（103）
创新提案督办形式 …………………………………（103）
加强提案办理考核 …………………………………（103）
调查视察 Investigation and Inspection
概况 …………………………………………………（103）
非公经济发展情况调查 ……………………………（103）
社会稳定风险评估工作情况视察 …………………（103）
文艺社团发展与管理情况视察 ……………………（104）
水资源配置情况视察 ………………………………（104）
陈仓物流园区发展情况视察 ………………………（104）
农村医疗卫生基础设施建设情况视察 ……………（104）
蔡家坡经济技术开发区发展情况视察 ……………（104）
新社会组织和新经济组织党建工作情况调查 ………………………………………………………（104）
西山扶贫开发工作情况调查 ………………………（104）
农田水利灌溉情况调查 ……………………………（105）
扶贫移民搬迁情况视察 ……………………………（105）
太白山旅游产业发展情况视察 ……………………（105）
千里绿色长廊景观带建设情况视察 ………………（105）
消防安全监管工作情况视察 ………………………（105）
非物质文化遗产保护情况调查 ……………………（105）
中小学德育工作情况调查 …………………………（106）
残疾人社会保障情况调查 …………………………（106）
农村环境综合整治情况调查 ………………………（106）
农村养老服务情况调查 ……………………………（106）
其他工作 Other Work
参与中心工作 ………………………………………（107）
开展党的群众路线教育实践活动 …………………（107）
开展“五个一”活动 ………………………………（108）
举办文化、卫生、科技“三下乡”活动 …………（108）
开展扶贫帮困工作 …………………………………（108）
加强联系交流 ………………………………………（108）
扩大新闻宣传 ………………………………………（108）
政协宝鸡市十一届委员会及其各部门领导成员 ………………………………………………………（108）

纪检·监察

DISCIPLINE INSPECTION AND SUPERVISION

纪律检查·监察工作 The Work of Discipline Inspection and Supervision
召开十一届纪律检查委员会全体会议2次 ……（109）
中央纪委领导到宝鸡调研 …………………………（109）
狠抓“两个责任”落实 ……………………………（109）
严查违纪违法案件 …………………………………（109）

多举措纠正“四风” …………………………… (110)
深化反腐倡廉宣传教育 ………………………… (110)
扎实开展专项治理 ……………………………… (110)
开展群众路线教育实践活动 …………………… (111)
推进“三转”工作 ……………………………… (111)
中共宝鸡市纪律检查委员会领导成员 ………… (111)

民主党派
DEMOCRATIC PARTIES

中国国民党革命委员会宝鸡市委员会 The Revolutionary Committee of Kuomintang, Baoji Municipality Committee
概况 ……………………………………………… (112)
参政议政工作制度化 …………………………… (112)
促进祖国统一工作新内容 ……………………… (112)
社会服务工作形成特色 ………………………… (113)
自身建设工作取得新成绩 ……………………… (113)
民革宝鸡市委员会志出版 ……………………… (113)
民革宝鸡市第十届委员会领导成员 …………… (113)
中国民主同盟宝鸡市委员会 China Democratic League, Baoji Municipality Committee
概况 ……………………………………………… (113)
开展坚持和发展中国特色社会主义学习实践活动 ……………………………………………… (114)
参政议政工作培训 ……………………………… (114)
两会提案 ………………………………………… (114)
调查研究 ………………………………………… (114)
社情民意 ………………………………………… (114)
春联义写活动 …………………………………… (114)
农村教育烛光行动 ……………………………… (114)
开展“黄丝带”监狱帮教活动 ………………… (114)
举办环保车载绿桶发放活动 …………………… (115)
民盟宝鸡市第十二届委员会领导成员 ………… (115)
中国民主建国会宝鸡市委员会 China Democratic and National Construction Association, Baoji Municipal Committee
概况 ……………………………………………… (115)
新闻宣传 ………………………………………… (115)
理论研究 ………………………………………… (115)
参与民主协商 …………………………………… (115)
反映社情民意 …………………………………… (116)
关心服务会员发展 ……………………………… (116)
打造社会服务品牌 ……………………………… (116)
双职奉献 ………………………………………… (116)
民建宝鸡市第十届委员会领导成员 …………… (116)
中国民主促进会宝鸡市委员会 China Association of Promoting Democracy, Baoji Municipal Committee
概况 ……………………………………………… (116)
思想教育活动 …………………………………… (116)
增强组织活力 …………………………………… (117)
强化新闻宣传 …………………………………… (117)
转作风强管理 …………………………………… (117)
调查研究建箴言 ………………………………… (117)
议案提案献良策 ………………………………… (118)
反映民意务实效 ………………………………… (118)
同心扶贫 ………………………………………… (118)
爱心助学 ………………………………………… (118)
贴心帮教 ………………………………………… (118)
双职奉献建新功 ………………………………… (118)
民进宝鸡市第五届委员会领导成员 …………… (119)
中国农工民主党宝鸡市委员会 The Chinese Peasants' and Workers' Democratic Party, Baoji Municipal Committee
概况 ……………………………………………… (119)
参政议政 ………………………………………… (119)
组织建设 ………………………………………… (119)
开展“中国梦·农工情”演讲比赛和征文活动 ……………………………………………… (119)
社会服务 ………………………………………… (119)
农工党宝鸡市委员会领导成员 ………………… (119)
九三学社宝鸡市委员会 Jiu San Institute, Baoji Municipal committee
概况 ……………………………………………… (120)
召开五届四次全体（扩大）会议 ……………… (120)
举办新社员培训班 ……………………………… (120)
参政议政为助推发展谏言 ……………………… (120)
深入调研为和谐宝鸡尽智 ……………………… (120)
社情民意为推动工作献策 ……………………… (121)
开展“三下乡”服务群众 ……………………… (121)
开展扶贫济困 …………………………………… (121)
双职奉献回报社会 ……………………………… (121)
九三学社宝鸡市第五届委员会领导成员 ……… (121)

人民团体
PEOPLE'S ORGANIZATION

宝鸡市总工会 Trade Unions of Baoji
概况 ……………………………………………… (122)
加强干部理论学习和业务培训 ………………… (122)
开展职工科技创新 ……………………………… (122)
繁荣职工文化 …………………………………… (123)
扩大工会规范化建设覆盖面 …………………… (123)
推进厂务公开职代会星级创建活动 …………… (123)
坚持工资集体协商工作制度 …………………… (123)
围绕服务职工，创新帮扶方式 ………………… (123)
强化自身建设，激发干事热情 ………………… (124)

宝鸡市总工会领导成员 …………………………（124）

共青团宝鸡市委员会 The Communist Youth League of Baoji Municipal Committee

概况 ………………………………………………（124）

开展宣讲教育活动 ………………………………（124）

举办国情和形势政策教育 ………………………（124）

开展新媒体引导青少年工作 ……………………（124）

开展青工创新创效活动 …………………………（124）

加强青年就业创业技能培训 ……………………（125）

创新青少年社会管理工作机制 …………………（125）

开展青年志愿者服务行动 ………………………（125）

希望工程服务活动 ………………………………（125）

深化党建带团建工作机制 ………………………（125）

共青团宝鸡市委员会领导成员 …………………（125）

宝鸡市妇女联合会 Women's Federation of Baoji

概况 ………………………………………………（125）

举办妇女“庆三八·迎省运”健身展示活动 ………………………………………………（125）

扶持妇女创业就业 ………………………………（125）

打造“西秦大姐”和“西秦巧娘”品牌 ………（126）

基层组织建设 ……………………………………（126）

妇女维权工作 ……………………………………（126）

建立长效工作机制 ………………………………（126）

宝鸡市党政主要领导“六一”前夕看望慰问少年儿童 ……………………………………………（126）

精神文明建设 ……………………………………（126）

妇女儿童民生项目与留守妇女儿童特别关爱 …（127）

群众路线教育实践活动 …………………………（127）

宝鸡市妇女联合会领导成员 ……………………（127）

宝鸡市科学技术协会 The Science and Technology Association of Baoji

概况 ………………………………………………（127）

召开宝鸡市科学技术协会第七次代表大会 ……（127）

推进品牌科普活动 ………………………………（127）

组织开展学术讨论活动206场次 ………………（128）

调查研究成果受重视 ……………………………（128）

青少年科技大赛获佳绩 …………………………（128）

科技展教活动受欢迎 ……………………………（128）

科普惠农项目获国家奖补资金230万元 ………（128）

农民技术教育培训形式多样 ……………………（128）

科技创新服务活动成效显著 ……………………（128）

宝鸡市科学技术协会领导成员 …………………（129）

宝鸡市归国华侨联合会 Returned Overseas Chinese Association of Baoji

概况 ………………………………………………（129）

开展献爱心、送温暖活动 ………………………（129）

组织侨胞参政议政 ………………………………（129）

市侨联全委会议召开 ……………………………（129）

开展义诊活动 ……………………………………（129）

开展联谊交流活动 ………………………………（129）

服务侨资企业 ……………………………………（129）

组织经济考察与项目合作 ………………………（129）

开展爱国主义教育活动 …………………………（129）

参加“华人学生作文赛” ………………………（129）

基金会到宝鸡捐赠助学 …………………………（130）

魏基成“天籁列车”到宝鸡捐赠 ………………（130）

组织企业参加投资推广研讨会 …………………（130）

宝鸡市归国华侨联合会领导成员 ………………（130）

宝鸡市人民政府侨务办公室领导成员 …………（130）

宝鸡市工商业联合会 Industry and Commerce Association of Baoji

概况 ………………………………………………（130）

开展非公经济人士理想信念教育实践活动 ……（130）

会员企业参与社会服务活动 ……………………（130）

多措并举，推动非公企业和直属商会转型升级 ………………………………………………（130）

打牢商会组织基础 ………………………………（131）

建言献策参政议政 ………………………………（131）

转变作风加强自身建设 …………………………（131）

宝鸡市工商业联合会领导成员 …………………（131）

宝鸡市文学艺术界联合会 The Literature and Art Association of Baoji

概况 ………………………………………………（132）

举办宝鸡文艺界2014年“海棠迎春”文艺活动 ………………………………………………（132）

举办“我们的中国梦”文化进万家惠民活动 …（132）

举办第四届“秦岭文学奖”评选活动 …………（132）

举办“2014中国·宝鸡首届葫芦丝巴乌全国邀请赛” ………………………………………………（132）

举办“到群众中去”宝鸡文联文艺志愿服务活动 ………………………………………………（132）

举办宝鸡文艺界“践行社会主义核心价值观”大型签名活动 ………………………………………（132）

举办“与文明同行”宝鸡书画摄影作品邀请展 ………………………………………………（133）

举办“创文改变生活”宝鸡市大型摄影比赛 ………………………………………………（133）

举办“宝鸡市新年合唱音乐会” ………………（133）

宝鸡文艺界48人次48部（篇）作品获得或入选全国性文艺大奖 ……………………………………（133）

宝鸡市文学艺术界联合会领导成员 ……………（133）

宝鸡市社会科学界联合会 The Social Science Unites Association of Baoji

概况 ………………………………………………（133）

开展党的群众路线教育实践活动 ………………（134）

举办丝绸之路经济带建设与宝鸡外向型经济发展研讨会 ……………………………………………（134）

举办宝鸡市社科界培育和践行社会主义核心价值观座谈会 …………………………………………（134）

举办张载关学思想研讨会 ………………………（134）

编印《宝鸡市哲学社会科学规划课题成果汇编》和《社科论集》…………………………………（135）
编辑出版《宝鸡山水文化》……………………（135）
组织开展宝鸡市2014年度哲学社会科学课题研究 ……………………………………………（135）
理论研究获佳绩 ………………………………（135）
组织开展“社科专家进校园”活动 ……………（135）
举办“学习贯彻三中全会精神我们怎么办”专题辅导报告会 ………………………………（135）
举办习近平总书记系列重要讲话学习报告会 ……………………………………………（135）
举办《奋力开创陆桥经济与丝绸之路经济带的新格局》学术报告会 ……………………………（135）
承办陕西省社科普及365行动暨宝鸡市社科界创文宣传咨询活动 ……………………………（135）
主办首届“国中杯”文学书法绘画大赛 ………（136）
举办第三届公民道德公益大讲堂 ………………（136）
规范完善学会管理有关制度 ……………………（136）
协调成立宝鸡市茶文化研究会 …………………（136）
协调成立宝鸡市国学研究会 ……………………（136）
协调成立宝鸡市文化创意协会 …………………（136）
协调成立宝鸡市铜镜文化研究会 ………………（136）
开展“最美社科理论工作者”评选活动 ………（136）
开展文明城市创建活动 …………………………（136）
宝鸡市社会科学界联合会领导成员 ……………（137）

军　事
MILITARY AFFAIRS

宝鸡军分区　Baoji Military Subarea
开展“学条令、训队列、整秩序”活动 ………（138）
组织民兵整组 ……………………………………（138）
落实经常性战备工作 ……………………………（138）
组织首长机关实战化训练 ………………………（138）
开展战备条令学习月活动 ………………………（138）
组织跨区驻训联训 ………………………………（138）
开展军事设施保护立法调研 ……………………（138）
加强警备工作 ……………………………………（138）
开展“四支队伍”教育整训活动 ………………（139）
组织“三项军事工作”集训 ……………………（139）
组织指挥能力集训暨参谋业务比武竞赛活动 ……………………………………………（139）
组织直招士官和定向培养直招士官工作 ………（139）
组织民兵报废弹药调运工作 ……………………（139）
召开防汛工作联席会议 …………………………（139）
组织旧版地图销毁工作 …………………………（139）
加强民兵军事训练 ………………………………（139）
完成2089名新兵征集任务 ………………………（139）
开展车辆安全教育活动 …………………………（140）
执行世佛会安保任务 ……………………………（140）
组织年度军事训练考核 …………………………（140）
完善基础设施建设 ………………………………（140）
组织市国动委综合演练 …………………………（140）
开展党的群众路线教育实践活动 ………………（140）
开展主题教育活动 ………………………………（140）
举办习主席系列重要讲话精神理论培训班 ……（141）
做好干部工作 ……………………………………（141）
抓好“九个方面深化整改” ……………………（141）
开展庆“八一”建军节系列活动 ………………（141）
持续抓好“强军优属办好九件实事”活动 ……（142）
组织宝鸡籍新兵与家长远程视频互动交流活动 ……………………………………………（142）
《宝鸡军分区军史》出版发行 …………………（142）
开展国防教育知识竞赛 …………………………（142）
做好争创全国文明城市工作 ……………………（142）
做好枪爆物品清理清查 …………………………（142）
发放新式武干服装 ………………………………（142）
完成分区老武器库营区及党家村划拨土地评估工作 ……………………………………………（143）
完成两项普查影像拍摄制作 ……………………（143）
省军区工作组到分区检查财务工作 ……………（143）
完成6名退休职工移交任务 ……………………（143）
分区两项普查迎接上级军区抽查 ………………（143）
组织领导干部办公用房整治 ……………………（143）
开展公务用车治理封存 …………………………（143）
开展空余房地产整治 ……………………………（143）
招待所完成市政集中供暖改造 …………………（143）
军分区机关大门工程竣工 ………………………（143）
民兵训练基地学员宿舍楼主体工程竣工 ………（143）
开展财务清查整治工作 …………………………（144）
中国人民解放军宝鸡军分区领导成员 …………（144）
人民防空　Civil Aerial Defense
防护工程建设快速发展 …………………………（144）
人防信息化和指挥通信全面加强 ………………（144）
人防宣传教育创新发展 …………………………（144）
平战结合开发利用效益显著 ……………………（144）
举办十八届三中全会辅导讲座 …………………（144）
全市人民防空工作会议召开 ……………………（144）
经二路30号公共停车场人防工程开工奠基 ……（145）
全省人防综合训练基地落户宝鸡 ………………（145）
中水源热泵采暖系统建成投用 …………………（145）
市人防办在检验评估中成绩优异 ………………（145）
人防招待所冬季消防安全演练成功举行 ………（145）
宝鸡陆军预备役后勤保障旅　Reserve Military Service Logistics and Support Brigade of Baoji
思想政治建设富有成效 …………………………（145）
战备训练落实有力 ………………………………（145）
基层建设得到加强 ………………………………（146）
安全稳定持续巩固 ………………………………（146）

作风建设整改成效明显 …………………………（146）
营区基础设施有所改善 …………………………（146）
双拥援建工作不断深化 …………………………（146）
组织首长机关战备拉动演练 ……………………（146）
狠抓战备工作整治 ………………………………（146）
加强应急指挥信息系统建设 ……………………（147）
召开单兵训练阶段党委议训会 …………………（147）
组织战训法集训暨野外驻训 ……………………（147）
完成医疗防疫应急救援分队野外驻训任务 ……（147）
开展党的群众路线教育实践活动 ………………（147）
学习贯彻全军政治工作会议精神 ………………（147）
组织主题教育试点 ………………………………（147）
宝鸡陆军预备役后勤保障旅领导成员 …………（148）

政　　法
LEGAL SYSTEM

公安　Public Security

概况 ……………………………………………（149）
构建信息化现代化警务模式体系 ………………（149）
深化平安建设 ……………………………………（149）
实施云上警务 ……………………………………（150）
实施民生警务 ……………………………………（150）
推行法治警务 ……………………………………（150）
加强公安队伍建设 ………………………………（151）
“严打突击月”专项行动成效显著 ……………（151）
市公安局连续七年荣获目标责任考核优秀单位 ……………………………………………（151）
金台分局破获特大贩毒案 ………………………（151）
省公安厅长杜航伟到宝鸡检查全国“两会”安保工作 ……………………………………（152）
陈仓分局破获跨省系列电信诈骗案 ……………（152）
十天送戒208名吸毒人员 ………………………（152）
圆满完成全国“两会”安保工作 ………………（152）
部署“十百千万”工程活动 ……………………（152）
市公安局技侦支队荣获集体一等功 ……………（152）
8名缅甸籍人非法入境被遣送 …………………（152）
市公安局环境安全保卫大队挂牌成立 …………（152）
全省打击传销专项行动现场推进会在宝鸡召开 ……………………………………………（153）
各级领导慰问救人受伤民警 ……………………（153）
严打整治“春雷行动”结硕果 …………………（153）
便民利民70项措施新闻发布会召开 ……………（153）
兴麟房地产宝鸡分公司合同诈骗被查处 ………（153）
召开“创文”工作立责任状大会 ………………（153）
圆满完成省十五届运动会开幕式安保任务 ……（153）
凤县公安局破获特大入室抢劫案 ………………（153）
开展迎“创文”千警交通秩序大整治 …………（153）
圆满完成中省多项会议安保任务 ………………（154）
举行微电影《警缘》首映式 ……………………（154）
渭滨分局为警务室配置电动车 …………………（154）
圆满完成第27届世界佛教徒联谊会安保任务 ……………………………………………（154）
民警王乐等获“最美宝鸡人”荣誉称号 ………（154）
举行《宝鸡市公安志》首发式 …………………（154）
慰问赴新疆反恐维稳归来的公安特警 …………（154）
举行公安机关“三大体系”建设新闻发布会 …（155）
“2014秦剑行动”战果辉煌 ……………………（155）

检察　Inspective Work

概述 ……………………………………………（155）
服务经济持续发展 ………………………………（155）
保持反腐高压态势 ………………………………（155）
有效化解社会矛盾纠纷 …………………………（155）
参与创新社会治理 ………………………………（156）
服务生态文明建设 ………………………………（156）
维护群众合法权益 ………………………………（156）
深化职务犯罪预防工作 …………………………（156）
强化诉讼活动监督 ………………………………（157）
坚守防止冤假错案底线 …………………………（157）
规范自身执法行为 ………………………………（157）
提升执法能力 ……………………………………（157）
加强基层基础工作 ………………………………（158）
宝鸡市人民检察院领导成员 ……………………（158）

审判　Adjudgement

概况 ……………………………………………（158）
落实便民诉讼举措 ………………………………（159）
健全审判管理体制 ………………………………（159）
加强法院信息化建设 ……………………………（159）
着力建设过硬队伍 ………………………………（159）
主动接受社会监督 ………………………………（160）
宝鸡市中级人民法院领导成员 …………………（160）

司法行政　Justice Administration

概况 ……………………………………………（160）
司法鉴定管理局局长霍宪丹到宝鸡调研 ………（160）
省司法厅厅长乌永陶到宝鸡视察 ………………（160）
“组织12·4”首个国家宪法日宣传活动 ………（160）
开展司法为民百日专项活动 ……………………（160）
律师为人大代表、政协委员提供法律服务 ……（160）
律师为重点项目、中小企业建设提供法律服务 ……………………………………………（160）
推进公共法律服务体系建设 ……………………（161）
规范和整顿法律服务市场 ………………………（161）
强化司法鉴定机构执业监管 ……………………（161）
设立陕西宝鸡科达法医司法鉴定所 ……………（161）
国家司法考试安全平稳进行 ……………………（161）
推进戒毒场所管理规范化建设 …………………（161）
深入开展特殊人群帮扶“雨露”行动 …………（161）
规范社区矫正执法 ………………………………（161）
推进依法行政示范市创建工作 …………………（161）

城乡建设
URBAN AND RURAL CONSTRUCTION

城建规划　Urban Construction Plan
概况 …… (162)
城市规划编制 …… (162)
城市规划制度建设 …… (162)
清姜河两岸改造 …… (162)
石坝河片区综合改造 …… (162)
城市改造提升工程 …… (162)
城市照明及亮化美化 …… (162)
规划建设执法管理 …… (162)
市政建设　Municipal Construction
概述 …… (163)
路桥建设及改造项目 …… (163)
城市内涝治理项目 …… (163)
省运会配套基础设施改造提升项目 …… (163)
市政基础设施管理和养护 …… (164)
公用事业　Public Project
概况 …… (164)
优化公交线网布局 …… (164)
加强场站建设 …… (164)
加强公共自行车系统管理 …… (164)
改造供热设施 …… (164)
实施供热管道工程 …… (165)
除尘脱硫改造 …… (165)
启动龙山雅居保障性住房集中供热工程 …… (165)
供热设施维护 …… (165)
拓展供气市场 …… (165)
加强供气管网建设 …… (165)
加快加气站建设 …… (165)
清洁能源公司成立 …… (165)
宝鸡创威水务有限责任公司挂牌成立 …… (165)
供水项目建设 …… (165)
成立燃气、供水应急抢险队 …… (166)
污水监管情况 …… (166)
加强污水处理费收缴管理 …… (166)
污水处理安全达标 …… (166)
实施污水处理厂提标改造 …… (166)
园林环卫　Garden Environmental Sanitation
概况 …… (166)
创建国家生态园林城市 …… (166)
实施园林绿化重点工程 …… (166)
实施城市增姿添彩工程 …… (167)
整治城市环境卫生 …… (167)
加强环卫基础设施建设 …… (167)
关爱一线园林环卫工人 …… (167)
建筑业管理　Construction Management
概况 …… (167)
服务建筑业发展 …… (167)
建筑施工安全管理 …… (167)
工程质量安全监管 …… (167)
监理市场专项整治 …… (167)
绿色文明工地管理 …… (167)
建筑工程招投标管理 …… (168)
建筑节能和墙材革新 …… (168)
小城镇建设　Construction of Small Towns
概况 …… (168)
重点镇建设 …… (168)
省级文化旅游街区建设 …… (168)
农村危房改造和美丽乡村建设 …… (168)
综合执法　Comprehensive Law Enforcement
概况 …… (168)
提升市容管控水平 …… (168)
取缔露天烧烤 …… (168)
规范户外广告门头牌匾 …… (169)
推进专业执法 …… (169)
优化行政许可办理成效 …… (169)
配合重点项目建设 …… (169)
健全长效管理机制 …… (169)

房地产业
REAL ESTATE

保障性住房建设和管理　The Indemnificatory Housing Construction and Management
概述 …… (170)
完善住房保障政策体系 …… (170)
编制棚户区改造规划 …… (170)
保障性住房项目资金 …… (170)
落实市级保障性住房项目建设 …… (170)
市区保障性住房分配 …… (170)
开展实物配租和租赁补贴发放 …… (170)
开展省级示范小区创建活动 …… (170)
成立保障性住房资产运营管理公司 …… (171)
住房制度改革 …… (171)
房地产开发　Exploitation of Real Estate
概述 …… (171)
组织房地产开发企业诚信考核 …… (171)
开展房地产项目推介活动 …… (171)
严把房地产市场准入关 …… (171)
招商引资有新突破 …… (171)
组织房地产从业人员培训 …… (171)
房地产市场　Market of Real Estate
概况 …… (171)
加强房地产市场监管 …… (171)
强化房地产中介服务机构监管 …… (172)

产权产籍管理获全国表彰 …………………… (172)
实行商品房合同备案管理 …………………… (172)
物业管理 Management of Property
概况 …………………………………………… (172)
加强行业监管 ………………………………… (172)
组织政策宣传及培训 ………………………… (172)
创建示范住宅小区 …………………………… (172)
物业管理量化考核 …………………………… (172)
实施老旧小区维修整治 ……………………… (172)
住房维修资金管理 …………………………… (172)
新建住宅物业保修金 ………………………… (173)
直管公房管理 Directly Managed Public Housing
概况 …………………………………………… (173)
直管公房小区卫生整治 ……………………… (173)
直管公房维修服务 …………………………… (173)
直管公房清理 ………………………………… (173)
出台便民措施 ………………………………… (173)

环境保护
ENVIRONMENTAL PROTECTION

综述 Summary ………………………………… (174)
环境监督管理 Environmental Supervision
开展环保执法专项行动 ……………………… (174)
完善环境保护长效管理机制 ………………… (174)
强化建设项目环境管理 ……………………… (174)
污染防治 Pollution Prevention
实施“治霾降霾·保卫蓝天”行动 ………… (175)
渭河流域水污染治理 ………………………… (175)
主要污染物减排 ……………………………… (175)
农村生态环保 Rural Ecological Environment Protection
国家生态市建设 ……………………………… (175)
农村环保基础设施全面提升 ………………… (175)
开展“三线”环境综合整治 ………………… (176)
推进生态环境保护建设 ……………………… (176)
环保宣传教育 Publicity and Education of Environmental Protection
开展党的群众路线教育实践活动 …………… (176)
加大环保宣传力度 …………………………… (176)
开展绿色文明示范单位创建活动 …………… (176)
宝鸡市 2014 年环境质量状况公报 Environmental Quality Communique of Baoji in 2014 ………… (176)
防震减灾 Prevent Earthquake and Reduce Disaster
概况 …………………………………………… (178)
全市防震减灾工作会议召开 ………………… (178)
国家地震局领导到宝鸡调研 ………………… (178)
白阿莹检查宝鸡市防震减灾工作 …………… (178)
地震活动概况 ………………………………… (178)
地震短临跟踪 ………………………………… (179)
群测群防工作 ………………………………… (179)
地震应急预案 ………………………………… (179)
应急救援队伍自建 …………………………… (179)
地震应急 ……………………………………… (180)
地震应急演练 ………………………………… (180)
抗震设防管理 ………………………………… (180)
岐山—马召断裂两侧农居普查 ……………… (180)
地震科普宣传培训 …………………………… (180)

工　　业
INDUSTRY

综述 Summary
市工信局概况 ………………………………… (181)
全市工业经济运行主要情况 ………………… (181)
全市规模以上工业企业完成总产值 2242.63 亿元 ………………………………………… (181)
中小企业及园区工作成效显著 ……………… (181)
培育壮大九大产业集群 ……………………… (181)
加大技术创新力度 …………………………… (181)
推进两化融合 ………………………………… (182)
加大大气污染防治工作力度 ………………… (182)
装备制造业 Equipment Manufacturing
概况 …………………………………………… (182)
装备制造业存在的主要问题 ………………… (182)
宝鸡钢管荣获用户满意企业称号 …………… (182)
宝鸡钢管建成国家工程技术研究中心 ……… (183)
宝鸡钢管研制成功 CT100 钢级连续管 ……… (183)
宝石机械泥浆泵出口创新高 ………………… (183)
宝石机械 13 项国产海洋石油装备集中展示 …… (183)
宝石机械参加东欧最大石油展会 …………… (183)
宝石机械 2500 马力压裂泵研制成功 ……… (183)
新型 8000 米超深井钻机首出国门 ………… (183)
“9000 米海洋钻井包研制”课题通过国家验收 ………………………………………… (184)
秦川集团实现整体上市 ……………………… (184)
“立式铣车复合加工中心”课题通过国家验收 ………………………………………… (184)
宝鸡机床降本增效活动见成效 ……………… (184)
秦川集团工程专业学位研究生联合培养基地获授牌 ………………………………………… (184)
秦川集团机械工业复杂型面数控磨床工程技术研究中心获授牌 ……………………… (184)
秦川铸造进入海工装备制造领域 …………… (184)
宝鸡机床入选机械工业百强企业 …………… (184)
秦川集团进入铸造企业准入名单 …………… (185)
秦川集团获两项国家重大专项立项 ………… (185)
秦川被认定为中国驰名商标 ………………… (185)

陕汽集团全年总产值536亿元 …………………… (185)
陕汽集团推出“国四标准”全系列重卡 ……… (185)
陕西法士特并联液力缓速器实地测试获成功 … (185)
中铁宝桥承建的大桥获詹天佑奖 ……………… (185)
中铁宝桥参加“2014跨座式单轨交通系统应用与发展研讨会” ……………………………… (185)
中铁宝桥参建的三项工程获全球工程大奖 …… (186)
中低速磁浮交通系统新产品通过鉴定 ………… (186)
电子工业 Electronic Industry
概况 ……………………………………………… (186)
电子工业存在的问题 …………………………… (186)
烽火光伏进入《光伏制造行业规范条件》企业名单 ……………………………………………… (186)
烽火产品参加陕西省互采互用交流洽谈会 …… (186)
烽火两项目跻身国家火炬计划产业化示范项目 ……………………………………………… (186)
西北机器荣获“先进企业”称号 ……………… (186)
西北机器获得4项发明专利 …………………… (187)
冶金工业 Metallurgy Industry
概况 ……………………………………………… (187)
宝钛股份通过中核集团合格供应商现场评审 … (187)
东岭集团荣登500强排行榜 …………………… (187)
东岭集团总收入758亿元 ……………………… (187)
食品工业 Food Industry
概况 ……………………………………………… (187)
西凤酒品牌价值达330.88亿元 ……………… (187)
“凤香经典西凤酒”荣获酒类销售领军品牌称号 ……………………………………………… (188)
西凤酒公司荣获“三秦善星”企业奖 ………… (188)
宝鸡卷烟厂杨安礼荣获“陕西省优秀班组长”称号 ……………………………………………… (188)
能源化工工业 Energy and Chemical Industry
概况 ……………………………………………… (188)
红旗民爆产品出口刚果 ………………………… (188)
鹏程爆破河南汝阳泉水沟尾矿坝工程成功起爆 ……………………………………………… (188)
乌干达客人到红旗民爆考察交流 ……………… (188)
电力工业 Electric Power Industry
概况 ……………………………………………… (188)
2014年宝鸡市用电特点 ……………………… (189)
宝鸡电网系列工程投资3.31亿元 …………… (190)
创新供电服务措施 ……………………………… (190)
实施应急集中保电管理新模式 ………………… (190)
提升企业管理水平 ……………………………… (190)
宝鸡供电局领导成员 …………………………… (190)

农业·农村经济
AGRICULTURE AND RURAL ECONOMY

综述 Summary
概况 ……………………………………………… (191)
现代农业建设 …………………………………… (191)
林业生态建设 …………………………………… (191)
水利事业发展 …………………………………… (192)
扶贫开发 ………………………………………… (192)
供销社服务“三农” …………………………… (192)
畜牧业 Animal Husbandry
概况 ……………………………………………… (192)
推进规模养殖 …………………………………… (192)
开展畜禽标准化示范场创建 …………………… (193)
完成畜禽屠宰职能划转移交 …………………… (193)
抓好重大动物疫病防控 ………………………… (193)
种植业 Planting
概况 ……………………………………………… (193)
粮食大灾之年取得丰收 ………………………… (193)
推进果业规模扩张 ……………………………… (193)
壮大无公害蔬菜基地 …………………………… (194)
加快农产品物流精深加工中心 ………………… (194)
突出现代农业园区示范作用 …………………… (194)
拓展休闲农业 …………………………………… (194)
成功举办中国·宝鸡丘陵山区暨高新农业机械演示会 ……………………………………………… (194)
培育新型农业经营主体 ………………………… (194)
搭建产销平台 …………………………………… (194)
创新农业科技服务 ……………………………… (195)
开展土地确权登记 ……………………………… (195)
推进农村土地经营权流转 ……………………… (195)
落实惠农政策 …………………………………… (195)
加强农产品质量安全 …………………………… (195)
水利 Water Conservancy
概况 ……………………………………………… (195)
渭河综合治理 …………………………………… (195)
宝鸡市荣获全国节水型社会建设示范区称号 … (195)
石头河引水工程建成通水 ……………………… (195)
防汛工作 ………………………………………… (196)
农田水利基础设施 ……………………………… (196)
抗御伏旱灾害 …………………………………… (196)
重大水利工程项目 ……………………………… (196)
水利各项任务完成 ……………………………… (196)
水产渔业 Aquaculture
概况 ……………………………………………… (197)
渔业扶持资金增长 ……………………………… (197)
水产养殖推广 …………………………………… (197)
渔业增殖放流活动 ……………………………… (197)
休闲渔业形成规模化 …………………………… (197)
林业 Forestry
概况 ……………………………………………… (197)
绿色宝鸡建设 …………………………………… (197)
天然林保护工程 ………………………………… (198)
退耕还林工程 …………………………………… (198)

森林资源管护 …… （198）
林业产业发展 …… （199）
森林抚育 …… （199）
集体林权制度改革 …… （199）
林业科技服务 …… （199）
陕西千渭之会国家湿地公园 …… （199）
千湖国家湿地公园举行朱鹮放飞活动 …… （200）
宝鸡市通过国家森林城市建设工作复检 …… （200）
《宝鸡森林动植物》出版发行 …… （200）

农业综合开发 Comprehensive Development of Agriculture
概况 …… （200）
推进高标准农田项目 …… （200）
突破产业化发展 …… （200）
强化检查监督 …… （201）

扶贫开发 Aid the Poor Program Development
概况 …… （201）
片区规划项目实施 …… （201）
整村推进项目 …… （201）
扶贫移民搬迁 …… （201）
农村“三无户”安全住房建设 …… （201）
产业化扶贫项目和园区建设 …… （201）
生产发展项目 …… （201）
扶贫贴息与整村推进 …… （201）
互助资金协会运行 …… （201）
贫困户能力建设 …… （201）
中央定点扶贫 …… （201）
省级“两联一包”扶贫 …… （202）
市级驻村联户扶贫 …… （202）
企村结对持续开展 …… （202）
县区帮扶工作 …… （202）
外资扶贫项目 …… （202）

交通·邮政
TRAFFIC AND POST

公路 Highway
概况 …… （203）
项目建设成绩突出 …… （203）
城乡客运公交化取得新突破 …… （203）
公路养管常态化 …… （203）
开展运输市场专项整治 …… （204）
强化质量管理 …… （204）
凝聚交通正能量 …… （204）

邮政 Post
概况 …… （204）
加强安全监管 …… （204）
引导企业融合发展 …… （205）
加大监管力度 …… （205）
夯实基础管理工作 …… （206）
快递企业基础建设得到加强 …… （206）
推进快递服务向乡村延伸 …… （206）
加快快递场所规范化建设 …… （206）
快递人员队伍素质稳步提升 …… （206）
乡镇邮政局所补建工程全部竣工 …… （206）
加快邮政金融发展 …… （206）
开展邮政文化活动 …… （206）
搭建服务企业平台 …… （207）
提升邮政服务能力 …… （207）
延伸邮政服务触角 …… （207）
荣获多项荣誉 …… （207）
宝鸡市邮政管理局领导成员 …… （207）
陕西省邮政公司宝鸡市分公司领导班子成员 …… （207）

通信业
TELECOMMUNICATIONS INDUSTRY

电信通信 Telecommunication
概况 …… （208）
实现经营收入稳增长 …… （208）
渠道网点全覆盖 …… （208）
基础网扩容改造 …… （209）
建立大服务机制 …… （209）
推进企业文化上台阶 …… （209）
加强队伍建设 …… （210）
陕西省电信有限公司宝鸡市分公司领导成员 …… （210）

移动通信 Mobile Telecommunication
概况 …… （210）
4G 客户超过 40 万户 …… （210）
推进政府机关信息化项目建设 …… （210）
提升服务质量 …… （210）
缴纳地方税金超 4400 万元 …… （211）
陕西移动通信有限责任公司宝鸡分公司领导成员 …… （211）

联通通信 Unicom Telecommunication
概况 …… （211）
完成智慧宝鸡顶层设计 …… （211）
加大营业窗口建设力度 …… （211）
加强网络建设 …… （212）
推进企业文化体系建设 …… （212）
营造企业发展和谐环境 …… （212）
开展文明创建工作 …… （212）
参与社会公益活动 …… （213）
中国联合网络通信有限公司宝鸡分公司领导成员 …… （213）

铁通通信 Tie Tong Telecommunication
网络质量全省排名第一 …… （213）
代维工作再呈亮点 …… （213）

提升客户服务标准 …………………………… (213)
文化建设上台阶 ……………………………… (213)
企业合力持续加强 …………………………… (213)
中国铁通集团有限公司宝鸡分公司领导成员 … (213)
无线电管理 Wireless Management
开展打击非法广播电台及非法设置无线电台（站）专项活动 …………………………… (213)
完成无线电频谱监测任务 ………………………… (214)
加强无线电台（站）管理 ………………………… (214)
规范业余无线电台管理 …………………………… (214)
完成无线电安全保障任务 ………………………… (214)
开展无线电管理宣传月活动 ……………………… (214)
开展全省无线电管理行政执法程序及文书修订工作 ……………………………… (214)
陕西省无线电管理委员会办公室宝鸡市监测站领导成员 ……………………………… (214)

宝鸡高新技术产业开发区
BAOJI HIGH TECHNOLOGY INDUSTRY DEVELOPMENT ZONE

综述 Summary
概况 ………………………………………… (215)
主要指标 …………………………………… (215)
荣誉 ………………………………………… (215)
产业发展 Industrial Development
概况 ………………………………………… (215)
钛产业新技术国内领先 …………………… (215)
两个重点项目获国家立项 ………………… (216)
金钻石油公司揭牌 ………………………… (216)
钛谷有色金属交易中心开始运营 ………… (216)
100万台中轻卡变速器项目签约 ………… (216)
科技创新 Scientific and Technological Innovations
概况 ………………………………………… (216)
培育高新技术企业 ………………………… (216)
陕西瑞科登上新三板 ……………………… (216)
国核锆业一校两站挂牌 …………………… (216)
中国钛谷专利导航规划项目启动 ………… (216)
举办公益创业论坛 ………………………… (217)
新材料领域创投基金成立 ………………… (217)
法士特重大科技专项获批 ………………… (217)
园区建设 Park Construction
概况 ………………………………………… (217)
高新大道三期全线通车 …………………… (217)
召开城市建设管理提升工作会 …………… (217)
道德讲堂开讲 ……………………………… (217)
开展义务植树活动 ………………………… (218)
高新渭河生态公园建成投用 ……………… (218)
科技新城两条道路开建 …………………… (218)
中央媒体聚焦宝鸡高新区 ………………… (218)
磻溪河大桥开工建设 ……………………… (218)
钛谷与钒都共建友好园区 ………………… (218)
高新区跻身“中国100强产业园区排行榜” … (218)
统筹城乡 Coordinate Urban-Rural
概况 ………………………………………… (218)
开展科技文化卫生三下乡活动 …………… (218)
磻溪河旅游项目启动 ……………………… (219)
获生态典范园区称号 ……………………… (219)
军民共建进村路 …………………………… (219)
社会事业 Social Undertakings
概况 ………………………………………… (219)
学子路社区开通微信服务平台 …………… (219)
开展公益电影进社区活动 ………………… (219)
高新四小开工建设 ………………………… (219)
举办高新一中落成典礼 …………………… (219)
渭水苑社区获和谐社区称号 ……………… (219)

商　贸
TRADE

综述 Summary …………………………… (222)
国内贸易 Internal Trade
概况 ………………………………………… (222)
完善市场体系基础建设 …………………… (222)
健全农村流通网络体系 …………………… (222)
开展便民惠民服务 ………………………… (222)
电子商务和会展经济发展迅速 …………… (223)
加强行业监管调控 ………………………… (223)
烟草专卖 Tobacco Monopolization
概况 ………………………………………… (223)
卷烟市场状态良好 ………………………… (223)
烟叶种植提质增效 ………………………… (223)
加强烟叶收购管理 ………………………… (223)
加强市场监管 ……………………………… (224)
企业管理精益化 …………………………… (224)
宝鸡市烟草专卖局陕西省烟草公司宝鸡市公司领导成员 ……………………………… (224)
粮油商业 Grain and Oil Trade
概况 ………………………………………… (224)
国家粮食局局长任正晓视察指导宝鸡粮食工作 ……………………………… (224)
实施放心粮油全覆盖工程 ………………… (224)
粮油质量抽检合格率100% ……………… (225)
完成项目投资24.01亿元 ………………… (225)
粮油加工业实现产值20.1亿元 …………… (225)
实施钢网玉米仓储粮 ……………………… (225)
完成市级储备粮油新增和轮换任务 ……… (225)
完成粮食购销任务 ………………………… (225)

粮油市场平稳有序 ……………………………… (225)
加大粮油执法力度 ……………………………… (226)
西安市粮食局考察学习宝鸡市“粮食银行”业务 ……………………………………………… (226)
粮食宣传工作丰富多彩 ………………………… (226)
成立爱粮节粮志愿者服务队 …………………… (226)

供销合作商业 Trade of Supply and Marketing Cooperative Business
概况 …………………………………………… (226)
综合改革有序推进 ……………………………… (226)
网络建设提质扩面 ……………………………… (226)
基层组织全面提升 ……………………………… (227)
传统主业日益巩固 ……………………………… (227)
电子商务快速发展 ……………………………… (227)
社有企业持续向好 ……………………………… (227)

对外贸易 External Trade
概况 …………………………………………… (227)
支持外贸龙头企业发展 ………………………… (227)
加强对新注册外贸公司的服务 ………………… (227)
实施外贸特色出口基地创建工程 ……………… (227)
加强对外经济合作 ……………………………… (227)

海关 Customs
概况 …………………………………………… (228)
开展海关监管工作 ……………………………… (228)
提升业务质量 …………………………………… (228)
多种形式宣传海关政策规定 …………………… (228)
发挥海关统计进出口监测预警作用 …………… (228)
引导外贸企业加强知识产权海关保护 ………… (228)
助推企业外贸发展 ……………………………… (228)
中华人民共和国宝鸡海关领导成员 …………… (229)

出入境检验检疫 Import and Export merchandise of Inspection and Quarantine
概况 …………………………………………… (229)
检验检疫数据 …………………………………… (229)
加强宏观质量管理 ……………………………… (229)
加强风险防控工作 ……………………………… (229)
提高服务能力 …………………………………… (229)
支持丝绸之路经济带建设和现代农业发展 …… (229)
加强技术分中心建设 …………………………… (229)
创新检验监管方式 ……………………………… (229)
发挥原产地政策惠企作用 ……………………… (229)
加强企业诚信管理 ……………………………… (229)
加强有害生物监测 ……………………………… (229)
宝鸡出入境检验检疫局领导成员 ……………… (229)

经济综合监督管理
COMPREHENSIVE SUPERVISION AND MANAGEMENT OF ECONOMIC

发展和改革 Development and Reform
概况 …………………………………………… (230)
2014 年计划执行情况 ………………………… (230)
固定资产投资 …………………………………… (230)
重点项目建设 …………………………………… (230)
经济运行监测 …………………………………… (231)
节能减排 ………………………………………… (231)
体制改革 ………………………………………… (231)
经济调研 ………………………………………… (231)

统计 Statistic
概况 …………………………………………… (231)
统计监测和预警 ………………………………… (231)
统计服务 ………………………………………… (232)
统计改革 ………………………………………… (232)
经济普查和专项调查 …………………………… (232)

宏观经济监督 Macreconomics Monitoring
概况 …………………………………………… (232)
改革完善统计调查业务体系 …………………… (232)
组织第三次全国经济普查个体户抽样和宝鸡市投资环境满意度专项调查工作 ……………… (233)
多种形式提供优质统计调研信息服务 ………… (233)
国家统计局宝鸡调查队领导成员 ……………… (233)

物价 Prices
概况 …………………………………………… (233)
价格改革 ………………………………………… (233)
价格调控 ………………………………………… (234)
收费管理 ………………………………………… (234)
监督检查 ………………………………………… (234)
价格服务 ………………………………………… (234)

审计 Audit
概况 …………………………………………… (234)
财政资金审计 …………………………………… (235)
民生资金审计 …………………………………… (235)
政府重大投资项目审计 ………………………… (235)
经济责任审计 …………………………………… (235)
审计队伍建设 …………………………………… (235)
审计信息化建设 ………………………………… (235)

工商行政管理 Business Administration
概况 …………………………………………… (235)
实施商事制度改革 ……………………………… (235)
创新监管机制 …………………………………… (235)
提升消费维权效能 ……………………………… (236)
非公企业党建 …………………………………… (236)
商标品牌建设 …………………………………… (236)
集贸市场整治 …………………………………… (236)

质量技术监督 Supervision of Quality and Technology
概况 …………………………………………… (236)
科技兴检 ………………………………………… (236)
产品质量监督 …………………………………… (237)
特种设备安全监察 ……………………………… (237)
实施名牌战略 …………………………………… (237)

服务经济社会 …… (237)
宝鸡市质量技术监督局领导成员 …… (237)
国土资源管理　State-Owned Land Resources Management
概况 …… (241)
耕地保护 …… (241)
土地供应 …… (241)
节约集约用地 …… (241)
矿政地政管理 …… (241)
地质灾害防治 …… (241)
国土执法监察 …… (241)
廉政建设 …… (241)
宝鸡市国土资源局领导成员 …… (242)
安全生产监督管理　Supervision and Management of Secure Production
概况 …… (242)
打非治违专项行动 …… (242)
教育培训和应急演练 …… (242)
安全生产长效机制建设 …… (242)
行政许可和职业卫生监管 …… (242)
国有资产监督管理　Supervision and Management of State-Owned Assets Management
概况 …… (242)
国企改革 …… (243)
项目建设 …… (243)
国资监管 …… (243)
企业党建 …… (243)
信访和维稳工作 …… (243)

文　物
CULTURAL RELIC

综述　Summary …… (244)
文物考古　Archeology
召开石鼓山遗址考古公园座谈会 …… (244)
石鼓山商周墓地考古发掘入选全国十大考古新发现 …… (244)
纪念宝鸡斗鸡台考古80周年座谈会 …… (244)
周原出土铜车马 …… (244)
宝鸡市新添11处省级文保单位 …… (245)
文物普查　Cultural Relic Survey
参加陕西省文物普查骨干培训 …… (245)
国有可移动文物普查 …… (245)
文物保护　Cultural Relic Protection
召开打击文物违法犯罪工作会 …… (245)
消防技能比赛暨消防综合演练 …… (245)
马氏宗亲祭祖 …… (245)
群众保护文物 …… (245)
群众文保员培训 …… (245)
秦公大墓车马坑保护大棚竣工 …… (246)
打击文物违法犯罪 …… (246)
博物馆　Museum Work
古代铜镜展 …… (246)
周原青铜器特展 …… (246)
全国人大副委员长到法门寺博物馆调研 …… (246)
佛教文化与艺术展 …… (246)
周野鹿鸣文物特展 …… (246)

旅　游
TOURISM

行业管理　Trade Management
太白山获“陕西服务名牌” …… (247)
旅游商品发展 …… (247)
A级景区创建 …… (247)
星级宾馆饭店复核 …… (247)
宣传规划　Plan Publicty
旅游总规划 …… (247)
“周末度假哪里去，一个小时到宝鸡”旅游宣传 …… (247)
宝鸡新八景评选 …… (247)
渭河旅游联盟年会 …… (248)
举办宝鸡·丝绸之路旅游产业项目合作推介会 …… (248)
“新丝路、新起点”全国网络媒体宝鸡行 …… (248)
重点旅游项目推介会 …… (248)
宝鸡连云港“交换夏天”旅游宣传 …… (248)
“游最干净城市，品最中国美食”旅游宣传 …… (248)
旅游微信微博 …… (248)
质监培训　Training of Quality Supervision
旅游安全会议 …… (248)
旅游安全应急培训 …… (248)
文明旅游 …… (248)
假日旅游协调 …… (248)
旅游节庆活动　Festival Activities
县域旅游品牌 …… (249)
宝鸡市文化旅游节 …… (249)
太白县第二届“激情户外”狂欢节 …… (249)
千阳刺绣展 …… (249)
中国旅游总评榜陕西分榜揭晓 …… (249)
文化旅游产业开发建设管理　Construction and Management of Cultural Tourism Industry
概况 …… (249)
推进重点项目建设 …… (249)
实现征地拆迁零上访 …… (250)
招商引资到位资金5.3亿元 …… (250)
加大品牌宣传力度 …… (250)
抓党建促工作 …… (250)

督查督办 65 项重点工作 …………………………（250）
直属单位实现收入 2100 万元 ……………………（250）
法门寺文化景区建设 Construction of Famen Temple Cultural Scenic
概况 …………………………………………………（251）
国家 5A 级景区创建"零"突破……………………（251）
第 27 届世佛联大会开幕式及系列活动筹办工作 ………………………………………………（251）
景区项目建设 ……………………………………（251）
景区旅游整治秩序 ………………………………（252）
领导视察法门寺佛文化景区 ……………………（252）
"世佛联"代表团考察法门寺佛文化景区 ……（252）
国家宗教局、中国佛教协会考察法门寺佛文化景区 ………………………………………………（252）
中国佛教协会副会长班禅额尔德尼·确吉杰布参观法门寺佛文化景区 ……………………………（252）
新春祈福拜舍利·幸福安康一整年—法门寺佛文化景区举办 2014 年新春祈福之旅 ……………（252）
举行"相约春天·共植希望"—2014 年春季植树祈福活动 ……………………………………（253）
举行探秘千年珍宝·瞻礼万世舍利——纪念佛指舍利安奉五周年暨第五届佛文化艺术节 ………（253）
举行"新丝路·新起点"2014 全国网络媒体宝鸡行大型采访活动启动仪式 ……………………（253）
举行"丝绸之路万里行"法门寺站活动 ………（253）
举行第九届"法门之光"福慧营活动 …………（254）
举办"普天同乐庆华诞·盛世金秋游法门"系列活动 ……………………………………………（254）
召开法门寺佛文化景区 2015 年旅游产品推介会 ………………………………………………（254）

财政·税务
FINANCE AND REVENUE

财政 Finance
概况 …………………………………………………（255）
财政收支总量平稳增长 …………………………（255）
健全社会综合治税体系 …………………………（255）
整合 20.76 亿元资金促发展 ……………………（255）
激励引导信贷投入 ………………………………（256）
足额保障教育支出资金 …………………………（256）
养老保险参保率达到 99.8% ……………………（256）
提高社会救助标准 ………………………………（256）
提高医保和新农合标准 …………………………（256）
财政支农投入稳定增长 …………………………（256）
改革专项财政管理制度 …………………………（257）
"三公"经费减少 2959 万元 ……………………（257）
健全财政监督管理机制 …………………………（257）
国家税务 State Taxation
概况 …………………………………………………（261）
国税收入突破 100 亿元大关 ……………………（261）
"营改增"纳税人达到 2498 户 …………………（261）
实施"四统一"稽查模式 …………………………（261）
加强干部队伍建设 ………………………………（262）
宝鸡市国家税务局领导成员 ……………………（262）
地方税务 Local Taxation
概况 …………………………………………………（270）
实现地税收入 90.04 亿元 ………………………（270）
多项措施加强税收征管 …………………………（271）
改革创新彰显亮点 ………………………………（271）
宝鸡市地方税务局负责人 ………………………（271）

金　融
FINANCE

综述 Summary ……………………………………（287）
3 家小额贷款公司开业……………………………（287）
银行资产质量提高 ………………………………（287）
发行国债 14 期 ……………………………………（287）
银行间债券市场 …………………………………（287）
银行汇票同比增长 ………………………………（287）
外汇收支规模下降 ………………………………（287）
保险、股票和期货市场 …………………………（288）
金融消费者权益保护 ……………………………（288）
支付结算环境改善 ………………………………（288）
中国人民银行宝鸡市中心支行 People's Bank of China, Baoji Branch
概况 …………………………………………………（289）
贯彻落实稳健货币政策 …………………………（289）
促进区域信贷资源合理配置 ……………………（289）
差别运用各项政策调控工具 ……………………（289）
构建多元化融资体系 ……………………………（289）
推进跨境贸易人民币业务 ………………………（289）
强化金融风险监测与评估 ………………………（289）
优化外汇管理 ……………………………………（289）
推进征信系统建设 ………………………………（289）
推进服务型国库建设 ……………………………（290）
确保辖区现金安全供应 …………………………（290）
推进金融管理服务 ………………………………（290）
中国人民银行宝鸡市中心支行领导成员 ………（290）
中国银行业监督管理委员会宝鸡监管分局 China Banking Regulatory Commission, Baoji substation
概况 …………………………………………………（290）
产能过剩风险得到防控 …………………………（290）
小微企业金融服务优化 …………………………（290）
涉农金融服务水平提升 …………………………（290）
融资平台贷款风险缓释 …………………………（290）
房地产贷款风险保持较低水平 …………………（290）

流动性信息科技风险防控加强 …………………… (290)
银行业组织体系完善 ………………………………… (291)
普惠金融得到发展 …………………………………… (291)
中国银行业监督管理委员会宝鸡监管分局领导成员 …………………………………………………… (291)
中国农业发展银行宝鸡市分行 Agriculture Development Bank of China, Baoji Branch
概况 ……………………………………………………… (291)
做好粮棉油收储工作 ……………………………… (291)
加快项目贷款营销 ………………………………… (291)
不良贷款实现清零 ………………………………… (291)
提高经营管理水平 ………………………………… (291)
中国农业发展银行宝鸡市分行领导成员 ……… (292)
中国工商银行股份有限公司宝鸡分行 Industrial and Commercial Bank of China Co., Ltd, Baoji Branch
概况 ……………………………………………………… (292)
支持地方经济建设 ………………………………… (292)
助力小微企业 ……………………………………… (292)
促进结构调整 ……………………………………… (292)
创新金融服务 ……………………………………… (292)
强化风险控制 ……………………………………… (292)
提升服务品质 ……………………………………… (293)
中国工商银行股份有限公司宝鸡分行领导成员 …………………………………………………… (293)
中国农业银行股份有限公司宝鸡分行 Agricultural Bank of China, Baoji Branch
概况 ……………………………………………………… (293)
支持地方经济发展 ………………………………… (293)
深化服务“三农” ………………………………… (293)
提升金融服务水平 ………………………………… (293)
中国农业银行股份有限公司宝鸡分行领导成员 …………………………………………………… (294)
中国银行股份有限公司宝鸡分行 Bank of China Co., Ltd, Baoji Branch
概况 ……………………………………………………… (294)
服务能力增强 ……………………………………… (294)
支持经济发展 ……………………………………… (294)
保障业务稳健发展 ………………………………… (294)
中国银行股份有限公司宝鸡分行领导成员 …… (294)
中国建设银行股份有限公司宝鸡分行 China Construction Bank Co., Ltd, Baoji Branch
概况 ……………………………………………………… (295)
全力支持经济建设 ………………………………… (295)
扶持小微企业 ……………………………………… (295)
强化个人贷款投放 ………………………………… (295)
产品创新取得实效 ………………………………… (295)
提升服务能力 ……………………………………… (295)
丰富企业文化内涵 ………………………………… (295)
中国建设银行股份有限公司宝鸡分行领导成员 …………………………………………………… (295)
长安银行宝鸡分行 Commercial Bank of Baoji
概况 ……………………………………………………… (295)
经营效益稳步增长 ………………………………… (295)
支持地方经济发展 ………………………………… (295)
提升风险管理水平 ………………………………… (296)
关注公益事业 ……………………………………… (296)
长安银行股份有限公司
宝鸡分行领导成员 ………………………………… (296)
陕西省农村信用社联合社宝鸡办事处 Rural Credit Cooperative Association of Shaanxi Province, Baoji Office
概况 ……………………………………………………… (296)
各项业务稳健发展 ………………………………… (296)
“三农”经济支持力度加大 ……………………… (296)
支持地方经济和社会事业发展 ………………… (296)
科技服务系统日臻完善 …………………………… (296)
管理保障效能凸显 ………………………………… (297)
公众满意度持续增强 ……………………………… (297)
陕西省农村信用社联合社宝鸡办事处领导成员 …………………………………………………… (297)

保　　险
INSURANCE

宝鸡保险行业协会 Insurance Association of Baoji
概况 ……………………………………………………… (298)
为会员单位提供政策导向 ………………………… (298)
交强险案件实行分项限额判决 ………………… (298)
反映保险行业利益的诉求 ………………………… (299)
搞好信访投诉调处工作 …………………………… (299)
扩大保险宣传效果 ………………………………… (299)
中国人民财产保险股份有限公司宝鸡市分公司 PICC Property and Casualty Co., Ltd, Baoji Branch
概况 ……………………………………………………… (301)
承办全市城乡居民大病医疗保险 ……………… (301)
惠民政策支持三农产业建设 …………………… (301)
服务重点项目 ……………………………………… (301)
树立服务理念 ……………………………………… (301)
中国人民财产保险股份有限公司宝鸡市分公司领导成员 ……………………………………………… (302)
中国人寿保险股份有限公司宝鸡分公司 China Life Insurance Co., Ltd, Baoji Branch
概况 ……………………………………………………… (302)
用心服务 …………………………………………… (302)
认真履职 …………………………………………… (302)
秉承诚信 …………………………………………… (302)
中国人寿保险股份有限公司宝鸡分公司领导成员 …………………………………………………… (303)
中国太平洋财产保险股份有限公司宝鸡中心支公司

China Pacific Insurance Co., Ltd,
Baoji Center Branch
概况 …… (303)
加强合规管理开展宣传 …… (303)
加强业务管理 …… (303)
加强理赔管理 …… (303)
提高服务质量 …… (303)
学习“新国十条” …… (303)
加强基层党组织建设 …… (303)
开展宣传，提升知名度 …… (304)

教　育
EDUCATION

综合工作　Integrated Work
概况 …… (305)
启动“德润宝鸡·书香陈仓”中小学德育行动 …… (305)
召开2014年教育工作会议 …… (305)
召开教育创强工作推进会 …… (306)
启动优质教育普及行动 …… (306)
召开第三十个教师节暨师德先进表彰大会 …… (306)
中小学教育　Primary and Secondary Education
概况 …… (306)
破解大班额、择校热 …… (306)
启动实施普优行动 …… (306)
加强中小学德育工作 …… (307)
加强体育艺术及特殊教育 …… (307)
加强普通高中教育 …… (307)
职业教育　Professional Education
概况 …… (307)
改革职业招生教育 …… (307)
参加“文明风采”竞赛 …… (308)
举办职业学校学生技能竞赛 …… (308)
实施职教师资素质提高计划 …… (308)
加强职业教育品牌建设工程 …… (308)
其他教育　Other Education
普通高等教育 …… (308)
幼儿教育 …… (308)
特殊教育 …… (309)
成人教育 …… (309)
招生与考试　Recruit Students and Examination
概况 …… (309)
教师队伍　Teachers Staff
概况 …… (310)
强化骨干体系建设 …… (310)
推进名师大篷车计划 …… (310)
组织教师校长交流 …… (310)
教育科研　Education and Scientific Research
推进课程改革 …… (310)
狠抓教育质量提升 …… (311)
深化信息技术应用 …… (311)
学生资助管理　Student Finance Assistance and Management
概况 …… (311)
资助项目与金额 …… (311)
学生资助管理 …… (311)
教育经费　Fund of Education
概况 …… (311)
城乡义务教育新机制 …… (312)
宝鸡文理学院　Baoji University of Arts and Sciences
概况 …… (312)
强化教学质量建设 …… (312)
狠抓学科实力提升 …… (312)
推进人才强校战略 …… (312)
完善学生管理机制 …… (312)
加强大学文化建设 …… (313)
宝鸡文理学院领导成员 …… (313)
宝鸡职业技术学院
Baoji Vocational Technology College
概况 …… (313)
省级示范性高职院校建设通过验收 …… (313)
教学及科研工作取得新成绩 …… (314)
创新学生管理工作推进招生就业 …… (314)
推进校园文化和安全工作 …… (314)
宝鸡职业技术学院领导成员 …… (315)

科学技术
SCIENCE AND TECHNOLOGY

综述　Summary …… (316)
工业科技
Science and Techndogy Industries District
提升科技创新服务能力 …… (316)
推进企业技术创新体系建设 …… (316)
加快发展高新技术企业 …… (316)
培育创新型企业和民营科技企业 …… (317)
持续推进陕西省钛及钛合金科技产业示范基地建设 …… (317)
实施汽车及零部件产业、石油钻采装备产业创新工程 …… (317)
新农村科技　Modern Rural Science and Technology
开展“最美科学技术推广人”评选活动 …… (317)
组织开展大型科技宣传活动 …… (317)
开展农业科技园区认定工作 …… (317)
推进科技创业示范基地建设 …… (317)
提升科技服务能力 …… (317)
科技计划　Plan of Science and Technology

概况 …………………………………………………… (318)
科技成果　Scientific and Technical Achievements
概况 …………………………………………………… (321)
知识产权　Intellectual Propety
完成专利申请 1804 件 ………………………………… (322)
专利保护工作取得新突破 …………………………… (323)
构建抵御假冒专利商品防火墙 ……………………… (323)
开展知识产权维权援助服务 ………………………… (323)
专利产品和技术的培育转化再上新台阶 ………… (323)

文化·传媒
CULTURE AND MEDIA

文学　Literature
举办宝鸡市第三届迎新春征联大赛 ……………… (324)
王斌小小说获全国奖 ………………………………… (324)
宝鸡市 3 位作家获全国小说奖 ……………………… (324)
宝鸡市 5 位作家入围第六届鲁迅文学奖 ………… (324)
市文艺评论家协会举办文学创作学术研讨会 … (324)
市作家协会举办“华厦情·金秋诗会” ………… (324)
市诗词学会举办诗词朗诵会 ……………………… (325)
范怀智短篇小说获陕西省作协年度奖 …………… (325)
赵林祥、朱宏让、曹豫龙获陕西省慈善文艺创作奖 …………………………………………………… (325)
宝鸡 11 位作家作品入选陕西省作协文学年选 …………………………………………………… (325)
宝鸡市 3 位诗人到北京参加座谈会 ……………… (325)
市杂文散文家协会举办成立 20 周年座谈会 …… (325)
美术·书法　Art and Calligraphy
举办庆“七一”宝鸡市反腐倡廉漫画作品展 … (327)
举办 2014 宝鸡少儿绘画精品展 …………………… (327)
市书法家协会被表彰为全国先进集体 …………… (328)
宝鸡中国画院开展送文化下乡活动 ……………… (328)
洪涛入选《当代中国山水画名家》丛书 ………… (328)
宝鸡书法家作品入国展 …………………………… (328)
举办周宝良书法艺术展 …………………………… (328)
举办古今人士赞颂太白山诗书画展 ……………… (328)
强博画作入选国际生态艺术展 …………………… (328)
举办李骅刻字艺术展 ……………………………… (328)
举办“孝行天下”老年书画摄影展 ……………… (328)
宝鸡市 11 件刻字作品国展分别获奖、入选 …… (329)
举办张永红书画篆刻展 …………………………… (329)
举办符浩书画作品展 ……………………………… (329)
举办宝鸡市第二届刻字艺术展 …………………… (329)
洪涛山水画作品集出版 …………………………… (329)
举办张宝文书法篆刻展 …………………………… (329)
举办 2014 年《关陇回望》写生作品展 ………… (329)
举办宝鸡市爱心助残书画捐赠义卖会 …………… (329)
摄影　Photography
举办 2014 年“西风杯”新春摄影大展 ………… (330)
市摄影家协会举办摄影讲座 ……………………… (330)
举办侯希安摄影展 ………………………………… (330)
刘克俭摄影作品获全国奖 ………………………… (330)
音乐·舞蹈　Music and Dance
新年音乐会在市工人文化宫举行 ………………… (330)
举办第四届陕西音乐奖器乐比赛宝鸡赛区选拔赛 …………………………………………………… (330)
美鸿合唱团国际音乐节获大奖 …………………… (330)
举办宝鸡市第八届国际标准舞锦标赛 …………… (330)
市音乐家协会举办原创音乐作品研讨会 ……… (331)
戏剧·曲艺　Traditional Opera and Quyi
宝鸡小选手捧回全省少儿曲艺大赛金奖 ……… (331)
陕西省小戏小品大赛宝鸡市多件作品获奖 …… (331)
召开第十七届“群星奖”小戏小品曲艺类作品评审会 …………………………………………………… (331)
在陕西省第五届小戏小品大赛中获奖 ………… (331)
新编秦腔历史剧《班超》获奖 ………………… (331)
召开 2014 年剧本创作研讨会 …………………… (331)
张秋里 2 部作品获奖 …………………………… (331)
市艺术剧院作品获奖 …………………………… (331)
民间艺术　Folk Art
多件作品在陕西民间文艺山花奖活动中获奖 … (331)
凤县《羊皮鼓舞》获中国民间文艺山花奖银奖 …………………………………………………… (332)
渭滨陶艺展举行 ………………………………… (332)
举办宝鸡市民间社火培训班 …………………… (332)
社火脸谱绘制技艺参展全国非物质文化遗产博览会 …………………………………………………… (332)
宝鸡灯谜代表队获中国谜语大会铜奖 ………… (332)
举办廉政灯谜竞猜活动 ………………………… (332)
举办王卫东剪纸艺术展 ………………………… (332)
公共图书馆　Public Library
概况 ……………………………………………… (332)
加强文献资源建设 ……………………………… (333)
推进“馆点线”制服务体系 …………………… (333)
古籍整理和地方文献征集 ……………………… (333)
开展阅读推广活动 ……………………………… (333)
开展文化信息资源共享工程 …………………… (333)
开展数字图书馆体验活动 ……………………… (333)
群众文化　Mass Culture
2014 年宝鸡市春节广场文化周活动 …………… (333)
宝鸡市第七届社区文艺汇演活动 ……………… (333)
第十八届广场纳凉晚会活动 …………………… (333)
开展文化志愿服务 ……………………………… (333)
市群众艺术馆展厅常年免费开放 ……………… (334)
文化交流　Culture Exchange
宝鸡市文化志愿者走进克拉玛依 ……………… (334)
宝鸡市与格尔木市举行区域文化联动活动 …… (334)
美鸿合唱团参演台北国际合唱艺术节 ………… (334)

文化培训 Culture Training
与陕西师范大学开展文化人才培训合作 ……… (334)
开办县区艺术创作人员辅导培训班 …………… (334)
全市舞蹈编舞培训班 ………………………… (335)
在首届陕西省群文干部业务大赛中获佳绩 …… (335)
宝鸡市文化馆（站）群文干部培训班 ………… (335)
2014少儿暑期免费培训 ……………………… (335)
文化产业 Culture Industry
《宝鸡市文化产业发展规划（2014—2020）》出台 ………………………………………………… (335)
参展第七届西部文化产业博览会 …………… (335)
文化产业招商引资工作成效显著 …………… (335)
落实文化产业振兴工程 ……………………… (336)
抓好重大项目的策划与资金支持 …………… (336)
文化市场 Culture Market
开展文化市场专项整治 ……………………… (336)
严抓网吧管理 ………………………………… (336)
规范印刷业市场 ……………………………… (336)
整治校园周边环境 …………………………… (336)
加强歌舞娱乐场所管理 ……………………… (336)
开展文化市场执法宣传 ……………………… (336)
广播电视 Broadcasting and Television
市电视台开展多项文化活动 ………………… (337)
市级广电单位多项作品获奖 ………………… (337)
强化卫星电视节目监管 ……………………… (337)
开展卫星广播电视地面接收设施专项整治活动 ………………………………………………… (337)
加大广告监管力度 …………………………… (337)
宝鸡电视台创建全国文明城市宣传 ………… (337)
宝鸡电视台省十五运会宣传 ………………… (337)
宝鸡电视台世佛联大会宣传 ………………… (337)
宝鸡人民广播电台开展舆论宣传 …………… (338)
举办《创文进行时》大型广场热线直播活动 … (338)
承办进基层讲中国故事大赛活动 …………… (338)
宝鸡电视台《宝鸡新闻》栏目建设 ………… (338)
宝鸡人民广播电台抓好新闻广播 …………… (338)
经济广播、音乐广播和交通旅游广播 ……… (338)
加大公益广告播出 …………………………… (338)
宝鸡电影公司电影放映情况 ………………… (338)
庆“六一”儿童动画电影展映月活动 ……… (338)
举办“八一电影制片厂建军历程影片”展映活动 ………………………………………………… (339)
对农村电影放映实行目标责任管理 ………… (339)
组织开展公益电影放映 ……………………… (339)
开展专场电影放映 …………………………… (339)
加大对市区城市影院检查指导 ……………… (339)
宝鸡日报 Baoji Daily
概述 …………………………………………… (339)
配合中心工作进行宣传 ……………………… (339)
开设专栏增强社会新闻可读性 ……………… (339)
开展去城郊捡垃圾活动 ……………………… (339)
报社领导带头采写重头稿件 ………………… (339)
拓宽报业经营新领域 ………………………… (340)
出版管理 Publication Management
检查软件正版化工作 ………………………… (340)
市“扫黄打非”工作领导小组召开会议 …… (340)
开展打击“三假”“三非”集中行动………… (340)
开展“净网2014”行动 ……………………… (340)
开展“秋风2014”行动 ……………………… (340)
加强非法出版物检查 ………………………… (340)

卫生·药监
SANITATION AND DRUG ADMINISTRATION

行政管理 Administration
召开全市医改暨卫生计生工作会议 ………… (341)
召开卫生信息平台与市直市管各医院横向互联互通工作会议 ………………………………… (341)
市中心医院接受国家卫计委评审 …………… (341)
国家卫计委对宝重大政策落实情况督查 …… (341)
副省长王丽霞调研卫生计生工作 …………… (342)
医政管理 Management of Medicine policy
开展医疗质量安全服务督查 ………………… (342)
强化临床路径管理 …………………………… (342)
实施“优质护理服务示范工程” …………… (342)
无偿献血工作 ………………………………… (342)
深化平安医院建设 …………………………… (343)
建立医疗纠纷调解新机制 …………………… (343)
抗菌药物专项整治活动 ……………………… (343)
规范癌痛治疗 ………………………………… (343)
医学教育与科技 Medical Education and Science Technology
医学科研、评奖 ……………………………… (343)
医学重点专科建设 …………………………… (343)
宝鸡市成立生物治疗中心 …………………… (343)
医师资格考试 ………………………………… (343)
爱国卫生 Patriotic Health
开展全民健康教育活动 ……………………… (343)
加强环境卫生整治 …………………………… (343)
巩固卫生创建成果 …………………………… (343)
控烟工作 ……………………………………… (343)
农村改厕工作 ………………………………… (344)
疾病预防控制 Disease Prevention and Contrd
重大疾病防治工作 …………………………… (344)
免疫规划工作 ………………………………… (344)
传染病防治工作 ……………………………… (344)
重性精神疾病管理工作 ……………………… (344)
美沙酮维持治疗工作 ………………………… (344)
卫生监督 Sanitary Control

公共场所卫生监督 …………………………… (344)
医疗卫生监督 ………………………………… (344)
职业卫生和放射卫生监管 …………………… (344)
生活饮用水和学校卫生监督 ………………… (344)
卫生应急 Health Emergency
强化应急措施 ………………………………… (344)
加强疫情防控力度 …………………………… (345)
公共卫生风险评估 …………………………… (345)
开展卫生应急培训 …………………………… (345)
突发事件医疗急救演练工作 ………………… (345)
开展卫生应急知识宣教 ……………………… (345)
妇幼保健与社区卫生 Maternal and Child Health Care & Community Medical and Health Work
妇幼健康技能竞赛 …………………………… (345)
基本和重大公卫服务妇幼卫生项目 ………… (345)
完成0—6岁儿童残疾筛查试点与新生儿疾病筛查工作 ……………………………………… (345)
加强产科建设 ………………………………… (346)
爱婴医院复核创建工作 ……………………… (346)
开展星级社区卫生服务机构创建活动 ……… (346)
城市居民健康档案项目 ……………………… (346)
社区卫生服务模式改革 ……………………… (346)
农村卫生 Rural Health
新型农村合作医疗 …………………………… (346)
支付制度改革 ………………………………… (346)
全面开展“三合理”检查活动 ……………… (346)
建立技术转诊制度 …………………………… (347)
对口帮扶工作 ………………………………… (347)
建设乡镇卫生院远程会诊系统 ……………… (347)
农村老人健康体检、农村居民健康档案项目 … (347)
乡村医生年度审核工作 ……………………… (347)
医药卫生体制改革 Innovation of Medical System
应邀参加国务院城市公立医院改革座谈会 …… (347)
多项改革举措得到国省肯定 ………………… (347)
探索现代医院管理制度 ……………………… (347)
深化人事薪酬制度改革 ……………………… (348)
建立分级诊疗双向转诊机制 ………………… (348)
健全财政补偿机制 …………………………… (348)
完善药品“三统一”机制 …………………… (348)
健全基本公共卫生绩效考核机制 …………… (348)
加快卫生信息化建设 ………………………… (348)
支持社会资本办医 …………………………… (348)
医疗联合体建设 ……………………………… (348)
开展医师多点执业 …………………………… (348)
外联上挂提升服务能力 ……………………… (349)
中医药事业管理 Management of Traditional Chinese Medicine
提升中医药基层能力 ………………………… (349)
中医药人才队伍建设 ………………………… (349)
行风建设 Style Construction
商业贿赂治理工作 …………………………… (349)
树立优秀典型传递行业正能量 ……………… (349)
全市医疗卫生概况 Health Status of The City
卫生机构 ……………………………………… (349)
床位数 ………………………………………… (349)
人员数 ………………………………………… (350)
医疗服务情况 ………………………………… (350)
食品药品监管 Food and Drug Administration
概况 …………………………………………… (350)
巩固和完善食品药品安全长效机制 ………… (350)
食品药品安全示范创建活动 ………………… (351)
电子监管平台建设 …………………………… (351)
食品药品专项整治 …………………………… (351)
食品生产经营监管 …………………………… (352)
餐饮服务食品安全监管 ……………………… (352)
药品化妆品生产经营监管 …………………… (352)
医疗器械生产经营监管 ……………………… (352)
食品药品抽验检验 …………………………… (353)
药械不良反应监测与评价 …………………… (353)

体育事业
SANITATION AND SPORTS

综合工作 Comprehensive Work
概况 …………………………………………… (354)
召开全市体育工作座谈会 …………………… (355)
参加市长热线访谈节目 ……………………… (355)
竞技体育 Competition Sports
慰问优秀运动员家属 ………………………… (355)
宝鸡市运动员参加国际赛事创造历史成绩 …… (355)
宝鸡市运动员参加全国大赛取得佳绩 ……… (356)
开展冠军进校园活动 ………………………… (356)
宝鸡市获第一届全国青年运动会参赛资格 …… (356)
举办2014年全国青年游泳锦标赛 …………… (356)
举行全国射击（女子手枪）锦标赛 ………… (356)
举行市十一运会年度赛 ……………………… (357)
召开校园足球工作座谈会 …………………… (357)
表彰后备人才先进单位和个人 ……………… (358)
召开市射击射箭项目发展座谈会 …………… (358)
评估高水平后备人才基地 …………………… (359)
召开校园足球工作总结表彰会 ……………… (359)
群众体育 Mass Sports
举行万人长跑活动 …………………………… (360)
宝鸡被命名为全国全民健身示范城市 ……… (360)
举行全民健身体育志愿者进社区大拜年活动 … (360)
举行“庆三八·迎省运”活动 ……………… (360)
承办全国“羽林争霸”2014红牛城市羽毛球赛 ……………………………………………… (360)

举行“百合杯”乒乓球赛 …………………… (360)
举行市老体协成立30周年庆祝活动 …………… (361)
举办2014年全国残疾人射击锦标赛 …………… (361)
举行第六届全市体育健身大会 ………………… (361)
举办“谁是球王”中国足球民间争霸赛陕西赛区海选赛 …………………………………… (361)
市政协委员视察全民健身工作 ………………… (361)
举办市第二十一届木兰拳比赛 ………………… (361)
举办第23届中华杯B组足球比赛 …………… (362)
开展中国足球元老进校园活动 ………………… (362)
承办陕西省政协系统乒乓球友谊比赛 ………… (362)
举办全省工商系统乒乓球比赛 ………………… (362)
举办第四届社区运动会 ……………………… (362)

体育设施　Sports Facilities

实施城乡体育惠民工程 ……………………… (362)
高新区生态体育公园开园 …………………… (362)

体育产业　Sports Industry

召开体育彩票发行销售工作表彰大会 ………… (363)
宝鸡体彩大乐透中出6317万元巨奖 ………… (363)
宝鸡体彩销量创历史新高 …………………… (363)
开展体育场馆经营活动 ……………………… (363)

社会生活
SOCIAL LIFE

居民生活　Resident Life

概况 ……………………………………………… (364)
城镇居民收入 ………………………………… (364)
城镇居民消费 ………………………………… (364)
农村居民收入 ………………………………… (365)
农村居民消费 ………………………………… (365)

民族·宗教　Nation and Religion

概况 ……………………………………………… (366)
筹备第27届世佛联大会 ……………………… (366)
举办中国宝鸡陇县·龙门洞道文化论坛 ……… (367)
民族经济社会事业 …………………………… (367)
依法管理宗教事务 …………………………… (367)
民族宗教领域社会和谐稳定 ………………… (367)

老龄工作　Aging Work

概况 ……………………………………………… (367)
加快社会化养老 ……………………………… (367)
开展多项老年活动 …………………………… (368)
落实离退休干部两项待遇 …………………… (368)
为老年人送温暖办实事 ……………………… (369)
宣传老年工作 ………………………………… (369)
老年社团工作 ………………………………… (369)

关心下一代工作　The Work of Caring for Youngsters

概况 ……………………………………………… (371)
“立德·读书育人”活动 ……………………… (371)
“老少共筑中国梦”活动 ……………………… (372)
“弘扬好家风”活动 …………………………… (372)
青少年法制教育 ……………………………… (372)
关爱青少年特殊群体 ………………………… (373)
创建关心下一代工作新载体 ………………… (373)
创建“五好”关工委 …………………………… (373)
宝鸡市关心下一代工作功勋奖评选 ………… (374)
宝鸡市关心下一代工作委员会领导成员 …… (374)

残疾人工作　The Handicapped

概况 ……………………………………………… (374)
连续第八年为全市残疾人办好十件实事 …… (374)
实施残疾人千户万人缩距奔小康工程 ……… (375)
争取完善惠残政策 …………………………… (375)
全市残疾人体育工作取得新突破 …………… (375)
树典立样弘扬社会正能量 …………………… (375)
全面加强残疾人各专门协会工作 …………… (376)
宝鸡市残疾人联合会领导成员 ……………… (376)

县区概况
GENERAL SITUATION OF DISTRICTS AND SUBURBAN COUNTIES

金台区　Jintai District

概况 ……………………………………………… (377)
现代农业提质增效 …………………………… (378)
工业经济稳步增长 …………………………… (378)
第三产业提速发展 …………………………… (378)
130个区级重点项目全面完成 ……………… (378)
城乡建设加速推进 …………………………… (378)
社会保障覆盖率达91% ……………………… (378)
东岭集团总收入突破750亿元 ……………… (379)
加大全国文明城市创建力度 ………………… (379)
渭河卧龙寺水毁堤防工程竣工 ……………… (379)
率先推行大气污染防治网格化管理 ………… (379)
东岭村举办全国经济强村峰会 ……………… (379)
第五大道东扩工程全面完工 ………………… (379)
全市首批家庭农场诞生 ……………………… (379)
旅游黄金周接待游客50万人次 ……………… (379)
西北最大的儿童职业体验馆开馆运营 ……… (380)
荣获“陕西省双高双普区”称号 …………… (380)
首个少年科普馆落户三迪小学 ……………… (380)
《金台区志》率先通过终审 ………………… (380)
“星耀香江”亚洲青少年艺术人才盛典获殊荣 ……………………………………………… (380)
金台籍选手王铮年内两度夺冠 ……………… (380)
举办首届农民门球邀请赛 …………………… (380)
卫生计生服务能力提升 ……………………… (380)
全市首家社区“托老所”诞生 ……………… (381)
成功创建全省首批社会组织管理创新示范区 … (381)

金台区委、区人大、区政府、区政协领导成员 ……………………………………………… (381)
渭滨区 Weibin District
概况 ……………………………………………… (381)
农林牧渔业实现增加值 4.179 亿元 ………… (382)
落实招商合同项目 85 个 ……………………… (382)
商贸服务提档升级 ……………………………… (382)
加快城乡基础建设 ……………………………… (382)
改善城市生态环境 ……………………………… (383)
社会保障日趋完善 ……………………………… (383)
加强机关建设 …………………………………… (383)
规模以上工业实现增加值 182.47 亿元 ……… (383)
推动文旅互动发展 ……………………………… (383)
推进劳动就业 …………………………………… (383)
各类学校招生良好 ……………………………… (383)
落实教育资助金 1213.79 万元 ……………… (384)
争取科技项目资金 1439 万元 ………………… (384)
卫生事业稳步发展 ……………………………… (384)
体育比赛成绩优异 ……………………………… (384)
社会保障覆盖率达 98.2% …………………… (384)
创立渭滨农村商业银行 ………………………… (384)
探索发展互联网产业 …………………………… (384)
社区管理服务区域网格融合对接成效显著 ……………………………………………… (384)
青少年机器人竞赛取得好成绩 ………………… (385)
实现社区电子阅览室全覆盖 …………………… (385)
渭滨区救助中心成立 …………………………… (385)
投入 189 万元改善小区安全设施 …………… (385)
为搬迁移民免费安装太阳能热水器 1120 套 ……………………………………………… (385)
渭滨区委、区人大、区政府、区政协领导成员 ……………………………………………… (385)
陈仓区 Chencang District
概况 ……………………………………………… (385)
工业经济平稳增长 ……………………………… (386)
城市化进程加快 ………………………………… (386)
“双创双迎”工作扎实推进 …………………… (386)
现代农业发展成效显著 ………………………… (386)
加快服务业项目建设 …………………………… (386)
引进项目 84 个 ………………………………… (387)
城乡一体化步伐加快 …………………………… (387)
人民幸福指数不断提高 ………………………… (387)
深化绿色陈仓建设 ……………………………… (387)
办理网民投诉咨询 438 条 …………………… (387)
完善“三公”经费管理 ………………………… (387)
领导视察调研 …………………………………… (387)
全省首家“省级有机农业示范基地”创建成功 ……………………………………………… (388)
2 所学校荣获“陕西最美校园”称号 ………… (388)
香泉镇被授予“宝鸡市白皮松苗木繁育基地”称号 ……………………………………………… (388)
西洽会签约 149 亿元 ………………………… (388)
“三下乡”活动启动仪式在陈仓区举行 ……… (388)
为川塬镇（街）发放公务自行车 179 辆 …… (388)
举行丘陵山区高新农业机械演示会 ………… (389)
全国残疾人射击锦标赛开赛 ………………… (389)
西虢文化广场建成投用 ……………………… (389)
《社火—脸谱大师的传奇》在陈仓剧院举行首发式 ……………………………………… (389)
三个镇列入全国重点镇 ……………………… (389)
6.5 万居民喝上了放心水 …………………… (389)
成功举办宝鸡第一届青岛啤酒节 …………… (389)
陈仓苹果再次获奖 …………………………… (389)
首个村史馆建成并对外开放 ………………… (389)
新增集中供热面积 100 多万平方米 ………… (390)
陈仓区委、区人大、区政府、区政协领导成员 ……………………………………………… (390)
陇县 Long County
概况 ……………………………………………… (390)
项目建设和招商引资取得重大突破 ………… (391)
城镇建设加快 …………………………………… (391)
规模以上工业实现产值 36.84 亿元 ………… (391)
现代农业提质增效 ……………………………… (391)
第三产业日益繁荣 ……………………………… (391)
推进行政体制改革 ……………………………… (392)
社会事业全面发展 ……………………………… (392)
提升民生保障水平 ……………………………… (392)
省市领导视察调研 ……………………………… (392)
党的群众路线教育实践活动整改问题 6895 条 ……………………………………………… (393)
荣获“国家绿色核桃生产标准化示范区”称号 ……………………………………………… (393)
举办中国宝鸡陇县·龙门洞道文化论坛 ……… (393)
8 人获“最美宝鸡人”称号 …………………… (393)
首家农村商业银行成立 ……………………… (393)
《陇县志（1990—2010）》通过终审 ………… (394)
开展评选“陇县美德少年”活动 ……………… (394)
国家三类城市语言文字工作达标 …………… (394)
关山草原风景区创建为国家 4A 级景区 …… (394)
“双高双普”工作通过省政府评估考核 ……… (394)
农村养老保险领取实现镇级全面覆盖 ……… (394)
开展“邀请公民代表走进县政府”活动 ……… (394)
实验幼儿园开园 ……………………………… (395)
成功创建为“国家慢性病综合防控示范区” … (395)
陇县县委、人大、政府、政协领导成员 ……… (395)
千阳县 Qianyang County
概况 ……………………………………………… (395)
现代农业发展 …………………………………… (395)
国家矮砧苹果综合标准化示范区建设 ……… (396)
工业环保 ……………………………………… (396)

项目建设 …………………………………………（396）
城乡交通 …………………………………………（397）
学前教育 …………………………………………（397）
开展文化先进县创建 ……………………………（397）
旅游发展 …………………………………………（397）
建成国家一级看守所 ……………………………（398）
农村居改 …………………………………………（398）
保障性住房建设 …………………………………（398）
农村办起互助幸福院 ……………………………（398）
农村卫生院辖区内门诊医疗费实现互通报销 ………………………………………………（398）
党风廉政建设 ……………………………………（398）
开展最美千阳人评选活动 ………………………（398）
千阳县委、人大、政府、政协领导成员 ………（399）

凤翔县 Fengxiang County

概况 ………………………………………………（399）
应急办荣膺全省应急管理先进单位 ……………（399）
农民张芝娟获全国种粮售粮大户称号 …………（400）
获全省残疾人工作示范县称号 …………………（400）
举行“王延安教育筑梦基金”启动仪式 ………（400）
西凤酒品牌价值位列中国白酒行业第五位 ……（401）
重奖金融支持地方经济发展先进单位 …………（401）
长青工业园“七大项目”集中开工 ……………（401）
县域首家农村幸福院挂牌成立 …………………（401）
举办首届青年科技新星暨科技进校园活动 ……（401）
百万元奖补村级阵地建设 ………………………（401）
凤翔泥塑成功申请地理标志证明商标 …………（401）
全省首家县级法学会成立 ………………………（401）
举办“丝路行·雍州情”凤翔首届商贸文化博览会 ………………………………………………（402）
东湖柳浪等3景点跻身“宝鸡新八景” ………（402）
首届劳动模范受表彰 ……………………………（402）
雍城大剧院月月有秦腔，周周有电影 …………（402）
果农王雨嘉、曹铭元被评为首批全省高级职业农民 ………………………………………………（402）
《凤翔县书画作品集》发行 ……………………（402）
凤翔县医院远程会诊中心启用 …………………（402）
国家农业综合开发办检查验收农业综合开发项目 ………………………………………………（402）
举办“庆七一”廉政灯谜大家猜活动 …………（403）
获全省安全文化建设示范县称号 ………………（403）
柳林镇列入全国重点镇名单 ……………………（403）
首届道德模范表彰大会召开 ……………………（403）
凤翔学生喜获全国青少年艺术竞赛金蛙奖 ……（403）
县救助站获国家三级救助管理站称号 …………（403）
凤翔小伙走上《星光大道》 ……………………（403）
孙应祥获“全国优秀教师”称号 ………………（403）
开展首个烈士纪念日公祭活动 …………………（403）
凤翔豆花泡馍被评为宝鸡十大美食之一 ………（404）
凤翔县档案馆晋升国家二级综合档案馆 ………（404）
凤翔县在第十五届世界华人学生作文大赛中获佳绩 ………………………………………………（404）
获省级平安建设先进县称号 ……………………（404）
民间文艺作品获省级奖项 ………………………（404）
杨全文作品获省小戏小品大赛二等奖 …………（404）
凤翔兔获农高会“金兔奖” ……………………（405）
凤翔中学延安体育馆开馆 ………………………（405）
凤翔县在第十四届全国多媒体课件大赛中获佳绩 ………………………………………………（405）
开展“千名干部进百村扶贫帮困送温暖”活动 ………………………………………………（405）
农民张子君自创“墙皮画” ……………………（405）
投资9.64亿元办十件惠民实事 …………………（405）
《重修凤翔县志》整理校注出版 ………………（405）
凤翔县委、人大、政府、政协领导成员 ………（406）

岐山县 Qishan County

概况 ………………………………………………（406）
经济发展质量稳中向好 …………………………（406）
项目建设成效显著 ………………………………（407）
城乡面貌得到改善 ………………………………（407）
社会事业平稳发展 ………………………………（407）
持续开展“和谐岐山建设提升年”活动 ………（407）
上级领导到岐山视察调研情况 …………………（407）
上官吉庆慰问道德模范董彩霞和困难老党员 …（408）
张海建做客新华网 ………………………………（408）
落星湾国家湿地公园通过国家林业局审查 ……（408）
机械智能控制系统生产建设项目合同签订 ……（408）
中国残疾人福利基金会检查验收“集善嘉年华”项目 ……………………………………（408）
开展多项助学帮困活动 …………………………（409）
全国周公后裔代表寻根祭祖 ……………………（409）
全国周文化景区精品旅游线路专家研讨会召开 ………………………………………………（409）
全市三项工作现场会在岐山召开 ………………（409）
“西洽会”岐山县引资114亿元 ………………（409）
农业产业化项目签约 ……………………………（410）
各地宗亲到岐山寻根祭祖 ………………………（410）
1号店·特产中国·岐山馆开馆 ………………（410）
《诸葛亮》特种邮票在岐山首发 ………………（410）
郭帅亚运会上夺得金牌 …………………………（410）
举行烈士纪念园落成仪式暨烈士纪念日公祭活动 ………………………………………………（410）
岐山县与西农大签订四项合作协议 ……………（411）
“2014暖冬行动”走进岐山慰问 ………………（411）
岐山县委、人大、政府、政协领导成员 ………（411）

扶风县 Fufeng County

概况 ………………………………………………（411）
经济总量稳中有增 ………………………………（411）
招商引资、项目建设加力提速 …………………（412）
城乡建设步伐加快 ………………………………（412）

县城夜景照明工程获国家照明行业最高奖项 …… (412)
绛法高速公路建成通车 …… (412)
第 27 届世界佛教徒联谊会在扶风县举行 …… (412)
法门寺佛文化景区成功创建国家 5A 级景区 …… (413)
法门佛光入选“宝鸡新八景” …… (413)
首届祭拜伏波将军马援大典举行 …… (413)
《走进扶风这里不仅仅有法门寺》旅游专题片播出 …… (413)
国家级小麦良种繁育标准化示范区建成 …… (413)
加强生态环境治理 …… (413)
七星河国家湿地公园一期工程建设项目启动 …… (413)
社会事业持续提升 …… (414)
扶风进入“全国 2014 民生改善优秀示范城市”行列 …… (414)
通过国家卫生县城复审 …… (414)
推进精神文明建设 …… (414)
荣获省级“双高双普县”称号 …… (414)
社会主义新农村档案工作示范县创建成功 …… (415)
全国环艺书画展在扶风县举行 …… (415)
传统文化公益频道《文明之窗》开播 …… (415)
扶风学生苟帅琪勇救落水人员被评为“陕西好人” …… (415)
举办《百姓问政》节目 …… (415)
公务自行车骑出干部好作风 …… (415)
各级领导到扶风视察调研情况 …… (415)
扶风县委、人大、政府、政协领导成员 …… (415)
眉县　Mei County
概况 …… (416)
中央第五巡回督导组参加指导眉县县委常委班子专题民主生活会 …… (416)
创新社会治理模式开展“三进五解决”活动 …… (417)
市委号召广大党员向耿永红学习 …… (417)
400 位眉县籍知名人士回乡参加“情系眉县　感恩桑梓”活动 …… (417)
首善镇民房被火灾烧毁干群关爱送温暖 …… (417)
宝鸡市暨眉县烈士公祭活动在扶眉战役烈士陵园举行 …… (418)
农业生产保持平稳 …… (418)
4 个猕猴桃产业项目落户眉县 …… (418)
眉县推广节水灌溉面积 13.3 万亩 …… (418)
上百人北坡植新绿 …… (418)
工业发展明显加快 …… (418)
眉县砖机沿“新丝路”出口乌兹别克斯坦 …… (419)
陕西省政府批准眉县科技工业园升级为省级经济技术开发区 …… (419)
宝鸡·中国钛谷 6 户钛材企业率先投产 …… (419)
眉县煤炭物流园显露雏形 …… (419)
眉县 8 个 4A 级项目开工 …… (419)
玉全集团造出搬砖机器人 …… (420)
旅游产业强势推进 …… (420)
宝鸡市文化旅游节暨太白山开园文化活动周开幕 …… (420)
太白山“五一”旅游接待创历史新高 …… (420)
太白山水上世界对外开放 …… (420)
太白山滑雪场建成 …… (421)
太白山国家森林公园获全市首家陕西服务名牌殊荣 …… (421)
眉县旅游再获殊荣 …… (421)
眉县滨河新区逸城渭水乐园“过山车”“摩天轮”通过安全检测 …… (421)
太白山景区举办首届露营登山大会 …… (421)
推进城乡一体化 …… (421)
眉县投资 8000 万元打造汤峪河生态美景 …… (422)
招商引资再创新高 …… (422)
眉县打造超亿美元外贸强县 …… (422)
项目建设实行效能问责 …… (422)
太白山系列文化活动好戏连台 …… (422)
太白山祈雨铁碑失而复得 …… (423)
眉县营头镇万霞村村民自费修建伟人纪念堂 …… (423)
眉县常兴镇发现一座汉代古墓 …… (423)
眉县 400 名孔子后裔祭奠先祖 …… (423)
45 辆垃圾转运车眉县上岗 …… (423)
眉县加快美化高铁沿线村容村貌 …… (424)
眉县获省级文明县城称号 …… (424)
眉县交警大队将 300 顶头盔免费发放给摩托车驾驶人 …… (424)
眉县车管所再获全国优秀 …… (424)
眉县凤泉路渭河大桥建成通车 …… (424)
眉县县委、人大、政府、政协领导成员 …… (424)
麟游县　Linyou County
概况 …… (425)
开展转作风接地气惠民生活动 …… (426)
加强全民健身基础设施建设 …… (426)
领导调研 …… (426)
实现学前教育全覆盖 …… (426)
千亩无公害蔬菜成熟上市 …… (426)
出土宋金文物 17 件 …… (427)
“廉政文化三秦行”走进麟游文艺巡演举行 …… (427)
完成人工造林 1.4 万亩 …… (427)
新增市级“一站式”定点医疗机构 11 家 …… (427)
推进部门预决算及“三公经费”公开 …… (427)
实施安全监管网格化 …… (427)
加大民生项目投入力度 …… (428)
麟游县被列为“爱心包裹”项目县 …… (428)
崔西公路改建工程建成通车 …… (428)
投入 2300 万元支持现代农业发展 …… (428)
推行“五个不出村”社会养老保险机制 …… (428)

县中学荣获“首届陕西最美中学20强”称号 ……（428）
麟游县境内出现强降雨 ……（428）
县档案馆通过“国家三级档案馆”测评验收 ……（429）
《麟游县志（1990—2010）》通过终审 ……（429）
全市青少年比赛中再创佳绩 ……（429）
扶贫开发工作取得显著成效 ……（429）
工业园区建设迈入新阶段 ……（429）
兑现“三无户”及困难群众建房款894万元 ……（429）
麟游县委、人大、政府、政协领导成员 ……（429）
太白县 Taibai County
概况 ……（429）
招商引资与争取资金再创新高 ……（431）
农业产业实现园区化转型升级 ……（431）
休闲旅游产业快速发展 ……（431）
林特水产业彰显特色 ……（431）
引进多种新型农用机械 ……（431）
“慢城”新姿初步显现 ……（431）
推进田园镇村建设 ……（431）
暖居工程卓有成效 ……（431）
“环境整治”“绿化提升”两项工程取得显著成效 ……（431）
社会保障提标扩面 ……（432）
新农村建设提档升级 ……（432）
省级生态县通过检查验收 ……（432）
太白县荣获中国绿色生态蔬菜十强县殊荣 ……（432）
现代农业园区建设 ……（432）
桃川朝邑蔬菜制种示范园发展壮大 ……（432）
石头河国家湿地公园通过国家林业局考察验收 ……（432）
太白县建成宝鸡市首个蓝莓基地 ……（432）
实现虹膜生物技术精准认证全覆盖 ……（433）
黄菜花种植专业合作社荣获“中国50佳合作社”称号 ……（433）
桃川镇獭兔养殖协会获中国“基层科普行动计划”表彰 ……（433）
湑水河秦岭细鳞鲑人工繁殖获得重大成果 ……（433）
太白县荣获亚洲金旅奖成为中国十佳生态旅游目的地 ……（433）
太白县成功入选西部地区生态文明示范工程试点县 ……（433）
青峰峡国家森林公园成功获评国家4A级旅游景区 ……（433）
太白县荣获全国义务教育发展基本均衡县称号 ……（434）
太白县实现镇气象工作站全覆盖 ……（434）
陕西太白黄金矿业责任有限公司在职业技能竞赛中获多项殊荣 ……（434）
太白高山蔬菜走进宝商超市 ……（434）
黄柏塬村获两项殊荣 ……（434）
推进农民体育健身工程 ……（434）
太白县免费为贫困残疾人发放辅助器具 ……（434）
黄柏塬镇海棠河、大箭沟先后发现2只大熊猫 ……（435）
全市运动会上太白运动员取得好成绩 ……（435）
太白县老干部活动中心获得省级示范中心称号 ……（435）
太白县荣获全省学前教育三年行动计划先进县称号 ……（435）
太白县教育信息化走在全省前列 ……（435）
村民代代护古松 ……（435）
党的群众路线教育实践活动取得实效 ……（435）
太白县委、人大、政府、政协领导成员 ……（435）
凤县 Feng County
概况 ……（436）
加速推进工业经济转型 ……（437）
特色农业快速发展 ……（437）
提升旅游产业质量 ……（437）
项目建设扎实推进 ……（437）
招商引资成效显著 ……（437）
持续推进生态文明建设 ……（437）
社会事业稳步推进 ……（438）
打造“秦岭花谷”升级版 ……（438）
凤县荣膺“中国最美文化生态旅游名县”称号 ……（438）
凤县参加2014陕西春季营销大会 ……（438）
凤县荣获“影响世界的中国文化旅游名县”称号 ……（438）
凤县举行“秦岭与黄河对话”之取水嘉陵江活动 ……（438）
凤县参展2014中国·宝鸡创业博览会 ……（438）
“通天河杯”第五届汽摩大赛暨户外露营节举行 ……（439）
央视《远方的家》在凤县拍摄 ……（439）
凤县羌舞亮相十五届省运会开幕式 ……（439）
凤县举办2014年“凤县杯”钓鱼大赛 ……（439）
凤县羌族舞蹈《羊皮鼓舞》获“山花奖”银奖 ……（439）
凤县入列全国县级文明城市提名城市 ……（439）
古凤州金秋红叶观赏节暨羌历新年庆典 ……（439）
凤县举办“穿越大秦岭”汽车集结赛新闻发布会 ……（439）
凤县消灾寺景区跻身国家4A级旅游景区 ……（440）
凤县创建为西北首个国家生态县 ……（440）
秦岭云顶冰上乐园开园迎宾 ……（440）
凤县启动扶贫托底工程 ……（440）
凤县汽车客运站开工建设 ……（440）
凤县县城新水源供水工程通水 ……（440）

凤县人民政府门户网站手机版正式上线 ……… (440)
凤县检察院获"全省人民满意的政法单位标兵"称号 …… (440)
央视聚焦凤县林麝 …… (441)
中国红色文物保护专项基金会考察凤县革命纪念馆项目 …… (441)
陕西省侨联向凤县捐赠60万元助听器 …… (441)
凤县第一家3D影院试营业 …… (441)
凤唐苹果喜获殊荣 …… (441)
凤县第四届机关运动会 …… (441)
嘉陵江沿线10城市联袂寻找"最美女儿" …… (441)
凤县举行烈士公祭活动 …… (441)
凤县举行第五届儿童"挑花灯·赛花灯"活动 …… (441)
西安至凤县"星旅号"旅游专列首发 …… (442)
免费WIFI信号县城全覆盖 …… (442)
凤县首期基层党组织书记专题培训班开班 …… (442)
90辆"爱心助考车"为凤县考生保驾护航 …… (442)
凤县"风电观光"景点对外开放 …… (442)
"凤县映象"文学笔会成功举办 …… (443)
国家安监总局检查指导凤县金属非金属矿山安全生产工作 …… (443)
陕西省文化界专家到凤县考察中国铁路博物馆建设工作 …… (443)
《凤县革命纪念馆布展方案》通过评审 …… (443)
凤县举办《百姓问政》节目 …… (443)
省、市领导到凤县调研 …… (443)
凤县县委、人大、政府、政协领导成员 …… (444)

人物·荣誉榜
CHARACTER AND HONORS LIST

获国家、省级表彰　State and Provincial Level Commendation
2014年度宝鸡市各县区获得陕西省省委、省政府以上表彰奖励情况一览表 …… (445)
2014年度宝鸡市市直部门（单位）获得陕西省省委、省政府以上表彰奖励情况一览表 …… (447)
国家级荣誉　National Honor
2014年度全国妇幼健康服务工作先进集体 …… (450)
2014年度全国妇幼健康服务工作先进个人 …… (450)
第三批国家慢性病综合防控示范区 …… (450)
2014年度全国疾病预防控制工作先进集体 …… (450)
2014年度全国妇幼健康技能竞赛妇女保健项目个人三等奖 …… (450)
2014年度全国残联系统先进工作者 …… (450)
2014年度全国优秀教师 …… (450)
2014年度全国高校优秀思想政治教育工作者 …… (450)
省级荣誉　Provincial Honor
陕西省第一届"十大修志能手" …… (450)
第四届陕西省"人民满意的公务员" …… (450)
2014年度省级文明机关 …… (450)
2014年度省级文明村镇 …… (450)
2014年度陕西省优秀教师 …… (450)
2014年度陕西省教育系统办公室工作先进工作者 …… (450)
2014年度陕西省深化医药卫生体制改革工作先进集体 …… (450)
2014年度陕西省市（区）卫生工作优秀等次 …… (450)
2014年陕西省卫生计生政务信息报送先进单位 …… (450)
2014年省级慢性病综合防控示范县 …… (450)
2014年度陕西省"明星护理科室" …… (450)
2014年度陕西省"百名护理之星" …… (450)
2014年度省级卫生先进单位 …… (450)
2014年度陕西省直属机关优秀党务工作者 …… (450)
2014年度"陕西省优秀共青团干部" …… (451)
市级荣誉　City Honor
荣获陕西省第十五届运动会各项称号 …… (451)
荣获第十七届亚洲运动会荣誉 …… (451)
2014年度宝鸡市招商引资先进单位 …… (451)
2014年度宝鸡市争取中省资金工作先进单位 …… (451)
2014年度宝鸡市重点项目建设先进单位 …… (451)
2014年度宝鸡市工业发展先进单位 …… (451)
2014年度宝鸡市纳税先进企业 …… (452)
2014年度宝鸡市金融业支持地方发展先进单位 …… (452)
2014年度宝鸡市目标责任考核优秀单位 …… (452)
2014年宝鸡市承办陕西省第十五届运动会工作先进单位和先进个人 …… (453)
2014年度宝鸡市服务保障第27届世佛联大会工作先进单位和先进个人 …… (453)
2014年宝鸡市城市环境整治工作先进单位和先进个人 …… (453)
宝鸡市创建第四届全国文明城市工作先进单位和先进个人 …… (454)
2014年宝鸡市农业农村和统筹城乡发展工作先进单位 …… (455)
2014年宝鸡市新农村建设五星村 …… (456)
2014年度宝鸡市调研工作先进单位 …… (456)
2014年度宝鸡市优秀调研成果 …… (456)
2014年度宝鸡市平安建设示范区、平安镇（街）、平安村（社区）、平安单位 …… (458)
2014年度宝鸡市维稳工作先进县区、社会稳定风险评估工作先进县区和维稳工作先进单位、先进个人 …… (459)

2014 年度宝鸡市人民群众满意的政法单位、政法干警 …………………………………………（459）

文件选录
FILE · REGULATION

文件 File

中共宝鸡市委关于全面推进各项改革的实施意见 ……………………………………………………（460）
中共宝鸡市委宝鸡市人民政府
关于进一步加强督促检查推动工作落实的意见 ……………………………………………………（465）
中共宝鸡市委宝鸡市人民政府
关于进一步加强社会组织管理的意见 ………（467）
中共宝鸡市委宝鸡市人民政府
关于建立健全百姓问政制度的意见 …………（468）
中共宝鸡市委宝鸡市人民政府
关于命名宝鸡市十大美丽乡村的决定 ………（469）
宝鸡市人民政府关于推进信息化和工业化深度融合的意见 …………………………………………（470）
附件：宝鸡市两化深度融合重点项目汇总表 …（473）

统计资料
STATISTICAL DATA

全市非私营单位分行业在岗职工平均工资 ……（476）
全市非公有制经济增加值 ……………………（477）
分县区非公有制经济增加值 …………………（477）
规模以上工业总产值 …………………………（478）
保险事业 ………………………………………（478）
2014 年税收收入统计表 ……………………（479）
全市财政收支情况 ……………………………（479）
地区生产总值及构成 …………………………（480）
全市工业主要产品产量 ………………………（481）
全市耕地面积 …………………………………（482）
分县区粮食油料产量 …………………………（483）
全市主要农作物播种面积和产量 ……………（483）
全社会固定资产投资完成情况 ………………（484）
全市人口情况 …………………………………（484）
2014 年全市人口出生、死亡、自增等情况统计表 ……………………………………………………（485）
2014 年全市计生率、出生率、增长率、性别比等情况统计表 ……………………………………（485）
全市物价指数 …………………………………（486）
全市分行业用电情况 …………………………（487）
“四上”及房地产法人单位户数 ……………（487）
全市各县区财政支出情况 ……………………（488）
全市各县区财政收入情况 ……………………（489）
分县区地区生产总值 …………………………（490）

大 事 记
CHRONICLE EVENTS

2014 年宝鸡市大事记 …………………………………（491）

索　　引
INDEX

说明 ……………………………………………………（508）

彩色插页
（页码单编）
COLOURED INSERT

特辑 Speciai Edition ……………………………（6—32）

县区大视野 County and District High Coveraga

宝鸡市西部山区建设委员会 ……………………（33）
渭滨区 …………………………………………………（34）
金台区 …………………………………………………（36）
陈仓区 …………………………………………………（38）
凤翔县 …………………………………………………（40）
岐山县 …………………………………………………（42）
蔡家坡经济技术开发区 …………………………（44）
渭滨工业基地 ………………………………………（46）

国企风采 State Owned Enterprise Mien

中国联通宝鸡市分公司 …………………………（47）
陕西西凤酒厂集团有限公司 ……………………（48）
陕西法士特汽车传动集团 ………………………（49）
陕西汽车控股集团有限公司 ……………………（50）
宝鸡天健医药有限公司 …………………………（51）
宝鸡卷烟厂 …………………………………………（52）
中铁宝桥集团有限公司 …………………………（53）
陕西北方动力有限责任公司 ……………………（54）
宝鸡供电局 …………………………………………（55）
中国工商银行股份有限公司宝鸡分行 ………（56）
宝鸡市食品总公司 ………………………………（57）
中国农业银行股份有限公司宝鸡分行 ………（58）
宝鸡市第二建筑工程有限责任公司 …………（59）
中国建设银行股份有限公司宝鸡分行 ………（60）
宝鸡市建筑材料总公司 …………………………（61）
中国银行股份有限公司宝鸡分行 ……………（62）
陕西凌云电器集团有限公司 ……………………（63）
陕西郭家河煤业有限责任公司 ………………（64）
城市风光 ……………………………………………（66）

把握新常态　聚力新突破
努力走在建设“三个陕西”前列

在市委十一届七次全体（扩大）会议上的报告

中共宝鸡市委书记　上官吉庆

（2014年12月29日）

现在，我受市委常委会委托，向全会报告工作，请各位委员和同志们提出意见和建议。

一、团结奋进、攻坚克难，经济社会发展取得明显成效

今年是宝鸡发展进程中很不寻常的一年，是我们在大事难事面前经受住考验，在复杂局面中稳中求进、改革创新的一年。一年来，市委常委会认真贯彻落实中央和省委的决策部署，总揽全局、协调各方，坚定不移抓好“做大总量、做优质量”两大要务，团结带领全市干部群众锲而不舍转作风，凝心聚力抓发展，全市经济社会呈现出持续稳步发展的良好势头。

（一）常委会班子以上率下，教育实践活动扎实深入。市委常委会把教育实践活动作为今年党建工作的头等大事，坚持把学习教育、征求意见、整改落实贯穿始终。在“规定动作”做到位的同时，创新性地开展“三学两议一强化”“向中央基准看齐、向基层群众学习”等系列活动，用理论理想、党章党纪、民心民声、先辈先进“四面镜子”深查思想、细照言行、笃行宗旨；开展五轮征求意见，通过以上率下查摆、百姓问政聚焦、隐性问题暗访、突出问题追根，全市各级征求原始意见建议21万多条；对标“三严三实”开好市委常委班子专题民主生活会，在市委做出样子之后，层层传导压力，对县区、部门专题民主生活会，由市委常委主持，逐人作批评式点评，对质量不高的当场叫停；把思想上“深改”、作风上“快改”与工作上“实改”结合起来，对市委常委会确定的49项整改任务尤其是28个专项整治，强化交办、督办、问责，建立整改账、发布“红黑榜”，加大督导问效。同时，持之以恒落实中央八项规定精神，弛而不息整治“四风”问题，加大明察暗访力度，对违反纪律规定的人和事通报曝光、严肃问责，持续释放执纪必严的信号；扎实开展“万名群众评议百名科长”“十大惠民政策十大民生项目落实”“革除十大陋习”等专项整治，以钉钉子精神抓好落实，为群众解难题、办实事11036件，市委常委班子具体整改任务和制度建设计划已完成80%以上，市人大常委会、市政府、市政协领导班子和县级领导班子整改事项完成率均超过75%；修订完善了《市委工作规则》等21项制度，建立百姓问政、新提任科级干部财产申报公示、基层群众办事干部代办等制度，初步形成了抓作风建设的常态化、长效化机制，全市教育实践活动群众满意度位居全省前列。

（二）坚定不移做大总量、做优质量，经济发展稳中有为、稳中有进。坚持以深化改革激发转型活力，在全市开展了“学习贯彻三中全会精神、我们怎么办”大讨论活动，“蹄疾步稳”地推进各项改革。今年提出的八大类101项改革任务基本完成，政府机构改革、工商登记改革、国资国企改革、党的制度建设改革、纪律检查体制改革等取得初步成效。突出下好简政放权“先手棋”，累计下放、取消、精简行政审批事项144项，减少幅度达26.3%，全市新登记各类市场主体、农民专业合作社、家庭农场数量大幅增长，非公经济占比突破50%。坚持以良性投资强化转型支撑，实行招商引资“六条标准”，落实“四个一”机制，招商引资项目数、到位资金额、争取各类资金量持续提升，340个重点项目投资额再创新高，预计全市固定资产投资增速高出全省3个以上百分点。吉利汽车、西部光谷、青岛啤酒工业园等一批项目完成年度投资，千阳环保新材料正在进行设备安装，海螺型材6条生产线已经试产，农夫山泉二期、龙源风电二期等一批项目建成投产，飞雳士轮胎、法士特轻卡变速器等一批新项目签约，既为我们扩投资、稳增长提供了坚实的支撑，也为调结构、转方式预留出更大的空间。坚持以创新驱动引领转型方向，持续深化校地合作和“一把手”进高校院所活动，大力实施人才工作十大工程，强化柔性引进高层次人才，有4名北大、清华博士到我市挂职；支持创新资源向企业聚集，国家钛材产品监督检测中心建成投用，秦川集团有望建成国家级数控磨床技术研究中心，渭滨互联网产业园发展势头良好，全市新增高科技企业10户，宝鸡高新区跻身全国百强产业园区。加大农业科技推广力度，粮食生产在旱情严重的情况下仍然取得较好收成，新命名省、市级现代农业园区45个，初步打响了千阳矮砧苹果、眉县猕猴桃、陈仓有机蔬菜、太白高山蔬菜、陇县奶畜、麟游核桃等品牌。坚持以文化旅游为龙头发展第三产业，法门寺实现我市国家5A级景区“零”突破，太白山5A级景区资源评估通过省级验收，茵香河文化旅游区荣获“中国最具潜力文化产业旅游区”称号，岐山被评为中国千年古县和最美文化生态旅游名县，全市4A级景区数上升为全省第二，年内游客接待量、旅游综合收入增幅接近30%。金融创新持续深化，信贷规模不断扩大，新增7户金融机构；支持发展商贸物流业和开放型经济，“长安号”宝鸡货运专列顺利开通、常态运行，我市对丝绸之路沿线国家贸易增幅超过20%。

（三）以“双创双迎”为带动，新型城镇化加快推进。把“双创双迎”作为提升城市品位、展示宝鸡形象的重要契机，成功举办了第27届世佛联大会和省第十五届运动会，受到中外嘉宾和社会各界一致好评，世佛联、国家宗教局、中国佛教协会和省委、省政府也给予充分肯定，提高了宝鸡的美誉度和影响力；创建全国文明城市工作扎实推进，城市环境面貌、群众文明素养持续提升，国家审核验收准备工作基本就绪；创建全国生态园林城市通过省级验收，为明年接受国家一星级验收打下了良好基础。坚持以城带乡、一体发展，在中心城区建设上，一手抓新区建设，南客站片区、陈仓物流园、科技新城、东岭城市综合体建设高标准推进，蟠龙新区开发全面拉开；一手抓旧城改造，实施163个城市建设管理提升工程，集中供热面积大幅增加，物业管理覆盖率突破60%，缓堵保畅满意度名列全省第一，被网民评为最中国美食城和最干净城市。在统筹城乡发展上，继续集中力量加快建设渭河两岸新型工业园区、现代农业园区、新型居民社区、生态景观示范区，打造渭河沿线统筹城乡示范带。以“打造副中心、重塑蔡家坡”为重点，高起点修编蔡家坡地区总体规划，今年确定的项目全部开工，5个已建成投用，特色产业正在加速聚集。通过开展县镇村争先进位活动，涌现出了一批十强镇、百强村，广泛组织十大美丽乡村评选活动，新农村晋星创建扎实推进，五星村、四星村已达全市行政村总数的52.1%，持续实施农民增收“举措到户”工程，省级重点示范镇、文化旅游街区项目完成年度投资，实现12万人进城落户。在提升交通枢纽地位上，法绛高速改扩建全面完成，连霍高速宝鸡过境线、宝汉高速宝鸡段、宝麟铁路加快建设，一批干线公路和农村公路建成通车，宝鸡机场项目前期工作进展加快，已经上报国家申请立项。

（四）铁腕治污降霾，生态环境持续改善。按照“工业城市中生态最美、生态城市中工业最强”的理念，以创建国家生态市为抓手，横面抓增绿造景、纵向抓治污降霾，倾力打造水润宝鸡、绿色宝鸡、亮丽宝鸡。在大气污染防治方面，率先在全省探索推行网格化管理模式，实施治污降霾 保卫蓝天行动计划，加大“黄标车”、老旧汽车淘汰和燃煤锅炉拆除力度，严把燃煤质量关，狠抓建筑工地扬尘专项整治，截至目前，市区空气质量二级以上天数达到238天，超过省考指标98天，位居关中各市前列。在渭河综合治理方面，突出抓好渭河治污三年行动计划项目落实，加大沿线县区污水处理厂建设和提标改造力度，全市渭河出境水质基本达到省考要求；同时坚持宜水则水、宜绿则绿，因地制宜建设渭河生态走廊，完成了渭河干流新修堤防加固和绿化年度任务。在农村环境综合整治方面，连续两次召开现场会，扎实推进省市综合整治示范村项目，集中治理西宝客专、连霍高速、宝平高速宝鸡段沿线环境，整体工作走在全省前列。全市完成植树造林45.4万亩，公众园林绿化满意率提升到92%，凤县成为西北地区首个国家生态县。

（五）着力改善民生，社会事业取得新的进步。把富民惠民、改善民生作为一切工作的出发点和落脚点，十大领域民生项目共完成投资75.6亿元；率先在全省启动教育现代化先进县（区）创建工作，实施薄弱校改造等项目350个，全市高考成绩再创历史新高，宝鸡职业技术学院跻身省级示范院校行列，扶风县、金台区、陇县荣获全省“双高双普”县称号，大白、千阳被认定为国家义务教育发展基本均衡县；扎实推进医疗卫生综合改革试点，公立医院改革取得新突破，医疗服务能力不断提升；就业创业平稳推进，就业人数稳中有升，职业教育受到人社部表彰；启动失独家庭养老家政服务爱心行动试点，提高城乡居民医保、社会救助保障、企业退休人员养老金、工伤保险保障标准，完善大病救助制度，健全城乡低保动态管理机制，推行丧葬费补助制度，圆满完成了为残疾人办十件实事工作，兴办农村幸福院和养老服务体系建设受到民政部肯定，成为全国和谐社区建设示范城市；建成保障性住房23447套，位居全省前列；实施基层文化场馆提升工程，做到文化器材配送全覆盖，“两馆一站”免费开放实现常态化，城乡群众性文化活动蓬勃开展，凤翔县荣获中国民间文化艺术之乡称号，我市跻身全国全民健身示范城市行列。抓好“三无户”安全住房、整村推进、移民搬迁等扶贫开发六大工程，12.66万人实现了脱贫；坚持把维稳作为第一责任，深化平安宝鸡创建，加快推进社区民警专职化，完善新型立体化社会治安防控体系，创新信访工作机制，加大源头预防，压实积案化解责任，社会稳定风险评估工作得到中省肯定。

（六）坚持从严治党，进一步提高管党治党水平。围绕落实“两个责任”，强化党委领导班子集体责任、主要负责人第一责任和班子成员一岗双责，逐级签订责任书，由市委常委带队对“两个责任”落实情况进行检查，先后举办3期党风廉政建设主体责任培训班，对160多名县级主要领导进行测试，并在全省率先制定实行责任追究《办法》，建立电子台账管理平台，实现了党风廉政建设责任制动态管理、跟踪问效。领导和支持纪委履行好监督责任，坚决查处违纪违法案件，今年1-11月，全市纪检监察机关处置案件线索、立案、结案和给予党政纪处分数量同比增长均超过100%，始终保持反腐高压态势，营造了勤政廉政、干净干事的良好氛围。深入学习领会习近平总书记系列讲话精神，切实加强思想政治建设，市委主要领导和市委常委带头为党员干部讲党课，以自身示范带动基层、影响干部；强化宣传思想工作，大力弘扬社会主义核心价值观，在全市广泛开展进基层社区讲中国故事和寻找最美宝鸡人活动，6人荣登“中国好人榜”，引导全社会形成崇德向善的良好风尚。认真学习贯彻干部选用《条例》，优选、实考、严管干部，制定并推行从严管理干部5+2制度，实施年轻干部培养选拔“六百”工程、实践锻炼“四百”活动，解决干部本领恐慌问题。加强基层服务型党组织建设，扎实开展“升级晋档、科学发展”“在职党员进社区、服务群众零距离”、软弱涣散基层党组织整顿等活动，形成了市、县、镇（街）三级贯通的非公党建工作网络。重视加强民主政治建设，支持人大及其常委会依法履行职责，支持政协围绕团结、民主两大主题履行职能，不断巩固和扩大最广泛的爱国统一战线，为加快发展、转型升级提供了坚强的政治保证。

总的来看，今年大事多、难事多，办成的事也多，尤其是面对“三期叠加”和经济下行压力增大的实际，常委会积极应对、分析研判、统筹指导、主动作为，在全面推进“五位一体”和党的建设各项工作中，发挥了领导核心作用，成绩和亮点值得肯定，体会和收获更值得总结：一年来，我们坚持从严治党，紧紧抓住人这个根本，向中央基准看齐，用“三严三实”标尺律己率下，夯实“两个责任”带好队伍，党风政风为之一新，确保了政治点名合格。一年来，我们坚持把加快发展作为第一要务，坚定不移做大总量、做优质量，深入推进改革开放，预计今年全市完成地区生产总值1630亿元、增长10.8%左右，实现全社会固定资产投资2030亿元、增长21.5%，规模以上工业增加值730亿元、增长12.5%，地方财政收入77.78亿元、增长13%，城乡居民人均可支配收入分别增长9.8%和13%。尤其是招商引资项目数量、到位资金和重点项目投资额均创历年之最，宝鸡整体发展处在全省“第一方阵”，保持加快发展上升通道的态势持续向好。一年来，我们坚持把维护群众利益放在第一位，把转作风、扫“四风”的成效落脚到办实事、惠民生上，迎难而上打好“双创双迎”、治污降霾、扶贫攻坚等一系列硬仗，千方百计为群众办实事、办好事，群众对就业增收、教育文化、扶贫帮困、社会治安等综合满意度持续提升，创近四年最高，特别是群众对干部作风、环境保护的满意度大幅提升，达到86.69%和90.93%，分别比去年提高10.15和7.26个百分点，位居全省前列，宝鸡的对内凝聚力、对外美誉度也同步提升。一年来，常委会坚持以上率下、敢于担当、攻坚克难，特别是在外部环境复杂、各项任务繁重的情况下，各大班子、各级组织、广大党员干部群众和社会各界适应新常态、把握新常态，团结实干、奋力拼搏，推动各条战线、各项工作取得了新的业绩。这些成绩，凝结着大家的心血和汗水，倾注着大家的辛劳和奉献。在此，我代表市委常委会，对全市广大党员干部群众、离退休老干部、企业家、驻宝部队官兵和社会各界人士，致以崇高的敬意，并表示衷心的感谢！

二、认清形势、坚定信心，准确把握新常态下宝鸡发展的阶段性特征

前不久召开的中央经济工作会议指出，要坚持稳中求进工作总基调，以提高经济发展质量和效益为中心，主动适应经济发展新常态。我们要深入分析研究新常态下宝鸡发展的阶段性特征，准确把握全市今后工作的导向和重点，进一步坚定信心，加压奋进，确保在新常态中有新作为、新业绩。

首先，要牢牢把握发展转型新常态。从我市的发展实际看，尤其是对照中央经济工作会议提出的经济新常态“九个特征”“四个转向”来分析，在“三期叠加”的大背景下，我们的经济发展显现出一些新的常态：一是在速

度上，要完成省委提出的打造关天副中心的目标任务，我市经济增速必须高于全省平均水平2个百分点。实现这一速度，投资和工业必须保持高速增长，尤其是工业增速必须高于全省经济增速4个百分点以上。从今年情况看，我市投资保持了高速增长，但工业受国际国内市场波动影响，预计增速只高出全省经济增速2.9个百分点，特别是我市工业占GDP的60%、12户大企业占工业近60%，而12户大企业前三季度工业总产值增长5.7%，低于全市1.2个百分点，工业经济没有走出随大企业集团波动而起落的局面，培植增量、多点支撑、转型升级的任务很重。二是在结构上，一产方面，我市的粮经比偏高，土地流转低于全国全省平均水平，优质产业规模较小；二产方面，产品结构还没有完全适应当前个性化、多样化的消费趋势，企业在这方面有认识少行动、有觉悟未跟进，人力资本和技术创新还没有大的突破；三产增加值占GDP比重远低于全省和全国水平，文化旅游产业对整体经济的支撑作用还不够有力，现代服务业总体处于萌芽状态。三是在动力上，目前以物流网和智能制造为主导的工业4.0时代特征已经显现，但我市制造业还处于产业链的中低端；创新驱动这几年有作为，但步子不大，尤其是工业企业和互联网的融合度不高，战略性新兴产业发展势头不足。这些经济发展中的新常态，都需要全市各级各部门深刻认识、准确把握，尤其要把我们的工作思路统一到中央提出的“八个更加注重”和“五项重点任务”上来，把发展转型放到更加重要的位置，提升企业创新力、促进产业高端化，确保全市经济发展调速不减势、量增质更优。

*其次，要牢牢把握从严治党新常态。*十八大以来，中央出台“八项规定”，从严整治“四风”，以“零容忍”态度惩治腐败，把权力关进制度“笼子”，起到了春雷震撼、正风肃纪的良好效果。最近，习近平总书记又首谈“四个全面”，进一步表明从严治党新常态已经成为新一届党中央的基本执政方略，而且以后的力度会越来越大，要求会越来越严，制度的“笼子”会越扎越紧。广大党员干部尤其是领导干部一定要主动适应新常态、引领新常态，坚决破除被动应付、看风等向的思想，用严的基准管党、治党、护党，用严的要求修身、用权、律己，真正把从严治党作为一项重要政治任务和长效常态之举。

*第三，要牢牢把握深化改革新常态。*十八届三中全会作出全面深化改革的重大部署之后，中央密集出台了一系列顶层设计，有力有序推进，全面深化改革的态势已经形成，共识不断凝聚，效果正在显现。但实事求是地看，我市不少领域的改革还没有破题，对深化改革的研究深度、借鉴广度、推进力度不够，“步稳”有余、“蹄疾”不足。今年是全面深化改革元年，明年的改革顶层设计将会更加密集、任务会更重。我们要服从中省统一部署，结合宝鸡实际积极推进，不坐等观望、不盲目抢跑，努力做到与中省步调一致、同频共振，打好全面深化改革攻坚战。

*第四，要牢牢把握依法治市新常态。*中央明确提出，到2020年全面建成小康社会的同时，要全面落实依法治国基本方略。从目前情况看，实现这一目标任务艰巨，时间紧迫。特别是面对改革发展稳定的繁重任务，一些人身上存在的“人治在先、法治为副”的思维已经不合时宜，过去“先斩后奏”、打擦边球的办法已经难以为继。各级各部门尤其是领导干部，要牢固树立法律红线不能触碰、法律底线不能逾越的观念，带头依法办事，带头遵守法律，坚决不做以言代法、以权压法、徇私枉法的事，真正用法治精神、法治思维、法治方式推动工作，努力在依法治市新常态中有新作为、新成效。

总而言之，新常态之“新”意味着不同以往，新常态之“常”意味着持续稳定，新常态之“态”意味着规律趋势。进入新常态，没有改变我国发展仍处于重要战略机遇期的判断，改变的是重要战略机遇期的内涵和条件；没有改变经济发展总体向好的基本面，改变的是经济发展方式和经济结构。刚刚闭幕的省委全会强调，面对经济下行、结构调整和社会风险压力，以及新常态带来的倒逼机遇、雁行破阵机遇、国家大战略机遇，要保持平常心、强化忧患心、增强自信心，跳起来摘桃子，在有质量、有效益的前提下，科学发展、加快发展，能发展多快就发展多快。常委会认为，宝鸡仍处在“调速不减势”的上升通道，面临着难得的发展机遇和有利条件：中央对国际大环境的判断是“略有回升”，同时国家财政政策积极加力，货币政策松紧适度，中省投资继续向西部地区倾斜，明年预期将会好于今年；随着国家经济空间布局“三大战略”，特别是“一带一路”的深入实施，为我们走出去拓展发展空间、引进来强化招商引资带来重大机遇；随着国家“十三五”规划的制定实施，加上青岛啤酒、西部光谷、海螺型材、阜丰生物异地搬迁等项目的建成投产，中铁宝桥、宝石钢管、陕汽等大中型企业恢复性增长，以及市县两级900亿元以上的重点项目计划投资，明年我市经济发展的硬投入、新产出将会有较大幅度增加；尤其是随着教育实践活动成效的巩固提升，再加上我市干部群众比拼争先的干劲、风清气正的良好政治生态，将会汇聚起更多更强的改革发展正能量。

基于以上分析，市委常委会提出明年全市工作的总体要求是：认真贯彻落实党的十八大和十八届三中、四中全会、中央经济工作会议及省委全体会议精神，坚持稳中求进的总基调，把握新常态、聚力新突破，坚定不移做大总量、做优质量，深化改革开放，加速转型升级，着力改善民生，推进依法治市，全面从严治党，加快打造关天副中心、建设和谐新宝鸡，走在建设“三个陕西”前列。我们的目标是：经济增速继续高于全省平均水平2个百分点，做到不减势、质更优。

三、坚定不移做大总量、做优质量

新常态下，加快发展仍然是第一要务。把握经济新常态，对于宝鸡而言，就是要坚持稳中求进，坚定不移做大总量、做优质量，保持经济持续健康发展、社会大局和谐稳定。

*（一）狠抓改革攻坚。*2015年是全面深化改革的关键之年，既要推进落实既定改革部署，又要把新的顶层设计承接到位，更要对破解自身存在的突出问题进行基层创

新，任务十分繁重。市委全面深化改革领导小组要充分发挥牵头抓总作用，系统谋划好明年全市改革的优先次序、任务分工和进度安排，对上级明确要求实施的改革事项要主动落实好，对上级正在研究的改革方案或规划要超前对接好，对国家和省级层面的改革试点要及时跟进好，对公务用车改革、镇村综合改革、国资国企改革、教育体制改革，以及管委会、工业园区等体制改革要加快推进、高效落实，对双管单位要理顺条块管理机制，完善县区政府统一监管职责。9个专项领导小组要以承担的20个中省试点改革项目为切入点，把具体改革任务研究透、研究清，在条件允许的情况下先行试点，在时机成熟的情况下全面推开。重点要围绕正确处理好政府与市场的关系，牢牢把握权力这个核心，抓好简政放权，激发市场活力。一方面，要加大“管”的力度，持续关权力、减权力、晒权力。明年要继续推进行政审批事项、行政事业性收费项目的精简和调整，建立权力负清单、服务正清单，认真做好机构改革后的“三定”方案制定工作，规范权力运行机制，公开办事程序，加快建设服务型政府。另一方面，要提高“放”的水平，放开、放活、放到位。县域经济、非公经济、第三产业一直是我们的“短板”，其症结就在于民营经济发展不快，民间投资创业不活跃。中央明确提出，要推广政府和社会资本合作（PPP）模式。对此，我们要认真研究、大胆实践，谋划实施一批样板工程，发挥示范效应。要重点支持东岭集团等企业发展，做大民营经济总量、做强民营企业实力，带动民间投资保持30%以上的增速。需要强调的是，关于农村产权制度改革，中央审议的“两意见一方案”已经明确了改革的方向、内容和重点，我们一定要提前着手、创新实践，着力抓好农村土地确权颁证、农村土地流转、宅基地制度改革、农业经营体制创新等工作。

（二）加速转型升级。中央经济工作会议强调，现在传统产业供给能力大幅超出需求，产业结构必须优化升级。结合我市实际，要重点抓好四个方面工作：一要突出优势产业，抓好项目建设。宝鸡加快发展主力是工业、优势是工业、希望在工业，实现明年经济增速高于全省2个百分点的目标，工业必须保持14%以上的增速。全市上下要聚焦四大主战场，抓紧抓好大企业集团、产业集群和工业园区建设，推动以“宝鸡 中国钛谷”为重点的新材料、以吉利汽车为重点的装备制造、以西凤酒城为重点的烟酒食品、以麟北煤田开发及煤转化为重点的现代煤化工等优势产业加快发展、加速转型。今天的良性投资支撑明天的结构优化，现在的优质增量就是未来的发展优势。明年全市初步谋划了年度投资600亿元的350个重点项目，要继续坚持领导包抓、联席会议、定期通报等有效手段，实实在在地把这些项目投下去、建起来，带动全社会固定资产投资增长20%以上。优质增量关键靠科学招商，一定要牢牢把握“六条标准”，聚焦“四大优势产业”开展链群招商，突破“三大短板”强化园区招商，着眼战略性新兴产业聚力高端招商，推动产业转型升级。优质增量离不开争资金、争项目，要坚持劲头不松、力度不减、考核不降格，确保明年再要回来一个全口径财政收入。近年来，我们的发展之所以稳中有进，走在上升通道，处于全省“第一方阵”，关键是县域经济有起色、势头好，在一定程度上支撑了全局发展，并带动非公经济占据了全市“半壁江山”，使民间投资、第三产业保持了高速增长。各县区要比拼争先，加快发展，凤县在全省十强县中位次要前移，金台、渭滨要力争进入全省五强区，眉县、凤翔要努力跻身全省十强县，麟游、千阳要继续保持工业增速全省排名靠前位次，三区九县都要各展所长、争先进位，在明年全省排名中位次前移，决不能原地踏步，更不能倒退下滑。高新区要基本建成全国一流的科技创新型园区，成为国家知识产权示范园区和国家生态工业园区，综合创新能力进入全国高新区前列。二要突出创新驱动，狠抓科技、人才、金融创新。在科技创新方面，要以国家创新型试点城市迎检验收为契机，深化科技体制改革，实施好市级6个重大科技创新和创新型试点企业培育等工程，确保新增市级工程研究中心和企业技术中心20个以上。要把“两化融合”作为战略基点，以信息化促进研发设计创新、业务流程优化和商业模式变革，推进国家信息消费试点市建设，实施县域工业园区转型发展工程，开通智慧园区综合信息服务平台，加快制造业向智能化转型。在人才创新方面，着力引进高端人才，组织开展好两院院士宝鸡行、企业老总院校行、院校专家企业行等活动，推进产学研一体化。在金融创新方面，强化多层次金融市场体系建设，做大金融总量，服务实体经济，加快西凤酒上市步伐，引导众力电器、晨光电器等科技型企业在“新三板”挂牌上市，支持红土基金、高端装备制造和新材料高技术创投基金快速发展，确保中小企业、涉农企业、装备制造业贷款“两个不低于”，推进各类融资平台建设，做大做强中小企业融资担保和再担保，推进农村商业银行改革，确保银行新增贷款120亿元以上，社会融资170亿元以上。同时，积极争取农业政策性保险品种，提高预警能力，规避经营风险。三要突出要素完善，以文化旅游带动现代服务业发展。适应个性化、多样化消费趋势，强化以文化旅游、现代服务业带动第三产业发展的理念，围绕构筑“一核二带三区四组团”的旅游发展新格局，支持太白山创建国家5A级景区，巩固法门寺5A级景区创建成果，加大营销宣传力度，推进渭河百里画廊景观带、周原国际考古研究基地等重点项目，积极发展夜间经济，强化宣传营销，提升宝鸡知名度、美誉度。加快培育现代金融、电子商务、现代物流、高端会展等生产性服务业，改造提升商贸批发、商务服务、旅游餐饮等传统服务业，夯实消费在推动经济发展中的基础作用。尤其要看到，信息技术与新兴服务需求的融合，正在催生大量新的服务业态。渭滨区的互联网产业、岐山和千阳的电子商务，是我们产业升级的新业态，也是转方式、调结构的新途径，要把互联网产业作为打造新经济增长点的一个战略方向来抓，发挥好互联网创新驱动发展的先导作用，带动提升现代服务业整体水平。四要突出改革创新，编制好“十三五”规划。“十三五”时期是全面建成小康社会最后冲刺的五年，也是全面深化改革要取得决定性成果的五年，要以“把握新常态、全面达小康”为主题，科学编制好“十三五”规划，重点对照全面深化改革路线图、全面推进依法治国时间表，衔接全面建成小康社会指标体系，抢抓“一带一路”建设机遇，认真谋划一批对宝鸡长远发展起关键作用的重大项目和政策措施。目前，市委、市政府已经安排了21个重大课题并展开调研，各相关单位一定要扎实细致工作，把“十三五”规划建立在科学严密的论证和实实在在的项目上。

（三）推进城乡统筹。今年初发布的《国家新型城镇化规划（2014—2020年）》，明确提出要走“以人为本、四化同步、优化布局、生态文明、文化传承”的中国特色新型城镇化道路。我们要以大视野谋划、大格局推进，加快建设统筹城乡示范城市。一要以提升城市容量为重点，打造城镇群。国家新型城镇化《规划》明确了“两横三纵”的战略格局，宝鸡作为关天经济区副中心城市，是陆桥通道城镇群的重要节点城市。要坚持以市域中心区为龙头，统筹副中心和县城、重点示范镇发展，“模块化”推进关中西部城镇群建设，打造活力城市、创新城市、品质城市、生态城市。要突出城市容量提升，以蟠龙新区、南客站片区、高新区科技新城为重点，整体推进十大城市综合体建设，抓好市区老城区、虢镇片区基础设施建设和城中村、棚户区改造，巩固创建全国文明城市成果，深化城市管理体制改革，加快智慧城市建设，提升宜居宜业水平。要把“打造副中心、重塑蔡家坡”作为推进城镇化的一个战略重点来抓，举全市之力加快建设步伐。岐山县和蔡家坡经开区要自加压力，严格对标，主动作为，市级各相关部门要密切协作，形成合力，确保明年工作有大起色、展示大变化。凤翔、陇县也要高点定位，迎头赶上。同时，要抓好14个全国重点镇、5个省级重点示范镇、22个市列统筹城乡重点镇和34个中心村（社区）建设，实现协调发展、联动发展。二要以渭河沿线为引领，构建示范带。渭河沿线是未来城镇建设的主战场，也是带动城乡统筹的核心区，要增强规划意识和整合思维，强化项目支撑，加快“四区一带”建设，实现产城融合、一体发展。坚持“多规”合一、统一建设，科学划定“三区四线”，合理确定开发规模、开发边界、开发强度和保护性空间，将优质资源、重点项目向优先开发区域摆布、向城乡统筹主体板块集中。要加快岐山蔡家坡镇、眉县汤峪镇、陈仓周原现代农业园区、千阳海升现代农业园区4个统筹城乡综合示范区建设，以点上突破带动全局。三要以富民增收为核心，建设新农村。近年来，全市现代农业发展呈现出良好态势，一条基本经验就是引进农业产业化龙头企业，发展现代农业园区。要认真贯彻中央农村工作会议精神，立足于做大做强粮畜果菜四大主导产业，在引进龙头企业上下工夫，持续推进“六基地一中心”建设，突出抓好矮砧苹果苗木繁育基地和标准化示范园建设，巩固提升36个省级和74个市级现代农业园区，争创一个国家级现代农业园区。同时，开展第二批“十大美丽乡村”评选活动，抓好37个全国乡村旅游扶贫重点村、32个五星村、100个四星村建设，持续深化晋星创建。

（四）优化生态环境。生态环境不仅是民生问题，也是经济问题、政治问题，必须顺应人民群众对良好生态环境的期待，以壮士断腕的决心和勇气严格贯彻落实新《环保法》，推动宝鸡生态文明建设全面升级。一要治污优化存量。严格落实“治污降霾 保卫蓝天”五年行动计划，完成涉及306个村的省级农村环境连片整治示范项目，深化美丽乡村建设。启动新一轮渭河流域水污染防治三年行动，加快城镇污水治理设施建设，确保出境断面水质达标。按照市区18条河流整治规划，分期分批加快实施，真正把水润宝鸡落实到陈仓大地。二要增绿提升容量。全力抓好国家生态市、国家生态园林城市创建工作，全面实施绿色宝鸡“九大工程”，南山、北坡绿化要在巩固的基础上持续提升，构建绿色生态屏障。要着力打造西宝客专绿色走廊，支持千阳建成国家生态县，太白创建第二批全国生态文明示范工程试点县，指导麟游、陇县加快省级生态县建设，抓好扶风、眉县园林化示范县建设，建成12个市级生态镇和生态村。三要减排控制总量。坚持把节能减排列入目标责任考核，加大落后产能淘汰力度，加快减排工程项目进度，严格执行新的排污标准，开展环保专项行动，依法督促企业积极实施污染治理，加大火电超净排放改造力度，完成各县区供热中心脱硫工程，降低污染排放总量。

（五）加强民生保障。群众路线教育实践活动中，群众的意见建议80%集中在民生领域。要围绕基本公共服务均等化目标，把惠民政策落实到位、便民措施服务到位，打通服务群众的“最后一公里”。一要更加注重保障基本民生，兜住底线。把提升就业质量作为首要任务，实施好大学生创业引领计划，积极开展就业创业培训，千方百计扩大就业。完善和提升“大社保”宝鸡模式，探索建立“五险合一”统征统缴机制，健全城乡社会保障体系。深化教育创强工作，开展优质教育普及和德育行动，推动教育均衡发展。加快公立医院改革，建立分级诊疗制度，完善大病医疗保险和新农合补偿政策，延伸药品“三统一”范围，建设健康城市。健全利益导向机制，深化幸福家庭创建，推进计生“两项工程”，提升计生家庭幸福指数。实施文化强市战略，大力发展文化产业，力争文化产业增加值增速达到25%以上，推进文化惠民工程，开工建设文化艺术中心等项目，持续巩固提升国家公共文化服务体系示范区创建成果。大力发展体育事业，广泛开展全民健身运动，承办好全国游泳冠军赛。推进双拥共建“九件实事”和“十项活动”，确保蝉联全国双拥模范城“八连冠”。二要更加关注低收入群众生活，消除贫困。重点解决好贫困人口、残疾人、低保对象“三大群体”问题，坚持整体推进与精准扶贫相结合，实施好六大扶贫工程，在全省率先解决“三无户”安全住房问题，全年实现脱贫11.56万人。加快收入分配制度改革，提高最低工资标准，让发展成果在“切蛋糕”中更多惠及普通百姓。完善社会救助管理机制，推广渭滨区爱心居家养老服务中心和千阳农村幸福院建设模式，完善城乡养老服务体系，争取市绛帐社会福利院整体迁建、市儿童福利院家庭养育综合楼等项目建成投用。加快保障性安居工程建设，建立健全分配、管理、退出机制，真正惠及困难家庭。密切关注留守妇女儿童、失独家庭、困难职工、外来少数民族群众等群体，解决好他们的现实困难和问题。三要更加重视社会大局稳定，共享平安。全面落实习近平总书记关于平安中国建设的重要批示精神，健全立体化治安防控体系，严格落实社会稳定风险评估机制，从源头上预防和减少不稳定因素，助力维权执法，维护农民工合法权益，深化平安宝鸡建设，提升"两率一度"，打造全省最安全城市。全面贯彻落实新《安全生产法》，深入开展"一攻坚两排查"活动，推进"智慧宝鸡　安全生产"系统建设，加大道路交通、非煤矿山、烟花爆竹等领域安全监督检查，开展全国食品安全城市创建活动，确保安全发展。在这里，要强调两个问题：一方面，食品药品安全关乎民生，关乎稳定，更是党委政府义不容辞的责任。特别是明年新的《食品安全法》将修订完成并颁布实施，各级各部门要以此为契机，着力解决好监管不严、惩处不力的问题，健全监管体系，开展专项行动，确保绝对安全。另一方面，非法集资和传销是社会稳定的"毒瘤"，这方面我们的教训十分深刻，要加大法治宣传和打击力度，坚决防范和杜绝此类违法犯罪活动的发生。

四、抢抓国家建设"一带一路"机遇，不断扩大对外开放

省委全会强调，要以叫响做实丝绸之路经济带新起点为重点，推动我省对外开放战略高地建设取得新进展。抢抓"一带一路"机遇、全方位扩大对外开放，既是我市突破外向型经济"短板"、化解低端产能过剩、加速产业转型升级的迫切需要，更是主动走出去拓展发展空间的战略之举。我们要因势而谋、应势而动、顺势而为，全面提升对外开放的层次和水平，使关天副中心、丝路新枢纽的战略地位更加凸显。

*一要构建全方位开放新格局。*关键是推动道路联通、贸易畅通、货币流通，建设好三大平台：要加速建设基础设施平台。加快建设宝兰客专、宝汉高速、连霍高速市区过境线，确保宝麟铁路建成通车，争取合凤高速早日开工，抓好7个国省道改扩建项目，推动宝鸡机场项目取得实质性进展；结合谋划"十三五"发展，抓紧做好关中城际铁路、宝鸡城市轻轨、枢纽货运南环线等重大交通项目的调研论证，努力建设海陆空联运、无缝隙衔接的对外开放大通道。要加速建设市场贸易平台。抓住宝鸡被确定为全国物流园区布局城市的机遇，深入研究上海自贸区的经验做法，抓紧启动高新区综合保税区申报工作，大力推进铁路口岸建设，重点做好与霍尔果斯、阿拉山口、连云港等相关城市港口的对接，提升进出口物流"门到门""站到站"直达服务能力，确保"长安号"国际货运班列上始终有我市的重要份额。要加速建设金融合作平台。抢抓国家打造中新、新亚欧大陆桥、中伊土三条经济走廊和中欧陆海快线的战略机遇，加强与沿线国家在装备制造、农业科技、纺织服装和能源化工等领域的经济贸易往来，推动跨境电子商务合作，吸引各类金融机构在我市建设区域总部或分支机构，着力构建与欧亚各国之间的货币流通平台，加快建设宝鸡金融商务区。

*二要强力推进"走出去"战略。*深入实施外贸企业孵化、龙头企业培育、出口基地创建、国际市场开拓四大工程，重点支持宝石机械、宝鸡钢管等企业"走出去"积极参与中亚地区的油气资源勘探开发，鼓励秦川机床、陕汽华山、昌荣纺织等企业"走出去"扩大生产经营，引导中铁宝桥、西部华旗等企业"走出去"释放富余产能，支持有资金、有实力的建筑企业"走出去"承包工程、开拓市场，2015年实现眉县砖机、纺织、猕猴桃3个市级出口基地挂牌，力争全市进出口总额突破10亿美元。

*三要全面优化内外融通的大开放环境。*这里的大开放环境，既包括自然生态环境、外部市场环境，也包括政策体制环境、公共服务环境。各级各部门要把全面优化开放环境作为发展转型的生命线工程来抓，为"走出去"架桥铺路，为"引进来"尽智出力。要抓紧修订扩大开放"走出去"和招商引资"请进来"的激励政策，进一步完善部门承诺、限时办结、一站办理、跟踪服务和银企互动、企业授信等制度机制。规划、国土、住建、环保、工商、税务等职能部门在服务企业、服务项目方面，都要拿出实实在在的措施。尤其是对市上出台的出口退税、信贷扶持、财政支持、项目审批、人才引进等方面的政策要坚决落实到位。明年，我们要在全市部署开展"千名干部帮扶千户企业"和投资环境集中整治活动，对严重损害投资发展环境的人和事尤其是"黑恶势力"，要依法打击，从严处理，决不姑息，真正使"投资无忧、服务最佳"成为宝鸡的金字招牌。

五、深入贯彻四中全会精神，全面推进法治宝鸡建设

党的十八届四中全会是在我国全面建成小康社会决定性阶段、全面深化改革攻坚时期召开的一次重要会议，开启了全面推进依法治国的新时代；刚刚闭幕的省委十二届六次全会，对全面推进法治陕西建设作出了系统部署。学习、贯彻、落实四中全会和省委全会精神，是当前和今后一个时期的重大政治任务。这次提请市委全会审议的《实施意见》，是全面推进法治宝鸡建设的施工图，在落实中要把握好以下几个问题。

*第一，准确把握目标任务。*我们要紧紧围绕四中全会提出的总目标，坚持依法执政和科学立法、严格执法、公正司法、全民守法同步推进，确保到2020年法治宝鸡建设取得显著成效、走在全省前列。在具体工作中，要突出法治为民取向，以保障人民群众的根本利益为出发点和落脚点，确保人民群众真正成为法治建设的力量主体、监督主体、受益主体；要突出问题导向，强化责任担当，回应社会关切，着力解决法治建设领域存在的问题，使法治工作更加适应发展需要、更能契合人民意愿、更好发挥引领规范社会的作用；要突出改革创新方向，把改革创新精神贯穿到法治工作的各方面各环节，有效破除体制机制障碍

和深层制约因素，通过改革聚集动力、激发活力。

第二，突出抓好公正司法。这对社会公正具有重要的引领作用。最近在全国引起热议的河北“聂树斌案”和内蒙古“呼格吉勒图案”表明，目前许多涉法涉诉上访和社会不稳定因素，一个重要的原因是司法不公、办案不廉，存在执法不规范、不严格、不透明、不文明以及不作为、乱作为的问题。全面推进法治宝鸡建设，必须把公正作为法治的生命线，始终坚持司法为民不动摇，让人民群众切实感受到公平正义的力量。一方面，各级党政机关和领导干部要支持法院、检察院依法独立公正行使职权，任何人不得让司法机关做违反职责、有碍公正的事情。另一方面，要积极稳妥地推进司法体制改革，优化司法职权配置，推动法院、检察院人财物统一管理，强化对司法活动的监督制约，坚决破除各种潜规则，绝不允许法外开恩，绝不允许办关系案、人情案、金钱案，着力解决影响司法公正的体制性束缚、机制性障碍和保障性困扰，确保法院、检察院等司法机关依法独立公正行使职权，提高司法透明度和公信力。“凡法事者，操持不可以不正。”要按照“政治过硬、业务过硬、责任过硬、纪律过硬、作风过硬”的要求，重视抓好法治工作队伍建设，为全面推进法治宝鸡建设提供强有力的组织和人才保障。

第三，必须坚持党的领导。党的领导是全面推进法治宝鸡建设的根本保证。各级党委要始终坚持党领导立法、保证执法、支持司法、带头守法，确保法治建设的正确政治方向；坚持党的领导、人民当家做主和依法治国有机统一，带头依规治党、依法执政，领导和支持人大及其常委会依法行使职权、政府依法行政、司法机关公正司法，支持人民政协、民主党派、工商联、无党派人士和工会、共青团、妇联等人民团体依照法律和各自章程开展工作，建立健全人民群众依法参与城乡社区治理、基层公共事务和公益事业的工作机制，形成齐心协力推进法治建设和改革发展的强大合力。各级领导干部是全面推进法治宝鸡建设的重要组织者、推动者、实践者，要强化对法律的敬畏之心，带头做到学法用法制度化、常态化，不断提高运用法治思维和法治方式深化改革、推动发展、化解矛盾、维护稳定的能力。

六、向全面从严治党的基准看齐，不断提高党的建设科学化水平

从严治党是新常态最鲜明的特征，按照中央要求，管党治党以后会更严。但从目前情况看，我们一些党组织尤其是主要负责同志仍然用老思维、老习惯、老办法对待这一新常态，没有从巩固执政地位的高度看党建、抓党建；有的政绩观存在偏差，重发展、轻党建；有的抓党建满足于一般化的要求，缺乏危机意识、负责精神和管用措施，越到基层力度越减弱，对主体责任落实不够；有的甚至错误地认为管得太严、“官不聊生”，出现“懒政不为”；还有人心存侥幸、顶风违纪，最近陇县县委书记杨宝玉涉嫌严重违纪，正在接受组织调查，教训十分深刻和沉痛，还有发生在我们身边的一些典型案件，都发人深思、促人警醒。这些问题，说到底还是我们的干部缺乏“三严三实”的标准境界、缺乏管党治党的责任担当、缺乏爱党护党的思想自觉。为此，必须自觉向全面从严治党的基准看齐，向新常态的要求看齐，切实做到“五个务必从严”：

一是落实责任务必从严，着力构建书记带头抓、一级抓一级的工作格局。习近平总书记指出，不明确责任、不落实责任、不追究责任，就做不到从严治党。各级党组织尤其是“一把手”要牢固树立“不抓党建就是失职，抓不好党建就是不称职”的意识，把抓好党建作为最大政绩和第一责任，与中心工作同谋划、同部署、同考核，做到述职“述党建”、评议“评党建”、考核“考党建”、选用干部“看党建”。尤其要围绕落实党风廉政建设“两个责任”，加大知责、明责和追责力度，让严管的责任意识成为思想自觉、严格的责任制度成为刚性约束、严肃的责任追究成为常态化手段。从今年年终考核开始，对各级党委、纪委落实党风廉政建设“两个责任”情况，县、镇党委书记抓党建工作情况，要建立述职、评议、考核制度；对责任不落实导致不正之风滋长蔓延，屡屡出现违纪和腐败问题，发生损害群众利益行为的，严格实行“一案双查”，既要追究当事人责任，也要倒查追究相关领导责任。

二是自身建设务必从严，着力建设奋发有为的各级领导班子。在群众路线教育实践活动中，市委常委会经历了一次深刻的思想洗礼和严格的党性锻炼。集中教育有期限，但自身建设无穷已。常委会要不断提升把握全局、科学谋划、统筹各方的能力和水平，以全面加强自身建设为全市各级树立标杆。各位常委、各位委员要带头向中央基准看齐，坚定政治方向，严守党的纪律，始终与中央和省委保持高度一致；带头举旗帜、铸灵魂、管方向，把学习习近平总书记系列讲话作为重大、长期的政治任务来抓，持续拧紧“总开关”，模范践行社会主义核心价值观，旗帜鲜明同各种错误思潮和言论作斗争，牢牢掌握意识形态工作主动权；要带头严肃党内生活，从严执行民主集中制，认真落实“三会一课”、民主评议党员等制度，开展经常性的批评与自我批评，对不良习气敢于说不，对歪风邪气勇于亮剑，营造良好政治生态；要带头持续抓好教育实践活动整改工作，及时开展“回头看”，对尚未完成的整治项目，各责任常委要明确时限、强化措施、加快进度，确保整改到位，兑现承诺。同时，认真贯彻落实中央《2014-2018年全国党政领导班子建设规划纲要》，突出“坚定理想信念、化解本领恐慌”这个主题，继续深化“三统一推”干部教育培训模式，推进“千名专家请进来”培训活动，着力打造坚强有力、奋发有为的领导层。

三是干部管理务必从严，着力形成正确的导向和风气。教育实践活动“猛击一掌”，起到了正风肃纪、正本清源的良好效果。但同时一些干部却觉得为官不易，压力大了、不自由了。习近平总书记指出，如果组织上管得严一点、群众监督多一点就感到受不了，那是境界不高的表现。事实上，在任何一个政治清明的国家，为官不易都是常态。我们一定要教育引导各级党员干部适应这种常态，明底线、知敬畏、守规矩。要在改进作风上持续地严。在领导干部中深入进行“三严三实”专题教育，深化“四风”整治，巩固拓展教育实践活动成果，打好改进作风持久战，重点围绕“懒政不为”、顶风违纪、“四风”隐形变种、破坏投资环境等问题开展专项整治，严格执行从严管理干部“5+2”制度，全面推行百姓问政、服务代办等制度，深入解决干部精神不振、本领恐慌、缺乏韧劲、有位不为、作风飘浮等问题，严肃处理不严不实、不勤不担、不端不廉的干部。要在管理监督上持续地严。坚持从严管好班子、带好队伍，重点解决对领导干部特别是“一把手”权力运行监督不够、对普通党员干部日常管理不到位等问题。党委主要负责人要强化原则性和是非标准，绝不能“好人主义”、导向不明，遮遮掩掩、回避矛盾；要强化党规党纪的刚性约束，坚决反对自行其是、阳奉阴违，坚决查处有令不行、有禁不止。在加强党内监督的同时，要重视发挥人民监督作用，畅通建言献策和批评监督渠道，加强人大法律监督、政协民主监督和司法、审计、舆论监督，全面提升监督管理实效。要在选人用人上持续地严。严格对照“好干部”标准，坚持“四重六看”，健全完善“考德察绩”办法、干部选用程序和考察规范等制度，加强领导班子和领导干部综合研判，切实做到“尺子”公平、“成像”精准、“剪枝”及时、公正公信。选人用人必须坚持标准、严格把关，凡是政治上不过硬、廉政上不过关、作风上边改边犯、懒政不为、我行我素的干部坚决不用；对不按程序选拔干部、违规进人、超职数配备干部的问题，要继续抓好专项整治，对整改不力的严格实行责任倒查。需要强调的是，我们既要选拔“好干部”，更要培养“好干部”。尤其要持续抓好“四百”活动，引导机关年轻干部沉到基层一线“墩苗”，经受历练“壮苗”，促其健康成长。

*四是强基固本务必从严，着力创建基层服务型党组织。*基层组织是党全部工作和战斗力的基础。要以服务型党组织建设引领基层党建工作，突出“五个服务”，更好地贴近引导群众、团结赢得群众。在服务改革上，要稳妥推进镇村综合改革，不断优化乡镇干部队伍结构，严格落实“四议两公开”、村民监督委员会等制度，抓好村“两委会”换届选举工作，重点加强“薄弱村”“问题村”“城中村”“信访村”带头人队伍建设；在服务发展上，持续深化村级党组织“升级晋档、科学发展”，非公企业党组织“评星晋级、争创双强”等活动，不断优化发展环境，汇聚发展动力；在服务民生上，坚持政策、资金、人才向基层倾斜，优先保障基层民生事业资金投入，深入开展“十大惠民政策、十大民生项目落实”专项检查整治，确保各项惠民政策落到实处；在服务群众上，持续深化群众路线教育，深入开展“三问三解”“在职党员进社区、服务群众零距离”等活动，密切与群众的血肉联系；在服务党员上，要健全党内激励关怀帮扶机制，尊重党员主体地位，保障党员民主权利，持续开展软弱涣散基层党组织整顿，及时处置不合格党员，着力夯实基层基础。

*五是惩治腐败务必从严，着力营造风清气正的政治生态。*要以“零容忍”的态度，旗帜鲜明地领导和支持执纪执法机关履行职责、查办案件。2015 年，要继续保持反腐治标高压态势，重点查处“三类人”，着力查处“微腐败”“暗腐败”“小官大贪”等问题，做到凡腐必反、除恶务尽，强化“不敢腐”的氛围；要坚持依规管党治党，与时俱进加强党内法规制度建设，织密扎紧监督制约权力的制度“笼子”，提高制度执行力，构建“不能腐”的防范机制；进一步加强正面典型教育和反面警示教育，强化党员干部的宗旨意识、廉洁观念，筑牢“不想腐”的思想防线。每位党员干部都要主动适应作风建设的新常态，习惯在法治的轨道上用权，习惯在监督的环境里工作，习惯在清新的风气中生活，始终保持为民、务实、清廉的政治本色。

各位委员、同志们，新起点孕育新常态、新常态要有新作为。让我们更加紧密地团结在以习近平同志为总书记的党中央周围，在省委的坚强领导下，进一步团结和带领全市人民，解放思想、开拓创新、真抓实干，为加快打造关天副中心、建设和谐新宝鸡，走在建设“三个陕西”前列作出新的更大的贡献！

政 府 工 作 报 告

2015 年 2 月 7 日在宝鸡市第十四届人民代表大会第五次会议上

宝鸡市市长 钱引安

各位代表：

现在，我代表市人民政府向大会作工作报告，请予审议，并请市政协委员和其他列席人员提出意见。

2014 年工作回顾

过去一年，面对复杂多变的宏观经济形势和繁重艰巨的改革发展任务，在市委的坚强领导下，市政府围绕做大总量、做优质量两大要务，主动适应新常态，全力以赴稳增长、促改革、调结构、惠民生，全市经济社会持续稳定健康发展，较好完成了市十四届人大四次会议确定的目标任务。全年实现地区生产总值 1658.54 亿元，增长 10.8%；完成地方财政收入 78.05 亿元，同口径增长 15.6%；城镇居民人均可支配收入增长 10.7%，农民人均纯收入增长 12.5%。

推进转型升级，经济质量明显提升。工业优势持续增强。全市规模以上工业实现增加值 745.2 亿元，增长 12.2%，分别高于全国、全省 3.9 和 0.9 个百分点。净增规模以上工业企业 66 户，东岭集团总收入突破 750 亿元，在中国企业 500 强中前移 15 位，陕汽控股集团在宝产值突破百亿。工业园区建设加快推进，高新区跻身全国百强产业园区，眉县科技工业园跻身省级经开区，新增西凤酒业工业园等 4 个省级重点县域工业集中区。企业技术创新力度加大，新增省级企业技术中心 3 个。非公经济快速发展，占 GDP 比重达到 50.07%。瑞科新材料在“新三板”成功上市，秦川机床集团实现整体上市，新材料高技术创业投资基金挂牌运营。农业现代化步伐加快。新栽苹果、猕猴桃、核桃等干鲜杂果 25.7 万亩，种植蔬菜 90.3 万亩，千阳县被命名为全国苹果现代化种植技术示范基地，陇县成为全省首个国家绿色核桃生产标准化示范区，麟游县跻身中国核桃之乡行列，太白县荣获中国绿色生态蔬菜十强县称号，扶风县被确定为全国放心农资下乡进村示范县。新建两千头奶牛场 3 个、500 头标准化奶牛小区 10 个、万只以上肉鸡标准化养殖大棚 27 个。新增国家级现代农业示范区 4 个、省市级 45 个，全市家庭农场达到 2173 个。建设高标准基本农田 34 万亩，恢复改善灌溉面积 10.4 万亩，治理水土流失 400 平方公里。石头河引水工程建成通水，我市荣获第三批全国节水型社会建设示范区称号，全市 13.6 万农村人口解决了安全饮水问题。第三产业快速增长。法门寺景区成功晋级国家 5A 级旅游景区，太白山旅游区重新对外开放，新增 4A 级景区 5 个，全市共接待国内外游客 4650 万人次，实现旅游综合收入 310 亿元，分别增长 28.3%和 31.1%。新增限额以上商贸流通企业 88 户，成功举办了首届宝鸡青岛啤酒节和美食节，全市实现社会消费品零售总额 535.59 亿元，增长 14%。“长安号”宝鸡货运专列顺利开通、常态运行，对丝绸之路沿线国家贸易增幅超过 20%。我市被评选为中国城市信息化 50 强城市，渭滨区互联网产业园成功开园，岐山县荣获首批陕西省电子商务示范县称号。

突出项目建设，发展后劲持续增强。全年完成全社会固定资产投资 2105.59 亿元，增长 26.1%。青岛啤酒宝鸡工业园一期、农夫山泉和龙源风电二期、高端装备石油产业园、千阳环保新材料、海螺型材、阜丰生物搬迁技改等一批重大产业项目建成，吉利汽车、西凤酒扩建技改、西部光谷光通信产业园等项目加快推进。法绛高速改扩建、国道 342 彬麟界至麟游县城段改扩建、省道 212 凤县县城过境段一期工程建成通车，连霍高速市区过境线、宝汉高速宝鸡段建设全面推进，宝鸡（凤翔）机场项目已上报国家申请立项。钛谷有色金属交易中心、西部煤炭交易物流园、红星美凯龙等商贸物流设施建成投用。全年落实招商引资项目846个，其中新引进10亿元以上项目19个，实现到位资金794.25亿元，增长22.5%。飞雳士安全轮胎、法士特中轻卡变速器、宝钛高尔夫运动器材等一批重大项目成功签约，招商引资项目数量、到位资金和重点项目投资额均创历年之最。

*完善城镇设施，承载能力不断提高。*重点区域开发取得突破性进展，南客站片区开发建设进展顺利，停车场、站前大道建成投用。重塑蔡家坡工作全面展开，高起点完成了蔡家坡地区总体规划修编，市政基础设施和公共服务设施项目建设全面推开。蟠龙新区基础设施建设快速推进，上塬路西线全线贯通，蟠龙大道路基和地下管网工程顺利完工。实施了161项城市建设管理提升工程，北环路、川陕路、石坝河街区改造等工程全部竣工，金陵三桥、陈仓区北新路建成投用，渭河代家湾段橡胶坝建成蓄水。市区南大门公园建成开放，射击射箭馆、游泳跳水馆建成投用，市体育场周边、高速公路出入口等城市节点区域整治效果明显。市区主要道路机械化清扫率达到40%。光明村、玉涧堡城中村改造拆迁任务全面完成，新东岭城市综合体建设稳步推进。5个省级重点示范镇建设开工项目82个，完成投资21.83亿元，12万农村人口实现进城落户。

*大力改善民生，发展成果更加惠民。*全市民生支出累计完成197.4亿元，占财政支出的83.8%。在全省率先启动教育现代化先进县（区）创建工作，实施薄弱校改造等项目350个，市教育中心建成投用，太白县、千阳县建成国家义务教育发展基本均衡县。市中心医院内科楼、市口腔医院综合大楼等建成投用，新农合政策不断完善，大病医疗保险救助比例持续提高。单独两孩政策平稳实施，低生育水平保持稳定。县镇食品药品监管体制改革全面完成，被列为首批国家食品安全创建城市。陇县、凤翔县荣获中国民间文化艺术之乡称号，千阳县荣获全国文化先进县，石鼓山考古发掘被评为全国十大考古发现之一。我市运动员在第十七届亚运会上获得3枚金牌，实现零的突破，我市被命名为全国首批全民健身示范城市。新开工建设各类保障性住房42367套，31231套基本建成。完成87个老旧小区综合改造，解决了一批老百姓反映强烈的突出问题。城镇新增就业5.8万人，城乡居民养老保险参保人数达154.8万人。23万老年人享受高龄补贴，建成农村幸福院231个，陇县中心敬老院荣获全国农村五保供养工作先进单位，我市荣获全国和谐社区建设示范市。投入1.14亿元，连续第八年为全市残疾人办好了十件实事。1300户农村“三无户”移民新居主体完工，12.66万人实现脱贫。

*加强生态建设，城乡环境更加优美。*率先在全省推行大气污染防治网格化管理模式，控煤、降尘、治车成效显著，全年拆除燃煤锅炉953台，取缔储煤场地138个，削减燃煤210万吨，淘汰高污染车辆13383辆，全年市区空气质量二级以上天数达到242天，超过省考指标102天，空气质量优良达标率66%，位居关中各市第一。渭河水污染防治三年行动计划圆满收官，出境水质达到标准要求。凤县嘉陵江和太白县石头河建成国家湿地公园。农村环境综合整治走在全省前列，225个村的省级示范项目全面完成。全年完成造林绿化45.4万亩，千里绿色长廊建设经验在全省推广。市区新增绿地124.8万平方米，建成街头游园20处。国家生态市创建加快推进，群众对环境保护的满意度达到90.93%，比上年提高7.26个百分点。

*深化改革创新，发展活力有效激发。*行政审批制度改革扎实推进，累计下放、取消行政审批事项144项，减幅达26.3%。市县政府机构改革稳步推进，事业单位分类改革顺利开展。工商登记制度改革成效明显，全年新增市场主体28809户，增长35%。财税体制改革不断深化，市县两级部门预决算实现全面公开，全市“三公”经费支出下降15.96%。金融改革创新持续推进，在全省率先推出农村土地承包经营权抵押贷款等新产品，社会融资规模达到245.6亿元。千阳县、凤县农村土地承包经营权确权登记试点工作全面完成，全市集体林权证核发任务基本完成。医改工作再次被评为全省第一，公立医院改革得到国务院充分肯定，经营性文化事业单位转企改制取得突破。

与此同时，法治政府建设步伐加快，我市被命名为全省依法行政示范市。社会治安综合治理整体联动防控体系不断健全，流动人口、特殊人群和虚拟社会管理取得明显成效，人民群众对社会治安的满意率和政法队伍的满意度再获全省第一。全市安全生产形势持续稳定向好。党的群众路线教育实践活动扎实开展，网络问政、电视问政有力推进，为民服务水平进一步提高，群众对政府工作和干部作风的满意度分别比上年提高2.87和10.15个百分点。监察、审计、气象、档案、地震、地志、人民防空、民族宗教、国家安全、妇女儿童、侨务外事、红十字会等工作也取得了新的成绩。

各位代表，一年来，我们坚定信心、攻坚克难，全力冲刺全国文明城市，城乡居民文明素质全面提高，城市环境美丽宜人，被评为中国十佳最干净城市，入选2014最中国十大美食城市，成功入围第四届全国文明城市候选名单，16年来全市人民孜孜以求的创文梦想，即将成真，宝鸡的美誉度和影响力大幅提升。

一年来，我们周密部署、多方协调，高效有序承办了首次在中国大陆举行的第27届世佛联大会，受到中外嘉宾一致好评，得到世佛联、国家宗教局、中国佛教协会的充分肯定，让世界认识了宝鸡，让宝鸡走向了世界。

一年来，我们精心组织、密切协作，圆满成功举办了一届高水平、有特色、精彩难忘的陕西省第十五届运动会，受到省委、省政府奖励，并获得团体总分第一、金牌总数第二的历史最好成绩，全面展现了运动之城、和谐宝鸡的独特魅力。

一年来，我们凝心聚力、齐抓共管，举市一致打好创建国家生态园林城市攻坚战，创建工作顺利通过省级初审，自然生态和人居环境大幅改善，潺潺清水、茵茵绿地的生态品牌更加彰显，走出了一条经济发展和生态保护双赢的绿色发展之路。

各位代表，这些成绩的取得，凝聚着全市人民的心血汗水，凝结着包括驻宝部队在内方方面面的大力支持，展现出宝鸡崛起的勃勃生机。在此，我代表市政府，向各位人大代表、政协委员，向广大干部群众、离退休老同志，向各民主党派、工商联、无党派人士、各人民团体，向驻宝解放军和武警官兵、中省驻宝单位表示衷心的感谢和崇高的敬意！

当前，宝鸡正处在转型发展的关键时期，仍然面临着不少困难和问题：转型升级步伐较慢，经济增长动力单一；第三产业总量偏小，消费对经济增长的贡献还不够大；生产要素流动和聚集度不高，资源和产业优势没有充分发挥。对以上问题，我们将认真对待，不回避、不掩饰，努力加以解决。

2015 年主要工作

今年是全面完成“十二五”规划的收官之年，也是全面深化改革的关键之年。当前，我国经济发展已经进入新常态，经济增长速度从过去的高速增长转向中高速增长，宏观经济环境已难以支撑过去那种依靠消耗资源和牺牲环境为代价来拉动经济高速增长的粗放型发展。但是，我国经济发展总体向好的基本面没有改变，国家陆续出台的一系列稳增长政策措施，继续实施积极的财政政策和稳健的货币政策，加快推进“一带一路”战略，强化对基础设施、战略性新兴产业和服务业的扶持力度，为我市加快发展带来机遇。我们必须正确认识新常态，准确把握新常态，主动适应新常态，抢抓新机遇，再添新举措，全力实现宝鸡经济社会新发展。

2015 年政府工作的总体要求是：*认真贯彻落实党的十八大和十八届三中、四中全会、中央经济工作会议及省、市委全会精神，坚定不移地做大总量、做优质量，坚持以增促稳、以快求进、转型提质、创新突破，深化改革开放，推进城乡一体，强化社会治理，提升民生保障，努力实现经济持续健康发展、社会大局和谐稳定。*

*主要预期目标是：*地区生产总值增长 12%左右，全社会固定资产投资增长 20%以上，社会消费品零售总额增长 13%，地方财政收入同口径增长 12%，规模以上工业增加值增长 14%左右，城镇登记失业率控制在 4%以内，城乡居民人均可支配收入分别增长 11%和 12%左右，人口自然增长率控制在 5.8‰以内，二氧化硫、化学需氧量、氨氮、氮氧化物排放量分别削减 0.5%、1%、1.5%、6%，万元 GDP 能耗下降 2.9%。

重点抓好九个方面工作：

一、加速推进转型升级，壮大工业经济实力

*推进优势产业集群化发展。*以建设国家新材料基地为目标，全面加快“宝鸡·中国钛谷”建设，重点抓好国家钛产业专利导航发展实验区、钛锆镍及其合金铸件产业化等项目建设，加快国家钛材产品质量监督检测中心建设，办好钛产业交易博览会。依托吉利汽车项目，规模化发展汽车及零部件产业，着力引进核心零部件配套企业，支持更多本地企业进入吉利汽车配套体系。延伸煤化工产业链，上半年宝氮整体搬迁技改一期项目建成投产，启动宝氮整体搬迁技改二期、长青能化甲醇二期项目。扎实推进西凤酒城、青岛啤酒宝鸡工业园续建项目，提升西凤酒、好猫烟市场占有率。继续支持大企业大集团加快发展，推进战略重组和行业整合，发展总部经济，培育壮大产业集群。

*加快县域工业园区建设。*以新型工业化为方向，发展县域工业园，完善配套功能，提升承载能力，加速产业聚集，年内建成标准化厂房 5 万平方米，鼓励小微企业和小项目入园发展。支持凤翔县创建省级高新技术产业开发区。年内县域工业园区产值突破 1000 亿元。

*培育工业经济新增长点。*加快发展风电、太阳能发电等战略性新兴产业，确保龙源风电后续项目、关山风电、英利光伏等如期并网发电。以渭滨区互联网产业园为重点，打造关天经济区互联网产业发展增长极。大力发展非公经济，创造更加公平的市场环境，做大非公经济总量，新发展一批科技型中小企业。加快两化深度融合步伐，大力改造提升传统工业，调整产品结构，全面提升企业竞争力。围绕智能机器人、绿色能源等前沿科技，依托秦川机床、宝钛集团等优势企业，催生新业态，培育新优势。

*强化政策扶持服务。*扎实开展“千名干部联系千户企业”活动，选派 2000 名干部深入 2000 户企业，采取帮办、陪办、代办等方式，重点帮助非公企业破难题、调结构，拓市场、促销售。全面落实中省市稳增长和区域采购奖励政策。抓住国家推进重点行业兼并重组的机遇，支持企业就地扩能改造，确保新增产能项目留在宝鸡。年内净增规模以上工业企业 50 户以上。

二、突出抓好项目建设，保持投资较快增长

*加快重点项目建设。*今年全市安排重点项目 350 个，计划完成年度投资 600 亿元以上，重点抓好产业项目，确保投资力度不减。全力抓好重大交通项目，加快宝兰高铁建设，确保连霍高速宝鸡过境线虢镇东至潘家湾段、蟠龙大道、西凤大道、国道 344 陇县县城过境段、陇县至关山旅游专线及宝麟铁路建成通车；开工建设长青工业园铁路专线、宝汉高速宝鸡至坪坎段、连霍高速过境线潘家湾至苟家岭段项目。做好关中城际铁路、宝鸡城市轻轨、货运南环线、合凤高速宝鸡段等重大交通项目前期工作，推动宝鸡（凤翔）机场项目取得突破性进展。

*加大招商引资力度。*坚持招大选优并重、内扩外引并举，强力推进招商引资工作。全年引进 3—5 个投资 30 亿元以上的项目，高新区、蔡家坡经开区、蟠龙新区各引进 2 个以上投资过 20 亿元的产业项目，各县区至少引进 1 个投资过 10 亿元的项目。做好产业选择，积极引进科技含量高、税收贡献大的项目。支持现有大企业大集团引进配套企业。面向东部地区，积极承接产业转移；面向西部地区，吸引新疆、青海、甘肃等地企业来宝设立总部或分公司，建设生活基地。全年招商引资到位资金达到 700

亿元。

创新投融资机制。探索建立多元化投入机制，采取发行债券、鼓励上市融资等多种模式，支持众力电器、晨光电器等科技型企业在“新三板”上市，促进成长性好的企业在区域股权交易市场挂牌融资。大力推广政府和社会资本合作模式，建立全市 PPP 项目库，积极引导民间投资进入基础设施建设、服务业等领域，力促民间投资占比持续提升，增速达到 30%以上。

精心做好项目谋划。抢抓“一带一路”建设战略机遇，认真编制“十三五”规划及各类专项规划。围绕国家支持的重点领域，在铁路公路建设、重大水利工程、城市地下管网改造等方面，谋划一批管长远、利全局的重大基础设施项目。依托优势资源，在煤炭深加工、新材料、新能源等领域，谋划一批前瞻性强的重大产业项目，为经济发展聚潜能、增后劲。紧盯国家宏观政策，加大争取力度，年内争取中省资金 150 亿元以上。

三、加快重点区域开发建设，推进新型城镇化进程

做强高新区。全面推进国家创新型园区建设，提高创业创新能力。加快南客站片区开发建设进度，年内建成站南大道、市民广场。启动郭家崖等城中村改造，加快高新大道商圈建设，继续优化高新区发展环境。以科技新城为重点，着力实施水、电、气、暖等基础设施建设，增强承载能力和公共服务功能。加快法士特中轻卡变速器等项目建设，强化产业支撑，使高新区主要经济指标保持高速增长，城市面貌有大的提升，成为全市经济发展的重要引擎和商贸繁荣、现代气息浓郁的新城区。

重塑蔡家坡。高起点建设基础设施和配套服务设施，开工建设西宝中线东段和渭北西路，改造提升岐山大道、人民路商业街，启动水寨村、岐星村拆迁改造，美化提升蔡家坡高速出口和高铁广场周边区域。高标准新建蔡家坡高中、初中，妇幼医院基本建成，西机医院综合楼、蔡家坡国际影院、图书馆建成投用。推进飞雳士安全轮胎等项目建设，确保阜丰生物、海螺型材达产达效，西北机器铜合金、华强精密铸造项目建成投产。

建设新蟠龙。以打造生态城区为核心，加速蟠龙新区开发建设步伐，全面完成龙腾路、龙翔路等 6 条主干道路地下管网工程和道路续建工程，加快保障性住房建设，提高入住率，建设高端服务业和教育医疗公益设施，为新区发展聚集人气。强化产业招商，依托“光谷”项目，围绕光通信、电子类、高新技术类产业，做好相关配套企业落户，形成集群效应。

提升主城区。围绕完善功能、提升品位，大力实施城市建设管理提升工程，启动金台大道综合改造、东风路改造工程，加快新东岭城市综合体建设，完成渭河排污管网建设，加大城中村改造力度。加快虢镇与主城区融合步伐，支持陈仓区道北新城开发建设，完成虢蟠路北段跨铁路桥工程和虢蔡路一期拓宽改造，不断完善市政基础设施。深化城市管理体制改革，实行“条块结合、以块为主”的市、区分级管理模式，建立三级政府、四级管理的扁平化机制，提高城市精细化管理水平。

构建城镇群。支持凤翔“一区两城三基地”建设，加快撤县设区步伐；扎实推进陇县“一河两岸五区”建设，加快南岸新城开发和旧城改造。突出县域特色，高标准推进其他 7 个县城建设。抓好 14 个全国重点镇、5 个省级重点示范镇、4 个省级文化旅游街区和 3 个市级重点镇建设，打造示范样板，增强集聚能力，促进农业人口就近就地转移。

推进城乡一体化。围绕建设统筹城乡示范市，坚持项目优先支持、改革优先试点、资源优先配置，整合部门力量和项目资金，扶持渭河两岸新型工业园区、现代农业示范园区率先发展，生态景观示范区、新型农村社区同步推进，重点抓好眉县全县域和蔡家坡全镇域城乡一体化试点，把渭河沿线建设成为全市统筹城乡的核心区。

四、大力发展现代农业，推进农村经济持续发展

壮大特色产业规模。全面完成土地确权登记颁证各项任务，加快土地流转步伐，推动土地经营权向种养大户集中。深入开展高产创建，切实保障粮食安全，全年粮食总产保持在 140 万吨以上。以矮砧苹果和优质猕猴桃为重点，创建苹果矮砧试验示范点 4 个，新建果园 10 万亩。新栽核桃、花椒等干杂果 10 万亩。新发展设施蔬菜、秦岭高山蔬菜 2 万亩。加强监测监控，强化政策扶持，推动畜禽标准化、规模化养殖，促进奶业健康发展，建成飞鹤乳业 4 万只奶山羊基地。加快扶风阳晨 10 万头生猪、岐山大成公司 10 万套种鸡场建设，创建部省级示范场 20 个。

加快农业园区建设。发展壮大新型农业经营主体，年内眉县国家级猕猴桃批发交易中心建成投用，太白煜群建成国家级现代农业示范区，新增省级现代农业园区 2 个、市级 20 个，新认定省级家庭农场 150 个、市级 200 个。大力扶持 10 户农业产业化重点龙头企业加快发展，规范提升 100 个专业合作社经营水平，完善利益联结机制，加快农业产业化进程。

改善农村生产生活条件。开工建设麟游县长益庙水库，扎实推进冯家山水库、段家峡水库等大中型灌区续建配套节水改造项目。年内改造县乡公路 100 公里，新修改造基本农田 4 万亩，发展节水灌溉 10 万亩，解决 10 万农村人口安全饮水问题。坚持整体推进与精准扶贫相结合，全面推进“六大扶贫工程”，抓好 89 个整村推进项目，扶贫移民搬迁 2000 户，在全省率先解决农村“三无户”安全住房问题，年内实现 11.56 万农村贫困人口脱贫。

五、全力突破服务业，扩大第三产业规模

打造旅游发展新优势。加快王牌景区建设，以法门寺晋升为国家 5A 级旅游景区为契机，争取开拍电影《法门寺》，推出常态化演艺节目，丰富佛文化内涵，努力把法门寺打造成世界级旅游景点。强力推进太白山景区 5A 级创建，抓好关山草原、黄柏塬景区综合开发、金台观二期等 15 个重点旅游项目建设，打造一批精品旅游景区。加强与陕旅集团的合作，推动西周文化景区建设取得实质性进展。充分利用渭河治理成果，精心打造渭河“百里画廊”，建成“十里花海”“千亩荷塘”“万顷芦荡”等景观，让渭河百里生态、文化休闲景观长廊成为旅游发展新亮点。高标准规划建设岐山民俗村，提升乡村旅游品质。强化旅游宣传营销，大频率、高密度、全方位宣传推介，持续扩大旅游对外影响力。全年旅游总收入、接待国内外游客分别增长14.96%和13.95%。

加快发展夜间经济。全面实施发展夜间经济方案，加快建设高端购物中心、特色酒吧街、都市景观长廊等8个夜间经济示范点。以太阳市特色小吃城为重点，建设一批特色美食街区，推出一台体现宝鸡特色元素、具有现代气息的综艺节目，让游客品味宝鸡美食、畅游宝鸡美景、乐享宝鸡生活。配套实施政策扶持、区域亮化、公交延伸、商场延时、治安防控、舆论宣传等保障措施，整体联动，聚力推进，使夜间经济成为拉动消费的关键支撑。

大力发展新兴服务业。鼓励和支持大企业主辅分离，发展一批现代物流、仓储配送、广告营销、售后服务等企业，推动生产性服务业发展。加大对“关天之窗”、岐宝汇等电商企业，以及蟠龙智慧产业园的扶持力度，支持渭滨区创建全国电子商务发展示范基地，加快培育电子商务、网络营销等现代服务业，全年实现电子商务交易额160亿元。推进陈仓物流园区信息大厦、综合物流信息公共服务平台、宝商物流配送中心等项目建设。积极发展金融服务业，启动金融商务区建设，引导银行类金融机构加大对重点项目、中小微企业的信贷投入。培育发展娱乐健身、家政服务等生活性服务业，提高服务业的社会化、专业化和现代化水平。

促进城乡居民消费。启动实施第三轮“市场体系建设工程”，加快市区商贸流通基础设施建设，世纪荟萃、三迪国际、星钻国际等商业广场建成投用。突出农村商贸配送中心建设，继续抓好镇超工程、放心早餐、蔬菜进社区等惠民工程，完善流通体系，优化消费环境。办好“第四届名优商品博览会”等特色会展活动，全力拉动消费增长。大力促进商贸企业发展，新增限额以上企业30户。全年完成社会消费品零售总额603亿元。

六、强力推动美丽宝鸡建设，打造生态宜居环境

深入开展治污降霾。深化、细化、系统化开展治污降霾，依据环保新标准，倒逼火电、水泥、焦化等行业和燃煤锅炉使用单位提高煤炭品质，升级环保治理设施，完成各县区供热中心环保治理工程。进一步加大燃煤锅炉拆改力度，实现高污染燃料禁燃区燃煤锅炉、燃煤污染“双清零”目标。全面推行严格的扬尘治理措施，加强城市小道路硬化降尘工作，5000平方米以上的建设工地全部配备喷雾车，改变城市清扫保洁方式，对市区120条主次干道做到机械化清扫、精细化保洁。加速淘汰黄标车、老旧汽车，减少汽车尾气污染。积极完善网格化管理，加强区域联动联治，着力解决焚烧垃圾、秸秆等群众身边的大气污染问题。实行生态环境损害责任终身追究，强化社会监督，严厉处罚偷排偷放等违法行为，对履职不力导致严重污染的责任人依法追责。确保全年空气质量优良天数达到200天以上。

扎实推进绿化美化。继续实施绿色宝鸡“九大工程”和关中大地园林化建设，年内完成绿化45万亩、植树4000万株。加快连霍高速、宝平高速、西宝高铁沿线和城市出入口等重要节点的绿化提升，构建多层次、立体化的绿色景观。加大国家生态园林城市、国家生态市创建力度，支持眉县、岐山创建国家园林县城，太白、千阳创建国家生态县，凤县创建国家生态文明建设示范区，凤翔、扶风、麟游、陇县创建省级生态县，建成一批市级生态镇和生态村。

持续整治农村环境。以减少农村面源污染为重点，年内完成306个村连片整治示范项目。平原县重点巩固扩大集中连片整治成果，着力解决垃圾、生活污水就近处理问题。城区突出城郊结合部环境综合整治，着力打造街道靓点，有效消除城郊盲点。山区县将农村污染治理与造林绿化、造景美化相结合，全力打造生态靓丽、功能完善、干净整洁的美丽家园。

大力实施渭河流域治理。全面完成渭河支流口6座交通桥梁建设任务，确保6月底前两岸堤路全线贯通。启动新一轮渭河流域水污染防治三年行动计划，全面整治沿渭排污口，实现渭河宝鸡境内全面截污。实施小韦河、千河、金陵河等渭河支流综合治理，确保渭河水质稳定达标。抓好千渭之会等4个湿地公园建设，在全面规划的基础上，建设一批拦河坝、生态湿地水面景观。

七、切实强化民生保障，让群众共享更多发展成果

增强社会保障能力。率先开展“全民参保登记计划”，推进社保人群全覆盖。以加强市县镇村公共服务平台建设为抓手，切实解决好社会保障服务“最后一公里”问题。突出做好大学生及困难群体就业，做优“宝鸡技工”品牌。加大保障房及配套设施建设力度，落实棚户区改造补助资金，确保6月底前龙山雅居、虢镇茗苑、金陵湾二期等分配入住。适应老龄化进程，加快市县镇村四级老年文化活动中心、城市社区日间照料中心建设，年内全市20%的行政村农村幸福院建成投用。继续为残疾人办好十件实事，使残疾人共享改革发展成果。扎实推进军民共建活动，确保全国双拥模范城八连冠。

推动教育优先发展。深入开展中小学德育行动和优质教育普及行动，梯次推进教育创强工作。全面实施第二轮学前教育三年行动计划，完成21所幼儿园建设任务。实施270个薄弱学校改造、县城以上学校扩容等项目。着力发展职业教育，组建专业性职教集团，创新人才培养模式，服务地方经济发展。加快发展特殊教育，积极发展老年教育，构建终身教育体系。

提高医疗卫生服务水平。加快市全科医生培训基地、市精神卫生中心工程建设进度，提升改造县级医院，加大卫生人才培养力度。扎实开展卫生综合改革试点，支持凤翔县省级综合医改试点，深化公立医院改革，推进分级诊疗体系建设，探索建立现代医院管理制度，努力破解以药补医机制，进一步缓解看病难、看病贵问题。深化幸福家庭创建，促进全市人口实现均衡发展。启动健康城市建设，积极发展健康产业，提高全市人民健康水平。

发展文化体育事业。巩固文化体制改革成果，大力扶

持发展文化产业。加强文物保护利用，抓好周原、石鼓山、北首岭等重点保护工程。开工建设市文化艺术中心等项目，承办好全国游泳冠军赛，积极参加全国首届青年运动会（原城市运动会），不断提升竞技体育水平，巩固全国全民健身示范城市创建成果。

八、全面深化改革开放，增强发展内生动力

深入推进各项改革。结合县区政府职能转变和机构改革，理顺条块管理体制，完善县区政府统一监管职责。实施机关事业单位养老保险制度改革，落实县以下公务员职务与职级并行、职级与待遇挂钩制度。切实做好公车改革，确保6月底前落实到位。积极推进镇村综合改革，提高基层组织社会治理和服务能力。加快国企改革步伐，做好困难企业改革脱困。深入推进商事制度改革，促进小微企业健康发展。继续深化财税体制、预算管理、专项资金管理、政府购买服务改革，促进财政管理科学化。按照责权利相统一的原则，完善园区管委会机制，激发园区发展活力。

提升科技创新能力。以国家创新型试点城市迎检验收为契机，实施好市级6个重大科技创新和创新型试点企业培育等工程，支持企业联合高校院所组建研发中心。积极引进高端人才，组织开展好两院院士宝鸡行、企业老总院校行、院校专家企业行等活动，推进产学研合作，加速科技成果转化。

拓宽对外开放空间。围绕打造丝绸之路战略新枢纽，支持有条件的企业在境外投资办厂，年内挂牌成立砖机、纺织、猕猴桃、苹果等一批市级出口基地。鼓励汽车制造、石油装备、轨道交通等企业建立海外营销网络和售后服务体系，引进专业外贸公司5~8户。积极推进宝鸡东站迁建，加快阳平铁路货运站建设，推动物流产业加速发展。充分利用“长安号”列车，扩大对外出口，加快向西开放步伐，提高经济外向度。

九、着力加强社会治理，保持社会和谐稳定

夯实基层基础。全面落实城市社区布点规划，深入实施社区建设提升工程，持续抓好和谐示范社区创建工作，积极开展矛盾纠纷排查化解，不断健全“一厅、一网、一热线”服务模式，实现市区、县区、社区网络互联，提升社区信息化管理水平。突出重点人群，发展专业化便民服务，夯实社会管理基层基础。加强政策指导和督促检查，确保全面完成第九次村民委员会换届选举工作。加强物业管理，完善物业保修金制度，积极推行招投标制度，推进物业管理市场化进程。

推进平安建设。深入推进平安宝鸡建设，健全立体化治安防控体系，严格落实社会稳定风险评估机制，依法打击非法集资等违法犯罪活动，全面加强禁毒和公共安全管理，打造最安全城市。深入实施“六五”普法规划，加快依法治市进程。加强流动人口和特殊人群的服务管理，对失业、失亲、失独等人群给予更多的关爱。扎实做好源头预防、积案化解工作。强化属地管理责任，加强市场和农产品质量安全监管；积极开展全国食品安全城市创建活动，确保舌尖上的安全。落实安全生产监管责任和企业主体责任，有效预防各类安全事故发生。

加强政府自身建设

打铁还需自身硬。新形势、新任务对政府工作和自身建设提出了新的要求。我们将进一步加强政府治理体系和行政能力建设，全面提高政府公信力、执行力和创造力，以务实高效的作风服务于民，以勤政清廉的形象取信于民，努力打造人民满意政府。

坚持法治理念，推进依法行政。坚持法无授权不可为，法定职责必须为，打造法治政府。深化政务公开，全面落实政务信息发布制度，提高工作透明度，保障群众知情权。自觉接受人大工作监督和法律监督以及政协民主监督，认真办理人大代表建议和政协委员提案，更加重视公众监督、舆论监督，继续办好市政府门户网站“在线访谈”栏目和公民代表走进市政府活动，将政府的一切行为置于法律框架内和人民监督下，让权力在阳光下运行。

坚持改革创新，加快职能转变。深化行政审批制度改革，继续加大简政放权力度，市级部门行政审批事项再减少三分之一以上，向县区政府下放行政权力的同时，认真做好中省下放行政审批事项的承接实施。按照权责一致原则，推进各级政府及工作部门公布权力清单，制定负面清单，细化运行流程。加强政府绩效管理，大力推进并联审批、网上审批，加大行政问责、行政过错责任追究力度，建立健全工作绩效公开制度，不断提高行政效能。

坚持执政为民，促进作风改进。持之以恒纠正“四风”，推动群众路线教育实践活动成果常态化、长效化。在政府系统大力倡导低调务实不张扬、埋头苦干抓落实的作风，对确定的目标、制定的政策、部署的任务，以“钉钉子”精神，一抓到底，务求实效。按照“三严三实”的要求，从严管理干部，深化拓展百姓问政、万名群众评议百名科长等活动，坚决纠正为政不为、懒政、乱作为、慢作为行为，不断提升为民服务水平。大兴艰苦奋斗之风，严格执行八项规定和党政机关厉行节约反对浪费条例，坚持过紧日子，厉行节约，反对浪费，规范各类检查、评比、达标、表彰活动，腾出更多资金改善民生。

坚持清正廉洁，提升政府形象。严格执行党风廉政建设责任制和廉洁从政有关规定，坚持用制度管权管事管人，加大对工程建设、招标采购、项目管理、土地出让等重点领域的廉政风险防控力度。加强廉政教育，各级公务人员都要讲规矩、知敬畏、守底线。加大对群众身边不正之风和腐败问题查处力度，切实解决以权谋私、与民争利和损害群众利益等问题，树立为民、务实、清廉的政府形象。

各位代表，新起点孕育新希望，新常态要有新作为。面对百舸争流、千帆竞发的新征程，让我们在市委的正确领导下，解放思想、改革创新，锐意进取、真抓实干，为打造关天副中心、建设和谐新宝鸡，走在建设“三个陕西”前列做出新的更大的贡献！

双迎双创

编辑　邓拴岐　纪天仓　许　瑶　李海杰

第 27 届世界佛教徒联谊会大会

【概况】　第 27 届世界佛教徒联谊会大会（简称“世佛联”大会）于 2014 年 10 月 14—19 日在宝鸡市隆重举行。在世佛联、国宗局、中佛协和陕西组委会的指导下，由宝鸡市具体承办。“世佛联”大会是中国大陆首次承办的国际性宗教会议，参会人员来自泰国、韩国、日本、美国、德国、法国、澳大利亚等 40 多个国家和地区，共邀请参会的宗教领袖、代表、观察员和嘉宾 449 人，国内佛教界高僧大德、特邀嘉宾等近 200 人，中省各级领导及中外记者 300 人，邀请的其他嘉宾、观礼人员 300 人，共约 1200 多人参会。中共中央政治局常委、全国政协主席俞正声、泰国国王、斯里兰卡总统、尼泊尔总统等政要向大会发来贺信和贺电，中共中央书记处书记、全国政协副主席杜青林应邀出席开幕式并致辞，全国政协副主席马飚，世佛联秘书长攀洛·泰阿利，中国佛教协会会长、世佛联副主席传印长老，中国佛教协会副会长、第十一世班禅额尔德尼·确吉杰布以及中共中央统战部、国家宗教事务局、陕西省的领导与贵宾出席了大会。大会开幕式和重大活动都在法门寺举行。法门寺景区精心策划了大会代表合影、迎请仪式、瞻拜佛指舍利祈福法会、开幕式、千僧斋、供养素可泰金佛仪式、嘉宾参观、传灯法会等 8 项活动，突出佛指真身舍利，融合法门寺独特文化，体现浓厚的佛教氛围，场面宏大、庄严隆重、盛况空前、圆满成功。法门寺活动规划大气，主题突出，组织周密，精彩纷呈，得到了与会的各国政要、高僧大德以及海内外各界的一致好评。大会期间还组织了佛教主题晚会、佛教文化书法展、法门印象特色书画展、佛教与公益慈善展览等活动，融入了宝鸡地方文化元素，体现了宝鸡悠久的人文历史和厚重的姜炎、周秦文化。宝鸡人淳朴善良、真诚文明的形象。干净整洁的城市面貌、现代化的城市建设通过与会嘉宾的亲身感受，将一个开放文明、和谐包容、充满生机与创新活力的魅力宝鸡形象传递到了全世界。第 27 届世界佛教徒联谊会大会围绕“佛教与公益慈善”主题，举办了世佛联、世佛青世界佛教领袖圆桌会议、执委会、世界佛教论坛、中佛协常务理事会等会议，开展了一系列富有文化内涵和佛教特色的活动，形成了《第 27 届世界佛教徒联谊会大会宝鸡宣言》，为促进社会和谐发展，共享世界和平恩泽，留下了宝贵的精神财富。大会的召开，对外展示了中国宗教信仰自由的政策，使世界进一步认识了中国佛教、认识了中国文化、认识了中国发展。在全市各级各相关部门、组委会全体工作人员的共同努力下，大会取得了圆满成功，得到了国内外各界的高度赞誉。

【法门寺活动】　第 27 届世界佛教徒联谊会大会突出佛指真身舍利，融合法门寺独特文化，在法门寺景区举行了 8 项重大活动，近 3000 僧众和万人参与，有序组织千人合影，如法如仪的迎请仪式，庄严神圣的祈福法会，盛大隆重的开幕式，清静肃穆的千僧斋，气氛祥和的传灯法会，体现浓厚的佛教氛围。迎请仪式上，嘉木样·洛桑久美·图丹确吉尼、学诚、班禅额尔德尼·确吉杰布三位法师拈香，众多僧众和居士在沿途两侧持提灯、提炉、经幡等列队欢迎，60 位高僧大德和重要嘉宾在宝盖下，和其他与会代表一起，伴着钟鼓齐鸣声徐徐步入舍利塔。瞻拜佛指舍利祈福法会由中国佛教协会副会长、法门寺方丈学诚大和尚主持，中国佛教协会会长传印长老、中国佛教协会副会长班禅额尔德尼·确吉杰布大师、祜巴龙庄勐法师共同拈香，80 名法师齐诵《香赞》《心经》，塔内近 4000 人站立合十，共祈世界和平。开幕式合十齐唱世佛联会歌，先后宣读各国政要贺信贺电，陕西省省长娄勤俭，中国佛教协会会长传印长老，攀洛·泰阿利代世界佛教徒联谊会主席潘·瓦纳密提，中共中央书记处书记、全国政协副主席杜青林先后致辞，8 位高僧相继发言，顺畅圆满。千僧斋千僧共唱供养偈，功德主逐僧发放随喜，成就善缘。传灯法会由 3000 僧人、居士、信众，手捧莲花灯，齐诵“南无本师释迦牟尼佛”圣号，列队从合十舍利塔一层大殿出发，经由十万人广场至五福广场，用莲花灯结成第27届世佛联大会会标和“佛教与公益慈善”主题，把佛陀的智慧和慈悲传递到了大众心中。

【佛教与公益慈善论坛】 第27届世界佛教徒联谊会大会期间，200多名与会代表出席了佛教与公益慈善论坛，来自世佛联、世佛青、中国、泰国、日本等国家和中国台湾、中国香港等地区的中外代表发表主题演讲、提交了书面发言，进行了诚挚友好的交流，取得了积极可喜的成果。论坛从赈灾、助学、扶贫、医疗、养老、环保等六个方面论述了当代中国佛教界开展公益慈善事业的主要情况，并对佛教公益慈善事业的未来发展提出了展望和设想，这对国际佛教界进一步开展公益慈善事业和人道主义服务领域的交流合作将产生积极意义。大会期间，还举办了中国佛教与公益慈善展览，主要展示中国佛教在公益慈善方面所取得的成果，共制作展板41块，对外宣传了“诸恶莫作、众善奉行”的佛教慈善思想。

【法门·梵音·慈悲心主题晚会】 10月15日晚，在宝鸡万福酒店演出了以“法门·梵音·慈悲心”为主题的佛教晚会。晚会由宝鸡石鼓文化公司赞助演出，湖南卫视橙色良品传媒公司总体策划。整台晚会以青铜文化与法门佛光为引线，展现了宝鸡的文化底蕴。晚会开始以短片形式介绍了“法门圣境”情况，节目包括《一声佛号一声心》《莲华处处开》《楞严一笑》《阿弥陀佛在心间》等佛乐，大型音诗画《佛陀·脚印》，讲述了佛教第二故乡陕西对中外佛教发展的巨大影响。晚会还汇集了包括潘越云、黄帅、周林灯、熊晓雯、黄杰在内的众多歌手与600名居士一同表演，以示佛教文化恢宏庄重与包容并蓄的精神内涵。国家宗教事务局副局长蒋坚永，中国佛教协会副会长刀述仁、学诚法师、第十一世班禅大师、明生法师、觉醒法师、如瑞法师等部分中国佛教协会常务理事代表，以及来自斯里兰卡、泰国、韩国、日本等40多个国家和地区的200多位佛教代表和嘉宾观看了主题晚会。

【佛教文化系列展览】 大会期间，在法门寺合十舍利塔一层大殿举办了一系列书画展活动，20多万人观看了展览。由陕西省书法协会、陕西省关爱基金会、陕西省榜书协会、宝鸡石鼓印社、北京视袭公司、山东居士赵文竹分别举办了世界佛教书法大展、菩提境界画展、榜书展、法门印象特色书画展、墨韵禅趣书画展、觉得释界艺术展，共收集作品上万幅，展出书法、绘画、篆刻等作品1200余幅。同时，还在法门寺合十舍利塔地宫举办了佛教艺术精品展，涵盖木雕、玉石、陶瓷、绘画、刺绣、雕塑等诸多艺术门类，400余件展品，件件珍品，精美绝伦，是迄今为止中国佛教艺术品领域品质最高端、内容最丰富、规模最盛大的一次佛教艺术盛典。

【成立宝鸡市组委会】 2014年1月23日，宝鸡市成立了由市委书记、市人大常委会主任上官吉庆为名誉主任，市长钱引安为主任，市委常委、常务副市长张敬原，市委常委、宣传部长马鲜萍，副市长武军为副主任，市委、市政府各一名副秘书长以及市委宣传部、市委统战部、市公安局、市城市管理综合执法局、市交通运输局、市文化广电新闻出版局、市卫生局、市食品药品监督管理局、市文物旅游局、市民族宗教事务局、市园林环卫局、市接待办、法门寺佛文化景区管委会等24个部门和单位负责人为成员的第27届世佛联大会宝鸡市组委会。组委会下设综合协调处、法门寺活动处、会务处、接待处、会务保障处、安保处、宣传报道处、环境保障处等8个工作处，并从宝鸡市政府办、政协办、宗教局、法门寺景区等相关部门抽调专人，成立了组委会办公室，由宝鸡市政府副秘书长王宝强任主任，具体开展大会筹备工作。

【会前氛围营造】 2014年初，宝鸡市将办好第27届世界佛教徒联谊会大会作为全市的重点工作，成立机构，抽调人员，举全市之力做好筹备工作。一是完成了法门寺景区六大提升工程。为迎接世佛联大会召开，对法门寺佛文化景区硬件设施进行了“升级换代”。合十舍利塔一层化身佛殿、舍利塔地宫、老寺院广场等进行了全面改造，10万人广场全面升级，石材铺设与雕刻面积多达6万多平方米，重新铺装的地砖和雕刻与景区庄重堂皇的风格更为相得益彰。寺院广场的文化墙重新彩绘，讲述唐代皇帝恭迎佛骨舍利的故事。二是精心做好会议场所、重点部位的氛围营造。在扶风县城相关路段、法门寺院悬挂了宣传条幅；在法门寺景区搭建拱门、花柱，安装了大型经幢；在咸阳机场和西宝高速沿线设置了大会宣传广告；在市区、会议周边悬挂灯杆吊旗、宣传条幅，摆放大会徽标，在出租车、汽车站等持续播放LED屏公益广告，进行净化、美化、绿化、亮化。三是扎实开展环境整治。开展了扶风县城、法门镇老镇区、绛法高速沿线环境综合整治，大力整顿了法门寺景区周边旅游秩序。结合全国文明城市创建工作，在市区和大会接待酒店周边等重点区域开展了市容环境集中整治，打造环境优美、和谐文明城市形象，营造了热烈、大气、庄重的大会氛围。

【泰国新闻发布会】 2014年4月18日，世界佛教徒联谊会在泰国曼谷召开新闻发布会，宣布第27届世佛联大会将于2014年10月16—18日在中国陕西宝鸡举行，大会主题是“佛教与公益慈善”，会场设在宝鸡市区和法门寺佛文化景区。世佛联秘书长攀洛·泰阿利主持发布会，中国佛教协会副会长学诚法师，宝鸡市组委会副主任、常务副市长张敬原出席发布会。发布会上，攀洛·泰阿利介绍了大会的主要内容、主题、议题等，表示世佛联总部和各地区中心对大会充满期待，相信大会不仅将成为世界佛教重大的历史事件，也将进一步推动全世界佛教徒的合作与团结。学诚法师介绍了中国佛教、中国佛教协会、陕西法门寺僧团的概况，并回顾了中国佛教协会与世界佛教徒联谊会友好交往的历史，介绍了第27届世佛联大会在中国举办的殊胜因缘和特殊意义。学诚法师表示，中国佛教协会有着多次举办世界佛教论坛、中韩日三国佛教友好交流会议等大型国际会议的经验，有信心、有能力办好第27届世佛联大会；大会将在供奉有释迦牟尼佛真身指骨舍利的法门寺开幕，必将为增进中国佛教界与世界佛教徒联谊会的友谊、为世界佛教徒的大团结和大交流、为维护世界和平作出贡献。张敬原介绍了大会活动策划安排、法门寺佛文化景区环境整治等大会筹备工作进展情况，表示宝鸡市将竭尽全力做好各项筹备工作，确保大会圆满成功。中国驻泰国大使馆文化参赞陈疆出席新闻发布会。

【北京新闻发布会】 2014年6月30日，第27届世佛联大会新闻发布会在北京人民大会堂举行。中国佛教协会副会长、陕西省佛教协会会长、陕西省组委会副主任增勤法师，中国佛教协会新闻发言人普正法师、明杰法师，宝鸡市组委会副主任张敬原介绍了大会筹备情况并回答了记者提问。中国佛教协会副秘书长、世界佛教徒联谊会执委张琳主持新闻发布会。世佛联秘书长攀洛·泰阿利在新闻发布会上宣布，由中国佛教协会、陕西省组委会和宝鸡市组委会承办的第27届世佛联大会将于2014年10月16—18日在中国陕西省宝鸡市举行。攀洛·泰阿利介绍说，陕西佛教历史悠久，历史上长期是中国佛教研究和传播中心。鸠摩罗什、玄奘等诸多高僧大德曾在陕西翻译佛教经典、弘扬佛教教义，影响遍及亚洲许多国家和地区。宝鸡是供奉释迦牟尼佛指骨舍利的法门寺所在地。因此，选择宝鸡作为世佛联大会的举办地是很有意义的。在中国举办世佛联大会，可以让与会者重温佛教昔日的辉煌，进一步了解佛教对世界的贡献，也将激励全世界佛教徒继续为维护世界和平与安宁努力奋斗。攀洛·泰阿利先生代表世佛联总部，对中国政府的支持和中国佛教协会、陕西省组委会、宝鸡市组委会为大会顺利召开所作的精心准备，表示由衷的感谢。中国佛教协会新闻发言人普正法师在新闻发布会上回顾了中国佛教协会与世界佛教徒联谊会交往的历史，本次大会首次在中国大陆召开，是中国佛教协会与世佛联友好交往史上具有里程碑意义的大事，对进一步密切中国佛教界与世界各国佛教界的友好关系，更好发挥中国佛教协会在国际佛教组织中的积极作用，增进中国佛教徒与世界各国佛教徒的团结和友谊，具有重要意义。中国佛教界希望通过此次会议，与各国法门兄弟在弘法利生方面进一步交流经验、团结协作，为众生福祉和世界和平作出新的贡献。人民日报、新华社、中央电视台、中央人民广播电台、凤凰卫视以及泰国今日邮报、曼谷邮报等30多家中外媒体的记者参加新闻发布会。

【宝鸡新闻发布会】 2014年10月15日，第27届世佛联大会主办方世界佛教徒联谊会和承办方中国佛教协会、陕西省组委会、宝鸡市组委会在陕西省宝鸡市联合举行第三次新闻发布会。世佛联秘书长攀洛·泰阿利，中国佛教协会副会长、陕西省佛教协会会长、陕西省组委会副主任增勤法师，中国佛教协会副秘书长、世佛联执委张琳，中国佛教协会新闻发言人、国际部主任普正法师，宝鸡市组委会副主任张敬原出席大会并就有关情况回答了记者提问。新闻发布会由中国佛教协会新闻发言人、综合研究室主任明杰法师主持。攀洛·泰阿利在新闻发布会上介绍了世界佛教徒联谊会的相关情况，并指出，在中国大陆举办一届世佛联大会是世佛联总部和各地区中心的共同愿望。陕西佛教历史悠久，历史上长期是中国佛教研究和传播中心，宝鸡是供奉释迦牟尼佛指骨舍利的法门寺所在地，选择宝鸡作为世佛联大会的举办地很有意义。本届大会的主题是“佛教与公益慈善”，围绕这一主题举行的研讨和会议，必将赋予我们更广阔的视野，进而为世界带来和谐。攀洛·泰阿利代表世佛联总部，对中国政府给予大会的支持和中国佛教协会、陕西省组委会、宝鸡市组委会为大会顺利召开所作的精心准备，表示衷心感谢。中国佛教协会副秘书长、世佛联执委张琳回顾了中国佛教协会与世界佛教徒联谊会的交往历程，并指出本届大会在陕西宝鸡举办，是中国佛教协会与世佛联友谊之树结出的一枚具有里程碑意义的硕果，必将进一步密切中国佛教界与世界各国佛教界的友好关系，更好发挥中国佛教协会在国际佛教组织中的积极作用，增进中国佛教徒与世界各国佛教徒的团结和友谊。中国政府对大会十分重视，全国政协主席俞正声向大会发来贺信，全国政协副主席杜青林、马飚出席大会开幕式并会见各国各地区佛教领袖，杜青林在开幕式上致辞。中国佛教协会会长传印长老，中国佛教协会副会长、第十一世班禅额尔德尼·确吉杰布将代表中国佛教界在开幕式上致辞。宝鸡市组委会副主任张敬原介绍了大会的筹备工作情况，并表示，宝鸡市组委会按照“安全顺利、精彩圆满、富有特色”的总体目标，紧张有序开展筹备工作，大会各项工作已全部准备到位，会议、食宿、交通、通讯、安保、医疗等会务服务和后勤保障各环节业已协调运转。会议期间，宝鸡市组委会将精心做好大会的各项会务服务工作，为会议提供清净庄严的环境和热情周到的服务。宝鸡人民热情欢迎世界各地的高僧大德、嘉宾朋友到陕西来，到宝鸡来，共同参与和见证这一载入史册的佛门盛事。人民日报、新华社、中央电视台、中新社、陕西日报、凤凰卫视、大公报、泰国曼谷调频台、柬埔寨中柬友谊台等中外媒体的记者参加了新闻发布会。

（李科峰）

陕西省第十五届运动会

【概况】 陕西省运动会每四年一届，前十四届一直由省政府主办、省体育局承办，在省会西安举行。2010年9月省十四运会闭幕后，省政府决定对省十五运会的竞赛体制进行改革，实行地市申办制。2011年1月12日，宝鸡市政府正式向省体育局递交申办报告，成立了市长任组长的宝鸡市申办省十五运会领导小组，下发实施方案，列入市委、市政府重点工作，召开了申办动员大会，举办了“万人签名”“形象大使选拔”“申办口号征集”等活动，组织开展了50多项全民健身活动，为申办工作打基础。2011年2月23日，经过陈述、答辩、投票等环节，依靠市委、市政府的坚强信心，良好的体育氛围和在省十四运会上赛会总分第一的优异成绩，宝鸡市最终以31票高票胜出，取得了省十五运会的承办权。市委、市政府把办好省十五运会作为促进民生事业、推动率先发展的重大机遇和有效平台，列入全市中心工作，纳入年度目标责任制考核，强力推进。成立了由市委、市政府主要领导亲自挂帅，六十多个市级部门、县区和单位主要负责人为成员的执行筹委会，并根据筹备进展情况分阶段召开会议，部署推动。制定印发《筹备实施意见》《筹备工作方案》《开闭幕式方案及任务分解表》和场馆建设改造、安全保卫、接待服务、赛事组织、环境保障等30多个配套方案，明确任务，落实责任。市委、市政府主要领导和分管领导经常听取汇报，检查筹备工作进展情况，协调解决有关重大问题；市人大、市政协多次视察指导体育场馆建设等筹备工作。各部门、各县区、各单位自觉服从总体安排，切实履行筹办职责，加班加点、夜以继日，保证了筹办工作有条不紊、扎实有序推进。省委书记赵正永、省长娄勤俭亲自出席开幕式，省政协主席马中平、省委常委省纪委书记郭永平、省委常委省委宣传部长景俊海、副省长白阿莹先后莅临宝鸡，检查指导场馆建设及改造工作，听取省十五运会筹备工作进展情况汇报，协调解决困难和问题。经过四年的努力，2014年8月15—20日，宝鸡市举全市之力，以一流的场馆、精心的组织、优质的服务、强力的安保、良好的宣传、精彩的开闭幕式，成功举办了陕西省第十五届运动会，取得了赛事承办和参赛成绩双丰收。

【公布会徽会歌吉祥物主题口号】 1月9日上午，市政府召开的新闻发布会，公布省第十五届运动会会徽、会歌、吉祥物及主题口号。市政府外宣办主任惠周科主持发布会，省体育局副局长董利出席发布会，市政府副秘书长体育局局长李富生介绍征集情况：2012年10月26日到2013年1月31日期间，宝鸡市筹备省十五运会执行筹委会面向全国开展征集活动，共收到来自20多个省市的会徽作品178件、会歌作品48件、吉祥物作品59件、主题口号953件；经组织省内相关专家评审，并对相关作品进行反复修改完善和网上公示，报宝鸡市政府审核，经省体育局同意后上报省政府审定，最终确定了会徽、会歌、吉祥物和主题口号。会徽确定题名《宝鸡2014》作品，以数字“15”为元素，构成燃烧的圣火，似一只飞翔的凤凰，代表着举办地宝鸡的城市象征，底下青铜鼎，突出宝鸡“青铜器之乡”的城市文化底蕴，鼎上图案为凤鸟纹，寓意凤凰涅槃，浴火重生；会歌确定《追梦》作品，歌词紧扣省运会主题，既有体育运动的追梦，更有新时代的追梦，地方特色突出，歌曲气势雄壮，旋律激昂，气韵流畅，节奏铿锵；吉祥物确定为《宝宝》作品，以宝鸡市象征“金鸡祥瑞”为创作原型，寓意为：宝鸡、宝地，作品颜色以土黄为主，红、绿为辅，寓意陕西这片肥沃的土地上正发生着日新月异的变化，同时也使吉祥物更加清新、亮丽且充满了地方特色；主题口号确定为“相约魅力宝鸡，共享生命活力”。

【省十五运会列入“双迎双创”重点内容之一】 2月27日下午，市委、市政府在行政中心召开“双创”“双迎”工作推进会，安排部署省十五运会等四项重点工作。会议由市委常委、常务副市长张敬原主持，市委书记上官吉庆出席作动员讲话，市长钱引安作工作安排部署，市级领导及市级机关各部门负责人、各县区领导参加了会议。会上下发了《关于印发2014年度陕西省第十五届运动会筹办工作任务分解表和开闭幕式方案的通知》等文件。市政府副秘书长、市体育局局长李富生在会上作表态发言。

【组织管理人员培训班】 3月20—22日，市体育局在市体育馆一楼西会议室举办省十五运会组织管理人员培训班，市体育局机关、市体育运动管理中心、市体育运动学校、市游泳运动学校及各县区相关人员等近80人参加了此次培训。省体育局人力资源开发中心质检部部长屈翔燕对场馆运营、赛事保障方面的政策、规范及相关项目流程、场馆日常管理、维护与保养等方面进行了讲解。

【省十五运会倒计时牌揭幕仪式】 4月1日上午，陕西省第十五届运动会倒计时136天揭牌仪式在市体育场举行，标志着省运会各项筹备工作进入全面冲刺阶段。市政府副秘书长李献卿主持揭牌仪式，市政府副市长刘桂芳和市政府副秘书长体育局局长李富生共同为倒计时牌揭牌。省十五运会倒计时牌位于市体育场东门口，高8.15米，宽4.85米，上面印有“15”为元素的大会会徽。高8.15米寓意大会将于8月15日开幕，宽4.85米寓意四面八方宾朋汇集宝鸡。倒计时牌制作精美，配备了先进的计时系统。揭幕仪式后，市级各体育协会进行了太极功夫扇、柔力球、健身气功、健身秧歌等健身项目助兴表演。

【迎省十五运会倒计时一百天纪念活动】 5月7日上午，市体育局在市体育场东门省十五运会倒计时牌前举行了陕西省第十五届运动会开幕倒计时100天纪念活动，活动由市体育局副局长任小康主持，市体育局系统干部职工、市级各体育协会约100人参加活动。市政府副秘书长体育局局长李富生出席活动并讲话。活动现场开展了健身秧歌、健身气功、柔力球、太极拳等项目展示，社会体育指导员义务辅导、国民体质监测、体育彩票现场销售等活动。活动当天，市级各部门、各单项体育协会、各县区、部分企事业单位也同步举行了纪念活动。

【省十五运会行业组比赛】 6月16日至8月19日，宝鸡承办了省十五运会行业组14个项目比赛，省直各部门、企事业单位33个行业，2331名运动员组队参赛，比赛分两个阶段举行。第一阶段比赛于6月15日—7月30日举行，分别进行网球、柔力球、蓝球、健身秧歌、健身气功、广场舞、门球、广播体操、太极拳剑、趣味田径、象棋、游泳、围棋、跳绳、桥牌15项目比赛。第二阶段比赛于8月15—19日举行，分别进行乒乓球和羽毛球2个项目比赛。

【竞赛组织】 省十五运会设青少年组和行业组各18个大项，6月15日至8月20日，持续进行了3200多场赛事，共有来自全省各地、各行业的44个代表团、7200多名运动员参加了竞赛，参赛规模和人数为历届省运会之最。宝鸡市在大会组委会领导下，与省体育局紧密协作，认真做好赛事组织。一是严密组织好各项目比赛。多次召开协调会，研究制订详细的竞赛组织方案、比赛日程表和各项目秩序册，着力构建各环节密切配合、无缝衔接、运行顺畅、高效有序的赛事组织工作体系。比赛期间，周密细致做好场地保障、人员接送、组织观赛等工作，各项赛事紧张有序进行。二是严格赛事执裁执纪。精心组织开展裁判员培训学习，加强思想教育，进行适应性训练，提高裁判员业务能力和裁判水平。加强反兴奋剂工作，改造了反兴奋剂检测室，添置检测设备设施，提高检测能力，保证运动员兴奋剂检测工作顺利进行。三是坚持开放办赛。办赛服务于民，参赛展示形象，是省十五运会的最大亮点。为让群众更好参与省运、分享省运，感受体育魅力，省运历史上第一次实行开放办赛。赛会期间，提前发布赛事安排信息，每场赛事都实行群众免费观赛，让专业赛事走近普通群众。

【接待保障】 省十五运会期间，来宝的各级领导、各参赛代表队、观摩人员和体育爱好者等达数万人，对本市服务保障能力是一次重大的考验。各部门、各单位上下一心，群策群力，切实做好接待、安保等服务工作，保障了省十五运会的顺利举行。一是周密安排接待服务。按照就近就便和兼顾环境的原则，确定了11家接待酒店。按照赛会接待服务标准，坚持高质量、严要求，指导督促各接待酒店改造软硬件、培训员工、提高服务质量。按照分工负责、对口接待原则，落实各级官员、各地市各行业代表团和新闻媒体接待任务。省十五运会期间，共接待运动员、教练员、裁判员、媒体记者、大会来宾等2万余人，做到了热情周到无缺位，认真细致无差错。二是全力做好安全保卫。制定下发《安全保卫总体方案》和指挥架构、反恐处突、安检排爆、票证管理、消防安全、通信保障等25套分项方案，突出开、闭幕式和交通、消防、安检等关键环节和比赛场馆、代表团驻地等重点场所，强化安保力量，增设安保设施，组织开展安全疏散演练，全力保障赛会安全。同时，开展安全维稳大排查，做好各类社会矛盾纠纷的调处、化解工作，为赛会顺利举行营造了平稳有序的社会环境。三是严格食品安全监管和医疗保障。根据体育赛事饮食规范标准，突出“最中国美食城市”特色，制定《定点饭店食品安全保障技术规范》和《省运会禁用慎用食品类别名单》，安排执法人员驻店监管，对各接待酒店食品安全开展严格整治，严把原料采购关、食谱审查关、原料检测关、餐具消毒关，确保赛会来宾舌尖上的安全。同时，对全市范围内酒店宾馆、餐饮单位和摊群点全面检查整治。十五运期间，全市食品安全实现零事故、零投诉。深入开展接待酒店、比赛场馆内外环境卫生整治，彻底进行“四害”消杀，创造了干净整洁的卫生环境。医疗人员及救护车辆24小时值班备勤，为赛会全程提供了有效的服务保障。

【志愿服务】 为了提高赛会服务水平，展示宝鸡良好形象，省十五运会筹委会从市内五所高校招募选拔了150名高素质的青年志愿者，围绕省十五运会赛程、志愿者礼仪、各岗位的志愿服务内容及市情，进行培训。省十五运会举办期间，志愿者们统一着装，在赛场内外、运动员驻地宾馆，开展接待、咨询、引导、礼仪服务。同时，还组织了500名社会志愿者，开展交通疏导、场馆保洁等服务。

【场馆建设及改造】 根据省十五运会比赛需要和全市体育运动项目开展情况，宝鸡市新建游泳跳水馆、射击射箭馆，并对市体育场、体育馆进行改造提升，2014年6月底改造基本完成。市游泳跳水馆位于宝鸡文理学院东校区，采取校地共建模式，占地面积32亩，建筑面积27450平方米，2012年6月动工，2014年6月底竣工；市射击射箭馆位于陈仓区虢镇北门外，建设用地130.32亩，建筑面积19907平方米，2013年4月份动工，2014年5月竣工调试。市体育场、篮球馆、体育馆上世纪90年代末期，期间未进行过大的维修，本着节俭办赛和满足使用功能的原则，本市于2013年7月至2014年6月，对其进行了维修改造，实施了外墙美化、整体亮化、场地铺设、座椅空调灯具更新等项目。同时，提前有偿收回市羽乒馆，使其成为省十五运会体操比赛场馆，将原体操训练馆改造成举重比赛馆。对承担赛艇、皮划艇比赛任务的王家崖水上中心进行改造维修；督促大专院校和部分企业对体育场馆进行了改造维修，使宝鸡市体育设施水平得到提升，在西部地区处于领先地位。

【赴21军司训大队协调开幕式节目展演】 7月4—5日，副市长刘桂芳、市政府副秘书长体育局局长李富生、副局长任小康及导演部相关人员，前往银川市21军司训大队，协调省十五运会节目展演工作。军地双方就开幕式21军司训大队参演的节目进行了交流沟通，刘桂芳代表市委、市政府对21军司训大队的大力支持表示衷心感谢。21军司训大队负责人表示，能参加陕西省第十五届运动会节目展演，支持地方工作，感到非常欣慰，将全力配合宝鸡市委、市政府，搞好节目排练，高质量完成所承担的节目任务，导演部从舞美、音乐配合等方面对参演人员进行了技术指导。经过一个多月的刻苦排练，8 月 15 日下午，21 军司训大队在省十五运会上表演了健身军体拳，整齐的步伐，威武有力的动和声势，引起观众强烈共鸣。

【举办省十五运会青少年组比赛】 7 月 16 日—8 月 19 日，宝鸡市承办了省十五运会青少年组 18 个项目比赛，全省各市（区）12 支代表队 3951 名运动员参加比赛，比赛分两个阶段举行。第一阶段比赛于 7 月 15 日—8 月 13 日举行，分别进行篮球、武术套路、武术散打、乒乓球、跳水、国际跤、足球、拳击、射击、跆拳道、柔道 11 个项目比赛。第二阶段比赛于 8 月 16—19 日举行，分别进行举重、体操、游泳、皮划艇、赛艇、射箭、田径 7 个项目比赛。

【召开省十五运会新闻发布会】 8 月 14 日下午 4 点，省十五运会新闻发布会在市体育场新闻发布中心举行，省内外 40 余家媒体记者参加发布会。市政府副秘书长体育局局长李富生在发布新闻时说，本届省运会是陕西省首次由地市级政府举办的省运会，将有 7221 名运动员参加青少年组和行业组两个组别的比赛，其中青少年组由全省 11 个市区报名参赛，设有游泳、田径、武术等 18 个项目。行业组共有省公安厅等 33 个单位组团参加比赛。截至目前，本届省运会已经结束了 26 个大项的比赛，其中行业组结束了 15 个大项的比赛，剩余 3 个大项，青少年组结束了 11 个大项比赛，剩余 7 个大项。本届省运会坚持勤俭办赛原则，开幕式放在白天举行，由会前表演、开幕仪式和全民健身展示三部分组成，以全民健身体育文化展示内容为主，时间控制在 90 分钟以内。届时来自宝鸡 7 个县区的 8000 多名普通群众将集中展示太极功夫扇、广播体操、队列健身拳等全民健身项目。

【召开省十五运会记者招待会】 8 月 14 日下午 6 点，省十五运会组委会新闻宣传部在令氏家外家高新区店召开了新闻单位记者招待会。市政府副秘书长体育局局长李富生、市委宣传部副部长李瑞林参加招待会。陕西日报社、陕西广播电视台、西部网、三秦都市报、华商报、西安晚报、陕西工人报、西部法制报、西北信息报、宝鸡日报社、宝鸡人民广播电台、宝鸡电视台、宝鸡新闻网等媒体参加招待会。市委常委、宣传部长马鲜萍在致辞中指出，新闻界朋友相聚宝鸡，共同迎接省十五运会的开幕，这是省体育界的一件盛事。希望参会的各级媒体，坚持正面报道，用精彩的画面和激扬文字，真实报道宝鸡市近年来经济社会发展取得的成就，将宝鸡市群众的良好精神风貌展现给全省人民，让宝鸡借助省十五运会平台走出全省，走向全国。

【赵正永娄勤俭接见全省体育工作先进代表】 8 月 15 日下午，在省十五运会开幕式前，省委书记、省人大常委会主任赵正永，省长、省十五运会组委会名誉主任娄勤俭等领导在市体操馆前接见了省体育工作者代表、群众体育、青少年体育业余训练先进单位和个人代表。副省长、省第十五届运动会组委会主任白阿莹主持接见仪式；省人大常委会副主任李晓东、省政协副主席冯月菊出席接见仪式。市委书记上官吉庆、市长钱引安、副市长刘桂芳、市政府副秘书长体育局局长李富生及各地市体育先进代表约 150 人参加接见。接见仪式结束后，赵正永与参加接见人员进行了集体合影留念。

【举行省十五运会开幕式】 8 月 15 日下午 4 时，陕西省第十五届运动会开幕式在市体育场隆重举行。开幕式由组委会副主任、省体育局局长姚金荣主持，中共宝鸡市委书记、市人大常委会主任上官吉庆致欢迎词，组委会主任、副省长白阿莹致开幕词，省委书记、省人大常委会主任赵正永宣布开幕。省长娄勤俭，省人大常委会副主任李晓东、省政协副主席冯月菊等省上领导及市长钱引安，市人大常委会副主任孙惜玲，市政府副市长刘桂芳等市上领导出席开幕式。运动员、教练员、裁判员、志愿者代表和社会各界群众共 3 万余人参加开幕式。本次开幕式在白天举办，省去声、光、电等成本投入，时长压缩在 90 分钟内，贯彻“节俭办赛”方针，开幕式表演以宝鸡群众全民健身展演、宝鸡特色民俗活动为主，共分三部分内容，第一部分为暖场节目表演，由陇县社火、陈仓区城市华尔兹、凤县羌族舞蹈表演等节目组成。第二部分为开幕议程，由升国旗、奏国歌、入场仪式、运动员、裁判员宣誓、领导讲话等内容组成。第三部分为全民健身展示，由太极功夫扇表演、广播体操、健身队列操和以“追梦”为主题的歌舞展演等群众健身展示节目组成，诠释了本届省运会“相约魅力宝鸡，共享生命活力”的主题。

【举行省十五运会闭幕式】 8 月 20 日下午四点，省十五运会闭幕式在市体育馆举行。闭幕式由省十五运会组委会副主任、省体育局局长姚金荣主持，组委会主任、副省长白阿莹宣布陕西省第十五届运动会闭幕，组委会执行主任、宝鸡市市长钱引安致闭幕词。省政府副秘书长杨长亚、宝鸡市委书记、市人大常委会主任上官吉庆、咸阳市市长卫华、宝鸡市副市长刘桂芳等领导出席闭幕式。运动员、教练员、裁判员、志愿者代表和社会各界群众共 3000 余人参加闭幕式。闭幕式共分为两部分，第一部分为仪式部分，第二部分为群众体育文艺表演。在仪式部分，宣读了各代表团竞赛成绩，并对获得青少年组金牌总数和团体总分前六名、体育道德风尚奖的代表团、省十五运会贡献单位、2010—2013 年度全省群众体育先进单位和个人，全省青少年体育业余训练先进单位和个人，省十五运会赛会志愿服务先进个人等进行了颁奖。在第二部分群众体育文化节目表演环节，宝鸡市表演了歌伴舞《中国梦》、广场健身舞《哇咔哇咔》、舞蹈《青铜神韵》等节目。省十六运会承办城市咸阳市带来了《舞动梦想，相约咸阳》表演。闭幕式上，宝鸡市将省运会会旗交给了咸阳市。

（牛力强）

创建全国文明城市

【概况】 2014年，宝鸡市按照“创建为民，创建利民，创建惠民”的工作思路，开展全国文明城市创建工作，城市基础设施日趋完善，人居环境更加优美，市民素质不断提高，城乡文明程度显著提升。2015年1月4日至10日，中央文明委测评组来到宝鸡市，依据《全国文明城市测评体系（2014年修订版）》的标准，采取问卷调查和实地考察的方式，对宝鸡市的城市文明程度进行了测评。2015年2月28日，全国精神文明建设工作表彰暨学雷锋志愿服务大会在北京召开，宝鸡市荣膺第四届全国文明城市称号，市委书记、市人大常委会主任上官吉庆赴京领奖，并受到习近平等中央领导人亲切接见。

【完善创建工作机制】 2014年，宝鸡市以加强组织领导为关键，以责任考量为手段，以制度建设为保障，总结形成“三包”工作法（领导包片、部门包块、干部包点），构建文明城市创建工作“四推进”机制。一是领导机制。成立了由市委书记任组长、市长任第一副组长的创建工作领导小组，组建市委副书记任主任的领导小组办公室，抽调骨干力量开展创建工作。二是考评机制。将创建工作纳入年度目标责任考核，把创建绩效与领导班子和领导干部的年度考核相挂钩，市委、市政府与各县区、各责任单位签订任务书，并组织人大代表和政协委员对精神文明建设重大项目进展情况进行调研和视察。三是查究机制。实行“三移三降”处罚办法，即：对不重视创文工作的区和部门一把手进行调整；对工作落实不力、进展迟缓的具体责任人进行调整；对不支持、不配合创文工作，人事任免权限不在市委的条管单位，建议其人事主管部门进行调整；对贻误创文工作，造成严重后果的干部，进行降职处理；对在创文工作中被通报批评的单位，岗位目标责任考核降低等次；对创文指标不达标的各级文明单位，年度复审时进行降级。四是投入机制。市委、市政府把创建全国文明城市的突破点定在加大投入上，优先安排创建全国文明城市资金，每年确定的重点项目中创建全国文明城市方面的项目不少于30%。8月26日，宝鸡市召开创建第四届全国文明城市推进会。9月，市委、市政府印发《关于对创建全国文明城市工作实施网格化管理的通知》，将宝鸡市辖区划分成24个网格，明确了市、区各责任部门的分工、主要测评点和工作标准。30名市级领导每人包抓一个网格，每月到一线指挥，到现场解决问题。各责任单位包抓网格内的街道、乡镇和社区的创建工作，党员干部包抓片区内的商场、超市、医院、学校等具体点位，挨门逐户作动员，逐社区逐路段作指导，逐项任务抓落实，形成了领导干部带头、市民群众共建的局面。

【营造创建氛围】 2014年，全市组织了多种形式的创文主题宣传。开展“讲文明　树新风”公益广告宣传活动，实施十字路口看文明、公交车上看文明、公共场所看文明等为主的“文明十看”系列主题宣传，倡导文明新风，对不文明行为进行警示。市级新闻媒体开设“我的城市我的家”专栏，开展“五个一”活动（拍摄一部创文电视专题片，编辑一套创文画册，举办一场创文知识竞赛和手机短信大赛，编印一本《市民文明手册》，录制一条创文彩铃），引导群众了解、支持、参与创建。2月7日，市委、市政府在行政中心广场举行宝鸡市机关干部“做文明有礼宝鸡人”誓师大会，3000余名机关干部用誓言表达做文明使者和创文先锋的决心。8月3日，宝鸡市创文公益宣传音乐会在中华礼乐城周礼乐府举行，这是市委宣传部、市文明办首次与社会团体合作，将古典的琵琶演奏与干部讲文明故事结合在一起，通过老百姓喜闻乐见的方式宣传全国文明城市创建工作。9月11日，宝鸡市“鹏博杯·同圆中国梦共建文明城”创文知识大赛举行决赛，市国税局代表队夺得冠军。11月14日，“创文改变生活”大型摄影比赛优秀作品巡回展开幕，共展出水之韵、夜之彩等多个专题500多幅摄影作品，展示了城市建设新面貌和文明新风尚。

【加快“一言九鼎·诚信宝鸡”建设】 2014年，宝鸡市在全省率先挂牌成立社会信用体系建设办公室，不断完善政府、市场、社会、个人“四位一体”的诚信体系。市文明委出台《宝鸡市推进诚信建设制度化实施方案》《“一言九鼎·诚信宝鸡”实施方案》，市文明办会同法院、公安、工信等9部门联合签署《构建诚信惩戒失信合作备忘录》，对失信被执行人采取限制高消费、限贷、限制担任企业法人等惩戒措施。宝鸡市先后两次召开专题会议，学习贯彻中央诚信建设制度化工作座谈会精神。9月24日，市文明委召开全市诚信建设制度化座谈会，市发改委等10个单位汇报了工作进展和存在的问题，讨论《关于进一步加快社会信用体系建设的实施意见（征求意见稿）》，对诚信宣传教育、“红黑榜”发布、重点行业征信体系建设、联合惩戒失信行为等工作进行部署。11月6日，市委书记上官吉庆主持召开市委常委会，研究推进诚信建设制度化的意见，明确了分管领导和部门分工。市食药监、工商、税务等部门建立了诚信“红黑榜”发布制度，每两月向社会发布一次，形成“奖励诚信、约束失信”的工作机制。以“诚实劳动、诚信经营”为主题，在企业开展“诚敬做产品”活动；在商场、集贸市场开展创建“诚信经营示范店”活动；在农村推广“道德信贷”“信用村”“信用农户”，普及“守信光荣、失信可耻”的理念。

【推进志愿服务制度化】 2014年，宝鸡市贯彻落实中央文明委《关于推进志愿服务制度化的意见》，以制度化建设推动志愿服务长期化常态化，市文明委先后出台《宝鸡市推进志愿服务制度化建设实施意见》《志愿服务奖励回馈办法》《机关公务人员参与志愿服务活动管理办法》《社区志愿服务工作实施办法》《志愿服务记录办法实施细则》等一系列文件，促进全市志愿服务事业发展。全市以开展“在职党员进社区·服务群众零距离”活动为契机，推动志愿服务活动常态化，在社区建立和完善志愿服务供需对接、记录和激励机制，依托社区探索“社工+志愿者”的服务模式。至年底，全市在中华志愿服务网上登记注册的志愿者总数已达20.4万人，注册志愿服务组织897个。4月16日，市文明办、市民政局在金台区西关社区组织召开宝鸡市推进志愿服务制度化建设现场会，对志愿者管理、服务项目设计、供需对接平台建设等工作进行安排和培训。4月25日，全省志愿服务建设现场会在宝鸡召开，宝鸡市的志愿服务制度化建设工作经验在全省推广。6月25日，宝鸡市承办全省党员进社区志愿服务现场会，总结推广渭滨区“党员进社区双岗双奉献”工作经验。2014年，全市民政、教育、卫生、园林环卫、工会、共青团、妇联、残联等系统每月围绕一个主题开展一次学雷锋志愿服务集中示范活动。以“邻里守望·情暖西秦”为主题，在社区组织开展关爱空巢老人、留守儿童、农民工、残疾人和卫生清洁、治安联防、邻里互助活动，营造和谐氛围。1月5日起，宝鸡市开展“十万志愿者迎新春送爱心”服务活动，把温暖送给道德模范、军烈属、贫困户、孤寡老人等特殊群体。7月5日，由宝鸡日报社发起的“去城郊捡垃圾”大型志愿服务活动启动，活动一直持续到9月5日，全市3万多名志愿者到城乡接合部、铁路沿线、河畔水岸捡拾垃圾、铲除杂草，为创文贡献力量。12月13日起，由市委宣传部、市文明办、市志愿者协会主办的“情暖冬日·关爱他人”志愿服务活动启动，活动由爱心助残、关爱道德模范等八个系列主题组成，每周集中开展一项活动。

【实施“四大文明行动”】 一是“文明交通”行动。开展“文明交通进驾校”活动，对驾驶员进行文明意识教育，把遵德守礼内容纳入考取驾照等环节，将违反交规情况记入个人信用记录。开展“千名警察街头文明交通劝导行动”“文明排队日”“十佳驾驶员评选”等，向机动车驾驶员免费发放车载垃圾桶和头盔3000多个。在市区35条主干道路加装隔离栏100多公里，实现了人车分流。2月25日，由市志愿者协会、市交通运输局、团市委联合组织的“爱心顺路车·情暖千万家”志愿活动启动，30辆爱心顺路车利用私家车的空位，为有需要的市民出行提供便利交通。3月20日，宝鸡市道路运输行业组建成立“雷锋车队”，首批从客运班线和出租车行业选拔的30名驾驶员参与社会公益活动。二是“节俭养德”教育。以“文明餐桌”行动为抓手，在全市开展“节俭养德全民节约”行动，推进勤俭节约进机关、进企业、进学校。从食堂就餐吃多少打多少、宾馆酒店剩饭剩菜打包带走的“光盘行动”，到机关单位材料双面打印、出门随手关灯，号召人们从点滴做起，养成节约习惯。6月16日，由市机关事务管理局主办的文明用餐签名活动在行政中心举行。7月22日，宝鸡市召开全市勤俭节约工作座谈会，市规划、环保、粮食等部门和宝鸡日报社负责人，分别就建筑工程节能、环保低碳、节能减排、节约粮食和开展勤俭节约宣传交流了经验。三是“文明旅游”行动。2014年，由市文明办、市文物旅游局、市交通运输局、市公安局等部门牵头建立起文明旅游联席会议制度，抓住“护照、组团、交通、落地、行程”五个关键环节推进文明旅游行动。在公共场所设立“文明告知、文明提醒、文明规劝”提示牌和监督岗；各景区景点解说词、宣传片中全部融入文明旅游知识，游客出入口、服务中心、核心景点的“文明旅游志愿者服务岗”免费发放文明旅游宣传资料。全市树立了一批旅游景区、旅行社、旅游饭店、旅游从业人员等行业文明典范，展示文明形象。9月29日，市委、市政府召开“十大陋习”专项整治动员大会，号召全市干部群众从我做起、从小事做起，弘扬“真、善、美”，摒弃“假、恶、丑”，打响根治“十大陋习”攻坚战。四是“网络文明传播”行动。发挥全市网络文明传播志愿者和网络评论员队伍作用，发送有关传统文化、文明行为、“身边好人”等信息5万多条。开设“文明宝鸡”“宝鸡宣传”“宝鸡志愿者”等官方微博、微信，策划“创文改变生活”“文明随手拍”等30多个“微话题”，点击量逾240万，评论跟帖达3700多条，拍摄制作微电影30多部。开通县区级文明网，并成为中国文明网联盟网站。实施清网、净网专项行动，查处一批违法行为，使网络更加清朗。12月4日，“弘扬社会主义核心价值观共筑中国梦”全国优秀原创网络视听节目颁奖仪式在上海举行，由渭滨区微公益发展中心出品、宝鸡资讯网报送的公益微电影《我不让你走》在此次评选活动中获奖。

【加强市民道德教育】 一是评选表彰道德楷模。3月14日，市委宣传部、市文明办、团市委、市教育局联合召开表彰会，对文明有礼、热心公益、诚实守信、孝老爱亲、自强自立、乐于助人6个方面有突出表现的首届20名美德少年和28名美德少年提名奖获得者进行表彰。10月9日，由市委老干局、市老年事业局、市文明办、市妇联等9家单位联合举办的宝鸡市第三届百名孝子颁奖仪式举行，对从129名候选人中评选出的10名金奖孝子、20名银奖孝子、70名铜奖孝子进行表彰。11月6日，由市文明委组织的2014年度“最美宝鸡人”颁奖典礼在市工人文化宫举行，穆水桃等10人被授予“最美宝鸡人”特别奖，王利萍等90人被授予“最美宝鸡人”荣誉称号，同时授予以上100人“宝鸡好人”荣誉称号。12月27日，全国老龄办、共青团中央等7部门举行第六届全国敬老爱老助老主题教育活动表彰大会，宝鸡市赵庆云等10人荣获全国“孝亲敬老之星”称号。二是开展

“宣传干部进基层社区讲‘中国故事’”活动。2014年3月起，由市委宣传部、市文明办组织的“进基层社区·讲中国故事”巡讲活动拉开帷幕，不到一年时间，全市宣传干部到基层社区宣讲超过2500场，受众达到100万人次。9月18日，由市创文办、市委宣传部联合举办的“进基层社区·讲中国故事”大赛颁奖仪式暨弘扬社会主义核心价值观专场汇报会举行。李娜、闫琦、孙晓芳、任岩、张瑞娟5名选手获大赛一等奖，杨斯阳、温婉等37名选手分获二、三等奖及优秀奖，渭滨区委宣传部等8家单位获得优秀组织奖。11月19日至21日，省道德模范、身边好人巡讲活动到宝鸡市，省市道德模范王振治、刘玲、王东鹏向干部群众讲述了自己的感人故事。11月，中宣部内部刊物《宣传工作》第58期以《陕西宝鸡：宣传干部进基层社区讲“中国故事”》为题，推介了宝鸡市这项工作经验，并配发署名“宣言”的评论员文章《宣传干部要做宣讲排头兵》。中宣部常务副部长雒树刚作出批示，要求中央级有关媒体宣传“宝鸡经验”。11月4日，《光明日报》第4版刊登了题为《用心讲好“中国故事”——记陕西宝鸡宣传干部“进基层社区讲中国故事”宣讲活动》的评论员文章。三是依托“道德讲堂”弘扬传统文化。2014年，宝鸡市依托“道德讲堂”总堂培训骨干800余人；在市地税局、公安局等18家单位建立示范“讲堂”，每月邀请国内道德领域专家学者授课；全市各级机关、企业、乡镇、学校、社区建立起600余个“道德讲堂”；由百余名专家、学者、群众组成“道德讲堂人才库”。全年各级各类“道德讲堂”共举办活动13000余场次，受众逾百万人。在宝鸡电视台、眉县电视台、陇县电视台分别开设“文明频道”“道行天下频道”和“道德频道”，累计播出中华传统文化系列讲座680多期。7月11日至13日，由市委宣传部、市文明办、市教育局、市总工会、团市委、市妇联、市工商联、市社科联、市关工委共同主办，市传统文化促进会承办的“宝鸡市第三届公民道德公益大讲堂”开幕，共邀请国家司法部原部长高昌礼、中国中医科学研究院博士彭鑫、云南省文明办思想道德处处长宁德锦等9位嘉宾到宝鸡授课。

（陶　翔）

创建国家生态园林城市

【概况】　宝鸡市从1999年提出建设生态园林城市，到2011年10月率先在陕西省启动国家生态园林城市创建工作以来，历届市委、市政府把创建推进到全市发展的各个层面，城市园林绿化建设水平不断提高，城市建设管理大幅提升，城市生态环境和人居环境显著改善，得到了广大市民群众的肯定。2014年7月，宝鸡市创建国家生态园林城市工作通过省级初审，9月份向国家住建部完成了申报。2015年，宝鸡市将迎接国家生态园林城市定级考核。创建中，宝鸡市按照“立足标准、突出特色、持续推进、一举达标”的创建思路，周密部署，统筹推进，实现了“综合管理责任完善、绿地建设成果突出、建设管控质态良好、生态环境舒心怡人、节能减排扎实推进、市政设施功能齐全、人居环境西部领先、社会保障落实到位”的创建目标。2014年底，城市建成区绿地率37.62%，绿化覆盖率40.34%，人均公园绿地面积12.27平方米，“两条林带、一片水面、城在林中、水在城中、依山傍水”的现代化生态园林大城市景观基本形成。2014年7月，经省住建厅专家组考核，宝鸡市创建国家生态园林城市省级初审64项考核指标全部达标，城市园林绿化评价等级达到一级标准。

【实施增绿提质工程】　宝鸡市结合老城区基础设施完善和城市规模扩建，大力开展亲民绿化，建成一大批面积在1000平方米以上的居住区游园和街头绿地，让市民实现了“推窗见绿，出门进园”的愿景；发动社会力量绿化，在市区石坝河、塔稍河、西沙河等沿岸建设起带状防护绿地和滨河游园，形成了“渭河景观长廊”；实施连霍高速市区段、省道、国道沿线全线绿化，形成了“千里绿色长廊”，南山、北坡形成两条林带。实施了“百万鲜花靓宝鸡”工程，在城市公共绿地、道路绿化和城市重要节点、城市出入口增加乡土开花树种、灌木、草本，科学配置乔、灌、草，形成多姿多彩、层次丰富、具有秦岭特色的园林景观。结合应急避险场所建设，完善城市公园绿地功能。突出本地乡土植物栽植，严防大树进城。推广立体绿化、下凹式集雨型绿化和再生水绿化灌溉，较好地实施了节约型园林绿化建设。

【加大生态环境治理】　严格保护河流、台塬、山体、湿地等自然环境，开展了区域生物多样性和湿地调查，制定了保护规划。本地木本植物指数达到0.91。特别是在北坡结合地质灾害治理实施的大环境绿化建设，取得了显著效果。加强环境保护，重视节能减排工作，开展了系列减排治霾活动，2014年大气污染指数小于或等于100的天数为242天。地表水全部达到功能区标准，区域环境噪声平均值为53.7分贝，城市热岛效应强度1.6℃。工业废水排放达标率大于80%，城市再生水利用率达到30.4%。节能减排工作走在全省前列，实施居住建筑供热计量收费面积510万平方米，供热计量收费比例达41.54%。新建建筑全部为节能建筑，编制了可再生能源专项规划并付诸实施。积极推进建设绿色建筑，出台《宝鸡市绿色建筑行动实施方案》，市区建设单位对于建设绿色建筑的认识大为改观，绿色建筑建设工作取得进展。

【完善市政基础设施】　强化城市基础设施建设，编制完成了《宝鸡市城市综合交通规划》，并依据规划完成了高新大道二期、三期建设，实施了经二路、陈仓大道等一批道路改造，且道路排水及绿化同步完成，主城区“五横十纵”道路骨架基本建成。建成了石头河引水工程和蟠龙组团供水管道，城市自来水检验项目合格率达到100%，建成公园路等5处雨水泵站。红李沟生活垃圾填埋场、医疗垃圾处理厂、谭家坡建筑垃圾场、十里铺中水厂、陈仓区污水处理厂、高新区污水处理厂等市政公用设施承载能力大幅提升。开展城市亮化、美化和市容提升活动，整治街头广告和门头牌匾，使市容市貌更加有序、整洁。

【提高社保覆盖面】 重视人居环境建设，结合棚户区和城中村改造，加快住房建设，保障性住房每年都超额完成任务，住房保障率达86.73%，社区配套设施和城市无障碍设施不断完善。城镇职工养老保险、医疗保险、失业保险基金征缴率均超过90%。城市最低生活保障率高于全省平均水平，做到了应保尽保。

（闻军宝）

重大活动

编辑　邓拴岐

招商引资

【概况】　2014年，全市招商引资工作以“大招商、招大商”为总体思路，以“招商要务实、项目要落实”为总体要求，以宝鸡·中国钛谷、吉利汽车项目、西凤酒城、麟北煤田开发“四大经济主战场”，围绕装备制造业、新材料产业、烟酒食品产业、现代煤化工等重点产业，集中力量招引相关的大项目、配套项目，坚持选优引强，科学招商。先后洽谈引进了投资40亿元的飞雳士安全轮胎、海普西凤酒包装材料、30万吨芳烃生产线、煤瓦斯发电、宝钛高尔夫运动器材等一批项目。全市共完成招商引资项目846个，实现到位资金794.25亿元，省际到位资金556.35亿元，合同利用外资8008万美元，分别占年度任务的101.83%、102.08%和100.1%，较上年同期增长22.51%、14.43%和14.3%。其中新引进项目488个，新增到位资金377.16亿元，较上年同期增长10.13%。

【项目准备】　2014年，市招商局在认真研判全市资源、环境等优势的基础上，科学分析国内外资本投资的趋势，有针对性地策划包装项目。全年重点招商项目册共收集项目86个，项目数较上年下降了14%，但项目策划论证更加务实，项目要素更加科学完善，项目信息更加符合投资者的需要。项目共涉及工业、农业、文化旅游、商贸物流、基础设施、城市综合体、能源化工、新能源、食品卫生、高端服务等十大类，总投资761亿元。

【参加第18届西洽会】　2014年5月22—26日，第十八届中国东西部合作与投资贸易洽谈会暨丝绸之路国际博览会在西安举行。宝鸡市组织各县区、市级部门、各个园区，组成宝鸡分团参会。以“创新、简约、务实、高效”为原则，集中开展小规模、针对性强、重实效的投资促进活动共6场。宝鸡市共签约项目总投资1220亿元。其中：签约合同项目212个，总投资1002亿元，引资额989.8亿元；协议（意向）项目40个，总投资193.8亿元，引资额188.2亿元；合同利用外资项目6个，总投资3.6亿美元，引资额3.4亿美元；协议利用外资项目3个，总投资2284万美元，引资额1794万美元；高新技术成果交易合同项目2个，交易额63亿元；内贸合同成交额2.96亿元、协议成交额2000万元；外贸合同成交额1.57亿美元、协议成交额3000万美元。其中在省团集中签约共4个项目，总投资额355000万元；在宝鸡市项目集中签约仪式上共签约16个项目，总投资额1601888万元。西洽会中宝鸡市63个展位。主要突出“宝鸡·中国钛谷”和丝绸之路经济带战略枢纽城市两个重点，集中展示优势产业及园区经济，推介重点招商引资项目，展示出口中西亚装备设备及宝鸡特色产品，展现跨越发展的美丽宝鸡、快速发展的产业集群、创新发展的园区经济，充分展示宝鸡经济社会发展成就及良好的投资环境和人文环境，彰显宝鸡市作为关天经济副中心和丝绸之路经济带战略枢纽城市的辐射带动作用。会期宝鸡展馆累计接待咨询达到了4894人次，发放各种宣传资料2.7万册，现场洽谈各类招商项目415个。

【参加第四届中国—亚欧博览会】　2014年9月1—6日，第四届中国—亚欧博览会在新疆乌鲁木齐市举行。宝鸡市成立了以副市长丁琳为团长，市长助理、高新区管委会主任卓宇为副团长，市政府副秘书长、市招商局局长张海明为秘书长，市招商局、商务局、高新区管委会以及金台区、扶风县等有关部门和县区为成员的宝鸡代表团。会期，宝鸡市举办了宝鸡·新疆招商暨外经贸合作恳谈会和宝鸡房地产项目新疆推介会。扶风县与乌鲁木齐新亿核科技发展有限公司签订了总投资3.8亿的环保节能新型超薄石材保温装饰材料生产项目，与新疆兴大投资有限公司签订了总投资20亿元的红木家具加工生产项目，与新疆天业节水灌溉股份有限公司签订了总投资1亿元的节水灌溉设备生产项目，与新疆天业节水灌溉股份有限公司总投资6000万元的旱作农业节水项目示范基地建设项目；金台区与新疆汇通矿业公司签订了总投资5000

万元汇通物流产业园项目。市招商局与新疆伊犁新纪元牧业有限公司就循环农业示范项目进行对接洽谈；宝鸡高新区与农业部新疆勘测设计院、新疆兵团勘测设计院（集团）有限责任公司就该（院）公司在宝鸡高新区设立分院一事洽谈达成合作意向；金台区通过以商会商，与新疆矿业、农副产品、外贸、物流企业达成初步合作意向；岐山县与乌鲁木齐域奇生物科技开发公司、阿凡提食品公司、雪山果园等30余户企业洽谈就在岐山县成立新疆特产品电子商务公司进行洽谈，与新疆京新塑化公司就在岐山合作引进吉尔吉斯斯坦新型装饰材料项目初步达成意向，与岐山籍客商就西域商业街建设项目进行洽谈对接。宝鸡同兴果业公司、宝鸡昌新布业公司分别与哈萨克斯坦客户签订了1650万美元果品销售合同和600万美元棉纱手套销售合同。

【参加第二届中国南亚博览会】 2014年6月6—10日，第二届中国南亚博览会暨第22届昆明进出口商品交易会在云南昆明市举行，宝鸡市随省团参会。宝鸡市的参会工作由招商局牵头组织，眉县招商局及眉县第五村猕猴桃专业合作社、宝鸡科达特种纸业有限责任公司、西北机器有限公司、陕西宝深（集团）4户企业参加，共有12大类200余个产品品种展示展销。会上，眉县陕西宝深(集团)现场洽谈达成意向10余份,成交金额100余万元；眉县第五村猕猴桃专业合作社签订了2份初步意向协议，销售额达600多万元。会期，宝鸡市代表团参加了云南陕西商会合作座谈会，认识结交了一批在滇的陕西籍企业家。

【参加第十五届中国西部国际博览会】 2014年10月22—26日，第十五届中国西部国际博览会在四川省成都市举办，宝鸡市组成宝鸡分团随省团参加。会期，市招商局精心组织，抢抓商机，主动开展招商引资活动，取得了明显的成效。组织召开了“四川成都—陕西宝鸡”企业家座谈会。签订合同2个4.8亿元，协议8个50多亿元，达成合作意向项目13个，走访企业20多户，对接项目100多个，对接客商500多人次，发放招商项目册等宣传资料1000余份。

【参加第四届陕粤港澳经济合作周活动】 2014年11月18—24日，陕西省政府在香港、澳门、广州举办了第四届陕粤港澳经济合作周活动，宝鸡市组成了由副市长丁琳任团长，凤翔县、眉县、渭滨区及市招商局、市商务局、市文广局、陈仓物流园区管委会负责同志为成员的宝鸡代表团。活动中，宝鸡代表团参加省上组织的各类推介活动，举办了“宝鸡·香港招商座谈会暨项目签约仪式”，进行项目对接洽谈，开展小分队招商活动。陈仓物流园区与深圳市盛世豪德投资公司签订了总投资18亿元的宝鸡盛世豪德国际商贸城建设项目，渭滨区与香港迪瑞制造公司签订了总投资1500万美元的高频电路板相关电子元件生产项目，凤翔县与香港易高环保能源投资公司签订了总投资6000万元的LNG重卡加气站建设项目，眉县与香港奉文投资集团公司签订了总投资11亿元的猕猴桃枝叶板材及鲜果榨汁生产线建设项目。

【德国拉腾市市长到宝鸡考察】 2014年11月4日，德国拉腾市市长卡尔·海因里希·韦伯先生一行6人访问宝鸡市。德国代表团就落实2012年第十六届中国东西部合作与投资贸易洽谈会两市签订的《交流与合作备忘录》，进一步推进两市的友好交往和经贸文化合作。市委书记、市人大常委会主任上官吉庆，市委常委、市委秘书长白升安会见了卡尔·海因里希·韦伯先生一行，并陪同德国代表团参观了宝鸡青铜器博物院。市政府副市长丁琳代表市政府会见德国代表团，双方就加强两市经贸、文化等方面交流合作进行了友好座谈。市招商局、工信局、商务局、文广局、高新区、蔡家坡经开区、陈仓物流园区等相关部门负责人参加会见。会见结束后，德国代表团参观考察了宝鸡市巨成钛业、宝华特种车辆等企业。

【市招商局率队赴新疆开展小分队招商】 2014年3月17—22日，市政府副秘书长、市招商局局长张海明带队，眉县、扶风县、凤翔县、金台区招商部门参加的招商小分队赴新疆维吾尔自治区开展招商活动。期间，考察了昌吉回族自治州特变电工集团、新疆新亿核科技发展有限公司、阿克苏纺织工业城、阿克苏阿瓦提刀郎文化产业园等项目，特变电工集团与凤县、眉县达成初步合作意向。小分队还与新疆维吾尔自治区招商发展局、新疆陕西商会、阿克苏招商局进行了洽谈交流。3月19日，在自治区招商系统干部培训中，张海明授课并与新疆维吾尔自治区14个地州200多名招商干部交流了招商引资工作，扩大了宝鸡在丝绸之路经济带城市中的影响。

经 济 协 作

【商会组织】 2014年，市招商局对驻宝14家异地商会一一上门走访调研，征求对招商引资、投资环境、政务服务等方面的意见建议，了解他们在宝生产生活状况，向市政府提出了5条改进措施，切实为商会服务。驻宝商会2014年共为宝鸡市介绍投资信息11条，在宝投资项目8个，总投资近70亿元。有6名商会会长被聘为市政府招商顾问。同时加强与外省宝鸡籍成功企业家的联络工作，倡导他们组建外埠宝鸡商会组织，凝聚力量，为宝鸡牵线搭桥，介绍信息，开展以商招商。

【区域经济合作】 2014年，市招商局在历年陕粤港澳活动联络的基础上在市长钱引安带领下，多次协商有关部门，与深圳宝安区进行反复洽谈，做好两市缔结友好城市的前期准备工作。同时，经积极争取，南方科技大学拟为凤翔县柳林镇捐助价值80多万元的电教室1个。

【陕甘川宁毗邻地区经联会】 2014年，陕甘川宁毗邻地区经联会工作面临新挑战，宝鸡市招商局坚持加强与各成员方的交流洽谈，创新形式，谋求新的切入点，力争实现多方面的交流与合作，强化宝鸡市在经联会成员方中的中心城市地位。对各成员方城市进行一一走访，听取各方的意见建议。继续倡导签订陕甘川宁毗邻地区旅游合作协议。创办经联会网站并开展培训，尝试办网上西交会、常态西交会，探索经联会工作的新突破。

2014年宝鸡市新引进的亿元以上产业化项目一览表

单位：万元

序号	项目名称	投资方式	总投资额	合同引资	当年到位资金	投资单位	
						外地企业	本地企业
1	宝鸡亿丰国际商贸城	独资	500000	500000	1000	湖州亿丰集团	陈仓物流园区
2	宝鸡亿丰国际商贸城	独资	500000	500000	15000	湖州亿丰公司	陈仓区人民政府
3	阜丰生物建设项目	合作	400000	400000	356802	阜丰生物科技有限公司	蔡家坡经开区管委会
4	太白景区综合开发项目	合作	200000	200000	20250	万达集团、陕西中诚投资	太白山管委会
5	宝鸡盛世豪德国际商贸城	独资	180000	180000	20000	深圳市盛世豪德投资有限公司	陈仓物流园区
6	青峰山景区综合开发	独资	100000	100000	300	湖北卓越集团	太白县计生局
7	农业光伏发电站开发项目	合作	100000	100000	3000	保定英利光伏电力开发有限公司	草碧镇
8	龙源电力太白干河风电开发	独资	100000	100000	1000	龙源电力集团股份有限公司	太白县发改局
9	陕西裕凤西凤酒包装材料生产线项目	合资	100000	100000	3000	深圳市裕同印刷有限公司/中国（北京）信托投资有限公司	凤翔县中小企业局/凤翔县审计局
10	西奈山观光园	独资	100000	100000	9000	安徽皇家生态农业发展有限公司	九成宫政府
11	锦泰农副产品仓储中心	独资	100000	100000	21000	宝鸡温州商会	千渭街道办
12	互联网大厦建设项目	独资	100000	100000	8000	互联网企业	渭滨区招商局
13	滨河新区商业综合体项目	独资	100000	100000	3700	四川文安机械有限公司	滨河新区建委
14	北兴三千城建设项目	独资	100000	100000	5000	四川北兴集团	渭滨商务局
15	流体控制设备制造项目	合资	97000	97000	10000	吴江恒宇精密制造公司	宝鸡英普特公司
16	凤县石材产业园二期	独资	80000	80000	50000	内外矿业（中国）有限公司	凤县人民政府

续表

序号	项目名称	投资方式	总投资额	合同引资	当年到位资金	投资单位	
						外地企业	本地企业
17	宝鸡钛谷交易中心	独资	80000	80000	7000	宝鸡市温商房地产开发有限公司	陈仓物流园区
18	风力发电项目	独资	80000	80000	10100	华润新能源控股有限公司	陈仓区招商局
19	西岐风情生态园	合资	80000	80000	8000	陕西雍和生态农林有限公司	雍川镇人民政府
20	宝桥国家级研发中心及重载产业园建设项目	独资	80000	80000	5000	中国铁路工程总公司	中铁宝桥集团
21	法门寺景区提升项目	合作	65000	65000	22000	豪盛（福建）股份有限公司	陕西法门寺文化发展有限公司
22	中石化绿源地热能项目	独资	60000	60000	1000	中石化绿源地热能有限公司	眉县招商局
23	宝钛高尔夫运动器材生产线	独资	60000	60000	5450	宝钛世园高尔夫运动器材有限公司	工业园管委会
24	锦泰设施农业示范园	合作	56000	56000	22000	浙江社会自然人谢作生	张家塬镇
25	商业综合体投资开发项目	合作	50000	50000	2400	无锡华源房地产开发有限公司	蔡家坡经开区管委会
26	龙源电力东河桥5万千瓦风能开发项目	独资	50000	50000	47000	龙源电力集团陕西风力发电公司	凤县人民政府
27	飞鹤关山乳业10万只奶山羊养殖基地建设项目	独资	50000	50000	10000	黑龙江飞鹤乳业有限公司	陇县畜产局
28	飞鹤关山乳业生产线项目	兼并	50000	50000	30000	黑龙江飞鹤乳业有限公司	陇县人民政府
29	江龙水电站	独资	50000	50000	40000	黑龙江渤海集团	区水利局
30	霸王河工业园商业街项目	合作	50000	50000	12000	深圳东部集团	霸王河科技工业园管委会
31	人人乐山水雅居超市暨商业综合体项目	合作	50000	50000	2500	人人乐连锁商业集团股份有限公司	陕西劝业投资有限公司
32	新都会中央商城项目	独资	48500	48500	25000	浙江凯发房地产有限公司	扶风县招商局
33	贵金属催化剂项目	独资	45000	45000	10000	国金证券股份公司	陕西瑞科新材料股份有限公司
34	必捷农业综合利用	独资	45000	45000	3000	山西山工建设有限公司	渭滨区冯家塬村村委会

续表

序号	项目名称	投资方式	总投资额	合同引资	当年到位资金	投资单位	
						外地企业	本地企业
35	虢镇东门商业综合体	合资	42000	42000	42000	山西兴业公司	宝鸡东阳开发公司
36	宝鸡高新总公司发债	合资	40000	40000	40000	国开证券	宝鸡高新开发总公司
37	盛馨苑商业综合体	独资	40000	40000	30000	山西晋美商业开发公司	华隆房地产有限公司
38	西门旧城改造项目	独资	40000	40000	30000	宁夏塞北工贸公司	宝成房地产开发公司
39	年产30000辆轻量化专用车技术改造项目	合资	36725	36725	36725	山东淮柴动力股份有限公司	陕西通力专用汽车有限公司
40	STL100非公路矿用自卸车生产线项目	合资	35575	35575	35575	山东淮柴动力股份有限公司	陕西通力专用汽车有限公司
41	七星河廊桥商业街及飞凤市场综合开发项目	独资	35000	35000	5000	成都廊桥房地产开发公司	扶风县人民政府
42	新型墙体材料生产线项目	独资	35000	35000	6850	福建陕西商会	眉县招商局
43	凤翔县集中供热二期工程	合作	30000	30000	12000	中国国电集团公司/陕西博宇节能工程有限公司/陕西西凤酒集团股份有限公司	凤翔县长青镇人民政府
44	辉昇文化游乐中心项目	独资	30000	30000	1000	宝鸡辉昇文化产业发展有限公司	中山西路办事处
45	法门西市	合作	30000	30000	5500	富森房地产公司	法门镇政府
46	宝麟铁路专用线铺架工程	独资	30000	30000	20000	山西太原中铁十七局集团有限公司	凤翔县长青镇人民政府
47	钼铌合金材料产业化项目	合资	30000	30000	5000	国家创投高端装备基金	宝鸡科迪普公司
48	企业级电子商务支付服务合作项目	独资	30000	30000	10000	中国建设银行股份有限公司	宝鸡关天之窗信息技术有限公司
49	周原商业综合体项目	独资	30000	30000	20000	东海商业开发公司	育才房地产公司
50	鼎州国际酒店项目	独资	30000	30000	5000	浙江胜鼎有限公司	太白山管委会
51	天诚大酒店改扩建项目	独资	30000	30000	30000	四川蓉和餐饮管理有限公司	区商务局
52	冀东水泥陕西物流中心	独资	30000	30000	8300	陕西冀东物流服务有限公司	陈仓物流园区

续表

序号	项目名称	投资方式	总投资额	合同引资	当年到位资金	投资单位	
						外地企业	本地企业
53	滨河新区医院项目	合作	27690	27690	9480	尚荣医疗股份有限公司	眉县中医院
54	天然气利用三期工程（凤翔段：柳林镇至岐山）	独资	26900	26900	2800	中国燃气控股有限公司	凤翔县范家寨镇人民政府
55	凤翔县集中供热一期工程	合作	26000	26000	22000	中国国电集团公司/陕西博宇节能工程有限公司/陕西西凤酒集团股份有限公司	凤翔县长青镇人民政府
56	秦机9万套工业机器人关节减速器及5万套齿轮泵项目	独资	26000	26000	16400	秦川机床集团有限公司	渭滨区姜谭办
57	东盛科技股份有限公司西安制药厂整体搬迁项目	独资	25000	25000	8000	广东恒城制药有限公司	凤翔县工信局
58	宝鸡至西安南750KV输电线路工程（凤翔段）	独资	25000	25000	12000	青海省送变电工程公司	凤翔县范家寨镇政府
59	药品铝箔、软包装材料研发生产项目	独资	25000	25000	3500	广西海荣医药包装有限公司	扶风县机械加工工业园管委会
60	涝川生态观光农牧示范基地	独资	25000	25000	5000	四川自然人	岐山县林业局
61	育才制瓶车间技改项目	独资	25000	25000	25000	郑州世兴特种耐火材料公司	周原镇人民政府
62	绛帐工业园区渭河中央城商业综合开发项目	独资	24000	24000	24000	常永哲	绛帐镇人民政府
63	麟游县万头奶牛养殖扶贫产业园项目	独资	23000	23000	1000	河北省唐山市滦南县新胜奶牛养殖公司	麟游县秦牧生态牧业有限公司
64	甲醇项目居民搬迁项目（南区）	独资	23000	23000	8000	江苏徐矿集团	凤翔县长青管委会
65	特种纱研发基地建设项目	独资	23000	23000	12000	江苏阳光集团有限公司	震华棉纺有限责任公司
66	汉鑫华庭金花综合商贸广场（含海澜之家、百衣百顺品牌）	独资	22500	22500	15000	金花商业管理公司	渭滨区试验办、经二路办
67	喷气织布服装面料加工生产线项目	独资	22000	22000	2500	江苏鸿桥纺织有限公司投资建设	扶风县天度镇人民政府
68	宝二电烟气脱硝改造工程	独资	22000	22000	22000	中国国电集团公司	凤翔县长青管委会
69	美安居建材城建设项目	合资	21000	21000	11000	山东省滨州市通达建材有限公司/西安方元地产置业有限公司	凤翔县城关镇人民政府
70	环保加盖渣土车生产线建设项目	合资	20150	20150	20150	山东淮柴动力股份有限公司	陕西通力专用汽车有限公司

续表

序号	项目名称	投资方式	总投资额	合同引资	当年到位资金	投资单位	
						外地企业	本地企业
71	陕西金源招贤矿业生活服务区项目	独资	20000	20000	500	安徽省皖北煤电集团有限责任公司	麟游县人民政府
72	海普西凤酒包装材料生产线建设项目二期	合作	20000	20000	1130	山东省烟台海普制盖有限公司/陕西省海普西凤酒包装设计有限公司	凤翔县中小企业局
73	马球马术俱乐部项目	合作	20000	20000	1000	中国名流马会	招商局
74	扶风县新区群州商业中心项目	独资	20000	20000	20000	重庆群州实业有限公司	扶风县住房和建设局
75	希尔顿酒店项目	独资	20000	20000	15000	三迪房地产有限公司	卧龙寺办事处
76	永固商砼生产线建设项目	独资	20000	20000	8000	河北永固集团	凤鸣镇政府
77	年产5千吨豆制品加工	独资	20000	20000	20000	重庆郡豪食品实业公司	陕西美宝集团
78	陇县天逸酒店	独资	20000	20000	20000	私人（李晓瑛）	陇县招商服务局
79	天瑜陇府商住小区建设项目	独资	20000	20000	2200	私人（姜祖贵）	陇县人民政府
80	甲醇项目居民搬迁项目（北区）	独资	18800	18800	8000	江苏徐矿集团	凤翔县长青管委会
81	机械式立体车库、节能门窗及幕墙生产线项目	合作	18000	18000	3500	甘肃鑫源节能科技有限公司	蔡家坡经开区管委会
82	第九生活生态园建设项目	合作	18000	18000	15880	江苏第九生活广告传媒有限公司	蔡家坡经开区管委会
83	连锁快捷酒店	独资	18000	18000	16000	北京知信酒店管理公司	陈仓区商务局
84	陇县范家台、苏家河（梯级）水电站开发建设项目	独资	17000	17000	3000	清水福铭水电开发有限公司	陇县人民政府
85	宝二电发电机组电除尘技改项目	独资	16000	16000	12000	中国国电集团公司	凤翔县长青镇人民政府
86	大地丰泰苹果示范园建设项目	合作	16000	16000	8000	社会自然人郝会峰	农业局
87	卓越集团太白旅游综合体	独资	15000	15000	2110	湖北卓越集团	太白县国土局
88	鼎盛物流商贸中心	独资	15000	15000	2500	山东鼎盛食品公司	陈仓区工业园区

续表

序号	项目名称	投资方式	总投资额	合同引资	当年到位资金	投资单位	
						外地企业	本地企业
89	大水川旅游开发一期	独资	15000	15000	11000	江苏无锡绿源公司	香泉镇人民政府
90	宝光太阳管生产线建设项目	独资	15000	15000	10000	西电集团	宝光集团公司
91	液化天然气（LNG）加注环保项目	合资	14500	14500	7000	唐山冀东水泥股份有限公司/陕西咸阳庆港众瀛有限公司	凤翔县田家庄镇政府
92	汤峪河东岸商业街项目	独资	14500	14500	14500	重庆锦华房地产开发有限公司	太白山管委会
93	福临商务酒店项目	独资	14000	14000	14000	宝鸡福临商务酒店有限公司	陈仓镇
94	立体车库建设项目	合资	13800	13800	13800	北京施特科技有限公司	陕西通运专用汽车集团有限公司
95	宏桥纺织有限公司	独资	13000	13000	13000	自然人：王彦林	贾村镇人民政府
96	高低压配电柜及新型节能智能照明产品项目	独资	12000	12000	5000	河北鼎宏电器有限责任公司	扶风县机械加工工业园管委会
97	水韵新苑商业中心项目	独资	12000	12000	6000	宝鸡中元房地产开发公司	西关街道办事处
98	星光天地（一层百货、二至三层餐饮）	独资	12000	12000	7000	正禾企业投资公司	渭滨区试验办、经二路办
99	南京雨润生猪自动化育肥项目	独资	12000	12000	6600	雨润集团	扶风县天度镇人民政府
100	60万吨甲醇烟气脱硝技改项目	独资	11000	11000	11000	江苏徐矿集团/上海宝钢气体公司	凤翔县长青管委会
101	真石漆生产线项目	独资	11000	11000	11000	泰博大宝有限公司	眉县招商局
102	万利商务酒店（聚生酒店）建设项目	独资	10800	10800	9000	私人（谢红专）	陇县工信局
103	陇县木制品生产线项目	独资	10000	10000	1000	恒发木业有限责任公司	陇县招商服务局
104	北京现代宝鸡4S服务中心	独资	10000	10000	1600	宝鸡永创汽车销售服务有限公司	陈仓物流园区
105	艾特西凤酒包装材料生产线项目	独资	10000	10000	1500	武汉艾特纸塑包装有限公司	凤翔县柳林镇人民政府
106	智能焊机产业化项目	合资	10000	10000	3000	国家创投高端装备基金北京智焊科技公司	宝鸡高新区管委会

续表

序号	项目名称	投资方式	总投资额	合同引资	当年到位资金	投资单位	
						外地企业	本地企业
107	冀东水泥矿山开发项目	独资	10000	10000	10000	唐山冀东水泥股份有限公司	凤翔县糜杆桥镇政府
108	创业大厦开发项目	合作	10000	10000	1520	坤和实业集团	滨河新区建委
109	宝鸡三迪佩斯精品酒店项目	独资	10000	10000	10000	三迪房地产有限公司	卧龙寺办事处
110	南车时代铁路轨道工程车项目	独资	10000	10000	10000	宝鸡南车时代工程有限公司	西关办事处
111	千山建材厂纳米碳酸钙项目	独资	10000	10000	4000	河南东升建材公司	岐山县建材工业园
112	叉车重配、铸造生产线	独资	10000	10000	8235	长乐钢铁制造公司	县功镇人民政府
113	汉唐茶城	独资	10000	10000	10000	汉唐茶城有限公司	渭滨区经二路办
114	新华利机械科技有限公司扩建项目	独资	10000	10000	7000	新华利机械科技有限公司	渭滨石鼓镇
115	鸿盛葡萄生态观光园	独资	10000	10000	10000	新疆伊犁农业发展公司	慕仪镇人民政府
116	烽火科技研发中心建设项目	独资	10000	10000	6000	中国电子信息集团	陕西烽火电子股份有限责任公司

（王丙乾）

宝鸡概况

编辑 邓拴岐

地理环境

【位置、面积】 宝鸡市地处陕西省关中西部，东经106°18′～108°03′和北纬33°35′～35°06′之间。东连咸阳和杨凌示范区，南接汉中，西北与甘肃省的天水和平凉毗邻。秦岭南屏，渭水中流，关陇西阻北横，渭北沃野平原。东西长156.6公里，南北宽160.6公里，总面积18117平方公里。

宝鸡市位于秦岭纬向构造体系与其他构造体系的复合交接部位，具南北衔接、东西过渡的特点，可分为南部的秦岭褶皱带、中部的渭河断陷带和北部的鄂尔多斯台向斜区3个地质构造单元。中生代（末期）的燕山运动奠定了现代秦岭山脉的基础。渭河断陷盆地处于鄂尔多斯台向斜和秦岭褶皱系之间，为第四纪沉积物所覆盖，形成渭河平原及其两侧不对称的黄土台原。渭河由西向东横贯其间。渭河北部的岐山是以奥陶纪灰岩为主的低山，而渭河南部则是由古老变质岩和不同时代的花岗岩组成的中高山。

【地质、地貌】 宝鸡市地貌具有南、西、北三面环山，以渭河为中轴向东拓展，呈尖角开口槽形的特点。山、川、原兼备（山地占总面积56%；丘陵占26.5%；川原占17.5%），呈“六山一水三分田”之势，巍峨峻峭的秦岭群峰与平畴沃野的渭河平原互为映衬，构成了宝鸡市的地貌主体。位于宝鸡市太白县境内的秦岭主峰太白山海拔3767米，是中国大陆东部的最高山峰。

（邓拴岐）

自然资源

【河流、水资源】 宝鸡市河流网排列以秦岭为界，分属黄河、长江两大水系。黄河水系河流主要是以渭河为干流的渭河水系，其主要支流有通关河、小水河、清姜河、石头河、汤峪河、金陵河、千河、漆水河等，渭河横贯宝鸡市境内206.1公里，多年平均径流量为35.51亿立方米。长江水系以嘉陵江上游河段为主干，其主要支流有将龙沟、北星沟、安河、石家沟、小峪河、旺峪河等，宝鸡市境内流长72公里，多年平均径流量为56.27亿立方米。秦岭主脊南侧还分布着汉江水系的支流湑水河、红崖河等。宝鸡市地下水储量估算，可供开采水量约7.56亿立方米。可控制利用水资源量为11亿立方米，宝鸡市有较理想的地表水源基地。1999年建成的引嘉济清工程，每年可向宝鸡供水912.5万立方米；2006年又建成冯家山引水二期工程，市区自来水供水能力达到20.9万立方米/日，冯家山引水工程，每年可向宝鸡供水2920万立方米，满足了宝鸡市区的用水需求。

【土壤、动植物】 宝鸡土壤分布由于地质地貌结构复杂，海拔高度差异悬殊，形成十分复杂且多种多样的成土环境，主要分为秦岭、关山山地和渭北黄土台塬、渭河谷地等不同区域。据普查，全市共有15个土类，34个土壤亚类，83个土属，286个土种。多样化的土壤类型，为区内种植栽培多品种农作物提供了十分有利的条件。

宝鸡境内植物类型很多。植物区系以华北区系成分为主，华中、中国喜马拉雅区系成分也占重要地位。森林植物主要集中在秦岭和关山，秦岭山地随海拔递升，依次有落叶阔叶林、针阔叶混交林、针叶林和高山灌丛草甸等植被类型。植物资源丰富，宝鸡境内有资源植物2100多种，仅秦岭主峰太白山就有种子植物1550多种。特别是宝鸡有极其丰富的经济植物，据统计共有经济植物1000余种，太白山已发现的药用植物就有510多种，有广阔的综合利用前途。渭北台原、渭河平原主要为大田农作物、蔬菜、果园和城市绿化等栽培植物类型。野生动物资源主要分布在秦岭、关山山地，市境内有国家一级保护珍贵动物10种，即大熊猫、金丝猴、羚牛、秦岭虎、云豹、豹、朱鹮、大鸨、黑鹳、白肩雕。国家二级保护动物18种。全市森林覆盖率53.78%。

【矿产资源】 宝鸡市自元古代至第四纪地层发育齐全，经历多旋回构造变动和岩浆活动以及复杂的变质作用，形成多种内生矿床和沉积矿床，矿产资源丰富。境内已发现矿产地202处，发现各类矿种资源45种，有铁、铜、铅锌、镍、金、银、钨、钼、汞、黄铁等金属矿产，石灰石、电石灰石、大理石、白云石、硅石、耐火黏土、萤石、磷块岩、石英岩等非金属矿产。其中列入陕西省矿产资源储量表的矿种26种，矿区96处。已探明矿产储备资源/储量潜在价值在全市前三位的矿种有：水泥用灰岩、磷、煤。宝鸡地区煤矿主要集中在凤县，有草滩沟、罗钵庵、扈家窑等煤矿，陇县娘娘庙、麟游北马坊也有分布。境内地热资源比较丰富，主要分布在渭河谷地、渭河北岸断裂带和秦岭山前断裂带上，眉县汤峪是陕西省内著名的温泉疗养地。全市共有各类采矿企业328户，共设置探矿权81个，勘察登记总面积2508.5平方公里。

（邓拴岐）

气候与气象

【气候】 宝鸡地处中纬度地区，属暖温带半干旱半湿润的大陆性季风气候。全年的气候变化受制于季风环流影响，冷暖干湿四季分明。冬季天气干冷少雪，夏季炎热干燥和温热多雨交替出现，春季升温迅速而气候多变，秋季降温快多连阴雨。由于其自然地貌错综复杂，因而气候类型多样，垂直差异明显，气象灾害频繁。近50年（1960—2010年）全区年平均日照时数1710~2210小时，年平均气温7.9℃~13.2℃，最冷月元月平均气温在4.5℃~0.0℃之间，最热月七月平均气温19.2℃~25.7℃。年极端最低气温-29.8℃（1991年12月28日出现在太白）；年极端最高气温42.7℃（1966年6月19日出现于扶风县）。川塬地区多年平均无霜期209~220天。年平均降水为578~737mm，4—10月降水占全年总量的90%，5—9月为多雨期，7—9月为主汛期其降水量占全年的60%。近50年中，年降水量最多的是太白达1197.0mm，年降水量最少是眉县仅为290.3mm。由于降水量年际、月际变率大，气象灾害频繁，主要有干旱、雨涝、低温冻害、冰雹、大风、干热风等，其中以干旱雨涝危害最大；北部山区多发生干旱、冰雹，适宜开展人工增雨、防雹作业；南部山区降水多，水资源丰富，但雨涝、低温冻害、大风较多，应重点防御。

【2014年气候特点及评价】 2014年，总降水量较常年略偏多、年平均气温较常年偏高、年总日照时数接近常年。冬季降水偏少，气温偏高，日照接近常年。春季气温偏高，降水偏多，日照接近常年。夏季大部分县区降水偏少，气温偏高，日照偏多。秋季降水偏多，气温偏高，日照偏少。2014年气候相对平稳。2月有暴雪出现，伏旱严重；暴雨、冰雹天气少；高温天气多，秋淋明显。

【气温】 2014年，平均气温为8.8~14.3℃，各县区较常年偏高0.5~1.7℃。年极端最低气温：川塬区为-10.3~-7.0℃，山区为-16.2~-11.4℃。年极端最高气温：川塬区为39.0~41.1℃，山区为31.8~38.7℃。季平均气温：冬季（12—2月）冬季平均气温为-1.8~2.3℃，各县区较历年同期偏高0.3~1.1℃。春季（3—5月）平均气温为9.4~15.1℃，各县区较历年同期偏高0.3~1.8℃。夏季（6—8月）平均气温为18.6~25.9℃，与常年同期相比：各县区偏高0.5~1.7℃。秋季（9—11月）秋季平均气温为9.2~14.0℃，与常年同期相比：各县区偏高0.6~2.0℃。

【降水】 2014年总降水量全市为517.9~719.8毫米。扶风、岐山、眉县、麟游偏多1~4成，凤翔、陇县、凤县偏少1~2成，其余县区接近常年。冬季降水量为4.5~15.4毫米，与常年同期相比，各县区偏少1~7成。春季降水量为120.6~200.5毫米，各县区偏多1~8成。夏季降水量为135.6~379.9毫米，麟游偏多2成，其余县区偏少3~5成。秋季降水量为179.5~294.4毫米，与历年同期平均值相比：各县区偏多2~7成。

【日照】 2014年全市总日照时数为1592~2162小时。各县区均接近多年平均值，偏多偏少在1成以内。冬季日照时数为374~473小时，各县区接近常年，偏多偏少均在1成以内。春季日照时数为413~578小时，与历年同期相比市区、扶风、眉县、千阳、麟游偏少1~2成，其余县区接近常年。夏季日照时数为547~789小时，各县区偏多1~4成。秋季日照时数为269~388小时，各县区偏少1~4成。

（杜　鹃）

2014年重大气候事件

【暴雪】 2月9日全市出现大雪天气，其中眉县达暴雪。

【雾霾】 2014年1月30日至2月4日、2月15—17日、2月21—24日宝鸡市出现中度到重度霾，部分县区能见度小于5公里，凤翔、市区、陈仓等能见度小于1公里，空气质量为重度污染。11月24日眉县、岐山、凤翔、扶风出现大雾，其中眉县能见度最低，为50米。

【连阴雪】 2月4—10日宝鸡市出现入冬以来最明显的降雪天气过程，降雪持续7天，其中9日大雪，局地暴雪。

【强降温】 受较强冷空气影响，4月25—26日宝鸡市出现2014年春季最强降温天气，全市日平均气温下降6.0~8.4℃，27日早晨太白出现晚霜冻。

【透雨】 4月10—12日，全市普降中到大雨，过程雨量为19.0~42.9

毫米，9个县区雨量在20毫米以上，为全市2014年春季首场透雨，出现时间较常年略偏早。

【高温】 2014年夏季，宝鸡市高温日数多，高温强度大。夏季全市出现≥35℃的高温天气29天，7月12—31日共18天出现35℃以上的持续高温天气，高温日数为历史同期最多。7月22日市区、陈仓、扶风、眉县4县区、29镇最高气温达40℃以上，陈仓区最高气温达到41.1℃，突破了历史同期极值。宝鸡市气象台首发高温红色预警信号。

【干旱】 7月份宝鸡市降水显著偏少，气温明显偏高。7月中旬到月底大部分县区无有效降水，连续无降水日数为历史同期最长。7月高温日数多，高温强度大，持续高温少雨导致全市出现严重旱情，川塬区达重度干旱，为1997年以来最严重的一年。

【暴雨】 2014年，宝鸡市暴雨天气较少，8月6日千阳出现暴雨，日降水量为56.1毫米，麟游出现大暴雨，日降水量为152.4毫米。9月9日，全区中到大雨，其中太白达到暴雨。

【雷雨冰雹、大风】 6月16日，宝鸡市出现冰雹、雷雨大风天气。陇县天成镇、新集川镇，麟游部分乡镇出现玉米粒大小的短时冰雹，部分烤烟受损。全市除麟游、凤县外，其余县区均出现6~7级短时大风。

【连阴雨】 4月18—21日，宝鸡市出现了一次连阴雨过程，累计降雨量为14.2~57.4毫米。8月5—9日，全市出现连阴雨天气，全市累计降水量为33.7~200.8毫米。

【秋淋】 9月7—17日，全市出现了明显的秋淋天气，降水日数长达11天，其中9月9日中到大雨，局地暴雨。根据历史气象资料评估，这次秋淋过程出现时间较常年偏早，过程降水量、连续降水日数为2000年以来第三多，属中等偏强的秋淋过程。

【初霜冻】 10月24日山区、11月3日川塬区出现初霜冻，其中山区和塬区出现日期较多年平均日期偏晚，川道出现日期接近多年平均日期。

（杜　鹃）

2014年气候影响

【气候对农业生产的影响】 2014年，宝鸡市冬季气温偏高，降水偏少，土壤失墒明显，各地均出现不同程度的旱情。元月份气温偏高，温度条件有利于作物安全越冬。月内全区降水稀少，各地均无有效降水，旱情持续发展，对大田作物构成不利影响。2月份，气温偏低且回升缓慢，导致越冬作物返青期推迟。月内降水偏多，旱情得到有效缓解，有利于作物的返青生长。

春季3月份气温回升较快，降水增多，大田墒情较为良好，光、温、水配合较为理想，作物生长旺盛，苗情转化明显。4月份，川塬麦区月平均气温较常年略偏高，但气温变化呈现前期偏高，后期偏低，小麦发育进程受到一定影响，主要表现在拔节—抽穗期缩短，抽穗—扬花期延长，扬花期较常年推迟3~5天。4月中旬开始降水明显偏多，首场透雨较常年明显偏早，一方面有效地解除了前期的旱情，有利于小麦生长发育及苗情转化，同时对春播也十分有利。5月份全区降水偏少，但时空分布较为理想，加之前期4月中、下旬的降水，使得土壤墒情基本上满足了小麦灌浆的要求。5月份气温呈现前期偏低，后期偏高，使得灌浆期延长，成熟期推迟，同时未出现明显的干热风天气，气温有利于小麦灌浆。总体而言，5月份光、热、水匹配较为理想，有利于小麦灌浆。

夏季6月份，气温偏高，降水偏少，且降水的时空分布不均，多阵性降水。受前期低温影响，小麦收割期较上年普遍推迟5~10天。夏收期间天气以晴为主，夏收工作进展顺利。由于5月中旬以来降水持续偏少，土壤失墒严重，各地均出现不同程度的旱情，对夏玉米的播种出苗造成十分不利的影响。年夏播面积较上年明显减少，播种出苗质量也明显不及去年。7月份，降水显著偏少，气温明显偏高，并伴有高温天气，土壤失墒严重，川塬区出现重度干旱，夏玉米受旱明显，生长发育受阻，出现明显的停滞生长和发育期推迟的现象，此次干旱是自1997年来最严重的旱情，将对全市秋粮生产造成严重影响。8月份气温适宜，光照较为充足，降水时空分布较为理想，气象条件有利于秋收作物的生长发育。

秋季9月份，宝鸡市出现了大范围秋淋天气，连续降雨日数达11天，根据历史气象资料评估，这次秋淋过程出现时间较常年偏早，过程降水量、连续降水日数为2000年以来第三多，属中等偏强的秋淋过程。持续低温阴雨寡照天气使夏玉米灌浆受阻，贪青晚熟，川旱塬区未灌溉夏玉米基本不能正常成熟。加之土壤过湿造成玉米根系缺氧，不利于后期生长和成熟。夏玉米自播种以来，因受前期干旱和后期秋淋天气影响，成熟期较往年要推迟10~15天，导致秋收、秋播争时争劳矛盾突出。10月份气温偏高，降水偏少，受前期降水偏多影响，土壤蓄墒较为良好，墒情普遍较为适宜，气象条件有利于小麦播种出苗，川塬麦区普遍播种、出苗质量好于上年同期。11月宝鸡市出现阴雨相间天气，光照较常年偏少，受低温寡照天气影响，麦苗发育较缓，田间差异较大。

【气候对经济作物的影响】 2013年12月，2014年1月，宝鸡市天气以晴为主，光照充足，气温偏高，十分有利于设施农业生产。2月份降水过程较多，月内降水日数达15天，低温寡照对设施农业生产十分不利。4月日照明显偏少，特别是中旬的阴雨寡照天气，致使苹果授粉率降低，挂果数明显偏少。9月的秋淋天气造成果菜生长缓慢、病虫害发生严重，产量和品质下降，给农业生产造成巨大损失。但另一方面降水偏多，田间湿度大，易于诱发病虫草害。

【气候对交通等方面的影响】 2月的连阴雪造成道路结冰；大雾天气对交通运输造成一定影响。

（杜　鹃）

历史沿革

宝鸡古称陈仓，据《三秦记》记载，陈仓以古陈仓山（今鸡峰山）得名。宝鸡之名始自唐肃宗至德二年（757），沿用至今。

早在新石器时代，宝鸡就是先民们活动生息的地区之一。宝鸡共发现新石器文化遗址数百处，其中最著名的北首岭遗址，据《中国大百科全书·考古学》记载，早期遗存为公元前5150—5020年的母系氏族公社时期，距今7150多年，是早于仰韶文化半坡遗址的一种文化遗存。

宝鸡是中国历史上著名的周秦王朝发祥地。公元前11世纪，周先祖之一的古公亶父率族人迁徙到岐山下的周原（今宝鸡市岐山县），“古公乃贬戎狄之俗而营筑城郭室屋而邑别居之，作五官有司”（《史记·周本纪》），建立了周王朝早期的国家组织。古公亶父被后世尊为太王。周在古公亶父死后的季历和文王时期，国势发展很快，先后征服了西落鬼戎、始呼、翳徒之戎，邻近的许多部落和方国也归附于周，巩固了周族在渭水中游的统治，为伐纣灭商，建立西周王朝奠定了基础。

秦王朝是中国历史上第一个统一的、专制主义中央集权的封建国家，而宝鸡是秦前期政治、军事和经济活动的中心地区，是秦始皇能够“续六世之余烈，振长策而御宇内”，一举统一全中国的前期奠基地。周平王元年（前770），以秦襄公攘夷，护送平王东迁之功，封襄公为诸侯，赐之岐以西之地，从此，建立了秦国。秦文公四年（前762），秦在“汧渭之会”（今宝鸡市眉县附近）建立国都。秦宪公二年（前714），为备战攻戎，秦将国都由汧渭之会徙往平阳（今陈仓区东阳平村），并建有封宫（《史记·秦本纪》）和羽阳宫（《汉书·地理志》）。以此为政治中心，至秦武公十一年（前689），西起甘肃中部，东至华山一线，整个关中及渭水流域，基本为秦国所控制。秦德公元年（前677），秦国迁都于雍（今宝鸡市凤翔县）。此后，秦国先后有十八位国君以雍为国都，共历时294年。秦穆公（前659—前621）在位期间，“开地千里，遂霸西戎”。秦由一个落后的诸侯国，跻身当时最先进的国家行列之中，为以后东向攻灭六国，奠定了雄厚的基础。

秦始皇统一中国后（前221），宝鸡属内史地。汉高祖元年（前206），属雍；汉高祖二年（前205），改为中地郡；汉高祖九年（前198），又改属内史；景帝分属右内史；武帝建元六年（前135），仍因之；太初元年（前104），更名右扶风，为三辅之一。献帝时（189—220），省扶风都尉，置汉安郡。曹魏（220—265）为扶风郡。晋惠帝时（290—306），改为秦国。北魏太武帝时（424—452），置秦平郡，兼置岐州。西魏（535—556）改秦平郡为岐阳郡。隋初，置岐州；炀帝大业年间（605—618），废州置扶风郡。唐初置岐州；玄宗天宝年间（742—756），改为扶风郡；肃宗至德元年（756），改为凤翔郡，不久又改为凤翔府；代宗宝应年间（762—763）因之，属关内道。五代属关西道。宋属秦凤路，为凤翔府。金置天兴军，属陕西西路。元初立凤翔总管府，后更为散府，先后属陕西等处行中书省、陕西汉中道肃政廉访司。明仍为凤翔府，隶陕西布政使司，分属关西道。清初，仍沿旧制为凤翔府；康熙九年（1670），裁关西道，分隶西安粮盐道；乾隆九年（1744），改隶驿盐道，为分巡凤邠道。民国二年（1913），属陕西省关中道；民国二十二年（1933）撤道，由省直辖宝鸡各县；民国二十七年（1938），在凤翔设陕西省第九行政督察区，督察专员公署辖宝鸡，凤翔、千阳、陇县、麟游、岐山、扶风、眉县、武功、周至；民国三十年（1941）2月，第九区督察专员公署迁至宝鸡。

1949年7月14日宝鸡解放，陕甘宁边区政府宝鸡分区机关进驻宝鸡市。时领宝鸡、凤翔、岐山、扶风、千阳、陇县、眉县、凤县共8县和宝鸡市（县级市）。1950年1月宝鸡分区划归陕西省辖；5月2日，分区增领麟游、武功等6县，共领14县1市。1950年10月11日改宝鸡分区为专区。1953年1月30日，宝鸡专区又增领兴平、周至等5县，并新设太白区，共领19县1市1区。1956年10月1日，宝鸡专区撤销，原属县市直隶于省。1960年至1961年9月，宝鸡市领凤翔、陇县、凤县（均为并县以后）3县。1961年，复设宝鸡专区，领宝鸡、凤翔、岐山、扶风、麟游、武功、眉县、凤县、千阳、陇县、太白共11县和宝鸡市（县级市）。1966年，宝鸡专区改领11县，宝鸡市为省辖。1969年专区改名宝鸡地区，仍领11县1市。1971年2月，地区撤销。1971年3月至1979年3月，改为宝鸡市（地级市）领11县2区。1979年3月，复设宝鸡地区，只领11县；地市并存，宝鸡市领金台、渭滨2区。1980年8月，宝鸡地区与宝鸡市合并，以地级市领导县、区代替地区领县的体制，时领11县2区。1982年12月，新设杨陵区，共领11县3区。1983年11月，武功县与杨陵区划归咸阳市辖；宝鸡市辖金台、渭滨2区和宝鸡、凤翔、岐山、扶风、麟游、陇县、千阳、凤县、太白、眉县10县。2003年3月1日，国务院正式批准撤宝鸡县设陈仓区；2003年5月26日，宝鸡县召开撤县成立陈仓区大会，宝鸡市辖金台、渭滨、陈仓3区和凤翔、岐山、扶风、麟游、陇县、千阳、凤县、太白、眉县9县。

（邓拴岐）

历代名人

宝鸡是中华民族始祖炎帝的故里，周原膴膴，山川钟灵毓秀，这块深得周秦文化滋养的沃土，历代人文荟萃，英雄辈出，涌现了许多名垂千古的历史人物。相传生于宝鸡的炎帝神农氏，“斫木为耜，揉木为耒”，开创了中国的农耕文明史。渭水流域是孕育中国第一部诗歌总集《诗经》的摇篮，是先秦文学的发源地，闻名遐迩的石鼓文、青铜器也诞生于这片神奇的土地。无数脍炙人口的历史典故，耳熟能详的著名历史人物，就诞生在这里。周文王纳贤勤政治岐；周武王兴周伐纣灭商；姜子牙鼎力匡扶西周。秦穆公开疆千里，称霸西戎；燕伋从学孔丘被奉为“七十二贤”弟子；威震六国，为秦统一中国立下赫赫战功的白起被誉称为常胜将军。

西汉丞相司直郭钦以“廉直为名”。东汉马援以“男儿要当死于边野，以马革裹尸还葬耳”的豪语，成为一代名将；东汉法真终生不慕名利，成为儒学大师；东汉著名经学家马融遍注群经，施绛纱帐讲学。三国西蜀名臣法正辅佐刘备取西川夺汉中，功绩显赫。前秦才女苏若兰思夫，织《璇玑图》仅841字，但内藏回文诗7000余首，充分展示了西秦妇女的聪明才智。

唐代，宝鸡更是名人济济。有为“贞观之治”做出重要贡献的唐初名臣王，其赞像被挂入凌烟阁；有唐代著名科学家、天文学家、数学家李淳风，创编新历《甲子元历》，创制著名天文仪器浑天黄道仪，李淳风还是世界上第一个给风定级的科学家，在其世界最早的气象学专著《乙巳占》中，把风分为动叶、鸣条、摇枝、除叶、折小枝、折大枝、折木飞沙石、拔大树8级，1000年后，英国科学家才在《乙巳占》基础上，把风力划分为现在通用的0至12级。李淳风是唐代多才多艺的杰出科学家，为我国以至世界的天文、气象、历法、数学、史学等，做出了不朽的贡献；有唐医学家、《外台秘要》编著者王焘；有率500铁骑勇冲10万叛军军阵的唐中兴锐将马璘，有被白居易诗赞“义心如石屹不转，死节如石确不移”“骨化为尘名不死”的唐忠烈将军段秀实；有中唐权相元载；有创制“两税法”，克服唐王朝财政危机的唐代著名理财家、宰相杨炎。唐末五代有领凤翔等四镇节度使，占据十五州，雄霸一方的岐王李茂贞。

宋代名人有“关学”宗师、思想家、唯物主义哲学家张载，他所著的《正蒙》一书，是中国思想史、哲学史上有重要影响的著作；有在“铁马秋风大散关”勇抗金兵，令金兀术身中两箭，闻风丧胆的名将吴玠、吴璘兄弟；有视死如归的南宋抗元名将张珏。

明清两代的历史名人有不畏强权，被朝野誉称“张青菜”的明刑部侍郎张抚；有清正廉明，人称“铁板刘”的明工部侍郎刘俊；有明兵部侍郎阎仲宇；有执法严明的明山西巡按白鸾；有被称为“铁胆御史”，敢与明权宦刘瑾针锋相对的王纶；有经略辽东抗击清军，以身殉职的明兵部右侍郎兼辽东经略袁应泰；有南明东阁大学士杨畏知。有清初大儒李柏；有主持制订《大清律集解附例》的清刑部尚书、户部尚书、国史院大学士党崇雅，大清律限制了清王朝的民族压迫和民族歧视政策，对促进国家统一，完备封建法制，加强民族融合，稳定社会秩序有极其重要的进步意义。

近代名人有追随孙中山的民主革命先驱窦应昌、刘治洲、赵西山、黄锡九、杨荟桢、刘志、王丕卿。现代名人有中国共产党著名马列主义理论家、翻译家张仲实；有中国人民解放军副总参谋长李达上将。

宝鸡的悠久历史、灿烂文化和秀丽风光，还曾激发了无数文人雅士的吟咏激情，建安文学的代表人物曹操、曹植，唐代著名诗人李白、杜甫、白居易、王维、王勃、岑参、皮日休、韦应物、王昌龄、刘禹锡、李商隐、温庭筠，唐代著名文学家韩愈、柳宗元，特别是宋代著名文学家、诗人、词人、书法家苏轼，都在宝鸡的土地上留下了不朽的篇章。

（邓拴岐）

重要兵事

【概况】 宝鸡是中国西部的军事重镇，素有秦蜀襟喉、关陇锁钥之称，历代均为兵家必争之战略要地。根据历史文献记载，发生在宝鸡地区的著名战役就有十余次。诸如周文王攻伐密须，败黎灭崇；秦穆公“开地千里，遂霸西戎”；汉刘邦“明修栈道，暗度陈仓”，还定三秦；诸葛亮与曹魏陈仓、五丈原之战；吴玠、吴璘和尚原抗金；彭德怀亲自指挥的西府战役、扶眉战役等，都是在中国军事史上占据重要地位的著名战例。

【周文王拓疆战争】 周在文王和其父季历治岐时期，国势迅速发展，先后击败西落鬼戎、始呼之戎、翳徒之戎，基本解除了位于周西北方向游牧部落的威胁，巩固了周在渭水中游的统治。其后周文王西北伐犬戎和密须（今甘肃灵台），东北击败黎国（今山西长治市），伐邘（今河南沁阳）灭崇（今陕西西安澧水西），国势逐渐强盛，为伐纣灭商奠定了稳固的基础。并最终由文王之子武王亲率“戎车三百乘，虎贲三千人，甲士四万五千人，以东伐纣。”牧野一战，纣王大败。纣王死，商朝亡，西周王朝建立。

【秦穆公霸西戎之战】 秦自立国以后，就长期遭受绵诸、绲戎、翟、豲等西戎百国的侵扰，成为阻碍秦国发展的心腹之患。秦穆公为击败强悍的西戎，利用戎王猜忌的心理，设离间计收复了戎王贤臣由余，并送给戎王大量年轻貌美、能歌善舞的秦国“女乐”，戎王欣然领受，“设酒听乐，终年不迁”，甚至“马牛羊半死”都不顾。公元前623年（秦穆公三十七年），秦国在东方已取得一系列胜利，领地扩展至黄河西岸。秦穆公认为巩固后方，取得独霸西戎地位的时机已经成熟，决定“用由余谋”，突然向西戎发动进攻。长期精神麻痹的西戎军队，在秦兵突然袭击下，根本无法抵抗；沉溺于酒色的戎王，在秦兵到来之际，酒醉尚未醒。经此一战，为患多年的西戎从此被平定，出现了穆公时代“开地千里，遂霸西戎”的局面，为战国末年整个中国的统一奠定了基础。

【刘邦“明修栈道，暗度陈仓”】 秦汉之际，在今宝鸡地域发生了以“明修栈道，暗度陈仓”而名震古今的刘邦韩信北定三秦之战。在中国古代历史上，这是以汉中、巴蜀为基地，北取关中，东争中原，完成全国统一大业的唯一战例。公元前206年（汉王元年）4月，刘邦被项羽逼迫，离开其屯军的灞上，“从杜南入蚀中”前往汉中。并按照张良的韬晦之计，烧毁沿途栈道，明示天下无回归之意。但刘邦到达汉中不久，就拜韩信为大将率部北伐。为出其不意，韩信设计派千余士卒大张旗鼓地佯修栈道，以麻痹章邯，暗中率大军沿故道经两当、凤县出散关直逼陈仓。雍王章邯闻讯，仓促从废丘（今陕西省兴平市境）调兵西向迎击，不敌韩信，大败于故道北口的陈仓（今陕西省宝鸡市），再战于雍县（今陕西省凤翔县）和好县（今陕西省乾县东），又复大败，被围于废丘后彻底击败。塞王司马欣和翟王董翳相继投降。刘邦遂取得关中三秦之地，平定了陇右和陕北。乘胜出兵武关，一直打到彭城（今江苏省徐州市）。

【蜀魏陈仓、五丈原之战】 魏太和二年（228）春，曹真督关右诸军屯眉，派郝昭筑城坚守陈仓。十二月，诸葛亮率蜀军8万出散关，屯石鼻寨，围攻陈仓。魏守军仅千余人，蜀军猛攻20余日未克，因粮草不继，魏援兵又至而退。魏青龙二年（234）四月，诸葛亮亲统10万大军出斜谷至眉县，并遣使约吴共举伐魏。魏将司马懿屯兵渭水南，背水扎营，坚守不战。诸葛亮进据五丈原，架斜谷河竹桥击魏军，火攻葫芦峪（今眉县西），又攻渭北碛石原，均被魏将郭淮击退。诸葛亮被迫分兵屯田，以为久战之计。双方相持百余日，八月，诸葛亮病逝于五丈原军中，蜀军遂退。

【李茂贞与朱温争帝之战】 唐末天复元年（901），朱温逼唐昭宗禅位，宦官韩全诲又劫持昭宗至凤翔，依附岐王李茂贞。天复二年（902）六月丁丑（农历六月初三，902年7月10日），朱温率精兵5万进驻虢县（今虢镇），甲申（农历六月初十，902年7月17日），岐王李茂贞亲率军与朱温激战于虢县之北，岐军大败，死者万余人。朱温乘胜派部将孔勍攻取散关、凤州、成州、陇州。丁亥（农历六月十三日，902年7月20日），朱温大军包围凤翔，李茂贞出战又败，遂坚壁不出。九月，朱温部将诈降引诱李茂贞军倾城而出，朱温军乘机占据城门，双方激战，岐王军进退失据，自相践踏，损失惨重。此后，李茂贞困守孤城。是年冬，凤翔城中粮尽，甚至出现街市卖人肉每斤值百钱、卖狗肉每斤值五百钱的惨景，百姓冻饿死者甚众，军心不稳。李茂贞无奈，于次年杀韩全诲等宦官72人，送还昭宗车驾于朱温军营。

【吴玠、吴璘和尚原抗金】 宋绍兴元年（1131），金兵占据凤翔与宋对峙。宋秦凤路副总管吴玠及其弟吴璘统制杨政先后在鱼龙川（陇县北）、箭筈关（千阳南）、方山原（宝鸡西）阻击金兵。并在散关东北之和尚原，布阵截击，大败金兵，金帅完颜宗弼（兀术）此后又率兵10万，架渭河浮桥，结“连珠营”，进攻和尚原。吴玠组织“驻矢队”防守，击退金兵。宋兵乘胜出侧翼，断金兵粮道。金兵败退至神岔山口，又遭伏击，阵容大乱。宋兵乘机夜袭，金兵全军溃散，被俘万人，金兀术身中两箭，落荒而逃。绍兴四年（1134），金兵10万又攻仙人关。吴玠以万人守“杀金坪”，吴璘自陇南转战七昼夜与吴玠会合。金兵身披铠甲，铁钩相连，鱼贯而上，吴璘令“驻矢队”迭射，大败金兵。自此，金兵遇吴玠、吴璘皆闻风丧胆。

【西府战役】 1948年4月16日至5月12日，彭德怀率西北野战军挺进宝鸡地区，进行了以摧毁国民党宝鸡供应基地为目标的西府战役。野战军势如破竹，先后攻占彬县、麟游、扶风、岐山、凤翔、蔡家坡、虢镇等，又沿陈村、贾村塬、金陵河川一线包抄宝鸡城区，猛攻占据陵塬飞机场后，随即又居高临下，消灭了金台观守敌，逼敌退缩于龙泉巷、三民街和东关一隅围歼。敌师长徐保所乘铁甲车被毁，本人受伤被俘，两小时后毙命。此役共歼灭国民党官兵及地方武装2.19万余人，摧毁了国民党设于宝鸡地区的军需工业和军火仓库，缴获的辎重物品可以装备5个整编师。

【扶眉战役】 1949年7月10—14日，彭德怀指挥中国人民解放军第一野战军，与从西安败退的17万国民党军，进行了著名的“扶眉战役”，完全解放了关中。一野兵分三路发起进攻。王震率第一兵团，沿户县、周至西进，在子午口、黑山寺、哑柏、横渠击溃敌90军后，14日攻占宝鸡益门镇；许光达率第二兵团攻克临平，经天度、法门、青化、益店，一夜行军75公里，插至敌军后方的罗局镇，又夺取了眉县车站，连续击退敌军十余次突围。后又激战十余小时，攻克扶风。将敌65军一部及38军、119军大部压缩于午井以南、眉县城北至葫芦口之渭河滩，与第一兵团围歼；担任战役正面主攻任务的解放军第十八兵团，在周士第指挥下由西凤公路、陇海铁路西进，首歼漆水河两岸及武功南北线之敌后，一部插入杏林、绛帐，击溃敌247师，歼灭187师主力，收复武功，继续进军至罗局镇东南与第二兵团会师，合歼残敌；杨得志率解放军第十九兵团在乾县、礼泉阻击马鸿逵，保证了扶眉战役的胜利进行。此役一举歼灭国民党4个军6个师和另外6个团共4.3万余人，再次解放了宝鸡，为解放大西北和大西南奠定了基础。

（邓拴岐）

交通网络

【交通地位】 宝鸡市位于陕、甘、宁、川四省的结合部，处在西安、成都、兰州、银川四个省会城市的交通中心。陇海、宝成、宝中铁路交会于此，宝鸡是新欧亚大陆桥上东西贯通陇海，北连包兰，南接成昆诸线的全方位铁路交通枢纽。宝鸡市公路交通四通八达，连霍高速公路穿境而过，以宝鸡市区为中心，形成了以310国道为主轴，以“三横五纵”公路网为主骨架的干线公路网络结构。

【铁路交通网络】 宝鸡的铁路交通始于民国二十六年（1937）1月，陇海铁路通至宝鸡。民国三十四年（1945），宝鸡至甘肃天水段通车。1958年，宝成铁路建成通车。1970年6月，西安至宝鸡复线建成。1975年，宝成线全线实现电气化，这是中国建设的第一条电气化铁路。1995年6月，宝（鸡）中（卫）电气化铁路建成通车。形成以宝鸡为枢纽，陇海线横贯市区，宝成线向南伸展，宝中线往北延伸，辐射西南、西北、华北和中原地区的铁路运输网络。2007年4月18日，动车组旅客列车“和谐号”在宝鸡—西安段开通运行。2013年12月28日，宝鸡—西安高铁开通运行。

【公路交通网络】 宝鸡的现代公路交通始于民国二十年（1931），宝鸡境内第一条公路西安至凤翔段正式通车。此后凤陇路、凤汉路、凤虢路、长益路、西眉路、宝平路、麟凤路等都于民国年间陆续通车。新中国成立后，公路建设飞速发展，1995年12月5日，被称为“西北第一路”的西宝高速公路全线通车。2000年11月28日，国家主干线公路310国道宝鸡至牛背段正式建成通车。2009年9月26日，宝鸡至天水高速公路建成通车。2011年11月8日，宝鸡至陇县火烧寨高速公路建成通车。截至2012年底，全市公路总里程达到15003公里，公路网密度每百平方公里82.7公里。以定汉高速、西宝高速为十字加一环（宝鸡环城高速）的高速公路网络全面建设，以G30为主轴、以干线公路为骨架、以县乡公路为脉络、以关中公路环线为连接的“三横五纵一环”公路网络形成（三横：G30、西宝南北线，五纵：乾县—法门寺—汤峪，麟游—益店—常兴—斜峪关—太白，麟游—凤翔—潘家湾—太白—浑水沟，周公庙—蔡家坡—五丈原，陇县—千阳—宝鸡—凤县，关中环线宝鸡段）。

（邓拴岐）

旅 游 资 源

【概况】 宝鸡地形复杂，山原雄峻，宝鸡境内主要有渭河、嘉陵江、千河、石头河等，以秦岭为界，河流分属黄河，长江两大水系，渭河是黄河第一大支流，是宝鸡市境内最大河流。滔滔渭河从市中心穿流而过，成为宝鸡一大景观。宝鸡旅游资源十分丰富，誉为“炎帝故里”“青铜之乡”“佛骨圣地”“华夏酒都”“中国钛谷”和“西部绿城”的美称。名胜古迹有姜太公钓鱼台、周公庙、周原遗址、汉高祖刘邦“明修栈道，暗度陈仓”的古陈仓城遗址、诸葛亮庙、唐九成宫遗址、“铁马秋风”大散关、1987年发掘的法门寺唐代地宫等。

宝鸡历史悠久，文物古迹遍布全市，已出土各种文物2万余件，其中一级文物481件、国宝级55件、省级以上文物保护单位62处；自然风光绚丽多彩，有国家森林公园太白山、风景名胜区天台山以及关山草原、嘉陵江源头等著名名胜。

宝鸡的旅游业已初步形成了“吃、住、行、游、购、娱”六要素齐全，人文与自然旅游资源交相辉映的现代旅游体系。以法门寺为中心的唐佛教文化旅游区，以太白山国家森林公园为中心的休闲旅游度假区，以姜炎文化为中心的寻根祭祖现代都市旅游区，以周原遗址为中心的周秦文化旅游区，以关山草原为中心的高山草原风光旅游区。全市现有高中档饭店100多家，旅游定点涉外宾馆410多家，全市有星级宾馆饭店36家；旅行社38家；旅游纪念品生产经营单位10多家。旅游交通条件进一步改善，陇海铁路、宝成与宝中铁路与全国各地相连通，西安高速公路、法汤高等级公路、关中旅游环线把宝鸡主要旅游景点连成一片。宝鸡旅游商品纪念品卓有地方特色，形成了周青铜器复仿制品、民间美术、字画碑拓、烟酒副食、工艺品等六大特色商品系列，还初步形成了独具吸引力的宗教、书法、休闲度假、科学考察、登山、三国、丝绸、寻根祭祖等专项旅游线路。宝鸡还具有奇特秀丽的自然风光，有9个国家和省级森林公园，森林覆盖率达53.78%，境内的太白山是神州南北界、华夏分水岭，是秦岭的主峰，海拔3767米，因物种垂直分布所造成的多样性和罕见的第四季冰川遗迹，被称为“生物基因库”和“地质博物馆”。全市现有各类旅游景区（点）48个，其中人文景区27个，自然景区21个。全市A级以上旅游景区（点）38个，其中，5A级旅游景区1个，4A级旅游景区10个，3A级旅游景区23个，2A级旅游景区3个，1A级旅游景区1个。国际旅行社1家，国内旅行社45家，星级宾馆饭店36家。

【法门寺景区（5A）】 法门寺以安置释迦牟尼指骨舍利而驰名中外，被誉为“东方佛都”“佛骨圣地”。史载唐代皇帝七次恭迎佛骨，顶礼膜拜，遂使法门寺成为皇家寺院和举国向往的佛教圣地。1987年重修宝塔时，在原塔基地宫发现世界唯一的佛祖真身指骨舍利及上千件唐宫廷供奉珍宝，在海内外引起极大轰动，被评为“20世纪中国十大重要考古发现之一”。法门寺位于扶风县城北10公里的法门古镇。东距西安市120公里，西距宝鸡市90公里。寺内塔基地宫置佛指舍利一枚，供游人瞻拜。寺院内恢复了大雄宝殿、钟鼓楼、宝塔、藏经阁等古代建筑。寺院西侧新修法门寺博物馆，陈列地宫出土文物。2009年5月9日，法门寺景区合十舍利塔落成，并举行了佛指导舍利安奉大典。修葺后的法门寺规模宏伟，具有极高的宗教文化品位，吸引了大批的海内外游客。2014年10月，法门寺景区荣膺国家5A旅游景区。

【太白山国家森林公园（4A）】 太白山国家森林公园位于眉县汤峪镇。园内的太白山是秦岭主峰，海拔3767米，也是中国大陆东部的最高峰。太白山气势恢宏，山上保存有完整的第四纪冰川遗迹和丰富的动植物资源。李瑞环题词赞誉：“在我国长江以北，气势如此之大、景色如此之美、科学价值如此之高、离大城市如此之近的自然景观实属罕见。”因园内有春秋战国时王禅老祖修道的“鬼谷子洞”，道教始祖老子骑牛过玄关路经汤峪的“青牛洞”等古遗址，古称道教第十一洞天。园内还有神功石、骆驼山、世外桃源、铜墙铁壁以及泼墨山、七女峰、太白飞瀑等特色景观。山上著名的“太白三池”为高山冰斗湖，湖水清澈碧透，景色幽绝。公园入口的汤峪为陕西省内水温最高的天然温泉，高达摄氏60度的温泉水长年喷涌，唐代称“凤泉汤”，为皇家达贵沐浴之所。如今太白山旅游区已成为陕西省关中西部最大的休闲度假疗养胜地，与西岳华山并称为“东华山、西太白”。公园内建有客运索道，入山道路状况良好，园前区的温泉疗养和接待服务设施也颇具规模。园内开展的旅游休闲和科考项目有登山、攀岩、动植物和地质地貌观赏、科研、科普以及温泉疗养、避暑消夏等。

【周公庙风景名胜区（4A）】 位于岐山县城西北六公里处的凤凰山南麓（凤凰山即《诗经》所云：“凤凰鸣矣，于彼高岗”之所在）。其地势三面环山，《诗经》中描述为“有卷者阿，飘风自南”，故称卷阿（quán－ē）。早在西周初期，这里便是游览胜地。周初重臣周公旦晚年归隐于此，制礼作乐，使得天下大治，万民归心。周公庙可谓中华礼乐文明的发源地。唐武德元年（618），高祖李渊为纪念西周政治家曾助武王灭商立国、辅成王平叛安邦的周公姬旦，下诏在相传其制礼作乐的“卷阿”创建周公祠。后经宋、元、明、清历代修葺、扩建，形成了以周三公（周公、召公、太公）殿为主体，姜嫄、后稷殿为辅，亭、台、楼阁点缀辉映的古建筑群。庙内现存历代碑碣三十余通，汉唐古树多株。唐宣宗赐名的“润德泉”水清如镜、味甘如醴，为宝鸡八景之一。北庵玄武洞中有唐代汉石雕“玄武像”一尊（俗称玉石爷），造型丰满，威武庄严，山石与雕像浑然一体，巧夺天工，有抚摸可治百病之说。周公庙历史久远，庙宇肃穆，山环水绕，清泉长流，古木苍翠，浓荫蔽日。古历三月中旬有规模宏大的庙会。乃旅游胜地，避暑佳境。历史上韩愈、苏轼、康海等曾游历观光，凭古抒怀。2003年12月以来，周公庙遗址有多项惊世发现：周代高等级陵墓22座，陪葬车马坑14座，环绕陵墓夯土墙1700多米。2009年3月建成开放的凤凰山景区，总面积560余亩，包括凤凰雕塑、周公陵墓、元圣殿、凤山楼、礼乐亭、思贤亭、吐哺亭等景点。

【中华礼乐城（4A）】 中华礼乐城是一个以周文化为核心元素的主题公园，总规划面积2.9平方公里，又名“周城”，位于陕西省宝鸡市周秦文化产业示范区内。中华礼乐城（周城）以周代王城为原型，以周礼文化为核心，以原宝鸡人民公园为依托，是一个融生态观光、文化传播、时尚体验为一体的“周礼文化主题公园”。周城内的周礼文化主题公园占地600亩，以湖为中心，有天下第一灯、周赋、周颂、乐府、奇石园等十大文化看点，融雕塑、音乐、舞蹈等艺术为一体，完美体现了盛世西周时的万千气象。2011年，中华礼乐城被评为国家4A级旅游景区。

【凤县凤凰湖景区（4A）】 凤县凤凰湖景区森林覆盖率75.8%，空气清新，气候湿润，冬无严寒，夏无酷暑，以自然景观资源、人文景观资源为主。有3600米的亲水景观长廊，100万平方米的星光瀑布，50万平方米的水景视听盛宴，186米高音乐喷泉，万人萨朗盛大舞会，融合成璀璨绚烂、如梦如幻的凤凰湖夜景，是景区的最大特色。景区开发建成了四大主题公园，有以反映月亮文化为主旋律，反映地域风情为特色的月亮湾生态休闲公园；有以意大利台地式园林风格为主，融入凤凰栖息地的传说，是观景远眺、俯瞰县城的绝佳之地的凤凰山游乐园；也有明代休憩，历史文化传说众多，常年香火旺盛，是祈福、朝觐之地，也是县城地标性景观的丰禾山佛教主题公园；还有由观景台、果园采摘区、农家乐等一系列景点组成，是游客观光、休闲、娱乐理想活动场所的堡子山植物观光公园。四大主题公园抱湖面，使整个凤凰湖景区呈现出山水和谐，天人合一的美丽景观。2011年凤县凤凰湖景区被评为国家4A级旅游景区。

【宝鸡社火】 宝鸡地区，亦称西府，是陕西社火脸谱艺术具有代表性的地区之一。特别是陇县和宝鸡县的社火脸谱，流传历史久远，脸谱造型奇特，色彩质朴明快，纹饰严格讲究，谱样多而齐全，代表了西府社火脸谱的最高水准。社火起源于原始社会的文面，文身、巫术、祭祀、宗教，古代的角抵、驱傩、祭祀活动。社火脸谱的纹饰证明，五六千年前彩陶上的原始符号，在脸谱上被完整地继承了下来。社火的种类很多，有山社火、车社火、马社火、背社火、抬社火、高芯社火、高跷、地社火、血社火、黑社火等。大都在正月祭社、庙会迎神、祈雨时表演，而正月十五最隆重，声势最为浩大。陇县正月十五进城表演的社火队就有100多家，观看社火表演的观众近10多万人。2013年2月22日，陇县举办了中国首届社火艺术节。宝鸡县赤沙镇的血社火是陕西乃至全国唯一保留的一个社火种类，它是每逢闰年表演一次。社火人们常称“看戏”，即“哑剧”。社火角色的表演者是以舞台亮相的形式进行游展，观众对扮相角色的辨认靠的是脸谱。社火脸谱是以人物的容貌和性格特征出发，用日月纹、火纹、旋涡纹、蛙纹等纹饰的不同组合表现人物的性格。以色彩辨识人物的忠、奸、善、恶，红为忠，白为奸，黑为正，黄为残暴，兰为草莽，绿为仪侠、恶野，金银为神妖。宝鸡社火脸谱，以它悠久的历史，神秘、深厚的文化内涵，声势浩大的场面，受到了学术界的广泛关注，成为陕西春节民俗活动的亮点。

（邓拴岐）

行政区划、土地和人口

【行政区划】 宝鸡位于陕西关中西部，辖3区9县和1个国家级高新技术开发区，其中3区有渭滨区、金台区、陈仓区；9县：凤翔县、岐山县、扶风县、眉县、陇县、千阳县、麟游县、凤县和太白县；1个国家级高新技术开发区是宝鸡高新技术开发区，共有105个镇（街道办事处）、1729个村（居）民委员会。

【土地和人口】 宝鸡市总面积1.81万平方公里。2014年末全市耕地保有量542.48万亩，基本农田保护面积496.81万亩，森林资源1392万亩。年末全市常住人口375.32万人，全年人口出生率9.66‰，死亡率6.11‰，人口自然增长率3.55‰。

（侯丽萍）

中共宝鸡市委员会

编辑　李海杰　杨　军

市委工作概述

【概况】　2014年，市委贯彻落实中央和省委的决策部署，坚持总揽全局、协调各方，抓好“做大总量、做优质量”两大要务，团结带领全市干部群众转作风、抓发展，全市经济社会呈现出持续稳步发展的良好势头。全年实现地区生产总值1658.54亿元，同比增长10.8%；完成地方财政收入78.05亿元，同口径增长15.6%；城镇居民人均可支配收入增长10.7%，农民人均纯收入增长12.5%。

【做大经济总量、做优发展质量】　把握“稳中有进、改革创新”的核心要求，坚持以深化改革激发转型活力，在全市开展“学习贯彻三中全会精神，我们怎么办”大讨论活动，围绕四大类26个专题进行研究，制订宝鸡市全面推进改革《实施意见》和年度《工作要点》，并抓好落实。年内提出的八大类101个子项改革任务完成97项，政府机构改革、工商登记改革、国有企业改革、纪律检查体制改革等取得初步成效。以政府简政放权、强化服务来激发市场活力，累计下放、取消、精简行政审批事项145项，减少幅度达到20%以上；推行服务代办、网上工商登记年检等制度，全市新设立登记各类市场主体28809户，同比增长35%，非公经济增加值占比突破50%。同时，以农村土地承包经营权确权登记颁证为重点，推进农村体制改革，培育农村经营主体，全市新增农业合作社2072个。坚持以良性投资强化转型支撑，继续实行招商引资“六条标准”，落实“四个一机制”，落实招商引资项目846个，到位资金794.25亿元，增长22.5%。吉利汽车、青岛啤酒工业园等一批项目完成年度投资，海螺型材、千阳环保新材料厂房建设全面竣工，农夫山泉二期等一批项目建成投产，飞雳士轮胎、法士特轻卡变速器等一批新项目签约。坚持以创新驱动引领转型方向，以人才特区建设为抓手，深化校地合作和“一把手”进高校院所活动，实施人才工作十大工程，柔性引进高层次人才132名，有4名北大、清华博士到宝鸡市挂职；支持创新资源向企业聚集，秦川集团有望建成国家级数控磨床技术研究中心，渭滨互联网产业园发展势头良好，全市新增高科技企业10户；加大农业科技推广力度，粮食生产在旱情严重的情况下仍然取得较好收成，3个现代农业园区受到国家命名，初步打响千阳矮砧苹果、眉县猕猴桃、太白山高山蔬菜等品牌。坚持以文化旅游为龙头发展第三产业，修订完善全市文化旅游产业规划，法门寺实现宝鸡市国家5A级景区“零”突破，太白山5A级景区通过省级验收，全市游客接待量、旅游综合收入增幅接近30%；着眼发展夜间经济和物流业，制定相关方案和规划，加快建设市区夜间经济示范点，“长安号”宝鸡货运专列开通运行，和丝绸之路沿线国家贸易增幅超过20%。

【开展“双创双迎”】　把“双创双迎”作为提升城市品位、展示宝鸡形象的重要契机，举办省第十五届运动会和第27届世佛联大会，提高了宝鸡知名度；创建全国文明城市工作扎实推进，城市环境面貌、群众文明素养持续提升，被中央文明委评为全国第四届文明城市；创建全国生态园林城市通过省级验收，为接受国家一星级验收打下基础。坚持以城带乡、一体发展，在中心城区建设上，一手抓新区建设，南客站片区、陈仓物流园、科技新城、东岭城市综合体建设高标准推进，蟠龙新区开发全面拉开；一手抓旧城改造，实施163个城市建设管理提升工程，集中解决交通拥堵、街道整治、物业管理、城市绿化亮化美化、老旧小区维修整治、供水供暖供气等问题，新增供热面积213万平方米，物业管理覆盖率达到61%，缓堵保畅满意度名列全省第一，被网民评为最中国美食城和最干净城市。在统筹城乡发展上，加快建设渭河两岸新型工业园区、现代农业园区、新型居民社区、生态景观示范区，打造渭河沿线统筹城乡示范带。高起点修编蔡家坡地区总体规划，14个项目全部开工建设，5个项目已建成投用，特色产业加速聚集。5个省级重点示范镇、4个文化旅游街区的116个项目加快建设，投资人居环境持续提升。深化美丽乡村建设，开展十强镇、百强村和十大美丽乡村评选活动，推进晋星创建，持续实施“举措到户”，新创建五星村32个，12万人实现进城落户。在提升交通枢纽地位上，完成法绛高速改扩建，连霍高速宝鸡过境线、宝汉高速宝鸡段、宝麟铁路加快建设，一批干线公路和农村公路建成通车，宝鸡机场项目已经上报国家申请立项。

【开展治污降霾】 按照“工业城市中生态最美、生态城市中工业最强”的理念，增绿造景、治污降霾。在大气污染防治方面，率先在全省开展污染源解析工作，探索推行大气污染防治网格化管理模式，严管耗煤大户和渣土车，集中整治扬尘、煤炭市场、餐饮油烟、烧烤和集贸市场，改进城市清扫保洁方式，全市共拆除燃煤锅炉953台，集中淘汰“黄标车”、老旧汽车13383辆。全年市区空气质量二级以上天数达242天，空气质量优良天数居关中城市第一。在渭河综合治理方面，一方面抓好渭河治污三年行动计划项目落实，加大沿线县区污水处理厂建设和提标改造力度，全市渭河出境水质基本达到省考要求；另一方面因地制宜建设渭河生态河堤，完成渭河干流新修堤防加固、堤顶道路硬化和堤防绿化年度任务。在农村环境综合整治方面，连续两次召开现场会，在285个村实施省市综合整治示范项目，集中对西宝客专、连霍高速、宝平高速宝鸡段沿线环境进行整治，整体工作走在全省前列。全市完成植树造林3.03万公顷，公众对园林绿化满意率提升到92%。

【持续改善民生】 把富民惠民、改善民生作为一切工作的出发点和落脚点，年内366类民生项目共完成投资75.6亿元；率先在全省启动教育现代化先进县（区）创建工作，实施薄弱校改造等项目350个；推进医疗综合改革试点，公立医院改革取得新突破；启动失独家庭养老家政服务爱心行动试点，提高城乡居民医保、社会救助保障、企业退休人员养老金、工伤保险保障标准，完善大病救助制度，健全城乡低保动态管理机制，推行丧葬费补助制度，兴办农村幸福院和养老服务体系建设受到民政部肯定；实施基层文化场馆提升和文化器材配送工程，“两馆一站”全部免费开放，城乡群众性文化活动活跃。抓好移民扶贫、产业扶贫等六大工程，年内12.66万人实现脱贫；出台保障性住房产权共有制度，建成保障性住房23447套，位居全省前列。深化平安宝鸡创建，加快社区民警专职化，完善社会治安防控体系，推动诉访分离工作落实，社会稳定风险评估工作得到中省肯定。

【坚持从严治党】 围绕落实“两个责任”，强化党委领导班子集体责任、主要负责人第一责任和班子成员一岗双责，在全省率先制定落实党风廉政建设“两个责任”《实施意见》和责任追究《办法》，逐级签订责任书，构建起横向到边、纵向到底的责任体系；领导和支持纪委履行好监督责任，加强监督检查，落实“三转”要求，以“零容忍”的态度查处违纪违法案件。结合深入开展党的群众路线教育实践活动，贯彻中央八项规定精神，修订完善《市委工作规则》等21项制度，建立百姓问政、新提任科级干部财产申报公示、基层群众办事干部代办等制度。学习领会习近平系列讲话精神，市委主要领导和市委常委带头为党员干部讲党课，带头加强宣传思想工作。弘扬社会主义核心价值观，开展进基层社区讲中国故事和寻找最美宝鸡人活动，5人荣登“中国好人榜”。学习贯彻干部选用《条例》，优选、实考、严管干部，制定推行从严管理干部5+2制度，实施年轻干部培养选拔“六百”工程、实践锻炼“四百”活动。加强服务型党组织建设，开展“升级晋档、科学发展”“在职党员进社区、服务群众零距离”、软弱涣散基层党组织整顿等活动，构建市、县、镇（街）三级贯通的非公党建工作网络，为加快发展、转型升级提供组织保证。

（杨　冲）

重要会议

【市委十一届六次全会】 2014年7月25日，中国共产党宝鸡市第十一届委员会第六次全体（扩大）会议召开。会议以举手表决的形式，审议通过《市委常委会2014年上半年工作报告》《中共宝鸡市委关于全面推进各项改革的实施意见》《中国共产党宝鸡市委员会工作规则》。市委书记、市人大常委会主任上官吉庆主持会议并讲话。市委副书记、市长钱引安安排部署下半年工作。市委副书记陈光明，市委常委田筱虎、李春红、马赟、黄超、张敬原、白升安、马鲜萍、康巨淋，市委委员、候补委员参加会议。不是市委委员的市领导、县区和市级部门及大中型企业的负责人列席会议。7月23日至24日，与会人员先是利用一天半时间，分成两组，观摩33个点，接着用一个下午时间开展“学习贯彻三中全会精神，我们怎么办”大讨论，同时对市委常委会《工作报告》、市委《工作规则》、市委全面推进各项改革的《实施意见》进行讨论。会议指出，加快发展是解决宝鸡一切问题的根本出路。上半年，宝鸡市虽然有不少指标位居全省前列，但也有一些指标排名还相对靠后。全市上下决不能为慢发展找理由、为不作为找借口、为低标准开脱，要扭住“两大要务”，在做大总量中做优质量，在做优质量的前提下做大总量，努力实现“弯道超车”。

【市委十一届七次全会】 2014年12月29日，中国共产党宝鸡市第十一届委员会第七次全体（扩大）会议开幕。会议回顾总结2014年工作，谋划2015年工作，动员全市干部群众坚定信心、迎难而上，适应新常态、把握新常态、引领新常态，抓住“一路一带”建设的历史机遇，解放思想，开拓创新，统筹推进经济、政治、文化、社会、生态文明和党的建设，加快打造关天副中心、建设和谐新宝鸡，努力走在建设“三个陕西”

前列。市委书记、市人大常委会主任上官吉庆主持会议并讲话。市委副书记、市长钱引安，市委副书记陈光明，市委常委田筱虎、马赟、黄超、张敬原、白升安、马鲜萍、康巨洣，市委委员、候补委员参加会议。不是市委委员的市领导、县区和市级部门及大中型企业负责人列席会议。

（杨　冲）

重大决策

【出台市级四大班子联席会议议事规则】 2014年2月20日，市委下发《印发〈市级四大班子联席会议议事规则〉的通知》（宝市发〔2014〕4号）。《规则》共5部分，从会议组成、议事内容、召开时间、议事程序、会议落实等方面提出明确要求。

【建立健全百姓问政制度】 2014年2月26日，市委、市政府出台《关于建立健全百姓问政制度的意见》（宝市发〔2014〕6号）。《意见》共5部分，从指导思想、基本原则、主要内容、组织领导和工作要求等方面作出安排部署。

【制定2013-2017年干部教育培训规划】 2014年3月31日，市委下发《印发〈2013-2017年宝鸡市干部教育培训规划〉的通知》（宝市发〔2014〕7号）。《规划》共5部分，从指导思想和总体要求、重点培训内容、重点培训对象、培训能力建设、强化组织领导等方面作出安排部署。

【全面深化农村改革加快推进农业现代化】 2014年5月30日，市委、市政府出台《关于全面深化农村改革加快推进农业现代化的实施意见》（宝发〔2014〕9号）。《意见》共5部分25条，从构建现代农业产业体系、建立农业可持续发展长效机制、全面深化农村改革、深入推进城乡一体化发展、完善乡村治理机制等方面提出明确要求。

【分类推进事业单位改革】 2014年7月28日，市委、市政府出台《关于分类推进事业单位改革的实施意见》（宝发〔2014〕10号）。《意见》指出，为加快推进宝鸡市事业单位改革，促进公益事业健康发展，制定本《意见》。《意见》共3部分，从指导思想、基本原则和总体目标，主要任务，组织实施等方面作出安排部署。

【市县政府职能转变和机构改革】 2014年7月31日，市委、市政府出台《关于市县政府职能转变和机构改革的意见》（宝发〔2014〕11号）。《意见》共5部分，从指导思想和基本原则，进一步简政放权、深化行政审批制度改革、切实转变政府职能，进一步理顺关系、整合职能、深化政府机构改革、规范政府机构设置，进一步严格机构编制纪律、严格控制机构编制增长、巩固机构改革成果，组织实施等方面提出明确要求。

【全面推进各项改革】 2014年8月12日，市委出台《关于全面推进各项改革的实施意见》（宝发〔2014〕12号）。《意见》于7月25日中共宝鸡市委十一届六次全会通过，共3部分，从认真领会和准确把握全面深化改革的总体要求、宝鸡市全面推进各项改革的重点工作、切实加强全面深化改革组织领导等方面作出安排部署。

【落实党风廉政建设“两个责任”】 2014年9月5日，市委出台《关于落实党风廉政建设“两个责任”的实施意见》（宝发〔2014〕14号）。《意见》指出，为了落实党风廉政建设主体责任和监督责任，推进党风廉政建设和反腐败工作，制定本《意见》。《意见》共4部分，从深刻认识落实“两个责任”的重要意义、准确把握内容要求、建立健全工作机制、切实加强组织保障等方面作出安排部署。

【加强新时期科协工作】 2014年10月17日，市委、市政府出台《关于进一步加强新时期科协工作的意见》（宝发〔2014〕15号）。《意见》从充分认识加强新时期科协工作的重要意义、充分发挥科协组织的重要职能、切实加强对科协工作的领导和支持等3个方面提出明确要求。

【加强督促检查推动工作落实】 2014年10月18日，市委、市政府出台《关于进一步加强督促检查推动工作落实的意见》（宝发〔2014〕16号）。《意见》指出，为巩固深化党的群众路线教育实践活动成果，建立健全扫“四风”、抓落实的长效机制，制定本《意见》。《意见》共4部分，从强化抓督查落实的主体责任、明确抓督查落实的重点、健全完善抓督查落实的制度机制、加强抓督查落实的组织领导等方面提出明确要求。

【加强政治协商工作】 2014年11月27日，市委下发《印发〈关于进一步加强政治协商工作的实施办法〉的通知》（宝发〔2014〕17号）。《办法》共6章18条，对市委同市级各民主党派、工商联和无党派人士的政治协商，市委在市政协同市级各民主党派、工商联和无党派人士及各界人士的政治协商，市委委托市政府实施的政治协商，政治协商保障等方面作出了规定。

（孙晓岐）

重要活动

【开展党的群众路线教育实践活动】 开展党的群众路线教育实践活动（以下简称教育实践活动），是党的十八大作出的一项重大决策。2014年2月18日，市委下发《印发〈关于深入开展党的群众路线教育实践活动的安排意见〉的通知》（宝市发〔2014〕2号），从总体要求、基本原则、重点任务、方法步骤、组织领导等方面作出具体安排部署。从2月起，分三茬次在全市1.1万个党组织21.4万名党员中开展教育实践活动。教育实践活动以“为民、务实、清廉”为主题，以“照镜子、正衣冠、洗洗澡、治治病”为总要求，重点聚焦解决形式主义、官僚主义、享乐主义、奢靡之风的“四风”问题。教育实践活动分三个阶段进行。一是学习教育、听取意见阶段。以习近平系列重要讲话、“三严三实”要求和在兰考调研时的讲话精神作为重点学习内容，创新性地开展“三学两议一强化”“向中央基准看齐、向基层群众学习”等系列活动；运用“三问三解”联系群众工作法，开展五轮征求意见，全市共征求原始意见建议21万条。二是查摆问题、开展批评阶段。采取群众提、自己找、上级点、互相帮、集体议的方式，对号入座认领问题，剖析问题根源，进行谈心交心，撰写对照检查材料，对照“三严三实”召开专题民主生活会和专题组织生活会。三是整改落实、建章立制阶段。市委常委班子提出整改任务49项，市县领导班子提出整改任务3617项，开展全市性专项整治活动28项，并作出公开承诺，接受人民群众监督。到年底，市委常委班子具体整改任务和制度建设计划完成80%以上，市人大常委会、市政府、市政协领导班子和县级领导班子整改事项完成率均超过75%，全市教育实践活动群众满意度位居全省前列。党的群众路线教育实践活动的开展增强了全市党员干部贯彻群众路线的自觉性，“四风”问题得到有效解决，严肃规范了党内政治生活，干部作风得到改善。

【开展“学习贯彻三中全会精神我们怎么办”大讨论活动】 根据市委十一届五次全会部署，市委决定，结合党的群众路线教育实践活动，在全市各级领导班子和领导干部中，以县区、市级部门领导班子和副县级以上领导干部为重点，开展“学习贯彻三中全会精神我们怎么办”大讨论活动（以下简称大讨论活动）。2月18日，市委出台《关于在全市领导班子和领导干部中开展“学习贯彻三中全会精神我们怎么办”大讨论活动的安排意见》（宝市发〔2014〕3号），从总体要求、基本原则、讨论重点、方法步骤、组织领导等方面作出具体安排部署。大讨论活动是宝鸡市开展党的群众路线教育实践活动的“自选动作”，以“理思路、促改革、转作风、争一流”为主题，以“分级负责、问题导向、领导带头、边议边改”为原则，重点围绕“如何认清形势，找准思路；如何改革创新，破解难题；如何建好班子，带好队伍；如何从我做起，转变作风”四个方面26个问题开展讨论。活动共分四个阶段，分别是：学习教育、思想发动阶段，深入讨论、自我剖析阶段，完善思路、创新举措阶段，整改落实、巩固成果阶段。大讨论活动开始以后，全市各级党组织均将大讨论活动与党的群众路线教育实践活动结合起来，开展一系列学习教育、理论研讨、实地调研等活动，为理顺发展思路、集中发展智慧提供了平台，确保党的群众路线教育实践活动开展与全市经济社会发展“两手抓、两不误、两促进”。

【创建全国文明城市】 2014年初，为确保第四届全国文明城市创建一举达标，市委、市政府自我加压，查找不足，创新机制。全市成立了由市委书记任组长、市长任第一副组长的创建工作领导小组，形成了市委、市人大、市政府、市政协30多名市级领导包片、部门包块、干部包点的“三包工作法”；构建领导机制、考评机制、查究机制、投入机制、常态机制“五推进”机制；建立“一线督导—短信提示—纪委督办—媒体公示”四部督导法；出台全国文明城市创建长效工作机制，将创建工作融入各级各部门日常工作，并实行“三移三降”处置办法。在创建过程中，领导干部以身作则、亲临一线，各级党员干部积极参与、全力创建，群众也通过各种方式参与创建。10月，新版《全国文明城市测评体系》颁布，强调培育和践行社会主义核心价值观。12月底，全市创建工作达到高潮，为迎接全国文明城市测评做好了准备工作。

（段军林　陈鹏飞）

组 织 工 作

【开展党的群众路线教育实践活动】 分市县领导班子，市、县区部门和镇街领导班子，村、社区、非公企业、新社会组织、市县（区）部门下属企事业单位三个茬次开展了党的群众路线教育实践活动。开展“中梗阻”、镇干部“走读”、违规进人选人、干部“懒政”等专项整治，查处4名科长吃拿卡要问题，查处镇干部“走读”13人。开展纪律作风明察暗访143次，通报责任单位94个，处理党员干部158人。围绕创文工作，集中整治乱闯红灯、随地吐痰等“十大陋习”。集中开展“十大惠民政策、十大民生项目落实”专项检查整治。全市各级文件简报减少23.9%、会议减少32.76%、领导小组和议事协调机构减少270个、评比达标和表彰活动精简35.2%，清理清退公务用车37辆、清理办公用房40282平方米、压缩“三公经费”19.21%，查处征地拆迁、惠农政策落实、群众生产生活等方面损害群众利益问题179起、225人；出台惠民政策745项，便民服务措施2646项，建立镇村（社区）便民服务中心2021个。

【深化习近平系列重要讲话精神教育培训】 以学习贯彻习近平系列重要讲话和十八届三中、四中全会精神为重点，举办5期县处级领导干部培训班，市委主要领导和各常委专题辅导，培训干部1000多人次。开展延安精神再教育专题培训。通过“宝鸡大讲坛”、西部远程开发学习网直播课堂，培训干部4200人次。举办全市基层党组织书记示范培训班，集中培训后进村和社区党组织书记160名。

【从严管理干部】 制定《干部选拔任用工作规范》和《干部考察工作规范》，修改完善领导干部“德”的考察和领导班子“潜绩”考核两个办法，完善干部德绩档案。探索形成市属县级事业单位“两轮推荐”干部新办法。制定《关于在党的群众路线教育实践活动督导中做好县区、部门领导班子和领导干部研判工作的意见》，运用群众路线教育活动督导成果，考察班子、识别干部。推进年轻干部培养选拔“600”工程，实施年轻干部实践锻炼“四百”活动，选派市、县区机关457名干部进驻贫困村、信访大厅及金台、渭滨、陈仓、高新区维稳（国安）办挂职锻炼。制定从严管理干部“5+2”制度（《宝鸡市市级机关干部基层挂职制度》《宝鸡市市直机关公务员年度考核末位查究办法》《关于加强基层干部管理做好服务群众工作的意见》《关于县区党政领导干部在工作地安家的意见》《关于对新提拔市管干部实行个人重大事项和家庭财产申报备案的意见》《宝鸡市市级部门科级领导干部管理办法（试行）》《宝鸡市干部谈话制度》）。组织开展县区和市级部门“机关违规进人、超职数配备干部、不按程序选用干部”、党政领导干部在企业（社团）兼职、党政机关和事业单位财政供养人员“吃空饷”等专项整治，共清理49名在企业兼职和189名在社团兼职的党政领导干部。排查“吃空饷”人员9名，退回财政资金73万元。开展领导干部报告个人有关事项抽查、干部选拔任用工作巡查、群众举报问题督查、“带病提拔”倒查等“四查”活动。

【柔性引进人才】 建立校地合作联席工作机制，开展“一把手”进高校进院所活动月，深入陕西科技大学、西北农林科技大学等46个高校和科研院所，柔性引进高层次人才132名，洽谈合作项目54个，总投资5.9亿元。制定创新型人才引领工程、企业经营管理人才聚集工程、百名中青年中医人才振兴工程、宣传文化人才名家工程、社会管理人才保障工程等十大人才重点工程的实施意见，与宝鸡文理学院合作，开展人才发展改革试验区研究，形成《宝鸡市人才发展改革试验区建设研究》初步框架。落实引进高层次领军人才扶持政策，兑现奖金65万元。宝鸡市柔性引智建设人才高地的做法在《经济日报》刊发。

【基层组织建设】 开展党建工作述职评议考核，组织12个县区委、宝鸡高新区党工委书记就抓党建工作和履行主体责任向市委述职。围绕创建基层服务型党组织目标，制定《关于加强基层服务型党组织建设的实施意见》和考核指标体系，健全基层党组织服务改革、服务发展、服务民生、服务群众、服务党员的长效机制。继续开展“升级晋档、科学发展”活动，全市“好”和“较好”类党组织达到1147个。对全市142个后进村党组织进行集中整顿。制定《关于切实做好服务期满大学生村官分流安置工作的意见》，不断改进大学生村官管理服务工作。开展“在职党员进社区，服务群众零距离”活动，全市31410名机关在职党员到社区报到，命名“四星”“三星”社区党组织各10个。制定《关于认真贯彻落实〈中国共产党发展党员工作细则〉有关制度规定的通知》，实行发展党员向市县组织部门备案制。制定下发《关于领导干部带头参加“三会一课”规定》《党员志愿者管理办法》，进一步严格党内生活。制定《宝鸡市党员干部直接联系群众8项制度》，在市党代表中开展“我为深化改革献一策、我为作风建设建一言”活动，开展党代会年会制试点，建立党代表工作室717个。开展服务型农村党员现代远程教育站点创建活动，建成服务型站点1000个。

【强化目标责任考核工作】 修订完善《宝鸡市年度目标责任考核办法》，形成科学完善的目标考核评价体系。制定下发《关于进一步明确省考目标任务有关问题的通知》《关于加强县区、宝鸡高新区、市直部门（单位）争先进位考核工作的通知》，将县区、高新区争先进位纳入年度考核工作。围绕被省上红灯预警督办的指标、被省上黄灯预警提醒的指标、“世佛联”大会筹备情况、产业化项目建设情况、基础设施建设情况、招商引资情况、大气污染防治情况等，先后组织6次重点督查，推动了各项工作的落实。

（李洁琼）

中共宝鸡市委及其工作部门领导成员

（2014年1月1日至2014年12月31日）

书　　记　上官吉庆
副 书 记　钱引安　陈光明
常　　委　上官吉庆
钱引安　陈光明
田筱虎　李春红
马　赟　黄　超
张敬原　白升安
马鲜萍(女)
康巨淋(挂职,2014.3任)
秘 书 长　白升安
副秘书长　宁怀彬　吕德平（兼）
王生辉（正县）
马孝全（正县）
王　波　唐立军

工作部门

市委办公室
主　　任　宁怀彬
副 主 任　惠　强

市委组织部
部　　长　马　赟
常务副部长　王都让
副 部 长　陈留根（兼）
杨建成（兼）
牛虎强
米军瑞（兼）

市委宣传部
部　　长　马鲜萍（女）
常务副部长　赵周荣
副 部 长　魏武生
吕向阳（兼）
张　辉（兼）
李瑞林

市委统战部
部　　长　李　明

常务副部长 樊瑞君（女，回族）
副 部 长 王建利（兼）
范根科（兼）
王建林

市委政策研究室
主　　任 谢丽娟（女）
副 主 任 吕守奎　窦潇儒

市委政法委员会
书　　记 黄　超
常务副书记 黄广谋
副 书 记 刘拴怀　张文科

市委老干部工作局
局　　长 杨建成
副 局 长 田志坚　张　冰（女）

市直属机关工作委员会
书　　记 王丹红（女）
副 书 记 宋崇军　张　波
纪工委书记 张　波
工会工委主任 任正社

市机构编制委员会办公室
主　　任 杜长生
副 主 任 白　鹤

直属事业机构

市委党校（市行政学院）
校　　长 陈光明
副校长、院长 沈　瑜
副校长、副院长 董铁普（正县）
席升劳（正县）
傅　军

市档案局（馆）
局（馆）长 白亚民（女）
副局（馆）长 赵明科　张明霞（女）

宝鸡日报社
社长、书记 吕向阳
总 编 辑 吕向阳
副总编辑 赵录贤　冯军平
副 社 长 李立宏　胡　平
纪委书记 李文武

市委党史研究室
主　　任 张建兴
副 主 任 刘鹏军

挂靠和代管单位

市委保密办（市保密局）
（主　任）局　长 王　波
（副主任）副局长 苟建新
（2014.9去世）

市委基层组织建设领导小组办公室
副 主 任 赵宏斌

市考核办
主　　任 马　赟（兼）
副 主 任 米军瑞　谢军明

市文明办
主　　任 魏武生（兼）
副 主 任 任宗辉　贾　瑛（女）

市委610办公室
主　　任 傅进军
副 主 任 白永强

（李洁琼）

宣传工作

【重大理论宣传与阐释】 开展党的十八届三中、四中全会精神，习近平系列重要讲话精神和中国梦、中国特色社会主义理论体系的宣传与阐释，做好全国和省市“两会”精神、市委十一届五次全会精神解读，邀请专家学者举办专题报告会7场，开展集中宣讲活动65场次，市委理论学习中心组开展集中学习20次，在7个县开展了旁听巡查活动。组织开展“汇聚正能量、实现新跨越”党委书记讲党课竞赛活动，全市县处级以上领导干部讲党课700多场次。组织开展5500场次“进基层社区讲中国故事”宣讲活动，受众100多万人。中宣部专题调研组专程赴宝鸡开展调研，并在中宣部内部刊物《宣传工作》上推介了这项工作经验。《光明日报》、新华社、《人民日报》《陕西日报》等媒体也先后对这项活动的做法和经验进行报道。开展“我为宝鸡发展献一策”主题征文活动，围绕“学习贯彻十八届三中全会精神我们怎么办”“创建全国文明城市我们怎么做”“转型发展抓什么，经济短板补什么，深化改革改什么，扩大开放干什么，改善民生做什么”等问题，形成理论成果80余篇，汇聚了加快发展的正能量。

【开展大型主题宣传活动】 建立重大主题宣传联席会议机制、舆情定期分析研判机制、网络舆情处置联席会议机制和突发事件舆情应对机制，建立市县两级对外宣传骨干通讯员队伍、新闻发言人队伍、网络评论员队伍和网络志愿者队伍。成立市委中心通讯组，向中省主流媒体提供稿件144篇。建立新闻宣传奖励机制，设立“宝鸡新闻奖”，调动新闻工作者积极性。利用“丝路起点·美丽陕西”全国画报媒体摄影采风活动，集中宣传和展示宝鸡的生态城市建设和工业优势。围绕第18届西洽会暨首届丝博会、“新丝路　新起点”全国网络媒体宝鸡行大型采访活动、宝鸡市文化旅游节暨太白山盛大开园活动、“丝绸之路”经济带系列宣传活动、“最中国美食城市”评选活动和承办省十五运会、第27届世佛联大会，组织开展集中宣传报道，累计在省级以上主流媒体刊发稿件2600篇，其中中央级媒体150篇，发稿数量、质量和层次创历史新高。加大对各级政府门户网站、新闻网站和商业网站指导，督促县区和部门对门户网站及时更新维护，对网站宣传内容严格把关，提升网络媒体影响力。与团市委、市文广局、商务局、社科联、宝鸡文理学院等共同开展遵守互联网“七条底线”行动和“我为核心价值观代言”“传播宝鸡好声音”等主题活动。依托“宝鸡宣传”官方微博，发布信息34516条。利用微信、微博、QQ群、手机网站等平台，策划开展宝鸡美食宣传。通过互联网，面向全国开展宝鸡城市形象主题宣传语策划征集活动，收到来自30多个城市和地区的1300余人的作品近7000幅，提升了宝鸡知名度。

【推进全国文明城市创建】 2014年，市委宣传部实行网格化管理；坚持每季度策划组织实施一次大型活动；在市级各新闻媒体设立“曝光台”，揭短亮丑，褒奖先进，鞭策落后；实行例会督办、领导督办、督导员一线督战、督导处专项督办四大制度。通过实施创建全国文明城市长效工作机制，把创建工作要求转化为各级、各部门的常态管理措施，实现创建工作规范化、制度化和科学化，为第四届全国文明城市创建奠定基础。发挥先进典型引领社会风气、提升道德水平的示范作用，在34个部门行业及全市城市社区、农村村镇等领域开展寻找“最美宝鸡人”活动，评选出各类“最美人物”1100余名，“宝鸡好人”100人。在市级媒体对最美宝鸡人先进事迹进行刊播，用典型人物事迹阐释社会主义核心价值观，观看群众达百万人次。向中国文明网推荐115人，其中50人上网公示，5人荣登“中国好人榜”。向陕西文明网推荐27人，11人荣登“陕西好人榜”。完善志愿者注册登记、服务项目设计、志愿者服务活动记录和党团员带头开展志愿服务活动制度，注册志愿者超过18万人，参与志愿服务活动人数超过100万人次。开设“宝鸡市文明传播”“做一个有道德的人”等工作群，在各级文明单位组建网络文明传播志愿者队伍，培养一批志愿者。策划开展文明餐桌你我行、文明交通我参与、文明排队我快乐三大行动，市民文明行为习惯加快形成。发挥城市文明的示范辐射和带动作用，按照“以城带乡，城乡共建”的理念，开展百家文明单位结对帮扶农村精神文明建设试点村活动，推进“美丽乡村”建设。加大对县区创建全国文明城市的指导和支持力度，凤县获全国文明城市（县级）提名资格城市，麟游县创建省级文明县城通过验收。

【提高公共文化服务水平】 贯彻落实习近平在文艺工作座谈会上的重要讲话精神，继续实施“两馆一院一站一室”建设，加强文化资源共享工程服务点建设和管理，改善城乡公共文化服务条件。制定《宝鸡市深化文化体制改革工作方案》，推荐上报重点文化产业扶持项目3个。依托文博会、西洽会、陕粤港澳文化旅游产业合作项目推介会等平台，开展文化交流活动，引进和实施一批文化产业重点项目。组织“我的中国梦文艺进万家”活动，坚持开展“三下乡”“四进社区”“送欢乐下基层”活动和“话剧月月演”“秦腔周周唱”“激情广场大家唱”、文化作品展演等活动，丰富群众性文化活动。做好重大文化精品项目、重点文艺创作项目申报和“五个一”工程参评工作，上报“中国梦”主题文艺作品和重大文化精品项目、重点文艺资助项目、全省“五个一”工程奖作品50个。电影《保安刘十八》获全省“五个一”工程奖作品奖，重点文艺资助项目《品读宝鸡》获省委宣传部资助，陇县秦源文化产业园项目获省委宣传部重点文化产业扶持资金100万元。

（陈　婷）

精神文明建设

【推进党的创新理论进基层】 一是推动党的十八大及十八届三中、四中全会精神深入城乡基层。2014年，市委先后3次组建理论宣讲团进基层巡回宣讲上百场次，发动各级各部门各单位开办学习园地、板报、专栏10万多处，组织知识竞赛3次，开展“贯彻三中全会精神，我们怎么办”主题征文和“书香陈仓·文明宝鸡”全民阅读活动，推动理论宣传教育入心、入脑。二是把学习习近平系列讲话精神作为各级党委（党组）中心组理论学习的重要任务，纳入对各级文明单位目标责任考核，制订学习计划，把握核心要义，领会思想精髓。三是开展“中国梦”宣传教育活动。在职工群众中开展“中国梦·劳动美”主题教育，在青少年和妇女中开展“我的中国梦”实践活动。尤其是“宣传干部进基层社区讲中国故事”活动，累计宣讲超过5500场次，听众逾百万人，中宣部部刊专题推广了宝鸡宣讲经验，新华社等中央级媒体也作了报道。

【培育和践行社会主义核心价值观】 一是开展核心价值观教育实践活动。市文明委印发《关于培育和践行社会主义核心价值观的安排意见》和《指导方案》，分层次、分类别开展教育实践活动。在学校开展“和谐校园”创建和师德师风建设工程，在机关开展“创建文明机关、争当人民满意公务员”活动，在社区开展“邻里守望”“美在楼宇”“爱心家园”活动，在企业开展“文明诚信企业”“诚信做产品”活动，在全社会开展传统文化公益大讲堂等活动。二是加强公民思想道德建设。2014年，全市各行业已建成600余个“道德讲堂”，举办活动13000余场次，受众逾百万人。在宝鸡电视台、眉县电视台、陇县电视台分别开设“文明频道”“道行天下频道”和“道德频道”，累计播出中华传统文化系列讲座680多期。7月11日，由市委宣传部、市文明办、市教育局、市总工会、团市委、市妇联、市工商联、市社科联、市关工委共同主办，市传统文化促进会承办的“宝鸡市第三届公民道德公益大讲堂”开幕，邀请国家司法部原部长高昌礼、中国中医科学研究院博士彭鑫、云南省文明办思想道德处处长宁德锦等9位嘉宾到宝鸡授课。全市持续开展“我推荐、我评议身边好人”活动，严平安、杨小卫、孙梅、周红亮、李碧荣、丁红军6人被中央文明办评选为“中国好人”；孙连红等12人荣获“陕西好人”称号。全市开展寻找“最美宝鸡人”活动，穆水桃等10人获“最美宝鸡人”特别奖，王利萍等90人获“最美宝鸡人”称号。三是加强“讲文明树新风”公益广告宣传。《宝鸡日报》刊登“讲文明树新风”公益广告宣传专版60多个、作品300余幅；在宝鸡新闻网、宝鸡文明网、市政府公众信息网显要位置实时更新刊载中央文明委发布的公益广告通稿；在市区主要街道、商业繁华区、车站广场等公共场所设置大量巨型公益广告。据不完全统计，全市制作公益广告宣传展板约21000余块，面积达11万平方米；制作大型LED屏139块、出租车LED屏1800余块、公交站牌300多处。

【群众性精神文明创建活动】 一是推进文明单位管理。市文明办将2009年以后命名的271家国家、省级文明单位、文明镇、文明村、文明社区、文明校园纳入创建动态管理系统，实现创建网格化、管理动态化。从7个方面40条标准，明确文明社区的内涵，用9条标准规范小区建设，树立了西关社区、锦苑小区等40个示范样板，并在全市推广。2014年，凤县被中央文明委授予“全国文明城市提名城市（县级）”，陇县八渡镇、千阳县崔家头镇、太白县桃川镇杨下村获得“全国文明村镇”，宝鸡交警支队车管所、国家广电总局七二四台、宝鸡市国家税务局、宝鸡中燃城市燃气公司、法门寺博物馆获得第四届“全国文明单位”称号。眉县县城获“省级文明县城”；宝鸡市工商行政管理局等5个单位获“省级文明单位标兵”；宝鸡供电局等16个单位获“省级文明单位”；中共麟游县委机关、凤翔县人民政府机关获“省级文明机关”；宝鸡市第一中学等6所学校获“省级文明校园”；金台区金河镇马家塬村等5个村镇获“省级文明村镇”。2月25日，市委召开全市宣传部长暨精神文明建设工作会议，对全市2013年度精神文明建设先进集体进行命名表彰。市中级人民法院等22个单位获“市级文明单位标兵”；金台区食品药品稽查队等45个单位获“市级文明单位”；渭滨区神农镇人民政府机关等12个单位获“市级文明机关”；金台区金河镇周家庄村等16个村镇获“市级文明村镇”；金台区陈仓路小学等15所学校获“市级文明校园”；陕西七建社区等7个社区获“市级文明社区”。二是加强城乡文明一体化建设。麟游县、陇县争创省级文明县城，千阳、扶风争创全国文明县城。全市100家文明单位和100个精神文明建设试点村结对帮扶，推动80%的试点村建成了各级文明村镇。12月，凤翔县周家门前村、太白县黄柏塬村、金台区胜利村等10个村被市委、市政府命名为2014年“宝鸡十大美丽乡村”，陈仓区杜赵村等5个村被命名为“美丽乡村”提名村。三是提升窗口行业文明程度。继续在窗口服务行业、执法单位等35个部门开展“创佳评差”竞赛，市委、市政府与各单位一对一签订任务书，围绕文明城市创建、教育、卫生等群众关注的部门和行业，深化《百姓问政》活动，提升为民服务水平和能力。对医院、金融行业及市民中心、政务大厅等窗口单位进行暗访，整改突出问题，提升文明程度。2014年，市教育局等21个行业系统被市委、市政府评为“创佳评差”竞赛优胜系统；市公交公司等15个单位获“创佳评差”竞赛最佳单位；渭滨综合执法大队、市农业科学研究所被评为“创佳评差”竞赛相对后进单位。

【加强未成年人思想道德建设】 一是开展未成年人思想道德主题教育。在全市中小学继续开展“弟子规进校园”“童心向党”“做美德少年”“做一个有道德的人”等主题教育，开办“四点半课堂”，组建“五老”宣讲团。组织开展“德润宝鸡·书香陈仓”德育行动，把培育和践行社会主义核心价值观贯穿于中小学课堂教学、社会实践、校园文化等环节。从2014年起，宝鸡市把每年5月的第二周定为全市“中小学感恩周”，并将“感恩周”活动作为“德润宝鸡·书香陈仓”中小学德育行动计划的重要组成部分。5月5日，宝鸡市2014年“中小学感恩周”活动在陈仓园实验小学启动。《光明日报》《精神文明报》《陕西日报》先后对宝鸡市未成年人思想道德建设工作经验进行报道。岐山县雍川镇杨柳小学被全国中华文化诵读委员会授予“少儿中华文化诵读活动示范学校”，是陕西省唯一获此殊荣的学校。二是完善未成年人思想道德建设工作网络。成立6所市级家庭教育指导服务中心，建立1600所“家长学校”，在全省率先成立“12355青少年服务台”，在全市所有县（区）以上中小学建立心理咨询室，建成近20个青少年校外活动中心，5个市级综合性素质教育基地，全市镇中心校乡村学校少年宫实现全覆盖。7个省级、19个市级爱国主义教育基地和15所博物馆全部对未成年人免费开放。三是营造有利于未成年人健康成长的社会环境。开展校园周边环境综合整治，净化荧屏声频、互联网和手机低俗信息，组建2130人的“五老”网吧义务监督员队伍，为未成年人织起绿色保护网。建立市、县、乡镇三级未成年人保护和预防青少年违法犯罪工作网络，完善青少年利益诉求表达机制，金台区人民法院被评为国家级优秀青少年维权岗。2014年，宝鸡市关心下一代工作委员会、金台区三迪小学获省级“未成年人思想道德建设工作先进单位”称号；宝鸡高新区文明办等12个单位被市委、市政府命名为“未成年人思想道德建设先进单位”。

（陶　翔）

统 战 工 作

【开展党的群众路线教育实践活动】 成立党的群众路线教育实践活动领导小组，结合实际，制订方案，对教育实践活动进行安排部署。组织党员干部学习教育实践活动规定的篇目和内容，开展集体重点学习25次、参加428人（次），开展集体专题学习6次、参加108人（次），党员干部共撰写心得体会、理论文章72篇，记学习笔记50多万字。部领导班子成员和县级干部作专题辅导报告6次。组织党员干部观看《焦裕禄》《周恩来的四个昼夜》等宣传教育片3次、开展专题交流讨论15次。通过书面征求、设置意见箱、召开座谈会和领导干部带头开门纳谏等方式，征求意见建议101条。组织召开各界党外人士座谈会5次。在部机关科级领导干

2014 年 6 月 27 日，市委统战部组织党员干部赴扶眉战役烈士陵园开展革命传统教育活动

项，继续落实制度 5 项。

【加强政治协商工作】 学习贯彻《中共陕西省委〈关于进一步加强政治协商工作的办法〉的通知》精神，在认真调研、征求相关方面意见的基础上，协助市委出台《关于进一步加强政治协商工作的实施办法》《市委年度协商计划制定办法》，推进宝鸡市协商民主广泛多层制度化发展。全年协助市委组织召开通报会、座谈会、民主协商会 3 次，召开统战系统内部“双月座谈会”5 次，走访慰问市级民主党派、无党派代表人士 30 人次。

【指导民主党派开展社会服务活动】 组织和协助民主党派开展“三下乡”和扶贫帮困活动 24 次，诊治病人 10000 余人次，咨询 3000 余人次，发放各种宣传资料 16000 余份，捐资助学、扶贫帮困 20 余万元。引导民主党派围绕全市医疗卫生体制改革、新农村建设、县域经济发展等开展调研活动 47 次，形成《提升企业技术创新能力的几点建议》等调查报告 70 余篇，为市委、市政府科学决策提供依据。在市政协十一届三次全委会上，全市各民主党派共提提案 429 件，其中集体提案 118 件、个人提案 311 件。

【参与世佛联大会、道文化论坛组织工作】 按照市委、市政府统一部署安排，从 10 月 11 日至 18 日，由市政协副主席、市委统战部部长李明带队，抽调 15 名业务骨干，负责第 27 届世界佛教徒联谊会大会上第十一世班禅额尔德尼·确吉杰布的陪同接待任务。其间，协调卫生、公安等部门，从食品、卫生、住宿、检验检疫等细节抓好接待工作。会务中，对乘车路线、活动安排、陪同人员等重要环节严格要求，并与中央统战部、省委统战部等上级机关协调，做好联络服务工作，圆满完成接待任务。指导陇县相关部门及市道教协会，成功举办“龙门论道·德润众生”中国宝鸡陇县龙门洞道文化论坛活动。

【开展乱建庙宇专项治理工作】 市委成立以副书记为组长，市委常委、政法委书记，分管宗教工作的副市长，市政协副主席、市委统战部部长为副组长，以民宗、公安部门负责人为成员的领导小组。同时，把乱建庙宇专项治理工作纳入县区年度目标任务考核内容。在千阳县先行试点专项治理工作，把试点中的成功经验上升为制度机制，并在全市推广。坚持分类实施、区别对待，依法依规、有理有据推进，讲求策略、灵活方式，创造性地推进落实。组织召开全市乱建庙宇专项治理工作推进会，市、县（区）签订专项整治目标责任书，落实任务，建立“横向到边、纵向到底”的工作网络，形成按级负责、依法行事的氛围，促进了全市乱建庙宇专项治理工作的开展。

【加强非公经济人士思想建设】 开

2014 年 4 月 7 日，中国国民党副主席林丰正一行在省台办副主任王康，市委副书记陈光明，市政协副主席、市委统战部部长李明，市台办主任魏雨农陪同下参观法门寺文化景区

展非公有制经济人士理想信念教育实践活动，引导非公有制经济人士“爱国、敬业、诚信、守法、贡献”，投身“光彩事业”“感恩行动”。李黑记被评为第四届全国优秀中国特色社会主义事业建设者，李慧玲、林永淳等3名非公经济代表人士被评为第三届全省优秀中国特色社会主义事业建设者。

【促进非公有制经济发展】 引导非公有制企业加快转变发展方式和产业优化升级，非公有制经济比重达到50.07%。发挥市、县（区）工商联联系非公经济的桥梁纽带作用，协助市委市政府做好非公经济稳增长工作，支持中小微企业加快向规模以上企业发展，新增规模以上企业25户。发挥市中小企业信用担保公司作用，建立中小企业担保贷款风险补偿机制，组织银企对接活动3次。引导非公企业抢抓“一带一路”建设机遇，组织23名非公人士赴新疆、内蒙古等地，开展“新思路、新机遇、新发展”经贸交流活动。东岭集团2014年名列“中国企业500强”第202位、“中国民营企业500强”第31位。

【开展对台交流合作】 协助全市各行业组团入台开展交流活动，主动为宝台经贸合作、台商来宝投资兴业创建平台。为全市5批次34人赴台进行经贸、文化、教育等考察交流活动办理相关审批手续。先后接待国民党副主席林丰正、台湾少数民族领袖清明祭祖团、香港慈氏文教基金会清明祭祖参议团、“同心一家亲”台湾知名人士陕西参访团。促成台湾向阳公益基金会董事长廖正豪率台湾佛教代表团到宝鸡市法门寺参访。

（李　通）

政策研究

【构建大调研工作格局】 一是建立健全领导干部带头调研制度，修订印发《领导干部深入基层深入群众调查研究制度》《党员干部调查研究制度》等，形成领导干部到基层开展调查研究的长效机制。年内由7名市委常委牵头，开展宝鸡市全面深化改革专题调研活动，形成14篇调研报告，为宝鸡全面深化改革提供宏观思考和决策参考。各县区和市级部门的领导干部也通过调查研究掌握社情民意，为基层排忧解难。二是将调研工作与党的群众路线教育实践活动结合，开展“学习贯彻三中全会精神我们怎么办”大讨论以及“向中央基准看齐、向基层群众学习”等调研讨论活动，增强调研辅政实效。三是完善市级领导包抓重点调研课题制度、调研联席会议制度、调研成果年度评审奖励制度等，在全市形成了“党委政府领导、调研机构牵头、各级组织参与、全市上下联合攻关”的大调研格局。

【加强调查研究工作】 2014年，确定全市127个重点调研课题，明确责任单位，以市委办文件印发全市各县区、市级部门、事业单位，对全市调研工作起到指导作用。建立调研课题征集制度，实行特邀、特约研究员制度和经济运行分析员制度，实行调研前期准备工作审查、报告评审和县级干部联系调研课题制度，抓住确定调研方案、撰写调研提纲、课题评审论证等环节，确保调研质量，使调研工作进入制度化、规范化轨道。先后征集100多篇稿件参加全省领导干部优秀调研成果评选，有8篇调研文章获奖。对全市评选出的26个调研工作先进单位和60篇优秀调研成果进行表彰奖励。发挥《宝鸡通讯》《重点调研摘要》、“宝鸡研究网”等刊物网站作用，搭建交流工作经验的平台。对全市优秀调研成果汇编成调研文集，建立“资料参考库”，注重以文件、会议材料、领导批示等形式转化调研成果。

【开展重点课题调研】 2014年，一是围绕推动转型升级，开展战略性调研，形成《构建丝路新枢纽，建设和谐新宝鸡》调研报告，对宝鸡打造丝绸之路经济带新的战略枢纽提出意见和建议；完成《宝鸡经济社会发展升级版战略研究》，分析了当前发展面临的形势和任务，提出全面转型升级的思路与发展路径，为市委、市政府提供决策参考。二是围绕全市发展大局和中心工作，开展基础性和专题性调研，形成《加快构建城乡发展一体化体制机制》调研报告，分析城乡发展不平衡的现状和原因，对破解城乡二元结构，建立健全一体化发展机制提出意见和建议；形成《宝鸡涌动改革潮》和《宝鸡市金融支持城镇化建设的路径研究》调研报告，分别对宝鸡市全面深化改革和城镇化发展提出建议。三是以季度为时间窗口对国民经济运行、全面深化改革、统筹城乡发展以及镇村经济发展等进行监测分析，定期召开经济运行分析会，研究问题，会商举措，形成一系列全市经济运行分析报告和全面深化改革、统筹城乡发展、镇村经济社会发展监测调研报告，为市委、市政府掌握情况、科学决策提供依据。四是围绕民生焦点和群众关心的热点、难点问题开展调研，形成《宝鸡民生保障体系建设情况调研报告》，分析当前宝鸡市社会保障工作的现状和问题，提出加快民生保障体系建设的对策建议；形成《宝鸡城市贫困人口调研报告》，对城市贫困现象和问题进行分析，提出建议和对策。五是围绕发展实践和改革成果，开展经验性调研，形成《渐入佳境的城乡融合发展之路》调查报告，对宝鸡市推进城乡统筹发展，实施改革试点工作进行分析，提出城乡融合发展意见和建议；形成《借“风”顺势培育新的增长极》调研报告，对宝鸡市优化产业结构、发展风电产业提出意见和建议；形成《民生与发展的无缝对接》调查报告，总结代家湾村实施城中村改造的典型经验。六是围绕统筹城乡和农业农村发展，形成《产业融合促统筹，服务均等惠民生》《特色载体织就百姓幸福梦》以及《合力推进城乡统筹，全面深化农村改革》等调查报告，对宝鸡在统筹城乡发展和推进新农村建设方面的经验和做法进行总结和推广。全年，室内共完成各类调研报告

70多篇，在《经济日报》《农民日报》《农村工作通讯》等中央、省、市级以上报刊发表30多篇，有10余篇被市委、市政府决策采纳。

【打造宣传载体】 一是立足于把《宝鸡通讯》办成全省有影响、全国党刊有位次的优秀党刊，制定编写计划、创新刊物形式、健全办刊机制，全年出刊12期，完成办刊任务。《宝鸡通讯》在“全国城市党刊联盟网”党刊联展中，被评为“双十佳城市党刊”；在河南省洛阳市举办的全国城市党刊联席会第23届年会上，获得“全国城市十佳党刊”称号。二是办好机关网站“宝鸡研究”，扩大信息容量，提升网站层次和品位，把网站建成服务市委、服务基层、服务机关的信息平台和展示形象、扩大宣传的舆论阵地。办好“宝鸡乡村在线”网站，将各项农村基本政策和乡政村治信息上网，提高农村工作信息化水平。三是围绕全面深化改革工作，创办《改革参阅》和《宝鸡改革》简报，全年共出刊40余期。围绕促进中心工作、交流工作经验、反馈基层动态、转化调研成果，编办《重点调研摘要》18期，《宝鸡新农村建设》24期。

（陈江峰）

农村工作

【农村改革稳步推进】 着眼城乡一体，制定《农村改革专项小组改革任务分工方案》，明确重点任务，落实责任部门和时限要求，农村改革各项工作稳步推进。启动农村土地承包经营权确权登记颁证工作，加快农村土地承包经营权流转，发展多种形式的适度规模经营，年内全市土地流转率由4.7%提高至8.3%，县（区）土地流转服务中心实现了全覆盖。开展农村土地承包经营权抵押贷款和农民住房财产权抵押、担保、转让试点。制定出台《宝鸡市统一征地办法》《宝鸡市被征地居民就业和社会保障试行办法》等文件，严格征地程序，将补偿标准提高20%～30%。规范农村集体资产管理，探索出了金台区联盟村、渭滨区永清村、陇县西街村等集体资产股份化新模式。加强金融机构县域网点建设，凤翔中银富登村镇银行获批筹建；建立新型农业经营主体主办银行制度，岐山硕丰村镇银行成为新型农业经营主体主办银行之一。

【持续开展晋星创建】 按照市党代会提出的到2016年全市60%的村建成五星、四星村的目标，年初，市、县、镇、村逐级制定年度晋星计划，明确晋星措施，市上重点抓好32个五星村和100个四星村，推动全市1729个村升阶晋星、全面发展。年中，市委、市政府在陈仓区召开全市新农村建设暨统筹城乡发展工作现场会，推动各项工作落实。全年全市累计建成五星村258个、四星村642个，四星、五星村占到全市行政村总数的52.1%。强化“领导联点、部门包抓、企业帮扶、干部驻村”制度，持续开展新农村建设包抓帮扶活动，安排32名市级领导、65个市级部门、35个企业（学校）包抓帮扶132个晋星村，市、县近千名干部进村入户，协助包抓村争取项目、落实资金、推动晋星，形成各方联动助推新农村、多元投入建设美丽乡村的合力。

【农民收入持续增加】 编制《宝鸡市促进农村居民收入倍增规划（2014－2020年）》。在眉县槐芽草莓、千阳县海升、陈仓区绿丰源等园区分别开展土地合作、劳务合作和专业合作试点，推进现代农业园区转型升级。加快“六基地一中心”建设，扶持联户经营、专业大户、家庭农场等新型农业经营主体，鼓励种养大户流转土地，引导农村土地承包经营权有序流转，发展多种形式的规模经营。落实惠农强农富农政策，抓好分类施策和举措到户，加大农村劳动力就业、创业，引导农民多渠道增加收入。2014年农民人均纯收入9421元，增长12.5%。

【开展美丽乡村创建】 制定宝鸡市《关于开展村庄人居环境整治推进美丽乡村建设的意见》，市委、市政府在岐山县、陈仓区分别召开全市农村环境整治现场会，促进全市农村人居和发展环境改善。同时，按照“协调发展家园美，村强民富生活美，生态宜居环境美，文明和谐乡风美”的四美要求，在全市评选出首届宝鸡市十大美丽乡村和十大美丽乡村提名村，给予奖补支持，并在媒体、网络平台开辟专版、专栏进行宣传，发挥典型的示范作用，带动全市各类村升阶晋星、突破发展。

【加快城乡一体步伐】 一是制定印发《关于2014年关中西部城镇群和渭河沿线统筹城乡示范带建设的安排意见》，39个新型工业园区建设项目、12个现代农业示范区建设项目、24个新型居民社区建设项目、22个生态景观示范建设项目和29个关中西部城镇群建设项目全部完成年度任务。二是健全城乡发展一体化体制机制，年内12.76万农村居民进城落户，全市城镇化率达到46.7%；实行新的城乡居民大病医疗保险政策，落实城镇居民基本医疗保险财政补助；增加城乡居民社会养老保险基础养老金，做好农村八大员养老补助工作。三是指导眉县实施城乡产业一体化改革试验，组织召开全市城乡发展一体化现场推进会，总结推广眉县经验。眉县工业与农业、城镇与乡村、市民与农民一体发展的模式被国家发改委和中国改革网评为2014中国改革年度十大案例之一。加大项目资金整合力度，4个统筹城乡综合示范区建设提升层次。

【争先进位激发活力】 修订完善县镇村经济社会发展评价指标体系，降低经济总量和发展速度评价权重，更加注重发展质量。发挥评价指标体系的杠杆作用，引导县、镇、村因地制宜，比拼争先、联动发展，提升县域经济实力和份额。联合《宝鸡日报》等媒体加大强镇强村宣传力度，营造发展县域经济的良好氛围。

【加强基层干部培训】 市农工办会同市委组织部、市委党校，整合培训资源，丰富培训内容，创新培训方法，全年举办乡镇领导干部培训班两期，培训干部223人。组织安排眉县、岐山、凤翔县392名村党支部书记、村委会主任参加省农村工作领导小组办公室举办的新农村建设示范村党支部书记（村委会主任）培训班。

（蹇　莉）

政法工作

【服务全市发展大局】 牵头成立调研小组，在充分调研的基础上，起草《关于全面推进法治宝鸡建设的实施意见》（讨论稿），经市委十一届七次全会审议通过，形成全面推进法治宝鸡建设的纲领性文件。周密部署，加强暗访督查，完成第27届世界佛教徒联谊会大会、省十五届运动会、创建全国文明城市等重大活动安保维稳任务。开展“百日社会治安大排查暨千警交通秩序大整治”活动，持续开展治安乱点和突出治安问题排查整治、“缓堵保畅行动”“治污降霾、保卫蓝天”等系列专项行动，完成社会治安交通整治处工作任务，为创建文明城市做出贡献。

【维护社会稳定】 落实维稳工作责任制，围绕“五个严防”目标，继续实施市级领导包抓解决影响全市社会稳定重大问题隐患机制，对影响稳定的重大问题隐患逐件落实市级包抓领导、牵头部门，明确责任单位、化解时限。稳妥处置不稳定问题隐患56件，完成敏感时段维稳信访安保任务，维稳工作多次受到省上专函表扬。推进社会稳定风险评估工作，制定出台一系列制度机制，指导203个省、市重大固定资产投资项目完成风险评估，形成社会稳定风险评估“六步工作法”。7月，全省社会稳定风险评估工作经验现场交流会在宝鸡市召开，中央维稳办将宝鸡市工作经验在全国推广，《陕西日报》《经济日报》《人民日报内参》等对宝鸡市工作经验进行了报道、转发。修订完善市、县两级应急预案，指导12个县区及35个市级部门完善本级预案，形成整体联动、反应灵敏的应急处置大预案体系。

【创新社会治理方式】 夯实基层基础工作，推进“三官一律”进社区、“红袖章”队伍建设管理，指导2300名政法干警及律师与1897个村（社区）建立经常性驻村（社区）工作制度。全市建成公安警务便民服务大厅15个，出台户籍、出入境、车管等70条便民利民措施，打通了政法干警联系服务群众的最后一公里。学习和借鉴“枫桥经验”，开展“百镇千村创双无，化解矛盾促和谐”“走基层、抓化解、促和谐”司法为民等活动，矛盾纠纷调解成功率达96.7%。完善立体化防控体系，加强网格化、精细化、动态化巡防，做到巡警上街面、交警上路面，白天见警察和“红袖章”、晚上见警灯，提高驾驭社会治安局势的能力。加快大数据智能化应用平台建设步伐，推进新型实有流动人口管理体系建设，提升流动人口管理服务水平。凤翔县、眉县率先建成县级数字化管理信息系统，提升社会治理的信息化水平。市综治办、市电信局联合开展“电信十户联防”活动，建立“百姓+村委”的农村、社区治安防控联动新机制。加强严重精神障碍患者、农村空巢老人、妇女、青少年等特殊群体服务管理。宝鸡市连续4年被表彰为“全省综治工作优秀市”，在中央综治办“创新社会治理、推进平安建设”座谈会上介绍了经验。

【推进执法规范化建设】 法院、检察院、公安、司法系统加强案件流程监控、质量评查、考核评价和业务态势分析，强化对执法办案的监督制约。市、县两级政法委、法院门户网站全部建成，提升了政法宣传工作的传播覆盖率和信息影响力。建立健全县区政法委执法监督机构。以群众反映强烈的执法司法突出问题为重点，采取转办、交办、组织核查等方式，督办上级领导批示件、群众来信来访。政法系统各单位坚持案件评查工作常态化，评查案件1550件，剖析重点涉法涉诉信访案件197件，评议典型案例47件。开展“六五”普法活动，夯实“谁执法、谁普法，谁主管、谁普法”主体责任，组织开展“12·4”宪法日、法制宣传月等宣传活动，累计开展法律“六进”服务活动1230余次。开展法学研究和调研活动，3篇论文在关天经济区法治论坛获奖。推进县区法学会建设，在全省率先成立县级法学会6个，宝鸡市法学会与法律政策研究科并轨办公、共同支撑法学理论研究的工作经验在全国交流。

【加强政法队伍建设】 开展党的群众路线教育实践活动，以“三学两议一强化”活动为载体，组织理论学习46次，建立联系点13个，对征求到的34项意见建议制订方案逐一分解细化，全部整改落实到位。坚持把“学党章、学宪法法律、读经典”活动与党的群众路线教育实践活动同步安排、同步落实、同步推进，提高政法干警的思想政治素质。组织对全市政法系统400名基层党组织书记进行集中培训。以开展“思想作风提升年”活动为载体，在全市政法机关部署开展以正风肃纪为主题的“大排查、大检修、大扫除”活动和“会所中的歪风”专项整治活动，作风建设不断加强。推动暗访督查工作经常性机制建设，派出暗访组115个，累计暗访检查79天，检查部位808个，督促纠正问题75个，促进作风转变、责任落实。

（赵晓锋）

社会治安综合治理

【概况】 2014年，全市社会治安综合治理工作以打造“平安宝鸡”和“最安全城市”活动为载体，以营造安全和谐稳定的社会环境为目标，以提升“两率一度”为重点，创新举措，狠抓落实，平安宝鸡建设取得新突破、新成绩。全市公众安全感达到

94.27%，平安创建知晓率达到91.49%，分别高出全省平均值1.58%、5.43%，“两率一度”连续两年名列全省第一，宝鸡市连续五年被表彰为全省综治工作优秀市。

【开展平安建设责任大落实活动】 全市各级签订平安建设责任书近90万份，确保综治各项工作在基层一线落实。制定下发《全市社会治安综合治理工作要点》和《综治工作重点任务责任分工》，对31项重点任务逐一明确牵头部门、参与单位和完成时限。命名表彰12个综治工作优秀县区、公众安全感提升先进县和46个市级平安镇（街道）、平安村（社区）、平安单位，并对“两率”排在省市前列的6个县区、6个镇街和16个平安建设优秀项目进行重奖，对工作不力、发生问题的14个平安单位予以撤销。

【开展百日社会治安排查整治专项行动】 2014年9月、10月，市委、市政府分别组织召开“百日社会治安大排查暨千警交通秩序大整治”誓师大会和“平安建设集中宣传、治安隐患集中整治”动员部署大会，集中时间、集中力量开展“2014秦剑会战”百日行动，推进严打整治、矛盾化解、社区矫正、强制收戒、“三官一律”“青春驿站”等工作，打击黑恶势力、暴力命案和“两盗、两骗”等多发性侵财犯罪和地域性流窜犯罪，挂牌督办治安混乱地区和突出治安问题，校园及周边、娱乐场所等重点区域治安状况持续改善，“两抢、两盗、两骗”等多发性侵财犯罪和地域性流窜犯罪明显下降。2014年，全市查处治安案件同比上升23.6%，刑事发案同比下降9.5%，“两抢”案件发案同比下降58.8%，“两盗”案件发案同比下降16.1%，命案发案全部破获。

【社会治理特色突出】 加强具有宝鸡特色的数字化城市管理信息平台建设，凤翔县、眉县率先建成县级数字化管理信息系统，在金台区三迪社区、东岭社区、轩苑社区、陈仓园社区和高新区渭水苑社区开展社区信息化服务平台建设试点工作，智慧型社区逐步普及。宝鸡市平安建设信息化工作经验在中央综治办“创新社会治理、推进平安建设”座谈会上作了介绍。在金台、扶风、岐山三个县区开展妇女信访代理工作，初步探索出“普遍接访、分别代理、凡代必理”模式，实现妇女维权与社会维权的融合促进，省妇联、省综治办联合在宝鸡市召开全省妇女信访代理工作培训推进会，介绍推广宝鸡市的做法。成立全市严重精神障碍患者救治救助工作机构，总结推广凤翔县易肇事肇祸精神病人“131”工作机制，即夯实一个责任（日常监管）、实施三项保障（医保、残疾人救助、精神病医疗补助）、做到一个优先（符合条件的优先办理城乡低保），形成“平时有监护、发病有人管、就医有保障、愈后有服务”新模式，宝鸡市的做法在《陕西政法》《西部法制报》等省级媒体刊发。先后召开全市预防青少年违法犯罪和未成年人保护工作会议、“青春驿站”现场推进会，推动“青春驿站”工作阵地建设标准化、工作队伍成熟化、工作项目丰富化。组织力量入学校、进社区、下农村，通过开设法制课堂、播放警示影片、举办法制图片展等形式，强化青少年遵纪守法观念。持续开展“关爱青少年彩虹行动”“亲情暖心，圆梦行动”“12355阳光行动”等公益活动，在金台、渭滨、陈仓3个区探索建立有不良行为青少年劳动技能培训基地，在公、检、法相继建立未成年人刑事案件专门工作机构。司法、人社、民政、教育等部门还以完善刑释人员就业服务体系和社会保障体系为目标，依托企业和职业学校，建成3个阳光职业培训基地、10个新航之家过渡性安置基地和1个市级新航驿站，为刑释人员回归社会、融入社会奠定基础。市、县、镇、村（居）逐级建立社区矫正工作领导小组，建立以司法行政工作者为主体，基层公安干警、镇街干部、矫正人员亲属、监护人等协助参与的矫治帮扶队伍，组建由离退休干部、法律服务工作者等组成的志愿者队伍，增强社区矫正工作效果。

【社会治安防控体系建设】 深化以打、防、管、控、研为核心的社会治安防控体系建设，加大对重点时段、重点区域、重点部位的巡逻防控力度。在全国“两会”“六四”等敏感时期，部署警力以车巡、步巡、便衣巡逻和武装巡逻等方式，在主要街面、公共场所、重点部位、治安复杂地区开展常态化巡逻。各县区根据辖区治安特点和需求，将武装巡逻车、派出所流动警务车作为街面防控补充力量，在重点地段、人员密集区、开放式公园流动驻守，随时接受群众报警求助和咨询。创新建成“云上警务”智能图控图侦体系，通过对视频、图片、数据资源的综合集成，进行视频监控、调度、指挥和智能防控预警、深度关联侦查。创新开设“视网天下”协查平台，通过在全市网吧的公共桌面系统上设立相应链接，将侦查部门收集的犯罪嫌疑人视频和图片向社会公布，鼓励网民为破案提供线索。动员社会各界和人民群众参与群防群治，全市“红袖章”平安志愿者队伍人数达到5.8万人，在创建全国文明城市、举办第十五届省运会和第二十七届“世佛联”大会期间，全市各级组织“红袖章”平安志愿者参与社会面防控工作。

【开展社会治理调查研究】 3月，部署开展社会治理创新专题调研活动，组织公安、信访、食药监、综合执法等部门，围绕社会治理重点课题，对全市社会治理工作现状进行调研，调研报告被《宝鸡通讯》刊发。7月，围绕市人大、市政协提出的治安防控、重点青少年帮教、基层综治工作、平安创建等四项议案，组织力量进行调研，查找问题，提出改进对策。8月，推广眉县以筑牢预防线、稳定线、安全线、保障线、平安线“五大防线”为重点的社会治理工作机制。10月，结合省人大对《陕西省社会治安综合治理条例》贯彻落实情况的执法检查，进一步分析形势、查缺补漏。11月，按照市委依法治市专题调研的统一安排，围绕运用法治思维和法治方式解决矛盾问题、推进平安建设工作进行调研。

【强化基层基础建设】 在持续推进综治维稳中心（站）建设的基础上，把社区建设作为加强和创新社会治理、深化平安建设的基础工程，健全完善社区、村治保会组织，深化网格化服务管理工作，全市所有社区全部实现网格化管理、组团式服务，社区成为服务居民群众的第一平台、维护社会稳定的第一防线，全市社区发案数大幅下降。推进“三官一律”及“一村一政法干警”进社区（村），政法干警普遍与各村、社区建立联系制度，社区和农村中心警务室配备专职民警人数也占到了县区派出所总警力的47.31%。

【健全矛盾纠纷排查化解机制】 率先搭建网上人民调解委员会，帮助群众与辖区调委会工作人员在线交流、咨询，实现了实际调解组织与网络虚拟空间的结合，共调解案件400多件。成立全市医疗纠纷人民调解工作领导小组，出台《宝鸡市医疗纠纷调解处置暂行办法》，明确了包括综治、卫生、司法、公安、财政和信访部门在内，参与医疗纠纷预防与处置的各相关部门职责、工作制度和相应程序，并依托市医学医疗事故技术鉴定办公室，筹建市医疗纠纷人民调解委员会，初步形成“第三方”参与医患纠纷调解工作新模式。建立健全矛盾纠纷排查化解月、协调会议和月报告制度，与信访、公安、司法等部门一起排查重大不稳定问题和信访突出问题，研究具体化解措施。开展“百镇千村创双无，化解矛盾促和谐”“千所万人抓化解、力促三秦大和谐”活动，努力实现小事不出村（社区）、大事不出镇（街道），矛盾不上交。2014年，全市排查化解矛盾纠纷13278起，调处成功12814起，成功率98%，其中复杂案件1617件，防止民转刑案件90件，群体性上访304件。

（王永涛）

老干部工作

【概况】 2014年，市委老干局共有工作人员11人，其中局长1人、副局长2人、调研员1人、副调研员1人、正副科长2名。市委老干局直属市干休所和市老干部活动中心两个推公事业单位。截至2014年底，全市共有离休干部1345人、退休干部34989人。

【落实老干部政治待遇】 一是进行大范围走访慰问。春节和老年节前，市委、市人大、市政府、市政协四大班子领导带队，两次对全市部分老红军、离退休干部和高龄贫困老人进行走访慰问。各县区、市级各部门也以多种形式开展慰问活动。据统计，全市共慰问离退休干部、老干部遗孀、高龄困难老人6800多人次，发放慰问金300多万元。二是落实“五项基本制度”。春节和老年节前，组织市级老领导参加“迎新春团拜会”和“庆祝老年节座谈会”，通报全市经济社会事业发展情况。市县召开的重要会议和举行的重大活动都邀请老干部代表参加。年内多次组织市级老领导参观考察重点项目建设和卫生、文化事业发展情况。三是加强离退休干部党组织建设和思想政治建设。按照“四就近”原则，因地制宜建立离退休干部党组织。各县区都建立了离退休干部党工委，建立离退休干部党总支8个，党支部498个，党小组483个。

【提升老干部生活待遇】 一是落实政策性待遇。离休干部的医保统筹费和特需经费、公用经费等全部纳入同级财政。对离休干部护理费和去世离休人员无工作配偶生活困难补助、企业离休干部新增津补贴和离退休干部的丧葬费、抚恤费及遗属生活困难补助等，都按最新规定落实到位。二是利用社区资源为老干部服务。以金台区大庆路社区、渭滨区火炬路社区和中滩路社区这三个老干部居住比较集中的社区为试点，开展利用社区资源为老干部服务工作。社区的阵地针对个体需要，优先上门为离休干部开展居家养老服务。三是接待和办理老干部来信来访。全年共收到老干部及其亲属来信来访36件次，均及时调查处理，并督促相关部门和单位抓好落实，做到了事事有着落，件件有结果。

【推进老干部学习活动阵地建设】 2014年9月11日，在凤翔县召开全市老年大学建设推进会，推动解决一批问题，特别是金台区、凤县解决了老年大学校舍问题。全市12个县区全部建成老年大学，其中9个县区的老年大学已正式开班教学，另外3个县区老年大学筹建工作基本完成。全市老年大学共有老年学员5360人。部分老年大学探索开办社区分校和教学点，全市老年大学发展步入快车道。

【支持老干部参与社会活动】 全市有2万多名离退休干部从事关心下一代、文化宣传、科技帮扶、慈善救助、养老服务、体育健身等工作。其中，参与各级关工委、担任校外辅导员等工作的有3240多人，参与各级各行业老科协工作的有5200多人，参与各类文体协会工作的有1600多人，参与维护乡村和社区治安、纠纷调解等工作的有2800多人，参与廉政、物价监督等工作的有2300多人，他们是宝鸡市经济和社会事业发展中的一支重要力量。支持市老年基金会、市老年科技经济咨询服务中心、市老科协、市老年学学会、市老体协、市老摄影家协会、市“夕阳红”艺术总团等老年社团的发展，使其在各自领域为全市经济社会文化发展做出贡献。

【老干部工作队伍建设呈新貌】 全市各级老干部工作部门以党的群众路线教育实践活动为契机，开展“走近老干部，争做贴心人”活动，把开展活动与加强队伍建设、改进工作作风结合起来，增强了干事创业的能力和水平。老年节前夕，市老干局与老年书画协会、老摄影家协会共同举办“庆祝建国65周年、孝行天下”老年书画展和老年摄影大赛，展出160多幅书画作品和300多幅获奖摄影作品，特别是摄影大赛在不同地点展出10多场次，吸引观众3万多人次。9月24—26日，市“夕阳红”艺术总团连续3晚在陈仓园市民中心广场举办庆祝“老年节”专场演出，老年演职人员达800多人次，观众6万多人次。经过大半年的筹备，宝鸡市第三届百名孝子颁奖晚会于10月9日在市工人文化宫举行。市上四大班子主要领导悉数参加，18名市级领导出席晚会，并为获奖孝子颁奖。据统计，参与此次百名孝子评选活动投票的人数达46万人次，比第二届多了10万多人次。“百名孝子”评选已成为宝鸡市营造孝亲敬老氛围、提升精神文明建设的品牌工程。

（李小锋）

市直机关党的工作

【深化理论武装工作】 组织党员干部学习党的十八大以来习近平系列重要讲话精神，把握和理解实现中国梦的内涵、全面深化改革和坚持群众路线的内涵，增强党员干部的责任感和使命感。举办习近平系列重要讲话精神宣讲报告会，组织举办中国梦宣讲进机关活动，千余名机关党员干部听中国梦主题演讲。组织党员干部学习省委书记赵正永《我们要向中央基准看齐》文章和市委书记上官吉庆《把握基准，同心同德》体会文章。春节后，集中一个月时间，在基层党组织和党员干部中开展“学习贯彻市委十一届五次全会精神，我们怎么办”大讨论活动。联合市委党史研究室举办“学习贯彻三中全会精神我们怎么办”大讨论活动党史知识答题竞赛，市直机关近4500名党员参加答题。以集中学习、专题讨论、交流体会等形式，开展四中全会精神学习，促进党员干部特别是领导干部树立依法治国理念，增强学习贯彻《决定》的自觉性。及时编发简报，反映交流基层党组织开展理论学习的情况、动态和经验。为各部门订阅《紫光阁》《当代陕西》等党建刊物，发放有关学习资料、书籍等。

【强化服务型党组织建设】 坚持换届改选通知单制度，指导30多个基层党组织做好换届改选工作，按时换届率达到90%以上。举办机关党组织书记培训班，提高党务干部的责任感和党建工作能力。落实党内生活制度，推动“三会一课”制度在机关的落实。制定下发市直机关2014年发展党员计划，组织举办市直机关入党积极分子培训班，培训积极分子230人。举办市直机关《中国共产党发展党员工作细则》学习骨干培训班，促使党员发展工作科学化、规范化。全年共发展党员65名。制定下发《关于深化服务型基层党组织创建活动的意见》，分类指导基层党组织开展创建活动。七一前，组织召开市直机关纪念建党93周年暨创建服务型基层党组织工作推进会，表彰了10个先进集体，10个部门机关党组织交流创建工作经验。机关党组织结合实际开展创建活动，特别是窗口单位党组织开展的以亮身份、亮岗位、亮职责、亮承诺和零推诿、零距离、零差错、零投诉为主要内容的“四亮四零”活动取得良好效果。把“在职党员进社区，服务群众零距离”活动作为服务型基层党组织建设的重要载体，市直机关4600多名党员干部按时到社区报到，占市直机关党员总数的97%。

【开展党员志愿者活动】 按要求做好党员志愿者注册工作，注册总人数达到4300人，占市直机关党员干部总数的93%。指导各部门各单位建立党员志愿者服务队80多个。开展优秀志愿者服务队、优秀志愿者评选活动，激励先进，鞭策后进。志愿者服务队发挥特长，到社区、农村开展志愿服务活动，受到各方面好评。组织市直机关党员志愿者于每周六上午在市区主要交通路口，开展以维护交通秩序、文明交通引导、创文宣传为主要内容的“为民服务我先行”志愿服务活动。为保证活动效果，年初先期培训各部门志愿者代表88人，每两月进行一次具体安排，多次对活动开展情况进行明察暗访，通报存在问题。全年组织“为民服务我先行”活动54次，参与党员志愿者共15000多人次。

【加大党风廉政建设力度】 举办专题报告会，请市委常委、市委秘书长白升安为党员干部做《贯彻落实三严三实要求，做为民务实清廉好公仆》的辅导报告。组织党务干部、纪检委员、入党积极分子赴宝鸡监狱开展警示教育。组织放映《焦裕禄》《第一书记》等影片，市委领导和机关党员干部千余人共同观看。市直机

纪念建党93周年暨创建基层服务型党组织工作推进会现场

市直机关工委警示教育现场会

关各部门、各单位以党的群众路线教育实践活动为契机，查找和解决领导班子、党员干部“四风”方面、执行中央八项规定方面的突出问题，使市直机关工作作风得到较大改善。全年对9名违纪党员给予党纪处分，其中县处级干部5人，科级以下干部4人。纪工委主动查办媒体关注的1名机关党员违纪案，及时给予党纪处分。

【发挥群团组织优势】 工会工委承担省第十五届运动会筹备任务，组织举办了“迎省运，庆五一”千名干部登山健身活动、“喜迎省运”千人健步行活动、科学健身大讲堂活动，努力营造全民健身迎省运的氛围。开展“创优”和送温暖活动，组织干部职工参加庆祝建国65周年宝鸡市书法美术大赛等活动，受到干部职工欢迎。团工委通过表彰五四红旗团支部、优秀团干部、团员青年等活动，促进各级团组织和团员青年创先争优。做好共青团协调指导委员会三分会的工作，扩大共青团工作影响力、号召力。组织开展青年志愿者、学雷锋志愿者活动，为创建全国文明城市贡献力量。妇工委开展巾帼建功主题实践活动，引领妇女干部职工立足岗位创先争优。

（贺文华）

机 构 编 制

【市县党政群机构改革】 根据中省改革要求，拟订印发市委、市政府《关于市县政府职能转变和机构改革的意见》，对市县政府职能转变和机构改革工作进行总体安排部署，明确政府职能转变5项重点任务和市县政府机构设置限额，提出市县党政群机关行政编制统一精简10%的要求。拟订《宝鸡市政府职能转变和机构改革方案》，围绕转变政府职能和理顺职责关系，提出市政府机构整合和设置意见，完善县级政府职能，将一些市以下垂直管理的部门交由县级政府管理。提请市委、市政府研究印发《县区机构改革方案》，市县政府职能转变和党政群机构改革工作稳步推进。

【行政审批制度改革】 拟订印发《关于深化行政审批制度改革推进简政放权工作的实施意见》，提出宝鸡市到2014年底行政审批事项要在原有基础上减少20%、2015年底减少三分之一以上的工作目标。分两批提出市政府行政审批事项清理步骤意见，清理后市政府共减少行政审批事项144项，其中下放县级政府91项、取消53项，审批事项减少率26.3%。全面清理非行政许可审批事项，不再保留“非行政许可审批”这一审批类别。

【事业单位分类改革】 经广泛调研，征求市级有关部门和各县区意见，研究印发市县（区）分类推进事业单位改革《实施意见》和《实施方案》，按照行政类、公益一类、公益二类、经营类对各县区和市级部门事业单位分类进行了审核审定。市级部门认定市园林环卫管理局、市事业单位登记管理局、市水产工作站3个事业单位为行政类，市委党史研究室等290个事业单位为公益一类，宝鸡日报社等66个事业单位为公益二类，市工商行政管理局美术广告公司和市法制事务所为经营类，事业单位分类工作全面完成。

【机构编制核查和实名制管理工作】根据中省关于开展地方机构和人员编制核查、全面推行机构编制实名制管理有关要求，召开全市机构编制核查工作动员大会，对全国首次开展的机构编制核查工作进行动员部署，并组织相关业务人员开展核查工作业务培训。在市级各部门（单位）自查基础上，市编办牵头，组织市委组织部、市人社局、市财政局、市审计局，完成了市级各部门（单位）机构编制采集信息联合审核，各单位在规定范围内公示核查信息，接受群众监督。如期完成全市机构编制核查信息系统信息录入工作，机构编制和人员核查工作顺利完成，为实现机构清、编制清、领导职责清、实有人员清的目标和全面推行机构编制实名制管理打下基础。

【落实控编减编目标】 贯彻落实“在本届政府任期内，财政供养人员只减不增”要求，按照“控制总量、盘活存量、优化结构、有减有增”原则，制定宝鸡市控编减编工作方案并抓好落实。贯彻省编委《关于严格控制机构编制和实有人员的通知》精神，对各县区、各部门的公务员，中小学、政法专项招录计划等严格审核把关，对各级行政、事业和政法专项编制实行总量控制。

【镇村综合改革试点工作】　梳理研究蔡家坡镇行政管理体制改革有关情况，理顺蔡家坡经开区管委会领导编制管理和其他工作人员编制管理关系，调研形成《蔡家坡镇行政管理体制改革试点工作总结》，推广蔡家坡镇行政管理体制改革试点经验，镇村综合改革试点主体任务基本完成。配合市民政局拟订《宝鸡市镇村综合改革方案》，根据宝鸡市各镇人口、面积、主要经济指标等因素，确定眉县汤峪镇、渭滨区石鼓镇、金台区蟠龙镇3个镇作为镇村综合改革示范镇、扩权强镇试点示范镇。

【教育编制调整】　针对学生数量下降、生源布局变化、学校格局调整等情况，在全面整理各县区近900所中小学资料的基础上，联合市教育局，对各县区中小学机构编制情况进行调研，提出重新核定全市中小学教职工编制、严格规范中小学机构编制管理、先行取消全市各小学行政级别等意见建议，并按程序对县区中小学教职工编制进行重新核定。

【规范事业单位领导职数】　结合中省"违规进人、超职数配备、不按程序选用干部"专项检查和机构编制核查工作，对县区所有事业单位机构级别和领导职数进行规范，取消全市所有小学和医院行政级别，规范后各县区事业单位科级领导职数减少100多名。

【保障重点领域机构编制需求】　盘活现有编制资源，做好全市重点工作涉及的机构编制工作。规范市劳动教养和强制隔离戒毒机构设置；提出"宝鸡市射击射箭中心"机构设置意见；对宝鸡实验小学、市林业调查规划院（市森林资源监测中心）、市儿童福利院、市房地产交易权属登记管理处、市保障性住房管理中心、市建设工程质量安全监督站和市执法局直属综合执法支队等单位内设机构进行规范调整；将市、县盐业机构由省级垂直管理调整为市、县政府分级管理；对12个县区纪委（监察局）内设机构进行调整，增加纪检监察办案工作力量；在12个县区成立"非公有制经济组织和社会组织党建工作领导小组办公室"，在9个县成立"非公有制企业工作委员会"，同时还规范加强了部分县区的团委、妇联、总工会和节能监察监测服务机构、安全监管、食药监管等机构设置和领导职数。

【市属医院法人治理结构试点】　确定市人民医院和市口腔医院为法人治理结构试点单位，出台《关于推进市属公立医院法人治理结构试点工作的意见》和《试点工作任务推进表》，组织人员多次赴试点医院开展政策宣讲，召开试点医院《章程》草案修审座谈会和《章程》论证会，举办试点工作专题报告会。以召开第一届理事（监事）会成立大会为标志，两家试点医院法人治理结构正式运行。宝鸡市这一做法在全省登记管理工作会议上作了经验介绍。

【机构编制专项督查】　按照"五不准""三个一"要求做好机构编制专项督查，开展"12310"举报投诉受理以及交办、转办案件查处，对涉及机构编制的3起举报事项进行核实，并将查处情况向举报人进行反馈，维护机构编制管理的严肃性和权威性。

【事业单位年度检验】　依法开展2013年度事业单位法人检验工作，全市年度应年检事业单位法人2215家，完成年检2208家，年检率99.69%，年检合格率99.9%。全年市本级共办理设立登记42家，变更登记78家，注销登记3家。

（陈文辉）

党史资料征集研究工作

【概况】　2014年，市委党史研究室发挥"存史、资政、育人"职能，完成各项工作任务，被省委党史研究室评为先进单位。全年出版党史书籍5本，征集党史资料164万字，完成党史专题研究7项，理论征文186篇，编辑出版《宝鸡党史》4期27万字，审核县区党史一卷本4本59万字，累计完成书籍编写、资料征集、专题研究等356.6万字。撰写的《服务全局工作、实现有为有位》一文，被中央党史研究室《党史工作简讯》全文刊登，在全国范围介绍了宝鸡市党史宣传工作的经验。

【编写《中国共产党宝鸡历史》（第二卷）大纲】　根据中央、省委党史研究室的工作要求，经市委批准，编写完成《中国共产党宝鸡历史》（第二卷）大纲。大纲主要反映1949年10月新中国成立到1978年12月

2014年12月24日，市委党史研究室召开《中国共产党宝鸡历史》（第二卷）大纲征求意见会

党的十一届三中全会召开，中共宝鸡组织的发展及其领导人民进行社会主义建设的29年的历史。按时间顺序分编和章，按内容设节和目，共4编、14章、39节、97目。

【出版《2013’宝鸡党委工作纪事》】 根据新的工作要求，对《中国共产党宝鸡大事实录》进行改版，除书名改为《宝鸡党委工作纪事》，版式改为大16K外，还将工作概况部分统一为“党组（委、工委）工作概况”，并扩大了征集范围。《2013’宝鸡党委工作纪事》共收录2013年宝鸡各级党组织的各类资料128篇70多万字，图片6张。

【出版《宝鸡革命遗址通览》】 在2010年、2012年革命遗址普查和复查工作的基础上，进一步调查核实、查漏补缺，对所有遗址进行集中分类和资料完善，精编后出版《宝鸡革命遗址通览》。全书共收录宝鸡地区革命遗址遗迹112个，其他遗址遗迹9个，文字说明6万字，图片480幅。

【出版《中共党史知识读本》三册】 编撰《新民主主义革命时期党史知识选编》《社会主义建设时期党史知识选编》和《党史珍闻》党史知识读本共三册，收录文稿79篇，约21万字，并印发全市各级党组织，既增强了党史编研和宣传教育工作影响力，又为党的群众路线教育实践活动提供了学习教材，受到市委党的群众路线教育实践活动领导小组的肯定。

【开展理论征文活动】 为全面展现新中国成立65年来宝鸡市取得的成就，激发干部群众干事创业的热情，市委党史研究室开展了以“建设美丽新宝鸡、共筑富强中国梦”为主题的征文活动。共收到征文164篇，评选出获奖征文48篇，优秀组织奖6个。同时，根据省委党史研究室工作要求，征集“弘扬马栏精神、再创老区辉煌”征文8篇，“纪念邓小平诞辰110周年”征文10篇。

【举办党史知识竞赛】 市委党史研究室联合市直机关工委，在市级机关党员干部中举办了“学党史、抓党建、忆传统、转作风”暨开展党的群众路线教育实践活动、“学习贯彻三中全会精神我们怎么办”大讨论党史知识竞赛活动，编写标准化竞赛试题100道，在《宝鸡日报》刊发。竞赛共收到答题卡8910份，评选出个人奖180名，优秀组织奖26个，在市直机关纪念建党93周年暨服务型基层党组织创建工作推进会上进行通报表彰。

【完成“知史爱党、知史爱国”党史宣传教育活动】 2014年，继续在《宝鸡日报》周三版开辟“知史爱党、知史爱国”专栏。全年撰写稿件37期、约10万字。2013年7月，市委党史研究室联合宝鸡日报社共同推出“知史爱党、知史爱国”——宝鸡地方党史知识学习宣传专栏。截至2014年10月，共刊登宣传文章67期、16万字。

【建立宝鸡党史网】 为拓展党史宣传教育平台，展示宝鸡市党史研究和宣传教育工作成果，策划建立了宝鸡党史网站。网站设一级目录9个、二级目录25个、三级目录73个，已上传资料200多份，约400万字，各类图片近3000幅。

【党史专题研究】 按照市委党史工作五年规划和省委党史研究室要求，完成《对个体手工业的社会主义改造（宝鸡篇）》《宝鸡市1972年整顿》《宝鸡市1975年整顿》《“文化大革命”运动在宝鸡始末》《宝鸡社会主义新农村建设》《退耕还林在陕西的实践（宝鸡部分）》《计划生育基本国策在宝鸡的贯彻落实》7项专题研究。撰写综述7篇5万余字。同时，对2014年有专题研究任务的单位进行督促指导，使当年市级部门承担的8个党史专题全部完成。

【党史资料征集】 征集《陕西省志·中国共产党志》宝鸡部分资料15万字，撰写宝鸡市党史志资料1.5万字；征集《中国红色旅游指南》宝鸡市资料卷和宝鸡市补充资料卷28万字、相关图片300余幅；完成2013年《陕西党委工作纪事》宝鸡部分材料60多篇，32万字，图片120多幅；征集《中国共产党宝鸡历史大事记》（1997—1999年）资料9万余字。

（刘志恒）

档 案 工 作

【上级领导视察档案工作】 1月13日至14日，省档案局纪检组长严引仙带领考评组到宝进行年度目标任务考评，并到渭滨区、陇县档案局调研检查、走访慰问基层档案工作者。2月7日，副市长刘桂芳在市政府副秘书长李献卿的陪同下，到市档案局看望慰问干部职工。8月25日，市委常委、副市长康巨淋到市档案局视察工作。9月12日，国家档案局副局长、中央档案馆副馆长许士平一行4人莅临宝鸡调研，检查指导档案馆库建设、保管利用等情况并慰问干部职工，市委常委、副市长巨康淋会见了徐士平一行。

【召开全市档案工作会议】 2月28日，2014年度全市档案工作会议召开。会议总结了2013年全市档案工作，安排部署2014年工作，通报表彰了2013年档案工作先进单位、先进个人和档案单项工作先进单位。各区县档案局局长，市级各部门分管档案工作领导、档案员和市档案局全体干部共200余人参加了会议。市档案局局长白亚民作了工作报告。会议向受表彰的先进单位、先进个人颁发了奖牌和荣誉证书，扶风县档案局等4家受表彰的先进单位做了交流发言。

【党的群众路线教育实践活动查找出问题21条】 市档案局教育实践活动从3月3日动员安排部署开始，到11月20日召开总结大会为止，历时9个多月时间。活动中，对局领导班子征求到“四风”方面存在的问题和

2014 年 9 月 12 日，国家档案局副局长、中央档案馆副馆长许士平一行查看市档案文物

督导组反馈的问题共 21 条，逐一建立台账，实行销号制度，采取措施整改落实。先后编发活动简报 12 期，《市档案馆连推十项措施搭起“便民桥”》在市委教育实践活动简报刊发，局长白亚民撰写的《争做人民满意的好干部》的署名文章被 6 月 13 日宝鸡日报刊用，3 篇稿件在省级以上媒体刊发。

【《历史的记忆——宝鸡精品档案集锦》出版发行】 9 月，由市档案局历经两年精心编纂的《历史的记忆——宝鸡精品档案集锦》大型画册由三秦出版社出版发行。市委常委、市委秘书长白升安为该画册作序。画册收录了涉及宝鸡各个历史时期政治、经济、历史、文化和军事等方面的珍贵档案照片 1000 余张，最早的是明万历四十八年（1620）的资料照片。画册以丰富的内容和翔实的资料为社会各界认识宝鸡、知史爱国打开一扇窗口。画册编制以尊重历史、存真求实为原则，充分发掘馆藏，以图片见证历史，辅以简要的文字说明，许多珍贵的照片资料为首次公开，是近年来宝鸡档案编研工作的一项重大成果。

【市委常委会研究档案工作】 11 月 19 日下午，中共宝鸡市委第 24 次常委会听取了市档案局局长白亚民关于中西部县级综合档案馆项目建设情况的汇报。“十二五”期间，全市争取到项目 5 个，获国家支持建设资金 2218 万，计划新建成档案馆面积 12722 平方米，改造面积 1260 平方米。截至 11 月份，宝鸡市已得到中央投资 1922 万元，建成面积 5347 平方米，4 个项目进展情况良好。市委书记上官吉庆在常委会上要求，各县区要抓住档案事业发展的新机遇，提升档案馆建设的质量和水平。

【召开“最美档案人”先进事迹报告会】 5 月 6 日上午，市档案局举办以“学行业先进 促作风建设 提工作能力”为主题的“最美档案人”“最美档案人”杜芳秀学习的活动。

【加强档案执法检查和业务指导】 2014 年，加大档案行政执法工作力度，贯彻落实国家监察部、人社部、国家档案局联合下发的《档案管理违法违纪行为处分规定》（监察部第 30 号令），依据《档案法》《陕西省档案条例》规定，开展全市性档案综合执法检查活动。从档案行政执法、安全保管、依法接收、安全利用等四个方面，对县区进行综合检查。多次跟踪指导扶风县、金台区创建省级新农村示范县。指导市级部门档案“归档月”活动，对 20 个市级部门进行了检查；10 月底分 3 个检查组对 118 个市级部门立卷归档情况进行了检查，确保了市级部门档案管理工作规范化。加强培训力度，利用 3 天时间，对县区档案局分管领导及相关业务人员，围绕重点项目档案、档案信息化、档案目标管理认证、档案库房管理、宣传编研等内容，进行了系统全面的业务培训和指导，参训人数达 90 多人。

【强化档案基础业务建设】 一是开展国家重点档案抢救和保护工作。申报了 2015 年重点珍贵档案抢救和保护项目，按时下拨了有关县区 2014 年抢救经费，指导县区珍贵档案抢救工作，申报全市抢救情况。二是加大档案资源建设力度。全年共接收市民政局等单位文书档案 3077 卷、归档文

2014 年 5 月 6 日，“全国最美档案人”——米脂县档案局原局长杜芳秀在市行政中心会议室为全市档案工作者做报告

件10769件767盒；接收工艺品、奖牌、证书等实物档案40余件；接收陕棉九厂民国时期珍贵历史文书档案238卷、地契档案3册、实物档案1件，接收到著名书法家徐世英的作品4幅；从千阳县征集了中国皮影、剪纸、刺绣等反映地方文化特色的手工艺品32件。三是做好查档接待和现行文件阅览工作。开展便民服务活动，注重提高查档接待质量和效率，简化查档手续，开展网络咨询、电子邮件查询、电话查询、委托代查等。全年共接待查档群众1834人次，调卷3897卷次，电子查阅825件。四是配合市委办公室清理规范性文件工作，对1949年到1978年宝鸡市委、宝鸡地委文件进行了清理，调卷213卷，复印800多张。五是做好档案鉴定工作。对馆藏1984年3000多卷档案进行了全面鉴定。六是对利用率较高的婚姻档案进行数字化加工。截至12月底，共完成2003至2009年度共计1008卷结婚档案的数字化加工，共扫描33328幅，著录文件级条目5万条。

【推进县区档案馆建设和档案管理认证工作】 2014年，全市县区国家级综合档案馆创建和省级档案目标管理认证工作加快推进。市档案局对凤翔县、陇县、麟游县和眉县档案馆创建国家二级、三级档案馆工作进行了全方位指导。截至12月底，全市12个县区综合档案馆中，国家二级档案馆8个，国家三级档案馆3个，省AAA级档案馆1个。指导市委办等6个单位成功创建为省AAA级综合档案室。对全市40个市属国有企业档案管理人员组织开展档案统计年报培训工作，开展《企业文件材料归档范围和文书档案保管期限表》审批工作。

（张永强）

党 校 工 作

【概况】 市委党校位于金台区宝中路2号，是1949年在原宝鸡分区干部学校基础上成立的市委直属事业单位。学校承担着全市党政领导干部、企业经营管理者、专业技术人员、公务员和理论骨干的教育和培训轮训任务。2001年9月市行政学院成立后，与市委党校合署办公。党校为大专体制，副地级架构。2014年，有7名校委成员。编制83人，在职教职工76人，实行双轨制分类管理，其中专业技术人员32人，参照公务员管理人员43人，工勤人员1人。有32名专职教师，其中教授2人，副教授15人，讲师13人，助教2人。学校内设12个处室（行政处室5个，教辅处室7个），其中副处级处室10个，科级处室2个。学校占地1.78公顷，建筑面积1.5万平方米。

【优化教学布局】 2014年，市委党校提高干部教育培训的针对性和实效性，多次到学员和基层单位调研，构建七大教学板块，初步形成了模块化的教学培训计划格局。全年更新完善教学专题15个，储备高质量教学专题60多个。形成了以中国特色社会主义理论最新成果为中心，以马克思主义立场、观点、方法为主线，以执政能力建设为核心，以提高干部队伍素质、促进宝鸡经济社会发展为目标的教学课程体系。坚持把主体班作为党校干部培训工作的重中之重，不断改革教学方法，更新培训手段，探索符合党校教育规律和干部成长规律的培训模式。全校共举办各类培训班21期，培训学员2276人次。以信息化、市场化培训为手段，着力拓宽培训渠道，提升网络培训能力，全年举办西部远程网络培训班11期，参训人数1395人。连续第三年被国家发改委评为“年度优秀学习中心”，西部网培训工作位居全国地市党校第2名。

【加强实践问题研究】 围绕市委中心工作和全市发展大局，坚持“服务教学、服务宝鸡”的科研工作目标和“向上攀登，向下深入”的科研工作原则，强化“精品意识”，加强应用性研究。引导全体教研人员着眼于“打造关天副中心、建设和谐新宝鸡”，打造新丝绸之路枢纽城市等重大任务开展课题研究，形成了《增强宝鸡城市竞争力的研究》《宝鸡打造丝绸之路经济带战略新枢纽的研究》等一批高质量的课题研究成果，为宝鸡发展提供理论支持。

【推动教研一体发展】 2014年，结合学习贯彻十八届三中、四中全会、习近平总书记系列讲话精神和群众路线教育实践活动，推出了一批研究课题，形成了一批教学专题，《法治中国建设的伟大实践》《弘扬延安精神，坚决反对“四风”》以及《适应中国经济发展的新常态》等研究专题，

2014年全市党校系统理论研讨会

实现了教学和科研的良性互动。以课题研究为抓手，强化科研攻关。修订《科研工作量管理考核办法》，制定《高层次科研成果奖励办法》，完善科研奖励机制，引导科研成果由数量向质量转变。申报2014年国家社科基金课题1项，完成省党校中国特色社会主义理论研究中心课题3项，申报2014年度省社会科学基金课题1项，完成市级重点调研课题2项、校级课题18项。发表文章获奖71篇（省级25篇，市级46篇）。举办全市党校系统第18次理论研讨会，参加全省党校系统第28次理论研讨会，连续18次获征文组织工作先进单位。

【强化理论宣传】 制定《教研人员重大理论对外宣讲管理办法》，发挥党校理论宣讲优势，按照全市统一安排，组建宣讲团队，多次到机关、企业和县区，开展十八届三中、四中全会和习近平总书记系列讲话、“中国梦”、群众路线教育实践活动、社会主义核心价值观等重大理论宣讲，全年宣讲共百余场次，听众2万余人。弘扬了主旋律，凝聚了正能量。

【提升科学管理水平】 结合党的群众路线教育实践活动，针对学校管理方面存在的突出问题，重新修订学校管理制度，先后制定和完善了《中共宝鸡市委党校校委会议事规则》《校委中心组学习制度》等制度。加强能力建设，实施人才强校战略。支持教师外出学习培训，全年累计选派21名专职教师参加各类培训。创新载体、丰富活动，以“制度建设年”和“抓落实年”为重点，解决突出问题，加强作风建设，提升工作效能。开展“绿色文明示范机关”创建活动，加强基础设施维修，强化食堂公寓管理，办公学习条件得到改善。

【加强机关党的建设】 按照理论学习计划，采取全体党员干部集中学习、支部学习讨论、自学撰写心得体会和专题辅导等形式，强化政治教育。组织广大党员赴马栏、照金开展了以“重温入党誓词，缅怀革命先烈”为主题的党日活动，在全市“学党史、抓党建、忆传统、转作风”答题竞赛中获优秀组织奖。贯彻《中国共产党党和国家机关基层组织工作条例》，完成支部换届工作，加强了老干支部工作。发展了2名新党员。开展了党员进社区、结对帮扶、创先争优、“三问三解”等活动。学习贯彻市委《关于落实党风廉政建设“两个责任”的实施意见》和《宝鸡市党风廉政建设责任追究暂行办法》，在人事安排、大额资金使用、主体班外出考察等重大事项决策中都坚持做到民主协商、集体研究、规范程序、阳光操作，没有出现违法违纪行为。

（姚金平）

保密工作

【召开全市保密工作会议】 3月27日，全市保密工作会议在市行政中心召开。会议学习传达了全国和全省保密工作会议精神，总结了2013年全市保密工作，安排部署了2014年工作。市委常委、秘书长、市委保密委主任白升安出席会议并讲话，宝鸡军分区副司令员赵天佑传达了中省保密工作会议精神，市委副秘书长、市委保密委副主任、保密办主任（市国家保密局局长）王波安排部署了工作，市政府副秘书长刘永涛主持了会议。各县区委保密委主任及保密办主任（保密局局长），市委和市级国家机关各部门、各人民团体分管保密工作领导及专兼职保密干部，驻宝部、省及市属企事业单位保密办主任200多人参加了会议。

【“三大管理”取得新突破】 2014年，市国家保密局有序推进定密管理，落实《国家秘密定密管理暂行规定》，对县区、部门和企事业单位分管保密工作领导和专兼职保密干部共260余人进行了定密培训，完成了定密责任人确定、市级定密授权、定密备案等重点任务。全面加强“三网”管理，完成了全市涉密网络核查分类和已用涉密网测评摸底工作。发挥涉密计算机违规外联监控平台作用，涉密单机管理严格规范，对新增6台涉密计算机安装了“三合一”防护产品。开展非涉密办公内网和互联网使用专项检查，督促整改落实，规范了非涉密网络的保密管理。不断完善涉密人员管理，按照“以岗定人、分类确定、精准限定”的原则，全市机关单位对涉密人员进行了重新确定，严格了涉密人员“上岗、在岗、离岗”保密管理，形成了闭环管理模式。

【提升保密监管能力】 2014年，市国家保密局着重在抓保密规范化管理上下功夫。以市委办、市政府办名义重新修订下发了《宝鸡市保密工作年度目标责任考核办法》，健全了保密管理依据。加强全市计算机信息系统和涉密载体管理，建立了全市党政机关保密要害部门部位、涉密计算机、涉密载体保密管理档案。规范保密文件发送，坚持把保密管理的触角延伸到中、省涉密文件发送到的地方，消除了保密管理死角。加强手机保密管理，先后两次下发通知，严格规范了手机保密管理，禁止全市党政领导干部和涉密人员使用苹果手机。加强军工保密管理，推动民企参与军品生产，宝鸡赛威重型机床制造有限公司、陕西立新泰实业有限公司通过军工保密二、三级认证，全市27家军工企业保密管理迈上新台阶。开展2014年度保密工作统计数据工作，完成了保密数据普查工作。

【开辟保密宣传教育新途径】 2014年，开通了市国家保密局门户网站，建立了保密干部QQ工作群，为推动保密业务交流搭建了新的平台，为宣传保密、推进保密依法行政开辟了新的途径。全面推进“六五”保密普法规划。各县区、各部门和各单位依据规划要求，制定年度教育计划，落实教育内容。市委组织部、市委党校把保密专题教育纳入全市党政领导干部培训计划，形成常态化培训机制，全年市、县两级共培训1320人次。市公务员局把保密培训纳入全市公务员入职和晋职培训之中，累计全年培训465人次，保密“两识”教育成效明显。在全市第26个保密宣传月期间，市委常委、秘书长、保密委主任白升安在《宝鸡日报》刊发署名文章进行广泛动员，各县区及各级保密组织举办电视、广播专题讲座，举行法制教育图片展，开展保密普法“六进”活动，给全市移动、联通用户发送保密普法宣传短信百万条，市保密局干部深入岐山县、麟游县、七二四台、一五九处等单位，宣讲保密形势和《保密法实施条例》。6月4日，人民论坛网陕西资讯报道了宝鸡市开展保密普法宣传的相关情况。7月9日陕西资讯报道了市国家保密局践行群众路线教育活动方面的情况。

2014年4月16日，市保密局对市档案局工作人员进行保密培训

【保密调研和通联工作成效明显】2014年，全市共在《保密工作》《陕西保密工作》《宝鸡日报》刊稿58篇，较好地宣传了保密工作。在《保密动态》上开辟县区委保密委主任谈保密专栏，4篇稿件被《陕西保密工作》转载。加强《保密工作》杂志学刊用刊工作，2014年，全市征订《保密工作》杂志2033份。市国家保密局及渭滨区、金台区、陈仓区、凤翔县、岐山县、扶风县、眉县、太白县被国家保密局金城出版社和省国家保密局表彰为全国、全省通联工作先进单位。王发建、史琼、马春阳、陈雅红、晁宏武、张革新、冯广辉、李海文、肖永会、李晓刚、王文江、翟宁、吴海祥、赵欣、张亚红、乔军16人被省国家保密局表彰为通联工作先进个人。

【开展全市保密委主任讲党课活动】2014年，根据中省保密委主任讲党课的统一部署，市、县区委保密委主任结合工作实际，亲自备课，审定课件，现场授课。讲课中，市、县区保密委领导通过对保密历史沿革、光荣传统、保密形势、保密管理制度、保密工作主要任务等内容系统的讲解辅导，特别是针对当前保密工作存在的问题，运用大量形象生动的泄密案例进行剖析，使全市党政领导干部和涉密人员受到了教育，全市共有2160名党政领导和涉密人员参加了培训。

【加强保密行政执法与技防建设】严格落实保密检查工作规定，按照中省要求，集中开展了涉密中央文件、高中考、涉密科研项目、非涉密网络等保密专项检查活动。开展司法、职称、社区工作人员招考等各类考试保密督查，确保了各类考试安全保密。加大失泄密案件查处工作，对违规在互联网发布和转载涉密文件事件进行了严肃查处，追究了严重违规相关责任人的行政责任，给予了行政处分，并在一定范围内进行通报。各级保密组织落实“十二五”时期保密事业发展规划，落实保密经费保障要求，加强对保密要害部门部位技防建设投入力度，凤翔、陇县、太白、岐山、金台等县区购置保密检查清理工具，各军工企业加强对计算机信息系统保密技防产品经费投入。全市保密技防投入2000多万元。

【推进保密组织机构建设】2014年，市国家保密局落实中保委〔2012〕4号文件精神，对县区和重点涉密机关、单位保密组织机构建设，进行调研摸底。针对存在问题，加强专项督导。截至2014年底，12县区保密局按要求统一变更名称为县区国家保密局。明确内设机构职能，加大干部配备力度，眉县、麟游县调整充实了保密干部力量。市级部门和各军工企业落实党政领导干部保密工作责任制，市公安局、市人社局、凌云电器等部门和单位的主要负责人担任保密工作领导，结合机构改革和人事变动，完善了保密组织机构，明确工作职责。

（宋维芳）

宝鸡市人民代表大会

编辑　李海娟

宝鸡市人民代表大会及其常委会会议

【宝鸡市第十四届人民代表大会第四次会议】　宝鸡市第十四届人民代表大会第四次会议于2014年2月10—13日在宝鸡万福酒店召开。应出席代表380人，实际到会368人。市委、市政府各部门负责人和出席宝鸡市政协十一届三次会议的委员列席了会议。2月10日，市人大常委会主持召开了预备会议，通过了本次会议议程，选举产生了主席团，通过了议案审查委员会和计划预算审查委员会名单。大会在主席团的主持下，听取审议了宝鸡市人民政府工作报告、宝鸡市人大常委会工作报告、宝鸡市中级人民法院工作报告、宝鸡市人民检察院工作报告、宝鸡市2013年国民经济和社会发展计划执行情况与2014年国民经济和社会发展计划草案的报告、宝鸡市2013年财政预算执行情况和2014年财政预算草案的报告。通过审议，会议作出了相应的决议，批准了宝鸡市2014年国民经济和社会发展计划及2014年市级财政预算。选举产生了市人大常委会主任（上官吉庆）和市人民政府市长（钱引安）。大会先后召开了三次全体会议和四次主席团会议，计划预算审查委员会审查了计划和财政预算报告，议案审查委员会对代表提出的10件议案进行了审查，经主席团会议决定改为建议。会议按民主集中制原则和法定程序办事。会议期间共收到代表提出的建议、批评和意见共213件（其中议案21件），会后交由有关部门办理。受理群众来信来访40件（次），单个来访40人（次），集体来访1批11人次，全部交有关部门办理。

【宝鸡市第十四届人大常委会会议】2014年，宝鸡市第十四届人大常委会共召开了6次会议（市十四届人大常委会第十三至十八次会议），依法作出决议、决定9项，任免地方国家机关工作人员3人（次）。其中，任命2人，免职1人。常委会通过召开会议，认真履行了宪法和法律赋予的各项职责，发挥了地方国家权力机关在保障改革发展稳定、构建和谐奋进新宝鸡中的重要作用。

【宝鸡市第十四届人大常委会第十三次会议】　宝鸡市第十四届人大常委会第十三次会议于2014年1月23日在行政中心二号楼市人大常委会会议室举行。市委书记、市人大常委会党组书记上官吉庆出席指导会议。市人大常委会副主任孙惜玲、乔春芳、谭敏生、牟林乐、巨百省、富君，秘书长王西科及28名委员出席了会议。会议由市人大常委会副主任孙惜玲主持。会议审议通过了市人大常委会2014年工作要点；会议听取了市人大常委会秘书长王西科所作的关于市十四届人大四次会议筹备工作情况及有关问题的汇报说明；会议审议通过了市十四届人大四次会议议程（草案）、主席团和秘书长名单（草案）、议案审查委员会、计划和预算审查委员会名单（草案）。会议决定将议程（草案）和以上三个名单（草案）提交市十四届人大四次会议预备会议通过或选举。会议审议通过了市人大常委会工作报告并确定了报告人；会议审议通过了市十四届人大四次会议列席人员名单。会议同意主任会议提出的列席原则和人员名单草案。要求办公室及时通知列席人员按时参加会议。市委书记、市人大常委会党组书记上官吉庆在会议结束时作了重要讲话，他强调指出，会议筹备要精益求精，思想上要高度重视，工作上要严格标准，细节上要精准到位，确保市十四届人大四次会议圆满成功；发挥职能要提质增效，在政治上要坚持正确方向，在工作上要选准切入点，在方式上要强化监督支持；改进作风要立说立行，要节俭办会、严肃纪律、确保会议质量，以实际行动带动其他行政机关和社会风气的持续好转。市人民政府副市长武军，市中级人民法院院长郭宝生、市人民检察院检察长霍永库，市人大常委会各工作机构负责人列席了会议。

【宝鸡市第十四届人大常委会第十四次会议】　宝鸡市第十四届人大常委会第十四次会议于2014年3月28日在行政中心二号楼市人大常委会会议室举行。市人大常委会组成人员应到38人，实到31人。市人大常委会常务副主任孙惜玲，副主任乔春芳、谭敏生、牟林乐，秘书长王西科及26名委员出席了会议。会议由市人大常委会党组副书记、常务副主任孙惜玲主持。市长钱引安列席会议并作人事任免说明。会议内容：会议听取审议了市政府关于宝鸡市贯彻落实市人大常委会“六五”普法决议工作情况的报告；听取审议了宝鸡市预防青少年违法犯罪工作情况的报告；通过了人事任免事项；对两个专项工作报告进行了满意度测评，满意率、基本满意率均超过与会组成人员半数以上。以无记名投票方式通过了对康巨淋任命为副市长的决定。市人大常委会副主任孙惜玲在会议结束时强调，各级政府和司法部门要把宣传中国特色社会主义法律体系放在更加突出的位置，将领导干部作为法制宣传教育的重点，着力提高公务员尤其是司法和行政执法人员依法办事的能力和水平。市县（区）人大常委会要把监督工作与法治宣传教育有机结合起来，不断提高监督工作透明度，努力为全市经济社会的全面健康发展营造良好的法治环境。市中级人民法院、市人民检察院以及团市委、市司法局、市文广局、各县（区）人大常委会负责人，市人大常委会各工作机构负责人列席会议。5名市人大代表应邀列席会议，5名宝鸡市公民旁听本次会议。

【宝鸡市第十四届人大常委会第十五次会议】 宝鸡市第十四届人大常委会第十五次会议于2014年5月26日在行政中心二号楼市人大常委会会议室举行。市人大常委会组成人员应到38人，实到33人。市委书记、市人大常委会主任上官吉庆，常务副主任孙惜玲，副主任乔春芳、谭敏生、牟林乐、富君，秘书长王西科及26名委员出席了会议。会议由市人大常委会常务副主任孙惜玲主持。会议分别听取和审议了市人民政府副市长袁军晓受市人民政府委托所作的关于宝鸡市非公有制经济发展情况的报告和市农业局局长王金受市人民政府委托所作的关于全市现代农业园区发展情况的报告。会议按照《市人大常委会审议专项工作报告满意度测评实施办法》的规定，采用无记名投票方式，对本次常委会会议听取和审议的两个专项工作报告进行了满意度测评。市委书记、市人大常委会主任上官吉庆在会议结束时作了讲话。他强调指出，非公有制经济是宝鸡市经济结构“三大短板”之一，也是加快发展的潜力所在。建设现代农业园区是推动现代农业发展的有效途径，也是宝鸡市农业转型升级和农民持续增收的新动力。全市上下要紧盯不放，再添措施，使非公经济占比不断提升，现代农业园区提标扩面，真正成为推动宝鸡加快发展、转型升级的新亮点、新动力。市人民政府副市长袁军晓、副秘书长张积勤，市中级人民法院院长郭宝生、市人民检察院检察长霍永库，市工信局、市工商局、市农业局负责人，各县区人大常委会负责人，市人大常委会各工作机构负责人和5名市人大代表列席了会议。5名宝鸡市公民旁听了本次会议。

【宝鸡市第十四届人大常委会第十六次会议】 宝鸡市第十四届人大常委会第十六次会议于2014年7月30—31日在行政中心二号楼市人大常委会会议室举行。市人大常委会组成人员应到38人，实到30人。市委书记、市人大常委会主任上官吉庆，常务副主任孙惜玲，副主任乔春芳、牟林乐、富君，秘书长王西科及24名委员出席了会议。会议由市委书记、市人大常委会主任上官吉庆，市人大常委会常务副主任孙惜玲分别主持。会议分别听取和审议了市发改委主任刘焕勋、市政府秘书长贺东、市审计局局长景东成受市人民政府委托所作的关于宝鸡市2014年上半年国民经济和社会发展计划执行情况的报告、2013年财政决算和2014年上半年财政预算执行情况的报告、2013年度市级财政预算执行和其他财政收支的审计报告，并作出了关于批准2013年市级财政决算的决议。会议按照《市人大常委会审议专项工作报告询问办法》的规定，采取联组会议的方式，对宝鸡市耕地保护工作情况报告中的有关问题进行了专题询问。会议听取和审议了市公安局副局长、市交警支队队长宋继伟受市人民政府委托所作的关于贯彻实施《道路交通安全法》，加强道路交通管理工作情况的报告。会议按照《市人大常委会审议专项工作报告满意度测评实施办法》的规定，采用无记名投票方式，对本次常委会会议听取和审议的五个专项工作报告进行了满意度测评。市委常委、常务副市长张敬原，市政府秘书长贺东，市中级人民法院院长郭宝生、市人民检察院检察长霍永库，市发改委、市财政局、市审计局、市国土局、市规划局、市农业局、市水利局、市交通局、市公安局负责人，各县区人大常委会负责人，市人大常委会各工作机构负责人和5名市人大代表列席了会议。5名宝鸡市公民旁听了本次会议。

【宝鸡市第十四届人大常委会第十七次会议】 宝鸡市第十四届人大常委会第十七次会议于2014年9月29—30日在行政中心二号楼市人大常委会会议室举行。市人大常委会组成人员应到38人，实到30人。市人大常委会党组副书记、常务副主任孙惜玲，副主任乔春芳、谭敏生、牟林乐、富君，秘书长王西科及24名委员出席了会议。会议由孙惜玲主持。会议听取审议了市财政局局长闫小明受市政府委托所作的关于宝鸡市2014年地方政府债券收支安排及预算调整方案（草案）的报告，并作出了关于批准宝鸡市2014年地方政府债券收支安排及预算调整方案的决定。会议认为，市政府债券转贷支出安排意见符合中央和省上有关通知精神及宝鸡实际，同意市政府《关于宝鸡市2014年地方政府债券收支安排及预算调整方案的报告》，决定批准2014年地方政府债券收支安排及预算调整方案。会议听取了市文物旅游局局长任周方受市人民政府委托所作的关于宝鸡市贯彻执行《旅游法》工作情况的报告。会议听取和审议了市政府秘书长贺东所作的关于市十四届人大四次会议以来代表建议、批评和意见办理情况的报告。会议听取了市环保局局长王海鳌受市人民政府委托所作的关于《宝鸡生态市建设规划（2012—2020）》（草案）的报告，并作出了关于批准《宝鸡生态市建设规划（2012—2020）》的决议。会议按照《市人大常委会审议专项工作报告询问办法》的规定，采取联组会议的方式，对市政府部分组成部门履行市场监管职责情况进行专题询问。会议审议通过了人事事项。会议按照《地方组织法》和市人大常委会人事任免办法有关规定，决定免去孙新文宝鸡市国土资源局局长职务，决定任命赵磊为宝鸡市国土资源局局长。会议按照《市人大常委会审议专项工作报告满意度测评实施办法》的规定，采用无记名投票方式，对本次常委会会议听取和审议的两个专项工作报告进行了满意度测评。市委常委、市人民政府副市长康巨淋，市政府副市长袁军晓、秘书长贺东，市中级人民法院院长郭宝生、市人民检察院检察长霍永库，市财政局、市文物旅游局、市环保局、市政府督查室负责人，各县区人大常委会负责人，市人大常委会各工作机构负责人和5名市人大代表列席了会议。5名宝鸡市公民旁听了本次会议。

【宝鸡市第十四届人大常委会第十八次会议】 宝鸡市第十四届人大常委会第十八次会议于2014年11月28日在行政中心二号楼市人大常委会会议室举行。市人大常委会组成人员应到38人，实到27人。市人大常委会党组副书记、常务副主任孙惜玲，副主任乔春芳、谭敏生、牟林乐、富君，秘书长王西科及21名委员出席了会议。会议由市人大常委会党组副书记、常务副主任孙惜玲主持。会议分别听取审议了市人民政府秘书长贺东、市财政局局长闫小明受市政府委托所作的关于审计问题整改情况的报告和关于提请追加2014年市级财政支出预算情况的报告，并作出了关于批准追加2014年市级财政支出预算的决定。会议由市人大副主任乔春芳传达学习了省委人大工作会议精神。会议指出，省委人大工作会议是全面贯彻落实党的十八届四中全会精神的破题之举，尤其是省委书记、省人大常委会主任赵正永同志的讲话和《中共陕西省委关于进一步加强人大工作的决定》为做好人大工作指明了方向。市委常委、市人民政府副市长康巨淋，市政府秘书长贺东，市中级人民法院院长郭宝生，市人民检察院检察长霍永库，市财政局、市审计局负责人，各县区人大常委会负责人，市人大常委会各工作机构负责人和5名市人大代表列席了会议。5名宝鸡市公民旁听了本次会议。

重要工作会议

【举行庆祝人民代表大会成立60周年大会】 2014年9月16日，全市各界代表800余人会聚在市工人文化宫庆祝全国人民代表大会成立60周年。市委书记、市人大常委会主任上官吉庆出席会议并讲话。上官吉庆强调，60年来的实践充分证明，人民代表大会制度是符合中国国情、体现中国社会主义国家性质、能够保证中国人民当家做主的根本政治制度，显示了巨大的优越性和强大的生命力。我们要进一步坚定中国特色社会主义的道路自信、理论自信、制度自信，把人民代表大会制度坚持好、完善好、发展好，更好地组织和动员全市人民为打造关天副中心、建设和谐新宝鸡，走在建设“三个陕西”前列而努力奋斗。上官吉庆在讲话中指出，60年来特别是市人大常委会成立31年来，全市各级人大及其常委会在市委的领导下，认真履行宪法法律赋予的职责，始终坚持党的领导，始终坚持围绕中心，服务大局，始终坚持发挥代表主体作用，加强自身建设，形成了集中民意民智、汇聚民心民力、推动改革发展的良好格局。市人大常委会常务副主任孙惜玲主持会议。市委常委，市政协主席，市人大常委会副主任，市政府副市长，市政协副主席，市委、市人大常委会咨询员，宝鸡军分区政委，市中级人民法院、市人民检察院、宝鸡文理学院、宝鸡职业技术学院负责人，市长助理，部分离退休老同志，在宝全国人大代表，各县区、各民主党派、工商联、人民团体和市级各部门负责人，社会各界代表等参加会议。

【市委、县（区）人大工作座谈会】 市委、县（区）人大工作座谈会于2014年9月16日下午在市人大常委会九楼会议室召开，市人大常委会主任、副主任、秘书长、副秘书长、办公室副主任及各县（区）委书记、县（区）人大常委会主任、县（区）长、市委副秘书长、市政府副秘书长、市委组织部、市委宣传部和市人大常委会各工作机构的负责人共64人参加了会议。会议由市人大常委会党组副书记、常务副主任孙惜玲主持。六个县（区）委、县（区）人大、区政府书记、县（区）长汇报交流了2014年的工作部署及设想，对交流工作思路，协调部署工作，推进全市人大工作起到了有效的作用。会议结束时，市委书记、市人大常委会主任上官吉庆作了重要讲话。

【召开纪念人民代表大会成立60周年理论研讨会】 2014年10月29日，市人大常委会副主任孙惜玲、乔春芳、牟林乐及机关科级以上干部和全市县区人大常委会主任、分管副主任、相关工作机构负责人，部分市人大代表及县区乡镇人大主席近百人齐聚凤翔县，召开纪念人民代表大会成立60周年理论研讨会。会上，市人大常委会副主任乔春芳组织学习了党的十八届四中全会精神，各县区围绕推进依法治市、加强人大常委会自身建设、充分发挥人大代表的作用、全口径财政监督等议题进行深入探讨交流，以此纪念人民代表大会成立60周年。市人大常委会党组副书记、常务副主任孙惜玲在大会上作了重要讲话。

【县区人大工作座谈会第十六次会议】 宝鸡市县区人大工作座谈会第十六次会议于2014年10月29—30日在凤翔县举行。各县区人大常委会主任、分管日常工作的副主任以及办公室负责人出席了会议。市人大常委会党组副书记、副主任孙惜玲，副主任乔春芳、牟林乐，副秘书长韩文杰及有关工作机构负责人应邀参加并指导了会议。会议由凤翔县人大常委会主任王明明主持，中共凤翔县委书记赵新年致欢迎词，市人大常委会副主任孙惜玲、乔春芳分别在会议开幕式和闭幕式上作了重要讲话。会上，各县区人大常委会参会人员围绕“如何做好代表工作，密切代表联系群众”这一主题进行了探讨，形成了新形势下做好代表工作，使代表密切联系群众的新思路、新方向。会议围绕强化代表工作创新，提升代表履职水平，形成了进一步加强和改进人大代表工作的新思路和新途径。会议根据《宝鸡市县区人大工作座谈会章程》的有关规定，商定宝鸡市县区人大工作座谈会第十七次会议于2015年由凤县人大常委会承办，会议主题、召开时间由凤县人大常委会报市人大常委会确定。

【全省十市人大常委会秘书长联席会第十五次会议】 全省十市人大常委会秘书长联席会第十五次会议于12月3日在延安召开。省人大常委会机关党组书记、秘书长唐俊昌，机关党组成员、副秘书长姚金川出席会议，市人大常委会主任冯继红致辞，市委副书记薛占海介绍市情，市人大常委会副主任曹明周主持会议，来自西安、宝鸡、咸阳等十一个市的人大常委会秘书长或副秘书长参加了会议。唐俊昌在讲话中强调，要深刻认识省委人大工作会议的重大意义，全面把握省委《关于进一步加强和改进人大工作的决定》和赵正永书记讲话的核心要义，贯彻落实党的十八大、十八届三中和四中全会、习近平总书记系列重要讲话及省委人大工作会议精神，与时俱进提升人大常委会机关工作水平。延安市人大常委会主任冯继红、市委副书记薛占海分别在会上介绍了延安市基本市情和经济社会发展情况。会上，各市人大常委会与会代表围绕“贯彻落实省委人大工作会议精神、与时俱进提升机关工作水平”进行主题交流发言。

宝鸡市人大常委会主要工作

【开展代表活动】 2014年1月7—8日，市人大常委会组织宝鸡市选举的省十二届人大代表进行了集中视察。在召开的视察座谈会上，听取了市“一府两院”2013年工作汇报，听取和讨论了市政府拟向省人代会提交的议案建议，市级23个部门的负责人参加了代表座谈会，听取了代表的意见和建议。座谈会上，省人大代表、市人大常委会副主任孙惜玲发表了重要讲话，她指出省人大代表肩负着参与改革发展伟大实践和为民代言的双重责任，要牢记使命，勇于担当，为发展再立新功；加强学习，提升能力，分析研究制约全市经济社会发展及群众普遍关心、迫切需要解决的实际问题，提出针对性意见和建议；改进作风，依法履职，在参加省人代会时踊跃发表意见，多提高质量的议案和建议，体现民情、反映民意、集中民智。代表在听取汇报的基础上，先后实地视察了宝鸡市茵香河旅游文化影视基地、宝鸡南客站、陈仓区绿丰源现代农业园区、陈仓区北坡森林公园、宝鸡市戏曲剧院、太白山游客服务中心、农夫山泉太白山饮料公司、眉县汤峪重点镇建设和城乡环境综合整治情况。40余名省人大代表参加了视察活动。视察结束后，在眉县政府会议中心召开了视察意见反馈座谈会。居住在西安的省人大代表何发理、牟怀岐、赵建军、甘辉、杨宗科全程参加活动，并且在会上表示，他们作为宝鸡市选举的省人大代表，将积极参加代表活动，一定会关注关心宝鸡的发展，认真履行职责，积极反映宝鸡人民关注和需要省上解决的问题，为宝鸡的经济发展做出贡献。市人大常委会副主任、市总工会主席乔春芳，市人大常委会秘书长王西科陪同视察。市人大代工委专题督办代表建议重新办理落实情况。

【参加省人大代表履职培训班】 2014年6月初，宝鸡市部分省人大代表参加了省人大代表履职培训班的学习。此次培训邀请西北政法大学校长贾宇、全国人大常委会代表资格审查委员会办公室主任李伯钧、省委党校教授王诚安分别为代表们进行了“贯彻三中全会精神，推进依法治国建设”“代表如何提出高质量的议案建议”“坚持中国道路实现伟大梦想”等专题授课辅导。同时，还组织代表赴西高新、西咸新区、泾河新城、空港新城和农业示范园、综合保税区等地视察了解企业生产经营情况。

【征求代表对建议办理情况的意见】 2014年8月15日，市人大代工委会同市政府督查室，就四次人代会代表建议办理情况，到金台、渭滨和陈仓三个区集中走访了冯西见、李林平等30多名代表，采取召开座谈会的形式，征求代表对建议办理情况的意见和建议。代表认为，承办单位对建议都很重视，不仅认真研究解决代表所提问题，而且通过电话询问、上门面谈等方式与代表进行沟通交流，代表对建议办理情况总体满意。代表对修建宝鸡工业博物馆、恢复通行18路公交车、虢镇地区集中供暖等问题提出了具体的建议，希望相关部门能够加大办理建议工作力度。市人大代工委和市政府督查室对代表所提的建议及时进行了梳理，形成了代表建议办理任务分解表，以市政府办公室名义专门下发代表建议办理督办通知，要求相关单位8月底前全部予以解决并答复代表。据统计，市人代会四次会议期间，代表共提建议意见258件（含作为建议处理的议案21件），其中市人大领导重点包抓14件，市政府领导重点包抓10件，有43个部门单位承办2014年的代表建议（包括渭滨区、金台区、陈仓区、岐山县、太白县、高新区、蟠龙新区和市法院）。自2月21日交办会后，各承办单位认真研究代表建议的具体内容，深入实地了解情况，加强与代表的联系和沟通，及时进行答复和办理代表建议。截至6月15日，258件建议已全部答复代表，代表普遍满意。

【省人大代表到宝鸡市视察调研】 2014年9月3日，在咸阳的省十二届人大代表一行，在咸阳市人大副主任肖芳的陪同带领下，到宝鸡市视察调研重点项目、文明城市创建和文化旅游产业发展。省人大代表先后到经二路、市儿童福利院、市体育场周边绿化亮化美化工程、青铜器博物院、青岛啤酒宝鸡工业园等地，现场了解宝鸡市文明城市创建、文化旅游产业发展和重点项目建设情况。每到一处，代表们边看边仔细询问。在体育场周边的石坝河、瓦峪河，代表们观看了改造之前的旧景图片，再对比改造后焕然一新的面貌，代表们纷纷感叹，石坝河、瓦峪河不仅彰显特色主题，也为市民提供一处水景相望、生态优美的城市景观。在青岛啤酒宝鸡工业园，代表们看到园区建设场景表示，宝鸡市委、市政府把项目建设作为加快发展的第一抓手，狠抓签约落地项目的建设和服务，推动重点项目建设实现了新突破。咸阳市人大常委会党组副书记、副主任肖芳在视察调研中表示，咸阳和宝鸡地界相邻，人脉相连，而且宝鸡和咸阳都是关天经济带上的重要城市，具有长期的合作传统和良好的合作基础。希望宝鸡市和咸阳市加强交流沟通，增进友谊合作，实现共同发展。省人大代表、市人大常委会常务副主任孙惜玲，市人大常委会副主任、市总工会主席乔春芳陪同视察调研。

【召开代表建议办理情况现场督办会】 2014年9月5日上午，市人大代工委会同市政府督查室，就代表贾栓孝、严立章、李天喜、刘燕利、赵亚宁等提出的关于开通宝钛公交线路、恢复18路公交线路、虢镇地区集中供暖问题的建议，召开现场督办会，专题听取市住建局对以上建议重新办理情况，当面向代表汇报建议办理方案。市住建局、公交公司、大唐热电热力公司、陈仓区政府的负责人当面向代表说明了建议重新办理情况和解决问题的工作方案，并就有关情况进行了沟通。与会代表严立章、刘燕利、赵亚宁等对建议重新办理答复非常满意，并对承办单位的工作给予高度赞扬。

【市人大常委会领导走访人大代表】 2014年11月5日，根据市人大常委会《关于加强市人大常委会与市人大代表和市人大代表与人民群众联系的意见》和市人大办公室关于开展集中走访人大代表活动的通知精神，市人大常委会副主任、市总工会主席乔春芳到扶风县走访人大代表。通过登门走访、召开座谈会等形式走访联系了夏菊芬、王碧琴、马晓文、杨改会、李真祥、杨青柏等15名省、市人大代表。走访中，代表反映基层群众对目前开展的群众路线教育实践活动成果感到满意，“四风”问题得到纠正，对宝鸡市社会经济发展充满希望和信心。在走访、交流座谈中，共收集到代表反映的基层教师职称评定、市场监管、农业产业化发展等有关方面的建议11条。乔春芳在走访中，希望各位代表结合实际，广泛了解社情民意，积极反映群众的呼声，同时做好法律法规和政策的宣传，当好宣传员；立足本职工作，发挥带头作用，做群众矛盾的化解者，当好调解员；要在市人代会召开前做好调查研究，为在人代会上审议各项工作报告，提交有关议案建议做好充分准备。

【开展“宝鸡人大新闻奖”评选活动】 2014年，市人大常委会组织开展了宣传人民代表大会制度好新闻评选活动。通知发出后，各县区人大常委会和新闻单位积极配合，共收到推荐单位（市、县区人大13家，市级新闻单位3家）报送作品55件，经市评选小组认真评选，共评出获奖作品30件。其中：一等奖5件，二等奖10件，三等奖15件。凤翔县、千阳县、金台区人大常委会及宝鸡日报社获2014年度全市人大新闻宣传先进单位。同时，市人大常委会又向省人大常委会推荐优秀稿件10篇，其中有5篇获陕西省2014年度宣传人民代表大会制度好新闻等次奖。

【宣传工作与对外交流工作】 2014年共编辑《宝鸡人大》刊物6期，发至驻市区人大代表、部分外地市人大及12个县区人大，每期发放1000本。编写《人大信息》24期，主要是宣传全市人大系统工作动态，发至12个县区，每期100余份。全年，机关干部共撰写理论研讨论文、调查报告和新闻稿件百余篇，为推进人大工作提供了理论上的支持，宣传了人民代表大会制度。市人大常委会重视加强与外地市人大常委会的工作交流，先后派人参加了全国二十城市人大工作座谈会在甘肃省天水市和河南省郑州市召开的会议、亚欧大陆桥沿线部分市州人大工作研讨会在泉州市召开的会议、全省十市人大秘书长联席会议，共撰写交流文章4篇。

【开展2014年陈仓环保世纪行活动】 2014年，全市各级环保世纪行组委会及成员单位在市人大常委会的领导下，围绕建设美丽宝鸡，聚焦大气污染防治、水污染治理、秦岭北麓生态环境保护和渭北旱腰带矿山治理等社会反映强烈的突出环境资源问题，聚合人大舆论监督力量，坚持明察与暗访结合，正面宣传和问题曝光并举，开展环境资源方面的执法检查、专项调研和集中采访报道。6月中旬，市人大常委会副主任牟林乐带领城乡工作委员会及部分委员、市国土局等相关部门负责人，先后到岐山县、扶风县、麟游县、金台区和高新区，对宝鸡市耕地保护情况进行调研。现场查看了15个基本农田保护区、耕地占补平衡项目建设和土地整治项目现场，并召开了5个县区汇报座谈会，广泛征求了各方面的意见和建议。针对保护耕地和保障建设矛盾突出、部分耕地质量有所下降、集约节约用地监管不力等问题，提出了高度重视耕地保护工作、从严落实耕地保护责任、切实强化土地规划管控、多措并举确保耕地动态平衡、加强土地监管工作和加大执法力度等意见建议，形成了调研报告。为了提高审议质量，在常委会第十六次会议审议期间，组织开展了全市耕地保护专题询问，促进了全市耕地保护工作。11月底，对全市烟花爆竹销售燃放管理情况进行了专题调研，先后与金台、渭滨、陈仓区政府，高新区管委会以及市公安、质监、安监、工商、环保、供销等9个部门进行了座谈，掌握了全市烟花爆竹销售燃放基本情况，并先后两次召开会议，与市政府相关部门共同研究加强宝鸡市烟花爆竹销售燃放管理的办法和措施。市政府制定下发了《宝鸡市人民政府关于市区禁止和限制燃放烟花爆竹的通告》，明确划定城市禁止销售燃放烟花爆竹区。9月初，组织市人大财经工委和市环保局、发改委、林业局、规划局、水利局等部门负责人及宝鸡文理学院有关专家学者，召开宝鸡市《生态市建设规划（2012—2020）》初审会议，听取了市环保局关于《规划》编制情况的汇报，通过分析探讨，对规划的指导思想、基本原则、建设目标、指标体系、重点任务、保障措施等提出了具体的修改意见和建议，使规划更加符合宝鸡市实际。市人大常委会第十七次会议审议并原则通过《规划》。组织新闻媒体记者明察暗访，宣传先进典型，揭露曝光违法行为，撰写、拍摄、录制观点鲜明、事实准确、反映全市生态环境保护的消息、调查、言论等作品。经个人申报，单位推荐，组织评审，陈仓环保世纪行组委会对9个优秀组织单位，30篇优秀作品一、二、三等奖作者给予表彰。

【开展规范性文件备案审查工作】 根据监督法关于规范性文件备案审查工作要求，2013年常委会制订宝鸡市人大常委会规范性文件备案审查办法。2014年，先后对市政府和县区人大报送的16份规范性文件进行了审查，并按规定向省人大报送了1份规范性文件。

调 查 研 究

【概况】 2014年，根据市人大常委会工作要点及议题安排，常委会各工作委员会采取多种形式，开展了调查研究工作，形成有情况、有分析、有建议的调查报告9篇，被市委《宝鸡情况》转发6篇。

【调研依法治市情况】 2014年2月下旬，市人大常委会副主任巨百省带领人大法工委部分委员、人大代表，对宝鸡市贯彻落实市十三届人大常委会第26次会议作出的《关于进一步加强法制宣传教育推进依法治市进程的决议》（以下简称《决议》）的情况进行了专题调查。调查采用听取汇报、座谈讨论、实地走访、查阅资料等方式，先后到千阳县、凤翔县、渭滨区、陈仓区以及部分机关、乡镇（街办）、学校、企（事）业单位、村（社区）开展相关工作调查。听取了市司法局（含依法治市办）、市中级法院、教育局、文广局、财政局等依法治市成员单位关于贯彻落实《决议》工作情况的汇报并开展座谈，形成了调研报告，供第14次常委会议参阅。

【调研预防青少年违法犯罪工作】 2014年2月下旬，市人大常委会副主任富君带领教科文卫工委，邀请部分常委会委员、工委委员，对宝鸡市预防青少年违法犯罪工作情况进行了调查。调查采用听取汇报、现场查看、召开座谈会等方式，先后听取了市综治委预防青少年违法犯罪专项组、眉县和太白县政府的工作汇报。现场参观了市民政局流浪未成年人保护中心、市县“青春驿站”、12355青少年服务台、眉县检察院、常兴镇马家初级中学、眉县特殊教育学校（眉县第二实验小学）、太白县法院少年法庭。在眉县和太白县分别召开了有县预防青少年违法犯罪专项组成员单位和人大代表参加的座谈会，广泛听取了对宝鸡市预防青少年违法犯罪工作的意见建议，形成了关于宝鸡市预防青少年违法犯罪工作情况调研报告，供第14次常委会审议参阅。

【调研现代农业园区发展情况】 2014年4月下旬，在常委会副主任牟林乐带领下，市人大城乡工委、市政府相关部门先后到眉县、千阳、陇县、陈仓区对全市现代农业园区发展情况进行了调研，实地察看了海升苹果产业基地、国家级猕猴桃交易中心等14个园区的建设与发展情况，听取了县区政府和市级有关部门工作汇报，并与县区农业、国土、林业、水利等10多个涉农部门负责人员、园区龙头企业和专业合作社负责人、种养大户以及部分市人大代表进行座谈交流，并形成了调研报告供第14次常委会议参阅。

【调研非公有制经济发展情况】 2014年4月下旬，市人大常委会副主任谭敏生带领财经工委一行，先后听取了市工信局、工商局、工商联等有关部门情况介绍，召开市财政局、国税局、地税局、金融办及8户驻宝金融单位和小额贷款公司负责人座谈会，同24户个体工商户、非公企业负责人和人大代表进行了座谈，并到高新区技术创业服务中心、渭滨区姜潭工业园，实地走访察看了7户不同行业的非公企业，对宝鸡市非公有制经济发展情况进行了专题调研。近年来，宝鸡市抢抓西部大开发和关天副中心建设的历史机遇，聚焦发展不放松，贯彻中、省、市一系列鼓励和支持非公经济发展的政策措施，全市非公经济呈现出总量迅速增加、规模不断扩大、结构逐步优化、聚集效应凸显的良好态势，非公经济已成为安排城乡就业、壮大县域经济、增加财政收入、促进全市经济社会持续健康发展、建设和谐新宝鸡的重要力量，调研活动结束后形成了调研报告，供第15次会议参阅。

【调研重点建设项目进展情况】 2014年5月上旬，市人大常委会副主任牟林乐一行到陇县、岐山县，对2014年全市重点建设项目进展情况进行了督办检查。牟林乐一行先后视察了陇县丰台山风力发电建设、蔡家坡经济开发区汽车工业园区和陕西通力公司专用车生产线建设等8个市级重点建设项目，在听取相关县区工作汇报的基础上，察看现场，查阅资料，并与有关单位进行了座谈，广泛征求意见建议。牟林乐指出，全市重点项目建设机遇与挑战并存，针对国内经济秩序的复杂多变，各企业单位要认清形势，进一步明确发展定位，认真审视和完善发展规划，积极引进和发展高科技产品，加大产品科技投入和科技含量，突出做大总量、做优质量，促进企业跨越式发展。调研结束后形成了调研报告供市委参阅。

【调研贯彻落实交通安全相关法律情况】 2014年6月24—27日，市人大常委会党组副书记、常务副主任孙惜玲带领市人大常委会法制工作委员会一行，对宝鸡市贯彻落实《中华人民共和国道路交通安全法》（以下简称《道路交通安全法》及陕西省实施办法情况进行了调查。调查组先后到陇县、眉县、麟游县和市公安交警支队开展相关工作调查；召开了有市人大代表，客、货运输公司负责人，驾驶学校代表，出租车司机，社区管理人员参加的座谈会；听取了市公安局、交通局、住建局、规划局、安监局等部门及各县政府有关工作汇报。在这次对宝鸡市贯彻落实《中华人民共和国道路交通安全法》的调研活动中，各部门反映了工作面临的实际问题，提出了针对性较强的意见建议，为7月下旬市人大常委会第十六次会议提供参考。

【调研耕地保护情况】 2014年7月4—8日，市人大常委会副主任牟林乐带领城乡工委和市国土局有关负责人员，对宝鸡市耕地保护情况进行了调研。调研组先后到扶风县、岐山县、麟游县、金台区和高新区，实地察看了段家镇永久基本农田试点区域、酒房镇国家级土地开发整理项目、凤鸣镇北吴邵村“空心村”综合整治点、金河镇谭家坡村基本农田保护区、钓渭镇西崖村高标准基本农田等12个耕地保护区的建设与发展情况，听取了县区政府和市级有关部门工作汇报，并与县区国土、农业、林业、水利等涉农部门负责人员和镇、村干部以及部分市人大代表进行座谈交流，广泛征求意见建议。调研组认为，全市各级政府在贯彻落实国家、省上耕地保护政策方面，思想重视、站位较高、效果明显。在耕地保护工作中，各县区国土资源部门高度重视、强化监督、严把审批，狠抓落实、严格执法、多措并举走出了一条耕地数量不减少、质量有提高、农民增收的好路子。同时，针对耕地保护与加快地方建设发展用地的矛盾，耕地保护与调整农业产业结构的矛盾等问题，要求各级政府要坚决遵循中央1号文件，坚守18亿亩“红线”的耕地保护原则，加强《中华人民共和国土地管理法》等法律法规的舆论宣传和正面引导，营造人人遵纪守法的良好氛围。严格落实分片包干责任制和耕地“占补平衡”制度，强化耕地集约节约意识，把有限的土地利用起来，做好土地开发复垦和治沟造林工作，加快高标准基本农田建设，力争把耕地保护工作抓好抓实抓出成效来。

【调研水污染防治情况】 2014年9月2—3日，按照省人大常委会关于开展《水污染防治法》等法律法规执法检查《方案》要求，市人大常委会副主任牟林乐带领由市人大城乡环资工委委员、市人大代表组成的执法检查组，在市环保局、水利局负责人员陪同下，到四区三县（金台、渭滨、陈仓、高新区，岐山、眉县、扶风县）对全市贯彻执行《水污染防治法》情况进行执法检查。检查组采取不打招呼实地暗访的方式，先后到渭河沿线及清姜河、清水河等支流，实地察看了16个点位，分别就生产生活污水排放、畜禽养殖场粪污防治、饮用水源地保护等方面的情况进行了检查，并听取了市环保局、水利局等部门情况汇报。调研活动中，各部门反映了工作面临的实际问题，提出了针对性较强的意见建议，为9月下旬召开的人大常委会第十七次会议提供参考。

【组织代表跨地区开展视察活动】 2014年12月3—4日，市人大常委会组织在宝省人大代表对宝鸡市重点项目建设等情况进行集中视察的基础上，赴咸阳开展集中视察活动。这是宝鸡市人大常委会首次组织代表跨地区开展视察活动，也是市人大创新代表工作的一项重要举措。宝鸡市选举的省十二届人大代表在市委书记、市人大常委会主任上官吉庆的带领下赴咸阳市，对重点项目、城市建设、文化旅游、生态农业等开展视察。代表们先后到咸阳新兴纺织工业园、益海嘉里粮油深加工项目、子午线轮胎项目、市民文化中心项目以及礼泉县袁家村等地视察。咸阳市抢抓关天经济区、丝绸之路经济带等重大战略机遇，加快推进创新型区域建设，尤其是转变思路，发展乡村旅游，让代表们深受启发。省人民检察院检察长胡太平，市人大常委会党组副书记、常务副主任孙惜玲，副主任乔春芳、富君以及市人大常委会相关工作机构主要负责人参加了此次视察活动。

【宝鸡市人大与商洛市人大互相开展执法检查】 2014年12月2日，按照省人大关于检查全省实施《陕西省社会治安综合治理条例》情况的安排意见，省人大常委会委托全省各市人大常委会及综治办进行交叉检查，其间宝鸡市与商洛市互相开展执法检查。宝鸡市人大常委会执法检查组在市人大常委会副主任富君的带领下，对商洛市贯彻实施《陕西省社会治安综合治理条例》情况进行了执法检查。检查组围绕维护社会大局稳定，促进社会公平正义和保障人民安居乐业的目标，按照突出监督重点、增强监督实效的要求，先后到商州区、商南县、丹凤县、镇安县等四个县区的部分镇街、社区和农村开展检查活动。采用听取汇报、实地检查、随机走访、召开座谈会等形式，听取了人大代表、政法干警、干部群众对社会治安综合治理工作的意见建议，形成了宝鸡市人大常委会执法检查组关于对商洛市贯彻实施省社会治安综治条例情况的报告，并分别上报省人大内司委和省人大常委会办公厅。

【全国、省人大常委会在宝鸡调研情况】 2014年1月14—15日，全国人大财经委调研组在全国人大财经委副主任委员邵宁的带领下，到宝鸡开展安全生产法（修正案草案）立法调研。调研组先后到宝钛集团、国核钻业、秦源煤业等企业进行了实地调研。2月19日，省人大常委会副主任张迈曾一行到宝鸡围绕召开省委人大工作会议进行调研。3月10日，省人大常委会环资工委主任李健伟率省人大环资工委、省环保厅及省辐射监测管理站到宝鸡开展《陕西省放射性污染防治条例（草案）》立法调研。3月20日，省人大常委会食品安全专题调研组对宝鸡市贯彻落实《食品安全法》情况进行了调研。4月8日至9日，省人大常委会环资工委主任李健伟率省人大环资工委、省环保厅、住建厅、水利厅等部门负责人到宝鸡开展渭河水污染防治工作三年行动方案落实情况专题调研。5月22日，省人大常委会副主任吴前进带领省人大环资工委、省环保厅、省水利厅等部门负责人，就渭河水污染治理和渭河水三年变清方案落实情况进行视察。6月19日，省人大法制工作委员会办公室主任戴滨华一行到宝鸡市，就《陕西省军事设施保护条例》进行立法前调研。7月9日，全国人大常委会副委员长艾力更·依明巴海率领全国人大常委会《大气污染防治法》执法检查组到宝鸡市开展执法检查。8月6日，省人大常委会环资工委主任李健伟带领省人大环资工委、省国土厅、省环保厅负责人及三秦环保世纪行省级新闻媒体记者到眉县、太白县等地，就秦岭北麓矿山开采与生态环境治理情况进行调研采访。8月20日，省人大法工委副主任赵建纲一行7人到宝鸡市开展为进一步做好《陕西省实施〈中华人民共和国道路交通安全法〉办法（修订草案）》的调研修订工作，就《办法》修订草案征集修改意见和建议。9月17日，全国人大常委会办公厅信访局督办处处长松英毅一行，在省人大常委会信访办负责人陪同下，到扶风县、岐山县开展调研活动。10月13日，省人大常委会法制委员会办公室主任戴滨华一行16人，到宝鸡市对《陕西省渭河流域管理条例》立法后评估情况进行调研。10月14日，省人大常委会环境资源保护工作委员会主任李健伟一行3人到宝鸡市走访联系省、市人大代表，在宝鸡活动2天。11月5日，省人大财经委调研组到宝鸡市市区、眉县等地对全省保障性住房建设、管理和分配情况进行调研。11月20日，全国人大常委会副委员长、全国妇联主席沈跃跃在省人大常委会、省妇联有关领导的陪同下到宝鸡对基层妇联组织建设、妇女信访代理工作、平安家庭创建、妇女维权等工作进行视察。

宝鸡市人民代表大会及其常委会决议、决定目录

序号	决议、决定名称	制定通过机关	生效日期
1	关于宝鸡市人民政府工作报告的决议	宝鸡市十四届人民代表大会第四次会议	2014.02.13
2	关于宝鸡市2013年国民经济和社会发展计划执行情况与2014年国民经济和社会发展计划的决议	宝鸡市十四届人民代表大会第四次会议	2014.02.13
3	关于宝鸡市2013年财政决算执行情况和2014年财政预算的决议	宝鸡市十四届人民代表大会第四次会议	2014.02.13
4	关于宝鸡市人民代表大会常务委员会工作报告的决议	宝鸡市十四届人民代表大会第四次会议	2014.02.13
5	关于宝鸡市中级人民法院工作报告的决议	宝鸡市十四届人民代表大会第四次会议	2014.02.13
6	关于宝鸡市人民检察院工作报告的决议	宝鸡市十四届人民代表大会第四次会议	2014.02.13
7	关于通过《宝鸡市建设规划（2012—2020年）》的决议	市十四届人大常委会第十七次会议	2014.09.30
8	关于批准宝鸡市2014年地方政府债券收支安排及预算调整方案的决定	市十四届人大常委会第十七次会议	2014.09.30
9	关于批准追加宝鸡市2014年市级财政支出预算的决定	市十四届人大常委会第十八次会议	2014.11.28

宝鸡市第十四届人民代表大会及其常委会2014年度任免人员名单

时　间	会　次	选　举　任　免　人　员
2014年3月28日	市十四届人大常委会第十四次会议	决定任命： 康巨淋为宝鸡市人民政府副市长；
2014年9月30日	市十四届人大常委会第十七次会议	决定任命： 赵磊为宝鸡市国土资源局局长 免　　去： 孙新文宝鸡市国土资源局局长职务

（包随安）

宝鸡市第十四届人大常委会及各工作机构领导成员

宝鸡市第十四届人民代表大会常务委员会

主　　任　上官吉庆

（2014年2月13日）

副 主 任　孙惜玲（女）

乔春芳　谭敏生

牟林乐　巨百省

富　君（满族）

秘 书 长　王西科

委　　员　（以姓名笔画为序）

马太平（回族）

王利文　王建利

王都让　王常劳

王富平　巨来侠

田　沙　史军辉

成宝琴　朱小强

刘林科　杨　军

杨茂生　何瑜省

沈　瑜　张　正

张永泽　张军强

周娟萍　赵子文

赵天佑　赵玉平

赵宗林　赵宝润

赵荣侠　贾栓孝

梁荣贤　董润丽

韩文杰　强　文

宝鸡市人大常委会办公室

主　　任　韩文杰（兼）

副 主 任　梁荣贤（兼）

寸立峰（兼）

杨晓明

宝鸡市人大常委会研究室

主　　任　杨茂生

副 主 任　董汉民

宝鸡市人大常委会财经工作委员会

主　　任　赵玉平

副 主 任　李长珂　杨丽杰

宝鸡市人大常委会人事代表工作委员会

主　　任　马太平

副 主 任　孙永乐　张亚丽

宝鸡市人大常委会城乡建设环境资源保护工作委员会

主　　任　周娟萍

副 主 任　暴安民

宝鸡市人大常委会法制工作委员会

主　　任　董润丽

副 主 任　贾技宏

宝鸡市人大常委会教科文卫工作委员会

主　　任　杨　军

副 主 任　牛彩霞

宝鸡市人大常委会信访办公室

主　　任　刘林科（正县）

宝鸡市人民政府

编辑　邓拴岐　李宏波

市政府工作

【概况】　2014年，全市实现地区生产总值1658.54亿元，比上年增长10.8%。其中，第一产业增加值161.33亿元，增长4.9%；第二产业增加值1078.18亿元，增长11.9%；第三产业增加值419.03亿元，增长9.2%。三次产业结构比为9.7∶65.0∶25.3。按常住人口计算，全市人均生产总值44241元，折合7230美元（汇率为1美元兑6.119元人民币）。非公有制经济增加值830.40亿元，占全市经济总量的比重为50.07%。全年居民消费价格比上年上涨1.9%；商品零售价格上涨0.3%；工业生产者出厂价格下降1.3%；工业生产者购进价格下降1.9%；农村生产资料价格下降0.6%。全年财政总收入188.11亿元，比上年增长9.6%，其中，地方财政收入78.06亿元，同口径增长15.6%。国税收入108.25亿元，增长9.5%；地税收入49.05亿元，增长4.2%。两税合计157.30亿元，增长7.8%。全年财政支出235.60亿元，比上年增长6.9%。其中，社会保障和就业支出31.65亿元，增长10.7%；医疗卫生与计划生育支出21.12亿元，增长4.5%；城乡社区事务支出14.36亿元，增长36.2%；节能环保支出7.16亿元，增长11.9%；住房保障支出19.54亿元，增长66.6%；农林水事务支出35.19亿元，增长7.5%；教育支出52.14亿元，下降3.4%。2014年，宝鸡成功创建全国文明城市，荣获全国和谐社区建设示范城市、2014中国最干净城市。成功举办了第27届世界佛教徒联谊会大会和陕西省第15届运动会。

【农业】　2014年，全市全年农林牧渔及农林牧渔服务业完成总产值280.90亿元，比上年增长4.9%。其中，农业产值159.71亿元，增长5.7%；畜牧业产值99.64亿元，增长3.3%。全年粮食播种面积33.30万公顷，比上年下降1.4%；油料播种面积1.08万公顷，下降4.6%。粮食总产量144.32万吨，下降0.9%。其中，夏粮总产79.73万吨，增长8.5%；秋粮总产64.59万吨，下降10.4%。油料总产量1.92万吨，增长8.5%。全年畜牧业生产形势稳定，主要畜牧产品产量增加，畜禽存栏保持稳定。全年园林水果总产量131.97万吨，比上年增长4.7%。其中，苹果产量68.06万吨，增长2.6%；猕猴桃产量53.15万吨，增长8.9%。蔬菜产量136.36万吨，增长5.6%。全年水产养殖面积3067公顷，比上年增长0.6%，水产品产量7467吨，增长4.1%。农用机械总动力265.8万千瓦，比上年增长9.9%。拖拉机5.7万台，增长3.9%。其中，大型拖拉机1.76万台，增长5.3%；小型拖拉机3.97万台，增长3.4%。机配农具9.7万部，增长3.9%。联合收割机6131台，增长7.0%。

【工业和建筑业】　2014年，全市全年全部工业增加值864.82亿元，比上年增长11.9%，其中规模以上工业企业增加值772.96亿元，增长12.2%。全年规模以上工业总产值2242.63亿元，增长7.0%。其中，国有企业产值194.16亿元，下降20.6%；集体企业产值4.83亿元，下降8.8%；股份合作企业产值1.94亿元，增长31.0%；股份制企业产值1866.86亿元，增长13.2%；外商及港澳台商投资企业产值167.72亿元，下降9.3%；其他经济类型企业产值7.12亿元，下降28.6%。轻工业产值520.68亿元，增长9.0%；重工业产值1721.95亿元，增长6.3%。在规模以上工业中，八大支柱产业完成工业总产值2198.98亿元，增长6.6%。其中，纺织服装业49.85亿元，增长22.2%；医药制造业21.15亿元，增长19.7%；能源化工业331.43亿元，增长12.8%；非金属矿物制品业145.81亿元，增长11.9%；食品工业360.10亿元，增长7.6%；装备制造业604.52亿元，增长6.7%；冶金工业661.20亿元，增长2.2%；计算机、通信及其他电子设备制造业24.92亿元，下降19.8%。

2014年，全年建筑业增加值213.35亿元，比上年增长14.6%（按现价计算）。年末全市有资质总承包、专业承包和劳务分包建筑企业

155户，年平均从业人员9.57万人，增长16.7%。全年签订合同额581.87亿元，增长27.3%。全市完成建筑业总产值433.53亿元，增长23.5%，其中在外省完成的产值30.36亿元，增长2.6倍。

【固定资产投资】 2014年，全市全年完成全社会固定资产投资2105.59亿元，比上年增长26.1%。其中，固定资产投资1979.17亿元，增长21.8%；农户投资49.04亿元，增长0.1%；跨地区项目投资77.38亿元，增长96.6%。在固定资产投资中，民间投资1222.37亿元，增长34.7%。固定资产投资按产业分，第一产业投资159.64亿元，增长26.0%；第二产业投资672.97亿元，增长21.1%；第三产业投资1146.56亿元，增长25.1%。全年房地产开发企业完成投资93.14亿元，比上年增长14.6%。商品房施工面积828.63万平方米，增长15.1%，其中本年新开工面积234.45万平方米，增长8.9%。商品房销售面积263.19万平方米，增长8.4%。其中，住宅257.13万平方米，增长11.0%；商业营业用房5.01万平方米，下降47.1%。全年完成保障性住房投资89.17亿元，新开工各类保障性住房项目127个4.24万套，建成各类保障性住房3.12万套，累计竣工各类保障性住房10.22万套。

【国内贸易、对外经济和旅游】 2014年，全市全年社会消费品零售总额535.59亿元，比上年增长14.0%。按销售单位所在地分，城镇消费品零售额488.67亿元，增长14.3%；乡村消费品零售额46.92亿元，增长10.1%。按消费形态分，商品零售额486.71亿元，增长14.4%；餐饮收入48.88亿元，增长9.7%。限额以上企业（单位）实现消费品零售总额272.77亿元，比上年增长18.0%。其中，商品零售额261.75亿元，增长18.6%，餐饮收入11.02亿元，增长2.8%。全年外贸进出口总额52.73亿元，比上年下降4.1%。其中，出口41.23亿元，下降4.7%；进口11.5亿元，下降2.0%。

2014年，全市外商直接投资合同项目13个，当年实际利用外资8008万美元，比上年增长14.3%。其中市辖区投资合同项目3个，当年实际利用外资1402万美元。

2014年，全年共接待国内外游客4650万人次，比上年增长28.3%，其中入境游客32.0万人次，增长6.8%。实现旅游总收入310.8亿元，增长31.1%。全市现有各类旅游景区（点）48个，其中人文景区27个，自然景区21个。全市A级以上旅游景区（点）38个，其中，5A级旅游景区1个，4A级旅游景区10个，3A级旅游景区23个，2A级旅游景区3个，1A级旅游景区1个。国际旅行社1家，国内旅行社45家，星级宾馆饭店36家。2014年7月宝鸡入围中国城市榜全球网民推荐的“最中国美食城市”。宝鸡市青铜器衍生系列旅游商品获“2014中国旅游商品大赛”金奖。

【交通和邮电】 2014年，全市年末境内公路总里程15972.3公里，公路密度88.2公里/百平方公里（含村公路）。行政村通班车率95.4%。全年公路旅客运输量7939万人次，比上年增长4.8%，旅客运输周转量27.9亿人公里，增长4.9%；货物运输量10055万吨，增长13.0%，货物运输周转量107.6亿吨公里，增长13.8%。年末拥有营运载货车辆20027辆，营运客车5987辆，其中出租汽车3498辆。全市共有29个出租车公司，8个公共汽车公司，共有公共汽车1068辆。年末民用汽车保有量20.48万辆，比上年增长7.8%。其中，载客汽车17.45万辆，增长17.1%；载货汽车2.32万辆，与上年持平。

全年邮电业务总收入26.44亿元，比上年增长1.9%。其中，邮政业务收入3.49亿元，下降1.1%；电信收入22.95亿元，增长2.4%。年末全市固定及移动电话用户总数398.57万户，其中，固定电话58.56万户，移动电话341.01万户。电话普及率106.19部/百人。互联网用户59.76万户。

【金融、证券和保险业】 2014年，全市年末金融机构本外币存款余额1844.23亿元，比年初增加181.58亿元，增长10.9%。其中城乡居民储蓄存款余额1163.76亿元，比年初增加123.84亿元，增长11.9%。年末，全市金融机构本外币贷款余额889.67亿元，比年初增加116.88亿元，增长15.1%。其中，短期贷款余额343.45亿元，比年初增长13.1%；中长期贷款494.22亿元，增长12.6%。年末，全市17家小额贷款公司（正在筹建1家）注册资本8.93亿元；实现贷款余额9.56亿元，较年初新增1.63亿元，增长20.6%；累计贷款投放23.39亿元，其中当年累计投放9.24亿元。全年全社会融资规模245.60亿元。

2014年证券市场各类证券成交额1277.85亿元，比上年增长52.0%。其中，基金、A股票成交额1003.92亿元，增长58.6%，B股成交额3.72亿元。

2014年末共有保险公司35家，营业网点195个。其中，财产险公司17家，人身险公司18家，全年实现保费总收入48.52亿元，比上年增长18.5%。其中，财产险保费收入9.8亿元，增长11.5%；寿险保费收入36.24亿元，增长19.3%；健康险和意外伤害险保费收入2.48亿元，增长37.8%。全年各类赔款与给付支出14.88亿元，增长29.3%。其中，财产险赔款支出6.1亿元，增长23.2%；人身险赔款与给付支出8.78亿元，增长33.8%。保险深度（保费收入/GDP）2.93%，保险密度（保费收入/总人口）1294.42元/人。

【教育和科学技术】 2014年，全市年末共有普通高校和成人高校5所，招生11568人，在校学生39019人；普通高中50所，招生26709人，在校学生81229人；职业高中及中等职业学校28所，招生16678人，在校学生42330人；普通初中162所，招生34656人，在校学生109746人；普通小学633所，招生31598人，在校学生193552人。共有幼儿园425所，入园人数59742人，在园幼儿106730人，其中学前班幼儿43210人。特殊教育学校5所，招生86人，在校学生366人。

2014年争取国家、省科技计划项目124项，争取资金11649万元。其中，国家科技项目30项，争取资金8005万元；省科技统筹创新工程等科技项目94项，争取资金3644万元。实施市级科学技术研究发展计划和重大科技专项计划项目52项，资金2109万元。其中，重大科技专项项目34项，资金1685万元；科学技术研究发展项目18项，资金424万元。全年专利申请量2133件，其中发明专利申请量568件；专利授权量1043件，其中发明专利授权量130件。全市技术合同登记额22.67亿元。

【文化、卫生和体育】 2014年，全市年末共有专业文艺团体11个，业余文艺团体2023个。群众艺术馆、文化馆14个，公共图书馆13个。农村乡镇文化站及文化中心120个，文化活动室1895个，农家书屋1713个，数字农家书屋130个。非物质文化遗产保护中心13个，艺术科研机构1个，艺术表演场所3座。文化产业示范基地（单位）14个，其中国家级文化产业示范基地2个，省级文化产业示范基地（单位）12个。年末有市级广播电台1座，电视台1座，县区级广播电视台10座。全市电影放映机构39个。全市广播覆盖率99.92%，电视覆盖率99.95%。2014年10月16—18日，宝鸡市圆满举办了第27届世界佛教徒联谊会大会。年末共有各类文物保护点3436处，其中国家重点文物保护单位21处，省级文物保护单位97处，县级文物保护单位271处。全市馆藏文物5万多件（组），等级以上珍贵文物10719件，其中国家一级文物374件，二级文物1303件，三级文物9042件。

2014年末，全市医疗卫生计生机构2827个，其中，医院82个，社区卫生服务机构77个，乡镇卫生院168个，疾病控制机构和卫生监督机构27个，妇幼保健机构13个，村卫生室1850个，计划生育技术服务机构126个。卫生人员总数3.05万人，卫生技术人员2.28万人，其中，执业（助理）医师0.76万人，注册护士0.84万人。全市医疗卫生机构床位数21478张，其中，医院15244张，妇幼保健机构1396张，卫生院3804张。全年全市儿童11种免疫规划疫苗报告接种率99.5%，乙肝疫苗首针及时接种率97.7%。甲类传染病无发病，乙类传染病报告发病率151.46/10万，丙类传染病报告发病率244.60/10万。

2014年，先后承办了全国红牛杯城市羽毛球赛、全国残疾人射击锦标赛、全国青年游泳锦标赛、全国射击锦标赛（女子手枪）、第23届中华杯B组合（50岁以上）足球赛等五项全国比赛。成功承办省十五运会，取得了团体总分第一名，金牌总数第二名的历史最好成绩，展示了宝鸡市大型体育赛事组织承办能力，扩大了对外影响力。全年共实施村级农民体育健身工程366个，乡镇农民体育健身工程81个，社区健身器材配送工程107个，全民健身示范带（区）工程2个，雪炭工程1个（扶风县）。

【人口、人民生活和社会保障】 2014年，年末全市常住人口375.32万人，全年人口出生率9.66‰，死亡率6.11‰，人口自然增长率3.55‰。

2014年，全市创业就业培训4.19万人次，建成创业基地98个，创业孵化基地13个。全年城镇新增就业5.8万人，城镇登记失业率控制在3.3%以内。全年农民工总数为86.3万人，比上年下降1.1%。其中，外出农民工47.12万人，下降1.5%；本地农民工39.18万人，下降0.6%。

全年城镇居民人均可支配收入31560元，比上年增长10.7%。城镇居民人均消费性支出22106元，增长11.0%。全年农民人均纯收入9421元，增长12.5%。农民人均消费性支出7456元，增长12.2%。城镇居民人均住房建筑面积31.3平方米；农村居民人均住房建筑面积35.0平方米。

2014年，全年累计发行社会保障卡185.2万张。年末城镇职工养老保险参保55.22万人，城镇职工医疗保险参保52.69万人，失业保险参保32.29万人，工伤保险参保36.95万人，生育保险参保25.31万人。年末城乡居民养老保险参保154.8万人，城镇居民医疗保险参保47.61万人。全市新农合参合居民272.82万人，平均参合率99.84%。新农合住院补助45.68万人次，补助金额9.32亿元。年末社会福利院3个，光荣院3个，共有福利床位1549张，收养各类优抚、“三无”对象1201人，床位利用率77.5%。儿童福利机构2个，床位435张，收养孤儿802人，其中集中供养334人，床位利用率76.8%。救助站11个，救助8513人次，其中儿童救助399人次。婚姻登记机构9个，登记结婚33301对，离婚5090对。殡葬管理、服务机构10个。全市社区指导、服务中心17个，社区服务站161个，登记管理社团、民办非企业等社会组织990个。全市共有城市居民53767人、农村居民166074人享受政府最低生活保障补贴。7737名农村五保户得到政府救济，其中集中供养3260人。建立实施临时救助，共有12152户得到帮助。优抚对象享受抚恤总人数26317人，其中定期抚恤837人，定期补助23063人，伤残补助2417人。实施“三无户”安全住房工程。全市全年完成总投资7150万元，解决了1300户“三无户”的住房问题，整合扶贫资金1.16亿元，89个村实施整村推进扶贫，全市实施移民搬迁2123户8520人。全年实现了12.66万农村贫困人口脱贫，年末贫困人口42万人。

【城市建设】 2014年，全市年末城市道路长度517公里，人均道路面积15.91平方米，路灯6.04万盏。市区公交车辆914台，公交线路45条，线路总长度600公里，年公交客运量

2.25亿人次，万人拥有公交车辆14标台。城市集中供热普及率87.6%；城镇居民用气总户数36万户，燃气普及率98.59%；城市供水管网总长度791公里，建成区绿地率37.62%，人均公园绿地面积12.27平方米。经过16年艰苦努力，2014年，宝鸡成功创建全国文明城市。2014年，宝鸡市被民政部评为“全国和谐社区建设示范城市”，成为陕西省唯一获此殊荣的城市。荣获“2014中国最干净城市”称号，成为西北地区唯一上榜的城市。

【环境、资源和安全生产】 2014年，全年市区环境空气质量二级及以上天数达到242天，空气质量优良达标率66.3%，位居关中各市第一。PM10浓度均值122微克/立方米，PM2.5浓度均值71微克/立方米，全市化学需氧量、氨氮、二氧化硫和氮氧化物排放量分别比上年削减1.0%、1.5%、0.96%和7.74%。市区饮用水源地水质达标率100.0%，污水处理率95.96%，垃圾无害化处理率100%。全年平均气温8.8～14.3℃，各县区较常年偏高0.5～1.7℃。年极端最低气温：川塬区-10.3～-7.0℃，山区-16.2～-11.4℃。年极端最高气温：川塬区39.0～41.1℃，山区31.8～38.7℃。全年总降水量517.9～719.8mm，扶风、岐山、眉县、麟游偏多1～4成，凤翔、陇县、凤县偏少1～2成，其余县区接近常年。总日照时数为1592～2162小时，各县区均接近多年平均值。

2014年，全年用水量7.6827亿立方米，比上年增加4.6%，其中，生活用水量1.6433亿立方米，增加7.4%；工业用水0.9326亿立方米，增加4.9%；农业用水5.1068亿立方米，增加3.7%。

全年退耕还林、天然林保护、防护林工程等林业重点工程造林36.45万亩，其中人工造林17.35万亩，封山育林12.6万亩，飞播造林6.5万亩。1392万亩森林资源得到全面有效管护。森林公园接待游客139.1万人次，森林旅游综合收入8048.45万元。全市森林覆盖率53.78%。

年末全市耕地保有量542.48万亩，基本农田保护面积496.81万亩。建设高标准基本农田34万亩。年末全市境内共有矿产地202处，发现各类矿种资源45种，其中列入陕西省矿产资源储量表的矿种26种，矿区96处，已探明矿产资源储量潜在价值列全市前三位的矿种有：水泥用灰岩、磷、煤。全市共有各类采矿企业328户，共设置探矿权81个，全年勘察投入1.48亿元，勘察登记总面积2508.5平方公里。

2014年，全市共发生各类安全生产事故1225起，占省安委会下达我市全年控制指标（1277起）的95.9%；各类事故死亡171人；生产经营性事故死亡80人，比上年下降11.1%；发生较大事故2起，没有发生重特大事故，各项指标均控制在省上下达的指标以内。

（张　兵）

市政府重要会议

【市政府第一次全体会议】 2014年1月23日，代市长钱引安在市行政中心会议室主持召开了市政府第一次全体会议，会议讨论研究了2014年《政府工作报告》（讨论稿）、《2013年国民经济和社会发展计划执行情况与2014年计划（草案）》《2013年财政预算执行情况和2014年财政预算（草案）的报告》。

【市政府第二次全体会议】 2014年2月21日，市长钱引安在市行政中心会议室主持召开了市政府第二次全体会议。会议主要任务是贯彻落实市委十一届五次全会和市十四届人大四次会议精神，动员全市上下全力推进政府各项工作，确保全面完成《政府工作报告》提出的各项目标任务。同时，召开了市政府第三次廉政工作会议，对2014年政府廉政工作进行全面安排部署。

【市政府第三次全体会议】 2014年8月8日，市长钱引安在市行政中心会议室主持召开了市政府第三次全体会议。会议主要任务是贯彻市委十一届六次全体（扩大）会议精神，安排部署下半年重点工作；通报市政府班子民主生活会召开情况及整改方案和上半年《市政府工作报告》分解任务完成情况，有关县区和市政府部门进行了经验介绍和表态发言，各副市长对分管口内下半年重点工作任务进行了安排，市长钱引安对下半年政府工作进行了安排部署。

【市政府第一次常务会议】 2014年1月23日，市长钱引安在市政府常务会议室主持召开了2014年市政府第一次常务会议。会议讨论了2014年《政府工作报告》（讨论稿）、《2013年国民经济和社会发展计划执行情况及2014年计划（草案）的报告》《2013年财政预算执行情况和2014年财政预算（草案）的报告》，研究了2013年度大企业大集团建设先进单位和最佳成长性企业表彰奖励意见，2013年重点项目建设暨固定资产投资考核结果、表彰奖励意见及2014年全市重点项目计划安排意见，2013年招商引资目标任务和投资环境保障工作考核结果、表彰奖励意见及2014年招商引资任务分解意见，2013年度争取中省资金考核结果、表彰奖励意见及2014年目标任务的建议，2013年度纳税贡献突出企业表彰奖励意见，2013年度金融机构支持地方经济发展工作考核结果及表彰奖励意见；研究了人事任免事项和有关人员违纪处理意见。

【市政府第二次常务会议】 2014年2月24日，市长钱引安在市政府常务会议室主持召开了2014年市政府第二次常务会议。会议研究了《宝鸡市2014年迎接省十五运会推进创文创园工作城市建设管理提升工程实施方案》《宝鸡市治污降霾保卫蓝天2014年实施方案》《宝鸡市治污降霾保卫蓝天五年行动计划（2013—2017年）》、省十五运会筹办工作任务安排有关事宜、政府性债务审计情况和2014年审计项目计划、《关于进一步加强和规范最低生活保障工作的实施意见》、市区新增道路命名有关事宜、调整宝鸡市基本医疗保险住院起付线标准和部分基金支付比例、建立全市城乡居民社会养老保险丧葬补助金制度、征收被征地居民社会保障费有关事宜、眉县科技工业园升级为省级经济技术开发区有关事宜以及人事任免事项。

【市政府第三次常务会议】 2014年3月4日，市长钱引安在市政府常务会议室主持召开了2014年市政府第三次常务会议。会议听取了市政府规范性文件清理工作汇报，研究了宝鸡市工商登记制度改革、省电子信息集团重组陕西省军工（集团）陕铜有限责任公司等有关事宜；听取了全省防震减灾工作专题会议精神汇报，研究了我市贯彻意见。

【市政府第四次常务会议】 2014年4月2日，市长钱引安在市政府常务会议室主持召开了2014年市政府第四次常务会议。会议研究了《加快军民融合产业发展的意见》《推进信息化和工业化深度融合的意见》、清理市级行政职权工作有关事宜和2014年市级财政收支预算安排意见。

【市政府第五次常务会议】 2014年4月10日，市长钱引安在市政府常务会议室主持召开了2014年市政府第五次常务会议。会议研究了蟠龙新区申报省级高新技术开发区有关事宜以及人事任免事项。

【市政府第六次常务会议】 2014年5月13日，市长钱引安在市政府常务会议室主持召开了2014年市政府第六次常务会议。会议研究了《宝鸡生态市建设规划》、燃煤锅炉拆改和拆改后供热保障及市区集中供热热源站排污治理有关事宜、《宝鸡市大气污染防治工作月度考核办法（试行）》《宝鸡市大气污染防治工作责任追究办法（试行）》《宝鸡市甲醇出租汽车试点工作方案》、关山草原快速旅游干线项目建设有关事宜、《2014年工业稳增长的实施意见》、陈仓物流园区与浙江亿丰集团合作有关事宜和组建全市驻西安高铁乘车服务临时机构有关事宜以及人事任免事项。

【市政府第七次常务会议】 2014年6月13日，市长钱引安在市政府常务会议室主持召开了2014年市政府第七次常务会议。会议听取了“双过半”情况汇报，研究了《宝鸡市人民政府关于推进廉租住房和公共租赁房统筹建设并轨运行的实施意见（试行）》、重点工作合并表彰意见、《市政府门户网站建设管理办法》以及有关人员违纪处理意见。

【市政府第八次常务会议】 2014年7月9日，市长钱引安在市政府常务会议室主持召开了2014年市政府第八次常务会议。会议研究了《宝鸡市煤炭生产经营使用监督管理办法》和《宝鸡市扬尘污染防治管理办法》《宝鸡市建设高污染燃料禁燃区实施方案》、市县政府机构职能和事业单位改革相关文件等事项、市县盐务管理体制调整及相关机构设置意见、《国有土地使用权出让收支管理实施办法》和石鼓文化城项目享受产业化招商引资优惠政策事宜；听取了凤县政府和市交通运输局关于年度目标责任考核、《政府工作报告》重点任务分解、项目建设和招商引资任务落实情况汇报。

【市政府第九次常务会议】 2014年8月7日，市长钱引安在市政府常务会议室主持召开了2014年市政府第九次常务会议。会议研究了《宝鸡市优待残疾人办法》《宝鸡市无偿献血管理办法》《宝鸡市优秀运动员安置暂行办法》、宝鸡宾馆整体移交财政专项补助资金问题、公办幼儿园保教费标准调整事宜和市行政中心聘用人员增加工资事宜；听取了2009—2013年全市招商引资调研情况汇报以及渭滨区政府和市执法局关于年度目标责任考核、《政府工作报告》重点任务分解、项目建设和招商引资任务落实情况汇报。

【市政府第十次常务会议】 2014年8月26日，市长钱引安在市政府常务会议室主持召开了2014年市政府第十次常务会议。会议研究了《宝鸡市防雷减灾管理办法》《宝鸡市气象信息发布与传播管理办法》《宝鸡市干线公路路域环境综合治理工作实施方案》、农村土地承包经营权确权登记有关事宜、市政府2014年第一批行政审批事项清理意见、陕西辰济药业有限公司出让国有股权有关事宜、宝鸡高新医院参加事业单位养老保险事宜和人事任免事项；听取了扶风县政府和市教育局关于年度目标责任考核、《政府工作报告》重点任务分解、项目建设和招商引资任务落实情况汇报。

【市政府第十一次常务会议】 2014年9月19日，市长钱引安在市政府常务会议室主持召开了2014年市政府第十一次常务会议。会议研究了《宝鸡市政府性债务管理办法》、人事任免事项和有关人员违纪处理意见；听取了太白县政府和市商务局关于年度目标责任考核、《政府工作报告》重点任务分解、项目建设和招商引资任务落实情况汇报。

【市政府第十二次常务会议】 2014年9月30日，市长钱引安在市政府常务会议室主持召开了2014年市政府第十二次常务会议，专题研究了《宝鸡市政府职能转变和机构改革方案（草案）》。

【市政府第十三次常务会议】 2014年10月8日，市长钱引安在市政府常务会议室主持召开了2014年市政府第十三次常务会议，研究了有关国企改革工作。

【市政府第十四次常务会议】 2014年10月21日，市长钱引安在市政府常务会议室主持召开了2014年市政府第十四次常务会议。会议全面分析了前三季度经济形势，安排部署了四季度工作；研究了《宝鸡市重污染天气应急预案》《飞雳士安全轮胎项目合作协议书》《宝鸡市镇村综合改革实施方案》、市区出租汽车运价调整有关事宜、市投资（集团）公司发行三期企业债券有关事宜；组织学习了习近平总书记在党的群众路线教育实践活动总结大会上的重要讲话，传达了省委党的群众路线教育实践活动总结大会精神。

【市政府第十五次常务会议】 2014年11月11日，市长钱引安在市政府常务会议室主持召开了2014年市政府第十五次常务会议。会议听取了前三季度省市目标任务完成情况汇报和蔡家坡经开区管委会关于“重塑蔡家坡、打造副中心”工作进展情况汇报；研究了宝鸡技师学院拆除图书实验楼有关事宜、《关于发展市区夜间经济的实施方案》《宝鸡市招商引资年度目标任务考核办法》《宝鸡市党政领导干部周转住房建设实施方案》、市政府议事协调机构清理情况以及有关人事任免事项；审定了《市政府工作规则》等7项制度。

【市政府第十六次常务会议】 2014年11月18日，市长钱引安在市政府常务会议室主持召开了2014年市政府第十六次常务会议。会议研究了《宝鸡市质量工作考核办法》《宝鸡市市长质量奖管理办法》《宝鸡市特色品牌产品评定管理办法》《宝鸡市市区市政消火栓管理办法》《宝鸡市医疗纠纷调解处置办法》，市级机关会议经费管理办法修订意见，秦岭化肥总厂凤翔分厂整体划转西凤酒集团有关事宜和给市公安局刘加宝、张雷同志记功有关事宜；听取了宝鸡新城投资开发建设有限公司关于南客站片区开发进展情况汇报。

【市政府第十七次常务会议】 2014年12月8日，市长钱引安在市政府常务会议室主持召开了2014年市政府第十七次常务会议。会议研究了世佛联大会、省十五运会筹备工作暨2014年中国十佳最干净城市先进单位先进个人表彰事宜和“千名干部联系千户企业”活动意见、全市第二批行政审批事项清理意见、《宝鸡市城乡居民基本养老保险市级统筹管理的意见》以及宝鸡市神盾保安公司脱钩改制有关事宜；听取了全省村“两委”换届选举工作和全省涉疆服务管理工作会议精神汇报，并研究了我市贯彻意见。

【市政府第十八次常务会议】 2014年12月30日，市长钱引安在市政府常务会议室主持召开了2014年市政府第十八次常务会议。会议研究了冬季困难群众生活安排及市级领导春节慰问活动安排意见、《宝鸡市促进农村居民收入倍增规划》（2014—2020年）、《宝鸡市城市排水（雨水）防涝综合规划》、2015年重点交通沿线坟墓整治工作有关事宜、《省级凤翔高新技术产业开发区建设方案》、全市投资担保类公司清理规范工作和长安银行增资扩股有关事宜以及人事任免事项。

（张　兵）

政府法制

【概况】 市政府法制办公室是市政府办公室内设机构，经市编委批准，加挂了“宝鸡市中介组织发展局”牌子，实行一个机构、两块牌子的运行机制。下设综合科、法规科、执法监督协调科（行政复议科）、中介组织科4个科，人员编制17名。2014年，市法制办通过了省政府创建陕西省依法行政示范市工作考评验收，荣获陕西省依法行政示范市称号。

【市级行政职权清理】 2014年，市法制办按照职权法定、权责一致的原则，以投资领域、社会事业领域的行政审批项目（行政许可、非行政许可审批）为重点，对市政府和49个市级行政部门的行政处罚、行政许可、行政确认、行政征收、行政收费、行政强制、行政裁决、行政给付等9类行政职权及实施主体进行了全面清理，共梳理法律法规规章730余部。清理结果经2014年4月2日市政府常务会议审定，以市政府办公室文件对外进行了公布。5月份，向县区政府和市级各部门印发了《宝鸡市市级行政职权汇集册》。年内，将此项工作移交市编办牵头。

【行政执法和刑事司法衔接工作】 2014年3月份，市政府法制办公室与市检察院联合召开了全市行政执法和刑事司法衔接工作大会，成立了“两法衔接”工作领导机构，建立了联席会议制度、案件咨询制度、执法办案情况通报制度、行政执法与刑事司法投诉举报制度等工作制度，健全“两法衔接”工作机制和监督体系。依托现代网络技术，构建了“两法衔接”信息共享平台，使行政执法案件信息在行政执法机关、公安机关、检察机关之间实现即时共享。

【新一轮行政执法证件申领】 2014年，市法制办按照省政府法制办换发申领行政执法证要求，在2013年完成25个市级部门和5个县区证件换发基础上，2014年，重点安排其余县区证件换发有关工作，办理6个县区和5个市级部门上传执法人员资料3000余人，举办了4期培训班，参加了省法制办统一命题的考试。同时，发放了考试通过的县区、市级相关部门执法证件。

【规范性文件监督管理】 2014年，市政府被省政府确定为“全省规范性文件监督管理示范单位”。3月份，市法制办同市商务局等部门联合下发了《关于印发宝鸡市集中清理在市场经济活动中实行地区封锁规定工作实施方案的通知》(宝市商发〔2014〕5号)，全面清理了妨碍统一市场和公平竞争的各种文件和规定。全年共审查有涉权涉法内容的文件55件，审查出台了《宝鸡市限价商品住房管理办法》《宝鸡市行政事业单位国有资产管理实施办法》《宝鸡市城市垃圾处理费收缴实施办法及收缴标准》《宝鸡市优待残疾人规定》《宝鸡市气象信息发布管理办法》《宝鸡市防雷减灾管理办法》《宝鸡市扬尘污染防治管理办法》《宝鸡市煤炭生产经营使用监督管理办法》《宝鸡市无偿献血管理办法》《宝鸡市医疗纠纷调解处置暂行办法》《宝鸡市市区消火栓管理办法》等14件市政府规范性文件。将市政府出台的14件规范性文件分别向省政府和市人大常委会进行了报备。受理并审查了县区政府和市级部门报备的规范性文件58件，对发现的1件问题文件提出了纠错意见。

【行政复议应诉】 2014年，市法制办共收到行政复议申请34件，立案受理22件，不予受理8件，作其他处理4件。立案受理的，经审理办结17件（维持8件，撤销3件，确认违法2件，终止4件）。未审结5件。行政应诉案件4起，作为市政府代理人出庭应诉4次，无败诉案件。

（张　冬）

宝鸡市人民政府及其工作部门领导成员

（2014年1月1日至2014年12月31日）

市　　长　钱引安（2014.2任市长）
副 市 长　张敬原　刘桂芳（女）
袁军晓　丁　琳（女）
王　琳　景耀平　武　军
康巨林(挂职,2014.3任)
秘 书 长　贺　东
副秘书长　张周让（正县）
张积勤（正县）
葛君琪(女,正县,满族)
张长生（正县）
王宝强（正县）
李献卿（正县）
曹海芹（女，正县）
王晓东（兼）
陈天仓（兼）
张海明（兼）
李富生（兼）
刘永涛

市政府工作部门

市政府办公室
主　　任　张周让
副 主 任　葛君琪（女，满族）
李宏发
纪检组长　刘虎生

市发展和改革委员会
主　　任　刘焕勋
副 主 任　赵晓华（正县）
张新利　赵　荣
徐林科（正县）
徐占良（正县）
张万民
郝　毅（正县）
李国军（正县）
朱吉良（正县）
王炳绪　任永强
纪检组长　王炳绪
总工程师　任永强

市教育局
局长、党组副书记　苏永兴
党组书记、副局长　肖炳良
副　局　长　吴燕玲（女）
杨存科
纪 检 组 长　苏炳社

市科学技术局
局长、党组书记　范同兴
副　局　长　安　瑛
温宗礼
纪 检 组 长　谢龙钟
总 工 程 师　魏永贵

市工业和信息化局（市中小企业局）
局长、党组书记　毛跃利
副　局　长　张　南
孙方贤
赵景武
张　力
马　哲
纪 检 组 长　郝永让
总 工 程 师　魏培云
总 会 计 师　党建军
总 经 济 师　杨晓泷（2014.6撤职，留党察看2年）

市政府国有资产监督管理委员会
主任、党委副书记　徐　勇
党组书记、副主任　傅宇剑
副　主　任　李广才
张晔平
纪 委 书 记　张鹏栋
总 工 程 师　冯明科

市公安局
局长、党委书记　张安新
党 委 副 书 记　蔡苏科
副　局　长　李　民（正县）
刘晓中（正县）
陈双琪（正县）
戴永慧（正县）
宋继伟（兼）
高宽宁（兼）
纪 委 书 记　张魁武（正县）

市监察局
局　　长　李侠侠（女）
副 局 长　宁新远　强　勇
蔡鸿飞

市民政局
局长、党组书记　张万奎
副　局　长　李勤德
王爱国
曹建国
戴红册（女）
祁鹏程
纪 检 组 长　梁咏华

市司法局
局长、党组书记　苏红旗
副　局　长　白　明
曹长征
张引祥（正县）
纪 检 组 长　李宏伟

市审计局
局长、党组书记　景东成
副　局　长　陈金仓
王兴英
刘红霞（女）
汪彩玲（女）
纪 检 组 长　陈科林
总 审 计 师　谭鸿彬

市财政局
局　　长　闫小明
副 局 长　王兴怀（正县）
刘雅玲（女）
张拴科
朱卫强
纪检组长　何光清

总会计师　张力洁（女）

市人力资源和社会保障局
局长、党组副书记　陈留根
党组书记、副局长　陈小林
副局长　郑雅峰（正县）
杨天明（正县）
茹金虎
纪检组长　李银儒

市环境保护局
局长、党组书记　王海鳌
副局长　李仓怀
杨宏涛
何让平
纪检组长　林银文
总工程师　张远闻

市住房和城市建设局
局长、党组副书记　张德科
党组书记、副局长　李锋波
副局长　李云辉
王宗焕
陈增军
王建利
张克玉（女）
高　峰
纪检组长　张克玉(女,兼)
总工程师　刘永新

市城乡建设规划局
局长　杨锦辉
副局长　付菊芳（女）
李锁让
霍兆宁
王周良
纪检组长　樊润祥
总工程师　火　星
总规划师　郭　强

市城市管理综合执法局
局长、党组书记　董晓岗
副局长　倪建平
陈　斌
纪检组长　徐红梅（女）

市交通运输局
局长、党组书记　胡公尚
副局长　罗克让
罗安才
晁凤年
纪检组长　潘公民
总会计师　董永宏

市水利局
局长、党组书记　罗广平
副局长　孟海平
王克亚
任晓春
杨陆平
纪检组长　董升旗
总工程师　封军鸿

市农业局
局长、党组书记　王　金
副局长　郝恩让（正县）
刘俊伟
张国栋（兼）
张晓军
纪检组长　张玉祥
总农艺师　武世信

市林业局
局长、党组书记　刘汉卿
副局长　杨鹏辉（正县）
李和平（正县）
张海平（兼）
纪检组长　徐玉选
总工程师　郭全健

市商务局
局长、党组书记　张田力
副局长　巨绪昌
葛　伟（兼）
段长军
纪检组长　惠建学

市文化广电新闻出版局
局长、党组书记　张　辉
副局长　师双喜
杨广慧
刘振和
陈少锋
纪检组长　仝玉霞（女）

市卫生局
局长、党组书记　宁建国
副局长　赵永怀（正县）
张新文
周科选
李冠劳
江　奎（兼）
陈　蓓（女）
纪检组长　马　锴

市食品药品监督管理局
局长、党组书记　韩满奎
副局长　周永柱
任爱军（女）
纪检组长　张云昉

市人口和计划生育局
局长、党组书记　王　喆
副局长　白林祥
刘文华（女）
冯荀林
纪检组长　朱　江

市文物旅游局
局长、党组书记　任周方
副局长　何长发
王明生
刘宏斌
王锁劳
张利军（兼）
毛永祥
纪检组长　吴宝春

市体育局
局长、党组书记　李富生
副局长　任小康
(2014.11免)
王红良
王宝林
纪检组长　杜军祥

市统计局
局长、党组书记　张　宁
副局长　严晓波
冯军利
纪检组长　李　淼（女）
总统计师　王平虎

市民族宗教局
局长、党组书记　范根科
副局长　丁宝勤（兼）
纪检组长　毛建录

市安全生产监督管理局
局长、党组书记　武世孝

副局长　刘新安
　　李德润
　　蒲武杰
纪检组长　杨永安
总工程师　杜阡陌

市信访局
局长、党组书记　陈天仓
副局长　李拴劳
　　谢　冬
　　解选民
纪检组长　李　力

市国防动员委员会人民防空办公室
主任、党组书记　田虎成
副主任　姚建社
纪检组长　史立志
总工程师　毕志学

市工商局
局长、党组书记　刘一良
副局长　李仓岐
　　庞潼新
　　文生常
　　肖宝强
　　雷会会
　　张兴周
纪检组长　肖宝强（兼）

市质量技术监督局
局长、党组书记　杨旺余
副局长　张桂存（满族）
　　王锁奇
纪检组长　吴林生
总工程师　朱炎林
总检验师　袁小林

直属事业机构

市扶贫开发办公室
主任　高锁扬
副主任　陈世华
　　何宝才
纪检组长　苏智劳

市招商局
局长　张海明
副局长　索双海
　　刘天宏
　　（2014.5免，正县）
　　段发林
纪检组长　孙广忠

市地震局
局长　武玉明
副局长　陈　强
纪检组长　夏　蓓（女）

市地方志办公室
主任、党组书记　刘改荣
　　（女，2014.11免）
副主任　白英民
　　（2014.1去世）
副主任、副书记　任小康（2014.11任，主持工作）

市政府研究室（市发展研究中心）
主任、党组书记　田　晶（女）
副主任　李润奇
　　刘新宁
　　马碧峰

市机关事务管理局
局长、党组书记　郑天勤
副局长　郭　伟
　　赵生堂
纪检组长　胡惠荣（女）

市区河道综合治理委员会
主任、党组书记　孟海平
副主任　段勤让
　　张军让
　　陈文让（兼）
　　王宗焕（兼）

市园林环卫管理局
局长、党组书记　吕千军
副局长　王受利
　　吕宏伟
纪检组长　周振喜
总园艺师　景天勋

市住房公积金管理中心
主任、党组书记　陈增军
副主任　吴安民
　　牟怀仁
　　李印民
纪检组长　苏立鸿

市房屋征收管理办公室
主任、党组书记　李锁让
副主任　齐晓辉
　　仝永刚
纪检组长　李国栋

派出机构

宝鸡高新技术产业开发区管委会
主任　卓　宇
　　（2014.12免）
党工委书记　王　琳
党工委副书记、
常务副主任　高宏真
　　（2014.5任）
党工委副书记　张满利（正县）
副主任　张满利
　　（兼，2014.5任）
　　刘天宏
　　（2014.5任）
　　王海峰
　　白平海
　　郑　文（兼）
　　刘霁阳
　　姚天智
　　（2014.5任）
纪工委书记　朱保堂

西部山区建设委员会
党工委书记　景耀平（兼）
党工委副书记　苏国宝
　　严　录
　　王　启
主任　严　录
副主任　王　启
　　刘玉广
　　朱朝阳
　　景沛杰

法门寺文化景区管委会
主任、党工委书记　张敬原（兼）
党工委副书记　周宇松（兼）
　　张卫东
副主任　陈爱民（兼）
　　张卫东（正县）
　　杨长安
　　智　超
　　王敬师
　　（2014.5任）
纪工委书记　张卫东（兼）

宝鸡市文化旅游产业开发建设管委会
主　　任　丁　琳（女、兼）
党工委书记、
常务副主任　陈建平
副　主　任　刘晓明
　　　　　　张湛林（土家族）
纪工委书记　张天祥

宝鸡市蔡家坡经济技术开发区管委会
党工委书记　张海建（兼）
主　　任　武勇超（2014.12免）
　　　　　何宏卓（2014.12任）
副　书　记　武勇超（2014.12免）
　　　　　何宏年
　　　　　杨文明（正县）
副　主　任　杨文明（正县）
　　　　　李颖峰
　　　　　郭文涛
　　　　　张　鹏
　　　　　陈启鹏
纪工委书记　董兴功

陈仓物流园区管委会
主任、党工委书记　赵晓华
副　主　任　周撑祥
　　　　　田海成
纪工委书记　孙宝成

蟠龙新区管委会
党工委书记　王　琳（兼）
主任、党工委副书记　张长生
常务副主任　杨明宽
副　主　任　寇银玖
　　　　　刘岁科
　　　　　郭建喜
　　　　　朱　军

其他机构

市供销社
主任、党工委书记　刘周安
副　主　任　杜铁军
　　　　　黄同治
纪检组长　杨　浩

挂靠和代管单位

市物价局
局长、党组书记　徐林科
副　局　长　王让文
　　　　　周于路
　　　　　崔效辉
纪检组长　李敏捷

市粮食局
局　　长　徐占良（正县）
党组副书记　李景安（副县）
副　局　长　李军安（副县）
　　　　　史存良（副县）
总经济师　董立勤（副县）
纪检组长　巨水存（副县）

市法制办公室
主　　任　梁少华
副局长　宋世明

市接待办公室
主　　任　吕德平
副主任　董铁雄
　　　　秦有生
　　　　王德元

市老龄委办公室
主　　任　空　缺

市关心下一代工作委员会办公室
副主任　张少峰

市政府外事办公室
主　　任　张积勤（兼）
副主任　王　群（女）
　　　　彭福润（兼）

（李君才）

人力资源和社会保障

【概况】　宝鸡市人力资源和社会保障局是主管全市人事人才、劳动就业和社会保障工作的政府工作部门，内设19个科、室（处），下属16个单位和12个县区医保中心。2014年，全市城镇基本医疗保险参保参保率达到98.9%，高于省控指标（95%以上）3.9个百分点；城镇新增就业5.82万人，完成任务（4.9万人）的118.7%；城镇登记失业率控制在3.3%以内，低于省控指标（4.3%以内）1个百分点。全市农村劳动力转移就业101.5万人，完成任务（100万人）的101.5%；创业就业培训4.19万人，完成任务（3.1万人）的135.1%；累计发放小额担保贷款45.7亿元，新增小额担保贷款7.5亿元，完成任务的（7亿元）107.1%；接收农村居民进城落户12.76万人，完成任务（10万人）的127.6%；累计发行社会保障卡185万张，完成任务（180万张）的102.8%；城乡居民养老保险参保人数达154.8万人，完成任务（151万人）的102.5%；城镇基本医疗保险参保人数达到100.7万人，其中城镇职工参保52.69万人，城镇居民参保48万人，完成任务（100万人）的100.7%；城镇职工失业、工伤和生育参保人数分别达到32.31万人（完成任务32.2905万人的100.1%）、36.95万人（完成任务36.8718万人的100.2%）、26万人（完成任务25.1548万人的103.4%），群众举报投诉案件、劳动人事争议案件时效内结案率分别达到97%和93%。人才引进开发、人事制度改革、公务员管理、军转安置、智力引进、培训考核、人事考试、工资分配等工作成效显著，为全市经济社会发展提供了强力支撑和保障。

【举办2014年“春风行动”大型就业招聘洽谈会】　2014年2月9日至10日，宝鸡市“2014‘春风行动’大型就业招聘洽谈会”在职业介绍服务中心举行。“春风行动”以搭建供需平台、促进转移就业为主题。从2月9日开始至3月底结束，集中开展春风行动系列活动，在全市12个县区举行45场就业创业活动。除举行多场大型招聘会外，还开展送人才进社区、送岗位进社区、送工作进乡镇、政策宣传进社区等活动。在两天的招聘会上，来自北京、上海、江苏、浙江及本市339家用人单位参加，提供就业岗位15095个，吸引了宝鸡市及周边地区西安、杨凌、天水等地约1.6万名城乡群众入场应聘、咨询，达成就业意向3945多人。

【全市人力资源和社会保障工作会议召开】　2014年2月14日，全市人力资源和社会保障工作会议在行政中心1号楼B座二楼会议室召开。市委组织部副部长、市人社局局长陈留根作了工作报告，市人社局党组书记陈小林主持会议。会议要求2014年各级人社部门要把改革创新贯穿于就业创业、社会保障、人才队伍建设、人事制度改革、工资收入分配和劳动关系调整的各个环节，推动人力资源和社会保障事业发展取得新突破。一是突出提质增效，着力促进就业创业工作；二是坚持守住底线，健全城乡社会保障体系；三是紧贴发展需要，统筹抓好人才队伍建设；四是围绕激发活力，深化各项人事制度改革；五是加强维权执法，努力构建和谐劳动关系；六是转变工作作风，全面加强自身建设。会上，局党组副书记、副局长、市公务员局局长郑雅峰宣读了《市政府办公室关于表彰2013年度全市人力资源和社会保障工作先进县区和单位的通报》，副局长、市技能办主任杨天明宣读了《市政府办公室关于表彰2013年度全市全民创业工作先进集体和先进个人的通报》，局纪检组长李银儒宣读了《市人社局关于表彰全市人力资源和社会保障系统2011—2013年度优质服务窗口的决定》。

【翟四虎到宝鸡调研社会保障卡建设试点工作】 2014年3月6日，省委组织部副部长、省人社厅厅长翟四虎，副厅长刘会民，厅办公室主任徐立，省网管中心主任张建忠、副主任刘红卫一行五人到宝鸡调研社会保障卡建设试点工作，重点了解了社保卡发行应用中存在的困难和问题。宝鸡市是全省社保卡建设首批两个试点城市之一。近年来，按照全省社会保障一卡通工程建设的总体部署，全市坚持由少到多、从小到大、急用为先、逐步拓展的原则，健全配套制度，加快发放进度，搭建用卡环境，全面推进社保卡发行应用工作。截至2013年底，全市累计发行社保卡153.3万张，分别在市县两级人社部门和合作金融机构设立了585个社保卡业务窗口，实现了就医购药、住院医保费用实时结算、个人社会保险信息查询及金融借记卡功能。当天，翟四虎一行先后到眉县横渠镇李魏村、宝鸡中心医院、市区陈仓园社区大药房、市民中心社保卡业务窗口，实地察看了运用社保卡缴纳城乡居民养老保险费、领取养老金、医保定点机构刷卡结算，以及社保卡自助查询、后续服务情况。翟四虎通过实地考查并听取汇报后指出，社保卡是健全社会管理的手段，是精准便捷的社会服务。宝鸡人社工作特别是社保工作整体情况和基础条件好，在新农保、就业创业、人事制度改革等方面出了经验，走在了全国前列。希望宝鸡在社保卡试点中继续发扬勇于探索的精神，坚持问题导向，以破解难题为重点，加快发行应用，努力让人民群众拿着放心、用着舒心。一要理清问题、落实责任。二要列出计划、限期完成。三要分类管理、稳步推开。按照“先试点再推开、先医疗再其他、先退休再在职、先规范再推广”的工作原则，省市共同配合，齐心协力解决问题，全力推动社保卡建设试点加力提速。市政府副秘书长王宝强等领导陪同调研。市人社局相关科室、社保经办机构及市工行、农行、中行、建行、邮储银行、陕西信合等金融机构负责同志参加了座谈会。

【国家人社部养老保险司副司长贾江到宝鸡调研】 2014年4月2—3日，国家人力资源和社会保障部养老保险司副司长贾江，省人社厅副巡视员叶利朝，西安交通大学公共政策与管理学院社会保障系主任温海红教授一行7人来宝鸡对企业职工养老保险及特殊工种政策进行调研。贾江一行先后到市民中心、陕西宝成航空仪表有限责任公司、秦川机床工具集团有限公司、西安铁路局宝鸡工务段、北方动力有限公司等地，深入车间、柜组，分别召开座谈会，重点了解了特殊工种政策执行情况、存在问题和改进完善的意见建议。在座谈会上，省人社厅养老保险处处长刘鹏程就全省养老保险政策执行情况作了汇报，市人社局党组书记陈小林就全市特殊工种政策执行情况、存在问题及意见建议进行了汇报。与会人员就特殊工种、城镇职工基本养老保待遇计发办法、关系转移接续、遗属待遇等政策进行了深入交流探讨。贾江在听取省、市人社部门工作汇报后，对全省特别是宝鸡养老保险工作给予肯定。她指出，城镇职工基本养老保险是国家社会保障体系的重要组成部分。特殊工种政策是对从事特别繁重体力劳动、井下、高空、高温等劳动者的一项重要保护措施，政策性强、敏感度高，体现着社会公平。各级人社部门和企业要深入研究特殊工种政策执行过程中的新情况、新问题，加强沟通，积极为今后政策完善建言献策；同时要加强管理，做好特殊工种人员安全防护和备案工作，落实好特殊工种职工的权益。市人社局党组书记陈小林，市养老保险处处长刘录勤等陪同调研。金台区、渭滨区、陈仓区、岐山县、千阳县人社局及经办中心负责人，陕西宝成航空仪表有限责任公司、秦川机床工具集团有限公司、北方动力有限责任公司、陕西电工有限责任公司、陕西机床厂、西安铁路局宝鸡工务段等企业负责人和部分从事特殊工种职工分别参加了座谈会。

【出台城乡居民社会养老保险丧葬补助金制度】 2014年3月13日，市政府出台《宝鸡市城乡居民社会养老保险丧葬补助金实施办法》，全面建立起城乡居民社会养老保险丧葬补助制度。《办法》规定，凡具有宝鸡行政区域内户籍，且已参加了城乡居民社会养老保险的城乡居民正常死亡后，在30日内办理社会养老保险关系终止、户籍注销等相关手续，可享受丧葬补助金。城乡居民社会养老保险丧葬补助金市级财政补贴标准为400元，列入财政预算，由市财政部门及时拨付到位。县区政府应根据实际情况提高丧葬补助金标准，所需资金由县区财政承担。该《办法》自2014年1月1日起施行。办法的实施，进一步加快了城乡社会保障体系建设步伐，推动建立具有宝鸡特色城乡一体化的城乡居民社会养老保险制度，完善了宝鸡“大社保”体系，增强了城乡居民社会养老保险制度的保障能力。

【宝鸡市调整部分城镇基本医疗保险政策】 从2014年4月1日起，宝鸡市调整城镇职工和城镇居民医保住院门槛费和部分费用报销比例。市辖区内城镇职工、城镇居民（不含学生儿童）住院门槛费为：一级及以下医疗机构300元；二级600元；三级900元。转诊转院至市辖区外医疗机构，住院门槛费一级医疗机构1100元；二级1300元；三级1500元。符合市辖区外异地就医条件并在医疗保险经办机构办理了异地就医手续的患者，在指定医疗机构住院门槛费，一级及以下医疗机构500元；二级800元；三级1100元。学生儿童住院门槛费分市辖区内住院和市辖区外住院两类。市辖区内住院门槛费一级及以下医疗机构150元；二级300元；三级500元。市辖区外住院门槛费一级及以下医疗机构300元；二级500元；三级800元。在职职工市辖区内住院及异地就医报销比例为：一级及以下医疗机构92%；二级90%；三级88%，转诊转院86%。退休人员市辖区内住院及异地就医报销比例：一级及以下医疗机构94%；二级92%；三级90%。向市辖区外转诊转院报88%。城镇居民（含学生儿童）住院报销比例：市辖区内住院一级及以下医疗机构90%；二级78%；三级65%。转诊转院63%。门诊慢性病起付线标准由年度调整为月度。从年度起付线400元调整为月度起付线，起付线标准为每月35元。提高了城镇职工大病住院医疗费用支付标准。参加宝鸡市城镇职工医保的患者，单次或一个年度内住院医疗费累计超过宝鸡市城镇职工基本医保基金年最高支付限额13万元以上的合规医疗费，由职工大病互助基金支付90%。大病互助基金支付后，个人年负担累计仍超过1万元以上的合规医疗费，大病互助基金在次年第一季度内再次按比例予以支付。年度城镇职工医保和大病互助基金支付封顶线为30万元。对当年年底入院，次年第一季度内出院死亡的患者，纳入当年职工大病互助基金累计报销范围。

【宝鸡市赴北大清华引进优秀毕业生来宝就业创业】 2014年3月19—20日，市委组织部、市人社局组织市相关企事业单位分别赴北京大学、清华大学参加了2014届优秀毕业生大型就业洽谈会。通过推介宣传和招聘洽谈，共与64名北大、清华毕业生初步达成了就业意向，达到了吸引人才、宣传宝鸡的预期效果。洽谈会上，市政府副秘书长刘翔宇，市委组织部副部长、市人社局局长陈留根，市委组织部副部长、市委考核办副主任米军瑞，市人社局副局长、市公务员局局长郑雅峰，渭滨区政府副区长蒋铃以及相关单位的工作人员宣传推介宝鸡，介绍招聘职位及优惠政策，与两校有关领导、参会专家教授、青年英才亲切交谈，先后有近千名北大、清华优秀毕业生到展位咨询洽谈。经推介和洽谈，共与北大清华64名优秀毕业生初步达成来宝工作意向，其中：博士1名，硕士53名，本科10名；涉及软件工程、环境工程、金融信息工程、设计学、法律等30多个专业。洽谈会后，陈留根等还与北京大学考古文博学院党委副书记雷兴山教授就校地合作等工作进行了交流座谈。

【宝鸡技师学院邀请德国专家开展学术交流】 2014年5月5日，受宝鸡技师学院邀请，德国职业教育专家丽贝卡·菲特林、安德烈亚斯·凯克来到宝鸡作了《德国职业教育发展与展望》的学术报告，以先进的理念为宝鸡技工的培养支招，受到市职业教育工作者欢迎。宝鸡技师学院校师生及全市人社系统、教育系统300多名职教工作者介绍德国经验。报告会上，德国职教专家安德烈亚斯·凯克重点介绍了德国职业教育“双元制”教学模式、学生才能培养的概念和方法、职业院校学生如何继续进入大学深造学习等；对德国政府注重学生职业规划和就业规划，支持职业院校在校学生创办企业，学生进行职业指导以及促进青年学生就业做了讲解。德国先进理念，赢得了学院教师和市职业教育工作者的一致好评。报告会后德国职业教育专家丽贝卡·菲特琳和安德列亚斯·凯克还对宝鸡技师学院23名骨干教师按照德国小班教学模式，通过小组讨论、协作完成、情景体验等形式进行了专项培训，让参与培训的教师原汁原味体验到德国先进职业教育理念指导教学所带来的长处与益处。同时，德国专家还就学院课程改革，学生兴趣培养，教师双向培训等进行了听课、研讨、学术报告等互动交流，受到了学院广大师生的欢迎。德国职业教育注重学生在企业的实践，‘学生+学徒’式的培养，让学生毕业即成为技能娴熟的专业工作者，企业立马能用，年轻人也不为找工作发愁。德国这种严谨、扎实的职教模式，为提升宝鸡技工培养水平时起到了借鉴作用。

【2014中国·宝鸡人才招聘会暨创业博览会】 2014年5月30—31日，由中国就业促进会、陕西省人力资源和社会保障厅指导、市政府主办、市人社局承办的2014中国·宝鸡人才招聘会暨创业博览会在宝鸡体育馆举行，省内外596家用人单位提供就业岗位1.7万余个。中国就业促进会副会长张幼云，省人社厅党组成员、中国西安人才市场主任李田，市委常委、常务副市长张敬原，市政协副主席张宗智出席大会。市政府副秘书长王宝强主持开幕活动。本次大会突出“助力就业创业”这一主题特色，精心策划举办“招聘洽谈、创业博览、校企合作、创业大赛、创业报告、技能展示”六大活动，进一步掀起宝鸡市就业创业工作的新热潮。招聘会设大学生招聘区、就业困难人员招聘区、网络招聘区和技能型人才招聘区，邀请京津冀、长三角、珠三角等区域20多个城市及全市一大批知名企业，现场提供的1.7万个岗位中，适合高校毕业生的就业岗位占了三分之一，涉及汽车技术、机械制造、餐饮旅游、食品化工等50多个职业门类。3万人入场求职应聘和咨询（其中，全国40多所高校的7000多名毕业生应聘），11300人达成就业意向，其中大学生4960人。大会期间，设立大学生创业、妇女创业、残疾人创

业、复转军人创业展区，综合运用平面推介、现场洽谈、成果展示、多媒体传播等多重手段，展示创业项目215个，发布创业信息1000多条，营造良好的创业氛围。活动期间，还组织宝鸡市家政服务业企业代表展示家政服务技能，培训机构代表展示就业培训技能，彰显宝鸡技工技能素质。上海、苏州、昆山、杭州、宁波、厦门等友好城市及省内各地市人社部门领导应邀参加本次活动。

【2014年SYB创业师资培训班】 2014年5月24日至6月2日，陕西省第十七期暨宝鸡市第二期SYB创业师资培训班举办。师资班得到省、部相关部门的大力支持，省就业局专门派出主管领导出席师资班开班仪式，人社部全国创业培训指导委员会派出4名教学经验丰富的国家级创业培训师亲自授课。培训中，严格按照SIYB（创办和改善你的企业）技术标准和教学模块，师资班采取专家授课、学员讨论相结合的方式，从成人学习理论、表达技巧、视觉教具的使用、参与性教学方法、演练SIYB游戏模块等方面进行教授，并就创业培训的办学模式、课程设置、教学方法、管理方式及后续扶持服务等内容进行系统交流。重点把握参与性特点，运用案例分析、角色扮演等互动式、研讨式方法，传授SIYB教学理念和技巧。10天的培训，56名学员认真学习，积极参与，精心备课，经理论考试和单独试讲，全部通过考核，基本掌握SIYB项目理论体系和创业培训教学管理及评估方法，顺利完成了学业。师资培训班成功举办，壮大了宝鸡市创业培训师资队伍，充实了服务创业的力量，将为宝鸡市创业培训工作向高质量、高效率、全方位服务目标迈进提供强有力的保障。

【“关中—天水经济区城市人才合作联盟”第六届年会】 2014年9月5日，“关中—天水经济区城市人才合作联盟”第六届年会在宝鸡市隆重召开。西安、宝鸡、咸阳、铜川、渭南、商洛、天水、杨凌示范区等联盟城市人社局和人才服务机构负责人参加了会议。中国西安人才市场管委会办公室、省人才交流服务中心副主任陈力平出席会议并作讲话。市委组织部副部长、市人社局局长陈留根致欢迎词，市人社局副局长、市公务员局局长郑雅峰主持会议。年会围绕“公共人才服务与高校毕业生就业”这一主题，联盟各成员单位总结、交流高校毕业生就业服务工作的新思路和新经验；分析探讨各成员单位人才合作的新途径和新方法，并就近年来落实就业扶持政策、促进高校毕业生充分就业方面的新情况、新问题进行了深入交流，在进一步加强人才智力共享、人才培养合作、人才政策互通等方面达成了共识，为联盟今后拓宽区域人才服务合作奠定了良好基础。联盟成立六年来，各成员单位在“人才、合作、共赢、发展”的主题指导下，通过优势互补、资源共享、互助促进，较好地发挥了省省之间、省市之间、市市之间的沟通协调以及促进工作发展的作用，在公共人才服务和高校毕业生就业服务方面取得了良好成绩，初步形成了立足区域合作，构建更高、更大人才交流合作、人才队伍建设、人才环境营造的平台和氛围，凝聚了关天经济区人才交流服务机构的合力，开发和共享了区域内人才资源，为关天经济区开发提供了人才支持和智力保障。会上，副主任陈力平对联盟今后工作提出了新希望、新要求。他要求各成员单位继续扩大合作领域，增加合作途径，发展合作成果，共同推进人才公共服务体系建设，以高校毕业生就业服务月活动为契机，以高校毕业生实名制登记为抓手，全面实施就业促进计划和创业引领计划，落实促进毕业生就业创业的各项扶持政策，做好就业见习、就业创业指导、就业创业培训、招聘洽谈会、就业手续办理等服务工作，确保高校毕业生就业创业比例有提高，促进高校毕业生实现高质量就业和充分就业。

【劳动保障监察“两网化”管理现场会】 2014年12月15日，市人社局在千阳县组织召开了全市劳动保障监察“两网化”管理和农民工工资保障工作现场会。市委组织部副部长、市人社局局长陈留根，千阳县委副书记、县长何玲出席会议并讲话。会议期间，与会人员参观了草碧镇劳动监察“两网化”三级网格建设、海螺水泥公司职工权益保障、卓业华隆国际工程项目民工工资支付监督员运行等工作情况以及千阳县劳动监察举报投诉指挥中心。会上，千阳县介绍了“两网化”管理和向建筑工地派遣工资监督员制度及运行情况的工作经验，印发了市人社局《关于在建设领域推行农民工工资支付监督员制度的通知》和市人社局等9部门《关于开展农民工工资支付情况专项检查的通知》。市人社局副局长茹金虎主持会议，局党组成员、调研员闫世文，各县区人社局负责同志和“两网化”管理骨干人员共70人参加会议。

【人才引进开发】 2014年，坚持高端人才引领、优秀人才聚集、各类人才统筹齐抓，大力引才、多样育才、大胆用才。继续深化校地校企合作，组织全市相关企事业单位赴北京大学、清华大学参加了2014届毕业生大型就业洽谈会。加强高层次人才引进，对22名研究生以上学历的急需紧缺专业人才，直接考核聘用到市直教育、卫生、环保等系统的事业单位工作。大力引进国外高层次专家，成功举办了“外国专家宝鸡行”活动，引进32名外国专家到企业开展交流合作。严密组织各类人事考试，全市行政系统招录公务员340名，事业单位招聘各类工作人员353名，为市直卫生系统公开招聘应届高校毕业生184人，为农村基层招聘从医从教从事农技服务大学生148人。精心举办第九届职业技能竞赛，扎实开展校企合作培养，打响叫亮“宝鸡技工”品牌。坚持分类指导，抓好公务员、专业技术人才、技能人才的选拔使用，科学配置各类人才，支持人才发挥作用、引领发展。

【规范人事管理】 2014年，事业单位、收入分配、职称评审等人事制度改革进一步深化，人事管理更加制度化、规范化、科学化。严格执行财政供养人员“只减不增”的刚性要求和机构改革要求，进一步强化人事宏观管理。认真贯彻《事业单位人事管理条例》，组织开展违规进人专项检查和公开招聘专项治理。规范执行公务员津贴补贴，事业单位绩效工资政策得到兑现，完成了机关事业单位工资审核审批6万多人次。不断完善职称评审办法，切实加强职称管理，评审高中级职称1600多人，组织职称考试1.8万人次。接收安置军转干部113名，企业军转干部解困政策得到落实。加强公务员队伍管理，出台了公务员平时考核办法，率先建成公务员信息电子台账。加强公务员各类培训、日常考核和修身立德教育实践，狠抓专业技术人员继续教育和知识更新，引导广大干部适应新常态、焕发新活力。

【就业创业工作】 2014年，实施就业优先战略，始终把就业放在更加突出的位置，提高就业质量，落实新一轮就业创业政策，出台了提高高校毕业生就业见习标准、扩大一次性求职补贴范围、发放校园招聘补贴等一系列配套政策，开展“人社局长高校行、就业指导进校园”、就业形势报告会等活动，做好就业见习、实名登记等工作，千方百计促进高校毕业生就业创业，实现了全市就业创业比例双提高。加大就业扶持和援助力度，统筹做好特殊群体就业再就业。精心举办中国·宝鸡人才招聘暨创业博览会、春风行动、创业大赛、大学生就业报告会等各类人才招聘和高校毕业生就业服务月等就业促进活动，搭建平台促进就业。全年实现新增就业5.82万人，城镇登记失业率控制在3.3%以内，低于省控指标1个百分点。农村劳动力转移就业101.5万人，实现劳务经济收入93.35亿元；就业创业培训4.19万人，累计建成创业基地98个、创业孵化基地13个，新增小额担保贷款7.5亿元，巩固扩大了创业型城市创建成果。

【健全社会保障体系】 2014年，完善宝鸡“大社保”体系，一手抓扩面、提标增项，扩大了养老、医疗、工伤、失业、生育保险参保覆盖面，各项社会保险参保任务超额完成任务，人社系统承担的19项民生政策落地生根。一手抓服务、增强能力，完善市县镇村四级社会公共服务平台建设，推进社保卡进医院、进企业、进社区、进村组。社保卡累计发放185.2万张，运用社保卡发放待遇、缴纳保费试点稳步推进。全面推行城乡居民基本养老保险“五个不出村”的服务管理模式，探索调研社会保险统征统缴工作。同时，抓创新、完善制度，在一些县区先行先试的基础上，制定出台了全市城乡居民基本养老保险丧葬费补助金实施办法，实现了本地开花，全市结果；围绕“四统一”，制定出台了城乡居民基本养老保险市级统筹管理意见；着眼基金平稳持续运行，调整提高了医保住院起付线标准，总额控制付费试点范围逐步扩大，率先出台了医保业务经办工作规程；落实阶段性降低工伤、失业、生育三项保险费率政策，进一步激发了市场活力、减轻了企业负担。

【和谐劳动关系】 2014年，贯彻《劳务派遣暂行规定》，加大劳动保障执法力度，严格落实高温补贴和带薪年休假制度。全面推进“两网化”建设，市县投诉举报中心和市级指挥中心上线试运行，劳动保障监察工作向管理信息化、执法规范化和监管一体化目标迈进。充分发挥农民工工资支付保障联席会议作用，在全市推广农民工工资支付监督员制度，严格执行建设领域工资支付保证金制度，开展劳动用工年检、清理整顿人力资源市场、农民工工资支付情况专项检查、劳务派遣专项检查，严厉打击劳动违法行为，日常巡视检查用人单位3216家，为3686名劳动者追讨工资、押金等4689.46万元。依法调处劳动人事争议案件318件，时效内结案率达到93%，有效化解了矛盾纠纷，维护了社会稳定。同时，坚持农民进城与户籍制度、保障住房、社会保障、产业发展、公共服务均等化相结合，有序推进农业转移人口市民化，实现农民进城落户12.76万人，走在了全省前列。

（白　洁　邓智勋）

民　　政

【概况】 宝鸡市民政局是市政府主管社会行政事务的职能部门，承担着“维护民利、解决民生、落实民权”的职责，内设办公室、人事教育科、监察室、民间组织管理科（区划地名科）、市复退军人安置办公室（市军队离退休干部管理处）、救灾救济科、优抚科、社会福利与社会事务科、双拥科、基层政权与社区建设科等10个科室，编制37人。有市军队离退休干部服务管理中心、市城乡居民最低生活保障处、市社区建设指导中心、市绛帐社会福利院、市救助管理站、市儿童福利院、市社会福利院、市军队退休干部休养所、市军队退休干部第二休养所、市殡葬管理处、市殡仪馆、市救灾物资加工储运中心、市军事供应站、市复退军人转运站、市宝天铁路烈士纪念碑管理处、市减灾委员会办公室、市民政彩印厂等17个局属单位，干部职工396人。

2014年，全市民政工作以“建设幸福宝鸡、民政走在前列”为己任，紧扣保障基本民生、发展社会服务主题，规范管理升级晋档两项活动，推进社会救助、社会组织管理、退役士兵就业创业、殡葬管理四项改革，全面落实发展养老服务业、社区管理服务、防灾减灾、双拥创建、社会事务管理五个举措，在保障改善民生中的作用持续彰显。宝鸡市先后获得“全国社会组织管理创新示范区”“全国和谐社区建设示范市”等殊荣。市社会福利院光荣院被民政部评为“全国文明优抚事业单位”、市儿童福利院被民政部授予“全国孤残儿童手术康复明天计划突出贡献集体”，市救助管理站被民政部命名为西北五省唯一的全国“青少年维权岗”，市军干二所被解放军总政治部、民政部评为“全国军休管理先进单位”，市军事供应站被解放军总后勤部、民政部评为“全国军供正规化建设先进单位”。陇县中心敬老院荣获“全国农村五保供养工作先进单位”，凤翔县、岐山县救助管理站被民政部评为国家三级救助管理机构。

【规范管理】 2014年，宝鸡市民政局按照各类民政机构行业最高管理标准、规范和办法，在全市社会福利、社会救助、五保供养、彩票投注站等十类民政机构中，开展“规范管理、升级晋档”活动，计划用三年时间基本实现民政机构“理念人性化、设施标准化、管理规范化、服务优质化、文化特色化、环境舒心化”目标，把宝鸡民政打造成为全市社会事业口的窗口单位。制定下发了《“规范管理、升级晋档”活动的实施意见》和《活动目标任务表》，召开了工作推进会，民政机构的管理服务水平进一步提高。市军供站被评为全国重点军供站。创建福彩星级投注站21个、示范投注站87个，创建星级五保供养服务机构3所。

【社会救助】 2014年，市民政局出台了《关于进一步加强和规范居民最低生活保障工作的实施意见》和《宝鸡市低保经办人员和村（居）两委干部近亲属享受最低生活保障情况实行备案制度的通知》，召开了城乡低保民主评议观摩会，开展城乡低保专项整治活动，取缔不符合条件低保对象6105户、1.29万人，做到了“应保尽保、应退尽退、阳光公平”。全市共有低保对象11.4万户、21.8万人，发放低保资金6.2亿元。

【医疗救助】 深入推进市县两级医疗救助“一站式”结算平台建设，扩大定点结算医院数量，简化救助程序，救助工作达到了既利民又便民的效果。同时，进一步扩大临时救助覆盖面，率先在渭滨区开展“救急难”试点工作，全市医疗救助定点医院达到182所，“一站式”服务在市县基本医疗保险定点医院实现全覆盖。全市共实施城乡医疗救助8.9万人次、6906万元；实施临时救助10996户次、1460.26万元，人均救助1328元。

【五保供养】 2014年，撤销整合17所原乡镇敬老院，探索将符合条件的农村A类低保对象改纳五保供养范围，全市农村敬老院达到27所，床位数达到4912张，床位使用率达到75%。开展“星级敬老院”创建活动，陇县中心敬老院被民政部表彰为“全国农村五保供养工作先进单位”。全市发放各类五保金3507.87万元。

【社区建设】 2014年，全市社区服务功能不断完善。实施城镇社区基础设施提升工程18个，加快38个城镇社区和70个农村社区项目建设进度，确定了5个幸福社区、30个示范和100个社区服务中心建设示范点，进一步完善了社区“六室三站一场一中心”服务功能和标识设置，促进社区服务功能不断完善。制定下发了《关于规范设置城镇社区服务站的意见》，不断深化社区网格化管理，社区网格划分和网格长、网格员配备全部到位，“一院一图、一楼一册、一户一档”居民信息数据库全部建立，“社区有网、网中有格、格中定人、人负其责”的网格化服务管理体系已经形成。着眼提高指导城乡社区建设的前瞻性、预见性和实践性，与东北大学签订了合作建设“社区建设实验基地”协议。服务水平稳步提升。以创建全国和谐社区建设示范城市为抓手，推行便民服务专业化，支持“西秦大姐”家政服务公司新建了东门口社区日间照料中心，支持绿丰源、广信孝源等专业公司在社区设立便民蔬菜销售点50多个。同时，全力加快岐山、眉县等4个县级社区信息化服务网络平台建设，建立健全服务承诺制度，开展“承诺十件事，奉献三载情”活动，促进社区服务水平不断提升。宝鸡市获“全国和谐社区建设示范城市”殊荣。全面完成了第五次社区居委会换届选举工作，对新一届社区“两委”班子成员和2013年招聘的专职工作人员进行了全员培训，完成2014年城镇社区专职工作人员笔试面试工作，推进社区志愿服务制度化，开展“在职党员进社区、服务群众零距离”活动，全市登记注册志愿者达到14.8万人。

【社会福利】 2014年，全市社会养老机构7所、农村敬老院41所、社区养老服务中心67个，全年新增各类养老床位13500张，老年人床位拥有率达到27‰。农村幸福院建设全面推进。制定出台了《关于加强和规范农村幸福院建设的意见》，在千阳县召开了全市农村幸福院建设现场推进会，总结经验，明确标准，推动落实。全市共实施农村幸福院建设项目238个，建成198个。民政部部长李立国、省委书记赵正永先后来宝鸡调研，对宝鸡市农村幸福院建设给予充分肯定。养老服务政策不断完善。出台了《关于鼓励和引导社会资本进入养老服务领域若干意见的通知》《关于加快发展养老服务业的意见》和《民办公益性养老机构建设补助资金管理办法》等政策文件，对新建、改扩建民办公益性养老机构的，按照每张床位分别给予3000元和2000元的建设补贴已经落实。养老服务设施不断加强。市绛帐社会福利院迁建项目主体完工，年底完成部分搬迁。市社会福利院老年公寓楼项目主体已完工。投资144万元对全市48个城市社区养老取暖设施进行了改造。实施了6个社区养老日间照料中心建设。安排80万元市级福彩公益金支持金台、渭滨两区用于区域养老服务体系建设。全面落实孤残儿童各项保障措施，市儿童福利院被民政部评为“全国孤残儿童手术康复明天计划突出贡献集体”。

【福彩事业】 2014年，福利彩票投注站点增机扩容步伐不断加快，加大营销宣传力度，不断强化服务保障措施，全市福利彩票发行量持续增长。全市累计销售福利彩票4.12亿元，同比增长14%，市县两级共筹集福彩公益金3800万元，同比增长13%。开展了2014年度彩票公益金资助贫困大学新生活动，共资助285人，发放资助金137万元。

【社会组织管理】 2014年，成立了市社会组织管理局，启动了四类社会组织直接登记工作，不断加强城乡社区社会组织备案管理工作，全市社会组织队伍不断壮大。全市共有各类社会组织2064个，社会组织从业人员3.5万人，会员人数人近90万人。社会组织发展不断规范。出台了《关于进一步加强社会组织管理的意见》，推进清理规范党政机关领导干部兼任社会团体职务工作，全市社会组织发展环境进一步优化。截至年底，党政领导干部兼职的90家社会团体中，72家已经完成清理规范任务，清理兼职领导182人。同时，成功举办家政服务行业和美容美发行业业务技能大赛，社会组织服务能力和品牌形象不断提升。社会组织党建不断强化。制定了《宝鸡市基层服务型党组织考核办法（试行）》，区分不同情况，采取单独建立、挂靠组建、临时组建等方式，加大社会组织党组织组建力度，不断加强对社会组织的领导。全市共建立社会组织党组织210个，党员人数达到2567人。宝鸡市被民政部确定为“全国社会组织建设创新示范区”，金台区、千阳县被省民政厅确认为“全省社会组织建设创新示范区”。

【双拥工作】 2014年，全市双拥共建活动深入开展。召开了市双拥工作领导小组会议、全市创建省级双拥模范城（县）动员大会。加强双拥工作宣传力度，刊发《宝鸡双拥故事会》47期，成功举办《宝鸡双拥之声》节目32期。同时，开展“强军优属办好九件实事”活动，走访慰问现役官兵家属和特困军属家庭3370多户，完成市党政军慰问团赴格尔木慰问68210部队驻训官兵工作任务。

【优抚工作】 2014年，全面落实各项优抚政策。加大优抚对象动态管理，健全“普惠”加“优待”的优抚保障模式，各项优待抚恤政策全面落实，重点优抚对象医疗保障网络基本建立。全面落实各项拥军优抚政策，建立了两代表（伤残人员代表、对象亲属代表）参与、一部门（纪检部门）监督、随机抽取专家综合评定的评残新机制，推进复退军人短期疗养制度，重点优抚对象生活质量和水平不断提升，宝鸡市短期疗养工作经验在全国会议进行交流。落实抚恤、优待、医疗救助等资金2.3亿元。

【退伍安置】 2014年，以职业教育和技能培训为重点，通过“三知晓”（退役士兵职业教育和技能培训政策本人知晓、家庭知晓、社会知晓）、“五挂钩”（学员培训期间生活补助与上课、实操出勤相挂钩，培训经费拨付与院校管理情况、就业推荐率和就业成功率相挂钩），推进退役士兵安置工作由计划安置向就业创业转变，今年全市参训退役士兵达到1386人。同时，全面落实安置政策待遇，发放自主就业退役士兵一次性经济补助3865万元，符合城镇安置条件的344名退役士兵已开始分配派遣，妥善解决安置遗留问题276个。开展“致青春—军干所里的年轻人”征文活动和“真诚奉献·服务功臣”主题演讲活动，成功举办第七届军休干部运动会，开展“和谐军休家园”“和谐军休家庭”和先进军休服务单位创建活动，军休人员的政治、生活待遇的得到全面落实。

【防灾减灾】 2014年，市民政局积极应对暴雨洪涝等自然灾害，调拨棉衣、棉被各5100套（床），下拨春荒、旱灾、洪涝及生活救助资金2150万元，灾区群众基本生活得到有效保障。市救灾物资储运中心加工车间搬迁项目完成招投标并已开工岐山、千阳两个县救灾物资储备仓库主体已完工，新争取救灾储备仓库项目3个，专项建设资金已落实到位。推进农村住房保险工作，参加政策性农村住房保险农户达到14524户，参保金额14.5万元，扶风县、麟游县所有乡镇低保户、分散供养五保户农村住房保险工作实现了全覆盖。开展综合减灾示范社区创建活动，6个社区初步被确定为“陕西省综合减灾示范社区”，5个社区列入“全国综合减灾示范社区”候选单位。同时，利用第六个全国防灾减灾日、第22个“科技之春”宣传月等载体，开展防灾减灾宣传活动，圆满完成地震应急抢险综合演练任务，公众防灾减灾意识不断提高。

【区划地名】 2014年，不断提高区划地名规范化管理水平。启动了第二次全国地名普查，完成了凤翔、岐山、太白、凤县4条县级行政区域界线联检，对86条未命名道路进行了命名。同时，新设定道路路牌386块，规范设置路牌128块，维修路牌520块。完成了市区范围内823块道路路牌的靓化和规范设置。渭滨区人民政府迁址至公园路212号。岐山县获评国家“千年古县”殊荣。

【基层政权建设】 2014年，启动了全市镇村综合改革和第九次村两委换届选举工作。召开了全市村务公开民主管理工作现场会暨《陕西省村务公开民主管理办法》培训会，同市纪委、组织部等12个部门联合下发了《关于进一步加强村级民主监督工作的实施意见》，开展了农村基层民主政治制度建设专题调研，全面落实村干部报酬，全市基层群众自治水平不断提高。

【殡葬事业】 2014年召开了全市殡葬工作会议，出台了《党员干部带头推动殡葬改革的实施意见》，启动实施了天台山等5个市县级城市公益性公墓和24个农村公益性公墓建设，1个城市公益性公墓和7个农村公益性公墓已建成，其余正在加快推进之中。做好高铁高速沿线坟头绿化工作，全市投资500多万元对高铁、高速沿线集中坟地进行了绿化，绿化长度达到60公里，栽植侧柏、迎春花等各类苗木40万余棵（株）。同时，顺利完成清明节、寒衣节安全祭扫保障工作，全市祭扫秩序良好，未发生安全事故。市殡葬管理处和岐山县殡仪馆贺鹏云分别被民政部表彰为全国殡葬工作先进集体和个人。加大惠民殡葬救助力度，共救助对象223人，发放救助金19万元。

【婚姻管理】 2014年，大力宣传《婚姻法》《婚姻登记条例》及相关法律法规，倡导婚俗新风，营造社会氛围。开展婚姻登记规范化建设活动，不断优化婚姻登记服务质量。推进婚姻登记机关标准化建设，开通了婚姻登记预约系统，开展了婚姻登记业务下放乡镇办理的可行性调研工作，在乡镇设立婚姻登记点2个。同时，制定下发了《关于进一步加强和规范婚姻登记工作的通知》，对婚姻登记政务公开信息内容、登记程序和行为等进行了完善，婚姻登记合格率和档案规范率均达到了100%。2014年，全市依法准予结婚登记34746对，离婚登记5139余对；补办婚姻证件7057对；出具婚姻状况证明156024份。

【流浪救助】 2014年，承办了陕川甘毗邻地区流浪乞讨人员救助联席会议，做好全国未成年人社会保护试点工作。全面落实流浪乞讨人员救助信息报告制度，开展“流浪孩子回校园”“寒冬送温暖”“夏日送清凉”等专项救助行动。在全市创文行动中，市县配合，部门协作，保障街面无流浪乞讨人员并得到及时救助。创新购买社会组织服务模式，及时安置流浪乞讨滞留人员，探索做好全国未成年人社会保护试点，对重点困境未成年人实施危机干预、早期预防，民政部社会事务司副司长王宏丽先后两次到宝鸡市，对试点工作给予肯定，宝鸡市做法在全国会上交流。宝鸡市救助管理站被命名为西北五省唯一的2013年度全国“青少年维权岗”。全年共救助各类流浪乞讨人员10049人次。凤翔县救助管理站和岐山县救助管理站被民政部评为国家三级救助管理机构，实现了救助管理机构升级晋档目标。

（毕永刚）

人口与计划生育

【概况】 市人口计生局是市政府主管全市人口和计划生育工作的工作部门，局领导班子成员有7人（局长1人、副局长3人、纪检组长1人、调研员1人、流动办主任1人）。县级非领导干部5人，调研员1人、助理调研员4人。内设办公室、政策法规科、发展规划与信息科、流动人口计划生育服务管理办公室、宣传教育科、科学技术服务科、财务科、人事科、监察室9个科室，行政编制28个，实有31人。局直属单位有市计划生育协会（参公管理）、市计划生育药具服务站、市计划生育宣传指导所、市人口信息中心4个全额事业单位，共编制34人，现有在岗36人。2014年，全市人口计生工作围绕“坚持基本国策、深化机构改革、完善协作机制、服务家庭发展”的总体思路，调整完善生育政策，整合优化资源力量，加强基层基础工作，圆满完成了年度目标任务。宝鸡市荣获全省妇幼健康技能竞赛团体一等奖。市人口计生局被国家人口和计划生育杂志社评为“2014年度人口与计划生育宣传工作先进集体”，荣获全市统筹城乡发展工作先进单位称号，被陕西省人口与发展研究中心评为《陕西人口》宣传优秀奖。市计生协会荣获全省计生保险先进单位。

【省卫计委副主任陈昭到宝鸡调研】 2014年3月12日，省卫计委副主任陈昭一行3人到宝鸡调研督查人口计生工作。调研组一行先后到市人口计生局局属单位计生协会、人口信息中心、计生药具站、计生宣传指导所进行实地调研，并与部分市县计生干部进行了座谈交流。3月13日，到陇县城关镇神泉村查看了人口文化大院建设，询问了村级人口计生工作开展情况、村级计生干部报酬、群众生育意愿等情况，并走访了两户计生家庭，了解了群众的所需所求。并在城关镇政府召开了座谈会。

【国家卫生计生委到宝鸡调研】 2014年4月16日，由国家卫生计生委综合监督局监察专员赵延配带队的国家卫生计生委“单独两孩”政策实施指导组一行5人在省卫计委副主任吴相国等陪同下，针对宝鸡市启动实施“单独两孩”政策所涉及的独生子女界定、适用范围及完善配套衔接政策措施等问题，到宝鸡市妇幼保健院、姜谭路社区，以走访慰问、召开座谈会等形式调研指导单独两孩政策启动实施工作进展情况。在座谈会上，副市长景耀平汇报了宝鸡市人口计生工作及“单独两孩”政策实施情况。在听取基层对于单独生育两孩政策的意见后，国家卫生计生委综合监督局监察专员赵延配认为，宝鸡市委、市政府高度重视人口计生工作，全市生育水平长期稳定，各项工作基础扎实，进展顺利，为推进单独两孩政策实施提供了有利条件。希望宝鸡市在资源配置、政策衔接等问题上出台具体措施，为完善政策奠定良好基础，确保生育水平不出现大波动。

【省卫计委副主任吴相国到宝鸡检查卫生计生安全生产工作】 2014年6月4—5日，由卫计委副主任吴相国、副巡视员李金虎带队的省卫计委安全生产工作第四督导检查组一行7人到宝鸡对卫生计生系统安全生产工作情况进行督导检查，并组织召开座谈会。副市长刘桂芳陪同检查。

检查组一行先后到眉县计划生育服务站、疾病预防控制中心、人民医院，千阳县计划生育服务站、疾病预防控制中心、人民医院，宝鸡市疾病预防控制中心、中心医院及市计生局下属单位大院，通过听取汇报、查阅资料、现场核实等形式，边检查边反馈边指导整改。重点对医疗安全、急诊急救、防火、防汛、防盗、用电、内部安保维稳和安全值班等情况进行检查。吴相国对宝鸡市安全生产大检查工作给予肯定，他要求，各单位主要领导要把反馈意见认真梳理，组织本单位内部安全生产机构分解责任、落实到人，起到防患于未然的作用，各单位一定要提高认识，树立安全生产责任重于泰山、常抓不懈、忧患的意识，使安全生产上升到一个政治高度、社会稳定高度、保障人民安全的高度。要不断完善安全生产制度，责任务落实到人，加强督促检查，使之常态化，定期通报检查结果，鼓励先进、鞭策后进，确保全市安全生产工作再上新台阶。

【陈光明调研市流动人口服务管理工作】 2014年6月6日，市委副书记陈光明到渭滨区，就流动人口服务管理工作进行调研。陈光明副书记实地察看了金陵街道办事处新开路社区、渭滨工业园美神服装公司、工业园计生协会、工程液压件厂，通过现场查阅有关资料、听取汇报、召开座谈会，了解市流动人口服务管理工作开展情况。陈光明对全市及渭滨区在流动人口服务管理工作所取得的成绩给予肯定。全市在流动人口服务管理工作上成效明显。渭滨区流动人口均等化服务管理工作为全市做出了榜样，体现了全市的流动人口服务管理工作水平；要总结渭滨区流动人口服务管理工作经验，在全市推广。陈光明强调，在当前在体制机制改革的关键时期，各级政府部门要研究流动人口服务管理工作中的新问题，探索流动人口服务管理工作的新机制、新方法。第一，要充分认识流动人口服务管理工作的紧迫性和重要性。未来几年，宝鸡市每年新增流动人口约10万人，流动人口状况复杂，流动人口服务管理工作任务艰巨。第二，要在流动人口服务管理工作创新机制，增强工作实效性上下功夫。第三，切实加强组织领导。

【上官吉庆调研人口计生系统党的群众路线教育实践活动】 2014年8月22日，市委书记上官吉庆到渭滨区，人口计生局机关，询问了人口计生工作有关情况，查阅了教育实践活动中班子及个人对照检查材料、相互批评意见、意见建议台账等资料，召开了座谈汇报会。上官吉庆指出，渭滨区人口计生局对党的群众路线教育实践活动思想上高度重视，工作扎实认真推进，民主生活会上班子及成员对照检查材料聚焦“四风”问题找得准，班子成员之间的批评意见很有“辣味”，学教活动阶段性成果已初步显现。他强调，全市人口计生系统要高标准、严要求开展好党的群众路线教育实践活动，持之以恒加强作风建设，把教育实践活动的成果体现在惠民生、解民忧的实际行动上，体现在全力以赴抓好人口计生事业各项举措上，确保工作有提升、群众得实惠。

【钱引安调研人口计生工作】 2014年8月27日下午，市长钱引安在副市长刘桂芳、市人口计生局局长王喆等陪同下等到金台区计生服务中心，调研人口计生工作工作。在金台区计生服务中心，钱引安查看了科室设置和服务流程，询问了打击“两非”“两项工程”及各项生殖健康服务开展情况。他要求人口计生服务机构要不断改善服务条件，提高业务水平，为广大育龄群众提供优质服务，提高出生人口素质。在座谈中，市人口计生局局长王喆汇报了全市单独家庭和生育意愿调查情况。钱引安要求，人口计生工作要继续加强管理，提升水平，注重细节，强化内涵，做到硬件一流、管理一流、服务一流，继续保持各项工作在全省领先的良好势头。同时，要加快人口计生工作服务转型，不断提高人口计生工作水平和服务质量，努力推动各项工作向更高水平迈进，不断满足人民群众对高质量、高水平服务的愿望。

【国家卫生计生委综合督查组到宝鸡指导工作】 2014年11月1—3日，国家卫生计生委重大政策综合督查第二监督组一行5人，在组长、财务司监察专员何锦国带领下，到岐山县、金台区、渭滨区，督查公立医院政策，医院医师和全科医生规范化培训、医院安全管理和维护医疗秩序、人口和计生政策落实，妇幼健康服务、卫生计生机构政策，疾病应急救助等有关工作。在反馈会上，市卫生局局长宁建国代表市委市政府向督察组汇报了宝鸡市卫生计生重大政策落实情况，督查组对宝鸡市卫生计生工作充分肯定。何锦国认为，宝鸡市卫生计生工作有五大亮点：1. 宝鸡市作为公立医院改革试点城市为改革试点做出了成绩。2. 城乡失独家庭统一扶助标准有亮点。3. 失独家庭养老中心、“失独家庭养老家政服务爱心行动”试点项目、应急救助基金等项目温暖民心。4. 信息化工作成绩显著。5. 医院人员编制整合有特色。何锦国专员指出，通过这次督查，也发现了一些问题：1. 部分工作相对滞后。2. 单独两孩政策实施要优化。3. 医疗服务能力要进一步加强。4. 公立医院体制、机制改革要再下功夫。

副市长刘桂芳到太白县调研人口计生工作

育龄群众接受母亲健康工程检查

【省人口计生领导小组考核宝鸡市人口计生工作】 2014年12月17—18日，由省卫计委副巡视员樊正英任组长的省计生工作领导小组检查评估组一行6人，对2014年度人口计生目标责任完成情况进行检查评估。省检查评估组到岐山县凤鸣镇及北郭村，渭滨区居家养老服务中心、经二路办事处及新民路社区，以2014年省市签订的人口计生作目标责任书为标准，采取听汇报、查看资料、个别走访、召开座谈会等方式，考核评估市县（区）人口计生工作情况。并在岐山县和渭滨区召开县（区）汇报反馈会，听取汇报，提出反馈意见。检查评估组认为，宝鸡市圆满完成了年度目标任务，各项工作取得了较好的成绩。市委副书记陈光明出席汇报反馈会并作表态讲话。市委副秘书长唐立军、市政府副秘书长李献卿，市人口计生局局长王喆等一同参加检查评估。

【新家庭计划——家庭发展能力建设项目督查组到宝鸡调研】 2014年12月19日，由中国人口福利基金会社会联络部部长宋宏云、副部长吴小兵、清华大学NGO研究所博士后王喜雪组成的“新家庭计划——家庭能力建设”国家试点项目督查组，到眉县横渠镇豆家堡村，召开座谈会、查看现场及资料、与群众面对面交流、听取各级意见建议，实地督查试点项目进展情况。督查组认为，宝鸡市人口计生工作整体水平高，创新发展势头好，特色鲜明，各级高度重视“新家庭计划——家庭发展能力建设”国家试点项目，认识到位，思路清晰，重点突出，载体丰富，措施有力，落实扎实，已经取得了初步成效。国家试点项目督查组考察了豆家堡村的“美丽乡村”“美丽庭院”建设现场；督查组与10多名计生家庭代表进行了交流，查看了项目实施的相关文件、图片等工作资料，听取参会领导及群众代表的意见建议。宋宏云一行还与市县计生协会干部就深化项目实施进行了交流探讨，督察组希望宝鸡市各级进一步加大资源整合力度，完善项目内容，贴近群众需求，更好地为群众服务，为全省、全国探索创造新形势下计生卫生服务家庭发展的新模式。

（赵俊鹤）

外　　事

【概况】 宝鸡市人民政府外事办公室（宝鸡市人民对外友好协会），为市政府内设机构，主要职责是贯彻执行对外工作方面的方针政策和涉外法规及市委、市政府关于外事工作的指示、决定，拟订全市外事工作的规范性文件；统筹安排市级领导的外事活动，组织接待重要外宾来访，安排重要团组出访，做好对外交往和礼宾工作；办理、审核、审批全市重要外事事宜，负责出国护照签证和出国团组行前教育工作；管理本地区的外国记者、外国专家和留学生；管理本地区友好城市交往和民间友好交流工作；管理本地区境外非政府组织等机构，协助处理有关涉外安全事宜；办理本地区的涉外领事认证工作，协调做好领事保护工作，协调有关部门处理口岸有关涉外事宜；负责指导本地区外事工作人员和涉外人员培训，配合有关部门检查外事纪律和保密制度执行情况，承担对外宣传和群众外事教育工作；办理全市因公临时赴港澳人员的审批工作，协助处理本地区涉港澳重大或突发性事件，编制5人。2014年市外办严格遵守“八项规定”和各项外事制度要求，狠抓全市因公出国（境）管理，积极开展国际交流，建立健全各项制度建设，取得了较好成绩。

【因公出国（境）管理】 2014年，市外事办认真落实“八项规定”，贯彻中办发〔2013〕16号《关于进一步规范省部级以下国家工作人员因公临时出国的意见的通知》和陕办发〔2013〕6号《关于贯彻中办发〔2013〕16号文件精神的通知》的要求，从量化管理、出访公示、出国经费联动审批、收缴出访报告、出国责任承诺、行前教育等六个方面入手，严把因公出国（境）工作的归口管理，拒绝受理邀请单位不对等、出访任务不实、线路不符以及因人设事的出访团组和人员，严格控制全市党政机关人员因公出国（境）的批次和规模，全市全年共审核因公出国(境)29批52人次,较上年下降37%。

【国际交流活动】 2014年，做好各类外事接待工作6批次。4月1日，接待了以韩国外交部国际局副局长朴哲民为团长的韩国外交部青年干部团参观法门寺。5月24日，协助市工商局接待了吉尔吉斯和阿联酋两国9名外宾来访宝鸡市。6月26—29日，参与接待了世佛联考察团来宝鸡市考察第27届世佛联大会筹备进展情况，做好来访的翻译组织、会务筹备等工作。8月17—18日，接待了黎巴嫩地方政府代表团一行8人来访宝鸡市，寻求、推动黎巴嫩与宝鸡市在经贸、文化、旅游等领域的交流合作的机会。8月初至10月18日，按照政府办的统一安排，市外办抽调专人全程参与了第27届世佛联大会的会务、翻译、综合协调等三个工作处的前期筹备和会期工作。12月2日接待了肯尼亚经贸代表团一行14人参观蔡家坡经开区，重点考察了宝鸡市的专用汽车等装备制造业。

【市级领导出访】 2014年，先后办理了6名市级领导的出访相关工作。3月份，分别办理了副市长武军率领宝鸡市政府经贸代表团访问韩国，副市长王琳率团赴港与香港中华燃气商讨深度合作，副市长丁琳随同中央统战部赴港开展行政管理学习的出访手续。4月份，办理副市长张敬原随团赴泰国召开27届世佛联宝鸡大会的出访手续。5月办理市委副书记陈光明随省政协前往南非、坦桑尼亚开展经贸活动的出访手续。8—10月份，办理了市委书记上官吉庆率团访问哈萨克斯坦和吉尔吉斯斯坦的出访手续。10月22—29日以市委书记上官吉庆为团长的政府经贸代表团，对哈萨克斯坦和吉尔吉斯斯坦两国进行了为期8天的友好访问。宝鸡市分别与哈萨克斯坦的塔尔迪库尔干市、吉尔吉斯斯坦楚河州热伊尔区进行了友好会谈，就宝鸡市与以上两个市、区在人才培训、技术交流、农副产品加工贸易等方面开展交流与合作进行了初步探讨，并分别签署了发展友好城市（区）关系意向书。这是宝鸡市国际友好城市工作顺应“一带一路”战略，向西挺进的重要一步。12月9日，哈萨克斯坦国际信息学院副院长马西莫夫、哈萨克斯坦东干协会安胡赛一行7人回访宝鸡市，就推进友好城市建设、农技、经贸合作等议题与宝鸡市进行了洽谈。

【友好城市交流】 2014年9月29日至10月2日，宝鸡市邀请韩国庆尚北道醴泉郡政府友好代表团一行10人来访宝鸡，安排醴泉郡政府代表团参观了宝鸡市的代表性企业、文化旅游景区和现代农业园区，并与该郡在经贸、文化、旅游、体育等领域加深交流，开展务实合作进行磋商，签署了发展友好城市关系意向书。为宝鸡市与该郡正式建立国际友好城市关系奠定了基础。为推进充实宝鸡市和韩国庆尚北道醴泉郡业已建立的友好城市关系，加强两地在公务员队伍方面的交流与合作，宝鸡市于2014年11月12日、18日、28日先后三次邀请该郡67名优秀公务员组成的学习考察团访问宝鸡市，重点就两市、郡的基本概况、工农业发展现状、公务员遴选政策和劳动福利等议题进行了讨论，加深了相互了解。

【涉外管理】 2014年，市外事办与公安、国安、民政、文化、教育、外宣等部门密切合作，以维稳、反恐、涉外突发事件的防范处置、境外非政府组织管理、境外媒体管理等工作为重点，不断加强对各种重大突发事件的科学研判，逐步完善全市应急体系建设，坚持专人24小时值班制度，确保了全市涉日维稳、全国两会、“六四”等敏感时期的社会大局稳定。同时还与市纪委、市国安局等有关部门密切配合，重点抓好全市公款出国（境）旅游专项整治工作，把做好党风廉政工作与全市因公出国（境）的归口管理密切结合起来。由于措施得力，全市未发生一起涉外突发事件和涉密事件。

【健全外事管理制度】 2014年3月，按照市委统一要求，市外办修订完善了《市级领导干部内外事接待规定》。4月份，根据省财政厅和省外办的要求，与市财政局联合转发了全国《因公临时出国经费管理办法》（财行〔2013〕516号）；6月份，与市财政局联合转发了《陕西省省级机关外宾接待经费管理办法》（陕财办行〔2014〕14号），适时对全市的出国任务及预算审批和外事接待经费制度进行了修订和完善。根据《中共陕西省委外事工作领导小组办公室关于进一步规范和加强全省因公临时出国管理的若干规定》（陕外事发〔2014〕3号）的具体要求，对宝鸡市当前的因公出国提出新的纪律和要求。

（卢　巍）

地　方　志

【概况】 宝鸡市地方志办公室为市政府直属的具有行政职能的正县级事业单位（参考公务员管理）。内设秘书科、方志科、年鉴科、地情科4个科室，人员编制15名，实有16名。2014年，市地方志公室围绕各级领导关于加强地方志工作的讲话和批示精神，贯彻落实第五次全国地方志工作会议、省地方志工作电视电话会议精神、《地方志工作条例》，坚持记载历史，传承文明，服务社会，垂鉴后世的宗旨，履行职能使命，落实措施，抓志书编纂质量，推进第二轮修志工作。完成了省志办组织的《陕西省志·地方志志》审稿任务，岐山、凤翔、凤县启动了《陕西省志·名镇名村志》的编纂工作。

【三部县区志通过省级终审】 2014年，全市地方志系统贯彻落实全国第五次地方志工作会议、全省电视电话会议精神，县、区志办组织人员专题学习娄勤俭省长重要批示和白阿莹副省长的讲话，研判修志工作形势，制定措施，加快修志步伐。续修的《金台区志》《麟游县志》《陇县志》先后于9月、10月、12月一次性通过省志办终审，县区修志实现了省级终审零的突破，为全市第二轮修志起到了示范引领作用。同时，为了加快修志进度，太白县、凤县地方志办与考核部门联系，将修志工作纳入全县目标责任制考核，加强对乡镇、部门志审定、印刷等工作的指导与监督，并通过检查考核促进部门志和县志编纂进度。渭滨区地方志办在完成《渭滨区志》上报市级复审后，继续加大充实区志编纂队伍力量，反复修改搜集图片，补充资料。2014年6月至7月，《岐山县志》《渭滨区志》《陈仓区志》《太白县志》又相继报市级复审。2014年9月至11月，经专家组审核，《陈仓区志》《岐山县志》完成复审，其中《陈仓区志》上报省志办终审。《凤县志》《扶风县志》《千阳县志》积极筹划初审，《眉县志》《凤翔县志》进入总纂修改阶段。

【抓紧编辑《宝鸡年鉴》】 2014年12月，市志办新任领导到位后，迅速了解掌握情况，把《宝鸡年鉴》出版工作作为振奋精神抓队伍，专心工作转作风，重树宝鸡市志办形象的首要工作。12月底，在年鉴稿件前期已录入并完成一校的基础上，落实科室责任，明确年鉴编辑、统稿、整体设计、出版印刷期限，最大程度压缩、减小之前耽误的工作时间和影响。此外，宝鸡市志办首次承担了向《陕西年鉴》的供稿任务，并提供了宝鸡经济社会发展的彩页宣传资料，完成了向关天经济区内的城市年鉴供稿，扩大了宝鸡的影响面。同时，还督导县区志办编辑出版县级综合年鉴，眉县志办9月初，向全县下发了《关于编纂出版〈眉县年鉴〉（2011—2014）的通知》，开展了《眉县年鉴》第五卷的编纂工作。

【完成地情网站全覆盖项目】 按照省志办地情信息化建设要求，2014年督促指导5个县区完成了地情网站以奖代补项目建设，至2014年12月，全部完成了省志办地情网站群三年项目建设规划，实现了全市地情网站全覆盖。太白县、渭滨区地情网站资料搜集全面、网站栏目设计新颖、硬件设施投资到位，成为社会各界查阅史志、了解县区地情点击率较高的宣传平台，获得了省志办地情网络绩效评估通报表彰。同时，金台区、太白县等县区积极按照省志办要求，积极编辑百度词条，创建（编辑）通过审核词条50余条。

【出版《宝鸡历史文化历史名人剪纸艺术》】 2014年3月，市志办在做好第二轮修志工作的同时，采取以传统剪纸艺术记录历史的方法，编纂出版了《宝鸡历史文化历史名人剪纸艺术》地情书，完成了《宝鸡地方志志》初稿资料的征集整理和前期编辑工作，督导县区开展了旧志整理、地情书编纂工作。凤县对清代旧志进行了整理点校。整理后的清光绪《新修凤县志》约73万余字，2014年6月出版发行。此外，凤县志办还编写出版了2010、2011年《凤县大事要览》。凤翔县地志办采取招标方式开展了《重修凤翔县志》编校，即将付梓出版。扶风县、太白县开展了2013年《扶风大事记》《太白县2013年综合大事记》《虢川八景》编写工作。

【参与全省系列活动夺魁】 2014年5月至9月，省志办开展的“全省修志技能大赛”“方志情·中国梦演讲赛”“方志人新风采书画摄影赛”三项活动通知下达后，市志办组织眉县、太白县、渭滨区、金台区、陈仓区、扶风县、陇县、岐山县、凤翔县9个县区修志人员参加了技能竞赛遴选活动，并在赛前对15名选手进行了辅导。眉县志办杨虎平、凤翔县志办毋乃强获得“全省十大修志能手”称号，太白县志办李蓉斐《我的方志情》获得征文和演讲赛二等奖和第三名，市志办李宏波的摄影作品《吼出来的秦腔非遗传承人》获摄影赛一等奖、凤翔县志办毋乃强的书法作品、眉县志办陈满良的绘画作品分别获得书画类一、二、三等奖。

【贯彻地方志工作会议精神】 2014年5月，全市地方志系统贯彻落实第五次全国地方志工作会议精神，各县区志办分别召开会议，学习李克强总理“修志问道，以启未来”的批示和国务院副总理刘延东的讲话。2014年7月23日，市地方志编纂委员会的40多名编委会成员、金台区、渭滨区政府分管地方志工作的副区长及地志办的工作人员，在行政中心1号楼B座3楼电视电话会议分会场，参加了全省地方志工作电视电话会议，市委常委、副市长康巨淋参加了会议。陈仓区、凤翔县等10个县区的地方志编委会成员在县区分会场参加了会议。会后，各县区志办按照会议安排，向县区委、政府领导汇报会议概况和娄勤俭省长批示、白阿莹副省长讲话以及省志办王锦春主任工作报告精神，研究和部署县区志编纂和工作计划。2014年12月1日，省地方志办公室主任王锦春、市县志处处长张世民一行，在市委常委、副市长康巨淋陪同下，到宝鸡市志办调研贯彻落实全国及全省地方志会议情况，并

陕西省地方志办公室主任王锦春到市地方志办公室调研

看望了市地志办的干部职工。

【开展群众路线教育实践活动】 2014年3月4日，市地志办召开全办党员干部参加的党的群众路线教育实践活动动员大会。办党组书记、主任刘改荣主持会议并作了动员讲话，市委第十二督导组组长、市委咨询员、宝鸡职业技术学院党委书记张育仓等一行7人到会进行了指导。会上宣读了《宝鸡市地方志党组关于深入开展党的群众路线教育实践活动的安排意见》。市委第十二督导组组长、市委咨询员、宝鸡职业技术学院党委书记张育仓作了重要讲话，他认为宝鸡市地方志办公室党组对开展教育实践活动认识到位，行动迅速，能认真落实省、市委要求，及时传达学习会议精神，细化明确实施方案，准备工作比较充分，为教育实践活动的开展奠定了较好基础，同意地志办党组的对开展活动的全面动员部署。另外，为了加强党员干部的革命传统教育，配合群众路线教育实践活动的开展，清明节前夕，办党支部组织党员干部到宝天铁路英烈纪念馆，悼念为修建宝天铁路而英勇献身的烈士，参观宝鸡早期革命先烈展览，聆听宝天铁路筑路老战士阚韵清讲述修建宝天铁路的历史，追思和学习革命烈士的丰功伟绩和崇高精神，9名党员在纪念碑下重温入党誓词，培育和践行社会主义核心价值观。2014年12月30日，按照市委群众路线教育实践活动领导小组办公室安排，市志办重新开展了为期3个月的群众路线教育实践活动补课，办党组副书记、副主任任小康（主持工作）做了动员部署。

【抓学习转作风】 2014年12月，市地志办以抓党建，落实主体责任，抓班子带队伍，抓制度强管理，抓学习转作风，努力追赶被耽误的时间和工作。在较短的时间里，全办党建工作、党风廉政建设、修志编鉴等各项工作开始了新的转变。①落实了党建主体责任，推动其他工作。补选了任小康为支部书记，杨军、李宏波、李海杰为支部委员，健全了市志办党支部班子。明确了每月召开1次党组会、2次办公会，每周一次碰头会、每月支部会、党小组会等会议和学习制度。②落实市委及市委群众路线教育活动实践办的精神，对全办进行群众路线教育实践补课活动再动员，重新安排群众路线教育实践学习活动。③多次召开科级以上干部会，梳理一年来的工作和存在问题，建立完善工作制度，落实科室责任，加速推进所耽误的工作，减少损失，使《宝鸡年鉴》编辑出版、第二轮修志、地情信息化建设等工作走向正轨。

（李宏波）

信 访 工 作

【概况】 市信访局担负着贯彻执行信访工作方面的法律法规和方针政策宣传，综合协调指导全市信访工作，负责处理市内外群众、境外人士、法人及其他组织来信来访；负责向市委、市政府反映来信来电来访中提出的建议、意见和问题，并调查研究、综合研判，提出建议；负责协调处理全市群众赴省进京上访工作等。内设办公室、监察室、信联科、督查办案科、信访接待科、驻京信访科6个科室。市信访局机关行政编制32名，其中：局长1名，副局长3名，纪检组长1名，副调研员2名。2014年，市信访局共受理群众来信来访8677件人次，同比下降17.4%。其中：办理群众来信770件次，同比下降44.2%；接待群众单访936人次，同比下降17.8%；接待群众来市集体访236批6971人次，同比批次下降38.9%，人次下降12.7%。接待劝返群众赴省集体上访17批524人次，同比批次下降67.3%，人次下降67.1%，安全稳妥劝返群众进京非正常上访231人次，同比下降35%。信访形势呈现“四下降、三减少、两好转、一提升”（来市信访总量、来市集体访、赴省集体访、进京非正常访大幅下降；堵门堵路等群体性异常上访、信访老户存量、到行政中心缠访闹访人员明显减少；信访形势和信访秩序明显好转；信访部门工作效能进一步提升）的良好态势。

【日常信访工作】 2014年，在日常工作中，重视抓以下三项基础工作。一是重视初信初访问题的办理。严把群众信访第一道关口，按照“谁接待受理、谁协调交办、谁跟踪督办”的原则，重视受理、登记、交办、协调、督办等环节的工作，对每一封群众来信均做到“及时转办不积压、跟踪办理有回复”，对每一批群众来访都能热情接待、及时协调、妥善化解，做到群众来访迅速登记分流，来信转办不超过3天，网上留言3个工作日内回复转办，网上信访件3个工作日内完成转送交办，并定期通报办理情况，从办信接访第一道关口杜绝重复信访问题的发生。二是重视领导接访制度的落实。年初，对全市领导干部接访下访活动作出部署，把接访的重点放在县、镇两级。在重大会议及重要活动期间，坚持开展党政领导干部每日坐班信访大厅接待来访群众活动。全国“两会”召开前，组织开展了为期半个月的县区委书记、县区长面对面接待信访“老户”活动，将各自辖区内的进京上访“老户”有效吸附在当地，集中化解了一批信访“老户”问题。结合群众路线教育实践活动，先后修订了《市委领导办理群众来信接待群众来访工作制度》《党政领导干部接待群众来访工作制度》等，使各级领导干部接待信访群众工作制度化、规范化、常态化。年内，各级领导通过接访下访活动协调解决信访突出问题1659件，把大量的不稳定隐患化解在了源头和属地。三是重视重要节点期间的工作部署。每逢中、省、市重大会议及“双节”、国庆、“八一”等重要节庆，市信访局提早动手，对全市的重点信访群体和上访“老户”稳定工作及时部署，并有针对性地开展信访突出问题集中化解和专项治理活动，从源头、属地减少越级上访隐患。同时，成立工作组到市赴省进京驻会，做好全市越级上访人员的接谈和劝返带离工作，确保了重大会议和活动的顺利举行。年内，全国和省“两会”期间，取得了“零非访、零滞留、零通报、零炒作”的优异成绩，省十五运会、第27届世界佛教徒联谊会等大型活动期间未发生一起不稳定群体和信访“老户”赴会上访，中央巡视组在陕西和省委巡视组来宝鸡巡视期间，未发生赴巡视组驻地集体上访和异常上访问题，接访劝返工作多次受到省信访局和市委、市政府的肯定。

【阳光信访拓宽群众诉求表达渠道】2014年，市信访局多途径拓宽群众信访渠道。一是整合接访大厅职能。以市信访联合接待大厅为重点，对市县两级“一站式”信访联合接待大厅职能进行整合。先后制定和完善了《接待窗口干部作风若干规定》、办理群众来信接待群众来访工作流程、接访工作制度等规范性文件。建立了24小时信访值班电话，随时受理群众电话反映问题。二是全面推行网上信访。按照中省信访工作改革创新的总体部署，通过充分学习外地经验、在全市建立了网上信访信息系统，实现依托互联网或电子政务网纵向向上联通中、省信访局，向下联通县（区）、镇（街办），横向联通市级有关部门的网上信访信息系统，使群众来信来访办理、网上投诉受理、督查督办和统计分析等工作全部在网上运行，逐步把网上信访作为群众解决信访问题的主渠道。三是打造阳光信访。年初，制定下发了《关于提高投诉事项“三率”打造阳光信访的工作方案》，对中、省下转和市、县（区）两级受理的群众有效投诉信访事项转送、办理工作提出了更高的工作标准。年内，国家信访局转交的16件“阳光信访满意度评价”事项，交办、办理工作测评满意率100%。国家投诉办转送的215件、省投诉办转送的371件、国家部委转送的14件以及市信访局门户网站受理的187件群众网上投诉类信访问题，均按有关规定迅速转送、认真办理、及时回复，转送、办理、回复率均达到100%。

【以信访改革规范信访工作】2014年，市信访局狠抓信访制度改革的落实，信访工作和信访行为得到了双规范。一是逐级走访政策宣传到位。传达学习了《国家信访局关于进一步规范信访事项受理办理程序引导来访人依法逐级走访的办法》，结合全市实际，制定下发了贯彻落实的《实施意见》，印制了宣传提纲和相关材料5000余份，向来访群众广泛宣传。同时，利用《宝鸡日报》、市信访局门户网站、市县两级信访联合接待大厅电子显示屏等，在全市范围内大力宣传依法逐级走访相关精神，引导群众依法合理表达诉求，减少了越级信访问题的发生。二是逐步引导实现诉访分离。认真贯彻落实中办、国办《关于依法处理涉法涉诉信访问题的意见》、中央综治办、中央维稳办、中央联席办、公安部《关于进一步解决赴京非正常上访突出问题的若干意见》，坚持“依法及时就地解决问题”的工作原则，严格规范信访部门受理事项范围，逐步推进实现诉访分离。印发了规范信访秩序宣传资料，对越级访群众做到逐人告知，起到了很好的宣传引导效果。年内，到市信访联合接待大厅上访的涉法涉诉类群众明显减少，“诉访分离”引导工作取得一定的成效。三是非访问题得到有效整治。针对年初全市进京非访增多的势头，4月份，市信访局会同市综治办联合下发了《关于对信访突出问题进行综合治理的实施方案》，将化解进京非访和信访突出问题纳入综合治理范畴，实行“一票否决”。每月对各县区、各部门进京非正常上访情况予以通报，工作责任落实不到位的，下发提醒函、督办函予以警示。宝鸡市群众进京非正常上访同比下降83%，全年非访总量同比下降35%，非访上升的势头得到有效遏制。

【督办化解信访突出问题】2014年，市信访局加大办理了大量的要结果信访案件，全年共向有关县区和市级部门交办、办理中、省要结果信访案件78件，市立要结果信访案件106件，中央巡视组转送的信访事项1024件，全部按要求上报了调查处理情况，按期办结率100%；及时转送、办理网上信访事项787件。均按要求办理并及时回复；争取中、省专项资金234.68万元，化解信访疑难案件36件，全年信访案件办理总量为近五年的总和，协调解决了一大批来市集体上访问题。

【听证评议化解信访积案】2014年2月，市信访局通过充分走访调研、座谈讨论、征求意见后，制定了符合宝鸡市实情的《信访事项听证评议活动实施方案》，组建了由市委常委、政法委书记黄超任团长，专家学者、律师、“两代表一委员”、退休教师、新闻工作者、村（居委会）干部和政府相关职能部门、司法机关、工青妇联组织负责人等50名各界人士组成的评议团。指导县区组建了由30名各界人士组成的县级听证评议团，建立了市、县两级听证评议团成员库，先后两次召开专题会议进行学习培训。全年共对15件信访事项举行了听证评议活动，成功化解息诉了12件信访积案，听证评议工作在全省介绍了经验。

（王思泰）

气象工作

【概况】宝鸡市气象局为双重管理的处级建制单位，编制137人，其中参照公务员管理19人，事业编118人。内设办公室（与人事教育科、监审室合署办公）、业务科技科、计划财务科、政策法规科四个职能科室，下辖12个县区气象局。基本形成了由新一代多普勒天气雷达、3个国家基本站、8个国家一般站、1个国家一级农业气象观测站、1个国家GNSS站、1个大型覆冰观测站、1个气溶胶观测站、183个区域自动气象站组成的气象监测网络，为全市经济社会发展提供优质气象服务保障。2014年，宝鸡市气象局圆满完成了各项重大气象服务保障任务，特别是在省第15届运动会、第27届世界佛教徒联谊会大会期间，始终按照“现代化、精细化、专业化”的服务标准，制定了气象保障服务实施方案

2014年7月26日，国家气象局工会、中国工会网领导到宝鸡气象局检查指导工作

和应急预案，为一系列重大活动的成功举办提供了优质气象服务。被省气象局授予“综合目标考评特别优秀单位”，被市政府表彰为“目标责任考核优秀单位”“农业重点工作先进单位”“依法行政工作先进单位”等，荣获“省级绿色文明示范单位”、全省“六五”普法中期先进单位。

【气象工作政府化】 2014年，市政府70号政府令修订颁布了《宝鸡市防雷减灾管理办法》，出台了《宝鸡市气象信息发布与传播管理办法》等4个气象工作专门文件，为气象事业发展营造了良好的政策环境。在全省率先开展气象行政执法“三化”活动，在市政务大厅气象窗口全面推行首问负责制、限时办结制和一次性告知等措施，以简政放权促进职能转变，向县级下放行政许可1项，保留行政审批事项5项。年内，全市新建农业小气候站5个，农业气象服务示范田4处，防雷安全示范村3个，新增标准化乡镇气象工作站55个，培训气象信息员1200人。率先出台了市级《突发事件预警信息发布管理办法》，建成市级突发事件预警信息发布平台，实现了各县区和市级部门预警信息发布的全面接入。

【气象现代化建设】 2014年，共落实“局市协议”4个重点项目配套资金790万元，占到“局市协议”市县投资总额的50.4%。完成11个台站规划评审，全部列入中国气象局项目库管理。出台了《凤县气象探测环境保护专项规划》，完成凤县新址建设和站址迁移。市政府和11个县区政府出台了《关于加快推进气象现代化建设的实施意见》，并将“局市协议”项目、“三农”专项纳入各县区农业重点工作年度目标考核。召开了市气象灾害应急指挥部门联络员会议，7个县区举办气象防汛地质灾害综合防御应急演练，应急管理和部门联动机制不断健全。首次开展了全市农村气象防灾减灾体系建设评估，陇县天成镇、河北镇被中国气象局认定为标准化气象灾害防御示范乡镇。年内，升级改造区域气象站17套，新增校园气象站3套，便携式应急观测系统2套，称重式雨量计4个，能见度自动观测仪3个，建成宝鸡气溶胶质量浓度观测站。完成市县气象专网升级改造，率先建成市级虚拟化气象数据中心，开通省市县高清可视会商系统。

【人工影响天气】 2014年完成了陇县马家山、千阳南寨、陈仓区坪头镇、凤翔范家寨、岐山雍川镇等9个人影固定作业点标准化建设任务，县级人影综合能力和作业安全等级明显提升。在应对冬春连旱、高温伏旱、强对流等灾害中，进一步完善气象监测预警机制，加大人工增雨和防雹作业力度，全市共实施人工增雨雪作业16次，防雹作业10次，共发射“三七”炮弹3815发、火箭弹254枚，作业频次258炮箭次，有效避免减轻冰雹和干旱造成的经济损失，直接经济效益超过8000万元。

【气象防灾减灾】 2014年，联合水利、林业、国土部门新建防灾减灾气象预警大喇叭、电子屏260套，整合建立了气象灾害及泄洪、森林火险、地质灾害预警信息发布“绿色通道”。联合安监部门加强重点行业、重点单位气象灾害防御安全管理。联合交通部门加强干线公路和高速公路高影响天气预报预警。联合农业部门全面开展面向新型农业经营主体的直

2014年9月18日，省政府法制办、应急办检查全市农村气象防灾减灾体系建设评估工作

通式气象服务，将224个农业产业化龙头企业和1860个农民专业合作社纳入直通式气象服务网络，实现农业气象服务全覆盖。向市委、市政府提供宝鸡重度霾污染过程气象成因分析报告，为全市大气污染防治工作提供了科学准确的决策依据。试点开展城市分区精细化预报，开展宝鸡中心城区热岛效应监测，服务全国文明城市和生态园林城市创建。全年累计制作发布各类气象决策服务产品393期，气象灾害预警信号50期。

【气象基层综改】 2014年，稳步推进气象为农服务社会化试点工作，联合眉县政府，在全市第一家开展政府向社会组织购买直通式气象服务试点，探索“政府买单、协会服务、农民受益”的气象为农服务社会化新模式。优化县局岗位设置，建立完善国编、地编、聘用人员相结合的多元化用人机制。市县级所有直属事业单位完成事业法人登记，依法取得法人资格，制定并印发《县级综合气象业务管理制度》《县级综合气象业务岗位职责和业务流程》，加快建立县级综合气象业务新格局。

【科研成果】 2014年，组织实施PM2.5气溶胶对雾霾和能见度影响研究、气候可行性论证、精细化农业气候区划等大项目研究。深化对外科技合作，与宝鸡文理学院（灾害监测与机理模拟陕西省重点实验室）签订了科技合作协议，并联合申报气候变化专项2项。1项科研项目首次获陕西省自然科学基础研究计划立项支持，9项科研项目通过验收。《宝鸡气候变化及其对农业生产研究与应用》成果获宝鸡市农业技术推广成果奖一等奖。全年发表科技论文21篇，其中SCI刊物1篇，核心刊物3篇，参加国家级学会交流2篇。有6篇科技论文获得宝鸡市第十五届自然科学优秀学术成果奖，其中1篇论文荣获一等奖。先后荣获陕西省第五届气象行业职业技能（县级综合气象业务）大赛团体第二名和全省首届公共气象服务业务竞赛团体第一名，1名同志被授予“陕西省技术能手”称号。

（杜 娟）

宝鸡市气象局领导成员

党组书记、局长 陈卫东
副 局 长 张向荣 郭清厉
纪 检 组 长 常 军

经济社会发展研究

【概况】 宝鸡市人民政府研究室（市发展研究中心）为市政府直属事业机构，主要负责对全市经济社会发展中全局性、战略性、综合性、长期性问题进行调查研究，并承担宝鸡市决策咨询委员会办公室工作。市政府研究室设4个内设机构，分别为办公室、决策研究科、经济研究科和社会研究科，编制18人，在册16人。2014年，市政府研究室（市发展研究中心）立足“调查研究、参谋服务”职能，以课题研究为抓手，以“强作风、重实干、创一流”为主线，发挥“调研、咨询、服务”三大作用，全年完成调研课题15个，3篇研究报告在省市级媒体刊发，年内撰写领导讲话、署名文章等重要文稿33篇，刊发《决策咨询》20期，出版《宝鸡经济》6期，为全市经济社会发展提供了有效的智力服务。

【围绕中心服务全市发展大局】 2014年，围绕全市“双迎双创”四件大事，凝神聚力，主动作为，为发展大局服好务、做贡献。9月18—19日，承办了陇海兰新经济促进会第14次年会暨丝绸之路经济带发展论坛，邀请38个理事单位的127名代表参加会议，西安市、乌鲁木齐市、兰州市、西宁市、伊犁市、汉中市、天水市、金昌市等地市的政府领导莅临宝鸡出席会议，陇海兰新经济促进会理事长、西安市市长董军致开幕词，市委书记、市人大常委会主任上官吉庆致欢迎词，市长钱引安主持开幕式暨丝绸之路经济带发展论坛。会议听取并审议通过了促进会工作报告、财务报告和理事会成员调整名单，听取了城建联合会工作汇报，确定由徐州市政府承办2016年的第15次年会。年会期间，举办了丝绸之路经济带发展论坛，国家发改委西部开发司副司长欧晓理、国务院发展研究中心研究员王辉作专题发言，部分与会城市领导和陕西秦川机床集团负责人作交流发言，市委常委、副市长康巨淋代表宝鸡市发言。会议的组织和服务得到了与会代表的普遍赞誉，充分彰显了生态优美、干净整洁的城市形象，全面展示了宝鸡人民崇德尚礼、创新实干的精神风貌。同时，抽调精兵强将积极参与第27届世佛联大会筹办、省15运会总结，以及市委常委班子、市政府党组班子党的群众路线教育实践活动协调服务、材料起草等工作，及时高质量完成了承担的工作任务，得到了有关领导及活动组织方的一致好评。

【紧扣全市工作主线开展调查研究】 2014年，结合党的群众路线教育实践活动，坚持深入一线开展调查研究，接地气、摸实情。紧扣全市发展大局，围绕领导关心的重点、群众关注的热点、实际工作的难点，深入开展调研，掌握上情，吃透下情，努力形成情况掌握透、问题分析准、对策措施实的研究报告，为市委市政府决策提供重要参考。完成的《促进小贷公司持续发力助推小微企业发展腾飞》《宝鸡发展夜间经济的调研报告》，分别提出了促进小额贷款公司健康发展、加快市区夜间经济发展的对策建议，得到了领导肯定，市长钱引安做出了专门批示。完成的《园区管委会体制改革专题调研》提出了高新区、蔡家坡经开区、蟠龙新区、文管会、陈仓物流园、法门寺景区、太白山景区、西山建委等8个管委会的体制机制改革建议，市长钱引安高度重视并做出了批示。《发展市区夜间经济的实施方案》对策措施实、问题把握准、操作性强，得到了领导的高度肯定，已经转化为市委市政府决策，以市委办、市政府办文件下发执行。完成了年度、半年、季度全市经济运行分析，客观、全面分析经济运行形势，提出了操作性较强的对策建议。《做好地接文章做旺旅游产业》等课题研究，提出了做大做强旅游产业、推动经济加快发展的思考建议，得到了市委、市政府领导重视。同时，联合其他部门和兄弟城市开展调查研究。先后与市环保局合作完成了全市城市环境与经济形势分析报告，配合省政府研究室完成了小韦河污染治理、智慧城市建设及新型城镇化的调研，与西安市政府研究室合作完成了关于工业转型升级、关中城市群治污减霾联动机制调研，与陇海兰新沿线的乌鲁木齐、西宁、郑州、洛阳、徐州等城市联合完成了《加强生态环境保护实现持续协调发展》课题研究。

【以文辅政完成重要文稿起草】 2014年，围绕全市中心工作，做好重要文稿起草，高质量、高效率完成了《政府工作报告》，以及市委、市政府领导讲话、署名文章、汇报材料等文稿30多篇，得到了领导的认可和肯定。高质量完成了市十四届四次人代会《政府工作报告》，并将报告涉及的任务分解为189项具体工作，落实到各县区及市级有关部门，为全市经济社会持续健康发展绘制出了宏伟蓝图。撰写了市委书记上官吉庆“构建丝绸之路经济带新起点”系列高层访谈采访稿、在第27届世佛联大会筹备工作动员大会的讲话，以及给国家环保部的农村环境综合治理汇报材料。完成了市长钱引安在市委十一届六次、七次全会、市政府全体会、全市经济运行分析会、重点项目建设会、重点工作推进会等会议上的讲话材料，以及市长讲党课讲稿等重要文稿起草。及时完成了常务副市长张敬原在市决策咨询委员会专家座谈会上的讲话，以及《打造丝绸之路新枢纽构建对外开放新高地》《走向世界的法门寺》等署名文章。同时，完成了市委常委、组织部长马赟《古丝路新走法》署名文章、省人代会发言，以及副市长刘桂芳就公立医院改革向副总理刘延东的专题汇报等材料。

【借智引智发挥决策咨询作用】 2014年1月4日，在北京组织召开了市决策咨询委员会2014年专家座谈会，国务院发展研究中心副主任刘世锦、中国名牌培育委员会主任艾丰、清华大学中国经济研究中心常务副主任魏杰等8名国内著名专家参加座谈会。与会专家积极建言献策，对《2014年市政府工作报告（征求意见稿）》提出了意见、建议，并结合各自研究领域，对宝鸡深化改革、加快发展的着力点、突破口和路径选择提出了许多建设性建议。4月份，邀请市决策咨询委员会委员、中国旅游研究院学术委员会主任魏小安一行到宝鸡，赴法门寺、太白山、关山草原等景区实地调研，就打造龙头景区、提升景点带动力，把脉问诊，分析策划，形成了《宝鸡旅游业跨越式发展三年行动计划》，为加快全市旅游业发展提出了针对性、前瞻性很强的对策建议。魏小安教授还为300余名市县旅游行业的干部及企事业单位负责人作了《宝鸡旅游高端发力发力高端》的专题报告，广获好评。同时，密切关注决策咨询委员的研究动向，紧扣专家对宏观经济形势和国家政策动向的研判把握，借助高层次专家的专业眼光审视宝鸡经济社会发展。年内，搜集整理《中国经济将有一个探底的过程》《“新常态”下如何处理好政府与市场的关系》《财税体制改革是最难啃的骨头》等专家研究成果10期，以《决策咨询》内刊形式刊发，及时印送领导和有关部门参阅，较好地发挥了决策咨询服务作用。

（张永辉）

中国人民政治协商会议宝鸡市委员会

编辑　李海娟

政协主要会议

【市政协十一届三次全体会议】
2014年2月9—12日，市政协十一届三次全体会议召开。会议听取并审议通过了政协宝鸡市第十一届委员会常务委员会工作报告和提案工作报告；列席了宝鸡市第十四届人民代表大会第四次会议；审议通过了政协宝鸡市第十一届委员会第三次会议提案审查情况的报告和各项决议。会上，委员们各抒己见，提出了许多富有建设性的意见建议。对于这些意见、建议，经过整理及有关会议研究，以市政协党组文件报市委、市政府参阅。主席张民义，副主席倪宝生、黄哲、王虎贤、李明、张望、张宗智、宋建国，秘书长王志林，副秘书长齐周怀、刘建国、乔文录、李晓明、毛亚莉及十一届政协委员出席会议。市委、市人大、市政府、市纪委、宝鸡军分区、市中级人民法院、市人民检察院、市总工会、宝鸡职业技术学院、驻宝部队、武警宝鸡市支队、市级各民主党派、工商联的领导同志和担任过历届市政协领导的老同志出席大会开幕式和闭幕式。会议结束时，市政协主席张民义作了总结讲话。

【市政协十一届十一次常委会议】
2014年4月9日，市政协召开十一届十一次常委会议。会上，学习传达了全国政协十二届二次会议精神；听取了市政府副市长袁军晓关于全市非公经济发展情况的通报；听取了市政协副主席王虎贤关于全市非公经济发展调查情况的通报；审议通过撤销违法违纪政协委员资格有关决定。常委们围绕学习贯彻全国政协十二届二次会议精神和宝鸡市非公经济发展等有关问题进行了协商讨论，提出意见和建议。主席张民义，副主席倪宝生、黄哲、王虎贤、李明、张望、张宗智、宋建国，秘书长王志林及十一届政协常委出席会议。市政协主席张民义作了总结讲话。

【市政协十一届十二次常委会议】
2014年7月22日，市政协召开十一届十二次常委会议。会上，市政府副市长武军通报了全市上半年经济运行情况；市纪委副书记张根萍通报了全市党风廉政建设和反腐败工作情况；市政协副主席张望通报了对宝鸡市农田水利灌溉的调查情况。常委们围绕全市经济运行、党风廉政建设和反腐败工作、农田水利灌溉等有关问题协商讨论，提出了许多意见和建议。主席张民义，副主席倪宝生、王虎贤、李明、张望、张宗智、宋建国，秘书长王志林及十一届政协常委出席会议。市政协主席张民义作了总结讲话。

【市政协十一届十三次常委会议】
2014年10月14日，市政协召开十一届十三次常委会议。会上，市政府副市长王琳通报了全市残疾人社会保障情况；市政协副主席张宗智通报了对宝鸡市残疾人社会保障的调查情况。常委们围绕残疾人社会保障有关问题进行了协商讨论，提出意见和建议。主席张民义，副主席倪宝生、王虎贤、李明、张望、张宗智、宋建国，市政协秘书长王志林及十一届政协常委出席会议。市政协主席张民义作了总结讲话。

【市政协十一届十四次常委会议】
2014年12月26日，市政协召开十一届十四次常委会议。会上，听取了市委副秘书长王波关于党群系统2014年度政协提案办理情况的通报；听取了市政府副秘书长张周让关于政府系统2014年度政协提案办理情况的通报；审议了市政协各专委会2014年工作总结和2015年工作设想；审议通过了关于召开市政协十一届四次会议的有关事项；审议通过了增补市政协委员和撤销违法违纪委员资格的决定。常委们重点围绕召开市政协十一届四次会议的有关问题进行了协商讨论。主席张民义，副主席倪宝生、王虎贤、李明、张望、张宗智、宋建国，秘书长王志林及十一届政协常委出席会议。市政协主席张民义作了总结讲话。

【市政府与市政协领导联席会议】
2014年11月18日，市政府与市政协召开联席会议。市政府市长钱引安和市政协主席张民义分别在会上讲话，市政府副市长景耀平通报全市农业和农村经济社会发展情况。市政协副主席倪宝生、王虎贤、李明、张望、张宗智、宋建国，秘书长王志林，副秘书长、办公室主任齐周怀，副秘书长、研究室主任刘建国，副秘书长、办公室副主任乔文录、李晓明，副秘书长毛亚莉，办公室副主任刘新龙和各专委会负责人，市民盟、市民进、市农工、市工商联负责人参加了会议。

参 政 议 政

【概况】 2014年，市政协举办委员议政日活动4次，开展委员无主题约谈活动4次，提出意见建议120多条。组织担任纪检、法院、检察、公安、司法、劳动、药监、物价等20多个市级执法执纪部门特约监督员的62名市政协委员，先后参加各种评议和检查活动124人次。市政协7个专门委员会分别围绕非公经济发展、西山扶贫开发、"两新组织"党建、农村养老服务、金融生态建设、非物质文化遗产保护、农村环境综合整治、中小学德育工作、重点提案办理等问题，与市委、市政府有关部门开展了对口协商，探讨思路对策。政协委员提供社情民意信息430多条，为市委、市政府科学决策和指导工作提供了参考。

【委员议政日活动】 2014年，市政协组织委员先后围绕水资源配置、推进全民健身等热点难点问题，举办委员议政日活动4次。4月23日，围绕水资源配置问题，举办委员议政日活动，听取了市水利局的情况介绍，提出意见建议，形成的专题报告被市委《宝鸡情况》第32期转发。5月28日，围绕蔡家坡经济技术开发区发展情况，举办委员议政日活动，实地视察了蔡家坡经济技术开发区第一小学、通运集团专用车、重点示范镇、蔡家坡经开区进城农民集中居住区、海螺型材等建设项目，听取了蔡家坡经济技术开发区的情况介绍，提出意见建议，形成的专题报告被市委《宝鸡情况》第36期转发。9月16日，围绕残疾人社会保障情况，举办委员议政日活动，到凤翔县实地视察残疾人社会保障情况，听取了市残联、市人社局、民政局、财政局、教育局的情况介绍，协商讨论，形成的专题报告被市委《宝鸡情况》第51期转发。9月23日，围绕全民健身问题，举办委员议政日活动，到陈仓区和麟游县实地视察全民健身场所，听取市体育局、陈仓区和麟游县对全民健身实施情况的介绍，提出意见建议，形成的专题报告送市委、市政府参考。

【无主题约谈活动】 为了更广泛地收集和反映社会各方面的意见建议，市政协全年共开展4次无主题约谈活动，副主席王虎贤、张望、张宗智、宋建国分别与委员进行了约谈。与会委员围绕调整经济结构、统筹城乡发展、大力发展现代农业、增强科技创新能力、优化公交线路、扶持群众文化活动、强化食品安全监管、创新社会管理等有关问题，发表了许多意见建议。这些意见建议以政协信息、社情民意等形式，报送市委、市政府参考。

【对口协商活动】 市政协充分发挥专委会的协商议事作用，分别就创建全国文明城市、重点项目建设、构建和谐医患关系、农村环境综合整治、重点提案办理等问题，与市委、市政府有关部门开展了9次对口协商，提出了100多条改进意见，有力地推动了有关方面工作。

【反映社情民意】 全年共收集各类社情民意信息430多条，经筛选整理，向市委和有关方面报送150多条，重点反映了加快城乡统筹、促进转型升级、发展农村医卫、加强幼儿监护、帮扶特困群体等方面的意见建议。其中，7条被省政协采用，20条被市委采用，为各级党委政府掌握社情民意、解决群众关注的热点难点问题提供了重要依据。《村干部"走读"现象不容忽视》的信息，得到省委书记赵正永批示，责成有关部门专题调研，拿出具体办法，促进了这一问题的有效解决。

【行风评议活动】 组织和引导政协委员积极参与专项监督，推荐和组织部分委员参与了中央巡视组在宝鸡的测评、市委及市级各部门教育实践活动征求意见、百姓问政、法院司法监督和社区工作人员招录等活动27次，客观公正评判工作，实事求是反映问题，真挚诚恳提出建议，较好地履行了民主监督职能，受到相关部门和社会各界的好评。

提 案 工 作

【概况】 市政协十一届三次会议以来，市政协组织参加政协的各党派、团体、界别、政协专门委员会和广大政协委员，贯彻中共十八大和十八届三中、四中全会及市委十一届六次全会精神，围绕全市改革发展稳定大局，调查研究，履行职能，运用政协提案参政议政，为全市经济发展、民生改善、社会和谐建言献策。全年共收到提案867件，审查立案856件。

【提案办复率达到100%】 为了切实提高提案办理质量，市政府和市政协围绕事关全市经济社会发展的重大问题，分别确定10件和19件重点提案，由市政府、市政协领导亲自包抓，采取跟踪了解、协商座谈、现场视察等方法，认真督促办理，提案办理工作更加扎实有效。承办提案的有关县区和市级部门，克服困难，创造条件，强化措施，认真办理，提案办理取得良好效果。经过各方面的共同努力，许多意见和建议得到较好的落实和推进。截至2014年11月底，审查立案的提案全部办复，办复率达100%。

【广泛征集精品提案】 为了进一步提高提案质量，采取多种措施，充分调动提案者的积极性，主动为委员撰写提案做好服务，推动提案精品化。一是加强选题引导，印发提案征集通知和撰写参考题目，对委员提案的内容和质量提出指导性意见，引导委员选准主题，使所提问题看得准、观点明、建议实。二是开展业务培训，通过政协例会、委员培训、赠阅报刊等形式，帮助委员掌握撰写提案的方法及原则。三是拓宽知情渠道，组织委员参加情况通报会、协商会、座谈会和各种调研、视察活动，增强委员撰写提案的针对性和可行性。四是严格审查立案，根据《提案工作条例》的有关规定，倡导精品意识，严格立案标准，规范审查程序，逐件审核把关，确保提案质量。

【搭建提案协商平台】 坚持把协商沟通作为提案办理的重要环节，着力搭建协商平台，积极拓宽协商渠道，努力增进与提案办理各方的联系沟通。一是主动与督办部门协商，通过会商立案、集中交办、协同督办、联合检查等形式，及时沟通，协作配合，共同推进提案的办理落实。二是上门与政协委员协商，市政协提案委结合群众路线教育实践活动，分批走访部分政协委员和提案者63名，召开政协委员提案工作座谈会3次。三是经常与承办部门协商，召开提案者和承办部门共同参加的对口协商会3次，推动承办单位从关门办理向现场办理转变、从被动办理向主动办理转变、从答复性办理向落实性办理转变，努力在协商中达成共识，在沟通中加强协作、在协作中推进办理、在办理中取得实效。

【创新提案督办形式】 高度重视提案督办工作，加大提案督办力度，不断提高提案督办的层次和效果，建立提案督办工作新机制。一是领导包抓督办，市政府和市政协围绕事关全市经济社会发展的重大问题，分别确定10件和19件重点提案，由市政府、市政协领导亲自包抓，重点督办。市政协主席会成员首次集体听取了市发改委、工信局、住建局、环保局和金融办围绕《关于促进产业集群加快发展的建议》等5件重点提案的专题汇报及重点提案者的评议，提高了督办层次，增强了督办效果，切实促进了一些难点问题的解决。二是联合检查督办，市政协提案委联合市委和市政府督查室，通过查阅资料、实地察看等方式进行现场督办，指出存在问题，提出改进意见，指导承办单位提高办理实效。三是网络动态督办，利用市政协网上提案管理系统，实时了解承办单位的办理进度，及时公开提案复文，收集委员反馈意见，对委员反映不满意的提案进行重点督办，提高了提案的按时办复率和委员满意率。

【加强提案办理考核】 为了进一步提高提案办理的规范化、程序化和制度化水平，按照中、省、市《关于进一步加强人民政协提案办理工作的实施意见》要求，经市委、市政府同意，在全省率先将提案办理工作纳入年度目标责任考核，在宝鸡市首次实施了提案办理工作考核。一是建立承办单位考核制度，经主席会研究，印发了《宝鸡市提案办理工作考核办法（暂行）》，着重从是否重视提案办理工作、是否与提案者充分沟通、是否切实解决有关问题三个方面评价办理成效。二是健全完善委员履职考核制度，将委员提交提案情况列入委员年终履职登记考核的重要内容，并予以公开，调动了委员以提案方式参政议政的积极性。

调 查 视 察

【概况】 2014年，市政协开展专题调查17次。分别围绕社会稳定风险评估、水资源配置、消防安全监管、做大做强太白山旅游产业、农村医疗卫生基础设施建设等问题，组织开展专项视察活动12次，并组织开展市政协十一届四次全委会前委员全面视察，形成的视察报告被市委《宝鸡情况》（决策参考版）转发，意见建议得到有关部门采纳和落实。

【非公经济发展情况调查】 3月11—13日，市政协主席张民义、副主席王虎贤带领市政协经济科技委员会部分委员，对宝鸡市非公经济发展情况进行专题调查。委员们到宝鸡专用汽车有限公司、恒益鑫工贸责任有限公司、宝鸡豪锋石油机械有限公司、陕西聚旺伟业投资集团公司、开元商城宝鸡有限公司和宝鸡长靖有限公司、宝鸡市第三人民医院有限责任公司、宝鸡石羽节能科技发展有限公司和锦泰混凝土有限公司等非公经济企业进行实地调研，听取了市工信局、工商局、财政局、国税局、地税局、科技局、人社局和眉县、岐山县、金台区、渭滨区政府的情况介绍，提出意见和建议，形成的《关于我市非公有制经济发展情况调查报告》被市委《宝鸡情况》第20期转发。成效特点：经济总量不断增大，企业实力稳步增强，投资活力逐年提高，社会贡献持续提升。困难问题：GDP占比不大，增速不快；规模小而散，产业聚集度较低；创新能力弱，核心竞争力不强。对策建议：一是解放思想，更新观念；二是转变作风，优化环境；三是多措并举，落实政策；四是齐抓共管，优化服务；五是内外兼修，提高素质。

【社会稳定风险评估工作情况视察】 4月10—11日，市政协副主席张宗智带领市政协社会与法制委员会部分委员，对宝鸡市社会稳定风险评估工作情况进行专题视察。委员们到凤翔县、市住建局、国电宝鸡发电公司、宝鸡中燃天然气公司实地视察，听取市委政法委、市发改委、住建局、国资委、规划局、执法局和凤翔县关于社会稳定风险评估工作情况的汇报，协商讨论宝鸡市社会稳定风险评估工作情况，提出意见和建议，形成的《关于我市社会稳定风险评估工作情况的视察报告》被市委《宝鸡情况》第25期转发。做法成效：加强领导，建立机构；完善制度，提供保障；加强指导，提高实效。存在问题：思想认识不够到位，工作进展不够平衡，评估质量有待提高，考核责任落实不够。对策建议：一是加强宣传教育，提高对社会稳定风险评估工作的认识；二是健全工作机构，夯实社会稳定风险评估工作责任；三是狠抓

《细则》落实，提高社会稳定风险评估工作水平。

【文艺社团发展与管理情况视察】 4月17日，市政协副主席张宗智带领市政协学习与文史资料委员会部分委员，对宝鸡市文艺社团发展与管理有关情况进行专题视察。委员们到市石鼓印社、作家协会实地视察，听取市文联、市书协、美协、音协、作协、市民间文艺家协会的工作汇报，协商讨论宝鸡市文艺社团发展与管理有关情况，提出意见和建议，形成的《关于我市文艺社团发展与管理情况的调查与思考》被市委《宝鸡情况》第34期转发。基本情况：文艺社团发展步伐逐步加快，社会作用日益彰显，管理机制不断完善。存在问题：思想认识不够重视，管理体制不够顺畅，自身建设不够规范，体制机制不够健全。对策建议：一是高度重视，注重发挥文艺社团作用；二是建章立制，规范文艺社团日常管理；三是创新思路，激发文艺社团发展活力；四是加强领导，提升文艺社团发展水平。

【水资源配置情况视察】 4月23日，市政协副主席张望带领市政协人口与资源环境委员会部分委员，对宝鸡市水资源配置情况进行专题视察。委员们到陈仓区自来水公司、岐山县五丈塬城乡集中供水工程示范点、眉县石头河水厂进行实地视察，听取市水利局的工作汇报，协商讨论宝鸡市水资源配置有关情况，提出意见和建议，形成的《关于我市水资源配置情况的调查与思考》被市委《宝鸡情况》第32期转发。工作成效：水资源管理更加严格，配置更加合理，利用成效更加明显。存在问题：供需矛盾日益趋紧，水系统治理更加迫切，水体系建设急需推进。对策建议：一是突出水资源优化配置；二是提升水资源管护水平；三是提高水利工程建设质量。

【陈仓物流园区发展情况视察】 4月25日，市政协主席张民义、副主席王虎贤带领市政协经济科技委员会部分委员，对陈仓物流园区发展情况进行专题视察。委员们到陈仓物流园区汽车博览园、宝鸡会展宾馆、园区信息服务中心、大明国际五金建材城、宝隆世家商住、泰森星辰国际商住、城市管理提升工程等项目建设现场进行实地视察，听取了陈仓物流园区的工作汇报，提出意见和建议，形成政协信息，报送市委、市政府参阅。

【农村医疗卫生基础设施建设情况视察】 5月27—28日，市政协副主席宋建国带领市政协教文卫体委员会部分委员，对宝鸡市农村医疗卫生基础设施建设情况进行专题视察。委员们到眉县和岐山县实地视察，听取市卫生局和眉县政府、岐山县政府的工作汇报，协商座谈讨论，提出意见和建议，形成的《关于我市农村医疗卫生基础设施建设情况的调查与思考》被市委《宝鸡情况》第35期转发。现状成效：基层医疗卫生基础设施建设迈上新台阶，设备条件有了新改善，医技服务水平得到新提升。存在问题：专业技术人员严重短缺，基本建设任务依然艰巨，自身运行压力日趋增大。对策建议：一是建好队伍，夯实工作基础；二是强化责任，打造一流环境；三是激发活力，推动快速发展。

【蔡家坡经济技术开发区发展情况视察】 5月28日，市政协主席张民义、副主席王虎贤、秘书长王志林带领市政协经济科技委员会部分委员，对蔡家坡经济技术开发区发展情况进行专题视察。委员们到蔡家坡经济技术开发区第一小学、通运集团专用车、重点示范镇、蔡家坡经开区进城农民集中居住区、海螺型材等建设项目进行实地视察，听取了蔡家坡经济技术开发区的工作汇报，提出意见和建议，形成的《关于蔡家坡经济技术开发区发展情况的调查》被市委《宝鸡情况》第36期转发。现状特点：领导重视，发展实力不断增强；目标明确，主导产业成为支撑；招商选优，项目建设成效明显；优化环境，现代城市功能初显。困难问题：产业优势不够强劲，产业链亟须完善；经济结构不合理，新兴产业基础薄弱；基础设施建设滞后，城市发展受到制约；资源配置紧缺，创新活力不足。对策建议：一是发挥优势，提升产业竞争力；二是加快城镇化，助推产业结构调整；三是集约资源，破解发展瓶颈制约；四是深化改革，不断理顺管理体制。

【新社会组织和新经济组织党建工作情况调查】 6月17—18日，市政协副主席张宗智带领市政协社会与法制委员会部分委员，对宝鸡市新社会组织和新经济组织党建工作情况进行专题调查。委员们到宝鸡新星流浪儿童救助中心、宝鸡石油矿山机械配件公司、陕西长美科技集团等单位进行实地调研，听取市民政局、工商局关于“两新组织”党建工作情况汇报，协商讨论“两新组织”党建工作有关情况，提出意见和建议，形成的《关于我市“两新组织”党建工作情况的调查》被市委《宝鸡情况》第38期转发。基本情况：党建工作体系初步形成，工作机制日臻完善，工作成效初显。存在问题：思想认识不到位，党建工作不平衡，党费经费未落实。对策建议：一是抓宣传教育，提高思想认识水平；二是抓组织建设，推进党建工作再出成效；三是抓制度建设，强化工作保障机制。

【西山扶贫开发工作情况调查】 6月23—24日，市政协主席张民义，副主席倪宝生、王虎贤、李明、张望、张宗智、宋建国，秘书长王志林带领市政协经济科技委员会部分委员，对西山扶贫开发工作情况进行专题调查。委员们到移民搬迁工程、产业发展、基础设施建设和旅游资源开发等项目建设现场进行实地调研，听取了市扶贫办、财政局和西山建委的工作汇报，提出意见和建议，形成的《关于西山扶贫开发工作情况的调查》被市委《宝鸡情况》第49期转发。成效特点：贫困人口逐年减少，基础设施不断完善，产业扶贫扎实推进，技能培训成果显著，社会帮扶不断扩大。困难问题：社会扶贫力度有所减弱，资金投入管理有待完善，产业和企业结合不够紧密，贫困群众参与程度较低。对策建议：一是进一步理清工作思路；二是进一步注重产业扶贫；三是积极推进新型城镇化；四是凝聚扶贫开发整体合力。

【农田水利灌溉情况调查】 6月26日，市政协主席张民义，副主席张望、张宗智带领市政协人口与资源环境委员会部分委员，对宝鸡市农田水利灌溉情况进行专题调查。委员们到凤翔县瓦岗寨渡槽改造工程、岐山县雍川镇机井灌区、扶风县召公镇召公村田间配套工程等水利灌溉工程现场进行实地调研，听取了市水利局的工作汇报，提出意见和建议，形成的《关于我市农田水利灌溉情况的调查》被市委《宝鸡情况》第42期转发。主要成效：坚持规划引领，水资源配置趋于合理；狠抓灌区改造，保障能力不断增强；实施项目带动，田间设施明显改善；强化公共服务，灌溉效益持续提升。困难问题：农民对农田灌溉的积极性不高，农灌设施老化问题依然突出，水利工程重建轻管现象严重。对策建议：一是深化认识，明确责任，努力形成加快发展合力；二是抢抓机遇，加大投入，切实保障水利设施建设；三是多措并举，强化管理，不断提高农灌服务水平。

【扶贫移民搬迁情况视察】 7月2—3日，市政协副主席李明带领市政协民族宗教与祖国统一委员会部分委员，对宝鸡市扶贫移民搬迁情况进行专题视察。委员们到千阳县草碧镇、柿沟镇、城关镇、崔家头镇和太白县鹦鸽镇、咀头镇的农村“三无户”集中安置点、扶贫移民搬迁集中安置点进行实地视察，听取了市扶贫办、千阳县和太白县的工作汇报，提出意见和建议，形成的《关于我市扶贫移民搬迁情况的调研报告》被市委《宝鸡情况》第37期转发。做法成效：强化领导，夯实责任；规范运作，精准扶贫；创新模式，稳步推进。困难问题：搬迁指标严重不足，宅基地落实难度大，搬迁补助标准偏低，脱贫致富产业薄弱。对策建议：一是科学编制发展规划；二是完善配套政策措施；三是狠抓各项服务监管；四是创新思路破解瓶颈；五是强化支柱产业带动。

【太白山旅游产业发展情况视察】 7月17日，市政协副主席张宗智带领市政协学习与文史资料委员会部分委员，对太白山旅游产业发展情况进行专题视察。委员们到太白山国家森林公园游客服务中心、汤峪湖音乐喷泉、上山道路等处实地视察，听取眉县政府的工作汇报，协商座谈讨论，提出意见和建议，形成的《关于做大做强太白山旅游产业的调查报告》送市委、市政府参考。基本情况：规划引领，着力打造特色品牌；创新体制，充分激发发展活力；项目带动，加快开发建设步伐；招商引资，积极破解资金难题；注重营销，不断加大宣传力度。困难问题：项目投资规模大，建设资金不足；旅游环线建设滞后，交通优势不明显；旅游产品单一，产业链不长；创建5A存在差距，服务水平不高。对策建议：一是高度重视，加大政策支持力度；二是延伸链条，推动产业融合发展；三是整合资源，全力打造景区品牌；四是完善交通，发挥旅游整体优势。

【千里绿色长廊景观带建设情况视察】 7月30日，市政协副主席张望带领市政协人口与资源环境委员会部分委员，对宝鸡市千里绿色长廊景观带建设情况进行专题视察。委员们到陈仓区虢镇北坡森林公园、虢凤路、岐山县城北二环生态景观长廊、岐蔡路、西宝高速眉县出口、红河谷快速干道、汤峪游客服务中心园区等地进行实地视察，听取了市林业局的工作汇报，提出意见和建议，形成的《关于我市千里绿色长廊景观带建设情况的调查》被市委《宝鸡情况》2015年第1期转发。基本情况：坚持绿色宝鸡建设主线不动摇，精心安排部署，严格规划设计，严密组织实施，狠抓综合管护，强化机制保障。存在问题：护绿任务重难度大，规划落实尚有差距，资金投入相对不足。对策建议：一是大力营造全社会爱绿护绿氛围；二是科学推进绿色建设向纵深发展；三是不断加大绿化资金投入力度；四是积极发展林业特色产业；五是建立健全管绿护绿长效机制。

【消防安全监管工作情况视察】 7月30日，市政协副主席张宗智带领市政协社会与法制委员会部分委员，对宝鸡市消防安全监管工作情况进行专题视察。委员们到宝鸡大润发超市、中石油公园路加油站、万福七星国际酒店等消防安全重点监管单位进行实地视察，听取市公安局、消防支队的工作汇报，协商讨论宝鸡市消防安全监管工作有关情况，提出意见和建议，形成的《关于我市消防安全监管工作情况的调查》被市委《宝鸡情况》第40期转发。基本情况：消防责任不断强化，消防能力不断提升，消防监管成效显著。存在问题：消防站建设相对滞后，消火栓设置不足，消防警力薄弱。对策建议：一是加强宣传教育，提高全民消防安全意识；二是落实消防法规，加强公共消防设施建设；三是夯实领导责任，强化消防安全联动机制。

【非物质文化遗产保护情况调查】 7月30—31日，市政协副主席宋建国带领市政协教文卫体委员会部分委员，对宝鸡市非物质文化遗产保护情况进行专题调查。委员们到凤翔县和陈仓区实地调研，听取市文化广电新闻出版局和凤翔县政府、陈仓区政府的工作汇报，协商座谈讨论，提出意见和建议，形成的《关于我市非物质文化遗产保护情况的调查》送市委、市政府参考。做法成效：加强组织领导，工作开展规范有序；搞好普查摸底，名录申报积极有为；采取多种措施，传承保护切实有效。困难问题：重视程度不高；经费投入偏少；专业人员匮乏；保护开发单一。对策建议：一是深化思想认识，推动工作提速；二是拓宽资金来源，加大经费投入；三是强化组织建设，提供人才保障；四是坚持科学保护，实现良性发展。

【中小学德育工作情况调查】 9月11日，市政协副主席宋建国带领市政协教文卫体委员会部分委员，对宝鸡市中小学德育工作情况进行专题调查。委员们到凤翔县和陈仓区实地调研，听取市教育局和凤翔县政府、陈仓区政府的工作汇报，协商座谈讨论，提出意见和建议，形成的《关于我市中小学德育工作情况的调查》被市委《宝鸡情况》2015年第4期转发。主要成效：创新工作方法，全面实施德育行动计划；强化载体建设，广泛开展主题教育活动；拓展育人渠道，充分发挥社会实践作用。存在问题：发展不够平衡，工作缺乏主动，环境影响加深。对策建议：一是注重实际，着力提升整体水平；二是多措并举，逐步健全保障机制；三是齐抓共管，不断优化社会环境。

【残疾人社会保障情况调查】 9月15—16日，市政协副主席张宗智带领市政协社会与法制委员会部分委员，对宝鸡市残疾人社会保障情况进行专题调查。委员们到凤翔县、渭滨区、金台区、陈仓区和高新区进行实地调研，听取市人社局、财政局、民政局、教育局、市残疾人联合会的工作汇报，提出意见和建议，形成的《关于我市残疾人社会保障情况的调查》被市委《宝鸡情况》第51期转发。基本情况：保障体系逐步健全，优惠政策不断完善，资金投入持续增加。存在问题：残疾人社会保障水平偏低，临时救助范围偏小，残疾儿童教育投入不足。对策建议：一是加强服务，强化基础保障；二是创新思路，强化政策保障；三是多措并举，强化机制保障。

【农村环境综合整治情况调查】 9月24—25日，市政协副主席张望带领市政协人口与资源环境委员会部分委员，对宝鸡市农村环境综合整治情况进行专题调查。委员们到扶风县绛帐镇古水村、杏林镇下河村、法门镇南佐村和云岭村，千阳县张家塬镇王家庄村、寺坡村、郝家坡水库等地进行实地调查，听取了市财政局、规划局、农业局、卫生局关于农村环境综合整治相关情况的工作汇报，提出意见和建议，形成的《关于我市农村环境综合整治情况的调查》被市委《宝鸡情况》2015年第3期转发。主要成效：高度重视，组织得力；突出重点，创新模式；项目示范，完善设施。困难问题：思想认识有待提高，整治力度仍需加大，保障能力急需加强。对策建议：一是增进共识，突出规划引领；二是落实责任，增强整治实效；三是整合资源，确保治理长效。

【农村养老服务情况调查】 11月27—28日，市政协副主席李明带领市政协民族宗教与祖国统一委员会部分委员，对宝鸡市农村养老服务情况进行专题调查。委员们到陇县、凤翔县中心敬老院、农村幸福院进行实地调查，听取了陇县、凤翔县和市民政局、老年事业局、财政局、人社局的工作汇报，提出意见和建议，形成的《关于我市农村养老服务情况的调查报告》被市委《宝鸡情况》2015年第7期转发。现状做法：强化领导，政策驱动；完善设施，项目带动；创新机制，稳步推进。困难问题：农村养老矛盾凸显，基础设施建设不足，基础养老金标准偏低，服务体系亟待完善。对策建议：一是坚持党政主导，完善工作机制；二是坚持政策支持，促进多元发展；三是坚持城乡统筹，完善基础设施；四是坚持稳步推进，提升保障水平；五是坚持典型引导，弘扬社会新风。

2014年宝鸡市政协其他调查视察活动简表

主要内容	时间	带队领导	备注
教育工作情况	2014.04	张民义　倪宝生　黄　哲　王虎贤　李　明　张　望　张宗智　宋建国　王志林	形成政协信息，报送市委、市政府参阅
省十五运会场馆建设情况	2014.06	张民义　倪宝生　王虎贤　李　明　张　望　张宗智　宋建国　王志林	形成政协信息，报送市委、市政府参阅
太白县旅游资源开发情况	2014.08	张民义　王虎贤　张宗智　宋建国　王志林	形成政协信息，报送市委、市政府参阅
第27届世界佛教徒联谊会筹备情况	2014.09	李　明	形成政协信息，报送市委、市政府参阅
全民健身实施情况	2014.09	宋建国	形成政协信息，报送市委、市政府参阅

续表

主 要 内 容	时 间	带队领导	备 注
金融生态环境建设情况	2014.10	倪宝生	形成调查报告，报送市委、市政府参阅
创建全国文明城市工作情况	2014.10	张民义 倪宝生 黄 哲 王虎贤 李 明 张 望 张宗智 宋建国 王志林	形成政协信息，报送市委、市政府参阅
重点项目建设情况	2014.11	张民义 倪宝生 王虎贤 李 明 张 望 宋建国 王志林	形成政协信息，报送市委、市政府参阅
交通网络建设情况	2014.12	张民义 倪宝生 王虎贤 李 明 张 望 张宗智 宋建国 王志林	形成政协信息，报送市委、市政府参阅
渭河（市区段）综合治理美化提升情况	2014.12	张 望	形成调查报告，报送市委、市政府参阅
旅游业发展情况	2014.12	张 望	形成政协信息，报送市委、市政府参阅

其 他 工 作

【参与中心工作】 按照市委统一安排，市政协主席张民义，副主席倪宝生、黄哲、王虎贤、李明、张望、张宗智、宋建国，秘书长王志林参与包抓全市重点项目建设、创建全国文明城市、举办省十五运和第27届世界佛教徒联谊会、党的群众路线教育实践活动、联村扶贫、晋星村建设等中心工作，多次到现场集中视察，协调解决问题，提出意见建议，发挥了政协在推动全市经济社会发展中的重要作用。

【开展党的群众路线教育实践活动】 在市委的统一领导下，围绕为民务实清廉主题，落实“照镜子、正衣冠、洗洗澡、治治病”总要求，聚焦“四风”问题开展党的群众路线教育实践活动。市政协党组创新学习形式，安排班子成员轮流在集中学习会上作辅导解读，在《宝鸡日报》专版刊登了机关副县级以上干部体会文章。组织机关党组成员和党员干部到凤县廉政建设基地和扶眉烈士纪念馆参观学习，集中观看《延安精神永放光芒》《永远的焦裕禄》等专题片，到市政协办公室联系的扶贫村——扶风县天度镇韩家窑村，聆听村中孝老爱亲、敬业奉献和勤劳致富模范人物的先进事迹。成立市政协党的群众路线教育实践活动委员监督小组，聘请15名政协委员参与活动、全程监督。对委员提出的搭建界别之间交流联络平台的建议，各专委会分别建立了本委政协委员QQ群，机关也开通了统一的微信平台。由市政协经济科技委员会牵头，联合宝鸡日报社，开设“出彩人生——市政协委员风采录”专栏，对在宝鸡市经济社会发展中业绩突出的30名政协委员作了集中报道。在征求意见环节，

2014年市政协群众路线教育实践活动总结会

坚持广泛征求与集中走访相结合，成立8个小组，由主席、副主席带队，开展集中走访活动，先后走访186名政协委员，征集意见建议200多条，归纳整理58条，其中政协工作和机关作风建设方面的意见15条，及时扎实地进行了整改。涉及市上工作的43条意见报送市政府后，市长钱引安、常务副市长张敬原先后作出批示。

【开展“五个一”活动】 在全体政协委员中开展“五个一”活动，要求政协委员每人每年反映一条信息，提交一件提案，提出一条建议，参加一次议政活动，办成一件实事。据不完全统计，2014年，委员共提出建议500多条，帮扶困难群众900多人次，捐款捐物价值880多万元，办实事700多件，为全市经济社会发展贡献了力量。

【举办文化、卫生、科技“三下乡”活动】 4月29日，市政协与市文化广电新闻出版局、市卫生局、市药监局、市农工党、市科协、千阳县政协在千阳县县城中心广场开展了文化、科技、卫生“三下乡”活动。市文化广电新闻出版局组织两所剧院和千阳县剧院的文艺骨干给千阳县的父老乡亲们带去了一场精彩的文艺演出。市中心医院、中医医院、人民医院、409医院、金台医院、宝鸡脑血管医院、瑞海眼科医院的20多名医务人员为1800多名群众进行了免费咨询诊疗服务，赠送了价值5000多元的药品，发放健康宣传资料4000多份。市药监局为千阳县赠送了价值4000余元的药品，市科协举办科普知识、科普图片展，发送科普宣传资料2000多份。

【开展扶贫帮困工作】 开展联村扶贫工作，帮助包抓的8个村制定脱贫规划，协调落实项目资金82.6万元。联合《各界导报》在全市广泛开展“为环卫工人找个温暖的家”活动，为2000多名环卫工人发放了3.5万元慰问品，发动爱心企业为环卫工人提供休息、喝水、就餐场所500多个。开展机关科以上干部“交友帮扶”活动，多次走访帮扶对象，帮助解决实际问题，给25名困难群众送去1.4万元的慰问金和慰问品。

【加强联系交流】 配合全国政协和省政协开展调研15次，组织驻宝省政协委员赴榆林考察经济转型升级情况，并向省政协和市委报送了考察报告，为宝鸡市进一步推进转型升级提供了借鉴。成功承办全省政协系统第5届乒乓球友谊赛，接待兄弟地市政协到宝鸡考察19批400多人次，参加全国十省区28城市政协横向联系会，召开县区政协第21次联席会。

【扩大新闻宣传】 召开纪念人民政协成立65周年和宝鸡市政协恢复32周年座谈会。联合宝鸡日报社，开设“出彩人生——市政协委员风采录”专栏，对为宝鸡市经济发展做出突出贡献的30名政协委员进行集中采访。开展政协“好新闻”评选活动，表彰了获奖作品。加强政协文史资料工作，先后向省、市争取资金100多万元，支持9个县区政协创建文史资料重点县。启动了宝鸡市西部大开发和抗日战争史料征集工作，出版了《宝鸡记忆》专辑，充分发挥了文史资料的存史资政育人作用。办好政协网站，开通了政协微信平台。编辑出版《宝鸡政协》4期、《政协信息》14期，在市以上新闻媒体刊发稿件360多篇。

（王昭义）

政协宝鸡市十一届委员会及其各部门领导成员

主　　席 张民义
副 主 席 倪宝生　黄　哲　王虎贤　李　明　张　望　张宗智　宋建国
秘 书 长 王志林
副秘书长 齐周怀　刘建国　乔文录　李晓明　毛亚莉

市政协办公室
主　　任 齐周怀
副 主 任 乔文录　李晓明　刘新龙

市政协研究室
主　　任 刘建国
副 主 任 杨小元

提案委员会
主　　任 刘亚萍

经济科技委员会
主　　任 白西惠

人口与资源环境委员会
副 主 任 王拴虎

学习与文史资料委员会
主　　任 翟　军

教文卫体委员会
主　　任 朱翠玲

社会与法制委员会
主　　任 陈宝祥

民族宗教与祖国统一委员会
主　　任 赫卫东

纪检·监察

编辑 杨 军

纪律检查·监察工作

【召开十一届纪律检查委员会全体会议2次】 2014年2月17日，中共宝鸡市第十一届纪律检查委员会召开第四次全体会议。应出席全会的市纪委委员31人，实到31人，列席350人。全会贯彻落实党的十八届三中全会、中省纪委三次全会和市委十一届五次全会精神，回顾总结了2013年全市党风廉政建设和反腐败工作，研究部署2014年任务。审议通过了市委常委、纪委书记田筱虎代表市纪委常委会所作的《聚焦中心任务、加强执纪监督，坚定不移推进党风廉政建设和反腐败斗争》的工作报告。全会强调：要全面落实“转职能、转方式、转作风”的要求，聚焦中心任务，加强执纪监督，严明各项纪律，坚决克服组织涣散、纪律松弛现象，深入落实中央八项规定精神，坚持不懈纠正“四风”，加大违纪违法党员干部审查力度，保持惩治腐败高压态势，加强纪检监察干部队伍建设，提高履职能力，坚定不移把党风廉政建设和反腐败斗争引向深入。11月26日，中共宝鸡市第十一届纪律检查委员会第五次全体会议召开。应出席全会的市纪委委员31人，实到30人，列席349人。省委第三巡视组组长徐宗一应邀指导会议。全会要求：全市各级要牢记使命、强化担当，从严管理监督干部，形成从严治党“新常态”，从严查办案件，惩治腐败“零容忍”，努力营造风清气正的良好从政环境；要全面落实党委主体责任，自觉把责任放在心上、扛在肩上、落实在行动上，担当起全面领导、选人用人、作风建设、源头治理、示范表率等职责，既挂帅又出征，做到守土尽责；各级纪检监察机关要严格执行《责任追究办法》，增强问责刚性，对屡屡出现重大腐败问题不制止、不查处、不报告的，实行“一案双查”，不断开创党风廉政建设和反腐败工作新局面。

【中央纪委领导到宝鸡调研】 9月12日，中央纪委副书记陈文清、中央纪委常委、监察部副部长黄晓薇一行6人到宝鸡，就落实“两个责任”和查办案件工作进行调研。市委书记上官吉庆汇报全市党风廉政建设和反腐败工作情况。中纪委领导对宝鸡工作给予肯定，并强调：要切实落实“两个责任”，围绕对权力的监督制约，在建章立制上下功夫，规范权力运行，使各级党员干部从“不敢腐”到“不能腐”“不想腐”；要抓好查办案件这个最重要的任务，明确办案重点，坚持安全第一，注重办案质量，把每一个案子办成铁案；要落实好“打铁还需自身硬”的要求，切实加强纪检监察干部队伍纪律建设，以实际行动贯彻落实习近平总书记关于“三严三实”的要求，用铁的纪律打造一支政治强、业务精、作风硬的纪检监察干部队伍。9月16日，市纪委召开全市纪检监察系统领导干部会议，专题学习传达中央纪委领导到宝鸡调研时的讲话精神。市委常委、纪委书记田筱虎对贯彻落实讲话精神提出了要求。

【狠抓“两个责任”落实】 出台《落实党风廉政建设“两个责任”的实施意见》，逐项细化党委6个方面的主体责任责任，纪委4个方面的监督责任，建立7项工作制度，使“两个责任”得以具体化、程序化、制度化。出台《宝鸡市党风廉政建设责任追究暂行办法》，对落实党风廉政建设责任制不力的23个单位进行责任追究，处理干部27人，倒逼责任落实。年内，市委常委带队督促检查县区和市级部门落实“两个责任”情况，对发现问题的单位负责人进行了约谈。举办党风廉政建设主体责任专题培训班，市委书记上官吉庆作专题辅导，并就落实主体责任和监督责任提出明确要求。市纪委、市委办、市委组织部组成明察暗访组，对47个市级部门党组（党委）履行主体责任情况进行督促检查。坚持问题导向，召开县、区委书记抓党建述职评议会，12个县、区就履行主体责任情况进行述职，市委常委、纪委书记田筱虎现场逐一点评，市委书记上官吉庆提出要求，进一步传导落实“两个责任”压力。

【严查违纪违法案件】 落实“查办腐败案件以上级纪委领导为主”的要

2014年9月24日，全市党风廉政建设主体责任专题培训班开班

求，制定《建立案件线索处置及案件查办工作报告制度的暂行规定》，召开案件线索和查办案件情况汇报会15次，督促全市基层纪检组织向市纪委报告科级以上案件线索330条，建议立案61件，改变处理8件，重查9件，维护了执纪的严肃性、统一性和权威性，释放从严执纪信号，传导履职尽责压力。召开反腐败协调小组会和个案协调会，论证制定《关于纪检监察、司法机关及有关行政执法部门在查办案件中加强协作配合的补充意见》，先后8次与市中院、市检察院和市公安局等单位联系，规范案件线索移交时限和责任要求，把党政纪挺在前面。编印《百案简介》，为基层办案提供指导。围绕安全文明办案，制定《转变办案方式、确保安全文明办案的规定》《驻点办案安全工作补充规定》，建立驻点办案安全检查台账，规范办案流程管理，常委带头检查委局和基层办案安全30余人次，全年指出、纠正存在问题90余个。针对县区均无标准谈话室这一安全隐患，召开全市县区办案谈话室标准化建设现场推进会，督促县区纪委落实安全文明办案措施。制定出台《纪检监察办案工作考评办法》，推行查办、通报、约谈、考评、追究"五位一体"的办案考评制度，对17个办信办案双零部门和20个办信办案考核排名靠后部门纪检组进行集体约谈，促进了基层办案工作，全年41个市直部门共处置线索295件，立案56件，结案60件，处分60人，处置数、立案数、结案数、处分数同比分别上升109.2%、55.6%、106.9%、130.8%。2014年，市纪委先后查处陇县县委原书记杨宝玉、市土地收购储备中心原主任郭世军、凤县原人大主任张明海、市盐务局原局长牛新成、原副局长路战军和原副局长张新良等重要案件。全年信访举报2218件次，线索处置1838件，立案704件，结案703件，给予党政纪处分746人。其中，县处级干部18人，乡科级干部163人，移送司法机关24人。立案、结案、党政纪处分人数分别上升96.6%、96.4%、97.9%，挽回经济损失137.58万元。

【多举措纠正"四风"】 制定出台《作风建设明察暗访办法》，实行周检查、月通报，暗访由委局领导带队，以元旦、春节、"五一"等为重要节点，开展集中整治行动，建立了常态化、全覆盖的作风监督检查机制。全市累计开展监督检查534次，对227个责任单位通报批评，党政纪处分49人，市纪委通报曝光9起典型问题，持续释放从严执纪的信号，促进了党风政风好转。在全省率先推进"百姓问政"，2014年将其上升为制度，每两周举办一期，每期由一个市级部门或县区政府在聚光灯下接受公众考问。全年市县区共举办百姓问政电视节目87期，督促整改问题874个，问责处理111人次，党政纪处分18人，警示训诫12人，调离岗位3人，通报批评11人，经济处罚11人，免职1人，辞退4人，形成了倒逼党政机关转职能、党员干部转作风的好局面。开展"万名群众评百名科长"活动，促进了机关服务质量和效率的提高。在开展群众路线教育实践活动中，设立"红黑榜"，实施问责43人，其中县处级6人，科级27人，有效解决了不作为、慢作为等问题。制定《关于规范婚丧嫁娶喜庆事宜的暂行办法》，全市117名县处级干部进行了报告和备案。在2014年度全省民意调查中，宝鸡市群众对干部作风满意度比上年提高10.15%。

【深化反腐倡廉宣传教育】 出台《关于开展岗位廉政教育的实施意见》《加强党风廉政警示教育工作的意见》文件。举办全市党风廉政建设和反腐败工作新闻发布会，及时通报2013年纠正四风和案件查办情况。加强宝鸡纪检监察网内容更新，全年刊发信息2250条，年点击量超过15万人次。对陇县县委原书记杨宝玉涉嫌严重违纪，接受组织调查信息与省纪委同步在两级网上进行了公布。加强警示教育，召开市级部门重要岗位中层干部警示教育大会，组织80多名科长，旁听市财政局住建科原科长张建利的庭审过程，市委书记上官吉庆旁听庭审并就党员干部廉洁自律提出明确要求。坚持领导干部任前廉政法规考试制度，589名拟提拔领导干部参加了廉政法规考试，其中县处级领导干部17名，增强了党纪法规意识。

【扎实开展专项治理】 围绕解决群众反映强烈的突出问题，先后对岐山县雍川镇独殿头村土地违法、千阳县水利局工程监管违规进行倒查追究，对高新区南客站站前广场建设工地扬尘污染问题、麟游县两亭镇丰和寺村氟水问题进行了直查。全年效能监察、行政执法监察查处6起案件，责任追究43人，其中县处级6人，科级23人。

【开展群众路线教育实践活动】 按照市委统一安排，市纪委监察局机关教育实践活动从3月份正式启动，历时近9个月，在委局领导班子和机关党委4个支部、68名党员中开展。编印《学习资料汇编》和《十八大以来反腐倡廉新观点新论述（摘编）》读本等资料，方便干部学习，增强了教育效果。市纪委常委会班子带头学习，研读必读篇目，开展专题讨论6次，集中封闭学习3天，市纪委书记、副书记带头为党员干部讲党课。班子成员和党员干部每人记学习笔记2万字以上，撰写心得体会文章2~3篇，班子成员累计开展谈心谈话105人次，梳理归纳意见建议68条。召开委局领导班子专题民主生活会，聚焦“四风”，开展批评，提出批评意见180多条，每人查找的“四风”问题不少于10个，民主评议党员68名，评为“好”的占100%。制定完善委局领导班子“两方案一计划”，扎实开展“一教育三推进”活动和“7+4+10”专项整治活动，确定整改任务36项，截至年底完成36项，完成率100%。修订完善了《市纪委常委班子民主生活会制度》《委局领导班子及委局机关关于改进工作作风的实施办法》等28项制度，形成了作风建设的长效机制。

【推进“三转”工作】 年初，市委常委会专题研究了全市纪检监察机关“三转”工作，落实了纪委内设机构调整和干部配备。市纪委监察局将议事协调机构由116个精简到10个，县区纪委监察局精减比例达到89.3%。参照中省纪委模式，按照机构总数、人员编制、领导职数三不变的原则，完成了机关内设机构第一轮调整，撤销党风廉政建设室、纠正行业不正之风室，设立党风政风监督室，撤销执法监察室、行政效能监察室，设立执法和效能监督室，新设第三纪检监察室、第四纪检监察室和机关纪委，履行执纪监督人员占到机关总人数的79%，实现工作重心向主责主业聚集，工作力量向办案一线倾斜。对全市12个县区纪委班子和领导成员进行了逐一研判，建立纪检监察干部管理动态档案，制定《县区纪委书记、副书记提名暂行办法》，在落实“两为主”干部管理方面打下了良好基础。组织开展严明党的纪律、“学习贯彻三中全会精神，我们怎么办”大讨论等主题教育活动，举办机关学习论坛、办信办案专题培训班，培训干部280人，组织纪检系统45名干部参加中、省纪委和市委党校培训，提高了干部政治业务素质。

（张晓莉）

中共宝鸡市纪律检查委员会领导成员

书　记　田筱虎

副书记　李侠侠（女）　张根萍　张存刚

常　委　田筱虎　李侠侠（女）　张根萍　张存刚　强　勇　蔡鸿飞　严瑞生　陈宏伟　姚文亚

民 主 党 派

编辑 许 瑶

中国国民党革命委员会宝鸡市委员会

【概况】 截至 2014 年底，中国国民党革命委员会（简称民革）宝鸡市委员会有党员 412 人，其中省政协委员 1 人；市人大常委会委员 1 人，市人大代表 2 人；市政协副主席 1 人，常务委员 1 人，委员 19 人；县区人大常委会副主任 1 人，常委会委员 1 人，代表 2 人；县区副县长 1 人；县区政协副主席 3 人，常务委员 15 人，政协委员 50 人。基层组织为金台区总支（4 个支部）、渭滨区总支（5 个支部）、陈仓区总支（3 个支部）、凤翔县总支（2 个支部）、岐山县支部、扶风县支部。

【参政议政工作制度化】 一是围绕中共宝鸡市委确立的加快打造关天副中心、建设和谐新宝鸡、走在建设“三个陕西”前列的发展思路，先后组织开展了农村学校网点布局调整、民主党派内部监督工作、政策性保险工作、农村医疗卫生工作、构建和谐医患关系、预防青少年犯罪工作、城乡小学教育均衡发展情况、非公有制企业法人治理结构、基层人民调解工作等调研。形成的调研材料《陇县农村学校网点布局调整调查》获全省党政领导干部优秀调研成果三等奖。《民主党派内部监督的思考》被中共省委统战部评为统战理论研究优秀成果三等奖，被民革省委评为统战理论研究优秀论文一等奖。《关于政策性保险工作开展情况的调研报告》被省政协和省委会采用。《预防青少年犯罪工作的调研报告》《关于城乡小学教育均衡发展情况的调查报告》《非公有制企业法人治理结构的问题及建议》和《关于基层人民调解工作的建议》被《团结报》摘要刊登。配合民革省委开展了大气污染治理和农产品质量安全标准化体系建设调研。接待并协助民革山西省委调研组开展了炎帝文化发展情况的调研。二是在市政协十一届三次会议上，市委会以《关于加强我市基层医疗卫生队伍建设的建议》为题做了大会发言。围绕宝鸡市改革发展中的主要任务、重点领域和关键环节，就保障和改善民生、社会管理、生态文明建设等方面共提交提案 85 件，立案 85 件，其中组织提案 11 件，委员个人提案 74 件，刘宗岐个人提交提案 32 件。在县区政协会上各总支、支部共提交组织提案 70 件，委员个人提案 71 件，其中 13 件提案被评为重点督办提案。陈仓区总支 10 件提案被确立为重点督办提案，占重点提案总数的 22%。凤翔县总支连续两年关注群众取暖问题，用提案和组织政协委员带案视察等方式，促成县城南区南环路、秦风路、雍兴路区域 16.5 万平方米范围内 1000 余户居民享受到集中供热。三是在全市基层组织中开展了“1 支部 1 信息”活动，鼓励基层组织和党员就国家和地方大政方针的制订和修改、加强精神文明建设和民主法制建设等方面提出意见、建议，反映人民群众关心的热点和难点问题、改革发展中出现的各种矛盾和问题、重大突发事件和严重自然灾害实情及统一战线和人民政协工作重要情况。四是推动工作制度化、程序化、规范化，制定了《民革宝鸡市委员会稿酬制度》《民革宝鸡市委员会参政议政、宣传工作积分制度》。全年收集整理并向有关方面报送社情民意信息 46 条，被采用 26 条，其中中央级采用 16 条，省级采用 10 条，《团结报》建言选粹栏目选登了宝鸡报送的社情民意 16 条。2014 年，宝鸡民革社情民意信息报送和采用数量或积分在民革全省排名第一、中共宝鸡市委信息通报民主党派工商联等统战系统部门中排名第一、政协系统社情民意积分民主党派工商联界别中排名第二。《关于促进粮食生产的建议》被省政协评为优秀社情民意信息，《关于促进我省粮食生产的建议》《加强宝鸡峡水库泄洪工作的建议》《关于将陈仓区火车站棚户区改造纳入全市重点建设项目的建议》被评为宝鸡市政协系统优秀社情民意。市委会被评为 2014 年度民革全省参政议政工作先进集体、社情民意信息工作先进集体，强文、王文耀、郭建涛被评为全省社情民意信息工作先进个人。

【促进祖国统一工作新内容】 组织党员学习了中共中央有关对台工作的

方针政策，学习领会民革中央提出的对台工作“四个转变”精神，全体民革党员加深了中共中央对台工作思路和战略的理解，思想认识统一，并高度关注台海形势的发展，坚决反对台独，拥护和支持中共中央的对台工作各项决策。清明节当天，组织市区部分党员参加了清明节祭炎活动。陈仓区总支发挥书画人才多，层次高的优势，组稿参与甲午清明公祭轩辕黄帝第七届海峡两岸名家书画展，11件书画作品参展并被编入两岸书画名家书画集。

【社会服务工作形成特色】 坚持“因地制宜、发挥优势、量力而行、持之以恒、注重实效”的原则，创新内容与方式，开展社会服务工作，发挥民革组织在维护稳定、促进和谐中的重要作用，社会服务工作逐步形成了民革特色，工作领域得到拓展。一是开展了“伸出博爱之手——民革基层组织牵手困难群众”活动，号召各基层组织和党员扶贫帮困，奉献爱心，如渭滨区的“陈胜越助学基金”，陈仓总支的义务送春联，凤翔总支的医药下乡。以牵手困难群众活动为主要载体的社会服务活动取得了较好成绩，民革宝鸡市委员会、民革陈仓区总支、民革渭滨区总支被省委会评为2014年度“伸出博爱之手——民革基层组织牵手困难群众”先进集体。二是根据市民革党员中法律界人士较多的情况召开了法律界党员座谈会，与市司法局联系协调，在反复研究和征求各方意见建议的基础上，成立了民革宝鸡市法律援助站。三是开展寻访抗战老兵活动，通过与民政部门联系，与陕西抗战老兵营宝鸡组等民间志愿者组织合作，网络资料搜寻等方式方法，查找出参与抗战的原国民党老兵23名。市委会主委宋建国带领机关干部先后深入岐山县、眉县和金台区走访慰问了抗战老兵侯怀礼、孙志明、郑德应和彭生钰，详细了解他们的抗战经历、健康状况、生活现状和享受国家有关补贴补助的情况，将整理的有关资料上报民革省委和中共市委，经与有关部门协调，于9月份起为侯怀礼、郑德应落实政策，每月发放退伍军人补贴672元。

【自身建设工作取得新成绩】 一是宣传工作有新突破。落实《团结报》征订措施，完成了省上分配的征订任务，市委会获民革省委《团结报》征订工作优秀组织奖，金台区总支一支部、渭滨区总支三支部、陈仓区总支一支部获先进集体二等奖，渭滨区总支高新支部获先进集体三等奖。全年向有关单位和新闻媒体报送工作信息106条，采用88条，其中民革中央采用12条，省级采用72条。副主委强文代表陕西民革参加了在兰州举行的邓宝珊生平事迹研讨会暨民革先辈纪念场馆联谊会第三次年会，并提交了《邓宝珊先生在陕西的革命历程》论文。二是组织建设有新成绩。严格按照《民革章程》和有关规定精神开展组织发展工作，共发展新党员20人。接待民革中央组织工作调研组，并协助开展了调研活动。渭滨区组织开展多支部联谊活动，促进了组织生活的多元化。陈仓区总支创新党内监督模式，党员中的市区两级人大代表、政协委员、总支及支部班子成员、担任副科级以上领导职务的党员向总支党员会议述职述效，接受量化考核打分。三是机关建设有新作为。参与创建全国文明城市的各项活动，为行政中心2号楼参加创建精神文明机关各成员单位的干部职工举办了以“关爱青少年，塑造和谐心灵”为题的“道德讲堂”。开展文明卫生科室创建和“争创学习型机关，争做学习型干部”等活动。组织机关干部职工认真学习中央“八项规定”和市委“十个不准”，加强了机关作风建设。落实综治暨平安建设工作领导责任制，圆满完成了综合治理暨平安建设工作的各项任务。机关全体人员参加了全市的法律知识考试，考试参考率和合格率均达到100%。

【民革宝鸡市委员会志出版】 《中国国民党革命委员会宝鸡市委员会志》出版，志书记载1951年民革宝鸡市委员会成立以来至2010年间共60年的历史资料28万字，重点记述宝鸡民革各级组织的发展历程和民革党员为促进宝鸡经济、政治、社会、文化和生态文明发展做出的贡献和成绩，对深入了解民革宝鸡市地方组织的建立、成长和发展历程，深入认识中国共产党领导的多党合作和政治协商制度在宝鸡的生动实践，巩固和扩大宝鸡爱国统一战线，集中宝鸡各方面智慧和力量，同心同德建设富强、民主、文明、和谐新宝鸡，具有十分积极的意义。

（王文耀）

民革宝鸡市第十届委员会领导成员

主任委员 宋建国
副主任委员 强 文 赵 强 庞红丽
秘书长 郭小军

中国民主同盟宝鸡市委员会

【概况】 截至2014年底，民盟宝鸡市委员会共有盟员1181人，有委员29人，其中：主委1人、副主委4人、秘书长1人、常委13人。下辖金台、渭滨、陈仓、宝鸡文理学院4个总支、40个支部，现有盟员中担任副处级以上领导职务的15人，其中副厅级领导1人，正县2人。盟员中省人大代表1人，省政协委员1人，市人大代表5人，市政协委员32名（常委5名），县人大代表10人（副主任2人），县政协委员70名（副主席2名）。市委会机关内设办公室、宣传部、组织部3个部室，共有干部7人。2014年，在全国民盟社会服务工作大会上，盟市委被盟中央授予“民盟中央社会服务工作先进集体”；在参政议政工作中，被宝鸡市政协评为先进集体；社情民意信息工作位居全省和全市量化考核第一；盟市委机关被中共宝鸡市委评为文书工作优秀单位；在民盟陕西省委全委会上，被评为“2014年度盟务工作先进集体”；在中共宝鸡市委

2014年度目标责任考核表彰会上，盟市委机关被评为优秀单位。

【开展坚持和发展中国特色社会主义学习实践活动】 根据盟中央《关于开展坚持和发展中国特色社会主义学习实践活动的通知》（〔2013〕159号）精神，按照省盟部署安排，结合市委会实际情况，从2月开展坚持和发展中国特色社会主义学习实践活动。市委会召开相关学习会议，制定并下发《民盟宝鸡市委关于开展坚持和发展中国特色社会主义学习实践活动实施方案》。各基层按照活动内容和要求开展活动：陈仓总支开展“四情”（盟情、国情、省情、市情）教育活动；千阳支部邀请专家学者、优秀盟员开展“盟员大讲堂”活动。4月底，民盟中央在西安召开了“坚持和发展中国特色社会主义学习实践活动”调研座谈会，市委会作为地市代表，做了交流发言。

【参政议政工作培训】 5月16日，市委会召开2014年度参政议政暨宣传工作表彰培训会。会上，学习省盟参政议政工作会议精神；表彰奖励2013年在参政议政、盟务宣传等方面作出突出贡献的盟员；参政议政先进支部和个人作了交流发言；安排部署2014年度调研月活动并对20各课题进行专题辅导。为提升盟员参政议政能力和水平，扩大参政议政骨干盟员队伍，市委会在6月12日邀请盟省委参政议政部部长张红到斗鸡中学，为盟员就社情民意的写作技巧与方法进行了专题辅导。

【两会提案】 2014年，向宝鸡市政协十一届三次全委会提交提案32件，占市政协团体提案的21.3%，立案32件。向大会提交大会发言2份，提交委员个人提案36件。有3件团体提案被采选为市级领导包抓重点提案：《关于规范推进“村账镇管”的建议》由市政府钱引安市长包抓，市财政局承办；《关于规范测速车和“电子眼”以及限速标志管理的建议》由市政府常务副市长张敬原包抓，市公安局承办；《关于加强城区公厕管理的建议》由副市长王琳包抓。

【调查研究】 2014年，盟市委围绕省盟、中共宝鸡市委中心工作，精选课题，科学安排，组织各基层支部开展“参政议政调研月”活动。通过开展活动，提出了20个调研课题，收到调研报告37篇，市委会整理并编纂了《2014年调研成果汇编》和《社情民意信息精选集》。其中优秀调研报告《关于我市职业教育发展情况的调查》被市政协第三期采用。理论调研方面，向省盟上报《党外知识分子密集区的统战工作：问题、路径与方法》，由省盟选送中共陕西省委统战部。

【社情民意】 2014年，共收到社情民意信息120条，比往年同期增加了35条。经市委会整理上报，《当前招商活动奢华浮夸之风游离于“四风整治”之外亟待有效遏制》等5篇信息被盟中央采用；《偏远农村地区教师的生存状况亟待关注》等16篇信息被盟省委采用；《关于增加中小学国学教育内容的几点建议》等33篇信息被市政协采用。2014年，经过民盟陕西省委量化考核，市委会以231分名列全省第一。在宝鸡市政协系统量化考核中，市委会以225分位居28家单位之首。其中，《村干部“走读”现象不容忽视》引起中共陕西省委书记赵正永高度重视，并做了批示。在2014年全市政协系统表彰大会上，市委会被评为优秀单位，并作了大会经验发言。在市政协优秀社情民意通报中，市委会2篇社情民意信息获得表彰。

【春联义写活动】 春节前夕，全市各级盟组织开展了“春联义写”活动，继续将这项传统服务活动做实做大，尤其是金台总支、眉县支部、扶风支部能够早部署、早行动，将这项活动扎实开展下去。据统计，这次活动为老百姓送去了3000余副春联，受到各界人士和老百姓的普遍赞誉。

【农村教育烛光行动】 5月24日，民盟宝鸡市委会在盟省委指导下，在眉县开展了“农村教育烛光行动”，这次烛光行动是继在千阳、陈仓、凤翔开展的第五次活动，6位来自陕师大附中的优秀盟员老师，成为该校的对口支教老师，这也成为民盟宝鸡市委会加强农村教师队伍建设而开展的“同心·农村教育烛光行动”的又一内容。

【开展“黄丝带”监狱帮教活动】 监狱帮教“黄丝带”行动，是民盟社会服务工作的重要平台之一。1月16日下午，盟市委带领盟员艺术家

2014年5月24日，烛光行动走进眉县

2014年1月16日，“黄丝带”监狱帮教活动

和市艺术剧院的文艺工作者来到宝鸡监狱，首次实践开展了“监狱帮教”活动，为2000余名服刑人员送去了以“关爱、感恩、励志、新生”为主题的精彩文艺演出，受到监狱干警和服刑人员的热烈欢迎，让这个特殊的群体感受到了冬日温暖。

【举办环保车载绿桶发放活动】 9月13日，盟市委举办“拒绝车抛，传递文明”环保车载绿桶发放活动。在绿色环保车载垃圾桶上印制创文标语和体现社会主义核心价值观的内容，号召大家文明出行，拒绝随车乱抛垃圾，成为宝鸡市创文工作的一大亮点。根据统计，全天共发放车载垃圾桶约2000个，活动受到市委、市政府主要领导一致肯定。

（白宗武）

民盟宝鸡市第十二届委员会领导成员

主任委员　富　君（满族）
副主任委员　毛亚莉（女）
　宁新远　康江峰
　刘殿博
秘书长　陈彦名（女）

中国民主建国会宝鸡市委员会

【概况】 截至2014年底，全市共有民建总支3个，基层支部5个（新成立渭滨区五支部），会员535人（新发展会员25人），平均年龄47.8岁。其中：男会员364人，女会员171人，大专学历184人，本科学历213人，研究生以上33人。会员主要集中于市区，分布在政府工作部门、国营和民营企业、金融界、法律服务行业、大专院校等。会员中担任市人大代表5人（常委1人），县人大代表6人（常委1人）；担任省政协委员3人，市政协委员42人（副主席1人、常委11人），县政协委员42人（副主席4人、常委8人）；县级人大代表6人（副主任2人、常委1人）；担任副地级领导职务的2人；担任县处级领导职务的19人，科级领导职务47人（正副）。2014年，市委会荣获全市2013年度目标责任制考核优秀单位。

【新闻宣传】 市委会研究印发了《民建宝鸡市委员会关于加强宣传工作的意见》，在市委会网站开辟学习中共十八届四中全会学习专栏。全年，共向各级新闻媒体报送信息200多条，被采用166条，其中中央级15条、省级78条、市级73条。2014年，市委会被民建陕西省委表彰为新闻工作先进单位。

【理论研究】 全年，市委会共组织撰写各类理论研究文章18篇。《以十八届三中全会精神为行动指南、积极献智宝鸡科学发展》《不断提高履行参政议政职能实效》《贴心服务打造会员温暖的家》被民建中央网站、《陕西政协》《各界导报》《宝鸡日报》刊用。会员围绕学习中共十八届四中全会精神撰写的《发挥民建法律界别会员优势，为推进依法治市积极建言献策》等10余篇学习心得体会文章被民建陕西省委网站刊登。

【参与民主协商】 市委会领导和会内人大代表、政协委员、特约监督员、行风评议员参加中共宝鸡市委、市人大、市政府、市政协召开的民主协商会、情况通报会以及视察调研活动20余次。在年初召开的政协十一届三次会议上，副主委张杰代表市委会作了题为《关于提升企业技术创新能力的几点建议》的大会发言，引起市领导的高度重视。会议期间，《华商报》《各界导报》《宝鸡日报》宝鸡电视台、宝鸡新闻网等媒体就“我市企业如何提升技术创新能力”专题采访了副主委、市工信局副局长张南和会员市中元集团公司总经理冯国强。市委会共向大会提交集体提案24件，会内政协委员提交个人提案44件，会内人大代表提交建议案7件，全部被立案。截至年底，市委会集体提案全部得到答复办理。市工信局认为《关于对民营企业进入航空制造业领域给予更多政策扶持的建议》具有很强的建设性和针对性；市科技局认为《关于提升企业技术创新能力的几点建议》为提升企业技术创新能力提供了帮助；市发改委认为《关于加快我市县域经济发展的建议》把握了市县域经济发展所面临的新情况新问题，提出的建议科学合理，可操作性强。在省政协十一届二次全会上，市政协副主席、市委会主委张望《关于支持“宝鸡中国钛谷”建设的建议》，市委会副主委、市工信局副局长张南《关于加大对宝鸡市小额担保贷款补助力度的建议》等提案被省上有关部门采纳。年初市委会确定全年调研课题26个，市政协副主席、市委会主委张望带领部分政协委员和机关干部共开展调研活动6次。市委会、调研工作委员会、各基层组织、机关干部和骨干会员全年共完成调研报告39篇，向省委会上报17篇，向中共宝鸡市委上报8篇。《构建丝绸之路新枢纽，推动宝鸡大发展》被《陕西日报》刊登；《关于提升企业技术创新能力的几点建议》《关于我市农田水利灌溉工作的调研》《代家湾村拆迁改造启示录》《促进小贷公司持续发展，助推小微企业发展腾飞》《激活民间投资、促进经济发展》《发挥商会作用、促进经济发展》被民建中省网站、《宝鸡经济》《决策咨询》刊用；《放大高铁效应、做强第三产业》荣获宝鸡市第十三届哲学社会科学优秀奖。

【反映社情民意】 市委会全年共报送社情民意35件，其中民建省委采用7件，市政协采用2件。在3月份召开的市政协社情民意工作会议上，市委会被表彰为社情民意工作先进单位。在8月份举办的全市政协系统优秀社情民意评选活动中，市委会撰写的《温情鼓励农民进城销售季节性农产品》和《土地流转中存在的问题和建议》被评为优秀社情民意。

【关心服务会员发展】 全年，市委会关心会员工作、学习和生活，关心会员企业发展。春节前夕由市委会领导班子带队慰问老领导、老会员和困难会员，先后走访了宝鸡创伤医院等15家会员企业和市第二人民医院等12家会员单位。市委会组织6名会员企业家参加2014中国（宁夏）非公有制经济发展论坛，为会员企业发展搭建学习、交流与合作平台。

【打造社会服务品牌】 推进民建思源教育移民班陇县、麟游项目顺利实施，共争取资金60万元，100名贫困学生受益。在民建思源移民班项目监督员工作会议上，宝鸡工作受到省委会的肯定和表扬。3月份，市委会联系的“2014思源救护中国行暨芭莎公益慈善基金救护车”项目，为宝鸡市六盘山所属辖区的麟游县医院、麟游县中医院、陇县县医院、陇县妇幼保健院捐赠了4台救护车，总价值50多万元。凤翔县支部成立“民建凤翔支部帮扶基金会”，带动支部会员关爱留守儿童和贫困学生；支部会员王新文为环卫工人提供免费早餐。“六一”前夕，市直一支部组织会员赴西山香泉镇三泉小学开展助学慰问活动；中秋节前夕，民建金台一支部、民建市直二支部分别到宝鸡市新鑫流浪儿中心、宝鸡市爱馨服务中心看望流浪和心智儿童。陈仓区总支与拓石镇结成扶贫帮困对子，常年定期在西山拓石镇开展扶贫慰问活动。

【双职奉献】 会员企业陕西令氏家外家餐饮有限公司荣获全省餐饮行业年度考评优秀单位；陕西康佳律师事务所荣获全省律师协会先进单位；陕西雪云实业发展有限公司荣获“陕西省广告行业年度标兵单位”；陕西高力房地产公司荣获全省首批陕西诚信建设示范单位、陕西省房地产行业优秀企业；宝鸡阳光假日旅行社荣获“宝鸡市游客满意度先进单位”；市委会副主委、陕西中集置业投资有限公司董事长张杰、陕西高力房地产公司董事长高录平、陕西宝佳建设集团总经理昝军会、宝鸡冠森集团总经理李小平、陕西令氏家外家餐饮有限公司总经理令建军等5位会员创业事迹被宝鸡日报《出彩人生》专栏专访。

（马洁婷）

民建宝鸡市第十届委员会领导成员

主任委员 张　望
副主任委员 张　南　张军强　张　杰
常务委员 任永强　魏庆国　张宝靖　周娟萍（女）　康绍东　高　君　王　亮
秘书长 王　亮

中国民主促进会宝鸡市委员会

【概况】 截至2014年底，民进宝鸡市委员会共有区级总支2个，基层支部29个，会员427名，平均年龄48.3岁。其中男会员182人，女会员245人，离退休138人，主要分布在金台、渭滨、陈仓3个区。具有大专以上学历的359人，占84.1%；具有中高级以上职称的310人，占72.6%。教育界296人（高等教育52人，普通教育244人），占全体会员的69.3%；医疗卫生界10人，占2.3%；文化艺术界26人，占6.1%。公有制经济8人，占1.9%；新阶层人士47人，占11%；政府机关37人，占8.7%；民主党派机关3人，占0.7%。会员中有省政协委员2人，政协常委1人；市级人大代表6人，人大常委1人；市级政协委员22人，政协常委2人；区级政协委员21人，政协常委4人，政协副主席1人，人大代表2人；各级特邀人员9人；担任副地级领导职务的1人，担任县处级领导职务的10人。2014年，市委会被考核为全市岗位目标责任制优秀单位；被民进陕西省委表彰为“社会服务工作先进集体”；被市政协表彰为“宝鸡市政协系统信息工作先进单位”。

【思想教育活动】 市委会以开展“坚持和发展中国特色社会主义学习实践活动”为引领，不断深化对中国特色社会主义参政党的认识，巩固对中国特色社会主义道路的认同、对全面建成小康社会目标的认同和对社会主义核心价值的认同。紧密围绕形势和大局，坚持把政治学习融于思想交流，通过主委会、常委会、双月座谈会、专题讲座、道德讲堂等多种形式组织学习30余次，邀请民进会员、全国弟子规进校园倡导者秦东魁做“幸福人生”专题讲座，组织9名骨干会员参加中央、省社会主义学院、省委党校举办的培训班，组织企业联谊会赴河南栾川考察学习，邀请宝鸡市书画名家对有书画特长的会员进行辅导。组织会员开展“民进70年情缘：岁月钩沉”主题征文、“中国梦丝路情”书画作品征集活动，8篇征文获省政协和民进省委表彰，并在《关注》刊发，13幅书画作品在陕西省图书馆展出；开展“我推荐、我评议身边好人”活动，推选王文平等3名会员参与评选；全面收集宝鸡民进建立组织30年以来的图文资料，翻阅档案卷宗40多本，整理图片200余幅，完成了《同心同行·宝鸡民进30年》画册初稿的编辑工作。

【增强组织活力】　2014年是民进中央确定的“组织建设工作主题年”，市委会开展了“大走访、大调研”活动，领导班子以身作则，带领机关干部先后到两区总支、17个基层支部进行走访调研，了解基层组织和会员的工作、履职情况以及对市委会工作的意见建议，研究制订了《民进宝鸡市委员会基层组织工作暂行条例》，完善了支部工作内容及考核指标，健全了领导班子学习制度、联系基层制度、和年终述职制度，提高了工作的制度化、规范化和程序化水平。全年共召开常委会5次，全委扩大会1次。针对基层组织活动开展受限问题，市委会主动适应形势，对基层支部和会员进行优化调整，先后成立了神武路小学支部、宝一中支部、金台综合支部、陈仓教育支部、陈仓文化支部、陈仓综合支部等6个支部，并对32个基层组织的印章进行了统一更换。筹划成立了民进陕西开明书画院宝鸡分院，为书画界会员的交流发展搭建平台。坚持开展大型活动，成功举办了“全民健身”自行车友谊赛，组织离退休会员参观宝鸡市游泳跳水馆等大型项目建设。加强组织工作，整理组织工作档案，完善组织发展配套材料，优化会员发展程序，全年共吸收新会员23名，平均年龄39.5岁，19人具有大专以上学历，其中教育文化界14人，占60.8%。

【强化新闻宣传】　充分发挥市委会网站、QQ群、微信平台等新媒体作用，对参政议政、自身建设、社会服务等中心工作开展广泛宣传。加强与各级新闻媒体的联系和沟通，宣传市委会的重大活动、履职成果和会员先进事迹，扩大宣传效果。对信息宣传工作表现突出的支部和个人进行表彰奖励。据统计，全年共报送各类新闻信息130余条，采用76条。其中：中央级17条、省级35条、市级24条。

【转作风强管理】　全面贯彻落实中共中央八项规定和省市要求，转变会风、文风，完善机关公务接待、公车管理等相关制度。修订完善了《民进宝鸡市委员会机关工作人员职责》《民进宝鸡市委员会机关考勤制度》和《岗位目标管理制度》，签订了目标责任书，在日常工作中严格贯彻执行。组织机关干部参加法律知识考试、科普知识竞赛、“文明与我同行”演讲比赛、爱心“一日捐”以及各类志愿者活动，树立机关干部的良好形象。机关干部马宗科被考核为优秀等次，李文荣立“三等功”，同咏梅、景霞、张帆、李广生分别获得市政协表彰的先进个人。

【调查研究建箴言】　发挥市委会领导班子、会内人大代表、政协委员和各类特邀监督员的作用，参加省市“两会”及市级几大班子召开的座谈会、协商会、意见征询会和行风评议活动50余次，围绕群众关心的重点项目建设、生态文明建设和文教卫生、纪律检查等问题开展视察调研。市委会先后赴陈仓、渭滨、千阳、凤县等地开展专题调研，形成调研报告7篇。针对全市中小学教育信息化建设问题，市委会提出了加快形成推进教育信息化发展的政策环境，建立以政府为主的信息化投入保障机制，大力建设数字化校园示范学校，提升教师信息化应用能力和水平的建议，受到了相关部门的高度重视。围绕宝鸡夜间经济发展存在分散经营、规模不大、特色不鲜明等问题，市委会在调研的基础上，从科学规划，培育品牌、宣传引导、市场运作等方面提出意见建议，并报市政协作为大会发言。另有《关于我市畜牧产业发展的几点建议》在市政府和市政协联席会议上进行交流；《关于我市创建国家公共文化服务体系示范区存在的问题及建议》和《全方位多角度提升我市学前教育水平的调查与思考》被中共宝鸡市委评为优秀调研成果三等奖。民进渭滨总支和陈仓支部分别就均衡教育资源、加强学校安全工作提出意见建议，并在两区政协大会上进行了交流。

2014年8月17日，市委会组织政协委员就全市畜牧业发展情况进行视察调研

【议案提案献良策】 市委会坚持将省、市“两会”作为建言献策的重要平台，鼓励会内人大代表、政协委员撰写议案提案，向省、市政协全会提交了《关于治理城市光污染的建议》等19件集体提案和《关于加强我市非物质文化遗产传承保护的建议》等34件委员个人提案，均被立案。提案内容涵盖了经济文化社会发展等众多领域，得到了办理单位的高度重视。

【反映民意务实效】 坚持开展“议政日”活动，通过市委会网站、宝鸡民进QQ群、支部活动等形式了解民意，收集民情，全年共收集社情民意信息50多条，经过筛选整理，向民进中央和有关方面报送17件，重点反映了教育文化发展、城市建设、环境保护等方面的意见建议，其中《关于加强和规范新闻媒体对司法活动监督的建议》被民进中央采用；《关于逐步加大对城市学校和高中阶段教育投入的建议》被省政协社情民意信息采用；《许可与监督管理脱钩致使医疗机构运作难以有效规范》被市政协评为优秀社情民意；《关于加强农村学校校车安全管理的建议》被中共市委采用；《关于加强老年代步车管理的建议》和《关于设立慈善固定捐赠点的建议》等6件被市政协采用并交有关部门办理。

【同心扶贫】 2月份，市委会邀请财政等相关部门领导视察了杨家山同心工程示范基地建设情况，并为该村争取新农村建设资金37万元，用于文化休闲广场等建设。截至年底，市委会共为杨家山争取各类项目资金170万元。5月份，民进金台总支和民进文化支部联合开展了“三下乡”活动，为金台区陵塬村的群众送去了价值8000余元的药品和丰富的文化大餐。民进渭滨总支组织书画界会员开展了“迎新春送对联”活动，免费为群众书写春联200余幅。民进科经支部、姜城中学支部、秦机子校支部等基层组织分别开展了一系列关注流浪人口、失能老人和贫困家庭的捐助活动。

【爱心助学】 六一前夕，市委会在陈仓区拓石镇开展了爱心助学捐赠活动，会员王文平为拓石中学校捐赠了价值2万余元的电脑和学习用品。11月份，在陈仓区新街镇中心小学举行“同心·关爱·暖心”活动，会员秦东魁向金台、渭滨、陈仓三区17所学校，326名困难学生捐赠了价值10万元的羽绒衣。民进陈仓支部为香泉镇中心小学、通洞小学的留守儿童送去了价值8000余元的学习用品。据统计，全会各级组织全年共投入爱心助学资金17万元。

【贴心帮教】 2011年，市委会同宝鸡监狱建立了帮教关系，组织会员捐赠图书1300余册，为宝鸡监狱建立了“爱心图书室”。2014年8月，市委会再次走进宝鸡监狱，开展了“与爱同行，贴心帮教”活动，会员苏尼亚为200余名服刑人员送去了价值1万余元的衣物，文化支部会员为服刑人员带去了精彩的文艺演出。

【双职奉献建新功】 2014年，广大会员立足本职，扎根基层，积极履职，用实际行动践行“双岗建功”。据统计，全会共有10人（次）获得国家级表彰，36人（次）获得省级表彰，28人（次）获得市级表彰，33人（次）获得县区级表彰。其中，会员李强被民进中央授予“民进全国组织建设先进个人”荣誉称号。会员薛亚兵在全国第三届非物质文化遗产博览会上荣获优秀传承人展示奖，并被中央电视台新闻联播报道；会员刘振明荣获“感动中国新创词曲”成立十周年音乐成就奖；会员熊爱珍荣获全国电子商务职业教育教学“优秀指导教师奖”；会员王富平被评为“2014年陕西省优秀教育工作者”；会员陈文茹、唐红燕被评为陕西省首批省级骨干教师；会员李强的西虢文武学校代表宝鸡市参加十五运会二项比赛，取得了5金8银17铜的好成绩，并获甲组团体总分第一；会员段宝林被评为“陕西省第十五届运动会优秀裁判员”；会员黄梅娟荣获“陕西高等学校第二届青年教师教学竞赛”自然科学基础学科组二等奖；会员温普红、赵卫星的科研论文获宝鸡市自然科学优秀学术成果一等奖；会员罗春燕、赵梦君撰写的《陆游和大散关》荣获宝鸡市第十一次哲学社会科学优秀成果三等奖；会员张宏周的教育工会成果《激发教职工为实现“中国梦”的手段和机制研究》获宝鸡市教育局2014年基础教育优秀教学成果。

（李　文）

2014年8月13日，市委会在宝鸡监狱开展贴心帮教活动

民进宝鸡市第五届委员会领导成员

主 任 委 员 刘桂芳（女）
副主任委员 王富平 吴燕玲（女） 刘振和
秘 书 长 马宗科

中国农工民主党宝鸡市委员会

【概况】 截至 2014 年底，全市共有农工基层组织 21 个，其中区级总支委员会 3 个，基层支部 17 个，基层委员会 1 个。共有农工党员 329 名，党员分布在渭滨、金台、陈仓三个区，以医药卫生、文化教育、工程技术和新经济阶层为主。党员中有 1 名省政协委员；市人大代表 4 名，市政协委员 23 名；区人大代表 4 名，区政协委员 11 名；市级委员会委员 19 名。

【参政议政】 2014 年，市委会共参与组织视察调研 16 次，形成调研报告 16 份，《关于加快我市休闲农业发展的建议》在市政协十一届四次全委会议上做了大会发言，得到市上领导和与会人员的肯定，被《人民政协报》摘要刊登，被《宝鸡日报》《各届导报》等媒体报道；《关于加快我市农民增收工作的建议》在市政府、市政协领导联席会作了大会发言；《建立和谐医患关系的思考和对策》《关于加强我省民主党派工作的建议》被编入中共陕西省委党校调研报告汇编；《东岭传奇给我们的启示》被《陕西党校报》刊载；《关于繁荣我市夜间经济的建议》在市政协组织的“议政日”活动上进行了交流；《关于加强我市与经济带城市互动的建议》在省委会组织的专题研讨会上进行了交流。全年共撰写提案 65 件，立案 65 件，采纳 65 件。其中集体提案 16 件：《关于积极探索、认真总结我市镇街食品药品监督管理经验的建议》《关于优化教育环境、提升农村留守儿童教育水平的建议》《关于深化认识、落实责任强化“平安宝鸡”建设的建议》《关于突出重点、全面推进我市残疾预防试点工作的建议》被确立为市政协领导抓办的重点提案；《关于多措并举确保我市服务业突破发展的建议》被市政府及时采纳，出台了《关于加快服务业发展的实施意见》，明确每年由财政列支 3000 万元支持服务业发展；《关于加强我市农民增收工作的五点建议》被市委、市政府高度重视，市农业局明确增收目标、夯实工作责任。向农工省委、市政协收集上报信息 15 条：《关于尽快解决引渭渠市区段桥侧护栏残缺问题的建议》向市政府反映后，得到解决；张红科反映的《关于健全全国残疾预防体系的建议》被评为全市政协系统优秀社情民意。市委会组织农工党员中的人大代表、政协委员、特邀监督员参加市委、市政府等组织的各种检查活动、行风评议活动 13 多次，提出建议 26 多条，由市委、市政府领导批转有关部门采纳。

【组织建设】 2014 年，市委会健全了市委会各项会议制度和机关各项规章制度，规范了各项工作程序。建立健全了工作制度，充实组织生活内容，主动与三区统战部及有关单位党委沟通协调，帮助基层解决了一些困难和问题，使农工组织的各项活动得到了中共基层组织的大力支持和帮助。按照党章规定，坚持“三为主”原则，有计划的发展新党员，将发展的重点放在骨干党员和高素质后备干部上，全年共发展新党员 15 名。市委会在机关建设工作中主要抓了四个方面的工作：一是建立完善了农工党宝鸡市岗位目标责任制分工及职责、岗位目标管理制度、岗位目标考核办法、岗位目标任务一览表，并切实抓好落实工作；二是坚持星期三集体组织学习制度，参加市政协、市委统战部等方面组织的各种学习活动，贯彻落实中央八项规定；结合学习十八大、十八届三中全会、农工党十五届二中全会精神、市十一届五次、六次全委会议精神、中共〔2005〕05 号文件精神，坚持“同心”思想、开展坚持和发展中国特色社会主义学习实践活动，撰写心得体会文章；三是健全各项规章制度，明确分工，做到职、责、权分明，创造条件、改善办公条件；四是树立为党员、为基层服务的思想，能经常与基层组织联系，密切和党员的关系。据不完全统计：全年来下基层 76 人次，收集意见 46 条，为党员提供服务 56 人次，看望患病党员 19 人次，走访慰问老党员 56 人次。

【开展“中国梦·农工情”演讲比赛和征文活动】 在中共陕西省委书记赵正永发表《加快“三个陕西”建设，为实现“中国梦”做贡献》的署名文章后，市委会响应农工省委会号召，在全市农工党员中开展主题为“中国梦·农工情”的征文活动。活动开展后，党员撰写文章 36 篇，向省农工上报 12 篇。在省委会表彰的“中国梦·农工情”征文活动中，市委会共获得一等奖 2 名，二等奖 1 名，优秀奖 4 名。在农工党陕西省“中国梦·农工情”演讲比赛中，市委会推荐的两位选手麻艳和韩朝分别获得一等奖、二等奖。其中，麻艳参加了农工中央“中国梦·农工情”宣讲团，代表省农工在全国巡回演讲。

【社会服务】 全市农工各级组织参加义诊活动 7 次，其中，市委会 1 次，金台、渭滨、陈仓区总支共 6 次，共诊治病人 3800 余人次，咨询病人 1600 余人次，发放宣传资料 1.5 万余份，捐赠药品 2 万余元。有 13 名农工党员结合自己的优势，开展医疗咨询、专业评审、工程质量等方面专题讲座 21 次，听众近 2 万人。全市农工党员向希望小学和贫困山区捐物 356 件，捐款 6575 元；支持鼓励农工党员创办经济实体，安置下岗职工 11 名。

（冯雨轩）

农工党宝鸡市委员会领导成员

主 任 委 员 赵宝润

副主任委员 江　奎　张红科　杨咏梅

九三学社宝鸡市委员会

【概况】 九三学社是以科技界高、中级知识分子为主的具有政治联盟特点的政党，是接受中国共产党领导、同中国共产党亲密合作、致力于建设中国特色社会主义事业的参政党。2014年，九三学社宝鸡市委员会严格执行组织发展有关文件精神，遵守社员发展程序，全年共发展社员12名，全部为大学以上学历和中级以上职称。截至2014年底，宝鸡市九三学社共有基层组织21个，社员总数442人，平均年龄51岁，其中，女社员163人，占社员总数的37%；具有高级职称的217人，占社员总数的50%；主体界别社员342人，占社员总数的77%。社员中现有省人大代表1人，省政协委员1人；市人大代表5人，其中市人大常委1人，市政协委员16人，其中市政协常委2人，市政协副主席1人；县（区）人大代表4人，其中人大副主任1人，县（区）政协委员16人，其中政协常委4人。2014年，市委会荣获九三学社中央第二十五届“国际科学与和平周”特别贡献奖，已连续12年获此殊荣。

【召开五届四次全体（扩大）会议】 九三学社宝鸡市第五届委员会第四次全体（扩大）会议于3月9日召开，社市委委员、基层支社主委、副主委、担任人大代表和政协委员职务的社员及机关干部共60人参加会议。大会由主委王虎贤主持，中共宝鸡市委统战部副部长樊瑞君应邀出席。副主委赵宗林代表社市委常委会向全体委员作2013年工作报告，经过集体讨论，大会审议并通过了2013年工作报告及2014年工作要点，表彰了2013年度在本职工作和社务工作中做出突出贡献的先进集体和先进个人，颁发了荣誉证书。市委统战部副部长樊瑞君讲话，对社市委2013年取得的成绩给予充分肯定，对2014年工作提出了三点希望：一是坚定政治方向，凝聚思想共识；二是适应新形势发展需要，提升自身建设的科学化水平；三是创新载体，不断增强服务社会的能力。主委王虎贤在闭幕讲话中强调：坚持围绕中心“不动摇”，坚持求真务实“不浮躁”，坚持服务社会“不止步”，坚持自我完善“不放松”。

【举办新社员培训班】 4月10日，社市委举办新社员培训班，组织2013年入社的新社员参加培训，由社市委主委王虎贤主持。副主委赵宗林就中国八大民主党派的基本情况、统一战线的理论知识、中国特色社会主义理论和九三学社宝鸡市委会的概况进行讲解。新社员观看了社中央宣传部制作的“为了民主与科学”九三学社发展历程纪实录像。主委王虎贤对新社员提出三点要求：加强学习，提高认识，进一步增强政治意识；弘扬传统，勤于实践，进一步增强政党意识；勇于担当，乐于奉献，进一步增强责任意识。

【参政议政为助推发展谏言】 在政协陕西省十一届二次会议上，主委王虎贤向大会提交了《关于支持高端装备制造业基地建设的建议》《关于支持蔡家坡经开区建设成为陕西省汽车及零部件制造和研发基地的建议》《关于尽快开工建设合凤高速凤翔至旬邑段的建议》3件提案，批转有关部门办理。在市第十四届四次人代会上，副主委赵宗林向大会提交了《关于加快推进供暖分户计量收费的建议》《关于在市区经二路东段建立一处停车场的建议》等3件建议案，其中《关于支持农民专业合作社建设，推进现代农业发展的建议》被列为市政府领导包抓重点建议案。在政协宝鸡市十一届三次会议上，社市委作了《加快我市乡村旅游产业发展的建议》的大会发言，提交《关于推进我市文化事业健康快速发展的建议》等19件集体提案，《关于抢抓“丝绸之路经济带”建设战略机遇，推进宝鸡开放型经济发展的建议》等47件个人提案，均被立案并批转相关单位办理。

【深入调研为和谐宝鸡尽智】 社市委全年共完成调研材料8篇。协助社中央、社省委开展了全社组织建设专题调研活动，整理了基础资料，提交了调查问卷，形成《民主党派组织建设工作的实践与思考》。主委王虎贤撰写的《关于西山扶贫开发工作的几点建议》在市政府与市政协联席会议上交流，市政府督查室予以落实；《建设陕甘川宁毗邻地区大旅游

6月下旬，省政协副主席、九三学社省委主委周卫健来宝调研关中大气灰霾治理工作

圈实现区域经济合作大突破》在陕甘川宁毗邻16方2014年年会上代表宝鸡市发言，受到各方重视。社市委组织力量调研，完成《充分发挥民主党派优势，积极做好群众工作》《关于目前我省市、县民主党派建设问题的思考与建议》等调研材料。《学习中共十八届三中全会精神，提高民主党派参政履职能力》被《宝鸡政协》第1期刊发。6月下旬，省政协副主席、社省委主委周卫健带领省政协委员及专家教授深入宝鸡市部分县区，就加快推进关中大气灰霾治理工作进行专题调研，社市委协调、制定调研方案，组织召开座谈会，修改完善调研报告，圆满完成社省委的调研任务。

5月30日，在高家镇开展“三下乡”活动

【社情民意为推动工作献策】 社市委全年共向社省委、市政协、市委统战部上报工作信息和社情民意信息60余条，54条被采用。《当前老年保健药品和器材市场监管存在的问题及建议》获全市党委系统优秀信息三等奖，《关于为在校中小学生开展免费健康体检工作的建议》被市政协评为优秀社情民意，《关于加强城市二次供水安全管理的几点建议》反映了城市二次供水在安全卫生方面存在的几个问题，被市政协社情民意专版刊发，《关于建立健全依法行政体制的建议》报送市委统战部。

【开展“三下乡”服务群众】 社市委组织社内医卫、法律、农牧专家参加了宝鸡市第二十二届“科技之春”宣传月暨文化科技卫生“三下乡”活动；组织社员先后在渭滨区高家镇高家村、市人民公园开展义诊活动，累计发放宣传资料2000份，提供法律咨询服务50人次，义诊患者600余人。11月15日，社市委在渭滨区中滩路社区开展了第二十六届中国“国际科学与和平周”活动，10位医卫专家社员为社区居民义诊，4名资深律师为群众提供免费法律咨询，共发放视力表1000份，健康教育资料1000份，义诊患者300余人，法律咨询20余人次。

【开展扶贫济困】 经过社市委争取，年初为患病社员李宝红申请到社中央王选关怀基金3万元。2月9日，在宝鸡市残联、市残疾人福利基金会联合举行的“爱心助残，捐赠义卖”活动中，社员李骅将刻字作品义卖的6000元全部捐赠。5月14日，社市委机关干部和社员参加“慈善一日捐”活动，向贫困地区捐赠衣物60余件。6月1日，金台支社前往硖石中心幼儿园义诊慰问，就预防手足口病开展讲座，为小朋友检查身体，建立健康档案，并送上节日礼物。渭滨支社协调解决了新民路小学校建难题、5个社区医疗服务站安装医保刷卡机难题，并帮助一名聋哑人就业。社员刘晓应投资建设的大散关景区被列为全市中小学生爱国主义教育基地，累计免票14万元。社员郭梓新长年资助4名贫困大学生，为固川小学捐赠了价值2万元的学习用品，为全市创文活动免费发布了价值50余万元的公益广告。

【双职奉献回报社会】 全市各级社组织和广大社员在“双职奉献”中创优争先、硕果累累。郭梓新获宝鸡市“十大杰出青春榜样”，当选宝鸡市广告协会第四届常务理事会会长。刘晓应当选为第八届宝鸡市青年企业家协会会长。贾敏的新闻作品荣获陕西省广播影视奖二、三等奖、省政协优秀新闻奖，荣获全省资深新闻人从业30年荣誉奖章。张文祥被授予“宝鸡市百姓学习之星”荣誉称号。炊居成的论文《新时期民主党派政协委员的责任与使命》收入《陕西省人民政协理论与研究会2013年度优秀论文集》。张志强负责的“矮砧苹果栽培技术示范与推广”项目获得陕西省农业科学技术推广成果奖一等奖。王辉、张媛斐参与的农技项目分别获得市级农业技术推广二等奖。马亚洲参加了文化部在福建仙游举办的世界文化展示会，展出推广了马勺脸谱作品。李骅、郭红全、黄志国的23副刻字作品参展宝鸡市第二届刻字艺术展。杨志雄参加了宝鸡市赴青海格尔木慰问部队官兵活动，向官兵赠送了书法作品。王冰莹组织创作的新编历史剧《班超》在省内上演后受到好评。宁全瑞荣获宝鸡市总工会原创作品及声乐大赛最佳首唱音乐奖。

（张　莹）

九三学社宝鸡市第五届委员会领导成员

主　　委　王虎贤
副 主 委　赵宗林　车　爽（女）　孙　炜
秘 书 长　李晓敏

人民团体

编辑　陈　晶　杨　军　纪天仓

宝鸡市总工会

【概况】　2014年，全市工会组织10195个，工会会员676351人，工会专职干部1391人，兼职工会干部26633人。2014年，市总工会以党的十八大、十八届三中、四中全会精神为指针，认真贯彻落实习近平总书记关于工会工作的重要讲话精神，坚持“组织起来，切实维权”的工作方针，以“三服务”活动统揽工作全局，开展群众路线教育实践活动，推动落实“两普遍、一创新”，工会组织吸引力和凝聚力显著增强，工运事业蓬勃发展。市总工会被全国总工会评为“财务工作先进集体”、“职工互助保障先进单位”“经审工作先进集体”。市总工会被陕西省人社厅、省总工会评为“职工技能大赛优秀团体”、省总评为“目责考核先进单位”“工会组建优秀集体”“安康杯竞赛优秀组织单位”“信息工作先进单位”“女职工工作先进集体”。

【加强干部理论学习和业务培训】2014年，市总工会以创建“学习型”工会为载体，结合群众路线教育实践活动，狠抓干部政治理论学习，加强业务培训，着力打造学习型知识型技能型职工队伍。一是大力提升职工政治理论素质。广泛开展“学习贯彻三中全会精神，我们怎么办”大讨论，组织学习习近平总书记系列讲话精神，邀请宝鸡文理学院教授做专题辅导、学习测试，全面领会精神实质。市委、省总全委扩大会后，市总工会党组认真组织学习全会精神，结合工作实际，起草“三服务”工作方案，报请市委常委会讨论研究。市总工会先后组织县区工会主席、企事业工会主席、机关干部认真学习传达省总全委会精神，结合“学习贯彻党的十八届三中全会精神、我们怎么办”大讨论活动，对全市开展“三服务”活动精心部署，制定下发实施意见，成立了以工会主席、党组书记为组长、常务副主席为副组长的领导小组，设立办公室，负责对整个活动的组织、协调和指导。全市各县区、企事业单位工会以“三服务”活动为主线，开展“走百户企业、访千名职工”活动，推进“两个普遍”，提升工会组织的凝聚力、吸引力。二是加强工会干部业务培训。2014年11月3—7日，市总工会组织县区、产业系统和直属企事业单位的近百名工会干部开展了为期一周的集中培训。培训班特聘省总工会相关部室负责人和宝鸡市委党校的专家教授，专题辅导了习近平总书记系列重要讲话，传达了十八届四中全会精神，系统讲授了工会重点业务和履行岗位职责必备的经济管理、社会管理及群众工作等知识。先后举办帮扶软件培训班、工会基层组织建设管理系统培训班以及5批80人次参加了省总、全总企业民主管理、和谐劳动关系培训，提升了工会干部的业务能力。

【开展职工科技创新】　开展“十、百、千、万”为主要内容的经济技术创新活动，组织召开技术创新现场会，推广宝鸡供电局、宝桥、宝鸡机床创建劳模、高技能人才创新工作室经验，引领广大职工广泛开展合理化建议、技术革新、技术攻关、发明创造、新技术、新工艺推广。据不完全统计，全市职工提合理化建议1.2万条，实施技术革新项目1560个，推广先进操作法301项，培养高技能人才1021名。组织开展“当好主力军、建功十二五”创先争优劳动竞赛以及女职工“建功十二五、巾帼展风采”主题竞赛活动。涌现出一大批爱岗敬业、创新奉献的先进集体和个人，宝鸡机床集团有限公司数控一车间中数控机床试车工李晓佳被中华全国总工会授予2014年全国五一劳动奖章；中铁宝桥集团公司钢结构车间电焊组、宝鸡市宝运汽车运输（集团）公司高速客运公司、大唐宝鸡热电厂检修公司磨煤机检修班、陕西秦川机床工具集团公司热处理厂多用炉班、国网宝鸡供电公司秦岭输电运维班共5个单位被中华全国总工会授予2014年全国工人先锋号。在“五一”前夕，表彰了第三届十大杰出工人和“五一”劳动奖状10个、奖章25名以及企业知识产权先进集体和先进个人，为市级离退休劳动模范提高荣誉津贴，发挥了先进典型的示范引领作用。

【繁荣职工文化】　学习实践中国特色社会主义工会发展道路理论，开展社会主义核心价值观教育，坚定职工理想信念，增强创新奉献意识，凝聚发展的正能量。组建职工艺术团、职工激情广场文化体育总团、电影放映队、建设职工书屋，精心打造“四大文化品牌”。组织职工艺术团到企业、社区、建筑工地慰问演出3场次，投资20余万元为职工激情广场、职工文化体育总团发放音响器材25台（套），在区、县、基层单位组建职工文化分团30个，为其配备团旗、标志牌，举办第二届“中国梦劳动美”职工舞蹈大赛、“西凤杯”职工摄影展、书画展、庆“五一”职工奇石展。成立职工文联，组建作家、书法家等10个专业协会，为丰富活跃职工文化搭建舞台。组织电影放映队赴企业（社区）展演红色电影100场次，建成全国职工书屋示范点7个，新建市级职工书屋示范点20个，不断推进“书香陈仓、文明宝鸡”职工读书活动深入开展，活跃了职工文化生活，提升了幸福指数。

【扩大工会规范化建设覆盖面】　一是抓组建扩覆盖。创新社会管理，夯实党的执政基础，新建工会组织590个，发展会员25583人，全市基层工会总数10195个，工会会员657794人，其中独立基层工会9804个，联合会391个，涵盖14584个基层单位。二是抓规范促提高。召开全市基层工会组织规范化建设现场会，观摩学习5个单位规范化建设的经验，表彰规范化建设示范点。把基层工会组织规范化建设作为切入点，广泛开展“抓示范工会创建、促工作水平提升”活动，修订印发了《关于加强非公企业、镇街工会组织规范化建设的实施意见》，将镇、街工会工作经费纳入市、县区工会经费预算，依据考核结果按年度拨付，提高工会组织员工作津贴，调动了基层工会工作的积极性。在市县两级工会继续实行领导、部门联系包抓基层工会规范化示范点制度，基本实现了组织健全、制度完善、亮点突出、活力提高的目标。全市已表彰示范点249个，下拨专项奖励资金86万元。渭滨区建成了经二路党工共建示范一条街，有效扩大了工会组织的影响力。岐山县餐饮业工会联合会在促进本地特色食品走向市场中做出突出贡献，受到县委、县政府的表扬。

【推进厂务公开职代会星级创建活动】　下发了《关于进一步加强企事业工会职工之家建设的意见》，在郭家河煤业组织现场观摩“职工之家”建设，推广宝桥“党委领导、行政推动、工会运作、群众参与”厂务公开模式，表彰命名“市级先进职工之家”35户，真正做到“建起来、转起来、活起来”。以学习贯彻《陕西省企业民主管理条例》为契机，提请市政府出台《关于进一步加强企事业民主管理工作的意见》，组织召开厂务公开民主管理工作现场会，推进厂务公开职代会星级创建活动，建立职代会报告制度和议题议案审核制度，强化上级工会对职代会的指导、监督职能，对企业改制方案、工资集体协议、职工分流安置、资产重组转让、职工奖惩辞退等涉及职工切身利益的重大事项，均提交职代会审议通过，切实保障职工“四权”。表彰厂务公开职代会四星级单位15家，宝鸡市建立工会组织的国有、集体及股份制的657户企业全面推行厂务公开，建立职代会制度的达到100%。1486户非公有制企业实行厂务公开的占90%、建立职代会制度的占85.9%。

【坚持工资集体协商工作制度】　坚持工资集体协商工作情况季报制度，启动工资协商要约行动，依法督促企业签订劳动合同，督促基层工会签订工资集体协议2001份、覆盖企业6991户、惠及职工45.3万人。其中世界500强在宝企业工资集体协商建制率达到100%。全市签订女职工专项集体合同2002份，覆盖女职工18.2万人。

【围绕服务职工，创新帮扶方式】　一是健全帮扶工作网络。建成市、县（区）纵向联网，街道、社区横向覆盖的职工帮扶网络，将职工帮扶中心提升为职工服务中心。实现“一厅式”办公，“一站式”帮扶，实施动态管理，做到了帮扶工作的经常化、制度化、规范化。对特困职工按季度救助米、面、油等生活用品，对遭受天灾人祸、患大病等致生活困难的职工及时救助，基本做到了“重点突出、全面覆盖”；二是拓展帮扶内容。建立职工信访维权接待室，开通了12351职工帮扶热线电话，依托职工职业技能培训基地、职工保障互助会，构建起健全的职工帮扶服务体系，及时受理职工在就业、维权等方面的诉求。2014年接待职工来信来访120件次，办理115件次，真正做到了“事事有回音、件件有答复”。三是创新帮扶方式。市总工会与宝鸡第一人才网合作，通过购买公共服务，为企业和求职者搭建服务平台，实现人力资源即时优质配置，破解了企业用人与求职者“两难”矛盾。2014年举办的职工就业大型招聘洽谈会暨民营企业招聘周，开设的网络招聘专区，实现了求职与聘用网上互动。与芜湖市总工会、宁波市总工会协作，现场用电子大屏幕滚动显示两地用工信息，现场指导求职者注册简历、发布信息、投递求职信件。据统计，共提供就业岗位17400个，有3600余人达成就业意向。市总工会派专人将外出务工人员送到浙江杭州、宁波等地，切实解决了职工群众外出务工难的实际问题。组建了拥有国家心理咨询师资格的40人的职工心理疏导志愿者服务队，到企业、社区为职工开展心理疏导，缓解职工心理压力。市总工会与市中心医院联系，邀请上海中医药大学附属龙华医院的专家为全市女职工讲授乳腺疾病的预防和治疗知识，竭尽全力为职工办实事，解难事。组织5300多名副科级以上领导干部，开展交友帮扶活动；筹集慰问金640万元，走访慰问、救助困难职工、农民工5311多人；对328名特困职工实行常年救助；组织党员干部进社区，慰问困难党员、孤寡老人12名，向社会奉献爱心；为千阳县柿沟镇西沟村争取项目资金80万元，捐资10万元，慰问困难家庭207户；资助1000名困难职工子女上学；为130名单亲困难女职工，女农民工每人救助1000元。推行职工互助保险，职工互助保险额达到500万，超额完成任务，有效解决职工看病贵的困难。

【强化自身建设，激发干事热情】 2014年，市总工会结合群众路线教育实践活动，加强班子建设，转变工作作风，健全规章制度，建立激励机制，调动和激发了干部职工干事创业的热情。一是加强市总领导班子建设。按照“抓班子、带队伍、促工作”的思路，狠抓市总班子的思想政治建设，修订完善了《市总党组会议制度》《市总党组中心组学习制度》，抓好理论学习，创新学习方式，坚定理想信念，筑牢精神支柱。坚持民主集中制，规范和完善党组议事规则，增强班子的凝聚力和向心力。二是狠抓党风廉政建设。学习中、省、市纪委规定，加强警示教育，加大监督检查力度，坚决纠正“四风”。落实党风廉政建设主体责任，履行“一岗双责”，制订了《市总党风廉政建设制度》《市总工会党风廉政建设责任制实施办法》《建设节约型机关实施办法》《市总工会财务报销制度》等21项规章制度和严格实行了《公务接待卡》《办公用品申请卡》《会议开支审批卡》《公务用车申请卡》。明确了班子成员在工会工作和党风廉政建设工作中的职责和任务，坚持集体领导，工作互相监督，不搞个人说了算，凡是工会的重大事务都交由党组会和主席办公会研究决定，不搞一言堂。执行财经纪律。发挥工会经审会作用，对本会和县区、下属单位、企业工会财务进行审查审计24次，规范了财务管理。执行《关于党员领导干部报告个人有关事项的规定》，县处级以上领导干部按规定如实报告个人住房、投资、配偶子女从业等有关事项。坚持把握春节、中秋、国庆等重要节点，组织学习《关于狠刹节日不正之风的通知》《关于在全市组织开展中秋、国庆“节日病”集中整治专项行动的通知》《关于加强监管国庆期间公车使用管理的通知》等文件，增强了党员干部廉洁自律意识。三是建立作风建设长效机制。着眼推动改进作风、联系职工群众常态化、长效化，市总工会制定了《市总工会党组党的群众路线教育实践活动制度建设计划》，按照“立、改、废”的工作要求，修订完善了精简会议、规范学习调研、加强干部管理、行政效能建设等制度，制定了《宝鸡市总工会首问负责制实施办法》《宝鸡市总工会服务事项限时办结规定》《宝鸡市总工会责任追究办法》等规定，修订了《宝鸡市总工会机关目标管理责任制考核办法》《宝鸡市总工会机关干部请销假制度》《学习制度》《机关上下班打卡制度》等制度，共废止制度3项，修订29项，新建立8项，出台关于促进下岗失业人员再就业、培训、帮扶等相关便民服务措施15条，用制度机制固化了活动成果。通过动态、网站、风采，加强新闻宣传阵地建设，年内在市级以上媒体发表稿件、信息600多篇。

（鲁　涛）

宝鸡市总工会领导成员

主　　席　乔春芳
常务副主席　赵会祥
副 主 席　李晓兰　赵崇录　赵宏周

共青团宝鸡市委员会

【概况】 截至2014年底，宝鸡市有青少年128万人，占全市人口的34%。其中7至14岁的少年60万人，14至28岁青年68万人。团员20.1万名。团市委直属12个县（区）团委，92个市直单位团组织，6个基层团工委。基层团委559个，团（总）支部6168个，专职团干部747名。少先队大队2773个，少先队员51万名，少先队辅导员2.5万余名。2014年，团市委先后荣获2014年全国闲散青少年社会融入示范项目优秀试点城市；2014年度全省共青团工作优秀奖；2014年度陕西省大学生志愿服务西部计划先进集体；2014年度首届陕西省青年创业大赛优秀组织单位；2014年全省社会管理综合治理先进集体；2014年度社会治安综合治理平安单位、2014年度社会治安综合治理年度考核优秀单位等荣誉称号。

【开展宣讲教育活动】 通过报告会、主题班队会、图片展、大讨论等形式，把学习贯彻党的十八届三中、四中全会和习近平总书记系列讲话精神同推进团的重点工作结合起来，同引导青年投身建设和谐新宝鸡等重大部署结合起来、同解决青年思想和工作方面的突出问题结合起来，开展各类宣讲活动1000多场次，覆盖青少年20多万人次。

【举办国情和形势政策教育】 围绕“中国梦”主题教育活动，开展“青年托起中国梦”“红领巾相约中国梦”“永远不能忘记”青少年缅怀革命先烈和网上公祭等活动，参与青少年24万人次；开展社会主义核心价值观主题教育活动，不断深化“红领巾大讲堂”“与信仰对话”等活动，抓好党团队意识的有效衔接，加强青少年思想道德教育；开展评优树模活动，选出了一批青少年可亲、可学、可敬的模范典型人物和集体。

【开展新媒体引导青少年工作】 开展青少年分类引导工作，重视新媒体教育引导青少年的有效方式和载体路径，运用微博、微信等新媒体平台，吸引2万多名青少年参与宝鸡创文、环保植绿护绿、首届中国宝鸡微电影节、“我为核心价值观代言”等活动，弘扬青春正能量，加强对青少年的教育引导。

【开展青工创新创效活动】 围绕全市经济转型突破，以“我为重点项目做贡献”为主题，推进青工技能振兴计划，开展青工创新创效、岗位练兵、技术比武、拜师学技、青年岗位能手评选等活动，评选表彰市级杰出、优秀“青年岗位能手”70名，培养举荐“全国青年岗位能手”2名；加强青年职业文明建设，开展青年文明号创建活动，评定命名2013年度宝鸡市青年文明号76个。

【加强青年就业创业技能培训】 开展农村青年“领头雁”（SYB）培训，培训农村创业青年6843人，带动就业1433人；不断畅通农村青年创业融资渠道，开展送金融知识下乡活动，为1641名农村青年发放小额贷款1.1亿元；为青年创业搭建舞台，举办宝鸡市青年创新创业大赛，组织创业训练营3期，评选表彰“青年创业之星”20名、“农村青年星火致富带头人”20名，扶持农村青年创业200人。

【创新青少年社会管理工作机制】 开展“共青团与人大代表、政协委员面对面”活动，组织26名人大代表、政协委员开展专题调研、召开“面对面”座谈会，向全市“两会”提交6份议案和提案；健全预防青少年违法犯罪工作机制，召开预防青少年违法犯罪和未成年人保护专题会议，完善预青专项组联席会议制度和青少年舆情监测体系，将预防青少年违法犯罪工作纳入全市综治考核体系；实施“关爱青少年彩虹行动”示范项目，招募20名人生导师，为闲散青少年进行心理辅导和职业技能培训，帮助他们稳定就学、实现就业；不断延伸“青春驿站”工作品牌内涵，召开全市“青春驿站”现场推进会，打造以青年为主体的枢纽型社会组织，建立市、县两级青年社会组织孵化基地3个，聚合青年社会组织42个。

【开展青年志愿者服务行动】 以“青春助力创文”为主题，在窗口单位、青年文明号集体建立完善志愿服务站点75个，参与志愿服务3100人次；组织开展“进社区清除卫生死角”“去城郊捡拾垃圾”“清理城市牛皮癣”“美画家园”等志愿服务活动145场次，参与青少年3万多人次；全力开展赛会志愿服务活动，组织招募500多名青年志愿者，为省运会、世佛会提供志愿服务近6万小时；不断丰富青少年文化活动，成功举办首届“中国·宝鸡青年微电影节”。

【希望工程服务活动】 高度关注贫困家庭子女和留守儿童的学习教育，开展“共青团关爱留守儿童圆梦行动”，组织青联委员、青企协会员和社会各界人士，开展志愿服务和圆梦活动54场次，捐赠物品价值21.38万元，帮助850名留守儿童实现梦想；不断加大“希望工程”助学力度，为贫困大学生争取助学金和助学物资300多万元。

【深化党建带团建工作机制】 推动凤翔县等8个县区将青少年工作经费纳入财政预算，渭滨区等7个县区将团建工作纳入党建工作考核体系；加强团的基层组织建设，开展“达标创优”“三级联创”争创活动，建立标准化团组织40个，创建“两新”组织示范点30个，新建非公团组织189个，新社会团组织18个，规范整顿乡镇直属团组织1100多个；加强镇街团委阵地建设，为全市60%镇街配备了数字办公设备；加强团干部队伍建设，分层级、分类别培训团干部500人次，开展“基层团委书记讲团课”学习竞赛活动145场次；开展党的群众路线教育实践活动，通过“亲青连心行动”“结对交友”“机关和基层团干部交流锻炼”等活动，全力为基层办实事、解难事；加强团的外围组织建设，完成市青联、市学联和市青企协换届任务。

（周　媛）

共青团宝鸡市委员会领导成员

书　记　魏　莉
副书记　王勇刚　翟　莉

宝鸡市妇女联合会

【概况】 截至2014年底，全市有县区妇联12个，镇街妇女组织173个，市级机关妇委会69个，城市社区妇女组织165个，村级妇代会组织1729个。2014年，市妇联先后荣获全国妇女宣传舆论阵地建设先进单位、陕西省城乡妇女岗位建功先进集体、陕西省妇联妇女工作优秀奖。年内，全国人大常委会副委员长、全国妇联主席沈跃跃，全国妇联书记处书记、副主席孟晓驷先后来宝鸡市视察。

【举办妇女“庆三八·迎省运”健身展示活动】 2014年3月6日，宝鸡市举办“庆三八·迎省运”健身展示活动。来自宝鸡各界的5000多名妇女欢聚一起，庆贺“三八”国际妇女节，喜迎2014年承办陕西省第十五届运动会的到来。这次活动由宝鸡市妇联和宝鸡市体育局主办，来自全市各地的22支妇女健身队伍2000多名各界妇女参与表演，她们都是业余团体，她们当中既有机关女干部、外来工、女大学生，又有留守妇女、退休老干部等，既有年过七旬的老人，也有不到十岁的小学生。节目有200多名年龄超过60岁的退休“老大妈”们倾情表演的太极功夫扇操；市妇幼保健女职员们表演的《巾帼奋进健身舞》、市财政局妇女表演的《美丽新天地》、市总工会妇女表演的《舞韵瑜伽》等。这次活动充分展示了宝鸡巾帼健身活动的成果，体现了“我运动·我健康·我幸福”的生活理念和“迎接省运会”的美好向往，充分展示了时代女性求知、求美、求乐的精神风采，成为“运动之城、幸福宝鸡”的生动写照。

【扶持妇女创业就业】 2014年，市妇联在做好妇女小贷工作的同时全力助推妇女创业就业。各县区认真做好“宣传培训、协调推荐、跟踪服务”等基础工作，形成了“小数额、广覆盖、整村推进”等多种贷款模式，探索出了多元化担保方式，妇女小贷工作实现了“量的增长”与“质的提升”。全年完成小额担保贷款1.83亿元，其中妇女占比24.5%。组织专家到12个县区举办科技、SYB、家政等培训班19期，培训妇女932人。

2014年3月6日，宝鸡市举办“庆三八·迎省运”健身展示活动

市县妇联共举办各类培训698期，培训妇女6万多人，学习技能、掌握技术，提升了妇女创业就业能力。

【打造“西秦大姐”和“西秦巧娘”品牌】 着力打造“西秦大姐”品牌，指导市惠普创业服务有限公司不断完善硬件设施和队伍管理，并通过了ISO9000认证，成为宝鸡市家政服务业首家标准化试点单位。9月份，举办了“西秦大姐”家政服务技能大赛，40名选手参加了比赛，对评选出的等次奖给予了表彰，同时，获得一等奖的选手被授予宝鸡市“西秦大姐”优秀家政服务员荣誉称号。打造“西秦巧娘”手工艺品牌，成立了“西秦巧娘”联合合作社；组织妇女参加省妇女手工艺品技能大赛和杨凌农高会等各种展销比赛活动，带动妇女居家灵活就业。

【基层组织建设】 2014年4月，市妇联抓住全国妇联孟晓驷副主席到扶风县调研妇联基层组织建设工作的契机，组织专门班子到部分县区和市级相关部门、企业，对全市“两新组织”中建立妇女组织情况进行调研，形成了《关于进一步加强非公有制经济、社会组织中妇女组织建设工作的实施意见》，联合组织、工商、民政部门下发。同时，抓住全市非公企业党组织“组建月”活动的有利时机，在“两新”组织中建妇女组织1001个，占应建数的83.7%。以创建省级“妇女之家”示范点为抓手，以达到两个“三分之一”为目标，健全制度，规范管理，全市已创建省级“妇女之家”示范点318个、精品点97个。联合市文广局下发通知，要求各县区依托乡镇文化站建立“妇女之家”，依托省“妇女之家”示范项目，实行省、市联创，每个示范点一次性补助4000元，主要用于“妇女之家”硬件建设。

【妇女维权工作】 2014年“三八”维权周，市妇联联合市教育局在金台区宝陵小学、凤翔县虢王镇中心幼儿园举办儿童保护知识专题讲座，以身说法，教育儿童正确应对突发情况，发放各类宣传资料8000多份。2014年6月，全省妇女信访代理培训推进会在宝鸡市召开，现场参观了金台区硖石镇六川店村妇女信访代理工作室，市妇联在大会交流了经验。11月，举办了全市妇女信访代理培训班，对代理工作流程、代理方法等进行了专题培训，为全面推广奠定了基础。认真做好妇女来信来访接待工作，做好相关法律知识的宣传咨询，协调相关部门，解决重点信访案件。年内接待群众来访来电147件，179人次，结案率达到98%。

【建立长效工作机制】 一是建立“1元钱”工作长效机制。以市妇儿工委名义向未建立“1元钱”机制的县区下发督导通知书，督促落实。截至2014年12月底，市及12个县区全部经常委会或政府常务会研究形成纪要，落实了妇女儿童专项经费。二是建立“两癌”贫困妇女救助长效机制。落实民政临时救助资金159.04万元，对2013年以前摸底登记的437名“两癌”贫困妇女给予每人4000元救助。又联合民政部门再次调研，畅通渠道，对2014年后确诊的“两癌”贫困妇女纳入低保，当年一次性给予4000元救助，使救助工作常态化、制度化。三是建立预防家庭暴力工作长效机制。联合市综治办，出台了《关于预防和制止家庭暴力的实施意见》，与市公安局联合下发了“关于加强干预家庭暴力的通知”，采取“分次预警，建立档案，联合干预”的办法，建立健全预防和制止家庭暴力的工作机制。

【宝鸡市党政主要领导“六一”前夕看望慰问少年儿童】 2014年“六一”国际儿童节前夕，市委书记上官吉庆、市长钱引安等四大班子领导带队，市妇儿工委组织32个成员单位，分四组分别到宝鸡市三迪小学、岐山县城关小学、宝鸡市特教学校、凤翔县城关镇西街小学慰问少年儿童，赠送节日礼物价值3多万元，送去党和政府的关爱。

【精神文明建设】 2014年3月，市妇联联合市委宣传部下发了《关于在全市开展寻找“西秦最美家庭（巾帼）”活动的安排意见》，各级妇女组织依托村、社区“妇女之家”，在全市寻找“西秦最美家庭”128户。8月，举办了“最美家庭”颁奖典礼，对成会勤、唐琦等10户市“十佳最美家庭”和90户市“最美家庭”进行了表彰。联合市文明办、综治办、老干局等开展了“文明家庭”“平安家庭”“十大孝子”评选活动，大力宣传“尊老爱幼、男女平等、夫妻和睦、勤俭持家、邻里团结”的家庭美德。开展了“美丽宝鸡·绿色家庭——妇女在行动”活动，印发《环保生活手册》20万册，评选“绿色文明示范户”1万户。在4个区的120个社区全部建立社区家长学校，指导社区家长学校开展工作，提高广大家长“科学教子”的能力和水平。市妇联机关20名党员志愿者集中在三迪社区进行了登记注册，配发了《宝鸡志愿者注册登记证》，领导班子带头到社区报到，认领服务岗位，带头开展结对帮扶、宣传咨询等志愿服务活动。市妇联机关党员志愿者先后7次组织140人次参加交通文明引导；组织140人次分别到高新12路至13路、千河镇路段城乡结合部进行环境卫生整治活动，铲除野广告、捡拾杂草、垃圾、清扫路面；分6组深入4个区的120个社区指导、检查社区家长学校建设工作。

【妇女儿童民生项目与留守妇女儿童特别关爱】 2014年，市妇联争取母亲水窖、贫困学生资助、妇女民生等项目资金582.4万元，其中，省级202.4万元，市级180万元，惠及妇女儿童37万多人，利用国内外的项目资金、技术助推妇女事业发展。市妇联建立35万元专项资金，对需要特别关爱的农村特困留守妇女每人给予1000元救助；发挥妇儿工委等成员单位职能，开展送健康、送温暖等关爱活动；依托社会爱心力量，为需要特别关爱的留守儿童提供爱心结对、项目资助等。

【群众路线教育实践活动】 党的群众路线教育实践活动开展以来，市妇联坚持“照镜子、正衣冠、洗洗澡、治治病”的总要求，以为民务实清廉为主题，开展了党的群众路线教育实践活动。成立了市妇联群众路线教育实践活动领导小组，制定下发了《市妇联关于开展党的群众路线教育实践活动的实施方案》。坚持问题导向，聚焦“四风”，采取走访、会访、函访、电访、询访等多种形式，广泛征询群众意见建议42条，梳理归类，建立问题台账。坚持以上率下，党组成员带头查摆问题，带头开展批评和自我批评。坚持整改落实，针对存在问题，及时研究，制定了“两方案一计划”，明确整改责任和任务，提出了整改措施和完成时限，确保整改任务落到实处。开展专项整治，清理、合并领导小组和议事协调机构2个，精简会议50%、文件20%，压缩“三公经费”10%，制定、修改完善各类制度20个。开展了“学习十八届三中全会我们怎么办大讨论——我为妇联谏真言”活动，围绕“妇联工作高点定位”进行了讨论，使每个党员受到了一次严肃的党性锻炼。

（吴红霞）

宝鸡市妇女联合会领导成员

主　席　巨来侠
副主席　王春燕　高芳珍

宝鸡市科学技术协会

【概况】 宝鸡市科学技术协会是中共宝鸡市委领导下的人民团体。2014年，市科协机关设有办公室、学会学术部、科学普及部、宣传调研部（企业科协工作部）。下设宝鸡市科技馆、宝鸡市科技信息中心、中国农函大宝鸡分校三个事业单位。市全民科学素质工作领导小组办公室设在市科协科普部。市科协所属市级学会、协会、研究会40个；企业科协34个（其中非公有制企业科协7个）；县区科协12个，乡镇科协140个；市级农村专业技术协会1个，县区农村专业技术协会11个，其他农村专业技术协会300个；市级农村科普示范基地163个，市级科普示范乡镇38个，市级科普示范村86个，市级农村科普带头人84个，全市共有科技人员15.5万人。已创建全国科普教育基地1个，全国科普消防基地1个，省级科普教育基地8个，市级青少年科普教育基地6个；创建省级科普文明社区2个，市级科普文明社区8个，区级科普文明社区46个，命名市级科普学校16个。创建省级科普示范社区22个、宝鸡市科普示范社区22个。共建立了12个大型科普画廊、126个科普宣传栏和32个科普图书室。建成科普惠农服务站65个，新建“科普惠农三个一工程”示范点65个，与中国农技协合作建立“三农科普网络书屋”14个，“华硕科普书屋”5个。2014年，市科协荣获全国青少年科技创新大赛优秀组织单位、陕西省2014年全国科普日“优秀组织单位”、陕西省第二十二届“科技之春”宣传月活动先进单位。

【召开宝鸡市科学技术协会第七次代表大会】 2014年12月18~19日，宝鸡市科学技术协会第七次代表大会在万福七星酒店召开，全市299名科技工作者代表及50余名特邀代表参加大会。陕西省科协党组书记、常务副主席呼燕，宝鸡市委书记、市人大常委会主任上官吉庆出席大会并讲话，市政协主席张民义，市人大常委会常务副主任孙惜玲，市委副书记陈光明，市委常委、政法委书记黄超，市委常委、市委秘书长白升安，市委常委、副市长康巨淋，副市长袁军晓，省科协党组成员、秘书长张俊华等出席了会议。大会通过了市科协六届委员会工作报告和《宝鸡市科协实施〈中国科协章程〉细则》的决议，选举冯宗善为市科协第七届委员会主席，王宝丽、辛省岐、赵荣侠、宁建国、王海鳌、吴燕玲、刘俊伟、张南当选副主席。

【推进品牌科普活动】 2014年，根据市委、市政府有关“科技之春”宣传月活动的安排。市科协履行组委会办公室职责，组织科技工作者开展了形式多样的科普宣传。与眉县县委、县政府联合举办宝鸡市第22届“科技之春”宣传月暨文化、科技、卫生“三下乡”大型示范活动，展出展板2000多块，发放宣传资料16000多份（册）。组织市级各成员单位在眉县8个乡镇开展了17场农民技术培训。与市环保局联合，在炎帝园广场举办了“科技之春”宣传月城区科普示范活动，开展了“保卫蓝天，从我做起”万人签名活动，在清姜路中学、中滩路社区开展了科

2014年3月25日，以“治污降霾 保卫蓝天”为主题的陕西省暨宝鸡市第22届“科技之春”宣传月城区科普示范活动在宝鸡炎帝园广场举行

普进校园和科普进社区活动，市环保局向渭滨区有关社区和学校赠送了价值2万元的科普图书。9月18日，在高新区渭水苑社区广场举办全国科普日暨科技、文化、法律、卫生“四进社区”活动，在高新一小举办了地震科普知识多媒体讲座，组织7家医院的志愿者为社区群众进行了义诊服务。市级有关单位及12个县区科协开展了主题活动。市科协被省科协评为市级优秀组织单位。

【组织开展学术讨论活动206场次】 组织开展了2014年“学术金秋”科技活动，全市共落实重点活动28项；围绕全市中心工作，针对建设“水润宝鸡”目标，组织市老科协专家围绕宝鸡市水资源状况进行专项调研，形成《关于科学利用水资源的建议报告》，在《宝鸡情况》第45期进行了刊发；完成了2014年“学术金秋”主题活动——“防霾降霾”学术研讨会，组织全市环境专家围绕全市大气污染进行调研活动，形成调研报告及学术论文64篇，并召开了“防霾降霾”学术研讨会，会后形成了《关于我市大气污染防治的建议报告》并上报了市委。全年共指导各级学会组织开展各类学术研讨活动206场次，活跃了学术氛围，推动了自然科学学科发展。

【调查研究成果受重视】 组织有关专家、教授在全市34家工业企业中，开展“提升宝鸡市企业科技创新能力”专题调研活动，形成了《关于提升宝鸡市企业科技创新能力的调研报告》。市委书记上官吉庆对调研报告作了重要批示，要求在《宝鸡情况》（决策参考版）进行刊发并批转各县区、各有关部门参考执行，并强调要高度重视该调研报告的成果转化应用工作。

【青少年科技大赛获佳绩】 在全国第29届青少年科技创新大赛中，全市共获得国家级一等奖4项，二等奖7项，三等奖14项，宝鸡获奖项目占到全省获奖项目的44.6%，取得了自参加全国大赛以来取得的最好成绩。宝鸡市科协被评为大赛基层赛事优秀组织单位。组织13个县区389所中小学、6所幼儿园的近万名学生参加陕西省第29届青少年科技创新大赛，共申报各类作品832项，获省级一等奖5项，二等奖18项，三等奖21项。组织37个代表队的117名学生参加第14届全省机器人大赛，共获得一等奖20项，二等奖17项，三等奖23项。组织全市13个县区，69所中小学，9个青少年活动中心共105名青少年科技辅导员培训会。

【科技展教活动受欢迎】 2014年，发挥科普大篷车“流动的科技馆”作用，先后到岐山、麟游等7个县区的学校巡回展览12次，受众达万余人次。科普益民学校巡回宣讲8场次，听众4200多人次。布置市科技观展厅，为广大市民和中小学生开展科技演示和宣传展览，共接待2000多人。结合创文工作，对全市科普橱窗进行了4次更换，共计124个板面。新科技馆建设的项目对接、布展设计等工作正在按进度有序推进。

【科普惠农项目获国家奖补资金230万元】 2014年，坚持以项目形式将科技资源引向农村，以奖补形式加强农村和社区建设，各县区共申报项目39项，向省上推荐28项，有13个项目（8个农技协、2个基地、2名科普带头、1个社区）入选全国“基层科普行动计划”，共获得国家奖补资金230万元。

【农民技术教育培训形式多样】 2014年，市科协联合市委组织部、市委农工部在12个县区共同组织了12场“学科技，用科技”实用技术巡回报告会，向农民群众免费发放了农业科普书籍及科技资料3600多份，培训农民2900多人。根据各县区农业产业特点，聘请了包括西北农林科技大学教授在内的9名专家，进行了核桃、樱桃、食用菌、蔬菜、猕猴桃、养牛饲养等实用技术培训。全市各县区累计开展多种形式短期培训30余次，受惠农民10万多人。

【科技创新服务活动成效显著】 一是会同市发改委、市工信局、市国资委向各企业转发了《关于进一步加强企业科协工作的意见〉的通知》《关于进一步推进企业科协组织建设的通知》《关于开展“讲理想、比贡献，奋力实现中国梦”宣传教育活动的通知》等文件，指导企业科协工作开展；二是指导全市17家企业完成“讲理想、比贡献，奋力实现中国梦”重点立项100项，完成科技咨询项目180项、“金桥工程”57项。开展科技创新方法培训2次，推广科技信息库应用90多家；三是联合市发改委、市工信局、市国资委向省科协推荐了“讲理想、比贡献，奋力实现中国梦”活动先进集体及先进个人。宝钛集团有限公司等5家先进集体和陕西宝成航空仪表有限公司刘成林等6名先进个人受到表彰。

（张军建）

宝鸡市科学技术协会领导成员

主　席　冯宗善
副主席　王宝丽　辛省岐

宝鸡市归国华侨联合会

【概况】　截至2014年12月，宝鸡市有归侨侨眷13900多人，其中归侨90人。海外华侨华人及留学生约4000人，主要分布在世界30个国家和地区，从事科技、商贸、教育、医学等工作。共有基层侨联组织42个，其中：县区侨联8个、企业侨联2个、侨联小组32个；侨资企业22户、侨属企业8户，重点联系海外社团15个。

【开展献爱心、送温暖活动】　春节前夕，市侨联机关开展“献爱心、送温暖”活动，全市各级侨务组织共慰问困难归侨侨眷、早期老归侨、海外重点人士在国内的眷属等98人，发放慰问金、慰问品共计5.57万元，全年按时为早期和困难归侨发放补（救）助费14.4万元，把党和政府的关心温暖送到侨界群众之中。

【组织侨胞参政议政】　在政协宝鸡市十一届委员会第三次会议上，市侨界政协委员共提交提案25个；省人大代表张捷在省十二届人大二次会议上提交建议2个。市侨联提出的《关于加快宝鸡市公共自行车服务系统建设的建议》被市政协列为重点提案。

【市侨联全委会议召开】　3月14日，市侨联召开六届八次全委（扩大）会议，传达陕西省第七次归侨侨眷代表大会精神，表彰先进，总结2013年工作并安排部署2014年各项任务。市委副书记陈光明出席会议并讲话。市侨联全体委员、市侨界人大代表、政协委员，各县区侨联主席、侨办主任，各涉侨企业侨务干部共70多人参加。

【开展义诊活动】　4月5日，岐山县旅美华侨王守敬、王晓明携亲友一行20余人，回到家乡岐山县祝家庄镇西庄村省亲祭祖，开展“王孟夏家族感恩回乡义诊”活动，为父老乡亲提供医疗诊断和健康咨询。6月24—28日，国侨办“侨爱工程——送温暖医疗队”邀请西安市各大医院10位医学教授、专家到麟游县和凤翔县，开展为期5天的义诊活动，为当地群众义诊1000多人次。

【开展联谊交流活动】　5月14日，应市侨办邀请，连云港市侨办一行5人到宝鸡考察学习，就抢抓“新丝绸之路经济带建设”机遇，双方侨办如何发挥自身作用，服务当地经济社会发展这一主题开展探讨交流。

【服务侨资企业】　5月14日，市侨联引进的中加合资陕西枫丹百丽有限公司在千阳投资400万加元（折合人民币2300万元）的生物肥料公司举行项目开工建设仪式，项目建成后，将加快推进千阳、陇县的生态农业发展，促进农业产业转型升级。

【组织经济考察与项目合作】　5月15日，市侨联侨办联络美国科方（苏州）数控科技有限公司与秦川机床集团公司交流数控机床控制新技术，洽谈有关合作项目。5月27日，“第十八届西洽会暨丝绸之路国际博览会”侨资企业“西部行”招商引资考察团一行25人到扶风县绛帐工业园区进行投资考察。7月14—15日，陕西省侨商会20多名侨商、侨资企业家到金台区金河工业园区、蔡家坡经济技术开发区进行实地考察，并协调市工商联举行了与宝鸡市民营企业家见面会，寻求合作商机。

【开展爱国主义教育活动】　7月1日，市侨联机关以纪念建党93周年为契机，组织机关全体党员干部到北坡宝鸡烈士纪念园参观学习，缅怀先烈，重温入党誓词。8月2—3日，组织部分归侨侨眷及侨务干部、机关退休老干部到甘肃两当县参观“两当兵变纪念馆”，学习党的光荣传统。

【参加“华人学生作文赛”】　8月上旬，市侨联组织全市归侨侨眷参加由中国侨联举办的“第二届世界华侨华人美术书法展”和“第十六届世界

2014年5月14日，宝鸡市侨联主席参加中加合资陕西枫丹百丽生物科技有限公司8万吨生物有机肥项目开工仪式

华人学生作文大赛”，展示宝鸡“炎帝故里”、“全球华人老家”子孙后代健康向上的精神风貌。宝鸡市侨联荣获“第15届世界华人学生作文大赛组织奖”。

【基金会到宝鸡捐赠助学】 4月22日，美国胡氏慈善教育基金会、美国晨光教育基金会常务理事王晓明与市侨办、市教育局共同签署了2014年资助宝鸡市高中贫困学子协议，再次向岐山县、扶风县、千阳县、陇县、陈仓区200名贫困高中学生捐助助学金25万元人民币，截至当日，两个基金会累计向宝鸡市捐赠助学金50万元。11月13日，香港方树福堂基金会捐资40万元助建的凤县唐藏镇中心卫生院门诊业务用房项目竣工并通过验收。

【魏基成“天籁列车”到宝鸡捐赠】 10月12—14日，市侨联侨办联络魏基成“天籁列车”慈善机构听力师爱心分队到宝鸡特教学校开展听力测试、助听器验配及语言教学机捐赠活动，共捐赠语言教学机18台，助听器2840个，御寒棉衣900件，总价值折合人民币766万元。

【组织企业参加投资推广研讨会】 11月14日，市侨联侨办组织宝鸡市秦宝牧业等6户侨资侨属企业负责人，参加了由香港特别行政区政府在西安举办的“善用香港优势、开拓海外市场”投资推广研讨会，参会各企业与香港经济界专业人士进行广泛交谈。为企业“走出去”提供了新的发展机遇。

（殷玉肖）

宝鸡市归国华侨联合会领导成员

主　席　张　捷
副主席　蔡礼堂
谢丽娟（女，兼）
戴寿洪（兼）
秘书长　蔡礼堂（兼）

宝鸡市人民政府侨务办公室领导成员

主　任　张　捷
副主任　纪志远　蔡礼堂

宝鸡市工商业联合会

【概况】 宝鸡市工商业联合会是中国共产党领导的以非公有制企业和非公有制经济人士为主体的人民团体和商会组织，是党和政府联系非公有制经济人士的桥梁纽带，是政府管理和服务非公有制经济的助手。2014年，市工商联新成立各级商会40个，新发展企业会员324个，个人会员601个，新加入商会会员1777人。截至2014年底，全市共有会员7881个，其中企业会员3547个，个人会员4204个，团体会员130个。市工商联共有各类商会组织89个，其中行业组织35个，乡镇商会71个，街道商会11个，其他商会1个，异地商会13个。市工商联被省工商联表彰为“会务工作先进单位”。

【开展非公经济人士理想信念教育实践活动】 采取编印送发学习资料、集中学习、专题辅导、座谈讨论等形式，组织非公经济人士和机关干部认真学习全会精神，深刻理解《决定》实质，创新活动载体，丰富教育内容，强化典型引领，继续在全市开展了非公经济人士理想信念教育实践活动，涌现出了荣获“全国优秀中国特色社会主义事业建设者”称号的李黑记，被表彰为“陕西省优秀中国特色社会主义事业建设者”的李慧玲、林永淳、赵振红等一批先进典型，增强了广大非公经济人士的“信念、信任、信心、信誉”。组织30多户会员企业党组织负责人参加了市委组织部、市非公党工委举办的全市非公企业党组织负责人培训，与市非公党工委联合开展了全市非公企业标兵党组织及示范党组织命名表彰活动，商会32户会员企业党组织榜上有名，较好地促进了会员企业党组织规范化建设。在全省工商联系统首家开通了公众微信平台，登载各类政策法规、机关和会员企业动态信息600余条（篇），有效解决了会员企业“信息孤岛”、“政策孤岛”等难题；60多条（篇）信息、经验材料被中、省、市相关媒体刊载，展示了全市非公企业和非公经济人士的新形象，增强了宣传工作实效性。

【会员企业参与社会服务活动】 2014年，市工商联围绕宝鸡市承办全省第15届运动会、第27届世界佛教徒联谊会和迎接全国文明城市考评“三件大事”，广泛宣传动员，盛大传媒公司等4户会员企业冠名赞助了成人篮球、武术散打、武术套路、拳击和跆拳道5个比赛项目，盛大传媒公司和雪云广告公司2户会员企业为大会免费提供了宣传服务。与世佛联宝鸡组委会联合召开了第27届世佛会招商推介会，50多名会员企业和商会代表参加了会议，宣传了法门寺和世佛会有关情况。配合创文工作，向全市非公经济人士发出倡议并开展了“治污降霾·保卫蓝天”承诺签名和“做守法之人·办诚信企业”集体宣誓活动，与市质监局等6部门联合在全市生产型企业中开展了“诚信做产品”活动；引导会员发扬光彩精神，温州商会、河南商会、山东商会、台州商会、福建商会、河北商会和宝鸡开元商城、宝鸡长城电器公司等会员企业在“慈善一日捐”和“资助残疾大中专院校考生”活动中捐款30余万元，会员企业宝鸡伟芝堂医院免费为千阳县张家塬镇尚家堡村120多名长期患腰腿痛群众开展了免费义诊。据不完全统计，2014年市工商联执委以上人员为宝鸡市慈善事业、残疾人事业、农村扶贫等公益事业捐款、捐物600余万元，纳入跟踪统计的25户会员企业全年新增社会就业1150人。

【多措并举，推动非公企业和直属商会转型升级】 市工商联针对2014年经济下行压力大、企业发展信心不足的实际，及时向市委分管领导汇报得到重视，市委副书记陈光明带领工信、科技、商务和工商联等部门负责人，先后3次对全市装备制造业、高新技术产业、商贸及物流业的21户非公企业进行了走访，现场协调解决企业存在的困难和问题，发挥专委会组织同行、带动同行作用，装备制造业、商贸流通业、房地产及建材装饰业、现代产业和法律维权5个专委会主任尽职尽责，认真筹划，结合行业实际，分别组织召开了装备制造业创新政策报告互动会、商贸流通业务管理交流会、房地产发展研讨会、现代产业发展座谈会和组织法律服务“下基层·进企业”等活动，增进了同行业会员之间的交流与联系。发挥省、市商会网络优势，采取小型多样、精准对接的方式，围绕县区所需和企业所求开展“商会·民企进县区活动”，先后为5户企业和相关县区对接洽谈牵线搭桥，提供帮助；组织11个直属商会参加了第18届西洽会暨丝博会“宝鸡·中国钛谷创新发展项目推介会”，寻求优势项目和发展机遇。以“新丝路、新机遇、新发展”为主题，组织带领20户会员企业和直属商会负责人赴新疆巴州、昌吉两地开展了经贸考察交流活动，为宝鸡市民营企业抢抓建设丝绸之路经济带机遇“走出去”奠定了基础。

【打牢商会组织基础】 2014年，成立了宝鸡市山西商会、宝鸡市甘肃商会和传承宝鸡青年联谊会，指导宝鸡市服装商会、川渝商会、河南商会、山东商会完成了换届和注册登记；建立了《直属商会会长、秘书长联席会议制度》《商会重大事项报告制度》，并组织召开了2次直属商会会长、秘书长联席会议。推动异地宝鸡商会发展，指导在京创业的宝鸡籍人士成立了北京宝鸡商会，加强了与深圳宝鸡商会、天水宝鸡商会和山东、云南、海南、重庆等地宝鸡籍非公经济人士的联系，为在外埠成立宝鸡商会奠定了基础。推进县区工商联和镇街商会建设，眉县、岐山县高标准通过了省上的评估验收，凤翔县、凤县创建工作有序推进。制定下发了《街镇商会建设指导意见》，举办了全市基层商会会长、秘书长培训班，召开了镇街商会建设现场观摩会，在各县区形成了党委分管领导亲自抓、工商联全力推、镇街部门配合抓镇街商会建设的喜人局面。2014年，全市共新组建镇街商会33个，覆盖率较上年底提高了17个百分点，达到了66%，建设速度稳居全省前列，太白县、扶风县、金台区取得零突破，眉县、千阳县、麟游县、凤翔县实现全覆盖。在全省“五好”县级工商联表彰会上，商会作为唯一一个地市级工商联介绍了抓基层组织建设的经验，并被《中华工商时报》选登。

【建言献策参政议政】 2014年，市工商联先后就非公经济发展情况、民营企业履行社会责任情况等课题到县区工商联和直属商会、会员企业调研30余次，形成调研报告4篇，其中《宝鸡市非公有制经济发展情况的调查报告》得到市政府主要领导的重视，市政府召开了非公经济人士座谈会，对会上民营企业家提出的29条意见建议，市长钱引安亲自做出批示，分解至18个部门限时办理，在非公企业中引起了强烈反响。着眼促进全市农村经济发展，在对千阳县、陈仓区调研的基础上，在市政府与市政协领导联席会上做的《关于促进我市农村土地流转的几点建议》的发言，受到政府领导和有关部门的高度重视。充分发挥参政议政职能，在市政协十一届三次全会上提交的12件团体提案全被立案办理，《关于激活民间投资，助推我市经济发展的建议》的大会发言受到与会人员好评，会议期间所提的4条建议被市政协报市委、市政府采纳参考。组织工商联界别市政协委员围绕促进全市电子商务发展开展专题视察，引导会员中的市政协委员围绕全市经济建设、社会事业、民生发展等提交个人提案126件。利用上级来宝鸡调研和参加有关会议、报送社情民意信息等方式，就广大非公经济人士普遍关心、关注的问题和会员企业生产经营中遇到的实际困难积极进行反映协调。全年，市、县两级工商联机关共完成调研报告20余篇，6篇被省级刊物采用。在省工商联调研成果评选中，市工商联3篇调研报告分别荣获全省工商联优秀调研成果一、二、三等奖，2件提案被评为优秀提案，并荣获全省工商联调研工作优秀组织奖。

【转变作风加强自身建设】 市工商联开展党的群众路线教育实践活动和大讨论活动。按照规定动作不走样、自选动作有创新的要求，坚持把学习教育、征求意见、整改落实贯穿始终。认真学习规定篇目，开展专题讨论，到基层征求意见，对标“三严三实”开好领导班子民主生活会和党员专题组织生活会，认真开展批评和自我批评，整改建章立制，先后修订完善制度7项，新制定制度10项，促进了机关工作的制度化、规范化、程序化，形成了团结和谐、奋发进取、勤奋敬业的工作氛围。加强班子和机关建设。分别以“政企面对面，携手促发展”、“集众智、凝共识、聚合力、促发展”、“聚力转型，创新发展”和“聚丝路起点，话发展机遇”为主题，召开主席、会长会议4次，邀请市工信、商务、地税、住建、工商等部门领导到会介绍政策，商讨促进宝鸡市装备制造、房地产等行业发展良策。着眼发挥企业家副主席、副会长的人脉资源、资金优势和项目强势，协助县区工商联发挥招商引资作用，制定了《领导班子联系县级工商联、直属商会和会员企业工作制度》，建立了兼职副主席、副会长联系县区工商联的工作机制。开展了“走进企业一线、感知会员心声”主题实践活动，组织机关干部到会员企业看生产流程，听企业创业史，感受企业家心声，激发机关干部服务会员的责任感和使命感；发挥机关党支部、工会作用，开展了“在职党员进社区、服务群众零距离”活动和学习型机关创建、读书演讲、登山比赛等活动。

（王　军）

宝鸡市工商业联合会领导成员

主　席　和惠敏

副主席 王建利 王军君 毛国辉 孙方贤 李仓岐 李黑记 冯西见 郝晓刚 赵 立 李慧玲 王然劳 刘泽民 张智斌 訾武银 王建民 王 峰

秘书长 毛国辉（兼）

宝鸡市文学艺术界联合会

【概况】 宝鸡市文学艺术界联合会成立于1985年，是中共宝鸡市委领导下的文艺界人民团体，是中共宝鸡市委、宝鸡市人民政府联系文艺工作者的桥梁和纽带。现有10个艺术门类27个协（学）会，团体会员33个，会员总数7000余人。2014年，市文联与各团体会员组织举办了展览、演出、比赛、采风、交流、志愿服务等各类文艺活动30余次，编辑出版《秦岭文学》6期，《宝鸡文艺界》3期，出版文学、艺术作品集20余部。党磊、朱兵水彩画《小巷日记之三》、《丽影》，及冯长哲团队《宝鸡古代陶瓷艺术陈列》方案入选“第十二届全国美术作品展览”；史江鸿篆刻作品入展第五届中国书法“兰亭奖”佳作奖；长岭中学谜语队荣获“中国谜语大会”铜奖；美鸿合唱团获“第十四届台北国际合唱节”最佳演唱奖，还有48人次创作的48部（篇）文艺作品分别入选、获得全国性文艺大奖。成功举办了首届葫芦丝巴乌全国邀请赛、“创文改变生活”宝鸡市大型摄影比赛、“与文明同行”宝鸡书画摄影作品邀请展、宝鸡市新年合唱音乐会等大型文艺展赛。开展了“文化进万家”走进宝鸡石油机械有限责任公司、“到群众中去”走进太白县等一系列文艺志愿服务活动，获得省委宣传部年度宣传思想文化工作创新奖。

【举办宝鸡文艺界2014年“海棠迎春”文艺活动】 2014年1月15日，市委宣传部、市文联共同举办了唱响新宝鸡、共筑中国梦——宝鸡文艺界2014年“海棠迎春”文艺活动。市委常委、宣传部长马鲜萍和市人大常委会副主任牟林乐、市政协副主席张宗智出席，市级有关部门负责人，市文联所属文艺家协会和各县区文联、行业文联，以及社会各界人士共200余人参加。宝鸡市优秀文艺工作者表演了歌舞、戏曲、器乐、杂技、曲艺等精彩的文艺节目，市文联表彰了2013年度文艺创作优秀作者、先进基层文联和文艺志愿服务先进集体。

【举办“我们的中国梦”文化进万家惠民活动】 2014年1月24日，市文联和市委宣传部在宝鸡石油机械有限责任公司举办了“我们的中国梦”文化进万家活动。市委书记、市人大常委会主任上官吉庆讲话。市委副书记陈光明，市委常委、市委秘书长白升安，市委常委、宣传部长马鲜萍，市人大常委会副主任富君，市政协副主席张宗智等领导出席活动。市作协、剧协、美协、书协、摄协、音协、曲协、民协和灯谜学会50余名文艺工作者，为1000余名企业一线职工和社区群众慰问演出、送春联、送全家福照片、送艺术精品、举办灯谜竞猜，给大家带去了新春的祝福。2014年春节元宵节期间，市文联开展的“我们的中国梦”文化进万家系列活动，共为群众书写春联3万余副，赠送艺术品300余件，展示灯谜作品4000余条，举办慰问演出和民俗活动30余场。

【举办第四届“秦岭文学奖”评选活动】 2014年5月23日，市文联举办了“文学梦·人民情”纪念“5·23”讲话发表72周年暨第四届“秦岭文学奖”颁奖仪式。6位作家获奖，其中宝鸡作家成方的《破壳》、秋子红的小小说作品和延安著名作家侯波的《盯梢》同获小说奖，岐山青年诗人梁亚军的《回乡偶书》和西安青年诗人朱剑同获诗歌奖，散文奖则由陈仓区女作家魏娜夺得。会后，举办了纪念“5·23”讲话发表72周年诗歌朗诵会。市朗诵学会的文艺家们朗诵了《延安，我把你追寻》《春妮来信》《回延安》《我是青年》等诗歌，昂扬向上、催人奋进，表达出了大家对延安精神的追寻和向往；古琴、葫芦丝和小提琴演奏穿插其中，为朗诵活动增添了优雅浪漫的色彩。

【举办“2014中国·宝鸡首届葫芦丝巴乌全国邀请赛”】 2014年7月25—27日，宝鸡市文联、市音协共同举办了“2014中国·宝鸡首届葫芦丝巴乌全国邀请赛”。这次比赛从2014年4月份开始筹备，邀请全国各省、市、自治区葫芦丝巴乌专业组织参赛，分成年组、少年组、儿童组等9个组别，共有来自重庆、广东、江苏、四川、辽宁、山东、云南、新疆、陕西等全国22个省市自治区的567名选手参赛。最终，78位选手获得了各个组别的金奖。

【举办“到群众中去”宝鸡文联文艺志愿服务活动】 2014年8月18—20日，市委宣传部、市文联主办，太白县委、县政府承办的“践行社会主义核心价值观”——“到群众中去”宝鸡文联文艺志愿服务活动在太白县举行。市委常委、宣传部长马鲜萍观看慰问演出并讲话。3天里，来自全市文艺界的80余名志愿者，通过丰富多彩的文艺形式，把温暖和欢乐带给了太白县的父老乡亲。期间，文艺志愿服务团分别在咀头镇、黄柏塬镇举办慰问演出3场，观众达万余人次，为群众创作并赠送书画、文学、民间艺术精品500余件。

【举办宝鸡文艺界“践行社会主义核心价值观”大型签名活动】 2014年9月28日，市文联举办了践行社会主义核心价值观——宝鸡文艺界“讲正气、走正道、树正风”大型签名活动，并发出《宝鸡文艺界践行社会主义核心价值观倡议书》。市委常委、宣传部长马鲜萍，市人大常委会副主任富君出席。全市200余名文艺工作者代表参加并在背景墙上签名。此次活动旨在推动宝鸡文艺界树立“讲正气、走正道、树正风”的价值导向，号召广大文艺工作者追求

“德艺双馨”，努力提升道德修养、提高艺术水准，把核心价值观融入到文艺实践和文联工作中去，倾情服务人民、真情奉献社会，用充满阳光和正能量的文艺作品吸引群众、引导社会，做社会主义核心价值观的坚定信仰者、积极传播者和模范践行者。

【举办“与文明同行”宝鸡书画摄影作品邀请展】 2014年10月28日，市委宣传部、市文联主办的“与文明同行”——“我们的价值观 我们的中国梦”宝鸡书画摄影作品邀请展在宝鸡展览馆开展。市委常委、宣传部长马鲜萍宣布展览开幕。市政协副主席王虎贤，市人大常委会副秘书长、办公室主任韩文杰，市政府副秘书长、办公室主任张周让出席开幕式。展览共展出220余幅书法、美术、摄影和现代刻字作品。这些作品主题鲜明突出、格调积极向上、内容鼓舞人心。或弘扬爱国主义精神，宣扬社会主义核心价值观；或反映宝鸡改革发展的巨大成果和精彩瞬间；或吟诵社会和谐，赞美幸福宝鸡，展示了全市人民热爱祖国，热爱家乡，共筑中国梦的精神风貌。

【举办“创文改变生活”宝鸡市大型摄影比赛】 2014年11月14日，市委宣传部、市文联共同举办的“创文改变生活”宝鸡市大型摄影比赛优秀作品巡回展在市行政中心广场开幕。市委书记、市人大常委会主任上官吉庆宣布展览开幕。市领导钱引安、张民义、孙惜玲、陈光明、马鲜萍、刘桂芳等出席开幕仪式，并为“创文改变生活”摄影比赛和“宝鸡优良家风家训”楹联诗词大赛获奖作者颁奖。这次摄影比赛共创作、征集主题摄影作品4100余幅。这些作品紧紧围绕“创文改变生活”这个主题，通过图文并茂的方式，多角度、多层次、全方位展示出了宝鸡的绿之美、路之美、夜之美、天之美、人之美、城之美、家之美、水之美、建筑之美和文明城市创建成果。主办方从中精选出500余幅摄影作品，在市区的各大广场、繁华区段进行巡回展示，让更多的人了解创文，感受变化。

2014年12月29日，宝鸡市新年合唱音乐会在市教育中心学术报告厅举行

【举办“宝鸡市新年合唱音乐会”】 2014年12月29日，市文联、市教育局主办，市音乐家协会、宝鸡教育学院、宝鸡文理学院音乐系承办的“宝鸡市新年合唱音乐会”在市教育中心学术报告厅举行。市委书记、市人大常委会主任上官吉庆，市长钱引安，省委宣传部常务副部长薛保勤，市领导孙惜玲、陈光明、黄超、马鲜萍、康巨淋、刘桂芳、张宗智，以及社会各界人士1000余人欣赏了音乐会。宝鸡市教师合唱团、水之声合唱团、美鸿合唱团、宝鸡文理学院爱乐合唱团等四支优秀合唱团共演唱了《茨冈》《玛丽诺之歌》《香格里拉》《欢乐那达慕》《水母鸡》等16首中外经典歌曲，展示了宝鸡市合唱艺术最新成果，给宝鸡文艺界带来了新的气息，为全市人民送上了新年的祝福。

【宝鸡文艺界48人次48部（篇）作品获得或入选全国性文艺大奖】 2014年，市文联大力引导扶持文艺精品创作，美术、书法、音乐、民间文艺等多部作品在全国性文艺大奖中入选、获奖。党磊、朱兵的水彩画《小巷日记之三》《丽影》，以及冯长哲创作团队设计的《宝鸡古代陶瓷艺术陈列》方案入选“第十二届全国美术作品展览”；史江鸿篆刻作品入展第五届中国书法“兰亭奖”佳作奖；长岭中学谜语队荣获“中国谜语大会”铜奖；美鸿合唱团获“第十四届台北国际合唱节”最佳演唱奖。还有35人次41部（篇）文艺作品分别获得“全国第十届刻字艺术作品展”优秀奖、央视《歌声与微笑》合唱比赛金奖、“第四届全国农民摄影大展”金奖、“中国当代小说奖”、“第五届全国小戏小品曲艺大展”二等奖、“第十二届中国民间文艺山花奖评奖活动”银奖等全国性文艺奖项。

（李海云）

宝鸡市文学艺术界联合会领导成员

党组书记、主席 王春霞
党组成员、副主席 陈有向
党组成员、秘书长 冯君礼

宝鸡市社会科学界联合会

【概况】 宝鸡市社会科学界联合会（以下简称市社科联）是中共宝鸡市委领导下的学术性群众团体，是党和政府联系广大社科工作者的桥梁和纽带。宝鸡市社科联成立于1983年5月，内设办公室、科普部、宝鸡市社会科学研究所和《宝鸡社会科学》编辑部。截至2014年12月，有参照公务员管理人员8人，事业人员6人，在册学会34个。2月28日，在陕西省社科联召开的2014年度社团工作会上，市社科联被评为2012—2013年度先进社科联；10月23日，在云南省腾冲县召开的全国大中城市社科联第25次工作会议上，市社科联再次被全国大中城市社科联工作会议主席团授予“全国先进社科组织”荣誉称号，受到通报表彰；在2月28日召开的全市档案工作会议上，市社科联荣获全市档案工作先进单位称号。

【开展党的群众路线教育实践活动】 宝鸡市社科联认真贯彻市委关于开展教育实践活动的有关部署和要求，坚持“照镜子、正衣冠、洗洗澡、治治病”的总要求，以为民务实清廉为主题，聚焦形式主义、官僚主义、享乐主义、奢靡之风，组织党员干部深入开展党的群众路线教育实践活动。一是扎实学习，提高认识，多途径听取意见。从2月28日开始，至4月份，根据计划，市社科联组织开展了“三学两议一强化”活动。制定了《宝鸡市社科联群众路线教育实践活动重点学习篇目5天封闭学习实施计划表》，组织集体学习活动20多场，看录像或电影5场，进行了2次专题党课辅导，集中开展学习交流讨论活动6次。二是深揭细查，找准问题，开展批评与自我批评。8月25日召开专题民主生活会，突出“为民、务实、清廉”主题，开展批评和自我批评，制定领导班子“两方案一计划”和班子成员整改清单。9月3日召开支部专题组织生活会，9月10日召开党员大会。9月17日召开领导班子专题民主生活会情况通报会。三是整改落实，建章立制，为繁荣发展宝鸡市社科事业提供可靠保障。活动开展以来，市社科联文件减少1/3，会议减少了1/2，清理办公用房20平方米，压缩“三公经费”18万元，建立健全《宝鸡市社科联党组中心组学习制度》各项制度32项，清理社团兼职112人，为群众办实事4件，争取资金计20万元，协助帮扶村亮化巷道，建设文化广场和文化墙，制定中长期发展规划2套。11月18日上午，市社科联召开党的群众路线教育实践活动总结大会。市委第十一督导组认为，市社科联整个教育实践活动，一是领导先行带头，做到了以上率下；二是履行双重责任，做到了高标准、严要求；三是落实规定动作，做到了不变通、不走样；四是统筹两个大局，做到了两促进、两不误。

【举办丝绸之路经济带建设与宝鸡外向型经济发展研讨会】 2014年5月19日，市社科联主办的丝绸之路经济带建设与宝鸡外向型经济发展研讨会在宝鸡召开。市委常委、宣传部长马鲜萍对研讨会的召开表示祝贺，希望广大社科工作者能持续关注和深入研究宝鸡经济社会发展中的重点、热点和难点问题，为打造关天副中心、建设和谐新宝鸡，实现走在‘三个陕西’前列做出应有的贡献。来自宝鸡市高校和党校系统、市级部门研究机构的7名专家学者，围绕“丝绸之路经济带建设与宝鸡外向型经济发展”作了交流发言。西北大学教授、历史地理学博士徐君峰先生向与会专家学者作了《丝绸之路的兴衰以及重振的现实意义》的主旨报告。会议表彰了35名优秀征文作者。

【举办宝鸡市社科界培育和践行社会主义核心价值观座谈会】 2014年3月26日，市社科联主办的宝鸡市社科界培育和践行社会主义核心价值观座谈会在市行政中心举行。来自宝鸡文理学院、宝鸡职业技术学院、市委党校以及部分陕西省社科院宝鸡分院的特约研究员参加座谈。与会者围绕社会主义核心价值观及其提出背景、培育和践行社会主义核心价值观等展开讨论。大家认为，社会主义核心价值观的提出是社会主义核心价值体系建设的重大成果，必将对中国社会转型和经济社会长远发展产生重大影响。同时，与会者结合各自研究领域，对如何培育和践行社会主义核心价值观提出建议，认为全市社科工作者应牢记责任，明确义务，发挥社科界优势，弘扬主旋律，传播正能量，做培育、践行和弘扬社会主义核心价值观的引领者。

【举办张载关学思想研讨会】 2014年8月30—31日张载关学思想研讨会在眉县举行。会议由市社科联与市委宣传部、市文明办、中共眉县县委联合主办、市传统文化促进会承办。来自国家行政学院、中国人民大学、中国农业大学、公共经济研究会中国乡村文明研究中心、西北大学、陕西师范大学、长安大学、宝鸡文理学院、宝鸡教育学院等高校及科研单位的20多名专家学者出席研讨活动。与会者围绕宋儒理学关学派创始人张载思想学说体系深入研讨。与会者认

张载关学思想研讨会现场

为，要还原张载被历史尘封的关学思想，让它回到现实环境中来；要深刻理解生民的概念，复兴中华民族的理论精粹并实现理论创新；要激活关学理论，做到知行合一，为现实服务；把张载和关学思想研究作为一张地方文化名片打出去，转化为发展的动力；在大力弘扬优秀传统文化、践行科学发展观和社会主义核心价值观的大背景下，挖掘张载关学思想，具有特殊意义。

【编印《宝鸡市哲学社会科学规划课题成果汇编》和《社科论集》】 2014年9月，《宝鸡市哲学社会科学规划课题成果汇编》出版。该书内容包括2011年、2013年两年间，宝鸡市社科工作者以哲学社会科学规划课题形式的社科研究成果，是对宝鸡市社科界2011年、2013年度哲学社会科学规划课题的集中展示。同月，《社科论集》出版。《社科论集》是宝鸡市社科界近年来各类学术研讨活动中形成的学术成果的汇编，内容涉及工业经济、农业经济、旅游经济、历史文化等不同方面。该论集也是对宝鸡市社科工作者近年来学术研讨活动的一个回顾与总结。

【编辑出版《宝鸡山水文化》】 2013年年初，《宝鸡山水文化》启动编辑。书稿几经各作者悉心撰写，精打细磨，最终形成59万字、被誉为“宝鸡水经注”的宝鸡山水文化专著。该专著多角度、全方位地对宝鸡的山山水水作了较为详尽的介绍，尤其对宝鸡山水的文化内涵进行了挖掘，独具特色。

【组织开展宝鸡市2014年度哲学社会科学课题研究】 根据宝市办发（2005）14号文件《宝鸡市哲学社会科学规划课题管理办法（试行）》精神，经过课题选题征集、立项招标、结项鉴定，截止2014年7月31日，宝鸡市2014年度17项哲学社会科学规划课题全部按时结题并通过结项鉴定，合格率100%。全年立项并完成14项专项课题。“宝鸡市生态型工业城市建设”、“培育和践行社会主义核心价值观与宝鸡创建国家文明城市研究”等多项重大专项课题研究，及时结项并送相关市级领导参阅。

【理论研究获佳绩】 2014年5月，宝鸡市哲学社会科学规划课题《宝鸡市农村留守儿童问题研究》发表于2014年5月中国科技核心期刊和全国农业核心期刊《陕西农业科学》。2014年6月，《宝鸡市农村留守儿童孤独感与心理健康状况调查》发表于中文核心期刊《中国儿童保健杂志》。《美国化学文摘》、俄罗斯《文摘杂志》、中国学术期刊综合评价数据库等录入源期刊。2014年6—10月，在省委宣传部开展的“学习贯彻党的十八届三中全会精神与陕西实践”理论研讨征文活动中，市社科联推荐的《宝鸡城镇化发展水平及特征探析》获得一等奖，《建设丝绸之路经济带宝鸡创新作为的思考》获得二等奖，《关于推进国家治理现代化的思考》获得三等奖。

【组织开展“社科专家进校园”活动】 2014年2月初，市社科联邀请宝鸡文理学院教授冯飞龙，在宝鸡职业技术学院为师生作了十八届三中全会精神与“中国梦”宣讲报告；2月17日、3月25日，陕西省社科院宝鸡分院特约研究员、宝鸡市社科联副研究员王恭分别在宝鸡实验小学和宝鸡民族幼儿园，为师生作了十八届三中全会精神和教育改革方向的宣讲报告；4月10日，市社科联邀请兰州市政协副主席范文，在宝鸡文理学院为师生作了题为《国学与社会主义核心价值观》的宣讲报告；5月23日，邀请宝鸡文理学院教授赵德利，在宝鸡高新第一小学为师生作了非物质文化遗产与宝鸡非遗传承报告。

【举办“学习贯彻三中全会精神我们怎么办”专题辅导报告会】 2014年3月11日，“学习贯彻三中全会精神我们怎么办”专题辅导报告会在行政中心举行，市社科联邀请陕西省社科院宝鸡分院特约研究员、副研究员王恭对相关问题进行专题辅导。这次专题辅导围绕“学习贯彻三中全会精神我们怎么办”主题，以历史的抉择、人民的期盼及改革的意义、三中全会《决定》的新亮点、新举措、贯彻落实三中全会精神我们怎么办为主要内容，结合工作实际，从突出理论创新，提升辅政水平；突出课题创新，提升研究水平；突出宣传创新，提升普及水平；突出管理创新，提升队伍水平；突出激励创新，提升评奖水平五个方面对社科工作提出建议。

【举办习近平总书记系列重要讲话学习报告会】 2014年4月29日，宝鸡市社科联、宝鸡市侨联和宝鸡市编办联合举办的“习近平总书记系列重要讲话学习报告会”在市行政中心2号楼举行。中共宝鸡市委党校校委委员、哲学教研室主任钱俊昌副教授，向大家做了题为“坚持中国特色社会主义道路”的专题辅导报告，宝鸡市社科联、宝鸡市侨联和宝鸡市编办30多人听取了报告。报告从“什么是中国特色社会主义、特色表现在哪里”、“中国特色社会主义道路的开创与拓展”、“坚持中国特色社会主义是当代中国发展进步的基本方向”三个方面，对习近平总书记系列重要讲话中有关中国特色社会主义的精辟论述进行了系统的解读。

【举办《奋力开创陆桥经济与丝绸之路经济带的新格局》学术报告会】 2014年4月9日，应宝鸡市社科联邀请，广州市社科联党组书记、主席顾涧清教授在二炮接待站一楼会议厅为宝鸡市社科界做了题为《奋力开创陆桥经济与丝绸之路经济带的新格局》专题学术报告。报告认为宝鸡历史文化底蕴厚重，同时又兼具先进的现代工业产业，应该借鉴“广佛同城”的发展经验，抢抓机遇，处理好与西安的发展关系，真正成为丝绸之路经济带建设中的战略支点。

【承办陕西省社科普及365行动暨宝鸡市社科界创文宣传咨询活动】 2014

年3月22日，陕西省社科普及365行动暨宝鸡市社科界创文宣传咨询活动在炎帝园举行。宝鸡市社科界47家学会、协会、研究会和大学生社团参加。活动由陕西省社科联主办，宝鸡市社科联承办，宝鸡文理学院社科联协办，以“弘扬核心价值，践行群众路线”为主题，旨在让宝鸡社科走到群众身边，与群众分享宝鸡市社科成果。千余名群众与宝鸡市社科学人互动，交流传统文化、关陇方言、金融等社科知识。

【主办首届“国中杯”文学书法绘画大赛】 首届“国中杯”文学、书法、绘画大赛由市社科联、市教育局、宝鸡日报社、宝鸡市国学研究会、云南国中集团陕西置业有限责任公司主办，宝鸡国学院、金台区文联、西府天地管委会承办。大赛以“弘扬国学智慧，践行核心价值观”为主题，自2014年4月19日征稿以来，受到市内外的广泛关注和参与，截至5月25日，大赛组委会共收到参赛作品1600余份，其中文学作品885篇，书法作品459幅，绘画作品256幅。经过专家采取稿件标号、无记名投票评选，496名参赛者分别获得一、二、三等奖和优秀奖，10家单位获得组织奖。2014年6月1日，在金台区西府天地国中集团儿童职业体验馆广场举行大赛颁奖仪式，在这次大赛中获奖的个人和组织单位获得表彰奖励，800多人参加颁奖典礼。

【举办第三届公民道德公益大讲堂】 2014年7月11日，宝鸡市第三届公民道德公益大讲堂在宝烟俱乐部开讲。第三届公民道德公益大讲堂由市委宣传部、市文明办、市社科联、市教育局、市总工会、团市委、市妇联、市工商联、市关工委共同主办，市传统文化促进会承办。在3天时间里，邀请司法部原部长高昌礼、中国中医科学研究院彭鑫博士、云南省文明办思想道德处处长宁德锦、河南省信阳市息县政府党组副书记宋瑞等9位嘉宾前来授课，与广大市民一起分享弘扬传统美德的所思所想，共同领略传统文化的魅力。市级机关各部门和各县区的干部及西安、榆林、甘肃等地300多名传统文化爱好者在内的各界干部群众1400多人聆听了演讲。

【规范完善学会管理有关制度】 通过党的群众路线学习教育活动，树立为学会服务工作理念，完善《宝鸡市社科联学会管理办法》。指导4家学会按期换届，积极开展学术交流、内部建设等工作。完成所属学会年检及年度考核工作，表彰了宝鸡市检察官协会、宝鸡炎帝研究会等十家先进学会，在10月召开的全国大中城市社科联工作会议上，推荐的市传统文化促进会被授予“全国先进社科组织”，市检察官协会杨满淮被授予“全国社科工作先进个人”。

【协调成立宝鸡市茶文化研究会】 2014年4月4日，宝鸡市茶文化研究会第一届第一次会员代表大会暨宝鸡市茶文化研究会成立大会召开。大会选举通过了宝鸡市茶文化研究会第一届理事会，贾文利任宝鸡市茶文化研究会会长，周洪波任宝鸡市茶文化研究会副会长，李新任宝鸡市茶文化研究会秘书长。宝鸡市茶文化研究会将致力于加强茶文化组织与队伍建设，扎根传统文化沃土，继承和弘扬中华优秀传统茶文化，组织会员开展学术与文化交流，为宝鸡文明城市建设服务。

【协调成立宝鸡市国学研究会】 2014年4月12日，宝鸡市国学研究会成立大会召开。会议选举了宝鸡市国学研究会领导机构，聘请了顾问和名誉会长，李巨怀当选会长。研究会会刊《宝鸡国学》杂志当日首发。宝鸡市国学研究会旨在组织宝鸡专家学者、国学爱好者，研究、普及、传播国学，传承民族经典，弘扬中华传统文化，传播国学智慧，提高道德素养，为构建人文宝鸡，实现“中国梦”作贡献。

【协调成立宝鸡市文化创意协会】 2014年8月21日，宝鸡市文化创意协会在市西凤路北口商业大厦副楼门口挂牌。宝鸡市文化创意协会是由宝鸡地区从事文化创意产业的企业单位和个人自愿组成的非营利性、专业性社会团体，旨在通过搭建文化创意平台，实现文化创意产业有序发展，为全市文化创意产业提供学术支撑，促进宝鸡市文化创意产业不断推出新成果，把宝鸡文化以创新的形式向外推广，提高宝鸡知名度。

【协调成立宝鸡市铜镜文化研究会】 2014年8月28日，宝鸡市铜镜文化研究会成立大会在水韵江南召开。会议通过了学会《章程》，选举冯驰为宝鸡市铜镜文化研究会会长。宝鸡市铜镜文化研究会旨在弘扬宝鸡“青铜器之乡”美誉，为宝鸡文化建设发展做出应有的贡献。在大会召开的同时，宝鸡市铜镜文化研究会还举办了铜镜精品展，展品涵盖了自战国时期到唐宋期间的精品铜镜。

【开展“最美社科理论工作者”评选活动】 根据宝市文明委〔2014〕3号文件《在全市开展寻找“最美宝鸡人”活动的实施方案》精神，为了宣传和推荐默默耕耘、执著奉献的社科理论工作者，为党委政府科学决策发挥“思想库”“智囊团”作用，2014年3月至9月，市社科联在全市开展了“最美社科理论工作者”评选活动。经过推荐、初评、终评、公示等环节，最终评选出10位“最美社科理论工作者”。

【开展文明城市创建活动】 2014年，市社科联先后有9人直接或间接参与了全市创文活动。创建活动自开展以来，组织大家节假日上街执勤、周二下基层督导创文工作、周末前往社区参加义务劳动，开展卫生打扫、清理小广告、市场整治和道路清理工作；做好红旗路西段新建路中学、工行红旗路营业厅等6家单位和宝鸡蒸发器厂小区的创文网格化管理工作；为山区困难群众捐献衣物近百件。期间，形成《督导动态》38期，参加每周二晚或周六市创文汇报会38场。向市创文办2个工作处报送5个指标任务，按时完成市创文办交办的资料收集任务。

（雷念增）

宝鸡市社会科学界联合会领导成员

主　席　孙忠印

副主席　肖瑜莲（女）

霍海利

赵怀玉（兼）

谢丽娟（兼，女）

秘书长　雷念增

宝鸡军分区

【开展“学条令、训队列、整秩序”活动】 第一、二季度，军区分团以上领导干部、团以下官兵和职工三个层次，开展“学条令、训队列、整秩序”教育整治活动，突出“五抓”要求，强化“五严”措施，解决了落实法规意识不强、标准不高、随意性大等问题，增强了官兵的纪律观念、职责意识和精细化管理意识。

【组织民兵整组】 3月至5月初，按照力量体系化、编建规范化、装备配套化、使用科学化、保障机制化的要求，对照明确的力量类型和任务数，联合市政府下发了《关于进一步做好民兵调整改革工作的通知》和《成立民兵整组工作领导小组的通知》。组织结构调整后，全市共编基干民兵18500人，129个民兵分队，其中应急队伍126个6366人，支援队157个10042人（空军保障队伍42个2905人，二炮保障队伍62个3004人，其他保障队伍33个4133人），储备队伍29个2092人，圆满完成了民兵整组任务。

【落实经常性战备工作】 坚持把战备教育纳入政治教育和训练计划当中，突出重大节日，突出战备形势、驻地敌社情和战备常识教育。“元旦”“五一”“十一”等重大节日战备，利用电视电话会议系统，结合国际国内形势变化和分区实际，进行形势战备教育。第二季度，结合省军区组织网上应急指挥联训和《省军区遂行非战争军事行动预案》，采取对口修订、集中会审的方法，完成了《军分区遂行非战争军事行动预案》和《军分区支援边境自卫作战预案》2类37种专项预案。

【组织首长机关实战化训练】 分区研究制定了《二〇一四年宝鸡军分区首长机关军事训练方案》，落实业务基础训练25天184小时，战术作业训练11天86小时，指挥所演习5天40小时，体能训练240小时，完成了军事理论、军事技能（识图用图、战术标、军用文书、电台操作、手枪射击）专业训练、战术作业和指挥所演习等训练课目，平均参训率达86%以上。采取“自导自演、一步一动、一步一讲评”的方式，先后4次组织分区首长机关进行紧急出动演练，累计出动人员256人次、车辆65台次、各类战备物资器材1500多件（套），机动距离200公里，提高了分区首长机关的“八种能力”。

【开展战备条令学习月活动】 为了全面掌握兰州军区新颁发的《省军区军分区人武部战备工作规定》，10月10日至11月10日，在全区开展《战备工作规定》学习月活动，突出抓好“学、理、干、评”四个环节，真正把《战备工作规定》学透，把抓战备工作的思路理清，把抓战备工作落实的方法举措定实，把战备工作的讲评督导环节抓实，为提高战备工作水平打好基础。

【组织跨区驻训联训】 10月27日至11月4日，按照省军区《遂行抗震救灾任务命令》，宝鸡军分区在省军区机关的指导下，组织岐山县民兵抗震抢险救援分队全员全建制向救援任务区实施远程快速机动，参加跨区驻训联训。共出动人员85人，车辆7台，装备器材52件（套），帐篷13顶和其他物资器材，经过为期10天的驻训联训，提高了部队实战化抢险救援的行动能力。

【开展军事设施保护立法调研】 6月19—20日，省军事设施保护立法调研工作组在省人大法制工作委员会办公室主任戴滨华带领下一行7人，到宝鸡检查调研军事设施保护工作，现地走访了兰州军区综合仓库、二炮22基地及配修厂。期间，召开军事设施保护立法调研座谈会，21集团军、二炮22基地、市消防支队、市人大法工委、发改委、公安局、安全局、财政局、国土资源局、规划局、住建局、交通局等16个成员单位领导参加座谈调研，为《陕西省军事设施保护条例》（草案）的修改提供了第一手资料。

【加强警备工作】 为深入贯彻军区“银川警备工作会议”精神，加强警备工作，1月对警备分队人员进行一次集中整训，突出执勤手语口语、设站撤收、识假辨假和基本装备器材操作训练，强化人员基本素质，着力提高人员专业技能，提高人员依法执勤和文明执勤能力水平。坚持每月制定警备执勤计划，每周执勤，积极做好军人军车管理。7月联合地方公安、工商开展了联合打假活动。全年共出警300余人次、车辆90余台次，解决军民纠纷3起、军人涉法案件2起，打击涉军造假违法犯罪行动1次，共收缴林地作训鞋10双、常服皮鞋6双、07式作战靴5双、07A校尉常服鞋3双、07式防寒靴2双、07陆常服衬衣10件、07迷彩服2件、荒漠迷彩帽1顶，以及手枪套1个。

【开展“四支队伍”教育整训活动】 2月中旬至3月底，对驾驶员、仓库保管员、保密员、军械员兼文书（含民兵武器库仓库主任及库警）等“四支队伍”开展了集中教育整训活动，进行了业务培训，组织了政治审查，增强了安全意识和规避风险的能力。

【组织“三项军事工作”集训】 3月中旬，采取学习思考与授课辅导、理论灌输与实践应用、经验介绍与重点研讨、大会交流与小组讨论、示范观摩与互动问答相结合的方法，组织县（区）人武部部长、军事科长和基层专武干部共计156人，开展“三项军事工作”集训，为做好民兵整组、军事训练和平时征兵准备起到了较好示范引领作用。

【组织指挥能力集训暨参谋业务比武竞赛活动】 4月21—25日，按照“注重基础、突出使用、训赛结合”的思路，组织全区营以下现役军官共计46人，开展了指挥能力集训暨参谋业务比武竞赛活动，狠抓了一体化指挥平台操作使用、计算机标图、地形分析、航片判读、文书拟制、5瓦电台操作使用等6个课目的强化训练。通过集训和比武竞赛，战术标图67%、作战计算49%、航片判读72%、地形分析88%的人员达到了训练要求。

【组织直招士官和定向培养直招士官工作】 5月，按照省征兵办《关于做好2014年从普通高等学校毕业生中直接招收士官工作的通知》要求，采取多种形式，多方协作，全市共网上初审合格38人，实际参检23人（放弃15人），体检合格20人，政审和专业审核17人，向部队输送士官17人（本科3人，大专14人）。根据省征兵办、省招生办《关于做好2014年陕西省普通高校招生定向培养直招士官试点工作的通知》要求，分别于7月2日、7月5日、7月7—9日组织了体检、面试和政治考核，全市共参加报考91人，实际参加体检80人，体检、面试和政治考核“三合格”共66人。

【组织民兵报废弹药调运工作】 6月4—19日，根据省军区统一部署，积极筹划，科学制订方案，主动组织协调，圆满完成了8个品种、43万余发、107吨民兵报废弹药调运任务。整个调运工作，动用运输车、指挥车辆及伴随保障车50余台次，铁路输送棚车3节，出动人员200余人次，累计行程上700多公里，做到了环节把握到位、安全重点突出，实现了“人员零伤亡，弹药零差错”的总目标。

【召开防汛工作联席会议】 6月30日，宝鸡军分区协调市政府，市水利局、市气象局及驻宝部队，组织召开了宝鸡市军地防汛抢险联席会议。军分区主要领导，宝鸡市副市长、副秘书长，宝鸡市水利局、气象局和防汛办领导，驻宝部队防汛抢险指挥部成员单位和部分县（区）人武部部长共计33人参加会议。对辖区3个重点库坝进行了现地勘察，为及时有效完成防汛抢险救灾任务奠定了基础。

【组织旧版地图销毁工作】 根据省军区要求，分区研究制定了《旧版军用地形图销毁方案》，成立了由参谋长杨鹏斌任组长，参谋王军义、袁明、黄海波、屈榕，保密员张铂银，纪检干事王玥为组员的军用地图销毁小组。按照统计核实、方案制定、打包下架、焚烧销毁的方法，于7月17日集中对现存的43包24111幅24237张旧版军用地形图，在军分区长城宾馆锅炉房进行集中焚烧处理。

【加强民兵军事训练】 5至9月份，分区大抓民兵军事训练，研究制订了《军分区民兵军事训练规范》，对训练时间、计划审报、组织实施、检查抽考、通报讲评、经费报批等6个方面进行了明确。采取分区常委分片包抓的方式，对各单位民兵军事训练进行检查指导。分区训练督导组全程对民兵军事训练进行监督检查，定期进行训练讲评和情况通报，并将训练检查情况作为经费结算依据，促进了民兵军事训练落实。期间，对12个县（区）人武部、42支民兵分队进行了检查，对25支民兵分队1729名民兵进行了抽考验收，抽考课目优秀率达88%以上，100%完成年度训练任务，全年消耗弹药92000发，已全部完成3740人的民兵训练任务。民兵训练结束后，军分区尝试了将误工补助费打入参与民兵训练个人账户，较好地克服了人没训、钱照花的现象。

【完成2089名新兵征集任务】 6月至9月，全市征兵工作全面展开，联合市委宣传部制定下发了《2014年宝鸡市征兵宣传动员实施方案》，成立了宣传报道组，建立了宣传联络员制度，政委朱双厚在宝鸡电视台发表了电视动员讲话，宝鸡日报社专题刊发了参谋长杨鹏斌征兵答记者问，宝鸡电台就征兵政策规定做了一期专访，组织了一次国防知识竞赛，宝鸡新闻网和政府网分别开通了征兵专题等。6月份，分区将征兵相关政策法规知识，汇编了100道竞赛题，采取网络在线和报刊宣传答题的方式，号召全市人民进行了国防知识竞赛活动。7月份，分区组织各县区退伍军人、转业军人、军属、民兵、适龄青年5个类别62人开展了主题为“情系军营，立志国防”的电视演讲比赛。共发放宣传单6万余份，悬挂宣传横幅280余条，报社和新闻网宣传征兵相关内容50余篇，三大移动信息平台（移动、联通、电信）发播征兵短信约500万人/次，散发宣传单6万余份，制作了50000把印有征兵政策规定的宣传扇面，设立征兵咨询站136个，改装征兵宣传车25辆。按照省征兵办要求，市征兵办主任、分区参谋长针对宣传报名、体检、政审情况，组织召开征兵工作阶段讲评会议。市征兵办公室协调市卫生局从市属各医院抽调10名医生组成2个专家组，对全区12个县区中11个县区体检合格人员进行了抽检。市征兵办抽调公安、纪检、监察等部门人员组成政审工作抽查组，对部分县区政审工作进行了抽查，从源头上预防了不合格应征青年入伍。市征兵办公室成立后，及时在《宝鸡日报》公布了各级廉洁征兵举报电话及信箱，组织征兵办人员集中学习了上级关于征兵工作的有关政策规定，将带头执行廉洁征兵纪律规定作为提升指导兵役机关形象的有效途径，共印制发放《廉洁征兵质量监督卡》10000份。市征兵办公室在组织女兵征集过程中，严格落实各项规定，坚持公开公平公正原则，做到让应征青年满意、让社会满意、让部队满意，圆满完成了2089名（含44名女兵）新兵征集任务。

【开展车辆安全教育活动】 9月份，为抓好车辆安全教育整顿工作的落实，宝鸡分区召开了全体驾驶员安全教育整顿电视电话会议，邀请宝鸡市交警支队宣传科科长进行了“安全行车，文明驾驶”专题辅导，参观交通事故案例剖析图展板，讲解了安全行车常识，现场发放了《车辆驾驶人安全行车手册》，强化了驾驶员的行车安全意识。

【执行世佛会安保任务】 根据市委、市政府安排，10月16—18日，宝鸡军分区组织金台、渭滨、陈仓、千阳、眉县、扶风、岐山7个县区人武部共800余民兵执行第27届世界佛教徒联谊会大会安保任务。军分区成立了由军分区副司令赵天佑担任指挥长的领导小组，先后对法门寺主会场、市区石鼓山分会场进行现地勘察并制订安保预案，军分区司令部派出专人进行通信保障。大会召开当天，全区执勤民兵提前2小时进入指定位置，配合地方公安机关封控交通要道、盘查可疑人员、指挥车辆通行，时刻保持高度警惕，圆满完成了任务。

【组织年度军事训练考核】 11月27日至12月9日，采取随机抽签、现场导调的方式对兰州军区、省军区未抽考的8个县（区）人武部、41名现役军官、74名专武干部、8支民兵应急（救援）分队、754名基干民兵，进行了8个课目15项内容的年度军事训练考核，树立了严格按纲施训的鲜明导向，推进了“六全”训练要求的落实。

【完善基础设施建设】 针对军分区机关战备基础设施不完善、库室建设不规范、战备物资不齐全等问题。全年，投入70余万元，为分区机关和12个人武部统一购置了指挥作业箱、战备器材箱、防护伪装网等3大类786套4375件战备物资器材；投入5万余元，对作战室、作战值班室视频系统进行升级改造；投入2万余元完善计算机网络训练室；投入9万元，构建数据保障中心和集中文印室；投资15万元，建设轻武器射击场。协调市政府，先后解决了2支市级民兵抢险救援分队每年维持性经费20万元，购置了无齿锯、绝缘剪、强光灯等40多万元的抢险物资器材。按照省军区要求，全区投入220余万元，购置了指挥信息系统，现已全面投入战备训练，较好地解决了动中不通、指挥不灵等问题。

【组织市国动委综合演练】 12月8—16日，根据省国防动员委员会年度工作安排，宝鸡市国防动员委员会组织了代号为“宝动—2014”国防动员系统应急应战动员综合演练。演练按照“自主设计、自导自演、异地同步、网上观摩”的形式展开，采取室内演练与室外演练两个阶段组织实施，通过3/4G图传进行演练观摩。市国动委主任、市长钱引安，市国动委副主任、市委常委、常务副市长张敬原，市国动委常务副主任、市委常委、军分区司令员李春红，市国动委副主任、军分区政委朱双厚全程参加。此次演练以“能打仗、打胜仗”为牵引，按照“急时应急、战时应战”的要求，重点围绕提高市、县两级国动委平战转换和遂行多样化军事任务中的快速动员、组织指挥和综合保障能力。演练共设置启动国动员机制，成立指挥机构；分析判断情况，定下动员决心；组织应急力量，展开救灾行动3个训练问题。凤翔县、金台区、渭滨区、陈仓区、岐山县、千阳县国动委分别组织了紧急征召、保交护路、抗洪抢险、维稳平暴、抗震救灾、森林灭火6个课目的实兵实装演练。演练共出动民兵预备役人员900余名，动用车辆20余台，各类装备器材1000余件、套，机动总里程达200余公里。通过演练，深化了对新形势下国防动员内涵的认识和对策研究，探索平时与战时条件下国防动员的组织指挥程序、方法路子，为遂行多样化军事任务奠定基础。

【开展党的群众路线教育实践活动】 按照上级安排部署，从2月份开始至10月份结束，在全区开展了党的群众路线教育实践活动。严格按照学习教育、听取意见，查摆问题、开展批评，整改落实、建章立制三个环节扎实推进，突出反对形式主义、官僚主义、享乐主义和奢靡之风这个重点，坚持“开门搞活动”广泛听取官兵意见，始终强化问题导向边查边改，紧扣强军目标，回应官兵关切，下功夫解决军分区部队“四风”方面的突出问题，对作风之弊、行为之垢进行了一次彻底的大排查、大检查、大扫除、大整改，基本实现了听党指挥的信念进一步坚定、干部作风进一步转变、内部关系进一步密切、为民务实清廉形象进一步树立、基层基础进一步夯实的“五个进一步”的目标。

【开展主题教育活动】 根据省军区

要求和军分区党委年度工作安排，军分区开展了“牢记强军目标、献身强军实践”主题教育活动，主要是8月份以前，每月1个专题，每专题集中2天时间，抓好6个专题的集中学习教育。9月份以后，转入经常性学习，结合演习演练和遂行重大任务抓好深化转化。集中教育学习阶段，采取军分区机关带各团级单位电视电话会议的形式，军分区司令员李春红、政委朱双厚、副政委杜长富、参谋长杨鹏斌、政治部主任张晓明、渭滨区人武部政委王鹏程先后在4-9月份为全区官兵、职工进行了辅导授课。9月18日，军分区邀请市委理论讲师团特聘专家、市委党校行政管理与法学教研室主任宋婉琴教授围绕主题教育进行了拓展授课，其阐述的提升道德修养解决好做人做事做官以及为人“十气”、为政“十原则”，有效激发了军分区官兵加强战斗力标准建设的责任感。第四季度，军分区机关结合国动委演练、第十四个“全民国防教育日”、民兵训练等时机，持续抓了主题教育活动的深化转化。

【举办习主席系列重要讲话精神理论培训班】 4月中旬，军分区集中利用5天时间，组织48名营以下干部和13名中级以上士官党员开展了学习习主席系列讲话精神培训。培训班采取封闭式管理，严格落实早操、晚点名等一日生活制度。采取集中授课、观看《甲午甲午》《乌克兰“变天”的背后——西方插手乌克兰街道抗议活动的主要手段》《焦裕禄》录像片，开展“战斗力标准”和“军队要像军队的样子”分组讨论，唱响《听党指挥》《人民军队忠于党》红色歌曲，大会交流发言，理论测评等形式，系统学习了习主席系列重要讲话，使广大基层党员掌握了讲话的科学内涵、精神实质。

【做好干部工作】 一是做好干部调整补缺和晋职晋衔工作。严格按照任免程序，调整配备金台区、陇县人武部部长，研究升任副团职4名、正营职（正科级）9名、副营职3名、正连职2人，晋升军衔13名，平职调整10名，清退分区机关借调干部4人，部队上下反映较好。二是向省军区移交副营职以下干部档案。对军分区本级管理的21份副营职以下干部档案进行全面整理，扫描录入干部管理综合信息系统，换装A4版制式档案夹，移交省军区政治部干部处档案室集中管理。三是做好干部转业工作。研究确定11名干部转业对象（正团职2名、副团职4名、正营职4名、副营职1名），认真填报转业审批表、整理移交档案，协调地方政府妥善安置，11名转业干部全部按时离队报到。四是做好退休干部移交安置工作。坚持特事特办，积极为退休干部解决实际困难，完成6名退休干部移交任务（向重庆移交1人，向深圳移交1人，向西安移交4人），移交数量居省军区部队前列，受到省军区充分肯定。五是纠治违规提升使用干部。严格按照总政、军委纪律《关于清理纠治违规提升任用干部问题的通知》要求，7月份集中两天时间，赴省军区对70名副团职以下干部档案采取一份一份过、一页一页翻的方式，对照总部规定的“八种违规情形”进行检查核查。有1名干部在参加西安政治学院专升本全日制学习期间，任正排职参谋2年7个月晋升为副连长，属“八种违规情形”第四条“脱产参加全日制学历教育期间提前（越职）晋升的”。分区党委常委会研究，在该同志任正连职3年的基础上推迟5个月研究晋升副营职。六是圆满完成报考军校和国防生考生面试体检工作。6月29日至7月1日，依托解放军第五三七医院，组织对477名宝鸡地区2014年度报考军校和国防生考生面试体检。这次面试体检工作是继2010年由省军区集中在第四军医大学组织以来又一次恢复到宝鸡自行组织，有效缓解了省军区西安面试体检点的压力，同时也减轻了考生家庭的经济负担，社会反响较好。

【抓好“九个方面深化整改”】 根据兰州军区、省军区安排部署，军分区于2014年10月部署开展了“九个方面深化整改”工作。成立司令员李春红、政委朱双厚任组长，副政委杜长富、副司令员赵天佑为常务副组长，参谋长杨鹏斌、政治部主任张晓明、后勤部部长康红科为副组长，机关军动、作训、组干、宣保、供应、战勤办负责人为组员的深改工作领导小组，全面负责和指导分区及各团级单位深化整改工作。重点对经费物资管理使用、超面积办公用房和空余房地产租赁、住房用车公勤人员使用、工程建设监督管理、训风演风考风、内部接待场所管理、干部调整、基层风气建设、兵员征集等方面存在问题进行整改纠治。各团级单位也相应成立领导小组，上下联动开展工作。全区先后8次对2013年以来经费开支进行清查清退，对13套超面积办公用房进行整改，指导各团级单位全部收回对外出租的门面房，清退不合理住房8套，纠正4起偏训漏训粗训问题，上缴省军区集中封存23辆公务用车，纠正令位不符干部4名，推迟晋职1人，对提升和调整使用的18名干部进行了廉洁情况考核。各项整改工作严格按照上级明确的标准要求、时间节点深入推进，持续开展，取得了实效。同时，先后迎接了11月29日军委暗访组、12月12日兰州军区政治部工作组、12月17日省军区后勤部工作组的专项检查。

【开展庆“八一”建军节系列活动】 7月29日，军分区联合市双拥办组织召开全市庆“八一”双拥表彰大会，市委书记、军分区党委第一书记上官吉庆，21集团军政委李伟、副政委刘文军，二炮22基地政委孙旦平，军分区司令员李春红、政委朱双厚等军地领导出席会议，市长钱引安主持大会。会上表彰通报了双拥模范县区、先进县区和双拥模范单位、模范个人，军分区司令部等6家驻军被表彰为双拥工作先进单位；省军区宝鸡干休所所长杨高社、军分区政治部干事蔺涛等10名驻宝部队官兵被表彰为双拥工作先进单位。大会期间，县（区）委书记、人武部党委第一书记书面进行党管武装工作述职，并通报表彰金台区委书记李兴安、陈仓区委书记贺向东、千阳县委书记郝晋升为“党管武装好书记”。8月1日，在《宝鸡日报》开设专栏，对遴选出来的刘加旭、王鹏程等9名宝鸡籍现役官兵践行强军目标典型人物事迹进行刊载宣传，对2013年度荣立三等功以上荣誉的128名宝鸡籍现役官兵和评选表彰的37名模范军属进行通报，有效提升了官兵荣誉感和责任感，增强了全民关心国防、支持国防的意识。

【持续抓好“强军优属办好九件实事”活动】 一是军地同心合力，深入推进。宝鸡市先后召开双拥工作领导小组会议和创建双拥模范城八连冠动员部署会议，明确把深入开展“强军优属办好九件实事”作为评选“党管武装好书记、好领导”活动的重要依据和硬性指标，军分区全年6次对各县（区）人武部落实情况进行通报讲评。二是及时更新现役官兵信息。结合每年新兵入伍、老兵复转、干部转业、军校和国防生入学等时机，对宝鸡籍现役官兵数据库进行更新维护，配置专用笔记本和资料专柜。三是评选宝鸡籍官兵“践行强军目标典型人物”。军分区联合市委宣传部、民政局，从近万名宝鸡籍现役官兵中遴选出雪域高原戍边模范刘加旭、人武部好政委王鹏程、特战尖兵李小飞、蓝天园丁翟秦公、金牌兵教头朱筠、最美警卫战士魏海强、战鹰利眼张威、戍边模范王云超、军队安全保护神薛武岐等十名典型官兵大力宣传。同时，评选表彰37名模范军属，通报2013年度荣获三等功以上的128名官兵名单。四是做好悬挂光荣军属牌、送立功喜报活动。组织各县（区）人武部积极协调地方主要领导，采取敲锣打鼓、燃放鞭炮等形式，为2014年度入伍新战士家庭悬挂“光荣军属”牌饰，为全区百余名荣立三等功以上官兵家庭登门送去立功喜报。四是组织大学生军旅成长成才典型报告会暨征兵宣传活动。6月20日下午，军分区在驻宝部队中遴选出郭龙、刘文娟、张建功等3名优秀大学生官兵，在宝鸡职业技术学院开展大学生军旅成长成才典型报告会暨征兵宣传活动。军分区政治部主任出席报告会，并结合当前国家战略安全形式与军队建设现状与参会师生进行了交流。会后，现场发放征兵宣传资料500余册，解答咨询百余人次。五是大力开展走访慰问困难军属活动。利用“八一”“春节”时机，对全市500余户困难军属进行了走访慰问，送去米、面、油等慰问品及慰问金。

【组织宝鸡籍新兵与家长远程视频互动交流活动】 12月11日下午，军分区在办公楼五楼电视电话会议室组织第二届新兵与家长“共话强军梦、走好军旅路”远程视频互动交流活动。此次活动主要组织2014年度由金台区、陈仓区入伍到21集团军62旅炮兵团服役的42名新战士与家长通过军队内部视频会议系统进行互动交流。兰州军区《人民军队》报社社长王社兴，陕西省军区秘群处处长关建彤、宣保处副处长常超，宝鸡市双拥办副主任李勤德，军分区政治部主任张晓明，以及62旅炮兵团全体党委常委、全团新兵，宝鸡籍新兵亲朋好友共计380余人参加。活动首先观看了炮兵团摄制的《荣耀兵之初》专题片；炮兵团领导介绍了团队建设及新训情况；张均等3名新兵代表、车晓云等4名家长代表依次登台发言；张晓明主任就军地双方持续抓好视频活动讲话。尔后，42名新战士逐一登台，与家人及亲朋好友进行“面对面”交流，向家乡父老汇报入伍感受，接受父老乡亲的勉励嘱咐。通过开展远程视频交流互动活动，舒缓了家长与新兵的互相思念之情，鼓舞了新战士扎根军营、建功立业的信心决心。

【《宝鸡军分区军史》出版发行】 军分区集中组织力量，利用2年时间编撰的《宝鸡军分区军史》于年初最终定稿，投资64500元，正式印刷1000本分发全区部队、分区历任部门以上领导、宝鸡市委市政府领导和有关部局。这是宝鸡军分区自成立以来，第一部翔实记载军分区发展历程的史书，填补了军分区历史上无军史的空白。

【开展国防教育知识竞赛】 在宝鸡市各级党政机关、企事业单位、乡村街道等社会各界深入开展了以“中国海洋国土和防卫政策”为主题的国防教育知识竞赛，共收到答卷40万余份，评选表彰了20名一等奖、60名二等奖、150名三等奖；组织参加了国家和陕西省国防教育办公室以“维护海洋权益，共建强大国防”为主题的征文活动，增强了全民国防观念。

【做好争创全国文明城市工作】 在宝鸡市争创全国方明城市工作中，军分区司令员李春红、政委朱双厚以及城三区人武部主官按照市、区两级政府的任务分工，深入一线现地检查督导，并组织驻地部队响应市上号召，积极参与各类宣传、清理卫生、植树造林等活动，为宝鸡市荣获全国文明城市做出了贡献。军分区和王勇、张喜春、宋新伟分别被宝鸡市表彰为创文工作先进单位和个人。

【做好枪爆物品清理清查】 根据上级安排部署，第四季度在全区现役官兵、职工、离退休老干部中深入开展枪爆物品清理清查工作。9月份，利用机关交班会和全区视频会议时机，集中开展了枪弹安全事故案件警示教育。10月份，按照要害部位人员政治考核程序、内容、步骤对民兵武器装备仓库的12名值勤官兵、职工进行了政治考核。11月份，印制《致军分区系统全体复转退军人、职工的一封公开信》6000张，采取逐级逐人发放或邮寄、营区和家属区显著部位张贴等方法，广泛展开动员宣传。同时，印制“零持有”承诺书，组织登门宣讲政策、实地查看、当场签字等办法，组织机关干部、战士、离退休老干部、近两年复转官兵自觉上缴私存涉枪涉爆物品，如实签订承诺书。各团级单位在分区统一组织领导下，对所属库室、桌柜进行“地毯式”清查，收缴枪支和子弹。

【发放新式武干服装】 为加强基层正规化建设，从1月5日开始，军分区后勤部积极向上级请示，为全区专武干部及人武部职工统一配发了新式武干服装。新式武干服装的配发，采取所在单位出资，军分区统一向上级请领。纠治了以往武干服装多年未更换、服装杂乱、破旧严重的问题，使专武干部和职工增强了工作荣誉感和使命感。

【完成分区老武器库营区及党家村划拨土地评估工作】 新旧武器仓库土地兑换是2014年分区确定的一项重大工作。从26日起，后勤部按照上级关于军用土地兑换有关规定要求，邀请西安专业评估公司对分区老武器库营区及党家村新划拨土地进行了重新评估，党家村新划拨4.8公顷（红线内土地面积4.4公顷）土地价值为1679.53万元，民兵武器仓库老营区0.94公顷土地价值为1438.83万元，地面附着物价值为207.4786万元。此次评估将作为两宗土地兑换报批手续的一个必要附件，将上报总部。

【完成两项普查影像拍摄制作】 按照全军统一部署，军分区两项普查工作稳步推进。2月份，按照工作进展，军分区出资近6万余元邀请宝鸡市专业测绘公司和影像制作公司，对军分区所属8个营区坐落，逐一进行了测绘和影像资料拍摄，高标准完成了普查工作的一个重要内容。

【省军区工作组到分区检查财务工作】 3月18日起，省军区财务考评组来分区检查考评2013年度财务工作。工作组利用2天时间，对财务账目进行了认真核查，并对照细则考评打分。在考评反馈会上，省军区工作组对分区财务管理工作给予肯定，军分区考评打分名次总体靠前。

【完成6名退休职工移交任务】 通过积极协调，截至4月底，分区完成了2013年度6名退休职工移交地方民政工作任务，结算移交了各类手续和关系。6名退休职工移交方向分别为西安和宝鸡，面对协调难度大，手续复杂，军分区不等不靠，积极筹措经费，保证了移交任务的圆满完成。此项工作被兰州军区表彰为“退休职工移交先进单位”。

【分区两项普查迎接上级军区抽查】 按照全军两项普查工作进度，4月26日省军区派人对分区“两项普查”工作进行了复查验收，5月8日兰州军区联勤部营房部副部长李春志带队对分区“两项普查”工作进行抽查验收。省军区和兰州军区复查和抽查验收组通过听汇报、核数据及亲自到现地测量等方法，对军分区两项普查数据进行了全面核查，并对照验收细则进行了打分，省军区复查得分93.77%，兰州军区抽查得分93.88%。

【组织领导干部办公用房整治】 按照上级部署，军分区组织对分区机关及所属13个团级共计78名科级以上领导干部办公用房，逐人逐室组织了测量统计，将测量数据与各职级干部办公用房面积标准进行了对比，对面积超标情况进行了具体详细认定。总共核查认定陈仓区、岐山县、眉县、千阳县、陇县及麟游县人武部6个单位共计13名领导干部存在办公室超标问题，超标面积总计为121平方米。存在问题的6个单位，采取调整、隔断等形式全部进行了超标整改，军分区领导干部办公用房面积现已全部在规定标准范围内。

【开展公务用车治理封存】 按照上级部署，军分区开展公务用车清理整治。按照编制，县区人武部每个单位编制公用公车1辆，分区机关编制7辆。整治要求除编制外其余公务用车包括本单位自购、地方政府配发、上级部门配发等来源，均要求上缴集中封存。军分区认真落实上级指示要求，截至12月底，共上缴集中封存公务用车23辆，高标准完成了公务用车集中封存任务。

【开展空余房地产整治】 据统计，军分区有7个单位存在空余房地产租赁活动，共出租房屋面积5598.7平方米，场地1695平方米，分别与50户承租人签订了租赁合同，年租金97.479万元，房屋出租用途大多用于日用品销售、餐饮服务业等。按照上级部署，军分区专门成立清查整治领导机构，按照上级关于县区人武部出租门面房全部关停的要求，军分区反复动员，人武部与承租户反复沟通协商，6个单位48套出租门面房全部终止合同，两个单位将2处租赁遗留问题移交给地方政府。通过清查整治，掌握了军分区机关及各团级单位空余房地产的底数、现状，纠治了存在的问题，提高了军分区空余房地产正规化管理水平。

【招待所完成市政集中供暖改造】 探索军民融合式发展路子，提高后勤保障效益。军分区招待所原先供热由自建锅炉保障，由于供热效率低、成本高、环境污染大。在充分调查论证基础上，11月，军分区投入25万元为长城宾馆新建了换热站，将取暖纳入市政集中供暖保障。经过近1个月组织施工，12月中旬成功供暖，并入市政管网。

【军分区机关大门工程竣工】 分区机关营区大门工程于2013年通过省军区立项批复，2014年1月组织招投标，中标方为陕西关中建筑工程有限公司，中标合同价为1017317.18元。该工程于2014年3月1日开始施工，2014年8月通过竣工验收。工程决算价为1088652.01元，变更新增71334.83元。

【民兵训练基地学员宿舍楼主体工程竣工】 民兵训练基地学员楼主体工程由河南华盛建设集团有限公司西安分公司中标承建。中标价（合同价）为16472369.03元。主体工程于2013年10月开工，竣工日期为2014年10月。2014年12月18日到22日，四川勤德建设工程造价咨询有限公司青海分公司对主体工程进行了竣工审计，结算总价为14546521.17元。民兵训练基地学员楼供电供水及球场硬化零星工程总预算749796.23元（含10000.00元球场照明线路铺设、灯杆安装），其中供水供电工程预算价为358972.42元，球场硬化工程预算价为380823.81元。宝鸡君安建司中标承建供水工程，宝鸡恒泰建司中标承建室外球场工程。该工程于12月初完工，工程质量合格。

【开展财务清查整治工作】 认真落实上级关于改进作风有关规定要求，依法从严治军，军分区持续开展财务清查整治工作。利用40天时间，采取调阅财务账目、查看审批手续、核实原始凭证等方法，对2013年以来经费管理情况进行了详细自查清理，全部清退清缴在外就餐、在外加油、在外住宿、异地发票、车辆维修手续不全等不合理开支。分区本级累计清退298.58万元（其中2013年不合理开支230.31万元、2014年不合理开支68.27万元），清理核查凭证382本，翻阅票据34550份，清退票据4481份，补充完善手续2956份，补录资产73笔，所属人武部清退不合理开支71.17万元（其中个人承担并退赔款项21.53万元），同时对各单位接待审批手续不全、缺少附件，资产挂账不及时等问题进行了补充完善。

（黄海波）

中国人民解放军
宝鸡军分区领导成员

司　令　员	李春红
政治委员	朱双厚
副司令员	赵天佑
	张兴平
副政治委员	杜长富
参　谋　长	杨鹏斌
政治部主任	张晓明
后勤部部长	康红科

人　民　防　空

【防护工程建设快速发展】 市级人防应急指挥中心投入使用，眉县、凤翔县人防应急指挥中心主体建成。投入200余万元对全市已建成的12.6万平方米公共人防工程进行提升改造，始终保持良好战备效益；做好在建结合民用建筑修建防空地下室（以下简称“结建”）的服务保障，全年依法审查“结建”项目79件，总建筑面积329.73万平方米；批建防空地下室43个，面积5.91万平方米；报监工程23项，面积11万平方米，竣工验收面积7.35万平方米；在建人防工程61项，20万平方米；依法查处不按法律规定修建防空地下室案件，追缴易地建设费遗留款221.45万元。全年政府、社会及企业投入人防工程建设资金3.1亿元，其中省人防办投资1.23亿元的全省人防综合训练基地项目落户眉县，引入省内资金2000万元、市人防办自筹4500万元的经二路30号公共停车场人防工程开工建设。

【人防信息化和指挥通信全面加强】 依托市人防指挥工程，投资2100多万元建设地下、地上两套人防信息系统，地下指挥系统全面建成，实现了卫星、短波、视频会议专线、光纤电话等通信保障功能。组织全市防空袭预案修订业务培训，推进各级防空袭预案修订工作；投入30万元，新建成金台区蟠龙镇、渭滨区石鼓镇、陈仓区慕仪镇、凤翔县北旗务村4个“四能”疏散基地；新装防空防灾警报器15台，按计划完成省人防办赋予的多媒体多功能警报报知系统任务。完成7月14日全市警报集中鸣放，鸣响率达100%；坚持省、市、县三级无线电台联络906次均无差错，收报文43份，发报文15份；按计划组织机动通信指挥车技术人员在岗训练612小时，开展野外训练演练活动12次，在全省人防通信业务考核、“秦援—2014”全省机动指挥车跨区域联动演练及全国人防军事斗争准备评估拉动演练中成绩突出。

【人防宣传教育创新发展】 将防空宣传教育纳入国防教育和防灾减灾宣传中，落实创新发展人防宣传教育“五进”要求，在市区中学开设人防知识教育课，联合市教育局在全省率先开展“我的避险故事”小学生作文大赛有奖征文活动；利用各类纪念日和重大节日，举行多种形式宣传活动，增强民众防险救灾意识。全年共制作和展出宣传版面60块，发放宣传资料6万余份，受教育群众达9万人；利用人防网站和汉中路过街通道LED屏和多媒体多功能警报报知系统等宣传平台，开展人防法律法规、建设成果、国防知识宣传，2014年省以上报刊报道宝鸡市人防建设文章和新闻9篇，宝鸡日报、宝鸡电视台、宝鸡新闻网宣传报道人防工作稿件31篇。

【平战结合开发利用效益显著】 组织人员定期对平战结合开发利用工程进行安全防火检查，与工事使用单位和管辖骨干工程单位签订2014年消防安全责任书；配合全市创文工作，投入20余万元对人防渭河隧道、“863”人防工程、汉中路过街道和人防招待所等大型平战结合工程进行美化亮化和环境改造；发挥人防设备、设施功能，搞好平战结合开发利用。全年完成人防工事利用面积9.017万平方米，实现产值营业额2389万元，上缴利税213万元，超额完成年度目标任务。

【举办十八届三中全会辅导讲座】 1月15日下午，市人防办（民防局）特邀市委党校教授钱俊昌作题为《凝聚共识，积蓄力量，为夺取更大胜利而努力奋斗》的党的十八届三中全会专题辅导讲座，全市人防系统干部职工54人参加。党组书记、主任（局长）田虎成主持。

【全市人民防空工作会议召开】 4月9日，全市人防工作会议召开。各县（区）人防办主任、重要经济目标防护单位负责人、市人防系统全体干部职工共110余人参加。市人防办党组书记、主任（局长）田虎成回顾总结2013年全市人防工作，安排部署2014年人防建设任务。市政府副市长王琳出席会议。会议还对全市人防工程建设和人防系统党风廉政与反腐败工作进行总结安排，并对获得国家、兰州军区和省人防办人防业务比武竞赛先进个人进行了表彰。

省人防办副主任郭丁瑄（左二）、市政府副市长王琳（左三）、市人防办党组书记、主任（局长）田虎成（右三）等领导为工程培土奠基

【经二路30号公共停车场人防工程开工奠基】 10月13日上午11时，宝鸡市经二路30号公共停车场人防工程开工奠基。省人防办党组成员、副主任郭丁瑄，市政府副市长王琳等领导和渭滨区人民政府及市、区相关部门、单位负责人出席开工典礼。市人防办（民防局）党组书记、主任（局长）田虎成在开工仪式上致辞讲话。副市长王琳下达开工令。经二路30号公共停车场人防工程为平战结合掘开式单建人防工程，设计为地下两层，总建筑面积14437平方米。该工程建成后，平时作为公共停车场和人行过街通道，战时无偿提供政府作为人员隐蔽和物资储备场所。项目总投资约为6000多万元，省人防办投资2000万元。市政府决定建成该工程，对于改造经二路城市道路、景观，扩充校园用地，提升周边商业区环境，繁荣宝鸡经济，服务民生具有积极作用。

【全省人防综合训练基地落户宝鸡】 市人防办（民防局）把推进人防项目建设作为全年重点工作，经过市、县领导和人防部门努力，省人防办在拟选的32个市县中，将陕西省人防综合训练基地选择在眉县。该项目属国家级人防重点项目，规划用地10公顷，预计一期投资1.1亿元，资金来源为国家和省人防专款。人防综合训练基地建成后，将集综合训练、指挥演练、生活保障等十大功能，是培养高素质人防队伍和志愿者队伍的专业培训基地，能满足全省范围内的人防专业训练，也能为西北地区人防部门开展训练、演练提供设施一流的专业场所。

【中水源热泵采暖系统建成投用】 11月15日，陕西省首个中水源热泵采暖系统在市人防办（民防局）正式投用。2010年，市人防办按照国家人防办建设“三所一中心”的要求，投资530多万元，在人防指挥中心建成了中水源热泵采暖系统，开启利用中水采暖新模式，这一低碳技术为陕西省首例，试运行以来，各项指标均正常，采暖成本大大降低。

【市人防办在检验评估中成绩优异】 10月29—31日，国家人防办在陕西省组织人防军事斗争准备检验评估活动，陕西省人防办、咸阳和宝鸡人防办代表陕西参加评估。宝鸡市人防办在评估中主要配合省人防办演练网上指挥控制和实地战备拉动，市委常委、宝鸡军分区司令员李春红参加了演习动员会议，副市长王琳参加网上作业指挥、参加检验评估总结讲评。市人防办主任田虎成、副主任姚建社带领干部职工加班加点训练，严格标准规范软硬件建设，通过自评和专家终评基本达到国家规定标准。其中，宝鸡市人防公共工程及结建工程、落实人防宣传“五进”和疏散基地建设等成果受到了评估组的高度评价，特别是宝鸡市人防通信和消防专业队参演的室外拉动演练，取得满分100分的全国优异成绩。

【人防招待所冬季消防安全演练成功举行】 11月24日上午10时，宝鸡市人防招待所组织全体员工和商户成功举行了冬季消防安全演练及消防知识培训，市人防办调研员谢斌现场指导。消防演练前，招待所兼职消防安全员为全体员工和商户进行消防知识培训，讲授了“十查十禁”“火场逃生十要点”“四懂四会”“五个第一”等消防常识，并采用现场提问、现场解答和现场演示。按照预定方案，招待所副经理乔红枝组织所有人员在模拟的失火现场进行了快速灭火和逃生演练。

（王少惠）

宝鸡陆军预备役后勤保障旅

【思想政治建设富有成效】 紧跟党的创新理论步伐，严格落实党委中心组带机关理论学习制度，组织团以上干部参加两级军区理论研讨班，举办了基层干部和中高级士官理论轮训。紧贴预备役部队特点，开展“牢记强军目标，献身强军实践”主题教育，圆满完成省军区赋予的试点任务，教育做法被省军区转发。打好意识形态领域主动仗，开展了弘扬官兵一致优良传统教育和尊干爱兵、兵兵友爱活动，预防职务犯罪和隐蔽战线“三个一”教育。发挥官兵主体作用，安排科（营）长和政治机关干部进行形势政策、法纪道德、安全保密等经常性思想教育，夯实了官兵凝魂聚力、忠职尽责的思想根基。

【战备训练落实有力】 按照“编组

科学实用、布局结构合理、兵员素质优良”要求，整建制调整6个排的预编区域，组织2622名预备役官兵参加点验，5个应急值班连队成建制进行检验性拉动，卫生营结合整组组织遂行抗震救灾应急救援演练。着眼战备工作薄弱环节，投入32万余元购置了8类640余件（套）战备物资器材，请领各种车材640余件（套）；投资360余万元，建成了集成化、一体化应急指挥信息系统。突出重难点课目，每季度集中10天时间组织首长机关训练。先后3次组织首长机关进行全员全装战备拉动，6月份在陇县组织首长机关带医疗防疫应急救援分队与解放军第三医院进行挂钩驻训，9月份在凤翔县山区组织首长机关进行为期一个月的战训法集训和野外驻训，12月份参加省军区“秦电-2014C”指挥信息系统要素演练。年底，卫生营组织医疗防疫分队完成为期10天的野外驻训任务，巩固提高了卫勤保障能力，被省军区表彰为军事训练先进单位。

【基层建设得到加强】 按照“抓全面，全面抓，以点带面”的抓建思路，制定了旅党委常委挂钩帮带计划，深入基层面对面指导，开展“解剖式”调研，突出基层正规化建设，针对个别单位没有营连部、没有战备物资库的问题，军地双方积极协调解决困难，旅投资6万余元帮助各营升级改造营连“两室一库”，充实完善战备物资。着眼“双应”需求，以“两营四连一队”应急应战力量建设为契机，实现兵员编组、装备器材、物资经费等常态落实。物资营被装供给连、卫生营医疗保障队、油料营输油管线连、汽车营四连、修理一营二连、修理二营三连、通信连等连队建设成效明显，被旅表彰为先进连队。

【安全稳定持续巩固】 坚持依法从严治军，开展“学法规、用法规、守法规”养成教育、“学条令、训队列、整秩序”活动和“三个强化、三个反对”大力纠治非军事化倾向活动，狠抓军人行为规范和日常养成，部队非军事化倾向得到有效扭转。定期召开安全保密工作形势分析会，定期开展安全保密教育，定期回收文件电报；新建旅集中文印室，对全旅各类文电集中统一印制，规范管理。严格车辆使用范围和派遣权限，统一安装北斗监控系统。着眼形势任务需求，增配防暴器材，组织反恐处突演练，部队安全基础更加扎实，旅被省军区表彰为安全管理先进单位。

【作风建设整改成效明显】 按照“照镜子、正衣冠、洗洗澡、治治病”的总要求，坚持踩实学习教育、听取意见，查摆问题、开展批评，整改落实、建章立制三个主要环节，扎实抓好党的群众路线教育实践活动，切实做到教育活动环环相扣、步步深入。针对重点查找梳理出的工作指导不够端正、能打仗打胜仗信心不足、训风演风不实等11个方面问题，坚持立说立行，即知即改，投入30多万元为官兵办了12件实事，使突出问题落地归零。扎实抓了八个方面深化整改，在纠治训风演风考风、经费物资管理、住房用车等方面取得实质性成效，着力查摆的主要问题和抓理论学习的做法分别被两级军区转发。

【营区基础设施有所改善】 按照“有利于战备训练、有利于工作生活、有利于部队管理”和急用先建的原则，分步组织了基础设施升级改造。着眼战备任务需求，制定“三室两库”整治方案，对35间库房进行统一修缮，对装备综合楼的5个工间和1个专业教室进行了维修整治；专项投入15万元，完善了作战值班室视频值班系统；投资20万元解决了办公楼和训练基地宿舍楼屋顶漏水的问题；投入8万元购置了75KW柴油发电机组，投入7万元接通了市政自来水，投资30万元改造训练基地食堂和硬化周边道路，投资30万元建设旅史馆；响应宝鸡市委、市政府号召，投资60万元，完成了3台2.7兆瓦的燃煤锅炉拆除及2台共2.4兆瓦的燃气锅炉采购、管道敷设、安装调试、点火运行工作，保证了官兵取暖所需。为作战和营门值班室安装空调、饮水机，连队宿舍加装太阳能，完善了配套设施，官兵物质文化生活和工作环境进一步改善。

【双拥援建工作不断深化】 按照省、市驻军参加和支援经济社会建设协调会要求和旅党委年度工作部署，年初，旅领导带机关人员，多次进行调查了解，对旅《“十个100工程”援建工作五年（2011—2015）规划》进行完善。3月份，组织官兵义务栽植了1.33公顷预备役国防林，并参加清扫街道、清运垃圾和“创文”活动。八一前夕，组织70余名官兵家属子女到市妇幼保健院接受“关爱军属健康”义务体检。帮助东王小学搞好环境绿化和配套设施更新，添置文体器材并捐赠图书，巩固了助学兴教成果。同时，选派军政素质过硬的干部战士为驻地学校、企事业单位进行军训，密切了军政军民关系，旅被市委、市政府表彰为双拥模范单位。

【组织首长机关战备拉动演练】 4月16日，组织首长机关现役官兵进行了战备拉动演练，共出动兵力83人(其中现役官兵58人，预备役驾驶员25人)，各种车辆32台，机动里程56公里。演练中，主要完成了战备等级转换、物资装载、摩托化机动、指挥所展开、指挥信息系统构建等课目。演练按照“周密制定行动方案、补充完善战备物资、全面恢复装备性能、建立有效通联手段、锻炼提高战备水平”的思路，按照省军区明确的演练程序，从接受命令指示到安排部署工作，从请领装载物资到组织摩托化机动，从指挥所展开到构建信息系统，每一个环节坚持严扣细训，注重采集物资装载时间、车辆编队顺序、部队机动速度等基础数据，为执行任务奠定了基础。

【狠抓战备工作整治】 4月上中旬，在省军区戚副司令员的亲自指导和帮建工作组的直接参与下，旅周密制定了现役官兵全员全装拉动方案和首长机关带实兵连拉动方案，细化明确了现役官兵和预备役官兵个人战备物资

2015 年 4 月 26 日，旅首长机关组织战备拉动演练

携运行标准，参照《兰州军区战备工作规定（试行）》，制定了旅“三室两库”整治方案和应急值班分队个人携行物资器材库及防汛、防暴应急器材库建设方案。先后投入 6 万余元购置了 8 类 640 余件套个人战备物资和 2 部海事卫星电话，请领各种车材 640 件（套），投入 5 万余元对 33 台车辆进行了维修保养，确保了装备物资性能良好。并组织首长机关进行了 125W、133 型 5W 短波电台、野战炊事车、野外供电设备等装备器材的操作使用训练，有效提升了部队战备建设水平。

【加强应急指挥信息系统建设】 根据省军区统一部署，2014 年，旅狠抓应急信息系统建设，先后投入 380 余万元，改装 1 台指挥车，新建 1 个 125W 短波固定台和 1 套 3G 图传系统，购置配备了师级便携式通指设备和国产海能达对讲系统，购置集成 1 台卫星车。为了确保应急指挥通信车上卫星通信、短波通信、集群对讲、3/4G 视频指挥、单兵图传、视频会议、音视频处理和供电等 8 个子系统的改装质量，旅先后 2 次派专人到重庆迪马公司现场协调，确保了工程质量。顺利接回装备后，旅组织人员进行相关知识和技术培训，在最短时间内掌握了装备性能，初步完成了旅信息化系统建设。

【召开单兵训练阶段党委议训会】 5 月 22 日，旅召开了单兵训练阶段党委议训会。会议传达学习了兰州军区《落实军事训练“六全”要求规定（试行）》，听取了各单位单兵训练阶段部队军事训练落实情况汇报，分析查找了训练存在的突出问题、面临的困难和矛盾，研究制定了抓好分队训练的具体措施。

【组织战训法集训暨野外驻训】 根据省军区《关于组织战训法集训的通知》要求，9 月 3—23 日，旅出动 54 人，各型车辆装备 16 台，在凤翔县姚家沟地域组织了旅首长机关现役官兵战训法集训暨野外驻训。这次驻训，以两级军区指示要求为依据，以提高部队遂行任务能力为目的，以“真难严实”要求为抓训标准，按照“专题学习、实装拉动、野外驻训、分组研练、逐个推演、综合演练”的方法，先后完成了军区战训法集训精神理论学习，首长机关战术作业、要素演练、指挥所演习、营军官编组作业和主要装备操作等 6 个内容的学习训练，有效提升了首长机关指挥谋略水平和全体军官战术理论素养，全面检验了部队野战条件下综合保障能力。

【完成医疗防疫应急救援分队野外驻训任务】 根据省军区《组织民兵预备役部队应急专业分队对口跨区联训的通知》要求，旅医疗防疫应急救援分队从 11 月 1 日开始至 11 月 10 日，利用 10 天时间，在宝鸡市高新区天王镇地域，圆满完成了野外驻训任务。此次驻训，共出动官兵 60 人（其中现役官兵 5 人，预备役官兵 55 人），动用各型车辆 8 台。驻训期间，按照单兵训练、分组训练和综合演练三个阶段，完成了共同基础、专业技能、分组训练、野战救护所展开与工作、应急救援综合演练等课目，提高了预备役官兵的卫勤专业技能。

【开展党的群众路线教育实践活动】 旅党委把群众路线教育实践活动作为部队重大政治任务，结合实际重点查找梳理出学习紧迫感不强、能打仗打胜仗信心不足、进取意识淡化、特权思想、私心作怪、艰苦创业意识缺失等 8 个方面问题，针对这些问题以及官兵对旅党委“四风”方面的 50 余条意见建议，认真解决训风、基层建设、接待等方面存在的问题，投入 30 多万元为官兵办实事 12 件，使问题落地见效。专题民主生活会 5 名常委人人揭短亮丑，查摆问题 30 多条。旅着力查摆主要问题和抓理论学习的做法分别被兰州军区和省军区刊发转发。

【学习贯彻全军政治工作会议精神】 旅党委在严密组织全体党员干部同步参加军区组织的党委中心组带团以上党委机关理论学习的基础上，重点开展了一次专题教育、一次中心组学习、一次讨论交流、一次体会展评的“四个一”活动，层层开展交流讨论，人人写体会、谈感受，使会议精神入脑入心。

【组织主题教育试点】 根据省军区部署安排，2 月中下旬，旅集中 7 天时间，组织开展了“牢记强军目标、献身强军实践”主题教育先行试点活动。采取问卷调查、专题辅导、形势讲座、体会交流以及主题演讲、参观见学等方法，抓好各个环节和步骤的落实，扎实组织实施，取得较好成效，圆满完成了试点任务。开展主题教育的经验被省军区转发，《人民军队报》《西北民兵》等媒体对旅开展主题教育活动情况进行了报道。

（刘彦庆）

宝鸡陆军预备役后勤保障旅领导成员

旅　　长　赵天佑
第一政委(兼)　上官吉庆
政　　委　刘长伟
副 旅 长　辛庆忠
参 谋 长　王　锋
政治部主任　雷青松

政　法

编辑　纪天仓

公　安

【概况】　2014年，市公安局以学习贯彻中、省、市政法和公安工作要求为主线，以大力实施“三大警务”建设和切实解决“三大重点”问题为总目标，全力推进“一坚决两突出三强推四大考”工作，圆满完成了全年目标任务，公安工作实现了新进步。

【构建信息化现代化警务模式体系】立足公安工作改革创新突破，确立了以信息化防控和大数据侦查为核心，即：大力实施“三大警务”（云上警务、民生警务、法治警务）战略和切实解决“三大重点”（解决高效战斗力、解决高度公信力、解决高负荷警力）问题，全力推进“一坚决两突出三强推四大考”（大考大库大用、大考重点亮点、大考铁纪治警、大考群众安全感满意度）工作，确保工作高效发展。优化信息采集整合研判机制，充实各类数据大库，完善层级关联作战体系功能，持续强化云端智能综合应用，强力推动省厅“十项重点”工作和市局重大项目落实，建立常态化问责问效和倒查追究制度机制，切实打造一流群众安全感满意度，确保公安工作扎实推进。

【深化平安建设】　强化情报预警，严格推动网监、治安等部门信息日报制度和重大紧急信息即时报告制度常态化，构建以指挥中心为统揽的高效灵敏情报信息网络，先后获取各类情报信息2032条，预防闹事苗头19起。在城四区重点繁华区域建立武装屯兵处置点9个，严格落实动中备勤和铁地联勤联防长效机制，盘查可疑车辆270台次、可疑人员46人次，查缴各类管制违禁物品509件，查控、遣返缅甸籍非法入境人员8名。坚决维护大局稳定，全市排查化解矛盾纠纷10类130起，部署等级戒备33次，稳妥处置“圣得康”非法集资、兴麟房产诈骗等各类利益诉求群体串联煽动聚集上访事件，依法严厉查处打击缠访闹访挑头闹事重点人73名；开展反恐实战演练，全面建立覆盖全警的常态化应急处突机制，推动市、县公安机关建立反恐应急分队，市、县两级分别建立了50人和30人的应急处突专门队伍，提升了处置能力。保持高压态势，严打专项斗争强势推进。先后侦破金台“6·5”“8·4”故意杀人案，扶风“8·14”故意杀人案，凤县“10·10”故意杀人案、“8·11”特大入室抢劫案、陈仓“2013·10·31”跨省特大系列电信诈骗案及渭滨系列盗窃摩托车案等一批有影响的大要案件，新发18起命案全部告破，“秦剑”行动排名全省第一。全市共立刑事案件8142起，同比下降8.8%；破案6109起，同比上升11.8%，其中破获主要案件263起；打掉犯罪团伙185个，逮捕1258人；大力开展“严打传销”行动，打掉传销窝点115个，行政拘留400余人，缴获毒品12263克。全市共查处治安案件11724起，同比上升23.6%，治安处罚6501人，同比上升64.7%。全力整治治安乱点，开展“千警社会治安大排查”和“平安建设集中宣传、治安隐患集中整治”活动，挂牌整治重点地区33个，清理整治旅馆业、歌舞娱乐场所、桑拿洗浴按摩店、赌博游戏厅等群众举报线索集中的重点场所和突出治安问题，检查行业场所3400余家（次），责令整改322家，停业整顿54家；清查涉黄涉赌单位场所8400家次，打击处理违法嫌疑人员814名，解救受害未成年少女8名，捣毁地下赌博游戏厅60家，销毁赌博游戏机1302台，收缴赌资50余万元。打击食品药品环境污染犯罪，捣毁各类黑窝点65处，破案49起，抓获违法犯罪嫌疑人115名，刑拘42人。强化肇事肇祸精神病人排查管控，全市共录入严重精神病人信息系统654人（肇事肇祸前科人员78名），全部纳入日常管控，下发《肇事肇祸等严重精神障碍患者服务管理工作实施意见》，确保工作规范化、长效化。强力推进“大戒年”活动，严格落实“七个一律”刚性举措，强制隔离戒毒1575人，同比上升268%，有效挤压了毒源市场。全市刑事案件发案较同期下降9.5%，“两抢”案件发案同比下降58.8%，“两盗”案件发案同比下降16.1%，切实净化了社会治安环境。

整治校园及周边治安秩序，开展“护校安园”行动，全面强化校园安保执勤力量，组织举办法制宣传教育讲座350余场次，拉网摸排中小学、幼儿园1328所，全市未发生恶性校园安全（案）事件。强力推进缉枪治爆专项行动，全面加强危爆物品源头管控，收缴枪支23支、子弹1683发、炮弹15枚、手雷5枚及烟花爆竹623件、黑火药23斤、雷管180枚和各类管制刀具320余件，消除了安全隐患。大力整顿道路交通安全秩序。淘汰黄标车9713辆，综合整治违规工地36处，查处工程运输车辆违法行为2800起，查扣工程车152台，规划、开放停车区、泊车位204处10928个。完成48处交通信号灯增补和东风路西段等12条路段改造提升交通标志配套等建设任务，提高了道路通行率。全市共发生等级以上道路交通事故783起，死亡100人，受伤673人，直接经济损失430.98万元，同比分别下降7.6%、16%、2.9%和8.6%，道路交通缓堵保畅满意度居全省第一。严密防范控制火灾事故。全市共发生火灾1876起，死亡2人，同比下降50%，直接经济损失1089.9万元，没有发生受伤和群死火灾事故。

【实施云上警务】 全面深化大侦查智能作战体系建设。建立以云技术为核心的大数据智能化应用平台，研发建立警情自动比对跟踪、无线射频、视频文本化等系统28个（其中自主研发系统10个），及创建信息化大数据精确打击等技战法和应用机制，形成高度集成、高度综合的云储存、云计算、云安全、云智能的应用体系，实现了“全市一体、全面联网、数字图控、云端应用、智能一流”目标。建成高度智能的手持应用终端（手持PDA），发挥超前预警、先发制敌、同步打击的强大功效。强力推进“三十体系”“蛛网工程”，“四侦”现代侦查体系、图控图侦作战体系深度融合，创建形成了协同高效、功能强大的侦查打击新体系。全力推进市、县（区）两级图像视频数据库高效对接联通，全面深化人面识别、视网天下、视频检索、WIFI侦控系统、车辆套牌信息识别、无线射频技术应用、3G图传、图像文本化技术应用、报警定位牌管理等智能图控图侦系统智慧实战应用；加速提升手持PDA功能，全面推进其与智能图控图侦系统平台同步应用、同步更新，并按照警种职能授权使用，全面扩大实战功效。深化“五位一体”防控体系建设。全面推进“四门三圈百卡”加密、“四化巡逻”“四全探头”、GPS联网等重点工程建设，完善“十大智能系统”、尖端“四侦”体系（刑侦、技侦、网侦、图侦）、智能图侦中心、智慧警务创新建设，确保“五位一体”新型立体化防控体系效能作用的发挥。全面启动网上督察体系建设，建立网上督察中心。建立以“四做四制”（“四做”，即做强派出、做大网督、做实监察、做严巡视；“四制”，即高配制、统供制、优先制、单考制）为核心的新型信息化督察机制，实现警务督察工作信息化。

【实施民生警务】 以网上“两所一室”（派出所、车管所、户政室）为核心，以云计算技术综合应用为支撑，围绕交管、外管、户管及治安防控、报警求助、法律咨询等20项重点热点，构建“实时、快捷、互动、便民”的民生云警务平台，倾心服务群众。推出车管、户管、消管、网管等便民措施7类70条。金台、渭滨分局出入境办证大厅建成投用，优质高效服务群众能力水平全面提升。基层基础战略全面深化，推进社区民警专职化和“三警三防进农村”工程，推广城市社区“四三二一”日工作法和农村警务室“一二三四”周工作法，推动警力下沉，全市公安派出所总警力占县区总警力的43.55%；全市172个社区警务室和247个农村中心警务室配备专职民警492人，占县区派出所总警力的47.31%，在全省率先完成“双四十”目标任务。实有人口管理扎实推进，强推强建以“三重点、两目标、一统一”为框架，以“一综二清三落实”为核心的新型实有人口管理模式体系，完善“一证四册一平台”（“一证”，即暂住证或居住证；“四册”，即流动人口登记册、出租房屋登记册、指纹信息登记册、DNA信息登记册；“一平台”，即户政业务管理平台），推进户口登记管理专项清理整顿工作，全市清理“错、重、假”户口15567个，制作发放居住证90443张，圆满完成了省厅下达任务。数据采集录入深入开展，扩充完善“类案大全库”“吸毒人员库”“废旧物品收购人员库”“二手手机从业人员库”等基础数据库，全市公安机关累计采集信息总量已达6.2亿条，社会信息总量和其所占比例均居全省第一。

【推行法治警务】 阳光责任执法体系不断深化完善，邀请48名“两代表一委员”担任执法监督员，深入开展“警营开放日”、标准化执法点评推优等活动，增强执法透明度；推行专（兼）职法制员或法制员配备、派驻制度，配备专兼职法制员207名；加强执法流程完善、执法活动规范、执法场所改造、执法装备建设，基层所队执法办案场所规范建设和各县区执法办案中心及涉案财物管理中心建成率均达到100%，全市公安机关修订完善执法制度34部，确保规范执法制度化、长效化发展。网上执法体系建设步伐持续加快，推行网上办案、网上监督和办案责任制，案件网上规范流转率达98.4%，主要证据上传率达99.1%，一线执勤执法民警现场执法记录仪使用率达100%。同时，开展执法专项检查150余次，评查案件3037件，整改执法问题198个，追究过错责任人2名，一流执法公信力不断提升。强化执法建设，提高民警依法履职和执法纠错能力，深化执法示范单位建设，完善机制创建、示范引领和评估激励制度，全年未发生刑讯逼供和超期羁押等违法违规问题。各类规范性文件审核、会签准确率、合法率均达100%；开展各类法制员岗位培训115场次，考核奖励优秀法制员233人次，全市395名民警通过基本级、中级和高级执法资格考试，10个公安基层单位被评为

"省级执法示范单位"。

【加强公安队伍建设】　紧扣"为民、务实、清廉"主题，认真解决"四风"和群众反映强烈的诉求问题，开展封闭式集中学习和"向人民汇报、对人民承诺、请人民评议"活动，并组织2300余名党员参加了"学党史、抓党建，忆传统、转作风"知识竞赛，市区公安机关县处级领导干部记写警情民情日记188篇，心得体会211篇；发放征求意见表7200余份，召开各类座谈会340余次，征求意见建议5100余条（经梳理归类为6类93条）。以市局名义下发的各类文件同比减少23%，全局性会议同比减少27%，规范清理简报15种，整治公务用车49辆，市区公安机关腾退办公用房81间1600平方米，三公经费支出同比减少224万元，压缩39.3%。市局领导班子成员深入基层所队开展"当一天所（队）长"活动，与基层民警同吃同住，并深入社区、企业征求意见建议；123名县、科级干部深入基层所队"当一周民警"，严格落实值一个夜班、处一次警务、进一次社区、召开一次社区居民座谈会、与基层民警开展一次座谈和完成一篇基层工作调研报告；1030名民警走进万户居民（农户）、企业、单位，接地气、访民意、听民声，帮助解决实际问题。狠抓班子队伍建设。通过开展心得体会交流、理论文章评比、主题演讲竞赛等系列活动，全面推进政治教育、纪律教育、法治教育、民生教育，确保同心同向，步调一致。加强学习调研，建立市、县公安机关领导干部政治理论务虚、定期学习调研制度，持续推进教育训练，规范体能技能、行为语言、纪律作风训练，加快建设一流化、高水准公安综合教育培训基地，精心构建集教育、训练、管理、保障为一体的正规化管理体系。完善专家人才库建设，建立覆盖全警的层级化专家队伍；深入挖掘先进典型，全面开展"寻找最美警察"活动，培树先进典型，强化示范引领，提升公安队伍良好形象；强化从优待警，落实从优待警措施，坚持年度体检轮休等制度，激发队伍凝聚力、战斗力。先后举办、参加培训班19期，培训新录人员、处级领导干部、警衔司晋督人员1547人次；51个集体、107名个人立功受奖，涌现出被公安部整建制荣记集体一等功的市公安局技侦支队，全国公安机关爱民模范集体渭滨分局金陵派出所，全国一等车管所市公安局交警支队车管所等先进集体，市"十大杰出青春榜样"市局网监处副处长李昕东，消防支队特勤班班长王军，"十大杰出青春榜样"特别奖眉县公安局刑侦大队副大队长耿永红，2014年度"最美宝鸡人"陇县公安局交警大队民警赵方平、市局刑侦支队民警杨佳、金台分局民警亢琼、陈仓分局民警陈海存，"最美宝鸡人"特别奖市局交警支队民警王乐，奋不顾身、勇救落水老人的金台分局民警刘加宝、张雷，侦破麟游"9·19"抢劫专案中不怕牺牲、勇斗歹徒的市公安局技侦支队民警郭辉、郭建锋等先进个人。

【"严打突击月"专项行动成效显著】为确保人民群众过一个安全祥和的元旦、春节，市公安局从2013年12月25日至2014年1月23日，在全市组织开展"严打突击月"专项行动，全市累计破获多类刑事案件1360起，其中破获主要案件52起，破获系列案件47串502起;抓获各类违法犯罪嫌疑人633名，抓获网上逃犯122名，依法逮捕249名，行政拘留197名，强制戒毒363名，取得了显著成效，为省、市"两会"顺利召开营造了和谐稳定的社会环境。

【市公安局连续七年荣获目标责任考核优秀单位】　2月8日，中共宝鸡市委、市人民政府在工人文化宫召开2013年度目标责任考核总结表彰暨2014年重点工作动员部署大会。市公安局以执法监督组第一名的优异成绩被市委、市政府授予2013年度全市目标责任考核工作优秀单位。这是市公安局自2007年以来连续七年荣获市委、市政府年度目标责任考核优秀单位。同时，还获得投资环境保障、争取中省资金先进单位等殊荣。

【金台分局破获特大贩毒案】　公安金台分局刑侦大案侦查人员历经一个月，转战粤宝两地，成功破获以唐某为首的特大跨省贩卖冰毒案。缴获毒品1000克，抓获涉案成员8名。经查犯罪嫌疑人唐某（男，29岁，陕西省扶风县人）与犯罪嫌疑人杨某（男，47岁，陕西省扶风县人）共同筹集毒资，两人分工合作，2014年1月16日由唐某赴广州佛山市，以每克70元的价格购买冰毒1公斤，后于1月18日19时许返回宝鸡市后被守候的侦查人员一举擒获，从唐某携

"严打突击月"专项行动推进会议现场

带的手提袋内查获全部毒品，负责接应并进行销货的杨某一并落网。同时，在唐某住处抓获接货的下线人员6名。

【省公安厅长杜航伟到宝鸡检查全国“两会”安保工作】 3月5日，省长助理、省公安厅党委书记、厅长杜航伟，厅党委委员、副厅长张恒一行在宝鸡市政府党组成员、公安局党委书记、局长张安新，局党委委员、副局长、交警支队支队长宋继伟等陪同下，检查督导宝鸡全国“两会”安保工作。在实地察看了陈仓省际检查站卡口拦截系统运行情况和公安特警、派出所、路政、陕甘交警联勤联动情况，杜航伟对宝鸡市安保工作给予充分肯定，并要求执勤民警强化责任意识，全力守好入陕进京的第一道防线。

【陈仓分局破获跨省系列电信诈骗案】 2014年1月，公安陈仓分局在市公安局的指导下，历时两个多月，转战13个省市，行程近两万里，成功侦破“2013·10·31”跨省系列电信诈骗案，抓获犯罪嫌疑人4名，破获电信诈骗案件66起，涉案价值100余万元。经查犯罪嫌疑人林某文（男，24岁，福建省泉州市安溪县长坑乡人）、林某江（男，25岁，福建省安溪县长坑乡人，系林某文堂兄）在网上购买用于实施诈骗的“投资理财”网页，通过QQ和林贵某（男，25岁，福建省南安市康美镇人）、许某超（男，23岁，福建省南安市康美镇人，系林贵某表弟）勾结，将虚拟网页加入“百度”搜索，诱惑他人点击投资，当受害人试投资时，先期给予丰厚回报，当引诱受害人投入大量资金后，迅速撤掉网页，再重新启用一套新网页账户继续诈骗。现查明，林某文等人自2013年以来，采取此方式实施电信诈骗作案60余起，受害人涉及全国各地，涉案金额达100多万元。现林某文等4名犯罪嫌疑人已被依法刑事拘留。

【十天送戒208名吸毒人员】 3月10日，陕西省委常委、政法委书记安东到眉县公安局强制隔离戒毒所专题调研视察吸毒人员强戒送戒工作，从维护治安稳定，净化社会环境的战略高度要求宝鸡市公安局20天内向司法强戒所送戒200名。当晚，市政府党组成员、公安局党委书记、局长张安新，局党委委员、副局长、刑侦支队支队长高宽宁在眉县召集有关单位召开专题会议研究安排。全市各级公安机关民警，克服困难，全力工作，10天时间投送强戒208名。

【圆满完成全国“两会”安保工作】 为做好全国“两会”安全保卫工作，市政府党组成员、公安局党委书记、局长张安新就信访维稳、重要人员排查稳控和防止发生极端事件等问题作出重要部署。局党委委员、副局长戴永慧召集有关部门和单位负责人就“两会”期间信访维稳和安保工作进行再部署、再落实。市公安局制定了总体安保方案，成立了11个安保工作组。各级公安机关迅速行动，全面进入安保备战勤务状态。特别是昆明“3·01”暴恐事件发生后，市局连续4次研究部署维稳安保工作，全体民警不放假、不休息，全力投入反恐防暴维稳工作。市局每天安排两名党委成员带队督导检查安保工作；各县（区）公安（分）局、巡警、交警等部门最大限度地将警力部署在社会面，24小时开展设卡武装盘查和巡逻；治安、督察等部门赴全市公安基层所队、盘查点开展现场检查督导。全市公安机关民警恪尽职守、连续作战、严密防范，确保了全国“两会”顺利举行。

【部署“十百千万”工程活动】 3月21日，市公安局召开市区公安机关“十百千万”工程活动动员部署大会，局党委副书记、政治部主任蔡苏科出席会议并提出要求。根据局党委安排，市局党委成员，市区公安机关县科级领导干部、千名民警于3月24—28日、3月31日至4月4日分两批到基层所队和辖区单位、村（组）居民户开展进万户访民情解民忧等活动。市局机关县科级领导干部及民警分别到金台、渭滨、陈仓、高新分局辖区派出所开展活动。各分局、交警、刑侦、经侦、禁毒、巡警支队机关县科级领导和民警分别到基层单位开展工作，与基层民警同吃、同住、同工作，确保活动取得实效。市局党委成员深入基层开展“当一天科所队长”活动，切身体验基层生活，征求基层单位和民警的意见建议，为各级公安机关开展群众路线教育实践活动作出了表率。

【市公安局技侦支队荣获集体一等功】 近年来，市公安局技侦支队围绕打造旗帜抓队伍，瞄准一流搞建设，服务平安破大案，领导班子率先垂范，创新进取，全体民警爱岗敬业，支队被公安部确定为中西部地级市技侦单位示范点，总结推出的技侦常规基础、情报预警、主动进攻等30种技战法，得到公安部充分肯定并向全国推广，连续6年在全省技侦综合考评中位居第一，技侦信息破案占比大幅上升。2014年5月13日，国务委员、公安部部长郭声琨签署命令，为宝鸡市公安局技侦支队荣记集体一等功。

【8名缅甸籍人非法入境被遣送】 耐林、比松昂等8名缅甸籍人非法入境中国，5月11日在市区被公安渭滨分局出入境管理部门查获。此案的查处是宝鸡有史以来查处涉案人数最多的一起外国人“三非”案件，省市区三级公安机关用四个月时间查明了案情。依据陕西省公安厅《关于同意对8名缅甸人实施遣送出境的批复》，市公安局决定由局长助理梁静波带队，市局出入境管理处、警务保障处、渭滨分局、交警支队12名民警分别驾驶两辆警车于9月13日出发，经两昼夜5000公里，将8名非法入境缅甸籍人安全遣送至云南瑞丽边防口岸，并与缅甸警方顺利交接。

【市公安局环境安全保卫大队挂牌成立】 近年来，市委、市政府高度重视环保工作，以刚性执法破解环保执法难。6月4日，宝鸡市公安局治安支队环境安全保卫大队成立。其主要职责是负责侦办环境保护领域的违法犯罪案件，参与环保部门集中专项整治行动。

【全省打击传销专项行动现场推进会在宝鸡召开】 6月12日，全省公安机关打击整治传销专项行动现场推进会在宝鸡召开。陕西省公安厅经济犯罪侦查总队总队长郭新安、副总队长娇增兵，宝鸡市公安局党委副书记、副局长李民出席会议。郭新安对全省打击整治传销专项行动进行再动员、再部署；副局长李民在会上致辞；副总队长娇增兵通报点评了全省打击传销工作情况；宝鸡市公安局经侦支队、西安市未央和临潼分局经侦大队在会上作了经验交流。会议期间，与会人员参观了宝鸡“无传销社区创建”示范单位金台分局人民路社区，观看了反映宝鸡打击传销工作的《打传风暴》视频汇报片。

【各级领导慰问救人受伤民警】 7月2日7时许，年近七旬正在晨练的任凤霞老人不慎掉入市区引渭渠。公安金台分局中山西路派出所民警刘加宝、张雷接警后立即前往现场，奋不顾身下水救人，在同事和群众的帮助下，成功将落水者救起。由于体力不支和严重呛水，刘加宝、张雷被紧急送往医院治疗。中共宝鸡市委书记、市人大常委会主任上官吉庆，市委常委、秘书长白升安，市政府党组成员、公安局党委书记、局长张安新，公安局党委副书记、政治部主任蔡苏科，公安金台分局局长郭掌伟、政委王维勤等分别前往医院看望慰问。

【严打整治“春雷行动”结硕果】 2月20日至6月25日，市公安局在全市开展以“三铁”严打和“四大”整治为主要内容的严打整治“春雷”行动，全市累计破获各类刑事案件3962起，其中主要案件191起；打掉犯罪团伙163个，抓获犯罪嫌疑人2044人；侦破了凤翔系列破坏电力设施案、扶风贾博团伙系列抢劫案、千阳钟亚利被拐案等6起省厅挂牌督办案件，破获多发性侵财系列案件107串1231起；逮捕741人、侵财行政拘留568人、强制隔离戒毒635人；打掉赌博黑游戏厅32个、涉拐黄窝点24个、传销窝点52个、医药食品制假贩卖窝点8个、电信网络诈骗窝点4个，市区110接报警中刑事案件发案每周稳定在50起左右，全市社会治安大局持续稳定。

【便民利民70项措施新闻发布会召开】 7月4日，市公安局召开新闻发布会，市政府党组成员、公安局党委书记、局长张安新出席并讲话。局党委副书记、政治部主任蔡苏科向媒体宣布了“全面向人民承诺、定期向人民汇报、评议向人民赢取”活动等内容的70项便民利民措施。会上，有关警种、部门负责人结合本职工作和便民利民70项措施回答了记者提问。中央、省、市14家新闻媒体的记者参加了新闻发布会。9月19日，市公安局技侦支队民警郭辉、郭建锋在侦破麟游“9·19”蒙面持刀抢劫案中勇擒涉案犯罪嫌疑人时光荣负伤。翌日，局长张安新和政治部主任蔡苏科看望慰问勇擒歹徒受伤的民警郭辉、郭建锋，送去市公安局党委的关怀和问候。23日，受陕西省公安厅党委委员、副厅长张恒委托，省厅技侦总队总队长董跃耀一行3人带着慰问品和慰问金，在市公安局政治部主任蔡苏科陪同下看望慰问了民警郭辉和郭建锋。

【兴麟房地产宝鸡分公司合同诈骗被查处】 2013年7月，陕西兴麟房地产营销策划有限公司宝鸡分公司法人代表吴秉麟（男，1980年生，宁夏回族自治区同心县人）在从事房地产中介服务过程中，以为购房者办理银行按揭贷款等为由，骗取客户购房首付款、定金等大量资金。2014年9月8日，犯罪嫌疑人吴秉麟被内蒙古自治区包头市公安机关抓获。经公安部协调，该案由宁夏回族自治区公安机关主办。现已查实接受购房资金被骗群众193人，登记金额2117.792万元。兴麟宝鸡分公司总部和门店的财产、16辆汽车及资金共计26.3806万元已清点移交。

【召开“创文”工作立责任状大会】 7月15日，市公安局召开创文工作以职务作担保立责任状大会，市政府党组成员、公安局党委书记、局长张安新主持会议并讲话。局党委副书记、政治部主任蔡苏科传达了市委、市政府“6·19”和“6·27”创文工作会议精神。会上，市局与各单位签订了《2014宝鸡市公安局以职务作担保责任状》。翌日，局长张安新由政治部主任蔡苏科陪同到渭滨、金台分局调研基层创文工作。

【圆满完成省十五届运动会开幕式安保任务】 8月15日，市公安局圆满完成陕西省第十五届运动会开幕式安全保卫任务。开幕式期间，全市公安机关投入安保警力2460名，警犬43条，装甲车3辆，参战民警严密防范，在赛场形成多层安保圈，确保了3万多名观众在安全、文明、有序的环境中观看开幕盛况和表演活动，安保工作受到省市领导高度肯定。

【凤县公安局破获特大入室抢劫案】 2014年8月11日凌晨，凤县公安局接到一受害人报警，称其被尾随入户的嫌疑人持刀抢走现金、银行卡、金银首饰等财物。县公安局立即展开案件侦破，在省市公安机关支持下，于8月12—13日抓获犯罪嫌疑人何某（男，24岁，住兴平市友谊南路，曾因犯绑架罪被判刑8年）、马某然（男，25岁，住兴平市陕柴四街）、王某（男，44岁，住兴平市西城街道办，曾因犯抢劫罪被判刑10年）、董某发（男，44岁，四川简阳县人）、王某（男，21岁，凤县人）等人。经审查：犯罪嫌疑人何某、马某然等人曾因犯罪被打击处理，而纠集一起多次抢劫，在得知受害人家庭经济条件较好的信息后，于8月8日租车到凤县踩点，10日晚10时许尾随受害人强行进入室内，持刀捆绑、殴打威胁抢走现金、金银首饰、银行卡等财物共计60余万元。

【开展迎“创文”千警交通秩序大整治】 9月12日，市公安局召开全市公安机关千警交通秩序大整治活动部署会议。市政府党组成员、公安局党委书记、局长张安新出席会议并讲

千警交通秩序大整治活动誓师大会现场

话。自即日起，市公安局从局机关和交警、刑侦、巡警、禁毒、经侦支队及金台、渭滨、陈仓、高新分局抽调警力1300名，由市局党委成员分片包抓。在市区开展“千警交通秩序大整治”活动。翌日，市委书记、市人大常委会主任上官吉庆对市公安局千警交通秩序大整治工作给予高度肯定，并向局长张安新发送了“已看到也听到了市民对公安千警所做工作的评价，全是好说法和正能量，希望坚持不懈，一抓到底。同时也要关心大家生活，保护积极性，向同志们转达市委的感谢和问候”的短信。

【圆满完成中省多项会议安保任务】 9月15—19日，中央巡视组、中央警卫局到宝鸡调研27届世佛联大会安保工作。全市庆祝人民代表大会成立60周年大会、2014中国经济强村首届峰会、陇海兰新经济促进会第十四次年会暨丝绸之路经济带发展论坛会议、全市领导干部大会等多项重要活动先后在宝鸡市举行。市公安局党委委员、副局长陈双琪一线指挥；局经文保（警卫）处组织协调，金台、渭滨分局和交警、巡警支队以及局信访处等部门克服连绵阴雨、安保任务密集、执勤警力紧张等困难，恪尽职守，确保各项活动安全顺利进行，受到各级领导的高度肯定。

【举行微电影《警缘》首映式】 9月29日晚，市公安局在五洲国际影城举行市局制作的微电影《警缘》《一个人的考场》首映式。宝鸡市委政法委副书记、市综治办主任刘拴怀，市政府党组成员、公安局党委书记、局长张安新，共青团宝鸡市委书记魏莉，市文联党组成员、秘书长冯君礼等出席首映式。

【渭滨分局为警务室配置电动车】 公安渭滨分局为深化治安动态管控力，使社区民警专职化，分局采取局领导包抓，机关协调配合，基层主动作为等方式，强力推进社区民警专职化，从经费保障、人员配备、器材供给上大力支持，投入25万元专项资金，购置电动车56辆，全部投发到基层社区警务室，大大提升了社区民警的工作效率。

【圆满完成第27届世界佛教徒联谊会安保任务】 10月11日，市公安局召开第27届世界佛教徒联谊大会安保工作誓师动员大会。市政府党组成员、公安局党委书记、局长张安新主持会议并讲话。局党委副书记、副局长李民介绍了第27届世界佛教徒联谊大会基本情况，局党委委员、副局长戴永慧宣读了世佛会法门寺活动安保工作总体方案，法门寺景区公安分局等单位作了表态发言。10月15日至19日的大会期间，市公安局7次召开安保工作协调会，两次组织实战演练和“秦岭2014”反恐处突力量行动演练。市局领导包抓岗点，坐镇指挥；全市3680名公安民警、武警官兵和保安民兵精心执勤，热情服务，确保各级领导和群众1万多人的安全和多项活动顺利进行，受到省市领导的高度肯定。

【民警王乐等获“最美宝鸡人”荣誉称号】 11月6日，在宝鸡市精神文明委员会举办的2014年度“最美宝鸡人”颁奖典礼上，市公安局交警支队金台大队民警王乐被授予2014年度“最美宝鸡人”特别荣誉称号，陇县公安局交警大队车管所民警赵方平、市公安局刑侦支队中队长杨佳、金台分局刑警大队指导员亢琼、陈仓分局东大街派出所民警陈海存分别被授予2014年度“最美宝鸡人”荣誉称号。

【举行《宝鸡市公安志》首发式】 《宝鸡市公安志》自2011年1月开始编纂，编制篇目，查找资料到2012年8月统编合拢形成以13篇54章232节110万字，附图18幅、插表149张、照片233帧的初稿，后历时近两年，经6次审查、修订，于2014年5月召开终审会，9月付印成书。11月20日，市公安局举行第二轮《宝鸡市公安志》首发仪式。市政府党组成员、公安局党委书记、局长张安新，省公安厅办公室协理员杨建宏出席仪式并分别讲话。市公安局党委副书记、副局长李民主持首发式。首发仪式上，与会领导向全市公安机关代表发送了第二轮《宝鸡市公安志》。第二轮《宝鸡市公安志》的出版在全省公安系统尚属首家，陕西省公安厅发来贺信。

【慰问赴新疆反恐维稳归来的公安特警】 12月4日，宝鸡市政府党组成员、公安局党委书记、局长张安新在局党委副书记、政治部主任蔡苏科的陪同下，慰问了宝鸡市赴新疆执行反恐维稳任务载誉归来的公安特警队员。在听取了援疆特警代表的工作汇报后，对7名援疆特警不辱使命，为宝鸡公安赢得荣誉的出色表现给予充分肯定。

【举行公安机关“三大体系”建设新闻发布会】 12月11日，宝鸡市人民政府新闻办举行公安机关“三大体系”（即大侦查智能作战体系、图控图侦体系、民生云警务体系）建设新闻发布会。市政府党组成员、公安局党委书记、局长张安新，局党委委员、副局长、刑侦支队支队长高宽宁出席新闻发布会，市政府新闻办副主任部卫青主持发布会。局长张安新在新闻发布会上重点介绍了市公安局强力构建打防管控研“五位一体”新型立体化社会治安防控体系、大侦查智能作战体系、大技侦作战体系、基层基础警务体系、阳光责任执法体系、民生云警务体系、信息化督察体系、队伍建设“1+9”制度体系等八大信息型警务体系情况，并与副局长高宽宁现场解答了记者们提出的信息化建设等方面的问题。中、省、市16家媒体记者参加了新闻发布会，并实地观摩了市局大侦查智能作战室、图控图侦中心和民生云警务平台建设运行情况。

【“2014秦剑行动”战果辉煌】 3月15日至12月31日，市公安局在全市组织开展以“三打击三整治三防范”为主要内容的“2014秦剑行动”。期间，全市各级公安机关结合实际，围绕会战重点目标任务，全力推动专项行动深入有效开展，共破获各类刑事案件7410起，其中破获主要案件353起，破获多发性侵财系列案件152串1766起；逮捕1721人，行政拘留1190人，强制戒毒1641人，抓获逃犯1073人，维护了全市社会治安大局稳定。

（苟万荣）

检　察

【概述】 2014年，全市检察机关围绕全市改革发展大局，以满足人民群众对公共安全、司法公正、权益保障、反腐倡廉的新期待为出发点和落脚点，坚持稳中求进、创新发展，忠实履行宪法和法律赋予的职责，强化法律监督，推进改革创新，打造过硬队伍，各项检察工作取得新进展。市县检察院共有32项经验做法被高检院、省委政法委和省院信息简报采用，27个集体获得市级以上表彰。全市检察机关群众满意度指数比上年增幅3.35个百分点，连续第六年位居全省检察系统第一名，实现“六连冠”。市检察院被中央文明委复审确认为“全国文明单位”，被高检院确定为信息直报点，被授予“全国检察机关文明接待示范窗口”；凤县检察院和陇县检察院驻所检察室被高检院授予“一级规范化检察室”，陇县和千阳县检察院被省委、省政府命名为“省级文明单位”，渭滨、陈仓区检察院等8个院被授予省级以上“文明接待室”。在省院对各市院检察工作考核中，宝鸡市检察工作得分112.98分，位居第一名，其中综合工作位居第一名，业务工作位居第二名。同时，检察政务、文秘信息、统计档案、密码保密、宣传调研、纪检监察、检察技术、司法警察、机关党建、人民监督员、人大代表政协委员联络等工作得到加强。

【服务经济持续发展】 积极参与整顿和规范市场经济秩序，批准逮捕金融诈骗、集资诈骗、非法吸收公众存款、传销、非法经营等犯罪嫌疑人79人，提起公诉130人。加强知识产权司法保护，批准逮捕制假售假等犯罪嫌疑人5人，提起公诉3人。加强行政执法与刑事司法衔接，推动建立市县两级“两法衔接”信息共享平台，督促移送涉嫌犯罪案件57件，做法被高检院、省委政法委、省院转发推广，被人民网、法制日报、陕西日报等媒体报道，省检察院在宝鸡市召开了“两法衔接”和侦查监督工作推进会，市检察院介绍了“两法衔接”信息共享平台建设经验。依法打击盗抢企业生产设施设备等犯罪，积极查处影响全市重大项目建设和企业发展的职务犯罪，对全市47个重点项目开展同步预防，保障企业发展和项目建设。查处福利企业退税领域失职渎职犯罪案件17件18人，中央财政专项资金领域失职渎职犯罪案件7件8人。依法惩治侵犯非公企业特别是小微企业合法权益的犯罪，加强平等保护。针对有关部门怠于履行职责、导致国有资产流失问题，发挥督促、支持起诉职能，依法督促、支持清收国有资产。眉县检察院在金融信贷领域积极开展督促支持起诉工作，有效减少信贷资产风险，产生了较好效果。陈仓区检察院开设企业投诉、申诉、控告绿色通道，及时受理、办结、反馈办理结果，服务企业生产发展。

【保持反腐高压态势】 始终坚持有案必查、有腐必惩，依法查办发生在领导机关和领导干部中贪污贿赂、权钱交易、失职渎职等职务犯罪案件，以及城镇化建设、文化建设和生态文明建设领域，国家重点投资领域、资金密集和垄断行业的职务犯罪，形成震慑效应。依法查处了市盐务局原局长牛新成、副局长张新良、路战军受贿窝案，市财政局经建科原科长张建利受贿案，市农科所产品研发科原科长杨少伟贪污案，市人社局事业单位管理科原科长师亚鹏受贿案、原调研员何宝林受贿案，市土地收购储备中心原主任郭世军受贿案，市国土局原局长魏崇勇等人滥用职权案等一批典型案件。坚持以人民群众平安需求为导向，突出打击黑恶势力、严重暴力、涉枪涉爆涉恐、拐卖妇女儿童、两抢一盗、危害食品药品安全、环境污染等严重危害人民群众生命健康的犯罪，增强人民群众的安全感和满意度。积极参与打击网络造谣传谣等违法犯罪专项行动，依法惩治利用网络实施的造谣、敲诈勒索、诈骗等犯罪活动，维护网络社会安全。

【有效化解社会矛盾纠纷】 立足检察职能，坚持和发展“枫桥经验”，努力把化解社会矛盾纠纷贯穿于执法办案全过程。健全完善检察环节，贯彻宽严相济刑事政策工作机制，最大限度减少社会对抗、增加社会和谐。

注重运用法治思维和法治方式化解矛盾，对19件民事行政申诉和符合法定条件的轻微刑事案件促成和解，确保案结事了人和。应对劳教制度废止后轻微案件进入检察环节的情况，完善批捕起诉阶段轻微刑事案件快速办理机制，提高办案效率和质量。认真落实执法办案风险评估预警和法律文书说理等机制，预防和减少涉检矛盾纠纷。健全完善依法有序表达诉求机制，加强检察长接待、下访巡访、巡回检察等工作，落实重大疑难信访问题报送制度，妥善办理群众控告申诉242件次，有效化解了一批存在赴省进京访风险的涉检上访问题。

【参与创新社会治理】 围绕提升“两率一度”，积极参与校园周边、城中村等治点地区和突出治安问题专项整治，开展检察官进村（社区）等活动，就地受理诉求、提供法律服务。上半年全市检察机关群众满意度继续位居全省检察系统第一名。健全完善未成年人附条件不起诉、专人办理、社会调查、合适成年人到场、犯罪记录封存等制度，加强对涉罪未成年人的教育、感化和挽救。岐山县检察院制定了《未成年犯罪嫌疑人社会调查制度》，金台区检察院开展“法治宣讲团进校园”讲座，陇县检察院成立“关爱留守未成年人志愿服务队”，维护未成年人合法权益。针对执法办案中发现的突出问题，及时向有关部门提出加强社会治理的检察建议，促进堵塞漏洞、预防犯罪。准确把握社区矫正检察工作的职能定位，加强对社区服刑人员脱管、漏管等情形的监督，强化社区矫正法律监督和帮教服务，帮助社区矫正对象和刑释解教人员重新融入社会。凤县检察院与县司法局开通社区矫正管理平台，麟游县检察院在县司法局设立社区矫正检察官办公室，推动社区矫正信息化、规范化建设。陇县检察院加强社区矫正法律监督规范化建设，做法被高检院和省委政法委转发。加强对热点敏感案件舆情的分析、研判、引导，切实增强舆论环境开放、透明条件下依法办案的能力，防止形成网络、媒体炒作。

【服务生态文明建设】 依法惩治破坏环境资源和生态保护的刑事犯罪，开展破坏环境资源专项立案监督活动，依法批准逮捕盗伐、滥伐林木等破坏环境资源等犯罪嫌疑人5人，提起公诉15人。凤翔县检察院办理的犯罪嫌疑人常某涉嫌盗伐林木立案监督案件，被省检察院在专项监督活动信息专刊中作为典型案例采用。依法查办和预防矿产开发、森林保护、林业补贴、环境保护的领域的职务犯罪案件，凤县检察院针对矿产资源丰富的特点，坚持惩防并举，严肃查办矿山事故背后的渎职犯罪，督促执法部门加大监管力度，做法被省检察院转发。结合执法办案，分析资源保护、环境监管等问题，向国土、林业、环保、水利等部门提出检察建议。太白县检察院监督公安机关加大对危害珍贵野生动物和森林资源违法犯罪的打击力度，千阳县检察院积极参与整顿河道采砂秩序，产生了较好的办案效果。认真办理涉及生态环境保护的民事行政申诉案件，推动解决损害群众利益、妨碍经济发展的突出问题。对涉及环境资源和生态保护的典型案件进行公开审理、现场说法、释法说理，强化群众生态保护意识。

【维护群众合法权益】 依法严厉打击侵害农民权益、危害农业生产、影响农村稳定的刑事犯罪，参与打击非法行医专项整治，开展危害食品药品安全犯罪专项立案监督，对涉嫌非法行医等危害公共卫生的3名犯罪嫌疑人提起公诉。扶风县检察院监督公安机关对38件涉嫌非法行医的犯罪案件立案侦查。开展查办发生在群众身边、损害群众利益职务犯罪专项工作，查处侵害民生民利的贪污贿赂犯罪案件57人。开展查办“毒豆芽”案件背后的渎职犯罪、福利企业退税领域渎职犯罪和财政专项资金领域渎职犯罪等“小专项”活动，增强专项活动成效。依法查办了市科协原科普部部长侯书利在国家惠农项目实施过程中索贿20万元等一批典型案件。强化对特殊群体的司法保护，依法打击侵害在校学生和农村留守妇女、老人、儿童的犯罪，对盲、聋、哑等犯罪嫌疑人协调法律援助机构提供辩护，对生活确有困难的刑事被害人落实救助金10万余元。延伸检察监督触角，参与社会治理、加强执法监督、受理群众诉求，开展检察官进村（社区）活动，组织干警深入农村、社区、企业、学校、机关，维护群众的合法权益。

【深化职务犯罪预防工作】 全年共开展预防调查114件，提出预防检察建议107件，其中89件被采纳并整改落实，推动建立预防制度32件。受理行贿犯罪档案查询21921次，会

在企业建立预防职务犯罪工作站

同有关部门将查询结果纳入工程建设廉洁准入制度。积极融入党委领导下的预防工作格局，深化预防职务犯罪“五进”活动，开展警示教育和宣传1022次。市检察院在全省检察机关“五进”专项工作推进会上介绍了经验。探索在企业建立预防工作站，在乡镇设立预防工作室，在社区开展预防志愿者活动，与预防单位签订廉政承诺协议，增强预防职务犯罪警示宣传效果。市检察院和11个县区院的惩治和预防职务犯罪报告引起党委、人大等有关领导重视并批示，渭滨区、扶风县、凤县检察院制作的微电影被省院评为预防职务犯罪微电影一等奖，凤翔县检察院的预防报告被高检院评为优秀惩防职务犯罪报告。太白县检察院制定《预防职务犯罪约谈制度》，打造“数字化”预防模式，被市检察院确定为亮点工作。岐山县人大常委会听取和审议了县检察院预防职务犯罪工作情况汇报，对该院推进职务犯罪预防工作给予了肯定。

【强化诉讼活动监督】　健全立案和侦查活动监督机制，完善与公安机关信息共享机制，畅通立案和侦查活动知情渠道。加强立案监督工作，重点监督纠正人民群众反应强烈、影响社会稳定的该立不立、不该立而立等问题，加强立案后侦查工作的跟踪监督，防止和纠正立而不侦、侦而不结、立案后违法撤案等问题。共监督侦查机关立案115件、监督撤案163件，对监督立案的案件批准逮捕35件40人。加强侦查活动监督，对应当逮捕而未提请逮捕、应当起诉而未移送起诉的，决定追加逮捕103人，追加起诉123人。加强刑事审判监督，对认为确有错误的刑事裁判提出抗诉25件，派员对655件简易程序案件、二审刑事案件出庭支持公诉，促进公正审判。加强刑罚执行和监管活动监督，开展清理纠正久押不决案件工作和违法减刑、假释、暂予监外执行专项行动，监督纠正执行不当34人次、刑罚执行和监管活动中的违法情形669件次。强化民事行政诉讼活动监督，对生效裁判和调解书提出抗诉或再审检察建议41件，对民事审判和执行活动中的违法情形提出检察建议311件。市院联合市中院制定了《关于加强和规范民事执行工作的意见》，明确了检察机关监督民事执行活动的范围、方式和程序。

【坚守防止冤假错案底线】　落实检察环节防止冤假错案措施，依法开展对搜查、扣押、冻结等强制性侦查措施和指定居所监视居住决定的监督，部署开展对适用刑事拘留措施专项检查活动，加强对以非法取证为重点的侦查违法行为的调查核实工作，探索对普遍性违法的类案监督措施，规范开展书面纠正违法，加强对纠正情况的跟踪监督。严格落实非法证据排除制度，加强对证据的综合审查，正确把握非法证据标准。对存在证据瑕疵的案件要求侦查机关补正或作出合理解释，检察环节因证据不足不批捕157人、不起诉13人。健全完善听取辩护律师意见机制，监督纠正阻碍当事人、辩护律师行使诉讼权利的行为，听取辩护人意见211件次。扶风县院探索建立律师阅卷预约平台，通过电子邮箱、QQ等方式与辩护律师约定阅卷时间，方便辩护律师行使权利。依法监督纠正侦查、刑事审判中的违法行为，监督纠正侦查措施、强制措施、调查取证等侦查活动中的违法情形579件次，违反法定审理期限、法庭审理违反法定程序等刑事审判活动中的违法情形168件次。全面推行量刑规范化改革，向法院发出量刑建议1134件，法院采纳1011件。太白县检察院制定了《刑事自诉案件审判监督实施细则》，凤翔县检察院制定了《侦查阶段辩护律师参与刑事案件工作办法》。市人大常委会对全市检察机关执行修改后刑诉法情况进行了视察，对检察机关贯彻落实修改后刑诉法取得的成效给予了充分肯定。

【规范自身执法行为】　开展“两法”学习培训，引导检察干警树牢程序意识、铁案意识、时效意识，严格依法行使检察权。完善检察机关内部监督制约机制，严格执行职务犯罪案件上提一级审查逮捕、一审判决上下两级检察院同步审查、不起诉案件上提一级审批，撤案、变更强制措施报备审查等制度，加强对办案关键环节的监督。开展执法突出问题专项整治活动，对近3年来办理的案件进行“回头看”，发现和纠正存在的突出问题。加大检务督察力度，组织开展专项督察和明察暗访，对执法办案中存在的突出问题限期整改。深化人民监督员制度，人民监督员对查办职务犯罪工作中拟撤销案件、拟不起诉等“七种情形”进行监督，共监督案件30件。建立公诉部门提前介入重大职务犯罪案件侦查机制，监所、案管部门加强对检察环节羁押犯罪嫌疑人情况的监督，强化侦监、公诉、控申部门对其他办案部门的纠错功能。建立案件回访制度，推进重点岗位、关键环节廉政风险防控机制，建立办案责任制，健全案件质量评查机制，继续开展对县区院班子巡视工作，确保执法办案更加规范精细。

【提升执法能力】　加强法律监督能力建设，强化社会主义核心价值观和检察职业道德教育，教育干警坚守法律底线和职业良知底线。组织党员干警前往凤县敬老院、市儿童福利院进行慰问，参观百年宝鸡图片展，开展“在职党员进社区、服务群众零距离”和志愿者服务活动，增强干警服务群众、秉公执法的定力。狠抓自身反腐倡廉建设，召开党风廉政建设和反腐败工作会议，认真落实“两个责任”和“三严三实”要求，开展县区院检察长向市院述职述廉工作，建立纪检组长定期约谈内设机构主要负责人制度，开展“会所中的歪风”专项整治和廉政优秀文艺作品征集活动，防范干警发生违法违纪问题。健全教育培训方式，以领导干部和办案一线干警为重点，共培训干警170人次。突出证据判断、法庭辩论、审讯技巧等专题，推行检察官教检察官制度和对抗式、案例式、互动式、实训式教学，提高干警办案能力。先后举办民事行政检察、控告申诉检察业务竞赛和司法警察岗位练兵等活动，市院被确定为国家检察官学院教学实践示范基地，在全省检察机关队伍建设工作会议上介绍了干部教育培训工作经验。1名干警被高检院记个人一等功，2名干警入选全国检察机关侦查监督、控告申诉人才库，23名干警通过国家司法考试。扎实开展职业信仰、职业精神教育，加强政法专项编制管理，严把检察人员出入关，提升队伍职业化水平。

【加强基层基础工作】　继续抓好基层检察院人财物等硬件建设，切实加强调研指导、抽样评估等工作，通过落实领导基层联系点、部门结对帮扶、基层院结对共建等措施，推进基层院“四化”建设。开展实施3年亮点工程，探索推出了市院“两法衔接”信息平台、金台区检察院“公诉沙龙”、渭滨区院检察廉政文化建设、陈仓区检察院文化育检工作、凤翔县检察院深化检务公开、岐山县检察院“大侦查”工作机制、扶风县检察院“检察微博”、眉县检察院争创国家级优秀警示教育基地、陇县检察院“1+多”兴趣岗工作模式、千阳县检察院开展“满意检察建设”工作、凤县检察院“两法衔接平台建设”、麟游县检察院建立“办理轻微刑事案件创新”机制、太白县院“预防数字化建设”等一批新的特色亮点。金台区检察院被高检院记集体一等功，岐山县检察院、太白县检察院被省委、省政府命名为省级文明单位标兵，凤县检察院被省委办公厅、省政府办公厅表彰为人民群众满意的政法单位（标兵）。加快执法保障和“两房”建设步伐，加强“三公”经费管理，召开固定资产管理工作现场会，加强财务管理制度建设，提高执法保障水平。加强执法办案信息化建设和检察技术工作，推进涉密信息系统分级保护工作。技术部门共出具证据材料296份，提供技术协助121次，出具文证审查意见书54份。全年共编发检察信息62期，被高检院采用14条、省委政法委采用18条；发表宣传稿件5898篇，其中一类、二类媒体采用4913篇，中央一类纸质媒体采用65篇；发表调研文章605篇，其中国家级128篇、省级169篇，有19篇调研文章先后被中省市有关部门评选为优秀调研成果。

（杨凯歌）

宝鸡市人民检察院领导成员

检　察　长　霍永库
副检察长　王西平　赵恒兴
　　　　　　张　凯　杨满淮
纪检组长　戚拴平
政治部主任　梁思勇

审　判

【概况】　2014年，全市法院围绕“努力让人民群众在每一个司法案件中感受到公平正义”的目标，坚持司法为民、公正司法主线，强化审判职能，深化司法改革，优化队伍素质，各项工作取得新进展。被省委、省政府命名为省级文明单位，被省法院表彰为立案信访大厅建设、司法政务、案例、裁判文书网络公开等工作先进法院，涌现出了以“全国法院办案标兵”白永世等为代表的一大批优秀法官和干警。在全省2014年公众安全感调查中，宝鸡法院整体形象满意度继续位居全省第一。2014年，市中院共受理各类案件3994件，审结3446件，同比分别上升18.8%和20%；监督指导基层人民法院受理各类案件23350件，审结20863件，同比分别上升6.23%和0.86%。全市法院全年受理刑事案件2097件，审结1804件。依法严惩故意杀人、抢劫、故意伤害等严重危害社会治安案件442件，对254名被告人判处五年有期徒刑以上刑罚。公开审理了影响较大的陇县杨某故意杀害一家三口案，依法对其判处死刑。依法严惩贪污贿赂、渎职侵权等职务犯罪，审理了市盐务局原局长、副局长3人重大贪污贿赂案件，审结职务犯罪案件71件90人。通过网上直播形式，公开审理了市财政局原经建科科长张某贪污贿赂案，市委领导及80余名市直机关科长旁听了案件庭审。稳妥受理非法集资、集资诈骗及非法吸收公众存款类型犯罪4案39人。召开公检法司参加的全市刑事工作会议，提高全市刑事案件质量。认真执行减刑假释案件开庭审理新规定，并邀请代表委员和群众代表现场旁听监督，全年共开庭审理减刑假释案件759件；全年共受理民商事案件17986件，同比上升20.12%，审结15898件，解决争议标的13.6亿元。妥善处理北方照明等企业破产案件9件，促进产业升级和结构调整。公正审理了宝鸡市载重汽车等制造企业的货款拖欠纠纷案件78件，为企业挽回经济损失1.08亿元。成立涉港澳台工作指导小组，规范涉港澳台案件办理工作。指导协调渭滨法院处理了全市有重大影响、延续十余年的均利公司破产重组案件，清偿商户、业主及金融债权等788户共计1.6亿元。加强劳动争议、食品药品纠纷和消费者权益司法保护等案件审理，全市法院审结涉及人身损害、劳动就业、教育、医疗、住房、消费等案件3308件。慎重处理了市“壹号大院”79件系列涉房案件。稳妥处理宝鸡华美公司与祈某等17人劳动争议案件，保障了劳动者权益。高度关注“三农”工作，审结涉及农村土地承包经营权流转、宅基地纠纷等案件20件。审结婚姻家庭、抚养继承案件5224件，保障老人、妇女、儿童合法权益。依法开展调解工作，民商事一审案件调解撤诉率达69.13%；全年全市法院审结行政案件127件，同比上升23.3%。优化配置司法资源，推进行政案件集中管辖和异地审判试点工作，集中指定管辖行政案件61件。加强行政案件协调机制，行政案件撤诉率达33.07%。向市政府提交行政案件司法审查年度报告，推动提高依法行政水平；建立“点对点”网络查询系统，全市法院查询被执行人账户信息4683件次，查控被执行人房屋、车辆等2840件次。开展“消极执行、拖延执行专项治理”和“反规避执行专项行动”，集中清理消极拖延执行案件1件、涉民生案件111件，化解涉执行信访案件33件，化解率位居全省前列。实施失信被执行人名单

会 议 现 场

制度，将失信被执行人信息上传"全国法院失信被执行人信息公布与查询平台"，全年发布失信被执行人信息1134条。开通宝鸡市中级人民法院资产管理网，通过网络进行司法拍卖，全年发布拍卖信息37条，网上竞价15次。全市法院全年执结案件5488件，执结标的额4.52亿元，执行标的到位率78.31%；加强涉诉信访工作，全市法院共接待群众来访184人次，同比下降5.7%。积极推进"访转诉"工作机制改革，解决群众合法合理诉求。对上级法院交办及全市法院自查的99件涉诉进京访案件和中央巡视组交办的54件信访案件，已全部化解。规范申请再审案件办理程序，依法办理申诉、申请再审案件144件，裁定再审40件，再审后改判4件，发回重审6件，调解撤诉5件。

【落实便民诉讼举措】　完善立案信访大厅便民服务功能，开展诉前调解和判后答疑工作，为群众提供"一站式"诉讼服务，化解简易纠纷1020件，市中院立案庭被省高院评为"全省立案窗口建设先进单位"。深化"一村一法官"和审判"五进"工作，2014年，全市法院通过"五进"方式审结案件6072件。积极参与社会管理综合治理，建立未成年人犯罪案件庭前社会调查、判后回访帮教机制。协助有关方面开展刑满释放、非监禁刑人员跟踪帮教，共同推进社区矫正。加强诉讼与非诉调解机制的衔接，依法确认人民调解协议103件。

【健全审判管理体制】　抓好案件质量评查工作，全年，市中院完成3717件案件的日常评查，组织庭审评查269场，裁判文书评查1599份。运用信息化手段，实现资料传递、领导签发、网上监控、文书公开、统计分析于一体的审判管理功能。全市法院新收案件从立案、分案、审判到执行各环节的所有信息都是网上流转。集中3个月时间完成了2011年至2014年9395件案件的信息录入工作，得到了省高院的充分肯定。岐山县法院被省高院评为全省审判质效先进单位。

【加强法院信息化建设】　深化信息化硬件建设，市中院和10个基层法院建成审判执行指挥中心，装配3G音视频传输系统指挥车，对外出审判、执行工作进行远程指挥、远程调度，实现了现场指挥、信息共享、视频会议、信息"点对点"查询、执行信息公开等功能。全市两级法院配备科技法庭24个、同步录音录像法庭28个，实现了网上庭审直播、微博直播等功能。全市法院配有远程提讯法庭8个，实现了远程接访信访、死刑远程复核等功能。2014年，市人大、市政协分别组织部分人大代表及委员对市中院信息化工作进行专题调研，给予充分肯定。深化司法公开透明，开展裁判文书公开、审判流程公开、执行信息公开"三大平台"建设，除涉及国家秘密、个人隐私、商业秘密和未成年人犯罪的案件外，全市法院25231件生效裁判文书全部上传中国裁判文书网。建设审判流程公开平台和执行信息公开平台，全面推进立案、庭审、执行、审务公开，公众可查询案件办理进展。加大庭审直播力度，全市法院已累计直播庭审108期。开通宝鸡市中级人民法院官方微博，发布相关信息10000余条。开通12368诉讼服务热线，当事人可通过热线电话向法官咨询法律问题，了解案件办理情况。在宝鸡法院网开设"院长信箱"，办理群众来信。举办"12·4"国家宪法日暨公众开放日活动，邀请社会各界群众代表百余人走进法院，宣传法治。启动人民陪审员"倍增计划"，增加选任人民陪审员200余人。全年全市法院人民陪审员参审案件4022件，占一审普通程序案件的89.3%。

【着力建设过硬队伍】　全市法院在党的群众路线教育实践活动中，广泛征求市级部门、内设部门、离退休干部、基层法院、案件当事人、律师、辖区企业等意见建议16次，交流谈心300余人次，征求意见建议172条，梳理汇总69条。分类制定、修订31项规章制度；选派29批次150名法官干警参加上级法院和市级部门举办的专业培训，市中院先后举办各类专题培训班5期，培训800余人次。着力整治"六难三案"突出问题，组织开展司法作风教育活动和审判作风专项整治，坚持不定期开展审务督察，全年抽查庭审12次，明察暗访8次。落实党风廉政建设"两个责任"，制定《中院党组落实主体责任实施意见》，不断推进惩防体系建设。对干部进行任前廉政谈话、财产申报和公示等，不断强化法院干警的廉政自律意识。

【主动接受社会监督】　全市法院主动接受人大及其常委会监督，坚持大会报告和专项报告工作制度，落实好人大决议和常委会审议意见。加强代表联络工作，建立了人大代表、政协委员联络制度，制定《进一步加强代表委员联系工作实施办法》，建立法院干警与代表委员一对一结对联络工作制度。

（刘炳科）

宝鸡市中级人民法院领导成员

党组书记、院长	郭宝生
党组副书记、常务副院长	史安学
党组成员、副院长	张彩霞（女）
	强银宝
	王　琦
副院长	崔　彬
党组成员、执行局局长	杨小平
党组成员、纪检组长	黄录平
党组成员、政治部主任	郑晓阳

司　法　行　政

【概况】　2014年，市司法局以“服务全市大局，建设法治宝鸡”六大行动为主线，坚持“勇创新、敢担当、争一流”，奋力推进司法行政各项工作，全面完成了省、市下达的目标任务。全市各级调解组织调解矛盾纠纷14690件，调解成功14215件，成功率97%；律师共办理各类法律服务事务4945件；全市法律援助机构办理案件2566件；全市司法鉴定机构办理案件979件，采信率98%。宝鸡市司法行政系统在全省政法队伍整体形象满意度测评中连续五年排名第一。

【司法鉴定管理局局长霍宪丹到宝鸡调研】　5月18—19日，司法部司法鉴定管理局局长霍宪丹到宝鸡市调研司法鉴定工作。5月18日，听取了全市司法鉴定工作情况汇报，要求司法行政机关、各司法鉴定机构要齐心协力，共同做好司法鉴定工作；要

2014年5月19日，司法部司法鉴定局局长霍宪丹（左）视察宝鸡华强司法会计鉴定所

围绕如何适应人民群众的不同诉求开展司法鉴定工作；司法鉴定工作要走专业化、职业化路子。19日，霍局长到宝鸡众信、华强司法会计鉴定所查看了两所的工作室、业务档案等规范化建设资料，询问了鉴定业务的开展情况和遇到的问题，对两所的文化建设给予肯定。

【省司法厅厅长乌永陶到宝鸡视察】　1月27日，省司法厅厅长乌永陶到凤翔县城关镇看望司法所工作人员，召开座谈会，听取了城关司法所工作汇报和意见建议。乌厅长对司法所抓好人民调解、安置帮教和社区矫正工作提出具体要求。

【组织12·4首个国家宪法日宣传活动】　11月20日至12月20日，市委依法治市办组织了以“弘扬宪法精神　建设法治中国”为主题的首个国家宪法日系列宣传活动。邀请市委常委、政法委书记黄超参与市广播电台《法治纵横》节目；组织法制副校长、法制辅导员、法制宣传志愿者为在校学生讲宪法课；安排全市4万余名县处级领导干部、公职人员参加宪法法律知识考试；举办“守法懂法身边人身边事”微博故事有奖征文活动，通过开展系列法制宣传活动，大力弘扬宪法精神，营造依法治市的氛围。

【开展司法为民百日专项活动】　2月中旬至5月底，市司法局在全市司法行政系统开展了“走基层、抓化解、促和谐”司法为民百日专项行动。活动期间，共排查矛盾纠纷5607件，调解成功5440件，举办法制报告会78场，指导调委会规范化建设752个，开展社区矫正执法教育活动86次，走访社区服刑人员76名，办理法律援助案件65件。

【律师为人大代表、政协委员提供法律服务】　2014年，市司法局安排11名律师驻市人大、政协“两会”，为市人大代表、市政协委员提供法律咨询，编印“法律服务指南”彩页700份。据统计，在省市县（区）“两会”期间，全市有113名律师为260多名省市县（区）人大代表、政协委员提供法律服务427人次，提供法律意见建议260多条。

【律师为重点项目、中小企业建设提供法律服务】　5月，市司法局安排律师为全市130多项重点建设项目提供对接服务，全年共提供法律服务443件次。组织40名律师为40家中小企业担任法律顾问，提供法律服务1435件次。

【推进公共法律服务体系建设】 2014年，各县区依托法律援助中心、公证处、市民中心及镇街便民服务大厅、镇街司法所等公共法律服务阵地，指派律师、基层法律服务工作者、司法所长、司法助理员为群众提供法律服务。全年共建立县级公共法律服务中心5个，镇（街）公共法律服务站89个，村（社区）法律服务联系点622个。各类法律服务工作者到法律服务中心（站、点）值班400多人次，接待咨询8000多人次，协调处理矛盾纠纷600多起。

【规范和整顿法律服务市场】 为了规范法律服务市场秩序，更好地为广大群众提供优质便捷的法律服务，9月11日，市司法局制发《宝鸡市司法局关于规范和整顿法律服务市场的实施方案》，重点针对律师事务所、法律援助中心、公证处、基层法律服务所、司法鉴定所在机构设置、制度建设方面，执业人员在执业行为、理想信念方面存在的问题开展规范和整顿。活动中共建立健全8类制度，给予一名律师训诫处分。

【强化司法鉴定机构执业监管】 为提升司法鉴定知晓率和群众满意度，2014年，市司法局在鉴定机构开展司法鉴定法制宣传、行风建设、案件回访、鉴定援助等活动，全年各司法鉴定机构开展法制宣传5场次，案件回访183件，鉴定援助133件，减免当事人各种费用10万余元。

【设立陕西宝鸡科达法医司法鉴定所】 3月，经省司法厅核准，设立陕西宝鸡科达法医司法鉴定所。该所是经省司法厅核准成立的宝鸡市第六家司法鉴定机构，执业范围是法医临床、法医病理鉴定，执业人员9人，执业地址在宝鸡市人民医院。

【国家司法考试安全平稳进行】 9月20日至21日，第13次国家司法考试举行，宝鸡考点设在宝鸡高新实验中学。全市报名人数556人，参考人数407人，通过人数72人。

【推进戒毒场所管理规范化建设】 2014年，市金河戒毒所健全《宝鸡市金河戒毒所民警执法过错责任追究办法》《宝鸡市金河戒毒所作风纪律建设若干规定》《纪委（监察室）党风廉政建设监督责任实施办法》等14项制度，完善执法档案80份，坚持每月探访日制度，组织全所性的安全大检查2次，对场所安全工作重要环节、人员、时段、部位直接管理；聘请15名专兼职教师为戒毒人员开设戒毒教育课堂，开展了“认识毒品、学会思考”“培养信心、塑造品行”“学习技能、改善生活”“我爱运动、强身健体”专项教育活动，提高了教育矫治质量，实现了场所全年安全稳定“零事故”。

【深入开展特殊人群帮扶“雨露”行动】 为了使社区服刑人员和刑满释放人员顺利回归社会，6月，市司法局在市金河戒毒所内建设了宝鸡市司法局“新航驿站”，7月初对全市22名社区服刑和刑满释放人员进行了第一期技能培训。截至2014年底，全市共建设“新航之家”15个。

【规范社区矫正执法】 为了推进社区矫正执法规范化建设，2014年，市司法局规范了社区矫正人员首次见面谈话工作流程；建立社区服刑人员周电话汇报、月思想汇报、月面谈、月走访、不定期督查制度；健全请假、准假、销假制度。做好社区矫正对象评估工作，全年县区司法局接受法院、监狱等单位社区矫正前评估396件。截至2014年底，全市累计接收社区矫正人员3421名，解除矫正1933名，在册人员1488人。

【推进依法行政示范市创建工作】 6月，根据《宝鸡市创建陕西省依法行政示范市标准》，市司法局向各处科室分解了32项创建依法行政示范市指标，共召开创建依法行政示范市协调会3次，在全系统筛选10份人民调解典型案卷，对全市普法依法治市数据进行了收集整理，确保全市创建工作顺利推进。

（秋宇峰）

城建规划

【概况】　2014年，宝鸡市城乡建设规划局（以下简称市规划局）全年共核发建设项目选址意见书7个，建设用地规划许可证41个，建设工程规划许可证133个，提出规划设计条件45个，审批总平面规划图78份，下达用地定线测量任务书94份，完成测绘工作量137平方公里，地质勘查量122000标米，城建档案入库11494卷。截至2014年底，宝鸡市城市建成区面积105平方公里，城镇化率47.83%。完成建筑业总产值433.53亿元。

【城市规划编制】　2014年，市规划局编制完成了《上马营片区控制性详细规划》《宝鸡市中心城区加油加气站布点规划》《石坝河片区控制性详细规划》《姜谭片区控制性详细规划》；组织完成了《桥南及清姜片区控制性详细规划》《群众路片区控制性详细规划》《代家湾至千河口控制性详细规划》的前期调研及初步方案审查工作；完成了“水润宝鸡”规划研究、胜利塬文化生态公园发展策略研究等工作。

【城市规划制度建设】　2014年，市规划局研究制定了《宝鸡市城乡规划公开公示管理办法》《宝鸡市城市建筑立面管理规定》《宝鸡市城市建筑色彩管理办法》《宝鸡市建筑保护管理实施细则》《宝鸡市城市地下管线规划建设管理办法》《宝鸡市城市公共空间管理实施细则》《宝鸡市城市道路照明设施管理办法》等一系列制度规范，建立健全城市规划管理长效机制。

【清姜河两岸改造】　2014年，市规划局完成了清姜河两岸改造规划涉及的河堤治导线确定、地形图修测、规划用地范围及指标控制等问题，分别与渭滨区政府、市水利局等相关单位进行协调沟通和任务安排。规划用地意向控制方案基本确定，已交由浙江大学深化完善规划设计方案。

【石坝河片区综合改造】　2014年，市规划局协调渭滨区政府、市河道委、市园林环卫局、市住建局等相关责任单位开展石坝河片区既有建筑立面改造、河道改造、街道改造工作，完成了石坝河河道清淤工程、石坝河北段东侧及南段西侧河堤工程以及中房和园6号楼立面改造工程。

【城市改造提升工程】　2014年，市规划局完成了新东岭城市综合体8个地块改造方案；黄家村、玉涧堡、光明村、北庵村、五星村、陈家村、茹家庄、水莲寨村等城中村改造用地调查；国金中心、泰森千禧时代、东冠世纪城、北兴三千城、陈仓汽车博览园、陈仓科技工业园区等一系列项目的规划方案审定；对斗中路高速路出入口城市门户位置进行了重点改造设计；对金台大道、滨河路、公园路、体育场转盘沿线及陈仓区东西大街、东门十字沿线的既有建筑物进行了综合整治，完成了重点街区街景立面改造。

【城市照明及亮化美化】　2014年，市规划局实施城市景观亮化工程，对公园路和太白路沿街楼宇、金台大道地段建筑物进行了整体亮化；完成了金陵一桥、二桥、三桥、蟠龙桥、世纪桥、胜利桥、滨河路吊桥等7座桥梁桥体美化亮化；对川陕路、北新路、虢蟠路、上塬路、北环路、虢蔡路、太平堡西路、太平堡南路、陈仓中路、民乐路、烟厂路、石坝河东路、物流大道、公园路南段、植物园南路等15条路段新安装路灯965盏，敷设线缆4万米；对大庆路、陈仓大道、东风路、宝光路四条城市主要干道及其支道的高耗能光源，以合同能源模式改造LED光源1500盏，提升了照明设施的节能降耗。同时，首次在城市干道上大规模进行太阳能路灯工程建设，上塬路100组太阳能路灯工程建设，为宝鸡市城市利用太阳能、风能灯绿色照明竖起了标杆。

【规划建设执法管理】　2014年，市规划局共检查、监管工地220个，建立在建项目管理档案160份，现场责令整改建筑工地78个，立案86起，现场拆除违法建设13处，拆除面积4600平方米，现场查封违法建设项目工地 21 个。

市政建设

【概述】 2014 年，市住建局按照市委、市政府“做大总量、做优质量”的总体要求，以推进新型城镇化为龙头，围绕“双迎”“双创”工作，组织实施了城市路桥新建、道路改造提升、桥梁检测加固、内涝治理以及保障房配套、市政基础设施等项目建设 24 项，新建道路 12.7 公里，改造道路 10.4 公里，铺设人行道 7.5 万平方米，安装管道 19.1 公里，桥梁新建、桥梁加固及雨水泵站各完成 1 座，累计完成投资 6.37 亿元。市住建局被市委市政府表彰为创建第四届全国文明城市工作先进单位、承办陕西省第十五届运动会工作先进单位、2014 年城市环境整治工作先进单位。高峰、朱亚芳、杨力海被评为创建第四届全国文明城市工作先进个人；刘永新、孙亚斌、梁书芳被评为承办陕西省第十五届运动会工作先进个人；邓芳被评为 2014 年城市环境整治工作先进个人。11 月 20 日，陕西省第四届十大杰出工人暨班组建设表彰会上，宝鸡市公共交通有限责任公司 46 路驾驶员刘娟，被授予陕西省“十大杰出工人”称号。11 月 6 日，宝鸡市 2014 年“最美宝鸡人”颁奖典礼在市工人文化宫隆重举行，市公交公司 40 路公交车驾驶员郭军红荣获 2014 年“最美宝鸡人”荣誉称号。宝鸡水司管网所被陕西省劳动竞赛委员会授予陕西省“工人先锋号”荣誉。该所有职工 21 人，担负着全市 700 多公里供水管道、3000 多座阀门井、400 多个消防栓的抢修和维护任务，人均管理管网范围处于目前全国同行业业务量之首。

【路桥建设及改造项目】 2014 年，围绕宝鸡市承办陕西省第十五届运动会和服务保障第 27 届世佛联大会，共开工实施市区路桥项目 9 个。到 12 月底，共完成投资 1.328 亿元，上塬路工程全线贯通，所有项目全部完工。①蟠龙塬上塬西路工程（蟠龙塬上塬路）。宝鸡市上塬路西线道桥工程南起陈仓大道岔路口，北跨陇海铁路及引渭渠后回旋至蟠龙塬顶，全长 6.66 公里，宽 13 米。其中南段 200 米道路红线 50 米，车行道 26 米，两侧各 7 米辅道和 5 米人行道。2014 年 8 月 25 日，市委书记上官吉庆、副市长王琳亲临现场，与西安铁路局联合，跨铁路桥成功转体，实现了龙盘西路全线贯通。项目累计完成投资 3.69 亿元。②金陵三桥工程。该桥位于金陵东路至金陵湾热源站间，桥长 127 米。2013 年 9 月动工建设，2014 年 5 月底完工，累计完成投资 1500 万元。③金陵西路道路排水工程。该工程位于市区金陵河西岸，道路全长 3800 米，铺设雨水管道 3738 米、污水管道 4917 米。2014 年 7 月底全部完工，累计完成投资 3100 万元。④川陕路东段道路拓宽改造工程。该工程位于川陕路东段，道路全长 1100 米，宽 30 米。该工程于 2014 年 6 月底完工，累计完成投资 2200 万元。⑤金陵东路北段道路排水工程。该工程位于市区金陵河东岸，南起十八孔桥，北至秦家河大桥南头，道路全长 3141 米，雨水管道长 3025 米，污水管道长 3000 米。工程已于 2014 年 7 月底全部完工，累计完成投资 3200 万元。⑥植物园门前道路排水工程。南接钢管厂路，北至植物园东大门后向西与海棠路相接，道路全长 437 米。于 2014 年 7 月底全部完工，累计完成投资 360 万元。⑦新福园中学西侧道路工程。全长 334 米，红线宽度 15 米，铺设管道 830 米。2014 年 10 月底全部完工，完成投资 240 万元。⑧中山西路西段道路改造工程。道路全长 773 米，对车行道进行沥青罩面，人行道进行改造。工程已于 2014 年 7 月底全部完工，完成投资 480 万元。⑨卧龙寺渭河大桥维修加固工程。卧龙大桥始建于 2005 年，横跨渭河两岸，桥长 745 米，宽 18.5 米，由于 2013 年汛期河水冲刷影响，需对该桥进行检测加固。工程已于 2014 年 8 月中旬全部完工，累计完成投资 1000 万元。

【城市内涝治理项目】 2014 年，市住建局根据城市易发多发内涝实际，共实施 5 个项目，使市区内涝问题得到基本解决。①排水防涝综合规划。该规划包含了对市区水利、水文、环保等数据采集汇总、GIS 系统建立等工作，最终形成《宝鸡市城市排水（雨水）防涝综合规划》，完成投资 500 万元。该规划于 2014 年 9 月 30 日通过省住建厅专家组织的评审，于 12 月 30 日市政府 2014 年第 18 次常务会议研究审定通过。②川陕路雨水泵站工程。该工程位于神农桥南头川陕路路北，由川陕路排水管道接入新建雨水泵站排入渭河，包含排水泵 3 台，占地约 400 平方米。于 2014 年 5 月底完工，累计完成投资 700 万元。③金陵河东岸截污工程。该工程位于金陵河东侧河堤内，管道北起王家坡村，南至高家坪桥北侧，最终接入已建成截污管道。主要收集金陵河东岸区域王家坡村、下河村、岳家坡村、高家坪村居民生活污水及少量工业污水，管道全长 2738 米。于 2014 年 6 月底全部完工，完成投资 500 万元。④渭河南北岸污水口改造工程。该工程包括对市区河流沿岸的长寿沟、蒙峪沟污水口，三合村明渠、铁塔北路内涝治理工程等 10 处污水口截污改造，于 2014 年 9 月底全部完工，完成投资共计 300 万元。⑤瓦厂街道路排水工程。该工程位于金台区瓦厂街，道路全长 510 米，宽 7 米，对道路排水进行改造。于 2014 年 4 月初全部完工，累计完成投资 260 万元。

【省运会配套基础设施改造提升项目】 围绕保障市政府承办陕西省第十五届运动会，市住建局组织实施基础设施改造和提升项目 4 个。①宝光路道路及东段人行道改造工程。该工程为 2013 年体育场（馆）周边提升改造项目续建工程，主要对宝光路、火炬路车行道进行改造，并对东段破损人行道重新铺装。于 2014 年 6 月初全部完工，累计完成投资 4700 万元。②陈仓区北新路一期道路排水改造工程。工程位于陈仓区陇海铁路以北，西起虢凤路东至宝鸡市射击馆，道路全长 1523 米，雨水管道长

2098米，污水管道长2136米。工程已于2014年6月初完工，累计完成投资2500万元。③公园路车行道改造工程。该工程对公园路车行道及金渭大桥引道进行改造，已于2014年6月初全部完工，累计完成投资1200万元。④烟厂路道路改造工程。道路全长476米，车行道宽20米。该工程已于2014年5月底全部完工，累计完成投资350万元。

【市政基础设施管理和养护】 ①结合“双迎双创”工作，投资1500万元，组织完成了市区蟠龙大桥、胜利桥、新世纪大桥、金陵桥四座桥梁的检测工作；加强对市管道路的维修养护，市区道路完好率达到98%。全年修补沥青路面64650平方米，新建、维修人行道78800平方米、盲道12000平方米、道牙5500米、树池511个；新增缘石坡420处，维修排水检查井、收水井1171座，在市区33条道路排水检查井安装防坠网1800个；对市区16座桥梁、涵洞栏杆进行了粉刷，粉刷面积1.66万平方米。②市区强弱电杆下地工程。工程结合道路改造，对川陕路、金陵东路、龙山路供电及各种通讯杆线统一实施下地。该工程已于2014年7月初全部完工，累计完成投资1000万元。③市区公交站台改造提升工程。该工程包括对金台大道、公园路、虢镇东门十字周边公交车站台进行改造，新建公交站台15座。截至年底，19座公交站台新建、改造全部完成；结合区域综合整治，已完成对金台大道、公园路、虢镇东门十字公交站台硬化改造。累计共完成投资498万元。④数字化市政平台。截至11月底，共接收案卷6820件，回退案卷1536件，办理结案案卷6699件，案卷处置率98.22%。

（何少华）

公用事业

【概况】 2014年，城市公交完成营运收入1.8亿元，安全间隔里程近200万公里/起；全年完成客运量2.23亿人次，总行驶里程7144万公里。车厢服务合格率99.73%，车辆设施完好率99.14%，行车正点率97.37%。全年新增供热面积213万平方米，其中新增老旧小区供热面积51.5万平方米；铺设供热主管网14.2公里；完成热计量改造50.3万平方米；投资1.57亿元，启动了热源站脱硫脱硝除尘综合治理工程；结合创建全国文明城市工作，改造老旧小区供热管网10公里。全年完成天然气销售2.04亿立方米，发展民用户38270户，其中零散旧楼用户1800户，安装天然气自动开闭阀31150户，占城区用户总数的10.4%；全年铺设天然气高压管道62.17公里；建成投运6座；编制完成了《宝鸡市燃气工程专项规划》；实现安全供气1万天。宝鸡市市区（不含陈仓区）供水主要由宝鸡创威水务有限责任公司负责，供水能力30万立方米/日（含石头河水厂8万立方米/日），供水水源5处。其中冯家山和九公里两个地表水厂为宝鸡市主供水源，斗鸡、石坝河和市区三个地下水厂为市区备用应急水源。2014年日均供水量12万立方米。全市现有输配水管网715公里，加压站7座，设置管网水质监测点22个，管网压力监测点36个，实时监测管网水质和压力，供水管网压力合格率达99%以上，水质综合合格率100%，供水面积59平方公里，服务人口57万。2014年，宝鸡市城市供水管网压力合格率99.8%、管网修漏及时率100%、水质综合合格率100%；完成供销差率16.2%、管网漏失率15%、水费回收率99.1%，全年售水3730万立方米。全市城镇污水处理厂12座，日处理能力33.6万吨，实际日平均处理24.98万吨，其中市区（十里铺、陈仓区、高新区）污水处理率达到93%，县城（9个县）生活污水集中处理率平均达到80%。

【优化公交线网布局】 2014年，筹措资金5000万元，购置运营车辆149台，分别对46路、37路、10路、28路、61路车辆进行了更新；先后开通了54路、55路、80路、32路、30路5条新线路，优化调整了28路、21路、34路、42路、31路、10路、20路、61路等15条线路，至2014年底公交运营线路长度已达591.8公里。探索了节假日交错收发车、多点发车、双向调度发车、高峰车运营、高峰区间车运营5种运调新模式，对解决运调管理问题及提高企业效益发挥了积极作用。

【加强场站建设】 建成植物园和高新十三路公交调度站，完成了贾家崖停车场围墙建设、蟠龙塬停车保养场和两个枢纽站规划，为企业长远发展奠定了坚实基础。

【加强公共自行车系统管理】 自2013年9月投用以来，累计办卡11500张，平均日办卡量为24.6张；客服热线全年共接热线25190个，平均每日热线量75.4个；自行车租用次数全年累计达132万多人次，平均每辆自行车周转率为3.92次/辆，日最高租车次数达7400次。这是建成的一期项目，东起陈仓大道新冠森建材城，西至植物园，南起姜谭路，北到中山路范围内，建设了100个站点，分布在市区12条主干道路，覆盖公交站点、交通节点、公园广场、学校医院、商业网点等公共场所160多处，投入2000辆自行车，设置2800个锁桩。在管理上，采用无线网络传输管理系统，实行无人值守，有人服务，自助操作，智能管理的运行模式，建立了语音呼叫中心，使每一个服务点、每一个锁桩、每一辆公共自行车都能实现通租通还。同时，免收公共自行车IC卡工本费，实行1小时内免费骑行政策，鼓励市民骑公共自行车出行。

【改造供热设施】 配合宝鸡市创建全国文明城市工作，加大对老旧小区供热基础设施改造，全年敷设供热二次管网10公里，新建及改造换热站10座，解决了团结一组、五里新村等老旧小区供热问题，供热面积51.5万平方米。特别是采取让利三分之一的办法，对中滩路社区、龙泉巷社区、宝十路社区、斗鸡社区、新民路社区、经一路社区等13个社区、71栋居民楼的供管网进行了改造，增加供热面积21.6万平方米。全年完成既有居住建筑热计量改造50.3万平方米。

【实施供热管道工程】 先后实施并完成南客站片区、群众路北线等集中供热管网工程33项，累计铺设供热管网14.2公里。西二路至川陕路、龙山雅居集中供热工程北线配套管网工程（约3.2公里）等正在积极施工。①宝鸡市南客站片区集中供热工程。至2014年12月底，投资726万元，完成站前大道(高新二路—广场西路)、高新四路(渭滨大道—塬北大道)管网工程3.2公里；投资615万元，完成高新十二路至十四路管网工程，解决了机床厂新厂区（高新十四路）供热问题。②群众路北线集中供热工程（金陵湾一期至金河尚居）。投入资金768万元，群众路北线供热管网3公里全线完工，金河尚居保障性住房小区已按时供热。

【除尘脱硫改造】 按照宝鸡市《“治污降霾，保卫蓝天”2014年实施方案》大气污染防治总体规划和部署，5月20日，对代家湾热源站烟囱实施了爆破拆除，实现全年减少燃煤消耗8万吨；并投资1.57亿元，对新建路热电站、群众路、玉涧堡3座热源站10台锅炉的烟气脱硫、脱硝和除尘设备升级改造。经过改造，全年可实现减排二氧化硫1156.2吨，氮氧化物608.5吨，粉尘517.2吨。

【启动龙山雅居保障性住房集中供热工程】 根据宝鸡市治污降霾计划，2014年，集中拆除市区20吨以下燃煤锅炉，锅炉拆除将导致集中供热面积增加303万平方米。为确保大气污染治理取得成效和冬季正常供暖，于3月13日启动了龙山雅居保障性住房集中供热项目。工程总规模为5台116兆瓦和1台64兆瓦热水锅炉热源站一座，建设一次管网4.2公里，换热站39座。供热范围为清姜路以东、渭河以南，石鼓山以西，秦岭北麓的以北区域，供热面积约748万平方米。热源计划用地面积6.67公顷，概算投资3.78亿元（项目计划分三期实施）。龙山雅居保障性住房集中供热工程一期计划新建1台116兆瓦和1台64兆瓦热水锅炉，一次网和换热站同步实施，计划用地面积80亩左右，概算投资1.76亿元。截至12月底，完成了锅炉土建结构施工和锅炉本体安装工作和系统联合调试，计划于2015年1月初投入供热生产运行。

【供热设施维护】 全年完成对2463座人井、110座换热站、5座热源站16台锅炉、2台汽轮发电机组以及配套的换热器、电气、自控设备的检修工作。2014-2015年度供热运行工作开展顺利，热网各系统已趋于平稳，供热质量及用户反映均好于预期；接收、处理数字化城管涉及的供热部件问题77例，检修换热站110座，检修市政道路上的阀门检查井、用户入口井2463座。截至20日，冬季实际供热面积已突破1530万平方米，供热总量20余万吉焦，上网电量158万千瓦时。

【拓展供气市场】 全年共开发78个单位“煤改气”锅炉231蒸吨，创公司历年锅炉用户发展最高纪录，实现了2吨以下燃煤锅炉“煤改气”全覆盖。全年新增供气民用户38270余户，按时完成了金河尚居小区7504户施工点火任务。发展工业用户7户，商业、餐饮用户520户。

【加强供气管网建设】 三期环网工程：共铺设凤翔县境内三期环网31.97公里，岐山境内三期环网17.26公里，累计完成49.23公里，凤翔境内三期环网基本完工，预计将于2015年投运。麟游复线工程：多次与省、市发改委、中石油管线管理部门沟通协调，已与中石油管线管理部门初步达成一致意见，项目规划已编制完毕，管线路由已通过市发改委审批，选线和现场测绘工作已完成。

【加快加气站建设】 加快市域高速公路沿线，交通主干道LNG加气站以及竞争区域、空白市场、经营区域外市场CNG加气站布局建设，最大限度降低公司利益损失，全年共建成投运CNG、LNG加气站6座，投运外部县域加气站1座。分别为：市区宝光路CNG，宝平路CNG、LNG、陈仓区阳平CNG，眉县眉麟路LNG，麟游县两亭LNG加气站和甘肃华亭县南环路CNG加气站。

【清洁能源公司成立】 为了适应生态建设发展需要，宝鸡市天然气有限责任公司与宝鸡中燃城市发展有限公司合资于9月4日正式注册成立。宝鸡市天清洁能源公司，注册资本1亿元，宝鸡市天然气有限责任公司与宝鸡中燃城市发展有限公司各占49%和51%股份。主要经营范围：天然气加气站建设、风电等清洁能源开发利用。

【宝鸡创威水务有限责任公司挂牌成立】 为了扭转自来水公司的经营困境，按照“厂网一体，业务整合，风险共担，利益共享”的原则与合作方谈判，通过协议转让股权和增资的方式，2014年4月28日，在中外合作三方三十多轮的谈判和协商下，历经三年之久的扩大合作改制工作终于完成了所有协议的草签，11月11日完成了正式签约。2015年1月25日扩大合作正式完成，宝鸡创威水务有限责任公司正式挂牌成立。

【供水项目建设】 2014年投资2724万元，铺设各类供水管道13公里。其中：投资860万元，完成群众路、中山路、大庆路、火炬路等路段老旧供水管网新建改造10公里；投资279万元，完成城区消火栓补建180座；投资260万元，完成南客站片区供水管网工程供水管网铺设3公里；投资1325万元，完成了北塬供水管网工程取水头部、塬下加压站绿化喷灌及电气工程、塬下加压站电气柜及探测柜安装，塬上服务区泵房内12台水泵安装及管道铺设，到2014年底，工程已基本完工并移交蟠龙新区管委会负责。

图为2015年9月3日地震应急抢险救援演练现场。左图为自来水应急演练，右图为天然气应急演练

【成立燃气、供水应急抢险队】 为了提高社会公用事业应急抢救能力，按照市政府统一安排，组建了70人的燃气应急抢险队和50人的供水应急抢险队，修订完善应急抢救预案和制度，加大抢救物资储备和准备，9月3日参加了全市地震应急抢险救援综合演练，市住建局与宝鸡中燃公司、市自来水公司被评为先进单位，副局长陈增军获评先进个人。

【污水监管情况】 全市共建成运行12座城镇污水处理厂，其中扶风县百合污水处理厂、凤县污水处理厂由县水利局主管，麟游县污水处理厂由县环保局主管，其他的9个县区污水处理厂均由区、县住建局主管。重新修订了《宝鸡市污水处理费代征暂行办法》，明确了各部门的责任和运作程序。同时，建立了“宝鸡污水处理”QQ群，共享文件，加强信息收集汇总，加强污水处理工作监管。

【加强污水处理费收缴管理】 出台《关于规范市区建筑工地降水排入市政管网后污水处理费收缴管理有关事宜的通知》，严格实行排水行政许可审批制度，提高了污水处理收费率。按照《宝鸡市污水处理费代征暂行办法》，十里铺污水处理厂污水费直缴国库，专款专用，每年年初市财政局下达预算，每月根据国库实际收缴情况直接支付。截至12月底，共支付宝鸡市十里铺污水处理厂污水处理服务费2521万元。

【污水处理安全达标】 在经营模式上，岐山蔡家坡、眉县、凤县、千阳、陇县污水处理厂采用了BOT模式，市区十里铺、陈仓区和凤翔县污水处理厂采用TOT模式，高新区污水处理厂则采用了委托运营模式。全市各个污水处理厂全年安全运行，达标排放。

【实施污水处理厂提标改造】 市区十里铺污水处理厂正在进行一级A提标改造，陈仓区、高新区污水处理厂已完成提标改造前期方案，预计2015年初动工；眉县、凤县、扶风、陇县、千阳等县区完成一级A的排放标准的升级改造；岐山县新建中心污水处理厂直接以一级A排放标准建厂，进入联机试运行阶段；凤翔县新增0.8万立方米/日生产能力，于2014年7月投入使用。

（何少华）

园 林 环 卫

【概况】 2014年，市园林环卫管理局围绕深化环境整治，强化精细管理，努力解决人民群众关心的热点难点问题，打造园林环卫管理升级版，提升城市环境外在形象和内在品质，为全市经济社会又好又快发展提供了有力的环境保障。

【创建国家生态园林城市】 2014年是宝鸡市创建国家生态园林城市省级初审年，又逢国家园林城市复查。按照《国家生态园林城市分级考核标准》要求，有计划、有步骤地推进《生态园林城市分级考核达标自评表》和《新增细化指标逐项说明材料》的编制，做好创建综述报告、DVD拍摄与制作、遥感测试补充图件，继续推动节能减排、生态环境等方面的薄弱环节，7月15—17日，省住建厅对宝鸡市创建国家生态园林城市进行现场考核验收，创建国家生态园林城市省级初审和国家园林城市复检工作顺利通过。全年新增绿地面积207万平方米，新栽乔木42.6万株、灌木417万株，新建1000平方米以上的街头游园13处，建成区绿地率、绿化覆盖率、人均公园绿地面积分别达到36.93%、40.09%、12.25平方米。公众对宝鸡市园林绿化的满意度达91.2%，比2013年提高0.5个百分点。

【实施园林绿化重点工程】 完成专业园林单位改造提升工作。先后实施了植物园东门设计施工，人工湖改造，月季园、碧桃园、鸳鸯园工程和炎帝园基础设施改造、渭河公园东岭樱花园续建工程，实施了北新路、虢蟠路、豪城东路、儿童公园西路、射击场馆周边、长寿沟进场路绿化提升等重点工程，累计栽植乔木1.4万株、灌木9.2万株、草坪地被4.64万平方米，城市新增绿地面积17万平方米、水生植物6870株、营养钵苗25000株，建设小型景观苗圃3200平方米。结合雾霾天气治理，对陈仓大道、滨河大道、大庆路、陈仓区南环路等16条路段绿地采取降土、加道沿、栽植麦冬等形式治理高台土11万米。

【实施城市增姿添彩工程】 继续实施“花满宝鸡、香溢陈仓，百万鲜花靓宝鸡”工程，先后在陈仓大道、大庆路、金台大道、清姜路、滨河大道、行政中心等城市主次干道补植栽植美人蕉、金光菊、八宝景天、大花秋葵等花卉10余种3.5万平方米。在植物园、渭河公园等公园街头绿地栽植美人蕉、大花秋葵、鸢尾等宿根花卉3200平方米。在清姜路、群众路等栽植连翘、木槿等花灌木1800余株。全年共培育时令花卉110万盆，改造花器3000多个（组）。百余条道路增加花卉植物，城市绿化特色突出，品味提升。抓好北坡公园、植物园、宝鸡炎帝园、陈仓区虢镇北坡等4处2.0公顷生物堆肥点管理，利用植物残枝落叶，进行生物堆肥，变废为宝。通过增加花灌木、时令花卉、彩叶植物，在市区形成了三季飘香、四季繁花的缤纷色彩。成功举办了赏花节、第六届金秋菊展，展出规模和接待游客空前，使“花满宝鸡、香溢陈仓”成为宝鸡亮丽的名片。

【整治城市环境卫生】 学习借鉴中卫市“以克论净·深度保洁”模式，开展“防污降霾·保卫蓝天”行动。严格按照“湿法作业、吸尘式清扫”要求，新采购16台道路冲洗洗扫设备，道路机械化清扫面积377.4万平方米，机械化清扫率达到43.5%。围绕“双创双迎”四件大事，开展了道路大清洗、早市环境卫生大检查大清理、周末环境卫生义务劳动等整治活动。组织干部职工参加宝鸡日报组织的到郊区捡垃圾活动，宝鸡市喜获“中国十佳最干净城市”殊荣。全年共完成生活垃圾收费2545.9万元，医疗废弃物收费515万元。受理数字化案件13224件，立案6606件，结案6456件，结案率为99.73%。

【加强环卫基础设施建设】 累计完成设施建设投资4365万元，长寿沟、红李沟生活垃圾场渗滤液提标改造工程和长寿沟水毁（K2+000）重建工程相继完成。制定出台公厕建设管理实施方案和考核细则，公厕建设管理创历史最佳。市区新建公厕74座，改造公厕46座，全市9个县新建改造公厕40座，新建环卫工人休息室6座，安装更换果皮箱2500个，超额完成了省委、省政府下达的目标，受到领导和群众的高度赞扬。

【关爱一线园林环卫工人】 争取政策和财政支持，不断提高一线职工福利待遇，一线清扫人员人均工资由2013年每月1135元提高到2014年每月1175元。向省市政府申请，联合市财政、人社局为一线职工办理了园林环卫工人养老保险。筹集资金落实一线工人免费早餐保障供应，将早餐从原来的3元标准提高到4.5元，落实了一线职工夏服、冬装。在宝鸡市第十七届环卫工人节之际，开展了为环卫工人找个温暖的家、感恩城市美容师等爱心公益活动，表彰奖励了一批先进个人，向一线职工发放了慰问金。金台园林环卫处一线工人穆水桃等5人被评为最美宝鸡人和宝鸡好人。

（闻军宝）

建筑业管理

【概况】 2014年，全市新增建筑业企业32家，现有建筑业企业331家。全年共办理建筑工程项目报建130项，工程规模342万平方米；办理建筑工程施工许可证53项，建设规模248万平方米；施工招投标监管76项，总建筑面积275.7万平方米。全年全市建筑施工企业共创建鲁班奖1项、长安杯4项，省级文明工地39项。

【服务建筑业发展】 2014年，市规划局推进特级企业筹建步伐，重点在建筑企业资质升级、企业国家级工法、设计资质申报中积极协调，做好服务工作。全市共有2家建筑施工二级企业成功晋升为一级企业。

【建筑施工安全管理】 2014年，市规划局认真落实安全生产责任制，与各县区住建局层层签订《宝鸡市建筑施工安全生产目标责任书》，横向到边，纵向到底，统领全市建筑行业安全生产工作。推进全市建筑施工安全生产“三化”建设，制定《宝鸡市建筑施工安全生产“三化”建设实施方案》《宝鸡市建筑施工安全生产监管规范》《宝鸡市建筑施工安全监管标准》，初步构建起安全监管网格化、企业管理精细化、行业管理专业化的建筑施工安全生产监管体系。组织开展建筑施工领域专项治理系列活动，制定了《宝鸡市建筑施工领域专项治理实施方案》，重点对规避招标、不办理施工许可、违法分包和转包、非法从事建筑施工、不认真履行主体责任等违纪违规行为进行打击治理。组织召开了2014年建筑行业安全生产应急救援演练现场会，全面提升宝鸡市建筑施工企业和从业人员的安全生产水平。

【工程质量安全监管】 2014年，市规划局组织开展了全市春季、冬季建筑施工质量安全执法检查，共检查在建施工现场133个，检查特种设备402台，建筑面积约460万平方米，检查期间，发出责令暂时停工整改通知单46份，责令整改通知单69份。

【监理市场专项整治】 2014年，市规划局组织开展了工程监理市场专项整治活动，制定印发了《关于开展工程建设监理专项整治行动的通知》和《工程监理单位不良行为记录目录》，对宝鸡市10家监理企业及21家外地入宝监理企业的市场行为进行了专项检查，取得明显成效。

【绿色文明工地管理】 2014年，市规划局围绕全市创文和大气污染防治工作大局，市规划局制定下发了《宝鸡市房屋建筑施工现场扬尘治理实施细则》《宝鸡市创建全国文明城市建筑施工现场达标要求》《关于提升改造市区建筑工地雾化降尘设施的通知》等文件。组织召开全市建筑行业创建文明城市扬尘治理暨文明施工观摩现场会，详细对安全带使用、安全帽防砸、生产区喷淋降尘、施工区分块绿化、分类回收库房设置等项目进行推广介绍，推动了宝鸡市文明工地创建活动持续发展。全年共检查建筑工地395项（次），督查责任主体刊载公益广告1.4万平方米。全年共归集安全防护文明施工措施费1.84亿元，按程序及时监督支付4252.94万元。

【建筑工程招投标管理】 2014年，市规划局共完成施工招投标监管项目76项，面积275.7万平方米，中标总造价47.67亿元；完成监理招标项目56项，面积279.87万平方米，中标价7995.64万元；完成施工合同备案81项，监理合同备案49项，招标备案率100%。

【建筑节能和墙材革新】 2014年，市规划局共办理建筑节能设计审查备案193项，总建筑面积247.1万平方米，建筑节能设计审查备案率达100%；共办理节能专项验收备案工程项目120项，建筑面积共计216.7万平方米，建筑节能施工执行率达98%。完成新建建筑热计量改造102.5万平方米，圆满完成了市政府下达的3年300万平方米新建建筑热计量改造的目标任务。确定了市人防办0803工程（3.5万平方米）中水源热泵项目为宝鸡市2014年度可再生能源建筑应用示范工程。出台了《宝鸡市绿色建筑行动实施方案》，代家湾商务中心（11.44万平方米）被评为绿色建筑一星级设计标识，石鼓天玺台住宅项目一期（32.65万平方米）被评为绿色建筑三星级设计标识，成为西北地区最大的绿建项目，绿色建筑占新建建筑比率达到15.5%。组织实施了宝鸡卷烟厂部分住宅楼、宝工子校教学楼等7个既有建筑节能改造项目，总面积7.88万平方米。

小城镇建设

【概况】 2014年，市规划局坚持走新型城镇化道路，以中心城区为龙头，统筹副中心城市和县城、重点示范镇、一般建制镇发展，着力提升县域城镇基础设施和公共服务设施功能，打造结构合理、功能互补、特色突出、大中小协调发展的关中西部城镇群，小城镇建设水平成效显著。

【重点镇建设】 2014年，蔡家坡、法门、汤峪、柳林、常兴5个省级重点示范镇全年计划完成项目82个，计划投资20.35亿元，全年完成投资21.83亿元，占年度任务的107.3%。陇县东南镇、扶风县绛帐镇、陈仓区坪头镇3个市级重点镇人口聚集加快，产业发展增强，综合承载能力显著提升。7月10日，全省重点示范镇建设推进会在眉县召开，学习推广宝鸡市经验。

【省级文化旅游街区建设】 2014年，凤县双石铺镇、凤翔县城关镇、岐山县凤鸣镇、麟游县九成宫镇4个文化旅游街区全年共确定建设项目34个，计划投资3.69亿元，全年完成投资3.89亿元，占年度计划的105.4%。凤县双石铺镇古羌文化旅游示范区、麟游县九成宫镇隋唐文化街区初具规模，凤翔县城关镇文化街区、岐山县凤鸣镇文化街区即将建成。

【农村危房改造和美丽乡村建设】 2014年，全市共完成农村危房改造任务3446户，累计投资3.32亿元，占年度任务的118.8%。按照《省政府关于改善村庄人居环境持续推进美丽乡村建设的意见》要求，组织完成了凤翔县、陈仓区、眉县村庄布点规划及眉县横渠镇、陈仓区县功镇、凤翔县陈村镇78个村庄建设规划编制工作，为整镇连片综合整治奠定良好基础。

（赵　锐）

综合执法

【概况】 2014年，市执法局围绕全市中心工作和年度目标任务，以创建全国文明城市、国家园林城市和迎接省运会、世佛联大会为契机，以城市管理提升年活动为总揽，以队伍建设为主线，强化精细化管理和人性化执法两种理念，突出机制创新和长效管理两个重点，远学株洲近学莲湖，市容管理加强市区主干道、重点部位和重要节点的管控，强化专业执法的引领作用，着力解决城市管理中的热点难点问题，全面提升城市管理水平及城市管理工作的社会认可度和群众满意度，市容日常管理、取缔露天烧烤、户外广告门头牌匾整治等重点工作取得了明显成效，荣获2014年度目标责任考核优秀单位、“创佳评差”优胜系统、市级平安单位、社会治安综合治理优秀单位、创建全国文明城市工作先进单位、服务保障第27界世佛联大会工作先进单位、城市环境整治工作先进单位、爱国卫生先进单位、部门决算先进单位。

【提升市容管控水平】 2014年，市执法局按照“双迎双创”的要求，对出店经营、占道经营、流动摊贩、露天烧烤、乱贴乱挂、渣土车抛洒等问题进行综合整治59次，先后开展各类集中整治59次，查处出店经营13700余处、占道经营13500余起、流动摊贩13160余个、乱贴乱涂乱挂25930余处，追呼非法广告号码1637个，查处渣土车等违规行为120余辆，清理取缔自发形成的马路市场7处，规范36处蔬菜早市的管理，解决了一批市容管理老大难问题。加强市区养犬管理，累计办理犬证6200个，查处捕捉流浪犬1730只，送往留检所1550余只。加强市容精细化管理，修订完善了数字化城管案件管理办法，组织办理案件数字化城管案件37247件。

【取缔露天烧烤】 2014年，市执法局把大气污染防治和治污降霾保卫蓝天行动作为长期性中心工作。局领导亲自带领一线执法队员加班加点、从晚上7点到凌晨2点，历时两个多月时间，查处道路和集贸市场内露天烧烤430余家，收缴普通烧烤炉具280余个，使夜市经营秩序大为改观。全力抓好餐饮企业油烟净化设施的安装，督促完成了380余户餐饮企业环保炉具的改造。

【规范户外广告门头牌匾】 2014年，市执法局制定了《市区门头牌匾设置技术规范导则》，对市区15条主次干道的门头牌匾设计了50余份整体改造提升方案，完成了金台大道人防隧道口等近二十处路段的门头牌匾改造提升。门头牌匾整治自觉践行群众路线，充分体现群众主张，不硬上，拆除违法广告和标识标牌155块、面积11815平方米；整治规范户外广告门头牌匾53654.7平方米，净化美化了城市空间。

【推进专业执法】 2014年，市执法局变注重事后查处为事前预防，变坐等投诉为上门巡查，组织开展巡查1000余人次，市政、房产、物业、运政、夜间噪音扰民等立案查处违法违规案件70起。查处户外广告案件18起、市政管理案件11起；房地产执法方面，查处商品房非法预售19起，物业管理案件2起；交通运政执法方面，开展非法营运集中整治行动10余次，查处非法营运7起，批评教育“黑车”司机、两轮三轮摩托车主百余次；夜间噪音执法方面，受理投诉450余个，出动人员900余人次，现场查纠400余起，立案查处11起，创新监管理念和监管方式，有效地维护了城市公共利益和群众合法权益。

【优化行政许可办理成效】 2014年，市执法局树立依法行政和热情服务的理念，真诚为群众服务，受理办结行政许可申请2554件，办结2554件，办结率100%。

【配合重点项目建设】 2014年，市执法局配合市房屋征收办抓好新东岭综合体建设项目拆迁，拆除企事业单位6家6000平方米，居民55户2900平方米，村民8户15000平方米。抓好汉中路集贸市场停车场建设项目监管，2号和3号住宅安置楼（各30层、共约5万平方米）主体已经封顶。

【健全长效管理机制】 2014年，市执法局落实细化市容巡查机制制度，在经二路、东风路、大庆路、宝光路等8条路段，组织开展市容管理示范街创建活动，建立管理相对人和服务对象信息档案5735个，实施点对点管理，抓流动摊贩发证定点管理试点，为市区主干道取缔流动摊贩积累经验。拟定了局工作规则、固定资产管理办法、暂扣物品处置办法和信访维稳工作考核考评办法等制度，与有关部门建立了问题协商、审批文书抄告、重大案件通报、行政处罚会商等联动机制。完善公安协同保障机制，提出了便民摊群点管理办法。

（张少彪）

保障性住房建设和管理

【概述】 截至2014年底，全市新开工建设各类保障性住房项目127个4.2367万套，基本建成各类保障性住房2.9979万套，累计竣工各类保障性住房8.8791万套；当年完成投资77.06亿元；新增发放廉租住房租赁补贴2010户。荣膺全省保障性安居工程建设一等奖。

【完善住房保障政策体系】 探索“共有产权”保障模式。6月份，提请市政府出台了《廉租住房和公共租赁住房并轨运行实施意见》，将现行的廉租住房和公共租赁住房统称为保障性租赁住房，实行统筹建设、并轨运行。基本原则是“统筹房源、梯度保障、租补分离、市场定价、共有产权、统一管理”。同时，制定下发了《宝鸡市保障性租赁住房共有产权实施细则》。

【编制棚户区改造规划】 组织棚户区改造调查摸底，2015-2017年全市共有棚户区改造户数4.8050万户。其中：集中和非集中成片棚户区改造1.5365万户，城中村改造2.0923万户，旧小区综合整治0.1248万户，国有工矿棚户区改造0.1681万户，国有企业棚户区改造0.8833万户。在摸底调查的基础上，编制完成了《2015-2017年棚户区改造规划》。

【保障性住房项目资金】 截至2014年底，落实公租房（含廉租房）中省资金7.2270亿元，城市棚户区改造中央资金1.6125亿元，保障房基础设施配套中央资金4.6443亿元，市财政安排配套资金1.0575亿元。同时，与省保障房公司合作融资，累计到位资金15.4亿元。与省保障房公司、国家开发银行达成40亿元的棚户区改造一期贷款支持，已到位12.2亿元。

【落实市级保障性住房项目建设】 截至12月底，虢镇茗苑共完成投资0.831亿元，建设保障性住房5666套，室内工程全部完工，达到入住条件；虢镇茗苑完成投资6亿元，开工建设3990套，已全部主体封顶进入二次结构和装饰装修；龙山雅居完成投资3.744亿元，开工在建的37栋楼全部主体封顶，已达到入住条件。金河尚居完成投资9551万元，6月20日正式办理入住手续，已分配入住保障对象5800多户。金陵湾廉租房二期完成投资1.6亿元，建设保障性住房2066套，主体全部封顶；金陵湾三期完成投资3.6亿元，建设保障性住房8栋、2112套，已全部封顶，进入二次结构和装饰装修。截至12月底，敦仁堡旧城改造项目新开工6栋，11栋已进入室内装修，D区6栋楼已于11月交付使用。

【市区保障性住房分配】 6月20日至7月20日，完成金河尚居公租房入住手续5254户，廉租房入住手续126户；9月23—29日，办理金河尚居轮候家庭公租房入住手续450户，廉租房入住手续10户。截至12月底，全市新增发放廉租住房租赁补贴2010户。

【开展实物配租和租赁补贴发放】 按照保障性住房退出机制，对实物配租和廉租住房租赁补贴发放情况进行全面清查整顿，全年共清退已不再符合保障条件补贴户1118户；查处违规承租公租房、廉租房和违规领取租赁补贴共24件；通过信息比对，清理违规申报公租房244户。

【开展省级示范小区创建活动】 结合省住建厅开展的“和谐社区、幸福家园”的创建，在全市12个县区270个保障房小区全面启动创建活动。要求每个县区年内创建1个示范小区。在创建中，坚持体制创新与机制创新并举，软件完善与硬件建设同步，行政推动与群众参与结合，创建取得显著成效。通过近一年时间创建工作，作为全省试点的金河尚居小区，共投资7000万元，达到环境优美、设施完善、功能齐全、管理规范、社区化服务的“五个一”要求。特别是开通免费电瓶车、建立再就业市场、配建电影院、游泳池、公共祭奠场所、联合执法进社区等做法开全省保障房小区的“先河”，成为一个具有鲜明保障性住房特色、深厚人文关怀氛围的现代化和谐社区。该小区创建工作已于12月11日通过省住建厅检查验收。金河尚居“和谐社区、幸福家园”省级示范小区创建经验被新华网收编为“全国首批民生改善十佳典范城市”典型案例。

【成立保障性住房资产运营管理公司】 为了加强宝鸡市建成区保障性住房管理，确保国有资产保值增值，根据省住建厅关于组建宝鸡市保障性住房资产运营管理有限责任公司工作的要求，市住建局委托宝鸡市保障性住房管理中心出资组建宝鸡市保障性住房资产运营管理有限责任公司，并负责公司运营过程的监督和管理。该公司性质为国有独资公司，从而形成保障房建设、分配、管理相分离的运转模式，即，市保障房建设公司负责保障性安居工程的建设，市保障房管理中心负责住房分配及保障性住房对象管理，市保障房资产运营管理公司负责保障性住房资产管理和运营。

【住房制度改革】 全年完成公有住房审批274套、18329.53平方米，归集售房资金2128136元；完成部分产权向全产权住房过渡审批6个单位共53套、3133.21平方米，归集售房资金1287100元；审批拨付维修资金174769元。依据宝鸡市建设工程交易网数据和全市10个具有典型代表的工程项目造价，反复推敲，重新调整了宝鸡市公房出售成本价为1700元/平方米及公房出售环境系数。

（何少华）

房地产开发

【概述】 截至2014年底，宝鸡市房地产开发企业309家，其中一级资质1家，二级资质22家，三级资质56家，四级资质175家，暂定资质55家。

【组织房地产开发企业诚信考核】 根据《宝鸡市房地产开发企业诚信考核实施方案（试行）》，联合市规划局、市国土局、市综合执法局、各县区住建局、国土局，对2014年市区121家房地产开发企业在建在售的146个项目进行了年度诚信考核。考核评定为A级企业49家，B级企业64家，C级企业8家。

【开展房地产项目推介活动】 9月5—6日，市房地产业协会联合新疆陕西商会在乌鲁木齐市举办中秋联谊会暨房地产项目推介会。此次招商推介活动由宝鸡市房地产业协会主办，新疆陕西商会和宝鸡招商局协办，旨在加强与在新疆工作和发展的宝鸡籍各界人士的联络，吸引宝鸡乡党回家乡置业、创业，拓宽招商引资渠道。筹备期间，市房协精心印制了5000份《宝鸡房地产》推介宣传册，汇集了宝鸡市情简介，高新、蟠龙、蔡家坡3个开发区发展规划介绍以及聚丰、华厦、东岭等28家房地产企业开发建设的34个精品楼盘的宣传展示。推介会由市房协副会长、市高新房地产开发有限公司董事长马柏泉主持，市房地产业协会会长李锋波致辞并简要介绍了宝鸡市情和房地产业发展情况；新疆陕西商会会长张增科代表陕西商会致欢迎词；与会的高新区、蟠龙新区和蔡家坡经开区的3个开发建设公司分别介绍了各自的发展规划和招商项目；宝鸡凌云地产、天地源融兴置业、华辰地产等七家房地产企业分别作了精品楼盘推介。近100名在新疆工作发展的陕西籍同乡参加了推介会。

【严把房地产市场准入关】 截至12月底，共批准商品住宅预售许可证99件，面积211.66万平方米，同比增长39.8%。其中住宅165.31万平方米15350套，商业及其他46.35万平方米2885间。审查房地产广告28件；新批房地产开发企业暂定资质30家，资质升级30家，暂定延期14家，换证73家，受理企业信用信息档案241家，验核106家房地产开发企业118个项目的《项目手册》155册次。

【招商引资有新突破】 2014年，引导局属单位拓展招商引资渠道和招商引资力度，在传统的房地产企业单一招商引资行业之外，燃气管网建设和自来水行业招商引资有了新突破，年内完成中燃公司在全市铺设燃气管网等设施方面投资1.05亿元，自来水公司完成引进外资7000万元。年内局系统共完成招商引资到位资金6.4亿元，其中省际资金4.25亿元，引进外资7000万元。全年争取中省资金22.02亿元，其中，保障房项目争取中省资金15.74亿元，市政公用设施建设争取中省资金6.28亿元。

【组织房地产从业人员培训】 7月，联系省住房产业化促进中心在宝鸡市举办了一期房地产企业管理人员执证上岗培训班，100多家房地产开发企业的122位管理人员接受了为期三天的集中培训；10月，邀请住建部政策研究中心主任秦虹作了题为《新型城镇化与房地产业发展》专题讲座，帮助全市房地产开发企业准确把握了房地产业新政，理清了发展思路，提振了市场信心。

（何少华）

房地产市场

【概况】 2014年，宝鸡市房地产开发投资累计704545万元，同比增长1.1%，其中住宅投资503453.1万元，同比下降17.8%；商品房销售17637套，215.35万平方米，其中住宅销售195.7万平方米，同比下降9%；第三季度住宅销售均价每平方米3691元，同比下降4.7%，环比增长2.9%。

【加强房地产市场监管】 利用一个月时间，先后到土地、规划、税务、公积金管理中心、市人民银行等单位调研，编写了房地产市场调研分析报告，上报市政府研究决策；4月份，联合土地、规划、执法部门分成4个工作组对城区167家企业194个在建在售项目开展执法大检查，对无资质开发、违规建设、无证售房、虚假承诺、不履行承诺等问题进行了查处，并下达限期整改书；5月份，召开了重点房地产企业座谈会，对出现影响行业整体发展的不良行为的企业负责人进行了约谈，限期责令整改。在办理开发资质等级核定、升级和年度信用档案更新时，督促房地产开发企业正视问题，履约履责。2014年，全市维修资金收缴量大幅提升，2013年调查摸底的11家开发企业和单位的37栋楼3000多户未办理产权证问题得到解决。配合相关部门组织受害人登记报案、查扣涉案财物、维稳劝访，协助查处兴麟房地产公司涉嫌合同诈骗案。

【强化房地产中介服务机构监管】 贯彻《房地产经纪管理办法》《房地产估价机构管理办法》《注册房地产估价师管理办法》等法规，结合市非法集资风险专项排查工作，对所有房地产经纪机构开展集中检查，对4家未备案经营的中介机构做出限期备案的处理，对3家备案已过期的企业提示其按时办理备案续期。全年接受中介机构备案申请5份，3月通过媒体公开了备案合格中介机构名单。截至2014年12月，全市共有房地产经纪机构115家，其中分支机构9家。经市住建局备案机构26家，其中分支机构7家；曾在市住建局备案，但备案证明已失效的18家，其中分支机构2家；从未进行备案的71家。

【产权产籍管理获全国表彰】 2014年，市区共办理登记发证4.1万件，转移登记2.1万件，抵押登记及预告登记1.2万件，其他业务0.8万件。各县区共办理农村房产权证620件。市房地产交易权属登记管理处顺利通过住建部房地产交易与登记规范化管理先进单位考核，为全国表彰的35个先进单位之一，是陕西省唯一受通报表彰的先进单位。

【实行商品房合同备案管理】 严格实行商品房合同网签和备案制度，有效防止“一房两卖”及某些违法违规行为的发生。共办理各类商品房预售合同登记备案15472件。

（何少华）

物 业 管 理

【概况】 截至2014年底，全市有物业服务企业230家，其中市区172家，有二级资质16家，三级资质214家。已创建国家级物业管理示范小区2个、省级10个、市级44个。全市物业从业人员一万余人，城区实施专业物业服务的住宅小区416个，建筑总面积1440万平方米，全市物业管理覆盖面达61%，成立业主委员会174家。

【加强行业监管】 继续推行物业保修金制度和物业管理服务招投标制度，推进物业管理市场化进程和强化开发企业诚信自律意识。全年共有45个项目（住宅小区）通过招投标方式选聘了物业服务企业。

【组织政策宣传及培训】 4月11日，组织全市物业公司项目经理培训班，邀请西安市物业管理专家授课。集中4月18—19日两天时间，进行了为期5天的从业人员岗位培训，并对各办事处、社区物业管理人员和业主委员会成员近300人进行了业务培训。

【创建示范住宅小区】 制定《宝鸡市创建物业管理示范住宅小区（大厦、工业区）管理规定》，开展省级、市级物业管理示范住宅小区创建活动。东岭社区被金台区地震局授予“防震减灾示范社区”称号。配合创建全国文明城市工作，组织物业企业开展物业“手拉手”活动，由物业服务十佳企业、物业服务优秀企业和历年获得全国住宅物业管理示范项目的28家管理服务正规的物业企业，对市区140家物业服务企业进行1对7指导帮扶，物业规范化建设水平得到提高。

【物业管理量化考核】 根据《宝鸡市物业管理工作和物业服务量化考核办法》，从2013年12月份开始，市、区住建局对市区179家物业服务企业，采取区住建局检查、市住建局组织区住建局交叉抽查和查看现场、查验资料、业主测评等形式，进行了全面评比考核，尤其对各区考核排名靠前和排名靠后的物业服务企业，市住建局又组织各区住建局进行了现场综合复检，并根据日常业主投诉、社会评价，综合评定出2013年度市区物业管理先进单位2个；物业服务十佳企业10家，优秀企业15家，良好企业56家，合格企业82家，限期整改的物业服务企业12家；注销资质的物业服务企业7家。

【实施老旧小区维修整治】 为了切实解决老旧小区建设标准不高、设施设备陈旧、功能配套不全、日常管理不健全等群众反映强烈的问题，市住建局于9月份组织力量到市区各个小区征集民意，发动开发企业、驻宝银行援建资助，共筹集整治资金2300万元。经市政府同意，于10月初启动了老旧小区维修整治工作。采取由居民出三分之一、公用事业企业让利三分之一、开发企业和银行援建三分之一的办法，对41个小区进行维修整治，对46个小区进行双气入网改造。到11月15日，87个小区维修整治工作全面完成。共维修41个小区180栋楼屋面面积20905平方米，自来水管网更换2447米，路面维修4170平方米，更换落水管1489米，维修新建污水井70个，受益居民近7000余户。供热入网共40个小区（栋楼），面积31万余平方米，受益居民3380户。天然气入网共6个小区372户居民。此项工作相继被《宝鸡日报》、宝鸡电视台以及《陕西日报》报道。

【住房维修资金管理】 通过广泛宣传、制定实施细则、升级改造信息管理系统，自2014年1月1日起，住宅专项维修资金直交和按面积交存制度全面推行，资金由原来的按“幢”核算改变为以“户”为单位核算，在对增量资金应收尽收的同时，着力清收滞留资金和陈欠资金，全年共送达催缴通知62份，并联合市执法局先后三次对65家开发企业集体约谈，收回滞留挪用资金1.5亿余元。年内累计核算维修资金8.73亿元，住宅物业保修金5892万元，核算到户业主计11.37万户。全年共归集住宅专项维修资金2.66亿元，收回陈欠资金200余万元。2014年全年共有80个小区申请使用资金，已维修结算完毕22个小区，支付资金252万元；受理使用划拨完毕13个小区，划拨40万元，共涉及172幢楼宇，受惠业主1600余户。

【新建住宅物业保修金】 自2013年建立物业保修金制度以来，市住建局委托市住房维修资金管理办公室建立新建住宅物业保修金专户，负责市区新建住宅物业保修金收缴和管理，到2014年12月，归集新建住宅物业保修金3345.77万元。

（何少华）

直管公房管理

【概况】 截至2014年底，完成直管公房租金收缴1252.57万元（其中金台区直管公房管理所532.57万元，渭滨区直管公房管理所270万元，陈仓区直管公房管理所450万元）。

【直管公房小区卫生整治】 配合宝鸡市创文工作，协调局机关各科室和三个房管所，在每月最后一个星期五下午，开展直管公房环境卫生综合整治活动。局领导带头参加，共清理清运垃圾125车次，粉刷墙体、楼道、楼面218处，拆除公房、墙体8处，亮化公房3处，拆除临时搭建物36个，修剪树木草坪9次，硬化小区路段8处，修补、平整地面12处。经局同意，金台房管所还对曙光路124号楼、斗鸡菜市街、新维巷等影响市容市貌的直管公房进行了拆除，搬迁安置公房承租82户；粉刷临街楼房外立面19处，9276平方米。

【直管公房维修服务】 金台区、渭滨区、陈仓区3个直管公房管理所履行“水不过天，电不过夜；小修随报随修，中、大修进行现场查看，制订维修方案，15天内到场维修”承诺，为租赁户提供良好的生活条件。金台房管所全年上门小修380次，清理疏通下水道42处，抢险加固一处；整体屋面防水处理28栋楼，面积7900平方米；渭滨房管所年内处理小修108次，清理化粪池17立方米，清理窨井26个，清理楼外下水道170米，对南门口48号楼、宝福路163号楼、东一路1号楼、河堤新村17号楼、永兴巷北5号楼、经一路68号楼等维修老化处理2667平方米。陈仓房管所全年接待报修70多处，维修房屋面积3000多平方米。

【直管公房清理】 2014年，市直管公房管理处组织市区3个房管所，对市区内所有直管公房进行全面查清，建立了公房信息电子数据库，市区直管公房总面积232272.64平方米，年租金收入1117.82万元，共涉及承租人3658户，楼房480幢。严格查处违规转租、倒租、分租、欠租等违规行为。金台房管所收回违规住房3套；陈仓房管所查处人情房、关系房、问题房，依照市场行情，按照公房区位、房屋现状分段位制定了统一租金标准，重新签租赁合同，明晰租赁关系，既保证了公房权益，又彰显了公平合理。截至12月底，应签合同342户，已经签订295户，签订率达到86%。

【出台便民措施】 从改善服务机制提供优质服务、缩短服务事项办理时间、完善投诉处理机制3个方面，将房产登记、公共交通、供暖、自来水、天然气、保障性住房等50项便民措施，通过《宝鸡日报》、局门户网站进行了公布，主动接受社会各界监督。截至12月底，50项便民利民措施全部落实到位。

（何少华）

环境保护

编辑　邓拴岐　杨　军

综　　述

2014年，全市环保工作围绕“在西部工业城市中生态最好，生态最好城市中工业最强”的目标定位，以创建国家生态市为目标，突出大气污染防治、渭河流域水污染治理、主要污染物减排和农村环境综合整治等四个重点，环境质量得到持续改善。全市化学需氧量、氨氮、二氧化硫、氮氧化物排放量分别比2013年下降了1%、1.5%、0.96%、7.74%，超额完成了陕西省下达的年度减排任务。市区环境空气质量二级及以上天数达到242天，空气质量优良率达66%，环境空气质量居关中城市第一。渭河水质逐渐变清，渭河、小韦河水质基本达到陕西省考核要求，渭河三年行动圆满收官。完成了225个村省级连片整治和60个村市级综合整治，农村环境综合整治成为全省典型。凤县率先通过国家生态县考核验收，千阳、太白通过省级生态县考核验收，金台、陈仓、眉县、麟游、扶风、陇县通过省级生态县技术评估，生态市建设走在全省前列。阜丰生物公司实施整体搬迁，一批热点环境问题得到解决。市环保局先后被评为全市目标责任考核优秀单位、城市环境整治工作先进单位、重点项目建设先进单位、争取中省资金先进单位、商务工作先进单位和全省环保系统精神文明建设先进单位。

环境监督管理

【开展环保执法专项行动】　围绕全市环保中心工作着力解决损害群众健康和影响可持续发展的突出环境问题，组织开展了渭河流域涉水企业、污水处理厂、重金属行业、化工企业、饮用水源地等7次专项执法检查，累计出动执法人员9000多人次，检查重点企业866户，立案查处违法企业67家，行政罚款260余万元。先后对宝鸡得力康乳业等6个环境问题进行市级挂牌督办，督促东盛制药一分厂、西凤酒公司、陈仓区野寺村完成部省级挂牌督办问题的摘牌。在宝二电、大唐热电等6户重点排污企业派驻环保监督员，实施24小时驻厂监督，采取“限负荷、限煤量、限煤质、限排放”的措施，全程跟踪企业环保设施运行情况，确保污染物排放浓度达标。全年，共受理环境信访案件484件，均得到了及时地查处和回复，有效地维护了全市经济社会形势的稳定。

【完善环境保护长效管理机制】　2014年，市政府先后出台了《大气污染防治月度考核办法》《大气污染防治工作责任追究办法》《煤炭经营使用监督管理办法》《扬尘污染防治管理办法》等13个规范性文件，从制度层面上夯实了县区、部门的监管责任和企事业单位的主体责任，为构建环保长效机制提供了制度保障。推广大气污染防治网格化管理模式，形成了“一个中心、三支队伍、三级管理、五项职责”的治污防控体系，较好解决了“管得了的看不见，看得见的管不了”的群众身边的大气污染问题。实施水体污染补偿、“黄标车”淘汰补助、燃煤锅炉拆改“以奖代补”等一系列环境补贴政策，发挥了治理污染中经济杠杆“四两拨千斤”的作用。

【强化建设项目环境管理】　严格落实《宝鸡市工业发展战略环评》要求，提高环境准入门槛，从严审批建设项目，全年共受理审批建设项目274个，涉及投资188.6亿元。完成了西电宝光电器有限公司一期项目、农夫山泉陕西太白山饮料有限公司97.6万吨饮用天然水生产线项目等12个重点项目竣工环保验收，否决了一批“两高一资”项目。按照“规划先行，环评同步”的思路，强化工业园区规划环评管理，督促宝鸡高新区、西凤酒城、蟠龙新区、高端石油机械产业园等工业园区完成了规划环评的编制、评审和审查。配合项目资金争取，对56个涉及民生工程、基础设施、高科技类项目开辟“绿色通道”，及时出具环评审查意见。保障重点项目建设，支持吉利汽车等6个重点项目建设，主动联系项目单位，实行专人负责，全程跟踪服务。全市建设项目环评、“三同时”执行率达到100%。

污 染 防 治

【实施“治霾降霾·保卫蓝天”行动】 按照“严管六点（6个耗煤大户)、抓住五面（扬尘、煤炭市场、餐饮油烟、烧烤、集贸市场)、管住一线（渣土车)、织好一网（网格化治污）”的工作思路，开展大气污染防治工作。联合中科院西安地球环境所开展了 $PM_{2.5}$专项分析，为科学治污降霾提供了重要依据。赴兰州学习了大气污染防治工作经验，并结合宝鸡实际，制定“治污降霾·保卫蓝天”五年行动计划和年度实施方案，明确以 $PM_{2.5}$和 PM_{10}治理为突破口，围绕燃煤污染、扬尘污染、工业污染和机动车尾气排放等关键环节，推出一系列远近结合、标本兼治的配套政策措施。从控煤质、减煤量入手，最大限度减少煤烟污染。划定了市区高污染燃料禁燃区，开展燃煤锅炉拆改“百日会战”，累计拆除燃煤锅炉953台（1828.9蒸吨)，减少燃煤100余万吨。对党家村、峪泉路等4个集贸市场实施“煤改气”，对79个市场的燃煤灶进行清洁能源改造。先后取缔达不到环保标准要求的煤炭经营企业138户、储煤场地138个，对319批次煤质进行了抽检。投资32.9亿元，完成了56个工业企业及燃煤锅炉除尘脱硫深度治理项目。全面推行工地扬尘六个100%管控措施，对全市408个建筑工地扬尘开展专项治理，对市区59条主次干道实施循环洒水压尘减霾，为1241辆渣土车安装了GPS系统，1240辆安装了加盖密封装置，扬尘污染问题得到有效遏制。对市区经二路、中山路实行了“黄标车”和“无标车”禁行，淘汰“黄标车”、老旧汽车1.3余万辆，累计发放绿标24余万张，完成了164座加油站、3座储油库、17辆油罐车油气回收改造。督促751家餐饮经营户安装了油烟净化设施，解决油烟扰民顽疾。

【渭河流域水污染治理】 牢固树立“渭河变清，宝鸡领先”的理念，全面落实“三项制度”（污染物排放总量控制、辖区断面水质考核、生态基流保障)，持续强化“三大举措”（强制淘汰落后产能与严把环境审批关相结合、加快治污设施建设与提标改造相结合、工程措施与环境管理相结合)，实现渭河三年行动圆满收官。按照“老企业加快治理、还清旧账，新项目一步到位、不欠新账”的要求，先后完成了青岛啤酒、西凤酒、恒发纸业等32个工业企业污水深度治理项目，废水排放稳定达标。按照“市区生活污水全收集、县城污水处理厂全提标、重点镇污水处理设施全建成”的目标，采取优化市政管网、引入社会资本、加大政府投入等方式，全面加快治污设施建设。完成了千阳、陇县等10座污水处理厂提标改造工程，陈仓区周原镇、凤翔县柳林镇等29个重点镇的污水处理厂建成投用，全市生活污水日处理能力达到35万吨，较2011年提高了近30%。按照“生活污水进管网、工业废水保达标、洗砂废水有设施”的思路，开展了渭河排污口专项整治。4月份，组织人员对渭河排污口进行了排查，制定印发了《宝鸡市渭河排污口专项整治方案》，将首批44个重点排污口整治任务分解落实到沿渭县区和有关部门。8月份，联合市监察局、住建局、水利局、市政府督查室对排污口整治进展进行了专项检查，促进该项工作顺利实施。先后封堵、治理了28个排污口，每天减少污水直排量2万吨，降低了渭河污染负荷。

【主要污染物减排】 采取污染物排放量控制、行政推进、工程减排等措施，超额完成了化学需氧量、氨氮、二氧化硫和氮氧化物要分别比上年下降1%、1.5%、0.5%和6%年度减排任务。印发《2014年主要污染物减排计划》，明确年度重点减排及重点污染防治项目，分解了任务，夯实了责任。市政府与各县区政府和市级相关部门签订了减排目标责任书，将减排纳入市县目标责任制考核，实行“一票否决”。市减排办加强督办，按季通报，对进展缓慢的县区实行预警和限批，全力做好项目落实。宝二电、大唐热电完成了发电机组脱硝除尘改造任务，年新增氮氧化物减排量1.32万吨；冀东水泥公司等7户水泥企业完成了8条日产2000吨以上水泥熟料生产线的低氮改造及脱硝设施建设任务，年新增氮氧化物减排量0.346万吨；市热力公司完成了10台集中供热锅炉的除尘、脱硫、脱硝治理。结合当前全市养殖污染现状及《畜禽规模养殖污染防治条例》的实施，提出了有机肥集中收集处理、建设沼气和收集堆放设施三种治理模式，推进养殖企业污染治理。全年完成了1.8万头奶牛、10万头生猪和20万只鸡养殖源治理项目60个。

农村生态环保

【国家生态市建设】 《宝鸡生态市建设规划》经市政府第6次常务会议研究通过，市人大常委会专题审议后作出了《关于通过宝鸡生态市建设规划（2012－2020）的决议》。凤县国家生态县建设、太白、千阳省级生态县建设分别通过环保部、省级考核验收；麟游、陇县、金台、扶风、陈仓、眉县省级生态县区建设通过技术评估，生态创建工作走在全省前列。

【农村环保基础设施全面提升】 完成了28个镇（街）225个村的省级示范任务和60个村的市级整治任务，总投资1.5亿元。建设垃圾填埋场5个，垃圾中转站4个，保洁站117个，购置垃圾车319辆，建设污水处理设施118个、污水管网74479米、养殖处理设施38个，水源地保护404处，投资800万元为94个镇配备了垃圾转运和收集设施，农村环保基础设施全面提升。分别在岐山县、陈仓区召开了全市农村环境综合整治现场会。争取37个镇（街）306个村确定为全省2014年度示范项目。争取中省专项资金 1.2 亿元，分别实现占到全省两个四分之一，为实现农村环境面貌三年根本改观奠定了基础。

【开展“三线”环境综合整治】 2014 年，市政府印发了《西宝客专连霍高速及宝平高速宝鸡段沿线环境综合整治实施方案》，以净化、绿化、美化为重点，在连霍高速及宝平高速宝鸡段沿线开展治理脏乱差、拆除违章建筑、粉饰美化墙体，累计拆除违章建筑 3000 多处，清理柴堆、垃圾堆 2000 多个，平整土地 14 万平方米，粉饰房屋 30 多万平方米，造林 19 万亩、植树 1800 株，沿线环境面貌显著改善。

【推进生态环境保护建设】 完成了《陕西省生态保护红线-生态功能红线划分技术报告》征求修改意见工作。编制了《宝鸡市城市水源地周边农村环境突出问题综合整治项目》《宝鸡市城镇污水处理厂出水湿地处理项目》。指导完成了国家重点生态功能区县域生态环境质量监测、评价与考核工作，太白县、凤县县域生态环境质量分别名列全省第 2 位、第 3 位。指导湑水河水生野生动物自然保护区、紫柏山国家级自然保护区，加快实施生物多样性专项资金项目。指导秦源煤业戚家坡煤矿、北马坊煤业北马坊煤矿 2 户企业编制完成生态环境治理方案并通过省级评审。

环保宣传教育

【开展党的群众路线教育实践活动】 全市环保系统扎实开展了党的群众落线教育实践教育活动，促进机关党员干部作风转变。开展了万名群众评议百名科长活动，强化了中层干部的服务意识和效率观念，消除了政策执行过程中的“中梗阻”现象，机关 5 名科长和 1 名直属单位负责人评议满意率均在 86% 以上。开展了“弘扬延安精神、践行群众路线”“践行三严三实、加强党性修养”“学习焦裕禄精神”等专题讨论，增强了全体干部职工自觉践行党的群众路线教育实践活动的意识，对干部自身转变思想，改进作风起到了有力的推进作用。

【加大环保宣传力度】 参加了陕西省暨宝鸡市第 22 届“科技之春”宣传月城区科普示范活动，展出环保宣传版面 13 块，向有关社区和学校赠送了价值 2 万元的科普图书。联合市委宣传部、市文明办、共青团市委、市妇联、市教育局等部门，开展了以“同心同力·保卫蓝天”为主题的第四届环保公众评选活动，评选出 12 名环保公众人物，并在市政府召开的“六·五”世界环境日纪念大会上进行了表彰。在新华网、新浪网和腾讯网三个网站开通了“宝鸡环保”政务微博，为环保部门与民众平等对话、良性互动提供了重要平台。发起了环境污染市民“随手拍”活动，调动群众参与环保的积极性，形成了全民监督环境违法行为的良好氛围。先后在各类纸媒发表稿件 100 余篇，在各类网站刊登信息 260 余条，在宝鸡电视台、广播电视台报道 230 余次（条）。宝鸡市农村环境综合整治的经验被《人民日报》采访编发，并以生态文明建设为主题，组织相关部门和县区连续在《陕西日报》编发了 14 篇系列报道。

【开展绿色文明示范单位创建活动】 按照“典型引路，重点突破，以点带面，不断拓展”的工作思路，以品牌效应推动全市绿色文明工程向高品位深层次发展。2014 年，经过县区推荐申报、市创绿办检查考评，市政府对 28 个市级绿色学校、机关、企业进行了表彰命名，全市绿色文明示范单位已达 427 家（其中省级以上 68 个，市级 243 个，县区级 116 个）。

（张传鑫）

宝鸡市 2014 年环境质量公报

2014 年，遵照国家《环境监测技术规范》等相关规定，对市区环境空气质量要素、各类声环境指标及辖区地表水、饮用水源地水质等进行了监测。现将环境质量公告如下：

一、环境空气质量

市区空气自动监测网络由市环境监测中心站、技工学校、三陆医院、竹园沟、陈仓环保分局、宝鸡文理学院和三迪小学等 7 个质量评价站点和庙沟村 1 个清洁对照站点构成。从 2014 上 1 月 1 日起，依照国家《环境空气质量标准》（GB3095-2012），实行 24 小时连续自动监测。监测项目为 SO_2、NO_2、PM_{10}，$PM_{2.5}$、O_3 和 CO 六参数，实时上报 AQI 及六参数日报，全年监测 365 天。

1. 2014 年市区空气质量一级及二级天数 242 天，空气质量优良率 66.3%。在 123 天三级及以下污染天数中，首要污染物为 $PM_{2.5}$ 的天数占 71%，为 PM_{10} 的占 23%，O_3 和 CO 共占 6%。

2. 2014 年市区环境空气中二氧化硫年均值 24μg/m^3，二氧化氮年均值 36μg/m^3，达到国家环境空气质量二级标准。PM_{10} 年均值 121μg/m^3，$PM_{2.5}$ 年均值为 70μg/m^3，均超过国家环境空气质量二级标准。CO 第 95 百分位 24 小时平均浓度为 3.6μg/m^3，O_3-8h 第 90 百分位日均浓度为 124μg/m^3，达到国家标准。

3. 2014 年降尘、硫酸盐化速率进行逐日连续监测，城区年均降尘量 7.79 吨/km^2·月，硫酸盐化速率年均值 0.187SO_3mg/100cm^2 碱片·日。

4. 2014 年对市区 22 次降水过程全部采样分析，降水量约 610mm，降水 PH 值范围为 6.69~7.13，全年未出现酸雨。

2014 年市区环境空气中颗粒物 PM_{10}、$PM_{2.5}$ 年均值超标，是影响全市环境空气质量的主要污染物。空气污染总体呈煤烟、机动车尾气和扬尘混合型污染特征，且表现出一定季节性变化及空间分布差异，三级及以下天数的时间主要集中在采暖期。

二、水环境质量

1. 2014 年对渭河、嘉陵江、金陵河、清姜河、千河的九个地表水断面按月进行24项指标监测，五日生化需氧量、化学需氧量等监测项目达到《地表水环境质量标准》（GB3838-2002）相应功能区标准。

2. 2014年，按枯、平、丰水期，对冯家山水源地上游的千陇交界、千河公路桥进行了19项指标监测，均符合《地表水环境质量标准》（GB3838-2002）Ⅲ类功能区标准。对两个市级饮用水源地按月进行64项指标、全年1次109项指标监测，嘉—清饮用水源地（益门桥监测断面）和冯家山饮用水源地的五日生化需氧量、化学需氧量等监测项目符合《地表水环境质量标准》(GB3838-2002)Ⅱ类功能区标准。

3. 2014年，全市辖区内国家重点流域监测断面（渭河魏家堡断面、嘉陵江黄牛铺断面）按月进行24项指标监测，各项监测指标分别达到《地表水环境质量标准》（GB3838-2002）Ⅲ、Ⅱ类功能区标准。

2014年河流断面主要污染指标年均值统计汇总表

单位：mg/L

河流	断面名称	断面类别	五日生化需氧量	化学需氧量	高锰酸盐指数	氟化物	大肠菌群(个/L)	评价结果
渭河	林家村	II	2.1	12	2.4	0.34	728	达标
	卧龙寺桥	III	2.6	15	2.5	0.64	9200	超标
	虢镇桥	IV	3.5	14	2.6	0.68	13667	达标
	常兴桥	III	3.0	14	2.6	0.62	9200	达标
嘉陵江	凤　州	III	2.1	11	2.2	0.35	1275	达标
	灶火庵	III	2.4	11	2.2	0.34	2075	达标
清姜河	玻璃厂前	III	2.2	13	2.4	0.47	5242	达标
千　河	千阳公路桥	III	3.4	17	2.43	0.5	6667	达标
金陵河	石油桥	III	3.2	13	2.7	0.49	9200	超标
GB3838-2002		Ⅱ类	3	15	4	1.00	2000	—
		Ⅲ类	4	20	6	1.00	10000	—
		Ⅳ类	6	30	10	1.50	20000	—

三、声环境质量

1. 2014年市区各类功能区噪声按季度进行1次昼夜等效声级监测，共布设四个类别（居民文教区、工商混合区、工业集中区、交通干线两侧）的10个噪声功能区，监测4次，四个类别昼、夜等效声级年均值达标。

2. 2014年4月，对市区28条主要路段进行了交通噪声监测，监测道路总长88926米，监测点位53个，道路平均等效声级值67.8dB（A），低于《声环境质量标准》（GB3096-2008）相关标准。

3. 2014年9—10月，对市区111个区域噪声监测点位进行监测，平均等效声级值53.6dB（A），低于国家标准。

2014年交通噪声为市区主要噪声源，占总成分的64%，社会生活噪声源占比27%，工业噪声源占比8%，建筑施工噪声所占比例相对较小，在1%左右。

区域环境噪声源构成图

四、辐射环境质量（数据来源陕西省环境保护厅网站）

2014年宝鸡市电离辐射环境监测值在正常范围内波动，监测点测量值与全省放射性水平调查值相比较在同一水平范围（道路为60~200nGy/h），属天然正常值水平。γ累积剂量率为正常水平；水体监测点中放射性核素活度浓度监测结果为正常水平。2014年，宝鸡市持续推进和谐宝鸡创建，扎实开展大气及渭河治理，环境污染得到有效控制，全市大气和水环境空质量趋于稳定，功能区声环境质量持续改善，区域声环境质量稳定达标。

（宝鸡市环境保护局提供）

防震减灾

【概况】　宝鸡市地震局是市政府管理全市防震减灾工作的直属事业单位，承担《中华人民共和国防震减灾法》和《陕西省防震减灾条例》赋予的行政执法职责。宝鸡市地震局于1976年11月成立，机关人员编制16名，设局长、副局长各1名，设纪检组，局机关设办公室、监测预报科、震灾防御科、应急救援科及监察室。下属事业单位宝鸡市地震监测中心、陇县地震台、上王地震台和汤峪地震台，人员编制16名。

【全市防震减灾工作会议召开】
2014年3月11日，宝鸡市人民政府召开全市防震减灾工作会议。会议由副市长景耀平主持，市长钱引安和陕西省地震局副局长王恩虎出席会议。各县区主要领导、地震局长、地震专干、市防震减灾工作领导小组及抗震救灾指挥部成员单位负责人等共计130余人参加会议。会议共有四项内容，一是通报2014年度震情形势。二是总结了全市2013年防震减灾工作，部署了2014年工作任务。三是对2013年获得先进的渭滨区、眉县、岐山县、凤翔县和扶风县进行了表彰奖励。四是副市长景耀平分别与12个县区主要领导签订了防震减灾工作目标责任书。

【国家地震局领导到宝鸡调研】
2014年6月5日，国家地震局党组成员、副局长阴朝民一行来宝鸡，就防震减灾工作开展专题调研。省地震局局长胡斌、副局长李炳乾，市政府副市长景耀平、副秘书长曹海芹陪同调研。调研组召开座谈会，市政府副市长景耀平介绍了全市防震减灾工作情况。调研组对宝鸡市在监测预报、震害防御、应急救援三大体系建设中的做法和取得的成效给予了充分肯定，并就震情跟踪、应急救援体系建设、科普宣传教育等话题进行了交流探讨。现场参观了宝鸡市地震监测中心。

【白阿莹检查宝鸡市防震减灾工作】
2014年8月14日，副省长白阿莹一行来宝检查防震减灾工作。省政府副秘书长杨长亚、省地震局局长胡斌、宝鸡市副市长景耀平陪同检查。上午，副省长白阿莹一行检查了千阳县城关镇西关村二组崩塌地质灾害点隐患排查及整治、南寨小学校舍危房、草碧镇屈家湾村四组民居危房和移民搬迁新建民房抗震设防情况，观摩了宝鸡市地震灾害紧急救援队（市公安消防支队）装备展示。下午，召开了防震减灾工作座谈会，市长钱引安、副市长景耀平、市政府秘书长贺东，市地震局、市规划局主要负责同志，陇县、千阳县、岐山县、凤翔县、扶风县政府分管领导及地震局、住建局等部门负责同志参加会议。副市长景耀平代表市政府汇报宝鸡市防震减灾和地震应急准备工作，陇县、千阳县、岐山县、凤翔县、扶风县政府分管领导分别汇报了地震应急准备工作和农村民居抗震性能普查工作开展情况，市长钱引安就加强防震减灾工作做了发言。副省长白阿莹对宝鸡市防震减灾工作取得的成绩给予肯定，对进一步提升领导应急指挥决策能力、增强群众防震减灾意识、加强民居抗震设防等工作提出了明确要求。

【地震活动概况】　2014年，宝鸡市发生ML≥1.0地震14次。其中2级以上3次，未发生3级以上地震，最大地震为2014年5月12日发生在千阳的2.5级，地震活动频次高于上年（2013年度8次），地震活动强度较低。

2013年10月至2014年9月宝鸡市 $M_L \geq 1.0$ 级地震统计表

序号	时　间	经　度	纬　度	地　点	震级（M_L）
1	2013.10.30	34.65°	107.02°	千阳县	1.1
2	2013.11.30	34.83°	106.80°	陇　县	1.8
3	2013.12.04	35.02°	106.86°	陇　县	1.2
4	2013.12.25	34.81°	106.83°	陇　县	1.7
5	2014.02.11	34.90°	106.88°	陇　县	1.4
6	2014.02.28	33.93°	106.74°	凤　县	1.1
7	2014.03.06	34.69°	106.99°	千阳县	1.1
8	2014.03.09	34.90°	106.73°	凤　县	1.1
9	2014.04.29	33.87°	106.65°	凤　县	1.3

续表

序号	时　间	经　度	纬　度	地　点	震级（M_L）
10	2014. 04. 30	34. 57°	107. 12°	宝鸡市	1. 7
11	2014. 05. 12	33. 95°	107. 20°	太白县	2. 3
12	2014. 05. 12	34. 65°	107. 10°	千阳县	2. 5
13	2014. 07. 01	34. 34°	107. 87°	扶风县	2. 1
14	2014. 07. 06	34. 77°	106. 90°	陇　县	1. 7

【地震短临跟踪】 2014年，市地震局制定了《宝鸡市2014年度震情短临跟踪工作方案》，年内共召开会商会69次，落实宏观异常5起，编发《震情通报》12期、《震情传阅件》36期，编撰了《宝鸡市2014年度下半年地震趋势研究报告》《宝鸡市2015年度地震趋势研究报告》等。全市辖区126个地震监测台站（点）运行良好，虚拟测震台网运转连续率达99%以上，12县区信息节点运行率达到85%。

【群测群防工作】 2014年，市地震局调整充实“三网一员”人员队伍，开展了业务培训，全市登记备案“三网一员”人员958人。全市新建地温观测台16个，新建宏观观测点243个。恢复重建了岐山地震台，新上了地温、电磁、强震监测手段。对陇县地震台进行了综合提升改造，新增了观测手段。

宝鸡市前兆观测台站及主要测项

序号	台　名	手　段　测　项	备　注
1	宝鸡台	水氡及其辅助测项、地电阻率	省　属
2	上王台	水氡及其辅助测项	市　属
3	汤峪台	水氡及其辅助测项	市　属
4	陇县台	水氡及其辅助测项、地温、电磁等	市　属
5	千阳县水沟	水位	县　属
6	陇县演峪山	水位	县　属
7	凤翔县2#井	水位	县　属
8	金台区张家崖井	水位	县　属
9	岐山县蔡家坡中学	地温、地应力	县　属
10	陈仓区西观山道观	二龙泉（观察泉水）	市　属
11	岐山台	地温、电磁	市　属

【地震应急预案】 2014年，市地震局修订了市县镇及相关部门、学校、医院、生命线企业和人员密集场所的《地震应急预案》。市县政府和22个市级重点部门根据工作任务制定地震应急准备工作专项方案。修订了宝鸡市地震应急反应和处置流程，制定了一级、二级和三级应急响应处置流程，明确了市级11个专业工作组与省上各工作组之间的衔接责任。

【应急救援队伍自建】 2014年，市地震局对组建的宝鸡市地震灾害紧急救援队、地震现场工作队、地震志愿者队伍和岐山县民兵抗震抢险救援队伍进行了授旗，开展救援技能培训，配备了救援设备。全市有地震专业救援队97个、地震现场工作队14个、地震志愿者队伍28个。

【地震应急】 2014年，按照国家三类避难场所标准要求，全市建成投用14个应急避难场所，此外，还利用公园、绿地、广场、体育场等，建成临时应急避难场所106个。完善了市县应急物资储备和调配机制，确定了抗震救灾物资的种类和数量。市民政救灾物资库储备了帐篷、彩条布、棉被、棉衣、应急灯、救生衣等物资；市商务部门与商场、超市、加工企业协议储备了方便食品、饮用水（奶）；市粮油储备库储备了成品粮、面粉、大米、食用油。各县区根据当地实际，储备了一定数量的救灾物资。在行政中心2号楼3楼建成了宝鸡市地震应急指挥大厅及网络系统，实现了与省地震局、市应急办、县区地震局网络互联互通，信息共享。

【地震应急演练】 2014年，市地震局先后组织两次地震应急演练，3月28日，由陕西省地震局主办，宝鸡市地震局和渭滨区人民政府承办的村级地震应急演练和防震减灾宣传活动在渭滨区晁裕村举行。省地震局、宝鸡市区、镇（街）政府及各县地震局（办）、渭滨区防震减灾工作领导小组成员单位、晁峪村民众约300余人观摩；9月3日，宝鸡市地震应急抢险救援综合演练在千阳县体育场举行。演练从实战出发，共设置应急处置抢险救援、医疗救护、物资调配与灾民安置、通讯保障、卫生防疫、交通和电力设施抢险等13个科目，参演人员800余人。省应急办、省地震局、市委、市人大、市政府、市政协领导，市防震减灾工作领导小组成员单位领导、各县区主管领导、地震局局长（地震办主任）、地震专干及群众约2000余人参加观摩；凤县、太白等县区举办了大型综合地震应急演练，检验了县区三级应急响应处置流程。宝汉高速集团宝鸡分公司、宝鸡铁路技术学院、宝鸡烟公司、中国人民银行宝鸡分行等单位结合行业特点开展了应急疏散演练，市安监局、市公路管理局、冯家山水库管理局等单位开展了应急抢险演练，市医疗防役救援队与宝鸡陆军预备役后勤保障旅等单位开展了抗震救灾卫勤保障演练，市公安局对应急预案进行了抗震救灾联动桌面推演；2014年全市1300多所中小学校全面开展了地震应急疏散演练，实现了学校演练常态化、全覆盖。

【抗震设防管理】 2014年，市地震局把县区抗震设防工作纳入基本建设管理程序，落实了抗震设防标准。市区根据《宝鸡市地震小区划》，严格执行8度设防标准。全市一般建设工程抗震设防备案218项，对4个重大建设工程项目开展了地震安全性评价。各县区、市级部门对地质灾害隐患点、城乡危旧房屋、水利交通等重大基础设施、医院学校等重点部位、危险品经营企业以及各类矿山进行了拉网式排查和地震风险评估，对抗震性能达不到要求的设施进行加固改造，对存在的安全隐患进行了全面整改。

【岐山—马召断裂两侧农居普查】 2014年，开展了岐山—马召断裂两侧各10公里范围内农居抗震性能普查工作，市上成立了普查工作领导小组，组建了工作组和专家组，对7县1区（陇县、千阳县、凤翔县、岐山县、眉县、扶风县、麟游县、陈仓区）48个镇、590个村进行了逐户调查摸底，专家组同时开展了农居抗震性能鉴定，有效促进了岐山—马召断裂两侧农居普查和防震减灾工作。

【地震科普宣传培训】 2014年，利用防震减灾宣传月、“科技之春”宣传月、“7·28”唐山地震纪念日等时机，组织开展了多层次多形式的防震减灾宣传培训活动。5月份全市第六个防震减灾宣传月十项活动中，市委、市人大、市政府、市政协领导亲临指导并作动员讲话，宝鸡人民广播电台、宝鸡电视台、宝鸡日报社、宝鸡新闻网等新闻媒体都在第一时间播出宝鸡市防震减灾宣传活动情况，营造了宣传氛围。全年开展防震减灾科普报告会、大讲坛等专题讲座500余场次，播出平安中国地震公益广告片30余次，各类新闻媒介刊发防震减灾知识专刊100余篇，开展防震减灾知识“六进”活动800余次，发放宣传画册25万余份。举办乡镇长、农村党支部书记、村委会主任等不同层次管理人员培训班10期，举办县区地震局长、地震专干业务技能专题培训班2期。全面开展防震减灾示范县（区）、示范学校、示范社区、示范村、示范企业创建活动。全市共创建国家级示范社区3个、省级示范社区3个，省级示范学校9所、市级示范学校47所，创建市级地震安全民居示范村32个，县级示范企业2个。

（彭忠平）

综　述

【市工信局概况】　2010年4月，经市政府批准，宝鸡市工业和信息化局成立。宝鸡市工信局由原市工业交通办公室、市中小企业局和市信息办合并组建。局内设办公室、人事教育科(离退休人员服务科)、综合法规科、规划科、经济运行科、中省企业科、科技科、装备工业科、消费品工业科、原材料工业科、中小企业发展科、信息化推进科、网络与信息安全科、电子政务与软件服务业科、联社企业科15个科室和1个监察室。

【全市工业经济运行主要情况】　工业优势持续增强，全市规模以上工业增加值增长12.2%，分别高于全国、全省3.9和0.9个百分点。净增规模以上工业企业66户，东岭集团总收入突破750亿元，在中国企业500强中前移15位，陕汽控股集团在宝产值突破百亿。工业园区建设加快推进，高新区跻身全国百强产业园区，眉县科技工业园跻身省级经开区，新增西凤酒业工业园等4个省级重点县域工业集中区。企业技术创新力度加大，新增省级企业技术中心3个。非公经济快速发展，占GDP比重达到50.07%。瑞科新材料在“新三板”上市，秦川机床集团实现整体上市，新材料高技术创业投资基金挂牌运营。宝鸡市被评选为中国城市信息化50强城市，渭滨区互联网产业园开园，岐山县荣获首批陕西省电子商务示范县称号。

【全市规模以上工业企业完成总产值2242.63亿元】　全年全部工业增加值864.82亿元，比2013年增长11.9%，其中规模以上工业企业增加值772.96亿元，增长12.2%。全年规模以上工业总产值2242.63亿元，增长7.0%。其中，国有企业产值194.16亿元，下降20.6%；集体企业产值4.83亿元，下降8.8%；股份合作企业产值1.94亿元，增长31.0%；股份制企业产值1866.86亿元，增长13.2%；外商及港澳台商投资企业产值167.72亿元，下降9.3%；其他经济类型企业产值7.12亿元，下降28.6%。轻工业产值520.68亿元，增长9.0%；重工业产值1721.95亿元，增长6.3%。在规模以上工业中，八大支柱产业完成工业总产值2198.98亿元，增长6.6%。其中，纺织服装业49.85亿元，增长22.2%；医药制造业21.15亿元，增长19.7%；能源化工业331.43亿元，增长12.8%；非金属矿物制品业145.81亿元，增长11.9%；食品工业360.10亿元，增长7.6%；装备制造业604.52亿元，增长6.7%；冶金工业661.20亿元，增长2.2%；计算机、通信及其他电子设备制造业24.92亿元，下降19.8%。

【中小企业及园区工作成效显著】　全市中小企业完成产值3499.71亿元，增长19.7%，实现营业收入3343.5亿元，增长20.4%，增速居全省前列。县域工业集中区建设步伐不断加快，全市各级党委、政府将其作为加快工业发展的主要平台，做好园区重点项目跟踪服务，强化园区综合服务功能，营造园区发展的良好环境。全市20个省级重点建设工业集中区发展势头良好，实现工业产值1159亿元，同比增长16.24%，县域工业集中区建设对经济增长和工业发展的支撑作用明显增强。

【培育壮大九大产业集群】　一是开展产业集群“双向扶持”工作，对九大产业集群龙头企业采购市域内工业品进行奖励，对配套企业贷款给予贴息扶持。二是围绕吉利汽车项目配套，于10月组织宝鸡市15户汽车零部件重点企业赴成都高原汽车工业有限公司考察洽谈，开展配套对接活动，支持宝鸡市企业按照吉利配套标准和要求，提升技术装备水平，加强产品研发生产，引导企业进入吉利配套体系。三是完成飞雳士轮胎项目的调研论证。2月和5月赴北京对轮胎行业发展前景进行调研，完成“飞雳士”安全轮胎项目调研报告；9月，对深圳福开莱公司进行实地考察，完成考察报告。在调研基础上，修改完善市政府与福开莱公司的合作协议。

【加大技术创新力度】　一是围绕增

强企业自主创新能力，鼓励、支持企业完善技术创新体系，建设集产学研为一体的企业技术中心，并通过不断升级晋格，提高企业技术创新能力和水平。全年新增省级企业技术中心3户，市级企业技术中心10户。二是坚持政策引导与保障服务相结合，支持企业围绕行业共性、关键性、前瞻性技术及市场需求开展自主研发，攻克技术难题，实现稳步增长。工业企业全年开发省级重点新产品116个，实现税金3亿多元。三是在全市工业企业先后开展“质量信誉承诺”“质量标杆”和“品牌培育”活动，引导企业加强质量建设，构建质量诚信体系，向社会承诺履行质量责任，坚持诚信办企，创建自主品牌。全年有5户企业被评为陕西省质量标杆企业，11户企业列入陕西省品牌培育试点示范企业。四是围绕企业人才需求和企管人才素质需要，举办清华大学经营管理人员培训班及“中小企业领军人才”和“企业网建工程”培训；联手省内高校开展企业人才网上招聘活动，发布岗位信息85个，人才需求信息500个。

【推进两化融合】 编制印发《宝鸡市人民政府关于推进信息化和工业化深度融合的意见》，加快光纤宽带网、TD-LTE网和城市Wi-Fi建设，指导渭滨区建设移动互联网产业园，支持西普网络等本地互联网企业做大做强，引进央视网商城、58同城等国内互联网企业来宝鸡投资发展。开展智慧城市建设，引导金台区、凤翔县等县区开展智慧社区建设。起草出台《信息消费试点实施方案》，推进国家信息消费试点市建设。推动电子政务发展，协调金台区完成县级电子政务平台建设并通过省级验收，指导陈仓区、麟游县、太白县实施县级电子政务平台建设。开展市政府网站绩效评估，部署完成60个市级部门和12个县区政府网站绩效评估工作，提高全市政府网站整体建设管理水平。

【加大大气污染防治工作力度】 市工信局淘汰落后产能涉及6户企业，其中，水泥磨机3户，造纸2户，纺织1户，共淘汰水泥落后产能90万吨，Φ2.4×13m磨机3台；淘汰造纸落后产能2.1万吨，1575木浆生产线1条，1575废纸浆生产线3条；淘汰纺织落后产能2760万米。编制印发宝鸡市电机能效提升计划（2013—2015）实施方案，推广应用清洁生产技术。市工信局加强对行业关键共性清洁生产技术的产业化应用示范和成熟先进技术的推广示范，引导鼓励企业实施技术改造，提升行业的清洁生产水平，减少污染物的产生。开展煤炭市场综合整治。编制《全市煤炭市场综合整治实施方案》，会同执法、环保、质监、公安、交通运输、工商等部门，对全市范围内煤炭生产、运输、销售、使用等情况开展检查和联合执法，促使煤炭经营企业和储煤场地规范运作，提高用煤质量，最大限度降低煤炭储运过程产生粉尘对大气的影响。推进清洁能源汽车试点。协调解决一期15辆甲醇微型车试点过程中出现的问题，按市政府扩大甲醇汽车试点工作的要求，编制甲醇出租车试点实施方案，积极协调油品供应和加注环节存在的问题，指导吉利集团、延长中立公司做好试点前期各项准备工作。

（辛金阳　朱宏利）

装备制造业

【概况】 2014年，全市装备制造业完成工业总产值604.52亿元，增长6.7%，成为拉动全市工业经济的主要行业。特别是金属切削机床制造和汽车及零配件生产企业对工业增长的贡献率进一步提高。宝鸡石油钢管公司荣获2014年度石油工业用户满意企业称号，建成行业唯一、中国石油首个国家工程技术研究中心，荣获“陕西省质量服务信誉AAA级单位”称号，研制成功CT100钢级连续管。宝鸡石油机械公司石油螺纹量规校准通过国家级测量审核，9000米钻机将赴南美作业，2500马力压裂泵研制成功，“9000米海洋钻井包研制”课题通过国家验收，新型8000米超深井钻机首出国门。秦川机床集团公司董事长龙兴元当选2014“中国机电工业年度人物”，秦川集团实现整体上市，牵头承担的“立式铣车复合加工中心”重大专项通过国家验收，机械工业复杂型面数控磨床工程技术研究中心获授牌，秦川宝仪精细化创新成果获省国资委管理创新成果项目一等奖。陕汽集团在中国机械500强排名提升至27位。陕西法士特集团自主研发的并联液力缓速器实地测试获成功。由中铁宝桥承建的南京大胜关长江大桥获中国土木工程詹天佑奖。

【装备制造业存在的主要问题】 带动性强的龙头企业少，专业化程度高的小巨人企业不多，具有一定技术实力和规模加工能力、信誉度高、资质好的配套协作企业数量少，市内产品配套率低，未形成产业集群，影响产业发展水平和竞争力；竞争力强的新产品和名牌产品较少，大中型企业尚未形成具有核心竞争力的自主研发体系，中小企业引进消化吸收能力差，产品更新换代和技术升级比较缓慢，自主创新能力有待提高；全行业中央、省属企业比较多，实力雄厚，但条块分割的管理体制，中间产业薄弱，产业链条松散，在一定程度上影响了资源的合理配置和有效整合，未能形成区域竞争优势。

【宝鸡钢管荣获用户满意企业称号】 经石油工业用户满意评审委员会和实施卓越绩效先进企业评审委员会评审，中国质协石油分会审定，授予宝鸡石油钢管公司“2014年度石油工业用户满意企业”称号。公司主导产品“中”牌螺旋缝埋弧焊钢管再次评选为“石油工业用户满意产品”。宝世威公司王林博和住金公司王鸿杰荣获“2014年度石油工业用户满意杰出管理者”称号；公司专用管服务被授予“2014年度石油工业用户满意服务”称号；宝鸡专用管公司热处理分厂检测一班和宝世顺公司直缝工厂焊接三班被评为“2014年度石油工业用户满意服务班组”称号；宝鸡输送管公司张永祥和西安专用管公司祁军亮被评为“2014年度石油工业用户满意服务明星”称号。石油工业用户“七满意”工程是为鼓励石油企业以用户满意为发展的推动力，追求持续改进和提升服务质量，增强企业市场竞争力，由中国质量协会石油分会发起，组织各会员单位创建用户满意企业、产品、工程及用户满意服务班组、明星、杰出管理者（即用户“七满意”）和实施卓越绩效活动。

【宝鸡钢管建成国家工程技术研究中心】 2011年初，国家科技部依托宝鸡石油钢管有限责任公司，开始组建“国家石油天然气管材工程技术研究中心”。在集团公司支持下，经过三年多的努力，于2014年11月，宝鸡钢管完成组建计划，通过国家科技部验收，并被评为年度5个优秀国家工程技术研究中心之一。该中心是国内石油天然气管材领域唯一的国家级产业化研究平台，代表国家开展新产品研发、工程化研究、科技成果转化、工程设计和人才培养。三年中，6项制管核心技术和15项新产品陆续转化应用，推动了中国钢铁、制管、油气管道和油气开采等行业和领域的技术进步。自主研发的HO70连续管速度管柱、CT90连续管等6项产品，填补了国内技术空白，为宝鸡钢管新增营业收入8亿多元。

【宝鸡钢管研制成功CT100钢级连续管】 10月11日，宝鸡钢管公司自主研制的中国首盘CT100钢级连续管，经检测各项技术性能指标均达到APISpec5ST标准要求，这标志着公司在超高强连续管制造技术研究上取得了新突破。随着油气勘探开发不断向深部地层发展，超高强连续管凭借在深井、超深井、高压井以及页岩气井的钻井、多段压裂等作业中的独特性能优势，成为顶尖制管企业的研究热点。作为中国唯一的连续管生产厂家，宝鸡钢管公司依托国家石油天然气管材工程技术研究中心，自2013年起，先后在卷板开发、专用焊丝研制、形变热处理工艺、整管热处理等方面取得多项突破，并于2014年9月成功试制出中国第一盘CT100钢级、直径50.8毫米、壁厚4.44毫米连续管，全长3500米，打破了外国技术垄断，填补了国内空白。

【宝石机械泥浆泵出口创新高】 2014年，宝石机械公司累计出口泥浆泵175台，比2013年同期翻了一番，销量创历史新高。泥浆泵是宝石机械公司的主导产品之一，公司拥有500马力到3000马力多种规格的泥浆泵产品。宝石机械公司通过参加各类国际展会，提升BOMCO品牌在海外的知名度，在巩固原有市场的基础上，实现了泥浆泵在南美地区的首次出口，以20台的销量创下新客户签约纪录，还向加拿大出口4台高压泥浆泵。同时，公司不断提升泥浆泵产品质量和服务质量，使顾客满意率保持100%。

【宝石机械13项国产海洋石油装备集中展示】 11月28日，宝石机械公司举行海洋石油装备暨新技术推介会，向来自国内三大石油公司及相关行业30余家单位的58名海洋石油钻采装备专家、学者、用户，集中展示了由公司自主研发设计的13项海洋石油装备新产品及新技术，其中包括9000米海洋钻井包、海洋钻井隔水管系统、2200马力轻型高压泥浆泵等“国”字号产品。9000米海洋钻井包、海洋钻井隔水管系统均属于国家863重点项目，其成功研制填补了国内相关技术的空白。40吨海洋平台吊机属于陕西省重大科技专项和装备制造分公司科技统筹项目，自动化程度、安全性和精准度较高，整体技术达到国际先进水平，为中国开发南海等深水领域打下基础。公司已掌握国内领先的海洋石油装备制造技术，并具备为各类海洋平台提供钻修井装备的能力。公司已累计为客户提供海洋钻井包65套、自升式海洋钻井平台6套、海洋用泥浆泵200余套，其中，海洋钻井包实现国内市场占有率80%以上。同时，公司开拓国外市场，已经向墨西哥湾、波斯湾、里海地区出口了10部海洋钻机。

【宝石机械参加东欧最大石油展会】 5月26—29日，宝石机械公司组团参加2014俄罗斯第15届国际石油和天然气工业设备及技术展览会。此次参展由中国石油技术开发公司组织，宝石机械首次组团参加，展团由副总经理朱安达带队。展会上，公司展出了沙漠快速移运钻机、300英尺自升式钻井平台、低温钻机、压裂车、1600马力高压泥浆泵的模型，以及钢丝绳、钻头实物，向各国客商展示公司近年来的新产品与技术研发成果。来自世界各地的客商对BOMCO产品表现出浓厚兴趣，特别是300英尺海洋平台、50DBT沙漠快速移运钻机受到众多客商的称赞。

【宝石机械2500马力压裂泵研制成功】 6月6日，宝石机械公司自主研制的首台2500马力五缸压裂泵完成型式试验和100小时可靠性试验，各项性能指标均达到设计要求，标志着宝石公司在压裂泵设计、制造及试验技术等方面取得进展。压裂酸化作业在传统的低渗透油气储藏开发和页岩气等非常规油气开采中的重要性日益突出，压裂泵则是实施压裂酸化作业、提高采收率的核心设备。该压裂泵额定输入功率2500马力，最高压力105兆帕，最大排量40.3升/秒，轴承、齿轮、易损件等部件可靠性高，能满足压裂酸化作业和非常规油气开采作业的各种要求。2500马力压裂泵采用正偏置式曲柄连杆机构和超级组合螺母等创新设计，提高了泵的传动效率和可靠性，降低了拆装螺母的难度和劳动强度。2500马力压裂泵适合配备2000马力至2300水马力压裂车，该泵的研制成功丰富了公司泵类产品，也填补了集团公司在大功率压裂泵研制方面的空白。

【新型8000米超深井钻机首出国门】 5月22日，宝石机械公司为巴基斯坦研制的8000米电驱动钻机启程发运，首次走出国门。2013年8月，公司参与巴基斯坦用户的钻机投标，从9家竞标企业中脱颖而出，竞标成功。这台8000米钻机属于大配套钻机，结构复杂、配套厂家多，组装试验难度大。在近9个月的厂内生产和联调试验过程中，公司组织精干力量，对钻机的生产计划、组装场地、外协外购等方面进行提前规划，确保了产品质量和组装调试进度。8000米钻机是公司针对特殊地理环境和地质构造，研制生产的一款新型超深井钻机，应用了多项自主创新技术，钻机安全性好、智能化程度高。公司已产出4套8000米钻机，均用于地质结构复杂的新疆地区。尤其是首套8000米钻机，创造了两项全国钻井纪录，受到国内外用户的关注。

【“9000米海洋钻井包研制”课题通过国家验收】 4月2日，宝石机械公司承担的国家“863”计划“9000米海洋钻井包研制”课题，在北京通过专家组验收。“9000米海洋钻井包研制”于2011年被国家科技部列入国家“863”计划课题。公司安排副总工程师黄悦华担任课题长，项目运行中集中骨干力量，通过三维模拟、数学建模、试验与实验研究、大型结构分析软件应用及工艺评定等手段，完成了课题合同任务书中规定的各项目标任务，并在9000米海洋钻机优化配置和集成技术方面取得突破，在陆地钻井设备海洋适应性设计技术、超深井海洋井架设计及制造、分流器国产化、司钻房正压防爆技术、滚动式钻台滑移技术等方面取得创新性成果，所研发的9000米海洋钻机批量配套于300英尺自升式海洋钻井平台上。

【秦川集团实现整体上市】 陕西秦川机械发展股份有限公司于2014年9月11日晚发布公告称，截至公告发布日，除商标正在办理过户手续外，秦川发展本次重组吸收合并资产已交割完毕。这标志着秦川集团整体上市工作收官，秦川发展成为陕西首个集团整体上市的国企。

【“立式铣车复合加工中心”课题通过国家验收】 2014年，由陕西秦川机床工具集团牵头承担的“立式铣车复合加工中心”课题在用户现场西安三航动力科技有限公司通过验收。课题验收专家组组长由北京机床研究所研究员杨京彦担任，秦川集团、西安理工大学、山东大学、深圳市大族电机科技有限公司等牵头和参与单位分别做了汇报，机床用户西安三航动力科技有限公司介绍了产品应用和试验验证情况。经国家机床质量监督检验中心检测，课题研发产品的几何精度、位置精度、工作精度等指标都达到任务合同书的要求，机床平均无故障时间（MTBF）超过900小时。在该课题技术成果的基础上，陕西秦川机床工具集团有限公司完成了龙门式车铣复合加工中心系列产品VTM180、VTM260、VTM180/5，立式铣车复合加工中心系列产品VMT80、VMT100（T）、VMT200、VMT260的设计与制造，并已投放市场。

【宝鸡机床降本增效活动见成效】 面对机床工具行业市场低迷、利润空间减缩的局面，宝鸡机床集中四个月时间，举全员之力，狠抓降本增效工作。此次以“降本增效，厉行节约”为主题的活动，目标是2014年公司各项费用总额下降2000万元，活动主要载体是开展群众性合理化建议和技术革新。宝鸡机床研究所结合技术设计工作的特点，针对全功能数控车床的基础型CK7520进行挖掘，对每个部件的设计资料进行理论复核与整理，从设计源头上降本增效，提高产品质量。并在计划试验验证后，推至其他产品。针对用户反映的机床能耗等问题，研究所安排专人在仔细计算的基础上与客户沟通设计了一款低功率、小容量液压站，达到了降能耗的目的。改进的CK7520机床的电柜，在同样功率下，可提高电柜制冷效率10%。改变CK7520内防护为整体结构，避免接茬对缝，提升防护质量，并节约装配时间。

【秦川集团工程专业学位研究生联合培养基地获授牌】 由秦川集团公司、西安交通大学联合申报的“全国示范性工程专业学位研究生联合培养基地”获全国工程专业学位研究生教育指导委员会授牌。秦川集团公司与西安交通大学在产学研合作方面基础深厚，尤其是2012年以来，先后有34名来自西安交通大学机械工程学院的全日制工程硕士研究生来到公司，围绕具体机床产品，在公司专家和高校导师的联合指导下，开展科研实践活动，取得丰富的研究成果，一部分成果已在公司获得应用。工程专业学位研究生联合培养基地的建立有助于推动校企合作，有利于提升高层次创新人才培养能力、研究生就业创业能力和服务地方经济建设能力。

【秦川集团机械工业复杂型面数控磨床工程技术研究中心获授牌】 9月25—26日，2014年度机械工业科技工作会议在北京召开，大会举行了行业工程中心和实验室授牌仪式，秦川集团公司“机械工业复杂型面数控磨床工程技术研究中心”获授牌。此前，该工程技术研究中心以91.4分的高分通过机械行业联合会组织的专家验收。此次获授牌标志着公司在推进机械工业复杂型面精密数控机床行业科技成果的工程化和产业化方面，形成了面向社会开放服务的共性产业技术创新公共服务平台，为复杂型面精密数控机床行业的快速发展提供了一个产学研联合技术创新的组织运行模式。

【秦川铸造进入海工装备制造领域】 8月18日，中船重工十二所铸造科研生产基地揭牌仪式在秦川公司铸造工业园举行。秦川集团公司总裁胡弘，中船重工十二所所长宇文建鹏及相关部门负责人参加了揭牌仪式。科研生产基地的建成，旨在借助双方各自的生产制造优势，共同开发新产品，并使产品能够较快实现商品化销售。仪式上，双方先后签订了船用发动机低速铸件的五种机型，订单年需求量3000吨，批量交付合格后，双方将继续开发船用中速发动机铸件，预计年需求量将达到5000吨。此次双方的项目合作标志着秦川铸造迈进国家海工装备生产制造领域。

【宝鸡机床入选机械工业百强企业】 2014年7月，由中国机械工业联合会、中国汽车工业协会主办的“中国机械工业百强企业、汽车工业三十强企业信息发布会暨十年发展回顾”大会在北京召开。宝鸡机床在2013年行业运行困难增多、下行压力加大的背景下，转变发展方式，稳增长、调结构，实现工业总产值和销售收入同比增长4.8%和8%，入选中国机械工业百强企业，位列第96位。在发布的2013年度中国机械工业百强名单中，机床行业有10家入围。

【秦川集团进入铸造企业准入名单】　2014年，国家工信部公告第一批铸造企业准入名单，秦川集团公司、中铁宝桥集团公司和宝鸡机床集团忠诚铸锻有限公司进入首批公告名单。全省仅有8家企业进入第一批铸造企业准入名单。为加强铸造行业管理，促进节能减排和产业转型升级，2013年5月由国家工信部正式颁布《铸造行业准入条件》。该条件从企业建设条件和布局、生产工艺、生产装备、企业规模、产品质量、能源消耗、环境保护、职业健康安全以及劳动保护和人员素质等方面，对现有铸造企业和新建铸造企业必须达到的最低标准进行了明确规定。根据该条件，现有铸铁企业准入最低标准为生产规模达3000吨，新建铸铁企业最低准入标准为生产规模达10000吨。

【秦川集团获两项国家重大专项立项】　2014年5月30日，接国家数控机床专项办通知，陕西秦川机床工具集团有限公司牵头申报的“工业机器人关节减速器生产线”和陕西秦川机械发展股份有限公司牵头申报的“大型、高精度数控成形砂轮磨齿机”两个项目，获2014年国家“高档数控机床与基础制造装备”科技重大专项立项，两个项目共获国家财政部6728.7万元的资金支持。秦川集团承担的“工业机器人关节减速器生产线”课题，将开发并研制工业机器人关节减速器5个关键零件生产线和1条装配检测生产线。项目总投资12000万元，其中中央财政资金4657.4万元。秦川发展承担的“大型、高精度数控成形砂轮磨齿机”课题，项目总投资6200万元，其中中央财政资金2071.3万元。

【秦川被认定为中国驰名商标】　2014年，秦川集团公司“秦川QINCHUAN”商标被国家工商总局商标局认定为中国驰名商标，公司成为机械行业为数不多拥有驰名商标的企业之一。作为中国商标领域的最高荣誉，“中国驰名商标”是唯一在全球范围内受国际法律保护的品牌标志，这也意味着“秦川QINCHUAN”商标今后在专用权、禁用权上范围更大，在企业名称、网络域名等其他领域，可获得更有效的法律保护。

【陕汽集团全年总产值536亿元】　2014年，陕汽集团全年销售汽车10.7万辆，实现工业总产值536亿元，销售收入400亿元，其中天然气重卡销售1.46万辆，市场份额超过42%，位居行业榜首。同年，由中国机械工业企业管理协会主办，机械工业经济管理研究院和世界经理人集团联合承办的第七届《中国机械500强》排名于7月30日在北京发布，陕汽集团公司以总评94.43分的业绩荣获2014年度中国机械500强第27位，较2013年提升5位，再次蝉联陕西省入围企业榜首。

【陕汽集团推出“国四标准”全系列重卡】　2014年，陕西汽车集团执行“国四标准”的2014款全系列重卡亮相，这些车辆的上市将对减少颗粒物排放作出贡献。工业和信息化部2013年发布了《关于实施重型柴油车国四排放标准的通知》，决定自2013年7月1日起，新申报重型柴油车产品均应符合国四排放标准，这意味着，国三型重卡将逐步退出市场。顺应发展要求，2014年陕汽推出以“F”和“M”两大系列重卡为主导的全系列国四重卡，涵盖了德龙X3000、F3000和新M3000、新奥龙等产品。其中，德龙X3000重卡是陕汽针对中长途标载运输打造的一款全新高端产品，将成为国四排放时代节油物流的新力量。另外，德龙新M3000重卡全新升级，实现节能、舒适、可靠、智能、服务5大品质的突破，得到用户的认可，上市后销量已突破5000辆。

【陕西法士特并联液力缓速器实地测试获成功】　2014年1月，配装法士特并联液力缓速器的陕汽德龙F3000柴油自卸车获得甘肃省敦煌市环通汽贸有限责任公司的大批量订单。为满足购车客户对特殊路段车辆性能的特别要求，验证法士特液力缓速器的先进性和适用性，法士特技术人员和用户一起远赴甘肃敦煌，来到全国十大危险路段之一的当金山公路段，进行并联液力缓速器长距离、大坡度制动性能的实地路况验证。试验小组在没有使用刹车制动的前提下，完全依靠并联液力缓速器制动，完成了车辆重载74吨、最大坡度8%、41公里长距离的实地路况试验，不仅满足了用户的特殊要求，各项性能指标还远远高出“整车按设计载重、6%的坡度，时速30公里/小时、独立制动行驶6公里或12分钟”的国家标准。

【中铁宝桥承建的大桥获詹天佑奖】　12月4日，中国土木工程詹天佑奖在北京揭晓第十二届获奖榜单，在全国28个获奖土木工程项目中，中铁宝桥集团公司承建的京沪高速铁路南京大胜关长江大桥榜上有名。这是中国土木工程领域的工程最高奖。在此次京沪高铁整体荣获詹天佑大奖的同时，南京大胜关大桥作为京沪高铁全线最关键的控制性工程，单独获得表彰，可见这座具有里程碑意义的世界级大桥在业界所占分量之重。大桥于2006年8月破土动工，2011年1月随全线正式通车。2013年12月，南京大胜关长江大桥被评为2012—2013年度中国建筑工程“鲁班奖”。

【中铁宝桥参加“2014跨座式单轨交通系统应用与发展研讨会”】　11月20日，“2014跨座式单轨交通系统应用与发展研讨会”在重庆举行。国家相关部委领导、各省市政府相关部门、各地轨道企业、中国台湾和中国香港地区相关部门、中东欧国家和地区相关部门等80多家单位领导、轨道交通领域的专家共300余人出席研讨会。中铁宝桥集团公司总工程师吉敏廷受邀参会。集团公司作为重庆国际单轨协会会员，在研讨会上制作的4组跨座式单轨电动模型备受关注，模型模拟实物运行状态，直观地展示单轨交通三开五开道岔、单渡线和维护检查车等，代表了中铁宝桥在单轨产业中的龙头地位和产品优势。

【中铁宝桥参建的三项工程获全球工程大奖】 在FIDIC（国际咨询工程师联合会）2014年度工程颁奖典礼上，中铁宝桥集团公司参建的西安地铁二号线工程荣获2014年度“全球杰出工程”大奖，郑州黄河公铁两用桥、泰州长江公路大桥获“优秀奖”。FIDIC是国际上最具权威的、被世界银行认可的咨询工程师组织，2014年共评出六项优秀工程大奖和二十项优秀奖。其中，中国有一项工程获得大奖、七项工程获得优秀奖。西安地铁二号线工程于2014年6月16日全线建成通车，该线路采用的地铁道岔全部由中铁宝桥集团公司生产制造。此次西安地铁二号线工程荣获2014年度“全球杰出工程”大奖，成为中国乃至亚洲地区唯一获此殊荣的项目，也是全球第一个获FIDIC大奖的地铁工程。郑州黄河公铁两用桥的公铁合建长度达到9177米，是世界上最长的公铁合建桥梁。在此工程中，集团公司承担GL-2标段钢桁梁的生产制造任务。在泰州长江公路大桥建设中，集团公司承担钢塔柱和钢箱梁制造工程。其中，总高192米、总重12000吨的中塔钢塔柱是“中国第一重塔”。

【中低速磁浮交通系统新产品通过鉴定】 8月28日，宝鸡市工业和信息化局在宝桥集团公司召开集团公司研制的中低速磁浮交通系统单开道岔、三开道岔、旋转轨道新产品鉴定会。参加会议的单位有北京控股磁悬浮技术发展有限公司、深圳市地铁集团有限公司、国防科学技术大学、同济大学、湖南磁浮交通发展股份有限公司、北京城建设计研究总院。专家组通过查看生产场地、审验文件资料和认真讨论，一致同意中低速磁浮交通系统单开道岔、三开道岔、旋转轨道通过新产品鉴定。据专家介绍，这三项新产品拥有道岔梁活动端、锁定装置、台车、中间铰轴等4项专利。产品样机试装、试运转状态良好，并通过了10万次无故障耐久性运转试验，填补了国内产品的空白，达到国际先进水平。

（辛金阳　朱宏利）

电 子 工 业

【概况】 电子工业是宝鸡市传统优势产业之一。2014年，全市电子设备制造业完成工业总产值24.92亿元，下降19.8%。烽火光伏进入《光伏制造行业规范条件》企业名单，两项目跻身国家火炬计划产业化示范项目。西北机器有限公司荣获陕西电子信息集团2014年度“先进企业”称号，取得4项发明专利。

【电子工业存在的问题】 缺少有竞争力、规模化，能成为新的经济增长点的新产品；产品结构调整步伐较慢，企业发展速度偏低；电子产品市场竞争加剧，原材料及能源价格上涨，企业盈利水平降低，对行业发展产生了负面影响；宝鸡市电子工业国有企业占主体，虽经改革改制，但股权结构仍不尽合理，部分企业债务负担沉重，尚未摆脱困境；在推行现代化管理、转变经营机制、提高产品市场竞争力方面尚待加强。

【烽火光伏进入《光伏制造行业规范条件》企业名单】 在国家工信部网站公布的第三批符合《光伏制造行业规范条件》企业名单中，烽火光伏公司榜上有名。被列入名单的光伏企业，将作为在银行信贷、出口退税等方面实行差异化扶持政策的主要依据，对于化解产能过剩、推进兼并重组、强化扶优扶强、避免低水平重复建设起到重要引导作用。前期烽火光伏公司组织开展《光伏制造行业规范条件》申报工作，并通过现场抽检和专家评审等环节。实施《光伏制造行业规范条件》公告管理，是贯彻《国务院关于促进光伏产业健康发展的若干意见》文件要求，提高行业准入门槛，促进光伏产业优化布局、调整结构、转型升级，实现产业健康有序发展所采取的重要举措。

【烽火产品参加陕西省互采互用交流洽谈会】 9月4—5日，由省国资委主办的陕西省产品互采互用交流洽谈会在西安绿地会展中心举行。陕西省副省长李金柱以及陕西电子信息集团总经理燕林豹莅临烽火展台参观指导。本届展览会以“促进在省央企、省企交流合作”为主题，旨在为陕西国有企业搭建交流、展示、宣传的平台。展会邀请200余家省内国有企业参展，其中陕西电子信息集团所属有7家企业。烽火公司的烽火佰鸿、恒鑫纺机、诺信科技、工模具公司4家子公司展出LED系列照明灯具、系列手摇发电机、民用北斗、电力系列电磁铁等新产品，吸引了众多参观者驻足观看，了解产品性能，扩大了烽火民品项目的社会影响力。

【烽火两项目跻身国家火炬计划产业化示范项目】 2014年，陕西电子信息集团四个项目参与2013年国家火炬计划重点新产品计划项目的评选，首次有四个项目被授予“2013年国家火炬计划产业化示范项目”。其中两个项目是烽火集团旗下企业的项目，分别是宝鸡烽火诺信科技有限公司“羰基铁粉制造金属磁粉芯产业化示范项目”和西安烽火电子科技有限公司“出口型短波通信设备核心处理软件及模块”项目。两个项目均已取得国家科技部火炬高新技术产业开发中心颁发的项目证书。

【西北机器荣获“先进企业”称号】 1月15日，陕西电子信息集团公司在西安召开2014年度工作总结表彰会，西北机器有限公司荣获集团公司2014年度“先进企业”称号。2014年，西北机器有限公司按照“创新机制、严格管理、打造精品、提高效益”的经营方针，落实目标责任制，推进企业改革改制，狠抓科技创新工作，四大产业实现新的发展。全年实现营业收入15亿元，实现利润1500万元，完成了集团公司下达的经营指标任务。12月12日，在西安召开的2013—2014年全省电子信息制造业统计年报和定期报表工作总结会议上，西北机器有限公司被陕西省工业和信息化厅评为2014年度陕西省电子信息统计工作先进单位，这是自2004年以来，公司连续第10次获得此项荣誉。

【西北机器获得4项发明专利】 2014年，西北机器有限公司知识产权申报工作取得突破性进展，取得了4项由国家知识产权局颁发的《发明专利证书》，分别为：医疗事业部的“陀螺旋转式钴60放射系统旋转机构及加工方法”，电工设备厂的“一种铜带镀锡机的热镀锡装置”“一种成缆机摇篮的活动顶尖机构”和“一种小规格铜带轧机的轧辊结构”。2014年，公司获授权专利共计52项，其中，实用新型专利47项，外观专利1项，发明专利4项。上述4项发明专利的取得，对公司开发新品、开拓市场，发挥公司产品的自主知识产权优势，提升核心竞争力将产生积极影响。

（辛金阳　朱宏利）

冶金工业

【概况】 冶金工业是宝鸡支柱产业之一。2014年，全市冶金工业完成工业总产值661.2亿元，增长2.2%。经过多年的建设和发展，宝鸡市已成为以钛为主，铅、钼、锆、铪等稀有金属加工、销售、研发基地。但是也存在矿产资源储备不足，企业规模小、生产集中度低，产业链延伸及深加工不够等问题。宝钛股份通过中核集团合格供应商现场评审，将为公司在核电领域的市场开发与拓展工作奠定基础。东岭集团荣登“2014中国企业500强”排行榜，总收入758亿元，同比增长24.6%。

【宝钛股份通过中核集团合格供应商现场评审】 8月25—27日，中国核工业集团公司委托第三方评审机构——兴原认证中心对宝钛股份进行了现场评审，评审范围涉及股份公司钛及钛合金管材、棒材、丝材、板材、带卷及锻件的生产，内容包括质保、检验、试验、技术、工艺、生产、设备、计量、采购、人力资源、财务、营销等方面，涉及了公司所有部门和生产单位。评审组通过面对面询问、资料抽查、现场取证等方式对公司质量管理体系运行的有效性进行了评审，对公司质量管控能力、技术能力、制造能力等方面给予较高评价，对评审过程中发现的一些细节不足，提出了建议，整个评审过程中未发现不符合项。评审组将现场评审结论上报中国核工业集团公司，经专家委员会审定、批准后授予公司中核集团合格供应商资格，届时，中核集团下属110余家企业将可以对宝钛股份钛产品实施采购活动。

【东岭集团荣登500强排行榜】 在2014中国企业500强榜单中，陕西共有6家企业上榜。其中，东岭集团以营业收入608亿元的业绩荣登排行榜202位，比2013年前移15位，比2012年前移104位。这是东岭集团连续11年荣登中国企业500强榜单。2013年以来，东岭集团狠抓生产经营管理、创新经营模式，克服了全球经济下行的压力。集团下属的六大总公司开展生产经营竞赛活动，先算账后生产经营，推行“成本倒推”。同时鼓励承包经营，降低了生产经营成本。企业完成总收入608亿元，比2012年净增117亿元，同比增长24%。东岭集团在8月中旬发布的“2014中国民营企业500强”榜单中，位列第31名，是宝鸡市唯一入围该榜单的企业。

【东岭集团总收入758亿元】 2014年，东岭集团生产、经营、建设等各项工作均取得良好成绩，实现总收入757.87亿元，比2013年增长149.47亿元，同比增长24.6%，创造了东岭发展史上的新纪录。2014年，全球经济持续低迷，国内经济下滑压力加大，产能过剩和市场需求不旺更加严重。东岭集团领导班子引导员工迎难而上，带领员工应对市场困局，科学制定发展方案，推行和深化生产经营承包责任制，持续整合资源，为干事创业者搭建发展平台，调动了全体员工的积极性。

（辛金阳　朱宏利）

食品工业

【概况】 2014年，宝鸡市食品工业仍然呈现出较高的增长幅度，全年食品工业完成总产值360.1亿元，增长7.6%。但是也存在市场化进程缓慢，原料生产与加工需求对接困难，跟踪研究市场需求变化、开拓和占领市场意识不强；大多数产品知名度不高，市场占有率低；原料基地建设滞后于加工环节需要，食品产业链脆弱；投入不足，资金短缺，影响产业发展壮大；结构不尽合理，在全国叫得响的名牌还不多等问题。

【西凤酒品牌价值达330.88亿元】 9月27日，华樽杯第六届中国酒类品牌价值200强颁奖典礼在国家会议中心举行，经“华樽杯”第六届中国酒类品牌价值评议组委会评测，中国酒业200强名单出炉。西凤酒2014年度的品牌价值为330.88亿元，位列中国白酒第五位，由此连续6年入选中国白酒品牌前八强。此次庆典还公布了中国酒业十大年度人物等奖项的获奖名单，西凤酒总经理徐可强入选中国酒业年度人物，西凤酒获得十大创新营销案例大奖。同时，西凤酒还被授予2014年度“华樽杯”中国十大最具全球竞争力白酒领军品牌、2014年度“华樽杯”中国最具创新实力历史名酒品牌以及2014年度“华樽杯”中国酒类十大质量安全名酒。

【“凤香经典西凤酒”荣获酒类销售领军品牌称号】 8月15日，陕西省糖酒食品业年度企业、品牌授牌仪式在西安召开，西凤酒公司“凤香经典西凤酒”荣获“2013年陕西省酒类销售领军品牌”称号，集团公司董事长秦本平当选为新第三届陕西糖酒副食流通协会副会长。凤香经典西凤酒，是西凤公司打造的战略核心品牌，是西凤酒最为核心的“凤”香型白酒代表之一。凤香经典西凤酒坚持传统凤香酿酒工艺，精心勾兑，反复精细检测，以全新品牌形象实现全国化布局，深受消费者喜爱。

【西凤酒公司荣获“三秦善星”企业奖】 “大爱在三秦”慈善促进大会在陕西省政府举行，会上，西凤酒集团公司被授予“三秦善星”企业奖荣誉称号。本次活动由省委宣传部、省文明办、省新闻出版广电局和省慈善协会联合组织举行。西凤酒公司在做好生产经营工作的同时，履行企业社会责任，开展慈善公益事业，先后为宝鸡市慈善总会捐款200多万元，为灾区共捐款231.045万元，帮助四川雅安群众震后重建家园；在全国开展“最美乡村教师”评比活动中，向云南省怒江州特殊教育学校和教师捐款20万元。同时，按照市委《关于开展“推进城乡一体化，共建美丽新农村”包抓帮扶活动的通知》要求，在对口扶贫工作中，分别资助结对村组硬化道路1700米，预制排水沟1200米，安装变压器、路灯30盏，帮助村民种植10公顷核桃经济林，修建绿化休闲文化广场一处，绿化美化村容村貌，使村民生活环境有了明显提升。

【宝鸡卷烟厂杨安礼荣获“陕西省优秀班组长”称号】 陕西省第四届十大杰出工人暨班组建设表彰会在西安召开，陕西中烟工业有限责任公司宝鸡卷烟厂卷包车间硬盒丙班带班长杨安礼获“陕西省优秀班组长”荣誉称号。杨安礼所在的宝鸡卷烟厂卷包车间硬盒丙班为2009年成立的新班组，5年来他秉承“信任、协作、创优”的管理理念，坚持以情感温暖人、以标准培训人、以实干带动人的管理风格，以干克难，各项工作均取得佳绩。卷包车间硬盒丙班先后获得“宝鸡卷烟厂精细化管理第一名”“宝鸡卷烟厂对标创优班组课题一等奖”“陕西省工人先锋号”等荣誉，他本人也曾获得2013年“宝鸡市五一劳动奖章”“陕西省优秀班组长”等荣誉称号。

（辛全阳 朱宏利）

能源化工工业

【概况】 2014年，全市能源化工工业完成工业总产值331.43亿元，增长12.8%。国家对节能减排监管力度加大，安全环保费用不断增大，对能源化工工业发展提出新的挑战。

【红旗民爆产品出口刚果】 2014年初，陕西红旗民爆集团海外事业部签下出口刚果（布）200吨岩石乳化炸药的大单。这是集团继2012年实现产品出口欧亚大陆腹地蒙古国之后，实现的最大一笔海外贸易。刚果（布）位于非洲中西部，石油和木材是其两大经济支柱。已探明可采石油储量约19亿桶，是撒哈拉以南非洲第三大产油国。木材产量居非洲第10位。这次海外贸易，对于提振集团主业板块的信心，增强应对经营困境的决心，具有极大促进作用。

【鹏程爆破河南汝阳泉水沟尾矿坝工程成功起爆】 4月1日下午2时，随着一声闷响，由西安鹏程爆破工程有限公司组织实施的河南汝阳泉水沟尾矿坝工程成功实施第二次硐室爆破。本次爆破装药总量230吨，药室及导硐总长625米，分上下两层共三条药室，设计爆破方量39万方。警报解除后，技术人员进入爆破现场，测量爆破土方达到50万方，高质量地实现爆破方量。中国水电十五局的领导亲临现场，对本次爆破给予肯定。本次爆破的成功实施，是鹏程爆破公司继2013年8月完成湖北龙背湾水电站620吨硐室爆破工程后，组织实施的又一次硐室爆破工程，展示了公司在硐室爆破方面的技术优势和市场认可。

【乌干达客人到红旗民爆考察交流】 10月23日，乌干达国家安全部部长威尔森·穆如利·穆卡萨一行三人到陕西红旗民爆集团公司考察交流。集团公司领导高帆、李喜庆、冯建利接待了威尔森·穆如利·穆卡萨一行。双方围绕在乌建设乳化炸药厂有关事宜进行了商榷和探讨。威尔森·穆如利·穆卡萨介绍了乌干达的产业发展以及东非六国的矿山、石油、天然气等情况，并对集团公司的热情接待表示感谢。他表示，乌干达正处于蓬勃发展阶段，工程项目众多，民爆市场广阔，希望双方进一步加深了解，建立合作关系，实现互惠互利，共同发展。

（辛全阳 朱宏利）

电力工业

【概况】 宝鸡供电局隶属国家电网公司陕西省电力公司，是国有大型骨干企业，担负着宝鸡地区电网的规划、管理、建设、调度、运营和抢修等工作，向本地区9县3区（其中8个属趸售县电力局）和辖区内重要军工、企业、铁路等客户提供电力供应，并向甘肃、西安、咸阳、汉中等地区转供电力，供电面积18172平方公里，供电人口380万，是西北电网的重要枢纽之一。截至2014年底，企业固定资产原值37.28亿元，净值16.53亿元，年售电量突破71.25亿千瓦时，共有正式员工1909人、离退休员工1117人，设有职能部门11个、业务支撑机构7个、供电分局2个，集体企业由先行电力集团公司统一管理。辖有35千伏至110千伏变电站64座，变电总容量2994兆伏安；35千伏至110千伏输电线路119条，总长2172公里。2014年全年最大负荷125.95万千瓦，最大日供电量2508.67万千瓦时。110千伏秦岭输电运维班先进事迹先后被中央电视台《新闻直播间》、《晚间新闻》和《人民日报》等重要新闻媒体播出、刊载，并被授予“全国工人先锋号”。企业连续九年获得全市公共服务行业和窗口单位行风测评第一名，先后被授予“中央企业先进集体”、“陕西省文明单位”、“陕西省模范职工之家”、国家电网公司先进集体、陕西省电力公司综合先进单位、宝鸡市目标责任优胜单位等荣誉称号。

【2014年宝鸡市用电特点】　2014年，随着宝鸡市政府加大环境综合治理、关停污染企业、淘汰落后产能等一系列宏观调控政策的实施到位，宝鸡市辖区高耗能企业用电量降幅明显，突出表现在水泥生产、有色金属矿采选业、有色金属冶炼及加工业等工业企业用电降幅较大。因此，宝鸡地区全社会用电量同比增长3.24%，增幅趋缓。其中因农业与排灌用电量减少，第一产业用电量2.37亿千瓦时，占全地区比重3.16%，同比减少用电量5000万千瓦时，下降17.4%。第二产业用电量47.28亿千瓦时，占全地区比重63.01%，同比增加用电量1.3627亿千瓦时，增长2.97%。其中工业用电量46亿千瓦时，占全地区比重61.3%，同比增加用电量1.27亿千瓦时，增长2.83%。在工业行业中，黑色金属冶炼及压延加工业、水泥制造行业、有色金属冶炼及压延加工业、煤炭开采和洗选业、造纸及纸制品业、交通运输、电气、电子设备制造业等行业用电量增长明显，同时化学原料及化学制品制造业、通用及专用设备制造业、有色金属矿采选业等行业用电量出现大幅下滑。第三产业用电量13.4743亿千瓦时，占全地区比重17.96%，同比增加5787万千瓦时，增长4.49%。其中商业、住宿和餐饮业、信息传输、计算机服务和软件业、公共事业及管理组织等行业用电量增长迅速，而电气化铁路用电量降幅较大。宝鸡地区城乡居民生活用电量11.9096亿千瓦时，占全地区比重15.87%，同比增加9129万千瓦时，增长8.3%。

2014年宝鸡市用电结构表

单位：亿千瓦时

行业分类	本年用电量	本年用电量占全社会用电比重(%)	上年用电量	上年用电量占全社会用电比重(%)	同比增减值	增减率(%)
全社会用电总量	75.04	100.00	72.68	100.00	2.36	3.24
A. 全行业用电合计	63.13	84.13	61.68	84.87	1.44	2.34
第一产业	2.37	3.16	2.87	3.95	-0.5	-17.40
第二产业	47.28	63.01	45.92	63.18	1.36	2.97
第三产业	13.47	17.96	12.90	17.74	0.58	4.49
B. 城乡居民生活用电合计	11.91	15.87	11.00	15.13	0.91	8.30
其中：城镇居民	6.64	8.85	5.91	8.14	0.73	12.34
乡村居民	5.27	7.02	5.08	6.99	0.18	3.61
一、农、林、牧、渔业	2.37	3.16	2.87	3.95	-0.50	-17.40
二、工业	46.00	61.30	44.73	61.55	1.27	2.83
其中：轻工业	7.35	9.80	8.38	11.53	-1.03	-12.33
重工业	38.65	51.51	36.35	50.01	2.30	6.32
三、建筑业	1.28	1.71	1.18	1.63	0.10	8.24
四、交通运输、仓储和邮政业	5.78	7.70	6.15	8.46	-0.37	-6.03
五、信息传输、计算机服务和软件业	0.63	0.84	0.49	0.68	0.14	27.53
六、商业、住宿和餐饮业	3.24	4.32	2.57	3.54	0.67	26.13
七、金融、房地产、商务及居民服务业	1.47	1.95	1.45	1.99	0.02	1.17
八、公共事业及管理组织	2.36	3.14	2.23	3.07	0.12	5.60

【宝鸡电网系列工程投资 3.31 亿元】 2014 年，有序衔接，超前编制宝鸡电网“十三五”规划和市县两级配电网规划，电网规划和建设稳步推进。编制 12 个片区电网详细规划，市区覆盖率 100%。推进陕西省电力公司与宝鸡市政府、陕西省地方电力有限公司宝鸡供电分公司座谈，与宝鸡供电分公司紧密协作断开第一条地电省外电源。基建里程碑计划稳步实施，110 千伏太白变电站增容改造工程、孔明输变电工程顺利投产，110 千伏斜坡堡输变电工程、35 千伏草店输变电工程、横渠增容改造工程按期开工。全年完成固定资产投资 3.31 亿元，投产电网项目 2 个，建设 35 千伏及以上线路 7.42 公里、变电容量 12 万千伏安，里程碑计划完成率 100%。完成农村电网改造 5375 户，新建 10 千伏供电线路 74.3 千米，新建 0.4 千伏供电线路 131.33 千米。新建住宅户表工程稳步推进，报建项目 72 户，签订协议 32 户。安装智能表 8.46 万只、安装集中器 860 只，安装采集器 5438 只，完成非统调电厂关口采集 96 户，采集覆盖率达 100%。服务宝麟铁路、连霍高速等重点工程建设，加紧实施 23 条线路改迁任务，川陕路线路落地工程得到市领导和市民赞扬。

【创新供电服务措施】 2014 年，宝鸡供电局把供电优质服务与“三查两纠两提升专项活动”、“标准化营业厅达标竞赛”、“营业窗口和供电服务效能监察”及“创建全国文明城市活动”有机结合。开展用电营业“三查两纠两提升”活动，推行阳光、微笑、规范、廉洁“四心”特色服务，问题整改和服务承诺兑现率均为 100%。斗中路营业厅“三全、三化、四心、三零”的“3343”服务法，在简化业务办理流程、拓展更多服务功能、深化便民措施等方面的服务举措作为典型经验在全省推广。拓展多元化便民缴费渠道，宣传网上支付宝、银联全民付、移动 POS 机、自助缴费终端、农行（邮政）代收业务等 13 种自助缴费方式，建成城市“十分钟缴费圈”和农村“村村有缴费点”，共设缴费网点 809 个。截至 2014 年底，低压离柜缴费率完成 99.45%，名列全省第一名。不断规范完善停电计划公告管理，在利用《宝鸡日报》、宝鸡广播电台、95598 服务热线、12398 政府信息公开网、宝鸡新闻网、大友 123 网站等多种方式对外公告的基础上，全市各营业网点积极宣传“宝鸡电二保”微信平台，方便客户查询停电信息、办事流程和相关用电政策信息。加强故障抢修力量配置，严格抢修时限考核，实现抢修服务快速联动，24 小时电力故障报修服务水平显著提升，得到广大客户和社会的一致认可。全力参与全市“双创”，着力提高服务品质和行业文明，在宝鸡市 2014 年行风测评公共服务和窗口单位中获得第一名。

【实施应急集中保电管理新模式】 全力保障 34 个省市重点项目建设，简化业扩报装手续，实施“一站式服务”，落实“一对一”客户经理负责制和供电服务跟踪制，提供“四快”服务，吉利汽车、石鼓文化城建设等 12 户顺利投运。争取新建住宅户表政策，推进老旧小区户表改造工作，将全市 145 个新建住宅项目纳入范围，15 个项目已建成投运，新增“一户一表”用户 10972 户。实施“五集三快一强”应急集中保电管理新模式，成立专业保电组，对各项保电工作做到超前安排、周密准备和现场驻守，圆满完成 23 项重要保电任务，实现法定假日“零投诉”，特别是“陕西省第十五届运动会”、青岛啤酒节和“第 27 届世界佛教徒联谊大会”保电系列活动，受到宝鸡市政府和社会各界的赞誉。

【提升企业管理水平】 2014 年，宝鸡供电局贯彻陕西省电力公司和宝鸡市委、市政府决策部署，深入推进“夯实基础、提升管理”，努力实现“改革创新、提质增效”，广大干部员工转观念、强管理、促发展，共克时艰，各项工作在高标准谋划、严要求部署、快节奏推进中迈出了坚实步伐，确保了目标任务顺利、高效、圆满完成，荣获国家“安全生产标准化达标一级企业”“全国电力行业用户满意服务单位”“陕西省依法治企示范单位”称号，企业素质和员工素质显著提升。全面夯实基础，安全生产保持平稳，宝鸡电网经受住了历史最大负荷 125.95 万千瓦的严峻考验。坚持问题导向，党的群众路线教育实践活动成效显著。以销号式管理推动“两方案一计划”全面落实，各类会议压减 28%、发文压减 40%、“三公”经费同比下降 46.65%、办公用房调整到位率 100%。大力推进班组减负，作废、合并班组记录报表 56 项，解决实际困难 14 项。开门纳谏 6 个方面 68 条，整改完成率 100%。废止制度 25 项，修订 11 项，新建 6 项，固化了“一线工作法”等一批制度成果。强化作风，和谐企业建设持续加强。建局 55 周年“光明与文明同行”图片实物展及新老变电站参观活动引起广泛共鸣。持续树推先进典型，秦岭输电运维班荣获“全国工人先锋号”，班长周红亮被评为国家电网公司“特等劳模”，荣登“中国好人榜”。

（赵秋课）

宝鸡供电局领导成员

局长、党委副书记	周海军
党委书记、副局长	刘玉洋
副局长	冯建业
	韩金波
	张维佳
副局长	雷伟
纪委书记	赵冰
工会主席	刘耀辉
总会计师	赵宏萍

农业·农村经济

编辑　朱亚祥

综　　述

【概况】　2014年，全市农业和农村经济工作围绕稳增长、促改革、调结构、惠民生，发展现代农业，精准扶贫力度，促进农民增收，使全市农业农村经济健康发展。全市农林牧渔及农林牧渔服务业完成总产值280.9亿元，增长4.9%。其中，农业产值159.71亿元，增长5.7%；畜牧业产值99.64亿元，增长3.3%。全市农民人均纯收入9421元，增长12.5%。

【现代农业建设】　全市粮食播种面积500万亩，总产144.32万吨，分别增长1.4%和下降0.9%。油料播种面积16.2万亩，下降4.6%，总产1.92万吨，增长8.5%。存栏奶牛21.54万头、羊56.82万只，分别增长1.1%、2.8%；存栏生猪108.47万头、家禽933.55万只，分别下降1.9%、1.1%；出栏牛20.17万头、猪167.44万头、羊43.92万只、家禽1013.56万只，分别增长2.2%、3.1%、3.9%和0.4%；全市肉、奶、蛋产量达到18.07万吨、66.24万吨和7.5万吨，分别增长3.0%、1.0%、-1.2%。全市果业面积达到185.1万亩，产量156.2万吨，分别增长5.6%和7.5%。发展蔬菜90.3万亩，产量136.36万吨，分别增加3.6%和5.6%。全年水产养殖面积4.6万亩，增长0.6%，水产品产量7467吨，增长4.1%。全市现代农业园区达到299个（其中国家级6个，省级36个），园区规划总面积达到75.21万亩，建成区面积47.93万亩，陈仓区被农业部授予国家级现代农业示范园区称号，千阳海升示范园被国家标准委认定为国家矮砧苹果综合标准化示范园。全市国家级“一村一品"示范村达到4个、镇2个，省级示范村925个、镇49个，千阳县南寨镇三合村被认定为全国一村一品示范村。新命名省级重点龙头企业11户、市级36户，全市农业产业化重点龙头企业达到260户，其中国家级5户、省级51户。新发展农民专业合作社237个，全市达到2125个，辐射带动农户15.6万户，占到农户总数23.4%。认定市级示范家庭农场125个，新发展家庭农场159个，全市家庭农场达到2173个。举办第四届宝鸡市休闲农家（农庄）乡土美食推介活动，推进宝鸡国家级休闲农业示范区建设，建成休闲农业示范园47个、休闲农庄57个、休闲农家示范村50个2336户。开拓网上电子商务平台，齐峰猕猴桃淘宝网专营店开通，姜炎臻品“宝鸡农产品商城”电子商务平台开通试运行。新发展农社对接直销店13家，总量达到132个，受益市民65万人。有序推进1900名职业农民培育，9名农民取得全省新型高级农民资格。持续开展“双千”活动，推广现代农业主推技术10项、生产经营模式15项，累计推广680万亩次、270个场户。全市无公害农产品累计达到173个，产地68个。西山被命名为陕西省首家有机农业示范基地。建成养殖小区沼气池40处，“三沼”综合利用35万亩。全市农机总动力265.8万千瓦，主要农作物机械化水平达到74.2%。全年发放各类惠农补贴54639.98万元。争取中省投资2.43亿元，到位1.31亿万元；招商引资项目24个，到位资金5.93亿元。

【林业生态建设】　实施绿色宝鸡“九大工程”，完成关中大地园林化绿化45.4万亩、植树4625万株。实施西宝客专沿线绿化造林2万亩、植树400多万株；推进千里绿色长廊绿化，累计完成绿化长度4900多公里、植树900万株，省绿委、林业厅在宝鸡市召开了全省千里绿色长廊建设现场会；加快渭河北坡森林屏障建设，市域直观坡面绿化28万多亩、2400多万株；推进千渭之会湿地公园建设，带动全市营建水系两岸防护林带400公里；推进城镇村庄绿化，市区新增绿地3000亩、植树45万株，县城和重点镇绿化3.5万亩、栽植各类苗木380万株，以“三化一片林”绿色建园建设为重点的村庄绿化5万亩、植树500万株。开展大规模义务植树活动40多次，推进社会造林935万株。全年退耕还林、天然林保护、防护林工程等林业重点工程造林36.45万亩。全市森林覆盖率达到53.78%，顺利通过国家森林城市复检。新栽核桃10.5万亩、花椒1.3

万亩，完成老园改造9万亩。发展林业多种经营，新增野生动物驯养繁殖、经营户10户，累计达到152户，林麝存栏达到5957头，人工养麝存栏数量居全国第一。年内森林公园接待游客139.1万人次，森林旅游综合收入8048.45万元。兑现到户退耕还林政策补助资金6493万元。落实政策性森林、核桃、花椒保险1155万亩，保障金额57.7亿元。新核发林权证1400本，累计核发林权证23.5万本，发证率达到96%。

【水利事业发展】 全年完成水利固定资产投资17.7亿元，争取中省投资11.78亿元。投资5.1亿元，绿化渭河堤顶道路及堤防46.3公里，完成了渭河干流堤防新修加固任务；完成宝鸡峡至硖石河堤防3.3公里，建成支流入渭口交通桥13座；完善提升绿色生态景观长廊，岐山段荣获国家级水利风景区称号。完成金陵河金台区、陈仓区段以及凤翔县横水河、凤县安河治理工程，新修加固堤防护岸18.23公里。投资60多万元，在嘉陵江投放大规格鲤鱼、鲫鱼等鱼苗140多万尾，恢复河道水生生物资源。总投资5.79亿元的石头河引水工程建成通水，向高新区、陈仓区、眉县城区供水749万立方米。完成14座水电站增效扩容项目机组安装调试和颜家河水电站电气化项目。投资3300万元，完成冯家山水库灌区节水改造及泵站更新年度任务。投资1.47亿元，恢复改善灌溉面积10.4万亩，发展高效节水灌溉面积2.1万亩。投资5300万元，治理水土流失面积400平方公里，千阳县段家湾被评为省级水保示范园；新修改造基本农田4万亩，配套建设水窖45个、生产道路17.6公里。投资6600万元，建成农村饮水工程137处，解决了13.6万农村人口安全饮水问题。水利部、全国节约用水办公室授予宝鸡市“第三批全国节水型社会建设示范区”称号。

【扶贫开发】 继续实施89个整村推进项目，完成项目投资11592.65万元，其中，财政扶贫资金3060万元，部门整合资金4268.6万元，群众投工投劳折资及自筹资金4264.05万元。在秦岭北麓和渭北旱塬地区实施移民扶贫搬迁，项目涉及9县3区，已完成总投资27731.65万元，计划搬迁的2123户已全部启动建设，共建集中安置点58个，其中1737户已完成主体建设，333户入住新房。投资7150万元，1300户“三无户”移民新居全部建成，建设集中安置点87个，集中安置率达48.8%。六盘山和秦巴山片区扶贫共实施基础设施、产业发展、民生改善等项目799个，完成投资125.3965亿元；世行五期扶贫项目完成投资1483万元。争取产业扶贫财政资金3739万元，实施产业扶贫项目15个，带动贫困户2.8万户。全年实现12.66万农村贫困人口脱贫。健全规范互助资金协会村186个，互助资金总量达到5023.7万元，年内发放生产性借款3230万元，发展会员17885户。投入财政资金2664.64万元实施贫困户能力建设，资助新考入农村贫困大学生2020名，实施雨露计划职业技能学历教育补助2439人，培训贫困户家庭劳动力和扶贫移民搬迁户2828人，完成农民实用技术培训10.85万人。

【供销社服务“三农”】 推进供销社改革，确定陇县为省社综合改革试点县，挂牌成立全市首家农村资金互助会陇县惠利农村资金互助会，在破解农合组织融资难题方面进行了探索。加快网络资源整合和现代化改造，加大配送中心新建和升级改造步伐，提升整体规模，全年发展乡镇超市12个、农家店164个，规范社区再生资源网点40个。新发展农民专业合作社31个，规范提升228个，专业社累计达到269个，麟游久香核桃合作社被评为国家级示范合作社，陈仓兴昊、岐山空心挂面等5个专业社被评为省级示范社。探索农校、农社对接、电子商务等现代流通方式，为农产品展销展示开辟渠道，全年共助农推销农产品18.7亿元。依托宝鸡名优农产品展销中心建成1个市级、7个县级“一县一品、百县百品”优质农产品示范店；打造电商平台，线上销售商品达到500多个品种，岐山县成立农产品电子商务协会和陕西西岐电子商务公司，全县电商企业和个体网商达到67家和266户，销售额突破2200万元。全年开展技术咨询、培训讲座等服务96场次，培训农产品经纪人1572人，培训协会会员、专业社负责人、农村妇女等1880人次，服务农民10万多人。加大招商力度，全年共实现合同引资3.4亿元，到位资金1.35亿元。全系统开工建设项目34个，总投资3.8亿元，已建成投用16个。

（寇　莉）

畜　牧　业

【概况】 2014年，全市存栏牛50.84万头，其中奶牛21.54万头，同比增长1.1%、0.7%。存栏羊56.82万只，增长2.8%，存栏猪108.84万头、家禽933.55万只，同比下降1.9%、1.1%。出栏牛20.17万头、羊43.92万只，增长2.2%、3.9%。出栏猪167.44万头、家禽1013.56万只，增长3.1%、0.4%。肉、奶、蛋产量达到18.07万吨、66.24万吨和7.5万吨，增长3%、1%、-1.2%。

【推进规模养殖】 高端奶业基地建设方面，陇县温水、千阳县祝尔康两个两千头奶牛场二期续建、岐山县凯农两千头奶牛场新建工程基本完工，陈仓区八戒千头牛场加快建设。新建500头标准化奶牛小区10个。全市千头现代化奶牛场累计达到21个，标准化奶牛小区86个。亿只肉鸡基地建设方面，推进肉鸡全产业链项目，新希望六和饲料厂、陕西石羊年产18万吨饲料的加工厂已建成投产。山东大成孵化场购进种鸡苗10万套，肉种鸡投入生产。全市新发展万只以上肉鸡标准化养殖大棚27个，肉鸡产业园2个，存栏肉鸡130万只。肉鸡标准化养殖大棚累计达到79个，肉鸡产业园5个。百万头肉牛肉羊基

2014年，省农业厅厅长白宜勤在副市长景耀平陪同下视察省布尔羊良种繁育中心

地建设方面，扶持繁育、育肥场户20个。全市肉牛、肉羊规模场累计分别达到46个、78个。全市肉、奶、蛋产量分别达到18.2万吨、68.1万吨和8.3万吨，同比分别增长0.55%、3.81%、9.35%。

【开展畜禽标准化示范场创建】 按照部、省、市畜禽标准化创建层级管理的原则，组织畜牧技术人员，到畜禽养殖场调查摸底，按照创建标准和要求，做好申报推荐工作。组织专家组定期到县进场开展技术指导与咨询服务，选派县区业务骨干，作为辖区创建单位指定技术负责人，负责创建单位的方案制定和技术指导。全市共创建畜禽标准化示范场60个，其中部级13个，省级47个，市级19个。

【完成畜禽屠宰职能划转移交】 按照国务院深化改革要求，畜禽屠宰管理由商务部门交由农业部门管理。年初，对全市畜禽定点屠宰行业基本情况、现行屠宰管理等情况进行摸底调查，组织县区完成了全市28家畜禽屠宰企业调查和资料上报。协调相关部门，做好职能划转移交。12个县区基本完成职能划转，发放肉品品质检验票证660本。

【抓好重大动物疫病防控】 按照"预防为主"的方针，全市160个畜牧兽医单位共落实包场技术人员603名，包抓规模养殖场户2689个。全市组织调回高致病性禽流感、口蹄疫、猪瘟、高致病性猪蓝耳病疫苗共1579万头份（羽、毫升），免疫偶蹄家畜121.1万头（只）、家禽615.51万只，各病种免疫密度均达到了100%。全市各级动物卫生监督所实施宰前、宰中、宰后全流程同步检疫，严把"入场关""待宰关""同步检疫关"和"宰后处理关"，规范了屠宰检疫程序。4个省际间公路动物防疫监督检查站坚持24小时值班，严格查证验物，实施"查、堵、处、消"为主的综合监督管理措施，严防疫情传入。防范小反刍兽疫，组织小反刍兽疫疫苗43.8万头份，共免疫羊30.58万只，免疫率100%。

（张宝军）

种 植 业

【概况】 2014年，全市粮食播种面积500万亩，较上年增长1.4%；粮食总产量144.32万吨，下降0.9%。新建果园15.2万亩，果业面积、产量分别达到185.1万亩、156.2万吨，增长5.6%、7.5%。蔬菜面积、产量分别达到90.3万亩、162万吨，增长3.6%、3.1%。全市农业总产值达到280.9亿元，比上年增长4.9%；农民人均纯收入达到9421元，增长12.5%。

【粮食大灾之年取得丰收】 面对冬春连旱、盛夏持续高温干旱和秋淋自然灾害，抓好田间管理，取得夏粮丰收。开展早春灌溉21.5万亩、春耕划锄32.8万亩、化学除草54.3万亩、追肥46.2万亩，专业化防控病虫草害60万亩次。立足抗旱减灾，保障秋粮生产。灌溉夏玉米100.6万亩、"以菜补秋"9.4万亩，防控玉米螟，遏制病虫危害。抓高产创建，建立小麦、玉米万亩示范片45个、百亩攻关田70个，实施面积48.7万亩，占全年粮食面积11.7%。川塬灌区水地、山区旱地小麦万亩示范片平均亩产分别比全市平均水平增产83.5%、34.5%，百亩公关田分别高出101.4%、45.8%。夏玉米万亩示范区、百亩攻关田平均亩产分别比全市平均水平增产113.7%、130.7%。

【推进果业规模扩张】 打造宝鸡矮砧苹果和优质猕猴桃基地，以百亩园、千亩方、万亩区建设为抓手，选择栽植基础好、群众热情高的乡镇和村组，采取统一规划、统一品种、统一苗木、统一栽植、分户管理的办法，集中连片、规模发展、板块推进。全市共新建千亩果园10个，500亩以上果园13个，累计新建果园15.2万亩，其中苹果11.2万亩，猕猴桃3.1万亩，杂果0.9万亩。聘请美国、荷兰等国4名专家为苹果矮砧栽培技术顾问，组织153名县乡技术人员及种植大户参加全省果业栽培培训班。千阳县引进33名农学硕士从事果业技术服务，组建苹果"田间大学"，培育职业果农。依托西农大眉县猕猴桃试验示范站，制定陕西省地方标准《猕猴桃标准综合体（送审稿）》，为陕西省猕猴桃产业发展提供技术支撑。千阳县海升苹果示范园被国家标准化管理委员会认定为国家苹果矮砧综合标准化示范区。申报创建部级果业标准园2个、市级果业标准园15个。推广苹果矮砧生产海

2014年，喜获丰收的眉县大樱桃

升模式，新建示范园5000亩，苹果矮砧立架栽培面积达到2.4万亩。

【壮大无公害蔬菜基地】 突出设施蔬菜和高山绿色有机蔬菜，强化行政推动，落实建设用地，搞好技术服务。申报设施蔬菜标准化示范园3个、育苗站（点）11个、技术培训基地3个、新型市场主体培育6个、食用菌示范项目6个。发挥“宝塔式”百人技术团队优势，引进新优品种，推广水肥一体化、增温补光、病虫害绿色防控等高效栽培技术，秦岭高山蔬菜主要推广黄板诱杀、性诱剂、植物性杀虫剂，应用高效低毒农药等绿色防控技术，提高生产水平。全市设施蔬菜达到25.6万亩（日光温室3.4万亩，大中小棚蔬菜22.2万亩），秦岭高山菜达到20.2万亩。

【加快农产品物流精深加工中心】 支持眉县国家级猕猴桃交易中心建设，会展中心主体工程完工，果品交易区、科技研发与会展中心、综合加工区、冷藏处理区等4个功能区已建成。全市新增果蔬贮藏能力3.4万吨，绛帐纳入陕西省农产品加工产业示范园区“一体两翼”总体规划，在宝鸡市扶风县绛帐镇建设3000亩农产品加工园区。

【突出现代农业园区示范作用】 巩固提升25个省级、35个市级现代农业园区，强化政策统筹，实施分类管理，整合项目资金，集成先进技术，推进园区建设。建立部门包抓园区制度，14个成员单位包抓省、市级园区52个，提供项目、政策支持。探索园区建设新机制，在眉县槐芽草莓、千阳县海升、陈仓区绿丰源园区分别开展土地合作、劳务合作和专业合作试点，破解土地流转难、劳动力短缺、示范带动慢等发展瓶颈。扩张园区数量，陈仓现代农业示范区晋升国家级现代农业园区示范区。新命名省级11个、市级34个。全市现代农业园区达到299个，其中国家级6个、省级36个、市级69个。园区规划总面积达到75.21万亩，建成区面积47.93万亩，分别占到耕地总面积16.71%、10.65%。园区完成投资33.05亿元，辐射带动农民31.26万人，园区内农民人均纯收入11337元。

【拓展休闲农业】 举办第四届宝鸡市休闲农家（农庄）乡土美食推介活动，推进宝鸡国家级休闲农业示范区建设，新建休闲农业项目15个，完成投资3.02亿元。全市休闲农业示范园47个、休闲农庄57个、休闲农家示范村50个2336户。壮大一村一品，千阳县南寨镇三合村被认定为全国一村一品示范村，全市国家级示范村达到4个、镇2个，省级示范村925个、镇49个，省级示范村、镇分别占村、镇总数的53.5%、51%。

【成功举办中国·宝鸡丘陵山区暨高新农业机械演示会】 4月23—24日，以“展示成果、扩大交流、试验示范、推进发展”为主题，以丘陵山区暨高新农业机械展示、现场演示和技术交流报告会为主要内容，在宝鸡会展中心举行。奇瑞重工、中国一拖、福田雷沃、东风农机、吉峰农机等国内外90多家农机企业组织5大类200多种新优机具参加了展示，18家企业的51台山地拖拉机、蔬菜移栽机、高新田间作业机、植保飞机、高效植保机、树枝粉碎机等机具进行了作业演示，26个省市农机管理推广部门的领导、陕西省各级农机管理技术人员代表和农机合作社参加了展示演示会，中国工程院院士罗锡文、农业部农机推广总站站长刘宪等5位资深专家就中国丘陵山区机械化发展、农机化发展、新时期农机科技创新等方面进行了报告交流，共达成知识产权交易1项，销售产品262台（件），签订产品销售意向378台，合同交易额7360余万元。

【培育新型农业经营主体】 做强产业龙头，新命名省级重点龙头企业11户、市级36户，全市农业产业化重点龙头企业达到260户，其中国家级5户、省级51户。扶持合作组织，推进眉县省级、千阳市级示范县建设，规范财务管理，开展示范创建，新发展农民专业合作社237个，命名国家级示范社19个、省级59个。全市农民专业合作社达到2125个，成员8.57万个，辐射带动农户15.6万户，占到农户总数23.4%。培育家庭农场，认定市级示范家庭农场125个，新发展家庭农场159个，全市家庭农场达到1968个。

【搭建产销平台】 开展“宝鸡最受消费者欢迎特色农产品评选活动”，推荐品牌10个。扶持果品企业、合作社在北京、上海、西安开设果品销售形象店、直销点12个。举办农产品电子商务培训，利用微信、微博销售农产品。齐峰猕猴桃淘宝网专营店开通，姜炎臻品“宝鸡农产品商城”电子商务平台开通试运行。举办第三届中国猕猴桃发展大会，组织有关果品企业、合作社参加乌洽会、东盟博览会、沈阳博览会、洛川苹果博览会，展示优质果品。贮备冬春蔬菜3600吨，缓解春节市场供应紧张局面。推进“农社对接”，探索“蔬果直营”“超市专柜”“精品特产”“菜超一体”“电子商务”5种营销模式。新增直销店13家，农社对接直销店达到132个，受益市民65万人。

【创新农业科技服务】 成立市县职业农民培育机构，按照全产业链培育模式，培育职业农民1900名，9名农民取得全省新型高级农民资格。开展农民科技文化教育培训100万人次，拍播《农事直通车》52期，开展农村劳动力实用技术培训3000名。选派1011名农业科技干部，包抓1405个农业园区（合作社、种养大户），选拔农业科技特派员17个团队、38名技术骨干，进村创业服务推广现代农业主推技术10项、生产经营模式15项，累计推广680万亩次、270个场户。评定农技推广成果奖20个。拓宽信息服务，《2014年农业信息汇编》付印出版，市农业信息网网页更新升级。宝鸡“12316”三农服务热线正式开通，组织市县130名专家为群众答疑解惑、一线指导，解决技术难题。

【开展土地确权登记】 编印《土地确权工作培训资料汇编》，统一培训方案，统一培训对象，统一培训模式，按县、镇、村、组四级分层次逐级召开动员培训会，全市累计开展各类确权登记培训280期，培训各类人员37000人次。在中、省每亩10元补助的基础上，宝鸡市按每亩5元的标准落实经费2186万元，已预拨县区834万元，各县区均按照每亩5元的标准配套了工作经费。到年底，千阳县、凤县、太白县、渭滨区、陇县和岐山县6个县区及其他7个县区确定的三分之一乡镇已经全面完成了航拍测绘前的所有工作，完成了省上确定的确权登记任务。

【推进农村土地经营权流转】 加快流转平台建设，建立县区土地流转服务中心7个，实施土地承包经营纠纷仲裁项目9个，引导土地向专业大户、家庭农场、农民专业合作社集中，推进适度规模经营。全市流转面积达到34.85万亩，占农村承包耕地总面积的8.3%，比上年提高3.73个百分点。

【落实惠农政策】 发放各类补贴54639.98万元，其中粮食综合直补40516.97万元、地膜玉米补贴250万元、农作物良种补贴4058.43万元、种养业保险补贴2044.58万元、农机具补贴7770万元。

【加强农产品质量安全】 开展农产品速测，速测样品合格率达到99.95%。推行标准化生产，完成25个无公害产地、50个产品的认证申报。西山被命名为陕西省首家有机农业示范基地。全市无公害农产品累计达到173个，产地68个；绿色食品企业8家，产品29个；有机食品15个；农产品地理标志产品3个；陈仓区、眉县、凤县、千阳县通过无公害整县环评，眉县猕猴桃、太白县甘蓝、凤县大红袍花椒获农产品地理标志。加强投入品监管，会同工商、质监和供销部门，联合执法、交叉检查，开展农资打假、农药及农药使用、瘦肉精、生鲜乳违禁物质、兽用抗菌药、畜禽屠宰、水果滥用膨大剂等专项整治活动，净化了农业生产环境。全市共出动执法人员3350人次，检查企业、门店2878个（次），查处违法违规行为51起，立案32起，挽回损失300万元。

（张宝军）

水　利

【概况】 2014年，全市完成水利固定资产投资17.7亿元，争取中省投资11.78亿元，较上年增长44.7%。完成渭河堤顶道路及堤防绿化46.3公里，建成农村饮水工程137处，全年完成投资6600万元，解决13.6万农村人口的饮水安全问题。新修改造基本农田5万亩，恢复改善灌溉面积10.4万亩，发展高效节水灌溉面积2.1万亩，治理水土流失面积400平方公里。完成水产品产量7080吨，征收水资源费3100万元。

【渭河综合治理】 全年完成投资5.1亿元，完成堤顶道路及堤防绿化46.3公里，干流堤防新修加固3.3公里。自2011年渭河综合整治工程启动实施后，全市累计完成投资35.3亿元，宝鸡峡大坝以下干流154公里堤防新修加固任务基本完成，建成支流入渭口交通桥15座，北岸百里芦苇及水生植物绿色生态景观长廊显著提升，渭河岐山段获得国家水利风景区称号，眉县滨河新区、霸渭生态园等一批水生态治理工程建成，治渭整体效果提升。

【宝鸡市荣获全国节水型社会建设示范区称号】 2008年，宝鸡市被水利部确定为全国第三批节水型社会建设试点城市，通过7年的探索实践，节水型社会建设33项评价指标及各项任务全面完成。2014年2月，宝鸡市被水利部、全国节约用水办公室授予“第三批全国节水型社会建设示范区”称号。宝鸡市继续开展节水型企业、单位、小区和灌区创建活动，推广普及节水器具，发放便器感应冲洗阀750套，节水龙头5000个，全市万元工业增加值用水量降低12%。

【石头河引水工程建成通水】 2014年5月，总投资5.79亿元的石头河引水工程建成通水，向市区及沿线陈仓区、眉县城区供水，年供水能力4000万立方米，提高了沿线城镇供水保证率，解决了区域长远发展用水。

2014年5月，石头河引水工程水厂建成供水

【防汛工作】 8月5日，宝鸡市迎来入汛后一次明显降水过程，全市平均降水量30毫米，其中最大为麟游县，全县平均降水量达到50毫米以上，县城区降水量达到149毫米，达到大暴雨级别。暴雨造成县城部分民房、农作物和道路、电力、城区供水等基础设施不同程度受灾。面对雨情汛情，市防指第一时间发布了暴雨预警，麟游县各级各部门迅速行动，并肩作战，未造成大的灾害损失。秋季，宝鸡市发生了强秋淋灾害，全市转移安置危险区域群众1100人，避免了10多起险情的发生。

【农田水利基础设施】 以重点县、新增千亿斤粮食等项目建设为依托，恢复改善灌溉面积10.4万亩，发展高效节水灌溉面积2.1万亩。完成冯家山水库灌区节水改造及泵站更新年度目标任务。依托煤气油、农发水保等项目，治理水土流失面积400平方公里，千阳县段家湾被评为省级水保示范园，新修改造基本农田4万亩。宝鸡市连续七年被评为全省夏季农建先进单位。

【抗御伏旱灾害】 6月份以来，宝鸡市出现了近17年来最严重夏季伏旱天气，高温日数为近10年来最多，全市平均降水量为158.8毫米，较常年同期偏少三成。特别是7月份，全市平均气温偏高2.3℃，为1951年以来最高。平均降水量仅为16毫米，较常年同期偏少85%。全市有11个县区27个镇78个村组3.6万人、729头大牲畜不同程度出现临时性饮水困难。全市488.92万亩农作物有230.14万亩受旱，其中中旱66.83万亩、重旱95.58万亩，秋粮作物受旱185.79万亩，水果受旱29.7万亩，蔬菜受旱14.65万亩。面对严重旱情，市防汛抗旱指挥部先后启动了四级、三级应急响应，派出8个工作组分片包抓抗旱工作，协调解决实际问题。加大冯家山、石头河、宝鸡峡水库对川塬灌区的引水量。挖掘全市小型水库和各类塘、井、窖的潜力，增加引水总量，全市日引水量达到近300万方。全市每天出动136辆送水车，解决了3.6万人饮水困难。启动抗旱机井9620眼、水利设施890多处，抽、引、提相结合，井、塘、库一齐上，日灌溉农田3万亩，累计灌溉农田108万亩。争取陕西省抗旱应急资金255万元、物资储备费300万元，宝鸡市紧急下拨349万元，减轻了旱灾造成的影响和损失。

【重大水利工程项目】 总投资4.41亿元的千河流域防洪治理工程可行性研究报告通过了水利部审查，投资计划即将下达；总投资2.9亿的麟游县长益庙水库等29个项目纳入《全国抗旱规划》，将全面启动建设。太白石沟水库、麟游普华水库等前期工作加快跟进，为水利可持续发展奠定了基础。

【水利各项任务完成】 完成了金陵河、横水河、安河治理工程，新修加固堤防护岸18.2公里。强化河道采砂管理，严密巡查，严格执法，河道采砂管理规范。开展了138个水利工程项目质量安全监管工作，举办两期水利项目法人专题培训，实现了13县区质量监督管理站全覆盖。投资60多万元，在嘉陵江投放大规格鱼苗140多万尾。完成了14座水电站增效扩容项目机组安装调试建设任务。分三批次对全市600多名水利专业技术人员进行了继续教育，分八批

2014年7月，宝鸡市眉县汤峪镇钟吕坪村村民用拖来机拉水，为猕猴桃浇上救命水

次对不同工种的工人进行了等级培训，各项水利目标任务完成。

（高晓博）

水产渔业

【概况】 2014年，全市水产渔业坚持“健康安全养殖、科技创新驱动、水域生态优先、渔民民生改善”的原则，提高渔业组织化、产业化、规模化水平。全年共完成水产品总产量7467吨，农业部渔业环境与水产品质量监督检验中心（西安）对宝鸡市产地水产品质量安全抽检33批次，农业部渔业环境与水产品质量监督检验中心（宁夏）产地水产品质量安全抽检15样品，合格率达到100%。

【渔业扶持资金增长】 全年共争取中省渔业财政扶持资金1257.7万元，其中太白湑水河水生生物国家级自然保护区生物多样性保护专项资金450万元；技术推广资金80万元；省级财政渔业专项资金项目资金50万元；巩固退耕还林后续产业水产养殖项目建设任务和投资130万元；渔业标准化健康养殖扶持资金75万元；渔业基础建设省级财政补助资金192.7万元；水产品质量监管资金20万元；增殖放流资金60万元；陇县和太白县自然保护区经费190万元，推动了全市渔业发展。

【水产养殖推广】 凤翔县、眉县、太白县、陇县、凤县等县区相继开展了水产技术培训，发放培训资料2000份，培训养殖人员800人次，咨询解答问题400人次。眉县从中国水产科学院无锡淡水中心、湖北省水产工作站、四川眉山等引进福瑞鲤、斑点叉尾鮰、异育银鲫（中科3号）、中华倒刺鲃、长丰鲢、罗非鱼等新品种143万尾。凤翔县组织实施了美国匙吻鲟、虹鳟鱼、鱼莲套养等新品种，新技术推广取得成功。太白县与陕西省水产研究所、太白溢利养殖有限公司合作，在太白县白云峡秦岭细鳞鲑养殖场进行的秦岭细鳞鲑救护与人工繁殖研究取得多项阶段性成果，繁殖秦岭细鳞鲑幼鱼6万尾。陇县浩丰养殖合作社鲟鱼养殖基地建设、太白溢利养殖有限公司鳟鱼养殖基地建设发展初具规模。凤县利用现代科技对大鲵注射“电子芯片”建立身份档案，使养殖大鲵的生产、销售、运输、经营能在互联网查询和追溯，实现了对大鲵保护和养殖的资源共享和有序开发利用。

【渔业增殖放流活动】 先后在渭河和嘉陵江流域投放鲤鱼、草鱼、鲢鱼、黄颡鱼等105余万尾，太白湑水河水生生物国家级自然保护区投放大鲵6500余尾，陇县秦岭细鳞鲑国家级自然保护区投放秦岭细鳞鲑幼苗1000余尾，改善了渔业生态环境。

【休闲渔业形成规模化】 全市发展规模以上的休闲渔业45家。眉县建成以宝深逸乐园、秦皇生态园、王寨村碧水湾农庄、常兴侯家大院、常兴金河渔歌园、金渠镇南湖、汤峪跃进渔歌园等为代表的休闲渔业基地亮点项目，开挖鱼池千余亩，改造鱼池300亩，建设了16处以垂钓、休闲、餐饮、观光、娱乐为一体的渔家乐。凤翔县建成以开元生态农业有限公司、莲花池生态旅游有限公司、秀水山庄、玉燕山庄、聚贤生态农庄有限公司、富伟华农业开发有限公司世外桃园度假村、方山垂钓园、城东垂钓乐园等休闲渔业基地，总面积808亩，年收入达到476万元，年接待量达到28万人次，解决了150人的就业问题。陇县已发展休闲渔业基地11个，经营规模600多亩，吸纳劳动力100多个。冯家山渔场结合千河水利风景区建设，形成了集苗种繁殖、成鱼养殖、大库捕捞、休闲垂钓、餐饮、旅游、漂流为一体多种化经营，已初步形成了独具区域特色的休闲渔业新格局。

（高晓博）

林业

【概况】 2014年，全市林业系统坚持改善生态和服务民生“两条主线”，突出发展和保护“两大主题”，强化改革、项目、科技“三个支撑”的思路，突出增绿增收、改革发展工作重点，推进各项任务全面完成。全年共完成造林24300公顷。义务植树935万株。育苗1264公顷。保护森林资源1009907公顷。全年造林按方式分：飞播造林4333公顷，占17.8%，人工造林11568公顷，占47.6%，封山育林8398公顷，占34.6%。按工程分：退耕还林工程经济林基地建设4082公顷。天然林保护工程人工造林1334公顷，封山育林2533公顷，飞播造林4333公顷。防护林工程人工造林6107公顷，封山育林5864公顷。各工程分别占总面积的16.8%、33.7%、49.5%。按所有制分：公有经济造林23177公顷；非公有经济造林1123公顷；分别占造林总面积的95.4%、4.6%。按林种分：防护林20106公顷；经济林3528公顷。分别占造林总面积的82.7%、14.5%。全年实现林业社会总产值83.48亿元，较上年增长47.5%。

【绿色宝鸡建设】 2014年，针对夏季的严重旱情，为县区新配发浇水泵27台、浇水车7辆，集中投入浇水车近200辆，浇水泵300多台，开展抗旱浇水。连霍高速节点、西宝客专沿线、渭河北坡等重点区域浇水达5遍，树木成活率达到90%以上。实施了坡面、道路、村庄等七个方面绿化，完成造林绿化1333公顷、植树400多万株，全年任务超额实施，占到总规划任务的80%，建成高新区闫家坪村坡面，岐山县同星村坡面和金鼎路林带，眉县常兴村围村片林、首善镇第五村道路绿化，扶风绛帐大中路林带等绿化精品工程。推进千里绿色长廊绿化，3月4日，省绿委、林业厅在宝鸡市召开全省千里绿色长廊建设现场会，市县林业部门以此为契机，补植完善等级公路沿线两侧林带断档470公里，绿化直观坡面1200公顷，其中连霍、宝汉高速林带补栽雪松、杨树、柳树5万株，节点绿化补植500余株，绿化直观坡面

2014年，建设完成的渭河大堤及堤顶道路硬化绿化工程

640公顷，林带全线基本贯通；实施县乡、通村公路林带建设950公里，市域道路累计完成绿化长度4900多公里、植树900万株。加快渭河北坡森林屏障建设，组织83家参建单位采取以资代劳、职工或聘请专业队造林、委托对建村组实施“三种形式”，新建义务植树基地348公顷；在显要区域抓点示范，营造彩叶片林540公顷，塬顶防护林带27公顷；以奖代补推进胶东卫茅栽植，绿化陡坡73公顷，辐射带动市域直观坡面绿化18667公顷、2400多万株。推进千渭之会湿地公园建设，整修河道滩面107公顷，栽植芦苇等水生植物54万株；补造防护林带15公里、营建景观林带2公里，带动全市营建水系两岸防护林带400公里。加大森林围市、围城、围镇、围村建设力度，市区新增绿地200公顷、植树45万株，县城和重点镇绿化2333公顷、栽植各类苗木380万株，以“三化一片林”绿色建园建设为重点的村庄绿化3333公顷、植树500万株。

【天然林保护工程】 2014年，全市天然林保护工程建设稳步推进。公益林建设：完成年度飞播造林4333公顷，完成人工造林1334公顷、封山育林2533公顷。森林管护：全市实际管护面积1009907公顷，比中央财政森林管护补助面积多出81647公顷；落实管护人员2375人，共配备管护通讯设备73台，交通工具53辆，建标志牌459个，设管护站点170个，签订管护责任书2556份。林场富余职工安置：2014年底，全市国有林业企业富余职工2028人，其中在岗1981人，下岗待安置47人。在岗职工中，从事森林管护的1068人，公益林建设的339人，种苗建设56人，森林抚育的200人，医疗岗位9人，多种经营和后勤管理等309人。资金计划与到位情况：2014年，中央下达宝鸡市用于森林管护、社会保险补助、政社性支出补助财政专项资金5126.83万元，森林生态效益补偿资金6018.07万元，森林抚育补贴资金1313.4万元，一次性安置职工社保补贴资金9.38万元；省级财政下达用于森林生态效益补偿资金299.25万元；市级财政补贴资金100万元。中央预算内投资866.0万元，用于人工造林、封山育林及飞播造林。检查验收：配合省天保中心完成对陈仓区、岐山县2013年度省级复查和“四到市”综合检查；配合省厅完成对太白县、陈仓区、扶风县、眉县4个县区森林抚育实施情况的复查；配合国家林业局完成对麟游县、千阳县、扶风县森林抚育实施情况的检查，并督促出现问题的县区认真整改，

【退耕还林工程】 2014年，宝鸡市完成退耕还林工程配套荒山荒地造林667公顷，完成国投资金300万元；争取新一轮退耕还林任务2067公顷，国投资金2480万元；完成2013年退耕还林后续产业经济林示范基地（含林业园区）建设项目10个，国家投资4181.1万元，地方配套及群众投工投劳3945.57万元；完成巩固退耕还林成果补植补造计划任务2333公顷，国投资金350万元；完成陕西省下达的巩固退耕还林成果核桃生产栽培管理技术农民培训项目，培训农民10000人次，国投专项资金147万元；申报2014年退耕还林后续产业林业项目9个，落实国家投资740万元。2014年度，兑现的年度及林种为：1999、2000年已到期退耕地还生态林第7轮，2001年已到期退耕地还生态林第6轮，2002年已到期退耕地还生态林第5轮，2003年已到期退耕地还生态林第4轮，2004年已到期退耕地还生态林第3轮，2005年已到期退耕地还生态林第2轮、退耕地还经济林第5轮，2006年已到期退耕地还生态林第1轮、退耕地还经济林第4轮，涉及兑现面积45331公顷，兑现（完善政策的生活补助费和粮食补助）资金6492.78万元，各县区按照“惠农一卡通”的形式进行了兑现。实施巩固退耕还林成果后续产业经济林示范基地项目10个，其中：建设核桃经济林示范基地8个，板栗经济林示范基地1个，油用牡丹示范林基地1个。国家下达的3161.1万元专项资金已到位，截至年底，共完成新建经济林示范园4129公顷，改造低产林4543公顷。

【森林资源管护】 2014年，在《宝鸡日报》开设“森林卫士”专栏，宣传报道28名一线优秀护林员事迹；联合市户外运动协会举办户外活动爱好者森林防火知识培训班；利用气象预警显示屏和预警大喇叭定时发布火险等级预报信息。县区全覆盖播放森林防火宣传光盘、张贴禁烧秸秆通告，开展镇村干部群众教育培训1479场次。市财政列支195万元专

项经费，完善森林防火气象预警和通讯系统。县区为重点镇村统配扑火工具1.6万件套，全市各级投入林区道路和防火设施建设资金500多万元，组建半专业森林消防队和义务扑火队674支，落实兼职护林员1235人。在高火险期和重要时节，制止野外违规用火现象300多起。全年森林火灾次数、受害森林面积较上年明显下降，没有发生重大森林火灾。对99540公顷松林进行了春、秋季松材线虫病普查，完成陕西省下达的2014—2016年松材线虫病防控年度任务。全年各类林业有害生物发生面积38893公顷，完成有效防治面积33380公顷，成灾面积4400公顷，完成了陕西省下达的有害生物成灾率、无公害防治率、测报准确率、产地检疫率“四率”年度控制指标。依法处理森林和野生动物刑事案件9起、行政案件194起，追缴违法木材26.81立方米，为国家挽回经济损失60余万元。争取落实中央资金1590多万元，加快千渭之会、千湖等7个湿地保护建设，千湖国家湿地公园晋升为国家3A级旅游景区。编报2014年中央财政湿地保护补助资金项目，争取省发改委专项补助资金530万元；协调市水利、环保部门，完成千河大桥南北河道疏浚67公顷，整修人工岛3座，修建千河西岸子堤2080米，千河东岸河堤护坡覆土3万立方米。9至10月，组织市森林公安和野动站，对市区渭河段乱捕滥猎候鸟的违法行为进行拉网式排查，并经市政府发布《关于加强野生鸟类保护的通告》，首次确定全市永久禁猎区和禁猎期，加强朱鹮等野生鸟类的保护和管理。

【林业产业发展】 2014年，全市实现林业总产值83.48亿元。经济林基地建设，实施退耕还林后续产业和省级核桃基地建设项目，新栽核桃、花椒经济林7833公顷，改造低产园6027公顷，分别占任务的118%和113%，陇县成为全省首个“国家绿色核桃生产标准化示范区”，麟游县跻身“中国核桃之乡”行列，全市以核桃花椒为主的干杂果经济林总面积达到163653公顷。森林旅游业发展，全市累计投入7亿多元，完善森林公园、生态观光园基础设施，全市全年接待游客124万人次，森林旅游直接收入突破亿元。苗木花卉产业，以省苗木繁育中心为龙头，县（区）中心苗圃为主体，培育各类苗木1560公顷、4.1亿株，全市从事苗木花卉生产2000多户，实现总产值上亿元。林下种植养殖业，发展林药、林菌等林下种植10400公顷，林禽、林畜、野生动物等林下养殖18.2万头（只），其中林麝存栏达到5957头，人工养麝存栏数量居全国第一。

【森林抚育】 2014年，宝鸡市共承担2013年度森林抚育补贴试点总任务14733公顷，其中天保工程区6733公顷，涉及11个实施单位，其他工程区8000公顷，涉及10个实施单位。共涉及37个施工单位（林场及乡镇），114个林班（村及作业区），1654个小班。参与项目国有职工及林农人数4255人，其中国有职工992人，总用工31.35万个，劳务收入1137多万元。在凤翔县汤房庙林场和扶风县野河林场设置市级示范点2个，总面积144公顷，涉及6个林班24小班。县级共设示范点27个，总面积780公顷，发挥了引领作用。宝鸡市2013年度森林抚育涉及采伐的有扶风县、千阳县和陇县，总作业面积1411公顷，间伐蓄积量1697.98立方米，出材量785.06立方米。

【集体林权制度改革】 2014年，新核发林权证1400本，累计核发林权证23.5万本、发证面积710667公顷、33.4万宗，发证率96%；新调处林权纠纷26起，累计调处各类林权纠纷989起、面积31000公顷。累计建成林木种苗、林特种养殖等农民林业合作社189个，岐山县渭律源核桃专业合作社、陇县金脑袋核桃专业合作社、陈仓区玉恒果禽专业合作社被确认为国家农民合作社示范社，千阳县扁豆福干杂果专业合作社、麟游县永安村核桃产业专业合作社、太白县恒绿农业专业合作社被确认为陕西省农民合作社示范社。新增流转林地0.7万亩，累计流转林地16867公顷，流转金额2320万元；推进林权抵押贷款，新增林地抵押213公顷，抵押贷款193万元，累计抵押林地7200公顷、贷款10.4亿元。落实集体公益林生态效益补偿政策措施，太白县、岐山县、渭滨区、凤翔县、高新区等五个县区已将历年集体森林生态效益补偿基金兑现到位，全市已兑现面积占应兑现面积的32.4%。安排落实2014年政策性森林、核桃、花椒保险77万公顷，保障金额57.7亿元。依靠政策扶持，引导林改户经营林地，全年人均经营收入较上年增长10%。

【林业科技服务】 组织实施“十千百”科技示范工程，建立千阳县科技示范基地，建立科技示范点、示范户158个，推广以经济林栽培、病虫害防治为主的科技示范面积9133公顷，占省下达任务8000公顷的114%。争取农村富余劳动力林业实用技术培训资金72万元，组织市属单位开展以经济林栽培管理、苗木繁育、营造林等林农技术培训2000名；争取退耕还林后续产业农民技能培训资金33万元，围绕核桃、花椒两大产业培训农民2000人次，提高了科技入户率。加强校地技术服务合作，西北农林科技大学陇县核桃试验示范站大楼开工建设，实施核桃采穗圃物候期和晚霜危害试验研究3公顷，引进鲁果系列、西扶系列、西林系列核桃新品种建立种质资源圃，培训专业技术人员和果农1800多名，推进了核桃生产标准化示范区建设。加大陡崖绿化治理模式推广力度，全年繁育胶东卫矛52.7万株、推广栽植39万株，绿化陡崖和道路沿线坡面68.5公里。

【陕西千渭之会国家湿地公园】 2014年，完成王家崖库区宽幅防护林带补植补造15公里、7公顷，植树9000株，其中陈仓6.1公里、1公顷、1500株；凤翔6.7公里、4公顷、4500株；高新区2.2公里、2公顷、3000株。高新区在大唐热电门前完成景观林带及滨河休闲公园补植提升任务，栽植景观乔木2100株，花灌木400平方米，色带1000平方米，播种白三叶4万平方米，建造凉亭1座，铺装园路1700米，路沿2020米。王家崖库尾湿地修复工作基本完成，委托西安市城市园林设计院完成王家崖库尾湿地修复初步设计并批复实施，经县区自查，市湿地办现地测算核实，陈仓区修复湿地21公顷，种植芦苇等湿地植物5公顷、60余万株，播种花草近1公顷，整修道路340米。凤翔县春季修复湿地2公顷，栽植芦苇28万株，秋冬季开展了补植补造工作。组织高新区重点对公园核心区的千河河道进行疏浚和整治工作，从上年10月份开始，历时3个多月，完成了以河道疏浚、垃圾清运、平整滩面和营造微地形为主要内容的各项工作，长度2公里，面积800公顷。累计投入挖掘机、装载机等大型机械900多台次，移动土方37万立方米，清运河道建筑、生活垃圾5万余立方米；整修人工岛3座，构筑土石拦水坝2座；修建千河西岸子堤2080米，种植三叶草10064平方米；千河东岸河堤护坡覆土3.5万立方米，开挖水道300米，共计新增水面30万平方米。多方筹措建设资金，累计争取中省湿地保护资金690万元，其中争取《千渭之会国家湿地公园保护与恢复项目》国家专项530余万元；争取2014年市级排污费专项资金10万元；争取千渭之会国家湿地公园建设项目前期工作经费50万元；争取省财政湿地专项资金100万元。新申报项目2个。

【千湖国家湿地公园举行朱鹮放飞活动】 9月17日上午，朱鹮野化放飞活动在宝鸡市千阳县千湖国家湿地公园举行。副省长祝列克、国家林业局原局长王志宝、国家林业局野生动植物保护与自然保护区管理司司长张希武、市委书记上官吉庆、省林业厅厅长李三原、省政府副秘书长王拴虎等出席了活动仪式。宝鸡市政府市长钱引安主持活动仪式，参加活动仪式的领导还有原国家林业部刘广运、沈茂成、蔡延松，国家林业局原纪检组长杨继平、原总工程师姚昌恬；宝鸡市人民政府副市长景耀平、副秘书长曹海芹、市林业局局长刘汉卿、中共千阳县委书记郝晋升、千阳县县长何玲等。新华社、人民日报、中央电视台、陕西日报、陕西电视台、西部网、凤凰网等新闻媒体对本次朱鹮放飞活动进行全程报道。这次放飞的30只朱鹮，是8月15日从汉中洋县朱鹮自然保护区由专家护送来到千湖国家湿地公园的，经过一个多月适应性训练，已基本适应这里的气候和环境。

【宝鸡市通过国家森林城市建设工作复检】 宝鸡市顺利通过了5年一次的“国家森林城市”复检。10月20—24日，由国家林业局宣传办公室副主任樊喜斌带队的国家林业局专家组一行，对宝鸡市相关情况进行了详细复查。复查组认为，宝鸡市2009年获得“国家森林城市”称号后，每年投入林业建设资金超过4亿元。五年来，全市森林覆盖率从53.78%提高到56.26%，城市绿地率达到40.52%，人均公共绿地面积达到12.25平方米，森林城市建设取得了新的成果。经专家综合考评，认定宝鸡市国家森林城市复检结果为合格。

【《宝鸡森林动植物》出版发行】 由宝鸡市林业局组织技术人员，历时四年编辑的《宝鸡森林动植物》一书，一月份由陕西科技出版社出版发行。宝鸡市森林面积达到977133公顷，森林覆盖率达到了53.78%，全市境内有高等动物（脊椎动物）600余种，其中鸟类300余种，哺乳类100种，两栖爬行类34种，鱼类79种；有高等植物（含苔藓植物和维管植物）2000余种，分属4门184科647属。《宝鸡森林动植物》展示了全市植物84个科182种，森林动物4大类21种，共计548幅图片，是一部集科普性、趣味性、知识性融为一体的实用手册和科普读物。

（牛卫收）

农业综合开发

【概况】 2014年，立足全市农业资源条件，以粮食安全、农业增效、农民增收、农村发展为目标，执行国家农业综合开发政策，突出区域优势，合理配置资源，加强农业综合开发资金和项目管理，全市7个国家级农业综合开发县和5个省级农业综合开发县共向中、省申报并获批复项目52个，项目总投资54349.46万元（财政资金22406.62万元）。共争取中、省财政资金17596万元，较上年14234万元增长23.6%。

【推进高标准农田项目】 2014年，存量资金土地治理项目6个、6.6万亩，投资9153万元（其中财政资金8580万元），增量资金土地治理项目2个、3万亩，投资4160万元（其中财政资金3900万元）。岐山县益店镇国家农业综合开发存量资金整镇连片建设3万亩高标准农田项目、扶风县召公镇国家农业综合开发增量资金整镇连片建设3万亩高标准农田项目、凤翔县南指挥镇国家农业综合开发存量资金整镇连片建设3万亩高标准农田项目扎实推进。扶风县、岐山县、凤翔县高标准农田项目管理经验相继在省政府和财政部网站受到刊登，3个县被省政府命名为“陕西省级现代农业园区”荣誉。

【突破产业化发展】 选择以粮为基础、畜为主导、果为特色、菜为优势的一批资源优势突出、区域特色明显、辐射带动力强、预期效益好的农业产业化经营项目、省级开发县项目及农、林、水、供销社部门项目，重点扶持了猕猴桃、设施蔬菜、特色农产品、种猪繁育、奶畜业发展等特色农业产业的发展。产业化经营试点项目1个，投资3893万元（其中财政资金900万元）；一般财政补助项目12个，投资8468万元（其中财政资金1320万元）；贷款贴息项目3个，投资15030.88万元（其中财政资金332万元）；现代农业园区项目1个，投资7449.9万元（其中财政资金3000万元）。通过农业综合开发现代农业园区项目、一县一特项目、龙头企业带动，培育和发展了一批农业产业化龙头企业。

【强化检查监督】 2014年5月，省电视台全省现代粮食基地项目风采展播，对岐山县、扶风县农发项目进行报道；6月至7月，国家办综合检查眉县、凤翔县、陇县2012年竣工及2013年项目进度，各项工作得到肯定；8月，省厅监督局检查岐山县、扶风县2013年现代粮食基地项目；8月底至9月，市检查12县区2013年项目；11月中旬，省农综办验收陇县、千阳县2013年项目；12月下旬，市局委托局监督处代表省厅验收省级开发5个县区2013年项目；2015年1月初，宝鸡市检查2012—2014年项目并对2013年项目绩效考评；2015年1月下旬，省办对岐山县2013年土地治理项目绩效考评。监督检查为发挥项目效益奠定基础。

（赵江平）

扶贫开发

【概况】 2014年，全市扶贫开发工作以精准扶贫和整体推进为抓手，坚持“一村一策、一户一法”方略，全年共争取落实中省财政专项扶贫资金2.03亿元，创历史新高，年内实现12.66万农村贫困人口脱贫，占省考目标任务11.57万人的109.4%。市扶贫办先后获得省财政扶贫资金管理使用绩效考评A类市、全省助残先进集体，争取中省资金、新农村建设先进单位，受到市委、市政府表彰。

【片区规划项目实施】 六盘山和秦巴山片区共实施基础设施、产业发展、民生改善、公共服务、能力建设、生态建设等项目799个，共完成投资125.3965亿元，其中中省市县财政投资65.5383亿元，群众自筹12.2689亿元，业主融资47.5893亿元，促进了贫困地区和贫困群众的持续增收。

【整村推进项目】 以资源整合为抓手，继续实施89个整村推进村项目，全年共计完成项目投资11592.65万元，占计划任务的104.4%，其中，完成财政扶贫资金3060万元，占计划任务的100%，部门整合资金4268.6万元，群众投工投劳折资及自筹资金4264.05万元，完成了全市2014年度整村推进项目建设任务。

【扶贫移民搬迁】 在秦岭北麓和渭北旱塬地区实施移民扶贫搬迁，项目涉及9县3区，搬迁贫困户2123户8520人。完成总投资27731.65万元，计划搬迁的2123户已全部启动建设，其中已有1737户完成主体建设，333户已经入住新房，53户正在新房主体建设，开工率达到100%。共建设移民搬迁集中安置点58个，在城镇集中安置搬迁户768户。

【农村“三无户”安全住房建设】 市委、市政府提出用两年时间在全省率先解决农村“三无户”安全住房问题。2014年8月和11月份，市委、市政府分别召开全市农村“三无户”移民搬迁推进会、现场会，市委书记上官吉庆到会安排部署，作为市、县区委书记一把手工程来抓，并争取省级安排专项补助资金3900万，补助标准和建房标准提高。2014年，安排的1300户“三无户”移民新居已经全部建成，完成总投资7150万元，其中建设集中安置点87个，集中安置率达48.8%。2015年计划1250户已有450户提前动工建设，“三无户”移民搬迁受到群众的好评。

【产业化扶贫项目和园区建设】 2014年，全市在10个县区17个乡镇76个贫困村发展产业化扶贫项目。按照“企业+基地+农户”的产业化经营模式，通过与贫困户建立合同、合作、股份合作的利益联结方式，采取一卡通直补、实物补助、参股补助等方式带动3240户11809人贫困人口发展产业。

【生产发展项目】 2014年，全市在10个县区69个贫困村开展贫困户生产发展项目。共扶持5109户18604名贫困人口养殖奶畜3242头、生猪3740头，种植蔬菜及经济作物2.14万亩，栽植核桃等干杂果和中药材1.56万亩。

【扶贫贴息与整村推进】 2014年，扶贫贴息贷款涉及10个县区14家企业507万元，可扶持周边近百个贫困村发展生产，带动近万名贫困户脱贫致富。在11个县区46个乡镇84个扶贫重点村扶持发展产业项目资金2212万元，帮助7887户贫困户28951名贫困人口发展种养殖业等项目。

【互助资金协会运行】 健全规范互助资金协会村186个，互助资金总量5023.7万元，其中财政资金4009万元，农户自筹1014.7万元，累计发放生产性借款10406.7余万元，全年发放3230万元，发展会员17885户，有贫困户会员7910户。

【贫困户能力建设】 全年共投入财政资金2664.64万元实施贫困户能力建设。共安排资金1010万元，资助新考入的本科以上农村贫困大学生2020名；争取资金731.7万元，实施雨露计划职业技能学历教育补助2439人；完成资金282.94万元，实施贫困户家庭劳动力和扶贫移民搬迁户培训2828人。争取资金325万元，完成雨露计划试点2100人；争取资金325万元，完成农民实用技术培训10.85万人。

【中央定点扶贫】 中国航天集团、西电集团、长城资产公司3个中央定点扶贫单位共为太白县、麟游县、陇县3个国家扶贫开发工作重点县投入帮扶资金145.7万元，其中直接投资143万元，主要用于贫困村基础设施建设、产业开发、文化教育等方面。中国航天科技集团发挥示范带头作用，全年直接投入资金100万元，用于太白中学、职教中心、电子书屋建设和4个镇24个村3500亩航天架豆产业发展与推广。长城资产管理公司为陇县投入扶贫资金35.2万元，重点用于中小学教育建设。西电集团为麟游县协调落实10.5万元帮扶资金，用于包扶村的基础设施建设。

【省级“两联一包”扶贫】 42个省级部门单位在宝鸡市5个片区县开展“两联一包”帮扶工作，组建扶贫工作队42个，组织259名干部参与联户结对帮扶，结对帮扶贫困户505户1736人，共为贫困村协调落实帮扶资金187.65万元。省国税局牵头陇县扶贫工作，全年投入38万元，为帮扶村翻建村委会、绿化硬化村广场。省产业投资有限公司为八渡镇大力村投资18.1万元修建过水桥一座，改善了贫困群众生产生活条件。宝钛集团、宝鸡文理学院为千阳县帮扶单位，分别投资12万元和15万元，为城关镇惠家沟村和柿沟镇纸坊沟村栽植核桃园100亩，修建U型灌溉渠300米。

【市级驻村联户扶贫】 宝鸡市抽调155名干部组建驻村联户扶贫工作队142个，组织结对干部2191人，一对一（或一对多）结对帮扶贫困户3262户11454人，共投入和引进各类资金1552.2万元，为贫困群众办实事150件。市检察院开展西山扶贫工作，协调落实扶贫资金138万元，直接投入资金5万元，用于学校和帮扶村公益事业建设。市文化旅游管理委员会为包扶村落实帮扶资金51万元，市委组织部、市财政局、市发改委、市食药监局、市气象局、市物价局、地电宝鸡分公司、市科协、长安银行宝鸡分行、市交警支队、市残联、市水利局、市水土保持工作站、市委政研室、市总工会、市城管办、宝鸡军分区、市农业局等部门单位直接或协调落实资金均在20万元以上，促进了贫困村（户）经济和社会事业发展。

【企村结对持续开展】 在完成千企千村扶贫任务的基础上，组织122户企业对口帮扶122个贫困村，全年共为贫困村投入各类资金635.4万元。国核宝钛锆业股份公司投入23.6万元，为陇县新集川镇保家河村修建人畜饮水工程并沙化村组道路。陕西西建房地产开发有限公司为千阳县张家源镇观明村投入32.3万元，硬化村组道路1公里。市建一公司捐物折资20.7万元为帮扶村建便民桥一座。陕西长岭科技有限责任公司、冀东水泥扶风有限公司、宝鸡市中心医院、宝鸡育才玻璃有限公司、宝鸡石油钢管厂、宝鸡市泰森房地产开发有限公司等企业，全年帮扶资金投入均超过10万元。陕西普得房地产开发有限公司为高新区钓渭镇圪塔沟村投资150万元，新建学校1所，给圪塔沟村6名学生免收学费6万元。宝鸡鹏博地产加大贫困村基础教育帮扶力度，为扶风县小寨村幼儿园捐赠了价值40万元教学用品。

【县区帮扶工作】 全市13个县区组织开展了形式多样的扶贫帮困活动，共组建县区驻村扶贫工作队590个，组织5604名党员干部参与结对帮扶贫困户16588户59847人，投入扶贫资金6569.6万元，其中直接投资1295万元，协调落实项目资金4839.6万元。麟游县开展“5321”扶贫帮困工程，全县825名干部与1281户4854名困难群众结成帮扶对子，共落实帮扶资金345万元。

【外资扶贫项目】 2014年，世行五期扶贫项目完成项目投资1483万元。完成中国扶贫基金会为宝鸡市援建“筑巢行动”宿舍楼4座，“爱心包裹”项目为麟游县农村学生赠送书包、文具及体育器材一套，为陇县建设“溪桥工程”4座。

（杨耀华）

交通·邮政

编辑　杨　军

公　　路

【概况】　宝鸡市公路总里程达到15996.6公里，公路网密度每百平方公里88.3公里，其中农村公路路网密度达到每百平方公里81.3公里。以宝汉高速、西宝高速为十字加高速公路网络全面建设，以G30为主轴、以干线公路为骨架、以县乡公路为脉络、以关中公路环线为连接的“三横五纵一环”公路网络形成（三横：G30、西宝南北线，五纵：乾县—法门寺—汤峪，麟游—益店—常兴—斜峪关—太白，麟游—凤翔—潘家湾—太白—浑水沟，周公庙—蔡家坡—五丈原，陇县—千阳—宝鸡—凤县，关中环线宝鸡段）。公路技术等级构成为：高速公路241公里、为路网总里程的1.5%；一级公路111.9公里，占路网总里程的0.7%；二级公路907.4公里，占路网总里程的5.7%；三级公路1523.9公里，占路网总里程的9.5%；四级公路11917.9公里，占路网总里程的74.8%。等级公路占路网总里程的91.9%。全市12个县区中有11个县区通上了二级公路。全市1729个行政村全部实现晴雨通公路。全年完成交通固定资产投资24.3亿元，完成了省市下达的各项目标任务。

【项目建设成绩突出】　2014年，项目建设工作全面提速。法绛高速于国庆节前夕建成通车。连霍高速市区过境线、宝汉高速项目建设方案最终确定，宝鸡东到潘家湾段除个别断点外，路基桥隧工程基本贯通。宝汉高速坪坎到汉中段全面开工，穿越秦岭的宝鸡至坪坎段完成初步设计。合凤高速路线设计等前期工作完成，工可研报告已报国家发改委待批。11个新开工的和在建干线公路项目进展顺利，蟠龙大道主体建成。S212凤县县城过境段一期工程建成通车，S306崔木到麟游县城段油路贯通，完成了麟游到蒲村、潘家湾到太白、S209法门寺到绛帐等7个国省干线公路改建项目的前期工作，按省市要求，全部开工建设。推进陇县过境线等县城过境项目，关山旅游快速干道等9个重要县乡公路改建项目，店法路、陇马路、太白河至元坝子建成通车。全年完成县乡公路改造166公里，通村公路完善579公里，新建和加固农村公路桥梁15座1426延米。岐山客运站正在进行内部装修，凤县客运站主体建成，城南客运综合枢纽完成站址确定等部分前期工作。交通筹融资工作取得突破，交投公司为西宝北线成功融资1.09亿元，到位7400万元，为蟠龙大道融资2亿元，到位1.65亿元。争取中省资金11.31亿元，超额完成市政府下达的任务。

【城乡客运公交化取得新突破】2014年，市交通运输局将提升交通运输服务水平作为践行群众路线的重要途径，在提升客运服务方面，加速推进城乡客运公交化进程，全市已新开通和改造农村公交线路29条，投放新型天然气公交车140辆，县域20公里范围内班线公交化率达到30%。眉县列入全省城乡客运一体化试点县，在全省率先实现了乡镇公交全覆盖。针对群众反映强烈的打的难等问题，安排部署在全市开展为期半年的出租车经营行为专项整治活动，出租车违规拒载、拼车等不良行为得到了有效遏制。强化司乘人员职业道德和从业行为教育，全面提升客运服务质量，宝运集团先后两次运送新疆和青海滞留乘客，受到社会好评。在提升公路服务方面，对全市近年建成和在建项目进行大排查大整治，重点解决排水系统以及公路和被交道路衔接顺畅等问题，方便群众生产生活。实施通村公路整治工程，完善错车道和排水设施，农村公路安全性得到提升。在公路建设和养护过程中落实保畅措施，推进“2714”服务承诺，行业服务意识得到增强。

【公路养管常态化】　2014年，市公路局开展养护劳动竞赛，集中整治路面病害，全年共处治路面坑槽3.3万平方米，建设绿化平台28万平方米；开展桥梁、隧道安全隐患大排查、大整治活动，投资1770万元，对3座隧道照明进行维修；提高养护机械化水平，配备13台路面清扫车；加强公路绿化管护，全市国省干线公路大部分路段做到三季有花、四季常绿。在全市范围内开展大规模路域环境综合整治，完善排水设施，设置标志牌、示警桩，整治“马路市场”和“野广告”等，公路沿线环境大为改观。完善治超长效机制，形成路运、路警联动的治超机制，依据远程监控，有效遏制局部路段超限运输反弹现象，超限率稳定控制在0.4%以下。健全路况信息管理制度和采集网络，利用公路服务区、道班等沿线设施，以及网站、媒体等渠道对外发布路况信息，为社会公众提供及时、准确的公路出行信息服务。完善公路应急抢险预案，成立了局公路应急抢险指挥部，建成应急物资储备库，在省道212开展了全省公路系统地质灾害应急抢险演练活动，组队参加市政府抗震抢险应急演练，交通行业应急抢险能力得到提升。

【开展运输市场专项整治】 强化出租车监管工作，落实出租车公司主体责任，严管重罚租车违规行为，年内，处理违规出租车129辆，7名驾驶员被列入“黑名单”清理出从业人员队伍，出租车不规范经营得到有效遏制，乘客投诉数量明显下降。加大对汽车站卫生文明秩序的整治，营造创文浓厚氛围，市区汽车站秩序面貌明显改善。强化对客运班线经营中长线短跑等行为的惩处力度，加强节假日期间客运价格监管，乱涨价、乱收费的行为得到遏制。开展了4次道路运输市场经营秩序专项治理活动，重点打击旅游车辆非法从事班线客运行为，查处非法营运车辆252辆，维护了运输市场秩序。规范驾培和机动车维修市场，为行业发展创造公平竞争环境。启动实施客运班线价格调整工作，平稳完成了出租车票价调整。

【强化质量管理】 强化工程质量责任制，交通建设项目管理人员质量意识得到增强，路基沉降、桥头跳车等工程质量通病得到遏制。局质监站全年共开展质量监督检查118次，下发抽查意见通知书105份，监督检查重点项目一次抽检合格率为91.7%，关键指标抽检合格率达到95.9%。以平安交通创建活动为载体，以客运企业、道路危桥险路和隧道隐患排查治理、平安工地建设为重点，开展安全生产大检查活动，共排查客运班线520条，处置干线、农村公路隐患里程394公里，对3家安全意识淡薄、措施不力的公路施工企业给予严重警告，行业全年无较大、重特大责任事故发生，安全生产形势平稳。研判把握行业维稳形势，及时有效处置了三起出租车不稳定事件，成立专门小组妥善处置洪达旅游公司稳定问题。为全市4382名出租车驾驶员办理了社会保险，参保率达到84%，金龙、宝运出租车公司被交通运输部授予全国出租汽车和谐劳动关系创建活动先进集体。使全市1635名曾在交通行业工作过的农村户口老龄人员养老补助金发放到位。接待群众上访60人次，办理群众来信215件，年内未发生赴省进京上访事件，有效保障了全国两会等重点时段的行业稳定。

【凝聚交通正能量】 精神文明建设再添新硕果，行业风貌进一步提升。结合全市创文工作，大力开展优质服务竞赛和各类文明创建活动。创建厅级文明路41公里，评选星级出租车达到200辆，出租车司机孙红连、王嘉俊入选陕西“好人榜”。开展“诚信交通”建设活动，加强诚信教育，健全信用体系，在门户网站上建立红黑榜，实现诚信信息管理的常态化。落实“两个责任”，加强组织领导，以上率下，完善工作机制，加强系统党风廉政建设。整改群众路线教育实践活动征求意见和《百姓问政》节目反映问题。加强交通宣传工作，在局门户网站发布信息787条，在《宝鸡日报》举办交通运输专刊10期，对交通运输工作新成就、新做法、新典型进行宣传报道，全方位展示交通运输行业的精神面貌，汇聚交通发展正能量。

（杨晓萍）

邮　　政

【概况】 宝鸡市邮政管理局于2012年8月15日批准成立，编制12人，内设3个科室（办公室、市场监管科、普遍服务科）。2012年11月13日举行揭牌成立仪式。依法履行政府监管职能，对宝鸡市邮政行业和快递市场进行监督管理，受省邮政管理局和宝鸡市委、市政府的双重管理。陕西省邮政公司宝鸡市分公司承担着全市三区九县的邮政通信任务，下设1个国家二级邮区中心局、10个县（区）局，市区3区局、8个专业生产机构和6个机关职能部室。全公司从业人员1597人，共有163处邮政局所，374条投递邮路，95处邮储网点，94处电子化支局所。全市共有快递企业26家，营业网点199个（含分支机构85个、含非许可企业分支机构69个），其中，乡镇网点数量68个（代办网点45个），乡镇网点覆盖率51%。邮政EMS、四通一达的县级网点实现全覆盖。从业人员1066人。2014年，全市邮政行业业务总量完成3.76亿元，全省排名第五位，同比增长5.68%；业务收入3.46亿元，同比下降2.03%。其中，邮政业务收入2.61亿元，同比下降3.15%，占邮政行业总收入的75.43%；快递业务收入8473.64万元，同比增长1.2%，全省占比4.72%，在全省排名第三位，占邮政行业总收入的24.57%。快递业务量累计2326万件，同比增长13.79%。其中，进口累计1304万件，同比增长41.37%；出口累计1022.05万件，在全省排名第二位，同比下降8.89%。最高日处理量11.61万件。

【加强安全监管】 市邮政管理局与邮政公司、快递企业签订2014年度《宝鸡市寄递企业安全及“扫黄打非”工作责任书》，落实企业安全生产主体责任。开展收寄验视制度、规范化学品寄递等专项活动，开展邮政行业安全生产“三化”建设，制定《行业安全生产“三化”建设实施方案》，建立邮政业安全信息季报制度，制作《宝鸡市邮政行业消防安全宣传片》由企业组织职工学习。联合公安、国家安全等部门召开寄递渠道安全管理工作会议，协助公安等部门成功破获案件4起。集中开展

“秋风”“清源”“净网”“固边”四个专项行动，市局被评为全省2014年度“扫黄打非”先进集体。通过QQ群、官方微博等通联方式及时发布高温、雾霾、防汛等高危天气预警，提醒广大从业人员注意安全生产。成功完成了“两会”“亚信峰会”“南京青奥会”“第15届省运会”和“第27届世佛联大会”以及“双十一”等重大活动和旺季安全生产及服务保障工作。

【引导企业融合发展】 市邮政管理局加强与市交通运输局的工作联系，按照“市场驱动、企业运作、政府引导”的原则，召开交通运输企业与快递企业见面会，共商快递企业与交通运输企业的深度融合。协调市交警支队为顺丰、申通、汇通三家快递企业的9辆箱式货车核发了特别通行证，快递车辆通行难问题得到一定程度缓解。同时，由市邮政局牵头起草了《关于扶持快递发展，保障快递企业运输车辆便捷通行的意见》《宝鸡市快递企业车辆通行实施方案》，推动政府相关优惠政策出台。鼓励快递企业自办电子商务平台，EMS、中通、优速、韵达等均建立了自己的电商平台；引导快递企业与电子商务企业建立以促销活动联动的业务协同机制，如西秦之家、秦之味、西秦大地等签约大客户将宝鸡特色产品通过电子商务平台和快递渠道销售到全国各地。

【加大监管力度】 2014年，开展邮政普遍服务、特殊服务和邮票发行销售监督检查工作，邮政普遍服务网点网上公布，其中52个需开办汇兑业务的邮政普遍服务网点已全部开办汇兑业务。完成《人民日报》投递时限监测和机要邮件时限测试工作，组织监督员完成邮政基础公共服务供给和需求调查以及邮政普遍服务社会监督员满意度调查问卷45份。全年检查邮政场所282人次，下发通报6份，下发整改通知书5份，促进企业依法规范经营。加大对邮政市场违法违规行为整改和处罚力度，净化市场秩序，促进邮政市场健康发展。全

2014年宝鸡市主要邮政业务完成情况表

业务种类	单　位	2013年实绩	2014年实绩	增幅+-%
业务总量	元	248697696	276025867	10.99
函　件	件	3314288	1972815	-40.48
包　件	件	117952	112812	-4.36
机　要	件	11855	11626	-1.93
报　纸	万份	3961.07	3959.21	-0.05
杂　志	万份	179.08	283.57	58.35
集　邮	万枚	247.4	430.13	73.86
代理特快专递	万件	25.17	22.08	-12.28
代理物流	千克	11400	27094	137.67
代理邮政储蓄期末余额	亿元	128.25	143.77	12.10
代理国内汇票	万笔	15.9	13.07	-17.80

2014年宝鸡市主要快递企业分专业业务收入情况表

业务收入累计(万元)	同城累计(万元)	同比增长(%)	占总收入(%)
8473.64	842.55	26.95	9.94%
	异地累计(万元)	同比增长(%)	占总收入(%)
	6572.17	-4.47	77.56%
	国际及港澳台累计(万元)	同比增长(%)	占总收入(%)
	218.62	43.63	2.58%
	其他业务收入累计(万元)	同比增长(%)	占总收入(%)
	840.30	24.00	9.92%

2014年宝鸡市主要快递企业分专业出口快件量情况表

业务量累计(万元)	同城累计(万元)	同比增长(%)	占总量(%)
1022.05	73.48	4.66	7.19%
	异地累计(万件)	同比增长(%)	占总量(%)
	948.01	-9.81	92.76%
	国际及港澳台累计(万件)	同比增长(%)	占总量(%)
	0.56	32.77	0.05%

年，共开展快递市场执法检查257次（同比增长220.5%），下达责令整改通知书24份，同比增长100%，其中有关监控设备11份，消防设施7份，无证经营5份，备案1份，行政处罚1起，罚款1000元。开展集邮用品市场检查和“诚实守信、共建和谐集邮市场”主题宣传活动。加强邮政用品用具市场监管，协助省邮政局注销宝鸡邮政印刷厂邮政用品用具监制证。通过来电来访、公众留言、局长信箱等渠道，市邮政管理局协助处理用户投诉21起，办结率100%、满意度100%。

【夯实基础管理工作】　市邮政管理局组织开展全市邮政行业第一次统计专项调查工作，历时四个月时间共普查邮政企业11家、快递企业网点155处。编印了《宝鸡市邮政普遍服务概要》。完成了快递企业85家分支机构纸质备案登记管理。加强新闻宣传工作，全年共上报政务信息110期172篇，其中国家局采用5篇，省邮政局采用46篇，市邮政局采用121篇。发布政务微博30余条。同时，与宝鸡日报社等媒体合作，扩大对对明星快递员报道的覆盖面。

【快递企业基础建设得到加强】2014年，全市新增快递车辆87辆，箱式货车4辆、面包车15辆、三轮车20辆、电动自行车和摩托车48辆。顺丰速运迁入新址，中转场占地7000平方米，内设一个分拨中心2400平方米，仓库1400平方米，物料仓库480平方米，另有办公及员工宿舍楼一栋，建筑面积约500平方米；中通快递新的分拨中心建筑面积1400平方米，办公区100平方米；申通快递分拨中心在原址基础上扩建800平方米；天天快递等公司也扩大了生产场地。顺丰速运等公司更新皮带输送机，增加可伸缩式皮带机，提高了装卸效率。各邮政、快递企业按照市局要求，添置、更换消防设备，保证设备的正常运行。部分快递企业完善了监控设备，使得监控实现了全覆盖，监控记录保存时间均在30天以上，实现了视频记录的可追溯。

【推进快递服务向乡村延伸】　以“交邮合作”促“快递下乡”。以顺丰速运、申通快递为试点，与兴业交通集团开展协同配合，引导快递企业探索和利用兴业集团所拥有的五级客运站，推动服务网点、快件分拨中心等基础设施的迅速延伸；同时利用现有的客运线路和客车资源，形成由市到县，由县到乡各个环节更具效率的搭载服务，推进快递业向乡镇及农村地区延伸。截至2014年底，除邮政EMS、顺丰以外，“四通一达”等快递企业已在全市所有县区实现快递网点全覆盖，在55个乡镇设置了快递网点或快递业务代办点，乡镇覆盖率达到52.4%。

【加快快递场所规范化建设】　市邮政局印发了《宝鸡市快递营业场所规范化建设指导意见》，全面加强快递网点规范管理工作。按照省快递行业协会的相关文件精神，开展企业达标评定工作，汇通快递、岐山圆通和凤翔韵达作为首批达标企业。经过前期多次论证、完善，5月底宝鸡市快递企业信息服务系统投入试运行，有效提高了行业服务能力和安全监管水平，同时为广大消费者提供了一个开放式的平台，便于消费者选择最佳的企业和最近的网点。

【快递人员队伍素质稳步提升】　市邮政局与省邮政局沟通，在宝鸡市设立快递职业技能鉴定考试考点，于10月25日组织15家快递企业的166名从业人员参加考试，合格率达91%，全市快递从业人员持证率提高到50.2%。开展“榜样之星”明星快递员评选活动，树立行业典型。结合全国文明城市创建工作，编印了《阳光随行文明用语》手册免费发放给全市快递从业人员，规范快递从业人员的行为举止及言行，快递员综合素质显著提升。受省邮政局委托由第三方开展的“2014年陕西省快递服务质量顾客满意度测评”活动中，宝鸡市得分为81.26分，位列第一。

【乡镇邮政局所补建工程全部竣工】全市空白乡镇邮政局所补建工作取得明显成效。截至2014年底已竣工28个，建成未接收2个，已接收26个（其中已运营23个、已备案21个），竣工率为100%，接收率为92.86%，运营率为82.14%，备案率75%，圆满完成了“补建竣工率90%、运营率保六争八”的年度目标。继续实施西部和农村地区邮政普遍服务和机要通信基础设施建设项目。项目共安排邮政网点改造10处，购置邮政车辆5辆、机要通信投递车辆11辆，总投资508万元，其中中央投资155万元。结合《住宅楼房信报箱验收工作程序》的相关要求，草拟了《关于进一步加强我市城镇住宅楼信报箱建设和管理工作的通知》，对市区新建小区信报箱建设实施“三同步”，即同步设计、同步施工、同步验收，提升邮政投递末端服务水平。

【加快邮政金融发展】　加大邮政金融产品创新、服务地方经济的投入，以社保、医保、代发工资、涉农资金为抓手加大邮储代发力度，储蓄余额累计净增15.53亿元，余额规模达到143亿元。发挥邮政金融网络优势，针对城镇和农村提供差异化服务，使邮政储蓄真正成为服务三农、支援农建的重要支撑。组织开展了各类金融宣传活动、保险理财知识讲座、用户答谢会，扩大社会影响，提高用户满意度。

【开展邮政文化活动】　结合地域资源优势，推动宝鸡文化旅游产业的发展。以宝鸡独具的佛文化和周文化资源为依托，通过邮政业务中的邮资门票、邮资封片、明信片册、个性化邮票、数据库商函等着力打造宝鸡旅游品牌，成功开发了《惠游宝鸡》《舌尖上的岐山》《畅游凤县》《千湖国家湿地公园邮资门票》《钓鱼台风光明信片》《宝鸡旅游十三名镇》等产品，举办了法门寺祈福卡寄递活动及《大美岐山》摄影、集邮、民间工艺品展览，宣传了宝鸡地域特色。8月，市邮政公司以“省第十五届运动会”为契机，开发邮资封三款3.6万枚，明信片1000套，并荣膺“陕西省第十五届运动会贡献单位奖”。

10月，切入“27届世界佛联大会”，成功开发法门寺邮票册1000册，个性化邮折4000本，设计世佛会LED背景、供养封等相关产品。举办第十届书信大赛，在内容和形式上持续创新，确定以“爱的行动”为主题，结合“我的中国梦”“建设美丽新宝鸡”“人人争当环保小卫士”等内容，营造少年儿童遵守社会道德的良好社会风气，为全市文化事业及未成年教育做出有益的贡献。10月下旬，市邮政公司开展了“秋寒意浓 海棠行动”捐衣公益活动，共有230余人参与，募集衣物336余袋（10816件），受到宝鸡广播电台等媒体及社会各界的关注。

【搭建服务企业平台】 2014年，发挥邮政网络优势和资源优势，宝鸡多家知名企业的名优产品成功在中国邮政邮乐网上线，推广宝鸡地域特色产业发展。邮乐网上线商品涵盖宝鸡名优小吃、青铜器仿制品、钛工业品、名酒、木耳、花椒、土蜂蜜、野生中药材等。眉县秦峰果业猕猴桃礼盒、岐山擀面皮、美阳臊子、千阳蚕丝、西凤酒、凤翔腊驴肉等产品通过邮乐网走向全国。加强账单业务的流程管控，提高银企账单回执率，提高账单投递服务质量，为中小企业更好、更方便地和各大银行对账做好服务。加强对中小企业市场的研究和分析，开展走访中小企业活动，制定有针对性的综合营销方案，搭建邮政综合服务中小企业平台，实现共赢。

【提升邮政服务能力】 2014年，加大网点能力建设投入，优化网点布局，加大ATM、POS、CRS一体机等终端设备的投放力度，补充网点服务能力。加强对便民服务平台、邮政委代办点的资源整合和形象提升，优化城区投递网点布局，加快社区投递服务站和信报箱建设。在全市邮政营投窗口开展服务质量“争先创优”活动，深化“金牌服务，用户满意百分百”服务理念，持续开展服务管理“六提升”活动，加强对两大窗口从业人员日常培训，提升队伍综合素质和服务水平。市公司用户满意度达到92分，大客户满意度达到96分。对全市邮政各县区投递网及全区邮运网进行大幅优化，提高报刊、信件、邮件的准班准时投送率。市公司自筹资金为各县区局购置电动三轮车16辆，为市区投递配备PDA25部，增强揽收和投递信息反馈的及时性。制定了《投递车辆使用管理办法》，规范投递车辆使用，初步实现了市区及东五县局重点片区协议客户揽投合一。全面推行邮件全程全网时限集中管控工作，优化调整收寄、市趟、分拣、运输和投递生产组织，提高实物网运营效率和服务水平。继续开展投递服务质量KPI指标达标活动，确保全市2014年度投递信息上网率率指标综合评分达到95分以上。

【延伸邮政服务触角】 依托遍布城乡、覆盖全市的邮政网络优势，通过社区便民驿站、乡镇三农服务点的大范围建设，延伸邮政服务触角。2014年，在网便民驿站总数1183家，累计新增829家，以金融、分销、电子商务业务为重点，配送种子、化肥、农药、农产品、酒水、节庆礼品，销售航空机票、火车票等，并从8月份开始在便民驿站安装“邮掌柜”交易平台。全市共157个便民驿站安装了“邮掌柜”系统，依托“邮掌柜”平台叠加金融、保险等服务，打造“商品销售+网购代理+公共服务+金融服务”的农村综合电子商务服务平台，不断增强和拓展渠道服务能力，树立宝鸡邮政电商服务品牌。

【荣获多项荣誉】 市邮政公司以文明单位“创建”为载体，健全“金牌服务”考评机制，开展了“省级文明单位标兵”创建工作。市公司、岐山局已建成“省级文明单位”；陇县局、扶风局、眉县局已建成“市级文明标兵单位”；凤县局、千阳局、凤翔局、太白局已建成“市级文明单位”。市公司工会被省公司、省邮政工会授予“首批局务公开职代会四星级单位”称号；陈仓局小庵邮政所投递员杨军兵被评为“最美乡邮员”“最美宝鸡人”；陈仓区投递员韩宏伟在陈仓区首届“十大青年楷模・陈仓好青年”评选中被表彰为“青年楷模”。扶风局投递员李军昌被推荐为“最美扶风人”候选人。市分公司党委书记、总经理荣膺宝鸡市“五一”劳动奖章。多个网点和多名员工荣膺全省邮政“服务明星网点”、全省“服务明星个人”。

（周燕　包莉）

宝鸡市邮政管理局领导成员

党委书记、局长	刘平厚
党组成员、纪检组长、副局长	侯金利

陕西省邮政公司宝鸡市分公司领导班子成员

总经理、党委书记	郭继东
副总经理	陈小兵
副总经理、工会主席	唐建昌
副总经理、纪委书记	付宇卓

通　信　业

编辑　李宏波　杨　军

电　信　通　信

【概况】　中国电信宝鸡分公司辖十一个县、区分公司及市区五个营维中心，主要经营“天翼”移动通信、互联网接入及应用、固定电话和卫星通信等综合信息服务业务，拥有“天翼领航”、“天翼e家”、“天翼互联网手机”、“天翼飞Young”等知名客户品牌。2014年，在市委市政府和上级公司的正确领导下，围绕“以创新和服务双领先推动规模和效益双提升”发展主线，坚持规模经营和流量经营两大策略，充分发挥自身优势，强力推进行业领先的综合信息服务，全业务市场份额得到提高，取得了企业价值和客户价值的双赢。

【实现经营收入稳增长】　坚持全业务经营策略，发挥多业务的优势，聚焦行业信息化应用业务，在各行业、各领域加快了信息化业务推广。针对不同客户群以“光网”宽带，天翼移动互联网和行业信息化应用等业务向用户宣传推介，开展多种形式的营销活动，抓住“天翼飞Young中国好声音百城百场演唱会”宝鸡站契机，以娱乐营销拉动发展移动用户2.36万户、易信端客户3.5万户，取得了良好营销效果和社会影响力。推进光网改造，开展宽带“扬帆行动”和“点亮光网小区”营销活动，坚持“提速+融合+应用”全业务差异化经营，促进宽带用户发展及保有。在实体渠道强化体验营销、源头辅导，培养用户流量使用习惯。通过互联网手机品鉴会、线上线下营销，以及智慧政务、翼支付、健康通、西秦通等惠及民生的信息化应用产品促流量经营发展，快速提升了流量收入。全年新增翼支付用户5.4万户，总数达到11.6万户，签约商家14户，交易金额累计达到1.01亿元。与市卫生局合作建设新农合信息平台启动“健康通”业务，带动移动业务发展3.49万户。与宝鸡市公交公司合作拓展西秦通天翼卡项目，实现天翼手机刷公交方便了市民的出行。2014年全年实现业务收入同比增幅3.11%，天翼移动在网用户总数达到69.36万户，宽带在网用户总数达到30.7万户，经营发展取得了较好业绩。

【渠道网点全覆盖】　全面落实全业务服务标准，以提升客户满意度为中心，实施服务质量管理办法和检查细则等规章制度，建立完善投诉处理应急通道，落实新兴业务服务标准贯标工作，进一步加强投诉工单的处理和管控，快速处理客户投诉提升一次性解决率。开展宽带装维服务专项提升活动和营业网点服务质量稽查项目培训，提升了员工的服务能力，客户感知良好。通过开展3.15服务风险排查、聘请社会监督员、参加宝鸡广播电台“行风热线”节目、开展用户

2014年10月26日，由中国电信宝鸡分公司冠名举办的“天翼飞young中国好声音百城百场演唱会在市体育场隆重举行

满意测评等活动，及时了解客户意见和建议，针对性解决问题，积极推广微信、易信等新媒体客服，加强了与客户间的交流，客户满意度持续提升。继续强化渠道建设与运营。完善渠道管理和服务机制，落实渠道经理负责制，开展渠道网点建设抢盘竞赛等活动，全年共新建核心商圈专营店32家、城区社区店19家、乡镇专营店38家，全区累计服务网点达到1300多处，方便了客户就近办理各类电信业务。核心服务网点数及单店销量、服务均达标，多项客户服务指标在全省考核排名靠前，渠道网点基本覆盖宝鸡所有地区，为客户提供了放心满意的标准服务。

【基础网扩容改造】 落实国家“宽带中国”发展战略，加大宽带基础网与天翼移动网建设力度，提高宽带应用创新能力，推进“智慧政府”、“智慧企业”、“智慧家庭”及电子政务等在各行业系统中应用，满足“智慧宝鸡”信息化需求，为全市人民群众带来更加信息化、智能化的便利生活。2014年全年实施基础网通信能力设施扩容改造，完成天翼无线网站点的新建和扩容，3G信号覆盖率达99%以上。推进全光网建设，对县城及以上区域以提速为目标推进全光网建设，持续提升光纤到户（FTTH）端口实占率。实现新增OBD（光分路器）端口5.8万，全光网接入端口达到20万线，提高了城区和重点乡镇光网覆盖。推进运维划小，实行维护体制变革创新，建立营维一体工作机制，在全区63个农村OBU、23个城市OBU开展装维划小，在不增加维护成本和人员的基础上确保维护质量稳中有升，装维人员兼顾装维与营销，达到了企业、员工双收益目标。推进集约化维护，提高运维工作效率，实现了“集中调度，统一管控，市县一体，高效协作”工作目标。加快工单流转效率管控，局内宽带工单一小时到岗率月均达到90%以上，为“即销即装”奠定基础。按照大运营理念，建立以客户感知为导向的运维专业考核办法和考核体系，提升了运维效率。

【建立大服务机制】 建立适应市场发展的大服务机制，在人力资源、财务管理上快速转型，保障支撑经营发展。推行人力资源管理向人力资本价值管理转变，制定全业务运营人力资源规划，以内部竞聘选拔等形式满足划小等工作对人员的需求，强化管理人员及后备队伍的考核和管理，将后备队伍建设与基层管理提升相结合，全年14名后备干部下沉SBU支局担任支局长，通过锻炼培养提升能力。全年提拔干部17人，提升了团队素质和活力。建立人才导师制，组建了21人八大专业D级人才队伍和21人营业技能人才队伍，通过帮带提高了员工工作能力。搭建非合同制员工职业发展平台，51位非合同员工竞聘担当了OBU的CEO，优秀劳务工转合同制4人，促进了非合同制人员素质提升和队伍稳定。开展员工业务素质培训，与西安邮电大学经济与管理学院合作成立实习培训基地，合作开展“双翼腾飞”系列培训，组织中层管理人员与优秀员工报考西安邮电大学MBA，提高全员能力与素质。全年共开展培训56期，2136人次，并鼓励员工参加各类岗位认证和岗位技能鉴定，提升业务技能。采取积极的资源配置政策，按照“认购+抢盘”模式配置使用资源，实行低认低配，高认高配，按月滚动清算的总体预算政策，确保资源在最小经营单元的引导与激励作用，开展成本费用日常稽核，改善报账流程，通过月度通报考核、月度财务分析、专题分析，加强了内控制度的执行，使财务基础管理明显增强。并按照全业务、集约化运营要求，对前端经营组织架构进行优化调整，实行扁平化管理，以适应快速变化的市场形势。全面深化改革和划小承包工作，经过不断纠偏，选好人、建好制、用好权等工作制度得到了落实，自主经营、自主管理和CEO积极性得到了加强，倒逼机制逐步建立完善。持续开展强县计划落实与激励，实施强支局、强OBU评估激励，提升了OBU支局和县级分公司整体经营业绩。强化细节管理，做好节假日和重要事件期间的安全保卫和通信保障，保证了企业稳定和生产有序开展，全年安全生产无事故。

【推进企业文化上台阶】 开展企业文化建设，组织员工学习企业使命、愿景和核心价值观，让员工将企业使命牢记在心。开展“永葆激情，变革创新，勇于担当，加快发展”大讨论，组织开展了“寻找身边英雄”活动，统一了思想，明确了目标，锻造了队伍，激发了正能量，营造“共享共鸣，共行共赢”团队氛围。开通了分公司分类易信群，充分利用

2014年7月5日，中国电信宝鸡分公司举行庆祝建党93周年“我们的明天更美好”歌咏会

院内宣传栏、电子屏和新媒体，向员工及时传递企业发展信息。通过开展企业文化案例征集、“中国梦，电信梦，我的梦”演讲比赛等，以多种形式宣贯企业文化，统一了员工思想，坚定了员工发展信心。建立责权利相统一、经营业绩与奖罚相结合的激励机制，修订和完善全员业绩考核管理办法，突出KPI绩效考核导向，资源向一线倾斜，共同促进企业发展。关爱员工生活，员工生日慰问、困难员工帮扶、春节慰问和“金秋助学”活动持续开展，建立员工健康体检制度，按期组织体检，保障了员工身心健康。全年开展了冬季慢跑健步走、妇女节登山活动、“天翼杯”羽毛球比赛、庆“七一”歌咏比赛、“翼起腾飞”杯乒乓球比赛、趣味运动会等形式多样的群众性文体活动，释放了压力，活跃了生活，凝聚了士气，增添了干劲。持续强化精神文明建设，制定规划，签订责任书，开展了窗口单位“文明示范岗”活动，参与宝鸡市志愿者服务，围绕创建全国文明城市开展自愿者活动，为构建和谐宝鸡贡献力量。通过各项制度措施的落实，精神文明建设取得新成绩，在中国电信集团公司、中国电信集团工会2013年度表彰中，陈仓八鱼支局荣获实体渠道全业务营销优秀团队，车锋荣获全业务营销（高校营销）先进个人，权永红获得政企渠道营销服务（信息化应用）“营销之星”，何栓龙获得政企渠道营销服务（优秀支撑运营）“营销之星”，冯丽娟荣获全业务“服务之星”，乔彩霞荣获“巾帼风采”优秀店长。张越被宝鸡市委、市政府命名为2013年度“五一”劳动奖章获得者。

【加强队伍建设】 开展了“实现电信梦，廉洁伴我行”、纠正“四风”宣传教育活动和“六个一”活动，将反腐倡廉工作落到实处。建立公车管理平台，防止公车私用，结合“四好班子”建设，认真落实“三重一大”制度，对涉及企业发展和员工利益的重大事项，真正做到了公开、公平、公正。配合宝鸡市创建全国文明城市工作任务，组织300多人次走上街头开展市容市貌卫生清洁和交通引导志愿活动，发挥“全国文明单位”示范带动作用，为创建工作做贡献。设立高考爱心服务点，关爱高考学子，开展“金秋助学”活动，向困难学子发放助学金14万元。关注农村通信发展，投资5000余万元推进农村光纤网络设施建设，打造光网乡村，提升农村地区宽带、天翼移动互联网接入能力，满足服务“三农”的能力。同时，做好扶贫包村工作，安排专人帮助村组制定包村扶贫规划，确定村组发展产业，关爱村组五保户，协助贫困户调整种植结构，增加经济收入，并协助包扶村完成村委会设施、水毁路段的修复工程。按期完成了各项扶贫包村工作任务。

（杨贵平）

陕西省电信有限公司
宝鸡市分公司领导成员

总经理、党委书记	辛公良
副总经理、工会主席	李永潮
副总经理、纪委书记	张科让
副总经理	张越

移动通信

【概况】 宝鸡移动公司下辖市区、陈仓、岐山、凤翔、扶风、眉县、凤县、太白、千阳、陇县和麟游等11个县区分公司，现有从业人员1216人，固定资产近20亿元。2014年，宝鸡移动公司党委再次荣获集团公司先进基层党组织、企业文化示范点荣誉称号；公司网络部、凤翔分公司党支部荣获省公司先进基层党组织；许国庆、赵磊荣获省公司优秀共产党员称号；分公司荣获宝鸡市道德风尚荣誉称号；荣获宝鸡市创佳评差优胜系统；顺利通过全国文明单位复检。

【4G客户超过40万户】 2014年，公司上下统一思想，坚持以4G超常规发展为主线，统领各项工作，4G客户一年的增长量等于2G的7年、3G的3年的发展奇迹。客户总规模达到220万户，4G客户达到40万。把握时间、集中人力物力，坚持“5+2”、“白加黑”的工作作风，“保质、保量、保速度”加快工程建设，完成全年4G建设任务。4G基站一年的建设量等于2G的16年、3G的6年。截至12月31日，完成宝鸡市区、县区的4G网络全覆盖，全区共计已开通2200余处。

【推进政府机关信息化项目建设】 与市气象局、水利局合作，为气象局提供开发“移动气象”、建设气象预警喇叭卡、气象信息共享数据专线；与水利合作防汛视频专线、水利监测卡等项目，提升信息化手段防灾、预警；与宝鸡市农业银行合作，签订“移动农行WLAN项目”，确保网络信息安全，预防钓鱼网站等不安全因素；与宝鸡市公安局签订“社区警务室专线”，为城市平安建设贡献力量；与扶风县政府合作启动扶风的政府信息化电子政务项目，实现电子化智能办公。

【提升服务质量】 始终坚持客户为根，服务为本的经营理念，进一步深入推进和强化服务质量管理，客户感知显著提升，客户和营业厅满意度均居全省前列。全面开展投诉溯源，通过不定期调研收集一线意见建议431条，梳理优化流程106个，开展全渠道服务人员业务比拼活动提高客户投诉处理能力。树立品牌形象，开展全球通窗户大讲堂活动。7月3日，邀请经济学博士，北京大学汇丰商学院教授，国家级有突出贡献的中青年专家，樊纲先生主讲《中国宏观经济发展趋向》的专题讲座；8月29日，邀请全国政协委员、军事科学学会副秘书长、中国战略文化促进会常务副会长、军事科学院世界军事研究部副部长罗援少将主讲《周边安全环境和软实力建设》的专题讲座；10月29日，邀请凤凰卫视知名学者梁文道先生主讲《大国民与小世界》的专场讲座；12月24日，邀请民建中央经济委员会副主任，中央电视台财经频道评论员马光远老师主讲《宏观经济分析及应对策略》的专题讲座，以精品内容、资深讲师和尊贵服务投入其中，为全球通客户提供了内容丰富的思想盛宴。

【缴纳地方税金超 4400 万元】 从成本细化管理入手，对于应抵范围内占比大的费用重点管控，严格按照工料分离原则进行包工包料施工类采购，持续完成转供电改造提升增值税获票率。对开支零星的办公用品及耗材进行共性需求征集，实现对于可抵扣项目集中采购，加强税务管理，实现全年缴纳地方税金超 4400 万元，降本增效成效显著。开展“爱心 100”等爱心助学扶贫帮困活动，资助贫困大学生 30 余人 10 万元，用真诚回报社会，用爱心回馈社会各界和广大客户的厚爱、信赖和支持。开展“绿色行动计划”，坚持推进节能减排，全年节电 50 万度，节油 4.2 万公升，节水 7300 立方，回收废旧电池 2.1 万块，用实际行动践行了“正德厚生，臻于至善”的企业价值观。

（赵　毅）

陕西移动通信有限责任公司宝鸡分公司领导成员

总　经　理　王　丁
副 总 经 理　吕恩利　宋雪浩
总经理助理　冯海强

联 通 通 信

【概况】 宝鸡联通作为宝鸡三大电信运营商之一，拥有雄厚的网络资源和最先进的 WCDMA3G 技术和 4G 技术。2014 年，宝鸡联通不断优化 3G 网络，加快 4G 网络建设，提升资源利用率，梳理规模化发展产品，形成了以 4G、3G、2G、宽带、融合产品、行业应用为主导的产品体系，全面实现移动业务一体化运营。成立了专业部门加强农村市场拓展，通过实施“双百计划”等一系列措施，乡镇市场发展销量倍增，收入增幅明显；宽带业务突出全业务优势和融合产品卖点，组织“百万好应用　智能新生活”进社区活动，利用节日、日常集会等人流量大的机会，现场扎点促销，推广高价值融合产品和光网产品；推广以“沃易得”为重点的创新型发展方式，加强与金融机构等单位的异业联盟交叉引流。在市区、县区分别组织大范围、高频次的银行炒店活动，全面提升银行渠道“沃易得”销售能力；提升渠道效能，开展体验式营销，渠道由单一产品销售型向销售、服务、体验、用户培训的综合销售服务型转型，从以 3G 合约终端为主的单一销售模式向 3G、固网、信息化融合一体化销售转型。全年公司通信服务收入预算完成率排名全省第一，主营收入同比增幅排名全省第二，收入市场份额提升 0.7 个百分点，达到了 19.8%，利润完成率排名全省第三。公司总体风险管控能力加强，运营趋于健康良性，用户结构不断优化。荣获陕西联通“先进集体”称号；通过 4 个一级指标、17 个二级指标考核体系考核，荣获陕西联通“四好”领导班子荣誉称号。获得宝鸡市委、市政府“创佳评差”竞赛活动“优胜系统”及“消费维权先进集体”等称号。

【完成智慧宝鸡顶层设计】 2014 年，宝鸡联通加大信息化基础设施投入，规模推进应用成熟的行业产品，加快发展重大项目、重要客户的行业应用。携手政府开展“智慧城市”信息化建设，建成占地 283 平方米的宝鸡市信息化体验中心，为政府、集团单位和广大市民提供了信息化体验服务，相继接待宝鸡市政府领导、工信部宝鸡智慧城市验收组及各类集团单位 457 人次。完成智慧宝鸡顶层设计，并成功实施宝鸡智慧旅游线上推广线下体验 O2O 综合业务项目。以太白山景区、陇县关山草原、岐山周公庙等项目为代表的智慧旅游取得实质性突破，景区管理人员可以通过远程视频监控掌握景区内游客流量等情况，游客可下载景区 APP 了解导航、线路、娱乐、餐饮等信息，使旅游变得更加智能和方便。以“百万好应用、智能新生活”活动为抓手，通过校园专属产品有效拓展校园市场，自主研发了具备考勤、定位、通话、家校互动等功能的“幸福沃家”产品，撬动渭滨区东四路小学，陇县天成中学等校园入网；加大与集团单位的沟通联系，落实 TVPS 行业拓展管理办法，宝鸡 80 余个大型集团入网先后入网。

【加大营业窗口建设力度】 2014 年，不断加大营业窗口的建设力度，规范自有厅内宣传陈列和营销话术，提升企业品牌的口碑效应；建立“服务投诉专席”，设立“道德模范、诚信客户”礼遇通道，构建诚信服务

联通信息化体验中心

的通信消费环境；在营业厅开展服务“自监督、自检查、自改善”工作，组建专业明察暗访队伍，查找服务差距，进行现场帮扶、整改；以社会服务质量监督员为抓手，建立服务监督群，提高社会监督力量与口碑，从公司营业环境、人员服务、网络质量、业务体验等方面查找用户不满问题，进行改进，营业厅进厅用户服务满意率达到了94%，获得省管局电信用户委员会授予的“用户满意企业”。客户服务部申投诉中心被省管局授予“全省电信行业服务明星班组”荣誉称号。

【加强网络建设】 宝鸡联通实施移动宽带与固网宽带双轮驱动战略，不断优化3G网络，加快4G网络建设，深度覆盖宽带网络。2014年，新建4G基站和开通3G基站的建设规模是2013年度的3倍。公司利用4G/3G网络一体化带来的网络优势、先进的网络技术以及高速的网络质量，打造出一张全新完整的4G/3G兼容移动网络体。3G网络以市区、大镇、工业园区，高铁、高速、著名景区、行政村及其连接道路为重点，加快覆盖速度，形成一张全覆盖的基础移动网络；4G网络围绕市区、县城、乡镇向外扩展，提升市区县城、重点区域移动和宽带网络的深度覆盖，形成重要区域优质覆盖的高速移动数据网。开展“网络安全隐患排查”、“业务培训提升”等专项工作，全面提升网络指标，在全省网络维护综合考评中排名第三，并成功举办了“2014年全省维护人员职业技能竞赛”活动，荣获“特别贡献奖”“团体竞赛二等奖”。完成第十五届省运会、第二十七届佛教徒联谊大会、中美篮球对抗赛等六项重要通信保障工作。

【推进企业文化体系建设】 2014年，宝鸡联通建立了企业文化体系。明确“员工满意、干部成长、企业发展”为核心内容的公司发展愿景。树立“一年强能力、两年精管理、三年打造健康可持续发展的新宝鸡”为阶段性目标的公司发展使命。弘扬“忠诚企业、忠于组织、成就同事”为核心内容的公司精神，培养员工与企业同呼吸、共命运，爱岗敬业、上下齐心、合心共力推动各项工作落地。坚持“讲业绩、比贡献、树标杆、激活力”为核心内容的经营理念。树立了以眉县沃易得、凤翔固网宽带等为代表的业务标杆，复制推广，以点带面，全面开花。崇尚“轻财、律己、量宽、身先”为主要内容的干部行为准则，各级干部依照准则。通过内部简报、宣传栏以及下基层“一对一”的多频次宣贯，树立了员工信仰，提升了员工使命感、责任感。推动企业文化建设向纵深发展。

【营造企业发展和谐环境】 2014年，以群众性文化活动为载体，组织开展内容丰富的文化娱乐活动，充实员工精神文化生活。实施网格化管理，开展网格竞标承包，提升网格末梢的营销服务能力。同时将激励倾斜一线，以优绩高酬提升一线员工待遇，全年一线员工工资涨幅达到25.58%，激发了员工工作激情。实施人才培养规划,“知识化、专业化、梯队化”的人才队伍基本建成。加强员工激励关怀帮扶机制。通过意见征集、走访慰问、心理援助、互动活动等各类方式，形成关心和帮助困难员工的制度化安排。开展困难职工“送温暖”和节日慰问活动，建立爱心互助会，建设职工小家，开展困难员工、员工子女高考中榜、生日祝福等多项关爱活动，发放慰问金近15万元。公司获得省级“模范职工之家”称号。开展员工心理健康教育活动，组织人员参加EAP专员及心理辅导员培训，建立了“联通沃生活”、“联通心晴驿站”等微信平台，对员工进行心理健康辅导，并通过报栏宣传、健康讲座、个别辅导等多种形式引导员工减轻心理压力，实现快乐工作、幸福生活。按照省公司工会“五小家”建设的规划部署，先后为各县分公司活动室配备了健身活动器材，为职工食堂增添配备了和面机和压面机等厨具设施，累计为职工小家提供经费支持近50万元。先后组织羽毛球、乒乓球、气排球等丰富多彩的文体活动，开展登山、元宵节猜谜，拔河、歌手大赛等娱乐活动，活跃了员工业余文化生活。

【开展文明创建工作】 在全国文明城市创建活动中，做好短信群发、广告展板演示、文明公益宣传、窗口服务监督、诚信服务活动、创文应知应会测试、资料汇总整理等工作。在公司院内、办公区、会议室、家属区等各个位置布置文明宣传条幅、报栏、提示牌、大型公益广告等80余条，印发宣传资料1000多份，利用办公网、宣传栏、简报、公众微信平台等多种形式传播社会主义核心价值观、文明树新风、尊德守礼、未成年人思

排球比赛

想建设等文明理念，展示创建成果，营造创文舆论氛围。以精神文明测评体系为指导，开展10个方面100多项创建和宣传活动，测评分数列居宝鸡市省级文明单位第一，获得“省级文明单位标兵”称号，并获得2014年宝鸡市“创佳评差优胜系统”和市总工会授予的“宝鸡市窗口单位创优活动优秀组织单位”。开展“创先争优”评选活动，评选表彰了4个先进党支部、12名优秀党员和4名优秀工作者，新发展党员3名，入党积极分子10名。开展“四好”领导班子建设，涌现出了渭滨、凤翔两个省级，高新、蔡家坡、千阳三个市级基层单位“四好”领导班子。

【参与社会公益活动】 宝鸡联通按照宝鸡市政府安排，抽出专项资金重新规划建设公司楼前绿化带，为周围市民提供了纳凉、休闲的场所，美化市容市貌。开展对高家镇新安村、天王镇朱头坪村为期三年的结对帮扶活动，为特困户送去价值近万元的慰问品。组织“联通爱心卡、公益走基层”幸福沃家项目，举办公益健康道德讲座，并推进志愿服务活动常态化，先后多次组织干部、员工组成志愿者队伍，全年参加市委举办的“道德大讲堂”活动、捡拾垃圾保护环境、助残“爱心采摘”、义务植树等形式多样的志愿服务活动20余次，并在营业厅微信平台、联通沃生活平台开展核心价值观等内容的网络文明传播活动。被渭滨区委评为“先进志愿服务组织”。

（王蕴蓉）

中国联合网络通信有限公司宝鸡分公司领导成员

总 经 理 温长山
副总经理 贺延平 牛均良
薛伟琪 董 涛

铁 通 通 信

【网络质量全省排名第一】 2014年，宝鸡分公司紧盯链路优化，全年完成8个局点的互联网链路优化工作，完成9台OLT设备双上行直连BRAS工作，互联网总出口较2013年提升2倍，满足了未来2年互联网业务的发展需求。实施网运重点修项目50项，解决网内存在隐患和疑难问题11类38项，更新节点机房超期蓄电池12组，解决了蓄电池超期服役、性能劣化的问题。网络安全整体提升，故障量同比下降26.3%，件均延时同比下降49.8%，网络质量经过不断调整和优化，保持了全省排名第一的成绩。

【代维工作再呈亮点】 按照代维工作“综合化、规范化、规模化和效益化”的思路，2014年，宝鸡分公司继续贯彻“分片包保，计件考核”的绩效管理模式，并结合全年“强管理、保质量、重服务、提指标”维护竞赛活动正向激励员工积极性，提升了代维各项指标成绩，加大了基础维护资料的摸排整理力度。同时，提高代维各类故障及工作的实时预警，分公司实行了故障、巡检等工作的日报制度，基本实现了对代维质量的有效监控。全年宝鸡分公司完成了代维7县区的标准化驻点建设，扶风县成为宝鸡移动推呈的样板驻点。

【提升客户服务标准】 按照“提服务先提标准”的原则，分公司重新修订了《宝鸡分公司客服质量考核实施细则》《宝鸡分公司服务质量监督考核办法实施细则》，重点对故障1小时联系预约率、投诉处理及时率、故障修复满意率等直接影响用户感知和易引起投诉的关键性指标标准进行提高。同时，建立完善投诉预警督办流程、典型案例通报分析制度，强化服务质量日统计、周通报、月分析制度，为分公司提升服务工作提供统计依据。2014年，宝鸡分公司固话满意度高于省考核指标4.48分、互联网满意度高于省考核指标3.35分，在全省排名前列。

【文化建设上台阶】 2014年11月，铁通公司企业文化示范评审会在宝鸡召开，宝鸡分公司作为企业文化示范点做了经验汇报，并接受了全国15个兄弟单位的参观。宝鸡分公司在企业文化示范点创建工作中改善了办公环境、重新规范了员工行为规范。2014年12月铁通宝鸡分公司被铁通总部授予两星级企业文化示范点，并推荐参与移动集团企业文化示范点评选工作。

【企业合力持续加强】 2014年，围绕转型发展、深化协同，宝鸡分公司加大了新业务、代维技术及管理人员综合素质的培训力度，全年组织各类培训85期，建立培训档案56份，组织考试47次，参培人员710人次。在铁通陕西分公司第四届员工岗位技能大赛中，共有6名员工获得名次，宝鸡分公司连续三年获得优秀组织奖。分公司致力于将高效的经营生产与人性化、特色化、个性化活动相结合。“三八”妇女节组织全体女工开展“岁岁春草生，踏青姐妹行”登山活动，并开展“巾帼创先展风采，百花争优谱新片”经验交流；组织全体员工开展了“卓越团队”户外拓展培训。宝鸡分公司被铁通陕西分公司授予“先进单位”荣誉称号，铁通宝鸡分公司工会被电子信息产业工会委员会授予“模范职工小家”荣誉称号。

（任 琰）

中国铁通集团有限公司宝鸡分公司领导成员

总经理、党委书记 张 勇
副总经理、工会主席 党立忠
副 总 经 理 陈晓天
总 经 理 助 理 张晓红

无 线 电 管 理

【开展打击非法广播电台及非法设置无线电台(站)专项活动】 根据全省联合打击非法广播电台专项活动会议精神及市政府主管领导的批示要求，宝鸡市监测站联合市广电局、市公安局开展了为期3个月的打击非法广播电台及伪基站专项活动。专项行动中，监测梳理全市辖区内违规调频广播电台24个，关停10个，完善14个，累计监测1688小时，出动人员156人次，车辆58台次，联合公安部门执法3次。根据省无委办公室《关于开展打击非法设置无线电台（站）专项治理活动的通知》要求，宝鸡市监测站一是梳理辖区内设置的无线电台（站）；二是对调频广播频段进行不间断24小时的监测监听，查获2套非法广播电台；三是加大行政执法力度，全年接到群众干扰投诉电话133个，进行技术排查25次，依法取缔拆除20台卫星电视干扰器；四是联合公安部门及公众移动通信运营企业对“伪基站”开展查处工作，完成了专项治理活动。

【完成无线电频谱监测任务】 2014年，完成87－108MHz、1980－2010MHz、2170－2200MHz及2.4G微波等频段共计864小时的专项监测任务；同时，完成对防火、防汛、供电、公安频点及联通、电信频段共计600小时的日常监测任务；4月下旬及5月上旬，组织技术人员对西宝高铁（宝鸡南至杨凌南）沿线29个GSM－R基站进行无线电频谱监测及数据的上报工作。

【加强无线电台（站）管理】 2014年，依据无线电行政许可要求，做好无线电台站审批工作，对无线电审批条件、申请材料、审批程序、时限、收费等进行规范。全年受理设台单位7个，指配和核准频率19个，办理电台执照299个，在宝鸡无线电管理网站上发布各类信息58条，收缴频率占用费14万元。10月9日至11月7日，完成对移动、联通、电信等三家运营企业通信基站的年检工作，共检测基站120个，合格97个，整改23个。12月15日至2015年1月底，宝鸡市监测站对市区餐饮、娱乐、酒店等经营场所进行对讲机专项执法检查工作。共计检查经营场所345家，对讲机739部，现场办理电台执照515部，封存160部。截至年底，全市共有设台单位92个，业余爱好者272人，各类无线电发射设备5201个，其中广播电台70个，电视台27个，短波电台81个，超短波电台543个，业余电台383个，移动通信基站3951个，移动用户296万户。

【规范业余无线电台管理】 年初，召开宝鸡市2014年度业余无线电爱好者年会；6月28日、12月27日举办二、四季度业余无线电台操作技术能力（A类）验证考试，参加考试人员135人，合格121人；开展新版业余电台操作证书的换发工作，报送审批新版操作证书80人，申请呼号119个，检测电台148个，办理电台执照142个。

【完成无线电安全保障任务】 2014年春节期间、两会期间及国庆期间完成对广播、航空、铁路、公安等频段监测监听工作；全年完成公务员、高考、医师资格、司法等12类考试的无线电安全保障工作，共出动车辆46台次，人员206人次，监测监听设备84台（套），监测监听共计114小时，发现作弊信号11个，采取技术压制总计17.5小时，查获作弊信号1个，2名作弊人员，缴获2部作弊对讲机。

【开展无线电管理宣传月活动】 9月2日，召开全市无线电管理宣传工作会议，安排部署无线电管理宣传月活动。9月18日，联合渭滨区无委办、金台区无委办、移动、联通、电信和无线电业余爱好者在市民广场实施集中宣传活动。各县区结合实际也开展了宣传活动。此次宣传月活动，共摆放展板200余张，悬挂条幅40幅，电视新闻媒体系列宣传1100余次，网站宣传20余次，微信宣传10余条，手机短信宣传10000余条，发放各种宣传资料共计40000余份。

【开展全省无线电管理行政执法程序及文书修订工作】 根据省无委办《关于全省无线电管理行政执法程序及文书修订有关工作的通知》精神，宝鸡市监测站于2014年6月成立由相关专家学者组成的修订小组，前往西安、延安两市无线电管理机构进行调研，历时半年，讨论10余次，八易其稿，于11月20日形成《陕西省无线电管理行政处罚、行政强制程序规定》（草稿）和《文书》（草稿）提交领导小组审核。12月1日至3日，在宝鸡举办全省无线电管理行政执法程序及执法文书修订研讨培训班，对“规定草稿”和“文书草稿”进行初步审核，经过讨论，达成一致。修订小组继续加以完善，并于年内报送领导小组作最终审核。

（王　燕）

陕西省无线电管理委员会办公室宝鸡市监测站领导成员

站　　长　郝小宁

美丽的大水川草甸

宽敞整洁的通村水泥路

县功镇先锋村移民搬迁安置楼外貌

美丽新农村一瞥

宝鸡西山有机农产品

宝鸡市西部山区生态养殖

工业企业

经二路商业街

2014年，渭滨区坚持稳中求进总基调，突出“强基础、促转型、保增长、惠民生”这一主线，围绕“做大总量、做优质量”两大要务，大力实施工业强区、三产活区、科教兴区、生态立区“四大战略”,强力推进产业突破、管理创新、城乡一体、旅游示范、生态提升“五大工程”，实现了经济平稳发展、民生持续改善、社会和谐稳定。全年实现生产总值445.7亿元，增长8.5%，完成地方财政收入5.2亿元，增长14.5%，完成全社会固定资产投资334.3亿元，增长27.2%，实现社会消费品零售总额153.7亿元，增长14.7%，城镇居民人均可支配收入达到32519元，增长10.9%，农村居民人均可支配收入达到13069元，增长12.7%。

2015年是全面完成“十二五”规划的收官之年，也是渭滨实现转型发展、突破引领的重要一年。全区工作的总体要求是：认真贯彻落实党的十八大和十八届三中四中全会、中央经

枣园移民搬迁新村

龙舟竞渡金渭湖

石坝河、瓦峪河治理

济工作会和省市委全会精神，坚持稳中求进总基调，以跻身全省经济社会发展五强区为统领，把握新常态、力求新突破，坚定不移做大总量、做优质量，全面深化改革，加速转型升级，持续保障民生，推进依法治区，从严管党治党，努力开创经济社会持续健康发展新局面。全区经济社会发展的预期目标是：生产总值增长12%左右，地方财政收入同口径增长12%，全社会固定资产投资增长22%，社会消费品零售总额增长13%以上，农村居民人均可支配收入增长12%，城镇居民人均可支配收入增长11%，单位生产总值能耗降低3.4%，城镇登记失业率控制在4%以内，人口自然增长率控制在5.5‰以内。

石鼓现代农业园

首届宝鸡市互联网大会召开

金台观景区玉皇阁

西府天地民俗观光景区

错落别致的西府天地农家乐

金台区六川河生态园

瑞丰现代农业园区鸟瞰图

大盛农业

美林观光园

新东岭城市综合体整体鸟瞰图

红星美凯龙

东岭综合体奠基仪式

万宝隆陶瓷车间

2014年，陈仓区围绕“提升执行力，打造升级版，开创区域经济社会发展新局面”的奋斗目标，以开展党的群众路线教育实践活动为抓手，团结带领全区广大干部群众，沉着应对，锐意进取，扎实苦干，保持了经济社会又好又快发展的势头。实现地区生产总值173.6亿元，完成地方财政收入36868万元，完成固定资产投资212.8亿元，城镇居民人均可支配收入31797元，农民人均纯收入11081元。工业经济平稳增长。青岛啤酒宝鸡工业园建成投产，双力叉车、创业基地、志普有色金属加工等项目加快推进，科技路东延工程建成投用，举办宝鸡第一届青岛啤酒节，园区对外影响不断扩大。大工纸包装、长乐钢铁正式投产。规模以上工业完成产值156.4亿元。荣获陕西省发展中小企业贡献奖，周原工业园获得全省县域工业集中区争先进位奖。城市化进程全面加快。虢磻路和虢蔡路一期拓宽改造、北新路一期工程建成投用，北环路综合整治、南环路人行道铺设工程完成，石头河引水工程实现向城区供水，宝鸡射击射箭中心、虢镇北坡森林公园西虢文化广场建成投用。新开工保障性住房2875套，新增集中供热面积100万平方米以上。阳平、周原、县功跻身国家级重点镇行列，小城镇建设水平不断提升。现代农业发展成效显著。成功创建国家现代农业示范区，实现粮食总产17.92万吨，新建

宝鸡第一届青岛啤酒节

宝鸡射击射箭中心

国人菌业杏鲍菇工厂化生产车间

日光温室70.13公顷，完成有机果品认证133.33公顷。引导农村土地经营权流转，全年流转土地504公顷。新增市级重点龙头企业3户、农民专业合作社40个。西部山区被命名为全省首家省级有机农业示范基地，14个农产品获得有机认证。推进农业技术培训，累计培训农民13.6万人次，成功承办“中国·宝鸡丘陵山区暨高新农业机械演示会”。三产服务业稳步推进。物流园区开发步伐加快，大明国际建材城、奥迪、三菱4S店建成投用，物流信息中心、宝隆世家商住、泰森星辰国际和汽车销售中心项目建设进展顺利。举办首届苏杭丝绸暨旅游商品购物节、宝鸡国际汽车展览会等展会活动，集聚了商贸发展人气。《陈仓区旅游发展总体规划》通过评审，全年共接待游客340万人，实现旅游综合收入22.4亿元。城乡环境面貌显著改善。因地制宜、突出特色，农村环境卫生综合整治成效显著，举办了全市农村环境综合整治、新农村建设暨统筹城乡发展现场会。千渭之会国家湿地公园建设加快推进，虢凤路景观绿化改造提升效果明显，西宝高速、宝汉高速宽幅林带基本贯通，完成绿化面积4246.67公顷，植树657.3万株。开展“保卫蓝天、降污治霾”行动，拆改燃煤锅炉84台，推进渭河流域水污染防治，野寺村养殖污水处理厂建成投用，生态区创建通过省级技术评估。

虢镇东门十字改造

青啤宝鸡工业园

紫竹苑保障房

2014年3月，市长钱引安调研柳林重点示范镇建设工作

2014年，凤翔县委、县政府围绕一个目标（打造宝鸡副中心，建设活力凤翔、美丽凤翔、幸福凤翔，在宝鸡率先全面建成小康社会），突出三大主题（项目、环境、民生），坚持三个推进（解放思想、改革创新、作风建设），实现三个提升（一区两城三基地、城乡一体化、党的建设），锐意进取，攻坚克难，努力开创全县经济社会发展新局面。实现地方生产总值181.81亿元，增长10.5%；地方财政收入达到4.49亿元，增长9.6%；农民人均纯收入11716元，净增1293元，增长12.4%；城镇居民人均可支配收入32428元，净增3002元，增长10.2%。荣获全国安全生产先进单位、全国地质灾害防治高标准十有县、中国民间文化艺术之乡、全省平安建设先进县、全省传统文化示范县称号，成功跻身省级创新型试点县行列，顺利通过全国文明县城、全国文化先进县复验，连续七年跻身“中国最具投资潜力中小城市百强县”行列。

2014年4月2日，县级领导瞻仰扶眉战役烈士陵园

2014年6月10日，县委书记赵新年（前排左一）、县长霍铁桥（左二）调研农业工作

2014年5月22日，凤翔县在西安举办招商引资推介会

2014年8月26日，凤翔县召开首届道德模范表彰大会

2014年12月9日，凤翔中学延安体育馆开馆

2014年5月6日，送欢乐下基层进社区文艺汇演

凤翔东湖一景

灵山远景

宝鸡唯一的凤翔现代化连栋温室

凤翔县星灿西区夜景

2014年 5月26日，县委书记张海建、县长何宏年检查重点项目建设情况。

推进跨越发展　建设美丽岐山

2014年，岐山县认真贯彻落实党的十八届三中、四中全会精神，紧紧围绕三年跻身全省经济十强县、中国西部百强县目标，聚力赶超进位、跨越发展，聚焦立说立办、办有成效，县域经济社会发展成效显著。全县实现生产总值149.1亿元，固定资产投资174.88亿元，地方财政收入3.65亿元，规模以上工业总产值156.88亿元，全社会消费品零售总额44.45亿元，城乡居民人均可支配收入分别达到32100元和11791元。粮食总产26.6万吨，果菜1.7万亩，无公害认证7600亩。《西周文化景区概念性规划》编制完成，周原遗址考古获得重大发现，连续五年荣获中国最具投资潜力中小城市百强县，先后荣获中国千年古县、电子商务示范县、传统文化示范县、标准化现代农业气象服务示范县等中省荣誉。臊子面代表宝鸡入选全国最美食城市，岐渭景区获国家水利风景区称号。

2014年 7月9日，1号店·特产中国·岐山馆正式开馆。

2014年6月17日，国家地名文化遗产保护促进会会长刘保全到岐山考察“千年古县”创建工作。

2014年4月4日，副省长祝列克到岐山检查渭河综合整治工作。

2014年9月24日，韩国仁川亚运会赛艇女子轻量级四人双桨赛中郭帅（右一）与队友夺金。

2014年11月12日，市委书记上官吉庆检查蔡家坡经开区海螺型材项目建设情况

2014年，蔡家坡经济技术开发区紧紧围绕建设中国西部汽车及零部件制造基地、关天经济区中等工业城市、宝鸡市副中心和统筹城乡发展示范区的目标，突出产业发展和基础设施建设两大根本任务，着力推进招商引资和项目建设，区内经济社会持续稳定快速发展。全年完成固定资产投资92亿元，同比增长28%；实现工业总产值325亿元，同比增长22%；实现生产总值156亿元，同比增长16%；实现地方财政收入6450万元，同比增长19%。

年内实施市级重点建设项目14个，总投资95.4亿元，完成投资40.2亿元，石油机械设备生产建设、汽车空调生产制造、华强公司精密铸钢建设、电器配套生产基地建设、蔡家坡经开区第一小学建设5个项目已建成投入使用，阜丰生物搬迁技改项目一条生产线已进行试产；实施市政基础设施建设项目32项，总投资56.52亿元，完成投资10.48亿元，广场东路、文化路、广场西路已全部建成；招商引资签约项目34个，总投资额154亿元，完成到位资金66亿元、省际到位资金44亿元，引进亿元重大产业化项目16个，有投资10亿元的铜及铜合金应用项目、投资3.55亿元的STL100非公路矿用自卸车生产线

总投资40亿元的宝鸡阜丰生物科技有限公司

蔡家坡经济技术开发区第一小学

陕西通运专用汽车集团有限公司厂区

2014年6月24日，市长钱引安调研中国电子专用设备大型骨干企业西北机器有限公司

项目、投资2.6亿元的冠森商业广场建设项目、投资2.1亿元的驾驶室生产基地建设、投资1.8亿元的机械式立体车库及门墙生产线建设项目等，其中安徽海螺水泥集团公司、阜丰生物科技有限公司、山东潍柴动力股份有限公司为全球500强及行业领军企业；整合统筹城乡项目15个，完成投资2.72亿元，其中投资1.06亿元的进城农民集中居住项目，1、2、3号楼已全部完工。2014年蔡家坡经开区被被省委、省政府命名为省级文明单位，被陕西省商务厅评为2014年度全省开发区招商引资工作先进单位。

2015年，蔡家坡经开区将全面贯彻落实市委、市政府"打造副中心、重塑蔡家坡"战略部署，确保实现"半年打基础，一年见成效，三年大变样"目标任务，全面打响三大战役，压茬开展四个专项行动，精心打造七大节点，强力推进"十百"计划，通过1~3年时间把蔡家坡基本建成产业特色鲜明、基础设施完善、生态环境优美、城市形象靓丽，与宝鸡主城区相互映衬、互为支撑的宜业宜居副中心城市。

蔡家坡综合文体中心广场夜景

陕西通家汽车股份有限公司年产10万辆整车生产线

宝鸡海螺型材有限责任公司年产8万吨新型节能型材生产线

"中国名牌产品"陕西汉德车桥有限公司车桥生产线

2013年7月31日，市委全委会到园区参观

2014年2月19日，市长钱引安到园区调研

渭滨区工业基地始建于2003年10月，总规划面积15.36平方公里，其中，建成区12平方公里，新建区3.36平方公里。新建区分三期开发建设，目前，一、二期建设全面完成，完成投资52.3亿元，水、电、路、气、暖等基础设施配套到位，引进企业46户，已形成了以装备制造、电子电器为主的优势产业。2012年，启动三期建设，基础设施建设累计投资过亿元，园区配套设施和环境得到进一步改善；投资30亿元的中小企业园和烽火电子工业园等11个项目进展顺利，宝管专用管等9个项目建成投产。2014年，工业基地完成固定资产投资20.3亿元；工业总产值达到260.1亿元，同比增长20%；完成税收4.13亿元，各项指标位居全市乃至全省县区工业园前列。工业基地连年被评为全市先进县域工业园、园区建设先进单位、先进科技工业基地，被确定为全省首批“加快中小企业发展、壮大县域经济示范区”、全省中小企业发展集中区、“13115”科技创新工程重点产业园区、中小企业创业基地、全省县域工业集中区发展先进单位，居全省十大园区之列。

2015年5月9日，区委书记张德科到园区企业调研

2014年7月21日，港商项目签约

合力叉车渭滨工厂装配车间

凌云蓄电池生产线

渭滨工业园区全景

宝鸡高新技术产业开发区

编辑　李海杰

综　　述

【概况】　宝鸡高新技术产业开发区（以下简称“宝鸡高新区”）是1992年11月国务院批准设立的国家级高新技术产业开发区，也是西部地区唯一的、经科技部批复同意建设的国家创新型科技园区，在建面积35平方公里，中远期规划100平方公里。经过多年发展，宝鸡高新区形成了初具规模的钛及钛合金、石油钻采装备、机床工具、汽车及零部件、铁路器材及零部件、通讯导航电子、中压输配电设备等七大优势产业，培育了“宝鸡·中国钛谷”品牌，先后被确定为“国家新材料高技术产业基地”“国家火炬计划钛产业基地”“国家钛材料高新技术产业化基地”“国家火炬计划石油装备特色产业基地”“国家火炬计划重型汽车及零部件特色产业基地”“国家科技兴贸创新基地（新材料）”，钛材及深加工产业被国家工业和信息化部认定为第三批“国家新型工业化产业示范基地”。

【主要指标】　2014年，宝鸡高新区围绕建设创新型科技园区的目标，以党的群众路线教育实践活动为抓手，加强作风建设，狠抓工作落实，坚持项目带动、环境提升、创新引领和可持续发展战略，促进了区域经济社会持续快速发展。全年实现区域生产总值564亿元，同比增长15%；规模以上工业增加值443亿元，同比增长16%；完成固定资产投资238亿元，同比增长28%。地方财政收入5.52亿元，同比增长13%，实现营业总收入1569亿元。

【荣誉】　2014年1月13日，宝鸡高新区知识产权办公室被陕西省知识产权局表彰为先进单位。5月，宝鸡高新区文教局被省关工委、共青团省委、省教育厅等五家单位联合授予“陕西省第六届青少年科普知识竞赛先进单位”。7月7日，高新区文明办被社区志愿服务全国联络总站授予优秀组织奖。9月28日，宝鸡高新区被中国互联网新闻中心授予“首批创建生态文明典范园区”。9月28日，宝鸡高新区被中国互联网新闻中心评为“2014推进创建生态文明城市先锋单位”。10月31日，宝鸡高新区渭水苑社区被国家民政部确定表彰为全国和谐社区建设示范社区。

产 业 发 展

【概况】　2014年，高新区以做大做强7大优势产业为目标，扶持行业龙头企业，培育中小微型科技企业。规模以上经济总量不断壮大，全年规模以上工业增加值增长16%。加强项目储备和管理，完成种类项目备案、核准、审批85个，入区项目评估7个，征集上报种类产业发展引导及商贸流通类项目23批次77个，累计争取资金884万，项目库储备项目累计达到283个。新引进亿元以上项目30个，其中500强或行业领军企业投资项目6个。实现到位资金160.3亿元，占年计划任务的102%；其中，省际到位资金121.3亿元，占年计划任务的110%。筹集支付各类征迁资金8.73亿元，新征报批土地199公顷，27个市级重点项目完成投资58.12亿元，占年计划投资额的100.48%。腾飞石油、汉方国药、新利达汽车零部件、通力专用车、厚德石油机械、金钻石油、机床物料加工、高新一中8个项目投产投用。吉利汽车项目完成投资10.5亿元，首批开工的8栋单体（除冲压车间外）全部建成。高端装备石油产业园、航天航空产业园项目分别完成投资2亿元。华润集团、奔驰汽车、必胜客等品牌入区发展，太阳市、华润万家、海航商业广场、华夏世界城等8个大型服务项目投用或加快建设。关中稀有金属新材料产业集聚区建设提速，申报项目12项，总投资9.2亿元。钛材交易中心年内挂牌运行，钛材产品检测中心部分投用。

【钛产业新技术国内领先】　6月12日，宝鸡拓普达钛业有限公司年产4000吨轴类钛材精锻生产线项目正式投产，该项目填补了中国轴类锻件加工上的空白。国内轴类钛材加工，主要经过从铸锭锻造成棒坯，再将棒坯锻造拔长，生产过程效率低，且工艺复杂。新上马的精锻钛材生产线通过计算机控制，可实现从钛锭或棒坯到钛轴类锻件的一次成型，具有成型率高，尺寸精度高，不需模具成型的优点。

【两个重点项目获国家立项】 10月21日，由宝鸡钛业股份有限公司、宝鸡欧亚化工设备制造厂分别承担的高尔夫用钛合金薄板产业化和钛合金旋翼飞机产业化项目，获得2014年度国家火炬计划创新型产业集群重大专项立项支持。这两个项目是2014年高新区组织申报的创新型产业集群重大项目的子项目，总投资4009万元，实施周期三年，达产时将实现销售收入2.33亿元，交税总额1000万元。其中，高尔夫用钛合金薄板产业化项目，总投资1709万元，主要针对锻造加焊接法制备高尔夫球杆头用钛板，采用冷床炉熔炼工艺，降低生产成本，缩短生产流程，提高钛合金应用领域范围。钛合金双动力旋翼飞机产业化项目，总投资2300万元，计划在5年内形成年产80架钛合金双动力旋翼飞机的批量生产能力。

【金钻石油公司揭牌】 11月28日，宝鸡金钻石油机械股份有限公司揭牌。该公司成立于2001年，总资产12亿元，占地46万平方米，从事各类石油钻机、钻采设备、井口装置、井控系统、钻采工具的生产制造及配件研发、生产、销售和服务，是拥有自主知识产权的国内先进石油钻采设备制造商，产品畅销国内各大油田，并远销海外。改制完成后，公司计划于2015年上半年完成新三板挂牌工作。

【钛谷有色金属交易中心开始运营】 12月16日，位于高新大道195号创意大厦内的宝鸡·中国钛谷有色金属交易中心正式开始运营。该交易中心总投资6000万元，是专门从事钛及有色金属交易、结算、信息、质检、仓储、物流及供应链融资等一体的综合性服务平台，是宝鸡建设“宝鸡·中国钛谷”的重要组成部分。交易中心主要采用“电子商务+现代物流+供应链融资”的商业模式，为钛企业提供现货挂牌交易、现货竞价交易、现货即期交易等多种现货交易和仓储质押等服务。该中心的启用，标志着宝鸡市钛及有色金属交易走上了集约化、信息化、专业化发展道路。

【100万台中轻卡变速器项目签约】 12月31日，法士特集团100万台中轻卡变速器项目签约仪式在宝鸡高新区举行。项目总投资约50亿元，年产100万台中轻卡变速器；其中一期投资约30亿元，一期年产30万台。项目及相关配套设施总占地约53.33公顷，位于西宝南线以南、法士特路以西、凌云蓄电池以东的钓渭镇东崖村。项目实施后，力争两年内完成投资30亿元，确保一期达产达效。

科 技 创 新

【概况】 2014年，高新区落实省政府2000万元创新型科技园区专项资金，年内到位700万元。全年共推荐组织申报国家级创新基金项目28项，其他各类科技项目10批95项，其中国家级科技计划30余项，共计获得各级、各类资金支持5000万元，到位1434万元。组织认定高新技术企业12户，组织申报各类项目33批172项，其中国家级创新基金项目28项，推荐省优秀科技企业家3人，认定省科技创新创业人才4人，新增产学研合作项目10项。完成45家高企复审，高企数已达到全市总额的85%。钛合金旋翼式飞机等两个项目获得科技部立项，获支持资金400万元，力兴稀贵金属加工厂、泰华磁机电研究所等企业创新成果产业化及升级项目获工信部、发改委支持资金2514万元。汽车零配件创业孵化基地一期、高端装备石油产业园一期等孵化器建成，新增孵化面积6.5万平方米。高端装备高技术创业投资基金遴选投资项目3个，总投资额8500万元；新材料高技术创业投资基金挂牌运营。1户企业在“新三板”挂牌上市，实现宝鸡市科技型中小企业进军资本市场零的突破。

【培育高新技术企业】 为了吸引和培育高新技术企业，助力科技型中小企业更好更快地成长，2014年，高新区加快孵化器专业化、规模化、标准化建设，新增孵化器面积3万平方米以上，全年孵化企业60家。同时，推进汽车零配件创业孵化基地、石泪创业园、创意产业及外包服务产业园、宝鸡电子信息传感器产业园等特色园区建设。

【陕西瑞科登上新三板】 1月24日，宝鸡高新区陕西瑞科新材料股份有限公司在“新三板”挂牌上市，标志着宝鸡市科技型中小企业进军资本市场实现零的突破。陕西瑞科新材料股份有限公司专业从事贵金属催化剂的研发生产，自主开发了30多种贵金属负载催化剂、50多种贵金属均相催化剂，先后承担多项国家重点科研和试制项目。副市长丁琳，市长助理、高新区管委会主任卓宇及企业负责人在北京出席了挂牌仪式。

【国核锆业一校两站挂牌】 4月9日，国核大学国核锆业分校、博士后工作站、院士工作站揭牌仪式在国核宝钛锆业股份有限公司举行。国核锆业自2007年12月成立以来，已建成国内唯一由海绵锆到核级锆材加工的完整产业链，填补了中国核级锆材空白。获准设立博士后科研工作站后，国核锆业与中南大学、东北大学、西安建筑科技大学等高校建立了博士后联合招生、培养机制，同时与国核研究院展开合作，引进国内知名院士周邦新、李冠兴组建院士工作站，开展核级锆材尖端技术的研究和应用，走在了核电行业的前列。从美国和国内引进百人计划专家李刚、岳强、储林华等一批青年高层次人才，为企业发展提供人才支撑和智力保障。

【中国钛谷专利导航规划项目启动】 4月16日，宝鸡高新区举行专利导航规划项目启动暨国家钛产业专利导航发展实验区领导小组会议。专利导航规划项目启动后，5年内将把“宝鸡·中国钛谷”建成国家钛领域专利导航产业发展实验区，形成在全国乃至世界领先的钛领域专利密集型产业集群，成为钛领域专利运用体制机制创新的先行区。2014年，宝鸡高新区已成立陕西省钛及稀有金属材料产业专利联盟，“宝鸡·中国钛谷”已入驻企业443家，拥有专利237件。

【举办公益创业论坛】 4月20日，宝鸡青年创业俱乐部和高新产业商会联合举办的创业论坛在高新区创业信息港举行。创业指导专家以实际案例分析、推介创业信息和对融资政策解读的方式，对青年创业者进行指导。宝鸡青年创业俱乐部于2013年6月成立，旨在通过分享成功创业经验帮助创业者创业。俱乐部每月都会举办一次公益创业论坛活动，内容包括创业指导专家现场咨询服务、营销策划培训、创业孵化和小额担保贷款政策咨询等。

【新材料领域创投基金成立】 6月19日，陕西省新材料产业投资与发展高峰论坛暨陕西省新材料高技术创业投资基金揭牌仪式在宝鸡高新区举行，标志着省内首支新材料领域创投基金正式成立。该基金规模为2.55亿元，其中申请国家出资5000万元，省政府出资5000万元，宝鸡高新技术产业开发区总公司代表市政府财政出资3000万元，宝鸡高新技术产业开发区高技术创业服务中心代表高新区管委会出资2000万元，其余来源于社会资金。基金主要向符合国家战略性新兴产业政策的新材料高技术领域具有高成长性的企业提供风险投资，解决企业发展初期的融资难问题，同时还将在法律、政策、信息技术、吸纳优秀人才、建立现代企业制度、寻找战略合作伙伴、重组并购等方面为企业提供增值服务。

【法士特重大科技专项获批】 9月17日，由法士特集团公司组织申报的国家04专项——“汽车齿轮高效精密磨削砂轮/工艺的应用示范”科技项目，通过国家工信部的资料审核和财务审核，成功获得立项。该项目总投资7300万元，执行期3年。该项目的成功获批，将提高企业在齿轮加工、磨齿工艺完善、砂轮应用等方面的技术水平，推动国内齿轮产品制造能力和质量水平迈上新台阶。

园 区 建 设

【概况】 2014年，高新区科技新城“两横四纵”6条道路快速推进，滨河路一期完工，党家路、王家路、高新大道一期雨污水管道铺设完成，创业路完成污水沟槽开挖，寨子路开工建设。先后完成10千伏临时供水、供电工程建设，铺设给水管道12400千米，35千伏降压站项目年底开工建设。高新大道一期路灯改造完成，三期及各支路路灯安装全部竣工。宝鸡南站综合改造进展顺利，高新4路、站前大道、渭滨大道、站前广场建成，站南大道加快施工。高新大道1—30路全线贯通，各支路除7路、25路正在建设外全部建成通车。承担的23项宝鸡市2014年城市建设管理提升工程，完成18项。先后完成30项道路绿化、水系绿化、坡面绿化和街头绿地游园建设等“创园”任务，高新大道三期及各支路绿化工程新增绿化面积13万平方米，新栽各类乔木3830株，花冠木51万株，草坪1.5万平方米，铺设人行道3.7万平方米，铺设绿化给水管道1.1万米。三期滨河路景观绿化工程新增绿化面积12万平方米，新栽各类乔木9300株，花冠木68万株，草坪11万平方米，铺设新型透水路面1.5万平方米，铺设绿化给水管道9000米，建成全市唯一的微地形道路绿化工程。在辖区设置社会主义核心价值观、中国梦、讲文明树新风等主题公益广告1000余幅，发放文明礼仪等宣传资料10万余份（张），组织开展“文明交通引导”“邻里守望”等志愿服务活动，建成各类志愿队伍17支，注册志愿者25165人，涌现了市级道德模范杨腊秀等一批先进典型，张瑞等7人入选中国好人榜候选人，杨军兵等4人入选最美宝鸡人。集中开展背街小巷、集贸市场、住宅小区、商业步行街、城乡接合部环境综合整治，处理数字化城管案件2万多个，取缔清理露天烧烤、出店经营、占道经营400余户，拆除各种灯箱广告400余块，新建公厕12座。加快实施34个公共设施提升改造工程，对高新大道、滨河路、游园广场、城市出入口、城乡接合部等重点区域进行绿化、亮化和改造提升。2014年9月，宝鸡高新区荣获“全国首批创建生态文明典范园区”称号，高新区管委会被评为“2014推进创建生态文明城市先锋单位”。

【高新大道三期全线通车】 1月2日，高新大道三期全线通车。高新大道三期工程全长9068米，西起高新14路（育才路），东至虢镇大桥南头。其中道路全长8926米，桥梁一座，长131米，道路总造价1.14亿元。该工程是高新区开发建设的重点基础设施建设项目之一，是高新区东扩的桥梁和科技新城建设的纽带。

【召开城市建设管理提升工作会】 3月4日，宝鸡高新区召开2014年城市建设管理提升工作动员会。会议提出，2014年将围绕“双创”“双迎”，开展高新大道、滨河路、火炬路西段、清水河及马尾河两岸、游园广场、城市出入口、城乡接合部等重点区域绿化、亮化建设和治理工程，使城市面貌、城市功能得到全面提升。会议对全年城市建设管理提升工作进行了细化分解。

【道德讲堂开讲】 3月6日，宝鸡高新区企业道德讲堂在高新企业大学开讲。辖区内60多名中小企业及规模以上企业代表参加了活动。宝鸡教育学院教师、宝鸡市人民电台国学大讲堂讲师杨权良，宝鸡市第二届诚实守信道德模范、陕西省第三届诚实守信道德模范冯周德分别以《传统文化和做人》《诚实守信谋发展、助人为乐做贡献》为题，讲述了中国传统文化和以诚为本、以信立业的创业故事。

【开展义务植树活动】　3月12日，宝鸡高新区组织700余名干部职工在千渭湿地公园景观林带参加义务植树活动，拉开了春季植树造林活动的序幕。当天共栽植白皮松、西府海棠等乔木1300余株。同日，西宝客专沿线的42个村也开展了义务美化环境活动。其中，八鱼镇3个村及驻镇单位、镇机关600余人，共栽植侧柏、红叶李等4000余株。

【高新渭河生态公园建成投用】　4月25日，集体育竞技、训练、健身、休闲于一体的综合性公园——宝鸡高新区渭河生态体育公园建成投用，同日高新区首届男子篮球联赛开幕。该工程2013年5月开工建设，总投资超过700万元，占地面积12.6万平方米，主要建设内容包括7个篮球场、1个门球场、2个网球场、20个乒乓球台及1个11人制标准人工草坪足球场。市长助理、党工委副书记、管委会主任卓宇宣布联赛开幕，党工委副书记张满利致词。马营镇代表队等27支代表队参加比赛。

【科技新城两条道路开建】　5月29日，科技新城内的高新大道A标段和党家路两条道路开工建设，标志着科技新城的道路建设已经全面铺开。科技新城地处宝鸡高新区三期东片区，东至乙家崖村，西至虢镇大桥，南至秦岭北麓，北至渭河南岸，面积约35平方公里，以高新技术及相关产业为基础，以生态和人文环境建设为特色，融产品研发、服务、生产、居住、休憩为一体。科技新城建成后，大约可提供28万个工作岗位，居住25万至30万人。

【中央媒体聚焦宝鸡高新区】　6月25—26日，经济日报策划部主任陈学慧、经济日报驻陕西记者站站长张毅、企业部主编杨忠阳以及中国经济网记者孙璇、闫微微等媒体人员组成的采访团，以“舞动丝绸之路经济带——陕西探寻向西开放的契机与突破”为主题，对宝鸡高新区宝鸡石油机械有限责任公司等7户企业进行了采访，挖掘宝鸡高新区在建设新丝绸之路经济带中所做的有益探索和成功经验。

【磻溪河大桥开工建设】　10月30日，总投资900万元的高新区科技新城高新大道一期磻溪河大桥开工建设。大桥全长40米，桥面宽49.5米，设计为双向六车道，桥梁结构采用柱式桥台。预计2015年上半年完工。大桥建成后，将连接磻溪河东西两岸，方便群众出行，能够完善高新区科技新城基础设施，推进科技新城开发建设。

【钛谷与钒都共建友好园区】　11月29日，在2014中国（攀枝花）钒钛产业博览会上，宝鸡高新区与四川攀枝花钒钛高新技术产业园区签订了共建友好园区协议。根据协议，双方将建立互利共赢、产业合作、科技研发合作、干部人才交流、稳定沟通5项机制，搭建科技项目合作、成果转化平台，支持双方企业通过控股、参股等形式实现资源整合，发展产业联盟，最终实现宝鸡钛材产业与攀枝花富钛料、海绵钛、钛锭等前端产业的优势叠加，共同推动航空航天、军工、海洋工程及民用、体育、医疗器械等钛制品高端产业发展。

【高新区跻身“中国100强产业园区排行榜”】　12月3日，同济大学发展研究院发布《2014中国产业园区持续发展蓝皮书》，揭晓“2013年中国国家级产业园区持续发展竞争力综合排名百强”榜单，宝鸡高新区荣登“中国100强产业园区排行榜”第82位。此次排名是上海同济大学发展研究院对全国453个国家级高新技术产业开发区和国家级经济技术开发区的各项数据进行综合搜集和处理而来，涵盖了经济发展、创新发展、产业合作、公共服务、社会发展5个方面指标。

统筹城乡

【概况】　2014年，出台农民进城落户工作实施细则，确定农村居民“双退出”办理程序，对永清、东星、旭光等15个南客站开发涉及的村进行村民整体转户登记摸底，完成进城居住10056人。抓好新农村建设，2个镇跻身全市经济社会发展十强镇，14个村跻身百强村。渭河综合治理累计完成投资4.3亿元，35.4公里堤防建设任务全面完成。治理水土流失面积11平方公里，完成4座小（二）型水库除险加固、4座水电站增效扩容改造，建成6处农村饮水工程，新增基本农田333.33公顷；“三线”整治及绿化工作投资1318万元，清理“三堆”“三乱”10余万立方米、粉刷墙体25.1万平方米，完成绿化面积302.87公顷，栽植各类苗木84.63万株、花卉58.9万株，超额完成年度绿化任务。城中村改造项目朴西村安置小区10栋楼封顶，明星村安置小区进入地上施工，旭光村安置小区完成基础施工。实现农村劳动力转移就业46411人，劳务输出18665人，实现劳务收入4.4亿元，免费就业创业培训600人。农民人均纯收入达到12350元。

【开展科技文化卫生三下乡活动】　3月14日，高新区2014年文化科技卫生“三下乡”暨“科技之春”宣传月示范活动在八鱼镇姬家殿村文化广场举行。“三下乡”活动由高新区党工委、管委会主办，高新区党工委办公室、党工委宣传部、文化教育局、卫生计生局和八鱼镇党委、政府承办。该活动以文艺演出、科普宣传、健康检查、法律咨询等形式践行党的群众路线教育实践活动，满足群众物质文化生活需求。活动中，高新区各相关部门分别结合自己的业务职能，就劳动促进和社会保障、土地、农技和森林防火、民政救济、健康、法律等方面的政策、知识进行宣传，对群众关心的问题进行现场解答。高新公安分局、消防、交警、工商等部门就依法打击违法犯罪、消防安全、交通安全、假冒伪劣商品辨别等方面的知识进行了宣传。当天，高新区为六镇及姬家殿村赠送了价值约16000元的科普图书。

【磻溪河旅游项目启动】 5月24日，高新区磻溪河美丽盘古山项目启动仪式在磻溪镇盘古山举行。磻溪河位于磻溪镇境内，为渭河支流，河谷风光秀丽，上游的盘古山建有磻溪河水库，周边自然景观丰富。磻溪河流域地处秦岭北麓，有野生动物160多种、森林昆虫900多种，具有重要的观赏和科研价值，为中国西部地区少有的原始自然景观；河畔的磻溪宫是宋末道教全真派丘处机修炼得道之地，自然景观和人文景观交相辉映。该项目计划投资2.3亿元，分两期实施，一期将完善景区水电路等基础设施，建设大型水上游乐园、游泳池、观鱼池等；二期将修复盘古庙，新建“全真道五祖殿”“全真七子殿”“春花祠”等人文景观和人工养殖场、垂钓场，建设生态休闲度假山庄等。

【获生态典范园区称号】 9月28日，2014城市发展与生态平衡高层论坛暨全国首批创建生态文明典范城市发布仪式在北京举行。宝鸡高新区获“首批创建生态文明典范园区”称号，宝鸡高新区管委会获“2014推进创建生态文明城市先锋单位”称号。此次论坛由中国互联网新闻中心主办，首批全国创建生态文明典范城市及园区共68家。

【军民共建进村路】 12月5日，高新区磻溪镇党家堡村三条进村路硬化工程在驻宝某部的支持和援建下正式竣工。这三条道路的硬化，既方便群众出行，又保障了该村经济发展，被群众誉为军爱民、民拥军的“连心路”。从11月初开始，筑路官兵与该村群众一同克服工期短、天气寒冷等困难，加班加点赶施工进度，完成了总长1000米、宽7米的三条进村道路硬化任务。

社会事业

【概况】 推动教育均衡发展，争取上级资金4000万元，实施优质教育普及项目15个。城乡学校硬件设施得到普遍提升。高新一中投用、高新一小完成扩招、高新三小建成招生、高新四小建设启动，东星等9所幼儿园建成投用。全年发放优抚、低保、救助、抚恤、残疾人基本生活保障、老龄津贴等各类民生保障资金5342.3万元。完成第五届城市党组织和居民委员会换届，制定镇村综合改革方案，渭水苑社区被民政部确定为全国和谐社区建设示范单位。城乡居民社会养老保险扩面4274人，参保116574人，参保率达到99.2%；享受城乡居民养老保险28350人，累计办理失地农民养老保险20518人。城镇新增就业、失业和就业困难人员再就业2564人，城镇登记失业率3.55%。保障性住房新开工1773套、竣工780套，分配入住2132套。举办第一届男子篮球联赛和多项大型群众性文体活动，组织1500名学生参加“省十五运”开闭幕式展演。

【学子路社区开通微信服务平台】 4月15日，高新区学子路社区微信服务平台正式开通。该平台分为服务咨询、服务展示及特色服务三大块内容，涵盖计划生育、民政服务、劳动保障、居家养老、科教文体等31项服务项目。同时还设置了社区新闻、党建天地、群众路线等服务内容。社区居民通过扫描，或者搜寻公众账号“学子路社区”即可关注微信服务平台，了解社区最新动向及业务办理流程。

【开展公益电影进社区活动】 8月26日晚，高新区“携手争创文明城，齐心共筑中国梦”主题公益电影进社区活动在渭水苑社区启动。此次公益电影进社区活动，精心筛选了多部传播正能量的优秀影片，在辖区有播放条件的小区轮流播放22场，活跃社区群众文化生活。此次活动采用LED播放车，在播放影片的同时，还穿插播放创建全国文明城市、社会主义核心价值观等公益宣传片。

【高新四小开工建设】 9月9日上午，宝鸡高新第四小学举行开工奠基仪式，标志着高新区又一民生工程开工建设。高新第四小学是由高新区管委会投资4000万元在八鱼镇建设的一所全日制公办小学，位于科技路南端东侧，学校占地1.73公顷，建筑面积14157平方米，计划于2015年7月建成投用。该校建设规划包括教学综合楼、艺体楼、餐厅、300米环形操场等附属设施，建成后将设置36个教学班，按照国家标准可容纳学生1800人。该校建成后，将解决高新区二期园区内学龄儿童的入学问题，缓解主城区就学压力。

【举办高新一中落成典礼】 9月9日下午，高新区党工委、管委会在高新一中体育馆举行庆祝第30个教师节表彰大会暨高新一中落成典礼，40名最美人民教师、师德先进个人和优秀中小学校长受到大会表彰。市政府副市长刘桂芳，市长助理、高新区党工委副书记、管委会主任卓宇，市教育局党组书记肖炳良出席大会。刘桂芳、卓宇为高新一中揭牌，并为最美人民教师、师德先进个人和优秀中小学校长颁发荣誉证书。

【渭水苑社区获和谐社区称号】 11月2日，宝鸡高新区渭水苑社区荣获国家民政部授予的“全国和谐社区建设示范社区”称号。渭水苑社区位于高新区二期，面积约250万平方米，辖11个居民小区、31家企事业单位及300余家小门店。自2011年3月成立以来，建成了集社区公共服务、社区医疗卫生服务、幼儿教育、养老助残“四位一体”的社区服务综合体系，实现了社区“从无到有、从有到全、从全到优”的建设成果。社区先后获得“幸福社区”“全民健身活动站”“文明社区”“残疾人温馨家园”等多项荣誉称号。

2014 年宝鸡高新区主要经济指标一览表

序号	指标名称	金额(亿元)	同比增长(%)
1	区域生产总值	563.9	15
2	规模以上工业增加值	443	16
3	全社会固定资产投资	238	28
4	地方财政收入	5.52	13

2014 年宝鸡高新区市级重点建设项目表

序号	项目名称	投资主体	建设起止年限	总投资(万元)	2014 年计划完成情况		
					计划年度投资(万元)	1—12 月完成投资(万元)	完成率%
1	凌云密封铅蓄电池建设项目	陕西凌云蓄电池有限公司	2013-2015	115200	35000	35000	100%
2	高新区汽车零配件创业孵化基地建设项目	高新区创业服务中心	2011-2015	50000	15000	15000	100%
3	高新区中小企业总部项目	陕西凯旋置业有限公司	2013-2016	40000	13000	13500	104%
4	超长冲程采油系统生产线建设项目	陕西华油石油钻采设备有限公司	2014-2015	10000	5000	5000	100%
5	石油机械设备生产项目	陕西腾飞石油机械设备有限责任公司	2013-2014	15000	8000	8000	100%
6	保健品研发生产项目	宝鸡汉方国药公司	2013-2014	12000	4000	4000	100%
7	年产 12 万套汽车零部件生产线项目	宝鸡新利达汽车零部件有限公司	2012-2014	11000	3500	3500	100%
8	通力公司专用车生产线建设项目	陕西通力专用汽车有限公司	2012-2014	81618	51360	51360	100%
9	石油机械设备生产建设项目	陕西厚德机械制造公司	2013-2014	11000	6500	6500	100%
10	汽车空调生产制造项目	宝鸡宝嘉成汽车空调公司	2013-2014	8500	5000	5000	100%
11	海航国际商业广场建设项目	陕西元泰实业有限公司	2013-2015	120000	45000	46000	102%
12	南客站综合改造建设项目	市投资（集团）公司	2013-2015	321000	65000	65000	100%

续表

序号	项目名称	投资主体	建设起止年限	总投资（万元）	2014年计划完成情况		
					计划年度投资（万元）	1—12月完成投资（万元）	完成率%
13	徐矿宝鸡基地建设项目	陕西能源化工有限责任公司	2013-2017	105000	25250	9000	36%
14	高新一中建设项目	高新区管委会	2013-2014	12000	7000	7000	100%
15	石鼓·天玺台商住项目	陕西聚旺伟业房地产开发有限公司	2012-2016	91000	26000	27000	104%
16	吉利汽车产业基地建设项目	吉利集团	2014-2016	720000	100000	107000	107%
17	航天产业基地建设项目	航天科技集团7107厂	2014-2016	300000	20000	20000	100%
18	高端装备石油产业园项目	宝鸡高新技术产业投资发展有限公司	2014-2017	100000	20000	23000	115%
19	国铁集团牵引机车、传动系统及工程机械生产、维修（西部）基地项目	宝鸡国铁机车集团有限责任公司	2014-2016	90000	30000	32000	106%
20	井上公司空调机组建设项目	西安井上人工环境有限公司	2014-2015	40000	15000	15000	100%
21	高尔夫运动器材生产项目	宝钛世元高尔夫运动器材（宝鸡）有限责任公司	2014-2015	30000	15000	15600	104%
22	石油钻机同步可移动装置建设项目	宝鸡市金钻石油机械设备有限责任公司	2014-2015	8400	5200	5200	100%
23	钛及钛合金精锻管、棒材生产装备产业化项目	宝鸡拓普达钛业有限公司	2014-2015	8600	5600	5800	104%
24	机床物料加工利用配送中心项目	宝鸡市吉磊供销科技有限公司	2014	5000	5000	5000	100%
25	凌云现代城建设项目	宝鸡市凌云房地产开发有限公司	2014-2015	65000	25000	26500	106%
26	科技新城基础设施建设项目	高新区城建局	2014-2015	30000	20000	22000	110%
27	宝鸡高新第四小学建设项目	高新区教育局	2014-2015	3500	3000	3200	106%
共27个市级重点项目合计：		2403818			578410	581160	100.48%

（容海兵）

商　　贸

编辑　李海娟　李宏波

综　　述

2014年，全市商务系统围绕“打造西部重要商贸物流中心”奋斗目标，实施商务发展“八大工程”，全市商务工作呈现出稳中有进、稳中向好的良好发展态势。全市实现社会消费品零售总额535.59亿元，同比增长14%；实现外贸进出口总额8.58亿美元，社会消费品零售总额和外贸总额均位居全省第二位；全年新审批外资项目7个，投资总额11.38亿元，合同利用外资5.82亿元；全年完成境外工程承包和境外办厂产值4832万美元，同比增长10.5%；邀请伊朗、孟加拉等外国客商12批31人次。宝鸡市商务局被省商务厅表彰为2014年度商务工作先进单位。

国内贸易

【概况】　2014年，全市实现社会消费品零售总额535.59亿元，同比增长14.0%。按销售单位所在地分：城镇488.67亿元，同比增长14.3%；乡村46.92亿元，同比增长10.1%。按消费形态分：餐饮业收入48.88亿元，同比增长9.7%；商品零售总额486.71亿元，同比增长14.4%。限额以上单位消费品零售总额272.77亿元，同比增长18%。其中，餐饮收入11.02亿元，同比增长2.8%；商品零售261.75亿元，同比增长18.6%。吃类、石油及制品类、汽车类、日用品类、娱乐体育类、穿着商品类零售增速分别达到32.3%、26.7%、25.8%、21.9%、15.5%和13.3%。

【完善市场体系基础建设】　依托商网规划，引导商贸业态向高新区和代家湾商务区聚集发展。编制了宝鸡市《关于深化流通体制改革加快流通产业发展的实施意见》，支持流通产业发展，全年新增限额以上商贸流通企业100户。推进市场体系建设，经过三年持续建设，第二轮“市场体系建设工程”圆满收官。建成商业街区、百货超市、家居建材、农贸市场等商贸流通项目44个，总投资57.7亿元。以华东万润国际商城、人民商场二期、华润万家超市（高新店）、三迪红星美凯龙家居馆、石鼓山太阳市商业街等为代表的一批重点商贸项目建成投用。

【健全农村流通网络体系】　开展农产品现代流通体系建设，全年向省厅上报项目20个，其中岐山绿缘合作社加工车间、太白农丰蔬菜冷库和凤翔范家寨苹果交易市场等项目已建成投用。“万村千乡市场工程”建成连锁农家店161个，验收合格141个，其中直营店67个、加盟店74个，建成日用商品配送中心4个，争取补贴资金4300万元。“镇超工程”建成扶风召公、陈仓赤沙等乡镇商贸中心7个，建成陇县固关、陈仓天王和县功标准超市3个，争取扶持资金480万元。“农超对接”开展农产品对接活动2次，组织25户企业参加了陕西省第七届农产品展销会、陕货南行活动。宝鸡市太白绿农、绿丰源等蔬菜流通企业与省内华润万家、沃尔玛等大型超市签订了新鲜蔬菜供应合同1200万元。“东桑西移工程”支持千阳县蚕桑基地建设，为荣盛茧丝绸公司等2户企业争取项目扶持资金70万元。

【开展便民惠民服务】　社区蔬菜流通网络体系建设进展顺利，市绿丰源有限公司购置5辆流动售菜车，在市区渭水苑、渭工路等5个社区设立了蔬菜直销网点。“家政服务工程”建成家政服务网络中心1个，验收家政服务企业12户。11月初组织“宝鸡首届家政技能大赛”，为120名家政从业人员颁发了技能证书；全年培训员工1666人。“放心早餐工程”向凤翔县城、蔡家坡等周边布局发展，早餐销售网点达到120个。西部丰茂再生资源综合利用产业基地项目建成投用。建成集散交易市场（基地）1个、废旧塑料分拣中心5个，回收站点达到950个（含流动回收车380辆）。推进宝鸡最中国美食城建设，于国庆期间在石鼓太阳市举办了宝鸡美食节系列活动，评选“宝鸡十大名优美食”和“20户宝鸡美食示范店”，并组织命名和授牌仪式，举办了“中国宝鸡岐山臊子面大赛”。

【电子商务和会展经济发展迅速】推动电子商务发展，岐山县荣获首批“陕西省电子商务示范县”称号。“双十一”期间，宝鸡400多户电商企业创造了2500万元的网上销售业绩。发展会展经济拉动消费增长，举办“2014宝鸡新春年货购物节”、第五届“逐春风”汽车展销会等10多个特色展会，全年各类商品促销、节庆展会实现商品促销额36.7亿元。

【加强行业监管调控】　加强市场运行监测，修订完善了《宝鸡市生活必需品市场应急处置预案》，新开通太白、麟游2个县级商务预报平台，新增监测样本企业14户，新增信息泵报送企业3户、监测网点25个，全市监测样本企业数增加到103户。调节元旦、春节等重大节日商品保障供应，加大对市级生猪活体储备、省级应急储备商品监管，眉县农夫山泉被纳入省级应急储备管理。开展品牌推广工作，筛选上报了眉县金色秦川猕猴桃有限公司等4个品牌推广项目。加强行业执法监管力度，开展二手车交易、报废汽车专项整治活动3次，全市实现二手车交易4175辆、报废汽车回收拆解710辆。加强直销企业备案登记管理，备案直销企业13家，新增直销区域网点10个，直销网点55个。加强酒类流通管理，对99户酒类企业进行了备案登记，发放随附单72本。加强成品油监管，全年变更加油站审批58个，审核批准加油站改造项目2个，开展成品油执法检查4次，取缔无证经营加油站1个，纠正违法经营案件2起，全市3座油库、92座加油站完成了油气回收改造任务。

（贯文常）

烟草专卖

【概况】　宝鸡市烟草专卖局（陕西省烟草公司宝鸡市公司）成立于1986年12月26日。2014年，市局（公司）机关内设17个部门，下辖陈仓、陇县、麟游、凤翔、岐山、扶风、眉县、千阳、凤县、太白等10个区县烟草专卖局（分公司）和1个市区直属分局（营销部），全市共有在岗从业人员778人，其中在册在岗职工499人，聘用在岗279人。2014年，全市实现烟叶和卷烟销售收入30.93亿元，同比增长9.27%；税利7.02亿元，同比增长19.90%。

【卷烟市场状态良好】　突出“建终端、用数据、强调控、优状态”，全员关注营销，应对市场变化。按需求组织货源，按县域、分片区精准调控。全年销售卷烟13.82万箱，同比增长1.54%，高于全国、全省平均增幅。卷烟单箱销售收入2.39万元，同比增长8.13%。加强工商协同，落实品牌营销课题成果，销售行业重点品牌9.63万箱，同比增长8.31%。其中三类以上卷烟9.08万箱，同比增长12.47%。精益终端建设，承办全省现代零售终端现场会，坚持“城区为主、全市联动”，开展扫码有奖销售，零售客户扫码率达到95%以上。以顾客需求为导向，推广“您的经营我提升”等标准化、个性化、亲情式、增值性服务，客户满意度达到90%以上。挂牌成立物流分公司，非法人实体改革取得实质性进展。聚焦“十佳”物流创建，形成了物流精益管理标准体系；开展QC活动和小改小革，两项改造被制造商应用，两项发明获国家专利认证；突出“质量、成本、效率、服务、安全”等指标的实时管控，物流费用占销售收入比重下降10%，单箱物流费用、物流人工费用率分别下降2.3%和1.69个百分点，人均配送效率同比增长10.37%。实行大品牌、大规格“越库式”管理，库存周转次数26.72次，同比增加4.6次。开展卷烟包装箱循环利用，累计返还烟箱432715只，拣出合格率86.49%，排名全省第一。

【烟叶种植提质增效】　2014年，宝鸡市烟叶种植经受住了61年不遇的特大干旱、秋淋和市场变化的三重考验，总体状况良好。全市共种植烤烟4.3万亩，收购10.76万担。实现烟农收入9959万元，户均收入40060元，烟农满意度81.09%，较上年提高1.79个百分点。根据工业需求调整生产技术，初步建成市县两级环秦岭特色烟叶研究试验体系，搭建工商研合作平台，邀请郑州烟草研究院、青州烟草研究所等有关专家开展GAP管理、成熟采烤等专题培训，组织实施特色烟叶开发等试验示范项目12个。秦烟96种植面积压缩到56%，新品种辽烟17、中烟202面积占到40.6%，品种搭配趋于合理。突出“一旱百旱”，推广膜下及井窖式小苗移栽技术，移栽面积占比达到32.2%。陇县烟草局推广下部叶早烤技术，开烤时间较上年提前7～10天。坚持配方施肥，全面推广饼肥施用，桔黄烟比例提高10.5个百分点。草木灰、黄板防蚜等物理防治技术全面推广。深化现代烟草农业建设。加快机械化推广进程，烟田整地、起垄、中耕环节农机使用率达到90%以上，移栽环节达到60%以上。与西北农林科技大学合作开展农机推广保障体系研究，陇县盛大烟农合作社被认定为陕西省农民示范社。投资2380万元的基础设施建设项目全面完工，麟游县烟田机耕路项目受到省局检查组好评。

【加强烟叶收购管理】　全面推行收购现场6S管理，推广集中入户预检模式，创新免预检户和“金牌预检员”制度，强化等级质量三级管控，烟叶纯度和等级合格率被客户认可。国家烟草专卖局收购检查合格率83.3%，位列全国第三名。2014年，宝鸡烟草专卖局（公司）被国家烟草专卖局评为烟叶工商交接先进单位。拓展烟叶市场，在工业企业普遍压缩调拨计划的严峻形势下，新增云南中烟、甘肃工业公司两家工业客户，与贵州中烟、陕西中烟的合作日趋稳固，顺利完成2014年烟叶调拨和2015年烟叶计划衔接任务。在全行业率先探索烟叶全供应链现代物流新模式，仓储能力提升300%，装卸效率提升78%、节约用工75%。

【加强市场监管】 先后开展“春风二号”等专项行动和节假日市场综合治理，严打涉假卷烟、真烟非法流动和无证经营等行为，全年共查处各类涉烟违法案件1518起，同比增长23.52%；查扣卷烟1541.38万支，同比增长51.3%；涉案金额693.19万元，同比增长56.43%；市场净化率保持在98%以上。“春风二号”专项行动受到国家烟草专卖局通报表彰。深化与公检法等部门合作，加强与西安、渭南、天水等省内外周边地市的区域协作，政府领导、部门联合、多方参与、密切协作的打假合力进一步增强。破获符合国家烟草专卖局标准网络案件4起，省标案件1起，逮捕19人，判刑13人。狠抓专卖内部监管，创新真烟非法流通治理管理办法，开展专项治理，将查获数量与区县局领导班子成员薪酬挂钩，实行一票否决，真烟非法流动得到一定遏制，查处真烟数量同比增长51.85%，外流数量同比下降37.85%。开展法律风险排查识别和评估，法律风险防控体系建设试点工作有序推进。修订合同管理实施细则，强化重大决策、合同的法律审查以及“三项工作”全程监督，生产经营行为更加规范高效。加强行政执法监督，开展案卷评查，依法行政水平不断提高。市烟草专卖局被评为全市依法行政工作先进单位。

【企业管理精益化】 开展精益管理年活动。承办全省系统精益管理现场会，营造了“持续改善、止于至善、追求卓越”的精益文化氛围。共实施岗位一卡式改善314项、提案改善120个，优化、删减、合并流程125个。据测算，由精益管理带来的效益849万元，占新增效益的12.89%。强化目标管理，对百项重点工作进行逐项分解下达，突出关键业绩，优化指标设置，考核的激励导向作用进一步发挥。加强财务基础管理，财务会计规范化工作达标通过验收，并被推荐为全省系统创优单位，会计信息化工作考核排名全省第一。市烟草专卖局（公司）被评为A类纳税企业信用单位。落实中央及行业关于厉行勤俭节约杜绝浪费的有关精神，重点可控费用同比下降32.5%，三项费用率同比减少0.33个百分点。26项对标指标中，18项指标同比优化，烟叶每担人工费用等两项指标为全省最优。完善采购管理制度，健全定点供应商名录，项目采购公开招标比例94.2%。推进办事公开民主管理与采购管理工作的有机融合和同步公开，成为全省样板。紧盯重点领域和薄弱环节，强化专项和日常审计，发挥审计监督作用。推进科技创新，1个创新项目获省公司技术推广三等奖。发表科技论文19篇，专利受理1项、授权4项。加强安全维稳工作，投入121万元，完善安防设施，加大隐患排查治理力度，安全基础管理不断加强。推进应急管理创新项目进程，提高信访等应急处置能力。市烟草专卖局（公司）信息化安全工作通过国家局检查。

（郭　蕾）

宝鸡市烟草专卖局
陕西省烟草公司宝鸡市公司
领导成员

局长（经理）、党委书记	张永军
副局长	胡志军
副经理	陈焕强
纪委书记	庄海瑛
副经理	李东阳
副调研员	王陇平

粮油商业

【概况】 截至2014年底，市粮食局和12个县（区）粮食局分别归口市、县（区）发改委（局）管理，编制92人，在职91人；全市粮食系统事业单位7个，在职人员46人；全市国有粮食企业42个，在职人员1201人，资产总值71678.16万元（其中购销企业65571.39万元、加工企业1989.3万元、其他企业4117.47万元）；纳入统计的各类粮食经济组织共267户（其中购销246户、加工15户、其他6户）。2014年全市粮食经营量221.4万吨；小麦粉生产能力116.25万吨，实际生产小麦粉61.96万吨；食用植物油生产能力9.5万吨，实际生产植物油1.74万吨。市粮食局被人社部、国家粮食局表彰为全国粮食系统先进集体；被省粮食局表彰为全省粮食系统“两创三争促双新”主题实践活动先进单位，全省粮食收购工作先进单位，全省粮食流通监督检查工作先进单位，全省粮食仓储设施统计、粮食流通基础设施建设投资统计、粮油加工业统计先进单位，全省粮食质量管理工作先进单位，全省粮食流通统计工作先进单位，全省粮食系统会计报表工作、财务分析工作优胜单位。

【国家粮食局局长任正晓视察指导宝鸡粮食工作】 2014年5月22日，国家粮食局局长任正晓一行深入宝鸡市益门粮库、炎帝园广场“粮食科技宣传周”活动现场和市粮食批发市场，视察指导“粮食科技宣传周”活动及放心粮油全覆盖工作，并与部分居民户座谈。国家粮食局流通与科技发展司司长翟江临、标准质量中心主任唐瑞明、监督检查司处长罗守全、局长秘书田野，省粮食局局长吴新成、巡视员王勇、副局长王晓森，宝鸡市委常委常务副市长张敬原、市政府副秘书长王宝强和市粮食局负责同志陪同视察。任正晓对宝鸡各项粮食工作给予了充分肯定。

【实施放心粮油全覆盖工程】 制定了《宝鸡市放心粮油全覆盖工程经营网络监督管理办法》和《宝鸡市放心粮油全覆盖工程经营网络星级管理考核办法》，对170多名监管经销放心粮油人员进行了培训。与市财政局等6个单位联合对新创建的凤翔县、凤县2户放心粮油配送中心进行了验收，完成了45户示范店和55户经销点的认定和备案工作。凤县、金台区、眉县、麟游县、太白县已完成三年建设任务。凤翔县建设标准高，管理严格规范。对12个县区78个放心粮油店（点）开展了5次随机抽检，114 个抽检样品全部合格。粮油市场报、陕西日报等多家媒体对此进行了宣传报道。

【粮油质量抽检合格率 100%】　投资 35 万元对市粮油检测站检测化验室提升改造，使粮油检测化验室面积增加到 800 平方米，检测参数提高到 112 个，增强了检验检测能力。开展了年度收获粮食质量安全监测、质量调查和品质测报工作，对全市 120 份样品进行了检化验分析和报告。开展了政策性粮油质量抽检，先后抽检 7 个县区 14 个储粮单位 37 个货位样品 94 个批次，合格率达 100%。

【完成项目投资 24.01 亿元】　全年争取中省资金 1765.34 万元，全市 12 个仓储项目完成投资 9300 万元。6 个重点粮油加工项目完成投资 23.08 亿元。在危仓老库改造方面，金台区斗鸡粮食购销中心南皋仓库维修改造项目完成投资 200 万元，陈仓区第六寨粮库仓储设施维修改造项目完成投资 17.4 万元，眉县小法仪粮站猕猴桃冷库项目完成投资 4000 万元、齐镇猕猴桃冷库项目完成投资 2600 万元，岐山县鲁班桥粮食储备库维修改造项目完成投资 130 万元，麟游县九成宫粮食储备库功能提升改造项目完成投资 13 万元，凤县成品粮油配送中心改造项目完成投资 130 万元，千阳县粮食购销管理有限公司投资 30 万元，市益门粮库维修改造项目完成投资 150 万元，宝鸡雍城粮食购销公司维修改造项目完成投资 69.4 万元。2014 年 11 月今麦郎日产 800 吨面粉生产线、2014 年 1 月新希望年产 30 万吨饲料生产线建成投产；2014 年 10 月金灿灿食品公司日加工 80 吨玉米深加工生产线建成；2014 年 5 月阜丰生物年加工 50 万吨玉米生产线异地迁建已经试产。

【粮油加工业实现产值 20.1 亿元】粮油加工业实现产值 20.1 亿元，占任务 15 亿元的 134%。企业改革稳步推进。成立了全市粮改工作领导小组，下发了《宝鸡市人民政府办公室关于加快推进我市国有粮食企业改革的实施意见》，重点推进县域国有企业资产优化组合。陈仓区完善了现代企业法人治理结构，眉县、凤翔、岐山、扶风等县区土地变性 18 宗 42.58 万平方米。坚持企业经营分析、扭亏增盈信息通报等制度。全市国有粮食购销企业统算盈利 180 万元，占任务 100 万元的 180%。陕西老牛面粉有限公司荣获中国驰名商标企业；扶风天宝面粉厂、宝鸡市冯氏面业有限公司、凤翔县秦柳面粉有限公司、岐山天缘食品有限公司等荣获陕西省著名商标。

【实施钢网玉米仓储粮】　下发了《宝鸡市人民政府办公室关于 2014 年农户科学储粮专项建设工程工作的通知》，对 12000 套彩钢板组合仓计划任务进行了安排部署，确定了实施村组和农户，共落实中央投资 158.4 万元，市、县级配套资金及农户自筹资金 273 万元。由于全省统一招标方式有所变化，仓具制作发放等工作顺延至次年实施。投资 50.2 万元在麟游县完成钢网玉米仓 100 套发放到农户家中，开展此项工作在陕西省尚属首次。

【完成市级储备粮油新增和轮换任务】　2014 年 3 月，依据《宝鸡市市级储备粮管理办法》和市级储备粮代储资格条件，审核认定宝鸡市益门堡粮食仓库等 16 户企业具备市级储备粮食代储资格；2014 年 7 月，按照省粮食局有关要求和规定，审核通过岐山县五丈原粮站等 6 户企业具备省级储备粮食代储资格；2014 年 1 月会同市财政局、农发行下发了市级储备小麦新增计划及储备小麦、储备菜籽油轮换计划；5 月，召开了市级储备粮油新增、轮换形势分析座谈会，各承储企业保质保量如期完成了任务。市级储备粮油储存安全，督促协调 5 个县区提高了储备粮补贴标准；聘请省粮科院、省粮油质检所以及咸阳市粮食学校等专家举办了为期 2 天的市级储备粮油管理业务培训班；进一步推广了科学储粮“三项新技术”，市级储备粮油做到了数量真实，质量良好，管理规范，储存安全。

【完成粮食购销任务】　调查夏、秋粮生产形势，及时下发了夏、秋粮收购安排文件，召开了座谈会；全市共筹备收购资金 6.66 亿元（其中协调 17 户国有粮食企业申报农发行政策贷款 2.27 亿元，取得商业贷款 0.57 亿元，开展代收代储业务筹资 0.4 亿元，其他渠道筹资 3.42 亿元）；市粮油质量检测站协调省粮油质检所开展上门服务，共检定水分测定仪、容重器 63 台（次），校验磅秤、地中衡等 150 多台（次）；全市准备库容 30 万吨；培训粮食经纪人、执法检查人员等 1023 人（次）。截至 11 月底，全市共收购粮食 71.2 万吨，占任务 60 万吨的 118.7%；销售粮食 150.2 万吨，占任务 85 万吨的 176.7%。

【粮油市场平稳有序】　全年共购进大米 9.6 万吨、油脂 6.8 万吨，购进小麦 35 万吨、调出小麦 48 万吨，完成了《2013 年度社会粮食食用油及油料供需平衡调查》，保证了全市粮油市场供应和价格基本稳定。粮油监测预警体系运转良好。全市 13 个粮油应急监测点运转正常，全年上报价格信息监测周报 50 期，印发粮油市场信息动态分析 11 期。充分发挥全市 10 个粮油市场价格信息监测点风向标和感应器的作用，随时监测、掌握粮油市场动态。粮油应急供应体系日趋完善，修订了《宝鸡市粮食应急预案》。各县区对应急供应网点信息进行了细化，绘制了应急网点分布图。修订了《宝鸡市粮食局地震预案》，下发了《宝鸡市粮食局关于做好地震灾情应急上报管理工作的通知》。在 6 月 10 日至 12 日国家粮食局在拉萨举办的 2014 年粮食应急管理培训班上，局主要负责同志应邀为培训班授课，推广了宝鸡市粮食应急工作经验。全市 15 个粮油应急供应示范店、125 个粮油应急供应点管理到位、供应正常。军粮供应工作得到加强。对全市 11 个军供站财务管理进行了普查，其中凤翔、岐山、扶风、眉县、千阳、陇县、麟游、凤县 8 个县基层军供站业务由省局直管划归宝鸡市粮食局管理。开展了“双拥共建”活动，军粮供应工作受到了兰州军区的充分肯定。

【加大粮油执法力度】　开展了粮食收购资格许可证办理情况专项检查，全市累计审核办理《粮食收购资格许可证》246户，其中国有或国有控股44户、民营企业56户、个体工商户145户、外资企业1户。为省级粮油库存检查专业人才库在全市粮食系统选拔了21名检查人员，为局机关16名执法人员申办了新版《陕西省行政执法证》。开展了全国粮食库存检查市级普查。与市发改委、财政局、农发行联合发文，抽调全市粮食系统39人，组成4个普查组，开展了2014年全国粮食库存检查市级普查工作。全市各类库存粮食账实相符，账账相符，数量真实，质量良好，储存安全。还开展了夏秋粮收购市场执法检查、“转圈粮”专项整治、粮食仓库清查以及监督检查示范单位创建等活动。

【西安市粮食局考察学习宝鸡市“粮食银行”业务】　2014年7月16日，西安市粮食局副局长陈铁新一行到宝鸡考察学习“粮食银行”业务。“粮食银行”是近年来出现的一种新的粮食经营业态，其基本原则是坚持“储粮于民，储粮备荒、存粮自愿、取粮自由、为储户保密、粮权不变、时间不限、落价保底、涨价顺价”，较好地解决了农民日常粮食储藏保管不科学和占地等问题，构建了粮食系统服务新农村建设的有效载体。2013年以来，全市共有3个县14户粮食经营者（岐山县1户国企、陈仓区1户民营加工企业、凤翔县12户个体收储户）从事“粮食银行”业务，累计代农户储存小麦4463吨，兑付小麦4368吨，结算均价1.29元/斤，兑付资金1124.5万元。参照2014年夏收期间市场收购价格1.12元/斤估算，可为农民增收约150万元。

【粮食宣传工作丰富多彩】　开展了“最美爱粮惜粮节粮人”评选活动，岐山、扶风、凤翔、眉县、陇县、金台等6个县区获优秀组织奖，40人获提名奖，表彰奖励最美爱粮惜粮节粮人10名，其中岐山县曹家联合小学校长李忠林被市委表彰为“最美宝鸡人”。在宝鸡电视台开播了爱粮节粮公益广告。会同市农业局等4个单位开展了“节约一粒粮行动”。开展了全国粮食科技周、第34个世界粮食日暨第24个全国爱粮节粮宣传周、食品安全周等宣传活动，在全省率先建立了“爱粮节粮志愿者”队伍。组织参加了全国青少年儿童“爱粮节粮从我做起”征文推荐，全省向国家局推荐了28篇征文，其中宝鸡市20篇征文全部获奖。

【成立爱粮节粮志愿者服务队】　2014年10月16日是第34个世界粮食日。当天，市粮食局在炎帝园广场举行了“宝鸡市爱粮节粮志愿者”服务队成立暨宣誓授旗仪式。市粮食局副局长史存良向市粮食局机关、金台区粮食局、市储备粮管理中心、市益门粮库4支志愿者分队授旗，150名志愿者在队旗下庄严宣誓。爱粮节粮志愿者的主要任务是：在全市范围内开展爱粮节粮志愿宣传活动，以自己的言行和举止，大力宣传爱粮节粮知识，做爱粮节粮的传播者、实践者和示范引导者；在全社会提倡文明健康的生活方式，引领广大群众树立粮食安全忧患意识，弘扬勤俭节约优良传统，倡导节约用粮科学消费，自觉抵制铺张浪费奢靡之风，为保障粮食安全贡献力量。

（王宝琦）

供销合作商业

【概况】　2014年，全市供销社在册干部职工2491人，离退休职工3684人，县（区）供销社联合社12个，社有企业56个，基层供销社中心社20个，基层供销社138个，经营网点3129个，资产总额66794.11万元，负债51981.58万元。直属企业8个，参股、控股企业2个，在册干部职工106人，资产总额12283.62万元，负债12246.96万元。全年完成商品购销总额104.27亿元，同比增长54.67%，汇总实现利润1527.97万元，同比增长44.59%。2014年，市供销社先后被陕西省供销总社评为2014年度综合业绩考核一等单位、信息工作先进单位、会计工作优胜单位，被市委、市政府评为2014年度全市新农村建设工作先进单位，被市社会治安综合治理委员会评为全市社会管理综合治理考核优秀单位。

【综合改革有序推进】　召开了全系统改革推进会，观摩了基层改革典型，总结推广了千阳以强带弱捆绑式改造基层社、岐山“四位一体”发展电子商务等经验和做法。按照全省统一要求，市供销社成立了综合改革领导机构，并将陇县上报为省级试点县，确定为市级试点社。在方案制定审批、争取政府支持等方面进展顺利。陇县供销联社在全市率先组建农村资金互助会，成立农民专业合作社联合社，在行业内部推行绩效工资考核激励机制，筹集资金化解遗留债务等做法，为全市的改革提供了借鉴，被《中国合作经济·求索60载》专题报道。

【网络建设提质扩面】　2014年，全系统共论证包装入库项目75个，上报“新网工程”及农业综合开发项目5个；实现合同引资3.4亿元，到位资金1.35亿元；共新建、续建项目34个，总投资3.8亿元，建成投用项目16个，其中凤翔县5000头仔猪繁育基地、麟游县1000亩有机核桃基地建设项目受到国家农发办和省级验收组的好评。借助项目承载有力助推了网络体系的快速发展，年内新增太白秦绿农资配送中心1个，新发展乡镇超市12个，农家店164个，规范社区再生资源网点40个。至2014年底，全系统累计发展工业品、农资配送中心23个，农产品市场37个，乡镇超市116个，再生资源回收企业11个，村级农家店786个，全系统连锁经营网点达到3129个，网络体系日趋健全。

【基层组织全面提升】　全市供销社系统按照薄弱抓改造，较好抓提升的思路，共投资7461万元，分类改造基层社16个，改造面积26632平方米，新增营业额1569万元，基层社的经营设施和经营规模得到提升。按照抓点带面的思路，新发展农民专业合作社31个，规范提升228个，专业社累计达到269个，注册资金12549万元，专业社发展实现了量质并举。麟游久香核桃专业社被农业部等十部委授予国家级示范专业社；凤翔横昌农副产品等4个专业社被全国供销合作总社授予示范专业社。开展协会规范整顿活动，完成了7个市级协会的换届工作，公职人员全部退出协会领导职务；通过强化制度、严格管理、规范运行，全年巩固提升协会74个、县级合作经济组织联合会3个，协会累计达到85个。2014年，全系统依托269个农民专业合作社和85个行业协会等合作经济组织共带动农户23.9万户，帮助农民生产、加工、销售农产品9.86亿元。

【传统主业日益巩固】　依托网络优势，通过连锁配送、淡储旺销、农资打假、科技支农等优质服务，共组织供应化肥33.7万吨、农机具181万件、农药47.2吨、种子440.3吨；依托全系统786个村级综合服务站、85个行业协会和122个庄稼医院，开展咨询、讲座96场次，培训各类实用人才4352人次，服务农民10万多人。开展农社、农超、农校对接，建成8个“一县一品、百县百品”优质农产品示范店，组织26个企业参加全国农产品产销合作论坛暨丝绸之路供销合作社“一县一品”展销会，提升了宝鸡市农产品知名度，拓展了销售渠道，全年共推销农产品18.7亿元。

【电子商务快速发展】　着力打造电子商务综合服务平台，全系统电商业务发展迅速。市果品公司兴办“田逸特产”淘宝店，线上销售商品达500多个品种；岐山县社成立县农产品电子商务协会和陕西西岐电子商务公司，举办了陕西电子商务跨境交流合作促进大会岐山分会，带动了系统电商迅猛发展，全县电商企业和个体网商达到87家和354户，销售额突破2500万元。千阳、渭滨、麟游等县区社的电子商务平台都已上线运行。

【社有企业持续向好】　修订了《社有资产管理办法》《市直企业财务管理暂行实施办法》等规章制度，监管效能进一步提升。宝鸡市日用杂品总公司仓库提升改造项目在完成论证、风险评估、合作方选定等前期工作后正式启动；宝鸡市物资回收公司新华路资产提升改造工程主体完工；宝鸡市供销物资回收（集团）有限公司废旧金属交易市场、废钢加工中心、办公大楼建成投用；宝鸡秦瑞烟花爆竹有限责任公司股权清理以及在工商部门变更登记工作全面完成。坚持开放办社，陇县供销联社吸纳5家民营企业和8户专业社加盟供销系统，年创收千万元；麟游县供销联社依托罐头厂吸引社会资本共同出资注册成立了天安投资建设有限公司，把业务拓展到住房和物业管理等新领域。

（于　富）

对外贸易

【概况】　2014年，面对国际金融危机持续，贸易保护主义加剧，国内原材料、人力成本增大等严峻形势，宝鸡市对外贸易逆势企稳，下跌幅度全面收窄。全市实现外贸进出口总值8.58亿美元，同比下降4.12%。

【支持外贸龙头企业发展】　出台了《关于支持外贸稳定增长实施意见》，通过政策引导，项目扶持，包抓服务等措施，支持外贸企业扩大进出口。建立健全外贸龙头企业数据库，将2013年进出口总额在500万美元以上的20户重点企业纳入龙头培育，跟踪关注东岭集团、石油机械、宝钛集团等10户重点企业运行态势，协调解决存在困难和问题。全年争取外贸发展促进资金4875.2万元。全市进出口过亿美元企业1户，5000万美元企业2户，1000万美元企业12户，500万美元企业10户，进出口实绩企业达到229户。

【加强对新注册外贸公司的服务】以宝鸡国际电子商务中心为平台，重点对新注册外贸公司进行孵化，金路斯进出口、曼格美石油设备、昌盛钛业等10户企业实现年内备案出口有业绩。跟踪服务宝鸡杰科瑞科技有限公司投资5600万美元，六星汽车城投资5000万美元两个外资项目，确保杰科瑞公司年内实现了电子产品业务出口。依托外贸企业服务体系，全年召开外贸形势分析会3次，先后举办了加工贸易、中亚市场开拓等外经贸政策培训会4期，培训外贸人员670多人，全市新增外贸备案企业60户，外贸企业队伍呈现健康发展态势。

【实施外贸特色出口基地创建工程】发挥产业优势，以打造出口品牌为抓手，启动实施外贸特色出口基地创建工程。有色金属、砖机、纺织服装等市级出口基地创建工作进展顺利；眉县外贸示范县区建设达到预期目标，县委县政府重视外贸工作，县级部门聚集合力抓外贸的经验在全市推广。发挥宝鸡钛材监测中心、外贸企业公共物流服务平台和宝鸡国际电子商务应用平台作用，依托霍尔果斯口岸宝鸡产品展销仓储中心等出口渠道，大力开拓丝绸之路经济带沿线市场，全年对丝路经济带沿线国家实现进出口总额9000万美元，同比增长20%。

【加强对外经济合作】　坚持“走出去”和“引进来”战略，加强与“新丝路”沿线国家的经济合作。积极“走出去”开拓中亚市场。组织60多户企业参加了第18届中国东西部合作与投资贸易洽谈会暨丝绸之路国际博览会、第13届哈萨克斯坦——中国商品展览会以及首届“丝绸之路”陕西地产品牌巡展暨贸易促进活动等各类展会，共签订出口合同6250万美元。陕西皇城玉全在乌兹别克斯坦建立了“新玉全中乌合资有限公司”，通过境外投资带动了成套设备出口和当地劳务输出；陕西爱家地产有限公司在美国注册998万美元，设立了“德州华龙投资有限公司”；宝鸡石油钢管在哈萨克斯坦建设年产15万吨预精焊螺旋焊管生产线项目已经签约，计划投资6亿元人民币，将于2015年6月开工建设。坚持“请进来”投资与经济合作，全年共新审批六星汽车发展有限公司等外资项目7个，投资总额11.38亿人民币，合同利用外资5.82亿人民币；全年完成境外工程承包和境外办厂产值4832万美元，同比增长10.5%；邀请伊朗、孟加拉等国客商12批31人次。

（贾文常）

海　关

【概况】　宝鸡海关是国务院设在宝鸡市的进出境监督管理机关，隶属于西安海关。内设办公室、通关科、监管科和综合科，在编关员15人。2014年，宝鸡海关监管进出口货运量5.32万吨，货值2.11亿美元；受理报关单834份；征收税款6012万元；办理减免税证明19份，减免税款218.36万元；加工贸易手册设立57份，备案金额7219万美元，同比增长1.47倍，核销加工贸易合同69份，同比增长21%；稽查企业5家，巡查企业28家，保税核查12次，补征税款76.27万元；办理保证金业务15份，金额124.92万元；办理企业注册92家。

【开展海关监管工作】　宝鸡海关组织关员学习落实《西安海关查验操作实施细则》，规范查验作业，加强监督制约，提高查验效能。截至2014年12月底，宝鸡海关查验率3.16%，查获率16%，在2014年总关业务执法大检查中未发现问题。根据海关总署出台的《海关常规稽查作业标准》，对2013年度稽查作业档案进行了执法自查，按照要求，将高资信企业作为稽查重点，结合总署专项行动开展稽查工作，全年计划完成稽查任务4家，实际完成5家。针对关区加工贸易业务开展情况，加强“催报核”工作，完成保税核查12次，其中引入中介核查1次，手册15份，发现问题4家。其中查发擅自内销保税货物1起，涉及税款17.07万元，已移交缉私部门。引入中介开展保税核查，查发问题1家，后续补税1.6万元。对企业开展巡查，复核企业注册信息，巡查28家，责令企业办理注册信息更改7家。首次办理放弃减免税进口货物业务，对某企业申请放弃的减免税进口设备进行核查并按规定要求妥善处理，得到总关职能部门和企业认同。

【提升业务质量】　开展各类业务大检查，组织人员，集中时间，检查了2012年6月份至2013年度业务单证管理情况和2013年度至2014年6月份业务工作情况，组织开展了加工贸易企业自查自报工作，完成了2014上半年减免税及应税报关单抽样考核，从总关检查组反馈的情况看，宝鸡海关业务工作质量情况良好，没有发现大的问题。根据执法检查结果对纺织品、机械类加工贸易开展专项核查，发现加工贸易违规内销案件1起，已移交缉私部门处理，协助缉私部门办理后续补税共计4.06万元。主动承接并做好业务课题研究，通过走访企业、调研论证，按时完成了总关职能部门下达的加工贸易落棉价格、数量核定课题及关于对税号8109项下锆及锆材增列子目课题。

【多种形式宣传海关政策规定】　举办3次专题讲座，对关区20多家重点企业进行培训，提高了企业通关业务能力。有关领导带队，结合对企业核查巡查等业务，走访了皇城玉全、秦塬纺织、华美工贸等10多家企业，宣讲海关监管及税收等优惠政策和通关便利原则，鼓励企业开展进出口业务，增强企业守法经营自觉性。配合宝鸡市招商引资工作，对外地投资宝鸡企业面对面提供相关政策咨询，解决企业在宝鸡开展进出口业务的后顾之忧。

【发挥海关统计进出口监测预警作用】　对宝鸡市外贸进出口动态密切关注，定期分析，对重点商品和重点企业进出口情况开展专题调研，加大分析力度，及时报送信息，为市政府领导和有关部门提供决策支持，全年报送《送阅件》12期。利用HL2008、业务综合管理平台、CSD系统等分析风险信息，结合执法评估反馈结果，分析业务薄弱环节，对进出口时间倒挂、单耗管理、通关时效等存在的问题及时核查解决，防范执法风险。

【引导外贸企业加强知识产权海关保护】　制砖机械是宝鸡地区的主要出口产品之一，宝鸡海关在对制砖机生产企业调研中了解到，其他地区假冒产品的出口严重影响宝鸡此类产品的声誉，给企业造成巨大损失。为此，宝鸡海关向企业宣传海关知识产权保护知识，联系总关职能部门，协助一家制砖机生产企业向海关总署提交了海关知识产权保护备案申请，这是宝鸡市首家完成海关知识产权保护备案的企业。

【助推企业外贸发展】　对关区外贸企业进行专业培训和指导。对重点企业进行3次集中政策宣讲，新增棉纺织加工企业5家，推动纺织品加工贸易成为宝鸡外贸新的增长点。2014年4月邀请关税处对宝鸡重点企业进行减免税政策宣讲，安排专人跟踪服务，鼓励企业用好减免税政策，新增2家减免税企业。坚持向加工贸易企业和减免税企业制发《加工贸易政策告知书》和《减免税货物管理告知书》，促进企业守法自律。召开诚信企业建设座谈会，引导企业上调管理类别及“一体化”认证，使更多的诚信企业享受海关通关、监管等“一体化”便利措施。海关AA类企业增加到5家，A类企业增加到45家。从“强基础、促规范、抓服务”三方面入手，指导新企业真实准确进行海关注册。

（刘明辉）

中华人民共和国
宝鸡海关领导成员

关　长　薄团会
副关长　赵一麟

出入境检验检疫

【概况】　宝鸡出入境检验检疫局（以下简称宝鸡局）是国家质检总局设在宝鸡的涉外分支机构，成立于1999年12月17日，主要负责宝鸡地区出入境卫生检疫、动植物检疫和进出口商品的检验、监管、鉴定、认证等，属涉外经济行政执法单位，正处级建制。设办公室、检验检疫一科、检验检疫二科、绩效考核办公室和技术分中心。共有职工19人。

【检验检疫数据】　全年完成货物检验检疫1224批，1.2亿美元。核查验证1236批，8757万美元。签发产地证684份，3963万美元，企业可减免关税292万美元。普/危包鉴定41万件，木质包装检疫监管14万件，集装箱检疫处理74标箱。检出不合格货物23批，124.1万美元。为企业索赔14.9万美元。减免规费44万元。

【加强宏观质量管理】　加强宣传，推动质量诚信体系建设，督促落实企业质量安全主体责任。加强对辖区大宗进出口产品质量分析，及时调整监管重心。深化分类管理，加强诚信管理，扩大出口工业品一、二类企业数量，探索产地证申领企业分类管理，逐步从“检”到“管”转变，促进贸易便利化。开展业务改革座谈讨论，形成调研报告，宏观管理理念逐步转化为监管行动。

【加强风险防控工作】　全面应用电子监管、出口退货调查系统、进出口商品质量安全风险预警和快速反应监管体系（简称C-RAPEX）、数据稽查等信息化手段，加强对进出口食品、动植物产品、危险化学品及其包装、进口医疗设备等重点产品的检验检疫监管力度，落实食品备案企业网格化监管6家，开展出口水果等农产品备案企业年度审核8家，涉及产品包括味精、苹果汁、魔芋胶、白酒、辣椒干、苹果、猕猴桃等十多种商品，有效防范安全风险。经多次谈判，历时半年，为某医院帮助索赔1台CT机和1台数字X线成像系统，挽回经济损失近百万欧元。

【提高服务能力】　构建服务企业“零距离”环境，在执法和窗口服务中开展“四亮四零”（亮身份、亮岗位、亮职责、亮承诺和受理零推诿、服务零距离、质量零差错、结果零投诉）活动，报检大厅提供免费无线上网，印发业务指南等便利措施，实行限时办结制、首问负责制、服务承诺制，努力提升服务效能，将“微笑传文明，服务促发展”的承诺落到实处。扩大直通放行、绿色通道企业，举办出口企业产地证申领和技术壁垒应对宣贯培训，发挥惠企作用。

【支持丝绸之路经济带建设和现代农业发展】　大力扶持苹果、猕猴桃、辣椒等特色高效农产品对中亚出口，培育出口基地和农业产业化龙头企业，与社会科研机构开展苹果、猕猴桃出口中亚五国相关病虫害本底调查，帮助宝鸡农民企业主动开拓中亚市场出实效，新增水果等农副产品出口备案企业3家，出口水果等农副产品批次增长48%，货值突破1000万美元，增长29%。

【加强技术分中心建设】　投资60万元，完善力学实验室，钛及钛合金检测平台顺利通过市科技局验收。1名工作人员被确定为陕西检验检疫系统青年业务骨干，申请省级科研项目1项（陕西省地方酸奶中乳酸菌的分离及耐药性对比），科研项目攻关实现零的突破。发挥宝鸡市钛及钛合金检测平台和农产品生物产品检测中心两个公共服务平台作用，将检测服务向社会延伸，服务社会，服务群众。承担宝鸡市食安委食品抽查检测任务，发挥了服务公众食品安全的作用。

【创新检验监管方式】　对机电产品进口单位实施分类管理，落实省局安排的“事中”“事后”监管等专项业务工作18项，为此开展下厂167人次，形成记录111份，上报书面总结28份。召开业务改革研讨会，撰写了《检验检疫改革探索与思考》，探索新形势下“检”与“管”的发展，推动“检”向“管”转变，促进贸易便利化。

【发挥原产地政策惠企作用】　调查辖区内涉及原产地证企业的出口情况和申报现状，形成调研报告，指导宝鸡地区出口企业更好地利用区域性优惠政策享受关税优惠。举办50余家企业参加的产地证专题培训暨技术性贸易措施应对宣贯会，帮助企业掌握国际关税优惠政策和技术壁垒应对，及时帮助企业应对埃及进口新法令。

【加强企业诚信管理】　强化“诚信企业管理系统”的应用，对94家企业完成诚信数据收集录入。帮助宝光电器新获“中国质量诚信企业”，使宝鸡共有3家企业获得诚信企业资格，新增陕新、陕鲁直通放行企业共2家（宝鸡同兴果品公司获得陕西—新疆出口直通放行资格、阜丰生物获陕鲁直通放行资格）。

【加强有害生物监测】　在宝鸡与甘肃天水交界地区，果汁加工厂和苹果、猕猴桃果园设立苹果蠹蛾和实蝇诱捕器20个，及时换药、记录监测数据，及时上报陕西出入境检验检疫局，为疫情防控和农产品出口检疫打下了科学基础。与社会科研机构合作开展苹果、猕猴桃出口中亚五国相关病虫害本底调查，为农产品出口企业提供农药规范、检疫性病虫害标本等技术支持。　（刘　刚）

宝鸡出入境检验检疫局领导成员

局长、党组书记　贾明贵
副局长、党组成员　刘义平
副局长、纪检组长　姚蕴芳

经济综合监督管理

编辑　梁义祥　冯周怀

发展和改革

【概况】　根据中共宝鸡市委、宝鸡市人民政府《关于印发〈宝鸡市人民政府机构改革实施方案〉的通知》（宝市字〔2005〕9号），设立宝鸡市发展和改革委员会，是综合研究拟订全市国民经济和社会发展政策，进行总量平衡、宏观调控，指导全市经济体制改革的市政府组成部门。现有编制53人，内设科室13个，内设机构2个，管理市重点项目稽查办公室、关中—天水经济区发展规划实施领导小组办公室、市能源局、市节能监测中心。2014年获全市争取中省资金先进单位、重点项目建设先进单位等多项荣誉称号。

【2014年计划执行情况】　2014年，全市实现地区生产总值1658.54亿元，增长10.8%，三次产业分别增长4.9%、11.9%、9.2%，三次产业结构比9.7∶65∶25.3%；全社会固定资产投资2105.59亿元，增长26.1%；规模以上工业增加值772.96亿元，增长12.2%。居民消费价格上涨1.9%；社会消费品零售总额535.59亿元，增长14%；地方财政收入78.05亿元，同口径增长15.6%；外贸进出口总额52.73亿元，同比下降4.1%；城镇居民人均可支配收入31560元，增长10.7%；农村居民人均纯收入9421元，增长12.5%；城镇新增就业5.8万人，城镇登记失业率3.3%；人口自然增长率3.55‰；城镇化率47.8%，城镇保障性安居工程住房开工量42367套；万元GDP能耗下降4.1%，二氧化硫、化学需氧量、氨氮、氮氧化物排放量同比分别下降3%、2%、2.5%、5%。以上22项指标中，地区生产总值、三次产业、规模以上工业增加值、外贸进出口总额、城乡居民收入等8项指标增速为达到计划目标。

【固定资产投资】　2014年，全市完成全社会固定资产投资2105.59亿元，增长26.1%，增速位居全省各地市第二位。其中第一、二、三产业投资分别增长46%、21.1%、25.1%；民间投资1222.37亿元，增长34.7%；房地产开发企业投资93.14亿元，增长14.6%；商品房施工面积增长15.1%，竣工面积下降18.8%，销售面积增长8.4%；新开工建设各类保障性住房4.24万套，建成3.12万套，完成投资89.17亿元；在建亿元以上项目273个，较上年增加47个。争取中省资金168亿元，增长12%。落实招商引资项目846个，实现到位资金794.25亿元，增长22.5%。

【重点项目建设】　2014年，340个重点项目完成投资622.02亿元，完成率105.4%，超计划5.4个百分点。其中续建项目完成投资286.5亿元，占年度计划的107%。新建项目完成投资335.52亿元，占年度计划的104.1%。21个省级重点项目完成投资93.66亿元，占计划的105.9%；5个省考项目完成投资21.78亿元，占年度计划的108.9%。从项目分类看，产业项目完成投资367.99亿元，占计划的105.3%（农业项目完成投资32.67亿元，工业项目完成投资213.49亿元，商贸物流项目完成投资87.69亿元，文化旅游项目完成投资34.14亿元）；基础设施项目完成投资238.9亿元，占计划的105.8%（重点交通项目完成投资39.88亿元，水利项目完成投资11.66亿元，城建项目完成投资187.36亿元）；社会事业项目完成投资15.14亿元，占计划的101.2%。从项目建设主体看，12个县区完成投资423.7亿元，占年度计划的111.4%；高新区完成投资58.12亿元，占计划的100.5%；蔡家坡完成投资42.17亿元，占计划的106.3%；陈仓物流园区管委会完成投资5.5亿元，占计划的100%；文化旅游产业管委会完成投资6.58亿元，占计划的103.4%；西山建委完成投资4.56亿元，占计划的104.6%；蟠龙新区管委会完成投资23.7亿元，占计划的100.1%；法门寺文化景区管委会完成投资1.86亿元，占年度计划的186%。凤翔县宝二电4×300MW机组烟气脱硝改造工程，眉县猕猴桃批发交易中心项目、10万吨建筑铝型材建设项目，扶风县今麦郎挂面生产线项目，千阳县环保新材料建设项目，金台区海力特机械加工项目，渭滨区华东万润城建设项目、东方国际项目，陈仓区宏达机床配件总成加工基地、高新区腾飞石油机械设备生产项目，蔡家坡厚德石油机械设备生产建设项目等65个项目建成投运，投资230亿元的新东岭城市综合体项目、投资72亿元的吉利汽车项目、投资20亿元的茵香河文化休闲度假中心项目、投资11.51亿元的凌云新型大容量密封铅蓄电池项目、投资10亿元的海螺型材8万吨塑料型材等一批产业带动力强的重大项目加快建设。

【经济运行监测】 2014年，应对经济下行压力，加强煤电油气运协调，组织实施电力用户和发电企业直接交易工作，扩大试点范围，争取用电指标和电价补贴，减缓部分重点企业的经营压力。加强粮食保障，完成市级储备12225吨小麦、700吨食用油轮换任务，放心粮油全覆盖工程顺利建成，粮食预警应急工作得到国家粮食局肯定并在全国推广。筹办全国经济运行调节工作培训班，全国的31个省（区、市）和新疆建设兵团发改、经信部门负责同志参加培训。强化运行监测制度建设，完善经济运行联席会议制度，在全市发改系统内，建立起中省市三级主要经济社会发展指标、先行指标数据库，下发进一步加强经济运行监测工作的《通知》，分季度召开市级部门、县区、重点企业座谈会，向市委市政府提出“一企一策”包扶、加快专项资金下达、推进银企对接、出台吉利汽车配套产业计划等50多条应对措施。

【节能减排】 2014年，开展大气雾霾综合整治，拆除燃煤锅炉953台。完成宝二电、宝鸡热力等企业设备脱硝脱硫工程。新建岐山县城、凤翔长青工业园区污水处理厂，完成岐山大源、扶风、凤翔、麟游和眉县清源等5座污水处理厂提标改造工程。全年共对574个固定资产投资项目开展节能评估审查。全年完成削减燃煤210万吨。推进重点用能单位能耗在线监测系统建设，做好2014年度企业资源综合认定，新认定7户、复审通过11户企业（产品）。初步测算，万元GDP能耗下降4.1%。开展国家生态市创建活动，凤县通过国家级生态县评审验收，太白、千阳县通过省级生态县评审验收，全市新建成14个省级生态镇、13个省级生态村和15个市级生态镇、163个市级生态村。全面实施绿色宝鸡“九大工程”，完成关中大地园林化绿化45.4万亩、植树4625万株。全年市区环境空气质量二级及以上天数242天，PM2.5浓度均值71微克/立方米。农村环境整治走在全省前列，225个村省级连片整治和60个村市级综合整治已全面完成。渭河水污染治理三年行动计划完成，国家餐厨废弃物资源化利用和无害化处理试点顺利实施，垃圾填埋沼气发电量突破300万千瓦时。

【体制改革】 2014年，全市成立全面深化改革领导小组，出台全面推进各项改革的《实施意见》，提出全年8大类35项改革任务和20项优先重点推进任务。先后出台推进简政放权、机构改革等方案，累计下放、取消、精简行政审批事项144项，减幅达26.3%。全面落实工商登记制度改革，全年新设立各类市场主体28809户，增长35%。制定出台农村土地确权登记工作《实施方案》，在4个县全面展开。扎实推进社会信用体系建设，出台《工作意见》，制定“红黑榜”发布制度。财税改革持续推进，市县两级部门预决算和“三公”经费向社会全面公开，自觉接受社会监督。推动全市直接融资，高新区4亿元企业债券批准发行，市投资集团三期10亿元债券、东岭集团三期18亿元债券进入审批程序，宝鸡正茂创业投资公司备案。全市社会融资规模达到245.6亿元。

【经济调研】 2014年，研究制定打造丝绸之路经济带战略新枢纽《实施意见》和《行动方案》，组织编制农民收入倍增、物流业发展、风电产业发展等规划，印发加强城市基础设施建设《实施意见》、中央预算内投资补助和贴息项目《管理办法》、市政府核准投资项目目录（2014年本）、淘汰过剩产能《实施意见》、进一步加强社会信用体系建设的《实施意见》，起草完成支持凤翔县、陇县、蔡家坡经开区加快建设市域副中心的《意见》；启动“十三五”规划编制工作，制定总体方案，分层次、分领域召开座谈会，征集发展思路和重点，安排部署21个重大课题研究；完成宝鸡开放型经济发展研究、财税促进经济发展研究等64篇调研报告，全年印发《发改信息》52期，完成经济运行报告4份。

（马　健）

统　　　计

【概况】 市统计局是政府主管全市统计工作的政府组成部门，主要职能是运用统计方法对全市国民经济和社会发展情况进行统计调查和统计分析，利用统计资料，开展统计咨询，实行统计监督，为党政领导机关提供决策依据，向社会公众发布各类统计信息。2014年，市统计局组织全市统计系统集中上街宣传40多场次；规范20项行政处罚项目，全年共立案查处统计违法案件20多起。加快“四上”企业培育，分9批次申报276个单位，已审核通过269个，截至年底，全市“三上”单位达到1607个，比上年净增217个。连续六年获市级目标责任考核优秀单位。

【统计监测和预警】 2014年，市统计局按照市委、市政府预警要早、研判要准的要求，加强对工业用电量、新增贷款、CPI、PPI、企业景气指数、新增就业人数等先行指标及财政收支等相关指标的跟踪监测和预警；密切关注国际国内经济形势的变化动态，准确把握对全市经济的影响，做到季前对全市的经济形势做出预判，季后撰写全市经济运行情况分析，并以简报等形式送市委、市政府主要领导参阅。针对全市经济进入转型期后的新特点新变化，先后启动了《宝鸡经济转型发展的思考》《聚集“四要素”大力发展第三产业》《宝鸡经济发展三大短板问题研究》《宝鸡第三产业发展研究》《五化同步加快县域经济发展》等重大课题研究。及时开展稳增长、收入分配等民生统计指标的分析、城镇化对经济增长的影响测算以及对2014年经济增长和通胀的前景及调控目标的测算，全年共撰写统计分析资料68篇，其中《对宝鸡经济转型升级的思考》《2013年宝鸡与周边五城市对比分析》被市委主要领导批示；《关于确保上半年经济稳增长意见》《前三季度宝鸡市经济运行情况汇报》等作为市政府常务会议材料，受到肯定和认可；《丝路经济带枢纽城市宝鸡文化产业发展应该注意的问题和把握的重点》《关于我市现代农业园区发展情况的分析》《关于发展家庭农场的调研报告》分别在《陕西信息与决策》《宝鸡通讯》《宝鸡经济》《农村调研》等杂志刊载。

【统计服务】 2014年，建立“领导快速反应系统”统计服务平台，每月编印《宝鸡市经济运行监测》和《数据快递》小册子，将主要指标完成情况及问题分析第一时间送到市委、市政府主要领导手上，供领导决策参考。改变企业年报会分专业召开的模式，合并召开专业统计年报会议，让企业统计人员通过参加一次年报培训，就把所有专业工作任务了解清楚，减少统计报表交叉布置，减轻企业和基层统计负担。为调查对象特别是企业调查对象提供分行业、分结构的汇总数据，为调查对象及时了解行业发展状况、进行运营决策提供基础性信息。“两会”期间，编印《项目建设推进有力　转型升级风帆正扬》统计资料发放到与会代表、委员手中。在《宝鸡通讯》上开辟月度统计数据专页，开展关天规划区统计资料及省内、周边城市主要统计指标资料交换工作，加大政府信息公开力度，在主流网站上开设“宝鸡统计”政务微博，按时向全社会发布《2013年统计公报》和每月统计数据，坚持用数据说话，为公众服务。开展“邀请公民代表走进政府”活动，34位公民代表应邀走进市统计局，现场了解统计数据从来源、汇总、审核、产生到发布的工作流程，解答公民代表提出的事关民生、收入等统计数据方面的问题。12月初，国家统计局中国信息报社还专门派人前来对宝鸡打造服务型统计进行报道。

【统计改革】 2014年，市统计局为确保承担全省固定资产投资统计制度方法改革试点工作顺利实施，组织市、县统计部门对全市近3000个投资项目库进行彻底清理、规范，建立投资项目统计工作制度，全面分析投资数据在联网直报企业、小微企业和部门三种渠道中的比重，对三种报送主体投资数据进行分类、对比，客观真实反映投资项目建设进度情况，省统计局多次对试点工作情况进行实地核查，对宝鸡试点工作给予肯定。按照市政府〔2013〕13号文件要求，对市统计局负责统计的部、省属企事业单位分专业、分批下放，由所在县区统计局按在地原则纳入统计。截至12月底，已全部完成专业统计下放移交工作，实现全市与各县区统计业务工作平稳过渡、有效衔接，继续推行“在地统计”改革。

【经济普查和专项调查】 2014年，按照国务院、省政府的统一部署，建立下发《宝鸡市第三次经济普查应急预案》，明确成员单位包抓县区普查工作各项职责，进一步修改完善数据审核管理办法；通过宣传动员，使调查对象了解和认识经济普查，积极配合普查登记。组织全局干部利用双休日到金台、渭滨、陈仓三区所有街道、商铺、企业，走访调研，查缺补漏，搞准搞实普查数据，完成普查入户登记工作。国家、省经普办多次督导经济普查工作开展情况，先后在渭滨区3个街道办事处、凤翔县2个镇进行事后质量抽查，对全市的第三次经济普查工作给予肯定。组织参与全国“最美普查员”评选活动，推荐的1名基层普查员被评为第三次经济普查全国“最美普查员”，普查事迹刊登在中国信息报专栏；市普查办1名同志获经济普查全国先进个人。完成国家和省统计局安排的投入产出调查、企业景气调查、城乡居民收入调查、境外来中国大陆工作专家统计调查、国内旅游抽样调查、劳动力抽样调查、新增企业创新调查、重点服务业调查、快递业调查、成品油调查等专项调查任务，安排部署2015年全国1%人口抽样调查前期工作。开展工业园区、高新开发区、电子商务等统计调查。

（吴代强）

宏观经济监督

【概况】 国家统计局宝鸡调查队是国家统计局的派出机构，为正处级公务员管理单位，内设7个科室、1个办事处，编制33人，实有32人。主要职责是依法履行国家统计调查行政职能，独立行使统计调查、统计监督的职权，独立向陕西省调查总队和国家统计局上报调查结果，同时承担地方政府安排的有关调查。调查方法以抽样调查为主，调查内容涵盖社会经济各个方面，调查网点遍布城乡。调查服务主要是通过《宝鸡调查》《宝鸡调查信息专报》《宝鸡调查资料提要》定期公布各种调查数据，提供动态分析、专题调研和重大信息。2014年，组织实施并按期完成有关民生、企业、农业等方面的18项国家调查项目，在陕西省17项调查业务和专项工作考核中，获11项优秀、获4项良好。在陕西省调查总队综合考核中连续七年荣获优秀单位，同时承担并按期完成地方各项调查任务，在宝鸡市目标责任制考核中获优秀单位，被获宝鸡市委、市政府评创建全国文明城市工作先进单位、调研工作先进单位，政务信息工作先进单位。

【改革完善统计调查业务体系】 按照国家统计局赋予调查队的职能和市委、市政府对统计调查信息的需要，围绕民生、经济和社会发展，健全完善以国家调查为主，兼顾服务地方的统计调查体系。国家调查项目方面，主要巩固完善了城乡居民收入、居民消费价格（CPI）、工业生产者价格（PPI）、农产品价格、低收入居民基本生活费用价格、固定资产投资价格、采购经理指数、规模以下工业、规模以下服务业、限额以下商贸住餐业、粮食产量、畜禽规模养殖、农村贫困状况、退耕还林、农业生产中间消耗、农民外出务工等调查的基础上，实施产粮大县、新设立小微企业和个体户跟踪监测、建筑业小微企业等新增调查业务，开展投资环境、西周文化旅游、专利产品等专项调查。地方调查服务方面，组织实施了以市县为总体的规模以下工业调查、以市为总体的农民工调查、创建全国文明城市模拟测评与问卷调查等工作，开展投资环境满意度、新型城镇化、就业与经济协调发展等专题调研活动。

【组织第三次全国经济普查个体户抽样和宝鸡市投资环境满意度专项调查工作】 2014年，制定《宝鸡市经济普查个体经营户抽样调查工作实施方案》，组织对国家抽中的渭滨区、陈仓区、凤翔县、扶风县、眉县5县区39个普查区4188户个体户开展了经营状况抽样调查，通过PDA设备采集、录入、上传了调查数据。在调查工作组织实施中，加强与有关部门的协调配合，组织业务培训，开展现场调查，强化工作督导，确保了调查任务的全面完成，摸清了全市个体经济发展状况。

2014年，组织开展宝鸡市投资环境专项调查。通过对在宝鸡市抽选的80户家企业和30个重点项目问卷调查，从自然资源、基础建设、公共设施、社会、政策、法制、经济、经营、政务环境等9大方面42个小项，测评了企业和重点项目对宝鸡投资环境的满意度，撰写提供了《企业和重点项目对宝鸡投资环境的评价和意见》的调研报告。

【多种形式提供优质统计调研信息服务】 2014年围绕经济发展和民生改善，撰写提供调研分析和调查信息95篇，被各级党政部门及有关媒体采用130篇次，其中被中央、省、市党政领导和国家统计局领导批示12篇次，被中、省、市党委政府两办“信息专刊”采用38篇次，被国家统计局和陕西调查总队“信息专报”综合摘编41篇次。主要从三个方面提供了服务。一是提供动态分析服务，围绕居民收入、市场物价、企业生产经营、农业生产等经济运行和民生改善情况，调查撰写了35篇进度统计分析，为全市稳增长、调结构、促改革、惠民生提供了服务；按季编印《宝鸡调查资料提要》，通过监测分析、统计图表等形式及时反映了经济发展情况、问题和对策建议，为市委、市政府分析研判经济形势提供参考依据。二是提供重要信息服务，根据国家、省市信息要点和社会关注的热点、难点问题深入调查，撰写提供了47篇重要信息。围绕简政放权、工商登记制度改革、企业税费减免、小微企业期盼、新型城镇化、大学生就业、农业保险、生猪产销价格、小麦秸秆回收利用等方面提供专题信息。三是提供专题调研服务，组织开展了投资环境、就业与经济协调发展、文化旅游产业发展、小微企业发展、粮食生产、农村合作医疗、农民进城落户等9个专项课题调研。调研撰写的《宝鸡新设小微企业和个体户经营情况和期望》，客观真实地反映了工商登记制度改革对大众创业的推动成效及需要解决的问题，有关农业保险创新、职工带薪休假制度实施、市民对西周文化旅游体验认知等专题调研报告，先后被国家统计局、陕西调查总队等采用，被《宝鸡通讯》《宝鸡经济》《宝鸡论坛》《宝鸡社会科学》等刊登。《宝鸡就业增长与经济协调发展的现状、问题和建议》《企业和重点项目对宝鸡投资环境的评价》和《陈仓区粮食生产现状、问题和措施》获得2014年度陕西国家调查系统优秀调查分析报告一、二、三等奖。《宝鸡就业增长与经济协调发展的现状、问题和建议》被宝鸡市委市政府评为2014年度宝鸡市优秀调研成果一等奖。《宝鸡城镇化发展水平及特征探析》的调研报告，在全省“学习贯彻党的十八届三中全会精神与陕西实践”理论研讨征文活动中，被中共陕西省委宣传部评为优秀论文一等奖。

（郭虎林）

国家统计局宝鸡调查队领导成员

党组书记、队长 段积仓
党组成员、副队长 尹永平
党组成员、纪检组长 宁　魂
党组成员、副队长 杨明社
副调研员 张琼红

物　　价

【概况】 宝鸡市物价局是市政府主管全市价格工作的行政执法部门。局机关内设5个职能科室，下辖物价检查所、工农产品成本调查队（价格监测中心）、价格认证中心3个局属单位，全系统实有干部职工76人。2014年市物价局积极开展价格调控、价格改革、价格监管、价格服务等各项价格工作，努力保持价格总水平基本稳定，促进全市经济持续健康发展和社会和谐稳定。全市居民消费价格总水平呈温和上涨态势，同比上涨1.9%，低于CPI涨幅控制在4.0%以内的调控目标。

【价格改革】 一是按照转变职能、简政放权和深化改革的要求，结合全市价格工作实际，研究制定《宝鸡市物价局关于进一步深化价格改革促进全市经济社会发展的意见》，明确价格改革的指导思想、工作原则和重点任务，价格改革工作平稳有序推进。二是全面清理市物价局的行政职权，共取消行政许可2项、非行政许可10项，确认非行政许可审批32项、行政确认5项、行政收费2项、行政征收3项、行政处罚15项、行政强制2项。三是在调研的基础上，经成本审核、价格听证、社会稳定风险评估、政府研究等程序，适时调整市区出租车运价，有效缓解群众打车难和出租车行业经营困难的问题。四是依据《陕西省幼儿园收费管理暂行办法实施细则》，对全市公办幼儿园保教费进行调研测算，在听取各方面意见的基础上，经市政府常务会议研究，率先在全省对公办幼儿园保教费标准进行调整，促进幼教事业持续健康发展。五是根据省物价局、交通运输厅关于全省公路客运价格改革有关精神，结合全市实际，联合市交通运输局，对全市25条跨市高速、35条市际普线、7条县际高速、16条县际普线共58条客运班线票价进行调整，对原属农村班线调整为县际普线的34条客运线路运价重新进行审定，缓解客运企业经营困难。六是完成全市水利工程供水价格调研，对市自来水公司、陈仓区自来水公司、眉县自来水公司、蔡家坡供水站制水成本进行调查，审核市石头河引水工程建设投资和运营成本，制定市石头河引水工程趸售水价方案。

【价格调控】　一是完善价格监测工作市、县联动机制，在全市建立较为完整的民生价格监测网络体系，价格监测分析预警能力得到提升。完成国家四项主要消费品价格监测旬报、主要商品价格监测周报和钢材价格监测、进出口商品价格监测等中、省定点监测工作任务，落实国家每月粮油批发市场预期价格调查制度。全年共向中、省、市上报价格监测资料104次，报送价格监测信息17472条，编发市场价格监测分析15篇，为政府加强调控和价格决策提供科学依据。市价格监测中心被评为2014年度全省、全国价格监测先进单位。二是针对价格调节基金征收中存在的问题和困难，及时召开全市价调基金征收工作推进会，促进基金征收任务完成。全市共征收价格调节基金5084万元、天然气调价收入资金700万元。先后使用价调基金539.82万元，用于补贴化肥储备、冬春蔬菜储备和大肉储备，稳定了全市农副产品价格。安排天然气调价收入资金870万元，补贴市公交公司燃气支出，支持城市公交事业发展。三是加强对市区已建成的30家农副产品平价商店日常管理和考核工作，市区新增农副产品平价商店（专区）6家，平抑了农副产品市场价格，方便了居民购物。

【收费管理】　一是全面推行全市行政事业性《收费证》网上动态监管，完成年度审验任务，市级审验收费证573个，注销32个。清理全市涉煤行政事业性收费和政府性基金，明确合法涉煤收费项目和标准，取消涉及全市公安、教育、财政等部门的行政事业性收费10项。二是在调研测算基础上，向市医改办提出社区全科医生12类疾病诊疗打包服务收费标准调整意见。三是完成通天河森林公园、龙门洞森林公园、青峰峡等景点门票价格初审，调整大唐秦王陵景点门票价格。四是参照外地经验，经与市教育局共同研究，调整了宝鸡中学和宝一中民办学历教育收费标准。五是按照中、省有关文件精神，研究放开有业主委员会的住宅小区物业收费和物业小区停车收费价格，将上述两项收费价格监督管理权限移交给县区物价部门加强管理。六是制定虢镇茗苑限价商品房、金河尚居（共有产权）保障房小区房屋销售价格。完成50个住宅小区物业服务收费标准和8宗商品房销售价格备案，核定57个物业服务小区停车服务价格。

【监督检查】　一是按照上级统一安排，先后开展涉企价格收费、农业灌溉用水价格、汽车销售市场4S店专项检查，配合省物价局对铁路行业收费行为进行检查。二是配合文明城市创建，开展明码标价、教育收费专项检查和公路客运票价、旅游景区景点门票价格公示不规范问题专项整治。三是加大重大节日和省十五届运动会、世佛联大会等节会期间市场价格巡查，重点对集贸市场、超市、蔬菜直销店的蔬菜价格、进场费、摊位费、运输农产品车辆“绿色通道”政策落实情况进行检查，保证节庆期间市场价格基本稳定。全市价格监督检查机构共查处各类价格违法案件147件，实施经济制裁361.608万元，打击了价格违法行为。四是加强价格举报中心基础设施建设，按期完成市本级和12个县区价格举报中心专线架设和专网接入工作。全市价格举报中心共受理来人、来电价格举报、政策咨询584件，查处价格举报90件，实施经济制裁70.411万元。

【价格服务】　一是做好成本调查监审工作。组织开展年度农产品种植意向、农户存售粮情况、农户购买生产资料等专项调查。市成本队撰写的《宝鸡市肉牛及牛肉市场价格变化情况调查》等3篇调研报告被省物价局《价格与市场》刊发。先后开展市区出租车运营成本、公路客运成本、城市集中供热成本、宝鸡中学和宝鸡第一中学教育成本、市殡仪馆殡葬服务成本、市管5个旅游景点门票价格成本等18个项目的成本监审。全年市县两级成本监审总额26.61亿元，核减不合理费用5.27亿元，核减率19.79%。二是做好价格鉴定、价格认定和价格认证工作。全年全市价格认证系统共办理包括刑事、民事、经济、行政、仲裁案件以及价格纠纷调解中的价格鉴定、价格认定、价格认证业务926件，认证总值2600余万元。市价格认证中心被评为2013—2014年度全国价格认证工作先进单位。

（邓宗海）

审　　计

【概况】　宝鸡市审计局人员编制67人，在编67人，设有办公室、法规审计科、内审管理科、财政金融审计科、行政事业审计科、农业和资源环保审计科、固定资产投资审计一科、固定资产投资审计二科、企业审计科、社会保障审计科、经济责任审计局、省审计厅宝鸡审计处和监察室、机关党委15个职能科（处、室），下设宝鸡市计算机审计信息中心1个事业单位。2014年共完成审计项目53个，查出管理不规范资金18.29亿元，违规资金532万元，收缴违纪资金3666万元，核减投资额3.55亿元，公告审计结果10份，提出审计建议132条，被审计单位采纳86条。4月，局机关被审计署授予公务员集体三等功，12月，被人社部和审计署表彰为全国审计机关先进集体。

【财政资金审计】 2014年，对市财政局等10个市级部门开展预算执行审计，对扶风、凤翔、麟游县开展财政决算审计，对全市20个单位预算执行情况进行自查。推进财政预算执行审计全覆盖，通过网站对市本级10个单位预算执行结果进行公开，做好“两个报告”工作，人大满意度测评达到100%。

【民生资金审计】 2014年，围绕“美丽宝鸡”建设，开展大气污染防治、雾霾天气治理、渭河流域综合整治等专项审计及调查，审计报告得到政府主要领导的肯定。加大城镇保障性安居工程跟踪审计力度，追缴滞留专项资金126万元，督促退回违规享受廉租房2套，追回重复发放租赁补贴8万元，促进完善长效管理机制。

【政府重大投资项目审计】 全年完成政府投资建设项目16个，送审金额31亿元，核减工程投资3.55亿元，督促缴纳漏缴的各种税费201万元、罚款207万元。针对2013年投资审计情况，向市委、市政府提交了研判报告，得到市委市政府主要领导的肯定；调整补充全市社会中介机构和审计专家库；围绕陕西省投资审计条例的颁布，重点抓好事关经济结构战略性调整的政府投资建设项目审计监督，促进经济结构从增量扩能为主向从量做优和增量并存的深度调整转变。

【经济责任审计】 开展经济责任审计工作，做到离任审计与任中审计相结合，经责审计与其他审计相结合，县区党委、政府“一把手”审计同步开展，规范审计程序，完善评价体系，强化结果运用，推进依法行政和依法用权。市局完成经济责任审计项目14个，审计县区党政领导干部8名，部门领导干部7名，企事业单位领导干部3名。特别是宝鸡职业技术学院审计项目督促审计整改力度大、成效显著，得到市委、市纪委、市委组织部和省审计厅的肯定，主要做法在陕西省经济责任审计工作领导小组办公室《经济责任审计工作通讯》专题刊发，经济责任审计工作走在全省前列。

【审计队伍建设】 举办“担当新使命、开拓新思路、适应新常态”封闭式主题培训，从十八届四中全会精神解读、法治宝鸡等政治理论讲座，到经济责任审计、财政审计等优秀案例交流，多角度、跨专业对全系统干部进行培训。开展群众路线教育实践活动学习心得体会展评、全市审计人员审计知识竞赛、审计能手和精品项目评选、扶贫帮困、“巾帼文明岗”创建、重点项目整改督查、公民代表进机关、领导干部访谈、建局30年座谈会等一系列主题实践活动，为民、务实、清廉形象进一步树立。年内，市局企业科科长李虎勤获陕西省第四届“人民满意公务员”称号，市经济责任审计局被评为“宝鸡市巾帼文明岗”。

【审计信息化建设】 2014年，成立计算机审计信息中心，完成市县两级国库数据采集分析系统的开发应用，市局一半项目实施了计算机审计。全市上报计算机审计实例和方法55篇，上报省厅11篇，其中3篇在全省获奖，1人取得审计署中级计算机审计证书，实现全市审计系统的“零”突破。

（景　科）

工商行政管理

【概况】 宝鸡市工商局内设10个科室（办公室、人教科、财统科、法规科、监察室、消保科、市场科、企个科、商广科、市非公党办）和3个事业单位（注册分局、经检支队、后勤中心）。下辖高新、金台、渭滨、陈仓4个分局，21个工商所。全市系统共有在岗干部职工1100余人，其中市区干部500余人，承担着全市12.17万余户个体户、2.75万余户私营企业、6400余户国有集体企业、500余户外商投资企业、2800余户农民专业合作社和180个商品交易市场的监督管理和服务工作。2014年，宝鸡市工商局获全国消协组织消费维权先进集体、省级文明单位标兵、全省工商行政管理系统先进集体、全省工商系统目标考核优秀单位、全市目标考核优良单位、创文工作先进单位、“创佳评差”竞赛活动优胜系统、政风行风建设优秀单位、投资环境保障先进单位、依法行政工作先进单位、全民创业先进集体等多项殊荣。

【实施商事制度改革】 2014年，市工商局按照“宣传造势、政策推动、培训奠基、服务保障、严管跟进”的方式推进商事制度改革工作。一是通过各级工商部门和新闻媒体多渠道、多角度向社会全面解读工商登记制度改革优惠政策，开展工商登记制度改革政策宣传进园区、进社区、进村组、进高校活动，营造浓厚的改革舆论氛围。二是以市政府名义组织召开全市工商登记制度改革工作安排部署会议，出台实施办法。三是分级分层对全市注册登记和执法监管人员进行专题培训，统一认识、提升业务技能。四是把各级注册大厅和网上政务大厅作为落实登记制度改革的前沿主阵地，制定出台《窗口岗位工作人员纪律》《服务企业发展十条措施》等制度，从严规范干部职工执法、监管和服务行为。率先开通和应用了网上工商服务平台，全面推行网上申报、受理、审查、年检，促进注册登记效能提升。截至年底，全市各类市场主体累计达到147410户，新设立登记各类市场主体28809户、比上年同期增长了35%。五是构建市场主体信用监管体系。在市政府的支持下，研发宝鸡市企业信用信息公示和协同监管系统。

【创新监管机制】 2014年，市工商局探索专业化执法办案新模式，以构建高效顺畅执法办案机制为核心，提出“办案权限相对集中，办案监管相对分离”的执法新思路。以群众反映集中的市场突出问题为导向，突出重要领域、重点商品、重大案件，开展汽车销售服务领域专项整治，家具、建材、装修装饰行业不正当竞争行为，公用企业、事业单位限制竞争行为以及虚假违法广告查处工作；以建立网络交易监管机制为切入点，拓宽执法监管空间。通过互联网搜索初步建立起全市2320户涉网企业数据档案。完成1320余户规模相对较大企业的营业执照电子标识链接工作；以“打传销　反欺诈　促和谐”为主题，以建立完善宣传教育、部门联动、快速反应、基层防控、保障运行“五大机制”为抓手，初步形成了打击传销长效监管机制。全市共查办各类经济违法违章案件2782件，其中万元以上案件136件，捣毁取缔传销窝点110个，遣散传销人员2367人。

【提升消费维权效能】　2014年，市工商局通过宣传和推广利用“陕西工商百事通”，进一步完善硬件设施，健全完善12315值班制度、12315申诉举报限时办结制度、12315通报制度、12315工作考核制度、消费投诉处理满意度调查制度等，确保消费维权高效快捷。加强“一会两站”组织网络建设，同时创新维权方式方法，建立多方位立体维权体系。年内，全市共受理咨询、举报、投诉3395件，为消费者挽回经济损失112.86万元，市工商局委托第三方对消费处理满意度进行回访，满意率呈现逐月上升的趋势，达到93%以上。

【非公企业党建】　2014年，按照网格化监管和“一人多企”的原则，实行划片管理指导，初步建立市、县区、镇街指导站三级贯通的非公党建工作体制。举办首期非公企业《民营企业管理师》高级职业认证培训班，142名学员取得《民营企业管理师》职业资格。举办全市第二期非公企业党组织负责人骨干培训班，全市非公经济战线的102名非公企业党组织书记、副书记等参加培训。围绕非公企业组织建设年活动，开展了为会员办十件实事活动，全力扶持非公经济发展。全年新建立党支部340个，吸纳党员1256名，规模以上非公企业党组织覆盖率达到100%。截至年底，全市已建立非公企业党组织1973个，吸纳党员15988名，共选派党建指导员1723人，成立工会组织2761个、共青团组织942个、妇联组织726个，全市4277户有党员的非公企业通过单独建、联合建、挂靠建等形式，组织覆盖率达到100%，4493名无党员的非公企业通过派驻党建指导员、成立工会、妇联、共青团等群团组织，工作覆盖率达到100%。

【商标品牌建设】　2014年，市工商局按照梯级培育规划，实行专人对接、定向服务，指导企业完善各项申报工作，重点培育帮扶一批技术领先、核心竞争力强，重视自主品牌建设的企业，促进工业强市和农民增收致富。举办以“品牌建设与转型发展”为主题的宝鸡大讲坛，邀请国内著名品牌专家艾丰到宝鸡做专题报告。表彰2013年首次获得中国驰名商标和陕西省著名商标企业，推动商标品牌战略纵深发展。年内，全市申报注册各类商标867件，培育申报中国驰名商标8件，地理标志商标10件，省著名商标121件，全市商标有效注册总量达到6242件。

【集贸市场整治】　2014年，市工商局配合市委、市政府开展集贸市场创文迎检工作。指导监督市场开办单位开展宣传动员工作，营造氛围。成立集贸市场集中整治领导小组，建立联席会议制度、包抓督查制度，及时有效解决集贸市场创文整治中的相关问题。落实市场开办者的第一责任。督促市场开办单位健全各项市场管理制度，切实履行服务和经营管理职责。督促指导市场开办者筹措资金，抓好集贸市场提升改造工作。指导市场开办者严格落实市场经营保证金制度和门前三包制度等管理制度。根据创文标准要求，实行一场一策，建立问题台账、责任台账和进度台账，对市场内的饮食行业进行集中改造，对市场内的单位铭牌、门头牌匾、价目表、灯箱广告等进行重点整治，做到整齐划一。建立健全长效管理制度，巩固提升整治效果。市区37个集贸市场开展提升改造整治活动，共投入资金1358.9万元，完成改造提升项目307个，通过全面改造提升，市区集贸市场经营秩序井然，环境卫生整洁，车辆有序停放，整体面貌焕然一新。

（赵玮　辛红玲）

质量技术监督

【概况】　宝鸡市质量技术监督局于1999年10月实行省垂直管理，2012年1月体制下划，实行地方政府分级管理新体制。市局党组由8人组成，另有正副调研员3名，内设11个科室，下辖4个分局（金台、渭滨、陈仓和高新分局），3个直属事业单位（市质量技术检验检测中心并加挂研究院牌子、市稽查队、市局机关服务中心）。在职员工246人，其中正副高级工程师18人、工程师25人。下属的市质量技术检验检测研究院是具备认证资质法定的检测检验机构，拥有检测检验设备2000余台件，分别开展涉及计量器具、特种设备、纤维及纤维制品和产品质量监督等检验检测项目1200多个，检验检测业务辐射周边十余个地市。2014年11月，扶风县质量技术监督局获“全省质监系统创建依法行政示范先进单位”称号，市质检所获“全省质监系统依法施检示范先进单位”称号，岐山、千阳、陇县、凤县、太白、麟游县质量技术监督局被省质量技术监督局授予创建依法行政示范达标单位，市计量所和特检所、纤检所被省质量技术监督局授予创建依法施检示范达标单位，渭滨分局获全国质检系统首批依法行政示范单位。市质量技术监督局群众路线教育实践活动受到市委督导组的好评。

【科技兴检】　2014年11月，筹措5000万元建设资金、占地50亩建筑面积35000平方米的市质量技术检验检测中心及国家钛材检测中心工程项目破土动工。全年投资600万元对计量、质量、特种设备和气瓶检验流水线项目进行全面升级改造，完成了

《用固项提取（SPE）法检测乳和乳制品中黄曲霉素 M1 方法的研究》的科研项目。

【产品质量监督】 2014 年 3 月，发布《年度质量状况分析报告》，全年 2 次召开产品质量诚信“红黑榜”新闻发布会，8 户企业登红榜，2 户企业上黑榜；“质监利剑”行动中查办各类质量案件 162 起，受理投诉举报 213 件，立案案件与市司法衔接平台实现互联互通，行政诉讼无败诉，行政复议无撤销。

【特种设备安全监察】 2014 年，配合省局抽查 685 户企业的 727 批次产品，全市产品质量合格率达 91.7%，高出全省 0.3 个百分点。组织 2200 余人参加《特种设备安全法》知识竞赛，与相关单位签订安全责任书，完善特种设备网络化信息平台，5 次举办应急救援指挥系统和预案演练现场会，在大型游乐设施和车用气瓶改装单位应用动态监控摄像，推进电梯物联网技术试点工作。20 余次对重点区域、重点部位开展安全大排查，全年未发生特种设备安全责任事故。

【实施名牌战略】 2014 年，市政府将原宝鸡市名牌战略推进委员会和宝鸡市实施《陕西省标准化发展战略纲要（2011—2020 年）》工作领导小组合并重组更名为宝鸡市质量强市工作推进委员会，成员单位增加至 41 个，办公室设在市质监局，具体承担委员会日常工作。11 月，市质量强市工作推进委员会依据《陕西省质量工作考核办法》和《陕西省质量工作考核要点》，以市政府名义印发《宝鸡市质量工作考核办法》《宝鸡市市长质量奖管理办法》和《宝鸡市特色品牌产品管理办法》，对获得“宝鸡市市长质量奖”称号的企业一次性奖励 20 万元，对获得“宝鸡市特色品牌产品”称号的企业一次性奖励 5 万元，营造各级政府培育品牌、企业争创品牌、社会关注品牌、品牌效益人人受益的质量强市氛围。3 月，陕西长美科技有限责任公司等 30 户企业生产的 38 个产品获年度陕西省名牌产品称号，截至年底，全市拥有了 1 个陕西省质量管理奖（宝钛集团有限公司）、1 个陕西服务名牌（陕西太白山国家森林公园）、6 个国家地理标志保护产品、6 个中国名牌产品、76 个陕西名牌产品。

【服务经济社会】 2014 年 3 月，在全省率先实现市级特种设备作业人员远程监控录像、无纸化考核工作。8 月，制定《煤炭质量控制指标》，全年 5 次抽检全市 374 批次煤炭，合格率由 86% 提升到 96.6%，发布《煤炭质量状况分析报告》，为市政府“治污降霾·保护蓝天”提供科学决策依据。9 月，建立起质监工作服务对象信息平台，搭建“宝鸡质量监督电子监管网”，开发质监通软件，出台《“一企一策”打包服务，促进企业健康发展的实施意见》，筹建产品质量诚信网，实现质量安全的日常、过程和实时监管。检验检测校准业务辐射周边地市，超额完成年度征收计划，服务性收费从过去占经济总量的不足 30% 上升到 90%，行政罚没收入占比由 70% 下降到 10% 以内，质监工作也由传统的“事后监督”变为“事前服务”，实现由监督型质监向服务型质监的转型升级。11 月，《人民日报》《经济日报》《光明日报》等中央媒体对市质监系统质量信息化动态监管新模式作了专题报道。

（郭宏伟）

宝鸡市质量技术监督局领导成员

党组书记、局长 杨旺余
党组成员、副局长 张桂存
党组成员、副局长 王锁奇
党组成员、总工程师 朱炎林
党组成员、纪检组长 吴林生
党组成员、政治部主任 牛志哲
党组成员、总工程师 袁小林
党组成员、调研员 张继太

宝鸡市获中国名牌产品企业名单

截至 2013 年 12 月

序号	企业名称	产品名称	产品数量
1	宝鸡石油钢管有限责任公司	中字牌螺旋缝埋弧焊钢管	1
2	宝钛集团有限公司	宝钛牌钛及钛合金加工材	1
3	陕西秦川机械发展股份有限公司	秦川牌数控齿轮加工机床	1
4	宝鸡石油机械有限责任公司	宝石机械牌石油钻机	1
5	陕西老牛面粉有限公司	老牛牌小麦粉	1
6	陕西汉德车桥有限公司	汉德牌汽车车桥总成	1

合计:6 个企业,6 个产品

宝鸡市获地理标志保护产品名单

截至2013年12月

序 号	公 司 名 称	产 品
1	陕西西凤酒股份有限公司	西凤酒
2	陕西省太白酒业有限公司	太白酒
3	凤县大红袍花椒	花 椒
4	陕西苹果	苹 果
5	宝鸡辣椒	辣 椒
6	太白贝母	贝 母

宝鸡市获陕西省质量管理奖名单

宝钛集团有限公司

宝鸡市获陕西服务名牌名单

截至2013年12月

陕西太白山国家森林公园

宝鸡市获陕西省名牌产品企业名单

序号	产品名称	注册商标	企业名称	年度
1	DA系列电气化接触网作业车	秦岭牌	宝鸡南车时代工程机械有限公司	2012
2	木制家具	心寓牌	宝鸡华保家具有限责任公司	2012
3	土壤调理剂	金阜丰牌	宝鸡阜丰生物科技有限公司	2012
4	棉本色纱线	三艾夫牌	陕西汇凯纺织印染有限公司	2012
5	炭负载贵金属纳米晶加氢催化剂	瑞科牌	陕西瑞科新材料股份有限公司	2012
6	猕猴桃	眉香金果牌	眉县金桥果业专业合作社	2012
7	折弯机	迅牛牌	宝鸡金牛锻压机床有限责任公司	2012
8	秦宝牛肉	秦宝牌	陕西秦宝牧业股份有限公司	2012
9	高频直缝焊接钢管 石油套管	Baoji-SMI牌	宝鸡住金石油钢管有限公司	2012
10	胶印书刊纸	法门寺牌	陕西法门寺纸业有限责任公司	2012
11	小麦粉	熊毅武牌	宝鸡毅武面粉有限公司	2012
12	MPM系列压力传感器及变送器 MDM系列压力传感器及变送器	麦克牌	麦克传感器有限公司	2012

续表

序号	产品名称	注册商标	企业名称	年度
13	A 级瓦楞芯（原）纸	兴龙牌	陕西圣龙纸业有限责任公司	2012
14	清真鲜冻鸡肉食品	民得利牌	宝鸡华龙牧业集团有限公司	2012
15	彩色橡胶地板	秦力牌、圣特牌	陕西秦力橡胶有限责任公司	2012
16	连续油管　螺旋缝埋弧焊钢管	中牌	宝鸡石油钢管有限责任公司	2013
17	数控精密磨齿机　机床铸件　塑料中空成型机　汽车动力转向油泵	秦川牌	陕西秦川机械发展股份有限公司	2013
18	白酒	太白牌	陕西省太白酒业有限责任公司	2013
19	白酒	西凤牌	陕西西凤酒集团股份有限公司	2013
20	机用丝锥　精密级直柄麻花钻	关工牌	陕西关中工具制造有限公司	2013
21	小麦粉	祥和牌、秦玉牌	宝鸡祥和面粉有限责任公司	2013
22	金属复合板　钛及钛合金加工材	宝钛牌	宝钛集团有限公司	2013
23	井用潜水泵	扶龙牌	陕西扶龙机电制造有限公司	2013
24	真空灭弧室	宝光牌	陕西宝光真空电器股份有限公司	2013
25	铅酸蓄电池	凌云牌、凌云·永非尔牌	陕西凌云蓄电池有限公司	2013
26	0.4-40.5kv 成套开关设备）	陕开牌	西电陕西陕开电气集团有限公司	2013
27	JK 型真空挤出机	皇城牌	陕西皇城机械（集团）有限公司	2013
28	高速并条机	宝花（BAOHUA）牌	陕西宝成航空精密制造股份有限公司	2013
29	往复式活塞空气压缩机	秦风牌	陕西关中压缩机制造有限公司	2013
30	苹果育果纸袋	石鼓牌	宝鸡市建忠五一纸业有限公司	2013
31	沙漠空气滤清器	秦益牌	宝鸡秦益科技开发有限公司	2013
32	挂面　小麦粉	雍城牌　东湖柳牌	陕西雍城面业有限公司	2013
33	大红袍花椒	凤耳牌	凤县大红袍花椒（凤椒）协会	2013
34	ME1332 系列磨床　ME1432 系列磨床	陕机牌	秦川格兰德机床有限公司	2013
35	小麦粉	老牛牌	陕西老牛面粉有限公司	2013
36	真空挤出机	宝深牌	陕西宝深机械集团有限公司	2013
37	CS6266B 系列马鞍车床	忠诚牌	宝鸡机床集团有限公司	2013
38	自卸车大箱及举升系统总成	斯达牌	陕西通力专用汽车有限责任公司	2013
39	非金属减振绝缘扣件	长美牌	陕西长美科技有限责任公司	2013

续表

序号	产品名称	注册商标	企业名称	年度
40	电缆防喷装置	SAI FU 牌	宝鸡市赛孚石油机械有限公司	2013
41	高压开关设备	XD 牌	西电宝鸡电气有限公司	2013
42	针织内衣	金玉牌	宝鸡金健数码针纺有限责任公司	2013
43	普通硅酸盐水泥 P. O42. 5	海螺牌	千阳海螺水泥有限责任公司	2013
44	排烟消防车	银河牌	陕西银河消防科技装备有限公司	2013
45	旅游景区	太白山（图形）	陕西太白山国家森林公园	2013
46	CK75 数控车床	忠诚牌	宝鸡机床集团有限公司	2014
47	自卸载货汽车	华山牌	宝鸡华山工程车辆有限责任公司	2014
48	JKB 真空挤出机组	秦岭牌	眉县秦岭机械制造有限公司	2014
49	铁路道岔	中铁宝桥牌	中铁宝桥集团有限公司	2014
50	六氟化硫气体压力（密度）表	星球牌	秦川机床集团宝鸡仪表有限公司	2014
51	菜籽油	凤友牌	宝鸡凤友油脂有限公司	2014
52	过硫酸铵	宝化牌	陕西宝化科技有限责任公司	2014
53	职业装	美神牌	陕西美神服装有限责任公司	2014
54	刺绣床上用品	华美牌	宝鸡华美工贸有限责任公司	2014
55	食用醋	岐山天缘牌	岐山天缘食品有限公司	2014
56	锌锭	东岭牌	东岭锌业股份有限公司	2014
57	真空挤出机	玉全牌	陕西皇城玉全机械制造（集团）有限公司	2014
58	腊驴肉系列产品	西府牌	陕西省凤翔县华宇食品有限责任公司	2014
59	中餐燃气炒菜灶	M 牌	陕西大明机械制造有限公司	2014
60	通用硅酸盐水泥	盾石牌	冀东海德堡（扶风）水泥有限公司	2014
61	精梳纯棉针织纱	银凤牌	陕西昌荣纺织有限责任公司	2014
62	煤矿井下压裂泵组	BJB 牌	宝鸡航天动力泵业有限公司	2014
63	钛及钛合金带材	宝钛牌	宝鸡钛业股份有限公司	2014
64	机用丝锥	渭河牌	陕西渭河工模具总厂	2014
65	反应釜	力兴牌	宝鸡力兴稀贵金属加工厂	2014

截至 2014 年底，全市已有陕西省名牌产品 76 个，涉及 65 个企业。

国土资源管理

【概况】 2001年11月，全市机构改革将原宝鸡市土地管理局和宝鸡市矿产资源管理局撤并组建宝鸡市国土资源局。滑坡、泥石流等地质灾害防治职能由宝鸡市水利局、地震局同时划入。局机关内设办公室、人教科、纪检监察室、法规监察科、耕地保护科、土地利用科、地质环境科、规划地籍科、矿产管理科9个科室，局属宝鸡市统一征地办公室、宝鸡市国土资源执法监察支队、宝鸡市土地收购储备中心、宝鸡市国土资源信息中心（土地登记中心）、宝鸡市地质灾害防治办公室5个事业单位，直属渭滨、金台、陈仓3个分局，下辖9个县国土资源局。2014年，市国土资源管理局履行“尽职尽责保护国土资源，主动有效保障科学发展，节约集约利用国土资源，尽心尽力维护群众权益”新的职责定位，完成国家土地出让金和耕地保护审计、西安督察局新增建设用地和节约集约用地两次审核督察以及土地矿产卫片执法检查等工作。

【耕地保护】 2014年，市国土局层层签订耕地和基本农田保护目标责任书，建立基本农田保护台账，修订《宝鸡市县区政府耕地保护责任目标考核实施意见》，实行“一票否决”。严格土地用途管控，审查、办理、答复建设用地规划26件，对2件不符合修改要求的，提出审查意见，说明情况，对不合理的3个增减挂钩试点项目区规划方案进行调整。全年完成补充耕地680公顷，新增耕地储备约2000公顷，总投资9984.47万元，完成沟道造地1447公顷；争取省级资金3.37亿元，建设高标准基本农田2.27万公顷，认定高标准基本农田1.2万公顷。全市耕地保有量达到36.122万公顷，超目标任务3347公顷，基本农田保有量达到33.12万公顷，超目标任务2600公顷。

【土地供应】 2014年，争取新增建设用地指标867公顷，增减挂钩周转指标271.3公顷，盘活存量建设用地指标450公顷。共上报各类建设用地1467公顷，获批准建设用地733.3公顷，保障全市基础设施、民生工程等重点项目建设。全市供地233宗749.6公顷，其中划拨25宗74.27公顷，出让208宗675.3公顷，成交价款41.95亿元。其中市本级招拍挂28宗117.8公顷，成交价款10.68亿元，市场方式配置土地比例达到90.9%，高于上年8个百分点。全面修订完善市本级土地供应的程序和制度，实现净地出让、成本核算、中介评估、集体研究、政府决策和市场决定的土地供应机制。

【节约集约用地】 2014年，落实省委、省政府办公厅《关于切实加强土地管理，全面提高土地利用效率的意见》，配合西安督察局开展节约集约专项督察，继续创建全国节约集约百强县，启动城市节约集约用地评价体系，研究出台《宝鸡市国有土地使用权出让收支管理实施办法》和《宝鸡市查处土地违法违规行为专项执法检查工作方案》，全面清理清查批而未征、批而未供和闲置土地，实施节约集约用地管理。全市9个县达到节约集约用地百强县标准。单位GDP用地为每亿元64公顷，比上年度降低10%。推进全省宅基地退出和标准化厂房建设试点工作。

【矿政地政管理】 2014年，完成全市矿山企业年度检查工作，采矿权年检矿山329个，年检率100%，合格率91.5%，对年检不合格的4个矿山，注销采矿许可证。探矿权年检勘查项目78个，年检率100%，合格率97.5%，对不合格的1家企业，下发整改通知并进行查处。主动与省厅、三大地矿集团、三个勘查主体、原有矿业权人对接，签订找矿目标成果责任书3份，整装勘查项目合同55份，约定投资数额、实物工作量、工程进度和预期目标，推进整装勘查工作顺利开展。按照应收尽收的原则，足额征收矿产资源补偿费3010.63万元，采矿权价款171.45万元。进一步加强地籍地政管理，推进农村集体土地登记发证工作，全市农村集体建设用地、宅基地发证率分别达到80.1%、78.1%。市本级全年完成建设用地初始登记发证133宗，办理土地抵押222宗，通过土地抵押贷款16.6亿元。

【地质灾害防治】 2014年，组织开展地质灾害应急调查、应急排查和应急排险工作，及时纠正3起在建项目选址不当问题，避免重大损失2处，受理评估报告备案28份。申报入库5个地质灾害和矿山环境治理项目，争取省财政2060万元，加快推进14个地质灾害治理项目治理工作。推进矿山环境恢复治理工作，缴存保证金929万元，市级财政拨付地质灾害应急处置专项资金262万元。落实各类危重地质灾害隐患点应急预案，全市组织应急演练51次，参演观摩35083人（次）。凤翔县获国家首批地质灾害防治高标准“十有县”称号。对经工程治理和搬迁避让的隐患点信息及时更新，全市共撤销灾害监测点10个，灾害监测点减少到839处，减少威胁对象151户915人，全年无人员伤亡和无重大财产损失。

【国土执法监察】 2014年，围绕土地、矿产卫片执法监察，开展国土资源执法大清查、查处土地违法违规行为专项执法检查、重点区域建设用地巡查、2015年土地卫片预警行动等四项活动，严厉打击、查处违法用地、采矿行为。全年立案查处133宗，查结133件，非立案查处93件，收缴罚没款896.07万元，没收违法所得1094.05万元，没收违法矿产品115吨，拆除、没收违法建筑物和构筑物36.25万平方米，给予党政纪处分89人。全市新增建设用地中违法占用耕地占新增建设用地占用耕地的比例为11.24%，顺利通过上级检查验收，市本级实现“零约谈，零问责”。

【廉政建设】 开展党的群众路线教育实践活动，纠正“四风”，修订完善《党组议事工作规则》等13项制度，落实加强队伍和党风廉政建设新要求。按照“一岗双责”的要求，市国土局与18个基层单位党组（党支部）主要负责人签订党风廉政建设责任书。强化日常监管，明察暗访和突击检查系统干部职工公车私用、公款吃喝、公款旅游、收受节礼等问题12次；调查核实信访举报线索，受理信访15人（次），完成市纪委交办信访件初核6件，立案查结1件，对4名科级干部给予党政纪处分，约谈窗口单位、执法单位以及个别单位主要负责人8人，警示训诫谈话22人。

（李　轶）

宝鸡市国土资源局领导成员

党组书记、局长　赵　磊
党组副书记、副局长　王拴科
党组成员、纪检组长　贺德海
党组成员、副局长　张　涛
党组成员、副局长　张建齐

安全生产监督管理

【概况】　宝鸡市安全生产监督管理局2001年5月成立，承担全市安全生产综合监督管理和全市工矿商贸行业安全生产监督管理。2014年，全市共发生各类安全生产事故1223起、占省下达全市全年控制指标（1277起）的95.77%；各类事故死亡171人、占省下达全市全年控制指标（171人）的100%；生产经营性事故死亡76人、占省下达全市全年控制指标（87人）的87.36%；工矿商贸事故死亡11人、占省下达全市全年控制指标（13人）的84.62%；生产经营性道路交通事故死亡63人、占省下达全市全年控制指标（69人）的91.3%；农业机械事故死亡2人、占省下达全市全年控制指标（5人）的40%；较大事故2起，占省下达全市全年控制指标（3起）的66.67%，各项指标均控制在省上下达的指标以内。全市共申报备案38家市级安全社区，15个市级安全社区通过市政府验收挂牌；确定的10家“省级安全社区”创建单位，已通过省上验收挂牌。获陕西省2014年度安全生产工作先进单位，被市委、市政府通报表彰为：2014年度目标责任考核优秀单位、安全生产工作先进单位、应急管理工作先进单位、防灾减灾工作先进单位、综治维稳工作优秀单位、平安创建工作优秀单位、政风行风建设优秀单位、党委系统信息工作先进集体、政府信息公开工作先进单位、档案管理工作先进单位。

【打非治违专项行动】　年内，共组织执法检查266批（次），检查企事业单位和场所1896家（次），打击和处置非法违法问题704起，责令停产整顿生产经营单位5户，对重大非法违法行为备案2件，将2户企业列入“黑名单”；责令停止非法建设矿井和违规生产矿井2处，对不具备安全生产条件、安全隐患严重的15户危险化学品生产经营企业实施停产整顿、关闭或迁建措施，对4户烟花爆竹生产企业实施关闭，对4起群众举报投诉的安全生产非法违法行为和事故隐患进行查处。按照“四不放过”的原则，查处宝桥集团“2·15”、宝光集团“3·25”两起安全生产事故，依法追究事故责任。

【教育培训和应急演练】　2014年，在《宝鸡日报》开办“安全生产专刊”，组织举办“安全生产大讲坛”，举办新《安全生产法》专题学习培训，组织全市各企业开展“打非治违”知识竞赛、“安康杯”安全常识答题和《职业病防治法》知识竞赛活动，共完成4万余份答卷，市安监局被国家安监总局、全国总工会授予全国职业病防治知识竞赛活动“优胜单位”。共培训特殊工种人员4320余人，高危行业主要负责人、安全管理人员2874余人。组织指导各县区、各行业先后开展非煤矿山坍塌、油品泄漏、燃气消防、校园应急疏散、交通事故救援等应急演练活动40余场次，参加演练人员达3800余人。组织各县（区）和10余家重点企业，参加“2014中国西安安全生产暨应急救援装备与技术博览会”，布置22个展位、40个宣传展板、9个技术产品展台。

【安全生产长效机制建设】　2014年，“政府监管网格化”完成全市网格划分，二级网格28个，三级网格13个，四级网格150个，五级网格567个。“行业直管专业化”确定5个部门为示范单位，2个县区为省、市示范县区。“企业管理精细化”确定5户重点企业为的示范单位。9月中旬在岐山县召开全市安全生产“三化”建设工作现场推进会，加快全市安全生产“三化”建设步伐；新增达标企业40户，全市各类安全生产标准化达标企业累计超过454户，煤矿井下安全避险“六大系统”建设已全部建成投用。危险化学品生产（经营）企业中，已达标330户；烟花爆竹生产（经营）企业中，已达标9户，两类企业安全生产标准化达标工作走在全省前列，受到省安监局肯定。

【行政许可和职业卫生监管】　2014年，接受各类安全生产行政许可申请及“三同时”审查资料780余份，审核颁发安全生产（经营）许可证、非药品类易制毒许可证293个，审核许可企业负责人、安全管理人员安全资格证书3234个，审核办理制作特种作业人员操作证4786个，依法注销114个已超期的生产（经营）许可证，确保安全生产行政许可严格规范。从7个方面加强职业卫生监督管理，对320户企业安全生产和职业卫生工作开展联合执法检查。

（杜阡陌）

国有资产监督管理

【概况】　宝鸡市国资委主要职能是代表市政府对市属国有资产履行出资人职责，依法对出资企业国有资产保值增值情况进行监管，负责全市国有企业改革发展和国有经济结构布局的调整，监管市属国有工业企业和内外贸企业。市国资委内设9个科室，下设推公事业单位市国有资产经营评估中心1个、自收自支事业单位市产权交易市场1个。共监管企业37户，其中国有独资企业18户，市属国有资本绝对控股企业3户，相对控股企业3户，参股企业13户，在册职工2.1万人，管理企业党组织36个，党员11708名。2014年，全市国有企业（市、县两级）累计完成营业收入124.2亿元，同比增长6.5%。其中，市国资委列入统计口径的35户企业累计实现营业收入96.83亿元，实现利润总额1.95亿元。监管企业中销售收入过10亿元的企业3户，销售收入过亿元的企业13户。市国资委连续4年被市目标考核办公室评为优秀等次；招商引资、安全生产、维稳工作等16项工作受到市委、市政府表彰奖励。

【国企改革】 2014年，以宝鸡市《关于深化国资国企改革的实施意见》为统领，围绕分类管理、混合所有制经济、完善企业法人治理结构等6项子课题，深入研究国资国企改革“1+6”政策措施，提出课题研究初稿。省电子信息集团重组陕铜公司全面完成。原双菱化工集团完成重组，组建宝鸡和圣元工贸公司。3月31日，市中级人民法院正式宣告北照公司等3户企业破产，成立了破产管理人。6月24日，召开第一次债权人会议，经协调省、市有关部门，争取到财政承诺分10年缴纳欠缴养老保险的支持政策，减轻了职工安置现金支出压力，完成1164名提前退休职工安置工作。12月17日，市国资委将《秦岭化肥总厂环保关停总体方案》上报市政府研究，争取到省政府专项资金2500万元。秦岭化肥凤翔分厂划转西凤酒厂集团经市政府常务会议研究同意后，完成整体划转工作。

【项目建设】 年内，市国资委谋划和实施各类产业项目16个，总投资118.69亿元，年度计划投资11.71亿元，其中2个市级重点项目完成年度投资7.7亿元。西凤酒城建设一期项目完成投资6亿元，扩建技改工程制酒B车间建成投产，西凤大道路基全线贯通，酒城供热、供气、污水处理等基础设施工程全面建成、正常运行。宝氮集团整体搬迁技改一期项目进展顺利，完成投资1.7亿元。14个中小项目中，红旗民爆集团府谷乳化炸药生产线技改等4个项目建成投产。围绕产业链招商、产权招商，完成招商引资到位资金8.91亿元，其中省际到位资金6.5亿元，分别占年度任务的113.75%和108.33%。

【国资监管】 2014年，强化财务监督力度，聘请专业中介机构对32户企业决算审计报告进行全面复查，共审核出各类问题177条，并督促抓好整改落实。依法推进陕西辰济药业8.34%的国有股权转让、宝氮化工集团合成氨锅炉设备处置进场交易。协助市住建局等部门，为市中水公司资产核销、市热力公司资产处置，市保障房资产运营管理公司、市石头河供水工程公司设立，市投资（集团）公司实体化、增资、发行债券等工作提供了政策、法规和流程等方面的指导和服务，以市政府名义对国资监管先进县区进行通报表彰。

【企业党建】 2014年，按照全市党的群众路线教育实践活动“分批开展、压茬进行”的工作要求，到监管企业调查研究、听取意见，共查找意见建议174条，归纳梳理问题115个。围绕坚定理想信念、转变作风、密切联系职工群众、干部队伍建设、国资国企改革、厉行节约廉洁从政等六个方面梳理出27项需要建立和修订完善的制度，制定完善《机关差旅费管理办法》《公务用车制度》《改进调查研究意见》等制度规定，固化改进作风成果。加强企业领导班子建设，对宝鸡九州公司、宝鸡天健医药公司等5户企业班子进行调整充实。全年共办结信访件9件，诫勉督导谈话15人次。

【信访和维稳工作】 截至年底，共接待上访职工107批1330人次，其中集体访40批1138人次，个人访59批100人次，同比分别下降了11%和5%，化解矛盾纠纷30余件次，答复办理各类信访件38件，其中中央巡视组转来信访件14件，赴省进京非正常访为零。制定出台《市国资委重大事项决策社会稳定风险评估工作实施办法》，对北照公司等3户企业政策性破产、和圣元公司整体划转陈仓物流园管委会等改革重组项目进行社会稳定风险评估，有效防范稳定风险，保障企业改制重组顺利实施。先后拨付昌荣纺织、轴承厂、秦岭化肥总厂、5户外贸公司8户困难企业创文补助资金33万元，帮助企业提升硬件设施，整治环境卫生。筹措民生保障资金2569万元，解决秦岭化肥、外贸总公司等19户困难企业和职工基本生活保障、养老医疗欠费、冬季取暖等民生问题。对市国姿委系统4000名困难职工、党员及军转干部等困难群体进行救助帮扶。

（赵　宏）

综　　述

2014年，市文物旅游局围绕把宝鸡打造成彰显华夏历史文明的文化产业基地目标，落实文物工作方针政策，加强文物保护，提升博物馆服务功能，确保文物安全管理。石鼓山商周墓地考古发掘入选2013年全国十大考古新发现，“周野鹿鸣——宝鸡石鼓山西周贵族墓地出土青铜器展”在第十六届中国上海国际艺术节中引起轰动。承办了全省文博单位消防技能比赛暨消防演练，开展了打击文物违法犯罪“秦鹰”专项行动，全年破获文物违法案件109起，追缴涉案文物507件（组）。全市新增省级文物保护单位11家，涌现出了陈仓区千河镇魏炳祥等又一批群众自觉保护文物先进典型。全市田野文物安全形势稳定，实现了第28个馆藏文物安全年。

文物考古

【召开石鼓山遗址考古公园座谈会】 2014年4月3日，石鼓山遗址考古公园座谈会在宝鸡市召开，来自省文物局、省考古研究院、秦始皇帝陵博物院、宝鸡文理学院以及宝鸡市有关单位的领导和专家参加了会议。与会专家通过探讨，认为建设石鼓山遗址考古公园是文物保护的需要，也是弘扬群众保护文物精神的需要，对丰富中华石鼓园的内容，发展宝鸡市都市文化旅游具有重要的意义。同时，建议将遗址公园建设与茵香河流域的开发、中华石鼓园功能的完善、村民的安置等相结合，在做好墓葬保护展示的同时，加强石鼓山遗址的保护和研究，增强考古体验。

【石鼓山商周墓地考古发掘入选全国十大考古新发现】 2014年4月9日，“2013年度全国十大考古新发现”公布宝鸡商周墓地考古发掘位列首位。评选由国家文物局主办，入选项目由国家文物局考古专家组成员、中国考古学会常务理事和理事、全国73家考古发掘资质单位共同投票评选。宝鸡石鼓山西周墓地位于渭滨区石鼓镇石咀头村。2012年，村民在开挖房屋地基时发现青铜器主动报告，文物部门随即展开抢救性考古发掘，到2013年，共发掘出西周时期墓葬12座，引起社会广泛关注。石鼓山西周墓地被认为是中国商周考古的一次重要发现，为探讨该区域姜姓戎人与姬姓周人的文化交流提供了实证资料。

【纪念宝鸡斗鸡台考古80周年座谈会】 2014年4月26日，由陕西省考古学会主办，省考古研究院和市文物旅游局承办的“纪念宝鸡斗鸡台考古80周年座谈会”等活动在宝鸡市举行。来自中国社会科学院、北京大学、复旦大学、西北大学、上海大学、故宫博物院等单位的专家学者、主持斗鸡台考古发掘的徐炳昶与苏秉琦的后裔等40余人参加了会议。座谈会由省考古研究院院长王炜林主持，省文物局副局长刘云辉、市文物旅游局局长任周方致辞。徐炳昶哲嗣徐桂伦、苏秉琦哲嗣苏恺之先后发言。故宫博物院研究员张忠培、北京大学教授徐天进、中国社会科学院研究员徐良高、复旦大学教授高蒙河、上海大学教授罗宏才、西北大学教授赵丛苍、陕西省考古研究院研究员张天恩等数十位专家学者在缅怀徐炳昶、苏秉琦等老一辈考古学家那种奉献精神、治学态度的同时，围绕斗鸡台考古这一主题先后发言。一致认为，宝鸡斗鸡台考古堪称陕西考古“第一铲”，是陕西考古史具有里程碑意义的重要事件。会上，还举行了《陕西考古会史》一书的发行仪式。会后，与会人员前往戴家湾遗址参观，在保护标志碑前共同植下一株白皮松。

【周原出土铜车马】 2014年8月，陕西省考古研究院、北京大学考古文博学院、中国社科院考古研究所组成的新的周原考古队，在贺家村附近进行钻探、选点。8月中旬，发现一套豪华的“青铜马车”。新发现的这座车马坑地处岐山县京当镇贺家村村南田地，位于“凤雏遗址”南侧100米，经考古专家勘探确认，其年代为西周中晚期，距今3000多年。这辆西周中晚期的铜马车的木制轮辋外包铜壳，车轮直径约1.4米、周长约4.4米、轮牙宽5.7厘米、厚1.9厘米，个别处见到钉眼，测算重约24公斤。尤其是其兽面纹车軎镶嵌绿松石，甚为精美，在以往商周时期同类形制车发现甚少。参与考古工作的北京大学考古文博学院教授雷兴山认为，重要的是这辆车的车轮是铜的轮牙，这是以往所没有见过的，而镶嵌绿松石的西周时期的车马器也是首次发现。

【宝鸡市新添11处省级文保单位】陕西省政府2014年第7次常务会议审议通过，并以陕政发〔2014〕19号文件公布了232处第六批陕西省文物保护单位。宝鸡市渭滨区石鼓镇石嘴头村的石鼓山墓群等11处文物遗存位列其中。宝鸡市新添的11处省级文物保护单位中有古遗址6处、古墓葬2处、古建筑1处、近现代史迹及代表性建筑1处、石窟寺及石刻1处。古遗址有：陈仓区拓石镇拓石村的新石器时代的关桃园遗址、麟游县河西乡三义村的新石器时代的兰堡子遗址、眉县常兴镇尧柳村东汉—北魏时期的柳巷城址、千阳县南寨镇冯家堡村战国—汉时期的尚家岭遗址、扶风县城关镇扶东村新石器时代、西周、汉、唐、宋的天河寺遗址、凤县留凤关镇连云寺村、长坪村、田坝子村的秦—清时期的褒斜道陈仓古道栈道遗址；古墓葬有：渭滨区石鼓镇石嘴头村西周早期的石鼓山墓群、陈仓区虢镇太公庙村春秋时期的太公庙秦国陵园；古建筑有：扶风县段家镇东官村清代的漳峰塔；近现代史迹及代表性建筑有：凤县红花铺镇红花铺村民国时期的天台寺关帝殿；石窟寺及石刻有：凤县三岔镇心红铺村明、清时期的心红铺摩崖石刻。截至当时，全市共有全国重点文物保护单位21处、省级文物保护单位97处。

文物普查

【参加陕西省文物普查骨干培训】2014年3月25—26日，陕西省第一次全国可移动文物普查第二期骨干培训班在咸阳市举办。宝鸡市12县区及10个市直属文博单位、两个行业纪念馆的50名普查骨干参加了培训。此次培训是按照陕西省第一次全国可移动文物普查领导小组办公室的统一安排，有针对性举办的文物普查骨干培训。全省按照各地市地理区域分片培训的方式、分三期举办。培训的内容主要针对2014年的文物数据采集及登录规范要求等，参训人员主要是普查一线人员。

【国有可移动文物普查】 2014年，全市12县区及市直属单位百余名注册文物普查员按照拉网式、全覆盖的工作要求，在2013年全市4455个国有独立法人单位普查调查摸底登记后所反馈的国有61家文物收藏单位文物再次进行了全面仔细的技术复核，最终确认45个国有文物收藏单位。并按照技术规范要求，对文物进行了信息采集，照相和文本数据录入上报。全市共登记录入可移动文物59208件（组），共计613849件文物。

文物保护

【召开打击文物违法犯罪工作会】 2014年3月13日，全市打击文物违法犯罪工作会召开。各县（区）公安局主管刑侦副局长、刑警大队长、文物旅游局主管局长、执法大队队长及市直各文博单位负责人90余人参加了会议。参会代表会前参观了宝鸡市2013年打击文物违法犯罪涉案工具展。陕西省文物局副巡视员齐高泉、处长王金青，省公安厅刑侦局处长李毅、市文物旅游局局长任周方、副局长王锁劳、市公安局副局长李民等领导到会并讲话。会议邀请了西安、咸阳、渭南文物执法队负责人列席。会议通报了2013年度全市打击文物违法犯罪工作，对先进单位和个人进行了表彰。会后，陕西省文物局一行到宝鸡市扶风县宝鸡周原博物馆等开展了文物安全检查和田野文物的巡查。

【消防技能比赛暨消防综合演练】2014年9月26日，全省文物系统消防技能比赛暨消防综合演练在宝鸡青铜器博物院举行。省文物局局长赵荣、公安消防总队总队长周详等观摩比赛。全省各地市及省直博物馆共16家单位160余人参加了消防技能比赛，宝鸡青铜器博物院与市消防支队近200人联合进行了消防综合演练。消防技能比赛结合文博单位消防日常训练实际，设置了水带连接、着消防服营救伤员、灭火器灭火接力三个比赛项目。宝鸡青铜器博物院、秦始皇帝陵博物院、陕西历史博物馆三家荣获比赛一等奖。会议期间，宝鸡青铜器博物院与市消防支队联合进行了消防演练。

【马氏宗亲祭祖】 2014年10月7—8日，首届世界马氏宗亲祭祖大典在扶风县城关镇伏波村举行，来自世界各地的马氏宗亲代表、国内马氏经贸企业家代表等300余人，在这里寻亲祭祖、缅怀先人。期间成立了马融文化研究会，并举办了大会揭牌仪式。

【群众保护文物】 2014年10月16日，高新区千河镇魏家崖村八组村民魏炳祥在清理后院危崖时挖出了12件青铜器，并主动报告文物部门。经过文物工作者发掘和清点，这座墓葬共出土30件（组）文物，其中12件青铜礼器。这批文物的发现对研究春秋早期秦人历史，特别是对找寻秦国都邑千渭之会提供了实物资料和新线索。2014年11月5日，市政府在高新区千河镇召开群众保护文物表彰会，对10月16日自觉保护文物的千河镇魏家崖村八组村民魏炳祥、魏小宁、魏沙进行表彰。

【群众文保员培训】 2014年10月27日至11月11日，市文物旅游局分别在陇县、凤翔县、金台区和眉县对全市620名文保员进行了培训。培训会上，宝鸡周原博物馆魏兴兴对如何做好大遗址保护进行了辅导授课，文保员代表就做好田野文物保护进行了交流发言，法律顾问普及了法律知识，并组织对文保员管理办法进行了学习。

【秦公大墓车马坑保护大棚竣工】 2014年12月29日，秦公一号大墓车马坑临时保护展示大棚建设项目竣工。秦公一号大墓车马坑保护展示大棚建设项目是国家文物局批准建设的文物保护设施工程，也是宝鸡市文物旅游局2014年重点文物保护工程。该工程自2014年2月27日开工建设，12月29日竣工，历时10个月。保护展示大棚为门式钢架结构建筑，跨度36.5米，长105.5米，高10米，建筑面积3950平方米。该工程基础采用独立桩基础，桩径80厘米，桩深度至负20米，屋面采用双层彩钢板加岩棉保温层结构，顶板使用镀铝锌钢板，入口为钢结构门楼式仿古建筑。

【打击文物违法犯罪】 2014年，文物和公安联合，开展了打击文物违法犯罪“秦鹰”专项行动，活动中共打掉团伙15个，破获文物案件109起，抓获涉嫌文物犯罪嫌疑人125名，追缴文物507件（组），其中国家三级文物9件（组），一般文物498件（组）。

博　物　馆

【古代铜镜展】 2014年1月28日，宝鸡市青铜器博物院推出《对镜贴花黄——古代铜镜与时尚生活展》。此次展览分为“掬水邀约”“见日之光”“清辉湛素”“福寿团圆”四个部分，展出的300多面铜镜中最早的为战国时期，有神兽镜、人物故事镜、铭文镜、龙纹镜等，荟萃了中华民族各个时期不同的铜镜艺术特色，将再现中国铜镜的起源和发展过程，具有很高的观赏价值和历史研究价值。

【周原青铜器特展】 2014年7月，由湖北省博物馆和宝鸡青铜器博物院联合主办的“大宗维翰——周原青铜器特展”在湖北省博物馆开展，展出宝鸡青铜器珍品120余件。这次展出文物主要来源于扶风县庄白窖藏、扶风县五郡窖藏、岐山县董家村窖藏、宝鸡国墓地以及获评2003年“全国十大考古新发现”的眉县杨家村窖藏和获评2013年“全国十大考古新发现”的宝鸡石鼓山西周墓地出土的青铜器。展品既有四十三年逨鼎、四十二年逨鼎、五年琱生尊等长铭重器，也有云纹编钟等乐器，还有一系列的兵器、车马器与生活用器，基本反映了西周王畿地区西周青铜器的面貌。

【全国人大常委会副委员长到法门寺博物馆调研】 2014年9月11日上午，全国人大常委会副委员长、民进中央主席严隽琪一行到法门寺博物馆对《旅游法》的贯彻执行情况进行实地专题调研。严隽琪在调研中表示，第二次来到法门寺博物馆，切身感受到馆容馆貌发生了很大变化，环境比以前更加优美了；法门寺博物馆在收藏大唐宫廷珍宝的博物馆中，属于国内第一，具有很大研究价值，琉璃器、秘色瓷、宫廷茶具、熏香器等都是研究的重要课题，要充分的利用好这份珍贵的文化遗产，建立一个保护研究的基金，发挥法门寺文物的研究作用，可以建立一个“法门寺学”，将法门寺文化不断地传承和发展下。

【佛教文化与艺术展】 2014年10月14日，“一沙一世界——佛教文化与艺术展”在宝鸡青铜器博物院开展。这次展览由宝鸡青铜器博物院与眉县华达佛教艺术博物馆联合举办，旨在充实和丰富宝鸡青铜器博物院的展览内容，发挥民间文物收藏单位的藏品优势，展示悠久的历史文化和精湛的佛教艺术。这次展览展期半年，共展出华达佛教艺术博物馆展品90件（组），青铜器博物院珍藏的隋唐至明清佛造像50多件（组）。这些佛造像风格上分为汉传佛教和藏传佛教两大类，材质有铜、石和丝织品等。这是宝鸡青铜器博物院与民间博物馆之间的首次合作。

【周野鹿鸣文物特展】 2014年11月12日，《周野鹿鸣——陕西宝鸡石鼓山西周贵族墓葬出土文物特展》在第十六届中国上海国际艺术节“陕西文化周”活动中举行。国家文物局副局长宋新潮、陕西省人民政府副秘书长杨长亚、陕西省文物局局长赵荣等出席开幕式。该展由中国上海国际艺术节组委会、陕西省人民政府、上海市人民政府主办，展期至2015年3月1日。这次共展出宝鸡石鼓山新出土的文物115件，全部选取于近两三年来出土于宝鸡石鼓山的青铜重器，也是该地文物首次在上海这一国际化大城市集中亮相。其中石鼓山4号墓出土的球腹簋、四耳乳钉簋、两件铜簠是出土以来首次对外展出。这次展览还特别将收藏于美国纽约大都会博物馆和中国天津博物馆的两件铜禁与宝鸡刚出土不久西周铜禁首次相聚，这一聚会奇缘引起考古界和社会的广泛关注。

旅　游

编辑　陈　晶　李宏波　冯周怀

行 业 管 理

【太白山获“陕西服务名牌”】 2014年5月16日，陕西省政府授予太白山国家森林公园“陕西服务名牌”荣誉称号。“陕西服务名牌”评选由陕西省质量技术监督局组织实施，是对企业市场、营销战略、企业文化等方面全方位综合评价，太白山国家森林公园也是宝鸡市首家获此殊荣的景点。

【旅游商品发展】 2014年5月23日，第六届中国国际旅游商品博览会在浙江省义乌市召开，会上宝鸡市秦雅艺术品有限公司创作的青铜器衍生系列产品荣获“2014中国旅游商品大赛”金奖，这是继第五届中国旅游商品大赛宝鸡市社火脸谱系列获金奖后，宝鸡市旅游商品第二次在全国大赛上摘得桂冠。

【A级景区创建】 2014年4月，全国旅游景区质量等级评定委员公告，中华石鼓园被评为国家4A级旅游景区；10月11日，全国旅游景区质量等级评定委员通知，法门寺佛文化景区荣获国家5A级旅游景区称号，实现了宝鸡市5A级旅游景区零突破；10月14日下午，法门寺佛文化景区5A级旅游景区授牌仪式举行，陕西省旅游局局长杨忠武向景区颁发国家5A级景区铭牌，市委书记、市人大常委会主任上官吉庆代表宝鸡市接受铭牌。12月，陕西省旅游景区评定委员会公告，红河谷、青峰峡、消灾寺、关山草原景区被评为国家4A级旅游景区。12月2日，宝鸡市旅游景区评定委员会公告，千湖国家湿地公园、紫柏山、炎帝陵、民俗博物馆、关中风情园、六川河生态旅游区、眉县秦皇生态园评为国家3A级景区至此。至此，全市4A级以上旅游景区达11家。

【星级宾馆饭店复核】 2014年11月，2014年全市旅游星级饭店评定和年度复核结果揭晓，34家的旅游星级宾馆饭店通过复核，宝鸡西凤大酒店、公爵饭店申请注销星级饭店称号。

宣 传 规 划

【旅游总规划】 2014年4月4日，《宝鸡市旅游发展总体规划（2014—2030）》评审会在西安唐城宾馆召开。评审会由陕西省旅游局规划发展处处长郭明历主持，陕西省旅游局副局长徐明正出席会议并讲话。会议邀请了西安外国语大学、西安市社科院、陕西师范大学、西北大学、西安建筑科技大学、宝鸡文理学院等各界专家教授组成专家评审委员会进行评审。评审会上，在规划编制单位北京大学文化产业研究院汇报规划内容的基础上，评审组专家对文本进行了审阅和评议。通过评议专家们认为，该规划比较准确地把握了宝鸡旅游发展的态势，规划的总体目标与功能目标符合陕西省旅游发展格局中宝鸡市的实际，评审专家认为该规划达到了总体规划的要求，同意通过规划评审。

【“周末度假哪里去，一个小时到宝鸡”旅游宣传】 宝鸡市文物旅游局从2014年4月份开始，针对西宝高铁开通，围绕对接西安客源市场，开展了“周末度假哪里去，一个小时到宝鸡”系列宣传活动。宣传活动中，精心设计推介了历史名人、周秦文化、宗教文化、生态休闲、乡村民俗、红色旅游、自驾游七条旅游主题精品线路；在《陕西日报》《华商报》《西安晚报》进行了宝鸡旅游专版宣传，在陕西电视台、西安电视台开展了宝鸡主题形象宣传；在《宝鸡日报》创办了宝鸡旅游周刊，在宝鸡电视台开展了《主播带你游宝鸡》系列节目；同时在腾讯网、新浪网、人民网、凤凰网、搜狐网以文字、图片、动态、焦点图、轮播图等方式进行主题宣传推广。同时大力开展旅游惠民活动，先后向社会免费发放《宝鸡旅游惠民大奉送优惠册》5万多份，旅游企业向社会让利达1500多万元。

【宝鸡新八景评选】 2014年5月，宝鸡新八景评选活动揭晓，评选中共评出4大类32个景点，分别是宝鸡新八景（太白积雪、法门佛光、石鼓吉金、润德清泉、关山跃马、金阁流霞、九成宫阙、东湖柳浪），宝鸡山水八景（鳌山雄姿、吴山挺秀、千湖湿地、通天河谷、红河幽谷、野河槐香、灵山远照、鸡峰鸣瑞），宝鸡人文八景（龙门祖庭、太公直钓、凤鸣岐山、炎帝圣陵、北首遗址、散关雄风、燕伋望鲁、横渠书院），宝鸡乡村游八景（黄柏林海、关中风情、六营泥彩、西府天地、北郭面香、凤州花谷、六川观鱼、温溪桃源）。

【渭河旅游联盟年会】 2014年5月17日，“2014渭河旅游联盟年会”在宝鸡太白山旅游区召开。这届年会以“同饮渭河水、畅游渭河景”为主题，陕甘两省沿渭河流域的定西市、天水市、宝鸡市、杨凌区、咸阳市、西安市、渭南市等7地市渭河沿线旅游局参加了年会，市政府副市长丁琳、定西市人民政府副市长李斌出席旅游联盟年会并作了讲话。会议由联盟秘书长、定西市旅游局局长陆文军主持。会议全面总结了2013年联盟工作情况，由联盟轮办城市宝鸡提出了2014年联盟工作计划，联盟城市旅游局进行了热烈讨论。同时，会议决定将会旗移交给下届举办城市天水市。

【举办宝鸡·丝绸之路旅游产业项目合作推介会】 2014年5月22日下午，“宝鸡·丝绸之路旅游产业项目合作推介会暨签约仪式”在西安曲江国际会议中心举办。市委书记上官吉庆、市长钱引安、市政协主席张民义、市人大常委会常务副主任孙惜玲出席会议，会议由副市长丁琳主持。推介会上通过电视风光片全面展现了宝鸡市旅游发展环境和未来发展构想，旅游形象代言人推介了11个文化旅游招商项目。先后有9个项目签约，实现合同引资34.5亿元。

【“新丝路、新起点”全国网络媒体宝鸡行】 2014年5月23日，“新丝路、新起点”全国网络媒体宝鸡行大型采风活动启动。60余名媒体记者将齐聚宝鸡，通过走访法门寺、太白山、中华石鼓园、渭河公园等文化旅游景点，参观了宝鸡石油机械公司等重要经济实体，让全国网络媒体记者了解宝鸡，共同探索丝绸之路经济带枢纽城市宝鸡的历史文化、现实和未来。同时以新闻报道、专家解读和网友互动等多种方式，全方位、多角度反映丝绸之路经济带枢纽城市宝鸡的辉煌往昔，讲述宝鸡远古文明和现代文明。

【重点旅游项目推介会】 2014年7月8日，宝鸡市重点旅游项目推介会在西安曲江宾馆举行。会上，市长钱引安介绍了宝鸡旅游产业发展情况，策划推出了法门寺佛文化旅游区、岐山西周文化景区、太白山国际休闲旅游度假区、天台山国家风景名胜区等8个重点旅游景区共43个重点旅游招商项目。来自北京、上海、深圳等旅游投资商与宝鸡市旅游企业进行了洽谈对接。

【宝鸡连云港“交换夏天”旅游宣传】 从2014年7月开始，宝鸡市文物旅游局、连云港市旅游局和新浪陕西联合举办了“揽山观海，丝路夏之约”、“交换夏天”旅游宣传活动。活动自7月11日在连云港举行线下启动仪式后到8月中旬结束，先后从宝鸡和连云港两地各推选出十几位微博达人，采用线上宣传与线下互换体验相结合的方式，相互进行旅游宣传。通过宣传有力提升宝鸡旅游知名度和影响力，促进丝绸之路沿线城市旅游交流合作。

【“游最干净城市，品最中国美食”旅游宣传】 2014年“十一”前夕，市文物旅游局策划开展了“国庆度假去宝鸡——游最干净城市，品最中国美食”系列宣传。先后在《陕西日报》《华商报》《西安晚报》《三秦都市报》，陕西电视台、西安电视台、陕西移动电视频道，汉中、咸阳、渭南、延安，天水、陇南、平凉、庆阳、运城、三门峡、广元12地市电视台进行了主题形象广告。联合全国排名前50家的知名网络媒体进行集群旅游信息发布，邀请腾讯网、新浪网、凤凰网等西部网媒体记者，招募微信、微博和美食达人，进行了旅游采风。

【旅游微信微博】 2014年宝鸡旅游微博粉丝达25万人，位列全国旅游系统十大政务机构微博第10名和全省十大政务机构微博第5名，荣获腾讯网“西北政务微博影响力奖”；宝鸡微信平台关注人数突破万人，并荣获全省旅游微信竞赛三等奖。

质 监 培 训

【旅游安全会议】 2014年4月29日下午，全市“五一”小长假旅游安全电视电话会议召开。会上，市文物旅游局副局长王锁劳通报了宝鸡市“五一”节前旅游市场安全工作的检查情况，并就做好“五一”旅游工作做了安排。副市长丁琳在会上就做好假日旅游工作提出了要求。

【旅游安全应急培训】 2014年7月3—4日，全市旅游安全应急处理培训暨安全管理应急综合演练在宝鸡辛家山林业局通天河国家森林公园举行。培训会进行了防火理论、应急处理知识、防空防爆防袭击事件的应急处置及器材配备和使用等知识培训。并聘请省应急救援大队、市红十字协会、省消防安全宣教中心、凤县消防支队、辛家山林业局救援队和森林防火指挥部等进行了游客失踪搜救通讯保障、乘滑道意外受伤抢救、森林火灾扑救、食物中毒急救、宾馆起火游客疏导五个科目的演练。

【文明旅游】 2014年，市文物旅游局编印了宝鸡市旅行社、景区、宾馆饭店、导游员文明旅游服务手册，印发全市执行；并把旅行社诚信服务承诺书、文明旅游倡议书及出境出国旅游温馨提示等统一作为旅游合同附件。同时，还在全市范围内开展文明旅游竞赛、“最美导游评选”活动。

【假日旅游协调】 2014年全市假日旅游协调工作，突出节日旅游市场执法检查，加强节日值班，实现了“安全、秩序、质量、效益”四统一目标。据统计，春节“黄金周”期间，全市共接待游客182.3万人次，实现旅游综合收入7.56亿元，同比分别增长19%和20%；清明假期，全市共接待游客60.85万人次，实现旅游综合收入2.95亿元，同比分别增长了27.5%和30%；“五一”假期间，全市共接待国内外游客179.67万人次，实现旅游综合收入8.426亿元，同比分别增长了52.65%和46.28%；端午期间，全市共接待国内外游客145.69万人次，实现旅游综合收入6.05亿元，同比分别增长26%和31.5%；十一“黄金周”期间，全市共接待国内外游客246.03万人次，实现旅游综合收入12.23亿元，同比分别增长18.5%和20.3%。

旅游节庆活动

【县域旅游品牌】　2014年4月12日，第二届中国文化旅游品牌建设与发展峰会暨“影响世界的中国文化旅游知名品牌”发布，凤县荣膺“影响世界的中国文化旅游名县”称号，法门寺佛文化景区跻身“影响世界的中国文化旅游名景”行列。5月，2014大中华区旅游文化榜发布，太白县荣膺中国十佳生态旅游目的地。6月，岐山县荣获“第20届亚洲旅游业金旅奖·最具特色魅力旅游目的地”称号。

【宝鸡市文化旅游节】　2014年5月18日，2014年宝鸡市文化旅游节暨太白山开园旅游文化周在太白山旅游景区开幕。陕西省人大常委会副主任李晓东宣布活动启动，陕西省政协副主席郑小明，市政协主席张民义、人大常委会常务副主任孙惜玲出席启动仪式。启动仪式上，宝鸡市委书记、市人大常委会主任上官吉庆向太白山首届国际大学生旅游季先遣队授旗，宝鸡市市长钱引安致词。宝鸡市文化旅游节是经国家批准的陕西省保留的16项节庆活动之一。这次活动的主题为“相约太白山、畅游美丽宝鸡”，活动时间从2014年5月18日起至25日结束。活动期间，举办了太白山盛大开园旅游文化活动周活动，活动中举办了首届群众舞蹈大赛《舞动三秦》启动仪式及首场比赛、《秦声飞扬太白山》戏曲晚会、《太白山之春交响音乐会》等。同时，百家旅行社、媒体记者受邀前往周公庙、千湖国家湿地公园、宝鸡青铜器博物院、法门寺佛文化景区等地，开展《美丽宝鸡行》采风活动。

【太白县第二届“激情户外”狂欢节】2014年8月8日晚，太白县第二届“激情户外”狂欢节在太白县体育馆盛大开幕，副市长丁琳与来自省内外的近万名游客及当地群众参加了开幕式。太白县第二届“激情户外”狂欢节以“激情户外·乐享清凉”为主题，自开幕起持续到2014年9月7日结束，期间举办了5大类19项活动，涉及休闲避暑节、太白高山蔬菜节、“激情户外”狂欢节、文化体育及经贸活动等。

【千阳刺绣展】　2014年9月9日，千阳旅游专题推介会暨“穿越丝绸之路、品鉴西秦刺绣、走进魅力千阳”精品展在宝鸡展览馆举行，展出的刺绣、剪纸等精美民间工艺品和绿色生态特色产品，展示了宝鸡丝路文化的博大内涵和千阳民间艺术的独特魅力。开展仪式上，千阳县还召开了旅游专题推介会，通过影视展播、现场推介等形式进行了旅游宣传推介。

【中国旅游总评榜陕西分榜揭晓】2014年12月21日，中国第一媒体联盟主办，华商报、华商网承办的“陕西游纪——2014中国旅游总评榜陕西分榜”评选活揭晓，眉县荣获“2014陕西游纪——年度旅游风尚县域”，宝鸡市文物旅游局荣获“2014陕西游纪——年度最具推广力旅游局”，法门寺佛文化景区荣获“2014陕西游纪——年度人文经典景区”，太白山国家森林公园荣获“2014陕西游纪——年度自然魅力景区”，凤县凤凰湖景区荣获年度人气休闲景区。

（张启云）

文化旅游产业开发建设管理

【概况】　宝鸡市文化旅游产业开发建设管理委员会是宝鸡市政府的常设派出机构，正县级全额拨款事业单位。设主任1名，党工委书记、常务副主任1名，副主任2名，纪工委书记1名。机关内设党工委办公室、行政办公室、对外宣传办公室、国土资源局、规划建设局、经济发展局、招商局、财政局、人力资源局、纪检监察审计局和执法局11个内设机构，下属人民公园、怡和酒店、周礼乐团、周秦物业管理有限公司4个直属单位和宝鸡市文化旅游产业发展集团有限公司。全系统共有各类人员385人。2014年，市文化旅游产业开发建设管理委员会以“生态为底、文化为魂、项目支撑”为原则，围绕打造宝鸡都市文化旅游产业示范区、建设国内一流旅游目的地和游客集散地的目标，突出“项目突破年”的主题，抢抓宝鸡“关天”经济区副中心城市建设机遇，全年完成固定资产投资6.58亿元，接待国内外游客达140万人次，圆满完成了各项目标任务。

【推进重点项目建设】　全年围绕茵香河文化旅游区域的综合开发，以推进重点项目建设速度为重心，实施了区域内道路管网建设，完成了两条上塬道路规划、勘察设计、土地征用工作，建成了长1.92公里的一号路、长1.2公里的二号路，以及位于张家沟村四组的长51米、宽18.8米跨河生态桥梁并通车，形成了连接茵香河两岸的交通大动脉。实施了茵香河生态（一期）综合治理，完成了6个拦水坝坝体的砼、浆砌石装饰及景观石安装等工作。规划区域内栽植树木3.5万余株，绿化面积约8万平方米，全年完成绿化工程投资约930万元，投资完成率为93%。启动了茵香河拆迁安置小区项目，西边区域基坑开挖局部已达深度。提升改造了游客服务中心，完成了服务区停车坪、道路、绿化、通讯、水电、购物等工作，形成了游览服务区、文化展示区、休闲区、餐饮区、住宿区、管理区等功能区域，并于2014年7月12日开放投用，可同时接待游客600余人。提升改造炎帝影视基地，并启动炎帝影视基地国家AAAA级景区的申报工作。完成如意茵香生态文化养生基地一期展示中心主体封顶、外墙装饰、广场铺装和绿化等工作。完成了5条道路规划方案、施工图设计和西台塬一期电信管网、供电管网、燃气管网施工图设计。完成了鸡峰山水资源调查评价报告的编制工作和自建水厂项目的可行性研究工作。完成了区域供水管网方案设计及茵香河河谷一期供水管网施工图设计。完成了35千伏宝鸡二电厂专线的拆除和供电局5条110千伏高压线改迁施工图设计工作，启动了10千伏凉泉线落地方案设计工作。

【实现征地拆迁零上访】 研究中、省、市关于土地征用的最新政策，制定出相应的惠民政策。在土地房屋征收过程中公开征收拆迁政策、补偿标准、办事程序，接受群众监督，使土地房屋征收工作公开化、透明化。妥善解决了张家沟村907亩土地的征收工作，完成对张家沟村二、三、四组的村民房屋、村集体以及企业的拆迁工作，拆除房屋196户、面积7.7万平方米，拆除村集体及企业房屋1.5万平方米，实现拆迁安置工作“零上访”。同时，同步进行了张家沟村城中村改造、棚户区改造项目的申报工作，茵香河安置小区项目被省住建厅纳入陕西省安居工程。

【招商引资到位资金5.3亿元】 全年参加各类会议会展推介和外出招商考察、洽谈活动15次，精心策划包装涉及文化、旅游、商业、基础设施等七大类的项目20个，先后与中乾实业、国平农业公司、瑞士ICTC公司、陕西文投影业投资公司等国内外知名企业接洽，推进茵香河二期战略开发和石嘴头村拆迁合作项目进度。新洽谈4D影院、汽车旅馆、茵香生态庄园、儿童体验馆等投资项目5个，签订协议4个，完成合同引资21.5亿元，全年实现到位资金5.3亿元，省际到位资金3.18亿元，招商引资工作获宝鸡市2014年度招商引资先进单位荣誉称号。研究国家产业政策和投资方向，争取中省项目补助到位资金540万元，市级项目补助资金70万元，完成年度任务的104%，较上年增长14.9%。加强对中省政策的研究，全年申报争取中省资金项目23个。积极与长安银行、国家开发银行等金融机构联系合作，实现融资3.28亿元。

【加大品牌宣传力度】 运用传统媒体和新兴媒体扩大区域品牌形象，提高宝鸡“炎帝故里”的品牌知名度。全年在陕西电视台、陕西日报、新华网、凤凰网等40多家知名媒体上累计发布新闻动态稿件105篇，综述类专题报道10余次。组织实施了中华礼乐城创文新变化、戏剧电影《医祖岐伯》记者见面会等10余项主题宣传活动。设计制作了茵香河区域规划沙盘、《美丽茵香》画册和宣传光盘，重建官方网站，加强网络媒体宣传，营造发展舆论氛围，提升茵香河文化旅游区的区域品牌。2014年12月，茵香河文化旅游区被授予“中国最具潜力文化旅游区”。

【抓党建促工作】 开展专题教育、主题学习和大讨论等活动，严格审核群众路线教育实践活动方案、班子对照检查材料和“两方案一计划”，召开群众路线教育实践活动动员大会、支部专题民主生活会和群众路线教育实践活动总结大会，巩固好群众教育路线实践活动成果。开展献爱心捐赠活动，为西山扶贫包抓村庙川村争取项目资金，筹集5万元用于包扶村道路整修和村容环境改善；捐赠14盏仿古路灯，为困难群众送上200多件过冬衣物；10名女员工与当地留守儿童结为帮扶对子，带去图书、玩具、文具、衣物等，用实际行动践行好群众路线。采取“线上”网络招聘、“线下”招聘会招聘相结合的方式，两次赴北京大学、清华大学参加高层次人才洽谈会和面试工作，为高层次人才引进和储备工作积累了宝贵经验。坚持以德为先和正确的用人导向，严格执行干部选拔任用工作条例，选拔任用12名优秀年轻干部，优化了干部队伍结构。落实学习教育制度和培训计划，组织9名专业技术人员参加技术等级考试并获得证书。选派5名优秀中、青年干部参加党校学习培训，根据员工专业特长和业务水平，选派1名中层干部开展驻村联户扶贫工作。对6名职工进行岗位调配，盘活了人才资源，人才队伍建得到加强。

【督查督办65项重点工作】 完善督查工作机制，提高干部执行力，逐项交办并跟踪落实重大决策、重点项目、市级有关会议议决事项和领导批示件、“两案”办理等工作任务，切实转变干部作风，做到工作部署与督促检查同安排、同落实。领导班子深入施工一线，采取现场督查、突击督查等形式，调研了解实际情况，确保各项急、难、险、重任务得到迅速有效落实，全年累计督查督办主任办公会议题50余项，重点工作进展65项，为各项目标任务的顺利完成提供保障。围绕全市稳增长、促改革、调结构、惠民生的目标任务，从项目建设、制度建设、团队建设、经营管理等方面开展调查研究，编制完成了《文管会“十三五”发展规划和实施纲要》、《文管会领导干部调查研究制度》和《文管会重大决策调研论证制度》，为中长期发展和调查研究工作做好制度保障。参与《宝鸡市旅游发展总体规划（2014—2030）》（以下简称《规划》）、《宝鸡市人民政府关于加强城市基础设施建设的实施意见》（以下简称《意见》）的编制工作，项目纳入《规划》和《意见》，做好立项审批和争取资金基础工作。征集印发了2014年调研课题、征集优秀调研文章、交流学习好经验，全系统共完成调研课题19篇，完成了《文管会调查与研究（2014）》的编辑并印发，调研工作被市委、市政府评为年度先进单位。

【直属单位实现收入2100万元】 人民公园、怡和酒店、周礼乐团、周秦物业等直属单位紧扣全市“双创双迎”工作，发挥公益职能服务市民游客、扮靓文明窗口、树立文化品牌，实现经济效益和社会效益双丰收。人民公园实施了湖心岛古建景观工程，改造建设了北区园林文化墙，对惠风亭、千禧亭、爱莲池等景点进行亮化，成功举办了第十五届国际郁金香花卉展，培育时令花卉4.2万盆，园内环境得到整体提升，全年实现综合经济收入330万元，并成功创建为省级文明单位。怡和酒店全年实现经济收入1800万元，先后荣获市文物旅游局旅游行业游客满意单位称号，前台接待组被市旅游局授予文明示范岗称号，在省旅游局网络测评中获全省同星级饭店评比第一名。完成了省十五运会的接待任务，周礼乐团实施抓队伍、抓市场、抓演出，出人才、出精品、出效益的办法，通过新增演出节目，创新节目演出形式、增加演出场次、印制外宣品等措施提高了社会影响力，《周礼诗舞音乐会》纳入了省文化厅公益惠民演出计划，先后三次赴西安代表宝鸡市参与文化旅游推介。2014年共计举办文化演出68场，观众达3万人次。周秦物业管理有限公司提升中华礼乐城景区管理服务水平，以“治安维稳、环境卫生、景区亮化、文明服务”为工作中心，在游客服务中心内设置“中华礼乐城志愿服务站”站点，通过加强治安巡逻力度、保证环境卫生清洁、确保景区亮化美观等具体工作，做好城市文明的“窗口”服务工作，全年接待省内外游客约140万人次。

（严笃涛）

法门寺文化景区建设

【概况】　法门寺佛文化景区自2001年起开始规划设计，规划总面积12.5平方公里，分为佛文化展示区和综合服务区，佛文化展示区又分佛、法、僧三区，呈“品”字形布局。2005年5月15日，景区一期项目正式动工，2009年4月，以合十舍利塔为核心的一期项目建成，项目总投资28亿多元。2009年5月9日，佛教圣地法门寺合十舍利塔落成暨佛指舍利安奉大典隆重举行，5月12日，景区正式对外售票经营。景区标志性建筑合十舍利塔获得中国土木工程“詹天佑奖”、陕西省“长安杯”奖、2010年度国家优质工程银质奖，佛光大道项目荣获全国市政金杯示范工程奖，2012年景区荣获“中国传统建筑文化旅游目的地”称号，2013年荣获最具主题特色旅游景区、中国陕西旅游最佳景区20强荣誉称号。2014年被评为“影响世界的中国文化旅游名景”、“2014最佳文化旅游度假目的地”。2014年10月11日，5A级旅游景区正式获批。2014年10月16日，法门寺与泰国曼谷帕荣寺缔结友好兄弟寺院。2014年，景区共接待游客169.6万人次、实现收入1.34亿元。

【国家5A级景区创建“零”突破】　2014年10月11日，国家旅游局正式批准景区为国家5A级旅游景区，实现宝鸡市国家5A级景区“零”突破，标志景区进入了国家精品旅游景区行列，是景区发展史上的里程碑。10月14日，景区晋升5A授牌仪式在山门广场隆重举行，省旅游局局长杨忠武向景区颁发国家5A级景区铭牌，市委书记上官吉庆代表我市接受铭牌，市长钱引安主持仪式，市委常委、常务副市长、景区党工委书记、管委会主任张敬原致辞。市委常委、宣传部长马鲜萍，副市长丁琳等领导和景区各单位干部职工约200多人参加仪式。2014年，景区主要从4个方面进行了整改提升。一是迅速整改了国家旅游局5月底暗访发现的6个问题，自查整改了115个需要巩固提升的项目，高标准巩固提升创建成果。二是组织职工开展了5A知识专题培训、测试，导游讲解比赛等活动230多次，参训职工2000多人次，提高职工服务水平和质量。三是想方设法争取到中省市领导关注支持景区创建，先后8次陪同省市领导赴北京等地汇报工作进展，取得了国家旅游局的理解、支持。9月底国家旅游局派出专家组对景区进行了现场检查验收并表示肯定和满意。四是加快推进景区旅游标准化建设，进一步修订完善已编写完成的全部469条标准，以标准化建设巩固5A创建成果。

【第27届世佛联大会开幕式及系列活动筹办工作】　2014年10月16日，第27届世佛会在法门寺景区隆重开幕，泰国国王普密蓬，斯里兰卡总统拉贾帕克萨，中共中央政治局常委、全国政协主席俞正声向大会发来贺信，中共中央书记处书记、全国政协副主席杜青林在开幕式上致辞并宣布大会开幕，全国政协副主席马飚出席开幕式并宣读俞正声贺信。中央统战部常务副部长张裔炯，省委书记赵正永，省政协主席马中平出席开幕式，省长娄勤俭，中佛协会长、世佛联副主席传印长老，中佛协副会长、第十一世班禅额尔德尼·确吉杰布等致辞，给来自40多个国家和地区的政要、宗教领袖、高僧大德及嘉宾以强烈的视觉冲击和心灵震撼，是中国佛教与世界佛教交往史上的最大的一次盛事。大会当天，举行了嘉宾合影、高僧迎请仪式、瞻拜佛指舍利祈祷世界和平法会、千僧斋和传灯祈福法会等8项主要活动，组织有序，安全顺利，精彩圆满。一是加强组织协调，成立专门机构，组建工作队伍，开展培训，制定了活动总体方案和8项主要活动实施方案，召开了筹备动员会，接待了世佛联总部考察团3次实地考察。二是实施了完善提升六大工程和法门老镇区基础设施改造工程，大幅改造提升了内部服务设施和外围基础设施。三是策划大会开幕式等8项系列活动，定购定租了数万件（套）物品物料，招募了1200多名志愿者、1000多名僧人和500多名居士，开展了3次合练和数十次单项活动演练，策划组织了“迎世佛”书画展、佛教艺术精品展等活动。四是在景区相关路段悬挂灯杆吊旗、宣传条幅，摆放大会徽标，搭建拱门、花柱，安装大型经幢。在咸阳机场和西宝高速沿线设置宣传广告，营造大会氛围。

【景区项目建设】　2014年，景区规

划区内项目建设全年完成投资33850万元。其中佛文化展示区项目完成投资22550万元，市重点项目景区完善提升工程完成投资18600万元，工程六大项目景区十万人广场铺装石材、舍利塔一层大殿合围装饰、舍利塔地宫南厅装修改造、生态停车场、游客综合服务中心和景区与寺院连接路改造全部建成投用；“智慧景区”管理系统、佛光阁酒店扩容改造、三尊罗汉像建造安放、法门灵境公益墓园、法门寺佛学院教学楼等项目共完成投资3950万元。综合服务区项目完成投资11300万元，法门老镇区基础设施提升改造项目完工投用，新镇区法门幼儿园建成投用，计生文体综合楼、盛唐文化旅游街项目主体建成，法门卫生院附属楼、法门西市项目正在建设。招商引资，到位资金4.05亿元，省际到位资金3.05亿元，分别占年度目标任务的101%、102%。与陕西福慧国际文化传播有限公司合作筹拍电影《法门寺》，邀请诺贝尔文学奖获得者莫言担纲总编剧，莫言9月莅临景区参加了电影剧本研讨会，委托了湖北汉海拍卖有限公司拍卖景区综合服务区1000亩土地投资权。

【景区旅游整治秩序】 2014年，景区旅游环境整治，依法查处倒卖景区公务接待专用门票案，对11名涉事人员采取了强制措施；实施了3次专项治理行动，清理野导黑导300多人，消除了搭梯翻墙现象；疏堵结合整治围追售香问题，分流安置了登记在册的48户售香户，清理未登记的无序售香人员；关停了内部26户易引起媒体诟病的经营项目；回收了多次引发游客投诉的电瓶车服务项目，7月份回收至年底已收入856.7万元；推行了景区“一站式”讲解服务，结束了法门寺1988年开放以来讲解服务分段讲解的局面；申请将舍利塔一层批为了宗教活动场所，依法如理开展佛教活动。

【领导视察法门寺佛文化景区】 10月15日，中共中央书记处书记、全国政协副主席杜青林，全国政协副主席马飚考察了法门寺佛文化景区，市委书记上官吉庆，市政协主席张民义，市委常委、常务副市长、景区党工委书记、管委会主任张敬原等陪同考察。9月11日，全国人大常委会副委员长、民进中央主席、中央社会主义学院院长严隽琪带领全国人大常委会旅游法执法检查组视察了法门寺佛文化景区。国家旅游局副局长杜一力，省人大常委会副主任李晓东，省旅游局局长杨忠武，市委书记、市人大常委会主任上官吉庆陪同视察。4月4日，全国政协副主席卢展工视察了法门寺佛文化景区。卢展工在视察中指出，法门寺佛文化景区因出土佛祖真身指骨舍利而闻名于世。宝鸡市委、市政府要深挖法门寺历史文化资源，进一步提升景区品位，努力变资源优势为产业优势，推动宝鸡旅游产业做大做强。省政协副主席千军昌，市长钱引安，市政协主席张民义陪同视察。10月14日，全国政协副主席何厚铧率澳门特别行政区全国政协委员一行40余人考察了法门寺佛文化景区。

【“世佛联”代表团考察法门寺佛文化景区】 6月27日下午，“世佛联”秘书长攀洛·泰阿利带领“世佛联”代表团实地考察了大会开幕式等重要活动举办地法门寺佛文化景区。省宗教局党组书记张宁岗、副局长李晓建，市委常委、常务副市长、景区党工委书记、管委会主任张敬原等领导陪同。

攀洛·泰阿利及代表团一行先后考察了景区合十舍利塔，瞻拜了佛祖真身指骨舍利，参观了法门寺院和法门寺博物馆。期间，攀洛·泰阿利认真听取了景区为迎接世佛联大会实施的完善提升项目工程进展情况和大会在景区当天活动安排情况，查看了合十舍利塔一层化身佛殿开幕式场地设置情况，并与景区管委会负责同志现场商定开幕式相关安排。代表团对景区筹备工作给予了充分肯定。市政府副秘书长王宝强，市民宗局局长范根科，景区党工委副书记、管委会常务副主任张卫东等全程陪同考察。

【国家宗教局、中国佛教协会考察法门寺佛文化景区】 4月14日，为推动第27届世佛联大会筹备工作全面展开，国家宗教局副局长蒋坚永及中国佛教协会副会长学诚一行实地考察了法门寺佛文化景区。市委书记、市人大常委会主任上官吉庆陪同考察。

蒋坚永、学诚一行先后来到景区合十舍利塔、法门寺院、法门寺博物馆等处，详细了解了法门寺的历史文化，景区基础设施配套建设、接待能力，志愿者队伍培训等情况，并就大会召开流程进行了进一步磋商。考察中，市委常委、常务副市长、法门寺佛文化景区党工委书记、管委会主任张敬原向蒋坚永、学诚一行汇报了我市及景区筹备工作情况。蒋坚永要求我市加强统筹协调，围绕人性化、个性化服务，进一步提升筹备工作水平，确保各项工作有序推进。上官吉庆要求参与筹备工作的各相关单位和部门要制订科学合理的方案，明确细化工作要求，积极主动与中省有关部门和宗教机构沟通，全力以赴提供细致周到的服务，确保大会取得圆满成功。省宗教局局长徐自立，省宗教局党组书记张宁岗，市政府副秘书长王宝强等陪同考察。

【中国佛教协会副会长班禅额尔德尼·确吉杰布参观法门寺佛文化景区】 10月17日，中国佛教协会副会长、第十一世班禅额尔德尼·确吉杰布再次到来法门寺佛文化景区参观，并与法门寺院住持学诚大和尚共同主法，以汉语、藏语诵经祈福，祈祷正法久住、国泰民安、世界和平。

班禅对第27届世界佛教徒联谊大会在法门寺成功举办给予充分肯定。他表示，在国家主席习近平的领导下，国家有开明的宗教政策，我们宗教界人士有了广阔的发展空间，要把握大好的历史机遇，保护发扬好佛陀教法。三大语系佛教同根同源，希望三大语系佛教徒继续携手努力。希望各位法师和居士为众生、为国家繁荣做出努力。

【新春祈福拜舍利·幸福安康一整年

——法门寺佛文化景区举办2014年新春祈福之旅】　2014年春节长假，是法门寺佛文化景区实行属地化管理后迎来的首个春节黄金周。按照市委书记上官吉庆、代市长钱引安对景区春节旅游工作提出的明确要求，景区管委会协调市县相关部门、组织景区各单位提早谋划、精心准备、狠抓落实，节日期间，景区安全有序、喜庆祥和，实现了“开门红”。

为了给广大游客提供安全、周到、细致的旅游服务，景区立足实际，强化措施，落实责任。一是准备早。去年12月24日，市委常委、常务副市长、景区党工委书记、管委会主任张敬原就在管委会班子会上要求尽早安排景区春节旅游工作，确保实现“开门红”。管委会成立了以张敬原为组长的春节黄金周活动领导小组，制定下发了春节黄金周工作总体方案；市公安局、市交警支队、景区公安分局，扶风县、法门寺博物馆、寺院和景区旅游公司等单位按照职能分工，在元月15日前即分别制定出了安保、环境治理、节庆活动等单项工作实施方案；抽调了特警、交通、治安、巡警等多警种警力和消防战士共1100人，协调了外围环境整治力量150多人，调集了三品检测仪、安检门等设备，搭建了硬隔离设施，安排了4处临时停车场，落实了消防、急救、通讯应急车辆。元月25日，黄金周准备工作基本就绪。二是要求严。节前，市委、市政府主要领导分别对景区春节旅游工作提出具体要求。元月26日，张敬原常务副市长专门主持召开景区春节黄金周旅游工作会议，对春节旅游工作特别是安保工作进行再部署、再落实，要求春节黄金周要实现“两增两无”，即接待人数与经营效益比去年同期增长，无安全事故、无旅游投诉，确保景区春节旅游工作安全有序、文明和谐。元月29日下午，丁琳副市长亲临景区检查黄金周筹备工作。景区管委会坚决贯彻领导指示，连续对筹备工作进行了4次“拉网式”自查，边查边改，即查即改，确保准备工作无漏项；管委会与各相关单位签订春节旅游《安保责任书》，确保责任落实到位；7天长假，管委会、景区公安分局、博物馆、寺院和景区旅游公司一律全员上岗，景区纪工委全天候督查，干部职工坚守岗位、履职尽责，确保了景区平稳有序、秩序良好。三是有特色。按照小型多样，小活动、大宣传的原则，突出佛文化特色，组织了“新春祈福拜舍利·幸福安康一整年”主题系列活动、舍利公开瞻礼活动，开展了“法门送福·人人有礼”—法门寺惠民回馈活动，“留影法门风情　遨游佛海圣境”—法门微博微信线上活动等7项佛文化活动，烘托了节日气氛，丰富了游览内容，彰显了景区佛文化特色，受到海内外游客广泛好评。

【举行“相约春天·共植希望”——2014年春季植树祈福活动】　3月15日上午，法门寺佛文化景区携手腾讯大秦网，组织300多名游客开展了“相约春天·共植希望”—2014年春季植树祈福活动。参与活动游客首先在法门寺院高僧的带领下参加了庄严殊胜的洒净仪式，为每一棵树苗开光。仪式结束后人们有秩序的排队领取工具，培土、浇水，将一棵棵树苗种进树坑，在合十舍利塔下，寄托自己对美好生活的祝福。景区为参加活动的30余位小朋友准备了绘画工具，在工作人员帮助下，孩子们挥笔作画，表达对自然的热爱。植树活动结束后，参与活动游客还参观了景区合十舍利塔、法门寺院和法门寺博物馆。

春季植树祈福活动，秉承环保从点滴做起的理念，倡导感恩生命感谢自然。活动从3月1日即开始启动，3月1日至10日，景区官方微博率先推出“绿色随手拍”微博有奖互动活动，参与者可随手抓拍身边的悄然成长的绿植或期待绽放的花朵，上传网络，即有机会获得免费参与植树节线下活动的机会。

【举行探秘千年珍宝·瞻礼万世舍利—纪念佛指舍利安奉五周年暨第五届佛文化艺术节】　4月28日上午，佛指舍利在法门寺合十舍利塔安奉五周年暨法门寺第五届佛文化艺术节在法门寺佛文化景区五福广场隆重开幕，同时举行了世界佛教徒联谊会第27届大会开幕倒计时揭牌仪式。景区从4月28日起至5月9日，以“探秘千年珍宝　瞻礼万世舍利”为主题的第五届佛文化艺术节，开展法门寺高僧大德书画展、千僧斋体验、“世佛联”大会万人祈福长卷签名、传灯法会、浴佛祈福法会等多项活动。同时举行“世佛联”第27届大会开幕倒计时揭牌仪式。景区管委会、景区公安分局、法门寺博物馆、陕西法门寺文化发展有限公司及下属各单位干部职工，法门寺院僧人，社会各界嘉宾，新闻媒体记者和部分信众游客共约1000人参加了活动。西安电视台、宝鸡电视台，华商报、宝鸡日报等多家媒体对开幕式进行了报道。

【举行“新丝路·新起点”2014全国网络媒体宝鸡行大型采访活动启动仪式】　5月23日下午，“新丝路·新起点”2014全国网络媒体宝鸡行大型采访活动启动仪式在法门寺佛文化景区山门广场隆重举行。市委书记上官吉庆参加仪式并致辞，市委常委、常务副市长、法门寺佛文化景区党工委书记、管委会主任张敬原参加仪式并介绍了“世佛联”第27届大会筹备进展情况，市委常委、宣传部长马鲜萍主持启动仪式。省互联网信息办公室主任张琳，人民网、新华网、中国网络电视台、新浪网、凤凰网、西部网等国内70余家网络媒体的70多名记者等参加了仪式。“新丝路·新起点”全国网络媒体宝鸡行大型采访活动由市委宣传部主办，法门寺佛文化景区管委会等单位承办。旨在更好宣传宝鸡市极佳的区位优势、深厚的文化底蕴、良好的资源禀赋和优美的生态环境等优势，助力宝鸡经济社会发展。

【举行“丝绸之路万里行”法门寺站活动】　7月15日，由陕西省新闻出版广电局发起，陕西广播电视台组织的大规模重走丝绸之路全媒体行动“丝绸之路万里行”法门寺站活动在法门寺佛文化景区五福广场举行，市政府副秘书长、第27届“世佛联”大会宝鸡组委会办公室主任王宝强出席活动并致辞，陕西广播电视台、宝鸡电视台等50多名记者参加活动。

下午16时30分，活动正式开始，主持人登台宣读了开场词。随后，市政府副秘书长王宝强致辞，他首先代表第27届“世佛联”大会宝鸡组委会和法门寺佛文化景区感谢“丝绸之路万里行”活动主办方能来到法门寺开展本次活动，指出法门寺是丝绸之路上一个重要的节点，希望参加活动的记者朋友能够对“世佛联”大会进行持续关注报道和广泛宣传，也热烈欢迎大家常来宝鸡、常来法门寺观光旅游，衷心祝愿“丝绸之路万里行”活动圆满成功。随后，王宝强与法门寺院副寺圆诚法师共同为“丝绸之路万里行”路桩揭幕。揭幕仪式结束后，圆诚法师为活动吟诵祈福文，法门寺院慧慈法师为“丝绸之路万里行”活动代表赠送平安符，祝福他们远行万里，平安归来。

“丝绸之路万里行”活动期间，陕西广播电视台组建跨国车队，从丝绸之路起点西安出发，沿丝绸之路，横跨中国、哈萨克斯坦、俄罗斯联邦、希腊、意大利等8个国家，行程60天，横跨亚欧大陆，充分展示陕西作为丝绸起点所拥有的历史、文化、宗教、艺术等方面的厚重底蕴以及在城市建设、经济发展等方面取得的成就。

【举行第九届“法门之光”福慧营活动】 7月17日晚，第九届“法门之光”福慧营在法门寺院拉开帷幕。全国政协委员、中佛协副会长、法门寺方丈学诚大和尚，省佛协、市民族宗教局、扶风县政府、景区管委会相关负责人以及信众代表、义工、学员共500余人参加了开幕式。本届福慧营活动历时6天，300多名来自全国各地的学员参与。活动期间举行了寺院巡礼、主题讲座、禅修体验、分组讨论、传灯法会等多项活动。“法门之光”福慧营活动自2006年至2013年已成功举办了八届。活动旨在学习传统文化、弘扬中华美德，让更多民众了解佛教文化的精粹与智慧，启发爱心、责任心和团结合作精神，进而提升心灵、丰富生命。

【举办“普天同乐庆华诞·盛世金秋游法门”系列活动】 2014年国庆旅游小长假。黄金周期间景区共接待游客13余万人次，旅游直接收入1239万元，没有发生旅游安全事故和较大旅游投诉事件。法门寺佛文化景区举办了以“普天同乐庆华诞·盛世金秋游法门”为主题的系列活动。主要包括“净心静悟·执笔书慧”—万人抄《心经》、“最美夕阳·留影法门”“穿越千年古刹·探秘大唐珍宝”等多项活动。游客们可通过抄写神圣的佛教经文、手绘菩提等文化活动，新华网、中新网、凤凰网、人民网、香港大公报等100余家媒体对“普天同乐庆华诞·盛世金秋游法门”系列活动广为报道，吸引了大量游客前来参与，提升景区影响力和美誉度。

【召开法门寺佛文化景区2015年旅游产品推介会】 12月12日，景区举行了2015年度旅游产品推介活动。市文物旅游局副局长毛永祥在会上致辞，景区党工委副书记、管委会常务副主任张卫东为2014年组织来景区游客数前三名的旅行社颁奖，旅行社代表、陕西中超国际旅行社负责人作了发言，景区市场部负责人推介了景区完善提升项目、法门寺禅修之旅等新的旅游产品。与会嘉宾参观了景区合十舍利塔地宫展览、体验了过堂素斋、参加了祈福法会，并合影留念。了解景区价格政策和硬件提升项目、禅修之旅等旅游新产品，感受到了景区一年多来的新变化，加强彼此之间的交流与沟通，省内外130多家旅行社经理、计调、业务负责人和社会各界嘉宾共200多人参加了推介活动。

（张小娟）

财　　　　政

【概况】　宝鸡市财政局是宝鸡市政府综合经济管理部门，承担着贯彻执行财政、税收方面的法律法规和方针政策，全市财政收支管理，监督检查财税法规、财政资金、政策执行情况等主要职能，设19个内设机构：办公室、人事教育科（离退休人员服务科）、综合科、政策法规科、预算科、国库科、行政政法科、教科文科、经济建设科、农业科、社会保障科、企业科、金融与国际合作科、会计科、政府采购管理科、财政信息化管理科、行政事业单位资产管理科、农业综合开发办公室、市财政监督检查处。市纪检委派出机构1个：纪检组（监察室）。局属单位7个：市财政国库集中支付局、市农村综合改革领导小组办公室、市政府采购中心、市财政投资评审中心、中华会计函校学校宝鸡分校（市财政局干部培训中心）、市收费管理处、高新产业技术开发区财政局。2014年，市财政局围绕打造关天副中心、建设和谐新宝鸡、走在建设“三个陕西”前列的目标，突出做大总量、做优质量两大要务，做好服务经济转型升级、服务保障改善民生、服务农村繁荣发展三篇文章，强化挖潜增收、争取资金、财税改革、队伍建设四个抓手，积极应对，主动作为，全面落实各项稳增长促改革调结构惠民生财税政策措施，财政发展在极其困难的情况下实现了稳中有为、稳中提质，为全市经济社会持续健康发展提供了坚实的财力保障。

【财政收支总量平稳增长】　2014年，全市财政总收入完成188.09亿元，比上年增长9.6%；地方财政收入完成78.05亿元，比上年同口径增长15.6%，增收6.04亿元，增速比全省平均水平高出2个百分点，在11个市区中居第5位，百元GDP财政收入含量提高到11.34元。市政府授予渭滨区、岐山县、麟游县、千阳县、眉县、金台区6个县区“2014年度全市财政工作先进县区”称号，各奖励10万元；对非税收入完成好的市住房和城市建设局、市交警支队、市规划局各奖励5万元，对市产权交易管理处、市国土资源管理局、市质量技术监督局各奖励3万元。争取中省各类资金168亿元，比上年增长12%。财政支出235.60亿元，比上年增长6.9%。其中，市县财政民生支出达197.4亿元，比上年增长10.7%，继续高于财政支出平均增速，占公共财政预算支出的比重为83.8%，全市新增财力的82%用于民生支出，均超额完成了两个80%的目标要求。

【健全社会综合治税体系】　依托国库集中支付系统启动涉税信息共享平台建设，完善相关部门税收信息共享机制，健全社会综合治税体系。提出3个方面11项具体增收措施，突出抓好重点行业税收征管，对烟草、酿酒、煤炭、建筑安装业税收实施全方位监控，对通信、娱乐、教育、劳务等行业实施纳税评估；在大中型企业、房屋租赁业、总部企业开展税收专项检查整治，防止税收外流；在出租车等行业实现税控收款机开票；在开元等大型商贸企业推广统一纳税模式；在餐饮、住宿等行业加大网络在线发票摇奖力度；在国税系统推行临时纳税人地方税收委托代征；“营改增”试点扩大到铁路运输、邮政和电信业；从2014年12月起实施煤炭资源税从价计征。同时，减税让利支持企业发展落实装备制造业骨干企业土地使用税和房产税减免、支持创业就业、促进公共租赁住房发展等税收优惠政策，为企业减税达8亿元；落实简政放权要求，清理取消行政事业性收费10项。通过一系列减税让利政策的实施，切实减轻企业和社会负担，优化了经济发展环境，促进了经济结构调整和发展方式转变。

【整合20.76亿元资金促发展】　2014年，市级财政当年安排产业集群发展、重大项目前期费、招商引资等专项资金1.1亿元，重点支持工业转型升级；安排现代农业发展、农业生产经营主体培育、新农村建设及城乡统筹发展等专项资金2.43亿元，争取中省农发项目资金1.76亿元，重点支持农业主导产业发展和基础设施建设；整合财政资金2.37亿元，争取城市基础设施建设等外资贷款项目4.84亿元，重点支持推进新型城镇化建设；安排工业园区发展、县域经济考核奖励、市对县转移支付、中小微企业发展、外贸企业发展、服务业发展引导等专项资金1.37亿元，支持加强县域经济、非公经济、第三产业等短板；投入6.89亿元，带动社会资本投入8.7亿元，有效保障了“双迎双创”重点工作；筹集资金1.23亿元实施“防污治霾·保卫蓝天”战略，市区空气质量优良天数位居关中各市前列。

【激励引导信贷投入】 启动财政集散账户管理改革，通过商业银行量化评价考核，首次拿出市级财政专户存款的30%（10多亿元）进行分存，激励引导驻宝金融机构加大对宝鸡发展的信贷支持力度；落实奖励资金1147万元，带动县域金融机构涉农贷款26.81亿元；争取财政部支持清洁发展机制基金贷款5000万元，发展宝鸡市热力公司龙山雅居集中供热工程项目，为全市广泛实施PPP模式发展经济探索了新途径。

【足额保障教育支出资金】 2014年，全市教育支出达到52.03亿元，占公共财政支出的22.1%。重点支持了350所公办幼儿园建设和薄弱中小学、绿色校园、数字化校园建设，认真落实学前教育“一免一补”、义务教育“两免一补”政策，全面实施“蛋奶工程”和“营养改善计划”，足额落实普通高中、高等学校国家助学金和技工学校免学费等补助资金，落实普通高中公用经费保障机制，支持市教育中心和特教学校建设。同时，累计拨付创业就业扶持资金2.26亿元，拨付小额担保贷款财政贴息资金6590万元，争取省级信合系统授信额度7700万元，发放贷款4.59亿元，全面落实创业就业培训、职业介绍、税费减免、社保补贴、小额担保贷款等项扶持政策，鼓励城乡劳动者自谋职业、自主创业。

【养老保险参保率达到99.8%】 进一步加强城乡居民养老保险财政补助资金管理和基础数据审核，完成2013年度城乡居民养老保险补助资金与省财政结算工作。从2014年7月1日起，全省城乡居民基础养老金最低标准每人每月提高15元，提标所需资金由中央财政全额补助，至此全市基础养老金最低标准达到每人每月100元。累计拨付补助资金4.9亿元，推进城乡居民养老保险制度无缝对接，全市城乡居民养老保险参保人数达到154.8万人，参保率达到99.8%，享受待遇人数达到44.6万人。企业退休人员养老金实现“十连涨”。

【提高社会救助标准】 完善城乡低保动态管理机制，坚持执行“保障对象有进有出”原则，全年共新审批低保对象5242人，退出低保10301人，真正使城乡困难群体得到有效资助。同时，提高社会救助保障标准，从2014年10月1日起执行，城市低保保障标准提高35元/人·月，金台区、渭滨区、陈仓区和高新区保障标准提至407元/人·月，其余县区提至387元/人·月；农村低保保障标准提高20元/人·月，保障标准提至2260元/人·年；农村五保集中供养标准提至6000元/人·年（其中，现金不低于5800元人·年），分散供养标准提至5500元/人·年（其中，现金不低于5300元/人·年）。2014年，全市享受城市低保待遇5.4万人，农村低保待遇16.4万人，农村五保待遇7775人。

【提高医保和新农合标准】 筹集拨付财政资金11.72亿元，重点支持深化医药卫生体制综合改革试点，优化医疗卫生资源配置。完善巩固基本医疗保障制度，将城镇居民医保和新农合补助标准提高到每人每年350元，基本公共卫生服务财政补助标准提高到35元，政策范围内住院费用报销比例达到65%以上；完善大病救助制度，筹集资金提高到人均25元，适当降低参加合疗人员门槛。

【财政支农投入稳定增长】 认真落实省委、省政府提出的“各级财政每年新增财力20%用于农业、5%用于扶贫”的要求，建立健全农业投入保障制度，持续加大财政对农业的支持力度。通过预算安排、调整结构、资金整合等途径，安排农林水事务支出35.19亿元，带动涉农贷款26.81亿元，加大对农业生产资金需求的保障力度。①支持发展现代农业。贯彻中央1号文件精神，围绕全市现代农业发展规划，发挥财政部门向农业发展“输血”的作用，安排专项资金3550万元，重点支持粮食生产、现代果业发展、畜牧产业发展以及设施蔬菜产业发展；安排专项资金1500万元，重点支持以猕猴桃、矮砧苹果、设施蔬菜和畜牧产业为重点的60个现代农业园区建设，促进农业走规模化、集约化、专业化、标准化路子。②支持收入倍增计划。以促进农民增收、农业增效为核心，继续实行种粮农民直接补贴、良种补贴、农资综合补贴等政策，加大农机购置补贴力度，全市累计发放涉农补贴资金6.3亿元；加大农业保险补贴力度，扩大险种至11种，兑付涉农保险补贴资金3269万元，为种养大户、龙头企业、农村合作经济组织提供“再保险”③惠农“一卡通”改革展开试点。制定印发《宝鸡市惠民补贴资金“一卡通”兑付方式改革试点实施方案》，在陇县、眉县率先实施“一卡通”兑付方式改革试点，将各级政府安排的、各部门分散管理的补贴资金纳入“一卡通”发放，基本实现了覆盖城乡居民、涵盖所有补贴、一卡发放到户的管理目标。④支持农业农村基础设施建设。统筹安排3000万元专项资金，用于湿地生态环境恢复重建、防护及景观林建设、湿地植物种植等建设任务；安排专项资金4000万元，重点支持渭河堤防、路面、桥梁、水景观、水生植物栽培及绿化等项目建设；安排一事一议财政奖补资金1.92亿元、美丽乡村建设试点资金3450万元，实施普惠制项目962个、特惠制项目97个，美丽乡村建设项目172个，全市农村公益设施条件得到明显改善。⑤推进新型城镇化建设。加强新型城镇化资金统筹，整合各类财政资金2.37亿元，重点支持打造城市新区、主城区提升、城市副中心发展和县城、重点镇、文化旅游名镇建设，打造关中西部城镇群和渭河沿线统筹城乡示范带；支持新农村建设与统筹城乡发展，大力支持蔡家坡、汤峪等4个统筹城乡综合示范区建设试点工作，抓好示范区项目的编报审定工作；建立财政转移支付同农业转移人口挂钩机制，促进农业转移人口市民化。

【改革专项财政管理制度】 ①研究实行3年中期财政规划管理，将市本级当年超收和决算补助等财力转为预算稳定调节基金，探索建立跨年度预算平衡机制；推行全口径预算管理，将公共预算拨款、政府性基金拨款、国有资本经营收入、上年结余结转等各项来源均列入部门预算，统筹安排用于各项支出；制定《市级部门预算管理暂行办法》，完善了部门预算编制的内部控制体系，从预算编制流程、预算执行、预算绩效管理、决算、信息公开、预算监督等环节对预算编制行为进行规范。②实施专项资金管理改革。通过清理整合项目、细化预算编制、全面实行项目库管理等措施，切实解决财政专项资金项目偏多、投入分散、结构固化等突出问题。市级专项资金由499项归并为140项，清理收回专项资金4.15亿元；出台《市级财政支出预算事前评审管理暂行办法》，对200万元以上专项资金项目进行事前评审，100万元（含100万元）以上的经济发展和社会事业项目，均要编制预算绩效计划，填报量化绩效目标，实现对预算执行的全程动态监管。③完善国库集中支付改革。推行国库集中支付电子化改革试点，制定《市级集中支付电子化管理改革实施计划》和《实施方案》，实施CA身份认证及授权管理系统。推行市级集散账户管理改革，制定《改革方案》和《分存办法》，扎实细致做好数据测算，进一步强化专户资金管理。出台《市级财政国库动态监控管理暂行办法》，配套印发30条国库动态监控规则，重点加大对“三公”经费、奖励性支出、公务卡管理等方面的监控力度，预算执行动态监控机制全面建立。④推进政府购买服务改革。拟定《宝鸡市政府购买服务工作实施意见》及政府购买服务的实施办法、预算管理办法和采购管理办法等三个办法，对全市政府购买服务改革做出三步走安排，即：2015年探索试点、基本公共服务领域率先突破；2016年提升扩面、形成服务平台和机制；到2020年全面推广，完善购买服务制度。市级完成服务类项目采购219宗，采购预算金额6279多万元。⑤出台行政事业资产管理新规定。3月1日，颁布实施《宝鸡市行政事业单位资产管理办法》。12月1日，出台《宝鸡市市级行政事业单位资产配置标准（试行）》办法，明确了行政事业单位资产配置的概念、原则、具体内容和适用范围，并对办公室面积、各类资产配置进行了严格的量化标准，对弹性空间进行了标准化规定，从而解决了行政事业单位资产购置的随意性、盲目性和配置不公等问题。同时，推进政府性债务管理改革，加强政府性债务管理，出台《政府性债务管理办法》，从政府性债务的管理职责、管理方式等方面对加强政府性债务管理工作提出了新要求，规范政府性债务举借和担保行为，切实落实偿债责任，控制债务违约风险，建立了政府性债务责任追究机制、债务风险预警机制和债务信息月报制度，促进了举债融资工作的有序进行和全市经济社会的持续健康发展。

【“三公”经费减少2959万元】 出台了《关于进一步加强和规范“三公”经费及会议费管理的通知》，结合新《行政单位会计制度》、《事业单位会计制度》的实施，依托国库集中支付、公务卡、动态监控等信息化系统，严格“三公”经费预算管理、财务管理、监督管理。2014年全市“三公经费”支出比上年减少2959万元，下降15.96%。健全了公务支出制度体系，制定完善了《市级机关会议经费管理办法》《市级机关差旅费管理办法》《市级机关培训费管理办法》《外宾接待经费管理办法》《因公临时出国经费管理办法》和《因公短期出国培训费用管理办法》等6项公务支出管理制度，以刚性的制度约束、强有力的监督检查、严厉的惩戒机制，遏制铺张浪费现象。

【健全财政监督管理机制】 对小微企业发展等11个预算金额较大、社会关注度较高的市级专项资金实施了绩效评价，对市县112个单位开展了“小金库”专项治理重点检查，有效保障了财税政策、财经纪律执行到位。市本级和6个县区依法理财试点深入推进，会计无纸化考场建设通过省级验收，5名会计工作者光荣入选全省会计领军人才培养工程。推进财政信息公开，出台《规范“三公”经费公开工作意见》《关于推进部门决算和“三公”经费决算公开工作的通知》，扩大公开范围，规范公开工作，年内先后在宝鸡市人民政府网站、宝鸡市财政局网站对市级2014年财政预算、部门预算（“三公”经费预算）和2013年市级部门决算（“三公”经费决算）数据集中公开，增强了公开工作实效。同时，指导县区做好预决算和“三公”经费公开工作，自觉接受社会监督。

（赵江平）

宝鸡市2014年财政收入完成情况表

单位：万元

收入项目	2014年完成数	2013年完成数	2013年比2012年	
			增减额	增减%
一、税收收入	483293	463841	19452	4.2
增值税	88089	78274	9815	12.5
营业税	116234	119900	-3666	-3.1
企业所得税	38760	27708	11052	39.9
个人所得税	7501	6078	1423	23.4
资源税	7241	5971	1270	21.3
城市维护建设税	82911	83209	-298	-0.4
房产税	14540	12212	2328	19.1
印花税	16514	16736	-222	-1.3
城镇土地使用税	18400	15758	2642	16.8
土地增值税	22959	33037	-10078	-30.5
车船税	7546	6500	1046	16.1
耕地占用税	24746	27720	-2974	-10.7
契税	35088	27077	8011	29.6
烟叶税	2764	3661	-897	-24.5
二、非税收入	297278	256355	40923	16.0
专项收入	118156	122255	-4099	-3.4
行政事业性收费收入	76827	56279	20548	36.5
罚没收入	18153	20039	-1886	-9.4
国有资本经营收入	16940	14191	2749	19.4
国有资源(资产)有偿使用收入	64557	41502	23055	55.6
其他收入	2645	2089	556	26.6
本年公共财政收入合计	780571	720196	60375	8.4
地方教育附加	10691	9500	1191	12.5
散装水泥专项资金收入	398	365	33	9.0
新型墙体材料专项基金收入	2097	1707	390	22.8
育林基金收入	45	104	-59	-56.7
森林植被恢复费	534	482	52	10.8
政府住房基金收入	734	132	602	456.1
城市公用事业附加收入	4088	4650	-562	-12.1

续表

收入项目	2014年完成数	2013年完成数	2013年比2012年	
			增减额	增减%
国有土地使用权出让金收入	180524	18371	162153	882.7
国有土地收益基金收入	20239	398	19841	4985.2
农业土地开发资金收入	1299	5	1294	25880.0
城市基础设施配套费收入	1176	540	636	117.8
地方水利建设基金	4		4	0.0
其他政府性基金收入	2598	93	2505	2693.5
本年政府性基金收入合计	224427	36347	188080	517.5

宝鸡市2014年财政支出完成情况表

单位：万元

支出功能科目	2014年完成数	2013年完成数	2013年比2012年	
			增减额	增减%
一般公共服务	237958	283879	-45921	-16.2
外交		0	0	0.0
国防	1996	883	1113	126.0
公共安全	102414	94033	8381	8.9
教育	521354	539407	-18053	-3.3
科学技术	24172	19695	4477	22.7
文化体育与传媒	54550	36657	17893	48.8
社会保障和就业	316487	286020	30467	10.7
医疗卫生	211239	188782	22457	11.9
节能环保	71620	63986	7634	11.9
城乡社区事务	143624	105447	38177	36.2
农林水事务	351854	327410	24444	7.5
交通运输	38734	44719	-5985	-13.4
资源勘探电力信息等事务	42712	49532	-6820	-13.8
商业服务业等事务	15830	18129	-2299	-12.7
金融监管等事务支出	174	4201	-4027	-95.9
地震灾后恢复重建支出		0	0	0.0

续表

支出功能科目	2014 年完成数	2013 年完成数	2013 年比 2012 年	
			增减额	增减%
援助其他地区支出		0	0	0.0
国土资源气象等事务	12800	9646	3154	32.7
住房保障支出	195365	117298	78067	66.6
粮油物资储备事务	6600	6317	283	4.5
国债还本付息支出	4437	4425	12	0.3
其他支出	2098	3393	-1295	-38.2
本年公共财政支出合计	2356018	2203859	152159	6.9
教育	10278	12881	-2603	-20.2
文化体育与传媒	671	272	399	146.7
社会保障和就业	4946	5751	-805	-14.0
城乡社区事务	217445	27210	190235	699.1
农林水事务	9191	7133	2058	28.9
资源勘探电力信息等事务	1651	1008	643	63.8
商业服务业等事务	0	150	-150	-100.0
其他支出	14205	11382	2823	24.8
本年政府性基金支出合计	258387	65787	192600	292.8

2014 年市级及各县区财政收支完成情况表

单位：万元

县区及项目	公共财政收入				公共财政支出				政府性基金收入				政府性基金支出			
	2014 年	2013 年	增长%	增减额	2014 年	2013 年	增长%	增减额	2014 年	2013 年	增长%	增减额	2014 年	2013 年	增长%	增减额
全市合计	780571	720196	15.6	60375	2356018	2203859	6.9	152159	224427	36347	517.5	188080	258387	65787	292.8	192600
市级小计	406781	387858	18.6	18923	755921	704012	7.4	51909	151042	20081	652.2	130961	155436	26887	478.1	128549
市本级	351471	337727	20.1	13744	670627	621735	7.9	48892	71043	8751	711.8	62292	74976	15130	395.5	59846
高新区	55310	50131	10.3	5179	85294	82277	3.7	3017	79999	11330	606.1	68669	80460	11757	584.4	68703
县区小计	373790	332338	12.5	41452	1600097	1499847	6.7	100250	73385	16266	351.2	57119	102951	38900	164.7	64051
太白县	9043	7439	21.6	1604	73927	68601	7.8	5326	4215	3165	33.2	1050	6984	5567	25.5	1417
陈仓区	36868	29136	26.5	7732	163169	175936	-7.3	-12767	3376	4023	-16.1	-647	8156	4179	95.2	3977

续表

县区及项目	公共财政收入				公共财政支出				政府性基金收入				政府性基金支出			
	2014年	2013年	增长%	增减额	2014年	2013年	增长%	增减额	2014年	2013年	增长%	增减额	2014年	2013年	增长%	增减额
凤翔县	44915	41000	9.5	3915	190019	176949	7.4	13070	7639	1194	539.8	6445	10165	3676	176.5	6489
岐山县	32262	27402	17.7	4860	172759	164799	4.8	7960	4286	241	1678.4	4045	5173	3449	50.0	1724
麟游县	19188	16881	13.7	2307	90789	76031	19.4	14758	10320	363	2743.0	9957	8627	1230	601.4	7397
陇　县	26805	23157	15.8	3648	138954	130086	6.8	8868	30743	3746	720.7	26997	30787	7466	312.4	23321
千阳县	10353	8616	20.2	1737	97571	84702	15.2	12869	6473	201	3120.4	6272	8784	2361	272.0	6423
凤　县	37655	41153	-8.5	-3498	82366	80489	2.3	1877	356	902	-60.5	-546	1292	765	68.9	527
扶风县	27579	24384	13.1	3195	176399	162189	8.8	14210	4004	524	664.1	3480	7214	4866	48.3	2348
眉　县	29963	26049	15.0	3914	164704	149695	10.0	15009	437	529	-17.4	-92	2275	1645	38.3	630
金台区	47402	41905	13.1	5497	126698	116692	8.6	10006	819	730	12.2	89	11364	1353	739.9	10011
渭滨区	51757	45216	14.5	6541	122742	113678	8.0	9064	717	648	10.6	69	2130	2343	-9.1	-213

国家税务

【概况】　宝鸡市国家税务局机关内设机构17个、事业单位4个，下辖3个直属机构、13个县（区）国家税务局。截至2014年底，全市国税系统在职干部职工1408名，提前离岗、离退休人员512名，共管辖各类纳税人45188户。2014年，被陕西省国税局评为全省国税系统2014年度组织收入工作先进单位，被宝鸡市委、市政府评为2014年度“创佳评差”竞赛活动优胜系统、2014年度目标责任考核优秀单位，荣获全市2014年度综治及平安建设工作一等单位、2014年度全市创业就业工作先进集体，市局机关党员志愿服务队被评为2014年度市直机关党员志愿服务先进集体。市局机关创建为第四届全国“全国文明单位”，渭滨区国税局办税服务厅创建为“全国巾帼文明岗”，麟游县国税局城区税务分局创建为“省级青年文明号”，陈仓区国税局办税服务厅荣获“全省国税系统基层先进单位”。

【国税收入突破100亿元大关】　2014年，面对政策性因素、经济下行压力以及税收基数较高等不利因素，市国税局采取逐级签订组织收入责任书、深入开展税源调查、加强重点税源监控、召开全市国税收入形势分析会议等措施，确保了税收任务的圆满完成。2014年，全市国税系统累计入库税收收入108.24亿元，完成年计划的100.23%，同比增长9.5%，增收9.39亿元，税收收入首次突破100亿元大关。其中市级收入完成57，802万元，完成市政府考核目标的100.33%，同比增长17.36%，增收8，549万元（表一）。2014年纳税额在500万元以上的纳税户97户，缴纳税收总额917，676万元，占2014年度国税总收入1，082，487万元的84.77%（表二）。同时，认真落实了各项税收优惠政策，办理出口退（免）税317亿元，为高新技术企业、残疾人就业企业等减免增值税、企业所得税2.89亿元，为7个县区28户超税负“营改增”纳税人返还税款224万元。

【“营改增”纳税人达到2498户】　铁路运输和邮政业、电信业“营改增”扩围试点顺利实施，截至2014年底“营改增”纳税人共2498户，累计申报入库增值税1.2亿元。行政审批改革取得新进展，完成了行政审批事项调查摸底及行政审批清单的拟定、审核和公布工作，制定出台了相关制度。“网上税务局”建设提速，作为全省国税试点和首批推广单位，2014年11月30日系统开通运行，2014年申报记录数14420条，申报率达95%。

【实施“四统一”稽查模式】　积极探索推进稽查工作理念、机制和方法创新，针对市区税源比较集中、稽查力量分散和检查尺度把握不一等问题推行了“市区一级稽查模式”。其核心是在市区各国税局稽查机构、人员和隶属关系不变的前提下，由市局稽查局统一调配市区稽查力量，实施“四统一”工作模式，即“选案统一管理，人员统一调配，检查统一实施，审理统一组织”。加速推进了稽查规范化管理，得到了市委、市政府的充分肯定。全年共稽查纳税户935户，累计查补收入1.6亿元。优化拓展纳税服务工作，开展了“便民提效情暖税户”春风行动、“千百十”问需税户行动等服务活动，送政策、听需求、解难题，促进了征纳关系的和谐。制定《明察暗访管理办法》，建立了明察暗访长效机制，先后组织明察暗访5轮以上，查处违反税容税纪人员14人次，经济处罚3300元，促进了服务质效和执法水平不断提升。在2014年市政府组织的政风行风测评中取得行政执法序列第一名的好成绩。

【加强干部队伍建设】 千阳县在省国税局组织的个人绩效管理工作会议上进行了重点交流发言。对全系统17个基层单位落实中央八项规定情况进行了专项监督检查，开展了公务用车、办公面积超标准、“会所中的歪风”等问题专项整治和“五个一批”廉洁过节专项行动，全系统共压缩“三公”经费831.45万元，清理腾退办公用房434平方米。严格落实“一岗两责”，进一步强化市县两级局党组的责任主体和第一责任人意识；强化“两权”监督，加大了检查力度。2014年市局共有2名处级、6名科级领导干部按要求主动报告了婚丧嫁娶等事项。

宝鸡市国家税务局领导成员

党组书记、局长 张永利（2015年3月任职）
党组成员、副局长 唐炳科
翟建利
窦玉明
宇文永来
党组成员、纪检组长 李济阳
党组成员、总经济师 白宏斌
党组成员、总会计师 李亚豪
党组成员兼市局稽查局长 吴　冰

2014年宝鸡市部分重点企业为地方财政纳税贡献统计表

单位：万元

序号	名　　称	纳税总额	市县贡献额
1	宝鸡卷烟厂	657693	67904
2	陕西东岭集团	33953	11795
3	陕西省烟草公司宝鸡市公司	43330	9246
4	陕西郭家河煤业有限责任公司	34020	8500
5	宝钛集团有限公司	18779	7501
6	陕西西凤酒股份有限公司	56988	6782
7	中铁宝桥集团有限公司	25066	6154
8	宝鸡法士特齿轮有限责任公司	16480	5728
9	国电宝鸡第二发电有限责任公司	18300	4214
10	陕西宝光集团有限公司	14358	3975
11	陕汽集团有限责任公司	14187	3737
12	宝鸡石油钢管有限责任公司	11992	3572
13	宝鸡市育才集团公司	5319	2927
14	陕西秦川机械发展股份有限公司	6565	2792
15	宝鸡石油机械有限责任公司	9020	2415
16	长安银行股份有限公司宝鸡分行	11377	2405
17	陕西凌云电器集团有限公司	4416	2147
18	青岛啤酒汉斯宝鸡有限公司	11748	2134
19	冀东海德堡（扶风）水泥有限公司	8758	2022

续表

序号	名　　称	纳税总额	市县贡献额
20	中铁电气化局集团宝鸡器材有限公司	8436	1938
21	宝鸡市嘉隆房地产开发有限公司	2579	1880
22	中国移动通信集团陕西有限公司宝鸡分公司	3312	1875
23	陕西长青能源化工有限公司	6617	1808
24	凤翔安宝商贸有限公司	9532	1804
25	宝鸡市轩苑房地产开发有限公司	2200	1720
26	国网陕西省电力公司宝鸡供电公司	6705	1611
27	陕西烽火通信集团有限公司	2682	1533
28	宝鸡三迪房地产开发有限公司	1989	1527
29	陕西宝鸡渭滨农村商业银行股份有限公司	2754	1110
30	凤翔泽凯酒业营销策划有限公司	6457	1328
31	陕西聚旺伟业房地产开发有限公司	1788	1319
32	宝鸡秦源煤业有限公司	5514	1251
33	大唐宝鸡热电厂	4398	1248
34	西北有色地质二里河铅锌矿	3688	1239
35	宝鸡豪城房地产开发有限公司	1426	1235
36	宝鸡阜丰生物科技有限公司	4280	1226
37	宝鸡好猫实业（集团）有限公司	2901	1178
38	陕西宝成航空仪表有限责任公司	2203	1718
39	陕西铅硐山矿业有限公司	3208	1147
40	陕西北辰房地产开发有限公司宝鸡分公司	1527	1104
41	陕西海浪房地产开发有限公司宝鸡高新分公司	1356	1091
42	千阳海螺水泥有限责任公司	3283	1051
43	宝鸡商场有限公司	2643	1035
44	宝鸡市陈仓房地产开发有限公司	1464	1007
45	宝鸡华厦（集团）房地产发展有限责任公司	1307	988
46	宝鸡聚丰房地产开发（集团）有限公司	1243	980
47	陕西震奥鼎盛矿业有限公司	3437	975
48	陕西宏方置业有限责任公司宝鸡分公司	1317	969
49	安徽合力股份有限公司宝鸡合力叉车厂	3536	953

续表

序号	名　　称	纳税总额	市县贡献额
50	宝鸡市陈仓区农村信用合作联社	1390	937
51	宝鸡中燃城市燃气发展有限公司	3444	926
52	宝鸡众喜凤凰山水泥有限公司	3215	918
53	陕西凤县四方金矿有限责任公司	1286	858
54	陕西华辰房地产开发有限责任公司	1032	799
55	凤翔益多商贸有限公司	3738	783
56	宝鸡市旧城改造建设投资有限责任公司	1019	782
57	秦皇岛兴龙房地产集团有限公司宝鸡分公司	1754	775
58	宝鸡鑫隆房地产开发有限责任公司	944	772
59	宝鸡市第二建筑工程有限责任公司	1066	753
60	中国联合网络通信有限公司宝鸡市分公司	1047	748
61	陕西长岭电气科技有限责任公司	942	737
62	宝鸡先行电力（集团）有限责任公司	1114	724
63	宝鸡市众喜金陵河水泥有限公司	2080	711
64	中国电信股份有限公司宝鸡分公司	1008	687
65	陕西太白黄金矿业有限责任公司	1057	683
66	陕西华宇实业有限公司岐山分公司	941	660
67	宝鸡建安集团股份有限公司	988	657
68	陕西永佳房地产开发有限公司	864	652
69	宝鸡南车时代工程机械有限公司	2365	645
70	蒙牛乳业（宝鸡）有限公司	2223	635
71	陕西秦陇煤炭运销有限公司	3484	621
72	中国石油天然气股份有限公司西北销售宝鸡分公司	721	617
73	陕西元泰实业有限公司	763	601
74	宝鸡市金台区农村信用合作联社	893	588
75	凤翔县农村信用合作联社	851	588
76	宝鸡市旭光房地产开发有限公司	732	575
77	开元商城宝鸡有限公司	2409	529
78	宝鸡巨一置业有限公司	643	512

宝鸡市国家税务局2014年组织收入统计表

编报机关：宝鸡市国家税务局　　　　单位：万元

项　　目	年度计划	累计完成数				完成年计划%
		累计完成	上年同期	同比±%	同比±	
税收收入合计	1080000	1082487	988598	9.50	93889	100.23
其中：中央级		913872	843287	8.37	70585	
省　级		61249	52361	16.97	8888	
市　级		52759	45734	15.36	7025	100.33%
县　级		54607	47216	15.65	7391	
(一)“两税”小计		950342	884977	7.39	65365	
1、增值税		481146	452058	6.43	29088	
2、消费税		469196	432919	8.38	36277	
(二)企业所得税		96071	73290	31.08	22781	
(三)储蓄利息个人所得税		8	41	-80.49	-33	
(四)车辆购置税		36066	30290	19.07	5776	
★免抵调收入		9696	5600	73.14	4096	

宝鸡市国家税务局2014年纳税500万元以上企业统计表

编报机关：　　　　单位：万元

序号	企业名称	销售收入	2014年入库税收					主管税务机关
			合计	增值税	消费税	所得税	其中：免抵调收入	
1	陕西中烟工业有限责任公司宝鸡卷烟厂	942063	517300	106592	410708			直属分局
2	陕西省烟草公司宝鸡市公司	674057	37843	13732	14868	9243		直属分局
3	陕西西凤酒股份有限公司	138909	31115	-4300	35415			凤　翔
4	陕西郭家河煤业有限责任公司	16604	30108	23976		6132		麟　游
5	中铁宝桥集团有限公司	319835	20729	17830		2899	458	渭　滨
6	陕西宝鸡第二发电有限责任公司	362518	15015	15015				凤　翔
7	陕西永陇能源建设有限公司	83941	11503	8813		2690		麟　游
8	青岛啤酒汉斯宝鸡有限公司	59608	10666	3829	4070	2767		陈　仓
9	长安银行股份有限公司宝鸡分行		10012			10012		渭　滨
10	宝鸡钛业股份有限公司	231693	9925	9925			1683	高新区
11	陕西西凤酒股份有限公司销售公司	205900	9792	9792				凤　翔

续表

序号	企业名称	销售收入	2014年入库税收					主管税务机关
			合计	增值税	消费税	所得税	其中：免抵调收入	
12	凤翔安宝商贸有限公司	77211	9532	4110		5421		凤　翔
13	宝鸡法士特齿轮有限责任公司	307349	6909	6909				高新区
14	宝鸡石油机械有限责任公司	118664	6520	5008		1512	239	金　台
15	凤翔泽凯酒业营销策划有限公司	44422	6380	985		5395		凤　翔
16	陕西东岭冶炼有限公司	186365	6323	6323				凤　翔
17	陕西汉德车桥有限公司	349894	6183	4867		1316		直属分局
18	冀东海德堡(扶风)水泥有限公司	69543	6027	2202		3825		扶　风
19	宝鸡石油钢管有限责任公司石油输送管分公司	85469	5574	5574				渭　滨
20	陕西长青能源化工有限公司	260236	5536	0		5536		凤　翔
21	施耐德(陕西)宝光电器有限公司	46201	4785	3256		1529		高新区
22	陕西西凤酒营销有限公司	293954	4397	4143		254		凤　翔
23	东岭锌业股份有限公司	174532	3936	3936				凤　县
24	宝鸡秦源煤业有限公司	35982	3905	3905				陇　县
25	陕西通力专用汽车有限责任公司	106032	3775	3509		266		岐　山
26	凤翔益多商贸有限公司	24949	3687	174		3513		凤　翔
27	大唐宝鸡热电厂	21299	3620	3620				高新区
28	西电宝鸡电气有限公司	44883	3606	3606				高新区
29	陕西秦陇煤炭运销有限公司	580606	3484	3051		433		直属分局
30	宝鸡阜丰生物科技有限公司	347579	3481	3481				直属分局
31	陕西宝光真空电器股份有限公司	58409	3322	3322			110	渭　滨
32	国网陕西省电力公司宝鸡供电公司	17748	3086	3086				金　台
33	宝鸡中燃城市燃气发展有限公司	60593	2877	798		2079		直属分局
34	陕西震奥鼎盛矿业有限公司	19882	2755	2077		678		凤　县
35	宝鸡保德利电气设备有限责任公司	57347	2667	2667				高新区
36	陕西法士特汽车传动集团有限责任公司铸造分公司	59505	2584	2584		0		岐　山
37	宝鸡众喜凤凰山水泥有限公司	32652	2572	2302		270		岐　山
38	西北有色地质二里河铅锌矿	24166	2569	2569				凤　县
39	秦川机床工具集团股份公司	68860	2440	2440				渭　滨

续表

序号	企业名称	销售收入	2014年入库税收					主管税务机关
			合计	增值税	消费税	所得税	其中：免抵调收入	
40	千阳海螺水泥有限责任公司	34433	2436	1927		509		千　阳
41	陕西重型汽车有限公司	160832	2183	2183		0		岐　山
42	开元商城宝鸡有限公司	63668	2158	1347	420	391		渭　滨
43	冀东水泥凤翔有限责任公司	36157	2067	1961		106		凤　翔
44	宝鸡住金石油钢管有限公司	185489	2039	2029		10		直属分局
45	宝鸡南车时代工程机械有限公司	50914	2005	1465		540	544	金　台
46	农夫山泉陕西太白山饮料有限公司	57595	1917			1917		眉　县
47	蒙牛乳业(宝鸡)有限公司	341390	1841	1467		374		直属分局
48	陕西铅硐山矿业有限公司	21606	1827	1827				凤　县
49	宝鸡好猫实业(集团)有限公司	26117	1826	1826				高新区
50	中铁电气化局集团宝鸡器材有限公司	104944	1814	1814				高新区
51	陕西法士特汽车传动集团有限责任公司宝鸡分公司	83230	1667	1667				高新区
52	安徽合力股份有限公司宝鸡合力叉车厂	141802	1648	1648				直属分局
53	国网陕西省电力公司宝鸡供电公司	9422	1602	1602				陈　仓
54	陕西东岭物资有限责任公司	769992	1572	1572				金　台
55	宝鸡北马坊煤业有限公司	13956	1568	1568				麟　游
56	宝鸡市青宝物资回收有限责任公司	8898	1552	1491		61		陈　仓
57	陕西西凤十五年六年陈酿酒营销有限公司	14415	1516	868		648		凤　翔
58	西安力邦制药有限公司宝鸡厂	12061	1509	1022		487		陈　仓
59	宝鸡忠诚机床股份有限公司	86212	1449	1449				高新区
60	宝鸡市众喜金陵河水泥有限公司	24118	1427	1427				陈　仓
61	宝鸡石油钢管有限责任公司	215922	1426	1426			1425	渭　滨
62	西安铁路局宝鸡车务段	124515	1415	1415				金　台
63	西安铁路局宝鸡车务段	124515	1415	1415				金　台
64	陕西银河消防科技装备股份有限公司	58182	1330	1330				直属分局
65	中铁宝工有限责任公司	20157	1289	1289				金　台

续表

序号	企业名称	销售收入	2014年入库税收					主管税务机关
			合计	增值税	消费税	所得税	其中：免抵调收入	
66	陕西宝鸡渭滨农村商业银行股份有限公司	61274	1279			1279		渭　滨
67	宝鸡市育才房地产开发有限公司	5093	1273	0		1273		陈　仓
68	宝色特种设备有限公司	21724	1186	1186				高新区
69	安徽合力股份有限公司宝鸡渭滨工厂	29763	1147	1009		138		渭　滨
70	宝鸡商场有限公司	246442	1142	1063	79			直属分局
71	陕西省电力公司宝鸡市供电公司	48199	1131	1131		0		岐　山
72	宝钛集团有限公司	1418976	1127	1127				高新区
73	陕西有色金属矿山公司	307359	1121	1121				凤　县
74	中国能源建设集团宝鸡铁塔厂	34952	1049	1049				渭　滨
75	中国石化销售有限公司陕西宝鸡石油分公司	255865	1029	1029				直属分局
76	秦皇岛兴龙房地产集团有限公司宝鸡分公司	17074	1027			1027		渭　滨
77	陕西红旗民爆集团股份有限公司	14796	1019	1019				凤　翔
78	宝鸡市赛孚石油机械有限公司	15747	944	601		343		高新区
79	宝鸡八方山铅锌矿业有限责任公司	7371	932	932				凤　县
80	宝鸡市陈仓区长乐收购站	5096	920	920				陈　仓
81	宝鸡市育才玻璃（集团）有限公司收购分公司	4809	879	879				陈　仓
82	宝鸡石油机械有限责任公司海洋石油装备分公司	7378	863	863				金　台
83	陕西社会水泥有限责任公司	13939	858	858				眉　县
84	陕西宝钢气体有限公司	42788	795	0		795		凤　翔
85	陕西渭河工模具总厂	10589	758	758		0		岐　山
86	陕西省地方电力（集团）有限公司扶风县供电分公司	25320	44	744				扶　风
87	陕西秦明医学仪器股份有限公司	25761	734	734				高新区
88	西北机器有限公司西北机器厂	18486	725	725		0		岐　山
89	岐山县电力局	20372	720	720		0		岐　山

续表

序号	企业名称	销售收入	2014年入库税收					主管税务机关
			合计	增值税	消费税	所得税	其中：免抵调收入	
90	今麦郎食品(宝鸡)有限公司	19564	716	588		128		扶　风
91	陕西双凤酒业有限公司	2506	703	25	679			凤　翔
92	陕西柳林酒业有限公司	2321	702	86	617			凤　翔
93	中国移动通信集团陕西有限公司宝鸡分公司	1949	698	698				直属分局
94	中铁电气化局集团宝鸡器材有限公司国铁分公司	26299	696	696				金　台
95	今麦郎饮品股份有限公司宝鸡分公司	10448	695	432		263		扶　风
96	宝鸡石油钢管厂	133209	693			693		渭　滨
97	国网陕西省电力公司宝鸡供电公司	3958	673	673				凤　翔
98	宝鸡海螺水泥有限责任公司	21820	657	657		0		岐　山
99	陕西关中工具制造有限公司	9759	656	656			3	凤　翔
100	陕西同创华亨汽车散热装置有限公司	9115	650	540		110		岐　山
101	宝鸡中铁宝桥天元实业发展有限公司	76938	640	640				直属分局
102	宝鸡市宝运汽车运输(集团)有限公司	31679	638	638				直属分局
103	宝鸡大荣纺织有限责任公司	29135	635	635			497	直属分局
104	宝鸡航天动力泵业有限公司	14611	634	478		156		高新区
105	宝鸡中燃蔡家坡燃气发展有限公司	6391	633	282		351		岐　山
106	麦克传感器有限公司	14936	632	472		160	522	直属分局
107	宝鸡市通华石油设备制造有限公司	14411	628	628				金　台
108	中国石油天然气股份有限公司陕西宝鸡销售分公司开发区加油站	95465	622	622				高新区
109	陕西省地方电力(集团)有限公司千阳县供电分公司	12665	619	619		0		千　阳
110	陕西凌云蓄电池有限公司	22758	610	610				渭　滨
111	岐山县华强工贸有限责任公司	26604	607	607		0		岐　山
112	陕西昌荣纺织有限责任公司	51646	593	593			55	直属分局

续表

序号	企业名称	销售收入	2014年入库税收					主管税务机关
			合计	增值税	消费税	所得税	其中：免抵调收入	
113	西安高科陕西金方药业公司	4274	585	585		0		岐　山
114	陕西宝翔电力有限公司	4294	585	571		14		高新区
115	陕西烽火宏声科技有限责任公司	11807	580	549		31		渭　滨
116	宝鸡中燃压缩天然气有限公司	25929	571	406		165		直属分局
117	宝鸡市公共交通有限责任公司	25083	567	567				直属分局
118	凤县声威建材有限责任公司	11307	559	559				凤　县
119	凤翔县丹凤酒业有限公司	1809	551	56	494			凤　翔
120	陕西凤凰神泉柳林酒有限公司	1827	542	48	494			凤　翔
121	陕西华臻三产工贸有限责任公司岐山分公司	31372	538	538		0		岐　山
122	西安铁路局宝鸡东站	54751	536	536				金　台
123	陕西关山乳业有限责任公司	23976	531	531				陇　县
124	国网陕西省电力公司宝鸡供电公司	3111	529	529				凤　县
125	陕西省太白酒业有限责任公司	2275	516		516			眉　县
126	宝鸡市自来水有限责任公司	20338	514	514				直属分局
127	眉县农村信用合作联社	28912	501			501		眉　县

（王广峰）

地方税务

【概况】　宝鸡市地方税务局下设16个基层单位，其中，直属机构3个，派出机构1个，区局3个，县局9个。市局机关内设12个科室、1个事业机构。截止2014年底，全系统共有干部职工1123人。担负着全市60530户工商企业、个体私营业户的地方税收、社保费和基金的征收管理工作。2014年，全市地税系按照市局党组提出的“围绕一个中心，强化三个理念，健全三个体系，奋力实现一个目标”的“1331”发展思路，采取“83321”工作措施，实行组织收入工作“三挂钩”，实施党组成员深入基层“三直三不”的“包片联县”督导方式，千方百计，全力以赴完成以组织收入为中心的各项工作任务。先后荣获全国税务系统先进单位、全国“公益微税收”一等奖、全省“六五”普法中期先进单位、陕西省“三八”红旗集体、全省地税系统公文质量优秀单位、全省地税系统贯彻落实党风廉政建设先进单位、全省征管质量考核优秀单位、全省纳税评估工作先进单位，全市目标责任考核优秀单位、全市依法行政工作先进单位、全市创佳评差竞赛活动优胜系统、全市政风行风测评执法部门第一名、全市按比例安排残疾人就业工作先进单位、全市政务督查工作先进单位、全省第15届运动会一等奖等15项厅级以上荣誉。

【实现地税收入90.04亿元】　2014年，受宝鸡经济发展“三期叠加”和经济下行压力大、转型升级较慢、政策性减收性因素较大、一次性税收抬高基数等方面的严峻考验，全市地方税收工作遭遇了多种困难和压力。全体干部职工提早行动，落实责任，及时分配下达计划，层层分解落实任务，研究组织收入情况，认真分析应对。6月份与9月份，分别提出“大干30天，全力以赴实现双过半，必保底线，必保过半”、“大干一百天，全面实现三个确保”的奋斗目标，围绕中心不放松，坚持目标不松劲，层层包抓，上下联动。加强征收、管理、评估、稽查和考核，清缴欠税，挖潜堵漏，应收尽收。2014年，全系统累计组织各项收入90.04亿元，其中：入库税收和教育费附加收入52.96亿元（市级完成15.65亿元，同比增长3.35%，增收5065万元），同比增长4.63%，增收2.34亿元；入库社保费和各项基金37.08亿元，其中社保费32.03亿元，各项基金5.05亿元，各项收入稳中有增，再创新高。

【多项措施加强税收征管】 加强税收征管。强化纳税评估，累计开展纳税评估7733户次，评估征收税费、滞纳金8124.57万元。及时做好“营改增”政策落实工作，共移交电信业营改增纳税人34户，涉及营业税7000万元。同时，协调国税部门在“营改增”后对门临代开发票全面代征地方税和基金。全面推广应用企业核定征收软件，深化日常管理平台应用，全年上线企业核定征收系统62户，日常管理平台推送任务221810项。全面推进电子定税工作，完成电子定税11879户。正式上线了POS机终端查询缴税项目，全市共安装银联POS机终端65台，共缴税1099笔1107.2万元。大力加强发票管理。组织开展网络在线发票摇奖活动，加大虚假发票“买方市场”整治工作，协同公安部门联手端掉了盘踞在市区的三个制售假发票窝点，抓获9名涉案犯罪嫌疑人，宝鸡电视台对其进行了专题报道，在社会各界引起反响。加大税务稽查力度，全年共检查65户，查补税款1.74亿元，罚款3213.18万元，加收滞纳金1962.31万元。严格征管质量考核，加强征管基础管理，统一了征管基础资料，完善税收执法责任制考核，征管各率全面提升。加强税种、社保费基金管理。耕契两税顺利进入征管系统征收管理，全年征收耕地占用税2.41亿元，契税4.1亿元，同比增长25.87%。加强建筑业、不动产项目管理和土地增值税清算的力度，引进土地增值税纳税评估及风险管理系统，试点清算4户，清算土地增值税800万元。加大存量房评估力度，共评估存量房5412套，征收地方各税2.67亿元。认真做好年所得12万元以上个税自行申报工作，共受理申理2439人，申报人数同比增长74.87%，增加1044人；补缴税款380.44万元，同比增长46.1%，增长120万元，实现了两增长，两提升。扎实开展个人所得税专项检查工作，自查入库税款1175.37万元。扎实做好2013年度企业所得税汇算清缴工作，汇算企业3858户，汇算税款8216万元，汇算面达100%。推进残疾人就业保障金按月申报征收，优化“社保费自助查询系统”，开展“网上办费”系统试点工作。加强纳税服务。全系统推行了“全职能”窗口办税服务模式，开展“星级办税服务厅”评比活动，现有“五星级”办税服务厅1个，“四星级”办税服务厅7个，“三星级”办税服务厅11个。加快推进财税库银横向联网电子缴税系统，缩减纳税人办税成本。加强12366热线建设，认真落实税收优惠政策，全年共受理咨询11727件，发布短信息12622条，让纳税人充分享受发展成果。

【改革创新彰显亮点】 2014年，市地税局在全系统提出了开展以完善和落实制度为主要内容的“1221”纪检监察工作创新项目。即印发“1项规定”、落实“2个办法”、编印“2本手册”、开展“1项活动”，在市地税系统开展了“一述一聘一评”活动，创新纪检监察工作。将“三评一树一讲”活动、推广“宝税通”应用软件及开展“学习贯彻十八届三中全会精神，我们怎么办”大讨论活动确定为教育实践等活动的自选动作，突出活动特色。组建纳税服务专家团队和女子税法宣传队、走进市人民政府网“在线访谈”节目直播，创新宣传形势，提高宣传实效，受到了省市好评。加大精神文明建设力度，参与全国文明单位网络文明传播工作，上报网络志愿者70人。组建党员志愿者服务队，开展“为民服务我先行”和党员进社区服务活动，打造特色服务品牌。做好省十五运动会承办和参赛工作，并代表省地税局在开幕式上亮相，取得了优异成绩。抓好干部队伍建设。开展党的群众路线教育实践活动和“五个一批”、“三查九整治”专项活动，对领导班子和领导干部中存在的问题进行集中整治。加强党风廉政建设。贯彻落实党风廉政建设责任制，加强党风廉政教育和廉政文化建设，深化“两权”监督，开展会员卡清理和违规借贷清理活动。贯彻落实中央八项规定，严控“三公”经费，开展办公用房清理，落实对“三重一大”等事务政务执行强况的监督检查。

（白　雪）

宝鸡市地方税务局负责人

党组书记、局长	艾礼贵
党组成员、副局长	白世崇
	崔汇敏
	吴居林
	杨林泉
党组成员、总经济师	李建良
党组成员、纪检组长	石建民
党组成员、政治部主任	孙亚林
调研员	任禄科
副调研员	梁宗信
	贺耀先
	沈国伟
	刘　炜
	王宗礼
	程师瑞
	郑恒都
	田小明

1994—2014年地税部门组织各项收入统计表

单位：万元

项目 年份	总　计	税收收入	社保费及各项基金	教育费附加
1994	21545	21421	83	41
1995	25330	24507	461	362
1996	33079	31361	806	912
1997	40863	36689	2029	2145
1998	46685	42579	1728	2378
1999	53131	48268	1645	3218
2000	79480	51622	25079	2779
2001	105350	57820	44256	3247
2002	109057	59181	46135	3741
2003	127671	68325	55472	3874
2004	141577	77550	58874	5153
2005	163345	87072	69916	6357
2006	200663	103042	86344	11277
2007	255015	139842	101188	13985
2008	316187	179740	120063	16384
2009	399046	228108	151680	19258
2010	512602	301221	188062	23326
2011	642488	383029	230977	28482
2012	788169	410216	344431	33522
2013	792261	416034	341429	35298
2014	900329	490487	370735	39089
总　计	5754380	3258114	2241411	254855

2014年市级重点监控企业纳税额300万元以上税收收入比对表

单位：万元

排名	纳税人名称	国民经济行业	本年　合计	上年　同期	增减（±）	增减%
合　　计			221734	211382	10353	4.90
1	陕西中烟工业有限责任公司（1）	制造业	39892.91	39686.75	206.16	0.52
2	陕西西凤酒股份有限公司	制造业	10859.66	6758.56	4101.10	60.68
3	陕西郭家河煤业有限责任公司	采矿业	3912.22	5313.43	-1401.21	-26.37
4	陕西东岭物资有限责任公司	批发和零售业	3374.05	4077.32	-703.26	-17.25
5	宝鸡法士特齿轮有限责任公司	制造业	3074.71	3346.40	-271.69	-8.12
6	宝钛集团有限公司	制造业	2931.27	2759.08	172.20	6.24
7	宝鸡市育才房地产开发有限公司	房地产业	2906.76	1575.51	1331.25	84.50
8	陕西省烟草公司宝鸡市公司	批发和零售业	2637.91	2322.21	315.70	13.59
9	中国移动通信集团陕西有限公司宝鸡分公司	信息传输、计算机服务和软件业	2613.89	4076.02	-1462.13	-35.87
10	宝鸡市嘉隆房地产开发有限公司	房地产业	2579.20	473.72	2105.48	444.46
11	宝鸡市烟草公司陇县分公司	批发和零售业	2522.60	2452.77	69.83	2.85
12	宝鸡钛业股份有限公司	制造业	2384.98	1672.50	712.49	42.60
13	陕西永陇能源开发建设有限责任公司	采矿业	2370.97	1741.22	629.76	36.17
14	陕西宝鸡第二发电有限责任公司	电力、燃气及水的生产和供应业	2335.62	2244.92	90.70	4.04
15	宝鸡市轩苑房地产开发有限公司	房地产业	2199.88	975.62	1224.26	125.49
16	宝鸡三迪房地产开发有限公司	房地产业	1988.83	2352.57	-363.74	-15.46
17	陕西东岭房地产开发有限公司	房地产业	1804.01	2273.55	-469.54	-20.65
18	陕西聚旺伟业房地产开发有限公司	房地产业	1788.01	1053.46	734.55	69.73
19	中铁宝桥集团有限公司	制造业	1723.07	1161.69	561.38	48.32
20	宝鸡秦源煤业有限公司	采矿业	1609.46	2095.35	-485.88	-23.19
21	陕西北辰房地产开发有限公司宝鸡分公司	房地产业	1526.94	437.71	1089.22	248.84
22	宝鸡石油机械有限责任公司	制造业	1520.05	1457.23	62.82	4.31
23	陕西宝成置业开发有限公司	房地产业	1509.65	285.84	1223.81	428.15
24	宝鸡商场有限公司	批发和零售业	1500.73	1283.20	217.53	16.95
25	宝鸡市渭滨区农村信用合作联社	金融业	1475.11	727.31	747.80	102.82
26	宝鸡市陈仓房地产开发有限公司	房地产业	1463.80	1582.77	-118.98	-7.52

续表

排名	纳税人名称	国民经济行业	本年　合计	上年　同期	增减（±）	增减%
27	宝鸡豪城房地产开发有限公司	房地产业	1425.56	742.19	683.37	92.07
28	宝鸡市陈仓区农村信用合作联社	金融业	1389.90	731.85	658.05	89.92
29	陕西铅硐山矿业有限公司	采矿业	1380.64	1834.09	-453.46	-24.72
30	长安银行股份有限公司宝鸡分行	金融业	1364.88	537.71	827.18	153.83
31	陕西海浪房地产开发有限公司宝鸡高新分公司	房地产业	1355.72	615.46	740.26	120.28
32	宝鸡市凌云房地产开发有限公司	房地产业	1318.36	1076.73	241.63	22.44
33	陕西宏方置业有限责任公司宝鸡分公司	房地产业	1316.66	1039.86	276.80	26.62
34	宝鸡华厦（集团）房地产发展有限责任公司	房地产业	1306.60	1307.32	-0.72	-0.05
35	陕西凤县四方金矿有限责任公司	采矿业	1286.28	1627.18	-340.90	-20.95
36	宝鸡聚丰房地产开发（集团）有限公司	房地产业	1243.04	1145.69	97.35	8.50
37	陕西秦川机械发展股份有限公司	制造业	1239.42	765.62	473.80	61.89
38	陕西法士特汽车传动集团有限责任公司宝鸡分公司	制造业	1220.42	775.95	444.48	57.28
39	宝鸡市新烽火房地产开发有限责任公司	房地产业	1162.58	229.00	933.58	407.67
40	西北有色地质二里河铅锌矿	采矿业	1119.38	1231.50	-112.12	-9.10
41	宝鸡先行电力（集团）有限责任公司	建筑业	1114.03	690.28	423.75	61.39
42	陕西宝光真空电器股份有限公司	制造业	1108.91	422.62	686.30	162.39
43	青岛啤酒汉斯宝鸡有限公司	制造业	1082.42	766.70	315.72	41.18
44	陕西长青能源化工有限公司	制造业	1080.49	1672.41	-591.92	-35.39
45	宝鸡好猫实业（集团）有限公司	制造业	1074.67	502.29	572.38	113.95
46	宝鸡市第二建筑工程有限责任公司	建筑业	1065.88	1585.91	-520.03	-32.79
47	陕西太白黄金矿业有限责任公司	采矿业	1057.18	741.24	315.94	42.62
48	中国联合网络通信有限公司宝鸡市分公司	信息传输、计算机服务和软件业	1046.90	1709.31	-662.41	-38.75
49	陕西华辰房地产开发有限责任公司	房地产业	1031.92	1070.71	-38.79	-3.62
50	陕西法士特汽车传动集团有限责任公司铸造分公司	制造业	1025.47	409.94	615.53	150.15
51	宝鸡市旧城改造建设投资有限责任公司	房地产业	1018.93	544.86	474.07	87.01
52	中国电信股份有限公司宝鸡分公司	信息传输、计算机服务和软件业	1008.22	1094.42	-86.19	-7.88

续表

排名	纳税人名称	国民经济行业	本年 合计	上年 同期	增减（±）	增减%
53	宝鸡市第一建筑工程有限责任公司	建筑业	987.79	1279.23	-291.44	-22.78
54	宝鸡鑫隆房地产开发有限责任公司	房地产业	944.11	467.57	476.54	101.92
55	陕西华宇实业有限公司岐山分公司	房地产业	940.90	197.50	743.40	376.41
56	宝鸡市金台区农村信用合作联社	金融业	893.24	767.66	125.57	16.36
57	宝鸡华山工程车辆有限责任公司	制造业	885.92	826.12	59.80	7.24
58	东岭锌业股份有限公司	制造业	870.48	532.50	337.98	63.47
59	凤县天岳铅锌矿	采矿业	867.27	521.74	345.53	66.23
60	陕西永佳房地产开发有限公司	房地产业	863.59	746.02	117.57	15.76
61	凤翔县农村信用合作联社	金融业	850.77	715.74	135.03	18.87
62	千阳海螺水泥有限责任公司	制造业	846.57	687.02	159.55	23.22
63	宝鸡文理学院	文化、体育和娱乐业	834.54	420.19	414.35	98.61
64	宝鸡阜丰生物科技有限公司	制造业	799.19	914.35	-115.16	-12.59
65	国电宝鸡发电有限责任公司	电力、燃气及水的生产和供应业	798.33	1710.31	-911.98	-53.32
66	陕西东岭冶炼有限公司	制造业	796.90	574.30	222.60	38.76
67	陕西西凤酒营销有限公司	批发和零售业	780.81	2370.74	-1589.93	-67.06
68	大唐宝鸡热电厂	电力、燃气及水的生产和供应业	777.79	761.71	16.08	2.11
69	陕西元泰实业有限公司	房地产业	763.18	480.11	283.07	58.96
70	宝鸡市中心医院	租赁和商务服务业	734.06	272.65	461.42	169.24
71	宝鸡市旭光房地产开发有限公司	房地产业	731.63	157.88	573.76	363.42
72	陕西凌云电器集团有限公司	制造业	729.73	276.95	452.78	163.49
73	秦皇岛兴龙房地产集团有限公司宝鸡分公司	房地产业	726.62	1144.21	-417.59	-36.50
74	中国石油天然气股份有限公司西北销售宝鸡分公司	交通运输、仓储及邮政业	721.25	1170.47	-449.22	-38.38
75	国网陕西省电力公司宝鸡供电公司	电力、燃气及水的生产和供应业	708.33	452.81	255.52	56.43
76	陕西震奥鼎盛矿业有限公司	采矿业	682.46	531.62	150.84	28.37
77	宝鸡市众喜金陵河水泥有限公司	制造业	652.63	613.87	38.75	6.31
78	岐山县农村信用合作联社	金融业	650.06	483.99	166.07	34.31

续表

排名	纳税人名称	国民经济行业	本年 合计	上年 同期	增减（±）	增减%
79	中国人寿保险股份有限公司宝鸡分公司	金融业	646.85	544.70	102.14	18.75
80	宝鸡市泰森房地产开发有限公司	房地产业	646.04	1161.20	-515.16	-44.36
81	扶风县农村信用合作联社	金融业	643.07	673.25	-30.18	-4.48
82	宝鸡巨一置业有限公司	房地产业	642.95	1163.04	-520.08	-44.72
83	宝鸡众喜凤凰山水泥有限公司	制造业	642.69	832.43	-189.74	-22.79
84	国核宝钛锆业股份公司	制造业	633.93	287.29	346.63	120.65
85	陕西金田置业开发有限公司	房地产业	618.51	864.53	-246.02	-28.46
86	宝鸡市同辉房地产开发有限公司	房地产业	609.04	171.76	437.29	254.60
87	宝鸡市馨竹房地产开发有限公司	房地产业	591.28	1182.66	-591.38	-50.00
88	陕西通力专用汽车有限责任公司	制造业	588.69	410.39	178.30	43.45
89	宝鸡石油钢管有限责任公司	制造业	569.28	418.29	150.99	36.10
90	宝鸡中燃城市燃气发展有限公司	电力、燃气及水的生产和供应业	567.40	607.00	-39.60	-6.52
91	陕西烽火电子股份有限公司	制造业	560.93	916.03	-355.11	-38.77
92	中国工商银行股份有限公司宝鸡分行	金融业	556.20	484.39	71.81	14.83
93	陕西关山乳业有限责任公司	制造业	556.00	190.73	365.27	191.51
94	陕西陇县农村合作银行	金融业	548.86	455.47	93.39	20.50
95	西电宝鸡电气有限公司	制造业	543.53	255.58	287.95	112.66
96	陕西凯旋置业有限公司第一分公司	房地产业	543.28	972.61	-429.33	-44.14
97	陕西普彼得房地产开发有限公司	房地产业	536.48	601.44	-64.96	-10.80
98	宝鸡市宏运房地产开发集团有限公司	房地产业	525.38	174.56	350.81	200.97
99	扶风嘉里房地产开发有限公司	房地产业	525.27	696.19	-170.92	-24.55
100	眉县农村信用合作联社	金融业	517.68	342.16	175.52	51.30
101	安徽合力股份有限公司宝鸡合力叉车厂	制造业	514.99	260.88	254.11	97.40
102	宝鸡市中元房地产开发（集团）有限责任公司	房地产业	513.78	267.54	246.24	92.04
103	宝鸡北马坊煤业有限责任公司	采矿业	510.92	1166.06	-655.14	-56.18
104	陕西西建房地产开发有限公司	房地产业	507.03	703.47	-196.45	-27.93
105	宝鸡住金石油钢管有限公司	制造业	505.54	459.22	46.32	10.09
106	宝鸡石油钢管有限责任公司石油专用管分公司	制造业	496.36	294.79	201.57	68.38

续表

排名	纳税人名称	国民经济行业	本年　合计	上年　同期	增减（±）	增减%
107	冀东海德堡（扶风）水泥有限公司	制造业	495.18	774.59	-279.41	-36.07
108	宝鸡平安房地产开发有限责任公司	房地产业	494.29	873.49	-379.20	-43.41
109	陕西宝成航空仪表有限责任公司	制造业	482.94	248.90	234.04	94.03
110	宝鸡高新技术产业开发总公司	房地产业	482.59	293.65	188.94	64.34
111	宝鸡石油钢管有限责任公司石油输送管分公司	制造业	477.23	1002.67	-525.45	-52.40
112	陕西万润置业有限公司	房地产业	476.76	726.78	-250.02	-34.40
113	陕西建工第七建设集团有限公司	建筑业	475.66	225.11	250.55	111.30
114	宝鸡永嘉房地产开发有限公司	房地产业	474.23	920.14	-445.92	-48.46
115	陕西翔盛房地产开发（集团）有限公司宝鸡分公司	房地产业	472.07	1059.86	-587.79	-55.46
116	陕西秦川机床工具集团有限公司	制造业	466.17	374.74	91.43	24.40
117	陕西凯发房地产开发有限公司	房地产业	459.25	248.99	210.26	84.44
118	施耐德（陕西）宝光电器有限公司	信息传输、计算机服务和软件业	455.47	433.94	21.53	4.96
119	宝鸡市联汇房地产开发有限公司	房地产业	455.16	210.86	244.30	115.86
120	宝鸡市五星城中村改造有限公司	房地产业	447.70	228.17	219.53	96.22
121	宝鸡市鹏博房地产开发有限公司	建筑业	434.73	374.19	60.54	16.18
122	中国建设银行股份有限公司宝鸡分行	金融业	424.64	399.48	25.16	6.30
123	中铁电气化局集团宝鸡器材有限公司	制造业	423.72	391.32	32.41	8.28
124	陕西宝鸡人民商场股份有限公司	批发和零售业	421.30	260.34	160.96	61.83
125	陕西永泰实业有限公司	房地产业	418.30	140.12	278.18	198.53
126	宝鸡市经典置业投资有限公司麟游项目部	建筑业	417.76	149.56	268.19	179.31
127	宝鸡市温商房地产开发有限公司	房地产业	416.70	363.43	53.27	14.66
128	宝鸡八方山铅锌矿业有限责任公司	采矿业	416.59	554.68	-138.09	-24.90
129	宝鸡市新东方实业发展有限公司	住宿和餐饮业	414.70	549.22	-134.52	-24.49
130	宝鸡市渭滨区聚丰小额贷款有限公司	金融业	405.72	208.48	197.25	94.61
131	宝鸡市西源置业有限公司	房地产业	405.27	223.58	181.69	81.27
132	陕西汉德车桥有限公司	制造业	391.29	726.21	-334.92	-46.12
133	宝鸡扶风祥云房地产开发有限责任公司祥云华府项目部	房地产业	383.75	563.58	-179.83	-31.91

续表

排名	纳税人名称	国民经济行业	本年　合计	上年　同期	增减（±）	增减%
134	蒙牛乳业（宝鸡）有限公司	制造业	381.91	271.56	110.35	40.63
135	陕西银母寺矿业有限责任公司	采矿业	380.96	895.78	-514.82	-57.47
136	宝鸡机床集团有限公司	制造业	378.93	260.09	118.83	45.69
137	陕西建工第二建设集团有限公司	建筑业	377.78	240.33	137.45	57.19
138	宝鸡海螺水泥有限责任公司	制造业	375.37	314.77	60.59	19.25
139	陕西翔盛房地产开发（集团）有限公司陈仓分公司	房地产业	374.81	907.56	-532.76	-58.70
140	陕西长岭电子科技有限责任公司	制造业	372.93	210.19	162.73	77.42
141	宝鸡宏昇置业有限责任公司	房地产业	363.46	335.63	27.83	8.29
142	新华人寿保险股份有限公司宝鸡中心支公司	金融业	361.17	212.64	148.53	69.85
143	宝鸡南车时代工程机械有限公司	制造业	360.37	249.93	110.44	44.19
144	宝鸡高新君悦酒店有限责任公司	住宿和餐饮业	356.46	255.21	101.25	39.67
145	宝鸡天下汇商业有限公司	批发和零售业	353.45	190.47	162.98	85.57
146	陕西秦明医学仪器股份有限公司	制造业	348.77	845.28	-496.51	-58.74
147	宝鸡市德福房地产开发有限公司	房地产业	346.26	502.81	-156.55	-31.14
148	中国农业银行股份有限公司宝鸡分行	金融业	338.45	385.95	-47.50	-12.31
149	宝鸡忠诚机床股份有限公司	制造业	337.93	806.87	-468.95	-58.12
150	陕西宝化科技有限责任公司	制造业	330.91	137.35	193.56	140.93
151	宝鸡市烟草公司麟游分公司	批发和零售业	326.72	1278.50	-951.77	-74.44
152	宝钛特种金属有限公司	制造业	326.52	317.41	9.12	2.87
153	西北机器有限公司西北机器厂	制造业	324.94	272.76	52.18	19.13
154	宝鸡市富盛房地产开发有限公司岐山第二分公司	房地产业	319.01	129.43	189.59	146.49
155	陕西蓝星置业发展有限公司	房地产业	318.90	308.53	10.37	3.36
156	陕西凤鸣实业有限公司蔡家坡分公司	房地产业	317.20	250.79	66.41	26.48
157	宝鸡保德利电气设备有限责任公司	制造业	311.04	209.68	101.35	48.34
158	宝鸡稀有金属装备设计研制所	制造业	304.38	119.50	184.88	154.72
159	陕西鑫旺置业有限公司	房地产业	302.24	459.02	-156.78	-34.15
160	国电宝鸡电力检修运营有限公司	电力、燃气及水的生产和供应业	301.57	259.08	42.49	16.40
161	凤县农村信用合作联社	金融业	301.30	224.84	76.46	34.01

2000—2014年各项社会保险及基金收入完成情况统计表

单位:万元

项目 \ 年份	2000	2001	2002	2003	2004	2005	2006	2007	2008	2009	2010	2011	2012	2013	2014
社保费及各项基金合计	25079	44256	46135	55853	58874	69916	86344	101188	120063	151680	188064	230977	344430	341429	370753
社保费合计	23285	42968	44987	54238	56942	67211	78719	93315	111905	140547	172723	200150	300108	294545	320276
其中:养老保险费	20640	35297	36352	43004	45317	56154	66593	81021	98450	125848	155949	179762	277974	273465	297747
失业保险费	2146	2502	2415	2631	2939	3722	4286	5193	5748	6181	7518	9177	10414	11666	11027
医疗保险费	499	5169	6220	8603	8686	7335	7840	7102	7706	8518	9256	9736	11720	9414	11502
各项基金	1794	1288	1148	1615	1932	2705	7625	7873	8157	11133	15341	30827	44322	46883	50477
其中:水利建设基金	753	822	875	958	977	1349	1562	2881	3458	6242	9451	12342	11589	11473	13072
残疾人就业保障金				381	598	715	738	1102	1451	1630	1902	2271	2896	3362	3767
文化事业建设费	31	42	42	41	45	61	74	94	113	144	198	181	194	128	41
工会经费							658	1243	1442	1832	2099	2699	2872	3183	3539
散装水泥专项资金	50	72	23										47	121	103
价格调节基金													3362	6831	5084
污水处理费					40	330	422	326	219	230	180	122	78	83	21
水土流失补偿费										105	300	491	1699	2672	3469
地方教育附加												9864	18248	19001	21381
帮困基金	440	352	208	235	272	250	15								
农建基金							1614								
付食基金	520						658								
水资源费							1884	2071	1239						
煤炭价格调节基金								156	235	950	1211	2856	3337	30	

2014年度缴纳养老保险费200万元以上企业统计表

单位：万元

名次	单位名称	国民经济行业	经济类型	缴费金额
	合　　计			180493
1	陕西汽车集团有限责任公司	汽车制造业	国有企业	20009
2	陕西中烟工业有限责任公司(1)	烟草制品业	其他有限责任公司	10121
3	陕西法士特汽车传动集团有限责任公司宝鸡分公司	汽车制造业	国有企业	9681
4	宝鸡市职业介绍服务中心	其他服务业	事业单位	7065
5	陕西西凤酒股份有限公司	酒、饮料和精制茶制造业	股份有限公司	4638
6	陕西宝成航空仪表有限责任公司	铁路、船舶、航空航天和其他运输设备制造业	其他有限责任公司	4367
7	宝鸡市劳动人力资源有限责任公司	其他服务业	其他有限责任公司	3641
8	陕西烽火电子股份有限公司	通用设备制造业	股份有限公司	3311
9	秦川机床工具集团股份公司	通用设备制造业	股份有限公司	3209
10	陕西长岭电子科技有限责任公司	计算机、通信和其他电子设备制造业	其他有限责任公司	2596
11	陕西凌云电器集团有限公司	仪器仪表制造业	国有企业	2313
12	宝鸡啤酒股份有限公司	酒、饮料和精制茶制造业	股份有限公司	2292
13	宝鸡市公共交通有限责任公司	道路运输业	国有企业	2147
14	西北机器有限公司西北机器厂	专用设备制造业	国有企业	2125
15	陕西宝光真空电器股份有限公司	计算机、通信和其他电子设备制造业	股份有限公司	1903
16	宝鸡商场有限公司	零售业	股份有限公司	1839
17	宝鸡华山工程车辆有限责任公司	汽车制造业	其他有限责任公司	1662
18	东岭锌业股份有限公司	有色金属冶炼和压延加工业	其他有限责任公司	1621
19	宝鸡秦源煤业有限公司	煤炭开采和洗选业	其他有限责任公司	1618
20	宝鸡市人合中天劳务派遣有限公司	其他服务业	私营有限责任公司	1559
21	宝鸡北马坊煤业有限责任公司	煤炭开采和洗选业	其他有限责任公司	1538
22	陕西建工第七建设集团有限公司	建筑安装业	国有企业	1520
23	宝鸡忠诚机床股份有限公司	通用设备制造业	股份有限公司	1439
24	陕西航天导航设备有限公司	专用设备制造业	国有企业	1437
25	陕西北方动力有限责任公司	铁路、船舶、航空航天和其他运输设备制造业	其他有限责任公司	1434

续表

名次	单位名称	国民经济行业	经济类型	缴费金额
26	陕西建工第二建设集团有限公司	建筑安装业	其他有限责任公司	1426
27	陕西通力专用汽车有限责任公司	汽车制造业	其他有限责任公司	1425
28	宝鸡市宝运汽车运输（集团）有限公司	道路运输业	其他有限责任公司	1360
29	陕西汽车实业有限公司	商务服务业	其他有限责任公司	1338
30	陕西世纪外服人力资源有限责任公司宝鸡分公司	其他服务业	其他有限责任公司	1334
31	中铁一局集团第五工程有限公司	土木工程建筑业	其他有限责任公司	1234
32	陕西渭河工模具总厂	金属制品业	国有企业	1190
33	岐山县城乡居民社会养老保险管理中心	社会保障	事业单位	1166
34	陕西红旗民爆集团股份有限公司	化学原料和化学制品制造业	其他有限责任公司	1125
35	陕西太白黄金矿业有限责任公司	有色金属矿采选业	其他有限责任公司	1123
36	陕西万方汽车零部件有限公司	汽车制造业	其他有限责任公司	1121
37	陕西东岭冶炼有限公司	石油加工、炼焦和核燃料加工业	股份有限公司	1115
38	陕西群力电工有限责任公司	计算机、通信和其他电子设备制造业	其他有限责任公司	1113
39	长安银行股份有限公司宝鸡分行	货币金融服务	股份有限公司	1094
40	宝鸡好猫实业（集团）有限公司	印刷和记录媒介复制业	其他有限责任公司	1062
41	宝鸡市渭滨区高家镇高家村村民委员会	商务服务业	集体企业	961
42	宝鸡市易通人力资源有限责任公司	商务服务业	其他有限责任公司	959
43	安徽合力股份有限公司宝鸡合力叉车厂	通用设备制造业	股份有限公司	952
44	中铁电气化局集团西安电气化工程有限公司	土木工程建筑业	其他有限责任公司	932
45	陕西省烟草公司宝鸡市公司	批发业	国有企业	897
46	中国人民解放军第三医院	其他服务业	事业单位	877
47	陕西东岭物资有限责任公司	零售业	其他有限责任公司	865
48	陕西省太白林业局	零售业	国有企业	846
49	宝鸡市第二建筑工程有限责任公司	房屋建筑业	其他有限责任公司	844
50	宝鸡市伯乐人力资源有限责任公司	商务服务业	其他有限责任公司	830
51	西电宝鸡电气有限公司	通用设备制造业	其他有限责任公司	826
52	陕西关中工具制造有限公司	金属制品业	其他有限责任公司	789

续表

名次	单位名称	国民经济行业	经济类型	缴费金额
53	国核宝钛锆业股份公司	有色金属冶炼和压延加工业	股份有限公司	776
54	宝鸡市阳光人力资源有限公司	商务服务业	其他有限责任公司	767
55	宝鸡中燃城市燃气发展有限公司	燃气生产和供应业	中外合作经营企业	759
56	宝鸡华通商厦有限责任公司	零售业	其他有限责任公司	756
57	陕西烽火通信集团有限公司	计算机、通信和其他电子设备制造业	其他有限责任公司	754
58	陕西秦川机床工具集团有限公司	通用设备制造业	国有企业	722
59	陕西凤县四方金矿有限责任公司	有色金属矿采选业	其他有限责任公司	679
60	宝鸡中铁宝桥天元实业发展有限公司	通用设备制造业	其他有限责任公司	667
61	宝鸡市人才交流服务中心	其他服务业	集体企业	661
62	宝钛特种金属有限公司	有色金属冶炼和压延加工业	国有独资公司	661
63	陕西德仕汽车部件（集团）有限责任公司岐山分公司	汽车制造业	其他有限责任公司	644
64	宝鸡市资信劳务派遣有限公司	商务服务业	其他有限责任公司	617
65	冀东海德堡（扶风）水泥有限公司	非金属矿物制品业	中外合资经营企业	595
66	陕西郭家河煤业有限责任公司	煤炭开采和洗选业	股份有限公司	593
67	陕西长青能源化工有限公司	化学原料和化学制品制造业	其他有限责任公司	590
68	陕西机床厂	通用设备制造业	国有企业	579
69	中国石油天然气股份有限公司西北销售宝鸡分公司	批发业	股份合作企业	552
70	陕西丰宝化工有限公司	化学原料和化学制品制造业	其他有限责任公司	535
71	陇县就业局集体托管户	社会保障	事业单位	533
72	宝鸡机床集团有限公司	通用设备制造业	其他有限责任公司	530
73	青岛啤酒汉斯宝鸡有限公司	酒、饮料和精制茶制造业	其他有限责任公司	522
74	宝鸡天健医药有限公司	批发业	其他有限责任公司	522
75	陕西省太白酒业有限责任公司	酒、饮料和精制茶制造业	其他有限责任公司	504
76	宝鸡建安股份有限公司	建筑安装业	其他有限责任公司	504
77	宝鸡市和汇人力资源有限公司	其他服务业	其他有限责任公司	502
78	中国石油天然气股份有限公司陕西宝鸡销售分公司	零售业	股份有限公司	501

续表

名次	单位名称	国民经济行业	经济类型	缴费金额
79	千阳海螺水泥有限责任公司	非金属矿物制品业	其他有限责任公司	495
80	宝鸡市忠信人力资源有限责任公司	商务服务业	其他有限责任公司	490
81	陕西卫东植化股份有限公司	医药制造业	股份有限公司	485
82	陕西长岭软件开发有限公司	软件和信息技术服务业	其他有限责任公司	478
83	宝鸡阜丰生物科技有限公司	其他制造业	外资企业	465
84	陕西宝鸡人民商场股份有限公司	零售业	股份有限公司	462
85	西北有色地质勘查局七一七总队	建筑装饰和其他建筑业	国有企业	461
86	宝鸡广电网络传媒有限责任公司	电信、广播电视和卫星传输服务	其他有限责任公司	455
87	宝鸡市热力有限责任公司	电力、热力生产和供应业	国有独资公司	447
88	宝鸡金山电子设备厂	专用设备制造业	国有企业	439
89	宝鸡市顺通达劳务有限责任公司	其他服务业	其他有限责任公司	438
90	宝鸡市忠信通讯有限责任公司	建筑装饰和其他建筑业	其他有限责任公司	428
91	中智西安经济技术合作有限公司宝鸡分公司	其他服务业	事业单位	428
92	宝鸡海螺水泥有限责任公司	非金属矿物制品业	其他有限责任公司	427
93	陕西建工安装集团第一工程公司	建筑安装业	国有企业	409
94	蒙牛乳业（宝鸡）有限公司	畜牧业	中外合资经营企业	406
95	陕西宝鸡长岭冰箱有限公司	通用设备制造业	其他有限责任公司	406
96	陕西宝汉高速公路建设管理有限公司宝鸡分公司	道路运输业	国有独资公司	403
97	宝鸡众喜凤凰山水泥有限公司	非金属矿物制品业	其他有限责任公司	392
98	施耐德（陕西）宝光电器有限公司	计算机、通信和其他电子设备制造业	中外合资经营企业	389
99	陕西德仕汽车部件（集团）有限责任公司岐山分公司	汽车制造业	其他有限责任公司	388
100	陕西银母寺矿业有限责任公司	有色金属矿采选业	国有企业	387
101	宝鸡市烟草公司陈仓分公司	零售业	国有企业	387
102	渭滨区高家镇三合村村民委员会	商务服务业	集体企业	385
103	眉县秦岭机械制造有限公司	专用设备制造业	其他有限责任公司	385
104	宝鸡市众喜金陵河水泥有限公司	非金属矿物制品业	股份有限公司	376

续表

名次	单位名称	国民经济行业	经济类型	缴费金额
105	现代牧业（宝鸡）有限公司	畜牧业	外商投资股份有限公司	364
106	宝鸡航天动力泵业有限公司	专用设备制造业	其他有限责任公司	361
107	宝鸡市自来水有限责任公司	水的生产和供应业	国有企业	359
108	宝鸡市公安局交通警察支队	其他服务业	事业单位	341
109	冀东水泥凤翔有限责任公司	非金属矿物制品业	其他有限责任公司	341
110	陕西永陇能源开发建设有限责任公司	煤炭开采和洗选业	其他有限责任公司	340
111	长岭机器厂	计算机、通信和其他电子设备制造业	国有企业	332
112	陕西银河消防科技装备股份有限公司	汽车制造业	其他有限责任公司	323
113	陕西宝深机械（集团）有限公司	专用设备制造业	其他有限责任公司	321
114	陕西省恒立建设（集团）有限公司	建筑安装业	其他有限责任公司	317
115	宝鸡市创名百货有限责任公司	批发业	其他有限责任公司	316
116	宝鸡四方通讯工程有限公司	建筑装饰和其他建筑业	其他有限责任公司	312
117	中铁电气化局集团宝鸡器材有限公司	铁路、船舶、航空航天和其他运输设备制造业	其他有限责任公司	304
118	宝鸡市陈仓医院	卫生	事业单位	303
119	陕西法门寺纸业有限责任公司	造纸和纸制品业	其他有限责任公司	296
120	宝鸡高新人民医院	卫生	民办非企业单位	289
121	西安铁路局宝鸡机车检修段劳动服务公司	其他服务业	集体企业	278
122	宝鸡先行电力（集团）有限责任公司	建筑装饰和其他建筑业	其他有限责任公司	278
123	陕西昌荣纺织有限责任公司	纺织业	其他有限责任公司	275
124	扶风县人民医院	卫生	事业单位	274
125	中国联合网络通信有限公司宝鸡市分公司	电信、广播电视和卫星传输服务	外资企业	273
126	秦川机床集团宝鸡仪表有限公司	仪器仪表制造业	其他有限责任公司	273
127	中铁宝桥宝鸡桥源钢结构有限公司	铁路、船舶、航空航天和其他运输设备制造业	其他有限责任公司	271
128	陕西辰济药业有限公司	医药制造业	其他有限责任公司	267
129	宝鸡科达特种纸业有限责任公司	造纸和纸制品业	其他有限责任公司	267
130	陕西省地方电力（集团）有限公司扶风县供电分公司	电力、热力生产和供应业	国有企业	267

续表

名次	单位名称	国民经济行业	经济类型	缴费金额
131	陕西省地方电力（集团）有限公司凤翔县供电分公司	电力、热力生产和供应业	国有企业	265
132	陕西兴业交通（集团）有限公司	道路运输业	国有企业	258
133	陕西震奥鼎盛矿业有限公司	有色金属矿采选业	国有独资公司	255
134	国网陕西省电力公司宝鸡市陈仓区供电分公司	电力、热力生产和供应业	国有企业	251
135	宝鸡天下汇商业有限公司	零售业	其他有限责任公司	250
136	农夫山泉陕西太白山饮料有限公司	酒、饮料和精制茶制造业	其他有限责任公司	248
137	陕西华晶建设有限公司	建筑安装业	其他有限责任公司	248
138	宝鸡得力康乳业有限公司	食品制造业	中外合资经营企业	243
139	岐山县电力局	电力、热力生产和供应业	国有企业	242
140	陕西和氏乳品有限公司	其他制造业	其他有限责任公司	240
141	宝鸡市育才玻璃制瓶有限公司	非金属矿物制品业	其他有限责任公司	239
142	陕西长岭光伏电气有限公司	计算机、通信和其他电子设备制造业	其他有限责任公司	239
143	陕西八钢板簧有限公司	其他制造业	国有独资公司	238
144	陕西汇丰人力资源开发有限公司宝鸡分公司	其他服务业	其他有限责任公司	236
145	宝鸡市农牧良种场	农、林、牧、渔服务业	国有企业	231
146	宝鸡大润发商业有限公司	零售业	港澳台商独资经营企业	229
147	新华人寿保险股份有限公司宝鸡中心支公司	保险业	股份有限公司	228
148	陕西省地方电力（集团）有限公司眉县供电分公司	电力、热力生产和供应业	国有企业	225
149	宝鸡市金台区民政局	其他服务业	事业单位	225
150	国网陕西省电力公司宝鸡供电公司	电力、热力生产和供应业	国有企业	225
151	陕西省宝鸡轴承厂	金属制品业	国有企业	220
152	西北有色地质机械厂	通用设备制造业	国有企业	218
153	陕西大明机械制造有限公司	家具制造业	国有企业	212
154	陕西省军工（集团）陕铜有限责任公司	其他制造业	其他有限责任公司	212
155	陕西关中建筑工程有限公司	房屋建筑业	其他有限责任公司	210

续表

名次	单位名称	国民经济行业	经济类型	缴费金额
156	凤翔县医院	其他服务业	事业单位	210
157	宝鸡市渭滨区民政局	社会保障	事业单位	208
158	宝鸡市烟草公司扶风分公司	批发业	国有企业	205
159	宝鸡保德利电气设备有限责任公司	电气机械和器材制造业	中外合资经营企业	202
160	宝鸡市饮食服务公司	餐饮业	国有企业	202
161	宝鸡忠诚制药机械有限责任公司	专用设备制造业	其他有限责任公司	202

金　　融

编辑　朱亚祥

综　　述

2014年，全市金融机构人民币各项存款余额1834.14亿元，同比增长11.35%，较年初增加187.02亿元。分结构看，个人存款余额1181.74亿元，占各项存款余额64.43%，较年初增加124.67亿元，占新增存款66.66%；单位存款余额634.71亿元，占各项存款余额34.61%，较年初增加61.55亿元，占新增存款32.91%。全市金融机构人民币各项贷款余额884.69亿元，同比增长16.64%，各项贷款增加126.18亿元。分结构看，短期贷款余额338.73亿元，占各项贷款余额38.29%，较年初增加49.12亿元，占新增贷款38.93%；中长期贷款余额493.95亿元，占各项贷款余额55.83%，较年初增加55.37亿元，占新增贷款43.88%；票据融资余额52亿元，占各项贷款余额5.88%。

【3家小额贷款公司开业】　2014年，宝鸡市金台区、凤县、太白县新成立了容海、腾远、鑫旺3家小额贷款公司，容海小额贷款公司注册资本10000万元，腾远小额贷款公司注册资本3300万元，鑫旺小额贷款公司注册资本5000万元。截至2014年底，宝鸡市共有华夏、惠尔、百顺、聚丰、金正、汇金、宏运、荣海、鑫盛、秦成、富顺达、鑫旺（千阳）、龙达、聚鑫、腾远、鑫旺（太白）16家小贷公司，注册资本合计9.63亿元，贷款余额达10.13亿元，其中农户贷款42577万元，占比42.01%；中小企业贷款19851万元，占比19.59%，支持了中小微型企业、个体工商户和“三农”经济的发展。

【银行资产质量提高】　2014年，全市银行业金融机构资产余额2065.83亿元，较年初增加237.74亿元，实现税后利润22.63亿元，较上年同期多盈2.36亿元。全市金融机构（不含农发行）不良贷款继续降低，不良贷款率2.30%，较年初下降0.23个百分点，全市银行业资产质量提高。

【发行国债14期】　2014年，宝鸡市全年发行国债14期，累计销售额6.39亿元，比上年增加0.95亿元，同比增长17%。其中凭证式国债发行4期，累计发售2.29亿元，电子式国债发行10期，累计发售4.09亿元。兑付无记名国债27余份，本息合计384.61元；兑付收款单2份，本息合计442元。

【银行间债券市场】　宝鸡市地方法人金融机构中具有全国银行间债券市场交易资格的有3家。2014年，仅有渭滨区农村商业银行1家在债券市场进行了交易，其业务主要集中在债券回购及现券买卖上。2014年，渭滨区农村商业银行共交易391笔，其中：正回购交易299笔，逆回购交易31笔，同业交易39笔，现券交易22笔。累计交易总量601.95亿元，同比减少15.82亿元，降幅2.56%。剔除应收利息后，实现营运总收入1.12亿元，同比增加1722.19万元，增幅18.41%。

【银行汇票同比增长】　2014年，全市票据市场业务呈增长趋势。截至12月末，辖区金融机构银行承兑汇票余额107.58亿元，同比增加25.19亿元；年累计签发金额196.51亿元，同比增加35.23亿元；贴现余额52亿元，同比增加21.7亿元；累计办理贴现284.44亿元，同比增加69.73亿元。12月末，辖区再贴现余额7.49亿元，同比增加3.4亿元；全年累计办理金额14.2亿元，同比增加2.5亿元。

【外汇收支规模下降】　2014年，全市共实现跨境收支总额22.69亿美元，同比下降7.21%，其中：跨境收入15.47亿美元，同比增长0.75%；跨境支出7.22亿美元，同比下降20.63%；跨境收支实现顺差8.24亿美元，顺差规模较上年继续扩大。受全球经济复苏乏力和国际市场需求疲软的影响，银行结售汇总额8.69亿美元，同比增长25.64%。其中：银行结汇收入4.17亿美元，同比下降13.82%；银行售汇支出4.52亿美元，同比增长117.33%；结售汇逆差0.35亿美元。

表一 2014年宝鸡市金融机构人员、机构统计表

单位：人/个

机构名称	从业人员数	机构总数	法人机构数
农发行宝鸡分行	174	6	–
工行宝鸡分行	1104	58	–
农行宝鸡分行	1617	84	–
中行宝鸡分行	376	25	–
建行宝鸡分行	635	35	–
交行宝鸡支行	32	1	–
中信银行宝鸡分行	47	2	–
光大银行宝鸡支行	42	1	–
民生银行宝鸡分行	52	1	–
招商银行宝鸡分行	62	2	–
浦发银行宝鸡分行	52	1	–
西安银行宝鸡分行	78	3	–
长安银行宝鸡分行	556	23	–
邮储银行宝鸡分行	444	121	–
农信社	2161	198	10
农商行	612	58	2
宝鸡岐山硕丰村镇银行	56	4	1
合　计	8100	623	13

表二 2014年宝鸡市主要金融指标情况统计表

人民币：亿元　外币：万美元

	余额	比年初增（减）	比同期增（减）%
各项存款	1834.14	187.02	11.35
单位存款	634.71	61.55	10.75
个人存款	1181.74	124.67	11.79
各项贷款	884.69	126.18	16.64
短期贷款	338.73	49.12	16.96
中长期贷款	493.95	55.37	12.62
票据融资	52	21.70	71.59
外汇存款	16496	−8989	−35.27
外汇贷款	8144	−15283	−65.24

【保险、股票和期货市场】 2014年末，宝鸡市保险公司已达35家，年内新增2家保险公司。全市保费总收入48.52亿元，同比增长18.46%。其中，财险公司实现保费收入10.94亿元，同比增长16.76%，寿险公司实现保费收入37.58亿元，同比增长18.96%。赔款与给付支出14.88亿元，同比增长29.27%。2014年，宝鸡市保险深度2.93%，较上年上升0.29个百分点，保险密度1305.45元/人，较上年增长19.35%。2014年末，宝鸡市共有14家证券营业部，年内新增6家证券营业部，A股、B股、基金、债券累计成交量1254.69亿元，同比增长57.46%；保证金余额15.33亿元，同比增长123.65%，托管市值92.59亿元，同比增长45.34%。至12月末，开户数为18.75万户，其中新增开户5734户。2014年，宝鸡市有西部期货、长安期货2家营业部，累计成交量50.13万手，同比增长12.34%，成交额434.44亿元，同比下降11.82%，保证金余额2048.58万元，同比下降60.79%。至12月末，开户数为822户，其中新增开户110户。

【金融消费者权益保护】 与工商局、保险同业协会建立了金融消费权益保护跨部门协作机制，畅通金融消费者的咨询投诉渠道。全年共受理投诉53起，咨询等各类热线345起。所受理投诉已通过转办、协调等方式均已为消费者处理并办结。组织15家银行业金融机构共90余名宣传员开展金融知识集中宣传活动，建立县级“金融知识宣传示范点”，普及金融知识，辖区经济主体和居民金融意识明显增强。

【支付结算环境改善】 推广银行卡与非现金支付工具，创建刷卡无障碍示范街区、景区与银行卡推广应用示范镇，发挥示范街区引领作用。全年新创建3条示范街区：千阳县城东大街、陇县县城北大街、太白县县城东大街；新增2个示范景区：眉县太白山游客中心景区、太白县黄柏原景

区。新增3个银行卡推广应用示范镇：麟游县九成宫镇、陇县固关镇、凤县凤州镇。截至年底，辖内共有银行卡刷卡无障碍示范街（区）12条、示范景区3个，银行卡推广应用示范镇3个，支付结算示范村3个。

（杨　媛）

中国人民银行宝鸡市中心支行

【概况】 中国人民银行宝鸡市中心支行是中国人民银行的派出机构，机关内设17个科室，辖8个县（区）支行，共有职工333人。2014年，人行宝鸡中支按照“转变作风狠抓落实突出特色争创一流”的总体要求，贯彻落实中央经济工作会议、全国金融工作会议和总分行工作会议精神以及市委、市政府的重大决策部署，以提高经济发展质量和效益为中心，执行稳健的货币政策，主动适应经济发展新常态，维护辖区金融安全运行，提高金融服务水平，推动了宝鸡经济平稳健康发展。

【贯彻落实稳健货币政策】 制定《2014年度驻宝金融机构强化县域金融服务保持全市货币信贷稳定增长的指导意见》，实现贷款增速和存贷比“双达标”的考核。联合金融办和银监分局，将征集筛选的178个投资项目制作成《融资项目表》，召集金融机构对融资项目进行对接，共与87个项目达成了235.4亿元的融资协议。举办企业项目融资对接会暨签约仪式，14家金融机构与企业和项目单位签署融资意向82亿元。

【促进区域信贷资源合理配置】 建立金融支持新型农业经营主体监测制度，确立17家银行为新型农业经营主体主办银行，选择一家新型农业经营主体开展“一对一服务”。推行民生金融主办银行制度，举办金融支持县域、小微及新型农业经营主体推进会，推广农行眉县支行土地承包经营权抵押贷款和信用社大型农机具财政补贴资金质押贷款等新业务，部署安排“民生金融示范点”创建与申请工作，提高民生金融服务水平。推进利率市场化改革，健全辖区地方法人金融机构市场利率定价机制，发挥自律机制对提高金融机构自主定价能力的激励约束作用。

【差别运用各项政策调控工具】 探索实行“名录制+优先操作”业务管理模式，对眉县和岐山县农村信用联社进行再贴现业务培训，实现再贴现使用机构向县域的突破。全年全辖再贴现累计发放14.2亿元，同比多增2.5亿元。重新调整县（区）支农再贷款限额，为4个县发放支农再贷款5500万元，全辖支农再贷款累计发放10.4亿元，同比多增7.9亿元。制订支小再贷款操作规程，对拟使用支小再贷款的渭滨农商银行可质押有价证券进行跟踪监测。执行人总行定向“降准”政策，为陇县农村合作银行降低法定存款准备金0.5个百分点；对“三农金融事业部”考核达标的太白、眉县农行执行低于2个百分点的优惠存款准备金率。

【构建多元化融资体系】 邀请瑞科新材料公司、宝鸡红土创投向全市中小企业进行“新三板”上市、股权融资和资本运作辅导。联合长安银行邀请陕国投、长安信托等信托证券机构为宝鸡大中型企业讲解资本市场融资知识。完善债券融资后备企业资源库，对符合产业发展方向、盈利能力强、成长性高的企业实行名单式管理，跟踪监测企业融资需求情况。

【推进跨境贸易人民币业务】 制定《宝鸡市跨境人民币业务考核办法》，对宝鸡建行进行跨境业务专项检查，了解基层业务动态，规范业务流程操作。制定相关指导意见和操作指引，强化涉外企业跨境业务的指导。加强动态监测和跟踪分析，建立人民币跨境收付信息管理系统（RCPMIS）岗位人员责任制，关注业务潜在风险，确保跨境人民币业务平稳发展。扩大业务参与面，首次实现全市7家经办银行跨境人民币结算业务全覆盖。截至2014年12月末，宝鸡市开展跨境人民币转口贸易的企业2家，累计结算量46.32亿元。

【强化金融风险监测与评估】 做好金融稳定评估系统数据的收集、核对、上报工作，反馈非现场监测中的苗头性问题。将非现场监测和现场评估有机结合，在金台区农村信用联社的现场评估中首次尝试压力测试。对凤县农村信用联社、陇县农村合作银行、金台区农村信用联社两家机构进行同业业务排查，对具体业务经办人员进行业务辅导。配合政府做好风险管理与处置，参与地方政府对影子银行及非法集资广告清理整顿排查工作，配合处置“圣得康集团”不稳定问题与宝鸡振华学院4.46亿元非法集资案。

【优化外汇管理】 制定《外汇账户非现场核查制度》《服务贸易非现场核查制度》《名录企业强制注销制度》以及《辅导期企业核查办法》等制度，按照业务流程重新划分了审批权限。加强外汇业务现场检查，对各外汇指定银行2013年度执行外汇政策情况和20家移交企业、9家金融机构的国际收支进行现场核查。以“会计事务所+银行”代申报年检模式，完成外资企业外汇年度申报工作，2014年参加年检企业45家，通过45家，合格率100%。

【推进征信系统建设】 结合“两综合两管理”，制定金融机构征信考核办法和考核指标，在全省率先实现对金融机构征信工作的定量考核。采用“二进四送”等措施，推广中征应收账款融资服务平台，拓展企业融资渠道。截至2014年末，系统已注册用户85户，金额2.1亿元。推进小额贷款公司和融资担保公司接入征信系统工作，通过遴选使6家机构接入征信系统。以两类公司信用评级为重点，开展7家小贷公司、5户企业社会第三方信用评级。遴选300多家中小微企业建立信用培育池，共为6910户未贷款中小企业建立信用档案。开展农村信用创建活动，全市共建立农户信用档案65.28万户，创建信用乡镇9个，信用村389个。

【推进服务型国库建设】　现场检查市区商业银行国库经收发行工作，规范银行机构代理国库业务的办理流程。实地检查8家县支库、2家代理支库的国库业务及代理资格，规范全辖国库业务工作。推进国库会计标准化建设，为各县库、各会计岗建立标准化档案。推进国库信息化建设，完成国库前置系统和TMIS纳税分析子模块的上线运行工作，实现宝鸡市、县两级国库集中支付业务的电子化。在全省率先设立国税部门TIPS退、更、免业务试点，发挥横联系统的“高速公路”和桥梁作用。开办国、地税银联POS机刷卡缴税业务，实现零散税款电子化征收及缴库业务。

【确保辖区现金安全供应】　实现辖区发行基金科学摆布、灵活供应。共投放发行基金90.1亿元，执行基金调拨56次。适时监测金融机构现金库存，合理地向市场投放小面额人民币新券。共投放小面额新券8.01亿元，同期增长27.39%。督促金融机构按期完成残损人民币回收任务，共回收残损人民币49.17亿元，送缴35.33亿元，超额完成残损币回收、复点、送缴任务。严密组织，市、县两级38个网点安全有序地向社会公开发行“和”字书法（草书）普通纪念币。对宝鸡工行、建行与邮储银行人民币收付业务及反假币工作进行专项执法检查，联合610办公室检查全市金融机构“反宣币”收兑情况，共收缴反宣币1096张、金额3600元，规范人民币流通秩序。

【推进金融管理服务】　强化对金融机构的日常管理，2013年、2014上半年共受理辖区金融机构重大事项报告26笔，金融机构开业报告9笔，加入金融管理与服务系统9笔，均在规定时限内提前办结并进行通报。将金融综合执法大检查延伸到县，由办公室牵头组织对建设银行宝鸡分行、工商银行扶风县支行、农业银行陇县支行等3家机构开展金融综合执法大检查，对存在违规行为的金融机构给予行政处罚，督促金融机构依法合规经营，防范经营风险。

（杨　媛）

中国人民银行
宝鸡市中心支行领导成员

副行长(主持工作)　刘立民
副　　行　　长　郑周焕
　　　　　　　　　李志珍

中国银行业监督管理委员会宝鸡监管分局

【概况】　2014年，宝鸡银监分局面对复杂严峻的经济金融形势，把握“稳中求进”的总基调，坚持银行业改革提质与发展普惠金融一起抓，全市银行业运行平稳，实现了稳中有进、稳中向好。截至2014年末，银行业资产、负债总额分别增长13%和12.7%，利润增长11.2%。年内分局共受理信访45件，同比减少12件，银行业服务满意度和社会形象改善。分局荣获银监会“学习型组织标兵单位”，被市委、市政府和陕西银监局考核为2014年目标责任制优秀单位，荣获“宝鸡市2014年度金融业支持地方发展先进单位”。

【产能过剩风险得到防控】　督促银行机构建立台账、动态监测，摸清风险底数；落实区别对待、有扶有控的政策要求，制定差异化信贷政策，践行绿色信贷指引，按照“四个一批”政策要求，科学做好产能过剩行业不良贷款的清收处置，稳步退出产能过剩领域。年末，宝鸡产能过剩行业贷款余额较年初减少3.34亿元；不良贷款0.81亿元，不良率5.18%。

【小微企业金融服务优化】　分局监管部门组织各银行业机构开展“第三届小微企业金融服务宣传月”活动，加大小微企业金融服务理念、产品和流程的创新。“政府补贴贷”在全省率先试点，“园保贷”“快速贷”“跨境参融通”等融资新产品落地生根，扶持了科技型小微企业和产业集群配套小微企业发展。年末，全市小微企业贷款余额较年初增加43.53亿元，增速22.33%，高于全部贷款增速7.19个百分点。

【涉农金融服务水平提升】　分局督导辖内涉农银行业机构推进“三大工程”和“双百工程”，支持新型城镇化建设，加大对农业产业园区、产业化龙头企业、专业合作社等的信贷支持，推进了农业产业结构优化。做好微贷技术和“三权抵质押”试点推广工作，在全省率先发放农村土地承包经营权抵押贷款4笔110万元。年末，全市涉农贷款余额较年初增加25.56亿元，增长10.65%。

【融资平台贷款风险缓释】　分局执行“总量控制、分类管理、区别对待、逐步化解”政策，加强平台融资全口径监测，完善融资平台贷款统计台账，化解到期贷款偿付风险，实施平台差异化管理，抓住政策机遇支持地方合理需求。年末，宝鸡共有地方政府融资平台11个，较年初减少3个；平台贷款余额较年初减少8.19亿元；平台不良贷款全部清收，平台贷款风险得到缓释。

【房地产贷款风险保持较低水平】　分局建立《宝鸡市房地产贷款监测台账》，督促各银行机构落实国家房地产调控政策和银监会文件精神，强化“名单制”管理，加强房地产信贷业务的持续监测和风险排查，确保房地产贷款风险可控。年末，全辖房地产不良贷款余额0.24亿元，不良贷款占比0.02%，低于同期全市不良贷款占比。

【流动性信息科技风险防控加强】　分局建立存款波动情况统计监测制度，对银行业机构存款偏离度超标、票据超常增长等问题，下发金融监管提示书，督促辖内银行业机构将月末存款偏离度作为扣分项纳入绩效考核评价体系，约束存款“冲时点”和违规揽存行为，实现了监管达标。分局将信息科技条件审核纳入行政许可管理，作为市场准入的基础性指标，完善信息科技风险监管机制和制度流程，实现了监管关口前移；通过建立《银行业分支机构信息科技非现场监管报表》制度，明确科技系统的管理措施和准入标准，推动银行业机构加大信息科技投入和软硬件建设。

【银行业组织体系完善】 深化国有大型银行内部改革和管理，4月初交行宝鸡支行经银监会批准升格为分行，国有大型银行二级分行架构在宝鸡全面建成；凤翔中银富登村镇银行开业，兴业银行宝鸡分行获批筹建，宝鸡银行业组织体系完善。10月21日，成立宝鸡市银行业协会，做好辖内银行业的自律、协调、维权和服务。分局以领导包抓的方式，督导辖内农村合作金融机构按照改革任务和时间表，深化体制机制改革，加快建立现代金融企业。截至2014年末，陕西宝鸡渭滨农村商业银行和陕西陇县农村商业银行成功开业，陕西眉县农村商业银行获批筹建；麟游、千阳联社组建农商行工作已报银监会核批。

【普惠金融得到发展】 督促辖内大中型银行加快小微企业专营支行和科技支行建设力度；股份制银行和城市商业银行有序推进小微支行和社区支行建设；中小法人机构发展网络银行和农村电话银行，利用自助设备、便民服务点和助农取款POS机等加强农村金融普惠。截至年末，辖内新设5家支行，4家小微支行和8家社区支行，全市银行网点达到633个，设立自助银行144个，安装ATM机1401台。涉农银行业机构在村镇（及以下）设立便民服务点1753个，安装助农取款POS机4374台。

（晁亚洁）

中国银行业监督管理委员会宝鸡监管分局领导成员

党委书记、局长　马军炜
党委委员、副局长　杨科社
王嘉修
党委委员、纪委书记　王晓峰

中国农业发展银行宝鸡市分行

【概况】 2014年，农发行宝鸡市分行辖5个县（区）支行、1个营业室，在册员工174人。全年提高经营绩效两手抓、两促进，客户、合规、内审、信息、后勤、工会工作取得了专业条线考核全省六个第一的好成绩。信贷基础管理评为总行专业先进单位，客户、存款、信贷基础管理在年初全省召开的市（县）行长会议上分别介绍了经验。至年底，投放贷款14亿，各项贷款余额36.72亿元，较年初增加2.03亿元，其中投放政策性中长期项目贷款4.67亿元；各项存款余额16.91亿元，较年初增加9.05亿元，人日均存款达到658万元，较年初增加264万元，完成省行下达年度必保任务的129%，完成省行下达年度目标的115%；不良贷款零余额，较年初下降1626万元，下降0.47个百分点；清收财挂利息2310万元，完成省行下达必保任务的70%，完成力争目标的51%；实现中间业务收入262.67万元，完成省行下达必保任务的114%，完成力争目标的97%；资产利润率1.32%，成本收入比41.26%；贷款利息收回率达到103.05%，同比增长2个百分点，实现账面利润4689.66万元，实现国际业务结算404.33万美元。

【做好粮棉油收储工作】 2014年，支持全市粮油收储平稳开展，重点做好中央和地方储备增储、轮换、移库工作。全年累计发放中储粮宝鸡直属库国家临储玉米贷款7710.88万元、益门堡粮库等三户企业新增市级储备粮油贷款1817万元、市级储备粮油轮换贷款2825万元；年内投放夏粮收购贷款4560万元，支持企业收购粮食9884万斤；执行“双结零”及封闭管理的政策措施，上年发放的5户企业、4900万元夏粮收购贷款，全部提前实现了“双结零”。

【加快项目贷款营销】 加强项目营销组织和管理，建立项目营销激励机制。全年累计投放项目贷款7笔，4.67亿元，实现了项目贷款对宝鸡市9县3区的“全覆盖”。整合全市客户条线人力资源，采取调查审查第一时间安排、贷审会每周召开、特殊情况专门开会等措施，提高办贷质量和效率，全年共审批完成续贷37户，69笔，9.1亿元，已发放8.3亿元。抓好收贷收息，坚持“逐客户、逐项目”监测，提高业务监测分析的质量和实效，年内收回中长期贷款18户、21972.13万元。

【不良贷款实现清零】 2014年，市行确立了“年内不良贷款清零、无新增不良贷款”的年度目标，对不良贷款实行一企一策、一笔一策，调整清收处置方案。至年底，5户不良贷款1626万元实现清零。针对企业经营困难的现状，抓风险排查，防控和化解信贷风险，全年共计排查89户企业，金额30.28亿元。在3月份组织的风险排查中，发现陕西汇凯纺织印染有限公司2300万元贷款出现重大风险，市行集中人力，采取账账、账据、账实、内外账、银行账与企业账核对的方法，对企业信贷资金使用情况、资产情况以及贷款抵押物等情况进行检查核实，并研究制定兼并、重组、诉讼等多套清降方案，最终选定以诉讼方式清降。

【提高经营管理水平】 坚持信贷严“三管”、守“三关”原则，全面推行标准化办贷。全年共计审查审批贷款121笔，审批金额15.44亿元，出具标准化审查表121份；进行标准化作业监督92笔，核准金额6.4亿元，办贷效率和质量得到明显提高。对办贷全流程严密实施监控，定期考核通报，办贷时间较上年平均缩短了20个工作日。按照评级授信25个检查点，组织培训评级授信工作及后期检查要点，谨慎合规地完成了全辖113户企业评级授信工作。学习眉县合规管理经验做法，促使各县（区）支行认清了差距，强化了合规意识。

（毕恩科）

中国农业发展银行
宝鸡市分行领导成员

行　　长　李成林
副 行 长　何周让　贺　敬
　　　　　任哲一

中国工商银行股份有限公司宝鸡分行

【概况】　2014年，中国工商银行股份有限公司宝鸡分行历经30年的改革发展，已成长为地区内资金实力雄厚、科技优势领先、金融产品丰富以及服务渠道多元化的现代化金融机构，为全市1.56万户对公客户和79.9万户个人客户提供金融服务。单位在岗员工1067人，下辖39家支行、57个营业网点、离行和附行式自助银行77家。至年末，全行存、贷款日均余额分别达到272.63亿元和112.02亿元；全年完成中间业务收入1.54亿元，实现净利润3.17亿元，累计上缴地方财政各项税费1152万元。经营绩效考核在全省工行系统排名第一。分行被市委、市政府授予“2014年度金融业支持地方发展先进单位”；在《华商报·今日宝鸡》举办的2014年度宝鸡“创新发展典范”读者评选活动中荣获“最佳创新服务奖”荣誉称号。

【支持地方经济建设】　全年累计发放各类贷款78.62亿元，其中投放公司项目贷款23.16亿元、流动资金贷款29.34亿元。加大能源、交通、电力等基础设施建设和项目信贷投放，向宝汉高速、大唐电力、中石油天然气等投放贷款16.53亿元，向市中医医院、市中心医院、409医院、扶风县中医医院等4家医疗机构项目融资1.03亿元。协调省行支持，向西宝高速拓宽改造项目及宝汉高速项目投放贷款10亿元。以钛加工、机床、石油机械等产业集团为重点，支持重点产业集群发展壮大，对30多户钛金属材料加工和机床行业投放贷款6亿多元。围绕市委市政府中心工作，做好蟠龙新区、30个省级涉宝建设项目、钛谷交易中心、17家省级产业园区等重点项目建设配套金融服务，组团参加了第十八届中国东西部合作投资贸易洽谈会暨丝绸之路国际博览会，与钛谷有色金属交易中心签订了重大项目合作协议。

【助力小微企业】　在全辖重点支行推广小企业金融业务，针对小微企业融资难特点，推出了适合小企业的网络循环贷款、国内保理、商品融资、发票融资、订单融资等新的融资产品，优先配置信贷资源，满足了小企业的融资需求，解决了企业资金困难。工行小企业贷款客户119户，当年累计投放小企业贷款12.65亿元，年末小企业贷款余额已达8.57亿元，较年初增加1.55亿元，增长22.04%，高于全部贷款增幅10.75个百分点。

2014年1月，工行清姜支行救助网点患病老人

【促进结构调整】　2014年，满足不同阶层城乡居民的住房消费及创业融资需求，全年累计发放个人贷款10.38亿元，个人贷款余额达34.16亿元，较年初净增5.3亿元，增幅18.37%，高于全部贷款增幅7.08个百分点。推广信用卡分期付款和刷卡消费业务，信用卡当年透支额新增2.58亿元，融资余额6.67亿元，其中分期付款余额2.25亿元。以“工银商友俱乐部”为平台，为各类私营业主提供畅通的服务渠道，工行已设立39家商友俱乐部分部，涉及24个专业商品交易市场，会员人数达到2.06万人，当年累计向会员发放贷款4.55亿元，会员贷款余额1.72亿元。

【创新金融服务】　推进城镇化建设和社保、医疗、消费、结算等领域金融创新改革，以银行卡、网上银行、手机银行、融E购、E支付等创新业务为重点，创新金融服务领域。信用卡发卡总量突破14万张，居同业第一，其中当年新发卡3.94万张；新增特约商户804户，商户总数达到2394户，信用卡年累计消费额50.34亿元；个人电子银行客户达到86.37万户，当年电子银行交易额6006亿元，同比增长21.78%。累计办理社保卡开户30.72万张，发卡范围辐射市区和5个县域；锁定全市12家主流医院开展银医卡项目营销，与人民医院合作的银医卡项目在全省实现率先突破；累计发行金融IC卡达28.6万张，已初步构建了涵盖个人结算、金融理财等基础金融服务以及航空里程、美食优惠、高速通行、商务差旅、社会保障等多行业应用和高附加值服务的全系列金融IC卡产品线。

【强化风险控制】　以6个风险点防

控为重点，强化员工行为动态管理和网点运营风险考核，坚持完善机制、管控源头和压降风险多管齐下，加大不良贷款和信用卡不良透支清收力度，不良贷款占比由年初的2.22%降至1.06%，实现余额、占比“双下降”，资产质量全省最优；全行90天以上信用卡不良透支占比为1.54%，较年初下降1.12个百分点；利用先进的CIIS信息管理系统，健全客户信用数据库，加强授信客户数据维护和征信、反洗钱系统应用，向人民银行和同业提供信息，防控信用欺诈等行为。

【提升服务品质】 推进“人民满意银行建设年”活动，年内完成1家网点升格、4家网点原址改造、3家网点迁址、20家自助银行建设工作，全行网点布局更加合理。重视电子渠道发展和柜面业务分流，当年新增、置换77台存取款一体机、34台查询缴费机，全行累计布放自动柜员机、自助终端、网银机、快捷发卡机、95588电话银行、商户POS等各类自助设备4200多台（套），缓解了柜面服务压力，柜面业务可分流率已降至26.9%，较年初下降5.4个百分点。把控制度、流程、操作、执行、管理等5个环节，客户平均业务处理时间缩短到6分钟，客户满意度达到98.34%。

（邹宗明）

中国工商银行股份有限公司宝鸡分行领导成员

行　　长　尚立本

副 行 长　唐　珂　杨永生　张宏亮　赵颖慧

纪委书记　高国庆

行长助理　张文军

中国农业银行股份有限公司宝鸡分行

【概况】 中国农业银行股份有限公司宝鸡分行位于宝鸡市渭滨区经二路南165号，辖18个经营单位，其中16个县级支行，1个分行营业部，1个培训中心。全市拥有83个营业网点，全行自助银行、自助服务终端、POS终端等电子设备投放总量达到1万多台（部），个人电子银行172.2万户，渠道分流率80.9%。其中在县以下乡镇布放“惠农支付通”“农商通”等各类电子机具4381台，覆盖全市100%乡镇、87%以上的行政村。全行个人客户总数超过宝鸡市总人口的一半，成为客户办理金融业务的首选银行，成为宝鸡地区的主流银行。

【支持地方经济发展】 2014年，农行在宝鸡重点招商引资项目、重点项目建设、企业集团发展、小微企业帮扶、民生工程推进等方面做了大量工作。与光谷项目、吉利汽车、宝石机械、南车时代等重点客户达成了合作意向，先后向宝汉高速项目以银团贷款形式投放7.65亿元，并签约中期票据业务；向国电宝鸡发电发放流动资金贷款2.27亿元元，办理纸质承兑汇票8800万元，办理电子承兑汇票1140万元；石油输送管公司累计用信5455万元；为市人民医院医技大楼发放新增流动资金贷款1500万元。中铁宝桥、龙源风电、秦川机床等项目正在向总省行报备审批，支持重点企业转型升级。扶持小微企业，累计投放贷款98656万元，同比多投放20758万元，小微企业贷款增速34.69%，连续5年实现政府和监管部门“两个不低于”目标，贷款余额居“四大行”之首。满足城镇个人消费及创业信贷需求，个人贷款净增3.9亿元，新增信用卡1.01万张，在系统内和宝鸡同业位列前茅。全年在信贷计划紧张的情况下，分行班子成员10多次专程前往北京、西安总省行争取资金计划，信贷投放在全省地市行和宝鸡金融同业中位居前列。全年累计投放各类贷款70.6亿元，年净增18.3亿元，累放数和净增额位居“四大行”第一，增量存贷比133.6%，同比提高70个百分点。

【深化服务“三农”】 结合眉县猕猴桃产业链、扶风苹果产业链、太白蔬菜产业链等区域特色产业金融需求，累计发放猕猴桃产业链贷款10238万元，蔬菜产业链贷款1200万元，在信贷支持产业链发展上领先金融同业，经验做法获得省分行肯定并在全省农行系统推广。支持重点县域支行差异化发展，为恒兴果汁、老牛面粉、秦宝牧业、和氏乳业、新科农业、齐峰果业等全市15户重点农业产业化龙头企业发放贷款6.44亿元，向眉县现代牧业（宝鸡）有限公司新增授信1亿元、太白棓煜兴生态农业新增授信4000万元。创新土地承包经营权抵押贷款业务，辖内眉县支行成功发放两笔土地承包经营权抵押贷款，成为全省首家开办此类贷款业务的金融机构。加强农村金融支付渠道建设，截至2014年末，累计在县以下地区布放“惠农支付通”“农商通”等各类电子机具4381台，覆盖全市100%乡镇、87%以上的行政村，累计发行惠农卡47.8万张，消除了绝大部分偏远山区的农村金融服务“盲区”。全年惠农服务站共发生金融性交易50万笔11.6亿元。

【提升金融服务水平】 举办了宝鸡农行“产品创意大赛”，激发全员创新热情，在省行举办的“金点子”奖创意评选中，宝鸡分行有5项作品获奖，产品创新系统内领先。年内由分行申报的土地承包经营权抵押贷款、农村金融服务“一站通”等自主创新项目顺利落地并有效推动业务发展；“银医通”、非税系统、“全额人民币质押进口押汇+跨境双币通+远期购汇业务”等创新项目研发投产，领先金融同业；在全省首家开办借记卡电子现金功能公交车刷卡业务。全年累计投资600万元，完成标准化改造网点4个，新建成投产离行式自助银行23个，离行式自助设备14个，领先全省平均水平。实施完成了8个网点的IBM软转型项目落地，使全辖软转型网点达到22个，覆盖到了全部支行，在全省文明服务质量检查通报中名列前茅。在全市2014年行风政风民意调查测评中服务满意度达到97%，同比提高10个百分点。加强信贷管理，提高信贷精细化管理水平，年末全行正常贷款占比 99.68%，较年初提高 0.07%，拨备覆盖率 524%，高于全省平均水平。以“大运营、大后台”为改革主线，稳步推进“三化三铁”创建工作，创建平安农行，年内有 3 个县级支行荣获 2014 年度省级“平安示范单位”称号，受奖单位数量居全省农行前列，居全市同业之首。

（赵国威）

中国农业银行股份有限公司宝鸡分行领导成员

行　　长　刘卫锋
副 行 长　熊　方　孙新社
　　　　　梁林科　刘永奇
　　　　　刘晓安

中国银行股份有限公司宝鸡分行

【概况】　2014 年，中国银行股份有限公司宝鸡分行作为一个从外汇外贸专业银行转型的综合性商业银行，做大贸易融资、跨境人民币、保函等特色产品的业务规模，全行实现拨备前利润 17013 万元，较上年增加 4283 万元，实现净利润 12877 万元，较上年增加 3952 万元。国际结算总量为 13.25 亿美元，较上年同期增长 2200.43 万美元，高出全年任务 13 个百分点；国际结算中间业务收入 779.63 万元，做跨境人民币业务 20 亿元，占省行全辖跨境总量的 40.82%。国际结算总量、跨境人民币总量均居全省第一。

【服务能力增强】　支持民生建设，推广“中银民生贷”产品，先后向民生、社会薄弱环节、医疗系统及教育系统投放 6000 多万元贷款，支持当地医院、学校发展。发挥中国银行全球服务优势，办理首笔海外直贷业务，通过海外直贷业务为重点企业融资 10000 万元。发展“网络通宝”及“园保贷”等创新业务，支持当地小微企业发展，与眉县工业园签订授信业务框架合作协议。深化“惠民金融服务”，设立“中银 E 社区”创新产品，实现线上与线下互通。截至 12 月末，全行本外币各项存款余额 100.05 亿元，较上年末增加了 2.33 亿元。其中：人民币各项存款余额 98.30 亿元，较上年新增 5.15 亿元。人民币公司存款余额 41.99 亿元，较上年末增加了 1.01 亿元；储蓄存款余额 56.29 亿元，较上年末新增 4.14 亿元。各项外币存款合计 2854 万美元，实现中间业务收入 2979 万元，较上年同期增加了 109 万元。

2014 年，中行宝鸡分行荣获省行技能比赛第三名

【支持经济发展】　加大对高定价、高收益的中长期项目贷款和中小微型贷款投放力度，拓展“中银信贷工厂”全新业务模式，服务于小微企业。2014 年，“中银信贷工厂”已为全市小微企业投放贷款 2 亿多元。中银信贷工厂的“网络通宝”“民生贷”“园保贷”等业务也陆续落地，为更多小微企业打通绿色发展通道。截至 12 月末，本外币各项贷款余额 38.79 亿元，较上年末新增 5.57 亿元，增幅 16.77%。其中：人民币各项贷款余额 38.52 亿元，较上年末新增 6.79 亿元，增幅 21.40%。在四大行 12 月末市场份额为 10.95%，新增市场份额占比为 15.22%。其中：企业贷款余额 35.21 亿元，较上年末新增 6.59 亿元，小企业贷款余额 18013 万元，较年初新增 7643 万元；企业贷款在四大行年末新增市场占比 22%，居四大行第二位。零售贷款余额 3.29 亿元，较上年末新增 3200 万元。

【保障业务稳健发展】　制定可行的机构和渠道建设规划，成立机构和渠道建设实施小组，设立渠道建设二级团队，确保规划方案按进度推进。截至 2014 年末，已完成了 6 个支行及机构的搬迁改建提升工作。加快自助设备布局，提升自助设备使用率，新建后的 3 个自助银行已投入运营，服务客户能力增强。按照“客户分配到人、业绩统计到人、积分计算到人、激励兑现到人”的量化管理原则，完成了公司客户和个人客户的分配，“网点员工绩效计量系统”投入运用，为后续更好发挥系统功能奠定了基础。

（王伯娟）

中国银行股份有限公司宝鸡分行领导成员

行　　长　李月平
副 行 长　王天良　杜秋玲
　　　　　张小亮

中国建设银行股份有限公司宝鸡分行

【概况】 中国建设银行宝鸡分行是中国建设银行股份有限公司统一法人体制下的二级分行，2014年底，辖有分支机构及营业网点35个，在岗员工635人。2014年，建设银行宝鸡分行围绕全市重点项目建设和"大招商、招大商"活动，发挥金融服务职能，拓宽融资渠道，加大贷款投放力度，提高服务工作效率，支持全市经济和社会发展。全行实现中间业务收入8438万元；实现账面利润3.15亿元，同比增盈4491万元。在市委、市政府目标责任考核中，建设银行宝鸡分行被评为支持地方经济发展先进单位。

【全力支持经济建设】 2014年，建行宝鸡分行围绕支持在建、续建大项目和招商引资项目以及能源基础设施、重点核心制造企业、对外贸易拓展、国防建设、重大民生工程等，加强与政府职能部门和相关领域的沟通联系，做好金融服务工作，加大信贷支持力度。截至12月底，全行累计投放各类信贷资金89.95亿元，当年新增11.3亿元。年末，全行存贷比为47.34%，较年初增长2.23个百分点。

【扶持小微企业】 分行围绕宝鸡"两区多园"和"九大产业集群"的重点区域和重点行业，以搭建批量化服务平台为目标，推进供应链新产品，支持全市中小企业发展。2014年，建行与市工信局、市工商联、中小企业协会、宝鸡钛业协会等共同举办银政、银企座谈会及产品推介会，与市政府联合举办了"建设银行新融资工具产品推介会"，推出了新的融资工具"政府补贴贷"，推广小企业新产品应用。全行累计投放小企业贷款98户127笔、金额7.17万元，小企业贷款余额达到6.45亿元。

【强化个人贷款投放】 2014年，重点支持自住自用和合理改善型个人住房贷款业务，支持保障房等城镇化建设，加强与市城投公司的联系，办理资产收益权为其融资9亿元。发放保障性好、有品质的经济适用房贷款。全年个人贷款新增2.45亿元，余额26亿元，满足了宝鸡个人住房资金需求。全年累计发放公积金个人住房贷款1.4亿元，个人公积金贷款余额5.48亿元，较年初增长8723万元。

【产品创新取得实效】 2014年，分行使用资产收益权工具单笔为宝鸡城投公司融资9亿元，成为全省建行系统单笔业务金融最大的一笔。在全省系统开办了"跨境结汇通"业务和贸易融资组合产品"存贷盈"业务。针对享受各种财政资金补贴的小微企业客户，推出了新的融资工具——"政府补贴贷"，在支持园区民营企业方面做了尝试。与凤翔县工业园区、眉县科技工业园、高新区高端石油装备产业园、宝鸡金台工业基地办公室建立了4个"助保贷"业务合作平台，为凤翔县工业园区1户企业发放"助保贷"流动资金贷款1000万元。

【提升服务能力】 2014年，分行加大网点建设和自助设备投入，对宝十路储蓄所和陈仓群力路分理处等老旧网点进行了搬迁改造，成立了联盟路支行及千渭星城分理处。将宏文路储蓄所、新福路分理处升格为支行，提升了支行网点的客户服务能力。加快自助设备布放，全年先后新设三陆医院、植物园、蔡家坡等自助银行12个，新增自助设备34台，自助设备总数达到了157台，延伸了客户服务空间及时间。实施了宝鸡文理学院的"校园一卡通项目"，以及与宝鸡市中心医院开发的"健康龙卡"项目，打造了新的服务平台。支持宝鸡市最大的保障房项目"金河尚居"小区，开通了缴费平台，并与"宝鸡钛谷交易中心"签订了"E商贸通"合作协议，实现了双方数据端口实时对接，把金融服务的便捷性普及到了社区、企业。

【丰富企业文化内涵】 2014年，投资18万元对部分经营网点和太白路、经一路的楼体进行了亮化。向北坡森林公园绿化提供资金5万元，向麟游县、陇县、陈仓区西山的三个贫困村捐资14万元。为老旧住宅小区集中维修整治和改造项目提供了218万元的资金支持。

（曾贤德）

中国建设银行股份有限公司宝鸡分行领导成员

行　长　牛哲宁
副行长　乔　鹏　高　林　王　力　牛立睿

长安银行宝鸡分行

【概况】 长安银行股份有限公司宝鸡分行位于渭滨区公园路88号，成立于2009年7月31日，截至2014年末，辖属分支机构及营业网点23个，在岗员工556人。2014年，宝鸡分行按照"抓改革，提质效"思路，以调整业务结构，夯实发展基础为指导，全年新增存款30.04亿元，余额达到161.25亿元，新增贷款25.56亿元，余额达到112.80亿元。在市委、市政府目标责任考核中，被评为"优秀金融机构"，获得了"纳税先进企业"等荣誉。

【经营效益稳步增长】 2014年，宝鸡分行按照"差异化"原则配置资源，加强财务约束细化成本管理，通过业务创新，深化与同业机构的合作力度，拓展业务种类，改善资产负债结构，开辟新的盈利空间。全年实现中间业务收入11552万元，较上年增加1957万元，完成目标任务的105.02%，累计实现经营利润4.11亿元，完成目标任务的158.08%

【支持地方经济发展】 2014年，分行向宝鸡市重大民生工程提供信贷支持，先后向宝鸡市保障房建设项目、凤翔县热力公司建设项目、太白县焙煜兴农业产业项目、宝鸡市口腔医院异地搬迁项目累计投放贷款3.58亿元。支持地方政府重点项目建设，先后发放了宝鸡市人民商场经营性物业项目贷款、石鼓文化产业·太阳市项目贷款、金田置业石坝河片区棚改项目贷款、德奥达奥迪4S店项目贷款共计5.04亿元，保障了重点项目建设进度。

【提升风险管理水平】 2014年，面对市场多变和下行，以控风险、促发展为主题开展工作。通过对贷款利率定价机制、新客户准入制度等相关制度进行修订、完善，加大相关惩戒力度等手段，对分行内控管理制度进行了强化，截至2014年末，不良贷款余额180万元，不良贷款比例0.02%，低于上级行对不良贷款的管理要求，特定资产本息合计收回341万元。

【关注公益事业】 2014年，分行响应市委、市政府“慈善一日捐”活动的倡议，发动全行职工为包扶贫困村的贫困户及困难大学生进行捐助，全行职工两次捐助共计近13万元。全市创文工作开始后，投入30多万元完善了各营业网点的硬件设施，加大了对员工创文知识及服务技能培训，向总行争取资金150万元，资助宝鸡市老旧小区改造，树立了良好的社会形象。

（郭　亮）

长安银行股份有限公司宝鸡分行领导成员

行　　长　解志炯
副 行 长　叶　晨　张　巍
　　　　　　关建平
纪委书记　靳辉平

陕西省农村信用社联合社宝鸡办事处

【概况】 陕西省农村信用社联合社宝鸡办事处成立于2004年10月27日，辖12家县级法人联社（农村商业银行）、256个营业网点，从业人员2417人。2014年，全市农村合作金融机构紧盯负债结构优化、实体贷款投放不放松，强化不良贷款清降、业务风险防控不动摇，负债规模、贷款总量、财务效益稳步提升。宝鸡信合年度纳税总额达到2.31亿元。渭滨区、陇县农商银行成功挂牌开业，眉县联社筹建农商银行工作获得银监会批复，千阳县、麟游县联社组建农商银行工作报银监会核批。办事处被市委、市政府评为“目标责任考核优秀单位”“支持地方经济发展先进单位”等多项荣誉。12家县级机构荣获县市级以上各类荣誉104项。

【各项业务稳健发展】 2014年，办事处确立“优结构、稳增长、提份额”的发展思路，开展对公存款对手赛、电子银行业务竞赛、存款利率1.2倍一浮到顶宣传等活动，成功代理市级财政资金集散账户，回笼资金3.87亿元。截至2014年末，各项存款余额457.61亿元，较年初净增59.45亿元，增长14.93%，市场份额为24.95%；各项贷款余额252.97亿元，较年初净增33.68亿元，其中小微企业贷款新增19.01亿元，余额达到123.91亿元，贷款市场份额为28.59%，存贷款余额、增量、增幅、市场份额位居全市同业首位。实现财务总收入32.67亿元，同比增收5.66亿元，实现账面利润5.04亿元，考核利润8.79亿元，富余资金营运收益3.58亿元，创历年之最。优化主要监管指标，拨备覆盖率达到132.21%，年末资本充足率20.72%，核心资本充足率16.08%，贷款损失准备充足率267.15%，同比增加9.8、7.89、16.59个百分点。

【“三农”经济支持力度加大】 调整信贷投向，重点支持一村一品、一县一业、现代农业、农村基础设施、农村消费、新农村建设及县域涉农中小微企业发展。在办事处和市农机局联合推介下，启动219.43万元农机具购置补贴贷款。成功办理全省金融业最大额、全市首单4亿元支小再贷款，3亿元支农再贴现贷款。全市共创建信用镇10个，信用村414个，为64.67万农户建立资信档案，评定信用户53.17万户，年累计发放农户小额信用贷款35.82亿元。累计发放涉农贷款183.7亿元（其中农户贷款105.6亿元、涉农企业贷款78.1亿元），重点支持了眉县的猕猴桃，扶风县、凤翔县的苹果、辣椒，陈仓区、太白县的大棚设施蔬菜，陇县奶牛繁育等种养殖加工业。累计支持农业产业化龙头企业58个，专业大户3300多户、特色农业基地30个，各类农村经济组织、农民专业合作社贷款余额高达78.1亿元。

【支持地方经济和社会事业发展】 以中小微企业批量授信和优质社团贷款项目发放为抓手，为全市2385户法人客户批量评级授信152亿元，年内新增授信客户303户37亿元，与金台区西府管委会、陈仓安徽商会、西安凤翔商会签订银企“合作框架协议”。实行信贷利率浮动定价和产品创新，为宝鸡市中小微企业群、“高新天下汇”“光明村旧城改造”“海浪锅炉”“宝鸡聚丰集团”“轩苑房地产城中村改造”等建设项目授信5.53亿元，为眉县建材企业群、常兴纺织企业群等园区、小微企业群新增授信1.2亿元，向高新钛工业园、汽车工业园区企业、西凤酒厂发放贷款1.4亿元，支持了一批重点项目建设和龙头企业。履行社会义务，发放扶贫贴息贷款7700万元；投放创业促就业贷款4.35亿元，余额达到8.6亿元，帮助近1.2万群众创业。

【科技服务系统日臻完善】 重视信息科技维护管理，投入资金320余万元，完成市中心机房搬迁改造、3G拨号无线路由更换、WIFI网络服务接入等重要工作任务，实现了远程集中授权系统、资金业务系统、二代支付系统升级上线。打造“陕西信合富秦卡”品牌，构建网上银行、手机银行、ATM自助服务、POS收单、电话银行7×24小时多渠道综合金融服务体系，优化支付服务环境，全市

256个网点已全部开通网银业务，签约个人网银10.94万户、企业网银2393户，手机银行和电话银行35.63万户，电子银行类新业务交易达到141.52万笔379.5亿元，非柜面业务替代率提高到19.74%。累计设立便民金融服务点1324个，新增ATM和存取款一体机116台、POS终端1293台；银行卡累计发行量突破189万张，卡存款余额62.1亿元，家乐卡8.01万张，授信总额达到24.17亿元。

【管理保障效能凸显】 抓冒名贷款专项治理和不良贷款清收问责，完成冒名贷款平移及信息纠改，打包处置1.72亿元不良贷款。强化安全保卫，开展突发事件应急演练683次，安全检查2675次，投入990万元更换安全设施和防卫器材，安装视频监控探头283个，加装自助设备防护舱202个，12家机构全部实现县域视频联网。开展各类序时、专项稽核和飞行检查、非现场监察1053社次，经济处罚531人次12.63万元。坚持监事长例会制，组织案件风险排查36次，排查高管人员64人，交流审计领导干部56人，未发生一起群体上访及安全风险隐患案件。

【公众满意度持续增强】 办事处机关、渭滨农商银行完成整体新址搬迁，金台联社等3个机构的机关装修后投入使用，7家机构21个网点改建装修工程全部完工，标准化网点建设步伐加快。围绕“陕西信合深化改革发展十周年”宣传契机，承办“情系三农·文化惠民”送戏下乡演出，投身爱心捐助、扶贫帮困、感恩慰问公益事业，捐款捐物逾百万元。制作“金融聚焦”信合专题报道，加强《宝鸡信合》图文音像宣传，网站年累计访问量超过10万人次。

（潘　敏）

陕西省农村信用社联合社宝鸡办事处领导成员

主　任　田敏义
副主任　赵玉林

宝鸡保险行业协会

【概况】 宝鸡市保险行业协会在陕西保监局和市委、市政府的领导下，在省保险行业协会指导下，贯彻党的十八届三中、四中全会和全国、全省保险监管工作会议精神，坚持“抓服务、严监管、促发展”的总体要求，加强行业自律，加大行业宣传，以提升行业整体形象，以狠抓理赔服务质量为切入点，妥善处理理赔投诉，在市政府随即调查测评问卷考核中达到98%的满意度。至2014年底，全市有35家保险公司，其中：财险17家，寿险18家，就业员工1.3万人。截至12月底，全市保险行业实现保费收入总规模达48.52亿元，同比增长18.46%；财险公司实现保费收入10.94亿元，同比增长16.76%，其中农业险保费收入7652.23万元，赔付3316.34万元，赔付率43.34%；寿险公司实现保费收入37.58亿元，同比增长18.96%；赔款及给付总计14.88亿元，同比增长29.27%，其中财险赔付6.1亿元，同比增长23.23%，寿险赔款及给付8.78亿元，同比增长33.84%。保险深度2.93%，保险密度为1294.22元。

【为会员单位提供政策导向】 协会组织会员单位学习传达监管政策，提供正确的政策导向，避免出现监管风险。一是组织会员学习全国、全省保险监管工作会议精神，认真贯彻2014年治理全省销售误导、理赔难及中介业务等工作重点，组织会员公司围绕工作重点进行自查自纠和整改。根据反垄断法规政策及保监局监管要求，对费率、手续费等现行监管政策进行了修改或废止。二是落实全省反保险欺诈工作会议精神，参与疑似保险欺诈案件的分析判断及破解工作，成功避免了2起保险欺诈案件。三是保护消费者合法权益。专题召开全辖各会员公司承保理赔工作人员座谈会，学习《中国保监会关于加强保险消费者权益保护工作的意见》精神，并就各公司理赔工作中存在的问题与原因进行了交流与分析。建立了理赔查勘、承保人员微信平台，实现了理赔服务信息共享，为杜绝骗保和骗赔案件的发生提供了技术支持，为提高理赔质量奠定了基础。四是及时通报市政府医疗事故纠纷调处机制购买保险服务的意向和动态，使会员公司根据业务范围提前做好承保服务工作。为深入贯彻落实全省保险监管工作会议精神，协会对辖内的35家产、寿险保险公司的销售行为合规性、客户信息真实性、从业人员流动情况、财务费用管理情况等方面进行了现场自律检查。产、寿险现场检查历时82天，通过检查汇总，使公司总经理客观掌握公司存在的问题，积极整改并对相关责任人及负责人经济处罚共计110540元。按照全省标准化服务网点评审工作的要求，成立宝鸡市产、寿险行业标准服务网点初审工作小组，对各公司推荐网点逐个进行现场考察和初审，经报省协会批准产险9家、寿险14家被分别授予“标准服务网点”和“2A-4A标准化服务网点”。五是通过对国务院《新国十条》深入学习，使各公司明确了保险业发展的方向。六是通过每月收集保险监管方针政策、案例动态、经验做法以《总经理参阅件》为各公司提供正确的政策导向，使保险监管警钟长鸣。

【交强险案件实行分项限额判决】 受司法环境不利的影响，交强险司法不分项判决直接导致保险公司经营业绩、考核指标的下滑，有的因此多次受到上级公司的考核处罚，甚至冲减10%的赔款准备金的额度，使会员公司难以承受。协会在听取和收集意见建议的基础上，寻找司法依据，搜集典型案例，呈文论证，多管齐下逐步得到突破。一是召开司法座谈会，用保险公司的呼声影响法官审理案件的传统思维；二是通过仲裁案件的平台，邀请法院领导及法官倾听保险仲裁案件的法理分析，转变司法部门的审判理念；三是与仲裁委充分沟通达成分项裁决的统一认识；四是用案例佐证分项判决的正确性。最终司法部门接受了协会的意见，决定从2014年7月1日起，新立案交强险案件，实行分项限额判决，仅此一项，全年给全市保险公司节约赔款支出3000多万元。

【反映保险行业利益的诉求】　国务院财政部在宝鸡地区召开农险调研会，协会在《政策性农业保险试点工作的现状问题和对策》调查报告中，针对县级财政困难，配套资金不到位，制约理赔，影响保险公司声誉的问题提出了增加中、省保费补贴比例，减免县级保费补贴的建议，引起了财政部调研组的关注。最终国家在修改支持“三农”保险的顶层政策时给予认可。

【搞好信访投诉调处工作】　为公平、公正维护客户合法权益，协会先后两次派人参加中保协信访投诉调处培训，学习和准确掌握法律法规，以维护保险公司和客户双方利益为出发点，坚持“依法辨是非，以情调纠纷”，化解当事人双方的矛盾。年内共接受各类保险政策信息咨询95件，投诉案件81件，结案率达到100%。为了创造更好的司法环境，协会先后与市消协、市仲裁委建立了保险纠纷联动机制；与法院对接车险理赔服务规则和流程，实现了司法判决与保险实务的有效对接；与市经侦支队联合成立“反保险欺诈工作站”，在陕西省保险行业秘书长联席会上，宝鸡专题介绍了经验，并在全省推广。

【扩大保险宣传效果】　成立“3·15”维护消费者权益和“7·8全国保险公众宣传日”宣传活动领导小组，统一安排，确保宣传工作落实到位。组织各公司根据自身情况在营业场所、公园广场、社区街道以宣传专栏、展板、海报、悬挂横幅、折页、宣传单、播放短片和电子显示屏等方式，开展“新消法、新权益、新责任”“保险让生活更美好”为主题的宣传活动，向广大群众散发《车险理赔指南》《大病医疗保险赔付指南》《反洗钱法宣传资料》等各类宣传资料15万份；设立“总经理接待日”由公司领导亲自接待前来咨询或投诉的客户。组织清理对信访投诉未办结案件、积压赔案等进行了大排查，重点案件安排专人登门沟通交换意见，妥善处理，化解矛盾纠纷。为提高会员公司保护客户权益的意识，邀请市消费者协会就新修订的《中华人民共和国消费者权益保护法》等相关法律进行了讲解，并结合平时在调处保险消费纠纷中的体会和操作技巧进行了交流。参加全市公安机关打击和防范经济犯罪宣传日活动，协会制作了典型保险案例宣传展板，以实际案例告知广大市民“防范保险诈骗、保护保险权益”“打击非法集资、保护公众利益”的相关知识及注意事项，向过往群众散发各类宣传册、宣传单2万多份。

（王秀娟）

宝鸡市财险类公司人员表

序号	单位名称	单位地址	总经理
1	中国人民财产保险股份有限公司宝鸡市分公司	宝鸡市经二路161号保险大厦	王晓林
2	中国太平洋财产保险股份有限公司宝鸡中心支公司	宝鸡市火炬路东段公路局13号7楼	赵益军
3	中国平安财产保险股份有限公司宝鸡支公司	宝鸡市公园路75号建行大厦3楼	王宏强
4	永安财产保险股份有限公司宝鸡中心支公司	宝鸡市经二路天同国际A座23楼	范继勇
5	中华联合财产保险公司宝鸡中心支公司	宝鸡市滨河大道1号新广电大厦1、2层	史晓玲
6	天安保险股份有限公司宝鸡中心支公司	宝鸡市火炬路东段13号公路局9楼	陈明全
7	中国大地财产保险股份有限公司宝鸡中心支公司	宝鸡市同盟路1号金台地税局综合楼1-2楼	李　军
8	安邦财产保险股份有限公司宝鸡中心支公司	宝鸡市太白路1号绿舟锦园小区	乔　杰
9	太平财产保险有限公司宝鸡支公司	宝鸡市经二路106号宝鸡汽车车站综合楼3层	任永宏
10	阳光财产保险有限公司宝鸡中心支公司	宝鸡市金台大道4号	杨　勇
11	中银保险有限公司宝鸡中心支公司	宝鸡市开发区火炬路1号中行大厦	赵淑英
12	安诚财产保险股份有限公司宝鸡中心支公司	宝鸡市西凤路1号工商局院内计生局2楼	张娟莉
13	英大泰和财产保险股份有限公司宝鸡中心支公司	宝鸡市经二路95号渭滨工行综合楼3楼	王建让

续表

序号	单 位 名 称	单 位 地 址	总经理
14	永诚财产保险股份有限公司宝鸡中心支公司	宝鸡市广元路1号盐业公司大楼三层	刘 斌
15	中国人寿财产保险股份有限公司宝鸡中心支公司	宝鸡市经二路109号	刘少康
16	华安财产保险股份有限公司宝鸡中心支公司	市金台区冠森安然之家4层东侧	卯思源
17	中航安盟财产有限公司宝鸡中心支公司	宝鸡市高新大道50号（财富大厦A座14层）	魏永林

宝鸡市寿险类公司人员表

序号	单 位 名 称	单 位 地 址	总经理
1	中国人寿保险股份有限公司宝鸡分公司	宝鸡市经二路161号保险大厦	张东周
2	中国太平洋人寿保险股份有限公司宝鸡中心支公司	宝鸡市经二路155号（国贸西侧建行4楼）	张付海
3	中国平安人寿保险股份有限公司宝鸡中心支公司	宝鸡市经二路东段8号书城3-4楼	吴 冰
4	泰康人寿保险股份有限公司宝鸡中心支公司	宝鸡市火炬路东段13号公路管理局西楼1-2楼	王 拓
5	新华人寿保险股份有限公司宝鸡中心支公司	宝鸡市经二路106号宝运大厦3-8楼	鱼西艳
6	中国人民人寿保险股份有限公司宝鸡市分公司	宝鸡市金台大道15号电信广场12楼东厅	项能庆
7	太平人寿保险有限公司宝鸡中心支公司	宝鸡市火炬路3号华星科技办公楼1、2、3层	马 俊
8	华夏人寿保险股份有限宝鸡中心支公司	宝鸡市经二路164号	韩 斌
9	合众人寿保险股份有限公司宝鸡中心支公司	宝鸡市渭滨区迎宾路1号楼投资大厦14层	徐 磊
10	中国人民健康保险股份有限公司宝鸡中心支公司	宝鸡市经二路109号（原市委4楼）	李永辉
11	幸福人寿保险股份有限公司宝鸡中心支公司	宝鸡市公园路75号建行办公楼4楼	权 帅
12	阳光人寿保险股份有限公司宝鸡中心支公司	市金台大道4号规划局综合楼东二层	葛永刚
13	民生人寿保险股份有限公司宝鸡中心支公司	宝鸡市经二路162号开元大厦5楼	米晓波
14	生命人寿保险股份有限公司宝鸡中心支公司	宝鸡市渭滨区汉中路南段西侧1号聚丰大厦五楼	杨 鹏
15	英大泰和人寿保险股份有限公司宝鸡中心支公司	宝鸡市经二路18号天同国际A座9楼	
16	农银人寿保险有限公司宝鸡中心支公司	宝鸡市渭滨区广园路10号嘉庆大厦十五楼	黄 虹
17	中新大东方人寿保险有限公司宝鸡中心支公司	宝鸡市渭滨区经二路45号东方国际十楼	白 刚
18	中意人寿保险有限公司宝鸡中心支公司	宝鸡市渭滨区经二路18号天同国际A座12楼	邱国庆

中国人民财产保险股份有限公司宝鸡市分公司

【概况】　中国人民财产保险股份有限公司宝鸡市分公司是中国人保集团所属子公司在宝鸡的经营机构。现有合同制员工 204 人，派遣员工 143 人，营销员 590 人。公司主要经营范围包括：财产保险、责任保险、信用保险（出口信用保险除外）、意外伤害保险、短期健康保险、保证保险等保险业务，业务覆盖和渗透到日常生活、交通运输、农业生产、工矿企业以及关系百姓的人身保障、机动车辆、“菜篮子”及“米袋子”工程等宝鸡社会经济发展和人民生活的各个方面，公司独家承办市政府交办的全市城乡居民大病医疗保险，同时还承办了农业保险、环境污染险、社会治安险、医疗责任险、民生保险和专利保险等一系列政策性保险业务。公司下辖 16 家支公司和 36 家营业网点，兼业代理机构近百个；建成三农营销服务部 9 家，71 个乡镇级保险服务站，512 个村级保险服务店，覆盖率 100%。中国人保财险宝鸡市分公司是宝鸡地区实力最强、机构最多、服务最好、信誉最优的财险公司，是全市历史最长、规模最大、专业水平最高的中央直属国有保险公司，是全市与政府长期合作开展政策性保险的公司，是全市唯一涉及乡村和社区的保险机构，市场份额占据宝鸡财险行业 17 家公司的半壁江山。2014 年，公司以“人民保险、服务人民”为使命，秉承“以人为本、诚信服务、价值至上、永续经营”的经营理念，弘扬“求实、诚信、拼搏、创新”的企业文化，履行优秀企业公民责任，为促进改革、保障经济、稳定社会、造福人民提供了强大的保险保障。全年实现保费收入 48918 万元，累计赔款支出 30600 万元，案件处理率达到 100.74%，客户满意度居全市行业第一，公司被宝鸡市人民政府授予 2014 年度“金融业支持地方发展先进单位”“诚信守法企业”称号，这是市委、市政府颁发给保险行业的唯一奖牌。公司还荣获集团公司“农业保险开拓奖”“交叉互动团结协作奖”“优秀职工之家”称号，荣获“省公司学习型组织演讲大赛第一名”“销售技能大赛二等奖”等奖励。

【承办全市城乡居民大病医疗保险】2014年，中国人保财险宝鸡市分公司经办宝鸡市城乡居民大病医疗保险，建立了运行机制和管理模式，在全市 3 区 9 县设立了 21 个一站式“直通车”服务经办窗口，实现了新大病保险与原大病救助的平稳过渡和无缝对接，走在了全省前列，全市 309 万城乡居民得到大病医疗保险保障。全年共报付 10925 人次，金额 7367 万元，达到了市政府提出的“群众满意、医院满意、公司满意、政府放心”的目标。2014 年，国务院督查室、中国保监会、陕西保监局，省人社厅、省发改委、咸阳、渭南市政府领导先后莅临宝鸡调研指导大病医疗保险工作，对公司大病保险承办工作给予了肯定。中国保险报、陕西日报、陕西电视台、宝鸡电视台都先后对公司的大病保险进行了专题报道。

【惠民政策支持三农产业建设】　2014 年，中国人保财险宝鸡市分公司在服务三农方面拓宽农业保险服务领域，在原有能繁母猪、奶牛、小麦、玉米、森林、苹果、“银富宝”大棚蔬菜等险种的基础上，增加了核桃保险。全年公司农业保险实现保费收入 3350.8 万元，承办的能繁母猪保险，共承保 53563 头，提供 0.53 亿的风险保障；奶牛共承保 21457 头，提供 1.29 亿的风险保障；玉米共承保 26.51 万亩，提供 1.06 亿的风险保障；小麦共承保 43.41 万亩，提供 1.74 亿的风险保障；苹果保险共承保 1051 亩，提供 0.1 亿的风险保障；设施蔬菜“银保富”保险，承保 7825 亩，提供 8.9 亿元风险保障；承保森林 378 万亩，提供 15.12 亿元的风险保障。2014 年，该公司首次试点承保核桃保险，承保 1674 户，共提供 0.016 亿元的风险保障；全年该司共为全市 156116 为农户的农业生产提供了 28.756 亿元的风险保障，理赔农险案件 5131 起，为全市 23267 户农户支付赔款近 2600 万元。2014 年春、夏季，各县区不同程度地受到了干旱灾害性气候的影响，特别是 7、8 月，玉米受灾面积较大，局部地区灾情严重、损失巨大。为了抓好参保农作物的受灾损失测算工作，宝鸡市分公司安排部署，各县区支公司组织了由县乡农经部门人员参加查勘工作组，及时对受灾农作物进行了现场勘查和取证，并进行初步定损，为合理赔付提供了依据。数据显示，全市全年参保玉米核灾定损面积 20 万亩，占该公司玉米承保面积的 77%，已核赔付 230 多万元，占玉米保费总额的 45%。

【服务重点项目】　2014 年初，市政府下发《关于印发宝鸡市一元民生保险实施方案的通知》，全市一元民生保险实现保费 229.5 万元，成为公司业务发展一个新的增长点。扎实推进农险、医疗、环污、专利、农房、治安、教育系统等政策性险种，服务全市重点项目，保障社会经济稳定发展。在宝鸡市金融业服务三农发展现场会和国务院督查室调研座谈会上，市政府分管市长分别对该公司发挥国有大公司作用、支持三农发展给予了充分肯定。

【树立服务理念】　2014 年，宝鸡公司践行“人民保险、服务人民”的企业宗旨，宣传树立“以客户为中心”的服务理念，按照公司“打造人保财险升级版、建立以客户为中心的运营机制”的转型目标，提出了“个险业务靠服务，依靠服务赢市场”的发展战略，制定了客服人员服务质量考评办法，每季度由客服人员进行服务述职，各公司经理室和员工代表考评打分，对服务意识好、业务技能强、客户满意度高、考评优秀的客服人员给予奖励；对于服务意识差、业务技能弱、客户员工满意度低、考评不合格的客服人员，将进行组织处理。分公司总经理室成员和相关部门负责人组成检查组，坚持对事关公司美誉度的和客户意见集中的查勘、定损、理赔环节进行明察暗访，全市综合赔付率为70.35%，较上年同期上升2.64个百分点。案件处理率达到100.70%，未决赔案（滞案率）同比下降0.16%，理赔综合考核指标列连续三年居全省第一。2014年，在全国月度地市公司理赔质量指标考核中取得第80名的好成绩，是陕西省唯一一家进入全国前100名的分公司。

（蔡雅栋）

中国人民财产保险股份有限公司宝鸡市分公司领导成员

总　经　理　王晓林
副总经理　郝朝阳　张录怀
总经理助理　李　军

中国人寿保险股份有限公司宝鸡分公司

【概况】　中国人寿保险股份有限公司宝鸡分公司是中国人寿保险股份有限公司在宝鸡的分支机构，拥有17个县（区）支公司、92个乡镇营销服务部、312个银邮代理网点，372名员工、2958名销售人员。2014年，实现保费收入10.60亿元，首年新单保费3.64亿元，标准保费6012.5万元，短险业务（含意外、健康）保费4296.87万元，全年共处理赔案13932件，结案率达99.99%，保费续收率98%以上。2014年，宝鸡国寿获得总公司“优质服务先进集体”；被陕西省计划生育协会授予全省计生保险工作先进单位；被宝鸡市委、市政府授予金融业支持地方发展先进单位。

【用心服务】　2014年，宝鸡国寿创新服务模式，开拓服务领域，共为31.3万客户提供理赔和满期给付服务，给付金额达6.47亿元，为超过30万客户提供“多对多”服务，全年纳税金额657万元。通过中国人寿服务热线95519、保险消费者维权热线12378等客户服务渠道，回应社会公众关切的问题，让老百姓放心、安心、明明白白买保险。倾听消费者对保险产品的需求和对保险服务的心声，主动提供产品咨询并接受投诉建议，向社会公众广泛普及保险消费知识和维权知识，开展以投保提示和风险提示为主的保险消费教育，向社会公开服务承诺。与宝鸡电视台联合摄制《金融聚焦》专题节目，让公众了解保险承保、理赔、投资等各环节，感受到公司承担和履行的社会责任，增进公众对公司的了解和对保险业务的理解，让公众切身体验到保险“以人为本”的服务理念和人性化的服务举措，改善公众对保险的认知，提升行业和公司形象。为提高服务效率，公司健全管理制度，优化运营流程，规范操作标准，完善服务体系，提高服务质量。按照“服务零差错、满意百分百”的服务标准，完善保全理赔短信系统，累计开通91项服务功能，实现24小时电话服务。公司连续八年组织“6·16”国寿客户节系列活动，先后开展了国寿“1+N”、服务质量年、服务伴你行、国寿大讲堂等活动，组织开展了“牵手国寿‘爱’住我家”VIP客户生日礼品赠送活动。举办“健康·环保”、“运动·快乐”、“梦想·家园”主题少儿绘画等公益活动，全方位提升广大客户的服务感知度和满意度。

【认真履职】　宝鸡国寿始终秉持“撒播爱心、造福社会”的价值理念，勇担社会责任，服务“三农”。通过大力推广“新农小”等惠农保险服务，为25.1万人口提供基本保障，赔付金额506.6万元；为独生子女、双女户等家庭提供保险保障服务31960人次，累计赔付157人次，赔付金额31.24万元。服务地方经济，解决城乡人口就业问题，2014年新增提供1351个就业岗位，为82名大学生提供就业实习岗位，并投入100多万元资金开展诚信服务技能培训。通过与市委组织部的沟通和联系，为全市523名大学生办理了意外伤害保险。在社会公益方面，为政府分忧，为百姓解难，参与因各种自然灾害和意外事故引起的贫灾救助活动。全力推进驻村扶贫工作，慰问贫困户，送去慰问金，米面油等；参加义务植树造林活动，保护生态，美化环境；向宝鸡市慈善总会捐款1万元；向街道办、社区等工作人员和县区部分低收入人群赠送意外保障20余万人次；向中小学贫困学生捐赠校服等学习和生活用品800人次；深入老年公寓、敬老院，开展敬老爱老慰问活动。

【秉承诚信】　宝鸡国寿竭诚为广大城乡群众提供规范、专业的优质服务，不断深化诚信建设，坚守客户至上原则。为不断完善法人治理结构，

2014年3月15日，国寿宝鸡分公司“3·15”宣传活动

宝鸡国寿建立了完备的多层次内部控制与风险管理体系，并发挥在全市寿险行业的引领作用，推进销售队伍诚信教育的制度化、日常化和规范化建设，深入开展了“防范经营风险”“明明白白买保险”“消费者投保提示宣传周”“9·16诚信合规日”“保险公众宣传日”“诚信我为先”“合规执业、远离违规”等主题教育活动，持续开展了服务质量升级达标活动，提升全员的专业服务水平和职业道德素养。

（王玉红）

中国人寿保险股份有限公司宝鸡分公司领导成员

总　经　理　张东周

副 总 经 理　赵红玲　孙　鹏　王　沛

中国太平洋财产保险股份有限公司宝鸡中心支公司

【概况】　中国太平洋财产保险股份有限公司是中国太平洋保险（集团）股份有限公司（中国太保，SH601601）的控股子公司，总部设在上海市。中国太平洋财产保险股份有限公司宝鸡中心支公司是陕西分公司设立在宝鸡市的分支机构，成立于1996年3月30日。公司前身为中国太平洋保险公司宝鸡办事处，1998年2月更名为中国太平洋保险公司宝鸡支公司，2000年因太平洋保险产、寿险分业经营，公司更名为中国太平洋财产保险公司宝鸡支公司，2002年1月，公司升格为中国太平洋财产保险股份有限公司宝鸡中心支公司至今。现办公地址位于宝鸡市火炬路东段13号宝鸡公路管理局七楼。公司现设有销售管理部、客户服务部、财务部、综合管理部、新渠道业务部等5个内务部门，同时下辖扶风、眉县、陈仓、岐山、凤翔等5个支公司，为了便于客户服务，太平洋寿险设有服务专员。公司现有合同制员工53人，其中总经理室成员2人，大专以上学历人员41人，占机构总人数的77%，还有营销人员20人。2014年实现保费收入5804万元，赔款支出3822万元。2014年4月，中支公司因在2013年度经营行为规范，主动配合金融工作，为宝鸡经济发展做出突出贡献，获得人民银行宝鸡支行授予的“宝鸡保险业金融机构综合评价A类机构”称号。

【加强合规管理开展宣传】　2014年，公司加强合规管理，各部门组织开展了“重合规、防风险、优管理”自查自纠、2014年度风险排查、2014年度风险和内控自查、机构管理自查自纠、中介市场清理整顿等合规管理自查工作，并开展“打击非法集资”主题系列宣传活动、2014年“反欺诈、反舞弊、反洗钱”专题宣传月活动及“重合规、优服务、促转型”合规竞赛活动。11月至12月，开展了反洗钱专题宣传活动，以日常反洗钱宣传和现场宣传结合的方法，宣传了反洗钱工作的重要性。

【加强业务管理】　2014年9月，宝鸡地税车管分局对公司2011年至2013年涉税情况进行了检查，公司按时按量缴纳相应税款，未出现严重问题。11月，太平洋保险集团审计中心西北区审计部年度审计组对公司2013至2014年前三季度经营情况进行了例行审计，公司提前准备，审计工作顺利进行，公司根据现场审计情况完善相关资料，细化相关工作。同时，宝鸡保险协会一年一度的行业自律检查正常开展，公司除业务基础工作需进一步扎实以外，无较大问题的发生。

【加强理赔管理】　根据上级公司理赔要求，公司以绩效考核为导向，强化考核管理力度，优化岗位配置，全面提高理赔岗位综合素质，提升了理赔人员的工作积极性及主动性。同时通过招聘新人充实理赔队伍，增加理赔活力，定编定岗；划定查勘区域，责任到人，垂直管理；开展技能培训，组织查勘技能比武，查缺补漏提高查勘员业务技能，增强了理赔员工的风险识别和风险防范能力；应用绩效导向，加强考核力度，缩短理赔时效，提高了理赔服务质量，缩短了结案周期；利用3G移动视频，以优质、快捷的理赔服务赢得了客户的赞誉，理赔各项指标在分公司处于领先地位。

【提高服务质量】　2014年，各公司业务竞争尤其激烈，保费差异不大的情况下，服务成为客户选择投保公司的重要因素。公司加强管理，教育员工遵章守纪，统一着装、佩戴工作卡，微笑热情服务、言行文明礼貌，办公环境整洁干净，并且对以上工作的落实情况制定奖罚制度，奖励先进，处罚后进。公司贯彻太平洋保险“以客户需求为导向”的转型战略，坚持“二线服务于一线，领导服务于员工，全员服务于客户”的理念，细分客户，推行客户服务差异化，注重客户体验，提升客户黏度，降低老客户流失率。

【学习“新国十条”】　2014年9月，《国务院关于加快发展现代保险服务业的若干意见》（简称“新国十条”）颁布实施，公司及时做好宣传学习，并制定相应的工作计划和落实措施，确保员工对“新国十条”的正确理解。同时，公司组织员工参加分公司“新国十条”知识竞赛，取得较好成绩，巩固了学习效果。

【加强基层党组织建设】　公司坚持“以客户需求为导向”的转型目标，把学习贯彻十八大精神、“新国十条”精神体现在党的基层组织建设上，推进学习型、服务型、创新型组织建设，转变工作作风，强化党员的服务意识、创新意识。截至2014年12月底，公司党支部共有共产党员14名，入党积极分子4名，占全司合同制员工的34%。2014年，公司组织党员和积极分子参加了太平洋产险陕西分公司党委组织部组织的“树太保形象，促转型发展”党员羽毛球比赛活动，取得第二名的好成绩。

【开展宣传，提升知名度】 2014年，公司开展了3·15现场宣传、7·8全国保险宣传日及反洗钱现场宣传活动，在活动现场，公司推介保险产品，现场答复消费者关于各种财产保险投保及理赔咨询相关问题，发放公司宣传折页及宝鸡保险业主题公益宣传广告，开展保险知识调查问卷有奖答题活动等。

（王小萍）

2014年，“3·15”活动现场

编辑　冯周怀

综合工作

【概况】 宝鸡市教育局是市政府主管全市教育事业的职能部门，内设办公室、人事教育科、政策法规科、基础教育科（加挂学前教育科）、职业教育与成人教育科、师资管理科、计划财务科、稳定安全办公室、市政府教育督导室、监察室10个职能科室，编制42人。另有民办教育管理中心事业科室。有宝鸡教育学院、陕西电大宝鸡分校、宝鸡中学、宝鸡市第一中学、宝鸡市考试管理中心、宝鸡市学生资助管理中心、宝鸡市教育局教学教研室、宝鸡实验小学、宝鸡幼儿园、宝鸡市小学教师培训中心、宝鸡市特殊教育学校11个直属事业机构。2014年底统计，全市共有公办普通高等教育学校2所（含宝鸡文理学院），成人高等教育学校3所，中等专业学校4所，普通高中50所，职业高中28所，初级中学162所，小学633所，幼儿园425所，特殊教育学校5所。全市各级各类学校在校学生540442名。

2014年，宝鸡市教育局，其荣获35项中、省、市荣誉。①受国家级表彰（2项）：全国未成年人思想道德建设工作先进单位、全国职教先进单位。②受省级表彰（5项）：陕西省基础教育宣传工作先进集体、陕西省教育系统信息工作先进集体、陕西省级文明单位、陕西中小学规范汉字书写大赛优秀组织奖、陕西省教育系统中华经典诵读活动最佳组织奖。③受市级表彰（28项）：目标责任考核优秀单位、创建第四届全国文明城市工作先进单位、承办陕西省第十五届运动会工作先进单位、“创佳评差”竞赛活动优胜系统、完成创建生态园林城市目标任务优秀单位、宝鸡市政府信息公开工作先进单位、政务信息工作先进单位、党委系统信息暨督查机要工作先进集体、督查工作先进集体、建议提案办理先进单位、新农村建设先进单位、双拥模范单位、维稳工作先进单位、防震演练优秀组织单位、防震减灾先进单位、安全工作先进单位、市维稳信息报送先进单位、综治及平安建设工作优秀单位、市级平安单位、反邪教先进单位、审计系统及从业人员知识竞赛一等奖、2014年度部门综合统计工作先进单位、市直机关党员志愿服务先进集体、党内统计工作先进集体、共青团工作先进集体、建党93周年理论征文先进集体、全面完成计划生育目标任务单位、宝鸡市“学党史、抓党建、忆传统、转作风”答题竞赛互动优秀组织奖。

【启动“德润宝鸡·书香陈仓”中小学德育行动】 2014年2月25日，“德润宝鸡·书香陈仓”中小学德育行动启动。在中小学校深入开展“书香养德”读书励志、“真情润德”感恩回报、“仪式育德”庄重教育、“行动立德”志愿服务、“课堂蕴德”德育提升和“携手弘德”家校育人等六项育德育人活动，促进中小学生自觉践行道德规范，养成良好品行，塑造高尚人格，为全面发展和终身发展构筑精神支柱，努力构建具有宝鸡特色的中小学德育工作新模式。此计划步骤分宣传动员（2014年2—3月）、先行试点（2014年4月—2015年2月）、全面推开（2015年3月—2016年7月）、总结提升（2016年9—11月）四个阶段共三年实施。

启动仪式由市教育局副局长吴燕玲主持，宝鸡市教育系统各级领导、局机关干部及教师共计约800人参加启动仪式。

【召开2014年教育工作会议】 2014年2月26日，宝鸡市教育局召开全市教育工作会议，总结2013年教育工作，研究部署2014年教育改革发展任务。市教育局党组书记肖炳良主持会议，市教育局局长苏永兴作工作报告。

苏永兴总结2013年全市教育工作，安排部署2014年全市教育工作主要“以德育行动为抓手，落实立德树人根本任务；以普优行动为平台，推进义务教育高位均衡；以转型突破为动力，促进各级各类教育协调发展；以教育现代化先进县区创建为龙头，全面推进教育创强工作；以强化治理能力为导向，促进教育系统和谐发展；以人民满意为标准，深入开展群众路线教育实践活动”六个方面的工作。

会议对2013年度县区教育工作目标任务考评6个优秀单位、2013年度局直单位目标管理考核6个优秀单位和2013年度成功创建为“宝鸡市标准化教育督导室”4个县区教育督导室颁发了奖牌。市教育局与各县区教育局、局直各单位签订了稳定安全责任书。

【召开教育创强工作推进会】 2014年4月2日，宝鸡市委、政府召开教育创强工作推进会。市长钱引安主持会议，市委书记上官吉庆作重要讲话，副市长刘桂芳作工作报告。省教育厅副厅长王海波应邀出席会议并作重要讲话。

会议印发了《关于开展教育现代化先进县（区）创建工作的意见》《关于成立宝鸡市教育创强工作领导小组的通知》《关于印发〈宝鸡市教育现代化先进县（区）评估指标〉的通知》等文件。全市教育现代化先进县（区）创建工作自2014年启动，目标是所有县（区）到2018年建成省级双高双普县（区）和国家义务教育发展基本均衡县（区），到2020年建成省级教育强县（区）和市级教育现代化先进县（区），建成教育强市，率先在关天经济区基本实现教育现代化。

会上，刘桂芳与各县（区）政府县（区）长签订了《宝鸡市教育创强工作目标责任书》，市教育局和眉县、千阳县政府领导作了大会发言。

市、县各级领导，相关部门、各人民团体、教育系统，驻宝省级和市级新闻单位主要负责同志200余人参加会议。

【启动优质教育普及行动】 2014年，市教育局启动“优质教育普及行动”。“普优”行动有6项子工程：一是标准化校建工程。采取“摸清底数，整合项目，整校推进”方式，集中资金分年度、分批次安排实施，确保到2018年大部分中小学、幼儿园建设达标。2014年已投入校建资金3.1亿元，并编制完成了《全面改薄规划》《标准化校建规划》等方案。二是名校孵化工程。采取“名校带动、捆绑孵化”的新模式，2014年，6所省级示范高中与18所普通高中、13所省级示范幼儿园与39所普通幼儿园结成帮扶对子，千阳、太白、凤县的所有学校与市区名校实现了一对一孵化。三是校长教师交流工程。注重团队交流和苗子培养，要求城区学校派出人员中校级以上骨干教师或学科带头人、教学能手占60%以上，山区学校派出教师中教学新秀或重点培养对象占80%以上，并实行双向考核，切实解决学科不匹配、滥竽充数等问题。四是师训创新工程。启动中小学教师骨干体系建设和全员素质提升计划，充分利用国培、省培和市县培训资源，对教师实行全员培训。实行弹性学制和开放培训新模式，分层次、模块化、多类型培训，解决师资培训低效、盲目等问题。五是教育信息化工程。以“三通两平台”建设为重点，完善市、县（区）、校三级教育资源和教育管理公共服务平台，推进农村学校多媒体网络计算机教室、数字化校园平台建设，构建教育技术支持服务体系。六是高效课堂推进工程。以“巩固、树优、指导、培训、纠偏、提质”为重点。投入200万元，与中国教师报联手实施课改名校培训提升工程，在2014年暑期集中培训千名课改骨干的基础上，由市教研室负责，逐县区开展深度培训。

【召开第三十个教师节暨师德先进表彰大会】 2014年9月9日上午，宝鸡市委、市政府召开第三十个教师节暨师德先进表彰大会。市委书记上官吉庆、市长钱引安等市上领导出席会议。会议由市委副书记陈光明主持。

会议共表彰了宝鸡市列电中学等5个师德建设先进集体和徐平辉等32名师德先进个人。师德先进代表、金台区东仁堡小学崔婷老师和学科带头人代表、宝鸡高新中学田玲老师在大会上发言。市教育局主要负责同志、各县区分管副县区长、教育体育局局长、市级有关部门负责同志以及教师代表、学生代表共约800余人参加会议。

中小学教育

【概况】 2014年底统计，宝鸡市有普通中小学845所，在校学生384527名。其中普通高中50所，在校学生81229名，毕业29303名，新招26709名；初级中学162所，在校学生109746名，毕业41936名，新招34656名；小学633所，在校学生193552名，毕业34911名，新招31598名。

【破解大班额、择校热】 一是全面启动名校孵化工程。实行市、县两级管理，1所优质学校与2~3所普通学校纵向组成扇形孵化片区，实现硬件设施、人力资源、课程资源共建共享。5个山区县所有学校已经与市区名校建立了结对帮扶关系。金台区探索实行大学区制，把金台区48所中小学划分成12个大学区，实行捆绑考核，协同发展。渭滨区整合城区学校教育资源，实行校际联合体办学，缓解择校矛盾。二是规范中小学招生秩序。落实教育部和陕西省教育厅关于做好小升初工作的意见精神，实行适龄儿童少年“免试就近”入学制度。采取市级统筹安排，县级统一组织，按学区入学和小学毕业生对口直升初中的办法进行，鼓励县区结合实际，探索采取随机派位、设立分校、学校联盟和学区化办学的方式缓解择校矛盾。宝鸡市教育局专门设计了义务教育入学政策问答，在宝鸡日报、宝鸡教育网等相关媒体广泛宣传。各县区重新核定辖区学校划片范围，制定招生工作实施细则，明确升学流程、办理程序，并通过门户网站向社会公布，做到了公开透明、便民利生、全覆盖。

【启动实施普优行动】 2014年，编制印发《宝鸡市教育信息化工程实施方案（2014—2016）》《宝鸡市高效课堂推进工程实施方案》。稳步推进“高效课堂”教学改革。成功举办第二届高效课堂教学大赛，命名表彰72名课改标兵，19名优秀课改校长。实施课改星级带动战略，宝鸡市课改五星级学校从5所增加到14所，课改星级学校总数达到124所，比上年增加三分之二。投入200万元，联手《中国教师报》在启动“课改名校提升培训计划”，以高规格、深层次培训打通思维障碍，破解实践难题，培植课改尖兵。在暑期集中培训千名课改骨干的基础上，分县区、分学段、分学科举办名师大篷车送教下乡活动，以课堂示范，专家指导、现场答疑为主要形式，送教上门、送培进校，引领教师专业成长，促进内涵深度融合，着力纠偏提质，巩固成果，提升内涵。承办西北地区首届“中国好课堂”小学组大赛，27名教师获奖，其中5人获特等奖，14人获一等奖。2014年，推进教育信息化工作。投入1140余万元，为县区建设23个高清录播教室，引领、推动教育信息化快速发展。

【加强中小学德育工作】 以培育和践行社会主义核心价值观为主线，启动“德润宝鸡·书香陈仓”中小学德育行动，通过读书活动和课堂渗透浸润价值，通过感恩回报和志愿服务践行价值，通过庄重仪式固化价值，通过家校共育传递价值。市、县、校层层推进，通过举办德育师资培训会和“家庭教育公益大讲堂”，引导学校、教师、家长澄清思想认识，更新教育理念，形成育人合力。德育行动的实施，让立德树人成为全市中小学校的自觉行动。楼道阅读台、班级读书角成为校园里的靓丽风景，“诚信书吧”在推荐好书、倡导读书的同时也对师生诚信素养做出了考量。各县区和学校进一步规范升旗仪式、入团入队仪式、开学毕业典礼和中学生成人礼，帮助学生在庄重典雅的仪式教育中体验神圣与自豪、责任和感激。母亲节前夕，成功举办了宝鸡市首个“中小学感恩周”，以“知恩感恩，与爱同行”为主题，组织开展丰富多彩的教育实践活动，通过家校互动、亲子互动，引导学生以实际行动感恩父母养育、感恩师长教诲、感恩同学相助、感恩社会关爱。组织开发《美丽宝鸡》地方课程，为宝鸡学子全面了解家乡、增强家国情怀提供了重要载体。光明日报、陕西日报、中国教师报、新华网、中国未成年人网等多家中省媒体对全市做实德育行动、弘扬核心价值的经验给予高度关注和专题报道，在陕西省中小学培育和践行社会主义核心价值观专题工作会上，宝鸡市作为地市唯一代表进行了经验交流。市教育局荣获全国未成年人思想道德建设先进单位。

【加强体育艺术及特殊教育】 2014年，组织开展学生体质健康标准测试工作，指导县区完成数据上报任务。组织2万余名学生参加省十五运会开闭幕式，完成互动观众演出和节目表演任务。举办全市中学生篮球运动会和小学生三跳运动会。出台《关于进一步加强中小学生心理健康教育工作的意见》，同时展开现场推进会，加强学校心理健康教育。66名学生在省第十四届青少年机器人竞赛中获奖。长岭中学李若尘、姚泽源、刘想3名学生作为西北地区唯一代表队，参加央视《中国谜语大会》获铜奖。

【加强普通高中教育】 开展结对帮扶活动，帮扶学校覆盖宝鸡市高中总数的70%。实施两计划一改革。启动实施普通高中《改革创新立德树人提升质量全面发展三年行动计划》。深化管理体制改革、深化课程改革、完善评价体系等方式，促进高中学校多样化、特色化、优质化全面发展。实施大学与高中联合培养创新型人才春笋计划。与宝鸡文理学院配合，扩大参与范围，项目学校扩大到2所，研究学科扩大到5个。组建专家团队，深入高中学校指导开展课题研究，进行科普报告，开放高校实验室供学生参观学习，培养学生科学素养和研究能力。实施普通高中招生制度改革。细化和完善高中招生方案，实行计划管理，网上填报志愿，网上统一录取。压缩普通高中择校生比例到10%，扩大省级标准化高中定向生比例到30%，民办高中实行自主招生，职业高中首次实行网上填报志愿，统一录取，全市高考再创新高，本科上线率和每万人口二本上线率分别高出陕西省平均水平10.02个和6.55个百分点，稳居陕西省第一。金台高中创建省级示范高中工作通过省级评估。

职业教育

【概况】 2014年底统计，全市共有中等专业学校4所。其中省属3所，市属1所。年内共有毕业学生2125名，新招生2281名，在校生6632名。其中，省属驻市陕西省电子工业学校年内毕业学生1545名，新招生1592名，在校生4934名；陕西省第二商贸学校年内毕业学生240名，新招生332名，在校生710名；陕西省自强中专学校年内毕业学生320名，新招生299名，在校生870名；市体育运动学校年内毕业学生20名，新招生58名，在校生118名；全市中等专业学校教职工340名，其中专任教师256名。全市有职业高中28所，其中教育部门办14所，非教育部门办3所，民办11所，年内毕业学生15170名，新招生16678名，在校学生42330名。2014年4月宝鸡市教育局被国家教育部、发改委等六部委授予“全国职业教育先进集体”。

【改革职业招生教育】 制定《宝鸡市职业教育资源整合方案》，将不达标的岐山县五丈原综合高中并入岐山县职业技术教育中心，停止了省电大宝鸡分校附属中专、培英职业高中、林李美术职业高中、英才职业高中等四所不达标学校的招生资格，将全市中等职业学校（职业高中）由28所整合为22所，实施出台《宝鸡市2014年职业高中（职业中专）招生工作方案》，2014年秋季起，在“宝鸡招生考试信息网”设置职业高中志愿填报系统，对初中应届毕业生实行网上填报志愿、网上统一录取。全市职业高中第一志愿报考人数达4460人，占全年招生的31%。同时，在“宝鸡教育网”开设职业学校专栏，在《宝鸡市2014年中考招生手册》上刊登职业高中招生方案、招生问答、志愿说明等并发放到全市初中毕业生手中，宣传招生改革。

【参加“文明风采”竞赛】 2014年在全市中职学校积极推进“德润宝鸡 书香陈仓”中小学德育行动计划，开展企业文化、核心价值观进校园、进课堂活动。组织中职学校参加全国第十一届“文明风采”竞赛活动，省级复赛获奖作品698件，全国决赛获奖作品65件，陈仓区职教中心荣获全国卓越组织奖，千阳职业中专、工贸职业中专荣获全国优秀组织奖，李腾等5名老师荣获优秀指导教师奖。

【举办职业学校学生技能竞赛】 2014年4月8—14日，全市22所中等职业学校363名学生参加省教育厅、省人力资源和社会保障厅联合举办的“2014年全省职业院校技能大赛”，220名学生获一、二、三等奖，21名教师获优秀指导教师奖，团体总分名列全省第二。11月3—12日，宝鸡市教育局举办了全市第五届中等职业学校学生技能竞赛。按照“提升竞赛水平，促进人才培养质量”的要求，改革比赛项目设置和规程，首次将机械加工、数控技术应用两个专业与省赛、国赛要求对接。全市20所中职学校的252名学生参加了护理、焊接技术、数控车工、服装制作等7个项目的竞赛。市教育局列支38.42万元对参加全省、全市竞赛获奖学生、竞赛成绩优异的学校及指导教师进行表彰奖励，激发学生学技能练技能热情，促进全市中职学生技能水平提升。

【实施职教师资素质提高计划】 2014年，选送124名教师参加国家和省级培训（国家培训21人，省骨干教师54人、企业实践26人、德国IHK证书培训3人、职业院校校长专题研修4人、（中德）校长高级研修班5人、教学管理人员培训11人），举办中等职业学校教师教学能力提升及教学设计研讨培训活动。4月23—25日，全市中等职业学校28名教师参加“2014年全省中等职业学校信息化教学大赛”，1人荣获一等奖，13人荣获二等奖，8人荣获三等奖，宝鸡市教育局荣获优秀组织奖和团体总分第二。22名教师参加省教育厅、人社厅举办的陕西省首届中等职业教学能手评选活动，眉县职教中心教师陈晓军荣获“陕西省中等职业学校优秀教学能手”称号，冯慧慧等15人荣获“陕西省中等职业学校教学能手”称号。

【加强职业教育品牌建设工程】 2014年，建成岐山、凤翔职教中心计算机应用等2个品牌专业，建成陕西工贸职业中专、金台、陇县职教中心等焊接技术应用、机械加工技术等5个骨干专业。开展职业教育品牌建设工程评估验收活动，对建成的10个品牌专业进行了评估和命名授牌。宝鸡市教育局列支专项经费，以奖代补，对新建的2个市级品牌专业和5个骨干专业分别给予50万和30万元经费奖励。

其他教育

【普通高等教育】 2014年底统计，全市有普通和成人高等教育学校5所。毕业学生9738名，新招生11568名，在校生总数39019名。其中，宝鸡文理学院毕业5135名，招新生5316名，在校生21843名；宝鸡职业技术学院毕业学生2795名，新招生4248名，在校生10888名；省教育厅属省电子工业职工大学毕业学生81名，招新生68名，在校学生1050名；宝鸡教育学院毕业学生98名，招新生463名，在校生704名；电大宝鸡分校毕业学生1629名，招新生1473名，在校生4534名。

【幼儿教育】 2014年底统计，全市共有幼儿园425所，在园幼儿总数106730名，新入园（班）幼儿59742名，离园幼儿38572名。幼儿教育教职工总数9258名，其中园长530名，专任教师5546名，保健医生272名，保育员1587名，其他人员1323名。一是科学规划。编制完成第二期学前教育三年行动计划建设规划，提出三年内新建、改扩建镇区、城区幼儿园50所，其中2014年19所，2015年21所，2016年10所，市财政每年拿出1000万元，支持幼儿园购置玩教具、活动器材和生活设备，不断改善办园条件。2014年，幼儿园数量从2013年的400所增加到425所，其中公办幼儿园增加9所，达到171所，约占全市幼儿园总数的40%。二是规范管理。财政部门对公办幼儿园收费标准进行了调整，秋季学期开始执行。联合卫生、食药监部门层层开展幼儿园卫生保健工作专项督查，召开全市托幼机构卫生保健管理工作会，制定下发《宝鸡市托儿所幼儿园卫生保健管理实施办法（试行）》，着力强化幼儿园卫生保教工作管理。联合粮食、食药监部门发出文件，从2014年春季起，对全市中小学、幼儿园生活用米、面、油等大宗商品实行在政府放心粮油配送中心统一定点采购配送，确保食品安全。启动市级一类幼儿园复验工作，对创建年满5年的市级一类幼儿园进行全面复查，督促整改提高。指导14所幼儿园创建成市级一类幼儿园，3所幼儿园晋级省级示范幼儿园。扎实开展无证幼儿园清理整顿工作，排查出90所无证幼儿园，72所予以取缔，6所整改达标后颁证，12所限期整改。三是强化师资。按照省定、市考、县用的办法，公开招聘幼儿教师162名，市级培训幼儿园骨干园长和教师共2期400人。连续举办全市托幼机构卫生保健技术培训班、幼儿园区域活动观摩研讨会和保育教育管理工作培训现场会，邀请北京、南京等地全国知名妇保教授和青岛、西安及我市幼教专家及骨干教师开展专题讲座，先后培训托幼机构卫生保健人员600人，园长教师近800人，全面提升幼儿园卫生保健水平和保教工作水平。四是搭建载体。以贯彻实施《3—6岁儿童学习与发展指南》为重点，积极开展课题实验，举办全市新建、改扩建幼儿园环境创设评比展示活动、幼儿亲子游戏活动案例和幼儿家庭教育案例评比活动，6篇教学案例和22所幼儿园环创成果省级获奖。通过强化过程指导、实施以奖代补等方式，不断调动县区和幼儿园晋级达标的积极性，眉县幼儿园等3所幼儿园创建成省级示范幼儿园，渭滨区广元路等14幼儿园创建成市级一类幼儿园。

【特殊教育】　眉县、凤翔县、岐山县特殊教育学校分别建成投用，扶风县特殊教育学校已完成建设任务，基本实现了30万人口以上的县独立设置一所特殊教育学校的目标。2014年，共有特殊教育学校6所，中小学附设特殊教育辅读班3个，从事特殊教育的专职教职工125人，义务教育阶段适龄残疾儿童入学率83.1%。11月19日，陕西省特殊教育学校第九次校长联谊会在宝鸡市特殊教育学校召开。西安市第二聋哑学校、汉中市聋人学校、商洛市特教学校等省内特教学校来宝鸡市特教学校参观学习。

【成人教育】　2014年9月10日—10月30日，宝鸡市全民终身学习工作领导小组主办，全市12个县区、高新技术产业开发区和有关高校共同成功举办了以“全民终身学习，创造出彩人生”为主题的“2014年宝鸡市全民终身学习活动周”。评选表彰宝鸡市“全民终身学习活动品牌”10个，第二批“宝鸡市百姓学习之星”33名。凤翔县南环路社区“舞动雍城”学习品牌被授予全国“全民终身学习活动品牌”，渭滨区教体局“和谐与太极”等终身学习活动品牌被授予“陕西省终身学习活动品牌”，渭滨区太极协会张波等12名同志被授予陕西省“百姓学习之星”称号。10月27日在《宝鸡日报》刊发全民终身学习活动专版，副市长刘桂芳同志发表题为“坚持终身学习，创造精彩人生——写在宝鸡市第五个全民终身学习活动周来临之际”的署名文章。2014年1月，宝鸡市及所辖的金台区、陈仓区、岐山县、太白县、渭滨区、麟游县、高新区被全国全民终身学习活动周工作小组、中国成人教育协会授予“2013年全民终身学习活动周优秀组织奖”，扶风县、千阳县、凤县、眉县被授予“2013年全民终身学习活动周成功组织奖”。

招生与考试

【概况】　2014年，组织省级以上考试9类、11次，考生总数达11.1万人次。各类考试基本情况如下：一是普通高校招生考试，共有35322名考生报考普通高校，比去年减少了3170人；其中文史类8623人、理工类24134人，艺术类2236人，体育类329人；录取新生26319人（其中保送生2人，高水平运动员2人），比去年减少2575人，录取率为74.51%；空军招飞录取5人，民航招飞录取28人。2014年，宝鸡市高考各批次达线率均高于陕西省平均值，达到本科录取分数线26110人，比上年增加199人；一批本科上线人数6760人，比上年增加319人；二批本科上线人数14455人。二是高等职业教育单独招生考试，共有1052人报考，比去年增加378人；录取新生913人，比去年增加433人，录取率为86.79%。三是普通高等教育专升本招生考试，共有671人报考。四是成人高校招生考试，共有2886名考生报考（含免试生29人）。五是高等教育自学考试，2014年组织2次，累计报考1780人、4504科次，分别比上年减少594人、796科次；办理毕业证书66个，其中本科36个、专科30个。六是高中学业水平考试，报考考生26237人、182467科次，比去年减少1350人、6988科次；七是初中毕业学业考试，共有36626人报名，比去年减少2348人；五年制职业技术学院录取新生3532人，三年制普通中专录取新生1973人。八是全国计算机等级考试，组织2次，报考考生5729人，比去年增加1393人，报考5768科次。九是全国中小学、幼儿园教师资格统一考试，全市报考考生825人，2059科次。

2014年宝鸡市高考清华、北大考生录取情况统计表

序号	县区	姓名	性别	毕业学校	总分	录取院校	录取专业	批　次
1	渭滨	葛天浩	男	宝鸡中学	702	清华大学	电子信息类	一批本科
2	渭滨	窦子铮	男	西北工业大学附属中学	698	清华大学	电子信息类	一批本科
3	渭滨	贾之恒	男	西北工业大学附属中学	697	北京大学	化学类	一批本科
4	金台	邵钰杉	男	西北工业大学附属中学	693	清华大学	电气工程及其自动化	一本1/单设本科
5	金台	黄逸飞	男	西安铁一国际	689	清华大学	定向｜能源与动力工程	提前录取
6	岐山	梁世为	男	陕师大附中	685	北京大学医学部	口腔医学（5年）	一批本科

续表

序号	县区	姓名	性别	毕业学校	总分	录取院校	录取专业	批　次
7	眉县	辛杭高	男	西北工业大学附属中学	684	清华大学	计算机科学与技术	一本 1/单设本科
8	金台	赵俊翔	男	西北工业大学附属中学	682	清华大学	化学	一本 1/单设本科
9	麟游	杨萌华	男	西北工业大学附属中学	675	清华大学	工程物理（能源实验班）	一本 1/单设本科
10	渭滨	李培豪	男	高新一中	673	北京大学	工科试验班类	一本 1/单设本科
11	金台	王艺洁	女	西北工业大学附属中学	663	北京大学	哲学类	一本 1/单设本科
12	扶风	马　欣	女	扶风高中	637	北京大学医学部	贫困 A｜护理学	一本 1/单设本科
13	岐山	徐　龙	男	西北工业大学附属中学	617	清华大学	数学与应用数学	一本 1/单设本科
14	扶风	强冰雪	女	扶风高中	607	北京大学医学部	贫困 A｜护理学	一本 1/单设本科

教 师 队 伍

【概况】　2014 年，宝鸡市教育局以“师德为先、骨干带动、全员提升”为重点稳步推进“师训创新工程”，以“国、省、市、县”四级集中培训和校本研修、远程培训为抓手全面深化教师全员培训工作，不断提高教师培训受益面和参训率。分解落实“国培”“省培”计划，突出教师职业道德规范、教师心理健康调适、特色校园文化建设等内容，开展了市级中小学、幼儿园骨干教师培训，培训针对性和实效性大幅增强，完成市级以上中小学幼儿园教师培训 34661 人次。

【强化骨干体系建设】　2014 年，培养命名了 71 名市级学科带头人、250 名市教学能手，75 名教师获得省教学能手称号，40 人被确定为省级培训专家库首批人选，18 人被确定为省级学科带头人培养对象，9 人被确定为省级教学名师工作室主持人。指导建成“名师工作室”9 个，“学科带头人工作坊”18 个，“优秀教学能手工作站”17 个，成员达 450 余人。选送 180 多名骨干赴北京、上海、江苏等教育发达地区和知名高校进行高级研修、学术交流和观摩学习活动，

【推进名师大篷车计划】　2014 年，组织 97 名特级教师、省级教学能手、学科带头人，深入 12 个县区，分初中、小学和幼儿园三个学段 19 个学科、54 个班次开展了面向农村中小学幼儿园教师的送教下乡培训活动。在完成省级规定动作的基础上，尝试“3+1+1”的培训模式，采用 3 位名师同课异构示范课、1 名专家点评、一场专题讲座和互动交流以及一次校本研修活动的方式进行，得到了各县区和广大农村教师的热烈欢迎，“名师大篷车”已经成为教师培训工作的又一张“地方名片”。

【组织教师校长交流】　2014 年，全市教师校长轮岗交流工作以行政推动与政策激励相结合，动员 1536 名教师、124 名校长参加城乡教师交流，组建交流团队 150 个，建立名校孵化片区 21 个，促进教育资源均衡配置。陈仓区实施团队交流帮扶模式，金台区依托大学区实施名校孵化，千阳县落实学区连片教研的管理途径。在形式上实现了由过去单向流动向城乡互动的转变，在内容上，实现了个体交流教师单纯顶岗上课向名师牵头，团队帮扶，青教培养，教师、校长、学校共同参与的转变，有助于提高交流双方学校的整体水平；在交流人员管理服务上，实现了市派县管向市县两级派遣、市、县、校三级管理的转变，工作责任更加明晰；在交流的范围和规模上，校长和教师交流分市县两个层次进行，范围涉及全市所有县区中小学和局直各个教学单位。

教 育 科 研

【推进课程改革】　2014 年，继续开展“研培一体”县区教改实验教师的培训活动，在陈仓高中，陇县中学，岐山中学和金台区石油中学 4 个县区培训实验教师 1000 余名；发挥实验基地校的带动作用，在宝鸡实验小学、凤翔县横水一中、扶风县第二高级中学举办了四期“高效课堂”实验校校长、学校中层体验式培训会，共培训 160 人。8 月与《中国教师报》联合举办了为期一周的宝鸡市课改名校提升培训活动，全国课改专家对宝鸡市 600 余名骨干教师进行了体验式培训。10 月中旬，组织 22 所课改名校的骨干教师 132 人赴安徽省铜陵市铜都双语学校等课改名校进行为期一周的“影子”培训学习。开展了本市的名校提升培训工作，先后在凤县 5 个县区开展通识培训和专项培训，共培训教师 2600 余人。3 月中旬启动宝鸡市中小学课改“名师大篷车”活动，先后在七个县

（区）开展“高效课堂”送教下乡活动；开展小课题研究工作，市级立项课题共500项，教研员包抓，深入13个县区及局直单位进行小课题研究指导；开展“高效课堂”学科研讨活动，小学、初中共11个学科围绕学科模式构建相继举办了学科教学研讨会。承办西北地区首届“中国好课堂”小学段大赛活动，构建了14个高效课堂“课改共同体”，定期开展校际交流研讨活动；举办校长论坛，通过6期论坛活动交流经验，研讨问题，进一步提升了课改执行力；推广校本研修新模式，在金台、扶风等5个县区开展了342校本研修模式培训活动；强化课改培训。

【狠抓教育质量提升】　2014年，在3月、9月，对38所高中进行了调研检查。4月份，分九个学科分别举行了高考报告会。在金台区金台高中，眉县中学、千阳县千阳中学召开了三次宝鸡市高中校长高考阶段复课研讨会暨“高效课堂”经验交流会。组织全市三次高三教学质量检测。11月份，邀请重庆市首届学术技术带头人、重庆市南开中学副校长张发光，详细解读了新一轮高考改革的方向、政策和内容，对13个县区教研室主任、高中教研员、全市各高中校长、主管副校长、教务主任、教研组长以及教师代表近100人进行了集中培训。

【深化信息技术应用】　2014年11月完成了宝鸡教育网机房搬迁工作；为“宝鸡教育网”增设“未成年人教育”、“普优行动”、“公益宣传”、“规范中小学办学行为”等新栏目板块；开通运行维护宝鸡教育微博。做好中小学电子学籍管理录入、管理和学籍系统的维护答疑工作；安排部署了“一师一优课，一课一名师”活动；积极探索教育信息化与“高效课堂”深度融合技术，开展以课堂展示和技术讲座为载体的县区巡回培训活动，分别在陈仓区、太白县、岐山县完成了培训活动，培训人员570余名。

学生资助管理

【概况】　2014年，宝鸡市学生资助工作突出重点，聚焦问题，不断完善机制，优化服务，强化督查，积极主动吸引社会力量捐资助学，认真落实各类学生资助政策。2014年宝鸡市共发放各类助学金、免学费资金4.28亿元，涉及学生55.5万人次。

【资助项目与金额】　2014年，普通高中贫困生资助项目：市级普通高中助学金受助学生3826人，发放资金287.95万元；国家级助学金受助学生50355人，资金3739.2万元。市级、国家级补助标准为每生每学年平均1500元。家庭经济困难高中毕业生高等教育入学救助：享受市政府高等教育入学救助的学生1271人，涉及资金762.6万元。受助的学生均在开学前领到了每人6000元的救助金。国家生源地信用助学贷款项目：共为6730名学生办理了生源地信用助学贷款，涉及资金4056.5万元。中等职业学校国家助学金：共为18769名学生发放了中职助学金，涉及资金1321.4万元；发放标准为每生每学年1500元。中等职业学校免学费：为32222名学生发放了中职免学费，涉及资金2972.6万元。发放标准为每生每学年2000元。蛋奶工程及营养改善计划：全市“营养计划”试点学校700所、惠及学生16.5万人、涉及资金1.32亿元。义务教育阶段“两免一补”：共惠及全市义务教育阶段学生25.1万人，涉及资金2.9亿元。其他社会力量捐资助学：一是中国教育发展基金会教师援助项目捐助资金320万元，资助困难中小学、幼儿园教师240人，资助特困普通高中学生400人。二是美国胡氏慈善助学金和美国晨光教育扶贫助学金项目，资助贫困高中学生200人，资金25万元。三是武汉至臻永正集团E路爱心助学项目，投入资金80万元，资助孤儿100名，该项目还为部分学校捐赠价值200万元的教育教学设备。四是组织市小微企业商会、服装商会、私营企业协会以及机关事业单位干部职工，开展重点特困学生对口帮扶活动。共帮扶罹患重大疾病学生16人，争取帮扶资金75万元。五是争取中央专项彩票公益金润雨计划项目，为1109名高考录取的贫困学生提供上学路费、生活费70.6万元。

【学生资助管理】　2014年，在学生资助管理方面，一是完善机制，保障学生资助工作规范运行。二是大力宣传教育惠民政策，把党和政府的学生资助政策送到了千家万户。高等教育入学救助实行了精准化资助。救助标准由原来的5000元提升至6000元。普通高中贫困生实现了普惠性资助。生源地信用助学贷款管理稳步推进。三是加强过程管理，夯实工作责任，强化督查，确保各级各类学生资助金及时、足额拨付到校、发放到人。在营养计划实施方面，多措并举，不断提高营养计划实施水平。宝鸡市学生资助管理中心坚持分类指导，突出食谱管理，努力提高营养计划实施水平。确立并实施多种供餐模式，实现了营养餐全覆盖。

教育经费

【概况】　2014年全市教育经费总支出为59.58亿元，比上年59.28亿元，增加0.5%。其中：财政性教育经费占国民生产总值的比例，2010年2.91%；2011年3.20%；2012年3.47%；2013年3.49%，2014年3.23%，预算内教育经费占财政支出的比例，2010年20.57%；2011年22.88%；2012年23.80%；2013年24.08%；2014年22.04%。财政经常性收入为58.31亿元，比上年53.62亿元高出8.76%。全市小学生均预算内事业费支出为9611.99元，比上年的9551.06元，增长0.64%；全市普通初中生均预算内事业费支出12410.78元，比上年12372.89元，增长0.31%；全市普通高中生均预算内事业费支出8250.40元，比上年8256.68元，减少了0.08%；全市职业中学生均预算内事业费支出为4975.47元，比上年4228.82元，增长17.66%。全市小学生均预算内公用经费为2987.73元（含义务保障经费），比上年3041.81元，减少了1.78%；全市普通初中生均预算内公用经费为3800.64元（含义务保障经费），比上年3753.69元，增加1.25%；全市普通高中生均预算内公用经费为2478.65元，比上年2223.01元，增加11.50%；全市职业中学生均预算内公用经费为2108.54元，比上年1464.50元，增加43.98%。

【城乡义务教育新机制】 2014年春、秋两季为全市农村义务教育学生补助公用经费22746万元，全部拨付到农村义务教育学校使用。其中：中省补助资金21067万元，市级配套1679万元，享受补助人数250989人，其中小学162001人，初中88757人，特教231人。全年农村义务教育阶段享受寄宿生生活补助和家庭经济困难的寄宿生生活补助人数72063人，其中寄宿生生活补助人数46492人，家庭经济困难的寄宿生生活补助人数25571人，共补助寄宿生生活费2782.41万元，其中：中省1662.28万元、市级补助1120.13万元。同时继续免除农村义务教育阶段学生教科书24.12万人，免费资金1338.79万元。城市义务教育免杂费。2014年春、秋两季，全市共为62766名城市义务教育阶段学生免除了学杂费，免杂费补助资金4501.5万元，其中：中省3187万元、市级1314.5万元。市属宝鸡一中、实验小学、体育运动学校免杂费资金由市级财政全额承担。

（段菡芮）

宝鸡文理学院

【概况】 宝鸡文理学院是一所以教师教育为特色，文、史、哲、理、工、管、教育学、法学、经济学等多学科的省属普通本科高等学校。学校现有两个校区，分别处于宝鸡市渭滨区和高新区，占地面积1100余亩，其前身是1958年创办的宝鸡大学（本科，后停办）。1975年在此基础上成立了陕西师范大学宝鸡分校，并于1978年经国务院批准为宝鸡师范学院。1992年经原国家教委批准，宝鸡师范学院与1984年新设立的宝鸡大学合并，更名为宝鸡文理学院。学校现有教职工1300多名，其中教授等正高级职称人员96名，具有博士学位者118名、硕士学位者691名。学校设18个院系部和64个本科专业。学校面向全国招生，具有招收外国留学生和硕士研究生的资格。2014年招生5371人，其中普通本科生5316人、研究生55人。毕业5868人，其中普通本科生5135人、普通专科生733人。全日制在校生21000余人。学校先后被陕西省委、省政府授予“文明校园”，被陕西省委教育工委、省教育厅授予“创佳评差”最佳单位等称号，获教育部“高等学校本科教学工作水平评估优秀学校”。

【强化教学质量建设】 加强教学基本建设。2014年投入6678万元。改造多媒体实验室125套，扩充电子文献21种，新购纸质图书37650册。完善专业体系建设。编制《学校中期专业建设和发展规划（2014—2016）》。新增会计学、统计学和机械电子工程3个本科专业。学士学位授权专业50个。完善24个工科专业人才培养方案。提高课程建设水平。制定、修订《大学生学科竞赛办法》《实习管理规程》《教学奖励实施办法》等相关制度。继续实施“六坚持三例会”，完善巡考制度，加强教学质量监控。严肃学生学业管理和毕业资格审查。增大实践教学力度。强化培养学生实践动手能力。确立6个示范实习基地、新增8个教学实践基地。举办首届师范生教学技能大赛。完成26项国家级“大创项目”结题，获批9项国家级“大创项目”、30项省级“大创项目”。推进教学改革。获批2个省级“专业综合改革试点”项目。获批2个省级教学团队。获批2个省级人才培养模式创新实验区、获批1个省级实验教学示范中心。获批6门省级精品资源共享课程。获批3门省级改造精品资源共享课程。

【狠抓学科实力提升】 实施学科建设“八大工程”，拟定《省级重点学科建设与考核管理办法》等管理制度。加强省级重点实验室建设。成立翻译研究所、超快光学与光通信工程技术中心、计算机数学与应用研究所。教育硕士、机械工程硕士、光学工程硕士被国务院委员会批准为硕士专业学位授权点。2014年，学校获校外科研项目150项，其中国家级项目5项。对外争取科研项目经费427.65万元，出版著作26部，发表论文998篇。举办“周秦文化大讲坛”、“横渠讲坛”等学术报告60场。获批2个新增专业，成功竞标2个大项目6个子项目的“国培”、“省培”承办任务并顺利完成。

【推进人才强校战略】 2014年，学校共引进博士10名、硕士38名，另有21名教师取得博士学位回校工作。博士学位教师达121人。高层次创新型专业技术人员287人。成立学校“教师发展中心”。组织41名教师参加并通过教师岗前培训。780余名教师完成专业技术人员继续教育。举行青年教师教学基本功竞赛，1名教师晋升二级教授、2名教师晋升三级教授。2名教师分获“陕西高等学校第二届青年教师教学竞赛”人文社会科学组一等奖和自然科学基础学科组二等奖。4人分获“全国优秀教师”、“陕西省普通高等学校教学名师”、“陕西省优秀教师”和“陕西省优秀教育工作者”称号。15名教师参加国外访学进修。尝试实行目标管理。完成9个系更名二级学院工作。修订绩效工资分配办法、人事代理相关文件，制定科研团队和专职科研岗实施意见，规范计划外合同制用工管理。提拔15名处级干部和15名科级干部。

【完善学生管理机制】 2014年，学

校召开大学生思想政治教育工作会议。抓学生日常管理，开展学生"管理月"、"安全月"、"文明就餐"、"毕业生文明离校"、学风建设月活动、评优表彰等活动。获得149项（其中特等奖3项，一等奖19项）省级以上各类学科竞赛奖。94人次在省级以上文体活动比赛中取得优异成绩，获团体奖9项。发放2373.8万元奖助学金，其中，31名学生获得国家奖学金，682名学生获得国家励志奖学金，7346名学生获得国家助学金。发放勤工助学金116.6万元。协助3843名学生办理信用助学贷款2300万元。争取201余万元社会助学金，使558名学生受益。举办132场包括2015届毕业生大型就业洽谈会、宝鸡市名优企业校园招聘会在内的各类专场供需见面会。407人考取研究生。456人通过招教、大学生村官等选拔。2014届本、专科毕业生初次就业率保持在90%以上。完成全国青年游泳锦标赛、第十五届陕西省运动会、第二十七届世佛会等志愿服务工作。完成新老校区、美伦小区绿化、美化、防水工程。完成教室、阅览室电风扇安装。完成新校区热力管网接入市政管网工程和新校区体育馆中央空调安装工程。完成第十五届省运会相关配套工程。细化对校园水、电、暖、饮食等的管理。财务预算、项目审计、国有资产管理等工作平稳有序。科工贸总公司运行正常。中小学教学质量稳中有升。

【加强大学文化建设】 2014年，完成《宝鸡文理学院章程》修订上报，并获得陕西省教育厅批复。继续实施大学文化建设"四大工程"。开展社会主义核心价值观教育和法制教育。开展教职工"建家活动"。举办教职工"天翼杯"羽毛球赛和乒乓球赛。举办第二十四届大学生"校园之春"大学生文化艺术节系列活动、社团文化艺术节、"社团风景线"、"社团活动展演"、女生节等校园文化品牌活动。开展80级校友毕业30年"感恩母校"聚会活动。召开校友总会第三届校友工作会议。发挥各地校友会和校友资源，通过校友促成所在地企业与学校签订校企合作框架协议，并设立"欧亚集团教育奖学金"。开展校园信息化建设，启动智能校园工程。

（李振辉）

宝鸡文理学院领导成员

党委书记	王志刚
校长、党委副书记	白　黎
党委副书记、纪委书记	米晓东
党委副书记、工会主席	李全武
党委委员、副校长	傅志军
	杨子元
副校长	赵荣侠(女)

宝鸡职业技术学院

【概况】 宝鸡职业技术学院是2003年4月经陕西省人民政府批准，教育部备案成立的一所全日制普通高等职业院校。学院地处宝鸡市国家高新技术产业开发区，占地1203亩，现有校舍面积56.44万平方米。学院现有12个党政群部门、2个分院、7个系、4个教学辅助部门、1所附属中专学校和1所二级甲等附属医院。有正式在编教职工901人，其中专任教师728人。有博士2人、硕士127人，教授22人、副教授212人、中级职称360人。现有各类在校生15303人，其中高职学生10888人，中专学生4415人。目前学院开设三年制高职专业50个，五年制高职专业19个，三年制中专专业26个，在校教学班级数377个，涵盖教育、工学、医学、经济、管理、建筑等六大专业门类，形成了融高等中等职业教育、短期劳动技能培训、成人教育于一体的办学格局。学院现有8个省级重点专业、1个省级专业综合改革试点专业、3门省级精品课程、6个省级实验实训地基、1个省级优秀教学团队。

【省级示范性高职院校建设通过验收】 通过省级示范性高职院校验收是宝职院2014年的主要目标任务。学院按照"校企深度合作、工学紧密结合，专业紧贴职业、任务引领课程，实训依托基地、实践提升能力"的建设思路，实施"311"（护理、机械设计与制造、会计电算化3个省级重点专业；1个共享型专业教学资源平台；1项社会服务能力建设）省级示范建设工程。2014年，学院成立了专门机构，开设了示范建设专题网，宣传和展示示范建设项目，多次召开示范建设专题工作会，编印示范建设学习材料，使示范建设意识深入人心，形成了人人参与示范建设的浓厚氛围。学院对照示范建设"311"项目，查漏补缺，落实措施，加强重点项目检查指导，研究解决具体问题。至当年9月，示范高职项目建设

教育厅专家组现场检查验收示范建设项目

任务书中规定的5个一级项目、30个二级项目、122个建设点、352个验收要点的任务，全部按期完成。在最后冲刺阶段，全院师生齐心协力，项目相关人员利用双休日和假期，加班加点收集整理资料、分类建档、装订编目，制作成果展示视频，形成了体系完整、层次清晰、资料翔实、支撑有力的项目建设资料，从各方面做好了充分准备。10月9日至10日，学院顺利通过了省教育厅省级示范性高职院校建设计划项目验收。

【教学及科研工作取得新成绩】 2014年，学院成功申报了1个三年制高职专业、3个初中起点五年制大专专业。康复治疗技术专业被陕西省教育厅确定为首个“省级专业综合改革试点专业”。2014年，累计投入资金567.85万元，新建实验实训室12个，改建、扩建7个。制定了《双师素质教师认定培养办法》《专业教师下企业单位实践锻炼管理办法》等制度。选派41名教师或赴国外进修、或到国内做访问学者、或参加教学能力提升培训和中青年骨干教师培训学习，千方百计加强师资队伍建设。学院成功承办了全省高职护理技能大赛，举办了第七届校园技能节。积极组织师生参加各类职业技能大赛，10多名教师获国家和省级奖励，136名学生在市级以上技能大赛中获奖，特别是中医药学系学生马宁梅、艺体系学生王钦在全国中医药职业技能大赛、全国体育大赛中荣获第一名佳绩。学院重视教科研工作，修订了学院《学术委员会章程》和《院内科研项目重要事项变更管理程序及办法》，制定了有关教科研工作、学术讲座管理办法。在2014年“全国优秀职教文章”评选中，有31篇文章获奖。4项课题获市级奖，1人被评为宝鸡市“最美社科理论工作者”。13项科研课题获得省市级立项，27项院级课题立项。学院荣获第四届黄炎培职业教育“优秀学校奖”。

【创新学生管理工作推进招生就业】 学院完善以学院统管、以系部（分院）为主体、以班级为重点的院、系、班三级学生管理体系，修订完善了辅导员工作条例、考核办法等，举办辅导员暑期培训班和首届辅导员职业能力大赛，召开交流研讨会，努力提高辅导员工作水平。执行辅导员入住学生公寓、夜间值班、节假日检查、卫生检查、学工办和辅导员月工作会议等制度。学院重视大学生思想政治工作，改进思政课教学方法，推进了中国特色社会主义理论和社会主义核心价值观“三进”工作。加强了心理咨询服务，形成了学生心理问题筛查、干预、跟踪、评估体系，建立了新生心理健康档案，开展了形式多样的心理健康知识宣传、竞赛、讲座以及心理健康教育队伍培训等活动，同时注重班团学生干部培养和大学生骨干培训，社团活动丰富多彩，社会实践广泛多样，促进学生健康成长，学院获2014年“宝鸡市心理咨询工作先进单位”荣誉。积极开展奖优树模活动，评选表彰了一批优秀辅导员、优秀学生、优秀学生干部、优秀毕业生、先进班集体。1名辅导员被评为全省高校优秀辅导员，10名学生被学院评为“校园青春榜样”。学院认真落实学生资助政策，发放各类奖学金、助学金1839.33万元，受益学生24451人次。2014年，面对生源数量下降的严峻形势，学院采取有力措施抓好招生工作，秋季入学新生4865名，其中高职3356名、五年制997名、中专512名。此外，招收联合办学学生384名，招收各类继续教育学生515名。在毕业生就业创业方面，学院积极拓展就业市场，组织学生参加中国大学生服务外包创新创业大赛、宝鸡市创业大赛，举办了学院首届“大学生创业创意大赛”，提高了学生创新创业能力。年内举办各类专场招聘会100余次，大型综合类招聘会2场，累计500余家用人单位提供近万个就业岗位，应往届毕业生达成就业协议8000余人。截止2014年9月，2014届三年制及五年制高职毕业生就业率达到96.4%（就业地区分布情况见下表），三年制中专毕业生就业率93.2%。

【推进校园文化和安全工作】 学院举行了师生春季田径运动会、冬季越野赛，组织教职工“中国梦劳动美”优秀书法绘画作品展、摄影作品展、乒乓羽毛球比赛、春联征集评奖与书写赠送活动及学生文艺演出、校园歌手大赛、“三秦书月·书香校园”阅读征文、“读书之星”评选等活动，丰富和活跃了校园文化，发挥了文化育人功能。教职工思想道德建设得到加强，8名教师分别获得全国优秀教师、全国高校优秀思想政治工作者以及陕西省优秀教师、师德先进个人、陕西省教育系统办公室工作先进个人

毕业生参加校园招聘会

和宝鸡市师德先进个人、宝鸡市第三届“百名孝子”金奖荣誉，1名退休干部被评为宝鸡市“百姓学习之星”。在宝鸡市“双迎双创”活动中，学院承担了省运会500名学生团体操表演、50多名各类志愿者服务及20名教师世佛会翻译工作设立校园“110”报警服务电话，启用门禁管理系统，发挥视频监控和警务室作用，配合公安机关及时破获盗窃、诈骗、抢劫等案件，恰当处置了信访、缠访、学生事故、劳动纠纷、诉讼官司等问题。全年治安刑事案件下降20%，“110”报警率下降30%。学院在2014年全市综治及平安建设工作考核中获得一等单位。

（马思让）

宝鸡职业技术学院领导成员

党委书记　张育仓
党委副书记、院长　罗新远
党委副书记、副院长　周　义
常雅宁
马兆勤
党委副书记、工会主席　马来焕
副院长　刘公信

2014年高职毕业生就业地区分布情况

陕西省内	总百分比（%）	西安	宝鸡	咸阳　渭南	榆林　延安	安康　汉中	商洛　铜川
占百分比（%）	80	40	15	10	10	3	2
主要专业	护理、医学、工学、经济、教育						
外省市	总百分比（%）	甘肃	宁夏	北京　长三角	四川　重庆	山西	新疆
占百分比（%）	20	8	4	4	2	1	1
主要专业		医学	医学	经济　工学	工学	医学	医学

科 学 技 术

编辑 杨 军

综 述

2014年，科技工作以国家创新型试点城市建设为主线，突出实施一批重大科技项目，不断建立和完善技术创新服务体系，加速科技成果转化和产业化，各项工作取得了显著成绩。分别对32个成员单位及12个县区的162个创建大项、310个小项逐一细化落实和加强考核。对全市442户规模以上工业企业、4500多户规模以下工业企业和60多户的重点服务企业以及有关市级部门的年度研发投入情况进行了全面统计。经统计，全市2013年全社会研发投入达到30.74亿元，占GDP比重达到2.0%。会同市统计局收集和整理了2012年度宝鸡市科技统计资料，并刊印了《2013年度宝鸡科技统计资料》。将2014年度创建目标任务细化为151条具体内容，明确到各成员单位和县区，做到了任务明确、责任清晰，并通过召开会议、查阅材料、电话了解和深入一线等方式及时跟踪督促，确保创建工作扎实稳步推进。3月份，通过下发文件、网上申请、电话咨询、现场指导等方式，征集到52家企事业单位的100个项目申报享受政策资金资助，12家企业的14名个人申报享受人才扶持政策资金。按照文件规定程序和标准，经创新办汇总分类、市级相关部门初审、奖励资金联审会联审，全市47家企业的87个项目有望获得奖励资助，预计奖励资助资金986万元。10家单位引进的12名科技创新领军人才有望获得人才扶持政策奖励资助，预计奖励资助资金158万元。贯彻落实创新型省份建设推进大会精神，按照省创新型县区建设标准、要求，做好申请试点工作。金台区、凤翔县、眉县被省科技厅命名为省级创新型试点县区。争取蟠龙新区创建省级高新区，先后开展了土地利用规划、控制性（详规）规划、环评报告等，编制了《蟠龙新区省级高新区发展战略规划》（讨论稿）、《蟠龙新区省级高新区产业发展规划》（讨论稿）。在宝鸡日报上开设《国家创新型城市专版》，设置企业创新风采、高端人才访谈、创新政策解读、创新成果推介、知识产权保护和县区领导谈创新等栏目，广泛宣传创新政策，推介科研成果，介绍创新经验，宣扬创新事迹。先后采访52家企业、30余名个人，编发各类稿件109篇，刊登专刊14期。

工 业 科 技

【提升科技创新服务能力】 2014年，科技创新服务中心更新升级了7T容量的科技文献资源数据库；与西北农林科技大学信息工程学院签订了《关于联合建立宝鸡市信息化人才培训基地的协议》；制定了大型仪器设备共享平台和科技创新服务体系建设的实施方案，组建了由各县区、高新区，蔡家坡经开区及科技中介服务机构等单位参与的科技创新服务工作信息员队伍。“一站式”服务大厅累计受理业务和提供咨询服务600多人次；开展中小企业创新基金申报、创新基金监理验收、高新技术企业认定等培训8期，累计培训520人次；承办重大科技项目评审、项目验收汇报会等各类会议20余次；举办专业技术人才沙龙2次；利用视频在线培训服务系统，对各县区和相关企业开展了知识产权保护、专利申请、现代农业技术等培训。

【推进企业技术创新体系建设】 协助秦川集团申报国家数控磨床工程技术研究中心，省科技厅向科技部上报《关于申请组建国家工程技术研究中心的请示》（陕科字〔2013〕65号）后，市科技局先后两次到秦川集团调研，与集团领导、研究院负责人和主管人员的进行座谈，完成可研报告的初稿，并与省科技厅进行专题座谈，争取省科技厅对后绪工作的支持。同时，协助宝鸡南车时代、中铁电气化宝鸡器材等7家企业开展了省级工程技术研究中心评估工作。

【加快发展高新技术企业】 坚持将培育、发展和提升高新技术企业作为科技创新工作的主要抓手，重视高新技术企业培育工作，根据国家《高新技术企业认定管理办法》（国科发火〔2008〕172号）、《高新技术企业认定管理工作指引》（国科发火〔2008〕362号）规定，制定培育计划和工作方案，建立高新技术企业孵化库，调查摸底对符合申报条件的企业进行"一对一辅导"。上报宝鸡市精机设备有限责任公司等高新技术企业10户，其中新申报7户、复审3户。截至年底，全市高新技术企业已发展到126户。

【培育创新型企业和民营科技企业】 对2014年拟申请市级创新型（试点）企业的单位进行政策宣传和申报辅导，并通过科技信息网、《宝鸡日报》等新闻媒体进行宣传推介，为企业申报做好前期准备工作。组织宝鸡南车时代等8户市级创新型（试点）企业申报省级创新型（试点）企业。依据《陕西省民营科技企业管理细则》，按照陕西省科技厅《关于开展民营科技企业认定的通知》要求，经过县、市、省科技部门逐级审查审核评审，省科技厅确定宝鸡市龙腾机械制造有限公司、陕西长美科技有限责任公司等46户民营企业为陕西省民营科技企业。确定的46户陕西省民营科技企业有效期三年（审批时间从2014年4月计算）。截至年底，全市重新认定的民营科技企业140户。

【持续推进陕西省钛及钛合金科技产业示范基地建设】 通过市级重大科技专项，实施"钛合金异形件挤压玻璃润滑技术研究""核级锆材成套技术研发""钛材产品质检监督检验服务平台"等重大科技项目5项，安排经费310万元，攻克重大关键技术11项，申报专利13项。通过省统筹科技创新工程，围绕提升钛产业先进装备制造水平，延伸产业链，提升产品附加值，以新型高纯钛合金技术和设备开发为重点，申报"钛合金双动力旋翼机开发""新型钛钢铜导体多层金属包覆轧制技术研发""钛合金大规格棒材产业化"等重大科技项目10项，预期经济效益17.3亿元。

【实施汽车及零部件产业、石油钻采装备产业创新工程】 通过市级重大科技专项，实施"汽车发动机节气门总成""宝鸡市重型车桥工程技术研究中心""蔡家坡汽车及零部件产业发展服务平台建设"等重大科技项目7项，安排经费365万元，研发重大新产品6项，预期经济效益14.5亿元。通过省统筹科技创新工程，围绕石油钻采产业高端装备制造研发，实施"海洋平台吊机开发""双金属层状结构复合管研制"等重大科技项目5项，争取省科技厅支持700万元。

新农村科技

【开展"最美科学技术推广人"评选活动】 按照市创建国家文明城市要求，由市科技局牵头，在全市范围内开展"最美科学技术推广人"评选活动。市科技局起草《开展"最美科技推广人"评选活动实施方案》，制定评选原则、评选条件、评选程序及进度安排。组织了投票选举、综合评审，并进行了网上公示。评选出10名"最美科学技术推广人"，并与市委宣传部进行了联合发文表彰。

【组织开展大型科技宣传活动】 参加"科技三下乡"和"科技之春"宣传月活动，发放专利法、核桃、苹果、花椒、西瓜等图书1320余册，发放农业科技宣传单1200余份，咨询服务群众500人次。在眉县横渠镇古城村开展"走基层送科技 服务农村惠民生"农技推广活动，邀请西农教授和首席农艺师为村民举办"猕猴桃作务及病虫害防治技术"培训会，向群众赠送价值4100元的猕猴桃病虫害防治药品。策划承办了全省科技活动周集中宣传活动和组织举办了全市科技活动周宣传活动。

【开展农业科技园区认定工作】 2014年，省科技厅将农业科技园区作为"创新型陕西建设"中"实施园区基地创新发展工程"的重要任务，开展了省级农业科技园区的认定工作。市科技局按照省科技厅《关于做好农业科技园区建设工作的通知》（陕科农发〔2014〕36号）文件精神，推荐眉县和千阳县两个县申报省级农业科技园区，并通过专家质询会和评审会。眉县猕猴桃农业科技园区命名为省级首批农业科技园区，千阳县将在第二批命名。同时，将眉县猕猴桃农业科技园区推荐申报国家农业科技园区。

【推进科技创业示范基地建设】 持续推进金台区无公害葡萄、凤县林麝、麟游县南坊布尔羊、太白县高山无公害蔬菜和凤翔苹果矮砧集约高效栽培等5个科技创业示范基地建设。金台区无公害葡萄农业科技创新创业示范基地，引进4个鲜食葡萄新品种，建设100亩设施葡萄示范园，200亩葡萄栽培技术核心示范园，开展物理控制、肥水一体化研究等技术研究，示范带动全区建设新优品种3000亩，亩产1500公斤，年产葡萄450万公斤，产值2200万元，果区农民人均纯收入增加842.5万元。凤县林麝农业科技创新创业示范基地新建林麝工程技术研究中心，开展林麝青贮饲料、毛球病防治等技术研究，解决影响林麝养殖中的技术难题，为全县养殖产业基地建设提供全方位的技术服务。新建2个林麝规范化养殖示范基地，带动全县林麝养殖规模达到8000只，年产香量达到35公斤，综合产值达到7400万元，农民人均收入700元。

【提升科技服务能力】 结合全省开展"千人进千社，千技惠千村"专项行动，推荐金台区、岐山县和凤县申报省级"千人进千社、千技惠千村"科技特派员行动示范区。3个县区已经列入示范区建设，共获得90万元资金资助。3个县区共选派了90个首席农艺师分别到90个农民专业合作社（涉农企业）开展技术引进、技术示范、技术培训等技术服务。截至年底，全市已经有130名科技特派员全面实施了"百人进百社，百技惠百村”计划，提升了全市农村科技型专业化合作社发展水平。根据省委组织部、科技厅、财政厅、人力资源和社会保障厅、扶贫办研究制定的《陕西省边远贫困地区、民族地区和革命老区人才支持计划科技人员专项计划实施方案》，全年选派58名科技人员到太白县、扶风县、陇县、千阳县、麟游县5个国家连片特困地区县提供科技服务、开展农村科技创新创业，并为这5个县培养10名本土科技服务人员和农村科技创新创业人员，推动了“三区”科技人员队伍建设，为“三区”经济社会发展提供了有效的科技人才支持和智力服务。

科技计划

【概况】 2014年，围绕中省科技项目指南，结合宝鸡产业发展特点，组织实施科技项目，促进全市经济社会的发展。从3月初开始，围绕以“中国钛谷”为引领的新材料产业、以吉利汽车项目为引领的高端装备制造业、以西凤酒城建设为依托的烟酒食品产业、以麟北煤田开发为重点的煤化工产业等2014年宝鸡工业的四大主战场和县域主导产业发展壮大，开展科技支撑主导产业发展调研。研究确定了2014年度科技支撑重点产业发展的“3+×”模式框架。下发征集重大科技专项的通知，通过形式审查、专家评审、实地考察、网上公示等环节，安排实施了34项重大科技专项，其中钛产业创新工程5项、汽车及零部件创新工程7项、产学研合作推进工程7项、农业类10项、社会类5项。安排应用技术研究与开发资金1685万元。这些项目总投资6.4532亿元，承担单位自筹5.125亿元，银行贷款11597万元。年内，“钛合金双动力旋翼飞机”等41个项目获得国家科技部立项，“双金属层状结构复合管研制”等66个项目获省科技厅立项。全年，争取中省科技资金1.1228亿元。

宝鸡市2014年重大科技专项计划项目安排及经费补助表

序号	项目名称	计划类别	项目编号	承担单位	起止年限	经费预算（万元）			
						总投资	自筹	银行贷款	政府补助
一	钛产业创新工程					13987	10850	2827	310
1	钛合金异形件挤压玻璃润滑技术研究	重大新产品开发	2014TCY-1	宝鸡钛业股份有限公司	2014~2015	2000	1920		80
2	核级锆材成套技术研发	重大新产品开发	2014TCY-2	国核宝钛锆业股份公司	2014~2015	1987	580	1327	80
3	钛合金GR12薄壁管研制	重大新产品开发	2014TCY-3	宝鸡核新金属有限公司	2014~2015	2000	1960		40
4	医用高强度钛合金接骨板	重大新产品开发	2014TCY-4	宝鸡市钛星金属有限公司	2014~2015	2000	1970		30
5	钛材产品质检监督检验服务平台	科技服务平台建设	2014TCY-5	宝鸡钛谷新材料应用研究院有限公司	2014~2015	6000	4420	1500	80
二	汽车及零部件产业创新工程					9715	9350		365
6	汽车发动机节气门总成	重大新产品开发	2014QCCY-1	陕西宝成航空仪表有限责任公司	2014~2015	750	690		60
7	新型V8水冷柴油机开发	重大新产品开发	2014QCCY-2	陕西北方动力有限责任公司	2014~2015	1085	1025		60
8	蓄电池式变频牵引机车	重大新产品开发	2014QCCY-3	宝鸡恒通隧道设备有限公司	2014~2015	410	380		30
9	电动汽车二档变速器开发	重大新产品开发	2014QCCY-4	宝鸡德瑞汽车零部件有限公司	2014~2015	1100	1070		30
10	宝鸡市潮模砂铸造工程技术研究中心	工程技术研究中心	2014QCCY-5	陕西金鼎铸造有限公司	2014~2015	1870	1830		40
11	宝鸡市重型车桥工程技术研究中心	工程技术研究中心	2014QCCY-6	陕西汉德车桥有限公司	2014~2015	3500	3460		40

续表

序号	项目名称	计划类别	项目编号	承担单位	起止年限	经费预算（万元）			
						总投资	自筹	银行贷款	政府补助
12	蔡家坡汽车及零部件产业发展服务平台建设	科技服务平台建设	2014QCCY-7-1 2014QCCY-7-2 2014QCCY-7-3	宝鸡市蔡家坡经济技术开发总公司 宝鸡高新汽车工业园发展有限公司 岐山县科技局	2014～2015 2014～2015 2014～2016	1000	895		85 10 10
三	产学研合作推进工程					23916	15391	8120	405
13	CT90 变壁厚连续管	科技成果转化	2014CXY-1	宝鸡石油钢管有限责任公司	2014～2015	2000	1920		80
14	数控螺旋锥齿轮磨齿机	科技成果转化	2014CXY-2	陕西秦川机械发展股份有限公司	2014～2015	1500	1420		80
15	重载铁路用 75kg/m 钢轨 12 号、18 号道岔的研制	科技成果转化	2014CXY-3	中铁宝桥集团有限公司	2014～2015	1600	1520		80
16	开关电器大容量开断关键技术	科技成果转化	2014CXY-4	陕西宝光真空电器股份有限公司	2014～2015	10816	5756	5000	60
17	基于云计算技术的移动互联网数字媒体开发与应用及渭滨区互联网产业园建设	科技成果转化	2014CXY-5-1 2014CXY-5-2	陕西西普网络科技有限公司 渭滨区科技局	2014～2015 2014～2016	3000	1655	1300	35 10
18	无牵伸适纺双精梳条并卷联合机系列产品成果转化	科技成果转化	2014CXY-6	陕西恒鑫精密纺织机械有限公司	2014～2015	3500	1670	1800	30
19	发动机制动成套组件关键技术研究与应用	科技成果转化	2014CXY-7	宝鸡市鼎铎机械有限公司	2014～2015	1500	1450	20	30
四	农业类（果业、蔬菜、特色养殖提升工程）					9698	9243		455
20	金台区无公害葡萄科技创业示范基地建设	示范基地	2014NYZX-1	金台区科技局	2014～2015	1258	1208		50
21	凤翔苹果矮砧集约高效栽培科技创业示范基地建设	示范基地	2014NYZX-2	凤翔县科技局 凤翔县新农农业专业合作社 凤翔县北水沟苹果专业合作社	2014～2015	370	330		40
22	矮砧苹果标准化生产技术示范与推广及苹果矮化自根砧大苗繁育技术研究	技术推广应用	2014NYZX-3-1 2014NYZX-3-2 2014NYZX-3-3	宝鸡海升现代农业有限公司 宝鸡华圣果业有限公司 千阳县科技开发中心	2014～2015 2014～2016 2014～2016	1396	1331		35 20 10
23	自根砧苹果苗木繁育示范与推广	技术推广应用	2014NYZX-4-1 2014NYZX-4-2	扶风县发园农林苗木专业合作社 扶风县科技局	2014～2016 2014～2016	570	530		30 10
24	宝鸡市猕猴桃保鲜与深加工工程技术研究中心建设及猕猴桃标准化生产加工关键技术示范与推广	工程技术研究中心 技术推广应用	2014NYZX-5-1 2014NYZX-5-2	陕西果维美猕猴桃深加工有限公司 眉县科技开发中心	2014～2015 2014～2016	1717	1657		45 15
25	设施蔬菜新品种引进及新技术推广应用	技术推广应用	2014NYZX-6-1 2014NYZX-6-2	陈仓区惠生蔬菜专业合作社 陈仓区科技局	2014～2015 2014～2016	456	416		30 10
26	太白县高山无公害蔬菜科技创业示范基地	示范基地	2014NYZX-7	太白县科技文化文物局 太白县绿农蔬菜有限公司 太白县秦绿蔬菜专业合作社	2014～2015	334	294		40

续表

序号	项目名称	计划类别	项目编号	承担单位	起止年限	经费预算（万元）			
						总投资	自筹	银行贷款	政府补助
27	凤县林麝科技创业示范基地	示范基地	2014NYZX-8	凤县科技局 凤县逢春济民可信科技养殖有限公司 陕西片仔癀麝业有限公司	2014~2015	1075	1035		40
28	麟游县南坊布尔羊科技创业示范基地	示范基地	2014NYZX-9	麟游县科技局 宝鸡市布尔羊开发有限公司 宝鸡雅各布尔羊开发有限公司	2014~2015	2019	979		40
29	标准化奶牛高产养殖技术推广应用	技术推广应用	2014NYZX-10-1 2014NYZX-10-2	陇县畜牧工作站 陇县科学技术开发中心	2014~2015 2014~2016	503	463		30 10
五	社会类（大气污染防治攻坚、社会治理创新工程）					7216	6416	650	150
30	宝鸡市大气环境质量检测预警体系建设	科技服务平台建设	2014SFZX-1	宝鸡市环境监测中心站	2014~2015	796	766		30
31	区域食品安全技术保障体系建设与示范	科技服务平台建设	2014SFZX-2	宝鸡市金台区食品药品安全检验检测中心	2014~2015	1200	1170		30
32	宝鸡市社会治安信息管理服务平台	科技服务平台建设	2014SFZX-3	宝鸡市交通信息工程研究所	2014~2015	3000	2970		30
33	新型防火保温墙体材料技术集成与应用	技术推广应用	2014SFZX-4	宝鸡华辰新型节能材料有限公司	2014~2015	1020	690	300	30
34	高抗毒性高机械强度 Pd 催化剂研发	重大新产品开发	2014SFZX-5	陕西瑞科新材料股份有限公司	2014~2015	1200	820	50	30
	小　　计					64532	51250	11597	1685
六	重大科技专项计划项目管理费			宝鸡市科学技术局					84
	合　　计								1769

宝鸡市2014年市级及县（区）级科技经费投入表

单位：万元

市、县(区)名称	市、县(区)级财政科技拨款	市 GDP 总值	财政科技拨款占 GDP 额度(%)
宝鸡市	11271	16585400	0.068
渭滨区	1616	4457000	0.036
金台区	2544	2954500	0.086
陈仓区	348	1736400	0.02
凤翔县	1353	1818100	0.074
岐山县	362	1491000	0.024

续表

市、县（区）名称	市、县（区）级财政科技拨款	市 GDP 总值	财政科技拨款占 GDP 额度（%）
扶风县	320	1005700	0.032
眉　县	1696	1046300	0.162
陇　县	1498	571600	0.262
千阳县	976	350600	0.278
麟游县	1248	557500	0.224
凤　县	823	1456100	0.057
太白县	763	171100	0.446

科技成果

【概况】 2014 年，宝鸡市共取得各类科技成果 299 项，其中工业类 225 项；农业类 23 项；社会事业类 51 项。推荐省科技奖 26 项，获省政府科技奖励 14 项。其中：一等奖 3 项，二等奖 3 项，三等奖 8 项。申报市科技奖 103 项，获市政府科技奖励 58 项。其中：一等奖 9 项，二等奖 23 项，三等奖 26 项。科技成果中，达到国际先进水平的 17 项，达到国内先进水平的 91 项。

宝鸡市 2014 年获陕西省科技奖项目表

序号	项目编号	项目名称	主要完成单位	主要完成人	推荐单位
一等奖（3 项）					
1	14-349	大规格数控成形砂轮磨齿机技术及产品	陕西秦川机械发展股份有限公司、西安理工大学、西安交通大学	樊利军、方荣、彭宁、王红旭、高峰、朱宏明、庞亮、王东锋、谢斌、毛世民、陶毅	陕西秦川机械发展股份有限公司
2	14-160	行波选线技术研究与应用	宝鸡供电局、清华大学、北京衡天北斗科技有限公司	董新洲、施慎行、张维佳、吴忠礼、李有利、王军、刘超、王宾、裴敬安、刘泽宇、李冰玉	国网省电力公司
3	14-303	基于特征认知的机动无线通信系统关键技术研究与应用	陕西烽火电子股份有限公司、西安电子科技大学	刘宏伟、杨勇、张凡、刘俊、张琰、刘勤、曹军勤、梁峰、宋真东、李振友、李钧	陕西电子信息集团公司
二等奖（3 项）					
1	14-532	XJ129 棉结和短绒测试仪	陕西长岭纺织机电科技有限公司	朱吉良、齐明德、刘卫东、杨虎、张秀丽、刘宝晋、袁光辉、安少元、谭浩然、张慧、芦红	宝鸡市科技局
2	14-531	ZJ90/6750DB-S 四单根立柱超深井钻机	宝鸡石油机械有限责任公司（国家油气钻井装备工程技术研究中心）	黄悦华、王世军、陈思祥、张友会、姚文予、王洪涛、李治平、张文英、宋　涛、晋小庆、康云华	宝鸡市科技局

续表

序号	项目编号	项目名称	主要完成单位	主要完成人	推荐单位
3	14-539	高血压脑出血外科手术方式选择和相关问题的临床研究	解放军第三医院	王晓峰、张宏兵、张荣军、唐宗椿、王军、杨兴奎、周永春、李加龙、杨术真	宝鸡市科技局
三等奖（8项）					
1	14-548	陕西省甘薯生产关键技术研究集成与应用	宝鸡市农业科学研究所、宝鸡市农科农业科技有限公司、汉中市农业技术推广中心、商洛市科技局农业科学研究所、延安市农业科学研究所	刘明慧、王钊、樊晓中、高文川、高秋霞、豆利娟、徐兴林、马晓丽、张治良、王蕾、郑太波	宝鸡市科技局
2	14-545	肉鸡健康养殖技术提成与产业化发展模式研究	宝鸡华龙牧业集团有限公司、中国农科院北京牧医所、宝鸡市畜牧兽医中心	黄德乾、杜世敏、刘爽、刘斐、郑麦青、李斌、艾有劳	宝鸡市科技局
3	14-530	连续速度管柱开发及应用技术	宝鸡石油钢管有限责任公司（国家石油天然气管材工程技术研究中心）、长庆油田分公司	杨忠文、付钢旦、张晓峰、白晓弘、赵俊、李博锋、赵彬彬、王勇、张旭科、任永峰、杨亚聪	宝鸡市科技局
4	14-544	谷氨酸钠生产关键技术及配套设备的研发与应用	宝鸡阜丰生物科技有限公司、陕西省轻工业研究设计院、山东阜丰生物科技开发有限公司	王均成、李德衡、赵兰坤、刘化丹、刘元涛、李树标、王建东、张艾、徐田野、苟静瑜、刘海涛	宝鸡市科技局
5	14-529	耐硫化氢腐蚀用高强度油气输送管关键技术及产业化	宝鸡石油钢管有限责任公司	毕宗岳、翁继红、牛　辉、刘耀民、黄晓辉、刘海璋、牛爱军、赵红波、陈长青、刘　斌、张世涛	宝鸡市科技局
6	14-537	NB型三缸尾矿充填泥浆泵（3NB200）	宝鸡航天动力泵业有限公司	郑宏乾、唐春玲、张小玲、李春芳、王学中	宝鸡市科技局
7	14-535	警情自动跟踪显示系统	宝鸡市公安局交通警察支队、宝鸡市交通信息工程研究所	支录奎、宋沂昕、张亮、翟建平、贾宝银、马广海	宝鸡市科技局
8	14-541	经后路寰枢椎椎弓根螺钉固定治疗创伤性上颈椎失稳症的临床研究	宝鸡市中心医院	左春光、王新虎、王建顺、张军、刘夏君、张国华、杜伟、姚福东、刘继军	宝鸡市科技局

知识产权

【完成专利申请1804件】　2014年，市知识产权局贯彻知识产权发展战略，推进知识产权示范城市创建，紧抓专利申请目标任务不放松。分解下达各县区年度专利申请目标任务数量，建立县区专利申请目标任务职工负责制。实施县区专利工作职工一对一联络制，由职工分头包抓负责县区的知识产权联络、督促和服务指导工作。落实奖励和资助政策，激发发明人专利创造的积极性。年内，拨发2013年度下半年全市专利资助奖励资金和兑现外观设计专利资助行动共计87.2万元，拨付2014年上半年专利资助奖励资金 34.64 万元（目前正在拨付之中）。渭滨区、宝鸡高新区、凤县、眉县、岐山等县区分别兑现了自己出台的《专利申请资助奖励资金管理办法》。开展外观设计专利促进行动，对外观设计专利从申报到权利人拿到专利证书，实行全程全额资助，以外观设计专利数量和质量的提升带动全市目标任务的完成。这项活动共挖掘专利申请 700 多件。截至 10 月底，全市共完成专利申请 1804 件（已经完成省市下达的全市专利申请目标任务），专利申请数量再创新高。

【专利保护工作取得新突破】 以执法人才队伍建设为基础，规范执法程序，净化专利产品市场的执法活动。开展专利行政联合执法。联络公安、工商、文化、商务、质监、药监等部门，到重点商业单位进行专利商品执法检查。对涉嫌假冒伪劣侵权产品和冒充专利产品进行法律状态核实，对违法产品作撤柜和销毁处理；同时培训指导商业个体建立专利产品进货登记和检查制度，从源头上杜绝违法产品进入市场的渠道。通过陕西省专利行政执法协作网，与省内兄弟地区建立起专利案件移送、取证、文件送达的协作机制，为当事人提供便捷的涉案处理途径，提高办案效率。截至 10 月底，组织专利执法检查专项行动 5 次，受理专利侵权纠纷 24 件，结案 1 件，查处假冒专利案件 9 件。

【构建抵御假冒专利商品防火墙】 2014 年，收集整理近几年来发生在全市或涉及宝鸡企业或个体的假冒专利商品侵权信息，以《告全市专利发明人公开信》的形式将假冒专利侵权典型案例在全市相关媒体及市知识产权局网站上发布，并委托专利代理机构向发明人进行宣传。以专利发明人被骗事例为主题，在宝鸡日报撰写专题通讯，揭露非法机构冒充政府部门、国际组织和其他合法组织，假借专利评奖等手段欺骗发明人牟取暴利的行为，提高发明人的防范意识和能力。

【开展知识产权维权援助服务】 通过知识产权服务小分队的快反能力，掌握和了解涉及全市范围内企业或个人的知识产权法律纠纷，主动跟进提供维权援助服务。全年共提供维权援助 3 起，为企业减少损失上千万元。针对全市企业和个人知识产权维权意识不高，特别是合理利用知识产权规则有效规避侵权与被侵权的技巧和能力普遍较差的现实难题，知识产权服务小分队与相关企业建立起维权援助包干到人的服务机制，随时掌握企业经营和生产过程中遇到的知识产权纠纷和问题，及时提供帮助。

【专利产品和技术的培育转化再上新台阶】 2014 年，做好省专利产业化孵化项目和专利创业富民计划推广和落实工作，落实完成省专利孵化项目 7 项、专利创业富民计划 3 项，共计争取资金 114 万元；申报 2014 年度陕西省专利奖 6 项，中铁宝桥集团有限公司“外楔形调整新型弹片式扣件”项目获批为二等奖；申报 2015 年度省专利孵化项目 10 项，获批 4 项，申报省专利创业富民计划 3 项，获批 2 项。宝鸡高新区获批 2014 年度陕西省专利奖三等奖 1 项和 2015 年度省专利孵化项目 4 项。

（*石宏生*）

文化·传媒

编辑　陈　晶　李海娟

文　　学

【举办宝鸡市第三届迎新春征联大赛】　2014年1月，市文联、《华商报》今日宝鸡、宝鸡人民广播电台、宝鸡新闻网和市楹联学会联合举办了宝鸡市第三届迎新春征联大赛。这次征联历时一个多月，共收到全国各地1000多位作者的5000余副楹联作品。这些作品以“打造关天副中心，建设和谐新宝鸡”为主题，立意新颖，富有时代气息，集中展现了宝鸡市创建全国文明城市以及推动经济、社会、文化发展繁荣的各项成就。最终，共有29副楹联作品脱颖而出，分获一、二、三等奖和优秀奖。

【王斌小小说获全国奖】　2014年1月20日，中国微型小说学会主办、金山杂志社承办的第十一届全国微型小说（小小说）年度评选揭晓，宝鸡市作家协会会员王斌的小小说《蜡人张》喜获三等奖。微型小说以其短小精悍、构思巧妙、内涵深刻、立意新颖等特点在小说家族中独树一帜，中国作家协会已将微型小说列入鲁迅文学奖的评奖范围。全国微型小说（小小说）年度评选，作为微型小说界的一项权威赛事，自2002年开始已成功举办十届。

【宝鸡市3位作家获全国小说奖】　2014年3月，宝鸡市作家协会副主席李巨怀的长篇小说《书房沟》、省作家协会会员王云奎的短篇小说《风波》及宝鸡作家薛九来短篇小说《老倔的艳遇》获“中国当代小说奖”。他们的作品和个人词条分别入选《中国小说家代表作集》《中国小说家大辞典》。《书房沟》是作者历时10年精心创作的一部长篇佳作，2012年被列入省重大文化精品项目“西风烈”丛书，由太白文艺出版社出版。该书描述了上世纪30年代后期至50年代中国社会发生巨大变革时期，地处西府地区的书房沟所经历的一场波澜壮阔的裂变和阵痛。王云奎的小说从凡人小事入手，以反映平常人的感情和生活见长，语言朴素，真切自然，具有一定的艺术特色。《老倔的艳遇》讲述了一个小县城的修理工凭借自身技艺闯出新生活后，帮助一名外地逃婚女人渡过生活难关的故事，小说通过小人物的平凡事迹展现出人间真善美，文字朴实、生动，富有浓情厚感。

【宝鸡市5位作家入围第六届鲁迅文学奖】　2014年5月，中国作家协会官网和《文艺报》公示了第六届鲁迅文学奖参评作品，宝鸡5位作家的6篇作品入围。鲁迅文学奖是四大文学奖之一，这届鲁迅文学奖初步认定共有1362篇（部）作品符合参评条件。宝鸡市作家入围的作品有：景斌散文集《一群蚂蚁在大树下生活》，李喜林中篇小说《火晶柿子》，宁可短篇小说《谁是我的天堂》和《墙》，范怀智中篇小说《玉米羊群核桃树》，显晔中篇小说《秋色微澜》。

【市文艺评论家协会举办文学创作学术研讨会】　2014年7月11日，市文艺评论家协会与宝鸡文理学院等联合举办的“社会主义核心价值观主题文艺活动”——宝鸡文学创作学术研讨暨《宝鸡文学六十年》出版座谈会，在宝鸡文理学院甘棠厅举行。宝鸡市委宣传部副部长吕向阳，市文联副主席陈有向，市社科联专职秘书长雷念增，以及部分在宝鸡的陕西省作家协会签约作家等40余人参加。会议讨论热烈，收获颇丰，体现了高校与地方、创作与评论的对接和沟通交流，对宝鸡市未来文学创作起到了积极的推动作用。

【市作家协会举办“华厦情·金秋诗会”】　2014年9月26日，市作家协会与市文化创意协会联合举办的“华厦情·金秋诗会”在宝鸡华厦老年大学举行。市人大常委会常务副主任孙惜玲、市文联主席王春霞出席诗会并讲话。原市委常委、宣传部长陈同钢，宝鸡市著名诗人景斌、秦巴子、渭水、李涛、李广汉、白立和来自西安的著名诗人王有尾、黄海等20多位诗人、作家激情澎湃地朗诵了自己的诗歌新作。同日，“宝鸡作家网”也正式开通。

【市诗词学会举办诗词朗诵会】 2014年9月27日，市诗词学会在市老年活动中心举办“我们的节日”庆祝新中国成立65周年暨重阳节诗词朗诵会，市文联、老干局及诗词学会近百人参加。活动主题鲜明、形式多样，会员们激情洋溢的表演了诗歌朗诵、歌曲演唱和舞蹈等近20个欢乐喜庆的文艺节目，内容大部分都是会员专门为这次活动新创作的作品，现场互动频繁、气氛热烈，这次活动是促进和带动全市诗词创作活动的一个新开端。

【范怀智短篇小说获陕西省作协年度奖】 2014年10月22日，陕西省作协首届年度文学奖（2013年度）评奖结果出炉，岐山作家范怀智的短篇小说《伏天》上榜。陕西省作协首届年度文学奖分为长、中、短篇小说奖、报告文学奖、诗歌奖等9个种类，每个奖项获奖作品不超过三篇（部）。2013年度评选活动自今年6月开始以来，共收到各类作品129部（篇），最终20部（篇）作品获奖。

【赵林祥、朱宏让、曹豫龙获陕西省慈善文艺创作奖】 2014年11月20日，陕西省慈善文艺作品颁奖大会在西安举行，宝鸡作家赵林祥、朱宏让联合创作的长篇纪实小说《爱不流泪》获一等奖，市戏剧家协会副主席曹豫龙创作的现代戏曲剧本《金龙和银龙》获三等奖。《爱不流泪》以陕西省道德模范岐山人董彩霞为创作原型，对她18年来精心照管金家三兄弟的曲折经历和生存之路作了一次全景式的艺术再现，故事生动逼真，情节凄美感人，彰显了顽强不屈、战胜艰难的生命张力。市委书记上官吉庆为该书作序。《金龙和银龙》讲述的是农民工兄弟金龙和银龙在城里打工期间，面对被摩托车撞伤、被误诊为癌症的女青年王慧，所采取的不同态度以及他们的不同爱情归宿，歌颂了弟弟银龙见义勇为的精神和正直善良的美德。

【宝鸡11位作家作品入选陕西省作协文学年选】 2014年11月，陕西省作家协会编辑的《2013陕西文学年选》出版，这是省作家协会首次推出的文学年选。宝鸡市11位作家的20篇（首）诗文入选，其中吕向阳的《西府贩子说》入选散文卷，秦巴子的《朗诵者》、白麟的《“花儿”》、秦舟的《立夏之诗》、牟小兵的《那孤独而愤怒的铁》、荒原子的《时光书》、陈朴的《同学》等入选诗歌卷，宁可的《春夏秋冬》、李喜林的《火晶柿子》、秋子红的《名声飞扬的爱情》等入选小说卷，孙新峰的《“带灯”等“天亮”》入选文学评论卷。

【宝鸡市3位诗人到北京参加座谈会】 2014年12月1日，中国作家协会创研部、中国作家协会诗歌委员会和陕西省作家协会主办的“文学陕军”诗歌创作座谈会在北京的中国现代文学馆召开。宝鸡诗人秦巴子、白麟、梁亚军参加，这是陕西省首次在全国组团式推介中青年诗人。此次活动是继2014年10月新梯队小说研讨会之后，文学陕军第二次在北京亮相，旨在发掘陕西诗歌中坚力量，扩大陕西诗歌在全国的影响力。宝鸡市文艺评论家协会副秘书长孙新峰应邀在会上对诗人的创作进行全面解读。

【市杂文散文家协会举办成立20周年座谈会】 2014年12月26日，市杂文散文家协会举办成立20周年暨《印象千阳》发行座谈会。市杂文散文家协会成立于1994年，20年来协会开展了与党报联合征文、文学采风、创作座谈会、会员作品研讨会等多项活动，还编辑出版《德之呼唤》《宝鸡览胜》《宝鸡杂文散文荟萃》等图书，引起广泛好评。《印象千阳》是协会在2014年5月千阳采风活动后编印的文集，收录了近50篇礼赞千阳的美文。

（李海云）

宝鸡市文联2014年文艺作品出版情况一览表

艺术门类	作品名称	作者	形式	内容简介	出版时间	出版社
文学	《波光潋滟》	杨耀峰	长篇小说	全书32万字，融魔幻、荒诞、隐喻、象征、寓言为一体，以一起非常事件为中心，塑造了一批具有正义、良知、善良、怜悯之心的底层小人物形象，无情地鞭挞了被光环笼罩着的邪恶、丑陋、残暴、污浊的灵魂，弘扬了社会正气。	2014年10月	白山出版社
	《醉爱轮回》	周宝宏	长篇小说	全书共20余万字，作者怀着对吴承恩前辈的敬仰之情，本着对真、善、美的推崇与宣扬，夹杂着对美好的生活和真挚爱情无限憧憬与对和谐世界充满信心，以神话为载体，讲述了幻想世界里真实浪漫的爱情故事。	2014年7月	中国青年出版社
	《日月河》	宁可	长篇小说	全书25万字，以宝鸡为宏观精神地理，撷取本土民俗物产，以40年的时代跨度聚焦了人性在大时代背景下的异化、失真、没落与最终剥离，以及恒性坚守，表达了对那个时代的焦灼和忧虑。	2014年8月	北方文艺出版社

续表

艺术门类	作品名称	作者	形式	内容简介	出版时间	出版社
文学	《人间冷暖》	陈朴	诗集	该书收录了作者近年来创作的60余首诗歌，以简练鲜明的笔触刻画了世相百态，以朴实无华的语言展现了生活真实。作品中将自己乡村生活的点滴感悟都写进了诗歌作品中。	2014年11月	类型出版社
	《金台观》作家丛书第二辑	主编：李巨怀	文学作品集	丛书共8册，收录了牛升培的长篇小说《青雀台》、王宝莉的散文集《岁月梭影》、杨文海的散文集《文海漫步》、沈宏军的散文集《鸟爱碧山远》、常红梅的散文集《陌上花开》、赵亚玲的散文集《且听风铃》、张扬的文集《半勺风月》，以及金台区诗词学会诗词集《大爱追梦》。涵盖了诗词、小说、散文、随笔等文学形式，展示了宝鸡市文学界的繁荣与雄厚实力。	2014年6月	中国文联出版社
	《绝处风景》	魏晓婷	散文集	全书用30余万字，从岁月留痕、乡土情愫、亲情一缕、山水怡情、人生浪花、心灵感悟、守望乡村等8个部分，将作者生活中的各种体验和深层感悟娓娓道来，文笔流畅、感情细腻，在淡淡乡土气息的字里行间，洋溢着爱心、感恩、信念、鼓励和希望。	2014年12月	太白文艺出版社
	《一莲幽香》	卢文娟	散文集	该书共18万字，分为“亲情感怀、童年纪事、青春咏歌、红咏歌、红尘遐思、生命浅唱、四季行吟、岁月慨叹”七卷，收录了作者近年来创作的84篇散文。作者以自身的童年、青春、大学等生活经历为基本素材，通过细腻、清丽、感人的笔触，向读者展现了上个世纪关中农村普通家庭生活的辛劳与不易、淳朴与美好，亲情与真爱，简单与快乐，表达了对故乡的挚爱和眷恋，对苦难的申诉，对人性的洞察，为读者精心营造出一个诗意的“精神家园”。	2014年10月	现代出版社
	《品读宝鸡》	张陇得	散文集	该书以宝鸡文明发展的时间顺序为主干，从诠释凤文化、解读青铜器、探秘舍利塔、凭吊古战场、搜检老艺术等不同角度，展示了3000年来陈仓大地上曙光初现的上古、恩威并现的周秦、端庄雍容的汉唐、铁马秋风的宋元、锐思纵横的明清。	2014年10月	陕西人民出版社
	《格子庐闲话》	李思民	随笔集	该书分为《家庭泪》《教坛风》《文苑经》《宦海浪》《社会潮》五辑，70余篇，共30余万字，道尽了作者在退休后对人生的所思所想。	2014年10月	作家出版社
	《陇苑春色》	杨秉权	综合文集	全书融陇州人文历史、风土人情、民俗艺术于一体，共12万余字，分心泉潺潺、故土情怀、黄土奇葩、媒体声音四辑，图文并茂、语言通俗，字里行间既有作者挚爱家乡、感恩亲情的真情流露，也有他对民间艺术的精研刻画和独到见解，展示了其多才多艺的人生积淀。	2014年11月	香港银河出版社
	《明天更美好》	陈军强	综合文集	作品集按新闻消息、新闻通讯、电视节目三类，收录了作者较有代表性的70多篇优秀新闻作品，达14万字，内容涉及经济建设、文化教育、环境保护等领域。这既是一部新闻作品集，更是一部扶风县域经济发展的成果展示集。	2014年4月	中国诗书画出版社
	《凤酒诗话》	赵太国	综合文集	围绕西凤酒这根主线，精选《诗经》，唐诗宋词，明清、近代诗歌、典故关于对西凤酒的赞美，进行赏析，讴歌了西凤酒三千年历史文化的风采。	2014年9月	中国文化出版社

续表

艺术门类	作品名称	作者	形式	内 容 简 介	出版时间	出版社
文学	《拙石园闲趣》	李习成	综合文集	该书分为“创作与思考、生命的轮回、往事如烟、苦乐黄土地、拙石园闲趣、美国掠影”等6个篇章，内容丰富，形式多样，包含山水画作品、理论文章、诗歌、随笔等，是作者对自己60年往事的回忆和总结。	2014年5月	世界艺术家出版社
	《书志偶存》	李希廉	综合文集	该书将作者多年来创作的论文、诗词、书法作品等集结成册，展示了作者在学术及艺术上的深入研究和造诣。	2014年3月	中国诗书画出版社
	《曹雪芹与脂砚》	祝喜堂	理论专著	此书是祝喜堂《红楼梦》系列研究丛书，书中不仅对文学经典巨著《石头记》的书名命名是由脂砚确定作了论述，对大观园中众人物给予一一解读，还对幽默风趣的市井歌谣作了精辟的分析，甚至对于长期以来被红学专家忽视贬损的《好了歌》也作了全新的注释。	2014年10月	银河出版社
	《（石头记）新论》	祝喜堂	理论专著	此书为红学研究专著《曹雪芹与脂砚》的“姊妹篇”。	2014年10月	银河出版社
书法	《狄剑若书法作品专集》	狄剑若	书法作品集	该书汇集了作者多年潜心创作的艺术成果。其中的作品展示了狄剑若在真、行、草、隶、篆诸体上的深厚功底，尤其体现了对楷书、“二王”行草的精深研究。	2014年2月	陕西人民美术出版社
	《纵情笔墨・李晔书法艺术作品集》	李晔	书法作品集	该作品集汇集了作者多年潜心创作的诗文、书法艺术行迹，内容丰富、涉及面广。	2014年2月	中国艺术出版社
	《青痕斋诗词墨迹》	朱生民	诗词书法作品集	该作品集共收录朱生民46年来创作的84首诗词作品，他将自己在社会民生、自然人情等方面的所思所想诉诸诗词，并用书法作品表现出来，让人不但可以感受到他在创作时的所思所想，而且可以从中体会到当时的社会生活。	2014年9月	中国文化出版社
	《吕盛林书法集》	吕盛林	书法作品集	该书收录了作者近年来创作的行书、楷书等各种形式的书法作品共80余幅，这既是作者在书法艺术上的展示，同时也是对自己多年书法创作的一个总结。	2014年4月	中国文艺出版社

（李海云）

美术・书法

【举办庆“七一”宝鸡市反腐倡廉漫画作品展】 2014年7月1—8日，由宝鸡市纪委、市直机关工委、市文广局主办，市群众艺术馆承办，市漫画协会协办的庆“七一”反腐倡廉漫画展在宝鸡展览馆展出。展览共展出宝鸡市漫画学会会员26人创作的88幅漫画。这些作品以反腐倡廉为主题，以反映反腐、打黑、廉政、勤政、爱国、为民、公平、诚信等为创作内容，主题鲜明、立意新颖、构思巧妙，弘扬风清气正的道德风尚，使参展者受到了一次“廉荣贪耻”的廉政教育。展览期间市人大常委会副主任富君、市政协副主席宋建国、市纪委副书记张根萍、市直机关工委书记王丹红、市文广局局长张辉、市纪委常委陈宏伟等党员干部及万余市民参观了展览。

（卢昭华）

【举办2014宝鸡少儿绘画精品展】 2014年2月10日，宝鸡市文联、市美术家协会、市群众艺术馆、市油画学会共同举办的“我们的中国梦”2014宝鸡少儿绘画精品展在市群众艺术馆开展。市委常委、宣传部长马鲜萍出席并宣布开展。市文联主席王春霞，宝鸡知名美术家刘学重、王兴平等，以及全市书画界、新闻媒体和参展小作者200余人参加了开幕式。全体参展师生精心创作，认真准备，经过半年多的努力，主办方从上千幅作品中选出了170幅优秀作品展出。其中既有儿童油画棒画、剪贴画、撕贴画；又有儿童装饰画、线描画、水粉画；还有风景，创新油画棒涂抹画、素描创意、构成设计等。这些作品都是孩子们用眼睛观察世界、用心灵感知世界、用画笔描绘生活的艺术结晶。作品《梦想》《地球对话》《快乐一家》等充满奇思妙想，趣味十足，表现了孩子们丰富的创作力和天真烂漫的童趣。

【市书法家协会被表彰为全国先进集体】 2014年2月20日，中国书法家协会表彰了2013年度“中国书法进万家活动”先进集体，宝鸡市书法家协会榜上有名。市书法家协会不断推人才、出精品，一大批中青年书法家脱颖而出，已有国家级会员40余人，成为宝鸡书坛的中坚力量，引领宝鸡书法的创作方向。协会推进中国书法家协会开展的“中国书法进万家”活动，组织广大书法家深入各个行业领域，送艺术到基层，面向社会，服务大众。热心参与赈灾义卖，爱心助残、助学，送春联，送作品等文艺志愿服务活动，受到了各方面的好评。这次表彰是市书法家协会自2007年以来第三次获此殊荣。

【宝鸡中国画院开展送文化下乡活动】 2014年3月23日，宝鸡中国画院组织20余名画家，到宝鸡硖石镇六川店村，开展送文化下乡活动。画家们在当地采风、写生、举办笔会，并为群众赠送了10余幅书画作品，受到了热烈的欢迎。此次文化下乡，让村民们在感受艺术之美的同时，也让艺术家们下基层接地气，体验农村生活，汲取营养，为他们能够创作出更多弘扬主旋律、传递正能量、歌颂真善美的优秀作品激发了灵感。

【洪涛入选《当代中国山水画名家》丛书】 2014年4月，由上海人民美术出版社编辑的《当代中国山水画名家》丛书出版，宝鸡市书画家协会副主席洪涛成为入选画家之一。洪涛曾在中国美术馆等全国多地举办过个展，其多幅国画作品被中国美术馆收藏，连获全国、全省性大奖。与此同时，北京出版社出版的《中国实力派画家精品集》也收录洪涛新作20幅。此次多幅作品入选全国性作品集，表明洪涛的国画创作已迈上了一个新的台阶。

【宝鸡书法家作品入国展】 2014年5月，在中国书法家协会主办的第四届中国西部书法篆刻作品展中，宝鸡市岐阳印社副社长史江鸿和市书法家协会会员王文涛、王向阳、杨荣国等4人作品入展。这次展览共收到西部12个省区8136件作品，经过大展评委会认真评选，最终298件作品入展。

【举办周宝良书法艺术展】 2014年8月22日，宝鸡市文联、宝鸡展览馆、市书法家协会联合举办的“诠释经典”——周宝良书法艺术展在宝鸡展览馆开幕。宝鸡市人大常委会副主任富君，市政府副秘书长李献卿，市文联主席王春霞，市总工会常务副主席冯让黎，宝钛集团纪委书记、工会主席白林让，副总经理丁忠杰及书画爱好者100余人参加了开幕式。副市长刘桂芳、景耀平参观展览，并对展出作品给予高度评价。周宝良是宝钛集团职工文化艺术协会秘书长，现为中国书法家协会会员、陕西省书法家协会理事，宝鸡市书法家协会副主席兼秘书长，其作品入展全国第八届书法篆刻展、全国第四届楹联书法展等全国大展。此次展览展出的是他近期精心创作的草、行、隶、楷、魏等书法作品。作品风格多样、形式别具一格，导向性和艺术性较强，传统功力扎实，彰显了作者多年来在书法艺术方面的成就。

【举办古今人士赞颂太白山诗书画展】 2014年9月2日，陕西省书法家协会、市委宣传部、市文广局、市文联等共同主办的“古今人士赞颂太白山诗书画展”在宝鸡展览馆举办开展仪式。原省委书记、中华诗词学会顾问张勃兴宣布展览开幕。市委书记上官吉庆致欢迎词。市长钱引安，长安画派艺术研究院院长赵振川，省诗词学会会长孟建国，市委常委、市委秘书长白升安等领导以及市级相关部门负责人出席仪式。此次展览展出了陕西省书画名家赞颂太白山的89幅书画精品力作。特别是著名画家祝金刚历时三年创作的60米书画长卷《太白山揽胜》，全景展示了太白山从山门到主峰间的风光，莲花峰瀑布、铜墙铁壁、世外桃源、拔仙台、大爷海等特色景点尽收画中。

【强博画作入选国际生态艺术展】 2014年9月9日，首届国际生态艺术展在纽约联合国总部开展。宝鸡市美术家协会副主席兼秘书长强博的《紫藤》《葡萄》和《牡丹》三幅国画作品入展。强博现为中国美术家协会会员，作品曾多次入选文化部、中国文联及中国美术家协会主办的全国性大展并获奖。此次展览展出了中国12位知名画家的50幅作品，内容以描绘山水、湿地、花鸟鱼虫为主，强调人是自然界的一部分。联合国副秘书长南威哲强调此届画展在纽约展示具有重要意义，同时希望主办方能继续举办类似活动以促进东西方文化的交流与融合。

【举办李骅刻字艺术展】 2014年9月18日，宝鸡展览馆、市书法家协会主办的“刻木铭心”李骅刻字艺术展在宝鸡展览馆举行开展仪式。市人大常委会副主任富君、市文联主席王春霞、陕西省刻字委员会主任崔宝堂出席并参观展览。李骅为中国书法家协会会员、宝鸡市书法家协会刻字委员会副主任。其作品多次获得全国大奖，先后入展第四届中国书法“兰亭奖”佳作奖、全国第十届书法篆刻作品展、第十四届国际刻字艺术展等。此次展出的30余件书法、刻字作品，均展示出了李骅深厚的刻字功底和对艺术的独到见解，给参观者带来了视觉上的强烈冲击。

【举办“孝行天下”老年书画摄影展】 2014年9月25日，市委老干局、市文联等共同举办的庆祝新中国成立65周年——“孝行天下”老年书画摄影展在市老干部活动中心举行开展仪式。副市长武军参观展览。市委老干局局长杨建成、市文联秘书长冯君礼及200余名老年书画摄影爱好者参加。此次的160余幅书法、绘画、篆刻作品和近300幅摄影作品，分别在市老干活动中心和市民中心广场展出。这些作品赞颂了新中国成立以来的伟大成就和人民群众的幸福生活，充分展示了宝鸡市老年书画、摄影爱好者老有所乐、老有所为、昂扬向上的精神风貌。

【宝鸡市11件刻字作品国展分别获奖、入选】 2014年9月，在中国书法家协会主办的全国第十届刻字艺术作品展中，宝鸡市书法家协会会员李骅、宋晓玲、杜长生、李科平等11人的作品入展，作品数量全省第一，其中宋晓玲的《问花》和杜长生的《温故知新》两件刻字作品获优秀奖。全国刻字艺术作品展每两年举办一次，是国家书法刻字艺术领域最高规格的奖项。这届展览自2014年1月开始征稿，历时半年，共收到全国各地刻字作品5000余件，经过严格评选，最终336件作品入展，23件作品获优秀奖。

【举办张永红书画篆刻展】 2014年10月6日，宝鸡展览馆、市书法家协会等主办的“墨华灿然”张永红书画篆刻展在宝鸡展览馆五楼开展。宝鸡文理学院党委书记王志刚、校长白黎，市委宣传部常务副部长赵周荣，省书法家协会名誉主席、西安终南印社社长赵熊，市书法家协会主席李晔，美术家协会主席郑玉林，摄影家协会主席冯晓伟等，以及书画艺术爱好者600余人参加了开展仪式。中央美术学院博士生导师王镛教授为展览题写展标，中国书法家协会篆刻委员会副主任、西泠印社副社长李刚田，著名书法家崔廷瑶等题词祝贺。张永红现为中国书法家协会会员、陕西省青年书法家协会常务理事、宝鸡市书法家协会副主席。其书法篆刻作品曾入选首届中国书法兰亭奖作品展；全国第八届书法篆刻展；全国第八届中青年书法篆刻展等。此次展出的40余幅作品从不同方面展现了张永红多年来学习书画篆刻艺术的历程、艺术理念和审美追求。

【举办符浩书画作品展】 2014年11月8日，宝鸡市展览馆、市书法家协会等共同主办的“浩然行者——符浩书画作品展”在宝鸡展览馆开展。中国书法家协会理事、陕西省书法家协会常务副主席薛养贤，陕西省书法家协会副主席麻天阔，市政协副主席宋建国，市文联主席王春霞等领导，以及书画艺术爱好者500余人参加了开展仪式。符浩为中国书法家协会会员、市书法家协会理事，其书法以行草为主，兼以隶篆，作品风格多样、富有创新，多次在国家级书法大展中获奖。此次展览展出了其新近创作的25幅书法与10幅山水画作品，表现出了符浩对书画艺术的独到见解和厚积薄发的艺术才情。

【举办宝鸡市第二届刻字艺术展】 2014年11月26日，市文联、市书法家协会共同举办的“宝鸡市第二届刻字艺术展”在宝鸡展览馆开幕。市委常委、宣传部长马鲜萍宣布展览开幕。陕西省书法家协会常务副主席兼秘书长王改民，市委常委、副市长康巨淋，省书法家协会副主席刘伟群、刻字委员会主任崔宝堂等领导出席，西安、咸阳、渭南、汉中、延安等地书法家协会刻字委员会的代表及全市文艺界共百余人参加了开幕式。此次展览展出了宝鸡市优秀刻字艺术工作者精心创作的书法、刻字作品118件，这些作品视觉冲击力强、富有韵味，展示了其独特的艺术面貌和现代人返璞归真、崇尚自然纹理的审美情趣。

【洪涛山水画作品集出版】 2014年11月，天津人民美术出版社编辑的《中国画坛两贤》面世，宝鸡市书画家协会副主席洪涛创作的20幅山水新作收入单册出版。洪涛以大秦岭为素材，致力于山水小品的创作，着力凸显深邃、奇绝、精妙、空灵的艺术追求，在国画界广受好评。

【举办张宝文书法篆刻展】 2014年12月6日，市文联、宝鸡展览馆、宝鸡印社和市直机关书画家协会共同举办的“心随万象”——张宝文书法篆刻展在宝鸡展览馆开幕。市纪委副书记张根萍、常委陈宏伟，市文联主席王春霞及书法篆刻爱好者100余人参加了开幕式。张宝文现为宝鸡印社名誉社长，曾被省文联表彰为“德艺双馨艺术家”。作品曾入选首届全国现代篆刻作品大展、全国印社篆刻作品联展等，发表《论篆刻作品欣赏》等论文。此次展出的30余幅书法篆刻作品，是作者撷取传统文化经典语录，将书法与篆刻巧妙结合，注入廉政文化的全新内涵，精心创作出来的，特别是将方寸之印放大成半米见方的朱红“巨印”进行展示，突破了传统篆刻展览习惯，让古雅的章法与奇巧的刀错清晰地展示在观众面前，让人耳目一新。

【举办2014年《关陇回望》写生作品展】 2014年12月28日，陕西省国画院、市文联、市美术家协会等联合举办的2014年《关陇回望》写生作品展在宝鸡石鼓印社开展。市人大常委会副主任富君，陕西省国画院院长范华、副院长王志平，市文联主席王春霞、副主席陈有向，以及宝鸡书画界50余人参加活动。大家就如何加大陕西各地美术交流，壮大宝鸡中国画创作力量进行了座谈。此次展览共展出季秀伟、魏中兴、袁皓等7人的56幅作品，这些作品风貌朴厚、气象雄浑，有浓郁的乡土气息和陇东山塬特色，是画家们这两年在关陇间写生的成果汇报。

【举办宝鸡市爱心助残书画捐赠义卖会】 2014年2月9日，市政协办、市文联、市慈善总会、市残联、市书法家协会、市美术家协会、市残疾人福利基金会共同举办了“宝鸡市爱心助残书画捐赠义卖会”活动，社会各界爱心人士积极认购，共义卖书画作品84幅，募集善款20.19万元，用于宝鸡市的助残事业。市政协主席张民义、副主席倪宝生与原市政协主席、市残疾人福利基金会理事长陈继荣，市残联理事长段寅生，市文联副主席陈有向及众多爱心书画家出席了活动。全市书画家们精心创作了89

幅书法作品、43幅美术作品予以捐赠。省榜书协会、市收藏家协会等民间组织及社会各界爱心人士捐赠出自己创作的书画作品和个人收藏作品71幅。

（李海云）

摄　　影

【举办2014年“西凤杯”新春摄影大展】　2014年4月28日，宝鸡市总工会、市文联、宝鸡日报社和市摄影家协会共同举办的中国梦·幸福宝鸡2014年“西凤杯”新春摄影大展开幕式在市行政中心广场举行。市委常委、宣传部长马鲜萍宣布展览开幕，市人大副主任、市总工会主席乔春芳，市政协副主席张宗智出席。这次摄影艺术展旨在用反映宝鸡城乡建设、人居环境、自然风光、民风民俗、工业发展等内容的摄影作品来展示宝鸡人民的文明幸福生活，提升城市文化品位。展览共征集到400多位作者的2000余幅作品，最终230余幅佳作入选本次展览，其中的37幅摄影精品，分别获得一、二、三等奖及优秀奖。这些作品主题明确，贴近生活，题材广泛，以宝鸡优美的自然风光、和谐的人居环境、淳朴的民风民情和经济建设成就为载体，充分展示了全市人民幸福生活的精彩瞬间，体现了人民群众追梦、筑梦的奋斗历程以及梦想成真的伟大实践。

【市摄影家协会举办摄影讲座】　2014年5月17—18日，市摄影家协会先后在中铁宝桥和宝鸡文理学院举办了题为《数码时代的摄影和摄影人》的讲座。中国摄影家协会理事侯贺良应邀为宝鸡市500余名摄影爱好者讲解了摄影理论、传授了摄影技艺，并向大家展示了他30余年摄影生涯中的代表作品。通过此次活动，使宝鸡市摄影爱好者增加了理论知识、开拓了创作思路、提高了摄影技巧，促进了摄影艺术在广大群众中的普及。

【举办侯希安摄影展】　2014年7月11日，市摄影家协会、群众艺术馆、工人文化宫共同举办的“图说春秋·见证历史——侯希安先生摄影展”开展仪式在市群艺馆举行。市人大副主任、市总工会主席乔春芳出席仪式并宣布开展。副市长刘桂芳，市文联主席王春霞参观了展览。侯希安生于1935年，从1963年开始从事摄影创作至今已有50余载，1980年发起成立宝鸡市第一个群众性摄影组织——宝鸡市职工摄影学会，曾先后担任宝鸡市摄影家协会主席、顾问等，被陕西省摄影家协会授予“特殊贡献奖”，编辑出版了《宝鸡》《今日宝鸡》《中国宝鸡》等画册。此次共展出侯希安拍摄于20世纪70年代至20世纪末，反映群众生产生活的45幅摄影作品，这些老照片展示了当时人们“与天斗、与地斗”的艰苦奋斗历程，同时也见证了宝鸡的城市变迁。

【刘克俭摄影作品获全国奖】　2014年7月，在中国文联、农业部农村社会事业发展中心、中国摄影家协会共同主办的第四届全国农民摄影大展上，宝鸡市摄影家协会理事刘克俭3幅摄影作品获奖，其中《回家过年了》获记录类金质作品奖，《简朴的婚礼》《农民工的大舞台》获优秀奖。这是他继第三届全国农民摄影大展获奖后，在此项展赛中再次获奖。

（李海云）

音乐·舞蹈

【新年音乐会在市工人文化宫举行】　2014年12月30日晚，由市委、市政府主办，市文广局、市公安局、市机关事务局承办，陕西爱乐乐团演奏的2015年《新丝路·新宝鸡》新年音乐会在市工人文化宫举行。音乐会在一曲恢弘、厚重的《钟鼎长安》中拉开序幕。一个半小时的时间里，分别演奏了《春节序曲》《蓝色多瑙河》《红旗颂》等十余首中外经典交响乐。音乐会在《拉德茨基进行曲》中落下帷幕。音乐会有宝鸡市“最美宝鸡人”、道德模范、环卫工人、医护人员、部队官兵、公安干警、教师代表、文化志愿者、企业职工、人大代表、政协委员以及社会各界群众共700余人到场观看。市领导上官吉庆、钱引安、张民义、孙惜玲、陈光明、马赟、黄超、康巨淋、丁琳、武军、宋建国等出席并观看了音乐会。

（武岐省　徐小明）

【举办第四届陕西音乐奖器乐比赛宝鸡赛区选拔赛】　2014年8月4—5日，第四届陕西音乐奖·器乐比赛宝鸡赛区选拔赛在宝鸡市渭滨区文化馆举行。这次比赛由省文联、省音乐家协会主办，市文联、市音乐家协会承办，旨在提高宝鸡市的器乐演奏和教学水平，发现和培养器乐演奏人才，推荐参加第四届陕西音乐奖·器乐比赛决赛。比赛共涉及钢琴、电子琴、弦乐、管乐、打击乐等14个专业。来自全市各专业文艺团体，各大专院校以及12个县区的参赛选手达600余名。经过两天的激烈角逐，最终选拔出100余名优秀选手，参加10月份在西安举行的第四届陕西音乐奖·器乐比赛决赛。

【美鸿合唱团国际音乐节获大奖】　2014年7月27日至8月3日，宝鸡市美鸿合唱团作为全省唯一受邀的地市级合唱团，远赴台北市参加由台北爱乐文教基金会及台北爱乐合唱团主办的“第十四届台北国际合唱音乐节”，获得最佳演唱奖，高德里获优秀指挥奖。美鸿合唱团成立于2011年9月，由市群艺馆和市音乐家协会共同指导，成员来自宝鸡市各行各业的退休人员，平均年龄60岁，现有团员近百人。合唱团聘请市文联副主席、市音乐家协会主席高德里担任艺术总监和指挥。

【举办宝鸡市第八届国际标准舞锦标赛】　2014年10月26日，市文联、市舞蹈家协会主办，市舞协国标舞学会承办的宝鸡市第八届国际标准舞锦标赛在宝鸡烽火体育馆举办。市文联主席王春霞出席开幕式并宣布比赛开幕。来自西安、咸阳和宝鸡各县区共32支代表队的1312对选手及730名个人，分别参加了236个组别的比赛。比赛分职业组和业余组的拉丁舞、摩登舞、爵士舞、街舞等多个组别。职业组最终决赛评出前六名获奖选手，其他组别分别评选出一、二、三等奖。

【市音乐家协会举办原创音乐作品研讨会】 2014年11月29日，世界华人音乐家协会陕西分会、宝鸡市音乐家协会等共同举办了2014宝鸡市原创音乐作品研讨会，评出南忍孝作词、高德里作曲的《关中汉》；李杨春子作词、李红林作曲的《中国瑰宝》；叶向东作词、刘振明作曲的《中国梦》等优秀原创歌曲15首。这些歌曲均为唱响中国梦、弘扬主旋律的正能量音乐作品，民族特色浓郁，旋律优美动听，便于群众传唱。

（李海云）

戏剧·曲艺

【宝鸡小选手捧回全省少儿曲艺大赛金奖】 2014年9月20—21日，陕西省首届少儿曲艺（故事）大赛在西安王木楼剧场举行，宝鸡市曲艺家协会推荐的小选手董彩奕获得儿童组一等奖，宋怡卓、荆怡华获儿童组三等奖，王海全、郎颖然获儿童组优秀奖。为备战这次比赛，宝鸡市文联、市曲艺家协会于8月3日举办了宝鸡市第二届少儿故事大王比赛暨全省选拔赛。共300余名少年儿童参加，最终推荐5名小选手参加全省决赛。为展示宝鸡曲艺水平和道德模范风采，宝鸡市曲艺家协会由主席史淑宝、顾问王伟培，副主席张佐民、叶杰组成强大的创作团队，以宝鸡道德模范人物和好人好事为素材，创作了《英雄本色》等5个少儿故事，并组织精干力量，对进入决赛的小选手们进行了一对一的辅导，使他们的表演水平得到了一定提升。据悉，这次比赛全省共有4000余名选手参赛，最终，来自6个地市的50名小选手进入决赛，32人分获一、二、三等奖。

【陕西省小戏小品大赛宝鸡市多件作品获奖】 2014年11月21日，陕西省文联、省戏剧家协会主办的陕西省第五届小戏小品大赛闭幕。宝鸡市戏剧家协会荣获优秀大赛组织奖；宝鸡市剧作家创作的9件作品和13人次分别获奖，收获颇丰。其中胡宝才获导演奖；马虎虎等5人获优秀表演奖；郝振方等7人获表演奖。

（李海云）

【召开第十七届“群星奖”小戏小品曲艺类作品评审会】 2014年8月，市群众艺术馆组织召开了第十七届“群星奖”小戏小品曲艺类作品评审会，选拔推荐了《琴声》《一张救灾表》《请柬》等小戏小品剧本6个，《故里寻根》《啃老儿孙》等曲艺类剧本5个。其中，戏曲《请柬》《一张救灾表》分别荣获陕西省群星奖、戏曲优秀剧目奖。

【在陕西省第五届小戏小品大赛中获奖】 剧作家曹豫龙创作的小品《放学路上》、张骥创作的小品《路见不平》、张秋里创作的小品《闺女的生日》在2014年10月举办的陕西省第五届小戏小品大赛中获得一等奖；农民作者张伟峰创作的现代戏《腊梅花开》、杨会文创作的小戏《一个人的婚礼》、曹豫龙和朱维创作的小品《合同夫妻》获二等奖；秦锐和唐双奇创作的小戏《郑板桥卖画》、吕松柏创作的小品《误解》获三等奖。

【新编秦腔历史剧《班超》获奖】 2014年初，宝鸡戏曲剧院创作完成新编秦腔历史剧《班超》，组织省、市文艺专家召开了4次剧目研讨会。9月24日在市工人文化宫剧场首演成功。2014年10月获陕西省第七届艺术节综合大奖——戏曲话剧类优秀剧目奖、舞美设计奖、优秀作曲奖。

【召开2014年剧本创作研讨会】 2014年3月，向陕西省文化厅上报推荐了《班超》《周原女人》《红梅图》《三退玉蝉》《炎帝之谜》《秋雷》等6部剧本参加全省重点剧本讨论会。10月25—29日，召开了2014年宝鸡市剧本创作研讨会，从全市报送的80个剧本中评审了大戏13部、小戏小品13个。全年接待、指导业余剧作者40多人次，阅看各类剧本80多本次。

【张秋里2部作品获奖】 在陕西省第五届小戏小品大赛剧本征集评奖活动中，宝鸡市青年剧作家张秋里创作的小品《闺女的生日》获小品一等奖。在由中国文化管理协会演艺工作委员会、中国戏剧家协会艺术发展中心主办的“中华颂”第五届全国小戏小品曲艺大展剧本评奖活动中，张秋里创作的小戏《山桃花开》荣获剧本创作银奖。

【市艺术剧院作品获奖】 市艺术剧院舞剧《周原女人》荣获陕西省第七届艺术节优秀剧目奖、优秀音乐奖和优秀表演奖。话剧《梁生宝买种记》荣获陕西省第七届艺术节优秀剧目奖、优秀编剧奖和优秀表演奖。在陕西省第五届小戏小品大赛中市艺术剧院小品《棋局》获优秀表演奖，《一个钱包》《追小贩》获表演奖；《路见不平》获剧本一等奖；《阵地》《老同学》获剧本奖。在第四届陕西省荷花杯舞蹈大赛专业组比赛中市艺术剧院舞蹈《随影》获铜奖，《舞台人生》获铜奖和编创奖。舞蹈《昊天丰鼓》荣获第七届华北五省舞蹈大赛专业组创作、表演一等奖。

（王冰莹）

民间艺术

【多件作品在陕西民间文艺山花奖活动中获奖】 2014年11月，由陕西省文联主办，陕西省民协、关中民俗博物院承办的国风秦韵——第三届陕西民间文艺山花奖评选活动暨首届陕西省民间工艺美术作品展在西安当代美术馆举办。宝鸡市选送的3件作品荣获陕西民间文艺山花奖，18件民间工艺美术作品分别获得作品评比金、银、优秀奖。从7月份开始，宝鸡市群众艺术馆、宝鸡市非物质文化遗产保护中心、宝鸡市民间文艺家协会就开始征集作品，指导民间艺人参赛。截至11月初，共收到作品70余件。第三届陕西民间文艺山花奖全省共有10件作品获奖，其中，宝鸡市王金平的《西府千花帐》、薛亚兵的《龙腾中国、凤舞九州》、郃江平的《持剑秦琼、持鞭敬德》分别获得布艺刺绣类、社火脸谱类、木版年画类陕西民间文艺山花奖。首届陕西省民间工艺美术作品评奖共评出金奖28件、银奖30件、优秀奖11件。其中,宝鸡市张星的《社火脸谱鼓——茶几》、周利平的蝴蝶翅画《佛面》、杨林转的布艺刺绣《大龙》等7件作品获得金奖，胡小红彩绘泥塑《钟馗挂件》、杨全省麦秆编制《马岁赐福》、黄明的手绘挂毯《山河颂》等9件作品获得银奖，李文科的纸花灯《鸡灯》、蔡宝军的皮影《西府皮影——火马》获得优秀奖。

【凤县《羊皮鼓舞》获中国民间文艺山花奖银奖】 2014年11月，由陕西省民协和宝鸡市民协推荐报送的凤县羌族舞蹈《羊皮鼓舞》在第十二届中国民间文艺山花奖民间艺术表演奖评奖活动中获得银奖。本次评奖活动由中国民协和广西文联主办，在广西田东县举行。来自陕西、西藏、新疆、四川、安徽、云南、广东等15个省区的16个民间表演类节目参赛。凤县文广局、文化馆、羌族艺术团编排的羌族舞蹈《羊皮鼓舞》代表陕西与兄弟省市的民间艺术团同台竞技，最终获得银奖。《羊皮鼓舞》是凤县羌族文化的又一精彩演绎，此次参赛不仅让全国各地观众感受到了粗犷、豪迈的羌族文化，也为宝鸡市民间文化艺术事业争得荣誉。

【渭滨陶艺展举行】 2014年8月21日，由宝鸡市非物质文化遗产保护中心主办，渭滨区非物质文化遗产保护中心协办的“渭滨陶艺展”在市群众艺术馆二楼艺术展厅展出，参展的120余件陶艺作品均出自宝鸡市渭滨区非物质文化遗产项目陶艺制作技能传承人杨甲虎之手。分为代表仰韶文化的北首岭系列、殡葬祭祀系列、砚台系列、庭院系列、香薰炉系列，还有为西游记剧组专门创作的西游记道具系列。

【举办宝鸡市民间社火培训班】 2014年11月19—21日，由宝鸡市群艺馆主办的宝鸡市民间社火培训班在陇县文化馆举办。市文广局局长张辉、艺术科科长武岐省、市群艺馆副馆长叶启明参加了培训班开班仪式。这次培训邀请陇县文广局党组成员、陇县文化馆馆长苏黎民，宝鸡民间艺术家协会副主席、宝鸡市群众艺术馆副馆长王炳智进行授课，来自各县区文化馆的领导及文化专干共40余人参加培训。培训采取理论知识与实践相结合的方式，讲解了社火的传承与发展、社火的编排与组织，观看了中国首届社火艺术节开幕式的演出视频，对精彩片段进行了点评，解答学员提出的在实践中碰到的各种疑难问题。并组织全体学员观摩了陇县李家下社火会的社火化妆及表演。

（薛昌辉）

【社火脸谱绘制技艺参展全国非物质文化遗产博览会】 2014年10月10日，由文化部和山东省政府共同主办的第三届中国非物质文化遗产博览会在济南开幕。本届非博会的主题为“非遗：我们的生活方式”，主要展示全国各地最具代表性、最精彩的非遗项目。宝鸡市秦雅艺术品有限公司参展的社火脸谱绘制技艺作品在博览会上被评为“优秀创意衍生品、非遗保护创新成果展示奖”，并被央视新闻联播报道。

（武岐省　徐小明）

【宝鸡灯谜代表队获中国谜语大会铜奖】 2014年2月11—13日，由中央电视台联合中华灯谜学术委员会举办的中国首届谜语大会在北京举办，央视一套黄金时段对比赛进行了直播。宝鸡市灯谜学会副会长李毅带领宝鸡长岭中学代表队李若尘、姚泽源、刘想3名同学，作为西北地区唯一的代表队，参加比赛并获得铜奖。

【举办廉政灯谜竞猜活动】 2014年6月26日，市纪委、市文联指导，凤翔县纪委、市灯谜学会、宝鸡印社等联合举办的“纪念建党93周年·宣传党的群众路线教育实践活动”廉政灯谜大家猜，在凤翔县凤鸣广场举办。市纪委常委陈宏伟，市文联副主席陈有向，凤翔县委常委、县纪委书记雒和忠等领导出席。此次活动中，市灯谜学会创作了涉及十八大报告热词、廉政建设、凤翔县风土人情等内容的谜语500条；宝鸡印社展出篆刻精品30余幅；市集邮协会“纪念建党·美丽中国”专题集邮展共展出邮品300余张；市行政中心广场舞蹈团为广大群众表演了精彩的文艺节目，受到了广大干部群众的热烈欢迎。

【举办王卫东剪纸艺术展】 2014年11月25日，陕西省民间文艺家协会、宝鸡市文联等共同举办的王卫东剪纸艺术展，在宝鸡展览馆开展。市人大常委会副主任富君出席，市文联主席王春霞讲话。王卫东为陕西省工艺美术大师、宝鸡市民间文艺家协会会员，这次展出的近30幅剪纸作品，吸取了现代绘画的特长，内容新颖，巧妙地把古老的剪纸艺术和书法融为一体，受到参观者的一致好评。

（李海云）

公共图书馆

【概况】 2014年，全市13个公共图书馆共有从业人员150人，书籍总藏量为1410711册，其中古籍文献31202册，全年365天开放。2014年市图书馆荣获多项荣誉称号，被市委市政府命名为“创佳评差”最佳单位，公共图书馆“馆点线”制服务体系建设受到陕西省委宣传部表彰，荣获全省宣传思想文化工作创新二等奖、宝鸡市自然科学优秀学术成果二等奖。市图书馆被省文化厅表彰为第二届陕西省阅读文化节“青少年中华经典诵读微视频"优秀组织奖，被省公共图书馆服务联盟表彰为"2014年度联盟地方文献征集先进单位"。

【加强文献资源建设】 在文献资源建设上，市图书馆紧扣时代主题，突出重点，藏用并举，以大众教育、社科类为重点，同时兼顾科技类新技术的应用，增加数字资源的入藏，合理调整图书与期刊的比例，使馆藏结构进一步优化。全年采编纸质文献10296种，28062册，征订报刊470种，505份。新增电子图书35000册，续订中国知网文化期刊和精品文艺数据库、博看电子期刊数据库，入藏视频光盘资料70多种，201张。

【推进"馆点线"制服务体系】 公共图书馆"馆点线"制服务体系建设模式在创建国家公共文化服务体系示范区活动中通过国家验收。2014年该项目在全市县区图书馆推广，在凤翔县图书馆召开现场工作会议。为了提升"馆点线"制服务水平，全年在10个县（区）举办12期农家书屋管理员培训班，共培训900多人次。对32家分馆和外阅点进行业务培训4次，业务指导60余次，赠书3千余册，价值5万余元，配送报纸9280份，配送图书2万6千册次，流动服务车每周定点定时开展图书流动服务120余次，年内新建4个馆外借阅服务点。全年分馆及外阅点延伸服务累计服务读者6万余人（次），流通图书近10万册（次）。在市青少年宫、宝鸡卷烟厂开展业务指导，工作人员上门服务，指导加工图书3万5千余册。

【古籍整理和地方文献征集】 2014年，市图书馆积极修复馆藏古籍，坚持循序渐进、精益求精的修复原则，力争还古籍以历史原貌，修复古籍200多页，建立了古籍目录，规范了借阅程序，大部分古籍文献已对读者开放。组织实施第五批《国家珍贵古籍名录》申报工作，共上报二十八部古籍（正在审查中）。《史记抄》参展"丝绸之路西北地区珍贵典籍展"。组织开展了"中华古籍保护计划"成果宣传推广活动，在馆内外开展灵活多样的服务宣传活动。扎实做好地方文献征集工作和数据库建设，加强宝鸡地区地方文献征集协作网联系及交流，年内共征集地方文献503种1716册。加强文献交流，给省馆赠送地方文献47种48册，接收省馆交流文献50种50册，赠送联盟成员馆地方文献48种147册。

【开展阅读推广活动】 全年共举办各种活动50多次，报告、讲座12场次。活动形式多样，内容丰富多彩，互动性、参与性强。读者、志愿者在系列活动中既可以读书，看电影，听讲座，看展览，上网，又可以当小图书管理员，表演才艺、朗读。加强读书推广活动宣传，制作大型宣传牌，悬挂横幅，编发宣传册，通过媒体切实提高宣传质量，《宝鸡日报》、宝鸡电视台、宝鸡电台等新闻媒体从不同角度报道了10余次，并在宝鸡电台的《百姓问政》和《城市零距离》栏目中做了二期专题采访报道。

【开展文化信息资源共享工程】 面向基层开展文化共享工程，从加强基础设施投入开始，建好各共享支中心，引导读者深入了解和充分利用文化信息资源共享工程。定期到社区为群众播放爱国文艺影片，节假日为农民工等群众提供网购火车票服务。引导未成年人正确利用网络信息资源，加强电子阅览室监管，辅导上网、辅导网络阅读，杜绝淫秽色情暴力的网络游戏，为未成年人营造绿色、健康的网络信息空间。

【开展数字图书馆体验活动】 读者走进图书馆一楼大厅或者在行政中心一号楼大厅，便可体验手机下载电子图书，使借阅图书不再受时间、地点的限制。2014年，电子阅览室接待读者1.5万人次，网站点击40余万人次，进社区公益放映电影12场次，服务群众6000多人次，更新上传共享工程网站文化新闻稿件453篇，发送活动照片60多张，并在陕西省文化信息网上刊发。

（刘掌全）

群 众 文 化

【2014年宝鸡市春节广场文化周活动】 2014年2月8—12日，由市文广局主办、市群众艺术馆承办、市艺术剧院协办的"2014年宝鸡市春节广场文化周"活动在市炎帝园广场举行。来自市艺术剧院、市群众艺术馆等单位的三百余名演员精彩亮相，连续5天的专场演出可谓好戏连台，让市民大饱眼福，为全市人民奉献了一台台热热闹闹的"大年餐"。

【宝鸡市第七届社区文艺汇演活动】 由市文广局主办、市群众艺术馆承办的宝鸡市第七届社区文艺汇演活动于2014年7月26日晚在炎帝园广场举行。来自全市15个县区的71支社区文艺团队参加汇演，演出形式有广场舞类、戏曲小品类、歌舞类，演出共3场，参演人员达3千多人，观众达3万多人次。

【第十八届广场纳凉晚会活动】 2014年7月28日至8月1日，由市文广局主办、市群众艺术馆承办的为期5天的宝鸡市第十八届广场纳凉晚会在市炎帝园广场上演。纳凉晚会为秦腔专场演出，每晚都由不同团队为市民献上精彩的秦腔清唱、折子戏等，让戏迷朋友在纳凉的同时，感受秦腔的无穷魅力。市广场纳凉晚会从1997年开始以来，已经连续举办了17年，已经形成了独具特色的文化惠民品牌。

【开展文化志愿服务】 市群众艺术馆加强民族乐团、京剧社、少儿艺术团、舞蹈队、秦腔团、豫剧团、合唱团、秧歌队、祥云艺术团、模特队等10余个业余文艺团队的建设和管理，免费为其提供活动场地。2月初，组织文艺团队赴市社会福利院、敬老院等地慰问演出，为老人们送去新春的欢乐。当天还为福利院的老人们送去了30余幅新春对联和市群众艺术馆编印的《宝鸡文化报》。福利院的老人和职工们观看了由市群众艺术馆火红舞蹈队自编自演的歌舞节目。4月16日上午，群艺馆文化志愿者服务队到市姜炎老年公寓慰问老人。6月26日，市群众艺术馆带领馆办团队里的一百多名文化志愿者前往市福利院看望、慰问老人。7月6日，文化志愿者赴百翠园建筑工地慰问农民工。9月15日，文化志愿者赴陇县温水镇敬老院、东风镇敬老院，为老人们带去了歌舞和戏曲表演，让他们在秋日的寒冷中感受到了一丝温情。

【市群众艺术馆展厅常年免费开放】 市群众艺术馆内二楼艺术展厅、三楼民间美术陈列室全年免费向群众开放，2014年多次接待省内外参观者和在校学生的参观。每周五、周六晚在馆一楼大厅免费为群众放映优秀影片，并穿插警示教育片。2014年共放映影片80余场，观众9000人次。7月初，举行了“电影放映周”活动，集中放映《建党伟业》《解放石家庄》《祁连山的回声》《冲破黎明前的黑暗》等爱国影片。

（尉超伟）

文化交流

【宝鸡市文化志愿者走进克拉玛依】 2014年7月14日，“丝路新风·渭水歌韵”文艺演出在新疆克拉玛依市文化馆举行。这是宝鸡市继2011年甘肃金昌、西藏拉萨之后第三次赴西部城市举行“春雨工程边疆行”活动。此次边疆行活动由陕西省文化厅、宝鸡市人民政府主办，宝鸡市文化广电新闻出版局承办，克拉玛依市文广局协办。宝鸡市文化志愿者共有51人参加活动。在双方开展的书画交流活动中，现场创作的70余幅作品互赠给对方文化馆收藏，克拉玛依市的书画爱好者对宝鸡市李晔、赵双科、樊海林、符浩四位书画家的书法和绘画作品评价很高。7月14日晚，宝鸡市文化志愿者服务团的“丝路新风·渭水歌韵”文艺演出在克拉玛依市文化馆举行。晚会在舞蹈《红红火火》中拉开序幕，相继表演了具有浓郁陕北韵味的独唱《东方红》和《赶梁梁》，歌伴舞《中国梦》《宝鸡故事》和舞蹈《马勺脸谱》等节目。由秦腔名家仝凤琴、张望、于福庆、王仁贤演唱的《洪湖赤卫队》《打镇台》《屠夫状元》《十五贯》等经典唱段把演出推向高潮。

【宝鸡市与格尔木市举行区域文化联动活动】 2014年9月8日，由市文广局局长张辉带队的文化志愿者一行38人，到青海格尔木市举行区域联动活动。9月10日下午，宝鸡市书法家协会副主席、市书画家协会主席晏道生、市书画家协会副主席杨墨、宝鸡书画院院长宁鹏、市职工文联美术家协会主席洪涛、宝鸡市美术家协会理事王永强一行到格尔木市文化馆举行座谈会。会上宝鸡市书画协会主席晏道生就宝鸡市书画界的发展情况作了详细的介绍，双方就未来的书画发展畅谈了各自的艺术规划。11日傍晚，格尔木市的书画家又邀请宝鸡的书画家开展了两场书画笔会，宝鸡书画家现场创作了80余幅作品赠送给格尔木文化馆收藏，格尔木市的书画家也为宝鸡市群众艺术馆赠送了书画作品以及摄影集《昆仑神韵》、书画作品集《翰墨丹青颂昆仑》。9月10日晚，由宝鸡市文化志愿者演出的《昆仑风，渭水情》为格尔木市带来了一场充满秦风韵味的文化盛宴。让格尔木市民近距离地感触了秦腔这一古老而传统的戏剧艺术。格尔木市委常委、组织部部长胡开东，市人大常委会副主任张亚邦，市政协副主席郭静琳观看了演出。

（郑　敏）

【美鸿合唱团参演台北国际合唱艺术节】 第14届台北国际合唱音乐节于2014年7月27日至8月4日在台北举行。宝鸡市群众艺术馆美鸿合唱团受邀参加，全省受邀的地市级就宝鸡一家。这也是宝鸡市首次组团参加国际合唱节。美鸿合唱团成立于2011年9月，由市群艺馆和市音乐家协会共同指导。成员为来自宝鸡市各行各业的退休人员，平均年龄60岁，现有团员近百人。合唱团聘请市文联副主席、市音协主席高德里担任艺术总监和指挥。台北国际合唱音乐节是享誉国际尤其是亚洲区域的合唱盛会，旨在通过甄选世界各地的优秀合唱音乐团体，表现严谨的音乐风范和精湛的演艺水准，为世界各地优秀的合唱音乐团体提供一个交流的艺术舞台。在第14届台北国际合唱音乐节上，美鸿合唱团表现良好，高德里获优秀指挥奖。

（尉超伟）

文化培训

【与陕西师范大学开展文化人才培训合作】 2014年5月24日，在陕西师范大学新校区图书馆举办的丝绸之路经济带文化资源与文化产业高峰论坛会上，市文广局副局长杨广慧与陕西师范大学校长助理党怀才共同签订了《关于在文化领域开展协同创新的合作协议》的1个总的框架合作协议和《关于在文化人才队伍建设领域的合作协议》《关于在文化研究领域的合作协议》和《关于在宝鸡市文化资源数字化公共服务平台建设方面的合作协议》等3个分协议。框架协议明确，市文广局将与陕西师范大学在文化人才培养、文化科学研究、文化公共服务平台建设方面开展深度合作，为宝鸡培养高层次文化领导人物和高素质文化人才，着力推出一批对弘扬民族精神、传承中华文化具有重要作用和能够产生重大社会影响的标志性成果。

【开办县区艺术创作人员辅导培训班】 2014年6月30日至7月2日、8月14—15日、12月2—4日，由宝鸡市艺术研究室组织，在眉县、千阳县和凤翔县分别举办了三期县区艺术创作人员辅导培训班，市艺术研究室还参加了扶风等县区的文艺创作评审工作。

【全市舞蹈编舞培训班】 为繁荣我市本土舞蹈创作和文化艺术的蓬勃发展，丰富市民业余生活，发掘和培养出更多的舞蹈编创人才，同时为参加宝鸡市第七届社区文艺汇演做好赛前准备，宝鸡市群众艺术馆在五楼排练厅开展了为期三天的全市舞蹈编舞培训班。培训班分别由宝鸡市艺术馆副馆长、市舞协主席叶启明和市馆舞蹈干部稅宝成授课，培训采取大课辅导讲座、舞蹈编舞实践相结合的方式进行。叶启明讲授了《形象动作编舞》及《创作构思作品讲习》，稅宝成讲授了《编舞的基本常识和技法》以及《根据音乐构思编舞段》。为了检验学习效果，全体学员以县区为代表，对所学才艺进行了集中展示，金台、陈仓及千阳的小组合《掉队的女兵》，太白的《飞雁》，岐山、蔡家坡的《西岐女》以及渭滨的《海燕》等别出心裁，反映出学员学习效果良好。

【在首届陕西省群文干部业务大赛中获佳绩】 2014年8月12—14日，由陕西省文化厅主办的“群星风采·首届陕西省群文干部业务大赛”决赛在陕西省艺术馆举行。来自全省各市的13支代表队、354名选手、52篇群文理论文章、37件戏剧曲艺作品进入决赛。经过3天的角逐，宝鸡市取得了单项奖4金3银13铜的成绩。其中：市群众艺术馆张燕、朱亚飞、薛昌辉获得群文理论类金奖，市群艺馆尉超伟获得群文理论类银奖，金台区文化馆晁群获得群文理论类铜奖；麟游县文化馆杨春林、陈仓区文化馆秦锐获得小戏小品类铜奖；金台区文化馆冯广智获得美术类银奖；凤翔县文化馆张建生、渭滨区文化馆王玮、市群众艺术馆郑敏均获得美术类铜奖；陇县文化馆王亚军、金台区文化馆任爱国获得书法类铜奖；千阳县文化馆陈玉庆获得摄影类金奖；市群众艺术馆程建红获得摄影类银奖；凤翔县文化馆曾朝辉、太白县文化馆李建军获得摄影类铜奖；金台区文化馆李萍获得音乐类铜奖；金台区文化馆崔慧琳、陇县文化馆王陇锋获得舞蹈类铜奖。宝鸡市群众艺术馆副馆长王炳智获得个人组织奖，宝鸡代表队荣获团体三等奖。

【宝鸡市文化馆（站）群文干部培训班】 2014年3月10日，由宝鸡市群众艺术馆举办的全市文化馆、站群文干部写作培训班开班。市文广局艺术科科长武岐省，市群艺馆馆长徐林会、书记乌晓莉等相关领导参加了开班仪式。来自全市各县区文化馆、文化站的50余名群文干部参加了此次培训。培训班特邀宝鸡文理学院副教授孟改正授课，他作了题为《当下群众文学创作与研究的几点思考》的讲座。市群艺馆群文干部张燕、朱亚飞分别讲授了《新闻消息写作》《公文写作》等课程。

【2014少儿暑期免费培训】 2014年7月10日，宝鸡市群众艺术馆为少年儿童举办了暑期少儿免费培训班。暑期少儿免费培训班从2011年开始，已连续举办了三年。这次培训历时一个月，8月8日结束，开设有少儿书法、少儿美术、少儿作文写作三门课程。参加培训的少儿年龄从10岁到14岁，以进城务工人员子女和下岗失业职工子女、特困家庭子女为主，采用集中授课的方式进行培训。少儿可根据自己的爱好选择其中一个门类学习。

（*尉超伟*）

文 化 产 业

【《宝鸡市文化产业发展规划（2014—2020）》出台】 2014年12月1日，全市文化产业发展工作会议在凤县召开。主要安排部署了全市2015年文化产业发展工作，总结回顾了“十二五”期间文化产业发展情况，确定了全市“十三五”期间文化产业发展的重大项目和研究课题，学习观摩了凤县羌文化产业园。会上，印发了《宝鸡市文化产业发展规划（2014—2020）》，西安建筑科技大学教授方永恒对《规划》进行了重点宣讲。《规划》总结了宝鸡市文化产业发展取得的成就，分析了面临的挑战和发展机遇，提出了全市“十三五”期间文化产业发展的指导思想、主要目标、空间布局、发展重点和保障措施。

【参展第七届西部文化产业博览会】 2014年9月5日，第七届西部文化产业博览会在西安曲江国际会展中心开幕，宝鸡展馆凭借地域文化显著的产品展示、精彩绝伦的特色民俗表演、融科技于一体的文化产业吸引了参观者的眼球，成为本届文博会的一大亮点。省长娄勤俭，省委常委、西安市委书记魏民洲，副省长白阿莹一同参观了宝鸡展馆。9月5日上午9时，市长钱引安宣布宝鸡展馆开馆，市委常委、副市长康巨洲在开馆仪式上致辞，市人大常委会副主任富君出席开馆仪式。博览会除了实物展示、资料发放、巡游等多种形式的推介外，还有《天地社火》，舞蹈《青铜魂》《马勺脸谱》，歌舞《丝绸之路》，快板《宝鸡文化嫽得太》等节目演出。在开幕式首场演出中，来自凤县的羌族艺术团进行了表演。宝鸡展馆通过“创意宝鸡”“智慧宝鸡”“山水宝鸡”“文明宝鸡”“产业园区”等篇章，全面呈现宝鸡市文化艺术、广播电视、新闻出版、旅游精品、城市建设和县区发展等方面的文化成果，展示宝鸡独具特色的民俗工艺和文化成就。本届文博会由文化部、国家新闻出版广电总局和陕西省人民政府共同主办，西部其他11省、自治区、直辖市政府协办，注重合作、共享，突出丝路与文化交流的主题。本届文博会吸引了一些外国文化产业代表团和国内数百家省、市政府展团，企业展团，专业机构代表团参展。

【文化产业招商引资工作成效显著】 积极引进大项目，主动联系云南华晋炜业游乐有限公司在宝鸡市投资建设宝鸡文化休闲游乐主题公园项目。在第18届西洽会上完成引资3亿元。按照省文化厅安排，组织县区参加深圳博览会，项目推介6个，常年网上推荐招商项目67个，储备项目产业200多个。在第七届中国西部（西安）文化产业博览会上宣传宝鸡市文化产业发展成果和具有代表性的文化企业15家，征集文化产业项目40个，重点推介文化产业项目29个，宝鸡展馆获最佳展示奖，宝鸡代表团获优秀组织奖。参加陕粤港澳经济合作活动周，制作宣传展板2块，制作ppt课件及推介短片，策划包装推介项目2个。

【落实文化产业振兴工程】 提升文化产业发展水平，组织开展国家级文化产业示范基地（单位）申报工作。经过组织开展资格审定，实地考核，核查资料等一系列申报工作，提名凤县羌文化产业示范园区、陕西雪云文化产业发展有限公司、陕西太白山旅游区3家文化企业申报国家级文化产业示范基地。2014年12月22日，陕西雪云文化产业发展有限公司被文化部评为“第六批国家文化产业示范基地”。

【抓好重大项目的策划与资金支持】 突出特色品牌，积极向文化部、省发改委、省财政厅、省文化厅等相关部门申报文化事业、文化产业发展专项资金。为文化单位、文化企业、文化产业项目提供有力扶持。2014年，为文化企业争取省财政专项扶持资金150万元。抓好国家藏羌彝文化产业走廊项目陕西片区凤县重点项目的申报工作，凤县成功列入国家藏羌彝文化保护区，并争取到国家资金的重点扶持。

（徐小明）

文化市场

【开展文化市场专项整治】 2014年初，市文化市场综合执法支队明确了市场管理“属地管理、按级负责、条块结合，以块为主”的工作机制，每周五下午2时召开市区两级文化执法主要领导的形势分析会，通报一周工作情况，分解工作任务，分析存在问题，研究解决办法。要求每两月对全市200个网吧突击检查不得少于2次，加强校园环境整治力度。为落实文化部门是文化经营单位的主体责任，市、区两级文化执法部门主动联系公安、消防、卫生等部门开展联合执法，使一些执法盲区得到有效治理，形成整治力量有效聚集，达到了全覆盖、无缝隙。市文广局市场科及执法支队5月16日在陈仓区召开了网吧管理现场会，开展学习交流活动，规范网吧执法行为，统一要求、统一标准、统一处罚，克服以往管理工作中纵向管理较好，横向协调不足，合力不够、效果不佳的问题。

【严抓网吧管理】 2014年10月下旬，市文化市场综合执法支队在市群众艺术馆召开了金台、渭滨、陈仓和高新区业主会议，要求经营业主把握政策、审时度势、严格自律、改变形象。在此基础上，与三个区和高新区所有网吧都签订了文明守信经营承诺书，张贴了规范的警示标语和文化市场举报信息，市文化市场综合执法支队24小时接听12318文化市场举报电话。在对网吧精细化管理的基础上，对经营场所门口是否悬挂“未成年人禁入”标志，消防通道是否畅通，视频系统是否运行正常，巡查制度是否建立，安全制度是否落实，上网人员入场登记是否规范，工作人员佩带标识是否齐全，网管是否熟知各种规章制度和管理要求都逐一落实、核对。针对一些网吧硬件设施条件较差的现状，市文化市场综合执法支队提出了“经营要诚、形象要好、环境要佳、服务要优、安全要实、防控要严”的24字文明网吧创建活动标准，全市绝大多数网吧都能达标。全年共检查网吧920余家次，经济处罚10万余元，停业整顿17家（次）。

【规范印刷业市场】 市文化市场综合执法支队采取明察与暗访相结合，日常巡查与突击检查相结合，加强专项行动的监管力度，努力做到监管关口前移。市、区两级执法人员重点对企业证照、印刷企业复制委托书、“印刷五项制度”的落实、参加年度检验、安全消防等情况进行复查。督促被检单位完善台账，严格遵守各项规章制度，执行印刷品承印的管理规定。要求在经营活动中，营造公平有序的环境，严格落实消防安全，杜绝安全事故发生。在检查中，支队共检查城区企业19家，有效整治和规范了宝鸡市印刷业市场的秩序。

【整治校园周边环境】 全年开展两次校园周边文化市场环境专项整治行动。要求文化市场经营业主加强自我约束，自觉遵守法律法规，公布监督举报12318电话。强化日常监管，保持高压态势，市、区两级文化市场执法人员改变常规常态执法，检查时间从八小时内向八小时外延伸，从五天工作日向节假日延伸。突出稽查重点，打击违法经营，以学校周边文具、音像、书刊店检查为突破口，彻查校园周边文具商店、书刊店、音像制品店劣质文具、盗版书、口袋书等非法出版物和音像制品，共收缴不良口袋书220余册，取缔无证书摊、游商5家，收缴图书350余册，音像制品350余张。同时和渭滨区执法大队一起清理清姜地区不符合经营条件的16家棋牌室，下达立即停业，限期搬离的整改通知。和金台区执法大队联合执法将18家无证经营的棋牌室抄报工商局予以取缔。

【加强歌舞娱乐场所管理】 根据省文化领导工作小组的文件要求，市文化市场综合执法支队组织开展歌舞厅、娱乐场所集中检查行动。检查内容为：歌舞娱乐场所播放的曲目是否含有禁播曲目；歌舞娱乐场所的歌曲点播系统是否与境外曲库连接；歌舞娱乐场所的消防设施是否完备，疏散通道和安全出口是否畅通；歌舞娱乐场所巡查制度的落实情况及是否与从业人员签订文明服务责任书；是否建立规范的从业人员名簿和营业日志等。对3家娱乐场所提出了整改意见，对8家无证营业的KTV下达了停业、限期办证的通知。

【开展文化市场执法宣传】 通过召开网吧业主会议和利用日常检查等时机，强化各经营业户自律意识。利用“文化市场宣传月”“4·26知识产权日”等时机，出动车辆8台次，宣传人员达18人次，发放各类宣传资料300余份，为人民群众释疑解惑35余条。在处理未成年人进入网吧案件时，对家长进行告诫，让他们真正担负起“第一责任人”监管职责。整合媒体资源、社会力量加入文化市场的治理。3月初，向全市中小学生发出倡议，开展“拒绝网惑，远离网吧”主题活动，引导全社会共同关注未成年人健康成长。7月份，市文化市场综合执法支队走进全市12家中小学校，开展“告别网吧，做文明好少年”系列创文主题班队会活动。市级四大主流媒体“失信曝光台”紧密配合市区两级文化执法部门不定时抽查、暗访失信经营单位，跟踪报道其违规经营行为，提高了整治工作的透明度。

（王双平）

广播影视

【市电视台开展多项文化活动】 宝鸡电视台文艺部举办了第二届关天八地市秦腔大赛宝鸡赛区预赛、2014年度百戏走基层系列活动，与宝鸡资讯网编辑部联合举办了2014宝鸡春节联欢晚会。宝鸡资讯网举办了2014中国宝鸡首届东方舞电视大赛。宝鸡电视台产业开发部举办了2014宝鸡少儿春晚。

【市级广电单位多项作品获奖】 宝鸡人民广播电台在2013年度“陕西广播影视奖”评奖中1件作品获一等奖、4件作品获二等奖、6件作品获三等奖；在2013年度“陕西新闻奖”评奖中有2件作品分获一、二等奖，3件作品获三等奖。宝鸡电视台在2013年度“陕西广播影视奖”评奖中4件作品获二等奖，4件作品获三等奖；在2013年度“陕西新闻奖”评奖中4件作品获二等奖，2件作品获三等奖。

【强化卫星电视节目监管】 根据省新闻出版广电局《关于进一步推动综合治理卫星地面接收设施的通知》要求，从5月6日开始，在全市开展为期一个月的卫星地面接收设施专项整治活动。宣传引导群众通过正常渠道收听收看广播电视节目。活动中，各县区文广局重点对辖区各类广播电视播出机构、传输机构和宾馆饭店、娱乐场所、楼宇等地方进行了全面检查。并责成用户单位指派专人负责卫星接收安全工作，保障卫星接收信号万无一失。

【开展卫星广播电视地面接收设施专项整治活动】 2014年9月，市文广局联合公安、工商、综治委等部门在全市辖区内组织开展了卫星广播电视地面接收设施专项整治活动，打击了非法销售和设置使用卫星地面接收设施的行为。在查处过程中，一方面对拒不改正的现象进行严厉打击，另一方面对能够积极认识问题的责令整改和限期拆除（转换）。专项整治期间，全市出动执法人员300人次，车辆60余车次，查处单位220家，发放整改通知180余份，查处非法销售门店40处，查处非法使用卫星地面接收设施和IPTV电视宾馆饭店9家，当场拆除卫星接收设施320套，限期拆除6家，暂扣卫星接收设施600余（套）件。

【加大广告监管力度】 市文广局下发了《关于进一步加强广播电视虚假违法广告整治力度的紧急通知》，对省局转发的国家新闻出版广电总局的《关于停止播出“萱妃珠宝”等13条违规广告的通知》及时通报全市两级播出机构，对全市播出机构涉及“送礼”及播放的各类药品、医疗器械、医疗和健康资讯服务广告进行全面检查和清理整顿，净化了广播电视节目。5月，组织全市两级播出机构参加陕西广播电视台全国广播电视公益广告创作大赛，4—10月组织市县两级播出机构开展“中国梦”广播电视公益广告创作展播活动。全市累计制作公益广告180条，播放公益广告69610条，播出总时长56669分钟，开办公益广告专栏12个。

【宝鸡电视台创建全国文明城市宣传】 宝鸡电视台为配合全市创建全国文明城市活动，先后开设了“文明创建在行动”“志愿者在行动”“不文明行为曝光台”“宝鸡好人”“身边的道德模范”“最美宝鸡人”等专栏，多角度报道了全市创建工作动态和进展情况。《图说宝鸡》栏目开设了“聚焦创文”“最美人物”专栏，在曝光不文明行为的同时，弘扬真善美，传递正能量。宝鸡电视台与市文明办、团市委等部门联合，举办了“向婚宴浪费说不”“文明祭祀，绿色清明”“最美家庭”评选等大型主题活动。文明频道开播了《创文进行时》栏目，跟踪报道了创建过程中涌现出的好人好事和新变化。专题部与市老年事业局合作，举办了宝鸡市第三届百名孝子候选人事迹展播及颁奖晚会，并制作了十大金奖孝子专题片。《百姓话题》栏目制作了《弘扬社会主义核心价值观》等大型访谈节目。全台各部门抽调业务骨干组成几个摄制组，为“最美宝鸡人”颁奖典礼拍摄制作了10部短片。制作创文大型专题片和创文公益宣传片，在宝鸡电视台三个频道每天滚动播出。

【宝鸡电视台省十五运会宣传】 2014年，陕西省第十五届运动会在宝鸡召开，宝鸡电视台新闻宣传从大会筹备到开幕全程跟进，对各项工作及时进行了全面报道，共播发各类新闻近百条。比赛期间，抽调骨干记者，分成几个报道组，对每天赛事分头进行了报道，遇到双休日，加发新闻专题，做到每天赛事新闻不间断、不断档。《图说宝鸡》栏目开幕前策划推出了《科学训练，剑指省运》六集系列报道，开幕式后，根据栏目特点，播发了以“文明出行、文明观看、文明参赛、文明服务”为主题的一批深度报道。文明频道制作了《聚焦省运会》8期特别报道和大赛公益报道。技术、制作、播出等部门联合，完成了大会开幕式、闭幕式的现场直播任务。

【宝鸡电视台世佛联大会宣传】 2014年，第27届世界佛教徒联谊会大会在宝鸡举办。宝鸡电视台新闻节目从1月开始，开设了“迎接世佛会”专栏，对各项筹备工作进行了及时报道。大会期间，除及时播发各项活动消息外，还制作了15分钟的新闻专题片。全台各部门积极配合，对大会开幕式和闭幕式进行了现场直播，产生了良好社会反响。

【宝鸡人民广播电台开展舆论宣传】宣传党的十八大精神和十八届三中、四中全会精神，围绕“打造关天副中心、建设和谐新宝鸡”的奋斗目标，开展群众路线教育实践活动和“中国梦”宣传，为全市“双迎双创”、转变工作作风、廉政建设、重点项目建设等工作营造了良好的舆论环境。宝鸡人民广播电台《西部之声》新闻网站全年提供各类新闻、信息20000余条，成为推介、宣传宝鸡的一个重要窗口。每月通过官方、个人微博、微信、QQ群发布信息6000余条，参与社会热点难点问题引导。网络宣传图文并茂，形式新颖。宝鸡资讯网先后制作了“举市一致共创文明美好家园”“汇聚你我力量　实现中国梦想”等宣传口号，网站还创办了《民声在线》专栏。

【举办《创文进行时》大型广场热线直播活动】　2014年4月9日上午，由市创文办与宝鸡人民广播电台联合开办的《政风行风热线》特别节目《创文进行时》在炎帝园广场进行现场直播，市工商局相关人员做客节目现场，接听群众热线电话，当场解答和解决群众提出的问题。同时开通两部热线电话和QQ群、微博互动等媒体，市工商局相关人员先后现场解答了听众热线、记者现场提问和市民现场反映出的校园周边小商店售卖食品不安全、集贸市场环境卫生质量差、打击传销、物资回收站破坏环境等十余个问题。节目中，一位市民现场反映“年前买的商品，商家不给开发票”问题，市工商局立即安排工作人员陪同前去办理。对于听众通过热线电话建议“在集贸市场设立复称台”问题，市工商局表示，将加大集贸市场的监管力度，对“短斤少两”进行专项治理，并承诺将在最短时间内，在各集贸市场上设立复秤台。创文进行时现场直播节目共举办12期，从4月2日开始，到5月12日结束。

【承办进基层讲中国故事大赛活动】2014年8月23日晚，高新区天下汇购物中心广场回荡着激昂的声音，“进基层社区·讲中国故事”大赛第二场预赛正在这里举行。这次活动由宝鸡人民广播电台承办，活动历时一个半月。活动期间，先后在炎帝园广场、高新区天下汇广场、陈仓剧院、人民公园乐府广场和工人文化宫进行现场直播，每到一处都引起市民的高度关注。决赛时，市委书记上官吉庆对本次活动给予了高度评价。《光明日报》以大篇幅对这一活动进行了全面报道，中宣部领导也给予了充分肯定。

【宝鸡电视台《宝鸡新闻》栏目建设】　2014年，《宝鸡新闻》加大了本地新闻、鲜活报道的播出量，当日新闻、独家新闻、社会新闻的比例大幅上升。先后开办了“创文进行时”“科学发展，成就辉煌”“走基层，听民声”“十八大精神在宝鸡”“进基层讲中国故事”等专题。其中《文明在我身边》《舌尖上的宝鸡》《节约型社会》《曝光泔水缸》《十五运在进行》《志愿者风采录》等专题报道产生了很大的社会反响。

【宝鸡人民广播电台抓好新闻广播】宝鸡人民广播电台完成了人代会直播任务，播出《市长热线》3期，《政风行风热线》节目全年播出120余期，单位主要领导上线率50%。两档节目全年共接待上线嘉宾1200余人（次），共收集现场热线、听众电话、短信留言3000多条，听众来信来访130人（次），节目中反映的问题回复率为100%。新开办的《百姓热线》节目听众参与率高，《法治纵横》《今日新农村》《西秦戏迷乐》《人文宝鸡》等节目使新闻广播的节目内容更加丰富。

【经济广播、音乐广播和交通旅游广播】　宝鸡人民广播电台利用自身新、快、活的优势，抓住不同听众群的需要打造品牌节目。《七彩金桥》《经广早班车》《今夜有约》与听众真情相约，《消费先锋》《城市零距离》《经广今日谈》拓展了新的节目空间，扩大了受众群体。《欢乐派》《有滋有味》娱乐互动节目增加嘉宾互动和外采内容，受到听众热情追捧。《音乐风情》《音乐不老歌》等纯音乐节目，完成了细化音乐体系和重点时段包装的全新理念，受到听众认可。《出行有你》《畅通997》侧重政策宣传和服务监督，通报路况，弘扬文明新风，形成了收听高潮。《汽车江湖》《随我游天下》等节目培养的固定受众群不断扩大。

【加大公益广告播出】　宝鸡广播广告传媒公司以打造绿色广播为目标，积极创造条件，注重社会效益，加大公益广告播出时段，内容涉及创建文明城市、未成年人教育、社会主义核心价值观宣传等，每天播出公益广告达30条（次），全年共录制小说7部。

【宝鸡电影公司电影放映情况】　宝鸡电影公司继续开展送电影进“厂矿、社区、学校”三进活动和“电影假日放”活动。公司2014年与市总工会签订“送电影进厂矿放映合同”，做好放映准备工作。在宣传工作上加大力度，在保障市总工会、中苑房地产开发公司放映场次任务的基础上，努力增加对外放映场次，使“电影假日放”“电影三进”活动成为公司放映形象的名片，多次被各级新闻媒体报道。

【庆“六一”儿童动画电影展映月活动】　在2014年儿童节期间，由市总工会主办、市电影公司承办的庆“六一”儿童动画电影展映月活动在宝鸡市城区开展。此次儿童动画电影展映月活动从5月底开始，到6月底结束。活动期间主要放映《疯狂原始人》《怪物公司2》《极速蜗牛》《我爱灰太狼2》《喜羊羊与灰太狼6

之飞马奇遇记》《熊出没之夺宝熊兵》《冰雪奇缘》《米奇妙妙屋》《鸡妈鸭仔》等二十余部深受少年儿童喜爱的中外优秀动画影片。市电影公司派出三支流动电影放映队，在全市各社区、广场、学校等地巡回放映，把优秀的最新中外动画影片奉献给少年儿童，让孩子们度过一个欢乐的节日。

【举办“八一电影制片厂建军历程影片”展映活动】 为纪念中国人民解放军建军87周年，由宝鸡市总工会主办、市电影公司承办的“八一电影制片厂建军历程影片”展映活动于8月1日起在宝鸡市行政中心广场拉开帷幕。展映期间免费放映八一电影制片厂历年来拍摄的优秀作品《湘南起义》《通道转兵》《浴血东征》《铁血骑兵》《马石山十勇士》《刘老庄八十二壮士》《刘伯承市长》及《邱少云》等。

【对农村电影放映实行目标责任管理】 推行电影放映目标责任制。3月份，组织召开全市电影工作会议，对全市2013年度电影工作先进集体和先进个人及农村优秀电影放映员进行表彰。市文广局与市院线公司及各县区文广局签订了2014年公益电影放映责任书，将公益电影放映任务落实到各县区和院线公司。院线公司按各县区行政村的数量科学编制年度放映计划，并与各服务站签订目标责任书。

【组织开展公益电影放映】 推进电影文化惠农惠民工作持续发展，促进公益电影放映工作。重点工作、重大活动、重要节庆期间，各服务站按照市县两级文化活动安排，积极送数字电影进农村、进厂矿、进社区，1至11月份共放映电影20748场，观影人数4355509人次，商业放映680场，观众185116人次，完成经营收入15万元，活跃了广大群众的文化生活。

【开展专场电影放映】 组织开展农村公益电影“三下乡”活动，督办2013年放映员劳务费发放工作。坚持以服务基层，服务群众为己任，到村组、社区开展各种主题放映活动，组织市农村院线公司开展了“第四届”农民工电影月活动。结合群众路线教育，开展群众路线教育电影展演活动，放映专场电影120多场，观众2万余人次。

【加大对市区城市影院检查指导】 全年先后六次到市区的五个城镇影院，对公益广告播放、创建文明城市宣传等工作进行检查，各影城先后滚动播出公益广告近240万条，制作宣传“中国梦”及“社会主义核心价值观”和文明用语等标语300余条。城镇影院票房收入增长迅速，年底突破4000万元大关，观影人数近150万人次。票房较上一年度增加1200万元，增幅达42.85%。

（贾雷鸣　谢一民　师军科）

宝鸡日报

【概述】 《宝鸡日报》是中共宝鸡市委机关报，也是陕西地市党报中唯一一家一级报纸，于1985年1月1日正式复刊，国内统一刊号为CN61—0008。报纸为对开十二版，周六刊，彩色印刷，发行量近6万份。2014年，《宝鸡日报》受到中央政治局常委刘云山、省委书记赵正永和市委书记上官吉庆等领导的高度评价，并获得全省“最具传播价值媒体”荣誉，社长兼总编辑吕向阳荣获全国地市报“十佳”总编称号。在一年一度的陕西新闻奖和中国地市报新闻奖评比中，宝鸡日报的获奖数量和等次均居全省地市党报前列。在纸质媒体广告普遍下滑的情况下，全年实现收入1382万元。

【配合中心工作进行宣传】 2014年，宝鸡日报社围绕市委、市政府中心工作调整版面、精心策划，业务部门加强协调，先后开设了“狠刹四风　服务群众　深入开展党的群众路线教育实践活动”“凝心聚力抓项目　奋发有为招大商”“创建生态园林城市　打造美丽宜居宝鸡”“聚焦十五届省运会”“当好东道主　迎接世佛会”“来最干净城市　尝最中国美食”等栏目，使重大主题宣传有深度、有高度，有力配合了市委、市政府的中心工作。

【开设专栏增强社会新闻可读性】 《宝鸡日报》注重研究读者兴趣，做大、做亮、做活社会新闻、西秦视点和文化新闻，开设了“咱身边的草根明星”“看看创文新变化”“宝鸡美德少年”“创文大家谈”“立说立改　十大陋习”“最美宝鸡人”“百名孝子事迹选登”等专栏，新闻稿件鲜活生动接地气，地域性与文学性兼具，趣味性与可读性结合。报纸版面大气，注重对单个稿件进行延伸或组合，配发了评论、市民观点、专家观点、相关链接等，增强了稿件可读性。

【开展去城郊捡垃圾活动】 为配合全市创建全国文明城市工作，宝鸡日报社领导班子策划实施了八季、累计三万余人参与的“去城郊捡垃圾”大型志愿服务活动。本次活动从第一季到第八季，电话报名网络报名现场报名，季季报名满员，从八十多岁的老者，到三岁的幼童，从市委书记上官吉庆到政协主席张民义、宣传部部长马鲜萍，参与范围极为广泛。每季活动，报社都以大栏题统领刊发活动侧记、消息和照片，引起社会各界广泛关注，市委书记上官吉庆多次称赞这个活动组织得好，对引导广大市民践行社会主义核心价值观、创建文明城市意义深远。这次活动也是宝鸡日报社30年来影响最大、参与人数最多、最受领导与各界好评、最能锤炼队伍的媒体活动。

【报社领导带头采写重头稿件】 报社班子在带领工作人员办好《宝鸡日报》的基础上，主要领导带头与一批业务骨干挖掘市委、市政府工作亮点，采访宝鸡典型人和事，写出了一大批精品力作，其中《小中见大的民生工程》《稳中求进的辩证法》

等几十篇通讯先后在《人民日报》《经济日报》《陕西日报》《中国文明网》等中省媒体刊发。

【拓宽报业经营新领域】 2014年初，社委会在报业经营上确立了“报网融合、多元发展”的战略思路，在巩固版面广告的同时，在开发新媒体、联办专刊等多元化创收赢利方面有了大突破。广告传媒公司在求变中发展，在求新中发展，巩固了硬广告市场。业务部门通过与相关县区和市级部门协调，创办了20多个专刊，抵御了新媒体的冲击，全年实现广告收入1150余万元。关天报经营部在社委会的帮助下，先后推出了5个专刊，超额完成了报社年初下达的经营目标任务。宝鸡网和产业部借助《宝鸡日报》的媒体优势，多种措施搞创收，基本完成了年度经营任务。“掌上宝鸡”“微客来”两个新媒体大胆试水、成功运营，合计创收20余万元。印务公司保质保量完成了《宝鸡日报》和社会活源的印刷任务，全年实现总收入960万元。

（金建斌）

出 版 管 理

【检查软件正版化工作】 2014年5月29日，省政府软件正版化整改工作第一检查组由省电子政务办主任常忠华带队，采用听汇报、看资料和随机抽查电脑的方式对金台区政府机关软件正版化工作进行了检查。汇报会由市文广局副局长师双喜主持，金台区副区长马天利对金台区软件正版化工作情况及下一步工作计划进行了汇报。随后检查组随机抽查了金台区文广局、财政局、人社局三家单位的正版软件安装使用情况。常忠华对金台区的软件正版化整改工作完成情况给予充分肯定，并希望进一步加大财政投入力度，增加正版软件安装数量，同时采取多种方式加强软件业务知识培训，确保正版软件工作正常开展。

【市“扫黄打非”工作领导小组召开会议】 2014年7月22日，市“扫黄打非”工作领导小组召开会议，总结回顾上半年“扫黄打非”工作，研究部署下半年“扫黄打非”各项任务。市委常委、宣传部长马鲜萍出席会议并讲话。她要求全市各级进一步提高思想认识，持续加大“清源、净网、秋风”三大行动力度，大力扫除淫秽色情等文化垃圾，严厉打击侵权盗版行为，严肃查处各类非法报刊，不断提升宝鸡市“扫黄打非”工作水平。马鲜萍在肯定成绩的同时，分析了“扫黄打非”工作中存在的薄弱环节和不足。她强调各级各部门要进一步提高思想认识水平，把“扫黄打非”作为巩固执政党地位、实现执政为民目标的大事来抓。要大力弘扬社会主义核心价值观，不断增强道路自信、理论自信和制度自信。要严把关口，加强监管，查办大案要案，持续净化网络空间，形成经常抓、反复抓的长效机制，确保全市“扫黄打非”取得实效。市工信局、市公安局、市财政局、市城管执法局、市工商局、市邮政管理局等6家单位交流了工作情况。

【开展打击“三假”“三非”集中行动】 2014年年初，按照省上部署，宝鸡市开展了打击“三假”“三非”集中行动。市文广局成立了专项行动领导小组，组织市公安局、市工商局、市邮政管理局、市文化市场综合执法支队等部门，抽调15名工作人员，利用两天时间进行了集中行动，对全市150多家文化市场经营单位进行了集中检查，共计收缴各类非法出版物780多册，取缔游商地摊3家。按照整体工作部署，各县区也都成立了专项行动领导小组，集中时间开展了专项整治行动。据统计，这次集中行动共出动人员230人次，检查出版物市场和印刷企业380多家次，收缴非法报刊2100多份，盗版图书400余册，音像制品1500张。

【开展“净网2014”行动】 2014年4月开始，宝鸡市严格按照抓源头、打基础、切断利益链的要求，以整治网络文学、网络游戏、视听节目网站为重点，确定重点区域、重点单位，发挥“扫黄打非”成员单位的工作职能，“净网”行动全面开展。市公安、工信等部门加大净化网络文化环境治理，规范网络文化经营秩序，加强网络信息监控，强化网络公共服务终端管理，密切关注网上舆论动向，做到早发现、早处置。市文广局等部门严厉打击和查处违法违规的网吧经营活动，对全市近400家网吧安装了“净网先锋”软件加强管理。

【开展“秋风2014”行动】 从2014年4月开始，按照“秋风2014”行动总体部署，宝鸡市成立领导小组，加强对专项行动的领导。在对假媒体、假媒体机构、假记者进行全面清查中，市文广局结合对驻宝记者站的年检及时面向社会公布了举报电话，鼓励群众积极举报。结合宝鸡市实际，将封堵和查缴非法出版物和盗版音像制品作为市场监管工作的重中之重，始终保持高压态势。5月，市文广局会同金台质监分局及金台区文化市场综合执法大队对宝鸡市万宝隆陶瓷有限公司就《中国经济导报》驻陕西记者站记者杨军违规采访情况进行了调查，并上报省局对《中国经济导报》驻陕西记者站进行了约谈处理。据统计，在“秋风2014”行动中，全市共出动各类执法人员1420人次，检查出版物市场和印刷企业370多家次，收缴各类非法报刊5300余份，盗版图书820余册，音像制品9600张。其中，各县区共出动各类执法人员580人次，检查出版物市场和印刷企业370多家次，收缴非法报刊3200多份，盗版图书480余册，音像制品1600张。

【加强非法出版物检查】 严查出版物市场，结合集中执法月行动，组织文化、工商、公安等部门开展联合行动，对全市音像、书籍和报刊店、印刷复制企业、打字复印店等进行了为期一月的全面清查。对自由撰稿人岳弢非法出版物一案经过与公安联合办案，查明事实，依据《出版管理条例》相关规定，给予当事人岳弢1000元处罚，责令其删除所有非法网络稿件及相关信息，写出书面保证书，并将其列为重点监控对象。

（盛 楠）

卫生·药监

编辑 许 瑶

行 政 管 理

【召开全市医改暨卫生计生工作会议】 4月11日，市政府召开全市医改暨卫生计生工作会议，市政府副市长刘桂芳讲话，副秘书长李献卿主持会议，市医改办主任、卫生局局长宁建国，市人口计生局局长王喆分别作工作报告。会议要求，全市各级要坚持“内增活力、外加推力，齐心协力、蹄疾步稳”的原则，有力有序推进医改及卫生计生工作迈上新台阶。着力抓好五个方面重点工作：一是以解决问题为导向，抓好医改及人口计生综合改革；二是以县级公立医院为主体，推进服务能力建设；三是以提高保障水平为目标，创新体制机制；四是以完善生育政策为核心，拓展计生优质服务；五是以机构改革为切入点，推动卫生计生深度融合。刘桂芳要求，改革关键是改思想、改脑筋，各县区政府、市级有关部门和卫生、计生系统各单位要大胆解放思想，善于开拓创新，强力推进改革，践行群众路线，改进工作作风，强化督查督办，狠抓工作落实，为保障人民群众身体健康，为打造关天副中心、构建和谐新宝鸡、走在建设“三个陕西”前列做出应有贡献。

【召开卫生信息平台与市直市管各医院横向互联互通工作会议】 7月9日，市卫生局在市行政中心召开市级区域卫生信息平台与市直市管各医院横向互联互通工作会议。市卫生局信息中心和农卫科分别介绍了市级区域卫生信息平台第一阶段建设情况、市级区域卫生信息平台与市直市管各医院横向互联互通工作实施方案和新农合信息化系统建设情况及工作安排。参会人员对市级区域卫生信息平台建设与市直市管各医院横向互联互通方案进行了交流讨论。计划完成接入市级区域卫生信息平台的市中医医院、人民医院、第三人民医院、四0九医院、高新人民医院等5所医院在会上作了表态发言。市直市管各医院、民营医院主管信息化工作领导、网络中心负责人和市卫生局农卫科、信息中心全体人员等50余人参加会议。

【市中心医院接受国家卫计委评审】 8月28—29日，驻国家卫计委纪检组监察局二室副主任陈旭光、处长蔡中艳，带领国家卫计委专家11人，对市中心医院廉洁风险防控机制建设工作进行了检查试评。专家组分为5个小组分别对廉洁风险防控机制建设基础工作、管理权力廉洁防控风险、医疗服务廉洁风险防控、供应商诚信管理、患者满意度管理5个方面进行检查试评。检查组深入到各相关科室，详细询问、查阅资料、查看廉洁风险防控机制网站建设、走访患者，了解患者满意度。检查了网络中心、门诊楼、住院病房等，对医院廉洁风险防控机制建设工作进行了全面细致的检查评估。专家组认为中心医院这项工作开展扎实，制度到位，公开透明，教育全面。

【国家卫计委对宝重大政策落实情况督查】 11月1—3日，国家卫计委财务司监察专员何锦国带领督查组，在省卫计委副主任陈昭陪同下，对宝鸡市卫生计生重大政策落实情况进行专项督查调研。督察组先后深入岐山县县医院、岐山县凤鸣镇和北郭村、市中心医院、市妇幼保健院、东风路社区卫生服务中心、金台区计生服务中心等医疗卫生计生机构，以及姜谭路街道办、渭滨工业园区等流动人口密集区域，与基层医务人员、计生工作者和群众交谈，查看市县镇村卫生计生工作有关文件资料，调查了解卫生计生重大政策在基层贯彻落实情况。何锦国首先肯定了陕西省和宝鸡市落实卫生计生重大政策取得的成绩。并指出，陕西省和宝鸡市能够立足实际，认真落实国家重大卫生计生政策，在6个方面取得了显著成效，工作中有5个亮点。6个方面的工作成绩是：一是县级公立医院综合改革工作稳步推进；二是计生和妇幼健康服务政策落实良好；三是完成了“十二五”卫生计生规划评估工作；四是启动了疾病应急救助制度；五是简政放权和卫生计生行政审批改革推进较快；六是严格落实行风建设“九不准”，行风持续转变成效明显。工作中5个亮点是：一是公立医院改革实现了全省全覆盖，尤其是宝鸡市能大胆创新，推进人事分配制度改革，优化整合医疗资源组建市儿童医院；二是计划生育特殊家庭扶助工作力度大；三是地方财政能按人口预算安排疾病应急救助基金；四是卫生计生信息化工作成效显著；五是能合理规划医疗卫生服务体系，提高资源使用效率，比如重新核定县级公立医院的人员编制、床位数，做得很好，值得推广。

【副省长王丽霞调研卫生计生工作】 3月18日，副省长王莉霞调研宝鸡市医改暨卫生计生工作。省政府副秘书长、省卫计委主任戴征社，省发改委副主任、省医改办主任刘强，省卫计委副主任刘岭一行，先后在市委书记上官吉庆，市长钱引安，市委副书记陈光明，副市长刘桂芳等陪同对凤翔县陈村镇中心卫生院和计生服务站、陈村镇紫荆村卫生室、凤翔县医院，金台区东风路社区卫生服务中心、市医保中心、市儿童医院、市中心医院等单位进行调研，了解市县公立医院改革、公共卫生服务、药品"三统一" 管理、医疗服务县镇一体化和卫生管理镇村一体化、中医药服务能力建设、基层卫生及计划生育服务、医疗医保信息化建设、医疗联合体建设等情况，召开医改工作座谈会。王莉霞要求宝鸡市要敢于创新，勇于实践，不等不靠，敢于突破攻克体制机制的痼疾，突破利益固化的藩篱，全面落实省上交给的医改综合改革任务，为全省新一轮医改探索新路子、总结新经验。

2014年3月18日，副省长王丽霞（前中）来宝鸡市调研医改暨卫生计生工作医药卫生体制改革

医 政 管 理

【开展医疗质量安全服务督查】 9月下旬，省卫生计生委医疗质量服务安全督导检查组专家一行11人，以《陕西省医疗质量安全服务督导检查评分细则》为依据，对市中心医院、人民医院、宝鸡高新人民医院、扶风县人民医院、岐山县医院、凤翔县医院等6所市县综合医院日常管理、质量、安全、服务等工作开展情况进行了督查；11月下旬，全市组织开展医疗机构质量安全服务督查和临床合理用血、医德医风监督检查，抽调20余名市级专家分两组对全市二级以上医院依法执业、核心制度落实情况、医疗安全、医疗费用、抗菌药物临床应用管理、医院感染控制、护理质量、临床路径管理、合理用血、行风建设等进行了重点督查。

【强化临床路径管理】 在全市所有二级以上公立医院全面实施临床路径管理，加强相关数据收集分析，及时评价和改进管理路径，据统计全市23家医院共有264个专业513个病种实施了临床路径管理，30392例进入路径，平均入组率约70%，3283例发生变异，2461例退出路径，路径完成率81.2%；与2013年同期相比，纳入临床路径管理病例的平均住院日下降10%左右，次均诊疗费用较前降低6%左右。

【实施“优质护理服务示范工程”】 推荐有关单位、个人参加省卫生计生委联合华商网开展的“护理之星”和“明星护理科室”评选活动，市中心医院麻手科等6个护理单元被评为“明星护理科室”，6名护士被评为“护理之星”；配合省卫生计生委选送市县医院20余名护士参加急诊医学、血液透析、手术室、ICU等专科护士培训，组织护理人员参加各种继续教育培训班，提高业务素质和管理水平；11月底接受省卫生计生委优质护理服务专项督导检查，市中心医院、人民医院实施护理绩效改革等工作经验得到了表扬和推广；通过年终医政综合检查，对各二级医院优质护理工作进行督导检查，落实临床护理人力配备，完善责任护理，规范分级护理，实现护理同工同酬。全市48所二级以上公立医院176个病区全部开展了优质护理服务，共有5500余张病床实施了优质护理服务，占所有病床总数的95%左右。

【无偿献血工作】 修订出台新的《无偿献血管理办法》共6章37条，在原办法的基础上做了5个方面的调整：一是扩展了献血者免费用血报销范围，新增了“已婚独生子女无偿献血者，双方父母均可享受减免用血费用的待遇”。二是严格了血液质量监测规范，制定了采供血工作8条规定，对医疗机构科学合理用血提出要求。三是倡导现役军人在服役期间、高等院校学生在校期间至少每年无偿献血一次；倡导新录入机关、事业单位的工作人员在上岗前无偿献血一次；倡导本市公民在领取机动车辆驾驶证前、男女青年在领取结婚证时、高中毕业学生在接到大学入学通知书后无偿献血一次。四是无偿献血者表彰奖励作出10条具体规定。五是明确了各级政府和相关部门在无偿献血中的职责任务，为保障季节性、结构性血液供应，建立了“无偿献血月”制度，并把无偿献血纳入精神文明建设内容，通过创建文明单位、文明社区等方式，推动献血公益事业的发展。全年共完成无偿献血39655人次、65047.93单位、1300.96万毫升。自愿无偿献血占临床用血的100%，成分血使用率达99.7%。机采血小板1164人次、1887个治疗量，采供RH(-)血液231单位。血液全项检验合格率、血型复查准确率、无菌技术操作合格率均为100%，没有发生血液质量安全事件。

【深化平安医院建设】　督导各医疗机构落实医患矛盾排查化解制度，健全医疗投诉接待和纠纷应急处置机制；配合综治、司法、医院管理局等部门探索医疗纠纷人民调解和医疗责任险，配合驻地公安、综治、维稳部门参与市级医院重大医疗纠纷现场处置；接受省卫生计生委、省公安厅联合督导检查，指导各医院设置警务室和建立医警联动机制，加强对医院人防、物防、技防、制度防等安保措施和消防安全、水电管理措施的督导检查。据统计，二级以上医院设立警务室35家，设立应急报警装置21家，安保人员现场处理扰乱医疗秩序事件323次。

【建立医疗纠纷调解新机制】　市政府出台《宝鸡市医疗纠纷调解暂行办法》后，市卫生局会同市级有关部门，探索建立医疗纠纷人民调解机制，建立医疗责任风险储备金理赔补偿制度，设立医疗纠纷人民调解机构，通过发挥“第三方”调解作用，快速便捷化解医疗纠纷。市医疗纠纷调解委员会参与医疗纠纷人民调解19起，结案18起，结案率94.73%。

【抗菌药物专项整治活动】　充分发挥市级临床用药质量控制中心作用，利用年终大检查开展抗菌药物专项整治活动督查，指导各医院完善抗菌药物分级管理制度和超常使用预警制度，加强合理用药监测和细菌耐药监测，防止抗菌药物滥用出现反弹。截至年底，全市48所二级以上医院抗菌药物品规数全部达标，据统计门诊患者抗菌药物使用率平均约为16%，住院患者抗菌药物使用率约为52%，抗菌药物使用强度约为45DDD，较去年同期下降。

【规范癌痛治疗】　加强麻醉药品管理，严格审批100余家医院麻醉药品购用计划，为10余家医院依法核发、换发《购用印鉴卡》；市中心医院、市人民医院、陕西电子409医院等三所医院肿瘤科成功创建陕西省“癌痛规范化治疗示范病房”，为全市二级以上医院积累了创建工作经验，提高了全市癌痛规范化治疗水平。

医学教育与科技

【医学科研、评奖】　全市年内开展新技术、新项目550余项，获得省市科学技术奖24项，采用高黏度骨水泥治疗骨质疏松性椎体压缩引起的疼痛的临床研究、心血管病关键技术临床多中心研究信息平台、Her-2阳性乳腺癌的观察等3项科研课题获国家立项，人体维生素与抗氧化能力等检测系统及配套试剂的研发、乙肝母婴不良家族的调查等2项课题入选国家863计划。

【医学重点专科建设】　根据市级医学重点专科建设规划，2014年共收到市中心医院等9家医院21个专科的评估验收申请；12月24—27日先后组织20余名市级专家，对市县医院推荐的17个专科进行市级医学重点专科达标验收，对通过现场评估验收的16个专科发文进行命名表彰。

【宝鸡市成立生物治疗中心】　宝鸡市将市感染性疾病诊疗中心由市中医医院县功分院调整到市中心医院，并依托市中心医院成立市生物治疗中心，生物治疗中心开展自体免疫细胞治疗和造血干细胞移植。5月19日，在市中心医院举行市感染性疾病诊疗中心、市生物治疗中心揭牌仪式。

【医师资格考试】　全市医师资格考试网上报名2122人，现场确认1958人，经资格审核合格1932人；实践技能考试缺考65人，考试合格1472人，合格率77.93%；综合笔试参试1461人，缺考11人，国家医考中心将公布考试成绩。

爱国卫生

【开展全民健康教育活动】　通过各卫生日举办市级主题宣传活动28次，在市区人民公园等5处新设立了10块20平方米的固定健康教育宣传栏，在宝鸡日报开辟了健康养生专栏，2014年全市共抽查城乡居民3280人，健康知识知晓率为82.7%，健康行为形成率为80.7%。

【加强环境卫生整治】　以月末、周末卫生日活动为抓手，全面加强市区卫生综合整治，组织开展暗访检查4次，综合检查2次，开展月末、周末卫生日活动14次，市区两级机关干部2.3万人次参加了义务劳动，集中解决一批环境卫生突出问题，带动全民参与创文活动的热潮。

【巩固卫生创建成果】　2014年，市政府命名卫生镇4个、卫生村42个、卫生先进单位37个。建成省级卫生镇5个、卫生村19个、卫生先进单位20个。严把标准，强化督导，扶风、岐山、太白、陇县县城和陈仓区周原镇通过国家卫生县城（镇）复审。不断提升卫生创建水平，支持眉县常兴镇、汤峪镇创建国家卫生镇。

【控烟工作】　组织开展了世界无烟日主题宣传活动，参加单位200多家，出动人员600余人，发放宣传资料2000余份，按照全国文明城市创建要求，加强督导检查和控烟暗访，并将暗访结果在全市进行了通报，有效巩固了全市卫生系统控烟成果。

【农村改厕工作】 以卫生镇村创建为抓手，持续推进农村改水改厕，整合有关项目资源实施改厕，并推动农村家庭自主改厕，年内建成无害化户厕1500座、公厕80座。

疾病预防控制

【重大疾病防治工作】 全面落实"四免一关怀"政策，实施中央转移支付与第三轮艾滋病综合防治示范区项目和健康素养促进艾滋病健康教育项目，开展艾滋病主动监测和被动检测监测，完成艾滋病6类人群2400人的哨点监测和高危人群规模估计，加强网络专报系统管理；实施现代结核病控制策略，加强肺结核病人发现、治疗和管理等工作。全市共发现肺结核病人2022例，其中涂阳病人224例，涂阳病人治愈率达到95.5%；2014年，全市累计规范管理高血压患者275429人，规范管理率88.9%；累计规范管理2型糖尿病患者50625人，规范管理率84.8%。2014年，陇县获国家卫计委第三批国家慢性病综合防控示范区称号，凤翔县获省级慢性病综合防控示范区称号。截至年底，全市国家示范区3个，省级示范区4个，示范区创建工作继续走在全省前列。

【免疫规划工作】 全市儿童11种免疫规划疫苗报告均大于99.5%，乙肝疫苗首针及时接种率达97.7%，未发生接种事故。

【传染病防治工作】 全市甲类传染病无发病，乙类传染病报告发病5675例，发病率151.46/10万；报告死亡13例，死亡率0.35/10万。报告发病数居前5位的病种分别是肝炎、肺结核、梅毒、痢疾、出血热，占乙类传染病报告发病总数的94.94%。报告死亡数居前二位的是肺结核（4例）、狂犬病（4例）、艾滋病（3例），占死亡病例的84.62%。丙类传染病报告发病9165例，发病率244.60/10万；报告死亡2例。报告发病数居前3位的病种依次为手足口病、其他感染性腹泻、流行性腮腺炎，占丙类传染病报告发病总数的86.52%。

【重性精神疾病管理工作】 开展《精神卫生法》、精神疾病防治管理知识的宣传与培训，加强与各相关部门之间的沟通与协作，规范严重精神障碍患者的管理。截至2014年12月31日，全市累计筛查登记严重精神障碍疑似患者25268人，确诊基础建档、录入《国家严重精神障碍信息系统》12385人，其中2014新增确诊患者2093人，检出率3.19‰，患者管理率97.12%。

【美沙酮维持治疗工作】 全市门诊累计治疗入组2539人，其中年内治疗1324人，保持率97.2%，HIV、HCV和梅毒抗体的检测率分别为91.8%、86%和84.8%，均超过了国家考核指标的要求。

卫 生 监 督

【公共场所卫生监督】 对市区2897家各类公共场所进行常规监督，监督覆盖率98%，共下发卫生监督意见书近1000余份，责令整改800多户。对市管持有卫生许可证的住宿、游泳、美容美发、沐浴场所共110家，全面实施量化分级管理。在"五一""中秋""十一"等节日，组织各县区开展了住宿业集中卫生监督检查，对县区旅游市场整治工作进行专项督导检查，共检查旅游景点公共场所单位共452户次，下达了卫生监督意见书22份，行政处罚5户。

【医疗卫生监督】 6—8月份，全市组织开展了为期三个月的打击非法行医"夏季风暴"专项行动。对岐山、凤翔、太白、金台、眉县、扶风、渭滨、陇县等8个县区打击非法行医工作进行了督查。全市共查处医疗机构违法违规行为266户，其中：警告177户次、责令改正132户次、责令停业整顿3户次，市直市管医疗机构监督检查覆盖率达100%。通过对全市各类报纸、户外、广播和影视、实物上发布的医疗广告进行监测，查处24家医疗机构涉嫌发布违规医疗广告30条，对20家医疗机构予以警告，责令限期改正，对4家情节严重的医疗机构，给予停业整顿。

【职业卫生和放射卫生监管】 对全市各级各类126家医疗机构放射诊疗工作进行了全面检查，对216台放射诊疗设备防护情况进行了现场监测。对扶风、眉县、凤翔、岐山的72家乡镇卫生院进行了专项检查。针对发现的问题，进行了现场指导，并下发卫生监督意见书限期改正，对18家乡镇卫生院给予行政处罚。

【生活饮用水和学校卫生监督】 对47户市管单位进行了卫生审查，审查覆盖率100%。对市政供水两个水厂出厂水每季度进行一次监督监测，水质监测合格率100%。对31家二次供水单位进行了监督检查，全年抽检二次供水水质33份，合格率100%。开展自建集中供水单位监督检查，抽检水样32份，合格率95%，对检查中发现的问题下达了整改意见。对4户不符合供水规范的单位实施了行政处罚。集中对市管7所学校及1所托幼机构进行了全面监督检查，对全市各县区学校卫生重点监督检查工作开展情况进行了督导检查。在8—10月组织各县区对辖区所有农村寄宿制学校开展了专项监督检查和卫生评价工作，对5所学校教学环境进行了卫生学监测评价，对8所不符合相关规范标准的学校进行了行政处罚。

卫 生 应 急

【强化应急措施】 结合宝鸡市防震减灾工作会议内容，抓好医疗卫生系统的防震减灾工作，重点是各单位预案的修订、预案的演练、提高预案的操作性、针对性，要求医疗单位健全防震减灾组织机构、明确人员疏散应急通道、设置防震集结场所，完善各单位防震减灾物资储备；制定了《宝鸡市卫生局地震应急准备工作专项方案》，督导有关县区全力做好地震应急准备工作。省卫计委孙振霖副主任对凤县、千阳县、市疾控中心的地震应急准备工作进行了抽查，给予了充分肯定。

【加强疫情防控力度】 制定了《宝鸡市埃博拉出血热预防控制操作方案》，2014年，宝鸡市西非疫区24名回国人员健康监护情况正常，全部排除疫情解除监护。10月底，又密切做好17名中东朝觐归国人员中东呼吸综合征健康监护，对金台区一名朝觐归国人员发生呼吸道疾病进行了重点关注，市中心医院严格按照中东呼吸综合征有关诊断标准进行了排查，开展对症治疗。

【公共卫生风险评估】 全年开展了28期常规突发事件公共卫生风险评估，利用评估结果，做好风险沟通、预警发布、风险控制等工作，做到关口前移、预防为主，真正实现卫生应急工作从被动处置向主动防范转变。

【开展卫生应急培训】 4月底，对县、镇、村三级医疗卫生单位卫生应急主管人员，利用全市乡镇卫生骨干培训班的有利时机，抽调市级卫生应急培训骨干，系统进行了卫生应急基本知识的培训。培训内容涵盖了卫生应急工作概述与相关理论、卫生应急工作中的方法与技能、各类突发事件卫生应急处置等。经过培训使卫生应急人员增强了卫生应急知识，提高卫生应急处置能力。

【突发事件医疗急救演练工作】 4月份，依托宝鸡陆军预备役后勤保障旅卫生营在北坡森林公园中心广场举行了遂行抗震救灾应急救援卫勤保障联合演练，检验市属医疗防疫救援分队野外应急救援卫勤保障水平，提高医疗卫生单位应急救援业务技能；9月，全市地震灾害综合应急演练，在时间紧任务重的现实下，紧紧依托市疾控中心、人民医院、卫生监督所等单位共150余人，加班加点训练方队和专业操练，在演练中受到了领导的好评；6月、12月两次组织并参与了高速公路隧道突发交通事故紧急医学救援演练。同时，凤县组织了地震灾害人员紧急疏散演练，眉县组织了太白山盛大开园医疗保障演练并圆满完成了开园周卫生应急保障任务，千阳县成功举行了宝鸡市非煤矿山突发事故紧急救援演练，渭滨区开展了地震灾害综合演练，市人民医院、市第三人民医院等医疗卫生单位都开展了自然灾害防范和火灾逃生等多方面的应急演练；圆满完成了陕西省第十五届运会、世佛联大会、青岛啤酒节等重大活动医疗卫生保障工作和10余项突发公共事件的医疗救援。

【开展卫生应急知识宣教】 市疾控中心、市人民医院等多家医疗卫生单位充分利用节假日、各类宣传日走上街头发放各种健康和急救自救宣传资料。5月份，应教育局邀请，宝鸡市急救中心专业人员对教育系统安保人员及市教育局应急救援队进行现场急救及紧急避难逃生的技能培训。各县区充分发挥大众传媒优势，在县广播电视台、卫生局网站等设置卫生应急专题栏目，宣传健康生活方式、突发公共卫生事件、地震泥石流灾害预防等卫生应急知识为主要内容的健康教育和科普知识内容，强化公众卫生应急意识。仅眉县一家，累计播放卫生应急电视专题专栏18期，开展卫生应急健康教育辅导、专家咨询活动6场次，大型宣传活动5场次，更换宣传专栏200余期，发放卫生知识传单近万余份，宣传手册1万余本，张贴宣传画1200余张。

妇幼保健与社区卫生

【妇幼健康技能竞赛】 8月16—17日，市卫生局、市总工会、市妇联、市人口计生局联合举办“共圆妇幼健康梦——宝鸡市妇幼健康技能竞赛”。竞赛活动在县区、市直市管单位中逐级选拔的基础上举行市级竞赛，来自13个县区和10所市直市管助产机构的23支代表队、82名参赛选手，分围产保健、儿童保健、妇女保健及计划生育技术服务四个专业，通过综合笔试、操作技能竞赛、知识竞答、附加赛和组织工作考评等环节，经过两天的竞赛，眉县、市妇幼保健院代表队荣获团体竞赛一等奖；陈丽、杜亚梅、黄玮、时利红4名选手取得各专业组个人竞赛第一名，被授予“宝鸡市技术状元”和“宝鸡市三八红旗手”荣誉称号；对取得专业组个人竞赛第二名的选手授予“宝鸡市技术标兵”和“宝鸡市三八红旗手”荣誉称号；对取得个人竞赛第三名的选手授予“宝鸡市技术能手”荣誉称号；对个人竞赛第四名至第六名的选手授予“宝鸡市妇幼健康技能竞赛优秀选手”称号。在9月10日举行的陕西省妇幼健康技能竞赛上，宝鸡市综合得分第一，获团体一等奖。

【基本和重大公卫服务妇幼卫生项目】 全市农免补助28638人，补助率100.05%，累计补助2321.41万元，人均补助810.61元；新增叶酸服用人数34269人，服用率96.39%。完成农村妇女乳腺癌检查4036人，宫颈癌检查60677人，确诊上皮内瘤变22例、宫颈癌17例、乳腺癌2例。为46461名孕产妇进行了艾滋病、梅毒和乙肝检测咨询，咨询检测率149.04%，对阳性患者均进行孕期保健指导和规范干预。为32764名孕产妇提供产前检查服务，产前健康管理率98.1%，产后访视率95.93%。对32110名新生儿进行家庭访视，访视率96.15%，儿童健康检查616226人次，健康管理率94.54%。

【完成0—6岁儿童残疾筛查试点与新生儿疾病筛查工作】 项目县区共筛查儿童21164例，筛查出可疑残疾儿童181例，确诊51例（其中肢体残疾21例次，智力残疾27例次，孤独症11例次，听力残疾1例次）。全市新生儿疾病筛查采集血片41358人，筛查率97.17%。确诊阳性患儿

41例，均给予救助；开展新生儿听力筛查40682名，筛查率95.27%，复筛阳性患儿392人，确诊阳性患儿9例。

【加强产科建设】 10月份在全市开展了剖宫产率专题调研，通过向妇产科、产科全体医护人员及住院孕产妇发放调查表，重点调查各助产机构剖宫产手术指征掌握、影响剖宫产的主要因素及服务对象对剖宫产手术的了解情况，制定下发了《关于举办全市县区助产机构产科技术骨干临床技能培训提高班的通知》（宝卫社发〔2014〕549号），挤出专项资金，分三期，按每期参训12人、培训3个月，采取理论学习与临床实践相结合的方式，对县级助产机构产科骨干进行产科适宜技术和高危孕产妇的识别、处理、转诊及危急重症孕产妇的抢救等知识技能培训，提高基层产科的危重孕产妇抢救能力；组织开展了新生儿窒息复苏培训，市级对市直市管机构妇产科相关人员进行了新生儿窒息复苏新技术培训。开展团队帮扶活动，全面构建妇幼保健机构联合体，市妇幼保健院组织了51人的专家团队，对县级开展产科示教查房、技术讲学及临床带教，以促进基层产科业务水平和服务能力的提高。全市孕产妇系统管理率98.05%（城市97.8%、农村98.17%），住院分娩率99.96%，高危住院分娩率100%，新法接生率100%，户籍儿童系统管理率94.95%，母乳喂养率90.01%，无新生儿破伤风病例。

【爱婴医院复核创建工作】 制定下发《宝鸡市卫生局关于开展全市爱婴医院复核及创建工作的通知》，对全市爱婴医院复核及创建工作就复核及创建对象、标准、方法、步骤、各级职责及工作要求等6个方面进行了专项安排；9月底，举办了全市爱婴医院复核工作师资培训班，并编纂了《宝鸡市爱婴医院复核师资培训班资料汇编》，指导助产机构创建；邀请省级有关专家和抽调市级专家对市级三级医院的爱婴医院创建复核情况，依据《国家爱婴医院复核标准（2014版）》，进行了复核验收，现场向被检单位下发督导反馈意见书，提出整改提高的要求和意见。全市共申请爱婴医院复核及创建的医疗保健机构共有47家，验收合格单位40家、限期整改单位2家、1家单位申请了推迟验收、不合格单位4家，全市爱婴医院创建及复核合格率为85.11%。

【开展星级社区卫生服务机构创建活动】 全市共建成社区卫生服务机构77个，其中社区卫生服务中心18个，社区卫生服务站59个。共建成2个五星级、3个四星级、8个三星级、5个二星级社区卫生服务中心，建成55个星级社区卫生服务站。金台区东风路社区卫生服务中心被中国社区卫生协会授予“2014年群众满意的社区卫生服务机构”（陕西省3家）。

【城市居民健康档案项目】 2014年，全市各社区卫生服务机构累计建立规范化城市居民健康档案62.8万份，建档率达88%，电子录入57万分，电子建档率达80.8%。及时安排部署，各社区卫生服务机构在4月底完成城区65岁以上老年人摸底，并结合日常工作和深入社区宣传，全市三区及高新区共摸底65岁以上老年人58090人，共完成免费体检49292人，体检率达85%。

【社区卫生服务模式改革】 先后举办了全市社区卫生人员基本医疗培训班、合理用药培训班、全科医生签约服务等培训班，累计参加培训600多人次。选定5个社区卫生服务中心为试点，共成立了16个服务团队，以重点人群和特殊人群为突破开展签约服务工作，签约居民3500户、8797人。

农 村 卫 生

【新型农村合作医疗】 2014年，全市参合农民272.82万人（其中城镇居民参加新农合1509人次），比上年增加了2.1万人，参合率达到了99.84%。2014年，全市共筹集新农合资金117918.65万元（含利息），合疗基金总支出107682.28万元，基金使用率100.17%（除上解大病基金、风险基金）。其中：住院支出93220.97万元，门诊统筹基金支出11894.11万元，门诊慢性病基金支出2567.2万元。2014年，全市参合农民受益面大幅度提高，受益人数为476.68万人次，受益面174.72%，比去年同期增加8.18个百分点。其中住院补助45.68万人次，受益面16.74%，比去年同期增加1.64个百分点，补助总额93220.72万元，人均补助2040.6元，比去年同期增长157.27元，平均补助比例47.42%。

【支付制度改革】 以新农合支付制度改革工作为突破口，在充分调研的基础上，研究制定了《宝鸡市新型农村合作医疗支付制度改革指导意见》，狠抓各项制度创新和工作落实，初步建立了医疗费用控制新机制。一是深入推行住院总额预付制度；二是健全完善按床日付费制度；三是建立完善次均住院费用谈判协商机制。四是全力推进门诊总额预付制度。五是开展“一站式”服务。

【全面开展“三合理”检查活动】 抽调市新农合技术指导组成员、市上医疗专家和县区合疗办业务人员32人，分为4组，对市级各定点医院，各县区县医院、每个县区各1个卫生院、1个村卫生室、1个民营医疗机构，按照《宝鸡市新农合“三合理”检查考核标准》，分别对其新农合管理、不合理检查、不合理治疗、不合理用药问题和入、出院标准的判定和执行情况5个方面，进行检查，并将存在问题由专家检查组当场反馈各定点医疗机构，进行自查整改，并要求各县区以书面形式上报整改报告。通过检查来看，全市前三季度参合患者次均住院费用得到合理控制，全市次均费用4250.85元，其中，省级次均费用13985.07元，市级次均费用7789.88元，县级次均费用3114.15

元，乡镇级次均费用1299.39元。

【建立技术转诊制度】 下发了《宝鸡市新型农村合作医疗住院双向技术转诊管理办法（试行）》，从2014年10月1日起全市开展新农合技术转诊试点工作。参合农民住院坚持分级就诊原则，实行技术转诊审批制度。参合患者因病就诊时一般应首先选择当地一、二级新农合定点医疗机构初诊治疗，初诊医疗机构不具备治疗条件的方可向市新农合定点医疗机构转诊治疗。凡转往省新农合定点医疗机构治疗的患者由市级6家三级定点医疗机构出具技术转诊审批手续，转诊手续列入新农合补助报销必备资料。未经技术转诊审批的自行到上一级新农合定点医疗机构住院就诊的新农合补偿比例按规定标准下降10个百分点。符合回转条件的参合患者回转至基层医疗机构（由二级、三级医疗机构转至一级医疗机构）住院，且继续按照医疗技术操作规范实施与本次在上级医疗机构诊疗疾病相关医学康复治疗的，出院结算时不再扣除起付线，且在规定补偿比例基础上提高5个百分点进行结算（补偿比例最多不超过90%）。

【对口帮扶工作】 实行市、县医院共同支援卫生院，并向综合服务能力较强的甲级卫生院倾斜。5月份，召开对口支援项目工作会，组织9家市级医院形成支援帮扶团队支援18家卫生院，明确培育项目，重点培育普外科、临床医学检验、影像技术等37项技术项目。11月份，利用医改年终检查的机会，对全市对口支援工作进行实地检查督促并摸底，确保落到实处，产生实际支援效应。

【建设乡镇卫生院远程会诊系统】 通过远程会诊系统建设，实现基层乡镇卫生院医师团队与县及县以上医疗专家的业务联系，提高基层乡镇卫生院在处理疑难杂症及应急救治方面的处理能力，2014年完成对34家乡镇卫生院、10个县级医院、1个市级中心医院的远程会诊系统建设，总投资1965.49万元。

【农村老人健康体检、农村居民健康档案项目】 2014年，农村居民健康档案建立及65岁以上老人健康体检工作已按计划完成任务。65岁以上农村居民总人数是22.1809万，完成健康管理20.6705万，完成率93.19%。农村居民总人数257.6368万，建立健康档案245.5525万，建档率95.31%；建立电子档案234.9407万，电子建档率91.19%，已建成档案电子化率95.68%。

【乡村医生年度审核工作】 2014年，经县、市两级最终审定全市在岗并编入乡村医生编码库管理的乡村医生共3492人，其中，具备乡村医生证的3250人，执业助理医师175人，执业医师67人。按照乡村医生从业管理条例要求，2014年执行对乡村医生执业证书有效期满5年的乡村医生进行再注册的审定工作，把握人员资质及准入的底线，严格打击农村基层非法行医，实现乡村医生队伍规范化管理。

医药卫生体制改革

【应邀参加国务院城市公立医院改革座谈会】 10月16日，副市长刘桂芳代表宝鸡市政府应邀参加国务院在中南海召开的城市公立医院改革座谈会，国务院副总理刘延东出席会议并做重要讲话。副市长刘桂芳作为西部地区的代表介绍了宝鸡市城市公立医院改革的主要做法。宝鸡市公立医院人事分配制度改革工作经验得到了副总理刘延东的充分肯定。

【多项改革举措得到国省肯定】 开展公立医院改革突破年、服务能力提升年和行业作风建设年“三个年”活动，着力破解改革中的难题和瓶颈，多项工作取得了实质性进展和关键性突破，走在了全省前列。全年有城市公立医院改革、全科医生执业方式和服务模式改革、大病医疗保险试点、重大卫生计生政策落实及卫生综合执法五项工作代表全省接受国家检查评估；公立医院人事分配制度改革工作得到副总理刘延东的肯定与赞扬，被省委办公厅、省政府办公厅分别以《陕西信息》《信息快报》专报中共中央和国务院；医师多点执业得到省政府领导的重视，被省政府办公厅以《信息快报》专报国务院。

【探索现代医院管理制度】 在市人民医院、市口腔医院开展法人治理结构改革试点，组建理事会和监事会，建立新的运行机制。各县区成立公立医院管理委员会，推行公立医院去行

2014年2月27日，宝鸡市公立医院法人治理结构试点工作专题报告会

政化，实行院长负责制和任期目标责任制。

【深化人事薪酬制度改革】 在县级公立医院推行岗位聘用制和绩效工资制，加大职工奖励性工资总量，坚持按绩取酬，收入分配向临床一线、业务骨干、关键岗位倾斜；按照“扩大总量、调整结构、效益优先、兼顾公平、缩小差距”的指导原则，在市级公立医院推进第二轮绩效分配改革，完善适合行业特点的薪酬管理制度。

【建立分级诊疗双向转诊机制】 以市级三级医院为核心，组建了5个医疗联合体，辐射34所二级医院、17个社区卫生服务中心和58所乡镇卫生院，医疗联合体内部实行“管理支持、技术扶持、双向转诊、学科建设、人才培养、资源共享”；发挥医保政策杠杆作用，实施医保差别化支付，引导常见病、慢性病患者首诊在基层；出台新农合住院双向技术转诊管理办法，10月1日起，全市开展新农合技术转诊审批制度试点，从政策实施统计情况看，县域内首诊率提高；开展医师多点执业，实行执业资质区域通用制，鼓励符合条件的医生到县级医院及基层医疗机构多点执业，促进优质医疗资源下沉；推进全科医生执业方式和服务模式改革，在5个社区卫生服务中心和2个镇中心卫生院试点全科医生与居民签约服务，组建全科医生团队42个，签约服务5300户2.12万人次，首诊基层、双向转诊、急慢分诊的体制正在形成。

【健全财政补偿机制】 对县级公立医院离退休人员工资、承担的公共卫生服务等经费由财政保障；对医院基本建设、大型设备购置、重点专科发展、人才培养等给予专项补助；将医院的历史性债务打包剥离，建立化解平台，逐年化解，县级公立医院坚持公益性、破除以药补医的运行机制初步建立。

【完善药品“三统一”机制】 针对基层反映的药品不全、供应不足、价格倒挂等问题，采取一系列措施，完善药品供应保障制度。第一，引入竞争机制，将全市药品配送企业扩充到13家，加强药品配送频次和质量的监管，对配送企业进行严格考核，解决了药品配送不足和不及时问题；第二，允许村卫生室可使用20%的非基本药物，乡镇卫生院和社区卫生服务中心可使用30%的非基本药物，为分级诊疗、双向转诊创造用药条件；第三，建立医疗单位药品供应质量可追溯体系，对药品采购、配送、使用情况实行网上监控，确保用药安全；第四，县级医院和基层医疗机构全面推行药品网上采购、网上结算，零差率销售，基层医疗机构全年销售药品1.76亿元，县级公立医院销售药品4.27亿元，全部实行零差率销售，让利群众9041万元；第五，开展药品采购价格谈判试点，以省药品集中采购招标价格为上限，按照“保证质量、让利百姓”的原则，由市、县药品“三统一”管理机构与入围药品生产企业进行价格谈判，降低药品价格，降价部分全部让利于群众；第六，延伸药品“三统一”链条，从7月1日起，在市中医医院先期启动市级药品“三统一”。全市基层医疗机构（乡镇卫生院、社区医疗卫生机构、村卫生室）全年从中标的配送企业累计采购药品共计17563.04万元，所采购药品全部实行零差率销售，让利群众2634.456万元；基层医疗机构基本药物网采率、配备率、使用率均达到100%，配送率稳定在95%以上。全市所有县级公立医院全部实行了国家基本药物制度和药品零差率销售工作。2014年，全市县级公立医院从中标的配送企业累计采购药品共计42713.21万元，所采购药品全部实行零差率销售，让利群众6406.982万元；全市县级公立医院基本药物使用率达到50%以上，个别县区县级公立医院基本药物使用率已达到70%。

【健全基本公共卫生绩效考核机制】 制定《各级各类医疗卫生机构承担基本公共卫生服务项目职责任务分解表》，完善绩效考核方案，提升项目管理质量，变过去按人头付费为按项目完成付费。市级公共卫生项目技术指导牵头单位，坚持对县区工作进展情况进行督查，结果与补助资金挂钩，提高资金使用效率。对重大公共卫生项目实行单项考核，确保项目规范实施，群众对公共卫生服务综合满意度达90%。宝鸡市被省卫计委确定为全省基本公共卫生服务项目管理试点市。

【加快卫生信息化建设】 市级区域卫生信息平台一期项目通过验收，二期建设方案已进行论证，年内新农合管理系统实现市县互联互通。完成34个镇卫生院、10个县级中心、1个市级中心远程会诊系统建设。县级区域卫生信息平台建设进展顺利，凤翔县、岐山县、金台区、渭滨区已建成投用，麟游、千阳、凤县已完成硬件集成，正在进行软件部署。

【支持社会资本办医】 社会资本投资的高新人民医院发展步入快车道，多元化办医的市第三人民医院发展态势良好。全年，全市社会资本办医更加趋于理性，呈现规划引领清晰、建设规模较高、专科优势突出等特点，分别投资5000万元的宝鸡德仁中医医院、宝鸡创伤医院项目建设进展顺利，全市共有非公立医院43所，占全市医院总数53%。

【医疗联合体建设】 出台《宝鸡市推进区域医疗联合体试点工作指导意见》，以市级三级医院为核心，组建5个医疗联合体，辐射34个二级医院、17个社区卫生服务中心、58个镇卫生院。市中心医院的区域医疗中心托管帮扶模式，市中医医院域内外协作模式，市妇幼保健院医疗集团模式，市人民医院应急救治平台和专科协作模式已初显成效，实现“管理支持、技术扶持、双向转诊、学科建设、人才培养、资源共享”。

【开展医师多点执业】 出台《宝鸡市医师多点执业管理办法》，实行执业资质区域通用制，鼓励取得医师执业证、中级及以上专业技术职称的医

2014 年 9 月 26 日，副市长刘桂芳带队赴连云港市考察与连云港市签订战略合作协议，结为卫生友好城市

生，到县级医院，合法的镇卫生院、社区卫生服务机构、村卫生室、民营医院、个体诊所等基层医疗机构多点执业，促进优质医疗资源下沉。医师多点执业的改革引起省政府的高度关注，以《陕西信息》报国务院并分送省委各常委。

【外联上挂提升服务能力】 明确市直各单位发展定位，“外联上挂”提升服务能力。宝鸡市与连云港市结成卫生友好城市，市中心医院与四川大学华西医院、深圳冠茵生物治疗公司、西京医院，市中医院与北京积水潭医院、首都中医药大学、成都中医药大学附属医院，岐山、凤翔县医院与解放军 301 医院，金台区、陇县、麟游县医院分别与西京医院、唐都医院、西交大一附院建立长期技术协作关系。通过建立长效帮扶协同机制，县域医疗服务能力得到较大提升，9 县参合农民县内住院平均达 85.03%。

中医药事业管理

【提升中医药基层能力】 市所有社区卫生服务中心、96%的乡镇卫生院均有中医科、中药房，80%的社区卫生服务中心设有“国医馆”，绝大多数社区卫生服务站、村卫生室有能西会中的医生，能提供质量较高的中医药服务。二级以上中医院门诊和住院病人中药及中医药适宜技术使用率达到 83.7%。建成国家农村特色重点专科 3 个、省级中医重点专科 2 个、省级农村特色重点专科 5 个、省级中医药重点学科 1 个，确定 6 名省级中医师承人员和 2 名全国中医特色技术传承人才培养对象，王明怀中医工作室被确定为全国名老中医工作室建设项目。健全基层中医药适宜技术推广平台和“治未病”服务网络，9 个县区建成中医药适宜技术推广基地。

【中医药人才队伍建设】 制定了《宝鸡市中医药人才队伍建设规划（2014—2017 年）》《宝鸡市中医临床骨干培养筛选办法》《宝鸡市名中医“师带徒”工作的相关规定》等一系列政策性文件，从构建高素质的中医队伍、优化中医药人员队伍结构、加强中医药人员培训、中医人才发展保障措施等几个方面明确了目标任务，力争用 3 年时间，建立符合中医药人才发展规律的人才工作机制，在高层次的中医药人才队伍建设和基层中医药人才队伍建设取得明显成就，造就一支数量规模适宜、素质能力优良、结构分布合理的中医药人才队伍，全市中医药人才拥有量和技术水平处于全省前列。

行 风 建 设

【商业贿赂治理工作】 下发了《宝鸡市卫生局关于进一步加强治理医药购销领域商业贿赂工作的通知》，新设立宝鸡市卫生局廉政账户“626”，召开全系统专项治理大会，连续两年开展阶段性集中治理，在全系统各单位自查完善的基础上开展全市性督导，截至年底，市卫生系统商业贿赂治理工作保持平稳态势。

【树立优秀典型传递行业正能量】 以“传递卫生正能量，唱响卫生好声音”为主题，总结了一批包括王亚丽教授在内的医疗卫生工作者先进典型，在市级新闻媒体多角度、全方位宣传他们救死扶伤、服务群众的事迹。在全市开展的“最美宝鸡人”评选活动中，市人民医院急诊科护士长吕春燕被评为“十佳最美宝鸡人”，市中医医院手足外科主任孙军锁、市妇幼保健院儿一科主任陈霞、市康复医院护士令婷婷等 3 人被评为“最美宝鸡人”。

全市医疗卫生概况

【卫生机构】 全市医疗卫生机构达 2827 个，其中：医院 82 个、基层医疗卫生机构 2689 个（内：社区卫生服务中心 18 个、社区卫生服务站 59 个、乡镇卫生院 168 个、门诊部 21 个、诊所/卫生所/医务室 573 个、村卫生室 1850 个）、专业公共卫生机构 167 个（内：疾病预防控制中心 13 个、卫生监督所/中心 14 个、妇幼保健院/所/站 13 个、采供血机构 1 个、计划生育技术服务机构 126 个）、合疗经办机构 12 个，卫生职业学校 3 所。与上年比较，医疗卫生机构增加了 154 个，主要是国家卫生计生统计报表制度纳入计划生育技术服务机构所致。

【床位数】 全市医疗卫生机构床位

数达21478张，比上年增加1747张，增长8.85%，其中：医院15244张，比上年增加1654张，增长12.17%；妇幼保健机构床位1396张，比上年增加88张；卫生院床位3804张，比上年增加192张；社区卫生服务中心（站）床位785张、疗养院床位244张、门诊部床位5张，与上年基本持平。每千常住人口床位数由2013年的5.27张提高到2014年的5.72张。

全市公立医疗机构床位数19662张，比上年增加1511张，增长8.32%，其中：公立医院13515张，比上年增加1209张，增长9.82%；卫生院床位3804张，比上年增加192张，增长5.32%；其他公立医疗机构床位2343张，比上年增加110张。每千常住人口公立医疗机构床位数由2013年的4.85张提高到2014年的5.24张。

【人员数】 全市卫生人员总数达30505人，比上年增加2577人，增长9.24%。其中：卫生技术人员22784人，比上年增加1956人，增长9.39%；执业（助理）医师7554人，比上年增加432人，增长6.06%；注册护士8388人，比上年增加777人，增长10.21%；药剂、检验与见习等其他卫生技术人员6867人，比上年增加772人；管理人员2255人，比上年增加212人；其他技术人员372人，比上年增加144人；工勤技能人员1647人，比上年增加130人；村卫生室乡医3250人，卫生员197人，与上年基本持平。

【医疗服务情况】 2014年，全市总诊疗量为2056万人次，比上年增加44万人次，增长2.19%。出院65.31万人次，比上年增加6.15万人次，增长10.4%。

医院（市级各医院及县医院、县中医院，下同）总诊疗量达609万人次，比上年增加24万人次，增长4.1%；出院48.80万人次，比上年增加4.46万人次，增长10.06%。

2014年基层医疗卫生机构（社区卫生服务中心/站、乡镇/街道卫生院、村卫生室、门诊部、诊所/医务室）总诊疗量为1353万人次，比上年增加25万人次，增长1.88%。基层医疗卫生机构门急诊量占总诊疗量比重为65.80%，所占比例与上年基本持平。其中社区卫生服务中心（站）和卫生院总诊疗量达456万人次，较上年增加7万人次，增长1.55%，占基层总诊疗量的33.70%，所占比例与上年基本持平；村卫生室总诊疗量达664万人次，较上年增加16万人次，增长2.47%，占基层总诊疗量的49.07%，所占比例较上年增加0.29个百分点。

农村医疗服务总量有所增加。2014年，农村三级医疗卫生机构总诊疗量达1367万人次，比上年增长0.36%（其中：县级医院289万人次，增长5.86%，乡镇卫生院340万人次，增长1.19%，村卫生室624万人次，下降3.7%，妇保机构34万人次，下降5.56%。诊所、卫生所、医务室等79万人次）；出院总量达35.99万人次（县级医院24.53万人次，乡镇卫生院9.46万人次，妇保机构2.01万人次），比上年增长9.02%（县级医院增长8.68%，妇保机构增长2.55%，乡镇卫生院增长11.55%）。

（张娟平　王隽青）

食品药品监管

【概况】 2014年，在宝鸡市委、市政府的领导和省食品药品监督管理局的指导下，全市食品药品监管工作坚持以十八大和十八届三中、四中全会精神为指引，深入贯彻落实市委十一届四次全会精神和全省食品药品监督管理工作会议精神，紧紧围绕确保公众饮食用药安全的目标，以作风提升为主线，把示范创建作为抓手，用五大体系统揽全局，深入推进完善监管体制、整合检测资源、夯实监管责任、创新监管方式、提高监管能力、丰富文化载体六大工程，不断推动食品药品监管工作再创新局面。市局被市政府表彰为目标考核优秀单位，被省局表彰为全省行政执法先进集体，被省委省政府命名为“文明单位标兵”。

【巩固和完善食品药品安全长效机制】 2014年，市局坚持把构建食品药品安全“五大体系”，建立严格监管的长效机制，作为一项事关全局的基础工作，常抓不懈，切实抓实抓好。1. 市、县（区）逐级健全完善了由主要领导任主任的食品药品安全委员会，并设立办公室。镇街设立了食品药品监督管理所，做到有监管机构、有明确职责、有工作制度、有办公场所、有监管人员的“五有”要求。在全市农村行政村和城市社区设立食品药品监管协管员，实现了“横向到边、纵向到底”的监管格局。各级政府层级签订了目标责任书，将食品安全工作纳入对下级政府和部门年度目标责任考核体系，实行严格的责任制和责任追究制；监管部门与企业逐一签订了《食品安全目标责任书》，落实了企业首负责任，企业内部将责任细化到每个岗位和员工，实行更为严厉的奖惩制度和责任追究。2014年度未发生食品安全事故，食品安全形势稳中向好。2. 按照“西部领先、全省一流”的目标，以机构改革为契机，整合市级部门食品检验检测职能，设立了市食品药品检验检测中心。已有30类350个参数已经通过省级食品检验资质认证，已具备开展食品标准规定项目的检测能力。全市成立县级检测中心11个，在镇街食品药品监督管理所设立食品快检室，配备食品快检箱，经过培训后，已开展快检筛查工作。3. 印发了《关于加强食品药品安全诚信体系建设实施意见》，在全市食品企业开展了“学习双桂坊，诚信做食品”和“做精工产品，做诚信食品企业”主题活动，经过企业申报、县区推荐、考核验收、市局审议及公示，命名表彰了25家市场认可、群众信任的食品安全诚信示范企业，建立了“食品药品企业红黑榜制度”，发布了3期食品药品“红黑榜”，12家企业登上红榜，8家企业登上黑榜名单。4. 全市共选聘430多名人大代

宝鸡市局召开监管所建设工作现场会

表、政协委员和新闻记者等社会人士担任食品安全社会监督员，赋予职能，既监督企业生产经营行为，又监督监管部门履职行为；在行政村、城市社区设立1780名协管员，承担协助执法、隐患排查、信息报告、宣传引导等职责。将所有食品药品监管部门、单位的举报电话一律在媒体公布，及时受理群众举报。5. 市、县（区）政府、各级监管部门、企业修订完善了《重大食品安全应急预案》及《操作手册》，对事故的监测、报告、响应、处置、保障进行了细化，健全了应急管理体系。4月30日，在凤翔县举行了Ⅳ级食品安全事故应急演练，强化应急处置的操作性、针对性。加强企业内部应急管理，加大员工教育培训，全面建立质量缺陷产品召回、损害赔偿、责任追究和事故预防机制。针对农村聚餐事故多发的实际，全市各镇街对农村厨师进行培训、体检上岗，建立红白喜事申报备案制度。在旅游景区和农家乐集中区设立食品安全领导小组，专人负责资格审查和监督检查。坚持每周到农家乐经营户查验进货记录，严把食品安全关口，将食品安全突发事件概率降到最低点。

【食品药品安全示范创建活动】 3月，召开了全市食品药品监管工作会议，全面部署安排了食品药品安全示范县区创建工作，命名表彰了3个食品、药品安全示范县区和13个示范单位，全面推进和带动县区创建工作。印发了《关于进一步加强食品药品安全示范县（区）创建工作的意见》，明确了县（区）政府和相关部门职能目标，细化考评机制，层层落实任务，加强督查指导，着力抓好高风险企业、重点企业创建活动。构建各级政府领导、市食安办牵头、各部门实施、各级组织配合的创建工作机制，推进各领域、各环节、各业态的示范创建活动。全市已创建县级食品药品安全示范厂、示范店、示范镇街720多个，市级食品药品安全示范单位68个，金台区、岐山县、太白县、渭滨区、凤翔县5个县（区）已经申报省上食品安全放心县（区）验收，太白县已通过省级食品安全放心县验收，即将命名。《中国医药报》对宝鸡市的示范创建工作做了专题报道。9月22日，宝鸡市被国务院食品安全办确定为首批国家食品安全城市创建试点城市。根据中省创建活动的要求，起草了《关于中省创建国家食品安全城市精神及我市的贯彻意见》和《宝鸡市创建国家食品安全城市工作方案及任务分解表》，国家食品安全城市创建工作正在稳步推进之中。

【电子监管平台建设】 全面推行食品药品电子监管，充分发挥已建立的电子监管三级平台作用。在县区、镇街通过大排查工作建立本辖区摸底数据库的基础上，把各类监管对象数据分类录入食品药品电子监管系统，建立全市统一高效查询数据库，将监管工作信息化、规范化和科学化，为提升监管效能奠定了坚实的基础。继续加强以市级平台为核心、县级平台为支撑、企业平台为终端的信息网络建设，逐步完善全品种、全过程、全时段、全方位的电子监管体系，努力实现电子监管由点向面的全覆盖，形成了纵向到底，横向到边的全程、实时监管模式。

【食品药品专项整治】 一、在全市开展了2014年元旦春节为期40天的食品安全专项整治活动，保障春节食品安全。市、县食品安全监管部门充分发挥改革后的镇（街）食品药品监督管理所的作用，全市出动执法人员6800人次，检查食品生产、经营、餐饮单位11189户，查处违法违规生产经营单位228户。加强对节令性食品和节日热销的肉及肉制品、生鲜乳及乳制品、水产品、豆制品、蔬菜水果、食用油、糕点、调味品、速冻食品等重点品种监督抽检（含快速检测）力度，抽检1300批次，合格1299批次。对抽检出的不合格食品及时依法查处，消除隐患。二、从9月5日起，集中开展为期3个月的农村食品市场“四打击四规范”专项整治行动。11月6日，召开了全市小餐饮、小作坊、小食杂店等“三小”专项整治现场会，部署全市小餐饮小作坊小食杂店专项整治工作。本次整治活动，全市出动执法人员8620人次，检查食品生产经营单位25796户次，监督抽验食品3501批次，取缔无证无照经营户96户，捣毁制售假冒伪劣食品窝点2个，查处伪劣食品数量2214公斤，查处食品违法案件855件，受理和处理消费者投诉举报88件。三、开展食品标签标识专项整治，肉皮冻等熟肉制品专项整治、豆芽和豆制品专项整治、儿童鱼肝油专项整治、散装火鸡肉专项清查等工作。检查超市、食杂店、活禽市场2562家。查处三无食品经营户、过期食品经营户、无证食品经营户16户，立案21起，罚没款合计35000余元。四、开展学校周边食品安全专项整治工作。市区内共出动检查人员600余人次，检查小食品店200余家，办理案件5起，罚没款合计1.4万元。五、开展餐饮食品安全专项整治，狠抓学校食堂食品安全专项整治，在全市开展了学校食堂（含托幼机构食堂）餐饮服务食品安全专项检查。全市共出动监督执法人员780余人次，执法车辆170余台次，检查各级各类学校和托幼机构食堂320户次，现场出具监督意见书165份，提出整改意见256条，责令整改通知书22份，实施行政处罚3起。突出抓好市区小餐饮专项整治。按照创建国家卫生城市和文明城市环境卫生综合整治的工作要求和相关文件精神和“属地管理、分类监管、疏堵相济、有序发展”的原则，坚持政策疏导与经营者自律相结合，日常监管和集中查处相结合，综合治理和重点打击相结合，分类对50平方米以下有固定场所的餐饮户、集贸市场小餐饮、流动摊贩分别提出基本的标准要求，使小餐饮业从“治脏、治乱、治差”向“做细、做优、做靓”转型。六、从3月中旬开始，在全市全面开展食品、药品、化妆品、医疗器械安全风险大排查专项行动。2次召开推进会通报进展情况，解决存在问题。9月份，本市食品安全风险大排查通过了省局验收。在大排查工作中，整治规范违法违规生产经营户3065户，处罚203户，取缔黑工厂、黑作坊、黑摊贩14户，移送涉嫌犯罪案件3起；查处案件案值23.978万元，处罚总金额94.575万元，查获伪劣食品、不安全食品总金额8.088万元。七、开展医疗器械“五整治”工作。根据国家总局、省局《医疗器械“五整治”专项行动方案》，结合宝鸡实际，制定了符合宝鸡实际的整治方案。全市共出动300多人次，注销医疗器械经营许可证4户，责令整改3户，移送工商部门处理的违法医疗器械广告17个。全市共办理医疗器械类违法案件一般程序案件15起，罚没款9万余元。

【食品生产经营监管】　制定了宝鸡市食品药品监督管理局《食品生产加工小作坊监督管理办法（试行）》，对小作坊的登记备案的背景、依据、方法和小作坊的条件，产品的检验，监督管理工作进行了明确的规定，印发了《关于进一步加强食品生产加工小作坊监督管理的通知》和《关于加强对获证食品生产企业监督管理的通知》，对生产企业日常监督管理工作提出了要求，明确了县区食品药品监督管理部门负责本地区食品生产企业的监督管理工作。在全市全市12家乳制品生产企业和15家白酒生产企业均建立质量安全授权人制度，签订了《食品质量安全责任书》，全年乳制品生产企业现场检查36次，对2家企业法人进行了约谈，对1家生产企业下发了责令整改通知书，对检查中发现的问题要求企业进行限期整改，整改到位后提交整改材料并进行现场检查验证，确保检查效果。完成了全市17家白酒生产企业质量安全督查工作，共发现问题136项，经过督查组的指导帮助，所有问题已经全部整改到位。开展酒类和桶装水专项检查。健全食品添加剂生产质量管理保证体系，完善各项生产及质量管理制度。规范调味品生产经营秩序，严格准入制度，按照标准开展现场检查。严厉打击无证生产经营行为，生产经营保健食品必须取得保健食品生产许可证和保健食品食品流通许可证。规范商场超市监督管理，开展商场、超市食品安全专项整治。加大食用农产品流通环节的安全监管力度。对全市农产品流通市场基本情况进行调查，给全市44户农贸批发市场建立了基础信息档案。

【餐饮服务食品安全监管】　全市8200余户持证企业通过了首次动态等级评定，占持证企业总数的70%，其中优秀等次616户，良好等次2027户，一般等次5573户。严格依法开展餐饮服务许可新办、延续、变更、公示等工作，将《陕西省大气污染防治条例》中对餐饮油烟处理的要求纳入许可条件，规范餐饮服务许可证备注内容，使餐饮服务基础数据实现按季度更新和管理。在中型以上营业性餐馆和集体食堂中推行每年末向食品药品监管部门提交持续保证饮食质量安全的年度报告，报告一年来企业的内部管理、人员设施等变化情况，食品药品监督管理部门检查后问题的整改情况，强化经营者责任。完成了16余次重大活动食品安全保障任务，对陕西省十五运会和世佛联大会制定了详细的食品安全方案，确保全市性的重大活动食品安全不出纰漏。

【药品化妆品生产经营监管】　开展新版GMP的宣传、推行和实施，帮助指导11家药品生产企业顺利通过新版GMP现场检查。扎实开展基本药物、高风险品种、中药饮片生产企业检查，全年3户高风险企业覆盖率300%，6户基本药物生产企业覆盖率200%，5户中药饮片生产企业检查率200%，其余药品生产企业覆盖率100%，基本药物质量监测率达到100%。规范全市《药品经营质量管理规范》认证工作，制定印发了《宝鸡市药品经营质量管理规范认证管理办法》和《药品零售企业GSP认证程序》，开展了药品GSP检查员的培训，建立了药品GSP认证检查员库。共对154家药品零售企业和5家零售连锁124个门店进行了GSP认证现场检查，25家零售企业和连锁门店进行了限期整改，3家零售企业未通过现场检查。加强处方药的销售管理，各药品零售企业按照规定要求，凭处方销售处方药。加强违法药品、医疗器械、保健食品广告整治，共通报违法药品、医疗器械、保健食品广告5起，品种24个品种，向工商行政管理部门移送药品、医疗器械、保健食品等违法广告198个品种。

【医疗器械生产经营监管】　对重点监控生产企业做到了按季度监督检

查，对非重点监控企业做到全覆盖检查，对全市21户医疗器械生产企业进行了监督检查，对1户三类生产企业按照季度进行巡检，按照监管内容建立监管档案。对全市11户一类医疗器械生产企业进行了全面检查，核查一类医疗器械注册品种33个。完善医疗器械经营许可相关制度，严格资料审查和现场检查，对器械经营企业新办、换证严格审查，对不符合要求的企业坚决不予通过，全年共有7户新申请开办企业未通过资料审查，6户新申办企业未通过现场检查，5户企业未予以换发许可证，切实把好医疗器械经营许可的“入口”。

【食品药品抽验检验】　全年共完成食品药品检验任务4231批次，其中省局下达药品监督抽验任务865批，共完成923批，完成率为107%，其中不合格47批，不合格率5.1%。市本级下达食品检验任务986批，完成1262批，完成率为128%，其中不合格30批，不合格率为2.4%。药品快检1123批，食品快检923批。

【药械不良反应监测与评价】　全市注册药品不良反应用户共计962家，共收到药品不良反应报告3333份，其中新的、严重报告482份，占全部报告数14.7%。占全年任务2789份的119.5%，百万人口报告数量900份。全市医疗器械不良事件报告712份，百万人口报告数量192份。

（穆　凯）

综合工作

【概况】　市体育局内设办公室、群体科、竞体科、法规宣传科、监察室，下辖市体育运动学校、市游泳学校、市体育运动管理中心3个直属单位，在编职工118人。2014年，市体育局整体推进“群众体育名市、竞技体育强市、体育设施靓市、体育产业大市”体育“四市”建设，群众体育名市建设方面，实施557个城乡体育惠民工程，新建五环体育公园、渭河健身长廊等多项工作，受到省政府领导的肯定；完善群众体育组织网络建设，加强骨干队伍建设，举办社会体育指导员培训班5期，培训440余人；举办了元旦万人长跑、春节体育大拜年、迎省运倒计时系列全民健身展示、第六届全市体育健身大会等10余项群众体育健身活动，组织开展了国民体质巡回检测活动。竞技体育强市建设方面，成功承办了陕西省第十五届运动会，并在省运会上取得团体总分第一的成绩；宝鸡运动员参加国际国内比赛，共获得10枚金牌：张欢、郭帅参加第十七届亚运会，获得2枚金牌，实现宝鸡市参加亚运会金牌零的突破，王峥获得1枚银牌；陈婧参加世界青年赛艇锦标赛，获得金牌。向省以上训练单位输送优秀体育后备人才194人，其中9人进入国家队、国青队训练。市局举办了“谁是球王”中国足球民间争霸赛宝鸡海选赛，宝鸡市青少年组和社会组分别获得陕西赛区冠军；参加全国冠军杯赛西宁赛区比赛，获得两项二等奖；参加全国校园足球U12锦标赛，获得三等奖。体育设施靓市建设方面，全市城乡群众体育健身设施星罗棋布、功能齐全，大型体育场馆在西部地区处于领先水平，特别是新建的游泳跳水馆、射击射箭馆属西部领先，全国一流，先后承办了全国残疾人射击锦标赛、全国青年游泳锦标赛、全国射击锦标赛（女子手枪）3项全国比赛。体育产业方面，体育彩票实现销售1.85亿元，同比增长32.82%，位列全省第二。2014年，宝鸡市被国家体育总局表彰为全国首批全民健身示范城市，被省政府授予筹办省十五运会突出贡献单位奖；市体育局被省委、省政府记集体一等功一次，被省政府授予省十五运会筹办工作重要贡献单位奖；被市委、市政府表彰为年度目标任务完成优秀单位。

宝鸡市参加陕西省第十五届运动会成绩表

项　目	团体总分	团体名次	金牌数	金牌名次	项　目	团体总分	团体名次	金牌数	金牌名次
田　径	1469	第一名	46	第一名	手　枪	310	第一名	6	第二名
赛　艇	809	第一名	25	第一名	跆拳道	270	第一名	5	第三名
皮划艇	678	第一名	15	第一名	男子自由式摔跤	220	第一名	1	第四名
女子举重	269	第一名	15	第一名	女子自由式摔跤	191	第二名	2	第二名
男子举重	249	第一名	12	第一名	古典式摔跤	174	第二名	2	第二名
男子拳击	372.5	第一名	10	第一名	男子篮球	39	第二名	3	第二名

续表

项　目	团体总分	团体名次	金牌数	金牌名次	项　目	团体总分	团体名次	金牌数	金牌名次
女子体操	301	一名	8	第一名	女子篮球	39	第二名	3	第二名
女子柔道	230	第一名	7	第一名	乒乓球	174	第二名	4	第二名
女子足球	182	第一名	14	第一名	武术散打	270	第二名	2	第三名
男子足球	104	第一名	8	第一名	男子柔道	191	第二名	1	第三名
男子拳击	115	第一名	3	第一名	武术套路	344	第二名	3	第三名
跆拳道	270	第一名	65	第一名	飞　碟	56	第二名	0	
跳　水	677	第一名	4	第二名	步　枪	184	第三名	3	第二名
男子体操	330	第一名	6	第二名	射　箭	130	第六名	1	第四名

【召开全市体育工作座谈会】 3月27日，2014年全市体育工作座谈会在市体育局四楼会议室召开。会议由市体育局副局长任小康主持，各县区教育体育局分管副局长，市体育局班子成员、机关科以上干部、局属单位主要领导参加会议。会上，各县区围绕推动全市体育发展和筹办省十五运会畅谈了感想，提出了意见和建议。市政府副秘书长、市体育局局长李富生在讲话中回顾总结了2013年全市体育工作，安排部署了2014年工作，要求全市广大体育工作者要围绕“坚持以体育惠民为理念，以建设体育四市为目标，在群众体育上更加注重惠及民生，在竞技体育上更加注重后备人才培养，在体育产业上更加注重打好基础，在体育设施建设上更加注重面向基层，在队伍建设上更加注重作风建设”的新要求，全力做好省十五运会筹办工作，巩固扩大全国全民健身示范城市创建成果，着力完善公共体育服务体系，构建大群体发展格局，提高体育后备人才培养质量，继续承办大型体育赛事，加快体育场馆建设和改造，拓宽体育产业发展渠道，提高体彩销量，推动体育“四市”建设新跨越，为“打造关天副中心，建设和谐新宝鸡”贡献力量。

【参加市长热线访谈节目】 10月29日，市政府副秘书长、市体育局局长李富生，随副市长刘桂芳前往宝鸡广播电台，参加市长热线访谈节目，现场解答了群众提出的关于“体育场门口有大卡车揽活，能不能将这些卡车挪个地方”等问题。访谈结束后，市局高度重视，立即联系渭滨交警大队交管科，对体育场东南门停放车辆情况进行计划整治和驱离；并在体育场东南门增派保安和禁停设施，恢复红色禁停区的整洁；与市物价局、交通局进行沟通和协商，对无处停放的车辆办理相关年卡，凭证件进市体育馆大院内进行停放；与场外停车管理员进行联系，要求针对车辆乱停放现象予以配合，协力整治并保障好体育场、馆周围的秩序及周边环境。

竞技体育

【慰问优秀运动员家属】 1月20日，市政协主席张民义在市政协秘书长王志林、市体育局副局长任小康、王宝林等陪同下，前往优秀运动员陈婧家中，慰问其家人，感谢他们为支持宝鸡市体育事业做出的贡献，希望他们一如既往地支持陈婧的事业，使其在新的一年里在各类大赛中为宝鸡市取得更加优异的成绩。1月24日，受市委书记上官吉庆、市长钱引安、市委常委组织部长马赟等领导委托，市政府副秘书长体育局局长李富生在副局长王宝林、市体校校长冯召林以及局竞体科相关人员陪同下，看望慰问优秀运动员王铮、倪媛媛、张森的家人，并向他们带去了市委、市政府领导及全市体育系统干部职工的新年祝福，希望继续得到他们的支持，让子女们在各级各类比赛中再创佳绩、再立新功，为宝鸡市体育事业的发展、为宝鸡人民增光添彩。

【宝鸡市运动员参加国际赛事创造历史成绩】 5月21日，王峥在国际田联世界田径挑战赛北京站比赛中以75.23米夺得冠军。6月15日，王刚在土耳其安塔利亚举行的世界杯分站赛中获得反曲弓混合团体比赛冠军。8月6—8日，陈婧在德国汉堡举行的世界青年赛艇锦标赛上获得冠军，实现了宝鸡市在此类国际比赛金牌“零”的突破。8月31日，郭帅在荷兰阿姆斯特丹举行的世界赛艇锦标赛上获得单人双桨第六名。9月24—28日，郭帅、张欢、王峥参加了韩国仁川举行的第17届亚洲运动会，郭帅与队友取得赛艇女子轻量级四人双桨比赛金牌；张欢与队友取得赛艇女子轻量级双人双桨比赛金牌；王峥取得女子链球比赛银牌，这是宝鸡市参加亚运会历史上取得的最好成绩，其中郭帅取得的金牌是宝鸡市培养输送的运动员在亚运会上取得的首枚金牌。9月26日，市政府副秘书长体育局局长李富生、副局长王宝林、市体育运动学校校长冯召林及启蒙教练，前往咸阳机场迎接载誉归来的郭帅和张欢，为她们送上鲜花，表达家乡人民的祝贺。9月28日，中共宝鸡市委、宝鸡市人民政府发贺电向第17届亚洲运动会中国代表团及郭帅、张欢、王峥表示最热烈的祝贺。10月27日下午，副市长刘桂芳、市政府副秘书长李献卿在市体育馆接见了在第17届仁川亚运会、世界青年锦标赛上载誉归来的宝鸡籍四位选手王峥、郭帅、张欢、陈婧，并召开座谈会，表示祝贺和感谢，希望他们再接再厉，继续刻苦训练、顽强拼搏，为宝鸡体育事业做出新的更大的贡献。

【宝鸡市运动员参加全国大赛取得佳绩】 3月7日，王刚在福建莆田举行的全国射箭冠军赛暨亚运会选拔赛中获得冠军。3月31日，王峥在在四川成都举行的全国田径锦标赛投掷项目比赛中，以77米68的成绩获得冠军，并打破女子链球亚洲纪录。张欢、郭帅在2014年全国赛艇冠军赛暨亚运会选拔赛获得女子双人双桨冠军。倪婕在江苏太仓举办的全国竞走冠军赛获得女子后备人才基地1999—2000组5公里冠军。张亚玲在全国田径锦标赛中获少年组冠军。王钦宇在国际田联竞走世界杯暨全国竞走冠军赛上夺得男子成年组20公里亚军。宝鸡市3名运动员达一级运动员标准。

【开展冠军进校园活动】 4月2—3日，2014年陕西省体育局科学健身冠军校园行志愿服务活动在宝鸡市举行，宝鸡级运动员两届全运会跳水冠军张森，世界武术名将、太极拳太极剑个人全能大满贯得主吴雅楠及省武术队、省艺术体操队，在渭滨区姜城中学和金台区三迪小学，向师生们讲述冠军历程，分享体育故事，并手把手教孩子们练习各自项目的动作。这两所学校的孩子们进行了武术、足球、篮球、跳绳、街舞韵律操等校园体育展演，展现了宝鸡市校园体育、群众体育的深厚底蕴，让冠军们和志愿服务团队赞叹不已。吴雅楠还来到宝鸡人民公园，表演太极拳，并现场指导，受到群众的热捧。省体育局群体处处长赵军、法规处处长别为青、省体校校长省乒协主席张秦生、市政府副秘书长体育局局长李富生、副局长王宝林及两区教体局、两所学校约2000人参加活动。

【宝鸡市获第一届全国青年运动会参赛资格】 第一届全国青年运动会将于2015年10月18—27日在福建省举行，按照国家体育总局《第一届全国青年运动会竞赛规程总则（草案）》有关规定，全国青年运动会以城市为单位参赛，在全运会位列前16位的省份，除省会城市组团参赛外，可再报一个城市组团参赛。陕西省在全国十二运会上位列第16位，经综合分析体育竞技规模和水平，宝鸡因参加国际国内大赛成绩突出，在省十五运会上获得团体总分第一、金牌总数第二的成绩，与西安组团参加第一届全国青年运动会。

【举办2014年全国青年游泳锦标赛】 7月2日上午，市政府新闻办公室召开新闻发布会，市政府新闻办主任惠周科主持发布会，市政府副秘书长、市体育局局长李富生向媒体通报了比赛举办时间，比赛主办及承办单位、参赛队伍及运动员人数、比赛项目等事项。7月7—10日，2014年全国青年游泳锦标赛在新建的市游泳跳水馆举行，比赛共设男女50米、100米、200米、400米，男子1500米自由泳，女子800米自由泳，男女100米、200米仰泳，100米蛙泳，100米、200米蝶泳，200米、400米混合泳等26个比赛项目。来自全国26个省、自治区、直辖市、计划单列市代表队的484名运动员参加比赛。经过角逐，153人达标，其中男运动员87人，女运动员66人，陕西省也组队参加了比赛。国家游泳管理中心党委书记尚修堂、省体育局局长姚金荣、副局长董利以及市委书记上官吉庆、市政府副市长刘桂芳等领导及近万名群众观看了比赛。

【举行全国射击（女子手枪）锦标赛】 10日11—13日，由国家体育总局射击射箭运动管理中心主办，陕西省体育局和宝鸡市人民政府承办的2014全国射击锦标赛（女子手枪项目）在市射击射箭馆举行，来自全国各地34支代表队的207名运动员、教练员参加比赛。比赛设女子组10米气手枪、25米手枪两个项目。国家射击射箭中心副主任杨战旗、省体育局副局长董利、副市长刘桂芳、省体育局竞体处处长邹军、省射击射箭中心主任辛长青、书记梅志亮、市政府副秘书长、市体育局局长李富生等领导莅临指导比赛。10月13日上午，

2014年7月10日，全国青年游泳锦标赛

2014 年 10 月 11 日，全国射击锦标赛（女子手枪）

市委书记上官吉庆在副市长刘桂芳及有关部门领导陪同下，前往市射击射箭馆，看望参加全国射击（女子手枪项目）锦标赛的全体人员，并给获得女子个人 10 米气手枪金银铜牌获得者颁奖。

【举行市十一运会年度赛】 10 月 18 日—11 月 9 日，市第十一届运动会年度赛暨“奥运争光”选材运动会举行，比赛设武术散打、赛艇、皮划艇、游泳、举重、跳水、射击、武术套路、拳击、篮球、射箭、乒乓球、柔道、跆拳道、田径、足球、国际跤、体操等 18 个项目，来自全市各县区的 1602 名运动员参加比赛。10 月 18 日，体操比赛在市体操馆举行，来自金台、渭滨的 17 名选手参加比赛，渭滨区获得总分第一名；赛艇比赛在王家崖训练基地举行，来自渭滨、陈仓、陇县的 41 名选手参加比赛，渭滨区、陈仓区、陇县分别获得总分前三名；皮划艇在王家崖训练基地举行，来自渭滨、陈仓、凤翔、扶风、陇县的 17 名选手参加比赛，渭滨、陈仓、凤翔分别获得总分前三名；武术散打比赛在西虢文武学校举行，来自金台、麟游、陈仓、高新区的 82 名选手参加比赛，高新区、麟游、陈仓分别获得前三名。10 月 18—19 日，游泳比赛在市游泳训练馆举行，来自金台、渭滨、陈仓、高新、眉县的 192 名运动员参加比赛，渭滨、金台、高新分别获得前三名；举重比赛在市举重馆举行，来自金台、渭滨、陈仓、凤翔、千阳、陇县、麟游、凤县、太白、高新区的 233 名运动员参加比赛，渭滨、凤翔、麟游分别获得男子总分前三名；凤翔、麟游、陇县分别获得女子总分前三名。10 月 25 日，跳水比赛在市体校跳水馆举行，来自金台、渭滨的 15 名选手参加比赛，金台区获得第一名；射击比赛在市射击射箭馆举行，来自金台、渭滨的 20 名选手参加比赛，渭滨区获得第一名；武术套路比赛在西虢文武学校举行，来自渭滨、陈仓、凤翔、麟游的 24 名选手参加比赛，麟游、陈仓、凤翔分别获得总分前三名；拳击比赛在市体校拳击馆举行，来自渭滨、金台、高新、扶风的 78 名运动员参加比赛，渭滨、金台、高新区分别获得男子总分前三名，渭滨、高新区、金台分别获得女子总分前三名。10 月 25—26 日，篮球比赛在市篮球馆举行，来自金台、渭滨、陈仓、凤翔、扶风、眉县、千阳、陇县、高新的 166 名选手参加比赛，渭滨、金台、高新分别获得男子总分前三名，高新、渭滨、陈仓分别获得女子总分前三名。10 月 26 日，射箭比赛在市射击射箭馆举行，来自金台、渭滨、陈仓、凤翔、岐山、凤县的 173 名运动员参加比赛，麟游、陈仓、金台分别获得总分前三名；乒乓球比赛在市体育馆举行，来自金台、渭滨、陈仓、凤翔、岐山、扶风、陇县、麟游、凤县、高新区的 118 名选手参加比赛，渭滨、陈仓、陇县分别获得前三名。11 月 1 日，柔道比赛在市体校柔道馆举行，来自金台、渭滨、凤翔、扶风的 84 名运动员参加比赛，渭滨、凤翔、金台分别获得总分前三名；跆拳道比赛在市体校跆拳道馆举行，来自金台、渭滨、凤翔、岐山、扶风、陇县的 146 名运动员参加比赛，凤翔、岐山、金台分别获得总分前三名。11 月 2 日，国际式摔跤比赛在市体校摔跤馆举行，来自金台、渭滨、陈仓、凤翔、岐山、凤县的 173 名运动员参加比赛，凤翔、金台、渭滨分别获得男子总分前三名，凤翔、渭滨、金台分别获得女子总分前三名。11 月 1—2 日，田径比赛在市田径场举行，来自全市 13 个县区的 837 名选手参加比赛，渭滨、陇县、陈仓分别获得总分前三名。11 月 8—9 日，足球比赛在市足球场举行，来自渭滨、金台、凤翔、陈仓、高新、麟游、陇县、岐山、眉县的 150 名运动员参加比赛，金台、高新、渭滨分别获得男子总分前三名，陇县、渭滨、金台分别获得女子总分前三名。

【召开校园足球工作座谈会】 11 月 6 日上午，全市青少年校园足球工作座谈会在市体育馆一楼会议室召开，市体育局和教育局领导、市校园足球领导小组的成员、部分县区教育体育局分管领导和布点学校校长、指导员及校园足球联赛比赛监督、裁判、评估师代表等 60 多人参加了座谈会。座谈会上，与会人员围绕“宝鸡校园足球创新发展”主题建言献策，共同探讨交流，讨论并征求《关于校园足球布点学校实行考核及末位淘汰制的实施办法》，部署了下一阶段开展校园足球的各项工作。市政府副秘书长、市体育局局长李富生在讲话中指出，要抢抓当前党和国家高度重视的大好机遇，努力创新，扎实工作，广泛深入开展校园足球活动，不断推进阳光体育运动，为全市足球振兴发展和体育强市建设做出新的贡献。

宝鸡市第十一届运动会2014年青少年年度比赛暨第六届“奥运争光”选材运动会总分榜

名次	单位	足球	乒乓球	柔道	武术套路	体操	跆拳道	射箭	跳水	皮划艇	赛艇	武术散打	拳击	田径	游泳	射击	举重	国际跤	篮球	总分
第1名	渭滨区	168	52	441	101	560	234	39	303	118	329		391	1547	1736	300	980	620	96	8015
第2名	金台区	184	34	188		485	253	105	397			153	176	338	1536	95	239	333	76	4592
第3名	凤翔县	56	14	309	240		402			98				130			1081	596	28	2954
第4名	陈仓区	72	41		499			247		117	285	176		604	635		106		76	2858
第5名	高新区	88	8					98				401	160. 5	540. 5	794		243		92	2425
第6名	麟游县		13		552			289				244		155			914			2167
第7名	陇　县	104	38				221			63	50			771			409		56	1712
第8名	凤　县		14					30						212. 5			284	24		564. 5
第9名	岐山县	120	21				312							33				56		542
第10名	眉　县	136												124	155				64	479
第11名	太白县													65			214	156		435
第12名	千阳县													105			199		24	328
第13名	扶风县		12	13						30			26	71					20	172

【表彰后备人才先进单位和个人】根据《宝鸡市体育后备人才建设相关评估奖励办法》，在对各县区教育体育局、少儿体校、市级体育传统项目学校及专职教练员（含体育教师和其他体育工作者）进行综合考核的基础上，市体育局对2013年度体育后备人才先进单位和个人进行通报表彰。渭滨区教育体育局、金台区教育体育局、陈仓区教育体育局、陇县教育体育局、凤翔县教育体育局被评为优秀单位，其他8个县区教体局被评为一等单位。陇县少儿体校、太白县少儿体校被评为优秀单位，渭滨区少儿体校、凤翔县少儿体校、眉县少儿体校被评为一等单位，麟游县少儿体校、凤县少儿体校、陈仓区少儿体校、高新区少儿体校被评为二等单位。渭滨区新建路中学、陇县崇文中学、陇县堎底下中学、高新区八鱼中学、渭滨区经二路小学、陇县曹家湾小学、渭滨区东四路小学、渭滨区清姜小学等8个市级传统项目学校被评为优秀单位；高新区高新中学、麟游县镇头中学、凤县双石铺中学、陇县东风中学、高新区钓渭初中、千阳县红山中学、渭滨区秦机子校、眉县首善镇东关小学、凤县双石铺小学、岐山县陕九子校、陈仓区周原镇军辉小学、眉县实验小学等12所市级传统项目学校被评为良好单位；20所市级传统项目学校学校被评为合格单位。在市第五届“奥运争光”选材运动会田径比赛中未获得成绩的千阳县南寨中学、凤翔县纸坊中学、岐山县第一中学、高新区马营初中、眉县东关小学、陇县西关小学、金台区卧龙寺中学、千阳县寇家河董坊小学等学校分别受到黄牌警告；对连续两年没有成绩的陇县东南中学、岐山县蔡家坡一中、眉县金渠中学、金台区龙泉中学、麟游县两亭中学、陈仓区虢镇小学、凤翔县长青中学取消其市属田径传统校称号。此外，6名教练员被评为优秀等次，11名教练员被评为良好等次，18名教练员被评为合格等次，2013年度未向市级训练单位输送运动员的23名教练员受到通报批评。

【召开市射击射箭项目发展座谈会】11月27日上午，市体育局在市体育馆一楼会议室召开射击射箭项目发展座谈会，会议由市体育局副局长王宝林主持。市体育局科级以上干部、局属各单位班子成员，市体校射击射箭项目全体教练员，渭滨区、金台区、陈仓区、岐山县教育体育局分管领导等参加会议。会上，与会人员分别就射击射箭项目发展思路、布局、保障等提出建设性的意见建议，全市要利用新建的射击射箭馆，抢时间，选人才。

【评估高水平后备人才基地】 11月28日上午，国家体育总局田管中心青少处处长黄炜、链球项目专家于光、田径项目专家王军侠、竞走项目专家李广新一行4人莅临宝鸡，对宝鸡国家奥林匹克高水平后备人才竞走和女子链球基地的工作进行了督导评估。专家组分别听取了市政府副秘书长体育局局长李富生和校长冯召林工作情况汇报，现场观摩了市体校竞走、女子链球运动员的训练情况，并现场予以指导。市体校于2009年6月被命名国家奥林匹克高水平后备人才竞走基地，2010年被命名为国家奥林匹克高水平后备人才女子链球基地。在2009—2012周期内，竞走运动员倪媛媛入选国家队，王敏入选国家青年队，并进入伦敦奥运会集训名单，周洁、耿莎莎、王钦宇、李锦春、倪文娟等队员入选国家少年队。女子链球运动员王峥在国际国内赛场争金夺银。竞走、女子链球两个基地再次被命名为2013—2016周期基地。专家组表示，宝鸡对这两个训练基地高度重视，管理制度有特色，训练设施完备，运动员苗子多，总体情况处于全国领先地位，值得其他训练基地学习借鉴。

【召开校园足球工作总结表彰会】 12月22日，市青少年校园足球工作领导小组在金台区三迪小学召开2013—2014年度校园足球工作总结表彰会，表彰全市2013—2014年度青少年校园足球活动中表现优秀的单位和个人。会议由市校园足球办公室主任张春主持，市教育局副调研员杨安福致辞，市体育局调研员兰海龙出席会议。市政府副秘书长、市体育局局长李富生在讲话中指出，校园足球队伍不断壮大，定点足球学校发展到68所，每年开展校园足球指导员培训班、校际联赛等活动，跨度长达5个月，校园足球活动成为师生非常欢迎的一项体育活动。在2013—2014年年度比赛中，高中组也加入联赛之中，形成了小学、初中、高中三级联赛机制。各相关县区和布局学校要以足球联赛为平台，加大教练员队伍建设，完善政策措施和投入保障，提高训练水平，开创宝鸡校园足球工作新局面。

宝鸡市2013—2014年度校园足球联赛表彰奖励名单

奖　项	小学组（甲组前10，乙组前3名）	中学组（前6名）
校园足球联赛成绩优秀奖	甲组：西街小学、三迪小学、铁三小、宝成小学、新民路小学、西堡小学、群众路小学、西机小学、逸夫小学、秦机小学 乙组：铁三小、宝桥小学、三迪小学	金台中学、烽火中学、新建路中学、第陈仓园初中、龙泉中学、金陵中学
体育道德风尚奖	7107小学、铁五处小学、钢管厂小学、卧龙寺小学、神武路小学、斗鸡台小学、龙泉小学、东堡小学、陕九子校	姜城中学、清姜路中学、铁五处中学、店子街中学、东风路中学、宝工厂中学、陈仓初中
优秀校园足球贡献奖	三迪小学、代家湾小学、宝桥小学、铁三小、经二路小学、铁一小、宝平路小学、虢镇小学、西机子校、逸夫小学	烽火中学、秦机子校、龙泉中学、卧龙寺中学、金台中学、陈仓园初中
优秀校长奖	西街小学赵宣、三迪小学张让怀、铁三小冯军平、宝成小学弓新虎、新民路小学李莹、西堡小学刘秋虎、群众路小学权少宏、西机子校宋文科、逸夫小学李素平、秦机小学王建忠、宝桥小学白浩	金台中学高小虎、烽火中学张永良、新建路中学张宏亮、陈仓园中学谢理俊、龙泉中学茹宏、金陵中学祁伟森
优秀指导员奖	徐靖、段开浩、廖凯、陈卫宏、侯小龙、杜晓明、梁斌、赵新伟、张海娥、郑文桂、吴新宇	卜艺容、范军旗、王伟、杨喆、马建荣、卢忠
优秀裁判员奖	董法成、王向东、罗军、刘建军、钟德庆、程晓毅、陈建敏、张建栋、李程、张倩文、胥宗峰、张博、李金城	
优秀校园足球工作者奖	刘晓莉、吴安平、陈雅琴、杨斌、崔宏玺、程治民、沈春怀、袁永智、潘远峰、林江华、张晓英	

群 众 体 育

【举行万人长跑活动】 1月1日上午，宝鸡市“迎省运·体彩杯”关天经济区万人长跑暨2014年宝鸡全民健身活动在宝鸡市行政中心广场举行。市委书记上官吉庆为长跑活动鸣枪发令，市委副书记陈光明、市委常委政法委书记黄超、市委常委市委秘书长白升安、市人大副主任富君、市政府副市长刘桂芳、王琳、景耀平，市政协副主席宋建国等与市民一起参加了长跑活动。本次万人长跑活动距离10公里，从行政中心广场出发，途径蟠龙大桥、滨河路、高新大道等路段，再回到行政中心广场。经过角逐，刘磊、刘小杰和刘松林分别获得男子组比赛前三名，张雪宁、石鑫娟和倪洁分别获得女子组比赛前三名。

【宝鸡被命名为全国全民健身示范城市】 1月23日，受国家体育总局委托，以省体育局巡视员孙润生为组长的创建全国全民健身示范城市试点工作验收组对宝鸡市进行了评估验收。验收组一行实地察看了陈仓区道南社区活动开展情况及陈仓区阳光运动馆、周原镇亚子村、杜赵村、油坊村农民体育健身工程和高新城市体育公园。下午，市政府副秘书长、市体育局局长李富生汇报了宝鸡市创建工作情况。孙润生指出，宝鸡市通过近三年的积极创建，体育场地设施、队伍建设和活动开展情况不仅符合国家体育总局的创建要求，而且高标准、高质量、高水平完成了创建，宝鸡市在创建全国全民健身示范城市试点工作的过程中，结合承办省十五运会，新建了一批群众健身精品场地和设施；开展了一系列针对性强的精品体育活动，带动了更多人群参加健身活动，为提高人民群众健康素质、促进和谐社会建设做出了贡献，这些经验在全国具有一定的示范意义，对于全国的全民健身起到了有益的探索、引领和示范作用。5月4日，国家体育总局进行通报表彰（体群字〔2014〕37号），宝鸡市创建成全国20个之一，全省唯一的全民健身示范城市。

【举行全民健身体育志愿者进社区大拜年活动】 1月27日上午，宝鸡市迎省运倒计时200天暨2014年全民健身体育志愿者进社区大拜年活动在高新渭河生态体育公园举行。活动由市体育局副局长任小康主持，高新区纪工委、政法委书记朱保堂致辞，市政府副秘书长、市体育局长李富生宣布大拜年活动开幕。市太极拳协会、市广场健身舞协会、市健身气功办公室及市天河体育俱乐部等的社会体育指导员和优秀教练员进行了体育健身活动展示与辅导，市西虢文武学校进行了武术表演，市体育运动学校还与和谐路社区居民进行了篮球友谊赛。市体育局为和谐路社区赠送了价值10万元体育健身器材。市体育局纪检组长杜军祥、副局长王宝林及市体育局机关全体人员、局属单位部分职工及和谐路社区部分群众数百人参加了活动。

【举行“庆三八·迎省运”活动】 3月6日上午，宝鸡市“庆三八·迎省运”各界妇女健身展示活动在市体育馆举行。市委常委、组织部长马赟在讲话中向全市广大妇女致以节日的问候和祝福，对过去一年来广大妇女立足岗位，拼搏进取，为全市社会经济发展做出的贡献表示感谢和肯定，他希望广大妇女再接再厉，积极参加体育健身活动，以强健的体魄，为全市各项事业发展再立新功、再创佳绩。开幕式结束后，由渭滨区南关路社区、市妇幼保健院、市女干部俱乐部、市木兰拳专委会、市总工会、市财政局等22个来自全市各界妇女团体分别进行了庆三八健身展示活动。市妇联主席巨来侠、市政府副秘书长、市体育局局长李富生等市级部门领导参加了活动。

【承办全国“羽林争霸”2014红牛城市羽毛球赛】 4月19—20日，由国家体育总局乒羽中心批准，市体育局主办，市翔羽商贸有限公司承办、北京红牛饮料销售有限公司陕西分公司协办的国内地域覆盖最广、参赛人数最多的业余羽毛球赛事——“羽林争霸”2014红牛城市羽毛球赛（宝鸡站城市赛）在市体育馆举行。4月19日上午举行开幕式，市政府副秘书长、市体育局局长李富生主持开幕仪式，市委常委、宣传部长马鲜萍、副市长刘桂芳、市体育局副局长任小康、王宝林等出席开幕式。来自全国各地的35支代表队的220余名运动员参加了比赛，经过角逐，市第一建筑公司代表队获得冠军。

【举行“百合杯”乒乓球赛】 5月23—25日，由省乒协、市乒协和宝鸡华夏集团主办的2014年上半年陕西省“百合杯”乒乓球赛暨第25届“百合杯”乒乓球联赛在市体育馆举行，设甲A、甲B和乙级3个组别，有来自宝鸡市及周边地市113支代表队共500多名运动员参加比赛。“百合杯”乒乓球联赛从2006年至今，已连续举办了24届，得到省内外乒乓球爱好者的积极参与和广泛好评，成为在全省乃至全国颇具影响的一项群众性乒乓球赛事，为扩大此项赛事的影响力和辐射力，从2014年起，宝鸡市“百合杯”乒乓球联赛升级为陕西省“百合杯”乒乓球赛。经过角逐，宝鸡华夏集团一队、咸阳福源房地产公司一队、陈仓区三和队分别获得甲A前三名；西安惠融商务宾馆队、宝鸡投资集团公司、陕西方元（杨凌）分别获得甲B前三名；宝鸡博乒网葡萄队、商洛山阳晨辉医院、高新熙熙擀面皮队分别获得乙级前三名。11月7—9日，2014年下半年陕西省“百合杯”乒乓球赛暨第26届“百合杯”乒乓球赛在市体育馆举行，设甲A、甲B、乙A、乙B队4个组别，来自宝鸡市及周边地市123支代表队（含兰州、天水等4支境外球队）的551名运动员参加比赛。经过角逐，宝鸡华夏集团一队、西安怡阳队、陈仓久淳化工队分别获得甲A队前三名；蓝星置业队、西安惠融商务宾馆队、宝鸡天健医药队分别获得甲B队前三名；渭南市乒协队、潼关乒协队、陕西塑珲钢轨队分别获得乙A队前三名；宝鸡法士特队、乒狂·飞翔队、高新熙熙擀面队分别获得乙 B 队前三名。

【举行市老体协成立 30 周年庆祝活动】 5 月 28 日上午，宝鸡市老年人体育协会成立 30 周年庆祝活动在市体育馆举行。活动由市政府副秘书长、市体育局局长李富生主持，市委副书记陈光明、市人大副主任富君、市政协副主席倪宝生、老领导朱宗柱等出席活动。市体育局、市老体协、各县区教体局负责同志、老体协主席，秘书长及老体专业协会代表约 1200 人参加活动。会上，对为全市老体工作做出贡献的功勋人物进行了表彰，命名了一批老年体育工作示范镇、村、社区，各县区和市级老年体育团队展演了健身球、柔力球、太极拳、木兰拳、广场舞、开心花棍等健身品牌项目。

【举办 2014 年全国残疾人射击锦标赛】 6 月 19—23 日，由中国残疾人联合会、国家体育总局、中国残奥委员会主办，陕西省残联、陕西省体育局、宝鸡市政府承办，宝鸡市残联、宝鸡市体育局协办的 2014 年全国残疾人射击锦标赛在新建的市射击射箭馆举行，来自北京、重庆、四川、陕西、河南、河北、广东、宁夏、贵州、云南、安徽、香港特别行政区 12 支代表队的 76 名运动员参加比赛。比赛设男女气步枪、气手枪、混合赛等 26 个小项。本次比赛是宝鸡市首次举办的全国残疾人体育赛事，也是首次举办的全国射击比赛。比赛超 6 项世界纪录，平 3 项世界纪录，创 6 项全国纪录；四川、湖南、河北、陕西、广东、重庆、云南、北京队分别获得团体总分前八名。副市长刘桂芳、武军等领导观看全国残疾人射击比赛，为获奖运动员颁奖。在市射击射箭馆主持召开各参赛队负责人、教练员座谈会，参会人员表示射击射箭馆场馆设施先进，服务保障给力，工作认真负责，比赛组织严密，向宝鸡市委、市政府表示衷心感谢。

【举行第六届全市体育健身大会】
7 月 8 日—9 月 8 日，市体育局采取市县及企业联动的方式，举办了全市第六届体育健身大会，开展包括乒乓球、羽毛球、篮球、足球、登山、太极拳、健身气功、健身秧歌、广场健身舞等贴近群众、形式多样的全民健身活动共 107 项（次），各主办、承办单位认真组织协调，社会各界人民群众积极参与，社会效果良好。

【举办“谁是球王”中国足球民间争霸赛陕西赛区海选赛】 9 月 16—23 日，由中央电视台、国家体育总局、教育部主办，宝鸡市体育局、宝鸡市教育局承办，宝鸡市校足办、宝鸡市足球协会协办的“谁是球王”中国足球民间争霸赛陕西赛区海选赛在市体育场、宝成工学院足球场举行。“谁是球王”中国足球民间争霸赛，比赛为 5 人制足球赛，共设娃娃组、青少年组和社会组 3 个组别，在全国 31 个省、自治区、直辖市的 60 个指定城市及东北、华北、西北、华中、华东、西南、东南和华南 8 个大赛区同时进行，经过海选赛、大区赛和总决赛三个阶段，历时半年最终决出“谁是球王”。陕西省三个赛区（西安、宝鸡、志丹县），宝鸡市作为本次赛事海选赛的指定城市之一，共有 77 支球队（770 多名运动员）参加海选赛，其中社会组 17 支，青少年组 18 支，娃娃组 42 支，比赛采用单淘汰赛；娃娃组比赛于 9 月 16—19 日，在宝成工学院（原市农校）足球场举行；社会组比赛于 9 月 20—21 日举行；青少年组比赛于 9 月 22—23 日举行。经过角逐，三迪小学、金台中学、中旅博锐分别获得娃娃组、青少年组、社会组冠军。在 11 月 29 日举行的陕西赛区比赛中，宝鸡金台中学和中旅博锐两支代表队分别获得陕西赛区总决赛青少年组和社会组冠军，代表陕西省参加了全国大区赛。

【市政协委员视察全民健身工作】 9 月23 日上午，市政协副主席宋建国带领 11 名政协委员视察全市全民健身运动开展情况。宋建国一行先后深入陈仓区周原镇亚子村、油坊村，慕仪镇齐西村健身场所进行了实地考察，在听取镇村负责同志相关情况介绍后，详细询问了这些村全民健身活动器材的使用维护、全民健身活动开展过程中存在的困难和问题。在察看结束后的座谈讨论会上，市体育局副局长任小康和陈仓区政府领导分别汇报了全市和陈仓区全民健身工作开展有关情况。宋建国对全市近年来的全民健身工作给予了充分肯定。他希望市体育局和陈仓区今后将全民健身场所建设与镇村撤并工作很好结合起来，突出抓好少年儿童和农民群众的健身活动，在全市营造更加浓厚的全民健身运动氛围。

【举办市第二十一届木兰拳比赛】 10 月 17 日上午，市第二十一届木兰比赛在市体育馆举行，来自烽火社区、

2014 年 9 月 16 日，“谁是球王”争霸赛宝鸡海选赛

长岭社区、凤翔县、宝桥社区、北照公司、舒悦舞蹈队等社区和艺术团体的18支队伍的近300人参加比赛，参赛运动员平均年龄为60岁。市木兰拳比赛由市体育总会主办，市木兰拳专委会协办，自1994年开始，每年一届，是目前宝鸡规模最大、参赛人数最多的木兰拳比赛，也是宝鸡群众体育的重要赛事之一。宝鸡木兰拳比赛设木兰拳桃花幽香、柔力球、健身秧歌3个规定套路。经过角逐，凤翔县代表队与宝桥社区代表队获得木兰拳项目一等奖；西铁公司代表队荣获柔力球项目一等奖；群众艺术馆代表队与宝钛家园代表队获得健身秧歌项目一等奖。市体育局副调研员李春丽主持开幕式，市政府副秘书长体育局局长李富生、副局长任小康出席开幕式。

【举办第23届中华杯B组足球比赛】 10月18—23日，由中国足球协会主办，宝鸡市体育局承办，宝鸡市足球协会、宝鸡市校足办、中航工业宝成协办的第23届“中华杯”B组（50岁）足球赛在宝成体育场举行。来自大连元老、宝鸡元老、大连康夕五零、广西北海远方、贵州老年、河南无老快捷汽修足球俱乐部、吉林省延边长白山、兰州足协元老、青岛黄海制药老友、陕钢物业工会体育俱乐部、陕西省老年、沈阳金星中老年、四川武剑足球俱乐部、西工大教工、云南中老年、湖北武汉老年16支足球队的350余名足球元老们参加比赛。国家体育总局足管中心党委书记魏吉祥专程赶到宝鸡加盟兰州足协元老足球队，年维泗、容志行等众多中国足球界元老应邀前来现场观摩。这项赛事的前身“元老杯”足球赛是中国足协主办的一项传统赛事，每年举行一次，已分别在北京、青岛、秦皇岛、福州、北海、深圳、西安、广州、大连、海口等地举办。

【开展中国足球元老进校园活动】 10月20日下午，第23届“中华杯”B组足球比赛组委会名誉主席、原中国足协主席、全国足球元老联谊会会长年维泗，名誉副主席、中国足协副主席王俊生、容志行等名宿及省市足球元老队球员前往渭滨区宝桥小学开展校园足球交流辅导活动。在座谈交流会后，这些中国足球界元老们便来到足球场观摩校园足球活动，容志行亲身示范，为小学生球员们上起了公开课，现场指导小学生们如何踢球、传球、射门等动作。

【承办陕西省政协系统乒乓球友谊比赛】 10月24日上午，2014年全省政协系统（机关）乒乓球友谊赛在市体育馆开幕。开幕式由市政协副主席倪宝生主持，省政协副主席李晓东宣布开幕。市委副书记市长钱引安、市人大副主任孙惜玲、市委常委政法委书记黄超、市政协副主席王虎贤、李明、张望、张宗智、宋建国等领导出席开幕式。本届友谊赛由省政协办公厅主办、宝鸡市政协承办、宝鸡市体育局协办，为期两天，设男子团体、女子团体、男子单打、女子单打以及厅级以上干部男女单打等6个比赛项目，共有省政协办公厅、西安市政协等13支代表队的近200名运动员参加比赛。开幕式上，市艺术剧院、市木兰拳专委会等单位表演了文体节目。

【举办全省工商系统乒乓球比赛】 11月15—16日，全省工商系统乒乓球比赛在文理学院体育馆举行，来自全省工商系统的14支代表队140余名运动员参加比赛。经过角逐，汉中市代表队、宝鸡市代表队、渭南市代表队分别获得男子团体赛冠、亚、季军；宝鸡市代表队，杨凌示范区代表队、榆林市代表队分别获得女子团体赛冠、亚、季军。市委常委副市长康巨淋、市政协副主席倪宝生、张望、市政府副秘书长体育局局长李富生等出席了开、闭幕式。

【举办第四届社区运动会】 11月20—21日，由市民政局、市体育局、社区建设指导委员会办公室主办，市体育运动管理中心承办，市太极拳协会、广场健身舞协会、木兰拳专委会、健身气功管理办公室协办的宝鸡市第四届社区运动会在市体育馆举行。市政府副秘书长体育局局长李富生主持开幕式，市民政局局长张万奎致开幕词，市政协副主席宋建国宣布开幕。市体育局副局长任小康、市社区办主任张碧宇出席开幕式。本次社区运动会设有太极拳、健身气功、健身秧歌、广场健身舞4个项目，共有来自全市13个县区的56支代表队1200余人参加比赛。

体 育 设 施

【实施城乡体育惠民工程】 2014年，宝鸡市共实施村级农民体育健身工程366个，乡镇农民体育健身工程81个，社区健身器材配送工程107个，全民健身示范带（区）工程2个，雪炭工程1个（扶风县）。为高新生态体育运动公园配备健身器材80余件，为北坡森林公园健身广场更换健身器材20余件。配合石坝河、瓦峪河改造，新建了五环体育公园，安装各类健身器材150余件；在体育馆西北角建起了开放式高标准篮球场。

【高新区生态体育公园开园】 4月25日，高新生态体育公园举行开园仪式。高新区党工委副书记、管委会主任卓宇宣布开园，高新区党工委副书记张满利致词，市政府副秘书长、市体育局局长李富生以及高新区管委会相关单位负责同志参加活动。开园仪式后，高新区各镇、企事业单位25支男子篮球代表队进行了联赛。高新区渭河生态体育公园是我市渭河健身长廊的重要组成部分，是在原高新渭河生态公园配套设施及绿化的基础上，增添体育元素，建成的集运动健身、休闲娱乐、绿化景观于一体的综合型体育休闲公园。全长2979米，宽168~200米，总占地面积43万平方米，总投资5500万元。主要有休闲娱乐区和运动健身区，休闲娱乐区主要以健身路径、健身步道、健身广场为主；运动健身区主要以竞技体育为主，自东向西依次建有7个标准哑光拼装篮球场、1个人工草坪门球场、2个标准哑光拼装网球场、2个标准化排球场、18个乒乓球台、1个7人制标准人工草坪灯光足球场、1个11人制标准人工草坪足球场以及50套健身器材，已成为渭河800里健身长廊工程的标杆，市体育局为该项目争取100万元项目资金，并配备健身器材。公园已全部免费向社会开放，每日来此锻炼、休闲的市民达到上千人次。

体 育 产 业

【召开体育彩票发行销售工作表彰大会】 2月13日，2013年度全市体育彩票发行销售工作总结表彰大会在怡和酒店召开。各县区教体局分管领导、体彩业主约60人参加会议。会上，宣读了《宝鸡体育局关于表彰奖励2013年度体育彩票销售优秀投注站和销售代表的决定》，并对“2013年度优秀投注站、即开销售代表颁发奖牌。市政府副秘书长、市体育局局长李富生在讲话中对2013年全市体彩发行销售工作取得的成绩给予充分肯定，对2014年体彩工作提出了具体要求，要求全市体彩业主、销售员和即开销售代表，要抢抓承办省十五运会的机遇，用足各项优惠政策，把体彩发行销售工作当作一项政治任务，全身心地投入到体彩发行销售工作中去，不断扩大体彩销量和市场占有率，有力推进宝鸡体彩快速发展，为成功承办省十五运会做出贡献。

【宝鸡体彩大乐透中出6317万元巨奖】 11月19日晚开奖的第14136期超级大乐透全国中出9注一等奖，其中有6注追加头奖出自宝鸡，是一人投注独揽，总奖金达到6317万多元。这是宝鸡乃至陕西体育彩票中出的最高奖项。11月21日上午，陕西省体育彩票管理中心对中得大奖的13070体彩投注站进行了授牌和奖励，省体彩中心书记张峰、市政府副秘书长、市体育局局长李富生参加授牌活动。

【宝鸡体彩销量创历史新高】 2014年，宝鸡市广大体彩工作者围绕“省运助推体彩，体彩支持省运”的思路，以提高体彩销量和市场占有率为目标，切实加大体彩公益宣传力度，严格落实体彩网点包抓工作责任制，加强营销队伍建设，加快县区体彩市场发展，组织开展形式多样的体彩促销活动等，体育彩票销售获得了新提升。全年全市体育彩票实现销售1.8488亿元，同比增长32.83%，位列全省第二。

【开展体育场馆经营活动】 宝鸡市成功举办了陕西省第十五届运动会，良好的场馆设施、优质的服务保障能力，受到社会各界一致好评，为了充分利用后省运会的强大宣传效应，各大商家纷纷主动上门联系场馆租赁业务。市局在全力做好体育场馆向社会开放的同时，进一步改善体育场馆硬件设施，提升服务水平，大力开展体育场馆经营活动，9—11月份，先后举办了家庭商务轿车会展、全国百城汽车巡展、丝绸展销、大型人才招聘会、汽车驾乘安全性能展示、“中国好声音百城百场演唱会”宝鸡站演唱会、西交会·2014投融资暨消费品展销会等7项商业活动，既为广大群众提供了便利和实惠，又为促进场馆创收，加快体育产业发展，促进社会经济转型发展做出了有益探索和尝试。

（牛力强）

社会生活

编辑　邓拴岐　梁义祥　许　瑶　陈　晶

居民生活

【概况】　2014年，面对复杂多变的宏观经济形势，全市人民在市委、市政府坚强领导下，稳增长、促改革、调结构、惠民生，全市经济稳中有为，结构向优，城乡居民收入稳步增长，消费水平不断提高。全市城镇居民人均可支配收入31560元，比全省24366元高7194元，比全国28844元高2716元。农村居民人均纯收入9421元，比全省8932元高489元，比全国10489元低1068元。全市连续五年农村居民人均纯收入增速高于城镇居民收入增速，城乡居民收入差距持续缩小，2014年城乡居民收入比降到3.35∶1，较上年缩小了0.05百分点，较五年前的2009年缩小了0.55个百分点。

【城镇居民收入】　2014年，全市部分经营效益较好的企业上调了职工工资，事业单位人员工资正常晋升，促进了城镇居民的工资性收入增加；全市新增就业人员5.8万人，就业人口增加，增加了城镇居民的工资性收入；全市落实国家降低市场准入的各项政策，推动全民创业，全市新增个体工商户23122个，增长25.1%，个体工商户的增加，增加了城镇居民的经营性收入；企业退休人员提高养老金，全市落实调整企业退休人员养老金政策，退休人员普遍调高了养老金，人均月增资85~160元，增加了城镇居民的转移性收入。城镇居民人均可支配收入达到31560元，较上年增长10.7%，增速位居全省第五位，快于全国、全省均1.7个百分点。家庭人均总收入38292元，较上年增长12.6%。

2014年城镇居民可支配收入构成

单位：元、%

指标名称	本年	上年	增长	占比重
家庭总收入	38292	34007	12.6	100
其中：可支配收入	31560	28509	10.7	
1. 工资性收入	27187	24280	12.0	71.0
2. 经营性收入	1225	1059	15.7	3.2
3. 财产性收入	383	302	26.8	1.0
4. 转移性收入	9496	8366	13.5	24.8

【城镇居民消费】　2014年，随着餐饮业转向，适应大众消费方向的发展，城镇居民在外用餐的次数越来越频繁；衣着追求品位和时尚，对居住品质的追求越来越高，家庭生活用品及服务支出稳步增长；医疗保健支出明显增长，城镇居民家用汽车拥有量提高、自驾出游增多，相关的车辆燃料及零配件支出随之增加；居民对电子信息、通讯消费持续增长，娱乐文化教育服务支出迅猛增长；教育投入、外出旅游、健身活动、其他文化

娱乐服务等文娱活动消费支出不断增长；居住消费明显改善；其他商品和服务类支出较为平稳。全市城镇居民人均生活消费支出22106元，较上年增长11.0%，快于收入增幅0.3个百分点，消费支出占城镇人均可支配收入的比重达到70.0%。八大项消费支出均呈全面增长。

（王菊芬）

2014年城镇居民生活消费支出情况

单位：元、%

指标名称	本年	上年	增长
人均生活消费性支出	22106	19912	11.0
其中：1. 食品	8384	7720	8.6
2. 衣着	2526	2288	10.4
3. 设备用品及其他	1385	1258	10.1
4. 医疗保健	2133	1913	11.5
5. 交通和通信	1763	1559	13.1
6. 娱乐文化教育	2752	2440	12.8
7. 居住	2515	2128	18.2
8. 杂项商品服务	647	606	6.8

【农村居民收入】 2014年，农民工工资增长拉动了农村居民的工资性收入增长，全市外出农民工总人数继续保持在86.3万人，农民工平均月工资达到2680元，增长10.5%；农业产业化发展促进了农村居民经营收入增加，全市水果产值增长14.7%，蔬菜产值增长15.6%；新型农业经营主体的发展促进农村居民收入增长，全市土地流转面积达到39万亩，农民既可以从土地流转中得到财产性收益，又可以在园区或专业合作社内就近务工，增加工资性收入；扶贫开发促进了低收入人群的收入增长，全市有12.66万农村贫困人口实现脱贫，贫困人口占比继续下降，促进了农村居民整体收入水平的提高。全市农村居民人均纯收入达到9421元，较上年增长12.5%，增速位居全省第四，分别快于全国、全省1.3和0.7个百分点。

2014年农民居民人均纯收入构成

单位：元、%

指标名称	本年	上年	增长	占比重
人均纯收入	9421	8376	12.5	100
1. 工资性收入	4416	3906	13.1	46.9
2. 家庭经营性收入	3856	3491	10.5	40.9
3. 财产性收入	384	317	21.1	4.1
4. 转移性收入	765	662	15.6	8.1

【农村居民消费】 2014年，食品消费质量提高，饮食消费朝着多营养，多种类的副食品消费方向发展；衣着品质提升，衣着消费越来越追求时尚化，衣着品质要求不断提高；居住消费支出继续增长，装饰装修、室内配

套设施需求的增加、建筑工人工资及建筑材料价格上涨；家庭设备用品及其他支出大幅增长，农村居民购买家具产品及空调、微波炉等设备和化妆品及个人用品有所增加，带动生活用品相关支出增加；医疗保健消费大幅增长，越来越多居民由被动就医变为主动预防，由“大病才就医”变为“小病也治疗”；交通和通讯消费成为新亮点，村村通公路工程的实施，电信事业、信息产业的快速发展，通讯工具、信息产品更新换代不断翻新，农村居民交通通讯消费成为新亮点；教育文化娱乐得到重视，农村居民越来越注重学习、技能提升和教育；其他商品和服务类支出较为平稳。全市农村居民人均生活消费支出7546元，较上年增长12.2%，慢于收入增幅0.3个百分点，消费支出占农村居民人均纯收入的比重达到80.1%。八大项消费支出均呈现不同程度增长。

（薛燕群）

2014年农村居民生活消费支出情况

单位：元、%

指标名称	本年	上年	增长
人均生活消费性支出	7546	6725	12.2
其中：1. 食品	1947	1769	8.7
2. 衣着	469	429	9.3
3. 居住	1862	1710	8.9
4. 家庭设备用品及其他	520	465	11.8
5. 医疗保健	1005	837	20.1
6. 交通和通信	651	579	12.4
7. 教育文化娱乐服务	942	787	19.7
8. 其他商品和服务	150	149	0.6

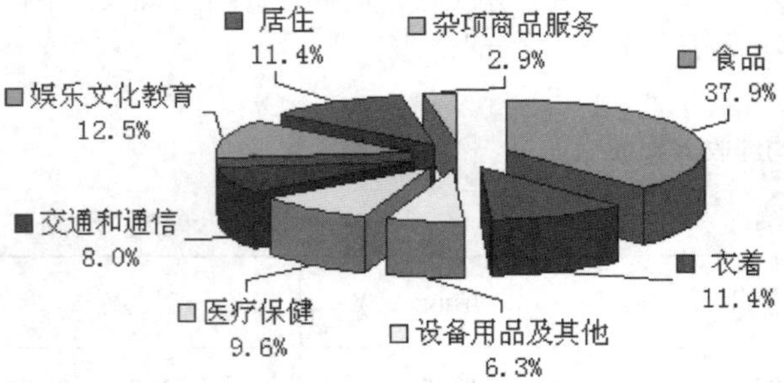

2014年城镇居民生活消费支出构成图

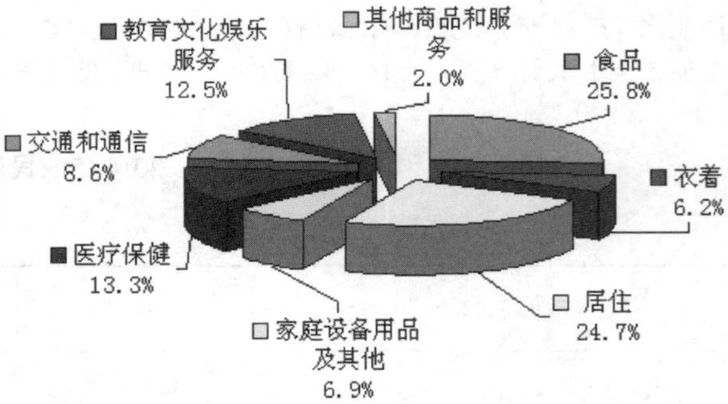

2014年农村居民生活消费支出构成图

民族·宗教

【概况】 2014年，市民族宗教局内设办公室、民族科、宗教科，下设一个参公事业单位，宝鸡市宗教协会管理办公室。围绕民族工作“两个共同”主题和宗教工作“四句话”基本方针，按照“四个一流”的工作思路，着力解决民族宗教领域重难点问题，先后被省政府表彰为全省民族团结进步创建模范集体、全省民族宗教信息工作先进单位、全省第六届少数民族传统体育运动会优秀组织奖，被市委、市政府表彰为维稳工作先进单位和服务保障第27届世佛联大会工作先进单位，全市保密工作先进集体、市级平安单位、全市综治工作优秀单位等多项荣誉。

【筹备第27届世佛联大会】 2014年10月16—18日，第27届世界佛教徒联谊会大会在宝鸡举行，来自

40个国家和地区的1200多位代表参加。从2013年8月开始，市民宗局完成了市组委会赋予的前期协调联系、协助接待、筹备方案起草、整体方案制定、会务指南制定等工作。开展全市重点宗教活动场所环境专项整治及相关学习教育、培训宣传，完成大会会务处工作方案，完成世佛联、世佛青、中佛协32个会议及大会闭幕式的会务保障工作，完成佛教与公益慈善展览方案的制订及展览协调和督促落实。会议紧张有序、友好热烈，与会各国、各地区佛教界代表给予高度评价，进一步提高了宝鸡的知名度和美誉度。会后，世佛联总部、国宗局、中佛协、陕西组委会都对宝鸡给予了表彰。

【举办中国宝鸡陇县·龙门洞道文化论坛】 市民宗局及时指导制定论坛实施方案，加强与国家宗教局、中省市道协的沟通协调，积极配合做好活动策划、宣传报道、服务接待、安全保卫等工作。2014年8月28—30日，道文化论坛在陇县隆重举行，来自内地和港澳台地区的200多名高道大德、专家学者代表参加活动。这次论坛策划精心、主题突出、组织严密，得到了社会各界的密切关注和广泛好评。通过两个活动的举办，培养锻炼了干部队伍，提升了宗教场所管理水平。

【民族经济社会事业】 2014年，市民宗局开展民族团结进步创建活动，做好参评中省先进集体和个人的推荐工作。深化民族理论和政策法规宣传教育，举办了“促进民族团结，共建文明家园”社区文艺汇演展演活动。加强民族特色村寨建设，陇县固关镇固关街村被国家民委命名为全国首批少数民族特色村寨。实施少数民族发展项目5个，争取项目6个。组团参加全省第六届少数民族传统体育运动会，取得一等奖1个、二等奖16个、三等奖15个的好成绩。通过调查了解、召开座谈会及上门服务，解决了在宝鸡的新疆籍群众的实际困难和问题。严格执法检查，指导加强清真食品监制工作，确保清真食品安全。落实惠民政策，按时足额发放了少数民族群众牛羊肉价格补贴。

【依法管理宗教事务】 2014年，市民宗局开展以“教风”为主题和谐文明创建活动，指导做好场所硬件建设，引导教职人员提高宗教造诣、道德操守和人文素养，表彰奖励了创建活动中的先进场所和个人。严格审查批准4个场所筹备设立为固定宗教活动处所。加强朝觐事务管理，无零散朝觐。广泛开展宗教政策法规宣传月活动，编印《宗教政策法规及宗教常识简明知识读本》6000多本。加强大型宗教活动的审批，确保各项活动安全有序。进一步推进联谊交友工作，切实做好与交友对象的联系沟通，增进感情，帮助解决实际困难，11月底召开了工作推进会。指导各市宗教团体召开年度例会，总结安排各项工作。指导各县区、各宗教团体开展宗教政策法规学习月活动，搞好各种教育培训。

【民族宗教领域社会和谐稳定】 2014年，坚持定期舆情分析研判制度，强化措施，推动热难点问题解决，确保将矛盾和问题化解在基层、处理在萌芽状态。一是着力做好“两会”、春节等节假日及敏感时段的维稳工作，对民族宗教领域涉稳的重点问题及时督办检查，修订完善民族宗教领域群体性事件应急处置预案。二是组织开展卧尔兹宣讲，召开座谈会，学习传达有关文件精神，正信正行、声讨暴行。三是协调解决基督教、伊斯兰教信众上访问题多起。

（张社科）

老 龄 工 作

【概况】 宝鸡市老年事业局是市政府主管全市老年工作的职能部门，内设秘书科、组宣科和维权科，编制12人，实有10人。2014年，被省老龄办评为陕西省“敬老爱老助老”模范单位、全省老龄工作年度综合考核优秀单位，被省老龄办、陕西老年报社评为“全省老年宣传工作先进单位”，获得2014年度市委市政府目标责任考核优秀单位和市政府第三届百名孝子评选表彰工作优秀组织奖。

【加快社会化养老】 一是全面落实老年事业发展“十二五”规划。以《宝鸡市老年事业发展“十二五”规划》为主线，以市政府办印发的任务分解表为年度目标，采取逐条逐项督促检查县区和市级有关部门的办法，切实抓好落实。特别是加大了对养老基础设施建设和居家养老服务工作开展情况的监督检查。1. 召开了全市老年工作会议，各县区和市级有关部门按照分解任务做好具体实施工作。2. 继续深化社区居家养老服务工作。继续健全完善渭滨区为老服务信息平台，为老年人提供紧急救援、生活帮助、主动关怀和实时定位等服务，服务热线为8855158。完成辖区54个社区4.8万老年人的信息采集和入网任务，录入服务商（加盟商）信息4756条，收集志愿者信息3250条，为老人配发GPS定位手机650多部，每天向老人发送各种主动问候560多条，发送老人生日问候80多条，天气预报信息120多条，接听老人咨询电话150多条。指导金台区成立了社区居家养老服务指导中心，招聘社区照护员280名，为全区1066名高龄、困难和空巢老人上门入户开展服务，建成社区养老服务中心86个。3. 加强村老协和老年活动阵地建设。健全完善村老协1625个，达到规范化建设的村老协1589个，占行政村总数的92%，建立村老年活动中心848个。4. 开展关爱空巢老人志愿服务活动。成立了全市“为老服务志愿者大队”，爱心志愿者达5600多名。广大志愿者节假日走进老年公寓，走进老人家里为高龄、困难、空巢老人提供生活照料、心理抚慰、应急救助、健康保健、法律援助和文体活动等形式的志愿服务。5. 推进民间力量发展养老事业。福乐老年公寓一期、二期公寓楼项目已建成投用。姜炎养老服务中心新址项目在南客站片区征地审批和拆迁任务已经完成，项目建设正在进行。南苑老年公寓医养结合新的养老模式项目选址已确定，各项筹备工作正在进行中。

【开展多项老年活动】 一是开展“敬老文明号”创建活动。按照中省部署和安排，继续组织相关单位开展“敬老文明号”创建活动。各县区、市级各部门和各涉老组织，高度重视，精心部署，周密安排，严格按照创建条件和要求，筛选典型，完善措施，抓好第二批各项活动的组织实施工作。二是举办了宝鸡市第三届百名孝子评选表彰活动。2014年，市老年事业局联合市文明办、市妇联、省老年报社、宝鸡日报社、宝鸡电视台、宝鸡人民广播电台和宝鸡新闻网，制定了详细的实施方案，明确各个阶段的工作任务，下发了《关于开展宝鸡市第三届“百名孝子”评选活动》的通知。各县区按照《实施方案》要求，推荐遴选的孝子候选人事迹材料逐级上报。宝鸡电视台、宝鸡新闻网等媒体滚动播放候选人事迹介绍，9月3日，宝鸡日报第四版对孝子候选人进行公示，号召公众投票推选。10月9日，宝鸡市第三届百名孝子颁奖晚会在市工人文化宫隆重举行，表彰金奖孝子10名，银奖孝子20名，铜奖孝子70名。市有关领导为获奖孝子颁奖，省老龄办副主任蔺全锁专程出席晚会并为金奖孝子颁奖。三是开展“敬老月”活动。按照中省安排，10月开展敬老爱老助老活动。下发了《关于开展2014年“敬老月”活动的通知》，各县区、市级各部门、各老年社会组织，结合自身实际、部门职能和工作特点，开展了走访慰问送温暖、为老年人办实事、开展老年人优待、举办联欢等活动。四是宣传《老年法》。全市采取张贴标语、悬挂横幅、制作宣传版面、绘制《新二十四孝》、印刷彩页、办板报、发放宣传册、召开座谈会、举办《老年法》有奖知识答题以及手机短信等形式，宣传《中华人民共和国老年人权益保障法》、党和政府关于老年工作的方针政策、人口老龄化的严峻形势和应对挑战的对策措施，营造新时期尊老敬老、爱老助老的良好社会环境和文化氛围。接待来信来访，协同公安机关、司法部门依法查处侵害老年人合法权益的人和事，全年共受理涉老案件26起，结案26起，办理人大代表、政协委员建议提案9件。五是举办老年书画摄影展和文艺演出活动。9月25日，在市老干活动中心举办了“庆祝建国65周年、孝行天下”老年书画展，共展出160幅书法、绘画、篆刻作品。在陈仓园市民中心广场举办了老年摄影展，共展出摄影作品300多幅。9月24至26日，由市委老干局市老年事业局主办、市“夕阳红”艺术总团承办的庆祝“老年节”3晚专场演出在陈仓园市民中心广场举办。定期组织小分队深入到工厂、社区、广场、农村和敬老院开展义务演出活动30场次。六是开展老年旅游活动。3月29日和4月15日分别组织开展了以“孝敬父母、关爱老人”为主题，共有2300多名老人乘坐的“幸福号”千名老人西昌、昆明、大理、丽江旅游专列9日游和北京天津双卧6日游活动。10月29日，组织开展了广州深圳珠海港澳桂林阳朔张家界双卧13日游活动。

【落实离退休干部两项待遇】 一是落实离退休干部政治待遇。采取举办讲座、报告会等形式，组织离退休干部认真学习党的十八大、十八届三中、四中全会精神和习近平总书记系列重要讲话精神。春节和“老人节”前夕，市级领导带头慰问老红军、市级离退休老领导和高龄老人57名，市县各级慰问离退休干部2024名，生活困难离退休干部和遗孀215名，城乡高龄困难老人300名，共计发放慰问金106.13万元；以市委市政府名义在宝鸡日报刊登了《致全市离退休老干部和老年人的慰问信》。在市上的带动下，各县区、市级各部门也以多种形式积极开展慰问活动。据统计，全市共慰问离退休干部、老干部遗孀、高龄困难老人6800多人，发放慰问金300多万元。春节和“老人节”期间，组织市级老领导召开了“迎新春团拜会”和“庆祝老年节（重阳节）老干部座谈会”，向老干部通报了全市经济社会发展情况。“植树节”期间组织市级老干部赴西山坪头镇开展植“夕阳红林”活动；组织市级离退休干部乘坐西宝高铁及西安地铁2号线，体验公共交通发展和城市新变化；邀请市疾病预防控制中心专家为市级机关离退休干部作了《新世纪生活方式与健康》专题讲座。组织市级老领导视察了吉利汽车产业基地、宝鸡石油机械公司搬迁项目、中高档数控研发生产基地、青岛啤酒宝鸡工业园、省十五运游泳跳水馆和射击射箭馆等重点项目建设；视察了凤翔县城关镇六营村胡新民文化产业园、宝鸡民俗博物馆和市疾控中心、中心血站、中心医院等地，了解宝鸡市非物质文化遗产保护工作和医疗卫生体制改革情况。10月29日，市委常委会召开了党的群众路线教育实践活动征求老干部意见建议意见座谈会，市委常委、组织部长马赟亲自向市级老领导通报了全市群众路线教育实践活动开展情况并征求老干部的意见建议。二是落实离退休干部的生活待遇。召开全市老干部工作会议，重点对落实离退休干部“两个待遇”作了专门部署。离休干部的医保统筹费和特需经费、公用经费等全部纳入同级财政；对离休干部护理费和去世离休人员无工作配偶生活困难补助进行了调整；企业离休干部新增津补贴全部落实到位。离退休干部的丧葬费、抚恤费及遗属生活困难补助等，也都按现行最新规定落实到位。以金台区大庆路社区、渭滨区火炬路社区和中滩路社区3个老干部居住比较集中的社区为试点，开展利用社区资源为老干部服务工作。在全面摸底的基础上，初步建立了离退休干部信息档案，并针对个体需要上门为离退休干部开展居家养老服务。全年共收到老干部来信来访36件次，均及时调查处理，并督促相关部门和单位抓好落实，做到了事事有着落，件件有结果。三是老干部学习活动阵地建设。9月，在凤翔县召开了全市老年大学建设推进会，推动县区老年大学建设。截至年底，全市县区全部建成了老年大学，其中9个县区的老年大学已正式开班教学。市委常委、组织部长马赟十分关心市老干部活动中心建设工作，在百忙之中亲自参与选址、规划等工作。部分县区和有关单位、社区的老干部活动中心（室）也都在努力改善基础条件，增强服务功能，开展创建示范活动中心工作，为老干部和全体老年人开展活动提供方便。全市建成市、县区老干部活动中心12个，单位、社区老干部（老年人）活动室185个，全市基本形成了以市老干部活动中心为龙头，县区活动中心为骨干，单位、社区活动室为基础的活动阵地网络。四是离退休干部党支部建设和思想政治建设得到加强。继续认真贯彻落实宝市组发《关于离退休干部党支部建设有关问题的通知》，对离退休干部党支部建设中所涉及的组织设置、班子配备、隶属关系、活动要求、制度建设以及场地、经费等具体问题都作出了明确规定。截至12月底，全市有11个县区建立了离退休干部党工委，建立离退休干部党总支8个，党支部498个，党小组483个。

【为老年人送温暖办实事】 一是做好高龄老人生活保健补贴发放工作。全年共发放23.47万名70周岁以上高龄老人生活保健补贴17590.76万元，其中70~79岁18.34万名，发放11004.49万元；80~89岁4.8万名，发放5726.47万元；90~99周岁3506名，发放841.44万元；百岁及以上老人38名，发放18.36万元。宝鸡市百岁老人比省上标准每月多发100元，达400元。二是做好老年优待工作。市局与市卫生部门协商沟通，细化了老年人享受医疗优待的具体意见，以宝市老发（2014）2号文件下发了做好老年人医疗优待工作的通知。全面落实了对65周岁以上老人看病实行免普通挂号费和门诊诊查费、专家挂号费及门诊诊查费减半、住院普通房床位费免收10%和大型检查费免10%的优待规定。要求每年定期组织医护人员为本地百岁以上老人免费体检两次，为65岁以上老人免费体检一次。与旅游部门沟通协商，修改完善老年人旅游优待办法，细化优待措施，鼓励更多的老年人走出家门、放松心情、延年益寿。三是办理老年优待证。全年办理宝鸡市《敬老优待证》11300本，《寿星优待证》11250本，办理陕西省《敬老优待证》12000本。

【宣传老年工作】 一是对外宣传。全年对外投稿60多篇、照片30多张，报送信息30条。先后在《陕西老年报》发表23篇，《陕西老龄工作》《金秋》等杂志16篇，《陕西老干部网》《陕西老年报网》《金秋网》等16篇，省老干部情况交流、市委信息等5篇，宝鸡电台20多篇。先后10多次邀请《宝鸡日报》、电视台、市广播电台、采访宣传报道局机关重大活动。二是对内宣传。在宝鸡人民广播电台常年开设《老年之声》专栏，编发《宝鸡老年》信息25期，适时报道老年工作动态和典型工作方法。三是评优树模示范引领，评选推荐陕西省“孝亲敬老之星”18名、“十大孝亲敬老楷模”1名、“老有所为”先进个人1名、优秀护理员11名。

【老年社团工作】 一是配合老年社团组织开展各项活动。市老年基金会坚持慰问失能老人和基层“五老”，继续开展助困、助医、送棉被、走访慰问和敬老楷模评选表彰活动，共支出31.89万元；市老年学会无论是论文的数量、质量还是获奖论文均占全省半壁江山；市老年经济咨询服务中心发挥老年实体为全市经济社会发展的拾遗补缺作用；老科协组织发展到142个，会员达到5939人，充分发挥智力优势，开展创办科技示范点、农民技术培训、科技创新、项目论证、科普宣传和学术交流等活动；市老体协按照把组织建在老年人身边、把活动开展在老年人身边，把活动场地建在老年人身边的思路，通过举办老年人运动会、小康村运动会和各专委会展示活动，吸引大量老年人参与到体育运动中来。二是为老年社团发挥作用搭建平台。大力扶持老年社团，让老年社团带动离退休干部进而为离退休干部发挥作用搭建平台。全市有3万多名退休干部从事关心下一代、文化宣传、科技帮扶、慈善救助、养老服务、体育健身等工作，其中参与各级关工委、担任校外辅导员等工作的有6700多人，参与各级各行业老科协工作的有5200多人，参与各类文体协会工作的有8600多人，参与维护乡村和社区治安、纠纷调解等工作的有5800多人，参与廉政、物价监督等工作的4300多人。

（张战利）

宝鸡市2014年百岁老人名单

编号	姓名	性别	籍贯	年龄	出生年月	家庭住址
01	高玉莲	女	陕西省	101	1914.08	渭滨区石鼓镇甘沟村一组
02	梁义巧	女	陕西省	102	1913.12	渭滨区神农镇邵家山村
03	李德明	女	河南省	102	1913.08	渭滨区炭市街2号楼5单元
04	于静华	女	陕西省	102	1913.08	渭滨区府西巷2号院南楼东院
05	汤兰亭	女	陕西省	100	1913.12	渭滨区姜谭街社区

续表

编号	姓名	性别	籍贯	年龄	出生年月	家庭住址
06	刘明基	男	陕西省	102	1913.10	渭滨区新华巷社区
07	李素萍	女	河南省	102	1913.10	金台区新维村8号楼
08	马　香	女	陕西省	101	1914.02	金台区东风路2号院石油32栋
09	姚风岐	男	河南省	101	1914.09	金台区大庆路东新村2栋
10	戴秉英	女	陕西省	101	1914.11	陈仓区千渭街办群力社区
11	李桂莲	女	岐山县	101	1914.03	岐山县枣林镇北营村营东组
12	蔡青果	女	岐山县	101	1914.08	岐山县五丈原镇
13	赵启祖	男	陕西省	102	1913.07	岐山县蔡家坡镇赵家村二组
14	侯会芳	女	陕西省	102	1913.06	岐山县凤鸣镇大营社区
15	张雀儿	女	陕西省	102	1913.02	岐山县雍川镇王家村
16	马秀亭	男	陕西省	101	1914.08	岐山县凤鸣镇三民巷36号
17	鲁列珠	女	陕西省	101	1914.12	岐山县益店镇南官庄村
18	冯桂英	女	陕西省	102	1913.10	凤翔县田家庄镇河北村七组
19	魏凤梅	女	凤翔县	107	1908.10	凤翔县城关镇西大街村三组
20	李连桂	女	陕西省	103	1912.05	凤翔县虢王镇四中洼村三组
21	杨德福	男	陕西省	104	1911.04	凤翔县城关镇高王寺村一组
22	张乃堂	女	陕西省	104	1911.11	凤翔县陈村镇小海子村四组
23	许根文	男	陕西省	101	1914.02	眉县齐镇西凉阁村二组
24	常生福	男	陕西省	101	1914.06	眉县金渠镇范家寨村四组
25	刘清林	男	陕西省	101	1914.09	眉县首善镇陈村一组
26	梅喜花	女	陕西省	105	1910.02	眉县金渠镇教坊村
27	张素莲	女	陕西省	102	1913.10	扶风县绛帐镇牛仓村七组
28	权绵英	女	陕西省	101	1914.12	扶风县天渡镇晁柳村西常组
29	张素娥	女	陕西省	102	1913.02	扶风县召公镇灵护村灵护组
30	闫英娃	女	陕西省	102	1913.04	扶风县召公镇三头村一组
31	尚凤兰	女	陕西省	102	1913.10	扶风县绛帐镇西街村七组
32	赵芳兰	女	陕西省	101	1914.02	扶风县杏林镇浪店村南坡组

续表

编号	姓名	性别	籍贯	年龄	出生年月	家庭住址
33	傅玉侠	女	陕西省	101	1914.04	扶风县城关镇北街村北街组
34	魏俊英	女	陕西省	101	1914.07	扶风县城关镇农泉村永家卫组
35	朱俊珍	女	陕西省	102	1913.06	扶风县城关镇双乐村一组
36	李淑贞	女	陕西省	101	1914.02	千阳县城关镇西关村八组
37	胡玉凤	女	陕西省	105	1910.06	凤县平木镇平木村一组
38	柏登杨	男	陕西省	103	1912.07	凤县双石铺镇西山村三组

关心下一代工作

【概况】 2014年，宝鸡市关工委以“五老”为主体，坚持“急党政之所急，想青少年之所需，尽关工委之所能”的工作方针，开展形式多样、富有特色的活动。全市现有关工委组织2069个，其中市级1个，县区和市级部门、系统14个，乡镇街办和村1181个，学校758个，其他机关、事业单位和民营企业关工委组织115个，参加关心下一代工作的“五老”和其他老同志达到15300人，其中骨干队伍3241人。全市参加“立德读书育人”活动的青少年60余万人，“五老”宣讲社会主义核心价值观、革命传统、法制教育等353场次，受教育青少年9万多人次；帮扶失足、失亲、失学、失业、失管青少年4115人，受助农村留守儿童6029人；举办家庭教育讲座471场次，听讲人数11万余人，举办心理咨询讲座350场次；对“五老”和工作人员进行了培训，培训人数达8622人次。

【“立德·读书育人”活动】 2014年初，市关工委与市文明办、市教育局、市文广局联合下发了《在青少年中开展“立德·读书育人”活动》的文件。一是开展经典诵读工程。全市90%以上的学校普遍利用星期一升国旗、主题班会队会、推荐国学教材等形式，组织学生开展读书及经典诵读活动，根据中小学生特点和爱好兴趣，选读有关社会主义核心价值观、近代史、党史、励志成才、美的教育等方面的书籍。市关工委向全市各学校、社区赠送《弟子规》等经典读本100多万册，为活动提供基本教材。凤翔县在全县范围广泛开展“中国梦·爱国情·成才志”中华经典诵读活动，并与“德润宝鸡·书香陈仓”德育行动计划结合起来，向中小学生推荐《国学经典导读》系列读本为教材，坚持诵读《三字经》《弟子规》《论语》等传统优秀篇章，采取教师带读、学生齐读、优生领读、学生自由诵背等多种形式，让学生坚持天天吟诵，感受优秀传统文化的熏陶。凤县河口镇中心小学等学校还将社会主义核心价值观24字、《弟子规》和其他经典语录上墙，在教室、楼道等处设立读书角，将学生喜爱的图书陈列在读书角，方便学生阅读。市家长文明素质培训中心成立了公益性的少儿诵读经典班，举办少儿读经讲座100多场次，参加的孩子有4万多人次。眉县关工委以“践行弟子规”为立德读书育人活动的切入点，制定了学习践行《弟子规》的《评查细则》，设计54个子项，涵盖了《中小学生守则》和《日常行为规范》的所有内容，初次印刷13000本，由学生、学校和家长分别对照评查。陈仓区在全区中小学分阶段重点开展仪表之礼、餐饮之礼、言谈之礼、待人之礼、行走之礼、观赏之礼、游览之礼、礼仪之礼等八大文明礼仪，规范养成教育。在全省中华经典诵读比赛中，陈仓高中、陈仓初中获得一等奖，实验小学获得二等奖。宝鸡市经典诵读活动曾被《人民日报》以“宝鸡孩子懂事多了”进行专题报道。二是县区关工委与学校联合开展“三结合”读书活动。全市多数县区都举办了读书心得交流会、诗歌朗诵会等适合青少年的读书活动，注意把读书与校内外活动结合起来，把读书与常规教育结合起来，把读书与校园文化建设活动等结合起来，把通过读书培养学生良好素质作为自我管理、自我教育、自我锻炼的载体。太白县黄凤山小学制定了“书香人生”读书争卡活动细则，读书1~30本，分别获取绿卡、铜卡、银卡、金卡和“读书小明星”卡，命名“读书之星”、“读书小学士”、“读书小硕士”、“读书小博士”、“读书小明星”称号，并与借书待遇相对应，每学期对“读书小明星”进行表彰奖励。市关工委和办公室领导深入12个县区，对读书活动进行检查指导，编发简报交流各地读书活动的经验，促进全市读书活动的深入开展。三是参加省关工委组织的“读书育人”和“青少年文学大赛”，引导青少年多读书读好书，7个县区荣获先进组织奖，近百篇作品分获一、二、三等奖。渭滨区关工委会同区教育局以青少年文学创作大赛为抓手，组织全区30余所中小学2万多名中小学生参加比赛，收到优秀作品900多篇，向省上推荐50篇，获得省一等奖3名、二等奖3名、好作品奖37名。

【“老少共筑中国梦”活动】 一是围绕社会主义核心价值观举办专题报告会。2014年初，中关工委在全国布置开展“老少共筑中国梦”活动，市关工委做出响应，及时发出“践行社会主义核心价值观、老少共筑中国梦”文件，各县区关工委结合实际，举办了一系列专题报告活动。金台区关工委集中组织优秀报告员，深入镇街、学校广泛开展《中国梦，我的梦》《社会主义核心价值观》《青少年心理健康》等5个方面的系统宣讲，共报告12场，听众达5000多人。陈仓区关工委深入西山4所小学、城区10所学校和川塬15所学校，对社会主义核心价值观宣传情况进行检查督导，在校园挂贴墙体标语、名人画像1126幅，4800多名“五老”、教师和青年志愿者参加各类活动。年初，市关工委转发了市关爱团副团长李俊英《认真学习十八大精神，搞好青少年思想道德教育》的宣讲稿，动员全市“五老”以此为蓝本，对青少年开展社会主义核心价值观宣传教育活动，共举办专题报告会100多场次。陇县关工委组织6名“五老”，深入学校、社区宣讲社会主义核心价值观，参加听众1.36万人，全县参加读书活动的青少年达到3.8万多人，举办读书报告会、读书讲座会、文学创作会、演讲等38场次，举办不同形式的读书育人活动230场次。二是开展中国梦、革命传统和思想道德宣讲活动。利用春节、元宵节、清明节以及“五一”“五四”“六一”“十一”等节日，开展社会主义、爱国主义、传统文化和革命传统教育。麟游县关工委组织“五老”宣讲报告团，深入中小学举办宣讲报告会20场次，全县共6000多名青少年聆听报告。渭滨区年逾80岁的阚韵清老人，拖着多病的身体，坚持多年在清明节期间到宝天烈士纪念馆为青少年讲解烈士事迹。眉县83岁高龄的退休干部焦金良，运用自己多年收藏的邮品对青少年进行“四有”教育。眉县退休教师侯省彦以扶眉战役英烈事迹为主题，撰写了《红色故事》系列书籍一套5本已正式出版，眉县关工委把丛书列为读书活动的阅读重点书目。岐山县关工委组织关爱团成员先后6次深入18个镇、村宣讲“中国梦”，确定两个镇和城关小学为“老少共筑中国梦”示范镇、校，教育引导青少年做“中国梦”的倡导者、参与者和推动者；县人大退休干部任立新，自费在岐山、宝鸡多地举办学雷锋图片展，常年开展学雷锋活动，被全国学雷锋协会评为学雷锋标兵。扶风县退休老干部刘志轩深入扶风、杨凌等地学校开展“世界观、人生观、价值观”的专题报告，一年做宣讲报告12场次，还根据青少年兴趣爱好，兴办和重新恢复“道德与做人”全国网站，网络点击量屡创新高。老新四军战士魏保德、老八路军战士汪长江身残志坚，多年坚持做革命传统报告，讲战斗故事，并撰写不少作品教育青少年。2014年“八一”前，市关工委和干休所为魏保德老师举行了赠书仪式。

【“弘扬好家风”活动】 市关工委学习山西晋城经验，发出了开展弘扬好家风活动的倡议书，并在《宝鸡日报》登载，动员万名“五老”带头树立自身家庭好家风，同时每个“五老”带动左邻右舍一至两户家庭树立好家风，为全市创建全国文明城市增添新意。凤翔县关工委作出安排部署，率先下发“动员百村千名‘五老’弘扬好家风”的文件，印制了3500份倡议书，发到每个“五老”家庭宣传张贴，落实入户3500户，并造册登记，入户名单和活动都记录在案。同时还在《凤翔视窗》报刊进行“家风大家谈”征文，开设专栏，刊发《家风20问》等应征稿件20余篇；县关工委组建“爱心艺术团”，自编自演快板、小演唱《弘扬好家风靠大家》等节目，深入村镇街巷开展宣传教育活动。太白县关工委向各镇和各学校关工委印发《家风家训格言警句》宣传页500余份，开展家风家训背诵和“自晒家风”活动，以“我的家风是什么?”为主题，让学生利用班会时间，采取讲故事、谈体会的形式进行讲述，并让其他同学做点评，在自我诉说和相互交流中引导学生传承好家风，牢记好家训。市关工委、市文明办联合成立“宝鸡市家长文明素质培训中心”，聘请20名家庭教育、心理咨询方面的专家教授兼职担任讲师和咨询师，为开展培训提供强有力的人才支持。2014年，每周末晚上都要举行公益讲座，为家长和孩子分别提供使青少年快乐成长、使家长文明教子的知识和观念，共举行讲座100多场次，到基层开展讲座50多场，参加人员10万多人次。为了广泛联络受众，建立了家长素质培训QQ群和微信群，群友之间互相交流学习心得和方法，现在群内人数已有3500人。

【青少年法制教育】 一是动员“五老”开展网吧义务监督。全市已有300多名“五老”担任网吧义务监督员。扶风县关工委组建有85名网吧义务监督员的队伍，常年对43所网吧进行督促检查。金台区针对“五老”义务网吧监督员队伍变化较大的实际，2014年重新明确了97名网吧监督员，并与文化局共同颁发了新印制的证件，坚持常年开展网吧义务监督工作。辖区老干部齐崇德坚持网吧义务监督的事迹，在《宝鸡日报》上进行了宣传报道。二是组织离退休老干部就近担任校外辅导员或法制副校长。每年9月新开学的第一周为法制宣传周，向中小学生宣传《未成年人保护法》《预防未成年人犯罪法》，开展法制教育、道德行为规范教育等。扶风县关工委联合县教育、司法、公安、法院编写《学习法律法规，提高法律意识，争做守法小公民》等法制讲稿6份，组织“五老”和公安干警、法律工作者组成“青少年普法宣讲团”，为全县中小学开展法制讲课、讲堂、报告会20多场次，受教育的青少年达到5.2万人次。金台区根据新《刑事诉讼法》的要求，与区检察院在全区范围确定29名有较高文化素养和沟通能力、热心青少年健康成长的人选作为正式的“合适成年人”，颁发证书，全程义务参与未成年人刑事案件审理，维护未成年人合法权益，保障案件公平公正办理。三是举办各种法制报告会。市关工委办公室领导到天王镇中心小学作法制报告。眉县关工委在全县青少年中广泛开展法制宣传教育活动，在全省青少年法律知识竞赛中，有4名校长、120名学生获奖，县关工委被评为全国青少年法制教育活动优秀组织单位，受到全国关工委的表彰奖励。四是结合全国法制宣传日开展活动。针对青少年特点，市、县、区关工委散发心理咨询卡片、宣传彩页5000余份，现场解答法律法规、心理健康等方面的咨询3000余人次。

【关爱青少年特殊群体】 2014年初，市文明办给市关工委下达28项创文任务，7月份未成年人思想教育又增加5项任务，其中有“五老”网吧义务监督员、未成年人思想道德教育、经典诵读、为青少年办实事好事等。一是每逢重大节日，市关工委都要为青少年办实事做好事。2014年春节前后为凤翔三里河村和家培中心的孩子们带去了节日的祝福和慰问品，共送去各类书籍4000多册，价值3万余元。“六一”儿童节期间，给凤翔县城关镇西街小学等3所学校各赠送书籍1000册。市关工委还协调个私协关工委组织民营企业家，为金陵小学代表赠送书包、图书等节日礼物。市关工委领导应邀到麟游中学，给师生作德育教育报告。岐山县关工委先后开展“扶贫帮困献爱心”和“爱心一帮一”活动，动员社会力量为青少年弱势群体捐款8万余元、捐赠图书2万册、衣物4000余件，教学仪器、课桌凳及学习用品等多件。二是为留守儿童和孤残儿童办实事。市教育关工委组织动员6个私营企业，每个企业捐助5万元以上，共筹集资金40多万元，资助特教学校300多名残障儿童的生活补助和购买教学用品。凤县关工委和有关单位联合完成了农村留守儿童摸底调查，制定了留守儿童关爱项目实施方案，确定了4个项目试点村，以县上职能部门为主体，关工委配合试点村建成了4个儿童幸福园或留守儿童关爱中心。在双休日、节假日和寒暑假期间，聘请退休教师、老干部等“五老”和青年志愿者，组织农村留守儿童读书、做作业，开展文体活动，为农村留守儿童提供关爱。千阳县关工委与教育局配合，争取中日韩中小企业促进会项目，为水沟镇、草碧镇4所小学留守儿童捐赠书籍和书包等物品。麟游县关工委争取中国扶贫基金会为2333名小学生捐赠23.3万元的爱心包裹，争取县慈善协会、市卫生局、市金属行业工会联合会等捐赠资金4万多元，解决了188名贫困学生上学难问题。凤翔县关工委动员组织300多名“五老”参与社会救助工作，募集资金4万余元，衣物和生活用品1万多件，走访贫困家庭10多次，救助留守儿童和困难学生57人，扶助孤残儿童43人，长期重点救助少年儿童8人。三是深入开展心理咨询工作。2014年以来共咨询1300余次，服务城乡青少年上万人次，矫治了一些家长和孩子的心理障碍及疾患。开通免费心理辅导热线电话，接听解答心理健康诉求，接听热线咨询电话2000多个，开通了心理辅导QQ和心理咨询电子邮箱，为网上咨询提供了一个便捷的求助渠道。

【创建关心下一代工作新载体】 一是为了认真贯彻全国和省关工委关于在民营企业中建立关工委组织，开展关心下一代工作的指示精神，市关工委和市工商局协商，于5月23日成立了全省首家个私协关工委，动员私营企业主致富不忘回馈社会，参与关心下一代工作，自觉捐献钱物，帮助青少年弱势群体；关注本企业青工群体，开展创业致富活动。会上个私协会关工委向全市民营企业家、私营企业主发出关心下一代的倡议。凤翔县依托姚家沟中学学生实践基地在对青少年进行法制安全、文明礼仪、知恩感恩教育的同时，开展烹饪、洗衣、军训、内务整理、手工缝纫、蔬菜种植、体能训练、社会调查等活动，把知识教育与养成教育相结合，全年培训4000多人次。二是市关工委配合市中小企业协会、市个私协协会，为民营企业家、私营企业主子女举办特别训练班，由清华大学专家授课，利用每个星期天上课，为期三个月，对他们进行爱国爱党、艰苦创业、社会责任、家族企业管理方面的教育和培训。金台区关工委与区法院签订协议，对法院受理的未成年人违法犯罪人员，提前介入进行心理辅导，防止产生悲观厌世心理，宣判后再采取相应帮扶措施，促使“问题少年”走上正道。中山东路街办关工委创办暑期健康成长学校，采取联办或独办方式兴办7个社区健康成长分校，开办书法、绘画等兴趣课程，免费吸收家庭困难中小学生74名参与培训。三是为在关心下一代方面做出突出贡献的民营企业家授予荣誉称号。市关工委对近几年投资1000多万元，举办传统文化促进会，连续三届举办道德公益大讲堂的冯西见和投资3000万元，建成扶贫济困幼儿园，免费招收50多名特困家庭、下岗职工家庭、残疾人家庭、服刑人员家庭子女入园，并提供入园后的生活费、学习用品等免费服务，为特殊困难家庭解除后顾之忧的李杰，分别授予宝鸡市关心下一代“关爱大使”称号，表彰他们为关心下一代事业做出的突出贡献。

【创建“五好”关工委】 根据省关工委《关于继续深入开展“五好”关工委创建活动的实施办法》精神，结合宝鸡市实际下发相关文件。市关工委办公室返聘两名退休老同志，加强办公室工作力量，提升文字综合能力。《宝鸡关心下一代》简报全面改版，增加期数和发行量，增发到市关工委成员和镇街关工委，扩大关工委的宣传影响力。市关工委领导与各县区委主管领导多次沟通，建议对班子不健全、没有老同志驻会、办公室没有专干的县区关工委班子，及时进行调整充实，有8个县区调整配齐了关工委主管领导或主任、常务副主任和办公室专职干部，落实了办公室和办公经费。凤翔县关工委办公室在落实4名兼职公务员的基础上，聘任3名老同志常年驻会，全年增加一名老同志。基层各镇关工委主任由镇党委副书记兼任，副主任由1~2名“五老”担任，办公室主任由教育专干或组织干事兼任，做到有办公地址和牌子、有专兼职工作人员、有规章制度、有活动经费、有经常活动的档案记录、有“五老”人员参加。千阳县在8个镇、100个村和社区、41所学校建立关工委，形成纵到底、横到边、覆盖全县的关教组织网络体系，各镇党委副书记、村党支部书记、学校校长担任关工委主任，聘请“五老”人员担任副主任，根据人事变动，同步调整关工委班子，做到“办公场地、办事人员、活动经费、标志牌子、作用发挥”五落实，全县基层关工委基本达到了“五好”标准，2014年表彰奖励了6个五好关工委创建优秀组织奖、6个先进集体和8名先进个人。市关工委还对各县区、系统关工委2014年工作进行全面检查考核，按三大类21项工作进行打分排队，评定了4个优秀关工委和10个良好关工委，分别给予3000元和2000元奖励。

【宝鸡市关心下一代工作功勋奖评选】 为了表彰和宣传一批在关心下一代工作中做出突出贡献的老同志，市关工委在全市“五老”同志中评选出了36名“宝鸡市关心下一代工作功勋奖人员”，进行表彰奖励和宣传。金台区：石镒仓、阚韵清、王斌民、汪长江；渭滨区：魏保德、李俊英；陈仓区：魏宏发、张明霞；眉县：杨世宗、焦金良、侯省彦；麟游县：田德；凤县：杨秉祥、卫均贤；扶风县：史明轩、刘志轩、刘宇银、韩为民；陇县：张栩新、刘存林、曹旭东、王炳军；千阳县：赵珍仓、吕守荣；太白县：汪正、刘哲；凤翔县：谢广元、党志远、杨志超、薛九来；岐山县：吕文、牟振辉、王明哲、任立新；市教育系统关工委：李万勤；市个私协关工委：王伟。

（马晨霞）

宝鸡市关心下一代工作委员会领导成员

顾　　问 赵文举　陈同钢　张　韬　郝改桂　杨中哲　杨作云

名誉主任 马　赟　孙惜玲　刘桂芳　倪宝生　黄　龙　雒秉来

主　　任 刘忠良

副 主 任 刘　忠　马孝全　张周让

秘 书 长 张少锋

副秘书长 张宝琴

办公室副主任 张少锋（主持办公室工作）

残疾人工作

【概况】 2014年，市残联认真贯彻落实市委十一届五次、六次全会和中、省残联工作会议精神，紧紧围绕第八年为残疾人办好十件实事、残疾人千户万人缩距奔小康工程、残疾预防体系建设综合试点三项重点工作，扎实开展党的群众路线教育实践和“大讨论”活动，注重提升创新，精细管理，抓好落实，各项工作进展顺利、实现新突破。创建“内地与澳门残疾人文化工作示范市”通过验收，成功承办全国残疾人射击锦标赛，先后获全国第九届残运会女子轮椅篮球预赛第六名、全省残联系统年度目标考核第一名等荣誉。据第二次全国残疾人抽样调查公报数据测算，宝鸡市现有各类残疾人22.1万人，占常住人口的5.97%，涉及全市近五分之一的家庭。其中：视力残疾26093人，占11.81%；听力残疾70812人，占32.05%；言语残疾2742人，占1.24%；肢体残疾53050人，占24.01%；智力残疾14825人，占6.71%；精神残疾15269人，占6.91%；多重残疾38158人，占17.27%。截至2014年12月31日，全市共核发残疾证117925人次。

【连续第八年为全市残疾人办好十件实事】 2014年，市残联利用各方和直接投入资金1.14亿元，继续第八年为全市残疾人办好十件实事。一是“双节”期间，市、县共投入230余万元，慰问各类贫困残疾人1.2万人。为48090人（其中成年残疾人46500人，残疾儿童1590人）按时发放了贫困残疾人生活补贴，共帮扶6万名残疾人增加收入，改善生活；二是举办各类各级就业招聘洽谈会20场次，提供就业岗位2800余个，对8个残疾人集中安置就业企业给予扶持，帮扶1233名残疾人实现就业。开设盲人保健按摩、电子装配、手工艺品等培训班45期，培训人数3524人。开办盲人按摩连锁店57家，带动盲人就业420人。举办了全市第三届残疾人职业技能竞赛，组队参加了全省第五届残疾人职业技能大赛，获得了团体总分第三名；三是继续组织市残疾人阳光服务队到渭滨区、凤翔县、麟游县等县区进行筛查适配，筛查评估1.46万人，发放残疾人个性化辅助器具、重度残疾人护理生活辅助器具、成年人助听器等13385件；四是为凤翔县、岐山县、眉县和市特教学校的223名残疾人学生发放助学款25.6万元，帮助他们入学就读。对2014年考入大、中专的残疾新生59名，残疾人子女新生370名，共发放58.4万元帮助他们完成学业。对宝鸡市义务教育阶段的926名在校残疾少年儿童共资助43.04万元，连续三年实现了全覆盖；五是全市集中托养2个甲级、3个乙级、6个丙级机构及日间照料2个甲级机构通过规范化建设达标验收。全年托养服务惠及3243名残疾人，其中现金补贴居家托养服务1900名（农村1100名、城镇800名），集中寄宿制托养服务693名，试点政府购买残疾人居家托养服务650名。在岐山县、凤翔县、陈仓区等7个县区开展政府购买服务试点，探索轻残为重残服务的形式，成立服务队或依托家政服务公司开展服务。支持千阳县、陇县依托农村幸福院建立10个残疾人日间照料站，配发康复器材，使孤寡残疾老人就近享受亲情化服务。六是实施白内障复明工程和精神病患者医疗救助，完成复明手术3100例，精神病患者免费服务住院救助2310人。加快全市康复机构建设，巩固提升新建康复中心、社区康复站54个。在金台区和高新区开展了残疾人康复服务进社区、进家庭试点工作，为100名贫困残疾人实施康复训练救助。争取中、省福彩公益金和集善残疾儿童助养项目为259户城乡贫困残疾人家庭实施无障碍改造，配发辅助器具。七是制定了残疾预防宣传教育、出生缺陷干预、疾病致残防治等六大体系共7个实施方案，探索开发了残疾报告登记信息管理系统，对残疾发生、早期干预和治疗、跟踪回访、转介康复服务等数据进行采集上报，建立完善市、县两级数据库，共收录了1259位疑似残疾患者的信息，与陕西省社科院联合完成《残疾预防体系“宝鸡模式”研究报告》，为残疾预防积累了信息数据，为分析残疾发生提供了第一手资料。八是落实乡、镇（街道）残疾人专职委员待遇相关政策，普遍提高了基层残疾人工作者补贴发放标准，为702名残疾人专职委员、公益岗位人员、协会工作人员办理了人身意外伤害保险。为全市1822名残疾人发放机动车燃油补贴47.39万元。协助司法部门和法律援助机构把残疾人列为重点援助对象，为经济确实有困难的残疾人当事人提供无偿、优质的法律服务。在全省优秀残疾人法律救助典型案例评选中有2件获优秀奖，宝鸡市获组织奖。九是倡导组建市残疾人阳光合唱团，指导市残疾人艺术团、市残疾人阳光秦腔演唱团等助残活动现场助演和下基层慰问演出65场次。组织选拔宝鸡市3名残疾人参加全省“中国梦”之“我梦最美”残疾人读书达人演讲赛，赵立群获个人第一名，宝鸡队获团体第二名。市残疾人艺术团编排的小品《爱的接力》荣获全省第五届小戏小品大赛最高奖。十是建立宝鸡市残疾人相亲交友QQ群，吸引社会各界关注残疾人生活和婚姻现状，方便了残疾人互相交流沟通，扩大了残疾人的交际范围。指导市彩虹桥助残服务站开展了“突破障碍　挑战自我”等助残公益活动。

残疾人千户万人缩距奔小康工程启动仪式现场

【实施残疾人千户万人缩距奔小康工程】 市残联联合市委组织部、市民政局、市扶贫办等七部门实施“宝鸡市残疾人千户万人缩距奔小康工程”，每年直接扶持1000户有基础、有能力的家庭，帮扶1万名农村贫困残疾人增加收入，摆脱贫困，并将此项工作和“基层党组织助残扶贫工程”整合实施。2014年3月21日，在金台区硖石镇杨家槽村残疾人百亩核桃示范园举行了启动仪式，省残联对此项工作给予肯定并在全省推广。在陇县召开现场推进会，分组对各县区进行调研检查，研究解决存在的问题，统一思路和做法。全年各级共投入522.6万元，帮扶1040名残疾人户，取得了较好的成效。

【争取完善惠残政策】 市政府下发《关于残疾人免费乘坐市内公交车有关问题的通知》，落实了残疾人免费乘坐市内公交车政策，全年为914名残疾人办理免费乘坐公交车IC卡和人身意外伤害险。印发《宝鸡市优待残疾人办法》，编制《宝鸡市残疾人惠民手册》，督促各县区加以认真落实，协调人社、民政、卫生等部门制定残疾人社会保险、福利、救助等方面特惠政策实施细则和操作流程，确保让更多的残疾人受益。落实市委市政府用两年时间率先在全省解决农村“三无户”安全住房问题有关会议精神，对摸底统计出的513户残疾人中的307户给予每户5000元资金扶持，使每户都能享受到5.5万元普惠+特惠政策，帮助他们搬进了新居。组织残疾儿童康复定点机构专家及医疗技术人员到全市13个县区开展适应症患儿筛查工作，争取市财政配套资金和世界宣明会项目办、市慈善总会、市残疾人福利基金会项目，及时对581名残疾儿童实施了康复训练和救助，建立持续救助长效制度，使具有康复潜力和需求的残疾儿童救助实现全覆盖。

【全市残疾人体育工作取得新突破】 2014年6月19—23日，宝鸡市成功承办全国残疾人射击锦标赛，来自11个省、市、自治区和香港特别行政区的76名运动员参加26个射击项目的比赛，整个活动服务周全、顺畅安全。宝鸡市派出3名残疾人象棋运动员、5名残疾人飞镖运动员参加了2014年省残疾人中国象棋、飞镖锦标赛，获得了飞镖赛项目团体总分第一名、中国象棋项目团体总分第三名的好成绩，并被授予“体育道德风尚奖”。在2014年韩国仁川亚洲残疾人运动会上，宝鸡市残疾人乒乓球运动员翟翔发挥出色，获得TT3级团体金牌和单打铜牌的优异成绩，为国家、省、市争得了荣誉。

【树典立样弘扬社会正能量】 根据中省残联评选推荐“全国全省自强模范”和“全国全省残联系统先进工作者”工作安排，经逐级推荐审核公示，宝鸡市1人获全国残联系统先进工作者，2人获全省残联系统先进工作者，5人获全省自强模范，市扶贫办、宝鸡科达特种有限公司获全省助残先进集体，2人获助残先进个人、市残疾人综合服务中心和宝鸡育才玻璃制品有限公司残协获省先进残疾人之家。同时，在第 24 个全国助残日，评选表彰了一批“宝鸡市自强模范和残联系统先进工作者”“宝鸡市最美残疾人”，助残先进集体、个人和残疾人之家，树立了典型和榜样。

【全面加强残疾人各专门协会工作】市残联结合宝鸡实际，制定《市级各残疾人专门协会例会工作制度》，规范了协会工作，更好地发挥其补充引领作用。指导聋协创办《西秦聋声》，宣传宝鸡市聋人生活和残疾人事业发展成果，在市工艺美术馆举行了首届残疾人“呐喊、追梦”工艺美术作品展，展出 80 件残疾人作品，引导广大残疾人积极乐观参与生活。支持市智协成立专门训练智力残疾人的高尔夫球队和“爱馨”心智人士服务中心，帮助智障人士参与运动、开展康复训练、参与社会活动，融入社会。

（任春茂）

宝鸡市残疾人联合会领导成员

理 事 长 段寅生
副理事长 杨 文 张永鹏

2014年12月2日，副市长丁琳参观宝鸡联通信息化体验中心

2014年8月18日，副市长袁军晓参观宝鸡联通信息化体验中心

宝鸡联通总经理温长山

2014年6月25日，宝鸡联通“班班通”业务深入校园

2014年6月，宝鸡联通与邮政联合开展“沃易得”营销活动现场

2014年10月，在产品订货会上代理商们踊跃订货

新厂区外景

2014年，公司围绕“强力改革抓管理，深度营销拓市场，文化建设练内功，精细管理提效益”的工作方针，转变经营思路，强化内部管理，着力自主创新，在全行业、各厂家销售收入和利润大幅下滑的形势下，全年实现发货量53653.42 吨、销售收入（含税）38.68亿元，公司生产经营保持了健康平稳发展的态势。基本形成了以凤香经典为高端引领品牌，以旗帜西凤酒为战略核心产品，以大凤香、西凤十五年、西凤六年、陈藏、柔顺等为主导的腰部产品，以西凤头曲、凤翔烧为中低端产品，以华山论剑、国花瓷、友缘、酒之源、西凤375等为个性化明星产品的品牌结构。西凤酒品牌价值达330.88亿元，位居中国白酒价值品牌第五位。被授予“中国企业五星品牌”“中国十大最具全球竞争力白酒领军品牌”“中国最具创新实力历史名酒品牌”“中国酒类十大质量安全名酒”“全国企业文化顶层设计与基层践行优秀单位”“陕西白酒生产领军企业”“陕西顾客满意度测评最佳满意单位”“陕西重点行业消费者关注十大品牌”“宝鸡市五一劳动奖状”“宝鸡市企事业单位工会目标责任考核优秀单位”“宝鸡市纳税先进企业”“支持最美乡村建设工作优秀企业”等称号，公司“九尾凤”商标获中国驰名商标。

成品生产车间

制酒生产车间

陕西法士特汽车传动集团

陕西法士特汽车传动集团公司是全国以中重型汽车变速器、同步器、缓速器、取力器、减速机、汽车齿轮及其锻、铸件为主要产品的大型专业化生产企业和出口基地，旗下拥有8大生产基地、10余家控参股子公司，在泰国建有独资工厂，在美国设有分销公司。企业产销连年双超百亿元，各项经营指标连续十一年名列全国齿轮行业第一，重型汽车变速器年产销量连续九年稳居世界第一。先后荣获“全国五一劳动奖状”“全国国企十大典型”“全国模范职工之家”等荣誉称号；法士特商标被评为中国驰名商标；法士特齿轮产品荣获国家“产品质量免检”证书。

依靠科技进步和自主创新，法士特变速器产品在4~24档市场领域实现了全方位覆盖，广泛匹配于输入扭矩300~3000牛米、载重量4~60吨之间的重型车、大客车、中轻型卡车、工程用车和低速货车等各种车型，被国内50多家主机厂上千种车型选为定点配套产品，市场占有率超过70%，市场保有量超过500万台,并广泛出口美国、澳大利亚、东欧、南美、东南亚、中东等十多个国家和地区。

法士特集团公司的发展得到党和国家领导人及地方各级政府的高度关心和支持，习近平、胡锦涛、李克强、张德江、张高丽等党和国家领导人先后莅临法士特公司视察，对法士特创新发展取得的成就给予充分肯定和高度评价。

位于法士特宝鸡厂区占地1.8万平方米的长晟广场

法士特6DS客车变速器

法士特锻造自动线

法士特铸造分公司消失模灰铸铁铸造生产线

法士特宝鸡厂区生活区

中国工商银行股份有限公司宝鸡分行

2014年，中国工商银行股份有限公司宝鸡分行历经三十年的改革发展，已成长为地区内资金实力雄厚、科技优势领先、金融产品丰富以及服务渠道多元化的现代化金融机构,为全市1.56万户对公客户和79.9万户个人客户提供高品质的金融服务。目前单位在岗员工1067人，下辖39家支行、57个营业网点、离行和附行式自助银行77家。截止2014年底，全行存、贷款日均余额分别达到272.63亿元和112.02亿元、完成中间业务收入1.54亿元，实现净利润利润3.17亿元，累计上缴地方财政各项税费1152万元。经营绩效考核在陕西省工行系统排名第一，跻身全国系统二级分行综合排名进步前30强行列。分行被宝鸡市委、市政府授予“2014年度金融业支持地方发展先进单位”。在《华商报·今日宝鸡》举办的2014年度宝鸡“创新发展典范”读者评选活动中荣获“最佳创新服务奖”荣誉称号。

宝鸡分行党委书记、行长 尚立本
（宝鸡市五一劳动奖章获得者）

2014年9月16日，工商银行宝鸡分行与宝鸡市地方税务局签署代收个人养老保险费业务合作协议

工行宝鸡分行大力拓展移动联网金融业务

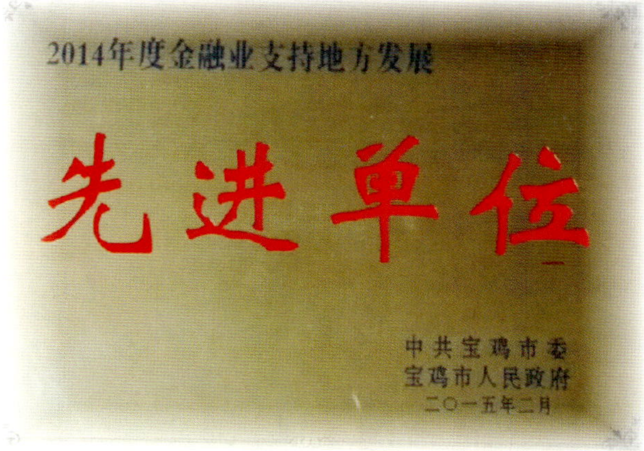
2014年度金融业支持地方发展

先进单位

中共宝鸡市委
宝鸡市人民政府
二〇一五年二月

工行宝鸡分行荣获2014年度金融业支持地方发展先进单位

2014年9月，宝鸡分行“送金融知识进校园”活动现场

陕西法士特汽车传动集团

陕西法士特汽车传动集团公司是全国以中重型汽车变速器、同步器、缓速器、取力器、减速机、汽车齿轮及其锻、铸件为主要产品的大型专业化生产企业和出口基地，旗下拥有8大生产基地、10余家控参股子公司，在泰国建有独资工厂，在美国设有分销公司。企业产销连年双超百亿元，各项经营指标连续十一年名列全国齿轮行业第一，重型汽车变速器年产销量连续九年稳居世界第一。先后荣获“全国五一劳动奖状”“全国国企十大典型”“全国模范职工之家”等荣誉称号；法士特商标被评为中国驰名商标；法士特齿轮产品荣获国家“产品质量免检”证书。

依靠科技进步和自主创新，法士特变速器产品在4~24档市场领域实现了全方位覆盖，广泛匹配于输入扭矩300~3000牛米、载重量4~60吨之间的重型车、大客车、中轻型卡车、工程用车和低速货车等各种车型，被国内50多家主机厂上千种车型选为定点配套产品，市场占有率超过70%，市场保有量超过500万台,并广泛出口美国、澳大利亚、东欧、南美、东南亚、中东等十多个国家和地区。

法士特集团公司的发展得到党和国家领导人及地方各级政府的高度关心和支持，习近平、胡锦涛、李克强、张德江、张高丽等党和国家领导人先后莅临法士特公司视察，对法士特创新发展取得的成就给予充分肯定和高度评价。

位于法士特宝鸡厂区占地1.8万平方米的长晟广场

法士特6DS客车变速器

法士特锻造自动线

法士特铸造分公司消失模灰铸铁铸造生产线

法士特宝鸡厂区生活区

陕西汽车控股集团有限公司（简称陕汽控股），总部位于陕西省西安市，前身是始建于1968年的陕西汽车制造厂，拥有员工3.2万余人，资产总额384亿元，下辖陕西汽车集团有限责任公司和陕西汽车实业有限公司两大子公司，主要从事重型军用越野车、重型卡车、中轻型卡车、大中型客车、微型车、重微型车桥、康明斯发动机及其零部件的开发、生产、销售及相关的汽车服务贸易和汽车金融业务，研发生产的“延安”牌重型军用越野车先后参加了新中国成立35周年、50周年和60周年阅兵仪式，成为唯一指定装备我军的重型军用越野车生产基地和首批汽车出口基地企业。当前，陕汽重卡已出口到欧洲、非洲、亚洲及中东等80多个国家和地区，在南非、埃塞俄比亚、伊朗、哈萨克斯坦等国家实现了本地化生产，出口量连续多年位居行业前茅。

近年来，陕汽控股积极实施服务型制造战略，以实现产品全生命周期和客户运营全过程的价值最大化为目标，通过整合物联网、车联网、大数据、移动互联、智能交通等先进技术，打造了国内最大的商用车全生命周期服务平台——“车轮滚滚”O2O服务平台。通过智能配货系统、动态车辆管理系统、智能行车服务系统，将产品与服务有机融合，为客户在车货匹配、车辆信息化管理以及行车服务等方面，提供了有竞争力、覆盖产品全生命周期和客户经营全过程的服务解决方案，实现了服务模式平台化和线上线下互动，成为了国内最大的精准运力提供商，构建了国内最大的商用车物流生态圈。

作为节能与新能源汽车产业的倡导者和推动者，陕汽控股积极致力于社会经济的可持续发展。借助在新能源商用车领域16年的技术研发优势和专业经验，陕汽控股的新能源商用车技术研发及产业化程度始终处于行业领先地位，拥有新能源专利技术78项，承担了国家863新能源商用车项目开发，掌握了新能源商用车系统集成及核心零部件开发能力。在节能重卡领域市场占有率超过42%；纯电动码头牵引车成功进入美国市场，实现了中国重卡产品在欧美发达国家市场的突破。

展望未来，陕汽控股将紧紧围绕“实现重卡产销20万辆、销售收入突破1000亿元”的宏伟目标，秉承“德赢天下，服务领先，品质成就未来”的经营理念，与客户一起构建一个高效、共生共赢的全新产业链生态圈，成为国际一流的服务型汽车企业集团。

总装配线

冲压单元

装焊单元

涂装单元

陕汽商用车产业园

董事长、党委书记 宋耀军

宝鸡天健医药有限公司位于秦岭北麓、渭水之滨、青铜器之乡的“神农故里”——陕西宝鸡。公司成立于1952年9月，原名为宝鸡市医药总公司，2006年10月，公司顺应时代发展要求，把“天行健，君子以自强不息”作为企业核心理念，在市委市政府领导和有关部门支持下，进行了股份制改造，更名为宝鸡天健医药有限公司。2014年，公司是宝鸡地区经营规模最大、实力最强的国有控股医药商业企业，被陕西省列为大中型流通企业，2014年实现销售收入7.3亿元。

公司下属8个分公司，2个独资子公司，现有员工590余人，大专以上文化程度人员占52%，各类专业技术人员占79%以上，药学技术人员占65%，中高级人员占15%，执业药师31人，从业药师179人，公司拥有一支经验丰富、技术过硬的专业人才队伍，建立健全了规范的质量管理体系，2014年公司所有企业第三次通过国家GSP认证。

公司的药品销售，主要以市内医院为中心，以县区医院为重点，同时辐射甘肃天水、陇南、陇东地区以及宁夏固原等地区，并与全国近千家医药生产经营企业建立了长期业务合作关系，与宝鸡各医疗单位建立了相互信任、相互支持的业务伙伴关系，构建了合作、共赢的深厚友谊，业务经营上得到了各医疗单位的鼎力支持，使企业的市场占有率不断提高，销售额不断增加，业务经营呈现良好、健康、快速的发展势头。多年来，企业各项工作受到了国家、省市政府和有关部门50多项表彰奖励，曾被省委、省政府评为“重合同守信用企业”“省级文明单位”；被省医药公司、省药材公司评为“省级质量管理先进单位”；被省委、市政府评为“创优评差优胜系统”，2010年、2011年连续两年被陕西省总工会评为“优质服务示范单位”，2014年被中国医药职工思想政治工作研究会评为全国医药行业思想文化建设先进单位。

公司大楼

药品库

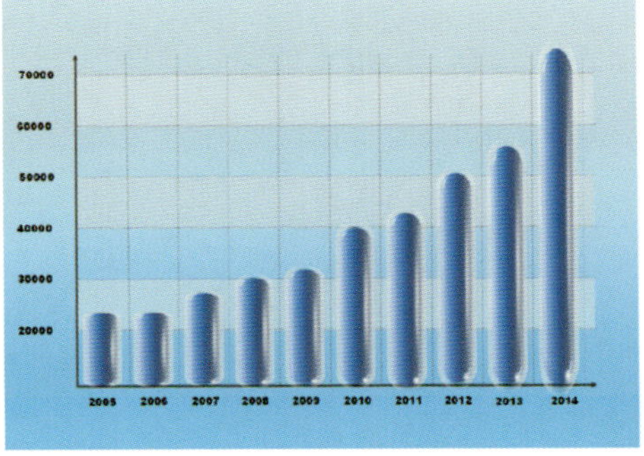

2005年至2014年销售收入变化图

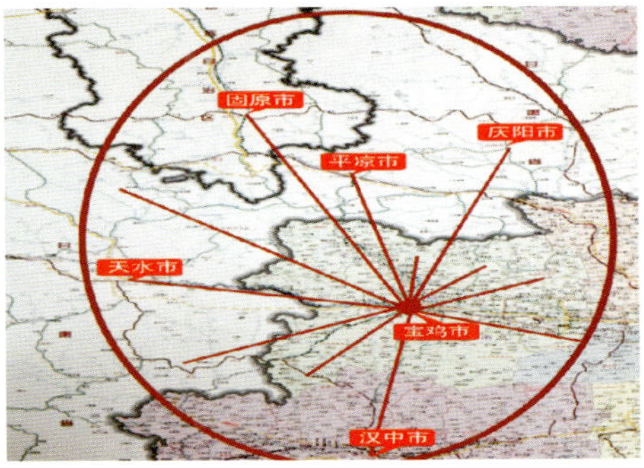

业务范围示意图

2014年7月29日，市委书记上官吉庆到宝鸡卷烟厂调研生产组织运行和党的群众路线教育实践活动开展情况

2014年9月26日，工信部副部长苏波视察宝鸡卷烟厂

宝鸡卷烟厂成立于1949年10月，是陕西中烟工业有限责任公司下属的核心骨干卷烟工厂。工厂位于宝鸡市高新大道100号，现有在岗职工1888人，资产总额35亿元，年生产卷烟能力达到100万箱以上。主要生产“好猫”“猴王”等卷烟品牌。其中，超高端产品“天赋好猫”采用全球首创微生物发酵制丝工艺打造而成，为好猫品牌发展创造了新的增长点。工厂先后荣获“全国精神文明建设先进单位”“全国模范劳动关系和谐企业”“全国文明单位”“陕西省先进集体”等多项国家、部级荣誉称号，连续多年荣获宝鸡市纳税特别贡献奖，为地方经济社会全面发展做出了突出贡献。

2014年，宝鸡卷烟厂在陕西中烟工业有限责任公司的坚强领导下，牢牢把握发展“好猫”主题，以推进精益管理为主线，以健全完善机制为重点，全面推进“四个新突破”和“四个上水平”，圆满完成年度各项工作任务。全年生产卷烟73.55万箱，同比增长1.87%。其中，“好猫”系列35.84万箱，同比增长22.69%。完成工业总产值95.91亿元，同比增长6.95%；实现销售收入95.66亿元，同比增长10.11%；实现税利75.86亿元，同比增长10.87%；实现税金58.55亿元，同比增长11.76%，继续保持了健康发展的良好势头，被国家烟草专卖局评为2014年度积极推动和勇于探索实践的“精益十佳”试点单位，被中国烟草总公司评为“烟草行业卷烟工厂标兵单位（2012-2014年度）”。

宝鸡卷烟厂新厂区

2014年4月22日，宝鸡卷烟厂广播体操大赛现场

2014年9月15日，宝鸡卷烟厂承办的陕西烟草工业系统运动会开幕式现场

2014年4月28日，宝鸡卷烟厂代表省轻纺烟草工会参加全省职工文艺调演活动

中铁宝桥集团有限公司

中铁宝桥集团有限公司始建于1966年7月，原称铁道部宝鸡桥梁工厂（简称中铁宝桥），为“世界500强”中国中铁的全资子公司，是专业制造钢梁钢结构、铁路道岔、城市轨道交通设备、大型起重机械的大型国有企业，被确定为“国家高新技术企业”和“国家级企业技术中心”，先后获得“全国文明单位”“全国五一劳动奖状”“全国重合同守信用企业”“全国质量管理先进企业”和“全国模范劳动关系和谐企业”等称号。

2014年，中铁宝桥旗下拥有10家成员企业，分别是：中铁宝桥宝鸡天元实业发展有限公司、汕头宝桥钢结构有限责任公司、中铁宝桥宝鸡桥源工贸有限责任公司、中铁宝桥宝鸡科技有限公司、宝鸡中铁宝桥房地产有限公司、宝鸡中铁宝桥实业发展有限公司、中铁宝桥（扬州）有限公司、中铁宝桥（南京）有限公司、中铁宝工责任有限公司、中铁宝桥集团（宝鸡）建设工程有限公司，分布于我国中西部、长三角和珠三角地区，总资产达46亿元，加工设备3000余台套，具备年生产钢结构2.5万吨、铁路道岔1万组、高锰钢辙叉和合金钢辙叉2万个、起重机械50台的能力，研发技术和生产规模在国内处于领先地位，工艺装备和产品质量达到国际先进水平。

中铁宝桥是中国钢梁钢结构、铁路道岔研制领域的“排头兵”，也是中国高速铁路道岔的“摇篮”。公司承担着国家重点工程建设和国家新产品研发任务，主项产品获得国际和国家级奖项60余项。其中，全国首组时速250公里客专道岔、350公里高速道岔及重载道岔均诞生在这里，先后获得数十项国家专利；多项钢桥梁制造技术为国内重大工程的首创，30多项工程获得国家优质工程金质奖、建筑工程鲁班奖等国内奖项，6项工程荣获古斯塔夫斯•林德恩斯奖、乔治•理查德森奖等国际大奖；自主研发的高、中、低速磁浮道岔等城市轨道交通设备，填补了国内多项空白。公司主要产品广泛应用于铁路、公路、建筑、冶金、水电、火电、煤矿等领域，并畅销北美、南美、欧盟、非洲、西亚、东南亚等国家和地区。2014年，中铁宝桥完成新签合同额58.31亿元，完成企业营业额42.58亿元，实现营业收入39.4亿元，实现利润总额2.75亿元。主要产品产量：生产钢梁钢结构12.68万吨，整组道岔5886组，辙叉15278个、包括合金钢辙叉和出口辙叉3543个。

中铁宝桥自主研发时速350公里60-42有砟道岔

中铁宝桥坚持“诚信立企，互利双赢”的企业价值观，恪守“用户惟大，市场惟先”的企业经营理念，在友好的合作中努力实现建成“国内领先、国际一流的综合型现代工业企业集团”的发展目标。

中铁宝桥参建的南京长江三桥钢塔

中铁宝桥参建的“世界第一桥”港珠澳大桥（在建）

中铁宝桥参建的南京长江二桥

中铁宝桥集团本部全景图

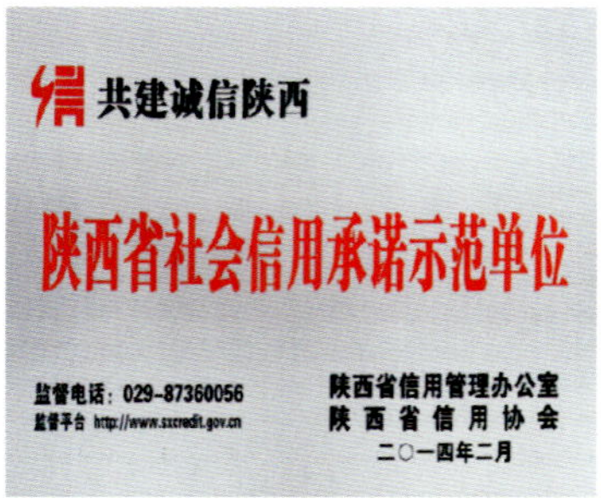

陕西省信用承诺示范单位

三秦信用行业“信用先锋单位”

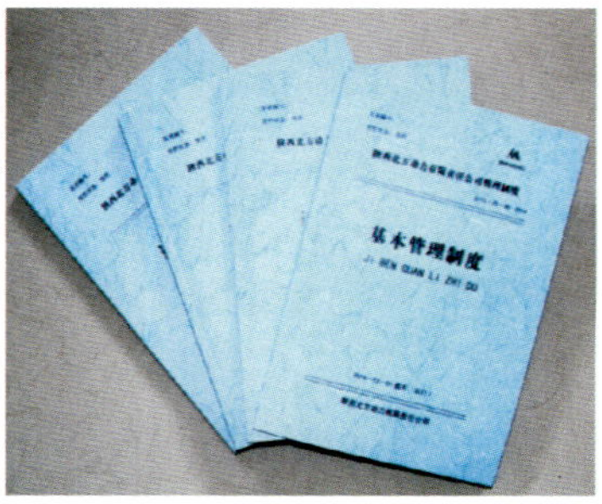
公司管理制度

2014年获得的专利证书

“陕西省高新技术企业”证书

陕西省安全社区

陕西北方动力有限责任公司1941年创建于上海，1950年内迁陕西宝鸡，隶属于中国兵器工业集团公司北方通用动力集团有限公司，主营柴油发动机及附件的科研、开发、生产、销售，主要生产德国道依茨BF413F、513系列风冷柴油机及其零部件、发电机组、汽车零部件等，是国家内燃机制造及机电产品进出口自营企业。公司主产品风冷柴油机主要应用于工程机械、特种车辆、发电机组、铁道工程车。

公司具有完善的产品研发、生产制造、检测试验、市场营销、质量保证体系，产品以其优良的性能和质量受到装备制造业的认可，在社会上具有良好的信誉和知名度。

公司秉持“中国高品质动力技术产品和服务提供者”的企业愿景，全面打造“实力北动、活力北动、和谐北动”，努力为国防和国民经济建设做出贡献。

2014年，公司面对严峻复杂多变的外部环境和自身发展基础脆弱的双重压力，始终坚持“稳增长、强创新、调结构、夯基础、促转型”的工作方针，经营规模与上年基本持平，全年实现主营业务收入39824万元，同比增长17.20%；全员劳动产率4.79万元/人·年，同比增长0.43万元/人·年。

低温启动柴油机

NE12V128水冷柴油机

立体车库发货

NE494水冷柴油机

BD290F-GE风冷柴油机

公租房建设开工仪式

宝鸡供电局隶属国家电网公司陕西省电力公司，是国有大型骨干企业，担负着宝鸡地区电网的规划、管理、建设、调度、运营和抢修等工作，向宝鸡市9县3区（其中8个属趸售县电力局）和辖区内重要军工、企业、铁路等客户提供电力供应，并向甘肃、西安、咸阳、汉中等地区转供电力，供电面积18172平方公里，供电人口380万，是西北电网的重要枢纽之一。

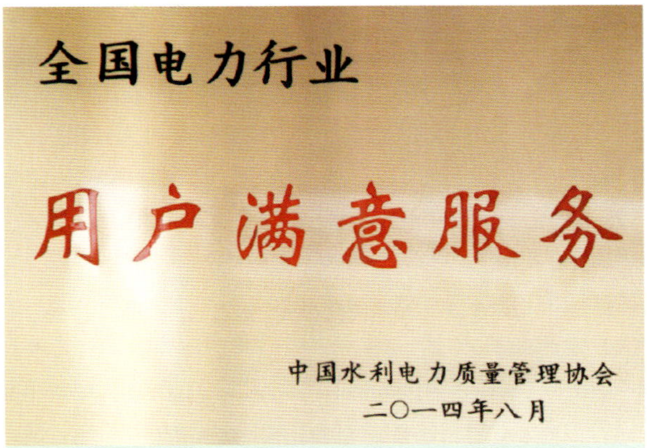

2014年8月宝鸡供电局荣获全国电力行业用户满意服务单位

截止2014年底，企业固定资产原值37.28亿元，净值16.53亿元，年售电量突破71.25亿千瓦时，共有正式员工1909人、离退休员工1117人，设有职能部门11个、业务支撑机构7个、供电分局2个，集体企业由先行电力集团公司统一管理。辖有35千伏至110千伏变电站64座，变电总容量2994兆伏安；35千伏至110千伏输电线路119条，总长2172公里，2014年最大负荷125.95万千瓦，最大日供电量2508.67万千瓦时。近年来，宝鸡供电局积极履行社会责任，认真践行“四个服务”宗旨和“你用电，我用心”服务理念，围绕项目带动战略，努力为省市重点项目提供优质电能和满意服务。落实“三新”农电发展战略，深入开展农网改造升级工程，推进新农村电气化建设，不断提高农电发展质量。充分发扬国家电网人“四特”精神坚守一线保电护电，确保了重要时段、重大节日和重点部位安全可靠连续供电，以优异成绩圆满完成各项保电任务。110千伏秦岭输电运维班先进事迹先后被中央电视台《新闻直播间》《晚间新闻》《人民日报》等新闻媒体播出、刊载，并被授予“全国工人先锋号”。企业连续九年获得全市公共服务行业和窗口单位行风测评第一名，先后被授予“中央企业先进集体”“陕西省文明单位”“陕西省模范职工之家”“国家电网公司先进集体”“陕西省电力公司综合先进单位”“宝鸡市目标责任优胜单位”等一系列荣誉称号。

局长周海军（右一）深入现场检查春节保电工作

党委书记刘玉洋（右一）在现场检查工作

2014年4月宝鸡供电局秦岭输电运维班被授予“全国工人先锋号”荣誉称号

变电站综合检修

完成“陕西省第十五届运动会”保电任务

2014年，中国工商银行股份有限公司宝鸡分行历经三十年的改革发展，已成长为地区内资金实力雄厚、科技优势领先、金融产品丰富以及服务渠道多元化的现代化金融机构,为全市1.56万户对公客户和79.9万户个人客户提供高品质的金融服务。目前单位在岗员工1067人，下辖39家支行、57个营业网点、离行和附行式自助银行77家。截止2014年底，全行存、贷款日均余额分别达到272.63亿元和112.02亿元、完成中间业务收入1.54亿元，实现净利润利润3.17亿元，累计上缴地方财政各项税费1152万元。经营绩效考核在陕西省工行系统排名第一，跻身全国系统二级分行综合排名进步前30强行列。分行被宝鸡市委、市政府授予"2014年度金融业支持地方发展先进单位"。在《华商报·今日宝鸡》举办的2014年度宝鸡"创新发展典范"读者评选活动中荣获"最佳创新服务奖"荣誉称号。

宝鸡分行党委书记、行长 尚立本
（宝鸡市五一劳动奖章获得者）

2014年9月16日，工商银行宝鸡分行与宝鸡市地方税务局签署代收个人养老保险费业务合作协议

工行宝鸡分行大力拓展移动联网金融业务

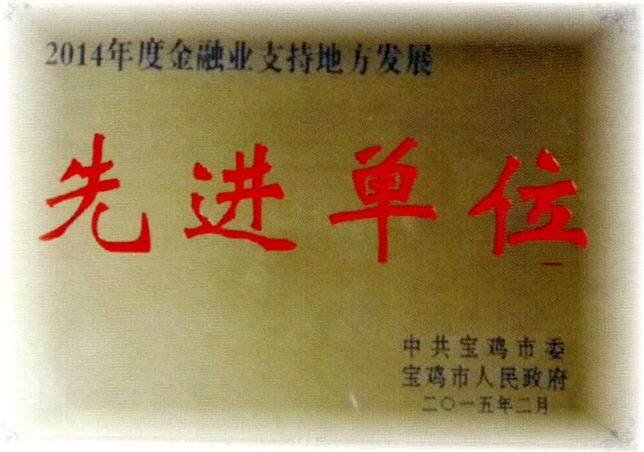
2014年度金融业支持地方发展

先进单位

中共宝鸡市委
宝鸡市人民政府
二〇一五年二月

工行宝鸡分行荣获2014年度金融业支持地方发展先进单位

2014年9月，宝鸡分行"送金融知识进校园"活动现场

宝鸡市食品总公司

宝鸡市食品总公司与宝鸡市肉类联合加工厂为两个牌子一套机构，是宝鸡市国资委监管的国有低温冷冻冷藏和常温仓储商贸物流企业。

公司位于宝鸡市金台区宝十路六号，占地面积50999.49平方米，建筑面积39599.6平方米，固定资产1411万元，总资产2963万元。现有低温冷库3座，冷藏面积6500平方米，冷库容量10000吨；速冻库容200吨；常温仓储面积10000余平方米。主要设备有氨制冷压缩机7台，逆流蒸发冷凝器3台；新型制冷系统氟-乙二醇系统1套；630KVA变压器2台。在册职工74人，在岗42人，离退休396人。拥有制冷技术工人13人、食品商品冷冻冷藏工艺人员15人，仓储物流销售和管理人员10人，具有过硬的低温冷冻冷藏技术和丰富的物流经营管理经验。

近几年，公司在党政班子的正确领导下，沿着把公司建成涵盖全市、辐射四邻的冷链仓储物流中心的发展目标奋力拼搏，探索前行，经营状况极大改善，经济效益不断提高，职工收入逐年增加，企业和谐稳定。2014年，公司总投资320万元，拆除原燃煤锅炉，建成900平方米低温冷库和267平方米钢构常温仓库、更新更换了冷库电梯一部。采用职工家属住户个人出资、企业和政府补贴的形式筹措资金332万元，完成了宝十路职工住宅区268户住户采暖集中供热联网的改造。同时给公司机关和车间办公室、更衣室、值班室安装了空调共22台，彻底解决了家属楼、厂区冬季取暖问题。在生产车间、冷库、仓库、客户经营场所、门卫等要害部位安装了高清视频监控系统，升级了办公区、生活区视频监控系统，加强了安保。

公司倡导以人为本的经营管理理念，把为职工谋福祉作为一切工作的落脚点，大力培育和践行社会主义核心价值观，努力营造崇尚向善的道德环境。扎实推进企业文化建设，传承“造福员工、服务客户，回报国家、奉献社会”的宗旨，坚持“民主集中、落实到底、承担责任、永不言败”的作风；以“为全市人民提供一个绿色环保、健康安全的冷冻食品和农、林、牧、渔产品贮藏基地”为使命；确立了“把我司建成涵盖全市、辐射四邻的冷链仓储物流中心”的企业愿景。以不断加强内部管理、完善经营基础设施、扩大低温冷藏和常温仓储面积、提高服务质量和水平为抓手，极力配合全国文明城市创建活动，实现了企业环境优美、秩序优良、服务优质、效益稳定。

2014年公司实现经营收入558万元，增收76万元，实现利税37万元。

900m²冷库投入运营

冷库建设项目投标

请来牙科医生现场为职工看病

喜气洋洋庆三八

中国农业银行股份有限公司宝鸡分行

分行党委书记、行长 刘卫锋

分行党委班子组（扩大）学习会

中国农业银行股份有有限公司宝鸡分行位于宝鸡市渭滨区经二路南165号，现辖18个经营单位，其中16个县级支行，1个分行营业部，1个培训中心。全市拥有83个营业网点，全行自助银行、自助服务终端、POS终端等电子设备投放总量达到1万多台（部）。其中在县以下乡镇布放“惠农支付通”“农商通”等各类电子机具4381台，覆盖全市100%县镇、87%以上的行政村。全行个人客户总数超过宝鸡市总人口的一半，成为客户办理金融业务的首选银行，成为宝鸡地区的主流银行。

2014年，在宝鸡市委市政府及总、省行的正确领导下，在社会各界朋友和广大客户的大力支持下，全行业务经营不断取得新突破，市场发展份额继续保持领先地位。年末各项存款余额308.5亿元，各项贷款余额120.7亿元，全年累计投放贷款达到70.6亿元，年净增18.3亿元，累放数和净增额位居“四大行”第一，贷款增速达到了17.84%，增量存贷比133.6%。2014年分行党委别省行评为“四好领导班子”，年度综合考评位居全省第四，辖内眉县支行荣获农总行“五一”劳动奖状、分行营业部总经理王晓辉荣获农行“五一”劳动奖章。分行被宝鸡市人民政府评为2014年度“目标责任考核”优秀单位和“金融业支持地方经济发展”先进单位，为2014年度全市银行业金融机构中唯一获得两份殊荣的单位。

展望未来，中国社会经济发展步入新常态，农行宝鸡分行将认真贯彻落实十八届四中全会精神，紧紧抓住“一带一路”实施带来的产业转型升级发展机遇，围绕市委市政府2015年社会经济发展部署，继续认真履行国有商业银行的责任担当，在适应新常态中发展新作为，谋求新突破，在积极促进宝鸡经济转型升级的过程中把握新的业务增长点，推动业务经营转型发展。

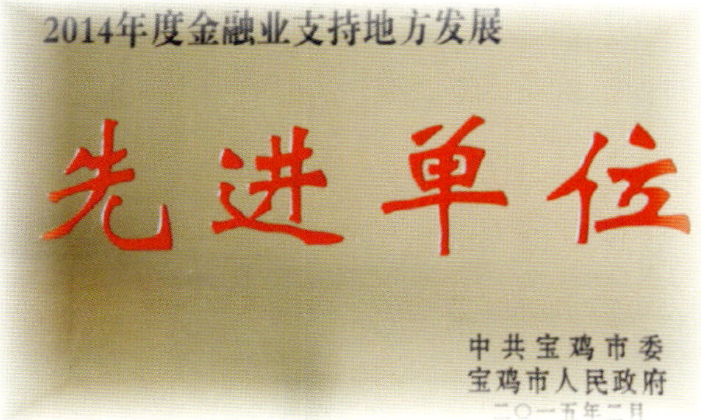

2014年度金融业支持地方发展先进单位

2014年4月29日，分行群教活动客户意见征集座谈会

2014年12月13日，全市农行职工千人运动会

累计投放10亿元贷款支持的宝汉高速

宝鸡市第二建筑工程有限责任公司

宝鸡市第二建筑工程有限责任公司，是由陕西省宝鸡市第二建筑工程公司2003年7月整体改制成立的。2014年，公司下设4个专业分公司，4个子公司，西安、甘肃2个区域分公司，新疆、青海2个办事处，基本形了成立足陕西、辐射西北的市场拓展模式。

公司自成立以来，始终秉承“匠心卓越 、励志永恒”的企业精神，奉行“为客户创造价值、为股东创造财富、为员工创造机会、为社会做出贡献”的企业宗旨，全面贯彻国家建筑业各项政策法规，以建造精品工程为己任，以“筑一个工程，树一座丰碑”为信条，以实现经济效益与社会效益的双重提高为目标。全体员工敬业奉献，拼搏进取，在促进地区经济发展过程中做出了积极的贡献。

公司先后荣获15项陕西省优质工程“长安杯”奖；2项中国建设工程最高奖“鲁班奖”，宝鸡中华石鼓园工程更是填补了西北地区园林建筑工程获“鲁班奖”的空白。先后荣获“全国优秀施工企业”“全国建筑业先进企业”“全国工程建设质量管理优秀企业”“全国建设系统精神文明建设先进单位”“全国‘安康杯’竞赛优胜企业”“全国实施用户满意工程先进单位”“中国诚信经营示范单位”“全国优秀施工企业”“陕西省建筑业竞争力五十强企业”“陕西省建筑施工企业AAA级信用企业”“陕西省安全生产先进单位”“全省质量服务双满意单位”“陕西省信用企业”“陕西省建筑业先进施工企业”“陕西省纳税信用A级纳税人”“陕西省用户满意建筑工程”“西安市建筑工地管理模范单位”“宝鸡市五一劳动奖状”“宝鸡市优秀企业”“宝鸡市优秀建筑企业”等荣誉，荣登陕西建筑行业消费者关注十大品牌榜。

陕西宝光集团陶瓷真空开关管(柜)总装车间——
1999年度中国建设工程鲁班奖

宝鸡中华石鼓园——
2013年度中国建设工程鲁班奖

西安龙湖地产香醍漫步项目群体工程——
2014年陕西省优质工程长安杯奖

中核陕西铀浓缩有限公司办公楼——
2012年陕西省优质工程长安杯奖

西安美光生产厂房二期工程——
2012年陕西省优质工程长安杯奖

施耐德厂房工程(2014年)

中兴厂房工程（2014年）

中国建设银行股份有限公司宝鸡分行,经过多年发展，已成为一个资金实力雄厚、金融产品丰富、科技网络先进、服务文明规范的股份制现代金融企业。2014年底，全行各项存款余额190亿元，各项贷款余额90亿元。

“中国建设银行，建设现代生活”。近年来，建行宝鸡分行始终秉承“与客户同发展、与社会共繁荣”的经营理念，遵循“诚实、公正、稳健、创造”的原则，以服务经济建设、服务广大客户为使命，始终与宝鸡经济发展共成长。2014年，分行被市政府评为“优秀金融机构”。

建设银行宝鸡分行将一如既往地支持宝鸡经济发展，竭诚希望与经贸、企业界朋友和广大客户加强联系，携手共进，积极为“打造关天副中心，建设和谐新宝鸡”做出贡献。

2014年1月15日，分行工会举办本部机关至渭河堤一小时慢跑活动

2014年9月18日，分行参加全市金融知识普及宣传活动

2014年7月4日至6日，分行组织部分党员赴延安革命老区参观学习

2015年2月10日，分行荣获省分行2014年度先进单位奖牌

2015年2月13日，分行荣获华商报《今日宝鸡》最佳创新产品奖

2015年3月30日，经二路支行荣获市级专项工作表彰服务窗口

2015年3月2日，分行荣获宝鸡市委市政府2014年度金融支持地方发展先进单位奖牌

宝鸡市建筑材料总公司

宝鸡市建筑材料总公司的前身为陕西省宝鸡市建筑材料公司，始建于1972年1月。总公司隶属宝鸡市物资局，是专业的建筑材料供应公司，曾为宝鸡市的基础设施建设做出了重大贡献。2001年归属市经贸委、国资委管理，属国有中型商贸流通企业。公司位于渭滨区新建路东段11号，占地面积30273平方米，建筑面积23800平方米。现有职工103名，大专以上文化程度36名，专业技术职称21名，其中高级职称2名。1999年，公司根据经营生产发展需要，调整经营思路，组建了宝鸡市文化路建材市场，面积5200平方米。2012年11月文化路建材市场二期盛大开业，经营面积达近九千平方米，商户160余家。是宝鸡市著名的新建路生产资料一条街上，集建筑装饰材料、生产资料、防水保温、灯具灯饰、广告业和酒店等批发、零售的大型综合类市场。

总经理、党委书记 刘建军

文化路建材市场二期开业

文化路建材商户

文化路建材商户

文化路建材市场

文化路建材市场

分行荣获2014年度宝鸡市总工会企事业单位工会目标考核优秀单位

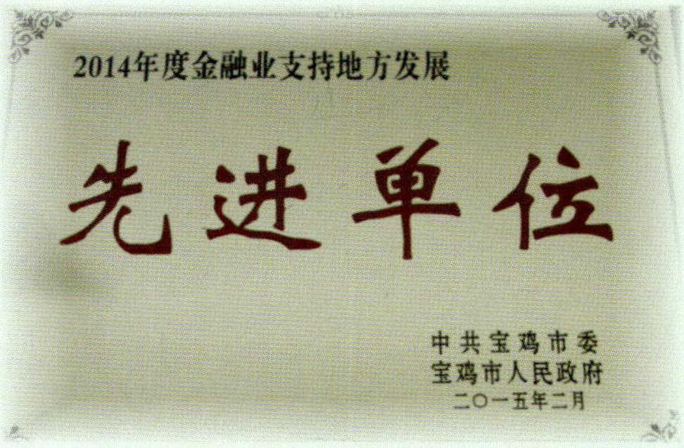

分行荣获2014年度金融业支持地方发展先进单位

分行荣获省行技能比赛第三名

中国银行股份有限公司宝鸡分行成立于1984年11月1日，现有员工375人。分行本部内设行长办公室、党务工作部、财管与运营部、监察部、风险内控部、公司金融部、个人金融部、国际结算部等8个部室，下辖对外营业机构24个，包括2个县级支行。

2014年，宝鸡分行深入贯彻落实省行各项决策部署，以“担当社会责任”为己任，以“做最好的银行”为目标，争抢市场求发展，优化结构求效益，管理风险控成本，积极进取、奋发有为，经营效益进步显著，存款业务稳步攀升，贷款业务快速发展，中间业务发展平稳，国际结算持续优异，资产质量保持优良，管理水平再上台阶，取得了良好的经营成果。经过三十多年的发展，宝鸡分行依托“百年中行，全球服务”的品牌优势，根植宝鸡市场，以“担当社会责任，做最好的银行”为目标，积极支持并服务宝鸡经济发展，深得广大客户的赞扬与信赖。荣获2014年度金融业支持地方发展先进单位、宝鸡市总工会企事业单位工会目标考核优秀单位、宝鸡市“创佳评差”优胜单位，并获全省文明优质服务一等奖。

2015年是“十二五”规划的收官之年，是国家“一带一路”建设的重要之年，也将迎来陕西省分行百年华诞，宝鸡分行将深入贯彻中央经济工作会议和省行2015年工作会议精神，认真落实省行“163”总体工作思路，以“市场上扩大份额、系统中争先进位、任期内突出贡献”为标杆，以“三扩大、三提升”为目标，凝心聚力、共谋发展，确保全面完成2015年各项目标任务，积极支持地方经济发展，以优异成绩向陕西中行百年华诞献礼！

英姿飒爽的中行员工

5月18日分行工会组织员工游览凤翔东湖

陕西凌云电器集团有限公司

中央组织部部长、时任陕西省委书记赵乐际2012年1月视察凌云集团公司

董事长、党委书记 武润奎

陕西凌云电器集团有限公司（国营第七六五厂）始建于1960年2月，是从事航空和航海无线电导航接收设备及民用电子产品的专业公司，总部设在宝鸡国家级高新技术产业开发区峪泉路1号，在宝鸡、西安、深圳设有7个产品子公司。

经过五十多年的发展，公司的经营规模和实力得到了大幅提升。公司研发、生产和服务体系完善。设有电子信息研究所、高频电子组件研究所、汽车视听产品研究所、蓄电池研究所和工艺研究所等研发机构。拥有无线电装配和调试、精密机械加工、柔性加工、蓄电池制造、消防车制造、SMT贴装、表面处理、印制电路板加工等多条国内技术领先的专业生产线，各类先进设备2000余台套。研制生产的产品有：无线电导航设备、飞行安全保障设备、遥控遥测设备等系列；汽车蓄电池、汽车音响、消防车、车载GPS导航设备、车载监控设备、高频电子组件、电子警报器、太阳能集热工程等系列。产品畅销全国，出口40多个国家和地区。

从2004年起，凌云公司步入发展的快车道，各项经济技术指标年年创历史新高，目前企业各项工作已经达到建厂以来的最好水平，人心齐，干劲足，团结稳定，发展势头迅猛是目前凌云公司的主要特点。公司30余种产品获90多项国家级、部省级奖项，拥有专利技术一百余项。

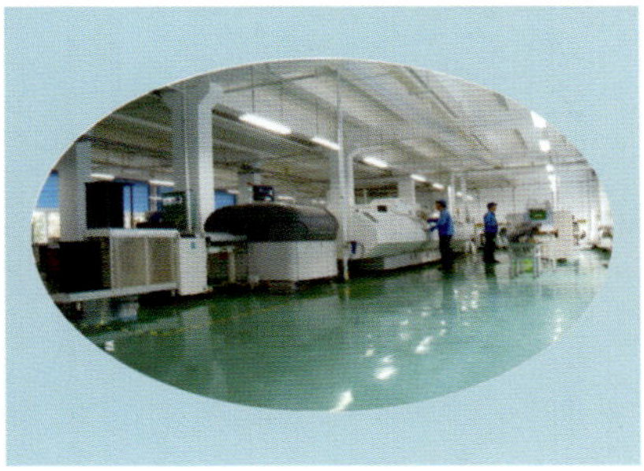

SMT生产线

凌云精密数控加工中心

凌云集团银河公司制造的超大功率高效涡喷消防车

凌云光伏蓄电池

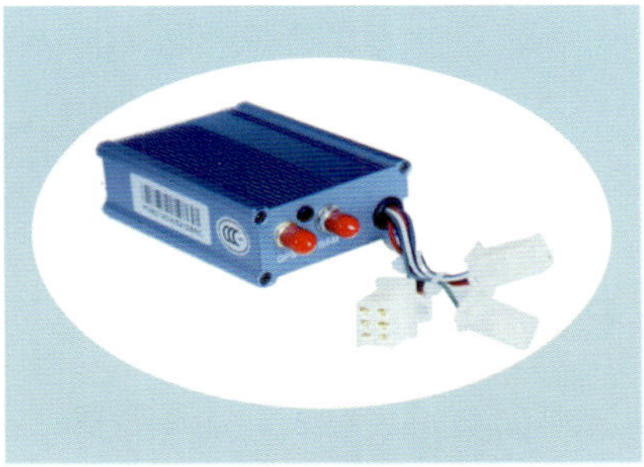

GPS北斗车辆监控终端

汽车收放机

陕西郭家河煤业有限责任公司

陕西郭家河煤业有限责任公司指挥中心大楼

太阳能原煤储存仓

陕西郭家河煤业有限责任公司成立于2007年11月，是由江苏徐州矿务集团有限公司、陕西省煤田地质有限公司、宝鸡市人民政府三方共同出资成立的股份公司。公司投资建设的郭家河煤矿位于宝鸡市麟游县境内，紧靠210省道，距宝鸡市区100公里，有宝麟铁路直达。矿井设计生产能力500万吨/年，配套建设了现代化的选煤厂，生产特低硫、高挥发、高热量、不结焦的优质动力化工煤。

作为苏、陕两省战略合作的重点项目，从公司成立到矿井投产一直得到两省高层领导及宝鸡市委市政府的高度关心和鼎力支持。矿井建设按照“国际领先、国内一流”的目标，通过建设可持续发展的循环经济区和工业休闲旅游景区，实现设备、技术、管理一流，资源节约、综合利用、环境保护一流，建设成为“本质安全、智能化、生态化、工业旅游”的中国煤炭工业第四代矿井。中国煤炭工业协会鉴定认为：“郭家河公司第四代煤矿建设和实践的模式走出了一条科学发展、安全发展、和谐发展的新路子，多项技术创新属国内首创、国际领

井口广场

矿区滨河观景带

国际一流的综合机械化工作面

陕西郭家河煤业有限责任公司全景

现代化的选煤厂

自动化定量装车站

先，在中国煤炭工业极具行业典范和推广作用。”

公司秉承“尊重自然、循环发展、奉献社会”的企业宗旨，“严谨、卓越、创新、和谐、卓越”的企业精神，“强企报国、造福员工、回报股东、奉献社会”为企业核心价值观，高起点、高标准、高效率地推进矿井建设发展，仅用1年半的时间创造了国内同类型矿井建设最快的“郭家河速度”。2014年，公司在煤炭市场不景气的情况下，逆市而上，完成产量499 万吨，销量498 万吨，实现利润4.1亿元，上交各类税费达2亿元。公司先后荣获了陕西省“重点工程建设劳动竞赛先进集体”，全国煤炭工业“两化融合先进单位”。全国“职工教育培训示范点”、全国煤炭行业“五四”红旗团委、全国“安康杯”竞赛优胜班组、全国“模范职工小家”、全国工会职工书屋示范点等荣誉，连续三年被宝鸡市政府评为“纳税先进企业”，为地方经济社会发展做出了积极贡献。

矿泉游泳馆

立体自动化仓库

安全生产指挥中心

经二路新貌

渭河浮桥

县 区 概 况

编辑 杨 军 陈 晶 李海娟

金 台 区

【概况】 金台区境旧属雍州、陈仓，历史文化源远流长。距今7100多年的北首岭遗址位于群众路，秦文公在代家湾筑陈仓城，后唐秦王李茂贞归葬于陵原顶，元末明初张三丰修行金台观，明代阁老大臣党崇雅故居蟠龙山，抗战时期宝鸡“工合”运动首起大华巷，是两次解放宝鸡的战斗地。金台区以元代道教建筑金台观而得名，1971年正式建立县级建制。2014年，区辖4镇7个街道办事处，102个村，51个社区居委会，总面积309.68平方公里，总人口38.45万人，是宝鸡市所辖三个城市区之一。全年实现地方生产总值259.45亿元，完成地方财政收入47402万元，城乡居民人均可支配收入分别增长11%和12.3%，主要经济指标增速均为宝鸡市三城市区第一。三产结构比为0.86∶66.36∶32.78，第三产业占比上年提高2.06个百分点。完成区级重点项目130个，机床配套产业园等23个项目建成投用，累计完成全社会固定资产投资287.61亿元，投资规模和项目数量再创新高。先后引进西府天地游乐园等项目112个，实现到位资金86.5亿元，其中省际资金53亿元。储备项目200个，保障房建设等一批重大项目列入中省计划，累计落实资金11.96亿元。五大城市综合体建设加力提速，蟠龙新区建设加速推进，开展城乡环境等“六大综合整治”，金台绿地广场等7个精品游园建成开放，新增绿地9.2万平方米，生态区创建通过省级技术评估，金河镇、西关街道跻身省级生态镇街。集中开展环境建设，人居环境持续改善。累计投资6.98亿元，实施民生工程61个，老年人日间照料中心、校园直饮水等民生“十件实事”全面落实。教育现代化水平不断提升，校园“班班通”覆盖率达到80%，“学前教育三年行动计划”荣获省级先进，省“双高双普”验收高线达标。省级文化先进区复检顺利通过，《金台区志》率先通过省级终审，“千人太极扇”展演在省运会开幕式上备受赞誉。区计生服务中心荣获国家妇幼健康服务先进集体，区中心敬老院荣获省三星级敬老院。食品药品、农产品检测中心建成投用。成功创建全省首批社会组织管理创新示范区，中山西路街道荣膺全国和谐社区建设示范街。建成保障性住房4542套，新增供热面积236万平方

2014年金台区国民经济和社会发展主要指标一览表

指标名称	单位	2014年实际完成	比上年增长（%）
一、国内生产总值	亿元	259.45	12.0
其中：第一产业	亿元	2.56	4.8
第二产业	亿元	196.04	12.8
第三产业	亿元	96.85	10.1
二、全社会固定资产投资（区属）	亿元	287.61	28.8
三、地方财政收入	万元	47402	13.1
四、社会消费品零售总额	亿元	154.26	14.4
五、城镇居民家庭人均可支配收入	元	31329	11.0
六、农村居民家庭人均纯收入	元	11883	12.3
七、就业和社会保障			
1. 城市居民最低生活保障覆盖率	%	3	
2. 城镇新增就业人数	人	10051	
3. 城镇登记失业率	%	3.12	
八、人口自然增长率	‰	4.9	

米。“三无户”移民搬迁两年任务一年完成，改造土坯房238户，3654人实现脱贫，被陕西省评为移民搬迁优秀县区。社保体系日益完善，累计发放各类救助资金1.56亿元，落实小额担保贷款1.27亿元，新增就业10051人，新增各类市场主体4279户，就业创业工作全市领先。精减行政审批事项35个，行政效能持续提升。荣获全市双拥模范区，全国“六五”普法中期先进区，平安建设知晓率、公众安全感分别位居全省第一和第三，社会大局和谐稳定。蝉联全市目标责任考核“七连冠”。

【现代农业提质增效】 金台现代农业园、卧龙生态园建设加快推进，18.8万平方米高效设施农业建成投用，新建葡萄、草莓等特色种植1920亩。农业经营体制改革稳步推进，新增志浩等农民专业合作社11个，市级以上龙头企业达到22户。陈仓镇、金河镇、卧龙寺街道晋级全市“十强镇街”，玉涧堡等14个村入围全市“百强村”。

【工业经济稳步增长】 全力帮扶企业稳产增效，累计为企业融资10亿元，宝石机械、合力叉车等研发中心建成投用，东岭集团总收入突破750亿元，在中国企业500强中较上年前移15位。金河工业园基础工程建设取得重大突破，海力特机床等6个项目建成投产，石油装备、机床配套两大产业集群初具规模，园区产值突破50亿元。金台区中小微企业服务中心挂牌成立，瑞斯达石油等20户成长型企业持续壮大，新增规模以上企业9户，完成规上工业增加值142.95亿元，同比增长12.1%。

【第三产业提速发展】 国内家居建材领军企业红星美凯龙三迪店、居然之家世纪荟萃店开业，建国饭店等中高档酒店建成投用。第五大道东扩工程全面完工，成为全市夜间经济新亮点。新增百思特食品等限额以上商贸企业21户，限上企业达到115户，实现社会消费品零售总额154.26亿元，同比增长14.4%;完成外贸进出

国家AAA级生态旅游景区——六川河景色

口总额4027万美元，同比增长13.3%。城郊旅游持续升温，西府天地景区环线建成通车，西北最大的儿童职业体验馆开馆运营，胜利村跻身“全市十大美丽乡村”，六川河生态示范区建成AAA级景区。金台观三清殿主体封顶，金阁流霞入选“宝鸡新八景”，全年实现旅游综合收入41.3亿元，同比增长45.9%。

【130个区级重点项目全面完成】 2014年，机床配套产业园等23个项目建成投用，累计完成全社会固定资产投资287.61亿元，同比增长28.8%，投资规模和项目数量再创新高。先后引进西府天地游乐园等项目112个，实现到位资金86.5亿元，其中省际资金53亿元，招商引资工作继续走在省市前列。资金争跑卓有成效，全年储备项目200个，保障房建设等一批重大项目列入中省计划，累计落实资金11.96亿元。

【城乡建设加速推进】 新东岭城市综合体建设高标准推进，联盟城市综合体二期全面启动，光明村6栋村民安置楼、代家湾城市综合体商业综合楼主体竣工，东仁堡城市综合体一期建设进入扫尾阶段，玉涧堡城市综合体房屋征收拆迁取得阶段性成效。蟠龙大道及保障房建设稳步推进，北塬供水工程建成投用，西部“光谷”光通信产业园一期工程顺利竣工。落实大气污染防治“控燃煤、降扬尘、治点源”各项措施，拆除燃煤锅炉182台，空气质量逐步好转。推进渭河流域专项整治，拆除关停“五小”企业8户，考核断面监测数据稳定达标。集中整治连霍高速和引渭渠沿线环境卫生，连片治理老旧小区、主次干道和马路市场，环境面貌明显改观。春秋两季栽植各类苗木136万株，造林绿化1.53万亩，创建省级生态区通过评估验收，西关、金河跻身省级生态镇行列。陈仓、金河、卧龙寺3个镇街晋级“十强镇”，14个村入围“百强村”，胜利村跻身全市十大美丽乡村。1.1万人实现进城落户。建成集中供水工程19处，解决了1.76万人的安全饮水问题。新修乡村道路43公里，金陵河三桥、四桥以及车辙桥、洪陵路建成通车。完成了120户农村“三无户”建房任务。3654名贫困人口实现脱贫。

【社会保障覆盖率达91%】 截至2014年底，全区已参加养老保险人数150385人（其中，城镇职工基本养老保险人数80536人，农村养老保险人数69849人）。已参加医疗保险人数341233人（其中城镇职工125316人；城镇居民医疗保险人数100963人；新农合114954人）。全区参加城镇居民最低生活保障人数

9598人，比上年减少1313人；参加农村居民最低生活保障人数4062人，比上年增加424人。全区纳入农村五保供养人数954人，有社会福利收养机构2个，床位数310个。

【东岭集团总收入突破750亿元】 2014年，东岭集团通过创新机制，整合资源，推行生产经营承包责任制，实现了又一次跨越。全年总收入达758亿元，同比增长24.6%，创造了东岭发展史上的新纪录。荣登中国企业500强排行榜第202位，比2013年前移15位，比2012年前移104位。连续11年荣登中国企业500强榜单。

【加大全国文明城市创建力度】 按照全市创建全国文明城市统一部署，金台区设立7个工作组，细化落实测评体系各项指标。以“中国梦”和社会主义核心价值观教育为重点，以“热爱祖国”“生态文明”“行为规范”“传统道德”为内容，采取制作宣传栏、板面、公共场所设置大型喷绘发放宣传资料、问卷调查、现场咨询解答、图文展板宣传等形式，倡导文明习惯，提高广大市民对创建全国文明城市创建工作的知晓率、支持率，营造全民参与创建氛围；围绕实现中华民族伟大复兴中国梦这一目标，举办“金台道德大讲堂”11期，社会各界齐动员，使社会主义核心价值观融入国民教育全过程。评选出金台区首届“道德模范”10人、“身边好人”10人、“道德模范提名奖”52人；开展“德润宝鸡　书香陈仓”德育行动、“走富兴路、圆中国梦”少儿读书、“感恩教育”“城市儿童和乡村儿童手牵手”、关爱留守儿童及农民工子女等多项活动，树立少年儿童积极、健康、阳光的心态，增强少年儿童的家庭责任感和社会责任感；坚持硬件、软件“两手硬”，强化环境卫生、交通秩序、集贸市场、五小门店、娱乐场所、社会治安多项管理，促进各行各业优质服务上档次，养成服务、诚信、节约意识；开展“志愿者服务”“我们的节日——清明节”　“浓情端午”群众体验、“讲文明　树新风”“十万志愿者迎新春送爱心”“慈善一日捐、济困送温暖”主题活动和文明单位、文明社区、文明家庭创建。全年推荐创建全国文明单位3家、省级文明单位16家、市级文明单位23家。

【渭河卧龙寺水毁堤防工程竣工】 金台区完成投资800余万元，共开挖导流槽810米、开挖污水导流槽220米、围堰398米、堆筑堤防310米、修筑基础次墙260米、砌筑护坡260米，新修防护基坝5座、铺设格宾网6000立方米，挖方21万立方米，填方17.5万立方米。全面完成了渭河卧龙寺段水毁堤防修复工程建设任务，最大限度地保护了渭河大堤及连霍高速公路的安全。2014年7月25日组织相关单位进行了工程验收。

【率先推行大气污染防治网格化管理】 2014年，金台区围绕全市大气防治“织好一张网”的目标，成立区大气污染防治监督管理中心，与中国电信合作开发大气污染防治智能管理平台，依托信息化、智能化手段做好网格化管理工作，对大气污染源进行全天候、全方位、不间断巡查管控。3月底开始，以三迪社区和轩苑社区为先期网格化管理工作探索试点单位，逐渐在全区推行大气污染防治网格化监管模式。全区统一配发了袖标、制服，制作了通讯录、工作手册、工作日志、公示牌，明确网格管理制度、流程，对所有网格工作人员分片区培训。全年设置网格962个，参与网格管理人员2445名，累计投入资金150万元，快速处置大气网格化管理案件578件，配发移动终端1108部。基本实现“全面覆盖、层层履职，及时发现、迅速处置，上下联动”的大气污染网格化防控新格局。

【东岭村举办全国经济强村峰会】 9月13日，由农业部农村经济中心、中国村社发展促进会举办，东岭村承办的2014中国经济强村峰会在宝鸡开幕。受邀的全国经济十强村交流创新发展经验，探讨新形势下如何适应转型期，寻求新常态下的新路径、实现新发展和新突破。国务院研究室宏观司司长郭克莎出席会议，宝鸡市委书记、市人大常委会主任上官吉庆致辞，农业部农村经济研究中心主任宋洪远讲话。

【第五大道东扩工程全面完工】 第五大道东扩是全市发展“夜间经济”项目之一。自2011年12月份动工，于2014年6月正式投入运营，命名为新街口，项目总投资7000多万元，建筑面积约35000平方米，有地下停车位400多个。截至年底，联盟社区第四居民组和邦臣置业联合招商已完成80%，其中宝鸡饭庄、老堂子、凯撒皇宫、唛田KTV等大型项目已入驻，解决了辖区周边2000余人就业，年创收近千万元。

【全市首批家庭农场诞生】 2014年6月，硖石镇4户村民从镇农办领到了陕西省家庭农场认定证书，成为全区第一批由县区农业部门认定的家庭农场主。家庭农场是金台区按省农业厅关于认定家庭农场暂行办法，通过个人申报、镇街推荐、区级专家评审等环节，最终从全区132个种养大户中产生的，在当地发展农业产业上有示范引领作用，同时也被推荐为2014年宝鸡市市级示范家庭农场。这标志着以农户为主的又一新型农业生产经营主体在金台区正式诞生。

【旅游黄金周接待游客50万人次】 2014年“十一”黄金周和重阳节假期，金台区西府天地农家乐和第五大道餐饮均出现日日爆满的景象。金台观道文化景区，假日接待游客3000人次，门票收入2.2万元。大唐秦王陵博物馆接待游客5000人次，总收入13.5万元，与2013年同期增长10%。六川河生态旅游景区依托蜂泉山、九龙庵、西普陀等山水人文景区接待游客18600人，收入57.3万元。西府天地民俗旅游景区接待游客4.4万人次，车流量为1.8万辆，旅游综合收入150万。据统计，全区实现接待游客50.1万人次，旅游综合收入2.3亿元的新突破，同比增长5.3%和5%。

西北地区独家儿童体验馆——追梦堂

【西北最大的儿童职业体验馆开馆运营】 由国中集团筹建的西北地区首家最大的“追梦堂”儿童职业体验馆于2014年“五一”节日期间正式开馆。该馆位于金台区胜利塬西府天地园区，总面积8000多平方米，是金台区重点招商引资项目之一。馆内提供100种职业供儿童选择，3～14岁的孩子可以模拟体验成人职业与角色，在寓教于乐中提高综合素质，培养社会生存技能，完善社会化人格塑造，为每个孩子成长为勇敢、自信、创造的“大人物”奠定基础。

【荣获“陕西省双高双普区”称号】 金台区以实施素质教育督导评估“316”工程和创建陕西省“双高双普”区为抓手，引导学校规范办学、特色发展、优质突破。全区各中小学执行国家课程标准，把立德树人贯穿于教育教学全过程，推进高效课堂，实施教育科研，素质教育得到全面落实。2014年12月3—6日，省政府教育督导团组织督学和专家对金台区义务教育均衡发展“双高双普”工作进行评估验收。金台区各项指标实际得分2466分高线达标，被授予“陕西省双高双普区”称号。金台区列电中学、金台高级中学、卧龙寺中学、西街小学、三迪小学等五所学校被省政府教育督导团授予“实施素质教育优秀学校”荣誉称号。

【首个少年科普馆落户三迪小学】 2014年1月，宝鸡市首个少年科普馆在金台区三迪小学落成。科普馆占地66平方米，配备科普仪器27台、科普图书1000余本、科普壁挂画5套、科普展品60余件，配有专职辅导员1名，兼职辅导员5名，为开展青少年日常科普活动创造了良好条件。

【《金台区志》率先通过终审】 9月26日，《宝鸡市金台区志》（1990—2010）终审会议在金台区召开。省地方志办公室、宝鸡市政府、金台区委、区政府领导、省、市、区县地方志办有关人员专家共40余人参加了终审会。通过评审讨论，一致认为：《宝鸡市金台区志》（1990—2010）终审稿指导思想明确，政治观点正确；结构脉络清晰，体例规范完整；资料内容详实，文字简洁流畅，是一部成熟的志稿，较好地反映了金台区的地方特色和时代特点，原则同意通过终审。这是宝鸡市二轮修志以来首家通过省级终审的县区志。

【“星耀香江”亚洲青少年艺术人才盛典获殊荣】 在“星耀香江”亚洲青少年艺术人才年度盛典暨第七届“校园之星”海峡两岸暨香港、澳门青少年艺术展演活动中，金台区石油小学学生李思洋代表陕西省参演的舞蹈《花儿朵朵》《天竺少女》获得小学B组金奖，该生被授予“亚洲优秀青少年艺术人才”“和平艺术小使者”荣誉称号，区青少年活动中心被授予“全国青少年艺术教育工作先进单位”，辅导教师宋玲娜荣获“育才成果奖”。

【金台籍选手王铮年内两度夺冠】 3月29日，金台籍选手王铮在2014年全国田径投掷项目公开赛女子成年组链球决赛中，以77.68米的个人最好成绩，打破张文秀保持的亚洲纪录，夺得冠军。9月19日～10月4日，在韩国仁川举行的第17届亚洲运动会女子链球比赛中，代表中国出战的选手王铮以74.16米的好成绩获得金牌（10月12日递补获得）。

【举办首届农民门球邀请赛】 5月20日，由金台区教体局、金河镇永利村联合举办的2014年金台区农民门球邀请赛在永利村举行。应邀而来的渭滨区三合村、谭家村、渭滨军干所、市电信局、宝鸡中学、石油机械厂、宝鸡电力设备厂、宝鸡铁路地区等门球队，与永利村门球一、二队共10支代表队近百人参加这次邀请赛。

【卫生计生服务能力提升】 金台区医院2013年11月与西安交通大学第一附属医院建立协作关系。2014年3月与西安红会医院建立协作关系。7月成为西京医院帮带医院。同月，成为解放军第三医院医联体单位。11月与全国知名的吴阶平泌尿外科中心协作，成为该中心在全国的第六家，在陕西地区的首家分中心。金台区计生服务中心打造“育龄群众温馨家园”，做实做优国家免费孕前优生健康检查、母亲健康工程等关系妇女儿童身心健康的民生项目。累计孕检22874人，母亲健康工程检查118978人次。全区出生人口缺陷率由2010年的15.57‰下降到2014年的6.5‰，农村妇女生殖系统患病率从首轮的61%下降到第四轮的39%。2014年，金台区被国家卫计委表彰为全国妇幼健康服务先进集体。为宝鸡市唯一获此殊荣的县级计生服务机构。

【全市首家社区“托老所”诞生】 金台区按照“党政主导，社会参与，全民关怀，市场化运作”的原则，探索社会化养老服务体系建设，采取“公建民营”方式，建立了由具有民办非企业资质的社会组织承办运营的社区养老服务新模式。2014年8月26日，金台区东门口社区老年人日间照料中心揭牌，并为爱心企业授予“爱心荣誉”牌。该中心室内面积1200余平方米，内设多功能活动室、棋牌室、图书室、书画室、心理咨询室、康复室、理疗室和老年餐桌、专业老年洗浴中心。

【成功创建全省首批社会组织管理创新示范区】 2014年，金台区按照“打造特色、整体升级、加强管理、服务群众”的思路，为社区招聘专职工作人员65名。投资150万元完成对西关社区、宏文南路社区、行政西路社区、南门口社区的改扩建任务；投资180万元建成陈仓园社区、曙光路东社区、引渭路社区、大庆路社区等4个室外活动广场；投资150万元建成紫原村、车辙村、王家坡村、五星村、同心村5个农村社区服务中心；按照“民政牵头、村级主办、社会参与、互帮互助”为主要模式，建成了总投资80余万元，建筑面积1200平方米功能齐全、设施到位的农村互助幸福院6个。2014年2月，金台区被省民政厅确认为“全省社会组织建设创新示范区”。

（程　凤　刘亚绒）

金台区委、区人大、区政府、区政协领导成员

区委书记　李兴安
副 书 记　王建民　毕小平
常　　委　李兴安　王建民
　毕小平　王若鹏
　郭沅直　罗科岐
　汪文岐　毛秋梅（女）
　杨明宽　赵一鸣
　杨建华（5月离任）
　李宝明（5月任职）
区人大常委会主任　唐恩岐
副 主 任　王芳兰（女）
　常宝来　张志科
　王胜利
区　　长　王建民
副 区 长　王若鹏　杨明宽
　郭掌伟　马新广
　韩明芳（女）
　马天利　张　平
　杨　柳（女，挂职，2013年10月任职，2014年10月离任）
　蒋仁正（挂职，9月任职）
　谢彗莹（女，挂职，10月任职）
区政协主席　李家宁
副 主 席　张守国　李　海
　南小莉（女）　陈宝庆

渭　滨　区

【概况】 渭滨区南依秦岭北麓，横跨渭河两岸，是宝鸡市辖的三个行政区之一。位于关中西部，东西与陈仓区接壤，南与太白县、凤县交界，北与金台区毗邻，东距陕西省西安173公里。辖八鱼镇、马营镇、石鼓镇、神农镇、高家镇5镇，金陵、经二路、桥南、清姜、姜谭5个街道办事处，104个村民委员会，57个社区居民委员会。除汉族外，有25个少数民族。辖区总面积842.12平方公里（航测数据），2014年末，公安户籍人口43.4760万人。渭滨历史悠久，文化底蕴深厚，有炎帝故里、青铜器之乡的美称，辖区各类文化遗存403处，其中70%为仰韶文化遗存，累计出土周秦时期青铜器达7000多件。先后建成的九龙山坡地公园、姜炎文化广场等公园绿地50余处，全国唯一的青铜器主题公园、石鼓山公园和周秦文化主题公园建成开放，境内平均每500米处就有一个休闲、游憩乐园；城镇居民人均公园绿地面积12.5平方米，高于全国平均水平，成功建成国家级生态示范区。2014年，全区实现生产总值445.7亿元，比上年增长8.5%（增速按可比价计算）。其中：第一产业实现增加值4.01亿元，同比增长4.7%；第二产业实现增加值323.44亿元，同比增长8.1%；第三产业实现增加值118.25亿元，同比增长9.6%。三次产业结构比为0.9∶72.6∶26.5。人均地区生产总值98593元。非公有制经济增加值达到216.4亿元，占生产总值比重48.55%。全区全社会固定资产投资额完成334.3亿元，同比增长27.2%。其中：固定资产投资311.6亿元，跨市区投资20.6亿元，农村非农户投资2.1亿元。实现地方财政收入51757万元，同比增长14.47%。其中：税收收入38588万元，同比下降4.2%；非税收入13169万元，同比增长166.9%。地方财政支出（一般预算，含上级专款）132242万元，同比增长7.7%。主要支出项目是：一般公共服务支出18100万元，同比下降4%；公共安全支出3828万元，同比下降13.6%；教育支出48010万元，同比增长7.4%；科学技术支出1616万元，同比增长28.6%，文化体育和传媒支出1056万元，同比增长4.1%；社会保障和就业支出15627万元，同比增长35%；医疗卫生和计划生育支出12805万元，同比增长13.7%；节能和城乡社区支出9744万元，同比增长59.3%；农林水支出10601万元，同比增长18.6%；交通运输和资源勘探及商业服务业等事务支出3381万元；国土资源气象等事务支出218万元；住房保障支出296万元；粮油物资管理事务支出1140万元；国债还本付息支出38万元。（此数据为渭滨区2014年实际支出数，含高新分配给八鱼和马营地区支出数据。）全区获得市级以上奖励41项，其中国家级奖励3项，分别是全国市县防震减灾工作先进县区、全国残奥会预赛获体育道德风尚奖，姜谭街社区被评为全国和谐社会建设示范社区称号。渭滨区科协被中国科协评为2014年“全国科普日”活动优秀组织单位。渭滨区法院高新法庭获“全国法院人民法庭工作先进集体”。渭滨区被

2014年渭滨区国民经济和社会发展主要指标一览表

指标名称	单位	2014年实际完成	比上年增长（%）
一、国内生产总值	亿元	445.7	8.5
其中：第一产业	亿元	4.01	4.7
第二产业	亿元	323.44	8.1
第三产业	亿元	118.25	9.6
二、社会固定资产投资	亿元	334.3	27.2
三、地方财政收入	亿元	5.1757	14.47
四、社会消费品零售总额	亿元	153.7	14.74
五、城镇居民人均可支配收入	元	32519	10.9
六、农民人均纯收入	元	13069	12.7
七、就业和社会保障			
城镇新就业人数	人	11072	
新增农务输出人数	人	37464	
新型农村合作医疗参保人数	人	408123	
城乡居民养老保险参保人数	人	306825	
城镇居民生活用天然气入户率			98.8
城镇军民人均住房面积	平方米	32.6	
城镇军民人均绿地面积	平方米	12.5	
城市空气质量达到Ⅱ级以上天数	天	242	

宝鸡市全民创业工作领导小组命名为“宝鸡市农民工回乡创业示范县（区）”。

【农林牧渔业实现增加值4.179亿元】 2014年，渭滨区实现现价农林牧渔业总产值74374万元，同比增长4.5%；其中种植业产值46801万元，同比增长4.8%；林业产值12409方元，同比增长5.3%；牧业产值11494万元，同比增长3.5%；渔业产值70万元，同比下降27.1%，农林牧渔服务业总产值3600万元，同比增长2.9%。农林牧渔业增加值4.179亿元，同比增长4.6%。粮食播种总面积110780亩，总产量达到2万吨。其中：夏粮总面积63427亩，比上年下降5.4%；总产量11921吨，比上年增长1.9%。秋粮总面积47353亩，比上年下降0.4%；由于夏收后受干旱少雨影响，秋粮产量大幅下降，总产量仅8079吨，比上年下降21.6%。油菜籽种植面积9539亩，比上年下降1.1%；产量1074吨，比上年增长29.7%。蔬菜播种而积10207亩，比上年下降12.4%；产量18540吨，比上年下滑9.3%。药材播种面积513亩，比上年增长将近2倍；产量17吨，比上年增长70%。生猪存栏量17453头，比上年下降4.3%；生猪出栏量为18781头，比上年增长9.6%。牛存栏量1559头，比上年下降42.0%；牛出栏量866头，比上年下降19.4%。羊存栏量6553只，比上年增长19.2%；羊出栏量4911只，比上年增长6.1%。活家禽存栏量38.26万只，比上年增长31.7%；活家禽出栏量28.61万只，比上年增长1.7%。奶类产量867吨，比上年下降72.0%。禽蛋产量956吨，比上年下降14.9%。蜂蜜产量11920公斤，比上年下降9.2%。

【落实招商合同项目85个】 坚持把项目建设和招商引资作为推动区域经济快速发展的强力引擎，全年落实招商合同项目85个，引进亿元以上产业化项目14个，到位资金62.35亿元，完成省际到位资金46.91亿元，引进外资1200万美元，均超额完成市上下达任务。开展项目建设年活动，突出抓服务、优环境、促建设，150个区级重点项目完成投资100亿元，57个建成投用，26个市级重点项目完成投资33.4亿元。支持大企业技改增效，宝桥、秦机、烽火、长岭等龙头骨干企业24个扩能技改项目稳步推进，烽火电子产业园配套车间主体完工。全力扶持中小企业技术创新，支持长美科技等企业成功申报科技项目33个，新发展小微企业800余户，新增规模以上工业企业12户。全力推进姜谭工业基地建设，建成标准化厂房2000平方米，中小企业园9户企业建成达产，园区实现工业总产值260亿元，同比增长20%。全区完成规模以上工业增加值230亿元，增长10.3%

【商贸服务提档升级】 坚持把商贸资源整合、业态布局优化与旧城开发改造紧密结合，华东万润城、石鼓太阳市等商业综合体开业运营，万合国际、人民商场等19个商贸升级改造项目建成投用，新增商业面积20万平方米，完成汉中路火锅城升级改造，新培育限额以上商贸企业24户。实现社会消费品零售总额153.7亿元，同比增长14.74%。其中批发业完成28亿元，同比增长32.9%；零售业完成115.3亿元，同比增长13.2%；住宿业完成1.8亿元，同比增长9%；餐饮业完成8.6亿元，同比下降7.7%。渭滨区供销系统共完成商品购销总额8.3亿元，占年计划的108%；实现汇总利润160.9万元，占年计划的123%；完成招商引资任务2000万元，到位资金2000万元，占年任务的266%。

【加快城乡基础建设】 公园路片区

等44个旧城改造项目顺利实施，区机关旧址、石鼓园小区西侧开发完成拆迁，姜城村安置楼主体完工，三合村改造一期完成拆迁，陈家村、赵家庄、南关路片区改造前期工作全部到位。新建改造城区小道路30条、公厕43座。完成金陵新村等7个老旧小区改造提升，实现背街小巷交通标识、环卫设施和小区消防设施全覆盖，集贸市场整治在全市创文联评中名列第一。新修村组道路、农村产业路30公里，石鼓镇、高家镇集中供水项目建成投用，解决了1.8万名群众的饮水安全问题，石鼓现代农业园完成二期建设，神农千亩樱桃示范园、八角塬城郊观光农业园、晁峪河流域现代农业园通过市级农业园区认定。农村土地综合改革深入推进，宅基地确权颁证工作顺利完成，渭滨农村商业银行组建运行，石坝河等11个村进入全市“百强村”，高家镇跻身全市“十强镇”。

【改善城市生态环境】　围绕国家生态园林城市创建，完成25条小道路绿化补植，新建绿地游园4处，建成开放古强公园，新增绿地面积21万平方米。实施川陕路、连霍高速、塔稍河沿线综合整治，高品位完成石坝河、瓦峪河市区段治理提升，开展“治污降霾 保卫蓝天”行动。推进农村环境卫生综合整治和美丽乡村创建，石鼓镇建成省级生态镇。渭滨区河道管理部门先后投资40多万元，对渭河宝成铁路桥至神农大桥段的河道滩堤内种植芦苇等水生植物4万多平方米，将形成生态防护带。

【社会保障日趋完善】　2014年，渭滨区文化资源共享服务点、农村文化活动室、农家书屋、社区电子阅览室实现全覆盖。区中医医院、救助中心建成投用，区公共卫生信息平台功能拓展。“单独二孩”生育政策全面落实，人口自然增长率控制在4.88‰。建成全市首家社会救助中心，“救急难”试点工作受到民政部肯定。发放社保补贴1140万元，城镇登记失业率控制在3.05%。实施移民搬迁243户，新建保障性住房4652套、建成6个社区老年人日间照料中心、11所农村互助幸福院，渭滨养老模式在全省推广。推进社会管理信息化建设，渭滨公安警务等服务平台建成投用。安全生产网格化监管工作经验在全省推广，被评为全国防震减灾工作先进区，社会大局保持和谐稳定。

【加强机关建设】　2014年，开展党的群众路线教育实践活动，254条事关群众切身利益的具体问题得到解决，新修规章制度23项，清理取消行政审批事项33项。“三公”经费支出明显下降。通过联系工会、共青团、妇联、工商联等群众团体，听取社会各界意见和建议，176件建议提案全部办结。开展政风行风评议，推行政府信息公开，严格执纪问效，机关作风明显改善。

2014年11月11日，神农镇太平庄古强公园开园

【规模以上工业实现增加值182.47亿元】　2014年7月，渭滨区烽火工业园一期工程交付使用，烽火姜谭工业园位于渭滨区工业基地，项目占地220亩，一期规划厂房8栋，集通信指挥车、新型LED半导体节能照明等产业研发生产为一体的新型综合性产业园区，项目投产后，年新增产值10亿元。全年，辖区规模以上工业总产值达到653.02亿元（不含军工），同比下降5.2%；实现增加值182.47亿元（不含军工），同比增长5.2%。辖区建筑业完成增加值80.58亿元，同比增长16.7%。

【推动文旅互动发展】　2014年，依托辖区深厚的文化底蕴和丰富的生态资源，全力打造“炎帝故里”品牌，天台山炎帝史迹区基础设施项目主体竣工，茵香河区域文化旅游产业开发稳步推进，实施农家乐提升改造33户，完成益门堡等24个村历史文化遗存编撰，石咀头西周贵族基地位居全国十大考古新发现之首。全年接待旅游人数900.5万人次，实现旅游综合收入58.08亿元。

【推进劳动就业】　2014年，劳务输出人数37464人，其中受培训人数6693人，新增城镇就业人数11072人，其中下岗失业人员5892人。城镇登记失业率较上年减小到3.05%，全区农村劳动力转移就业37464人，办理农村居民进城落户1713户共6850人。辖区内全部“四下”非私营单位期末从业人员人数为44372人。

【各类学校招生良好】　2014年，各类中等职业技术学校招生674人，在校生1715人；普通高中招生3570人，在校生10418人；初中招生3391人，在校生11355人；小学招生3572人，在校生21235人；小学入学率为

100%，在园幼儿（含学前班）11168人。全区共有普通中学20所，其中：完全中学1所，高级中学5所，十二年一贯制学校2所，初级中学6所，九年一贯制学校6所。小学26所。

【落实教育资助金1213.79万元】 2014年，全区高考二本上线率稳居全市首位。渭滨区资助中心共办理各类学生资助26972人次，落实资助金额1213.79万元。其中，学前一年教育助学金1351人次，金额50.67万元；义务教育段城市低保免费教科书949人次，免费金额16.04万元；提供农村学生免费教科书9329人次，免费金额53.89万元；农村寄宿生生活费补助781人次，补助金额45.51万元；实施农村义务教育学生营养改善计划6865人次，金额274.60万元；普通高中国家助学金6140人次，金额460.50万元；中等职业学校国家助学金379人，金额28.43万元；中等职业学校免学费补助738人，补助金额73.80万元；宝鸡市高等教育入学救助74人，金额44.40万元；大学新生入学资助项目91人，金额5.95万元；签订国家生源地信用助学贷款合同275人，合同贷款总额160万元，累计收回本金及利息175万元。

【争取科技项目资金1439万元】 2014年，共指导辖区企业申报科技项目50余项，获批37项，其中国家级项目2项，省科技统筹创新工程计划2项，省重大科技创新专项6项，省中小企业发展专项资金技术创新项目2项，省科学技术研究发展计划6项，宝鸡市重大科技专项10项，宝鸡市科技型中小企业技术创新基金项目2项，宝鸡市科学技术研究与发展计划7项。累计争取上级科技项目扶助资金1439万元。收集到张宝会、李百社等190余位高级人才资料，经分类、整合，建成渭滨区科技人才资源库。

【卫生事业稳步发展】 2014年末，全区共有卫生机构（含高新区）356个：医院床位数达到5383张，卫生技术人员5351人，每万人拥有卫生技术人员数达到118人。全区参合农民达到111359人。全区无甲类或者按甲类管理的传染病发生，全年报告法定传染病20种2270例，其中乙类传染病13种629例，丙类传染病7种1641例。麻疹疫苗查漏补种工作接种444人，接种率95%；脊灰疫苗查漏补种工作应种人数844人，实种802人，接种率95.02%。

【体育比赛成绩优异】 全区组织参加各项体育比赛并且取得了好的成绩。在宝鸡市2014年小学生“三跳”运动会中，取得了大会所设28个单项中22个第一名，包揽了大会所设3个集体项目第一名，以总分333分优异成绩获得冠军。2014年青少年年度赛暨第六届“奥运争光选材运动会”中取得了乒乓球、男女柔道、体操、皮划艇、赛艇、拳击、田径、游泳、古典式摔跤、男子篮球等11个大项第一名，以7975分获得团体总分第一名。2014年5月下旬，渭滨区女子轮椅篮球队代表陕西省，参加全国轮椅篮球锦标赛暨第九届全国残疾人运动会，以绝对优势战胜天津队，跻身全国前八强。8月18日，由陕西省青少年校外教育工作联席会议办公室和省青少年校园足球领导工作小组办公室联合主办的足球夏令营在西安举行。整个营程历时7天，经过10轮160余场的小组预选、复赛、排位赛的激烈角逐，渭滨区青少年校外活动中心代表队11战全胜，以70余球的成绩夺冠。

【社会保障覆盖率达98.2%】 2014年，渭滨区公安户籍人口434760人，其中：城镇人口367370人，城镇居民家庭户数146258户，城镇化率84.5%。人口出生率8.5‰，自然增长率4.88‰。城镇居民人均可支配收入32519元，同比增长10.9%；农民人均纯收入13069元，同比增长12.7%；公众安全感满意率达93.7%；城镇居民生活用天然气入户率98.8%；城镇居民人均住房面积32.6平方米；城镇居民人均公园绿地面积12.5平方米。全年参加基本养老保险306825人，其中：城镇职工已参加养老保险213918人，农村已纳入养老保险92907人。已参加基本医疗保险408123人，其中：城镇职工已参加基本医疗保险143243人，城镇居民已参加基本医疗保险153521人。基本社会保障覆盖率达到98.2%。

【创立渭滨农村商业银行】 2014年7月18日，渭滨区农村商业银行股份有限公司正式创立，该银行前身是渭滨区农村信用合作联社。新组建的渭滨农村商业银行将严格按照现代股份制商业银行的标准和要求，不断推进公司法人治理结构的改革，创新业务品种，扩展金融服务，重塑服务品牌，以更加灵活、多效的机制，为渭滨经济社会发展提供较有力的金融支持。

【探索发展互联网产业】 2014年，渭滨区紧抓移动互联网产业发展机遇，以互联网产业发展带动结构调整、产业转型，编制完成《渭滨区移动互联网产业发展规划》，成立专门服务机构，制定产业发展扶持办法，建成全市首个互联网产业园。5月23日，渭滨区在西安曲江国际会议中心举办的互联网产业发展推介会上，围绕互联网产业全会签约18个项目，总投资额46.06亿元。这些项目达产达效后，将推动渭滨区成为宝鸡乃至西部移动互联网及新产业、新技术发展的主导产业。大力支持西普网络、立邦软件等本地互联网企业做大做强，京东商城中国特产陕西馆上线运营。12月7日，渭滨区首届互联网大会召开，并成功引进北京盛世光明、长城宽带、58同城等30余户业界知名互联网企业入园。

【社区管理服务区域网格融合对接成效显著】 2013年11月，工商渭滨分局提出“双网”融合对接思路。“双网”融合是将工商监管执法区域网格和社区管理服务区域网格融合对接。截至2014年11月30日，工商渭滨分局发展市场主体3205户，是2013年同期的158%，协助企业申请商标注册37件，是2013年同期的120%，调处消费者投诉603件，是去年同期的186%，捣毁取缔传销窝点41个，教育遣散传销人员681人。

【青少年机器人竞赛取得好成绩】 2014年5月16日，陕西第十四届青少年机器人竞赛成绩揭晓，渭滨区有13个单位117名选手参赛，共获得一等奖20个，二等奖17个，三等奖23个。在所参加的7个大项中，6个夺冠，其中小学组综合技能包揽前7名。

【实现社区电子阅览室全覆盖】 2014年5月26日，区文广局公布，经过3年时间，全区已完成一个区级资源中心、3个镇级、5个街道级，54个社区级的公共电子阅览室建成，实现了全区公共电子阅览室的社区全覆盖。

【渭滨区救助中心成立】 2014年5月1日《社会救助暂行办法》开始实施，渭滨区作为全市唯一"救急难"试点县区，贯彻《社会救助暂行办法》，在全市首家成立了社会救助中心。该中心是集城乡低保、临时救助、医疗、孤儿、受灾特困人员救助以及就业、住房、教育等救助受理、指导、协调工作于一体的一站式救助服务大厅。该中心面向困难家庭和特殊人群，以保障、解决困难群众基本生活为目标，全面贯彻落实"一门受理、协同办理"救助机制，使供一站式救助的服务平台。

【投入189万元改善小区安全设施】 2014年12月，渭滨区在实施老旧小区整治提升工作中，发现很多老旧小区消防设施不健全，存在很大安全隐患。区政府采取市区两级政府补贴、居民自筹、单位出资的办法，拓宽综合整治融资渠道，形成多位一体的资金投入机制，实施老旧小区整治提升工作。投入55万元为42个居民小区安装摄像头222个；投入80万元，对消防设施不健全的居民小区配备灭火器3878个，消防水枪218个，消防水袋621条；投入54万元，为383个无物业管理小区配置垃圾桶1915个。

【为搬迁移民免费安装太阳能热水器1120套】 2014年4月，在党的群众路线教育实践活动中，渭滨区践行为群众办实事、解难题的宗旨，争取资金，给石鼓镇、高家镇和神农镇的1120户移民搬迁户和困难户免费安装太阳能热水器1120套。实现了农村家居环境清洁化、资源利用高效化、农业生产无害化和农村环境优美化。

（魏清康 李书贵 王文强）

渭滨区委、区人大、区政府、区政协领导成员

区委书记	张乃卫
副书记	李晓阳
	孙西军
常委	张乃卫
	李晓阳
	孙西军
	董　华（女）
	沈宝黎
	张晓晨
	王国强
	李宝平
	王鹏程
	张宝群
	蒋　铃
人大常委会主任	陈增光
副主任	关文科
	雒占吾
	唐玄印
	赵国庆
区长	李晓阳
副区长	苏少敏
	张宝群
	车　爽（女）
	刘国辉
	杨宏亮
	翟建平
	蒋　铃
政协主席	刘新安
副主席	戴光发
	马　谋
	庞红丽（女）
	倪再彤

陈　仓　区

【概况】 陈仓区位于陕西省关中平原西端，东经106°18′24″～107°34′58″，北纬34°7′36″～34°44′38″之间。南依秦岭与太白、渭滨毗邻，北靠陇山余脉与陇县、千阳县、凤翔县接壤，西沿渭水与甘肃省天水市麦积区、清水县隔河相望，东与岐山县相连。东西长119公里，南北宽68公里，总面积2580平方公里，耕地4.5万公顷。全区辖15镇、3个街道办事处、332个行政村，13个社区居委会，总人口60.47万。区政府驻地虢镇，城区规划面积27平方公里。西距宝鸡市中心区20公里，东距省会西安147公里。区位优势明显，陇海铁路贯穿东西，宝成、宝中铁路通往南北，310国道、西宝、宝天、宝平高速及西宝南、中、北三条公路穿境而过，是宝鸡建设特大城市和关中—天水经济区副中心，是陕西"一线两带"建设的主体层。陈仓区历史悠久，是"伏羲所治、炎帝所生、黄帝所都"之地。夏商时，为雍州域；商末，虢镇为周文王胞弟虢仲之封地，史称西虢；秦武公十一年（公元前687）灭西虢，设虢县；公元前361年秦孝公设陈仓县；唐肃宗至德二年（公元757年）因闻陈仓有"石鸡啼鸣"之祥瑞，改称宝鸡县；2003年3月，经国务院批准，撤销陕西省宝鸡县，设立宝鸡市陈仓区。早在7000多年前，人类就在此繁衍生息，依山傍水而居，是黄河流域古文明的重要发祥地之一，有丰厚的文化遗存。先秦石鼓、虢季子白盘、西周何尊、散氏盘、春秋编钟等7件国家一级文物在此出土。全区共有文物保护单位182处，省级文物保护单位10处。在这里，萧史弄玉，伉俪合奏，吹箫引凤，成就了"只羡鸳鸯不羡仙"的爱情经典；在这里，为了兴周灭商，姜子牙隐居垂钓，留下了"姜太公钓鱼、愿者上钩"的千古传奇；在这里，韩信巧设妙计，声东击西，施展了"明修栈道、暗度陈仓"的战略智慧；游3A

2014年陈仓区国民经济和社会发展主要指标一览表

指标名称	计算单位	2014年实际完成	2014年比2013年实际增长（%）
一、地区生产总值	亿元	173.64	8.8
其中：第一产业	亿元	23.92	5.3
第二产业	亿元	94.61	9.6
第三产业	亿元	55.11	8.6
二、全社会固定资产投资	亿元	212.84	27.3
三、地方财政收入	万元	36868	10.5
四、社会消费品零售总额	亿元	46.39	14
五、城镇居民人均可支配收入	元	31797	10.8
六、农民人均纯收入	元	11081	12.5
七、人口自然增长率	-	-	5‰

级景区钓鱼台，可寻访姜子牙隐居垂钓之故地，重温封神演义的历史；登西镇吴山，能俯瞰金陵山川之秀丽，领略康熙御笔“五峰挺秀”之真谛；去灵宝峡观光、雪山洞度假，安平沟休闲，可尽览陈仓山水之壮美。陈仓区人杰地灵，唐代杨炎创立“两税法”；南宋吴玠兄弟十年抗金；清代党崇雅为民请命；当代史玉孝、刘鸿益、何载堪称“西虢骄子”；建国前夕，彭德怀司令员进驻周原镇指挥“扶眉战役”；江泽民、朱镕基、回良玉、习近平等国家领导人先后来区视察调研。陈仓区曾荣获国家级绿色果品县（区）、科技文化工作先进县（区）、全国农村党员电化教育先进县（区）及全国食品工业强区等称号，创建国家卫生城市、国家环保模范城市、国家园林城市一举达标，连续三年蝉联“全省经济社会发展十强县区”，跻身“辉煌十五和谐陕西”经济增长最快县区之列。2014年，全区完成地区生产总值173.6亿元，增长8.8%。地方财政收入36868万元，同口径增长10.5%。全社会固定资产投资完成212.8亿元，增长27.3%。城镇居民人均可支配收入和农民人均纯收入分别达到31797元和11081元，增长10.8%和12.5%。

【工业经济平稳增长】 2014年，陈仓区以提升工业园区竞争力为核心，新型工业强区建设步伐加快，青岛啤酒宝鸡工业园建成投产，双力叉车、创业基地、志普有色金属加工等项目加快推进，科技路东延工程建成投用，成功举办宝鸡第一届青岛啤酒节，园区对外影响不断扩大。大工纸包装、长乐钢铁正式投产。全年新增规模以上工业企业11户，规模以上工业完成产值156.4亿元。荣获陕西省发展中小企业贡献奖，周原工业园获得全省县域工业集中区争先进位奖。

【城市化进程加快】 2014年，虢磻路和虢蔡路一期拓宽改造、北新路一期工程建成投用。北环路综合整治、南环路人行道铺设工程完成。西宝中线陈仓段改扩建、上塬路南段等重点工程加快推进。石头河引水工程实现向城区供水。东冠世纪城、金谷世界城建设步伐加快。道北新区建设快速推进，宝鸡射击射箭中心、虢镇北坡森林公园西虢文化广场建成投用。新开工保障性住房2875套。集中供热入户工程全力推进，新增集中供热面积100万平方米以上。阳平、周原、县功跻身国家级重点镇行列。

【“双创双迎”工作扎实推进】 坚持把“双创双迎”作为提升城市品位、展示陈仓形象的重要抓手，举全区之力扎实推进。建立健全创文长效机制，强化网格化管理，构建了领导包抓、部门联动、街道主抓、社区共建、市民参与的创建工作格局。社会主义核心价值观深入人心，未成年人思想道德建设持续推进，志愿者服务活动卓有成效，市民道德修养和文明素质得到显著提升，在全市四次测评考核中两次名列四区第一。成功承办了全省第十五届运动会射击射箭项目比赛，生态园林城市创建通过省级验收。

【现代农业发展成效显著】 成功创建国家现代农业示范区，新建省级现代农业园区1个、国家园艺作物标准园2个。推进绿丰源、鸿盛、新育等休闲观光农业园建设及秦北农业千头奶牛场、森宝万头养猪场项目建设。启动国人菌业工厂化生产模式。全年，实现粮食总产17.92万吨，新建日光温室1052亩，完成有机果品认证2000亩，流转土地7560亩，新增市级重点龙头企业3户、农民专业合作社40个。推进农业技术培训，累计培训农民13.6万人次，成功举办中国·宝鸡丘陵山区暨高新农业机械演示会。

【加快服务业项目建设】 加快物流园区开发步伐，大明国际建材城、奥迪、三菱4S店建成投用，物流信息中心、宝隆世家商住、泰森星辰国际和汽车销售中心项目建设进展顺利。举办首届苏杭丝绸暨旅游商品购物节、宝鸡国际汽车展览会等展会活动，集聚了商贸发展人气。推进千渭星城商业综合体、千渭商城、陕西新贸连锁配送中心等项目建设。《陈仓区旅游发展总体规划》通过评审，全年共接待游客340万人，实现旅游综合收入22.4亿元。

【引进项目84个】 坚持以招大引强为主线，以三个省级县域工业集中区、现代农业示范区为主阵地，充分挖掘区域优势，不断创新招商思路，精心策划推介项目，加大项目引进力度，全年引进项目84个，到位资金92亿元，其中省际到位资金51.65亿元。落实“五个一”工作机制，推动重点项目建设，郡豪食品加工、万亩红豆杉基地、盛馨苑商住综合体等一批重点项目顺利实施，128个区级重点项目完成投资49.7亿元。

【城乡一体化步伐加快】 实施农民增收举措到户工程，开展新农村晋星创建、美丽乡村建设。农村环境卫生综合整治成效显著，成功举办了全市农村环境综合整治、新农村建设暨统筹城乡发展现场会。千渭之会国家湿地公园建设加快推进，虢凤路景观绿化改造提升效果明显，西宝高速、宝汉高速宽幅林带基本贯通，完成绿化面积6.37万亩，植树657.3万株。开展“保卫蓝天·降污治霾”行动，拆改燃煤锅炉84台，渭河流域水污染防治扎实推进，野寺村养殖污水处理厂建成投用，生态区创建顺利通过省级技术评估。推进渭河综合治理工程，堤顶道路绿化全线贯通。实施移民搬迁419户1807人，三无户建房130户。西部山区被命名为全省首家省级有机农业示范基地，14个农产品获得有机认证，认证面积2万余亩，生态产业发展水平不断提升。全年新栽补植经济林5.81万亩，发展土鸡养殖9.5万羽，肉牛存栏4.9万头。新修通村组公路58公里、桥梁11座、安全饮水工程21处。输出农村劳动力3.48万人次，1.5万人实现脱贫目标。

【人民幸福指数不断提高】 2014年，推进“双高双普”行动，学校硬件设施不断改善，教育布局调整成效显著。陈仓高中被命名为省级标准化高中。荣获全省残疾人工作示范区、群众体育先进区称号。全年发放民生保障资金1.53亿元，城乡居保和新农合参保率分别达到99.5%和99.3%。村级规范化社会公共服务站实现全覆盖，镇卫生院国医馆在全省率先建成。就业再就业工作持续加强，城镇新增就业7995人，农村劳动力转移15万人，实现劳务收入12.9亿元。成功举办陕西省暨宝鸡市2014年文化科技卫生“三下乡”主题示范活动，周末文化广场活动荣获第三届陕西省文化活动“群星奖”，再次荣获全国文化先进县（区）殊荣。品牌强区战略扎实推进，荣获省级知识产权强区称号。“六五”普法顺利推进。食品药品监管体系不断健全。全面落实社会稳定风险评估机制，推进“平安陈仓”建设，开展矛盾纠纷排查，公众安全感明显提升。

【深化绿色陈仓建设】 按照省、市关于关中大地园林化和国家生态园林城市创建的部署要求，以虢镇北坡森林公园、主干道路及重点区域景观提升、千渭之会湿地公园，北坡森林屏障、镇村绿化以及核桃经济林建设为重点，坚持绿化与美化相结合，造林与造景相结合，植绿与管护相结合，持续实施绿色陈仓建设。全年，共完成绿化里程173.1公里、绿化面积6.37万亩、栽植各类绿化苗木657.3万株，分别占年度计划任务的100.3%、116.9%和135.2%。

【办理网民投诉咨询438条】 紧扣为民务实清廉主题，按照“照镜子、正衣冠、洗洗澡、治治病”的总要求，聚焦问题反“四风”，开展党的群众路线教育实践活动。开展“十大陋习”、服务群众“最后一公里问题”专项整治，下功夫解决了一批群众关心的热点难点问题。推进简政放权，承接行政审批事项31项，取消行政审批事项16项。结合“三进三解三促”深化活动，启动邀请公民代表走进区政府活动，广泛听取群众对政府工作的意见建议，征集意见建议300多条。自觉接受人大法律监督和政协民主监督，办理人大代表建议65件、政协委员提案278件。接受新闻媒体舆论监督，主动公开各类信息4547条，办理网民投诉咨询438条。落实党风廉政建设责任制，加大对公共服务资金、政府性投资项目的审计监察力度，落实任期经济责任审计制度，政府自身建设得到加强。

【完善“三公”经费管理】 按照《党政机关厉行节约反对浪费条例》有关要求，制定印发了《关于进一步加强“三公”经费和会议费管理的通知》，对“三公”经费支出从预算控制、支出审批、财务核算、定期报告、监督检查等环节建立约束规范机制。在部门预算中，对“三公”经费按不低于10%进行了压减，并将公务接待费和会议费从下半年开始在财政部门集中核算，实行财政报账管理，加大了“三公”经费管理力度。

【领导视察调研】 1月7日，省委常委、省纪委书记郭永平到陈仓区检查调研基层党风廉政建设工作。1月10日，省委常委、延安市委书记姚引良率延安市党政领导代表团来慕仪镇就国人菌业、新野农业园区发展情况进行调研。1月26日，省委常委、政法委书记安东到陈仓区坪头镇、陕西群力电工有限责任公司慰问部分低保户、残疾人、困难职工，走访贫困企业。2月21日，市委副书记、市长钱引安到陈仓区调研经济社会发展情况。4月4日，副省长祝列克到陈仓区调研渭河上游段防洪及综合整治工作。5月8日和6月18日，市委书记、市人大常委会主任上官吉庆到青啤宝鸡工业园项目建设现场检查项目建设情况。7月9日，全国人大常委会副委员长艾力更·依明巴海到海浪锅炉公司视察。7月30日，市委副书记、市长钱引安一行到陈仓区渭河综合整治工程五一村段堤顶道路硬化工程现场检查。8月21日，省政协主席马中平一行到青啤宝鸡工业园，检查重点项目进展情况。12月21日，市委书记、市人大常委会主任上官吉庆带领市级相关部门负责人，对陈仓区创文惠民工程情况进行检查。

【全省首家“省级有机农业示范基地”创建成功】 2014年，西部山区被省农业厅命名为“陕西省有机农业示范基地”。陈仓区西部山区位于陕西省关中平原最西端，辖7镇130个村13.3万人，总面积1707平方公里。自启动“陕西省有机农业示范基地”创建工作以来，市西山工委、建委先后制定了《西部山区关于推进有机农业建设的实施意见》和《实施方案》，聘请西北农林科技大学食品学院专家完成了《西部山区有机农业产业发展规划》编制，并与西农食品科学与工程学院建立了校地合作关系，被西农食品学院授予有机食品教研基地。该基地创建了德厚有机苹果、万隆有机养殖、胜仙泉有机葡萄、博仁有机中药材、官村有机核桃、玉恒有机花椒等12个有机生产示范基地，已通过核桃、苹果、花椒、葡萄、柴胡在内的有机认证产品14类18个，认证总面积达到20029亩。

【2所学校荣获“陕西最美校园”称号】 由陕西日报传媒集团发起的“寻找陕西最美校园”大型公益活动，从学校内涵、创新、视觉、人文、思想、特色、布局、亮点等方面对候选学校进行了评审，其中网络投票占50%，专家评审占30%，实地寻访占20%。经过层层筛选及综合评定，陈仓区虢镇中学获得“陕西最美中学20强”，陈仓区实验小学荣获“陕西最美小学20强”称号。

【香泉镇被授予“宝鸡市白皮松苗木繁育基地”称号】 7月，陈仓区香泉镇被宝鸡市林业局授予“宝鸡市白皮松苗木繁育基地”称号。白皮松是宝鸡市市树，也是陈仓区重要的乡土树种。2009年在香泉镇开始培育，共培育2年生白皮松苗木1600亩2.4亿株；移植2年生白皮松4000亩1600万株，年销售白皮松苗木1亿株左右，收入达7000余万元。2014年，育苗户发展到1200多户，育苗范围已辐射到赤沙、坪头等镇。

【西洽会签约149亿元】 西洽会期间，陈仓区组织区级相关部门和客商代表先后参加了宝鸡丝绸之路旅游产业项目合作推介会、陕西新两省区合作交流对接会等大型项目推介洽谈活动，与100多户国内外投资商就食品饮料，商业开发、装备制造、新能源等项目进行了对接洽谈。分别与湖州亿丰集团、陕西高川置业有限公司签订总投资50亿元的宝鸡亿韦国际商贸城项目、总投资10亿元的宝鸡高川商业文化广场建设项目、与陕西镇乡建设投资有限公司签订了投资4亿元的福里民乐·广场建设项目，钛科新城、宝鸡国际汽车生态文化工业园等4个投资项目分别在会下成功签约。洽谈会上，陈仓区代表团全部完成第十八届中国东西部合作与投资贸易洽谈会暨丝绸之路国际博览会的各项工作任务，成功签约多个合同项目，引资总额149亿元，合同引资额比上届西洽会同比增长38%，签约金额再创历史新高。

【“三下乡”活动启动仪式在陈仓区举行】 2月18日，陕西省暨宝鸡市2014年文化、科技、卫生“三下乡”主题示范活动在陈仓区周原镇杜赵村举行。来自省、市、区农业、农机、文化广电新闻出版、科教、司法、卫生、计生、共青团、妇联等系统的专家、干部和演员们开展了政策宣讲、科普宣传、健康义诊、农技推广、法律咨询、文艺演出等活动，通过丰富多彩的形式，为当地农民送科技、送知识、送服务。省级农业专家教授到科技下乡蔬菜种植技术服务点——绿丰源果蔬专业合作社蔬菜基地育苗大棚，现场讲授蔬菜育苗技术；畜牧专家现场讲授畜禽现代养殖新技术和疫病防控技能；社科学者举办“中国梦与公民道德建设”主题大讲堂活动；团市委、团区委组织百名志愿者来到区中心敬老院开展爱心服务活动；专家向周原军辉小学展示了各种现代科普知识；省书法家协会开展“书法下乡走进陈仓”活动，为省市道德模范、劳动模范创作并赠送书法作品。

【为川塬镇（街）发放公务自行车179辆】 陈仓区委、区政府贯彻落实中央“八项规定”精神，推进党的群众路线教育实践活动，推动基层干部转作风，统一采购了179辆公务自行车配备给虢镇、千渭、东关三个街办和阳平、周原、慕仪、贾村4个川塬镇，用于镇（街）干部下村或下社区公务活动中使用。4月21日，陈仓区在周原镇举行公务自行车发放仪式，标志着陈仓区在川塬7个镇(街)推行公务自行车制度正式启动。

2014年4月21日，陈仓区举行公务自行车发放仪式

【举行丘陵山区高新农业机械演示会】 4月23—24日，中国宝鸡丘陵山区高新农业机械演示会在宝鸡会展中心举行，演示会邀请了国内90多家农机企业参展，组织18家企业的48台新机具进行现场演示。展示产品包括适合丘陵山区使用的动力机械、耕整地机械、种植施肥机械、田间管理机械、收获机械等机械设备。现场演示产品有丘陵山区专用拖拉机、新型高效植保机具、蔬菜移栽机械、农用飞机、枝条粉碎机等新型机械设备。

【全国残疾人射击锦标赛开赛】 6月19日，由中国残疾人联合会、国家体育总局、中国残奥委员会主办的2014年全国残疾人射击锦标赛在宝鸡射击射箭运动管理中心开赛。比赛场地位于陈仓区的宝鸡市射击射箭运动管理中心。共有来自北京、重庆、四川、湖南、河北、广东等省市及香港特别行政区的12支代表队76名运动员参赛。比赛分男子组、女子组和混合组，设置了男女气步枪、气手枪、混合赛等26个项目。

【西虢文化广场建成投用】 陈仓区西虢文化广场建设项目，经过两年多的建设建成投用。该广场占地178亩，工程概算投资6600万元，是以体现西虢历史文化的景观雕塑为核心，以周秦风格的园林建筑为点缀，以组团式的精品园林绿化为基础而设计的。室外总平工程共铺装广场8个1.4万平方米，硬化道路2条679米，建成停车场2个，景观溪流1条，游园步道8条，铺设给排水管网2676米；景观绿化工程共栽植乔木树种3293颗，花灌木7600平方米15.2万株，草坪3万平方米。

【《社火——脸谱大师的传奇》在陈仓剧院举行首发式】 9月29日，由西安交通大学、香港理工大学、中国西部文化创意产业协同创新研究中心及陈仓区委、区政府联合摄制的“天人合一代代相传主题纪录片《社火——脸谱大师的传奇》”，在陈仓剧院举行首发式。该记录片真实地记录了陈仓区县功镇翟家坡村、阳平镇联合村社火准备、化装、游演的全过程，集中展示了陈仓民间社火脸谱大师炉火纯青的艺术技艺和精美绝伦的社火脸谱。

【三个镇列入全国重点镇】 陈仓区阳平镇、周原镇、县功镇成功入选2014年全国重点镇行列。全国重点镇是小城镇建设发展的重点和龙头，陈仓区把重点镇建设作为加快城乡一体化建设的重头戏，在项目安排、资金拨付等方面加大支持力度，在规划申报、项目审批等方面条件放宽、一路绿灯。国家住房城乡建设部、发改委、财政部等开展全国重点镇增补调整工作，经逐级申报，层层筛选，陈仓区三个镇符合全国重点镇镇域面积、人口规模、镇地区生产总值等多个条件，最终入选。

西虢文化广场

【6.5万居民喝上了放心水】 2014年，为改善城区自来水水质，陈仓区引进石头河供水工程，并于5月22日实现为城区供水。供水范围约10平方公里，东到陈仓科技工业园区，西至千渭星城，南至南环路西宝高速，北至铁路北堡新村。该工程解决了区内6.5万居民生产生活用水，彻底解决了陈仓区群众多年来普遍关心的水质硬度偏高这一问题。

【成功举办宝鸡第一届青岛啤酒节】 8月15日晚，宝鸡第一届青岛啤酒节隆重开幕。宝鸡第一届青岛啤酒节是第24届青岛国际啤酒节的重要组成部分，以“激情欢聚　干杯宝鸡”为主题，由青岛啤酒西安汉斯集团有限公司、青岛啤酒汉斯宝鸡有限公司联合主办，宝鸡陈仓物流园区开发建设有限公司、宝鸡陈仓科技工业园区开发建设公司协办。啤酒节从8月15日持续到21日，设有青啤品牌产品饮区、文化展示区、美食休闲区、文艺演出区、豪华车展区以及奇石玉器根雕展览区。

【陈仓苹果再次获奖】 第七届中国·陕西（洛川）国际苹果博览会暨2014年中国苹果年会在洛川隆重召开，大会的主题是“品牌营销，合作共赢”。博览会上，陈仓苹果以“高桩、色艳、个大”的靓丽姿态亮相洛川国际苹果博览会，选送的“晨鸡”牌红富士、玉华早富、蜜脆及“赤恒”牌秦冠苹果再获中国·陕西（洛川）国际苹果博览会“二金二银”优质水果奖，这是陈仓区自2011年以来连续四年蝉联中国·陕西（洛川）国际苹果博览会金银大奖。

【首个村史馆建成并对外开放】 11月11日，陈仓区西秦村史馆正式开馆并对外开放。同日，该馆被中共宝鸡市陈仓区委组织部确定为党员教育示

陈仓区西秦村史馆一角

实，是中国农村发展史的一个真实缩影。

【新增集中供热面积100多万平方米】 2014年，陈仓区委、区政府把集中供热工作列为解决民生的头等大事。在做好民意调查、思想动员，收缴费用等前期工作的基础上，与大唐热电公司沟通协商，促成25家单位、小区签订了供热入网协议，新建支管网23条，热交换站26座。10月30日支线建设完工，11月8日管线冲洗完成，11月底新入网用户全部实现供暖，全区集中供热入户工程共新增集中供热面积100万平方米以上，超额完成年初预定目标任务。

（齐亚斌）

陈仓区委、区人大、区政府、区政协领导成员

区委书记　贺向东
副书记　苏国宝
　　王万庆
　　严　录
常委　贺向东
　　苏国宝
　　王万庆
　　严　录
　　李西强
　　惠军岐
　　李省堂
　　沙红梅（女）
　　魏　林
　　卢剑平
　　李峰科
　　牛　强
　　程　旭
　　（5月任职）
区人大常委会主任　冯乃善
副主任　康绍东
　　付双鱼
　　王全录
　　黄愉之
区长　苏国宝
副区长　李西强
　　惠军岐
　　陈　平
　　宋宏斌
　　孙智博
　　裴振强
　　苟晓明
　　程　旭
　　（5月任职）
　　薛小杰
　　李　煜
　　（8月任职）
　　米忠科
　　（9月离职）
区政协主席　葛德生
副主席　强　文
　　崔晓炜
　　吴诗文
　　（1月任职）

陇　县

【概况】 陇县位于宝鸡市西北部，南邻陈仓区，东接千阳县，西北与甘肃省清水、张家川、华亭、崇信、灵台5县毗邻。县城地处县境中心千河与北河交汇处，自北魏历为州、县治所在地。距宝鸡市76公里，西安市251公里。秦襄公曾在此建都，汉初设置陇关，素有“秦都汉关”之称，是先秦文化的发祥地和古“丝绸之路”上的重要驿站。2014年，全县辖12镇、158个行政村，版图面积2276.93平方公里，总人口27.14万人，宝中铁路、宝汉高速、国道344贯穿全境，为陕甘宁三省通衢。全县有耕地53.16万亩，林地236.05万亩，草地71.60万亩，森林172.40万亩，森林覆盖率达到58%，是陕西省五大林区之一。年均降水量517.7毫米，年平均气温11.5℃，属暖温带大陆性季风气候区。旅游资源优势明显，境内龙门洞为道教龙门派创始人丘处机开宗栖真之地。关山草原为西北内陆地区唯一的亚高山草甸。2014年，陇县以“打造宝鸡副中心，建设幸福新陇州”为目标，以“五大品牌”（“国际关山”“神奇龙门”“陇州社火”“陇州核桃”“美丽山城”知名品牌）推动宝鸡副中心城市建设，聚焦项目，主攻招商，倾力民生，开拓进取，攻坚克难，全县经济社会保持又好又快的发展态势。全年，实现生产总值57.16亿元，同比增长13%；地方财政收入2.68亿元，增长15.8%；农民人均纯收入8568元，增长12.1%；城镇居民人均可支配收入25464元，增长10.7%。先后荣获全国文化先进县、国家卫生县城、国家生态示范县、国家中医药工作先进单位、全国商品粮基地县、秦艽GAP基地县、国列玉米制种和商品牛基地县、中国社火文化之乡、国家园林县城、中国核桃之乡、国家绿色核桃生产标准化示范区、全省县域经济社会发展争先

2014 年陇县国民经济和社会发展主要指标一览表

项　　目	单　位	2014 年	比上年实际增长%
一、国内生产总值	万元	571564	13
第一产业	万元	166059	4.9
第二产业	万元	240258	22.8
第三产业	万元	165247	8.6
二、财政总收入	万元	37097	28.7
三、消费品零售总额	万元	178920	12.3
四、社会固定资产投资	万元	1160188	33.9
五、农业总产值	万元	305299	4.9
六、规模以上工业总产值	万元	368420	17.3
七、城镇人口可支配收入	元	25464	10.7
八、农民人均纯收入	元	8568	12.1
九、人口自然增长率	‰	4.91	0.93

进位奖、全省城建工作先进县、省级双高双普达标县、全市重点项目建设和争取中省资金先进县。

【项目建设和招商引资取得重大突破】 133 个重点项目完成投资 52.1 亿元，同比增长 31.3%，荣获全市重点项目建设奖和争取中省资金工作先进单位奖。景观水面 5 号坝、县乡公路改造、农田水利等基础设施项目建成投用，国道 344 县城过境段、关山快速旅游干线、交通物流园区等一批具有引领作用的大项目扎实推进，东风生活垃圾填埋场等 4 个前期项目转化为在建项目，固定资产投资达到 116.02 亿元。年内，落实项目 360 个，争取资金 16.1 亿元。成功引进飞鹤关山 4 万只奶羊养殖场、关山长沟河水电开发等重大产业项目，实现到位资金 26.2 亿元、外资 171 万美元。

【城镇建设加快】 实施“青山”“碧水”“文化提升”三大工程。建成了陇州文化广场、滨河森林公园等绿地广场，建成区绿化覆盖率、绿地率、人均公共绿地分别达到 42.7%、37.2%、10.99 平方米以上。利用千北河水资源充沛条件，建成环城景观水面 5 处，形成水面 70 万平方米。育才路等四条道路建成通车，万人居住小区初具规模，大震关广场、关山月广场竣工投用。主城区改造多点突破，新民巷仿古一条街建成通车，关山酒店、西街二组等 6 大片区改造稳步推进，城区集中供热、供水改造工程按期竣工，新开通 3 条城乡公交，新建公厕 6 座，荣获全省城建工作先进县。特色镇建设步伐加快，东南镇获全省重点镇建设先进镇并跻身全国重点镇，固关镇固关街村创建为全国首批少数民族特色村寨，新集川、八渡镇被命名为省级卫生镇。全县实现有条件农民进城落户 1.05 万人，城镇化率达到 45.6%。开展城乡环境综合整治，宝汉高速、国道 344 和辛新路绿化全线贯通，新增绿化面积 5.91 万亩，温水镇团结村被评为“全市十大美丽乡村”。

【规模以上工业实现产值 36.84 亿元】 绿色食品工业园区基础设施全面配套，飞鹤关山乳业、陕西天香食品建成投产，中小企业创业孵化基地建成 1 号综合楼和 2 号标准化厂房，引进韩国橡籽加工、陕西秦果世家等 4 户企业，园区实现总产值 7.5 亿元。新能源产业蓬勃兴起，关山风电、华润风电、天津瑞能及西安佳阳光电项目扎实推进，小水电代燃料项目开工建设。众德汇陶瓷 3 号生产线建成投产，新型建材产业园获批为省级重点县域工业集中区。加强政银企信息对接，创新融资平台，全县金融机构各项贷款达到 18.8 亿元，较年初增加 3.1 亿元。新增“四上”企业 10 户、小微企业 65 户、个体户 939 户。全年，规模以上工业实现产值 36.84 亿元，同比增长 17.3%，荣获“全省加快发展中小企业先进县”称号。

【现代农业提质增效】 2014 年，实施园区带动战略，东南申家咀园区创建为省级园区，温水坪头园区被命名为省级食用菌标准化示范区，建成城关高垓、东风普乐塬 2 个市级园区。奶畜产业加快发展，飞鹤关山 4 万只奶羊养殖场开工建设，东风夏家湾万只奶羊园区竣工投用，和氏杜阳千头奶牛场创建为国家级标准化示范场，东南东兴、城关麻坊埔等 4 个奶牛场创建为省级标准化示范场。全县奶牛存栏 6.4 万头，奶羊存栏 7.4 万只。新栽优质核桃 2.45 万亩、苹果 3000 亩。烤烟实现产值 7208 万元，曹家湾宏盛烤烟合作社被评为“省级示范社”。新建农民专业合作社 20 个、家庭农场 26 个，安宁核桃、金龙果品等 4 户企业被命名为“市级产业化龙头企业”。

【第三产业日益繁荣】 关山草原开发实现突破，快速旅游干线路基基本贯通，改造陇马路20公里，鞍子沟假日酒店竣工投用。大龙门景区开发强力推进，建成丘祖殿、龙潭广场等景观。秦源文化产业园全面开工，住宅区及特色商业街建设进度加快。陇州社火绽放异彩，在省十五运会开幕式上助兴演出，社火题材电影《斯特凡尼娅日记》获首届中国丝绸之路国际电影节最佳摄影奖，微电影《社火情缘》获“三秦风采奖”。范家营、团结等9个村被列入全国乡村旅游扶贫重点村，乡村旅游生机勃发。全县接待游客246万人次，综合收入16.2亿元，分别同比增长29.3%、40.4%。商贸流通体系逐步完善，天逸、万利等商务酒店投入运营，建成2个镇标准化超市，网络销售、加盟代理等新兴业态迅速发展。社会消费品零售总额达到17.89亿元，同比增长12.3%。

【推进行政体制改革】　2014年，清理县级行政职权5项，承接下放至县级部门行政审批项目36项，梳理县政府行政职权264项、县级部门3699项，县政府及部门权力清单向社会公布。园林环卫改革顺利实施，组建了园林环卫局、房屋征收公司。食品药品监管机构改革、县陶瓷厂改制全面完成。农村产权制度改革向纵深推进，土地承包经营权确权登记全面展开，核查登记土地66.3万亩。对外开放取得新成果，实现外贸出口201万美元。

【社会事业全面发展】　教育质量稳步提升，高考二本上线人数达到941人，居全市第三，中考500分以上高分段人数达到176人，居全市九县之首。城关镇西关小学教师白亚梅执教的英语课在西北地区首届“中国好课堂”大赛宝鸡赛点获得大赛一等奖。建成县营养配餐中心，完成32所学校学生食堂改造，硬化软化操场8.1万平方米，发放免除各类困难学生资助金6143万元，人民群众对教育的满意度不断提高。体育工作全市领先，省十五运会获金牌24枚，第六届“奥运争光”运动会列全市第二。陇县籍运动员张欢荣获亚运会女子赛艇冠军。医疗卫生服务体系日益完善，县医院内科住院楼完成主体，建成东风、河北4个卫生院综合楼和门诊楼。人口计生工作得到加强，单独两孩政策平稳实施，人口自增率4.91‰。食药监管能力不断提高，新建13个镇监管所。文化事业加快发展，国家二级综合档案馆创建成功，建成天成镇综合文体中心，完成广播电视“户户通”7483户。村歌《山花染红西武当》荣获全国“十佳村歌”殊荣，村歌词作者梁存仓、曲作者杨少龙、演唱者张雪云分别荣获优秀村歌作词作曲表演奖。民主法治建设持续加强，荣获全省“六五”普法中期先进县。防灾减灾工作扎实有效，举办地震应急、森林防火等综合演练，开展气象防雹增雨作业14次。

【提升民生保障水平】　全面落实创业就业政策，发放担保贷款4957万元，扶持创业476户，新增就业2419人，城镇登记失业率3.04%。农村劳动力转移就业11万人，劳务收入8.8亿元。弱势群体生活有效改善，为低保对象、高龄老人、各类优抚对象发放低保金5097万元、高龄津贴848万元、抚恤补助420万元。集中供养五保户433人，县中心敬老院获全国农村五保供养工作先进单位。社会救助更加完善，发放临时救助、救灾资金462万元。精准扶贫扎实推进，搬迁困难群众576户2560人，完成“三无户”建房230户，解决了2.1万人安全饮水，1.65万人实现脱贫。保障房建设成效显著，新开工1717套，全县累计达到6537套，综合考评全市第一。

【省市领导视察调研】　2月19—20日，副省长祝列克调研陇县扶贫开发工作。先后视察了关山乳业夏家湾万只奶山羊养殖场、众鑫粮食种植专业合作社、关山乳业公司，了解陇县如何依靠产业发展、合作组织带动、企业引领解决贫困群众增收致富问题。并到扶贫联系点温水镇坪头村进行调研，为4户群众发送了慰问金和慰问品。4月17日，省委书记赵正永在市委书记上官吉庆、市长钱引安等陪同下，先后视察了陇县恒泰牧业千头奶牛场、生态工业园区、南岸新城、曹家湾三里营中心社区，并走访农户，调研党的群众路线教育实践活动开展情况。8月19日，市长钱引安先后到龙门洞景区、关山快速旅游干线、秦源文化产业园建设现场，察看各个项目建设进展情况。并到县抗旱防汛物资储备库、胡家庄地质灾害搬迁点、八渡镇西坡省级地震监测台，就防震减灾、抗旱及防汛防滑工作进行了调研。

2014年4月17日，省委书记赵正永在陇县调研

【党的群众路线教育实践活动整改问题6895条】 2014年，县级四大班子和全县12个镇、1个管委会、158个村、3个社区、57个县直机关单位的398个党组织10447名党员参加了党的群众路线教育实践活动；全县三个茬次列入整改的问题8362条，其中："四风"方面问题4867条，关系群众切实利益的问题266条，服务群众"最后一公里"问题1101条，改革方面问题702条，党建方面问题492条，其他方面问题934条，确保了各级领导干部把"四风"方面的突出问题找准、找全。第三茬次各党支部党员累计提出1600余条批评意见。全县394个党组织共有10447名党员参加民主测评，其中评价好的有7432人，一般的有2995人，差的有20人。全县列入整改的突出问题整改落实到位6895件。各级共化解上级交办的群众信访问题44件，办理事关群众切身利益的意见建议202条，解决联系服务群众"最后一公里"问题728件。建立便民服务中心（站）179个，出台惠民政策48项、出台便民服务措施212项，为群众办实事1457件，投资总额1.33亿元；全县各级下发文件同比减少16.67%、会议减少20.3%、评比达标和表彰活动减少17.36%；清理超占办公用房2296.23平方米、压缩"三公经费"75.8万元，叫停形象工程1个，取消和下放行政审批事项15项；排查城乡低保错报漏报392人，取消不符合低保条件的对象205户380人；查处"庸懒散拖"问题2件2人，查处接受礼金1人，查处"三乱"问题1起涉及金额4.23万元，查纠违规纳入农村危房改造问题1人；查处涉农利益、食品药品安全、医疗卫生等方面损害群众利益问题135起14人；查处违反中央八项规定精神案件4起7人，查处违反上下班工作纪律问题8起13人。全县新出台各类制度509个，修订完善697个，废止制度64个，形成了整改工作的长效制度，巩固了整改成果。

【荣获"国家绿色核桃生产标准化示范区"称号】 2月27日，陇县核桃标准化生产示范区项目通过国家标准化委员会专家组验收，获"国家绿色核桃生产标准化示范区"称号，是全省唯一获此殊荣的县区。陇州绿色核桃标准化生产示范区为全国第七批农业标准化示范区建设项目。示范区涵盖温水、河北、东风三镇，至2014年，全县核桃总面积达到52.09万亩，产量8239吨，核桃标准化示范园25.82万亩。陇州核桃"香玲"品种在首届中国核桃节上荣获金奖。

【举办中国宝鸡陇县·龙门洞道文化论坛】 8月29日，为期两天的中国宝鸡陇县·龙门洞道文化论坛在陇县龙门洞景区开幕。国家宗教事务局副局长蒋坚永，全国政协常委、中国道教协会会长任法融，陕西省宗教事务局党组书记张宁岗、宝鸡市委书记上官吉庆、市人大常委会常务副主任孙惜玲，中国宝鸡陇县·龙门洞道文化论坛宝鸡市组委会主任、市委副书记陈光明，市政协副主席王虎贤及参加论坛的各位嘉宾出席了开幕式。本届论坛由中国道教协会和陕西省道教协会主办，中国宝鸡陇县·龙门洞道文化论坛宝鸡市组委会、陇县组委会、宝鸡市道教协会、陇县道教协会承办。两岸四地道教界人士、宝鸡市各县区代表、陇县各界代表以及人民日报、光明日报、中央电视台、陕西电视台、新华网、人民网等国内26家新闻媒体的记者共千余人齐聚陇县。任法融与南开大学商学院副院长齐善鸿、复旦大学历史学系教授钱文忠、台湾大学哲学系教授傅佩荣、陕西省社会科学院宗教研究所研究员樊光春4位文化名人应邀龙门论道，就"龙门洞的祖庭地位""龙门精神对现代社会的助推作用""文化活动对国家、社会、民生的价值和意义"等话题进行了论述和阐释。

【8人获"最美宝鸡人"称号】 11月6日，宝鸡市精神文明建设委员会举行2014年度"最美宝鸡人"颁奖典礼。市文明委开展的这次评选活动从3月开始，以普通群众为主体，立足社区、企业、村镇、学校、机关等基层一线，把目光集中在最基层的广大普通干部群众身上，发掘普通人物的闪光点。陇县火烧寨峰山小学教师张存贵荣获最美宝鸡人特别荣誉奖，公安局民警赵方平，东南镇演峪山村党支部书记李桂芳，县信访局局长陈天良、关山林场职工王军贤、东南镇梁甫村村支部书记杨斌、县检察院干警李小军、县退休教师贾烈桂荣获"最美宝鸡人"荣誉称号。

【首家农村商业银行成立】 11月21日上午，经省银监局开业批复，陇县农村商业银行正式挂牌开业，县长赵甲宏出席仪式并致辞。陇县农村

2014年8月29日，中国宝鸡陇县·龙门洞道文化论坛在陇县龙门洞景区开幕

商业银行是宝鸡市首批改制为农村商业银行的农村合作金融机构。该行注册资本8500万元，辖1个营业部、10个支行、15个分理处。开业当天，陇县农商银行向县儿童福利院捐赠资金10万元。

【《陇县志（1990—2010）》通过终审】 12月2日，陕西省地方志编纂委员会考核评审组对《陇县志（1990—2010）》进行考核评审。通过听取汇报、整体测评，评审组认为《陇县志（1990—2010）》政治观点正确，分类框架合理，体例完备；资料翔实，图文并茂，内容丰富；文字流畅，表述清晰，较好地反映了陇县地方特色和时代特点，是一部较成熟的志稿，并决定通过终审。陕西省地方志办公室主任王锦春，对《陇县志（1990—2010）》终审稿和全县修志工作给予肯定，并对修改完善提出了指导意见。

【开展评选“陇县美德少年”活动】 10月17日，县教育体育局联合县文明办、团县委在全县开展了“陇县美德少年”评选活动，经过基层推荐、组织审核和组委会筛选，共评选出15名热爱党、热爱祖国、热爱家乡，模范遵守家庭美德、学生道德和社会公德，品德优良，事迹突出的美德少年。并在南道巷中学召开“陇县美德少年”表彰会，为10名“陇县美德少年”和5名“陇县美德少年提名奖”获得者颁发了奖杯和证书。

【国家三类城市语言文字工作达标】 12月9—10日，宝鸡市语委办主任、市教育局副局长杨存科带领市评估组在听取陇县三类城市语言文字工作汇报的基础上，分4个工作小组，通过听取汇报、实地查看、座谈交流、查阅资料等方式，对陇县党政机关、学校、新闻媒体、公共服务行业四大领域多个单位语言文字工作进行全面、细致、严格评估后，同意陇县通过评估验收，并向陇县授予“达标城市”奖牌。

【关山草原风景区创建为国家4A级景区】 陇县围绕关山草原景区国家4A级景区创建工作，坚持高点规划、节点突破、科学开发、加快建设，在软硬件提升、自然资源保护、经营管理、对外宣传、旅游环境整治等方面不断加大投入，完善景区功能，提升了品牌影响力。12月2日，依照中华人民共和国《旅游景区质量等级的划分与评定》与《旅游景区质量等级管理办法》，经陕西省旅游景区质量等级评定委员会组织评定，关山草原景区达到国家4A级旅游景区标准，并正式批准为4A级旅游景区。

2014年12月2日，《陇县志（1990-2010）》终审会议召开

【“双高双普”工作通过省政府评估考核】 12月3日，陇县“双高双普”工作暨县级党政领导履职教育工作通过省政府考核评估组检查验收。省政府考核评估组认为陇县义务教育的实施水平和质量均有大幅度提高，学前教育和高中阶段教育有较大发展，根据“双高双普”评估标准，各项指标达到了“双高双普”评估标准，可授予“高水平、高质量普及九年义务教育和普及学前教育、普及高中阶段教育县”称号。同时，根据《陕西省县级党政领导干部履行教育工作职责督导考核标准》，陇县党政领导履行教育工作职责督导考核结果优秀，通过陕西省县级党政领导干部履行教育工作职责督导考核。省政府考核评估组向陇县颁发了“高水平、高质量普及九年义务教育和普及学前教育、普及高中阶段教育县”奖牌和双高双普合格县奖励资金。

【农村养老保险领取实现镇级全面覆盖】 2014年，县城乡居保中心、县邮政储蓄银行、县农业银行抽调12名工作人员，分三组对全县各镇布设的养老金便民服务点逐村逐点进行全面检查，划分经办银行基层便民服务网点的布局责任，由邮政储蓄银行承担6镇103个村，农行承担6镇55个村的便民服务点建设、养老保险费代缴代扣及基金存储、养老金发放等工作任务。截至11月，全县12镇1个管委会及镇周边村实现农村养老保险领取全覆盖。

【开展“邀请公民代表走进县政府”活动】 2014年，县政府以“聚焦项目、聚焦城市建设、聚焦民生”为主题，组织开展了六期“邀请公民代表走进县政府”活动，邀请全县各镇及社会各界公民代表参加，县政府常务副县长许道平、副县长葛管社、苏海甫、赵强分别参加活动。代表们围绕城市建设、重点项目、教育民生、专业人才引进等问题畅所欲言，提出了意见和建议。县政府领导现场答复了公民代表提出的有关问题。

【实验幼儿园开园】 陇县实验幼儿园9月1日正式开园招生，首期招生8个班278名幼儿，配备教职员工34名。陇县实验幼儿园位于南岸新城育才路，是县教体局直属的一所全日制公办幼儿园。园所占地面积13000多平方米，建筑面积4481.05平方米，总投资约1280余万元。园内建筑合理，环境优美，保教设施先进、齐备。三层保教楼每层各有特色，楼体外观以金色为主色调，寓意金色童年。综合楼有音乐舞蹈室、科学发现室、图书资料室、教玩具室、美工活动室等。各班均配备钢琴、电视机、空调、消毒柜、饮水机等设施。活动区、睡眠区、盥洗室、衣帽间单设。户外活动场地开阔、功能区划分科学。

【成功创建为“国家慢性病综合防控示范区”】 12月26日，陇县被国家卫生计生委办公厅公布为国家慢性病综合防控示范区。创建工作自2012年启动，县委、县政府制定下发了《陇县慢性病防治工作规划（2012—2015）》和《陇县创建国家慢性病综合防控示范区工作实施方案》。在县电视台播放《卫生与健康》和《慢病防控》专题节目128期。发放各类宣传资料35种20.79万份。聘请省、市健教专家来陇县举办健康知识大讲堂5期，在全县84所中小学校开设健康教育课，在40所幼儿园坚持进行合理膳食、口腔卫生、健康行为教育。在全县各医疗单位建立健康教育活动室178个，累计举办健康知识讲座1712场，受训人数6.7万人次。组织400多名医疗工作人员进社区、进机关、进学校开展慢性病防治的基线调查和监测，共诊断出“慢五病”患者55262人，人群患病率为20.51%，其中：高血压36664人、糖尿病6860人、脑卒中6271人、冠心病4870人、恶性肿瘤597人，建立高危人群档案9969份。在全县78314户26.93万人中开展了死亡漏报调查和死因漏报调查，医疗机构死亡网络报告覆盖率及审核率达100%。在2家医疗机构开展肿瘤发病登记报告工作，在20家医疗机构开展心脑血管事件报告工作，覆盖率均为100%。先后建成5个县级健身广场和168个镇村健身娱乐广场，并配备了700多套健身器材和休闲设施。在全县131个机关单位实施工间操制度，覆盖率为66.41%。开展“合理营养、平衡膳食”知识进饭店、进家庭活动，全县超市低盐低脂专柜设置覆盖率达到100%。全县党政机关、24个医疗卫生单位、12个企事业单位、82所学校均达到无烟单位标准，医疗卫生单位和学校实现了无烟单位全覆盖，成年人吸烟率控制在23.65%以下。建成“示范食堂”6个、“示范餐厅”6个、“示范单位”7个、“示范村”6个、“示范社区”2个。

（张志宏）

陇县县委、人大、政府、政协领导成员

县委书记	杨宝玉
副书记	赵甲宏 赵一键
常委	杨宝玉 赵甲宏 赵一键 许道平 闫涛 蒙科建 方玉全 葛管社 姚建平 李维芳 刘方斌
县人大常委会主任	车振华
副主任	于焕琦 焦登鳌 王亚萍 闫新汶
县长	赵甲宏
副县长	许道平 葛管社 苏海甫 赵强 陈爱珍 张宝林 刘堂刚（8月挂职）
县政协主席	张笃志
副主席	李秉文 曹虎林 闫引娟

千阳县

【概况】 千阳县位于陕西西部，宝鸡市北，东和凤翔县相邻，西和陇县相邻，北接甘肃灵台县，南和宝鸡县功相交，距宝鸡市37公里，距省会西安200公里。全县辖8个镇97个行政村518个村民小组，2个居民委员会。2014年末，全县总人口13.39万人，其中农业人口11.25万人。县域总面积998.6平方千米。全县有耕地2.4万公顷，林地3.3万公顷，草地2.8万公顷。耐火黏土，白黏土储量大，南山石灰石资源丰富，品位高，探明储量达40亿立方米以上，发展陶瓷、水泥等建材工业具有得天独厚的条件。交通便利，宝（鸡）中（卫）铁路穿境而过，设千阳、水沟两个火车站，陇（县）凤（翔）、西（安）千（阳）、千（阳）灵（台）、宝（鸡）平（凉）四条干线公路和宝（鸡）汉（中）高速在此交汇，国道、省道与县乡公路纵横成网，四通八达。千阳为孔子七十二贤之一燕伋、西汉丞相司直郭钦、唐朝太尉段秀实“三贤”故里，境内有“中华尊师第一台”——燕伋望鲁台、千湖国家湿地公园、莲花山狩猎场等旅游度假之地。2014年，千阳县坚持稳中求进总基调、改革创新主旋律，扩投资保增长、调结构上水平、抓改革增活力、惠民生促和谐，全县经济社会保持了持续快速发展的良好态势。全县实现地方生产总值35.06亿元，同比增长16.9%；完成地方财政收入1.0353亿元，同比增长20.2%；固定资产投资78.54亿元，同比增长34.3%；农民人均纯收入8955元，同比增长12.8%。荣获全国文化先进县、全国农村集体“三资”（农村资产、资源、资金）管理示范县、国家义务教育发展基本均衡县、全省保障性安居工程建设工作十佳县，连续三年获得全省工业增速前十名奖，连续五年保持全省信访工作“三无县”（无进京非正常访、无赴省集体访、无信访积案），连续七年被评为全省夏季农田基建先进县，省级生态县通过评估验收。

【现代农业发展】 2014年，千阳县采取“政府指导，市场运作，企业参与，农民受益”的思路，培育新型农业经营主体。全县新注册农民专

2014 年千阳县国民经济和社会发展主要指标一览表

指标名称	单位	2014 年实际完成	2014 年比 2013 年实际增长%
一、地区生产总值	亿元	35.06	16.9
其中：第一产业	亿元	9.18	5.0
第二产业	亿元	18.75	25.5
第三产业	亿元	7.13	8.7
二、全社会固定资产投资	亿元	78.54	34.3
三、地方财政收入	万元	1.0353	20.2
四、社会消费品零售总额	亿元	5.99	12.2
五、农民人均纯收入	元	8955	12.8
六、社会保障			
1. 城镇居民最低生活保障	人	2744	
2. 农民最低生活保障	人	11792	
3. 农村新合作医疗参保人数	%	99.99	
七、人口自然增长率	‰	3.51	

业合作社 30 个，累计达到 192 个。其中新绿奶业专业合作社、天山香瓜果蔬菜专业合作社等 6 个合作社被省农业厅认定为省级示范社。培育建成联富食品公司、有机王蔬菜、鲁桑园农业科技开发有限公司等 14 户市级农业产业化龙头企业，建成胡萝卜等 10 个无公害农产品生产基地。发展种粮大户 232 户，注册家庭农场 23 户。双孢菇等 5 个产品通过无公害产品认证，注册“清谷田园”等农产品商标 28 个。至 2014 年底，全县现代化农业园区 17 个，规模化生产经营面积 3.2 万亩，年生产经营收入 1.2 亿元，提供就业岗位 2000 多个，园区内人均纯收入达到 1.3 万元。建成陕西海升、锦泰、千湖现代农业园区省级示范区，鲁桑园等 14 个市级示范区。位于张家塬镇的锦泰现代农业产业园，占地 3600 亩，建成日光温室 400 座、拱棚 200 座，成为全市最大的设施蔬菜产业园。地处水泉村的桑产品研发示范园——鲁桑园，建成工厂化智能果桑苗繁育大棚 4 座 288 平方米，建成茶桑产品加工生产线 1 条，示范种植的 6 个果桑品种实现挂果。

【国家矮砧苹果综合标准化示范区建设】 2012 年，海升集团计划投资 3.5 亿元，利用 3 年时间，以国家苹果产业技术体系和国际苹果技术领军团队为依托，以西北农林科技大学千阳苹果试验示范站为支撑，在千阳县开展矮砧苹果综合标准化示范园区建设。园区规划面积 1.1 万亩，其中规模化矮砧密植苹果示范园 9000 亩，新品种新技术引进示范区 1000 亩，矮化自根砧无毒苗木繁育中心 500 亩，综合服务中心 500 亩。至 2014 年底，在南寨镇已经建成矮砧苹果格架基地 6500 亩，M9-T337 育苗基地 500 亩。园区打深机井 5 眼，建设蓄水池 7 个 1000 立方米，采用美国托罗灌溉配套设备及全自动控制系统进行滴灌。安装太阳能杀虫灯 50 盏，配套果园专用拖拉机、采摘机等设备 24 台。在海升果业园的辐射带动下，全县矮砧苹果格架苹果园发展到 2.4 万亩，建成矮化自根砧育苗面积 2330 亩。2014 年 9 月 28 日，第一届中国苹果产业发展论坛在千阳县召开，中国苹果产业协会授予千阳县“苹果现代化种植技术示范基地”。海升果业园区被国家标准委认定为国家矮砧苹果综合标准化示范区。2014 年 12 月，园区又被农业部农业机械化技术开发推广站认定为“果园机械化示范基地”。

【工业环保】 2014 年，千阳县以生态环保为着力点，促进工业企业改造提升。全县 21 户建陶企业设备全面完成干燥塔除尘器、水循环设备、煤焦油回收系统改造提升。12 户陶瓷企业全面实行“窑温余热回收利用”。累计更换布袋 3.9 万条，建成封闭式料棚近 20 万平方米，新建废水回用池 48000 立方米，4 户企业完成压机除尘设施安装，3 户企业加装了水雾除尘。千阳县海螺水泥有限责任公司第一条生产线 2010 年 11 月点火投产后，已累计生产熟料 611 万吨、水泥 562 万吨，余热发电 14893 万千瓦/小时。地球卫士环保新材料一期环保壁纸（石头造纸）项目在 2013 年 6 月开工建设后，已经完成投资 9.3 亿元，占投资计划 46.5%。

【项目建设】 2014 年，千阳县制定《重点项目实施管理细则》，明确项目建设、谋划、管理目标、主体责任、考核奖惩措施，推行重点项目节点管理和“红黄绿”三色预警。全县建设投资过亿元的项目达到 15 个。其中大地丰泰标准化苹果园、海升苹果苗木繁育中心、中加合资有机肥、千湖万汇城等 18 个市列重点项目年度完成投资 31.77 亿元，占年度计划的 112.5%。99 个县列重点项目中有 85 个完成年度建设任务，累计完成投资 39.4 亿元，占年度投资计划的 104.5%。20 个争取启动项目中有 7 个开工建设，3 个完成年度建设任务，累计完成投资 1.66 亿元。市列重点项目宝商家美佳千阳店已投入运营，英列光伏发电完成 1 兆瓦电板安装，雅泰苑建设完成装饰、装修、采暖、消防、电梯、广场装饰、道路硬化、绿化、美化工程和招商，于 10 月 1 日正式营业投用。县列高崖镇农民进城居住小区建设完成铺设供水管网、砌渠道和道路绿化、美化、亮化工程，部分农民已入住。

【城乡交通】 2014年，全县投资1.0636亿元，实施县乡交通工程建设。其中投资914万元，对东海路燕伋大桥进行加宽改造，12月底工程竣工投用；投资7350万元，实施滨河公路城区段路面硬化、千川段路基处理、涧口河大桥和五里坡大桥建设；投资350万元，进行陇凤路冯坊河大桥加宽改造；投资950万元，建成212省道庙岭大桥；投资131万元，建成锦泰现代农业园产业路4公里。投资720万元，整治农村公路86公里，完成农村公路安保和养护工程92公里，其中新画标线25000米，修筑坡型护栏6416米，新栽警示柱7882根，新修排水渠8745米，油路罩面6231.2平方米。省级农村公路养护管理示范县通过省、市验收。

【学前教育】 2011年开始，千阳县实施学前教育三年行动计划。至2014年，全县投资7150.2万元，建成公办幼儿园4个。其中西新区幼儿园占地面积14000平方米，建设投资3748.32万元，总建筑面积8156平方米；草碧镇中心幼儿园占地面积3600平方米，投资1716.89万元，新建校舍总面积3182平方米。南寨镇中心幼儿园、水沟镇中心幼儿园已于2013年竣工投用，西新区幼儿园和草碧镇中心幼儿园于2014年建成招收幼儿。至2014年底，全县已建成公办幼儿园9所，民办幼儿园8所，其中县幼儿园顺利通过省级示范幼儿园复验，柿沟镇、水沟镇中心幼儿园通过市级示范幼儿园验收。实现了陕西省第一期学前教育三年行动计划（2011—2013）规定的每县一所省级示范园，每镇一所公办中心园和公办园占比达到50%的要求，被省政府表彰为第一期学前教育三年行动计划先进县。

【开展文化先进县创建】 从2011年开始，千阳县开展文化先进县的创建工作。县委、县政府成立领导小组，8个镇由文化站长、文化专干、网络多媒体技术人员分工负责，各行政村和城市社区由1名享受县财政补贴的文化管理员做好落实。全县投资2亿多元，先后建成县文化馆、图书博物综合楼、青少年校外活动中心、体育中心、职教中心、影剧院、老年大学等重点文化惠民工程。投资4500万元，建成县城中心文化广场、平江营文化休闲广场、燕伋文化广场、62个镇村文化休闲广场等公共文化服务场所。投资1000多万元，按照中省“三室一厅一场（阅览室、信息资源共享服务室、多功能活动厅、文化休闲广场）配置要求，建成镇综合文化站8个。围绕新农村建设，在全县所有村建成“农家书屋”。通过实施村级文化器材配送、广播电视“户户通”“村村通”文化资源共享三大工程，累计配送图书154350册、锣鼓98套、扬琴和电子琴各98台、电脑设备和投影仪机100台、广播电视接收设备8312套、服装6860套。全县广播电视覆盖率达到98%，县、镇、村三级公共电子阅览室实现全覆盖。先后成立县书法协会、民间工艺品协会、戏剧家协会、摄影艺术家协会等各类文艺团体16个，组织民间小班社等文艺表演社团30多个，开展文化进村、进社区、进学校、进企业、进工地“五进”活动。截至2014年底，全县在市级以上媒体发表各类文艺作品2600多篇，获省级以上金、银、铜奖百余次。成立刺绣工艺品专业合作社12个，培育工艺品制作专业村11个。2012年3月，荣获省文化先进县。2014年12月18日，在全国“三先”（文化工作先进集体、先进单位、先进个人）表彰会上，被命名为“全国文化先进县”。

千阳县西新区幼儿园

【旅游发展】 2014年，围绕“千湖国家湿地公园、望鲁台景区、莲花山狩猎场”三个重点景区景点，做大旅游品牌。在千湖国家湿地公园南北景区建设上，投资1000多万元，先后建成门户区假山景观、南岸纸坊湾和罗家咀观景平台、门户区广场1850平方米。投资20万元，在公园主景区、主干道种植花卉50多亩。北岸百花园建成儿童游戏场、射箭场、中心雕塑、景观风车、亲水平台、木屋、特色花架和木质长廊等，栽植乔木千余株、灌木近万平方米，各种花卉上百种。9月17日，市政府、省林业厅、国家林业局保护司在千湖湿地举行仪式，30只国家一级保护动物朱鹮实现野化放飞。在燕伋文化景区建设上，投资4000万元，完成西府民俗一条街一期项目工程，建起10000平方米西秦刺绣文化产业园。在莲花山狩猎场建设上，整修狩猎通道3.6公里，修缮别墅、游客接待中心350平方米，更新旅游接待设备20套。景区绿化栽植油松758株，侧柏105株。依托各景区，开展主题文化活动，先后在千湖国家湿地公园举办了千阳县“地税杯”迎接省运会、共筑中国梦环千湖自行车赛，秦腔自乐班演唱，婚纱摄影展，秦之声千湖湿地送戏下乡等活动。在全县开展农家乐评星定级工作，川情园、野趣园等7户农家乐被市局评定命名为四星级和三星级农家乐。全县年接待游客逾48万人次，实现旅游综合收入4.9亿元，同比均增长20%以上。

【建成国家一级看守所】 2014年，千阳县看守所加大硬件建设投入，建成收押大厅、医务室、突发事件指挥中心等设施配套，在监舍与放风场所安装自动报警监控系统、电教系统、会见系统，统一进行监门哨、AB门、上哨通道改造。实行看守所对社会开放和所长接待日制度，建立特邀监督员日常巡查机制，落实押员帮助联系代理律师制度，预约、错时方式服务提醒、会见工作制度。完善安全风险评估和心理干预机制，健全深挖犯罪奖励、激励工作机制、人性化帮教转化机制。年内为在押人员及其家庭解决实际困难23件次，90%以上释放人员没有出现再次违法犯罪问题。2014年3月17日被公安部命名为“国家一级看守所”。

【农村居改】 千阳县从2012年开始，通过整合扶贫移民、生态移民、灾后重建、残疾人建房、发改、红十字会等所有农村建房补助政策资金项目，在全市率先启动实施了以“三集中、四告别”为主要内容的农村居住环境改善工程，引导农民向县城、城镇、中心村集中，彻底告别深山区、土坯房、土窑洞、独居户。对收入水平较高的群众，鼓励进县城购买商品房；对收入水平处于中上的群众，在县域或镇区购买保障房；对收入水平较低的群众，给予“三无户”建房等政策扶持，农民不用掏钱直接在镇中心社区建房；对无依无靠的特困、低能群众，进养老中心集体供养。截至2014年底，全县建成农民进城集中居住小区13个，住宅楼65栋3364套，小独院4122户，部分群众已搬迁入住。2012年至2014年，全县累计实施搬迁改造7420户2.9万人，占三年任务的115%。建成“三无户”（无住房、无子女、无资金来源）周转安置房160户，累计达到529户。建成16个“三无户”集中安置点，其中10户以上的集中安置点有草碧村、英明村、宝丰村等6处。

【保障性住房建设】 2014年，千阳县投资3.8亿元，建设保障性住房、改造棚户区住房2893套，竣工2372套。其中在东海佳园、水木清华、安馨家园等小区建成廉租房1320套，公租房已完成主体施工。对城关镇和高崖镇进行集中异地安置的棚户区改造住房全面竣工。千阳县被省政府表彰命名为“全省保障性住房十佳县”。

【农村办起互助幸福院】 2014年，采取“集中建院、集中居住、自我保障、互助服务”的方式，充分挖掘既有资源，按照“政府支持、村级主办、群众参与”的思路，在全县建成各类互助幸福院45所，建筑面积9861平方米，设置床位417张，提供餐位400座，直接受益农村老人9197名。以租赁民房为主，满足老人最基本饮食需求，设置三室一厅（休息、服务、活动室和餐厅）的合作低廉型互助幸福院5所。以翻新、改建农村公用房屋为主，满足老人日常住宿、就餐、娱乐需求，设置五室一厅（休息、活动、服务、电视、洗浴室和餐厅）的互助幸福院30所。以改建农村公用房屋及新建为主，除提供住宿、就餐、娱乐等基本服务外，还提供健身、娱乐等人性化服务，设置七室一厅（休息、活动、服务、阅览、电视、健身、洗浴室和餐厅）的互助幸福院10所。互助院建成后实现统一标准管理，实行县、镇、村三级责任。县镇均成立工作领导小组，统一制定院务、财务、捐赠等管理办法，实行月检查、季评比、年汇总，促进管理水平提升。院长由村委会主任兼任，副院长由村监委会主任担任，厨师和服务人员实行临聘制。老人进入互助院，互助院须与老人子女签约协议，保障双方权益。5月30日、12月11日，宝鸡市两次在千阳县召开农村互助幸福院建设工作现场会。

【农村卫生院辖区内门诊医疗费实现互通报销】 2014年，千阳县在高崖镇东庄村、坪上村、雪白殿村设立新型合作医疗报销点，解决山区群众医药费报销不方便问题。开展非住城卫生院辖区内门诊统筹互通报销工作。2014年参合农民11.21万人，参合率99.99%，筹集合疗基金4822.58万元。截至11月底，为参合农民住院报销17027人次，补助3241.87万元，人均1903.96元，统筹区域内补偿比例达到75%以上。门诊统筹报销15.2万人次，补助金额382.73万元。门诊慢病报销177人，补助金额22.95万元。推行县外住院逐级技术转诊制度，全县共审批转诊741人。

【党风廉政建设】 2014年，千阳县制定党风廉政建设“两个责任”《实施意见》和责任追究办法，逐级签订责任书。贯彻中央八项规定精神，聘请22名党风政风特邀监督员，对娱乐场所、酒店检查23次，检查干部作风57次，暗访会风会纪11次。推行信访举报民情直通车、群众办事干部代办、新提任科级领导干部财产申报公示、民主测评政风行风、百姓问政等制度。开展作风建设集中大整治专项活动，解决群众反映强烈的突出问题42个。加大案件查办力度，县纪委、监察局全年约谈科级领导64人，问责2人。警示训诫党员干部43名。受理群众纪检监察信访举报87件，办结87件，办结率100%。全县党政纪立案55件，处分56人，其中科级领导10人，涉及总金额36.68万元，挽回经济损失63.45万元。

【开展最美千阳人评选活动】 2014年，千阳县开展推荐评选“感动千阳人物”活动。经过逐级推荐、审查评定、张榜公布等环节，在全县评

"最美千阳人"评选活动

选表彰"感动千阳人物"10名，县委宣传部、文明办表彰命名基层一线"最美千阳人"10名，向省市推荐道德模范30名。助人为乐好职工刘玉龙、孝老爱亲好丈夫樊永福、诚实守信好司机何义强、敬业奉献好警察倪天辉、矮砧苹果专家李丙智等5人荣获"最美宝鸡人"。涌现出省级"文明小公民"宋旭阳、"最美陕西少年"罗雨露、市级"最美宝鸡少年"2人、县级"最美千阳少年"10人。全县共评选出美丽乡村12个，最美农家358户，最美农家示范户16户。

（李满成）

千阳县委、人大、政府、政协领导成员

县委书记	郝晋升
副书记	何　玲　王雪峰
常　委	郝晋升　王雪峰 何　玲　冯志兴 毕周海　王天勋 薛安生　王　丽 崔省强　董文兵 崔新荣
县人大常委会主任	戴存鉴
副主任	杨江海　闫拴魁 牛宏劳　梁永明
县　长	何　玲
副县长	王天勋　崔省强 杨林森　薛建祥 王建平　曹广勤 方忠富　叶林峰
县政协主席	李红江
副主席	罗谦让　杨惠强 李玉桂

凤　翔　县

【概况】　凤翔县位于陕西省关中平原西部，地处宝鸡市东北。东邻岐山县；南接陈仓区；西界千河，与陈仓区、千阳县相望；北依千山，与千阳县、麟游县相连。总面积1179平方公里。至2014年末，全县辖12镇233个村民委员会，5个社区居委会，1973个村民小组。总人口522551人，总户数155446户，其中城镇人口246713人。凤翔为雍州的中心地带，古称雍，是先秦故都。公元前350年，商鞅变法，设雍县，定为大县。南北朝至唐初，雍县为州、郡治。唐肃宗至德元年（756），改郡名为凤翔郡，分雍县地另设天兴县，郡治雍县。至德二年（757），升凤翔郡为凤翔府，号西京，改雍县为凤翔县，与天兴县并存，府治凤翔。宝应元年（762），凤翔县并入天兴县。至金代，凤翔府治天兴县。金世宗大定十九年（1179），改天兴县为凤翔县，至今未变。至民国初年，凤翔府治凤翔县。民国二十七年（1938）至民国三十年（1941）为陕西省第九行政督察专员公署驻地。凤翔县是1991年陕西省人民政府命名的首批省级历史文化名城。"东湖柳、西凤酒、姑娘手"为凤翔三绝。东湖是苏轼文化展示地，西凤酒是国家地理标志产品，姑娘手是凤翔女子巧手的美称。凤翔木版年画、凤翔泥塑是国家级非物质文化遗产。凤翔拥有国电宝鸡第二发电有限责任公司和宝鸡换流站，建成县城西区、长青工业园、柳林酒业工业园、川口河建材工业园。发展苹果14.6万亩、蔬菜17万亩、规模养殖场（小区）37个。2014年，凤翔县委、县政府围绕一个目标（打造宝鸡副中心，建设活力凤翔、美丽凤翔、幸福凤翔，在宝鸡率先全面建成小康社会），突出三大主题（项目、环境、民生），坚持三个推进（解放思想、改革创新、作风建设），实现三个提升（一区两城三基地、城乡一体化、党的建设），锐意进取，攻坚克难，开创全县经济社会发展新局面。凤翔县荣获全国安全生产先进单位、全国地质灾害防治高标准十有县、中国民间文化艺术之乡、全省平安建设先进县、全省传统文化示范县称号，跻身省级创新型试点县行列，通过全国文明县城、全国文化先进县复验，连续七年跻身"中国最具投资潜力中小城市百强县"行列。

【应急办荣膺全省应急管理先进单位】　2014年1月，凤翔县应急管理办公室荣膺2012—2013年度"陕西省应急管理先进单位"，是全市唯一获此殊荣的县区。2013年以来，凤翔县应急管理工作坚持预防为主、预防与应急工作并重的方针，实施应急常识宣教、应急预案制定、应急演练等工作，举办"美能燃气杯"应急管理知识竞赛，发放宣传书籍5000本、宣传资料15000余份。因地制宜修订完善《凤翔县2013年今冬明春用气高峰保障供应措施及应急

2014 年凤翔县国民经济和社会发展主要指标一览表

指标名称	计算单位	2014 年实际完成	2014 年比 2013 年实际增长（%）
一、国内生产总值	亿元	181.81	10.5
其中：第一产业	亿元	24.17	4.6
第二产业	亿元	118.49	12.0
其中：工业	亿元	102.17	13.3
第三产业	亿元	39.15	8.7
二、全社会固定资产投资	亿元	228.22	27.1
三、地方财政收入	亿元	4.49	9.6
四、居民消费价格指数			1.9
五、社会消费品零售总额	亿元	40.07	13.1
六、农民人均纯收入	元	11716	12.4
七、城镇居民人均可支配收入	元	32438	10.2
八、社会保障			
1. 城镇居民最低生活保障	人	3623	
2. 农村居民最低生活保障	人	21112	
九、人口自然增长率	‰	4	

供气预案》等应急预案 36 个，建成城墙遗址公园、凤鸣广场、笙箫园等紧急避难场所 3 处，应急保障体系日臻完善。按照“统一安排、分项实施、突出重点、适应需求”的原则，组织有关应急重点单位开展防汛抢险、医院消防疏散救援、学校火灾自救等应急实战演练 12 次。县医院、东关逸夫小学、范家寨镇临阵坡村、城关镇南大街社区已成功创建为省级应急管理示范点，西街中学、美能天然气公司创建为市级应急管理示范点。凤翔县成功创建为全省公共卫生应急管理示范县。

凤翔县城西区

【农民张芝娟获全国种粮售粮大户称号】 2014 年 1 月，凤翔县陈村镇西槐村村民张芝娟被授予全国种粮售粮大户称号。43 岁的张芝娟从 2009 年开始，承包陈村镇西槐村、槐北村、槐中村和闫家务村四个村耕地 650 亩，种植小麦、玉米等粮食作物。到 2013 年，她承包的耕地面积达到 3855 亩，仅 2014 年出售粮食就达 2359 吨，种粮收入连续四年增长，由最初的 89 万元增长到 2014 年的 495 万元。

【获全省残疾人工作示范县称号】 2014 年 1 月，凤翔县被省人民政府残疾人工作委员会授予“全省残疾人工作示范县”荣誉称号。自 2011 年创建“全省残疾人工作示范县”以来，凤翔县建立健全镇（社区）、村残疾人基层组织建设，提高镇（社区）、村专职委员工作补贴，实现镇、社区专职委员坐班制，建成凤翔县残疾人康复服务中心和残疾人托养服务中心，形成健全规范的残疾人服务保障体系。开展首届“十佳自强模范”和“十佳助残模范”评选表彰活动，营造出残疾人自强奋进、社会各界扶残助残的浓厚氛围。累计为 16539 人次发放贫困残疾人生活补贴资金 838 万元，免费发放轮椅、助听器等各类个性化辅助器具 2000 件，为重度残疾人减免参加新农合和养老保险个人缴费部分资金 39 万元，为 105 户危房改造残疾人家庭发放危房改造资金 93 万元，免费实施白内障复明手术超过 600 例，为贫困残疾人家庭发放临时救助、双节慰问等其他资金 60 万元以上。

【举行“王延安教育筑梦基金”启动仪式】 2014 年 1 月 12 日，凤翔县举行由县委、县政府和西安智德通品牌推广营销有限公司共同设立的“王延安教育筑梦基金”启动仪式。“王延安教育筑梦基金”由西安智德通品牌推广营销有限公司董事长王延安捐资 300 万元设立，主要资助凤翔籍品学兼优的初中、高中学生和大学生。设启智计划、立德计划、圆梦计划 3 个资助项目，6 年为一个资助周期，每年助学名额为 50 名，其中初中生20名、高中生20名、大学生10名。启动仪式上，县委书记赵新年、县长霍铁桥向王延安赠送了牌匾，并对关心凤翔教育事业发展的西安智德通品牌推广营销有限公司表示感谢。

【西凤酒品牌价值位列中国白酒行业第五位】 在2014年1月15日上午举行的西凤酒文化专题研讨会上，专家指出，作为中国四大名酒之一的西凤酒凭借“恰到好处”的产品定位和精准的营销策略，2013年各项经营指标逆势飘红。西凤酒品牌价值已达281.19亿元，同比增长31.85%，位列中国白酒行业第五位。专家们从炎黄周秦等朝代历史、地理学、经济学等领域，对西凤酒的悠久历史和丰富内涵进行挖掘和分析，充分论证了“西凤酒为中国酒文化主要发源地”、“西凤酒是中国酒文化的活化石”的观点。从文化传承、品牌建设、市场营销、科技创新、价值回归等方面，提出许多深刻的解析和中肯的建议，为西凤酒加强企业文化建设和酒文化研究指明方向。

【重奖金融支持地方经济发展先进单位】 2014年2月，凤翔县召开项目建设暨招商引资工作动员大会，表彰在招商引资、项目建设、目标责任考核三项工作中做出突出贡献的300余家先进单位数百名先进个人。用于奖励的奖金数额共计200余万元，奖励金额之大、受奖面之广均为历年之最。2013年以来，凤翔县始终把招商引资和项目建设摆在经济社会发展的战略核心位置，坚持以大招商带动大投入，以大项目促进大发展，全县主要经济指标实现大幅增长。县委、县政府落实招商引资和项目建设奖励政策，对招商引资和项目建设等目标任务完成优秀单位进行奖励，部分优秀单位奖金超过10万元。

【长青工业园“七大项目”集中开工】 2014年3月14日，凤翔县长青工业园区举行“七大项目”集中开工仪式，县委书记赵新年宣布开工令。“七大项目”分别是：总投资12.45亿元的宝氮集团化工有限公司整体搬迁技改项目；总投资2.3亿元的宝鸡久翔新能源有限公司二甲醚项目；总投资8800万元的宝鸡恒兴实业发展有限公司改性沥青项目；总投资2亿元的宝鸡市久泰物流公司甲乙醇仓储物流项目；总投资8000万元的陕西中燃西部能源投资有限公司园区综合服务区项目；总投资约5100万元的陕西泽亚新能源有限公司LNG新能源推广基地项目；总投资6500万元的甲醇项目区居民搬迁二期工程。

【县域首家农村幸福院挂牌成立】 2014年3月17日，凤翔县范家寨镇仝家沟村举行农村幸福院揭牌仪式，这是全县建起的第一个农村幸福院。自2013年以来，范家寨镇仝家沟村成立以老年人协会会长为院长，村两委、村老协成员为成员的院务管理委员会，负责幸福院的建设和运营工作。他们筹资32万元，按照“两室一厅一所”的标准，设休息室、娱乐室、餐厅厨房及室外活动场所等，建成面积1300余平方米的农村幸福院。凡65周岁以上的孤寡、独居老人，经子女申请、老人自愿，并与村委会签订协议后，都可以免费入院。村集体提供水、电、暖等基本生活设施，老人的吃、穿、医等费用由其子女承担。该村幸福院已与12名老人签订入院协议，并发展8名村级志愿者对全村未入住幸福院且有照护需求的“空巢、独居、病残、高龄”老人提供居家照护、关爱“敲门”活动，做到养老服务全覆盖，解决老年人基本养老问题。

【举办首届青年科技新星暨科技进校园活动】 2014年3月26日，凤翔县举行首届青年科技新星命名暨科技进校园活动表彰大会。2013首届凤翔县青年科技新星评选工作经个人申请、主管部门推荐、专家组评审、面向社会公示等环节，评选出魏生强、张亚芹、刘静等8人为首届凤翔县青年科技新星。科技进校园活动共征集到作品3169件，经市、县专家组评审，共评出县级奖273项，其中一等奖50项，二等奖83项，三等奖140项。

【百万元奖补村级阵地建设】 2014年3月，凤翔县筹资145万元对村级组织活动场所建设进行奖励补助。凤翔县针对农村组织活动场所房屋危漏、年久失修、条件简陋等问题，从2013年6月开始，按照“科学规划、统筹资源、节俭实用、提升功能”的原则，加大投入，在财力紧张的情况下，挤出资金118万元奖补新建村级组织活动场所16个。同时，县管党费列支27万元，对12个标准高、规模大、效果好的扩改建村进行奖补。打造集党员活动、村民议事、便民服务、教育培训、文化娱乐“五位一体”的村级综合阵地。

【凤翔泥塑成功申请地理标志证明商标】 2014年4月，“凤翔泥塑及图”地理标志证明商标在国家工商总局商标局获批注册。这是宝鸡市继岐山臊子面、凤县花椒之后，成功申请的第三个地理标志证明商标。凤翔泥塑是凤翔县的一种民间美术，当地人称“泥货”，具有浓郁的乡土气息及较高的民俗文化、民间艺术和美学研究价值，主要分布在凤翔县城关镇六营村及周边地区。凤翔泥塑以创作毛稿制模、翻坯、黏合成型，经精抛、彩绘、勾线等数十道工序精制而成，汲取古代石刻、年画、剪纸和刺绣中的纹饰，造型夸张，色彩鲜艳。其种类主要有挂虎、五毒、卧牛、十二属相等玩具类和八仙、三国、西游记等神话民俗类。凤翔泥塑远销美国、德国、法国、日本等国家，每年到凤翔参观“泥塑绝活”、购买泥塑制品的游客超过十万人次，六营村被评为陕西省文化产业示范基地。

【全省首家县级法学会成立】 2014年4月17日，凤翔县召开县法学会成立及县法学会第一次全体会员大会。会议选举产生县法学会会长、副会长和秘书长，县委常委、政法委书记王海刚当选为县法学会第一届会长。省法学会专职副会长雷宝生和市委常委、政法委书记黄超出席会议。全省首家县级法学会——凤翔县法学会的成立，标志着县民主法治建设向科学化、专业化迈出重要一步。

【举办“丝路行·雍州情”凤翔首届商贸文化博览会】 2014年4月21日，由西安凤翔商会主办的“丝路行·雍州情”商贸文化博览会在县城西区开幕。凤翔自古就是古丝绸之路的商贸重镇，也是新丝绸之路的重要节点，更是关天经济区规划的三级节点城市和宝鸡百万人口大城市副中心。2013年，习近平主席倡导建设“丝绸之路经济带”的战略构想，对实施新一轮西部大开发、建设关天经济区具有特殊意义。本次博览会为期3天，企业、商户、农业合作社等300多家单位参加展出。博览会共分为凤翔展翅、丝路市集、丝路美食一条街、缤纷游乐场、丝路演艺文化活动五部分，集中展示凤翔县在文化、教育、科技、人文、经济等方面取得的各项成果以及凤翔县重点招商引资项目，并展示和推介凤翔县的民间书画、雕刻工艺，在博览会期间，也有皮影、凤翔小洪拳等极具地方特色的文艺演出节目。

【东湖柳浪等3景点跻身“宝鸡新八景”】 2014年5月，在宝鸡市委宣传部、宝鸡市文物旅游局和宝鸡日报社共同组织开展的“华山论剑西凤酒杯”宝鸡新八景评选活动中，凤翔县东湖柳浪跻身“宝鸡新八景”，灵山远照荣列“山水八景”，六营泥彩入选“乡村游八景”。三景点的入选，提升了对外旅游形象，为凤翔文化旅游产业发展起到了推动作用。

【首届劳动模范受表彰】 2014年4月29日，凤翔县召开庆祝“五一”国际劳动节暨首届劳动模范表彰大会，授予闫明军、罗明科、辛录萍等28人“凤翔县首届劳动模范”荣誉称号，并为每位劳动模范颁发奖章和奖金。表彰的首届劳模包括工人、农民、科教卫生工作者、机关事业单位工作人员、企业管理及专业技术人员等不同领域人员，他们虽然岗位不同、事迹各异，但共同的特点是立足本职、勤勉敬业，胸怀大局、积极奉献，在平凡的工作岗位上创造了不平凡的业绩。凤翔县要求全县各级开展“中国梦·劳动美”主题宣传活动，宣传劳模事迹，弘扬劳模精神，用劳模的优秀品质引领社会风尚，营造人人学习先进、人人争当劳模的良好氛围。

【雍城大剧院月月有秦腔，周周有电影】 2014年初，为全面推进公共文化服务体系建设，充分保障人民群众的文化权益，凤翔县文化广电局加强公益文化基础设施建设，由县财政投资70多万元，对县影剧院进行维修改造。从5月1日起县文广局安排县人民剧团演出有限公司每月在雍城剧院演出一场秦腔戏，县雍城影剧院每周放映一场电影。此项活动为县公共文化服务体系建设增添新的亮点。

【果农王雨嘉、曹铭元被评为首批全省高级职业农民】 2014年5月6日，凤翔县果农王雨嘉、曹铭元在全省职业农民培育工作培训会上被评为首批全省高级职业农民，并颁发首批新型高级职业农民资格证书。凤翔县果农王雨嘉从1992年开始从事苹果种植，有果园28亩，他利用自己所学的知识，普及推广果业生产新技术，带动本村果农发展精品苹果，其生产的苹果品质好、售价高，成为村上农民致富的支柱产业。他还创办精品农资服务部，推广苹果增色铺反光膜、水肥一体化模式等植保新技术，促进苹果提质增效，间接带动果农增收500万元。果农曹铭元从1999年开始一直从事苹果种植，组建凤翔县绿宝果业有限责任公司，现有果园150亩，年苹果销售总收入150多万元，并辐射带动周边镇、村种植苹果2万多亩。个人先后获得市科普推广带头人，市科学技术一等奖。

【《凤翔县书画作品集》发行】 2014年6月，《凤翔县书画作品集（1949—2013）》出版发行。《凤翔县书画作品集（1949—2013）》的作品是从县委、县政府于2013年9月举办的“迎国庆·翰墨颂”凤翔县书画作品展（1949—2013）暨首届凤翔县青年书画展赛的300余幅作品中精心挑选110位书画家的137幅作品汇编而成的，既有窦应昌、刘筱浦等9位新中国成立以来在省、市甚至全国有名的书画家的作品，也有秋子、李福堂等27位在全国有影响力的书画家作品，还有本县老一辈及青年书画家的作品，形式多样，风格各异。这是新中国成立以来凤翔县第一本书画作品集，也是对凤翔县60多年来文化事业繁荣发展成果的一次展示。

【凤翔县医院远程会诊中心启用】 2014年6月3日，凤翔县县医院远程会诊中心正式启用。县长霍铁桥和中国人民解放军总医院远程医学中心主任张梅奎等领导共同为会诊中心揭牌。远程会诊中心的启用能有效缓解城乡群众“看病难”问题，使群众足不出县就可以享受专家诊疗服务，不仅节省人力财力，还为及时正确施救赢得宝贵时间，是一项惠及广大群众的民生工程。

【国家农业综合开发办检查验收农业综合开发项目】 2014年6月23—25日，国家农业综合开发办到凤翔县检查验收农业综合开发项目实施情况。检查组通过听取汇报、查阅资料、实地查看等方式对凤翔县农业综合开发项目资金使用、项目管理、项目进度等情况进行综合检查，并给予高度评价，认为凤翔县农业综合开发项目前期准备工作细致充分，资金能及时足额到位，安排使用合理，项目建设进度、工程质量符合设计要求，社会效益、经济效益显著。检查组要求凤翔县继续围绕改善农业生产基本条件，提高农业综合生产能力，夯实农业基础地位的目标，因地制宜，细化措施，进一步抓好项目建设和资金管理，真正让农业综合开发项目惠及更多的农民群众。截至2014年5月，凤翔县共实施土地治理项目1.6万亩，总投资1934万元。农业综合开发项目财政到位资金2396万元，其中土地治理项目资金1813万元，产业化项目资金180万元，部门项目资金403万元。

【举办“庆七一”廉政灯谜大家猜活动】 2014年6月26日，凤翔县纪委监察局、凤翔县电力局联合宝鸡市灯谜学会、宝鸡印社、宝鸡市集邮协会等单位，在县城凤鸣广场举办“庆七一”廉政灯谜大家猜系列活动。此次活动用现场猜谜、篆刻艺术展、舞蹈表演等活动庆祝党的生日，学习宣传党的十八大精神和党的群众路线教育实践活动，深入推进廉政文化建设，展示魅力中国、传播廉政知识、宣传美丽凤翔。活动共收集涉及十八大报告热词、廉政建设、凤翔县风土人情等内容的谜语500条，采取有奖竞猜的方式进行。全县各镇各部门干部群众及广大市民踊跃参加猜谜活动，参加人数超过1000人。

【获全省安全文化建设示范县称号】 2014年7月，凤翔县被陕西省安全生产委员会命名为“全省安全文化建设示范县”称号。2012年以来，凤翔县不断完善安全生产监管责任体系，落实政府、部门、镇的监管责任和企业主体责任，逐步健全县、镇、村三级安全监管网络，全力推进安全生产示范镇、示范企业和安全社区创建工作，扎实开展安全生产领域打非治违活动，严查细改各类安全隐患，全县安全生产形势持续平稳向好，连续2年被市政府评为“安全生产先进县”。

【柳林镇列入全国重点镇名单】 凤翔柳林镇自古就有“西凤酒之乡”的美誉，全国四大名酒之一的西凤酒厂就位于凤翔县柳林镇。凤翔县围绕柳林重点镇建设和西凤酒城建设，打造白酒产业集群，建设宜居城镇，实施一大批民生项目和产业项目。凤翔至柳林的凤翔大道项目总投资1.34亿元，正在施工；西凤污水处理厂及配套管网建设项目正在进行基础施工；凤林华城住宅正在进行内部装修；柳林镇保障性住房小区配套项目正在进行天然气入户施工；镇中心幼儿园建设项目、柳林文化路商业街项目已经完工；西凤酒厂二期扩建技改和神泉酒业、双凤酒业、饮凤酒业扩建等项目正在加快建设；陕西裕凤包材、艾特西凤酒包材项目等快速推进；酒城核心区西凤酒博物馆、酒文化主题公园以及酒城主干路网等基础设施建设有序实施。2014年8月，凤翔县柳林镇被列入最新的全国重点镇名单。

【首届道德模范表彰大会召开】 2014年8月26日，凤翔县召开首届道德模范表彰大会，授予侯忍怀、李栋、徐丹等17人“凤翔县首届道德模范”荣誉称号，并为他们颁发奖杯和奖金。表彰大会分为“助人为乐”“孝老爱亲”“扶危帮困”“敬业奉献”和“诚实守信”5个篇章，每个章节通过播放事迹宣传片、致颁奖词和颁授奖杯的形式，展示凤翔县首届道德模范的感人事迹和崇高精神。县委书记赵新年在表彰大会上讲话。

【凤翔学生喜获全国青少年艺术竞赛金蛙奖】 2014年8月，凤翔县学生秦益超获得“金蛙奖”未来之星金奖，陕西省仅有两位学生获此殊荣。秦益超是凤翔县田家庄镇果园村人，高二学生。2014年7月，在“金蛙奖·未来之星”全国青少年艺术人才选拔赛陕西赛区，他以一首《三峡情》力压全场，获得全省演唱类民族专业青年组第一名；7月28日在北京参加全国决赛，他又以一首《草原之夜》打动评委及现场观众，荣获声乐类专业金奖。

【县救助站获国家三级救助管理站称号】 2014年9月，凤翔县救助管理站被国家民政部授予国家三级救助管理站荣誉称号。2011年以来，凤翔县民政局以民政部发布的《救助管理机构等级评定标准》和《关于开展救助管理机构等级评定工作的通知》为依据，以《城市生活无着的流浪乞讨人员救助管理办法》和《流浪乞讨人员救助管理办法实施细则》为准则，以创建国家级救助管理站为抓手，创新救助理念，规范救助流程，采取以人为本抓管理、加大投入强基础、广泛宣传创氛围、构建网络堵漏洞、主动救助优服务、理清诱因送关爱等多种措施，积极依法实施救助，使流浪乞讨人员得到及时有效的救助。近三年来，全县累计救助流浪乞讨人员2400余人（次），其中：按年龄阶段计，成年人2305人（次）、未成年人95人（次）；按危重情况计，医疗救助危重病人72人（次）、精神病人556人（次）、其他人员1772人（次）。

【凤翔小伙走上《星光大道》】 2014年9月6日晚，中央电视台娱乐节目《星光大道》上有位凤翔小伙儿常腾欢参加节目并以出色的表演取得“周亚军”。常腾欢是凤翔县横水镇尹稼坞村人，中国传媒大学南广学院一名应届毕业生，从小他就特别喜爱音乐，2013年10月，他从《星光大道》网络赛区脱颖而出，后来经过海选，最终走上《星光大道》的舞台。因其声音与谭晶、邓丽君、宋祖英、王菲等著名女歌手有几分相似，因此，被网友亲切地称为“销魂哥”、“李玉刚第二”。他还曾获得“红遍长安”2011西安市市民红歌大赛“最佳风采奖”，并多次在歌唱比赛中取得优异成绩。

【孙应祥获“全国优秀教师”称号】 2014年9月9日，在第30个教师节来临之际，凤翔县凤翔中学高级教师孙应祥被教育部授予“全国优秀教师”荣誉称号，全国共1798人获表彰。凤翔县横水镇第一中学被人力资源社会保障部与教育部授予“全国教育系统先进集体”荣誉称号，全国共500个单位获表彰。

【开展首个烈士纪念日公祭活动】 2014年9月30日是中国第一个烈士纪念日。当天，凤翔县所有县级领导与100多名干部、烈属、老战士、驻凤部队和武警消防官兵、师生及群众代表一起到位于灵山的县烈士纪念园开展公祭活动，缅怀革命先烈，寄托哀思之情。从解放战争至今，凤翔县共登记烈士107名，其中27名志愿军烈士长眠于朝鲜战场，22名烈士在县境外安葬，另有58名烈士遗骨散葬在全县各地。县委书记赵新年在

凤翔县开展烈士纪念日公祭活动

公祭活动中讲话。

【凤翔豆花泡馍被评为宝鸡十大美食之一】 在2014年9月30日—10月7日举办的宝鸡美食节上，凤翔豆花泡馍、凤翔腊驴肉、岐山臊子面等西府特色小吃被评为宝鸡十大名优美食。本次美食节参展单位共80家，集合西府特色小吃、特产展销、食品加工、面食制作加工等。美食节共分为开幕式、美食活动、文化活动、美食推广四个板块，分别有：宝鸡著名餐饮企业授牌仪式、中国美食城市证书颁发、臊子面厨艺大赛、咥面游戏、“宝鸡味道”厨艺大赛、“宝鸡味道”展销会等环节。

【凤翔县档案馆晋升国家二级综合档案馆】 2014年10月14日，凤翔县档案馆通过专家组测评验收，晋升为国家二级综合档案馆。测评专家组对凤翔县档案工作给予高度评价：一是领导重视，为档案工作营造了良好的环境，取得了明显的工作成绩；二是设施齐全，业务规范，馆藏档案保护措施严密、抢救工作到位，资料齐全，制度完善，信息公开工作走在了全省前列。截至2014年9月底，凤翔县档案馆馆藏档案111个全宗49783卷、24138件，编写9种检索工具，接待档案利用者12091人（次），提供档案资料42381卷，接收52个部门单位284份现行公开文件，输入案卷级目录40995条，文件级条目111288条，资料目录3771条，全文扫描6000幅、图片700张，检索体系完善。经专家组综合测评，各项测评指标达到国家二级综合档案馆测评标准。

【凤翔县在第十五届世界华人学生作文大赛中获佳绩】 2014年10月，凤翔县侨联荣获“第十五届世界华人学生作文大赛”组织奖，48名学生、46名教师分别获一、二、三等奖。2013年11月，县委统战部、县侨联和县教育体育局组织全县中小学生参加“第十五届世界华人学生作文大赛”，共征集作文1236篇，选送推荐556篇，经大赛评委会层层筛选评审，共有48篇征文获奖，其中一等奖10名、二等奖25名、三等奖13名，46名教师获得辅导奖，凤翔县侨联获得优秀组织奖，凤翔县是全市唯一获此殊荣的县区。

【获省级平安建设先进县称号】 2014年10月，凤翔县被省综治委表彰为省级平安建设先进县，连续4年获得此项殊荣。2010年以来，凤翔县委、县政府始终坚持把“平安凤翔”建设作为最大的民生工程和促进县域经济快速发展的基石工程，不断提升社会治理的能力和水平，构建网格化社会治理新机制，全县坚持每周召开一次治安形势分析及重大矛盾纠纷研判会，调整完善县矛盾纠纷调解中心和各镇综治维稳中心以及行业性调委会，形成县、镇（社区）、村、组四级矛盾纠纷排查和人民调解网络。深入推进“三官一律”进乡村（社区）工作，强力推进城乡治安防控体系建设。向全县农户推广安装“十户联防”“手机看店”等小技防产品，着力构建治安防控信息指挥中心、智能卡点、村组“小探头”、农户“小技防”四位一体的全县科技化社会治安防控网。上半年，全县运用信息化侦查手段破获各类刑事案件266起，占全部破案的77%，刑事发案同比下降23.4%。在群防群治方面，组织离退休政法干警、辖区内机关干部、企事业单位职工、热心公益事业的居民等加入“红袖章”队伍，全县“红袖章”平安志愿者队伍的规模达到6000人，并坚持佩戴统一编号的“红袖章”开展日常治安巡逻。在2014年上半年全省公众安全感摸底调查活动中，凤翔县社会治安满意率达95.38%，列全省80个县域第三、全市12个县（区）第一。

【民间文艺作品获省级奖项】 2014年11月8日，凤翔县木版年画艺人邰江平的作品《持剑秦琼持鞭敬德》和布艺刺绣艺人王金平的作品《西府千花帐》获第三届陕西省民间文艺山花奖，全省仅有10件作品获此殊荣。陕西民间文艺山花奖评选活动每三年举办一次，是全省民间文艺综合水平最高的奖项。同时，邰江平、王会平的作品荣获“国风秦韵”首届陕西省民间工艺美术作品展金奖，刘宝成等8人的作品获得银奖。

【杨全文作品获省小戏小品大赛二等奖】 2014年11月，凤翔县农民剧作家杨会文创作的《一个人的婚礼》获陕西省第五届小戏小品大赛小戏类二等奖，是全市唯一的农民创作的获奖作品。杨会文系凤翔县糜杆桥镇西河村人，农耕之余坚持戏曲创作，累计创作大戏6部、小戏小品20多部，《大唐平叛》《亲上加亲》《一条短信》和《状元梦》等多部作品先后在省市获奖，出版曲子专著《西府风情小曲新唱》、大戏集《天凤》和小戏集《仙女访凤翔》。

【凤翔兔获农高会“金兔奖”】 2014年11月上旬，凤翔县星白兔业养殖专业合作社选送的星白獭兔获杨凌农高会首届兔产业专题展两项“金兔奖”，副省长祝列克为该社颁发金奖。星白獭兔外观清秀、体型丰满、毛发浓密。安哥拉长毛兔适应性能强、体型大、产毛量高。凤翔县星白兔业养殖专业合作社位于南指挥镇八旗屯村，占地面积3700多平方米，总投资180万元。集优良种兔繁育推广、商品兔生产、成品兔回收为一体，实行“公司+基地+农户”的经营模式，发展省内外规模化养殖户260多户，带动就业800多人，年销售种兔250多万只，销售收入达7500多万元。

【凤翔中学延安体育馆开馆】 2014年12月9日，由西安智德通品牌推广营销有限公司董事长王延安捐资300万元修建的凤翔中学延安体育馆开馆。凤翔中学延安体育馆于2013年5月2日破土动工，主体为框架结构，地上三层，建筑面积4238平方米，建筑高度23.65米，一层为体操馆，二层为羽毛球馆，三层为篮球馆，夹层为乒乓球馆。工程总造价逾千万元，其中王延安捐助300万元，争取各级财政支持300万元，学校自筹400万元。投入使用后，既能满足学生雨、雪、酷暑天气上体育课的需要，又能满足学校体育特长生培养的需要，还能承办中小规模的球类比赛。

【凤翔县在第十四届全国多媒体课件大赛中获佳绩】 2014年12月，凤翔县83件作品在第十四届全国多媒体课件大赛中获国家级奖，凤翔县电教中心被授予最佳组织奖，是全省仅有的两个获奖的县级电教中心之一。凤翔县推荐的作品获大赛一等奖1件，二等奖3件，三等奖16件，优秀奖63件。其中，凤翔县彪角中学教师谭亚兰的课件《全反射与光导纤维》获高中组一等奖。

【开展“千名干部进百村扶贫帮困送温暖”活动】 2014年12月，凤翔县从各镇、各部门抽调政治素质高、业务能力强、熟悉农村工作、富有群众工作经验的机关干部组建100个驻村工作组，按照“问政于民、问需于民、问计于民，解民忧、解民怨、解民困”的总要求，开展“千名干部进百村扶贫帮困送温暖”活动。各驻村工作组于2014年12月22日到各村逐组逐户开展走访，逐一摸排群众的就业难、养老难、吃水难、用电难、出行难、上学难、看病难、致富难等难题。以“认穷亲、结穷友、帮穷户”为主题，把农村贫困户、低保户和困难党员作为重点人群，把因子女上学负担较重、有劳动能力但缺乏生产条件的困难家庭作为重点对象，建立部门包村、机关干部联户制度，驻村工作组每名成员至少结对帮扶1户困难群众。根据村情民意，指导帮扶村结合“三带三进三促”、新农村建设等活动和“一事一议”项目，制定2015年发展规划，理清发展思路，优化经济结构，落实民生项目，促进农民增收。

【农民张子君自创“墙皮画”】 2014年12月22日，凤翔县66岁农民张子君，用泥土、猪血、豆腐做材料，将传统壁画制作方式加以改良，自创出可从墙上揭下来的“墙皮画”，已申请世界非物质文化遗产。张子君是凤翔县田家庄镇申都村人，自幼受家传影响，酷爱彩绘书画艺术，尤其擅长寺院宗教壁画和敦煌壁画的绘制，曾师从陕西壁画大师张义潜。经过数十年琢磨和长期实验，他自创出可从墙皮上揭下来的墙皮画。墙皮画其实是壁画的衍生品，因为壁画保存长久，形象生动，后世艺人克服它不能移动的弊端，创造了在特制的墙皮上作画的方式，被称为墙皮画，至今已有2000多年历史，也被誉为“移动壁画”。“墙皮画”与壁画制作工艺不同，一改传统的石灰浆钙化固色法，加入石灰、猪血、豆腐、植物胶、白色封洗土、上好棉花、香料等8种天然材料，制作出的泥土容易成型。以适量的泥坯按规定厚度摊于土墙上，自然阴干打平，再经过封洗、上矾、描白等13道程序，历时20天左右才能制作完成。工艺改良后，保证了墙皮画泥胚的不裂纹，有效地保证了作品的图案、色泽能够长期不变形和不掉色。张子君的墙皮画，在日本、韩国、新加坡和中国台湾等地受到好评。

【投资9.64亿元办十件惠民实事】 2014年，凤翔县立足解决群众最关心的热点、难点问题，加大民生投入，投资9.64亿元建设十件惠民实事。这十件惠民工程是：投资5.5亿元，建设保障性住房3893套；投资4740万元，在3镇9村实施涉及302户1188人的移民搬迁工程；投资1500万元，建成农村供水工程15处，解决2万人饮水难问题；投资1.2亿元，实现城区部分区域集中供热；投资2200万元，建设城区小学、幼儿园；投资1359万元，启动县中医院二期工程建设，加快搬迁步伐；投资1300万元，实施董家河经屯头至柳林10公里三级公路改造和张家沟大桥建设工程；投资6000万元，建设高标准基本农田5万亩；投资2280万元，实施中低压配电网改造工程；发放小额担保贷款1亿元，催生扶持一批中小微企业。

【《重修凤翔县志》整理校注出版】 2014年12月，凤翔县完成《重修凤翔县志》校注工作，并于12月底由三秦出版社出版发行。《凤翔县志》创修于明代万历年间，为知县李桑所修，清初散佚。康乾盛世凡三修，其中乾隆三十二年《重修凤翔县志》列舆地、建置、田赋、官师、选举、人物、艺文、外纪等八卷九十五细目并序跋绘图，对前志详加稽核厘正，成书后，资料颇丰，体例完整。为达到古为今用和保护传承的目的，凤翔县地方志办公室于2011年5月正式启动清乾隆《重修凤翔县志》整理校注工作。经数次校对修改，聘请三秦出版社编辑校对审定，改写志中的繁体字为简化字，注释词目2030条，文字10万余字，新造生僻古字300余字，校注本全书28万余字。

（孔春芳）

凤翔县委、人大、政府、政协领导成员

县委书记 赵新年
副书记 霍铁桥　王继萍（女）
常委 赵新年　霍铁桥
王继萍（女）　李炳奇
高宏真（5月离任）
雒和忠　赵海斌
张军良　冯小林
王建政
段军利（12月任职）
王海刚（12月离任）
县人大常委会主任 王明明
副主任 梁振宇　冶新科
王翔　王红玲（女）
县长 霍铁桥
副县长 赵海斌
高宏真（5月离任）
王海刚（12月任职）
刘林益
段军利（12月离任）
王伟波　刘关良
戴慧萍（女）
岳鹏（4月任职）
袁军平（12月任职）
县政协主席 鲁立
副主席 郃忍科　秦跃翔
罗志鹏

岐　山　县

【概况】 岐山县因境内东北部箭括岭双峰对峙，山有两岐而得名。位于关中平原西部，北依麟游县，南接太白县，东接扶风、眉县，西邻凤翔、陈仓。总面积856.45平方公里，东距西安135公里，西距宝鸡60公里。陇海铁路、西宝公路、西宝高速、关中旅游环线穿境而过，交通便利。全县辖凤鸣、蔡家坡、益店、青化、蒲村、祝家庄、枣林、雍川、故郡、京当10个镇，共144个行政村，15个居民社区，984个村民小组。总人口476951人。总户数139236户。2014年，全县实现生产总值149.1亿元，同比增长12.1%，固定资产投资174.88亿元，增长32.9%；地方财政收入3.65亿元，增长32.2%；规模以上工业总产值156.88亿元，增长18.2%；全社会消费品零售总额44.45亿元，增长13.5%；城乡居民人均可支配收入分别达到32100元和11791元；万元生产总值能耗下降1.5%。连续五年荣获中国最具投资潜力中小城市百强县，先后荣获“第20届亚洲旅游业金旅奖·最具特色魅力旅游目的地”、中国千年古县、电子商务示范县、传统文化示范县、标准化现代农业气象服务示范县等荣誉；臊子面代表宝鸡入选全国最美食城市；岐渭景区获国家水利风景区称号。

【经济发展质量稳中向好】 土地确权登记颁证工作全面推进，凯农牧业、大成养殖等一批农业产业项目建成投产，新建养殖小区20个，发展果菜1.7万亩，无公害认证7600亩，新签订4项科技兴农协议。海螺型材、阜丰生物项目实现当年开工当年投产，通力公司首批百辆非公路自卸车出口缅甸，新培育“四上”企业31户，新登记市场主体2094户。《西周文化景区概念性规划》编制完成，周原遗址考古获得重大发现。成立了臊子面、岐山醋行业协会，民俗食品发展步入规范化轨道，电子商务实现线上销售2500万元。

2014年岐山县国民经济和社会发展主要指标一览表

指标名称	计算单位	2014年实际完成	2014年比2013年实际增长（%）
一、国内生产总值	万元	1490962	12.1
其中：第一产业	万元	225449	5.2
第二产业	万元	864483	14.5
第三产业	万元	401030	8.7
二、全社会固定资产投资	万元	1748844	32.9
其中：第一产业	万元	144096	39.5
第二产业	万元	1089689	16.2
第三产业	万元	515059	87.8
三、地方财政收入	万元	36548	32.2
地方财政支出	万元	177932	5.8
四、社会消费品零售总额	万元	444512	13.5
五、城镇居民人均可支配收入	元	32100	10.5
人均生活消费支出	元	16486	4.0
六、农民人均纯收入	元	11791	13.0
人均生活消费支出	元	6157	6.3
七、社会保障			
1. 城镇居民最低生活保障	万元	2027	
2. 农村居民最低生活保障	万元	3512	
3. 供养金	万元	408	
八、人口自然增长率	‰	3.7	

【项目建设成效显著】　项目投资高速增长，101个重点项目完成投资80.1亿元，金鼎铸造、华强铸钢等84个项目顺利完工，益店生活垃圾填埋场、县妇幼保健院综合楼等9个项目进展顺利，项目投资额度实现翻番增长。全年招引项目78个，到位资金129.29亿元，省际到位资金91.71亿元，到位外资1540万美元。引进亿元以上产业项目8个，普宁国际服装商贸产业园启动建设，飞雳士安全轮胎项目顺利签约。

【城乡面貌得到改善】　岐蔡路、北二环全程安装路灯，创业大道、医苑路北段全线贯通，污水处理厂建成运行。凤鸣东路步行街改造、城北城市综合体、大剧院、体育馆加快建设，31处公厕免费投用，开通县城至高铁站客运班线，新增城市公交线路2条。在全省率先开展土炕拆改，推进矿区整治，淘汰落后产能60万吨。农村环境综合整治百村计划受到欢迎，八角庙、堰河等17个村建成全市样板，创建省级卫生镇1个、卫生村2个、生态村3个，成功举办全市现场会，开创了塬上缺水地区环境整治新模式。高强度实施生态修复工程，完成造林绿化5.49万亩，建成周公庙坡面等三大义务植树基地，凤鸣湖农业生态示范园成为旅游新亮点，落星湾国家湿地公园试点建设全面展开，省级园林县城顺利通过复审。

【社会事业平稳发展】　投资7200万元完成46所学校基础改造任务，新建4所公办幼儿园，岐山县特殊教育学校建成投用，180万元重奖教育功臣，祝家庄镇创建为省级教育强镇。岐山县两部微电影《乡味》《带着妈妈去上学》获最佳视效奖和特别奖，全国岐山籍书画家作品展在西安成功举办，争创“中国礼仪文化之乡”工作加快推进。基层医疗卫生信息化建设全省领先，县医院住院楼建成投用，跻身省级卫生应急综合示范县行列。计生惠民工程深入实施，残疾人百户千人缩距奔小康工程成效显著。食品药品监管体制改革顺利完成，县镇村三级监管网络实现全覆盖。申报专利、商标190件，新增著名商标8件。新建保障性住房2292套，完成“三无户”建房和移民搬迁143户，建成农村幸福院20个。发放小额担保贷款7436万元，1.27万农村居民进城落户，1.15万人纳入被征地居民社保范围。安全生产“三化”建设、公安电子侦察经验全市推广，社会治安满意度大幅提升，第三次全国经济普查全面完成。政府效能提升，开展党的群众路线教育实践活动，凤凰山水泥公司周边群众搬迁、企业退休职工医保等一批群众关心的热点、难点问题有效解决。办理人大代表议案、建议83件，政协委员提案119件，办复率100%，满意率99%。整治文山会海，清理办公用房，开展综合治税，“三公”经费同比下降30%，清退办公用房498平方米，查补税费625.5万元。分三批邀请部门和镇副职领导座谈，县政府常务会、各专题会、协调会班外召开，常务会前领导干部勤政廉政汇报。

【持续开展“和谐岐山建设提升年”活动】　2014年，全县开展“三学两议一强化”活动，明确29项自查讨论重点以及和谐岐山建设等16个方面的讨论专题。录制百姓问政系列电视节目8期，共收集大讨论活动稿件30余篇，巡回开展专题讲座30多场次，教育党员干部9600多人，县电视台开办工作动态专栏68期，编发专刊77期，举办学习专栏280多个1100多期。坚持以“五进五听”活动为载体，开大门、大开门搞活动。县委常委带头进镇和部门、进党派群团、进联系点、进项目企业一线、进社区村组，听省市领导、听县级老同志、听网民、听社会各界、听党员监督小组等意见。全县各级共发放征求意见表4.57万份，走访群众1.4万名，征求意见建议3200多条，归纳梳理成246条建议。开展和谐岐山建设提升年活动，解决在项目建设、农民增收、民生保障、城镇化建设、党纪党风等方面存在的“慢”“缓”“散”等突出问题。全县各级共解决群众反映强烈的突出问题1326个。建立健全百姓问政、基层群众办事干部代办等制度，修订完善县委工作制度汇编，健全严明干部纪律作风的禁止性规定和惩戒性措施300余条。全县各级共清理不适应、不符合科学发展要求的制度29项，完善制度702项，新建制度54项。县委成立9个督导检查组分类施策，强化指导。对各单位查找出的问题，每旬向督导组汇报一次解决进展情况，各督导组定期对各单位整改情况进行督促检查，并实行销号制，坚持整改1件销号1件。全年各督导检查组先后指导参与各单位的专题讨论活动260多场次，促进了活动的深入开展。

【上级领导到岐山视察调研情况】　2014年1月3日，副省长白阿莹带领省级有关部门负责人到岐山县调研西周文化景区规划建设工作。3月6日，市长钱引安在市政府秘书长贺东陪同下，带领市文物旅游局主要负责人到岐山县调研项目建设、城市基础设施建设、城乡环境整治、文化旅游产业开发的相关情况。3月20日，省委党的群众路线教育实践活动第一督导组组长张光强一行到岐山县开展督导工作。3月21日，市委书记上官吉庆在市委常委、市委秘书长白升安的陪同下，对岐山的重点项目建设情况和农村环境综合整治工作进行调研检查。4月4日，副省长祝列克一行在副市长景耀平的陪同下，到岐山县检查指导渭河综合整治工程建设情况。4月24日，中残联宣文部副主任邹柏林在省残联宣文部主任张未来和市残联理事长段寅生等人陪同下，到岐山调研残疾人文化建设工作。6月17日，国家水利部水资源司副司长陈明带领国家水利部农村饮水安全督导组到岐山县检查指导农村饮水安全工作。6月17日，国家地名文化遗产保护促进会会长刘保全、省民政厅区划地名处处长李虎平带领由国家地名文化遗产保护促进会委员、专家等组成的“千年古县”考察评审组到岐山县考察调研“千年古县”创建工作。6月24日，市长钱引安、副市长王琳带领市政府办、市工信局主要负责人到蔡家坡经开区开展慰问调研活动。7月17日，全国打击侵权假冒工作领导小组办公室处长张晶一行到岐山县调研农村和城乡结合部市场情况、打击村市场侵权假冒情况。8月8日，市长钱引安带领检查组到岐山县检查党风廉政建设中党委主体责任和纪检组织监督责任落实情况。9月25日，西北农林科技大学校长助理、农学院院长、教授廖允诚带领西北农林科技大学专家团到岐山县调研农业产业化发展情况。9月26日，国家发改委社会司健康保障处调研员周和宇带领督导组到岐山县督导检查中央预算内投资卫生项目建设情况。10月31日，国家水利部黄河委员会中游管理局副局长秦向阳一行对陕西省基层水利服务体系建设岐山县工作点进行检查评估。11月1日，国家卫计委财务司监察专员何锦国带领检查组到岐山县督查卫生计生重大政策落实情况。11月6—7日，中国发展研究院院长、著名品牌专家艾丰带队的专家组一行到岐山考察调研臊子面产业发展情况。11月20日，全国人大常委会副委员长、全国妇联主席沈跃跃一行，在省人大常委会副秘书长邵向农、省妇联主席井剑萍的陪同下，到岐山县视察平安家庭创建、妇女信访代理、妇女维权和“党建带妇建”等工作。12月10日上午，市委书记上官吉庆在市委常委、组织部长马赟的陪同下，带领市发改委、文物旅游局、财政局、公安局、国土局主要负责人，到岐山县调研考察周原考古基地和西周文化景区建设，并看望北京大学考古队师生。

【上官吉庆慰问道德模范董彩霞和困难老党员】 2014年1月21日下午，市委书记上官吉庆带领市级相关部门负责人，到祝家庄镇和凤鸣镇，看望慰问道德模范董彩霞和困难老党员李拴祥和王焕来，并与他们亲切交谈，为他们送去了慰问金、慰问品和新春祝福。他叮嘱随行的有关部门一定要多关心困难老党员的生活情况和健康状况，帮助他们解决实际困难，把党组织的关爱真正落到实处，让他们安享晚年。

【张海建做客新华网】 2014年1月23日上午，新华网陕西频道邀请中共岐山县委书记、蔡家坡经开区党工委书记张海建做客新华网演播室，就学习贯彻十八届三中全会精神，构建丝绸之路经济带新起点，打造宝鸡副中心城市等话题进行网上交流。

【落星湾国家湿地公园通过国家林业局审查】 岐山落星湾国家湿地公园通过国家林业局组织的专家实地考察论证和初步审查，成功跻身国家湿地公园行列，开展试点建设。岐山落星湾国家湿地公园位于岐山县蔡家坡镇，总规划面积1420.6公顷，其中湿地面积960公顷，包括石头河、渭河部分河段和麦李河全部河段，流长38公里。落星湾国家湿地公园规划保护保育区（616.4公顷）、恢复重建区（481.4公顷）、科普宣传区（76.3公顷）、合理利用区（246.1公顷）和管理服务区（0.4公顷）等五个功能区。根据规划，岐山县将把这里打造成为湿地生态系统健康完整、科普宣教设施完善、休闲娱乐条件优越的知名湿地。

【机械智能控制系统生产建设项目合同签订】 2014年2月27日，县委、县政府在天缘商务酒店举行机械智能控制系统生产建设项目合同签订仪式。县领导张海建、何宏年及相关单位主要负责人出席仪式，县委常委、常务副县长吴维强主持仪式。在签订仪式上，张海建致辞，县长何宏年代表岐山县政府与香港SHTP公司签订项目合同，香港SHTP公司主要负责人介绍了该建设项目有关情况，该公司将在凤鸣镇北吴邵投资5600万美元建设机械智能控制系统生产项目，主要建设组装机械手控制系统、柔性生产控制系统、光敏半导体的组装和集成等项目。建成后年产值预计60000~70000万元人民币，年上缴税金3000万元。这是岐山县近年来引进的最大的外商投资项目。

【中国残疾人福利基金会检查验收“集善嘉年华”项目】 2014年2月27日，中国残疾人福利基金会监事长刘雪冬一行在省残疾人福利基金会秘书长李朝庆等陪同下，对岐山县残疾人养鸡扶贫基地实施“集善嘉年华”资助项目情况进行了检查验收。刘雪冬一行观赏了基地项目实施展板，并深入鸡舍、蛋库、料库等残疾人就业岗位，与残疾职工进行交谈，了解职工的生产收入及基本生活情况。检查了基地的扩建、新建项目。最后在基地办公室听取了“集善嘉年华”项目实施情况汇报，观看项目实施PPT影像，查看了项目实施

岐山县机械智能控制系统生产建设项目合同签约

资料。刘雪冬对岐山县“慈善嘉年华”项目实施情况和取得的实效给予了充分肯定。他认为：岐山县残疾人养鸡扶贫基地建设规范，规划超前，能严格按照项目计划按期实施到位，项目台账建立规范，并实现了新安置残疾人、残疾职工年收入、辐射带动残疾人户等指标增加30%以上的目标。希望基地在今后的发展道路上强化“三个确保”：一是确保争取多方力量支持的理念，使基地不断发展壮大，安置和带动更多的残疾人发展生产，脱贫致富。二是确保食品安全，生产出绿色无污染的鲜蛋、鸡肉。三是确保残疾职工岗位安全，持续增加他们的收入。

【开展多项助学帮困活动】 2014年4月11日，“美国胡氏教育慈善基金会事实孤儿助学金”发放仪式在岐山县城关小学举行。陕西省妇女儿童发展基金会行政官员宋开红、任丹丹，县妇儿工委主任、副县长韩晓敏出席会议。52名小学生和18名中学生共70名事实无人抚养孩子接受资助，受助资金共计40000余元。6月23日，副县长韩晓敏带领县政府办、县妇联、县慈善协会和蔡家坡镇负责同志，赴蔡家坡镇三刀岭村，开展“慈善关爱贫困母亲、智障儿童健康救助”慰问活动。韩晓敏一行先后前往蔡家坡镇三刀岭村3户贫困家庭，分别看望慰问了贫困母亲赵当青、王翠香和范小玲，为她们每人送去了1000元的救助金，并详细了解了她们的生活状况，认真倾听她们的心声，鼓励每一位母亲要坚强、勇于面对生活困境，相信在大家帮助下，一定能走出生活的困境。韩晓敏要求，县妇联、县慈善协会要加强联系，整合资源，加大对贫困弱势群体的救助力度，镇村干部要怀着一颗关心群众生产生活、关爱群众切身利益之心，零距离为困难群众搞好服务。8月28日，2014年“金秋爱心助学”活动发放仪式在县工会帮扶中心门前举行，县委副书记高清苗出席活动并作了讲话。高清苗向受助学生发放了助学金并向他们表示祝贺，鼓励受助的学生在今后的学习生活中，常怀感恩之心、常念感激之情，化关怀为力量，变逆境为源泉，自立自强，健康成长。50名被普通高等院校录取的贫困学生共领到助学金5万元。

【全国周公后裔代表寻根祭祖】 2014年4月14日上午，全国周公后裔代表在周公庙举行寻根祭祖活动。来自陕西、河南、北京的多个文化旅游单位、全国多地著名专家学者、全国周公后裔代表等人士集聚周公庙乐楼前恭祭先祖周公。全球周公后裔联谊总会会长姬利峰恭读祭文。祭拜仪式结束后，中国人民解放军总参谋长、将军汪承兴、岐山周公庙风景名胜区管委会主任杨慧敏、全球周公后裔联谊总会会长姬利峰共同为全球周公后裔联谊总会陕西办事处揭牌。

【全国周文化景区精品旅游线路专家研讨会召开】 2014年4月14日下午，全国周文化景区精品旅游线路专家研讨会在岐山县天缘酒店召开。来自陕西、河南、北京等地的有关领导、专家学者、周公后裔代表参加了研讨会。会上，专家围绕如何让周文化独特的旅游资源成为国内热门的特色旅游文化，成为中国标志性旅游品牌发表建议，并提出多个城市联手规划、建设、打造中华文化核心文化——周文化标志性旅游品牌，才是打造中华文化品牌性旅游的重中之重。国内多个城市的旅游部门也加入其中进行研讨，从旅游规划、发展前景、打造品牌等方面进行了探讨。会议提出要挖掘本地周文化旅游资源，发挥产业优势，强强联合，打造中华周文化旅游品牌精品线路，加快推进“周文化”旅游资源向全国旅游大品牌的跨越发展。

【全市三项工作现场会在岐山召开】 2014年4月28日上午，全市小麦“一喷三防”防治工作现场会在岐山县益店镇召开。市农业局局长王金，岐山县副县长刘涛出席会议，各县区相关人员参加了现场会。会上进行了器械发放，市农业局副局长刘俊伟安排部署了全市2014年小麦“一喷三防”防治工作，内蒙古药械企业介绍了防治产品，现场在益店镇益合村进行了航化作业、大型器械及机动喷雾器展示。5月14日，全市县乡村道路交通安全管理警监联合执法工作推进会在岐山县召开。副市长袁军晓出席会议并作重要讲话，省交通警察总队事故处处长张经纶、省农机局副局长段保群、市农业局副局长张国栋、市公安局副局长宋继伟及县领导张海建、何宏年出席会议。市政府副秘书长张积勤主持会议。省交通警察总队事故处处长张经纶和省农机局副局长段保群分别对开展乡村道路交通安全管理警监联合执法工作提出了指导性意见和建议。岐山县县长何宏年汇报了岐山县乡村道路交通安全管理警监联合执法工作情况；市农业局副局长、市农机局局长张国栋对《关于开展县乡村道路交通安全管理联合执法工作的实施意见》作了说明；市公安局副局长、交警支队支队长宋继伟就做好全市警监联合执法工作作了发言。5月16日，全市农村环境综合整治现场会在岐山县召开，市委书记、市人大常委会主任上官吉庆在会上要求全市各级各部门要站在全局和战略高度，把农村环境综合整治作为开展党的群众路线教育实践活动的重要内容，拿出打硬仗的决心和魄力，强化统筹协调，夯实责任、狠抓落实，长期抓、反复抓、坚持抓，确保农村环境综合整治工作取得实效，人民群众得到实惠。市长钱引安主持会议。

【“西洽会”岐山县引资114亿元】 2014年5月22—26日，第十八届中国东西部合作与投资贸易洽谈会暨丝绸之路国际博览会在西安召开，岐山县代表团参加省市组织的各项投资洽谈活动，共签约项目16个，其中工业类项目10个，农业类项目1个，旅游商贸类项目2个，城市综合体项目2个，基础设施项目1个，合同引资114.5亿元。会议期间，张海建、何宏年、武勇超、吴维强等县级领导和代表团各成员主动上门，广泛联系对接，到各个签约会场和项目推介会场考察，与新疆乌鲁木齐米东区西洽会代表团进行友好交流，赴隆发投资集团总部进行了考察对接，组织召开香港企业家投资岐山座谈会，对岐山县的投资环境和重点招商项目进行推介和交流。中国岐山普宁国际服装商贸产业园建设项目在西洽会陕西专场进行了签约，机械智能控制系统生产建设项目、商业综合体投资开发项目在市团签约项目专场签约，成为此次西洽会岐山代表团的亮点。

【农业产业化项目签约】 2014年7月4日，岐山县与西安高远生化有限公司土地流转合同签约仪式在京当镇举行。县领导王振峰、牛国莉、张慎立出席签约仪式。京当镇张家村村委会法人代表、主任何焕生与西安高远生化有限责任公司法人代表、董事长武宏奇签订项目合同。西安高远生化有限责任公司是研发、生产、销售甾体药物中间体的生产型企业。该项目位于京当镇张家村，规划占地150余亩，项目计划总投资1700多万元，逐步建成墨西哥薯蓣、柴胡、白芨种植示范产业基地，并带动当地农户，逐步扩大到千亩以上的产业规模。

【各地宗亲到岐山寻根祭祖】 2014年7月7日，岐山县在祝家庄镇三王庙举办各地宗亲寻根祭祖仪式。活动在祝家庄镇岐阳村举行，主要是江苏省无锡市新区梅村街道办事处、无锡市新区泰伯庙文物保护所、各地宗亲联谊会到岐山寻根祭祖及投资考察。活动包括祭祀拜祖、三王塑像揭像、恭读祭文、敬献花篮等仪式。

【1号店·特产中国·岐山馆开馆】 2014年7月9日，由陕西省商务厅、宝鸡市人民政府联合主办、岐山县人民政府承办的2014陕西电子商务（跨境）交流合作促进大会岐山分会在岐山县电子商务中心举行，1号店·特产中国·岐山馆正式开馆。省商务厅副巡视员贾银生，宝鸡市委副书记陈光明，宝鸡市委常委、副市长康巨淋，省电子商务协会秘书长郭金生等省市领导出席开馆仪式。县委书记张海建致辞，县长何宏年主持开馆仪式。陈光明宣布岐山馆开馆。100多名省市与会代表先后参观考察了岐山县八亩沟擀面皮店、岐山县大自然商贸有限公司和岐山县电子商务中心运营大厅，品评了地方特产和岐山小吃。1号店·特产中国·岐山馆正式开馆上线后，举行了岐山电子商务示范县项目推介会。何宏年主持推介会。中国国际电子商务中心、立高电子商务技术公司等70家电商企业代表和国际商报、中国文化交流网、陕西日报等15家媒体代表出席项目推介会。副县长刘涛现场推介了岐山县农产品电子商务产业园、岐山县农产品电子商务冷链加工物流配送中心及基地、岐山县臊子面地域原材料专业加工配送中心、岐山普宁服装商贸产业园电子商务中心和陕西西岐网电子商务有限公司招收电商企业电商产品五个重点建设项目。岐山天缘食品有限公司等电商企业代表作了发言，与会人员观看了《岐山电子商务》专题片。

1号店·特产中国·岐山馆正式开馆

【《诸葛亮》特种邮票在岐山首发】 2014年8月28日，《诸葛亮》特种邮票首发仪式在礼乐广场举行。省集邮公司经理李爱萍出席首发仪式，县长何宏年致辞。本次发行的《诸葛亮》特种邮票1套2枚，小型张1枚，邮票内容分别为卧龙出山、鞠躬尽瘁，小型张内容为诸葛亮像，全套面值8.40元。

【郭帅亚运会上夺得金牌】 2014年9月24日上午，2014年韩国仁川亚运会赛艇女子轻量级四人双桨决赛中，岐山籍赛艇运动员郭帅与队友黄文仪、潘旦旦、陈翠明发挥出色，以7分25秒09的成绩为中国夺得一枚金牌，这是宝鸡地区运动员获得的首枚亚运会金牌。

【举行烈士纪念园落成仪式暨烈士纪念日公祭活动】 2014年9月30日，岐山县举行烈士纪念园落成仪式暨烈士纪念日公祭活动。张海建、何宏年、雷岁劳、傅乃璋、杨文明等县级领导，各镇党委书记，县委和县级国家机关各部门，各人民团体主要负责人，驻岐部队官兵代表，军烈属、老战士代表，共青团及少先队员代表参加本次活动，县委副书记高清苗主持公祭活动。上午10时整，岐山县烈士纪念园落成仪式暨烈士纪念日公祭活动在庄严的国歌声中开始，张海建、何宏年为纪念碑揭幕，全体人员默哀，县级领导及驻岐部队领导向烈士敬献花篮，少先队员献歌，全体人员向烈士三鞠躬。此次烈士公祭活动以“缅怀革命烈士，继承红色基因，弘扬社会主义核心价值观”为主题，为岐山县第一个烈士纪念日公祭活动。活动仪式结束后，全体人员共同瞻仰了烈士陵墓。

【岐山县与西农大签订四项合作协议】 在第21届杨凌农高会上，岐山县政府与西北农林科技大学及其农学院、园艺学院、动物医学院签订四项合作协议，与两户企业签订了2亿元的招商引资协议，利用西农大的科技、人才优势和企业的资金优势，推动岐山农业和农村经济发展。农高会上，县政府与西农大签订了聘请专家顾问团协议，聘请西农大教授张睿、刘占德、王晶钰等为县政府农业发展顾问，指导产业发展规划编制、生产技术规程制定，开展适宜岐山县农业发展的新品种繁育、新技术研究、试验和示范推广，开展优质种苗、种禽的繁育、扩繁和新优品种示范等工作，辐射带动岐山县农业转型升级。与西农大农学院签订了优质小麦产业开发工程项目合作协议，依托其优质小麦育种资源，发挥岐山国家级农作物品种区域试验站及秦风科技公司优势，建设优质小麦基地35万亩，年产优质小麦14万吨，加快由优质小麦生产到面粉加工和挂面、方便面、面皮、锅盔生产的产业化开发步伐，与西农大园艺学院签订了猕猴桃产业化科技示范与科技入户工程项目协议，发挥岐山“西府大棚瓜”和设施蔬菜基地示范县优势，加快以凤鸣、故郡为中心的3万亩设施瓜菜基地建设步伐。与西农大动物医学院签订了肉鸡试验站建设合作协议，加快岐山大成30万套父母代肉种鸡建设项目，使益店大成、天和大成和汇丰大成肉种鸡场全面投产运行。

【“2014暖冬行动”走进岐山慰问】 2014年12月12日，由宝鸡市慈善总会和《华商报》联合发起的“2014暖冬行动”走进岐山，看望慰问美德少年孙梅，为她们母女送去冬日的温暖。孙梅是岐山县蒲村初级中学学生，从6岁起，一边上学一边照顾生活不能自理的母亲。在蒲村初级中学，爱心人士详细了解了孙梅的学习、生活、家庭等情况，高度赞扬了孙梅坚强、乐观、勇敢面对生活的精神，勉励孙梅保持乐观进取的生活态度，好好学习，自立自强，用行动回报社会，并送上了慰问金、药品及生活用品。随后，在孙梅家中，市人民医院的专家为孙梅母亲进行了会诊，鼓励她要坚定信念，战胜病魔，乐观面对生活。此次活动共有来自市慈善总会、市教育局、《华商报》宝鸡记者站、市人民医院、瑞海慈善眼科医院、现代乳业等单位的18名志愿者参与。

（黄宗科）

岐山县委、人大、政府、政协领导成员

县委书记 张海建
副书记 何宏年
武勇超（12月离任）
高清苗（女）
常委 张海建 何宏年
武勇超（12月离任）
高清苗（女）
吴维强 巨文利
王昭怀 王振峰
虢维章 安建峰
付杰 王润军
县人大常委会主任 雷岁劳
副主任 李建林 黄怀斌
牛国莉（女）
刘谦
县长 何宏年
副县长 吴维强 巨文利
张冬肖（女）
苏勤科 刘涛
韩晓敏
程圩（12月任职）
县政协主席 付乃璋
副主席 强玉怀 张慎立
李瑾（女）

扶风县

【概况】 扶风县位于关中平原西部、关天规划发展核心区，毗邻杨凌农业高新示范区。因“辅助京师、以行风化”而得名，素有“青铜器之乡”“佛骨圣地”的美誉。扶风属黄河流域，地处暖温带。年平均气温12.4℃，水量充沛。地域南北长东西窄，地势北高南低，呈阶梯跌落，依次为北部乔山山脉、低山丘陵、中部黄土台塬、南部川道。全县交通、通讯、电力等基础设施条件优越，被称为欧亚大陆桥的陇海电气化铁路、西（安）—宝（鸡）高速公路、法（门寺）—汤（峪）二级旅游公路、法（门寺）—乾（县）二级旅游公路、关中旅游环线、西宝公路中线、西宝公路北线等交通干线穿境而过。至2014年底，全县总面积720平方公里，辖8镇、6个社区、169个行政村、1137个村民小组，总人口45.18万人。2014年，扶风县围绕“做大总量、做优质量”两大要务，突出加快发展、优质发展、持续发展，聚焦项目建设，着力转型升级，改善社会民生，县域经济社会呈现稳步发展的良好势头。顺利通过了国家卫生县城复审、省级生态县技术评估和省级文明县城复验。荣获全国民生改善优秀示范县、全国放心农资下乡进村示范县、全国小麦良种繁育标准化示范区、全国公安基础基建百强示范县、全国珍贵树种培育示范县、省级“双高双普”县、全省“质量兴省”先进县、全省“六五”普法中期先进县、省级社会主义新农村档案工作示范县等称号。县公安局被评为全国公安机关“五十百千”示范单位，城关镇、法门镇、绛帐镇入选“全国重点镇”，法门镇宝塔村、美阳村，杏林镇浪店村等6村入选“全国乡村旅游扶贫重点村”。

【经济总量稳中有增】 2014年，全县生产总值突破百亿元大关，达到100.57亿元，比上年增长12%；全社会固定资产投资完成149.85亿元，增长33.8%；规模以上工业总产值达到107.5亿元，增长18%；全社会消费品零售总额完成24.07亿元，增长14.5%；地方财政收入完成2.76亿元，同口径增长19.5%；城镇居民可支配收入和农民人均纯收入分别达到29608元、9736元，增长10.1%、12.6%；金融机构年末各项存款余额128.85亿元，比年初增加15.59亿元；各项贷款余额54.49亿元，增加7.77亿元。三次产业结构比例由上

2014年扶风县国民经济和社会发展主要指标一览表

指 标 名 称	计算单位	总 量	比上年增长（%）
一、国内生产总值	亿元	100.57	12
其中：第一产业	亿元	19.72	5.1
第二产业	亿元	49.76	15.6
第三产业	亿元	31.09	8.8
二、全社会固定资产投资	亿元	149.85	33.8
三、财政总收入	万元	42433	12.1
四、社会消费品零售总额	亿元	24.07	14.5
五、城镇居民人均可支配收入	元	29608	10.1
六、农村居民人均纯收入	元	9736	12.6
七、社会保障			
1. 农村养老保险	人	207607	–
2. 农村合作医疗	人	388672	–
3. 城镇新增就业人数	人	6683	–
4. 农村劳动力转移就业	人	156036	–
八、人口自然增长率	‰	4.61	–

年的20：51.2：28.8调整为19.6：49.5：30.9，产业结构不断优化。全县共接待国内外游客785.6万人次，实现旅游综合收入53.02亿元，比上年增长20.5%。投资环境不断优化，绛帐工业园新入驻企业18户，园区产值达到77.5亿元，荣获全省县域工业集中区发展先进单位称号。机械加工工业园新入驻企业11户，实现园区产值15.04亿元，被评为省级重点工业园。全县新增规模以上工业企业、限额以上商贸流通企业各5户，新注册商标85件，争创中国驰名商标1件、地理标志商标1件、陕西省著名商标7件、省级名牌产品2个。新栽苹果2万亩、猕猴桃1万亩，新建百头以上标准化养猪场85个。流转土地1.86万亩，新发展现代农业示范园区4个、家庭农场53个、专业大户49户、农民专业合作社35个，同兴果品出口基地被确定为省级农业园区，“秦珍”牌苹果获得第21届杨凌农高会“后稷金像奖”。

【招商引资、项目建设加力提速】 2014年，扶风县实现招商引资到位资金47.57亿元，利用外资1613万美元。河泰高精纺棉纱生产线、环保高档家具产业园、冠森商业文化广场、绛帐商业街等一批项目相继落户。争取中省市各类资金21.9亿元，其中建设类资金较上年增长20.2%。80个重点项目完成投资61.8亿元，今麦郎面粉挂面、全抛釉仿古砖、高档板式家具生产线技改、法门盛唐文化旅游街、扶扬生态旅游观光园三期、现代果业发展、新增粮食产能、农村安全饮水、高标准农田等58个项目竣工投产投运，大唐西府书苑、七星河国家湿地公园、阳晨十万头生猪扩繁场等22个项目加快实施。

【城乡建设步伐加快】 编制完成县城控制性详规，绛帐新镇区修建性详规，天度镇、召公镇总规、控制性详规，城乡规划体系日趋完善。县城新区道路铺设，主街道亮化提升，县城第二水厂、老区内涝治理等工程顺利竣工，新建集中供热二级换热站3个，铺设管网5.7公里，新增供热面积15.4万平方米，新发展天然气用户2350户，县城亮化被国家照明学会评选为“优秀照明工程案例奖”。法门镇投资3亿元实施项目17个，中心卫生院宿办楼、普惠路等13个项目已建成；绛帐镇投资3亿元实施项目12个，文体中心游园广场、社区广场等3个项目已建成。其他建制镇投资2720万元加强基础设施建设，开展园林绿化和环境整治，镇区面貌进一步改善。全面放开县城和建制镇落户限制，全年共办理进城落户（居住）1.52万人。交通项目完成投资4.1亿元，绛法高速改扩建、店法路改建、东大街延伸段改扩建、老区东关桥重建等项目建成通车，209省道法门至绛帐段、县城东环路等道路开工建设。

【县城夜景照明工程获国家照明行业最高奖项】 2014年12月19日，在中国照明学会组织的“中筑天佑杯·2014金手指奖”评选中，扶风县城新区夜景照明工程获“优秀照明工程案例奖”，该奖项为中国照明行业最高奖项。县城新区夜景照明工程由县住房和城乡建设局负责实施，该工程投资3000万元，分两期实施，一期主要是县城新区东大街照明提升改造，二期主要是县城新区主要干道、中心广场、东大街牌楼进行照明提升改造。工程实施后，形成了层次分明、动静结合、错落有致、典雅和谐的县城夜景照明效果，为市民夜间出行、运动、游玩提供了便利。

【绛法高速公路建成通车】 2014年9月28日下午，绛帐至法门寺改扩建工程正式完工通车，该工程自2013年5月开工建设，南起连霍高速兰家枢纽互通式立交，沿旧路攀塬北行，止于法门寺佛文化景区，全长16.3公里。绛法高速公路建成通车改善了法门寺景区旅游交通环境，为扶风旅游快速发展提供了交通保障。

【第27届世界佛教徒联谊会在扶风县举行】 2014年10月16日，第27届世界佛教徒联谊会大会在法门寺佛文化景区开幕，这是该项活动首次在中国大陆举行。大会受到了海内外各界人士的广泛关注。全国政协副主席杜青林、马飚，国家宗教事务局局长王作安，省人大常委会主任赵正永，省长娄勤俭以及中央、省、市相关领导与贵宾出席大会开幕式。泰国国王普密蓬·阿杜德、斯里兰卡总统拉贾帕克萨、全国政协主席俞正声等分别发来贺信贺电。省长娄勤俭在开幕式上致辞。

【法门寺佛文化景区成功创建国家5A级景区】 2014年10月14日，法门寺佛文化景区荣膺国家5A级旅游景区挂牌仪式在扶风县法门寺举行。这标志着法门寺佛文化景区迈入国家旅游景区的最高等级行列，成为陕西省继秦始皇陵博物院、华清池、黄帝陵、华山、大雁塔·大唐芙蓉园景区之后的第六家国家5A级旅游景区。12月21日，法门寺佛文化景区荣获"2014年度最佳文化旅游度假目的地"称号。

【法门佛光入选"宝鸡新八景"】 "宝鸡新八景"评选活动自2013年8月启动，经过市民推荐和县区推荐、评委会筛选、市民投票等环节，综合投票结果和专家、市民代表审定评议结果，评出了八个景点并命名为"宝鸡新八景"，扶风县"法门佛光"成功入选。在"宝鸡新八景"之外综合评出的"山水八景""历史人文八景""乡村游八景"共24个景点中，扶风"野河槐香""关中风情"也名列其中。

【首届祭拜伏波将军马援大典举行】 2014年10月7日（农历甲午年九月十四日），为纪念东汉伏波将军马援诞辰2028周年，世界马氏宗亲联谊总会首届祭拜伏波将军马援大典在扶风县伏波村马援墓地举行，来自世界和全国各地的马氏宗亲代表300余人及扶风县马氏宗亲代表、伏波村群众共800余人参加活动。

【《走进扶风这里不仅仅有法门寺》旅游专题片播出】 2014年，中央电视台旅游卫视拍摄并播出了《走进扶风这里不仅仅有法门寺》旅游专题片。该片反映了扶风厚重的历史文化和丰富的旅游资源，由中国旅游卫视著名导演担纲拍摄，采用全新的视觉和技术，新颖、独特地反映了扶风县旅游、文化、经济、政治风貌。专题片分上、下两集，共40分钟。上集以法门寺为主线，对"释迦牟尼佛骨舍利为何会在千年之后重现扶风境内法门寺地宫，扶风为何又被称为王兴之地、中国青铜器之乡"等进行了揭秘。下集分别描述了扶风不仅仅是一座文化之都，又是养身、养心、养老的三宝之地，展现了扶风除了法门寺、周原遗址以外的其他独特旅游资源以及扶风未来的旅游主题定位等。

【国家级小麦良种繁育标准化示范区建成】 2014年4月4日，扶风县小麦良种繁育标准化示范区项目顺利通过考核验收，被国家标准委确定为第七批全国农业标准化示范区。这是扶风县粮食产业继获得国家商品粮生产基地县、全国粮食生产先进县之后的又一个"国字号"荣誉。"国家级小麦良种繁育标准化示范区"的建成，标志着扶风县小麦良种繁育标准上升到一个新高度。

【加强生态环境治理】 开展"治污降霾·保卫蓝天"专项行动，加快实施今麦郎食品、祥云热力脱硫除尘工程，拆改县城区燃煤锅炉70台，安装油烟净化器113台，治理县城建筑工地扬尘35万平方米，启动高污染燃料禁燃区建设，开展北部露天采石企业整治和煤炭市场综合整治，县域空气质量持续好转。投资1.83亿元，实施百合污水处理厂二期扩容提标改造、绛帐污水处理厂及管网建设等项目，污水处理能力进一步提高，渭河、小韦河出境断面水质稳定达标。投资1.1亿元，完成了渭河北岸12.6公里堤顶路面硬化、绿化和南岸12.1公里堤防路基建设。规范渭河采砂秩序，渭河综合治理取得阶段性成效。投资3500万元，完成了35个连片综合整治示范村和15个重点村整治，农村环境面貌持续改观，法门镇美阳村入选"宝鸡十大美丽乡村"。推进扶风大地园林化，实施千里绿色长廊、城乡绿化等八大绿化工程，全县共造林4.6万亩、植树471万株，建成了西宝客专、渭河北坡节点景观和绛法高速、西宝高速、西宝北线宽幅林带，全县生态环境明显改善。

【七星河国家湿地公园一期工程建设项目启动】 7月15日，扶风县七星河国家湿地公园一期工程宣教展示区和管理服务区两部分建设项目启动。七星河国家湿地公园位于扶风县中部，全长39公里，由七星河（18公里）、小韦河（6公里）、美阳河（15公里）三条河流汇接组成，北起法门镇马家村，南至杏林镇浪店村，

七星河国家湿地公园建设项目签约仪式

西至法门镇庄白村，东到召公镇吕宅村，涉及沿线5镇30个行政村，呈“U”型布局。湿地公园主要包括：保护保育区、宣教展示区、管理服务区、合理利用区、恢复重建区五个功能区。一期工程建设地点从白家窑水库大坝以南至县城老区原西宝北线以北，长约3公里。估算投资1.3亿元，建设周期2年，建设内容包括公园大门、道路建设、园林小品、景观照明、公园广场、停车场、科普宣教中心、管理服务中心等。

【社会事业持续提升】 2014年，扶风县完成了2.2万户8.3万贫困人口的精准识别。实施“百千万”扶贫攻坚行动，新建设施蔬菜大棚109座，扶持贫困户发展产业、脱贫示范；开展“千名干部结对帮扶贫困户”活动，解决贫困户实际困难1827件；坚持专项培训和政府购买服务相结合，共培训贫困人口1.2万人次，贫困人口创业就业和脱贫能力持续增强。整村推进10个扶贫开发重点村建设，实施杏林镇西坡村移民小区建设和午井镇四户村移民搬迁项目，实现139户农村“三无户”有房可居。全年脱贫1.67万人。扶风三小和法门、绛帐、段家3所镇中心幼儿园建成投用，率先在全市建成学生营养餐配送中心，全县高考二本上线率比上年提升8.3个百分点，万人上线率居全市前列。城镇新增就业6683人，劳动力转移就业15.6万人，实现劳务收入12.6亿元。各类社会保险覆盖面进一步扩大，保障水平不断提高。严格低保标准，严把关键环节，对所有城乡低保对象重新进行审核，群众反映强烈的问题得到基本解决。为22618名城乡低保对象、672名五保供养人员、1325名重点优抚对象、6313名贫困残疾人、28名孤儿和26341名高龄老人发放各类生活补助资金1.57亿元，困难人群基本生活得到保障。南阳区域性敬老院、县流浪未成年人救助保护中心建成投用。深化医药卫生体制改革，将乡镇卫生院和3家县级公立医院在编人员工资纳入财政预算管理，推进县级医院和村卫生室药品零差率销售。新农合人均筹资标准提高到430元，全年为参合群众报销医药费14386万元。计生政策全面落实，低生育水平保持稳定。新建保障性住房2263套，配租959套。发放、安装广播电视“户户通”设备6000套，整转、发展数字有线电视3万户。新建农村社区服务中心8个、农村幸福院22所，村干部补贴大幅提高。

【扶风进入“全国2014民生改善优秀示范城市”行列】 2015年2月4日，由新华网主办的“2014城市民生建设与民生保障典型案例推选活动暨全国优秀民生改善典范城市发布会”在北京举行，扶风县成功入选“2014民生改善优秀示范城市”行列，这是宝鸡市唯一获此殊荣的县区。近年来，扶风县把保障和改善民生摆在突出位置，在医疗卫生惠民、生态文明建设、扶贫安居工程、教育文化事业发展等民生项目的建设上下大力气，先后投入30多亿元，完成县城基础设施建设项目98个，建成7纵5横道路交通网络；投入10.16亿元，建设保障性住房6457套，有效解决了低收入家庭住房难问题；投资8000万元，在全县44个重点村和79个连片村实施农村环境综合整治；投资6.27亿元，实施校舍安全、教育信息化、部室建设等八大工程，扎实推进义务教育均衡发展和“双高双普”工作；开展“百千万”扶贫帮困工程，1295名机关干部驻村帮扶，落实扶贫资金4867万元，全县脱贫1.67万人；实施“治污降霾·保卫蓝天”行动，拆除燃煤锅炉70台，完成扬尘治理建筑面积35万平方米，强行爆破拆除小石灰窑97座，淘汰关停水泥企业2户，餐饮企业安装油烟净化器113台。

【通过国家卫生县城复审】 2014年12月17日，扶风县顺利通过国家卫生县城复审工作。2014年年初，县委、县政府对照新的国家卫生县城标准，按照“部门协调、群众动手、科学治理、社会监督”的总思路，在全面做好10大类52项185个检查内容的基础上，重点强化了10个入门证，完成县城建设规划；投资1450万元建成垃圾填埋场；投资5473万元建成污水处理厂；整治大气污染，大气总悬浮颗粒物监测稳定达标（全年好天气大于280天）；人均绿地8.1平方米，绿化面积99万平方米，绿化率33%，绿化覆盖面积114万平方米，绿化覆盖率38%；病媒生物防制达到新标准要求；公共场所建设富有特色，公园、广场、标志性雕塑、亮化突出亮点；市场建设达到规范；城关镇创建省级卫生村9个，达到标准比率；创卫工作群众满意率达到90%以上。

【推进精神文明建设】 2012年成功摘得省级文明县城的桂冠后，扶风县继续将精神文明建设向纵深推进，努力提高全民素质和社会文明程度，2014年又顺利通过了省级文明县城复验。近年来，扶风县在推进城乡环境综合整治的基础上，开展“十大陋习”专项整治，开展“三下乡”活动，评选“好媳妇”“道德模范”“最美扶风人”，开展全员公益活动，丰富群众精神文化生活，弘扬“凡人善举”，践行社会主义核心价值观。在此基础上，全县爱心志愿者公益活动蓬勃发展，“关爱老人·春风行动”“重阳敬老”“暖冬”行动、“蒲公英助学计划”“扶风环保·你我有责”“学雷锋精神·做志愿服务”环保活动、“文明餐桌”“文明出行”“志愿者在行动”“争做文明游客”“关爱环卫工人共建爱心驿站”宣传活动、“美化我们的家园、志愿者在行动”等多种志愿者活动接连不断，营造了文明和谐的社会氛围。

【荣获省级“双高双普县”称号】 2014年10月25日，省政府教育督导团授予扶风县“高水平、高质量普及九年义务教育和普及学前教育、普及高中阶段教育县”（简称“双高双普”县）称号，扶风县成为宝鸡市平原县区第一个“双高双普”县。扶风县是周礼之乡，马融绛帐传薪之地，自古有崇尚教育的优良传统。扶风县近三年累计整合各类资金17亿元投入教育事业，新建维修改造校舍面积43万平方米，撤并高中、初中、小学98所，改善了城乡学校办学条件，提高了教育教学质量。在全省率先试行“寄宿加走读、校车”的“1+2”办学模式，在全市率先落实教师绩效工资，建成学生营养午餐配送中心，被国家教育部授予“全国农村义务教育学生营养改善先进县”称号。2014年10月22—25日，省政府教育督导团通过听汇报、查资料、实地考察等形式，对扶风县138个相关单位和学校幼儿园的1239个部室、2101份档案资料进行了全面评估打分，给出2390分的较高得分，超过验收分数，达到“双高双普”评估标准。

【社会主义新农村档案工作示范县创建成功】 2014年12月19日，扶风县以90分的高分成功创建为省级社会主义新农村档案工作示范县，标志着扶风县农业农村档案工作迈上一个新台阶。近年来，县委、县政府高度重视档案工作，为新农村建设档案工作提供了强有力支持，改善了县、镇、村的档案安全保管条件，相关部门紧密配合，初步形成了新农村规范建档、科学管理、齐抓共管的局面，推动了各项涉农档案工作的开展。

【全国环艺书画展在扶风县举行】 2014年7月下旬，由中国文化艺术研究会主办的全国环艺书画展在扶风县举行，县委书记周宇松等领导出席仪式。中国文化艺术研究会是一个在全国书画界颇有影响的民间组织，2013年以来，组委会在全国范围内开展了环境保护书画作品征集活动，先后收到各类作品1000余幅，最终筛选出了百余幅获奖作品在扶风县展出。

【传统文化公益频道《文明之窗》开播】 2014年11月6日，扶风县传统文化电视公益频道——《文明之窗》开播，这是全省继眉县之后又一家开播的电视公益频道。宝鸡传统文化促进会是2011年成立的民间文化团体，该团体旨在弘扬中国传统文化，弘扬社会主义核心价值观。按照协会宗旨，扶风县成立宝鸡传统文化促进会扶风分会，下设时事政治研究会、民间风俗研究会、周文化研究会、马融文化研究会、孝文化研究会等5个组织。

【扶风学生苟帅琪勇救落水人员被评为“陕西好人”】 2014年3月16日上午，扶风县城关镇西官村中堡组退休干部彭志英及外甥女王敏不慎落入宝鸡峡渠道西官段的水渠中，生命危在旦夕。这时苟帅琪恰好路过此地，听见有人呼救，立即跑去救人，并与其他村民一起，用绳索将彭志英救上岸。后听到还有一人落水，随即沿河岸和村民向下游追行60余米，看到落水人，用绳索扣腰后，跳入渠中奋力救起落水人王敏。救人后，苟帅琪不留姓名，悄然离去。苟帅琪两度奋不顾身抢救落水祖孙，被扶风县人民政府授予“见义勇为先进个人”“优秀共青团员”荣誉称号，经县、市文明办推荐，苟帅琪获“陕西好人”荣誉称号。

【举办《百姓问政》节目】 2014年，扶风县共举办《百姓问政》节目7期、“邀请公民代表走进县政府”活动12期，县农业局、人社局、环保局、交通局、召公镇、杏林镇等单位分别接受问政。邀请240名公民代表走进县政府办、发改局、财政局等单位座谈交流，了解工作情况，对群众反映的200多个问题建档销号，及时整改，做到了事事有交代、件件有回音。

【公务自行车骑出干部好作风】 在党的群众路线教育实践活动中，为改进工作作风，段家镇、法门镇、天度镇购置公务自行车72辆，出台《镇公务自行车管理使用暂行办法》，按照“对村不对人、谁使用谁负责”的原则，要求镇领导干部一律骑公务自行车开展下乡等公务活动，体现了绿色、环保、节能理念，骑出了干部好作风。

【各级领导到扶风视察调研情况】 2014年1月24日，团中央农村青年工作部副部长次旺平措和团省委副书记贾玲到扶风调研基层共青团工作。4月4日，全国政协副主席卢展工调研扶风政协工作。4月22—23日，全国妇联副主席孟晓驷到扶风调研基层组织建设情况。6月26日，省委常委、组织部部长毛万春到扶风调研非公党建、环境综合整治、为民办事干部代办制度落实及基层党组织建设有关工作。8月5日，省委副书记孙清云到扶风绛帐镇罗家村、召公镇西张村、白家窑水库检查秋田灌溉、人畜饮水、水库管理及运行等工作情况。9月11日，全国人大常委会副委员长严隽琪带领全国人大常委会旅游执法检查组一行到扶风开展旅游执法检查。11月20日，全国人大常委会副委员长、全国妇联主席沈跃跃到扶风调研妇联工作。

（卢军林　刘莉娟）

扶风县委、人大、政府、政协领导成员

县委书记	周宇松
副书记	陈爱民　齐军建
常委	周宇松　陈爱民　齐军建　邓　方　张　扬　王小龙　景行军　李晓诚　李拴锁　杨根民　傅　宇
县人大常委会主任	梁宗建
副主任	安彩芍（女）　李哲斌　冯　敏　王宽忍
县长	陈爱民
副县长	张　扬　王小龙　高　君　郑建安　齐　升　段葆青（女）　羊国义　杨　辉（7月任职，挂职）
县政协主席	黎焕焕
副主席	何宗科　颜琼峰　罗香彦（女）

眉　　县

【概况】　眉县是全国优质猕猴桃生产基地县、中国民营经济最具活力县。地理坐标位于东经107°39′00″~108°00′00″，北纬33°59′00″~34°19′00″。地处陕西省关中平原西部，秦岭主峰太白山北麓，东接周至县，南连太白县，西邻岐山县，北界扶风县。西距宝鸡市区65千米，东距省会西安市120千米。2014年末，眉县辖首善、横渠、槐芽、汤峪、金渠、营头、齐镇、常兴共8个镇，下设123个村民委员会，4个居民委员会，882个村民小组。总户数66420户，总人口326441人，其中乡村人口254917人，其中男132124人，城镇常住人口71524人，城镇化率21.19%。总人口中，以汉族为主，另有回族、满族、壮族、蒙古族、黎族、苗族、彝族、白族、傣族、藏族、朝鲜族、维吾尔族、哈尼族、土族、土家族、拉祜族等16个少数民族。2014年人口自然增长率4.96‰，计划生育率达到95.6%。辖区东西最大距离37.5千米，南北最大距离39.8千米，总面积863平方千米。其中陆地面积780.5平方千米，占90.4%；水域面积82.5平方千米，占9.6%。人口密度为每平方千米370.9人。2014年，全县人民围绕“四大战略”（生态立县、工业强县、旅游兴县、农业富县）、“两个突破”（工业、旅游），凝心聚力，创新实干，拼搏进取，加快推进县域发展提质增效，全面推进城乡发展一体化，打造县域转型发展“升级版”，整体经济呈现快速平稳运行态势。全县持续加大科技创新力度，2014年申报各类专利159件，培育省级民营科技型企业13户，被确定为陕西省首批创新型试点县。同时，实施商标战略，培育发展注册商标115件。2014年，继续加快教育事业发展，投资7350万元改善办学条件，实施名师培养工程，被评为全省学前教育三年行动计划先进县。同时，持续狠抓教学硬件建设，对部分学校进行了扩建，改建，逐步改变了眉县教育办学环境。全县拥有各类学校61所，在校学生36113人，其中：职业中学5835人，高中5660人，初中8524人，小学16094人。初中毕业升学率为98.37%，高考上线率继续名列全市前茅。2014年，各项主要经济指标增幅均名列全市前茅，继续荣获全市目标责任考核平原县第一；打造形成了“一个国际化大景区、一个国家级猕猴桃批发市场、一个西部煤炭物流配送中心、两个省级重点建设工业园、两个省级重点示范镇”的核心品牌；国家生态县顺利通过省级技术评估；荣获中国旅游百强县、全国科技进步考核先进县、全国村务公开民主管理先进县，以及国家卫生县城、省级文明县城、省级生态园林县城等多项荣誉。

【中央第五巡回督导组参加指导眉县县委常委班子专题民主生活会】　2014年7月1—2日，中央第五巡回督导组副组长、全国政协文史和学习委员会副主任、中央党校原副校长孙庆聚，省委第一督导组组长、杨凌农业高新技术产业示范区陕西省建设领导小组专职副组长张光强，省委组织部副部长、省非公党建工委书记冯力军，省委第二巡视组组长姚毅参加指导了眉县县委常委班子党的群众路线教育实践活动专题民主生活会。市委书记、市委党的群众路线教育实践活动领导小组组长上官吉庆主持专题民主生活会。会前，中央第五巡回督导组、省委第一督导组和省委教育实践办对眉县县委常委班子和班子成员的对照检查材料，以及批评意见反复进行了严格审查把关。6月30日下午，孙庆聚听取了眉县县委关于民主生活会准备情况的汇报，并就开好民主生活会讲了重要意见。6月30日晚，市委书记上官吉庆，市委常委、组织部长马赟与眉县县委常委班子成员进行集体谈话，要求他们进一步提高认识、抬高标杆、深挖细查。会上，眉县县委书记李智远代表县委常委班子作了对照检查，班子成员分别开展了批评；班子成员分别作了个人对照检查，并相互提出批评意见，上官吉庆

2014年眉县国民经济和社会发展主要指标一览表

指标名称	单位	2014年实际完成	2014年比2013年实际增长（%）
一、国内生产总值	万元	1046300	16.1
其中：第一产业	万元	203693	5.1
第二产业	万元	608572	21.1
其中工业生产	万元	483400	22.6
第三产业	万元	234035	8.4
二、旅游综合收入	亿元	15.1	57.3
三、全社会固定资产投资	亿元	199.09	36.2
四、地方财政收入	万元	29963	15.0
五、社会消费品零售总额	亿元	21.36	14.5
六、居民消费价格指数	元		1.9
七、农民人均纯收入	元	10755	12.9
八、城镇居民可支配收入	元	32981	10.4
九、在岗职工年平均工资	元	39448	7.3
十、人口自然增长率	‰	4.96	

对县委常委班子及成员逐一进行了点评式批评，随后每名常委作了表态发言。眉县人大常委会主任、政协主席分别作了评价和表态发言，市委第六督导组作了点评。会议结束时，上官吉庆作了重要讲话。中央第五巡回督导组、省委第一督导组、省委第二巡视组部分成员，省委教育实践办领导，市委常委、纪委书记田筱虎出席会议。

【创新社会治理模式开展“三进五解决”活动】 2014年，为了化解发展中出现的社会矛盾、问题，眉县结合县情出台《创新社会治理工作实施意见》《关于集中开展“五包促五化”驻村工作“三进五解决”活动的通知》等文件，整合各方力量，通过“五包促五化”驻村工作开展“三进五解决”活动，让县级领导进联系乡镇和重点村开展调研、“五包促五化”驻村工作组进包抓的村开展摸底调查、“五包促五化”驻村干部进农户家中开展走访慰问；解决群众的矛盾纠纷、解决困难群众的生产生活问题、解决消极负面思想问题、解决生产生活中的安全隐患、解决村组干部作风问题。在“三进五解决”活动中，眉县采取建立台账、销号管理、逐步解决的办法，由干部进村入户“一对一”走访，逐家逐户摸排困难、问题和矛盾，与群众进行面对面座谈交流，耐心听取意见，详细记录群众反映的困难和问题，疏导群众情绪，包村干部共走访群众2万多户，与5500多名党员群众建立了结对帮扶关系，收集群众意见和建议450多条，落实帮扶救助资金500多万元。共摸排出各类问题6964个，在走访摸排过程中已解决2761个。在全县社会治理工作转段会上，眉县制定出台了《关于进一步加强村组干部作风建设的意见》《眉县道路交通治理工作实施方案》和《眉县困难群体帮扶救助实施办法（试行）》。据统计，全县共筹集1000万元专项资金，用于困难群众生活救助，让他们温暖过冬、幸福过年；同时还协助财政、卫生等部门筹集设立1100万元困难群众帮扶基金，集中用于困难群众的生产、生活困难救助和大病救助。眉县通过摸底排查，建立完善残疾困难群体社会救助台账，对符合低保条件的纳入低保救助，对符合五保条件的纳入五保供养、福利园区残疾人集中托养和分区分类集中供养。

【市委号召广大党员向耿永红学习】 2013年10月29日，耿永红在押解犯罪嫌疑人从重庆开县返回宝鸡途中突遇车祸，为保护犯罪嫌疑人，头部遭受重撞，经抢救无效于2013年11月1日因公牺牲，年仅36岁。2014年2月，中共宝鸡市市委作出决定，号召全市广大党员向耿永红学习。市委决定指出，耿永红是宝鸡市党的群众路线教育实践活动中涌现出来的先进典型，他始终以饱满的热情和对人民高度负责的态度，兢兢业业忘我工作；他始终把群众的利益放在第一位，把人民群众的安危冷暖放在心上，尽心尽力保障人民群众生命财产安全，用忠诚和奉献诠释了一名党员干部的崇高境界，充分彰显了一名优秀共产党员的人格魅力。市委要求，全市各级党组织要切实加强领导，精心组织实施，广泛宣传耿永红的先进事迹，推动学习活动扎实开展。各级党员领导干部要带头向耿永红学习，进一步锤炼党性、坚定信念，淡泊名利、克己奉公，求真务实、开拓创新，创造出经得起实践、人民和历史检验的业绩；广大党员要对照耿永红的先进事迹，从思想、工作、作风上找差距、明方向，添动力、比贡献，切实增强履职尽责、创先争优的责任感，为打造关天副中心、建设和谐新宝鸡、努力走在建设“三个陕西”前列作出新的更大贡献。

【400位眉县籍知名人士回乡参加“情系眉县　感恩桑梓”活动】 2014年8月，“情系眉县　感恩桑梓”西安眉县籍知名人士走进眉县、走进太白山活动启动。400位眉县籍知名人士受邀回到故乡，了解家乡翻天覆地的变化与良好的投资环境，探讨家乡未来发展大计。由眉县西安同乡联谊会主办、太白山西安联络处协办、中国旅行社有限公司与西大街分公司承办的“西安眉县籍知名人士走进眉县、太白山公益慈善”活动，以“忆旧游、解乡愁、看变化、思共赢”为主线，眉县籍知名人士一行先后参观了国家级猕猴桃产业基地、齐峰果业、秦宝肥牛、太白酒业、宝深集团、老牛面粉等企业，并与企业家们就如何助力眉县发展等问题进行了交流。在太白山景区，大家认为太白山的旅游产业前景广阔，有很大的发展潜力。他们会调研论证，依托眉县县情和太白山景区资源，寻找投资发展的好项目。把家乡推介给更多的有识之士。参观结束后，在宝深逸乐园举办了“情系眉县　感恩桑梓”大型公益慈善晚会。来自眉县西安同乡会的知名企业家及齐峰果业、宝深集团、老牛面粉等眉县龙头企业负责人向14名眉县农村贫困大学生每人捐助了5000元助学金。

【首善镇民房被火灾烧毁干群关爱送温暖】 2014年2月25日13时50分许，眉县首善镇北兴村六组村民聂治林发现同村村民杜劳娃家大门紧锁，但房屋却着火了，聂治林立即拨打了火警电话，眉县消防中队接到报警后，迅速赶赴火灾现场扑灭了大火，但房屋和财物被烧毁，一家人无处居住，生活顿时陷入困境。首善镇党委、政府第一时间组织人员赶往杜劳娃家中查看灾情，当天下午，便安排杜劳娃一家住在闲置的原村办小学内，并为其送去了3000元的救灾款及米、面、油、灶具、棉衣棉被等生活必需品。首善镇连夜召开会议安排善后工作，并组织机关干部捐款捐物。当晚镇干部共捐款2780元，捐赠衣物100多件、桌柜6件以及多件生活用品，北兴村也组织村组干部、村民捐助棉衣、棉被和食物，解决杜劳娃一家的燃眉之急。2月26日上午，首善镇镇长麻承志给杜劳娃家送去了镇、村干部群众捐赠的爱心财物及2万元建房启动资金。首善镇党委书记达晓阳说，按照眉县困难群体帮扶救助实施办法，首善镇已与县民政局联系，争取将杜劳娃列入2014年阳光安居工程范围，帮助其重建家园。

【宝鸡市暨眉县烈士公祭活动在扶眉战役烈士陵园举行】 2014年9月30日上午10时，在第一个烈士纪念日之际，宝鸡市暨眉县烈士公祭活动在扶眉战役烈士陵园举行。参加当天公祭活动的有：市委、市人大常委会、市政府、市政协四大班子领导；68210部队、96401部队、宝鸡军分区、武警宝鸡市支队及宝鸡市消防支队领导；市法院、检察院及市委和市级国家机关各部门、各人民团体主要负责人；还有军烈属和老战士代表，学校师生代表，各界干部群众代表，驻宝部队解放军和武警官兵、公安干警代表及新闻媒体记者等，共1000余人。公祭活动由宝鸡市人民政府市长钱引安主持，奏唱《中华人民共和国国歌》后，全体人员脱帽，向烈士默哀1分钟，少先队员献唱《我们是共产主义接班人》，市委书记、市人大常委会主任上官吉庆代表中共市委、市政府向烈士纪念碑敬献花篮，并整理缎带；武警宝鸡市支队政治部主任李培松、宝鸡市消防支队政治部主任王永超，代表武警官兵敬献花篮；眉县县委书记李智远、县长王宁岗、县人大主任赵锦文、县政协主席王春社代表眉县四大班子敬献花篮；军烈属代表王彦林、老战士代表张世英敬献花篮。全体参加人员向革命先烈三鞠躬，随后祭扫了烈士墓，向1468个烈士墓敬献了菊花，并参观了扶眉战役纪念馆。

【农业生产保持平稳】 2014年，眉县耕地面积384632亩，人均1.178亩；当年造林面积21360亩。猕猴桃产量居全省第2位，是省级重要的秦美、徐香、海沃德、红阳猕猴桃生产基地。全年粮食总产量达到12.61万吨，与上年基本持平。其中：夏粮6.33万吨，较上年同期增长7.5%；秋粮6.28万吨，较上年同期下降6.3%。蔬菜产量为36979吨，较上年同期增产658吨，比上年同期增长1.8%。畜牧业生产大力发展集中、规模养殖，建设多个畜牧小区，牧业生产得到持续发展。全县牧业产值达到66296万元，比上年增长7.6%。全县肉类总产量16894吨，比上年增长4.3%。其中猪肉产量12333吨，畜禽肉产量1141吨，牛肉产量983吨。奶类总产量66372吨，较上年同期增长5.7%，其中牛奶产量59929吨。水产品产量2420吨，较上年同期略有增长。眉县投资4523万元完成省级农村环境集中连片整治示范项目58个，创建5A、4A村30个。建成渭河湿地公园，形成生态水面13万平方米。全年完成整片造林2.14万亩，零星植树10.6万株，完成育苗面积2169亩，全县森林覆盖率达到67.1%。

【4个猕猴桃产业项目落户眉县】 2014年10月14日上午，第三届中国·陕西（眉县）猕猴桃产业发展大会在中国猕猴桃之乡眉县召开。农业部原党组成员、国务院政策研究室特约研究员、中国农产品市场协会会长张玉香宣布大会开幕。副省长祝列克出席会议，市长钱引安致词。大会在国家级眉县猕猴桃批发市场设置了果品果用物资展区、农业机械展区、天人集团综合展区3个展区。邀请省内外猕猴桃生产加工营销企业、农民专业合作社、农资及农业机械生产经营企业等相关单位参展。会上达成4个签约项目，项目签约金额达12.8亿元。其中，国家级眉县猕猴桃产业园区管委会与陕西奉文纸业发展有限公司，签订了投资11亿元的猕猴桃果汁和纸业板材两条生产线项目；国家级眉县猕猴桃产业园区管委会与陕西千裕酒业有限公司，签订了投资1.1亿元的猕猴桃酒生产线及生态观光园建设项目；陕西齐峰果业有限责任公司与智利Sm plus（SM普乐士）签订了1738.75万元的猕猴桃出口贸易协议；眉县农业局与香港易万有限公司，签订了投资5000万元建设5万吨果品专用有机肥生产线协议。当天，智利、法国、哈萨克斯坦等国嘉宾，国内知名科研院校专家学者，20个省市的猕猴桃生产、加工、营销企业代表，太白山旅游招商目标城市的嘉宾，农业部、省市政府及有关部门负责人，国内猕猴桃主产市县负责人参加大会。

【眉县推广节水灌溉面积13.3万亩】 2014年6月30日，眉县在首善镇第五村和杨千户村举办了微喷灌工程操作技术培训会，聘请专家就节水灌溉新技术和新设施的操作方法等内容对项目区20名管理人员进行了理论辅导和现场培训。据了解，眉县已推广节水灌溉面积13.3万亩，一批农田水利新技术、新设备已投入使用，这次培训会是为了让工作人员掌握这些新技术，更好地发挥微喷灌设施的作用。当天，县水利局邀请专家就高效节水灌溉技术的优点，自动化微喷灌操作程序，手动微喷灌操作程序，低压暗管操作程序，灌溉系统注意事项，灌溉小知识等内容进行了理论辅导和现场培训。

【上百人北坡植新绿】 2014年11月17日，眉县组织上百人在北坡植新绿，将冬季植树推向高潮，从10月18日起，在一个月时间内，全县共栽植各类树木128万棵。入冬以后，抢抓天气晴好的机遇，眉县采取干部义务植树和专业植树等各种措施，迅速开展造林绿化工作。在红河谷旅游专线等重点道路、滨河新区等园区、渭河河堤栽植了七叶树、樱花、红叶李和白皮松等树木；在齐镇、横渠镇和汤峪镇结合农村环境综合整治、新农村建设、休闲农业示范园建设和乡村旅游发展，在官村庵村、李魏村、闫家堡村栽植小叶女贞、红叶小檗和红叶石楠等。当日，上百人来到常兴镇马家村的北坡上，挥锹挖坑，扶树培土，当天就栽植金叶榆4000多棵。

【工业发展明显加快】 2014年，全县完成现价工业总产值333.28亿元，比上年增长28.5%。其中规模以上工业企业完成现价产值140.02亿元，按可比价计算比上年增长29.3%。全县工业实现增加值48.34亿元，比上年增长22.6%，其中规模以上工业实现增加值40.31亿元，比上年增长33.1%。全县规模以上工业完成销售产值120.28亿元，比上年增长了

44.9%，产销率为85.9%。同时，新增规模以上企业14户，被评为全省加快发展中小企业先进县。工业经济效益显著提升。全县规模以上工业企业实现营业收入112.47亿元，比上年增长39%；实现利税总额17.72亿元，利润总额11.29亿元，分别比上年增长29.2%、27.7%。2014年来，全县继续坚持以园区建设为核心，构筑大平台，发展大产业。县科技工业园成功晋升为省级经济技术开发区，中国钛谷（东区）建设初具雏形，荣获全省县域工业集中区发展先进单位称号。常兴纺织工业园跻身省级重点工业园。太白山旅游产业新区、西部煤炭物流园、滨河文化产业新区成功开放运营。15个园区（基地）实施项目155个，累计完成投资83亿元。

【眉县砖机沿“新丝路”出口乌兹别克斯坦】 眉县的砖机、纺织等特色农产品在中亚、西亚、非洲等地销售火热，成为新丝路经济带上活跃的“掘金者”。眉县砖机的产业规模、销售量占据了全国市场的三分之一多，形成了巨大的行业优势，在国际市场上被普遍认可。继2013年皇城玉全集团与乌兹别克斯坦辛奇帕尔兰达公司合作成立新玉全中乌合资有限公司专门销售砖机及配件之后，2014年，该企业再次投资1000万美元与辛奇帕尔兰达公司合作，在乌兹别克斯坦撒马尔罕州建设示范砖厂，8月份建成投产。出口到乌兹别克斯坦的两套砖机的生产进度。8月初，玉全集团的两套砖机装车运往乌兹别克斯坦。

【陕西省政府批准眉县科技工业园升级为省级经济技术开发区】 2014年8月，陕西省政府批准眉县科技工业园升级为省级经济技术开发区，享受省级开发区相关优惠政策。眉县科技工业园2003年由市政府批准成立。园区近期规划面积22平方千米，分三个专业园区：霸王河工业园、砖机产业园、常兴纺织工业园。2013年眉县科技工业园完成生产总值35.3亿元，实缴税金1.85亿元，产值过亿元企业16户，出口创汇3500多万元，从业人员35000多人，跻身全省县域工业集中区前十名，并受到省政府表彰。2013年12月，宝鸡市按照打造中国钛谷的战略部署，决定在眉县科技工业园——霸王河工业园10.53平方千米规划面积的基础上，新规划30平方千米打造宝鸡·中国钛谷（东区），项目概算投资约800亿元，建设年限15年。

【宝鸡·中国钛谷6户钛材企业率先投产】 宝鸡·中国钛谷（东区）位于眉县霸王河工业园内，项目一期总投资21.38亿元，以钛材加工和生产为主，产品线涵盖钛板、钛带、钛丝、钛棒、钛管型材加工、钛合金医疗设备、体育用品、装备制造等领域。在宝鸡·中国钛谷（东区）建设中，眉县结合常兴省级重点示范镇、渭河综合治理、霸渭交汇生态景观治理等重大项目，实施园区道路、电力、管网、供水等重点建设项目20多个，为企业提供水、电、路、通信、燃气等基础设施和一流的商贸流通、金融服务配套服务。园区内的学校、医院、职工公寓、写字楼、酒店、商业综合体、钛谷大厦等公共服务设施均已完成主体建设。眉县在服务保障方面，实行包抓责任制，建立了项目审批绿色通道，不断健全重点项目环境监测点，整治破坏投资发展环境的人和事，营造了良好的投资环境。同时，霸王河工业园利用省级技术开发区政策优势，调动各类优势资源，搭建融资平台，缓解困扰企业发展的资金难题，为企业发展提供有力支持。截至2014年10月底，落户钛产业园的24户钛企已有荣源、先锋、钛程等6户企业顺利投产，2户企业正在调试设备，24户钛材加工企业全部投产后，年可实现产值41亿元，利税3.7亿元，解决5000余人就业问题。

【眉县煤炭物流园显露雏形】 西部煤炭物流配送中心位于陇海铁路原眉县火车站道北，是眉县的重点工程之一，由陕西东岭工贸团有限公司和西安铁路局共同投资建设。项目主要依托陇海铁路得天独厚的交通区位优势和探明储量达13.8亿吨的麟北优质大煤田等西北五省煤炭资源优势，提供以煤炭集运为主、兼顾货物运输的物流服务。项目建成后以配煤、发运为主，还将建设以电子交易、信息服务、结算融资服务等辅助功能齐备的自动化、数字化、标准化煤炭供应链式服务模式，是大型的新兴煤炭仓储、物流综合性园区。2014年8月27日，煤炭物流园经过施工单位——陕西关中建司8个月夜以继日地紧张施工，项目区储煤筒仓成功封顶，主体工程基本完工。储量为3万吨、直径为22米、高度为59米的3个储煤筒仓自南向北依次排列，是储煤系统的枢纽工程，也是煤炭物流园的标志性建筑。眉县煤炭物流园采用先进技术和信息智能化管理，煤炭运入后，经过煤坑进入储煤筒仓储存，再通过铁路快速装车站装入火车发运，装车速度达每小时5000吨，装每辆车只需1分钟，平均不到1小时完成1列（50节）装车任务。装车时间短，无粉尘污染。系统全部是自动化电脑控制，整个作业流程精确、快速、安全、高效。全程为封闭式传输栈桥传送，整个煤炭传送、储存过程将实现全封闭无污染。

【眉县8个4A级项目开工】 2014年，眉县把全县所有重点项目分为4A、3A、2A、A四个类别，4A级重点项目是指当年必须开工、必须建成的项目。年初确定了钰兴精密制管生产线、园区五一购物中心、农资销售服务中心等8个4A项目。8个项目中，钰兴精密制管生产线项目已完成投资1680万元，占年度投资的84%，已建成两条生产线，正在调试设备，准备试运行。园区五一购物中心项目钢构主体施工已完成，正在准备硬化门前道路和绿化工作。园区标准化厂房项目第一幢5000平方米钢构厂房已建成。农资销售服务中心项目已完成了展厅基础施工。福北商贸区、海月商务酒店、霸王河工业园小学、霸王河工业园亮化工程等项目全部在2014年3月底前开工。

【玉全集团造出搬砖机器人】 2014年10月，眉县玉全集团永航自动化有限公司发明的码坯机器人正式投入生产。这个机器人一次能码48块砖，1小时可以完成2.6万至3万块砖的码坯，它能轻松地搬运砖垛并且摆放得整整齐齐，一台机器可以干10个人的活。过去该集团用人工码坯劳动强度大、费用高，还容易出现坯体表面损伤、垛形歪斜等质量问题。为此公司投资研制了这款机器人，大大降低了砖瓦生产企业成本，人工码坯每块砖坯成本为0.15元，而用机器人则仅为0.075元，可减少费用50%。这个码坯机器人的主机由世界500强企业瑞士ABB公司生产，具有回应率快、运转平稳、稳定性强、码坯效率高等优点，每分钟的运转速度高达9次，比同类型的机器人快一倍。此外，该公司创造性地将吸盘设备应用到机器人上，属国内首创，使得码坯机器人吸坯速度、吸坯量、码坯的精确度大大提高，可适用于各种规格的砖坯，具有一机多用的功能。

【旅游产业强势推进】 2014年，眉县以发展县域一体化大旅游为目标，推进旅游核心板块建设，延伸产业链条，健全服务体系，以旅游产业提档升级支撑县域转型发展。一是太白山国际化大景区顺利开园。与万城集团合作，投资25亿元推进温泉欢乐谷、音乐喷泉、星级酒店等36个旅游重点项目建设，龙凤广场景观瀑布群、汤峪湖音乐喷泉等28个项目建成投用，5月18日开园。成功举办了宝鸡文化旅游节暨太白山开园旅游文化周活动，国际化大景区已经形成，被评为中国最美生态旅游目的地，红河谷森林公园荣升为国家4A级景区。太白山、红河谷两个森林公园入园游客达到72万人，实现旅游经营收入1.08亿元。二是现代休闲农业提质增效。着眼打造现代科技与休闲创意相结合的大农业，投资4.69亿元实施国家级猕猴桃批发市场科技研发中心、果品交易区等13个重点项目建设，即将建成运营，带动全县猕猴桃产业标准化、品牌化、市场化水平显著提升，成功举办第三届全国猕猴桃产业发展大会，猕猴桃产业产值突破24亿元。全面推进“一区三线二十园”休闲农业板块建设，投资2.39亿元实施槐香草莓休闲农业园、万家塬生态观光园等8个休闲农业示范园项目，发展农家乐、渔家乐301户，建成秦皇生态园等一批乡村旅游新亮点，汤峪镇闫家堡村入选全市十大美丽乡村。三是旅游服务体系健全完善。完善提升太白山旅游区管理运营、宣传营销等五大服务体系，依托全国36个旅游招商联络处开展对外旅游推介，拓展旅游市场半径，启动了央视广告宣传，在新浪网、中国旅游报等主流媒体开展高频率宣传活动，策划举办太白山首届露营登山大会，2014全国群众登山健身大会暨太白山全国登山挑战赛等系列宣传营销活动，全面打响“山水眉县·创意田园”旅游品牌。全县共接待游客589.2万人次，实现旅游综合收入41.19亿元，分别增长17%和20%。

【宝鸡市文化旅游节暨太白山开园文化活动周开幕】 2014年5月18日上午，宝鸡市文化旅游节暨太白山开园文化活动周在太白山旅游景区开幕。陕西省人大常委会副主任李晓东宣布活动开幕，省政协副主席郑小明出席活动。宝鸡市文化旅游节是经国家批准的陕西省保留的16项节庆活动之一。太白山开园文化周是基于太白山在2012年遭遇特大暴雨袭击后，被迫封山闭园，经过抢修，于2013年9月27日重新开园试运行的具体情况而确定的。经过一年多奋战，太白山景区、红河谷景区和旅游度假核心区基础公共服务设施基本建成，具备了开园的基本条件。这次活动主题为“相约太白山、畅游美丽宝鸡”，活动时间从5月18日开始至25日结束，期间举办了花车巡演、秦腔焰火晚会、交响音乐会以及群众喜闻乐见的舞蹈、太极拳、民间戏曲绝活等一系列具有关中地方特色的文化展演活动。同时还开展了“美丽宝鸡行”百家旅行社、媒体记者采风踩线活动。

【太白山“五一”旅游接待创历史新高】 2014年“五一”节前，太白山旅游区对接待游客、旅游线路、旅游秩序等方面工作提前安排部署；36个驻外旅游招商联络处发挥宣传营销作用，吸引了大批游客。太白山的旅游服务设施建设也达到全新高度：采取景观地域组合的新策略，将汤峪镇、营头镇纳入开发建设范围，规划建设面积达到800亩，核心区由原来的25平方公里扩大到30平方公里。5月1日和2日两天，太白山旅游区入园人数达到3.3万人次，门票收入492万元，接待游客人数23.4万人次；旅游区综合收入达到4680万元，仅5月2日一天，太白山入园人数就达2.1万人次，门票收入312万元，旅游区接待游客15万人次，旅游综合收入3000万元。各项数据创太白山历史新高。“五一”期间，太白山旅游景区还主办了腾讯微博名人齐聚太白山活动，邀请了全国名博博主10人，全省主流媒体10家，组成全媒体旅游体验团，实地“微游”（带着微博、微信、微视游景区）太白山美景，向全国网友直播太白山的秀美风景和灿烂文化。

【太白山水上世界对外开放】 太白山水上世界位于国家AAAA级景区太白山国际旅游度假区，是西北地区唯一一个具备温泉养生与水上游乐项目最多的大型水上乐园，园区总投资1.2亿元，可同时容纳8000多人游玩。园内共有十大主题欢乐场：山洪海啸池、龙卷风大喇叭、神秘巨兽碗、冲天回旋、梦幻漂流河、欢乐大水寨、童梦戏水池、极速滑梯、螺旋滑梯、竞速滑梯、温泉疗养池等十余项，集休闲、健身、娱乐、餐饮于一体。该项目采取专业的设计建设团队，设施设备具备行业专业许可，同时具备专业的救生器械，组建了专业的救生、医护团队。每天所用的水都是汤峪温泉水，根据天气调节最适合游玩的水温，也采用国际先进的水处理系统，为游客提供安全、干净的水上游乐环境及人性化、一流的水上游乐产品和服务。2014年8月15日，西北最大的温泉水上乐园——太白山水上世界正式对外开放。

【太白山滑雪场建成】 太白山滑雪场位于太白山国家森林公园洞天福地景点附近，总面积2万多平方米。主峰太白山作为中国青藏高原以东的第一高峰，其冠绝内陆的海拔优势为太白山滑雪场创造了得天独厚的条件。借助独特的地理位置和海拔优势，滑雪场从美国、奥地利、意大利引进了世界上最先进的专业雪道压雪机、造雪机等滑雪设备及装备。设有专项滑雪区、雪上飞碟区、儿童雪上乐园区、室内休闲娱乐、餐饮区四大区域。500米的练习、初级和中级等滑雪道2条，雪圈道4条，拖牵道1条，魔毯2条，能满足不同游客对滑雪旅游产品多样化的需要，老少皆宜的雪上冲浪、雪上飞碟，精彩绝伦的雪橇、儿童雪上乐园，滑雪秀精彩演艺等，是冬季游玩首选，安全可靠的冰雪运动佳地。雪具服务大厅总面积2000平方米，一楼有雪鞋区、雪板区、雪服区、雪杖区、咨询台等服务区域，二楼有休息、餐饮、娱乐等设施区域。有可为游客提供各种饮食服务的咖啡厅，中、西餐厅，快餐厅等配套设施，满足了游客的各种需求。2014年冬天，太白山滑雪场戏雪区打造盛大的冰雪王国，童话中的冰雕城堡变成现实，滑雪赏冰雕，刺激浪漫，造型别致，让人尽情领略北国冬日冰雪世界的自然风光。

【太白山国家森林公园获全市首家陕西服务名牌殊荣】 2014年5月，太白山国家森林公园捧回了由陕西省政府颁发的“陕西服务名牌”奖牌，成为宝鸡市首家获此殊荣的景点。“陕西省服务名牌”评选由陕西省质量技术监督局组织实施，经审核、调查、现场检查等环节，对企业市场、营销战略、企业文化等方面进行全方位综合评价。从2013年5月开始，太白山国家森林公园从改进基础设施、推出优质服务等方面着手，积极参与创建。实施名牌引领战略一年多来，公园的服务质量、管理水平明显提高，游客满意度不断上升。经省、市联合检查组对太白山景区软件资料、硬件设施实地考察、层层把关，最终太白山国家森林公园在宝鸡地区首家获得“陕西服务名牌”称号。

【眉县旅游再获殊荣】 2014年2月28日，2013“醉美陕西”中国旅游总评榜陕西分榜颁奖典礼在西安举行。眉县分别获得2013年旅游年度人物之旅游推动力人物奖、品牌景区之自然景区奖、最具人气旅游县域奖。这次评选共分9类14个奖项，这9类分别是景区、酒店、县域、年度人物、最美小镇、旅行社、旅游交通商务、杰出创意奖和特别贡献奖，来自全省各县区的景点、旅行社等120多家单位参与评选，经过一个多月的读者投票和网络评选，眉县最终以独特的文化资源和良好的生态旅游受到了大众的青睐，一举夺得三项大奖。

【眉县滨河新区逸城渭水乐园“过山车”“摩天轮”通过安全检测】 2014年10月1日，眉县逸城渭水乐园大型游乐项目“六环过山车”“摩天轮”通过来自北京的中国特种设备检验研究院的专家检测，各项安全指标全部通过，当天就面向群众开放。其中“六环过山车”游乐项目是中国第一，全长1公里，在138秒完成通过，6个起伏很大的环形旋转，最高时速每小时80公里。“摩天轮”游乐项目因其圆形支架直径88米而被冠名西北第一摩天轮，游客乘坐封闭小屋可以从不同高度角度鸟瞰眉县全貌。摩天轮旋转一圈用时18分钟。六环过山车安全检测通过，标志着眉县逸城渭水游乐园继“火箭蹦极”“摩天轮”之后的第三个“A级”游乐设备投入运行，意味该游乐园成为国内A级大型游乐园。

【太白山景区举办首届露营登山大会】 2014年8月23日，为期两天的首届太白山露营登山大会在太白山国际旅游度假区举行，来自全国各地的一万余名露营及户外爱好者齐聚太白山，参与绿色环保的露营登山活动。此次活动旨在通过宣传“科学、文明、安全、环保”的户外运动理念，普及户外运动知识，推动全民健身活动广泛开展，让更多的人了解太白山，保护太白山自然环境。太白山景区独有的自然资源、旖旎的风光，成为理想的户外休闲运动佳境，受到越来越多的国内外露营和登山爱好者的青睐，每年都有数以万计的户外登山爱好者登顶太白山。太白山景区逐步完善水电、演出等露营户外活动配套服务，打造西北地区高品质户外露营基地。8月24日，来自武汉、甘肃、宁夏、河南等地的户外爱好者走进太白山国家森林公园游览景点，并有部分人员在山上安营扎寨，进行鳌太线穿越户外活动，沿途这些驴友还会清理山上垃圾。

【推进城乡一体化】 2014年，全县紧抓全省城乡发展一体化试验示范区建设机遇，以撤县设市为目标，以“四创三迎两提升”为抓手，以全面深化改革为支撑，做强县域、做美城乡，促进城乡一体发展。一是新型城镇体系加快构建。以构建“一核两副三办五镇三十个新型社区”城镇布局为方向，投资14.3亿元实施隆发城市广场、眉坞大道等县城扩容改造及市政基础设施项目36个，县城建设管理规范化、精细化水平不断提升。投资9.2亿元实施常兴、汤峪重点镇建设项目30个，常兴镇跻身全国重点镇。投资24.8亿元实施横渠张载文化古镇、齐家寨商贸古镇等5个特色镇区16个项目建设，建成北兴、红祥等7个千人社区，城镇支撑产业发展、吸纳农民转移的能力显著增强，实现进城居住群众2.28万人。二是城乡基础建设差距不断缩小。着眼完善提升城乡基础建设水平，投资10.8亿元实施渭河综合治理、凤泉渭河大桥等重点路桥工程16个，实现了镇区、园区之间的快速连接。投资12.4亿元实施天然气进村入户、农村电网改造升级、集中供热、安全饮水等项目35个，实现了天然气进村入户，农村电网改造覆盖率达到93%，促进道路交通、供水供电等公共资源在城乡均衡配置。三是生态文明建设全面提升。实施关中大地园林化示范县及农村环境集中连片整治示范县建设，扎实推进雾霾治理、西宝客专及连霍高速沿线、秦岭矿山整治，以及千里绿色长廊、水系景观改造等工程，以横渠全省美丽乡村建设试点镇建设为带动，全域推进美丽乡村建设，实施农村环境连片整治示范项目58个，建成5A村、4A村32个，栽植各类苗木1678万株，绿化造林6.28万亩，整改关停高污染、高耗能企业5户，拆改燃煤锅炉75台，率先实现市级生态镇全覆盖，促进生态与经济协调可持续发展。

【眉县投资8000万元打造汤峪河生态美景】 眉县2013年3月开始投资近8000万元实施了汤峪河生态治理工程，至2014年6月全面完成建设任务，新修建左、右岸堤防3.18公里，景观跌水坝5座，亲水平台2处，景观瀑布1处，水帘景观1处。该工程的最大亮点就是巧妙地利用了石头河发电站的退水，形成了28万平方米的生态水面，在充分利用水资源的同时，也促进了汤峪河流域地下水补给、水源涵养和水生态环境的改善。改造一新的汤峪河景观更加错落有致，两岸树木苍翠，各色花儿点缀其间，走在木质的桥面上，仿佛置身于江南水乡之中。

【招商引资再创新高】 2014年，眉县共落实千万元以上招商项目76个，到位资金74.9亿元，引进中石化绿源地热能开发、人人乐商业综合体等中国500强企业项目3个，引进宝钛世元高尔夫运动器材等亿元以上产业化项目13个。同时，眉县立足全省城乡发展一体化试验示范区和重点镇建设优势，围绕道路交通、清洁能源和城市建设等重点领域策划上报项目，共争取国家投资项目601个，争取投资16.64亿元，为县域发展提供了有力支撑。在第十八届西洽会暨丝博会上，眉县紧贴主题，放眼海外，组织举办眉县出口企业对外投资与贸易促进会，与乌兹别克斯坦、哈萨克斯坦、吉尔吉斯斯坦、墨西哥等国签订总投资1.2亿美元的砖机示范生产线、纺织品、沙漠靴等对外投资和对外出口贸易合作项目5个。2014年，眉县提早动手征集签约项目，加快建设百亿建材、百亿纺织、百亿制造业等五个百亿产业集群，借助西洽会暨丝博会招商引资平台，会上成功签约18个项目，引资70.93亿元。其中，工业生产类项目达到10个，总投资37.1亿元；旅游类项目2个，总投资23.5亿元；商贸物流类项目5个，总投资10.33亿元。

【眉县打造超亿美元外贸强县】 在2014年5月召开的第十八届西洽会暨丝绸之路国际博览会上，眉县县委、县政府为来自哈萨克斯坦、塔吉克斯坦、印度等国家的10名外商颁发了对外投资与贸易促进大使聘书。会上，几位“外贸大使”上台发言，表达了与眉县加强经贸合作的诚意与信心。全县上半年外贸出口2131万美元，实现了时间、任务“双过半”，成为全市“外贸第一县”。省、市商务部门领导来眉县调研时，对眉县外贸工作给予高度肯定。眉县在突破发展的实践中，县委、县政府将目光瞄准外向型经济薄弱这个短板，将扩大对外贸易与投资作为经济增长的一个重要方面，成立了突破工业及外贸发展工作领导小组。县委书记任顾问，县长任组长，15个县级部门为成员。眉县出台了促进外贸发展的相关文件，设立了外贸专项资金，为全县外贸企业发展提供政策保障。针对机构不顺、人员短缺的实际，率先在全市9个县成立了供销商务局，商务局内设外贸股，配足配齐人员，使全县外贸实现了从上到下“有人管、有人抓”。眉县还确定了23名县级领导包抓23户外贸出口企业，帮助企业解决实际问题，促进外贸任务完成，形成了齐抓共管促外经贸的整体合力。截至2014年8月，眉县共有自营出口权企业31户，其中秦塬纺织、远征鞋业、华远纺织、宝深砖机、皇城玉全机械、齐峰果业、秦岭机械等企业自营出口保持强劲增长势头。眉县设立1000万元的外经贸专项资金，专门用于支持企业扩大外贸出口、境外办厂、设立销售网点、外出参会参展及外贸服务体系建设。县商务部门争取中、省项目资金支持，于2014年10月组织企业赴中亚开拓市场，举办推介会等。眉县3至5年内打造出口超1亿美元外贸强县工作已步入快速发展轨道。

【项目建设实行效能问责】 2014年，眉县围绕县域战略规划、国家政策导向及优势资源谋划实施项目，坚持推行项目分级分类分层管理、县级领导包抓责任制和“三个一”定期研究汇报机制，推动年度投资150.3亿的351个重点项目建设，336个项目已建成投用或完成年度投资计划，完成投资158.8亿元。其中，26个市级重点项目已全面完成年度建设任务，完成投资54.6亿元，占年度计划的108%。在眉县，每个招来的大项目从建设开始，就实行“三个一”定期研究汇报机制。县政府每月听取一次责任单位工作情况汇报，县委常委会每两月听取一次县级领导包抓情况汇报，县级四大班子联席会每季度研判一次全县项目建设工作，分级分类研究解决问题，确保项目快速推进。眉县在项目建设中，由县级领导包抓的同时，还力求部门乡镇齐抓共管，抓出成效、抓出速度。眉县把全年目标任务分解下达到全县8个镇、19个重点部门和57个单位，通过“月统计、季通报、年考核”督促落实，奖勤罚懒。对大项目提供全程跟踪服务，发现问题及时解决，不影响项目进展，不留后患。眉县为大项目建设重点实施了太白山、霸王河和县城等12个大片区的征地拆迁，累计拆迁近千户群众和单位，拆迁面积达50多万平方米，没有发生一起群体性事件和越级赴京赴省上访事件。眉县还定期对招商引资、项目建设等重点工作推进进行专项检查、下发通报，对工作滞后的单位由县委副书记、常务副县长、组织部长、纪委书记进行约谈。2014年内，累计对20多个单位、40多名干部进行了效能问责。

【太白山系列文化活动好戏连台】 2014年8月29—31日，“赞美太白山风光诗书画展”、中国·西安第二届散曲创作论坛暨“曲咏太白山”吟诵会在太白山游客服务中心举办。此次“赞美太白山风光诗书画展”

由省书法家协会、长安画派研究院、山水清晖研究班和太白山旅游区管委会联合举办，展出了赵振川、吴三大、王改民等陕西省书画名家赞颂太白山的100余幅书画精品力作。特别是著名画家祝金刚历时3年、自费3万余元创作的60米书画长卷，首次全景展示了太白山从山门到主峰间的风光，莲花峰瀑布、铜墙铁壁、世外桃源、拔仙台、大爷海等特色景点尽收画中。8月30日，艺术家们冒雨登临太白山采风体验，感知景区新变化，用画笔寄情山水，用诗书散曲咏颂大好河山的魅力。8月31日，来自中国散曲研究会、中华诗词学会、陕西省诗词学会、陕西省散曲学会等协会的60位散曲名家相聚太白山下，举行中国·西安第二届散曲创作论坛暨“曲咏太白山”吟诵会，吟诵咏唱自己创作的诗歌散曲作品，一吐对太白山的赞美之情。陕西省委原书记、省诗词学会、省散曲学会名誉会长张勃兴，国家文化部原副部长、中华诗词学会会长郑欣淼，省人大常委会预算委员会主任、陕西省诗词学会会长孟建国，宝鸡市委常委、宣传部长马鲜萍出席太白山诗书画展开幕式。

【太白山祈雨铁碑失而复得】 2014年端午小长假期间，来自长安大学的学生李阳、郭文俊和杨军霞相约一起来太白山游玩。6月1日下午4时许，当3人游玩至海拔3500米的第四季冰川遗迹石海时，在石头缝隙中发现了一个已经被风化的蛇皮袋子。他们打开袋子，发现里面有一通铁碑，碑上的铭文清晰可见，3人便合力将铁碑抬了出来。当时，恰逢太白山营销中心员工杨瑞东陪同外地游客路过此处。3人向杨瑞东说明情况，杨瑞东意识到这幢铁碑很有可能是太白山的重要文物，于是大家一同将铁碑抬到了500米以外的小文公庙，并及时将情况汇报给了眉县文物旅游局。旅游局工作人员很快赶到现场，仔细检查后，确认这通铁碑就是15年前遗失的祈雨铁碑。这幢铁碑高约70厘米、宽约40厘米、厚约15厘米，是空心全铁铸，落款为“康熙二十七年（1688年）造”。铁碑上刻有铭文，内容记载的是临潼县会德乡人在康熙二十七年三月前来太白山祈雨的过程，碑背文字为捐资铸碑者姓名。这幢铁碑的失而复得，是太白山祈雨文化真实性的有力佐证。

【眉县营头镇万霞村村民自费修建伟人纪念堂】 2014年4月8日，80多名来自华西大学红河校区的学生来到眉县营头镇万霞村的伟人纪念堂参观。这个伟人纪念堂，是万霞村的村民自发修建的。万霞村由万户村和烟霞村两个自然村组成。地处深山，土地大多分布在“四坡两沟两梁”上。虽然自然环境恶劣，但20世纪六七十年代，万霞村修梯田、修水库，依靠种植苹果成了远近闻名的富裕村。改革开放以来，通过实施移民搬迁工程，村民走上了水泥路、吃上了自来水、人均收入过万元，家家过上了好日子。为了表达对革命领袖的怀念之情，村民们决定修一座伟人纪念堂，教育广大村民，特别是让年轻人知道现在的好生活来之不易。2012年，村民自发集资7万多元建起了伟人堂，随后又在其中为毛泽东、周恩来、朱德三位无产阶级革命家塑了像。每年清明节，万霞村会在这里举行纪念活动。当时，听说要修伟人纪念堂，群众热情高涨踊跃捐款，万霞村的任玉琴老人拿出了儿孙给她的零花钱和养老钱共计1.2万元，老支书冯莲英捐款500元，在上海打工的马关锁拿出一个月的工资5000元，还有更多的村民义务投工投劳。纪念堂中的领袖塑像高3.05米，纪念堂用彩钢瓦修建，建筑面积80多平方米。清明节前后，周围十几个村的数千名群众来到这里，缅怀革命领袖。

【眉县常兴镇发现一座汉代古墓】 2014年8月18日中午，在眉县常兴大明公司项目建设工地上，几名施工人员正在取土，意外发现了一座墓室的砖拱顶，当意识到这是一座古墓后，施工人员立即将情况上报。县文物旅游局工作人员第一时间赶到现场，在得到授权后进行了抢救性发掘。由于在文物现场和整个发掘过程得到常兴派出所、大明公司员工的积极保护与配合，此墓葬保护得较为完好，共出土各类文物34件（组），其中铜镜1面，铜钱60枚，玉晗1枚，绿釉陶壶2件，绿釉陶仓1件，奁盒1件，灰陶罐23件，砺石1件，其余残片若干。该墓葬的发现，佐证了眉县在两汉时期文化繁荣的观点。

【眉县400名孔子后裔祭奠先祖】 2014年1月23日，红祥村400名孔姓村民在村头广场祭奠孔子，共同缅怀孔姓先祖。红祥村孔姓村民众多，保存有清光绪年间留传至今的孔府“信牌”和“家谱”。多年前，曾有孔姓家族成员携带这两件物品远赴山东曲阜，经过专家认证属实，“信牌”和“家谱”成为该村孔姓村民为孔子后裔的铁证。当日的祭祖仪式上，村民在村头孔子雕塑前敲锣打鼓，宣读祭文。往年，他们都在自家祭拜孔子，但像这样集中祭拜祖先还是第一次，使村中早已形成的尊孔氛围更加浓厚。下一步，他们打算修建孔子祠堂，在传播先贤文化的同时，希望能够吸引更多的人来参观旅游。

【45辆垃圾转运车眉县上岗】 2014年1月23日下午，陕西省政府在眉县横渠镇李魏村举行农村生活垃圾转运车送车下乡启动仪式，省财政厅、环保厅向眉县45个村赠送了45辆垃圾转运车。市委书记上官吉庆出席启动仪式并讲话。从2012年起，国家财政部、环保部正式把陕西省列为全国第五批农村环境连片整治示范省，三年内，中省财政将投入15亿元资金，用于以垃圾处理为主的农村环境连片整治。从2013年起，垃圾处置设施建设项目由省上统一集中采购，再配发给项目镇村。这次陕西省共采购自卸式垃圾转运车1000辆，移动式垃圾收集箱4143个，计划配发到43个县区、115个乡镇、873个村，受益人口达147万人。当天的启动仪式上，市委书记上官吉庆用“三问三答”的形式阐明了农村环境综合整治的重要意义、目标和思路。省环保厅厅长王成文在启动仪式上就管好、用好垃圾转运车提出要求。他要

求项目市县和各镇村加强车辆的管理，做到专车专用，形成乡村垃圾处理的长效机制，为全省农村生活垃圾规范处置探索经验，让这项民生工程真正为老百姓带来实惠。市委常委、市委秘书长白升安，副市长武军出席启动仪式。在启动仪式上，与会领导还为眉县乡村群众发送了车钥匙，并现场观摩了垃圾转运车的自卸过程。

【眉县加快美化高铁沿线村容村貌】 2014年一季度，眉县集中开展西宝客专及连霍高速沿线综合整治工作，眉县段完成绿化面积近2600亩。西宝高铁和连霍高速是穿越眉县的两条主要交通干线，其中西宝客专眉县段全长17.54公里，连霍高速眉县段全长16.97公里，分别途径首善镇、金渠镇、常兴镇，沿线可视范围大，综合整治难度大。针对市上提出要把西宝高铁和连霍高速绿化作为关中大地园林化建设的重点，眉县境内对沿线坡面、道路、村庄、出入口及河流、坟地等区域进行因地制宜的绿化整治。眉县就此项工作与涉及的3个镇、12个部门签订目标责任书，明确整治内容、要求和职责，采取面上绿化成林，节点景观点缀，墙体喷涂美化，村庄清堆治乱等方法，对西宝客专沿线两侧两公里范围，连霍高速沿线1公里范围，进行有层次的三排绿化，勾画出了满目苍翠，森林围村，景观掩映的美丽图景。整治中，沿线每天投劳上千人，投入各种机械上百台，共拆除违章建筑、废旧庵房632处，清理六堆21856方，复垦平整土地13130平方米，修建文化墙1700米、广告牌290米，栽植苗木13.89万株，绿化面积1272.4亩，新建游园5处2300平方米，喷涂墙体18万余平方米，对西宝客专高架桥下的便道进行平整治理，铺设沙砾层，形成平坦的田间生产路，受到沿线农民群众的欢迎。

【眉县获省级文明县城称号】 2014年2月12日，在全省宣传思想精神文明建设工作会议上，眉县被授予“省级文明县城”称号，受到省委、省政府的表彰。为确保创建工作一举成功，眉县成立专门机构，制定出台《眉县创建省级文明县城实施方案》等系列文件，抽调专职工作人员完善资料，开展督查。并按照县级领导分块包抓，乡镇部门分工负责，社会各界全面参与，细化目标任务，分阶段逐步推进的思路，通过强化创文宣传、营造创建氛围，全面优化环境、提升城市形象，开展文明教育、提高群众素养，弘扬先进典型、提升文明感召力，开展主题教育、提升文明凝聚力，实施民生工程、构建幸福新眉县等举措，形成了“热爱眉县、建设眉县、发展眉县”的核心价值观，使县城基础设施日益完善，人居环境不断优化，公民素质不断提高，社会文明程度不断提升，全县经济社会呈现科学发展、和谐发展的良好态势。

【眉县交警大队将300顶头盔免费发放给摩托车驾驶人】 2014年10月29日，眉县交警大队将300顶头盔免费发放给摩托车驾驶人。为贯彻落实省、市农村道路交通管理工作会议精神，增强摩托车驾驶人安全意识，预防和减少摩托车交通事故发生，眉县交警大队出资2万余元购买了1200顶头盔，免费发放给有牌有证、手续齐全以及新购摩托车报户的驾驶人。当天在县城凤泉路，现场发放了300顶头盔，其余头盔将在县车管所对符合要求的摩托车驾驶人进行登记发放。当天的发放仪式结束后，摩托车驾驶人组成车队，在警车的引导下，沿县城街道进行了游演宣传，营造了文明交通的良好氛围。

【眉县车管所再获全国优秀】 2014年7月23日，公安部公布“全国优秀车辆管理所”评选结果，眉县车管所再次获得“全国优秀县级车辆管理所”称号。至此，眉县车管所成为全省唯一3次蝉联该项殊荣的县级车管所。眉县车管所坚持为群众提供一流便捷服务的宗旨，建立了“业务受理一所化，执法过程规范化，服务群众便捷化”的管理运作机制。在通过岗位练兵、竞赛等活动提高民警业务水平的同时，还通过延长服务时间、延伸服务触角创造出了“九个严禁”、“八零服务”和“六个一”服务模式。多次被省市授予“红旗车管所”和“人民满意的车管所”等称号。

【眉县凤泉路渭河大桥建成通车】 眉县凤泉路渭河大桥于2013年10月开工，工期一年，2014年5月底进入箱梁铺装阶段，2014年底大桥及连接线工程全线建成通车。这座大桥接凤泉路与渭河南河堤路的交叉处，跨渭河接北河堤路下穿西宝高速通道，终点接西宝中线。大桥全长580.8米，宽16米，项目总投资约8000万元，是眉县境内第五座连接渭河两岸的大桥。大桥的建成通车，对于完善眉县滨河新区路网规划，扩大眉县县城框架，推动眉县常兴镇和滨河新区发展具有重要意义。

（杨虎平）

眉县县委、人大、政府、政协领导成员

县委书记 李智远
（2014.1.1~2014.12.31）
王宁岗
（2014.12.31任职）
副书记 王宁岗
（2013.9.25~2014.12.31）
张　帆
武勇超
（2014.12.31任职）
常　委 李智远
（2014.1.1~2014.12.31）
王宁岗
武勇超
（2014.12.31任职）
张　帆　杜勇社
李永林　魏建儒
李少鹏　郭建军
刘怀亮　韩斌成
卢玉锁（5月任职）
李智虎(挂职，
2014.10~2014.12)
县人大常委会主任 赵锦文
副主任 孙海存　杨参天
李保平　朱季林
县　长 王宁岗

（2014. 1. 1～2014. 12. 31）
武勇超
（2014. 12. 31 任职）

副 县 长 李永林 杜勇社
赵 晔 韩景钰
曹乃平 王 辉
苗祥瑞（挂职，
2014. 11～2014. 12）

县政协主席 王春社

副 主 席 段永孝 周爱莲
薛玉霞

麟 游 县

【概况】 麟游古称杜阳、普润，位于关中西部，宝鸡市东北部，东邻咸阳永寿、乾县，西接千阳，南与扶风、岐山、凤翔毗邻，北与咸阳市彬县及甘肃省灵台县接壤，县城距宝鸡市 110 公里，距西安市 160 公里。全县总面积 1704 平方公里，辖 7 镇、82 个行政村、410 个村民小组。2014 年末，总人口 9. 07 万人，其中农业人口 7. 6 万人。麟游县地处渭北旱塬丘陵沟壑区，地势西北高、东南低，东西长 65. 25 公里，南北宽 46. 35 公里。全县有耕地 3. 13 万公顷，有林地 8. 67 万公顷，宜牧草坡 4. 67 万公顷，是一个有山、有水、有川、有沟、有塬，宜林、宜牧、宜农的地区。麟游县属温带半温润——湿润季风气候区，以页岭为界，西北高而寒，东南低而暖，年平均气温 9. 2℃，早霜始于十月中旬，晚霜终于四月中旬，年平均无霜期 180 天左右，年日照 2138 小时，年均降雨量 640. 4 毫米。县境内诸水环绕，群山秀美，夏无酷暑，冬无严寒，是天然的消夏避暑胜地，有“天然氧吧”之美誉。麟游县自然资源丰富，开发潜力巨大。县境内有野生植物 660 多种，其中中草药 270 种，全县传统性的农作物以冬小麦、春玉米为主，兼有大豆、荞麦、高粱、糜子、谷子、扁豆、豌豆等。经济作物产量较高的有油菜、马铃薯、烤烟等，土特产质优量大，其中核桃、蜂蜜、杏仁享誉省内外。麟游县是全国最大的布尔羊供种基地、杂交改良基地和布尔肉羊集散地，被誉为“中国布尔羊之乡”。矿产资源分布广，藏量大，以煤炭、陶土、天然气为主，已探明的麟北煤田藏量达 30 亿吨以上，煤层厚，煤质优，是良好的动力用煤和化工用煤。麟游早在旧石器时代就有人类活动，秦汉时即设县制，距今已有 2200 多年历史。相传隋义宁元年，因仁寿宫中出现白麒麟四处祥游而更名为麟游至今。隋唐时期，封建帝王曾在今县城所在地修筑了举世闻名的避暑离宫隋仁寿宫（唐九成宫），两朝四帝先后 20 次驾幸麟游避暑消夏。麟游文物古迹众多，不可移动文物 199 处，其中，古遗址 146 处，古墓葬 25 处，古建筑 12 处，石窟寺及石刻 13 处，近现代重要史迹及代表性建筑 3 处。著名的有唐名臣魏征撰文、著名书法家欧阳询书丹的《九成宫醴泉铭》碑，唐高宗李治率当朝三品以上 48 名文武官员亲笔题名的《万年宫铭碑》和皇家佛教寺院慈善寺等。其中《九成宫醴泉铭》碑和皇家佛教寺院慈善寺石窟造像均为国宝级文物。唐代画家李思训的《九成宫纨扇图》，清初画家刘仑的《麟山十二景图》都是中国画史上的精品。先后被列为国家“八七”扶贫攻坚县、国家扶贫开发工作重点县、国家连片特困地区六盘山片区县。先后荣获国家卫生县城、国家园林县城、全国群众体育工作先进县、全国农村中医工作先进县、全国计划生育优质服务先进县、国家级生态示范区，全国绿化模范县，中国核桃之乡、省级园林县城、省级绿化模范县、省级生态示范县、全省林改工作先进县、省级双拥模范县、省级平安县、省级计划生育综合服务县、省级计划生育优质服务县、省级信访“三无”县、省级“五五”普法先进县、省级环境综合整治城市和省级文明县城等荣誉称号，连续四年荣获全省工业增长速度前十县。2014 年，全县完成生产总值 55. 75 亿元，比上年增长 18. 9%；完成地方财政收入 1. 92 亿元，比上年增长 13. 7%；规模以上工业增加值达到 41. 88 亿元，比上年增长 40. 8%；畜牧业总产值达到 5. 38 亿元，比上年增长 0. 3%；农民人均纯收入达到 8512 元，比上年

2014 年麟游县国民经济和社会发展主要指标一览表

指标名称	指标单位	2014 年实际完成	比上年实际增长（%）
一、生产总值	亿元	55. 75	18. 9
其中：第一产业增加值	亿元	6. 59	5. 4
第二产业增加值	亿元	43. 99	20. 0
其中：工业增加值	亿元	42. 59	30. 4
第三产业增加值	亿元	5. 17	9. 1
二、全社会固定资产投资	亿元	115. 91	31. 7
三、地方财政收入	亿元	1. 92	13. 7
四、社会消费品零售总额	亿元	7. 99	13. 1
五、城镇居民家庭人均可支配收入	元	26304	11. 1
六、农民人均纯收入	元	8512	12. 3
七、就业和社会保障			
1. 综合参保率	%	99	增长 1 个百分点
2. 城镇新增就业人数	万人	0. 15	1. 1
3. 城镇登记失业率	%	1. 83	降低 1. 27 个百分点
八、人口自然增长率	‰	4. 18	0. 51 千分点

净增933元，增长12.3%；粮食总产量达6.64万吨，人均产粮1011.4公斤。旅游景点全年累计接待游客43万人（次），实现旅游业综合收入3.92亿元。麟游县编制的《隋仁寿宫唐九成宫遗址保护总体规划》通过国家文物局批准和省政府公布实施。麟游县酒房镇万家城村入选第三批中国传统村落名录，是宝鸡市首次入选的村。崔木镇三义村兰堡子遗址被确定为第六批省级文物保护单位。崔木镇张家川果林科普示范基地被中国科协、财政部命名表彰为2014年全国“基层科普行动计划”奖补先进集体荣誉称号。

【开展转作风接地气惠民生活动】 2014年，麟游县围绕提升效能，开展“从我做起，转作风，接地气，惠民生”主题活动。全县7个镇、68个县级部门和98个事业单位实施“工作人员去向牌制度”，2000多名干部职工制作了遵守工作纪律和履行岗位职责的承诺公示牌。县财政先后两次投入3300万元，用以支持扶植大场大户、专业合作社，鼓励农民在“优果、兴牧、稳烟、扩菜”上下功夫，调整产业结构，推动规模化经营。累计对4.6万人进行劳务输出技能和农业实用技术培训。同时集中开工民生工程52个，完成投资5.9亿元。通过各项活动的开展，使全县经济社会事业稳步推进。

【加强全民健身基础设施建设】 2014年4月20日，麟游县举行2013年度村级农民体育健身器材分发仪式，为全县13个村发放价值33万元的各类健身器材143件。全年，县委、县政府筹措资金8500万元，先后建成了青莲山健身广场、西海苑健身广场和青莲山健身辅道。投资1700万元新建单侧带看台8跑道400米标准化塑胶田径体育场1个，训练健身馆1个。投资400多万元为县少儿体校硬化塑胶操场，并建成健身馆1个。投资250万元建成镇全民健身中心1个。同时，为63个村实施了农民健身工程，并配套活动设施300多件，改善县城和乡村群众的体育活动条件。城区每天参与广场舞、健身秧歌、健身操、太极拳、武术、乒乓球、羽毛球等体育活动的群众达1万余人。

【领导调研】 2014年4月1日，市长钱引安与市委常委、副市长康巨淋、市政府秘书长贺东及市发改委、农业局、交通局等相关部门负责人到麟游县调研经济社会发展情况。先后到郭家河煤矿、宝麟铁路项目建设工地、布尔羊良种繁育中心、官坪新区、306省道建设现场、九成宫碑亭景区等处，了解煤炭开采、道路交通、项目建设和特色产业发展等情况。4月23—24日，市委书记上官吉庆到麟游县调研党的群众路线教育实践活动情况并与当地群众开展“三同”活动。在九成宫镇蔡家河村与村民同吃同住同劳动，听取村民与村干部对教育实践活动的意见和建议，并现场解决群众反映的困难和问题。12月2日，市委书记上官吉庆与市委常委市委秘书长白升安、副市长武军及市委组织部、市交通局、扶贫办、东岭集团等相关部门和企业负责人一行，到麟游县调研重点项目建设和扶贫开发工作。先后到麟游县常丰镇和九成宫镇，查看常丰村扶贫搬迁点大社区建设、现代农业产业示范

【实现学前教育全覆盖】 根据《麟游县学前教育三年行动计划》。按照城区建立和完善示范性幼儿园、各中心镇建立标准化幼儿园以及利用农村中小学布局调整后富余校舍在人口相对集中的大村建成幼儿班的发展思路，从2011年起至2014年，先后投资3248万元，改新建幼儿园9园7班，新建、改扩建幼儿园校舍1.5万平方米。同时各幼儿园安装视频监控、采暖锅炉或空调等辅助设施，对幼儿园的环境进行了科学的美化、软化或硬化。并通过各种方式配齐了幼儿园教师、医务、后勤管理等人员，确保幼儿园建成一所、投用一所。至年底，实现全县7个镇幼儿园全覆盖，全县学前三年入园率达到92.55%，至年底，累计接收幼儿1700多名。

【千亩无公害蔬菜成熟上市】 麟游县酒房镇千亩高山无公害蔬菜示范园，位于生态环境良好、无工业污染的酒房河川，主要生产以绿色无公害精细蔬菜。园区涉及大庄、团庄、闹林3个村，南北长约5公里，示范园面积1020亩。2014年4月份，园区建成日光温室5座，蔬菜大棚80座，栽植蔬菜25个品种915亩。同时建成大口井7眼，修通河堤路8.4公

酒房镇无公害蔬菜

里，田间砂石路 1.39 公里，铺设灌溉管网 1 万米，修水泥路 634 米，水电路等基础设施建设到位。首批生长周期较短的甘蓝、西葫芦、生菜、白菜、黄瓜等新鲜蔬菜产品成熟上市。示范园采用公司化管理和合作社模式经营，走“企业+合作社+农户”之路，推行“订单农业”配套产业链。通过生产培训，吸引当地农民务工，促进全镇蔬菜产业化发展，增加当地农民收入。

【出土宋金文物 17 件】 2014 年 5 月 15—16 日，在 G342 国道麟游县崔木镇石古洞段改建施工现场，相继发现黑釉瓜棱瓷执壶 1 件、提梁陶壶 1 件、双耳陶罐 2 件、卷边敛口陶罐 5 件、小口鼓腹大陶罐 2 件、带流铁勺 1 件、铁铧 3 件及最后清理出土的小灰陶瓶 1 件、石磨盘 1 件，共 17 件。据初步考证，为宋金时代的物品，这批出土文物以陶器居多，器型规整精美，铁器保存状况良好，个别器物器型在麟游县距今尚属首次发现，对研究宋金时期的风俗民情提供了实物资料。

【“廉政文化三秦行”走进麟游文艺巡演举行】 2014 年 7 月 3 日，由省纪委、省监察厅、省文化厅联合组织开展的“廉政文化三秦行”走进麟游文艺巡演在麟游县青莲山广场隆重举行，省文艺界名家与麟游县文艺爱好者同台演绎，先后演出经典秦腔剧目《红灯记》《血泪仇》《铡美案》《洪湖赤卫队》等传统剧目及《搀扶》等小品剧目。文艺巡演节目短小精悍，内容丰富，寓教于乐，使广大党员干部群众接受了一次廉政文化教育。

【完成人工造林 1.4 万亩】 2014 年，麟游县坚持抓好“五个注重”，提高全县植树造林绿化的质量。一是聘请西安绿友环境工程有限公司，通过调研和可行性分析，编制《麟游县 2013 年黄土高塬综合治理工程人工造林实施方案》；二是组织 10 个专业工程队和 17 户农户，组织施工，保证造林质量；三是调动当地群众造林积极性，引导鼓励农户造林 6615 亩；四是注重工程质量，落实层层管理责任制，确保每个小班有领导包抓、技术人员现场指导、有专业人员实地监理，发现问题及时纠正，提高造林质量；五是注重工程效果，成立绩效核查小组，逐小班核查清灌、整地、栽植面积、苗木标准等，对存在问题限期整改。全年完成人工造林 1.4 万亩，合格面积 1.29 万亩，合格率 92%。

【新增市级“一站式”定点医疗机构 11 家】 2014 年，麟游县与市级医疗机构协商，在原有 5 家“一站式”定点医疗机构的基础上，将“一站式”定点医疗机构向市级延伸，与宝鸡市中心医院等 11 家市级医院签订《医疗救助定点医疗机构协议书》，8 月 1 日开始开展“一站式”医疗救助服务。新增的“一站式”定点医疗机构有宝鸡市中心医院、市人民医院、市妇幼保健院、市康复医院、市第二人民医院、市第三人民医院、解放军第三医院、陕西电子 409 医院、解放军 537 医院、宝鸡高新医疗、陈仓区阳光医院。截至 2014 年底，麟游县已有 16 家定点医疗机构为全县城乡困难群众提供“一站式”医疗救助服务。

【推进部门预决算及“三公经费”公开】 2014 年，麟游县将部门预决算及“三公经费”信息公开范围扩大到所有县级部门，采取多种措施，推进部门预决算及“三公经费”信息公开，确保财政资金在阳光下运行。一是健全完善公务结算制度。加快公务卡结算，逐步实现部门办公费、招待费、差旅费等公用支出全部通过公务卡结算，杜绝现金支付，确保廉洁自律各项规定落到实处。使每一笔业务在“聚光灯”下运行，做到“收入一个笼子、支出一个漏斗、核算一个平台、监督一把尺子”。二是加大信息公开平台建设。加强单位网站建设，为预决算及“三公经费”信息公开提供技术保障。并在公开后 7 个工作日内将当年部门预决算情况公开影像资料（照片）书面报送县财政部门。三是强化监管，信息公开与财政考核相挂钩。财政、监察等部门财政考核相挂钩。财政、监察等部门对部门预决算及“三公经费”信息公开情况进行专项检查，对未按要求公开的在全县予以通报。四是及时研判，妥善应对舆论导向。各部门在执行预决算信息公开的同时，跟踪信息公开进展情况，研究预决算中的新情况、新问题。

【实施安全监管网格化】 2014 年，麟游县推行“四本台账”，全面实施安全监管网格化，使全县安全生产事

2014 年 7 月 3 日，省纪委监察厅、文化厅举办的廉政文化三秦行走进麟游

故发生率降低。一是建立属地分级监管台账。在全县初步建立以落实责任为核心的县、镇、村（社区）、组（企事业单位）“四级”安全监管网格。二是建立企业基础台账。对全县企业摸底调查，依据企业危险程度，将企业划分为A（高危）、B（中危）、C（低危）三个等级。三是建立事故隐患台账。对县域内部分企业自查自报隐患数据、日常执法检查数据和监管措施执行到位数据情况进行统计，安全排查治理全过程实行动态监控。四是建立监管责任台账。在各级政府和监管部门建立主要领导第一责任人，分管领导具体负责并承担网格内企业的监管责任工作机制，同时把每一个生产经营单位的监管责任落实到具体工作人员的网格化管理模式。

【加大民生项目投入力度】 2014年，麟游县坚持把保障和改善民生放在突出位置，持续加大财政投入力度，提高民生项目支出年初预算到位率和精准度。全县民生工程县级财政配套6862.92万元，同比增长71.4%，增加2858.87万元。一是大力支持教育优先发展。安排农村义务教育寄宿生生活补助、“中小学生营养改善计划”“双高双普”、高中免学费、中小学校舍建设、中心幼儿园建设及免保健费等县级配套资金1847.88万元，同比增长40.3%，增加530.82万元。二是持续提升社会保障水平。启动实施城乡居民大病救助和养老保险、丧葬补助费制度，安排社会保障“提标”“扩面”。新增民生项目资金3444.07万元，同比增长83.5%，增加1567.48万元。三是推进文化旅游产业发展。安排文化旅游开发建设及文化信息资源共享工程县级配套1006.8万元，同比增长49.7%，增加500万元。四是保障其他民生事业需要。安排新型农村合作医疗基金、婚前医学检查、母亲健康工程检查治疗等县级配套资金564.17万元，同比增长85.8%，增加260.57万元。

【麟游县被列为“爱心包裹”项目县】 2014年3月初，麟游县被中国扶贫基金会列为“爱心包裹”项目县。该项目主要面向贫困地区农村小学生和学校进行资助，每名小学生资助价值100元的书包、玩具、课外书等，每个学校按200人的标准资助一个1000元的体育包。截至3月底，项目全面启动，第一批2000名小学生和所在学校的信息已采集完成。将惠及全县4617名小学生和14所小学，资助资金48万元。

【崔西公路改建工程建成通车】 崔西公路东起崔木镇接306省道，西至西湾与丈（八）、招（贤）路相接，全长24公里，是麟游县重要的路网主骨架“三横五纵四支线”交通规划网中“三横”部分，该路由于年久失修已经不能满足页岭地区群众出行，农产品和原煤运输需求。经县委、县政府争取，将崔西路改建项目列入六盘山连片扶贫攻坚规划，投资6300万元，按三级公路标准进行改造。2014年3月开工建设，10月25日，麟游县崔西公路改建工程建成通车，打通麟游县北部东西走向大动脉，为县域经济发展提供交通运输保障。

【投入2300万元支持现代农业发展】 2014年安排支农资金2300万元，重点支持壮大农业主导产业，建设现代农业示范区、推广先进农业科学技术、建设美丽乡村、发展农村经营组织和镇城“五个一”考核体系奖补等，为促进农村基础设施持续改善、农业持续增效、农民持续增收提供财力保障。

【推行“五个不出村”社会养老保险机制】 2014年，麟游县针对山区县交通不便，留守老人行动不便，残疾人比例偏高的实际，推行社会养老保险参保登记、保费缴纳、待遇领取、生存认证、账户查询等五项常规业务办理不出村，从时间、空间、距离上接地气、连民心、拉近党心民心，深化服务群众最后一公里。推行干部代办制，重点帮助看不懂流程，缺少资料、找不到相关业务人员，不会写字的农村老人，代办参保登记手续，防止推诿扯皮，避免群众来回跑路，提高服务质量。开展金融网点代扣代缴养老保险，参保人一人一卡一协议，无论身处何地，只要存入相应的缴费金额便可按协议实现银行代扣缴费，既解决群众安全缴费，又为外出人员提供便捷。以农村小商店、村级卫生室为依托，建立村级代办银行金融网点，全县共安装POS机83个，覆盖85%的村，1至10月份为农村老人支付养老金790万元，老人不出村便可领到养老金。为全县所有村配备电脑、打印机，实现全县村村设备齐全，业务网络畅通，随时可查询个人账户信息和养老待遇领取信息。以村级公共服务平台为基础，对行动困难，年高体弱老人上门认证，利用网络资源，通过视频、电话、微信、照片等现代媒体为异地居住老人生存认证。

【县中学荣获“首届陕西最美中学20强”称号】 2014年5月25日，“首届陕西最美校园”评选结果揭晓，麟游县中学荣获“首届陕西最美中学20强”称号。“陕西最美校园”评选活动由陕西日报社、陕西省教育厅、陕西电视台、陕西传媒集团等单位联合举办。经过全省各市县（区）教育局推荐，有237所学校参与角逐。经过初选，131所学校成为陕西最美校园候选学校。从学校内涵、创新、视觉、人文、思想、特色、布局、亮点等8个方面，对入围的候选学校进行专家评审、打分，最终确定“陕西最美校园贡献奖”“陕西最美中学20强”“陕西最美小学20强”和“陕西十佳幼儿园”。

【麟游县境内出现强降雨】 2014年8月5日晚20时左右，麟游县境内普降大到暴雨，持续时间达6小时，平均降水量在50毫米以上，县城最大149毫米，为近年来最大的一次强降雨。这次强降雨造成永安河佐家坡新农村段、杜水河城区段河堤溃塌50米、10米，电力杆线倾倒1处，公路塌方10米，道路积水200米，造成围墙倒塌200米，桥梁损坏5座，2400多户农户停电，多处水泥路、砂石路损毁严重，玉米倒伏540亩，造成直接经济损失585万元。

【县档案馆通过“国家三级档案馆”测评验收】 2014年7月9—10日，陕西省档案局测评专家组一行，对麟游县档案馆晋升国家三级档案馆工作进行测评验收。测评组通过听取汇报、审查资料、实地查看、综合评议等几个环节，对麟游县档案馆创建国家三级综合档案馆进行详细测评。专家组对照测评细则，认真进行量化打分测评，综合得分77分顺利通过测评验收。2014年7月30日国家档案局给麟游县档案馆颁发了“国家三级档案馆”证书。

【《麟游县志（1990—2010）》通过终审】 2014年10月31日，《麟游县志（1990—2010）》终审会议在麟游县九成宫宾馆召开。省地方志编纂委员会副主任、省地志办主任王锦春、巡视员焦博武，副主任史天社、吴玉莲；宝鸡市政府办公室副主任李宏发；麟游县委书记孙敬虎、县长李武发，县委副书记赵会祥、县委常委、副县长许红霞，县人大副主任王安平、县政协副主席齐晓辉；省、市志办相关处室（科）负责人，特邀审稿人及麟游县地方志编纂委员会成员单位负责人、县志主编、副主编、编辑共40余人参加会议。会议经过充分讨论，认为《麟游县志（1990—2010）》指导思想明确，政治观点正确；分类框架基本合理，体例完备；资料翔实，内容丰富；文字流畅，较好地反映麟游县的地方特色和时代特点，具有较高的资政、存史、育人作用，同意通过省级终审。

【全市青少年比赛中再创佳绩】 麟游县在宝鸡市第十一届2014年青少年年度比赛暨第六届“奥运争光”选材运动会上，190名青少年运动员参加举重、射箭、田径、乒乓球、武术套路和武术散打六个大项的比赛，获金牌32枚，银牌31枚，铜牌45枚，其中：射箭队、武术套路队分别荣获团体总分第一名，举重队、武术散打队分别获团体总分第二名，田径队分别获团体总分第五和第七名，在全市比赛中再创佳绩，为全县赢得了荣誉。

【扶贫开发工作取得显著成效】 2014年，麟游县坚持以扶贫开发工作统揽农村工作全局，创新机制，合力攻坚，转变作风，精准扶贫，取得显著成效。截至年底，落实财政扶贫资金2209.5万元，占计划96.1%；完成固定资产投资10895万元，占计划108.9%；扶贫移民搬迁项目完成投资3318万元，237户建房户主体完工，占投资计划144.3%；完成“三无户”建房105户，占计划75%；整村推进项目完成投资1530万元，占计划102%；投放扶贫小额到户贷款714万元，占计划100%；常丰镇西瓜基地扶贫开发项目完成投资550万元，占计划105.8%；完成贫困户实用技术培训38场次9000人次，占计划90%；资助农村贫困大学生120名。全县社会扶贫投资196.5万元，占计划93.3%，实现脱贫6019人，占计划101.8%。

【工业园区建设迈入新阶段】 2014年9月26日，麟游县天堂循环经济科技工业园被省政府确定为全省重点建设县域工业集中区，并列入全省统计监测和考核范围，这标志着麟游县中小企业和县域工业园区在发展规模和质量上进入一个新的发展阶段。省级重点建设县域工业集中区将为园区建设和企业发展带来更多政策扶持和专项资金支持，有利于园区吸引资金和技术，延伸产业链条，为县域煤炭物流和工业基地建设奠定了坚实基础，为全市工业经济发展提供新的平台。

【兑现“三无户”及困难群众建房款894万元】 2014年，麟游县把“三无户”搬迁建房作为践行群众路线，服务困难群众的重大民生工程。严格按照农户申请、村组评议、公示、镇审核、县级部门联合审定，上报市级部门备案的程序实施。截至2014年11月底，对全县验收合格的76户201人“三无户”建房农户，在省、市资金未到情况下，县财政筹措资金及时将建房补助款以“一卡通”的形式兑付到户，共计兑现补助685万元。同时财政为验收合格的150户农村危房改造农户发放补助187.5万元，县残联为43户残疾人建房户，按每户5000元标准，通过“一卡通”兑现残疾人建房补助21.5万元。

（付林虎）

麟游县委、人大、政府、政协领导成员

县委书记	孙敬虎
副书记	李武发　赵会祥
常委	孙敬虎　李武发 赵会祥 苏少敏（5月离任） 朱小强（5月任职） 许红霞（女） 闫明辉　刘治华 张艳丽（女） 张　欣（女）
县人大常委会主任	尚永福
副主任	王生珍　王安平 闫秉云
县长	李武发
副县长	苏少敏（5月离任） 朱小强（5月任职） 许红霞（女） 王中选　李竹林 杨宏林　马　霄 王为君 张祥彬（8月任职）
县政协主席	李周科
副主席	杨士钊　齐晓辉 李　婷（女）

太　白　县

【概况】 太白县位于陕西省西部，宝鸡市东南，地处秦岭腹地，横跨长江、黄河两大流域，因境内秦岭主峰太白山而得名。县城北距宝鸡市区65公里，东距西安市区210公里。周边分别与眉县、岐山县、陈仓区、

2014 年太白县国民经济和社会发展主要指标一览表

指标名称	计算单位	2014 年实际完成	2014 年比 2013 年实际增长（%）
一、地区生产总值	万元	171079	12.1
其中：第一产业	万元	52932	4.9
第二产业	万元	78496	17.8
第三产业	万元	39651	9.6
二、全社会固定资产投资	万元	292489	33.9
三、地方财政收入	万元	9043	21.6
四、社会消费品零售总额	亿元	3.194	12.5
五、农村居民人均收入	元	8463	13.2
六、交通、电讯			
客运周转量	万人公里	4015	10
邮电通讯业务总量	万元	4109	13
程控电话	门	4433	3.1
移动电话	部	52590	11.4
移动电话普及率	部/百人	106.67	4.0
计算机网络宽带用户	户	5500	0.92
七、文教、卫生			
中学在校学生	人	2255	-2.08
小学在校学生	人	2508	-4.4
医院	所	12	
病床	张	206	
卫生专业技术人员	人	323	30.3

渭滨区、凤县、西安市周至县、汉中市佛坪县、洋县、留坝县等县区接壤。历史上开凿最早、规模最大、沿用最久的著名古褒斜栈道横穿县境114 公里，自古为据关中至汉中之要道，扼川陕交通之咽喉。沿古栈道修建的省道——姜眉公路，成为连接关中与汉中、西北与西南的交通大动脉。横亘于太白境内中部的秦岭主峰太白山，最高峰拔仙台海拔 3771.2米，为中国大陆中东部第一高峰，县城海拔 1543 米，为陕西省海拔最高的县城。境内山峰竞秀，河流纵横，植被广袤，资源丰富。森林植物品种达1000 余种，其中有独叶草、太白红杉等珍贵稀有植物 20 多种，中草药 600 余种；兽鸟昆虫等动物类1700 余种，其中属国家重点保护的一、二类珍稀动物有大熊猫、羚牛、金丝猴、金钱豹、林麝、苏门羚、熊、鹿、血雉、红腹角雉、锦鸡及水生动物大鲵、秦岭细鳞鲑、川陕哲罗鲑等 57 种。全县绿色植被覆盖率95%，森林覆盖率 91.96%，太白因此被誉为“珍稀动物乐园”、“药物宝库”和“生物基因库”。太白气候资源得天独厚，南部为亚热带气候特征，北部则为温带大陆季风气候，中东部的太白山为典型的秦岭山地垂直气候带谱特征，山地小气候差异明显，县城年平均气温 8.3℃，夏季平均气温 19℃，凉爽宜人，享有“天然空调城”、“休闲度假胜地”、“秦岭里的香格里拉”等美誉。是国家级自然保护区和全省重点水源涵养区，也是全国无公害农产品生产基地、全国农产品标准化生产综合示范区、国家级生态示范县、国家卫生县城、国家园林县城。全县总面积2780 平方公里，辖 7 个镇、66 个村民委员会、261 个村民小组和 2 个街道社区。全县耕地面积 6533 公顷，林地面积 26 万公顷。2014 年，中共太白县委、太白县人民政府认真贯彻落实党的十八届三中、四中全会精神，围绕“四县”（生态文明示范县、绿色经济先行县、幸福慢城宜居县、和谐稳定平安县）目标，打造“六大板块”（提升生态旅游产业水平、提升城镇建设水平、提升生态文明水平、提升社会建设水平、提升产业化水平、提升党员干部服务水平）、聚力“两大突破”（推进项目建设、招商引资和争取资金突破、推动扶贫开发突破），主攻招商引资，狠抓项目建设，扩张旅游产业，创优城乡环境，县域经济呈现持续快速发展的良好态势。2014 年，全年实现生产总值 17.11 亿元，增长 12.1%；规模以上工业产值 5.93 亿元，增长17.7%；全年完成全社会固定资产投资 29.25 亿元，增长 33.9%；地方财政收入 9043 万元，增长 21.6%；社会消费品零售总额 3.19 亿元，增长12.5%；农民人均纯收入 8463 元，增长 13.2%；城镇居民可支配收入25497 元，增长 10.6%。太白县相继荣获全国义务教育发展基本均衡县、全国首批创建生态文明典范城市、全国绿色生态蔬菜十强县和省级食品安全放心县、全省学前教育三年行动计划先进县。青峰峡森林公园成功建成国家 4A 级景区和国家水利风景区；黄柏塬镇荣获最向往的美丽中国特色镇称号和首届中国特色镇发展创新优秀案例奖；黄柏塬村荣获全国生态文化村称号，并入围全市十大美丽乡村；太白生态工业园、煜群示范园跻身省级重点工业园区和现代农业园区行列；石头河国家湿地公园、全省依法行政示范县、省级生态县通过验收。

【招商引资与争取资金再创新高】2014年，太白县开展“招商引资项目落地推进年”活动，安排财政专项1000万元，开展定点、定向和专题招商48次，邀请客商实地考察68批257人次，全县新签约风电开发、旅游综合体等项目33个（亿元以上产业化项目9个），合同、协议引资49.9亿元，泰达商业综合体、秦岭药王茶文化产业示范园等19个项目开工建设，实现到位资金15.9亿元，占县上任务15亿元的106%，其中省际到位资金12.7亿元，占县上任务12.64亿元的100.5%。同时，坚持把向上争取项目、资金作为激发外生动力的重要支撑，全年争取各类资金9.1亿元，其中，争取财力补助资金2.8亿元、项目建设类资金4.4亿元、补贴类资金1.9亿元。全县超额完成争资任务的单位59个，超过1亿元的单位2个、超过3000万元的单位6个、超过1000万元的单位8个。

【农业产业实现园区化转型升级】2014年，太白县完成投资3.83亿元，累计流转土地4220亩，续建、新建园区11个，建成省级园区1个、市级园区4个，煜群示范园10万吨冷库、8万吨加工车间投入运营，秦西有机蔬菜上市销售，太白县实现了“四季有菜”；建成国家农民专业合作社示范社3家、省级示范合作社4家、市级龙头企业2家、市级示范家庭农场15家，发展订单蔬菜2.1万亩；农产品质量追溯面积3.5万亩，认证有机农产品11个，秦绿直供上海有机蔬菜117吨；全年种植蔬菜10.67万亩，产量42万吨，产值4.1亿元。

【休闲旅游产业快速发展】2014年，太白县引入市场机制强推景区开发，完成投资4.9亿元，实施生态旅游重点项目10个，黄柏塬景区自来水厂、游客接待中心、假日酒店建设全面加快，青峰峡景区主题酒店、游客接待中心完成主体，承夏园宾馆、县城自驾游营地和城南游客接待中心建成投用；新建和平村古道驿站、杜家庄青峰驿站等乡村旅游示范点5个，乡村游带动全县发展农家乐218户，实现经营收入1744万元。成功举办“激情户外”狂欢节、金秋红叶节，太白旅游微信平台点击量累计突破100万人次，荣获最具人气旅游县城、第二十届亚洲旅游业金旅奖、十佳绿色生态旅游目的地称号，全年接待游客130.7万人次，实现旅游综合收入7.87亿元。

【林特水产业彰显特色】2014年，太白县完成投资5000万元，秦岭药王茶文化产业示范园加工车间完成主体建设，1.8万吨山泉水项目建成试运营，林特产品园区化和水产品加工实现了突破；新建百亩杂果示范园5个，完成核桃新栽、嫁接及花椒改造3983亩，发展干杂果经济林5158亩，种植猪苓16.7万窝、中药材6.2万亩，建成食用菌大棚220座；新发展土蜂4万箱，大鲵、细鳞鲑等珍稀水生动物3.66万尾，湑水河秦岭细鳞鲑大规模人工繁殖填补了国内高海拔地区珍稀水产养殖技术空白。

【引进多种新型农用机械】2014年，太白县引进新机械、推广新技术，力促全县蔬菜生产向规模化、集约化、产业化、机械化方向发展。先后引进推广蔬菜移栽机8台，农用遥控植保飞机1台，残膜处理机2台，锄草机2台。针对太白县粮、菜作物地膜覆盖面积大，作物收获后的残膜捡拾极为不便状况，引进1FMJ-1450型耙齿式废膜捡拾机，一次可完成起膜、捡膜、集膜、堆膜等工序，与20~30马力四轮拖拉机配套，不再需要动力输出装置，具有配套动力广泛、安装使用方便、捡膜效果好、生产效率高等特点，既解决了残膜捡拾问题，又提高了蔬菜生产全程机械化作业水平。

【“慢城”新姿初步显现】太白县委、县政府着力打造“慢城”基础设施，深入挖掘人文历史、休闲度假、养生运动文化，完成投资1180万元，实施翠矶山道文化主题公园提升改造工程，建成慢行步道2.2公里，栽植绿化苗木10.5万余株；高标准实施县城风貌提升改造工程，完成投资3295万元，建成3座星级公厕主体，铺设雨水收集管道4416米，拓宽县城3条主街道5600平方米，建成慢行系统3.4万平方米，“坡红屋顶、墙面暖色调、墙裙文化石、门牌木制化”的“慢城”风貌彰显太白特色，城市功能进一步完善。

【推进田园镇村建设】2014年，太白县引导农村居民进城进镇上楼，完成投资1.2亿元，建成中心社区住宅楼18栋562户6.1万平方米，兑现补助资金679.5万元，进城入镇959户3623人；实施到村项目40个，新增五星村1个、四星村4个、三星村5个，完成投资1931万元；投资4026万元，启动建设扶贫移民安置小区2个，建成搬迁安置楼5栋，完成搬迁300户1121人。黄柏塬镇黄柏塬村、咀头镇梅湾村、鹦鸽镇火烧滩村被确定为全国第一批乡村旅游扶贫重点村，鹦鸽镇柴胡山村、黄柏塬镇二郎坝村等6个村被确定为全国第二批乡村旅游扶贫重点村。

【暖居工程卓有成效】2014年，太白县委、县政府按照省市统一部署，推进“三无户”移民搬迁“暖居工程”，逐村踏勘建房地址，悉心协调解决问题，组织开展现场观摩，按照规划科学、设计合理、实用经济、整洁美观的要求，将“幸福院”项目与暖居工程相结合，推进“三无户”暖居工程建设，完成投资1984万元，205户建成房屋主体，53户入住新居，利用两个多月时间全部完成两年建设任务。11月27日，全市“三无户”移民搬迁工作现场会在太白县靖口镇召开，太白县向大会介绍了工作经验，受到省、市领导的充分认可与肯定，“太白经验”在全市推广。

【“环境整治”“绿化提升”两项工程取得显著成效】2014年，太白县整合资金2915万元，全面清理“六堆”3.1万立方米，河道清淤1.5万立方米，覆土8.6万立方米，改造民居120户，建成咀头镇、黄柏塬镇13个省级农村环境连片整治示范项目，项目考核名列全省第一。同时，完成投资5244万元，打造心旅驿站、关上胜景等“一城两带六园十点”景观节点22个，绿化面积1465亩，栽植苗木153万株；完成封山育林2.1万亩、中幼林抚育2.2万亩、退耕还林补植补造0.4万亩，建成“三化一片林”示范村5个、生态家园建设村10个，村庄绿化率达到35%以上。

【社会保障提标扩面】 2014年，太白县在全县69个社会公共服务中心全面推行“六统一”服务机制，健全完善城乡居民养老保险“五个不出村”服务模式，在全市率先建成公共服务均等化县。全年发放小额担保贷款2853万元，实现城镇新增就业1214人。转移输出劳动力1.64万人，创劳务经济收入1.6亿元，荣获全市回乡农民工创业示范县称号。企业职工养老金实现“十连涨”，城乡居民月人均基础养老金达到115元，高出全省55元。为1933名农民工追讨拖欠工资1846万元。发放高龄老人生活补贴、抚恤优待、城乡困难群众社会救助等各类资金2335万元，救助困难群体19386人次，兑现落实退耕还林、“两免一补”等各项强农惠农富农政策资金5620万元。

【新农村建设提档升级】 2014年，强力推进10个晋星村项目建设，整合资金1931万元，实施5个晋星村到村项目40个，建成项目21个，黄柏塬村入围全市十大美丽乡村，咀头、鹦鸽、王家堎3镇入围全市争先进位先进镇，太白河镇兴隆村和东青村跻身全市“百强村”，黄柏塬镇二郎坝村、皂角湾村和王家堎镇和平村、板桥村、元坝子村分别入围全市争先进位先进村前30名。

【省级生态县通过检查验收】 2014年8月7—8日，陕西省环保厅副厅长李敬喜带领省生态县考核验收组对太白县省级生态县创建工作进行检查验收，验收组听取了省级生态县创建工作情况汇报，观看省级生态县创建专题片，对太白县田园蔬菜观光示范园、县城绿化提升示范点、青峰峡国家森林公园、鹦鸽镇流沙崖村、桃川镇杜家庄村、咀头镇塘口村、拐里村，梅湾村，县城污水处理厂、垃圾填埋场、太白金矿新开岭尾矿库进行了实地考察，并通过现场民意调查和资料核查，对创建工作进行了全面检查验收，最终太白县省级生态县创建以88分高分顺利通过验收，成为全市第二家省级生态县。

【太白县荣获中国绿色生态蔬菜十强县殊荣】 2014年11月28日，“第六届中国绿色生态农业发展论坛”在中国·海南举办。经全国合作经济工作委员会生态农业专业委员会、中科院水系统安全研究中心、农业部农产品质量监督检测中心、全国合作经济发展工作委员会、西北大学等单位的专家组成的中国绿色生态农业发展论坛组委会评审组通过认真审议、考查与复核，最终审定太白县为“中国绿色生态蔬菜十强县”，并现场命名颁奖。这是太白县继获得农业部、陕西省“无公害农产品生产基地”、“国家农产品标准化生产综合示范区”和“全国第二批农产品标准化生产示范基地县”“全国第五批农业标准化生产示范区”“陕西高校蔬菜直供基地”称号后的又一个殊荣。

【现代农业园区建设】 2014年，太白县委、县政府按照“政府引导、企社运作、多元投入、科技兴农、功能集成”的发展思路，狠抓农业园区建设。通过政策扶持项目建园、龙头企业联结基地建园、农民合作入股建园等多种方式，以政策扶持和招商引资扩大园区建设规模，以技术推广和名优产品引进提升园区品牌，以技能培训和休闲观光拓展园区功能。投资3.53亿元，建成11个农业园区，逐步实现田园农业与休闲产业、农产品加工与冷链物流、产品展示与市场交易、农事体验与休闲避暑的四大有机融合，为太白县农业发展注入新的活力，增添新的旅游景观。太白县棓煜兴现代农业园区被认定为全县第三个省级现代农业园区。拐里现代农业园区、万花山现代农业园区、雪岭现代农业园区和秦西现代农业园区被认定为2014年度市级现代农业园区。

【桃川朝邑蔬菜制种示范园发展壮大】 桃川朝邑蔬菜制种示范园由西安朝邑大棚番茄制种专业合作社注册的宝鸡玖天农业科技有限公司建设，项目总投资1500万元，占地面积105亩，重点建设鲜食番茄、加工番茄、樱桃番茄、茄子以及花卉等优良制种示范园区。其中，建设新品种培育类日光温室5座，各类制种示范春秋大棚30座，露地制种示范田1万平方米，种子加工储藏简易车间500平方米。该园区的建设，对全县农业产业结构优化调整、提高农业综合生产能力、拓宽农民增收渠道具有重要作用。园区现已建成制种大棚10座，制种泰国万寿菊1棚，杂交1号西红柿9棚，大田制种甜玉米35亩，冬瓜40亩，芥蓝、杂交圣女果等18亩，已建成种子加工储藏车间、库房、灌溉等设施。

【石头河国家湿地公园通过国家林业局考察验收】 2014年6月26日，国家林业局湿地保护管理中心、陕西省自然保护区和野生动物管理站有关专家组成的考察验收组，对陕西太白石头河国家湿地公园试点建设工作进行了实地考察验收。考察验收组一行实地察看了石头河国家湿地公园四宝迎宾、后窑上观鸟台、湿地保护保育区——中滩岛、鹦鸽保护管理站、白云峡秦岭细鳞鲑人工繁殖基地等点位，对石头河环境质量、水质及流域生态建设、环境卫生、科研监测等生态进行了全面考察验收。考察验收组认为，陕西太白石头河国家湿地公园是典型的山地河流湿地公园，公园生态系统独特，生物多样性丰富。自2009年12月国家林业局批准试点建设以来，太白县委、县政府高度重视，采取建立健全机构、完善基础设施、恢复植被、科普宣教等措施，在改善湿地公园生态系统、保障水源安全、开展科研监测和推动区域经济发展等方面取得了显著成效。

【太白县建成宝鸡市首个蓝莓基地】 太白县引进陕西海升果业发展股份有

限公司在咀头镇塘口村四组建成蓝莓种植示范基地，该示范园是宝鸡市唯一的蓝莓种植基地。先期计划投资500万元，现已建成蓝莓栽植试验田135亩，栽植蓝莓13500株，改良土壤140亩。塘口村土地土壤偏酸性，这正是蓝莓生长所需的土质。蓝莓种植推广可有效提升产业附加值，对于区域农业产业转型意义重大。在此基础上将建设蓝莓深加工基地，园区由合作社开拓市场，稳定价格，与栽植农户签订订单，达到农企共赢。

【实现虹膜生物技术精准认证全覆盖】 为了提高养老金管理科学化水平，彻底杜绝养老金虚报冒领、死亡超领和重复领取问题的发生，太白县在全市率先启动“虹膜+人脸”生存认证系统，实现了虹膜生物技术精准认证全覆盖。2014年“虹膜+人脸”认证数据采集工作在全县7个镇全面启动。以往对享受养老金待遇人员的生存认证，老人需带上本人身份证、户口簿、银行存折等，到户口所在地村（居）委会签字、摁手印，认证手段单一、程序复杂。虹膜生物技术认证使用后，老人到乡镇、村、居委会、劳动社会保障所“照眼睛、照照脸”即可进行精准的生存认证。“虹膜+人脸”认证系统对于领取养老金的一般老人通过照虹膜进行认证，对有白内障、双目失明等一些眼疾老人可采用面部成像进行认证。对于卧病在床或行动不便的老人，太白县城乡居保工作人员携带装有“虹膜+人脸”认证系统的电脑上门采集数据。

【黄菜花种植专业合作社荣获“中国50佳合作社”称号】 2014年6月，太白县黄菜花种植专业合作社在中国合作经济年度成就奖评选活动中，获“中国50佳合作社”荣誉称号。太白县实施农超对接工程和品牌培育工程，培育了一批规范化管理、标准化生产、品牌化经营的农民专业合作示范社。太白县黄菜花种植专业合作社是集新品种推广、组织生产、加工储藏、产品销售为一体的综合型专业合作社，合作社与社员及所有种植户签订收购合同，实行订单生产，以低于市场价45%的价格向种植户供应黄菜花种子，垫付种子款、农药款等费用，对农户生产的黄菜花实行最低保护价收购，最大限度地规避了种植风险，“市场+合作社+农户”模式保障了农户种植效益，明显提高了种植户收入。三年来，黄菜花种植专业合作社年均收购销售黄菜花及其他蔬菜2万吨～3万吨，年收入1200万元以上。

【桃川镇獭兔养殖协会获中国“基层科普行动计划”表彰】 2014年6月，桃川镇獭兔生态养殖协会获中国科协、财政部“基层科普行动计划”奖补资金20万元。桃川镇獭兔生态养殖协会成立于2009年9月，主要从事獭兔良种引进、推广先进技术、开展经验与交流、技术指导及咨询等工作。协会现有会员131人。建有标准化獭兔养殖场一处，占地5000平方米，年统一组织销售商品獭兔万只以上，销售收入130万元，经济效益显著。

【湑水河秦岭细鳞鲑人工繁殖获得重大成果】 陕西太白湑水河珍稀水生生物国家级自然保护区充分利用保护区物种资源和生境优势，开展秦岭细鳞鲑人工驯养与繁殖试验研究，从2012年开始，在陕西省渔业局的支持与指导下，湑水河保护区依托中国水产科学院黄河水产研究所、黑龙江水产研究所的技术支撑，同太白天昱生态养殖有限公司、太白溢利养殖有限公司等县内养殖企业密切合作，开展秦岭细鳞鲑人工驯养与繁殖试验研究，累计培育亲鱼1000余尾，2013年成功繁殖秦岭细鳞鲑鱼苗近16万尾，现育成20公分左右秦岭细鳞鲑鱼种12万尾；2014年又成功繁殖秦岭细鳞鲑鱼苗10万尾，已开口摄食。如此大规模的秦岭细鳞鲑人工繁育成功，填补了国内空白，对湑水河保护区乃至整个秦岭区域秦岭细鳞鲑种群的恢复起到极大地推动作用，同时，也为秦岭细鳞鲑的产业化发展以及天然水域秦岭细鳞鲑的人工增殖与放流提供可靠的种苗来源。

【太白县荣获亚洲金旅奖成为中国十佳生态旅游目的地】 2014年5月6日，第二十届金旅奖盛典暨第二届中国灵璧国际奇石文化博览会在中国奇石之乡——安徽灵璧盛大开幕。这届金旅奖旅游文化峰会由亚洲旅游文化联合会、亚洲旅游业CSR研究中心联合主办。峰会同期发布了第二十届金旅奖2014大中华区旅游文化榜榜单，太白县名列其中，成为中国十佳生态旅游目的地。这届旅游峰会在“中国风·中华情”的宏大主题下，全面盘点了国内的区域旅游发展成就，集中展示中华旅游文化和旅游资源，发掘旅游资源与旅游文化的融合内涵。金旅奖首创于1995年，已经成为国内旅游业备受瞩目的年度旅游峰会之一。

【太白县成功入选西部地区生态文明示范工程试点县】 2014年12月，国家发改委、国家林业局联合下发在西部地区开展生态文明示范工程试点的通知，公布了第二批全国生态文明示范工程试点名单，陕西省有5个县区入选试点县行列，太白县是宝鸡市唯一入选的试点县。生态文明示范工程试点县选择评价参考指标体系包括空间格局、生态环境、发展方式、消费模式、宜居城乡、生态文化、制度机制和社会意识8个方面21项，分约束性和预期性指标。2016年，国家发改委将会同国家林业局等部门对试点县进行终期评估，通过终期考核的试点县列入全国生态文明示范工程，享受有关政策支持。

【青峰峡国家森林公园成功获评国家4A级旅游景区】 2014年12月初，继国家级森林公园、国家水利风景区之后，由陕西省旅游景区质量等级评定委员会评定，太白县青峰峡国家森林公园再次荣获国家AAAA级旅游景区称号。青峰峡国家森林公园位于太白县城东12公里的桃川镇，总面积4360公顷，森林覆盖率95%以上，为名副其实的天然植物园和野生动物园，公园自然风光优美独特，以雄、奇、险、秀、幽而闻名遐迩，主要分为临芳墅、雾瀑崖、神女峰、鳌山“四大景区”，内有景观节点68处，顶部为秦岭主峰鳌山和四十里跑马梁，有第四纪冰川地貌，景象壮观独特，周围自然景点、人文景点众多。园内建有主体酒店、游客服务中心、总部会所、画家村，商业街区、观光索道，是人们休闲度假、观光旅游、户外探险的绝佳去处。青峰峡国家森林公园是太白县招商引进西部投资集团建设的全市重点项目，合同引资20亿元，该公园实施品牌战略，实现了太白县休闲旅游产业在发展方式上由政府主导向企业主体转变、在投资主体上由财政投资向民间资本转变、在产业结构上由林业资源大县向生态旅游大县转变的“三大转变”，使休闲旅游产业成为太白县最具活力、最有潜力的增长极。

【太白县荣获全国义务教育发展基本均衡县称号】 太白县立足县情，坚持教育优先战略，牢固树立“小县也要办大教育、弱县也要办强教育、穷县也要办富教育”的理念，在全省率先实施了“一乡一校”和义务教育学生“蛋奶工程”，全面落实国家“两免一补”和高、职中贫困生资助，实现义务教育阶段全免费，普及了13年免费义务教育，基本实现了办学条件、师资力量、经费投入、办学水平、教育机会五个方面的均衡发展，达到了国家义务教育均衡县指标要求。2014年3月，国务院教育督导委员会公布了《2013年全国义务教育发展基本均衡县（市、区）名单的决定》，经国务院教育督导委员会办公室组织材料审核和现场督导评估，全国293个县（市、区）基本达到国家对义务教育发展基本均衡县（市、区）的要求，陕西省5个县名列其中，太白县是宝鸡市唯一获此殊荣的县（区）。

【太白县实现镇气象工作站全覆盖】 2014年2月，随着太白县7个镇气象工作站的建成及挂牌运行，标志着太白县镇气象工作站实现了全覆盖。7个镇气象工作站制定了气象工作站职责、气象信息员职责、气象信息处理工作流程。工作站归镇级政府领导，接受县气象局业务指导，主要负责本辖区内气象灾害防御、村级气象信息服务站建设、气象信息员队伍建设、气象探测和发布等设施组织维护、气象灾害预警信息传播等工作。通过各村村委会安装的大喇叭，向村民发布气象知识、科普知识、森林防火等级预报等知识，镇级气象工作站建成后，村级气象信息员将及时准确地从气象部门获取“第一手”天气预报、预警信息，及时向广大村民传播。同时，气象信息员还将收集各种灾害情况和当地气象服务需求，及时向县气象局报告。全县形成了县、镇、村三级气象灾害防御体系，使“气象信息全覆盖、为民服务零距离”的服务理念真正得以实现。

【陕西太白黄金矿业责任有限公司在职业技能竞赛中获多项殊荣】 2014年8月，中国黄金集团公司第三届职业技能竞赛在河南省三门峡市举行，在这次竞赛活动中，陕西太白黄金矿业责任有限公司，选派6名选手参加凿岩爆破工、化验分析工2个工种的竞赛。经过激烈角逐，2名公司员工在凿岩爆破工竞赛中取得第二名，被国务院国资委授予“中央企业技术能手”称号，2名员工在凿岩爆破工竞赛中取得第12名，1名化验分析工在竞赛中取得第5名，分别被授予“中国黄金集团公司技术能手”称号；同时公司荣获中国黄金集团公司第三届技能竞赛“团体获胜奖”第2名和“优秀组织奖”的好成绩，这也是太白县企业在职业技能竞赛中获得的最好成绩。

【太白高山蔬菜走进宝商超市】 2014年5月，太白县秦绿蔬菜产销专业合作社与宝商家美佳签订了蔬菜购销合同，在超市设置太白蔬菜销售专区。从7月起每天供应60余种太白蔬菜。太白县秦绿蔬菜产销专业合作社生产的高山绿色蔬菜首次进入宝鸡市宝商家美佳经二路店、陈仓园店、华通店、西关店等6个连锁超市销售。此次蔬菜进超市，是继太白蔬菜进社区直销之后又一重要销售举措，实现了超市与生产基地的高效对接，减少了流通环节，降低了蔬菜成本，把生产基地的无公害优质蔬菜直接送到了市民手里，满足了居民的购菜需求。

【黄柏塬村获两项殊荣】 2014年9月，由中国生态文化协会主办的“全国生态文化村”经验交流会在青岛市举行。太白县黄柏塬村获得“全国生态文化村”荣誉称号。会上授予109个村“全国生态文化村”称号。陕西省包括太白县黄柏塬村在内的4个村获得此项殊荣。同年12月，黄柏塬村被市委、市政府命名为2014年宝鸡“十大美丽乡村”。此次评选活动由市农村工作领导小组办公室组织开展，为期3个月，经过初选、复选、专家打分、网络投票、综合评定、媒体公示6个环节，评选出了市民心目中“十大美丽乡村”。黄柏塬村地处秦岭南坡，峰峦环抱，河流环绕，因这里栖息着国宝大熊猫、金丝猴而备受关注，全村森林覆盖率达98%，森林、水能、生物、药材等资源丰富，自然景观独特，主要林特产品有板栗、香菇、木耳、土蜂蜜等。

【推进农民体育健身工程】 2014年4月24日，太白县体育场举行农民体育健身器材集中发放仪式。发放器材132件（套），总价值36万元。太白县群众体育工作先后被国家体育总局授予“全国全民健身活动先进单位”和“全国群众体育先进单位”称号，实施了3个镇、3个社区和48个村委会的农民体育健身工程，镇级农民体育健身工程覆盖率达到43%，村级农民体育健身工程覆盖率达到73%，社区农民体育健身工程覆盖率达到100%，为广大农民群众搭建了体育健身的良好平台，引导更多的农民群众投身到体育健身活动中来。

【太白县免费为贫困残疾人发放辅助器具】 2014年9月19日，太白县举行第二批辅助器具发放仪式。这次共为100名残疾人免费适配价值30

万元的辅助器具，其中，轮椅20辆，助听器25台，盲杖2件，手杖44件，四脚手杖1件，腋杖3件，手杖凳5件。辅助器具给残疾人提供更多的生活便利，最大程度减少残疾人自身的痛苦，减轻残疾人家庭的负担，帮助残疾人更好更快地融入社会。

【黄柏塬镇海棠河、大箭沟先后发现2只大熊猫】 2014年4月18日，在黄柏塬镇海拔2400米的海棠河附近，红外感应布控点有3台红外感应相机从不同角度、在不同时间拍摄到了大熊猫活动的清晰照片和视频影像，在相机布控点周围发现了很多大熊猫粪便，并确认来到这里的大熊猫不止一只。在太白山国家级自然保护区内，一段不足1分钟的视频里，可以清晰地看到一只大熊猫正拨弄着相机。此次拍摄到大熊猫多幅原始照片，这是在太白山高海拔地区近50年来首次拍到的真实的大熊猫影像资料。10月19日，在黄柏塬镇黄柏塬村大箭沟旅游景区，一只野生大熊猫下山，出现在河谷景区之中，景区管理人员和旅游观光者近距离观赏和拍摄到这只野生大熊猫的照片。

【全市运动会上太白运动员取得好成绩】 2014年10月18—19日，“宝鸡市第十一届运动会年度比赛暨奥运争光举重比赛”在市举重馆顺利闭幕。这次比赛全市共有10支代表队228名运动员参加比赛，是历年来规格最高，参赛人数最多的一次体育赛事。太白县共派出11名运动员参加比赛。经过两天紧张激烈的角逐，县育才中学运动员龚向阳取得了个人抓举、挺举、总成绩第一的优异成绩。这次比赛太白县共取得了“4金4银6铜、两个第4名、五个第5名”和男子团体第6名，女子团体第8名的较好成绩。

【太白县老干部活动中心获得省级示范中心称号】 2014年11月，在陕西省召开的创建省级老干部活动示范中心（室）经验交流表彰会上，太白县老干部活动中心被授予全省第五批示范中心荣誉称号，成为宝鸡市2014年唯一获此殊荣的县区。太白县老干部活动中心自2011年9月建成投用以来，先后投资10余万元配备了各类活动器材和设施，乒乓球室、棋牌室、排练室、阅览室、绘画室、健身房等11个室内活动场所和两个室外活动场所全年向老干部免费开放，每年接纳离退休老干部活动人数超过1.2万人次。定期组织老干部举办学习交流会、趣味运动会、书法讲座等活动，引领离退休干部参与健康向上的文化娱乐活动，开展“爱心在行动”助老青年志愿服务活动，为离退休老干部上门服务。

【太白县荣获全省学前教育三年行动计划先进县称号】 太白县在加快经济和社会发展的同时，高度重视发展学前教育，以构建“广覆盖、保基本、有质量”的学前教育公共服务体系为目标，理顺幼儿园办园体制，加强公办示范幼儿园建设，不断规范民办幼儿园办园行为，促进了全县学前教育又好又快发展。全县现已建成9所幼儿园，在园幼儿1186人，教职工115人，专任教师65人，学前一年适龄幼儿入园率达到97%，学前三年适龄幼儿入园率达到95.6%。2014年11月，在省政府通报表彰中，太白县为全省“学前教育三年行动计划先进县”之一。

【太白县教育信息化走在全省前列】 太白县于2014年8月建成太白教育“人人通”综合服务平台，实现了县域内优质资源的共享。“校校通宽带，班班可应用，人人可接入，处处可学习”的优质教育资源信息化环境在太白初步形成。11月26日，陕西省教育信息化应用工作推进会在西安欧亚学院召开。太白县在会上作了题为《实施“三通两平台”建设深入推进信息化应用工作》的经验交流。在随后召开的陕西省基础教育信息化重点应用工作培训会上，太白县作为全省唯一的“人人通”综合服务平台应用典型，在会上作了培训讲座，得到了与会人员的充分肯定。省电教馆负责人在总结此次会议时指出，太白县作为一个山区县和贫困县，政府高度关注教育信息化工作，对教育信息化的投入很大，教育信息化管理和应用工作成效显著。尤其是“人人通”综合服务平台开通以来，管理工作和应用工作初见成效，走在全省前列，其经验值得肯定和借鉴。

【村民代代护古松】 靖口镇水蒿川村著名的玉皇山下的老庙，为保存较为完整的道教庙宇群乾元宫，庙前有棵350岁的古松，为乾元宫道长在清康熙三年（1664年）所植，被当地村民视为“长寿之神”，被太白县林业部门列为古树名木建档。树高20米，胸径达1米多。水蒿川村民相传古时九天仙女在此松树上晾晒过裙子，故称“晒裙树”。在乱砍滥伐的年代，村民们代代相传自发地保护“晒裙树”，使这棵古树毫发无损。在村民们精心呵护下，这棵古树愈发枝繁叶茂，虬枝苍劲，成为名山古庙前的一道亮丽的景观。

【党的群众路线教育实践活动取得实效】 2014年，按照中央和省市统一安排部署，在全县开展党的群众路线教育实践活动，紧扣为民、务实、清廉主题和“照镜子、正衣冠、洗洗澡、治治病”的总要求，精心组织实施各环节工作，在全县241个党支部3692名党员中，分三个茬次推进，取得了实效。采取“点对点”、“点对面”、“面对面”方式，全县共征求原始意见8732条，归纳梳理为2912条；对照“三严三实”要求认真召开民主生活会，相互批评开门见山、直来直去、不留情面，全县落实整改问题2800条，整改办结率96.2%。全县新出台各类制度270项，完善793项，废止34项，基本形成了一个系统全面、科学规范的制度体系。7个镇45个部门对260余项整改情况向社会各界进行公示和民意测评，群众满意率95%。

（杨文锦）

太白县委、人大、政府、政协领导成员

县委书记 田来锁

副书记	徐烨　张建科
县委常委	田来锁　徐烨　张建科　许海峰　张志华　王恩社　彭世忠　解亚斌　刘俊霞　任德柱(挂职,2015年2月离任)
县人大常委会主任	宫志宏
副主任	王书堂　汪正　冯燕艳
县长	徐烨
副县长	许海峰　王恩社　任德柱(挂职,2015年2月离任)　王玉虹　秦斌　王喜平　张小平
县政协主席	王长号
副主席	张宝坪　王芳　胡新龙

凤县

【概况】　凤县古称凤州，位于宝鸡市西南端，地处秦岭南麓，嘉陵江源头，扼川陕、秦陇要冲，素有“秦蜀咽喉、汉北锁钥”之称。春秋战国时期，为羌族人集居地。东与太白县、渭滨区接壤，南与留坝县相接，西与甘肃省两当县为邻，北与陈仓区相连，县城距宝鸡市102公里。南北长80.5公里，东西宽70.9公里，总面积3187平方公里。辖9镇100个行政村，504个村民小组，4个社区居委会，总人口11万。凤县最高处透马驹峰海拔2738米，最低处温江寺一带海拔905米，县城所在地双石铺镇海拔960米。凤县地处亚热带与温带分界线上，属半湿润山地气候，小气候差异大，垂直变化明显，年平均气温摄氏11.5度，年均降雨量613.2毫米，无霜期188天，冬无严寒，夏无酷热。境内有较大河流9条，以夫子岭为界分属嘉陵江水系和汉江水系。水力资源潜力较大，水能蕴藏量13.1万千瓦，可开发利用6.8万千瓦。全县耕地1.29万公顷、草场4.4万公顷，有乔、灌木360余种，林地16万公顷,活立木总蓄积量1318万立方米，森林覆盖率为75.8%。有可供利用的野生药材983种，其中植物类805种，动物类168种，其他类10种，气候、土壤等条件适宜发展种养业。名优特产“大红袍”花椒，粒大味麻、清香浓郁，栽植4000多万株，被誉为“中国花椒之乡”。矿产资源十分丰富，有金、银、铅、锌、铜、锑等金属和煤、石墨、石灰石、硅石、钠长石、白云石、橄榄石等非金属矿共27种。其中铅、锌已探明储量360万吨，约占全省储量的80%。黄金已探明储量108吨，居全省前列，其他非金属矿产储量在23亿吨以上，开发前景广阔。境内山青水碧，层峦竞秀、风光旖旎，旅游资源丰富，有集“雄、险、秀、幽、奇”于一身的紫柏山凤县景区、通天河国家森林公园、嘉陵江源头景区、灵官峡景区，嘉陵江凤县段被列为国家级水利风景区和国家湿地公园。有著名的佛教寺院消灾寺、柏林禅寺、丰禾寺等。还有历史、文化积淀深厚的褒斜道、故道、连云栈道遗迹和众多仰韶文化遗址。境内交通便利，宝成铁路穿境而过，316国道、212省道以及凤太公路与地方道路纵横交汇，形成了便捷的交通网。电力充足，有3个中心供电站，8个变电站和9个供电所，是全省首批山区电气化县。村村通程控电话、移动通讯覆盖率达到95%，互联网全面开通。2014年，全县完成生产总值145.6亿元，同比增长15.7%；完成地方财政收入3.77亿元，同口径增长-8.5%；完成全社会固定资产投资175.5亿元，增长21.1%；城镇居民可支配收入33548元，增长10.3%；农民人均纯收入11765元，增长13.1%；实现全社会消费品零售总额16.15亿元，同比增长14.1%；人口自然增长率为

2014年凤县国民经济和社会发展主要指标一览表

指标名称	计算单位	2014年实际完成	2014年比2013年增长（%）
一、国内生产总值	亿元	145.6	15.7
其中：第一产业	亿元	6.3	4.7
第二产业	亿元	115.2	17.9
工　业	亿元	108.5	18.6
第三产业	亿元	24.1	8.8
二、全社会固定资产投资	亿元	175.5	21.1
三、地方财政收入	亿元	3.77	-8.5
四、社会消费品零售总额	亿元	16.15	14.1
五、农村居民家庭人均纯收入	元	11765	13.1
六、城镇居民家庭人均可支配收入	元	33548	10.3
七、就业			
1. 城镇新增就业人数	人	2074	
2. 城镇登记失业率	%	3	
八、人口			
1. 年末总人口	万	10.3	
2. 人口自然增长率	‰	2.58	
九、单位生产总值能耗	%	下降3.5	

2.58‰。凤县先后荣获全国计划生育优质服务先进县、全国文明县城、国家卫生县城、国家园林县城、全国生态示范区、全国科技进步先进县、全国土地资源集约节约利用示范县、中国生态文化旅游强县、中国最佳羌族风情旅游名县、全国休闲农业与乡村旅游示范县、中国最美小城、中国最佳投资名县、全国最具投资潜力中小城市百强县、中国西部百强县、中国旅游百强县、中国最美文化生态旅游名县、影响世界的中国文化旅游名县、全国县级文明提名城市、陕西省十强县、陕西省旅游示范县、省级卫生应急综合示范县、陕西省生态文明推动力“最具影响力区域”等荣誉称号。

【加速推进工业经济转型】 2014年，凤县加快新型工业强县步伐，实施工业新建和技改项目，全面落实“优质服务零距离，环境保障零干扰，政策落实零折扣”的服务要求，加快推进新兴工业产业，声威建材余热发电项目竣工投产，龙源风电二期竣工投产并网发电，三期东河桥项目开工建设。加速工业园区基础设施和配套服务项目建设。凤州园区建成5000平方米标准化厂房，市场路建成投用，留凤关保障性住房基础配套工程建成投用。全年实现规模以上工业增加值108.5亿元，同比增长18.6%。

【特色农业快速发展】 2014年，凤县依托农业产业园区主体支撑作用，引导特色农业向休闲旅游发展。加快土地流转步伐，引导土地向专业大户、家庭农场、合作社集中，大力培育新型农业经营主体，提高适度经营规模。全县共流转农村土地7810余亩，林地19.5万亩，新发展农民专业合作社10家，发展示范性经营主体12家，全县专业大户、家庭农场、合作社经营户达462户。加快推进十大现代农业科技园区建设，汇丰山庄、高老庄风情园创建为省级休闲农业与乡村旅游示范点，黄牛铺现代农业园区被确定为省级现代农业园区，建成休闲农业示范点12个。加快农产品贮藏物流项目建设，建成百吨冷藏库47座，千吨冷藏库1座，全县贮藏能力达到6000吨。实施花椒、苹果、核桃提质增效工程，全年花椒产量4000吨，苹果5.5万吨，核桃3000吨。全县粮食总产2.2万吨，发展高山有机蔬菜10.3万亩，生猪饲养量29.3万头，林麝存栏5500头，梅花鹿1900头，大鲵7万尾。凤县红富士苹果荣获陕西（洛川）第七届国际苹果博览会优质苹果2项银奖。

【提升旅游产业质量】 2014年，凤县出台推进文化旅游产业“二次创业”意见，启动实施16个文化旅游产业重点项目，凤凰湖景观廊桥建成通车、水上球幕电影建成投用，县城及主要景区实现免费WIFI全覆盖，凤县革命纪念馆主体竣工，“通天河谷”、“凤州花谷”分别入选宝鸡山水八景和宝鸡乡村游八景。开辟风电观光和羌文化原生态自驾游线路，打通周边县区的旅游环线。消灾寺、紫柏山景区分别创建为国家4A、3A级景区。古羌文化旅游产业示范区荣获第四批“中国传统建筑文化旅游目的地”称号。开辟风电观光和羌文化原生态体验自驾游线路。羌族文化原生态体验区等6个总投资6.3亿元的文化产业项目成功进入国家藏羌彝文化产业走廊项目储备库。举办2014羌历年庆典暨古凤州金秋红叶观赏节等大型文化旅游活动，《凤飞羌舞·古羌新韵》参加第七届西部文博会开幕式演出，并荣获第十二届中国民间文艺山花奖。凤县荣获“影响世界的中国文化旅游名县”“中国最美文化生态旅游名县”称号。全年接待游客303.5万人次，实现旅游综合收入26.4亿元。

【项目建设扎实推进】 2014年，凤县实行“定项目、定任务、定进度、定措施、包发展环境”的项目建设“四定一包”责任制和“五个一”工作机制，全面落实首问责任制、限时办结制等制度，及时捕捉信息，做好项目的筛选、包装、推介和申报，全县100个重点建设项目进展顺利，完成投资82.2亿元。观日台风电场33台机组实现全容量投产并网发电；龙源风电三期项目开工建设；古羌产业示范区羌文化演艺中心项目建成投用；二里河铅锌矿探矿增储、宝汉高速坪坎段进展顺利，丰禾山隧道、凤县第二水厂竣工投用。全年完成全社会固定资产投资175.5亿元，同比增长21.1%。

【招商引资成效显著】 2014年，凤县转变招商思路，聚焦国内500强、行业100强领军企业，组织开展“点对点”外出招商和“以商招商、以企引企”的招大商、引大资活动。先后引进华能新能源风电开发、黄金博古商业步行街、二里河铅锌矿深部探矿增储、唐藏区域多金属资源勘探、秦岭七彩云顶主题公园、雅各农业生态观光基地和秦岭八卦庙狩猎俱乐部等10个亿元以上产业化项目。全年招商引资到位资金33.1亿元，其中省际到位资金21.8亿元，引进外资150万美元。

【持续推进生态文明建设】 2014年，凤县推进造林绿化工程，实施农村环境综合整治工程和开展“治污降霾·保卫蓝天”行动。绿化美化省道212沿线76公里4镇17个村庄周边水系、公路、铁路护坡、裸露土崖，启动实施迎宾湖、荷塘映月、波尔多庄园等景观节点改造提升和东河桥500亩“七彩田园”、凤州“湿地文化展示区”等项目建设，全年栽植各类绿化苗木425万株，造林绿化4.9万亩，花卉苗木繁育4000亩，嘉陵江湿地公园创建为国家级湿地公园。投资1270万元在凤州镇、红花铺镇、河口镇24个行政村实施农村环境连片示范工程，建成镇级垃圾填埋场1个，生活污水处理设施5个，饮水水源保护工程24个，配备挂壁式垃圾清运车24台、垃圾挂斗134个，垃圾转运车辆137辆。加大对重点行业脱硫脱硝、挥发性有机物治理、扬尘综合整治、燃煤锅炉整治、油气回收治理、秸秆禁烧禁抛等监管力度，先后在安河铅锌选矿厂、宏福公司选矿厂等6户选矿企业实施粉尘治理项目，累计拆除燃煤小锅炉10台，安装油烟净化器22台。全县规模以上工业企业综合能源消费量为33.44万吨标准煤，同比下降11.45%；产值能耗0.12吨标准煤/万元，同比下降16.88%。2014年12月，凤县通过国家级生态县评审验收，成为陕西省和西北地区首个全国生态县。

【社会事业稳步推进】 2014年，凤县推进18项重点改革任务，农村承包地确权登记颁证、保障性住房共有产权改革等工作位于全市前列。启动实施领导干部下基层扶贫托底工程，全县500余名科级以上领导干部一对一帮扶农村困难群众，通过捐助生产生活物资、帮助制定增收计划、协调产业项目资金等多种形式协调扶持资金571.7万元，解决农村道路、防洪堤坝、人畜饮水、产业扶持等生产生活问题。实施农村土坯房改造和“三无户”移民搬迁工程，共完成农村土坯房改造590户、“三无户”建房203户，全年脱贫人数3769人。科技创新服务体系不断完善，启动实施“百人进百社、百技惠百村”活动，在9个镇建成农业科技服务中心。实施第二轮学前教育三年行动计划，推动教育内涵式发展，高考二本以上上线人数293人。推进医药卫生体制改革，巩固大病医疗救助、重大疾病救助和疾病急救制度，补贴限额提高至10万元，8个村级卫生室建成投用。全面落实就业和再就业优惠政策，建成创业基地2个，建立创业项目信息库216个，城镇新增就业2074人，农村转移就业38225人，农村居民进城落户1167户4118人。免费就业、创业培训完成787人，发放小额担保贷款3052万元。推进“两留守”特殊群众关爱工作，5个“留守妇女儿童幸福家园”和12个农村幸福院建成投用。坚持把维稳作为第一责任，深化平安凤县建设，完善社会稳定风险评估机制，推进多调联动模式，连续5年实现全省信访“三无县”目标。

【打造“秦岭花谷”升级版】 凤县自2012年秦岭花谷建设启动以来，全面树立“秦岭花谷、美丽凤县”旅游新品牌理念，2014年又出台系列优惠政策，打造“秦岭花谷”升级版。对流转承包地50亩以上，通过改造新建苹果、花椒、蔬菜等特色产业示范园区，且吸纳就业人员100人以上的，5年内实施“三免两减半”政策，即前三年免收土地流转费，后两年土地流转费减半。对新建农业示范园区、休闲农庄、休闲村庄，给予一次性奖励3万元至5万元；对新建休闲农家乐达标的，一次性奖励3000元至5000元，以后每晋级一星奖励1000元；对新发展的商业经营户试营业1年，免费办理各种证照，免交各种规费。沿线4镇17村群众凡投资额在30万元以上的，每个项目一次性补贴建设资金3万元至5万元；以自有土地入股发展相关产业且股权在50%以上的，可享受土地流转补贴政策。

【凤县荣膺“中国最美文化生态旅游名县”称号】 2014年1月16日，国际文化旅游促进会、中国旅游品牌协会、中国生态旅游发展协会等机构在北京联合举办“第三届国际旅游品牌营销年会”，凤县获得“中国最美文化生态旅游名县”称号。这是继2013年凤县荣获“中国旅游百强县”后在旅游品牌建设方面获得的又一荣誉称号。这届年会以“美丽中国·休闲之旅”为主题，通过论坛、新闻发布、现场推广等形式，发挥专家、顾问及合作机构的优势，旨在加强地方政府在旅游产业发展和品牌建设方面的合作，打造休闲旅游和健康旅游品牌。

【凤县参加2014陕西春季营销大会】 2014年3月28—29日，凤县组团参加了在西安举办的2014陕西春季营销大会和西安首届春季旅游嘉年华活动。活动期间，凤县以“秦岭花谷·氧吧凤县”旅游品牌全面宣传和展现凤县的生态之美、人文之美，专场向省内外重点推介凤县丰富的生态文化旅游资源，百余家省内外旅行社与凤县各大景区签订旅游合作协议。

【凤县荣获“影响世界的中国文化旅游名县”称号】 2014年4月12日，第二届中国文化旅游品牌建设与发展峰会暨“影响世界的中国文化旅游知名品牌”发布会举行，凤县荣获“影响世界的中国文化旅游名县”称号，这是凤县获得“中国最美文化生态旅游名县”之后的又一项文化旅游产业殊荣。凤县生态环境优美，旅游资源丰富。特别是凤县文化旅游产业发展迅猛，凭借良好的生态资源，厚重的文化积淀。凤县着力打造的秦岭花谷、古羌产业示范区、《凤飞羌舞》等一批生态文化旅游产品，广受游客好评，业已成为休闲娱乐、度假避暑的旅游胜地。凭借独特资源优势，凤县最终获得专家评审组的高度认可，获评“影响世界的中国文化旅游名县”称号。

【凤县举行“秦岭与黄河对话”之取水嘉陵江活动】 2014年5月13日，陕西省旅游局主办，腾讯大秦网承办，凤县人民政府、上海大众汽车协办的“秦岭与黄河对话”之“穿越大秦岭、聆听黄河风”自驾采风团嘉陵江取水活动在凤县黄牛铺镇东河桥村举行。县委常委、宣传部长袁宏斌致辞，并在东河桥村迎宾湖为采风团舀取嘉陵江水。此次活动通过在全省境内江河采水和专家学者、文化名人巅峰对话的方式，拉开2014年“中国旅游日”陕西庆祝活动序幕。凤县地处秦岭南麓，是长江最大支流嘉陵江的发源地，素有“秦岭明珠”之称。作为这次活动的一个节点，采集的嘉陵江水与陕西境内黄河沿线、渭河流域、汉江之滨、丹江水系等20多条河流水样一起汇集华山，举行融三秦之水“保护华山松”环保公益行动。

【凤县参展2014中国·宝鸡创业博览会】 2014年5月30—31日，2014中国·宝鸡创业博览会在市体育馆举行。在此次博览会上，凤县展出了山核桃工艺品、花椒芽菜、蝴蝶画、马勺脸谱、人工种植的蝴蝶兰、猪苓和人工养殖的梅花鹿、林麝、大鲵等系列产品，现场接受咨询3500人，发放宣传资料3000份，展销额达30余万元。国家就业促进会副会长张幼云，省人社厅领导在县委常委、常务副县长张选会的陪同下观看了凤县展区，给予好评。

【“通天河杯”第五届汽摩大赛暨户外露营节举行】 2014年6月21日至22日，以“激情六月天·狂欢通天河”为主题的“通天河杯”第五届汽摩大赛暨户外露营节在通天河国家森林公园举行。这次活动由凤县文物旅游局、宝鸡市汽车摩托车运动协会、陕西通天河国家森林公园联合举办，共设汽车摩托车越野PK赛、徒步穿越莲花山、徒步穿越原始湿地森林、徒步穿越高山石林景区、激情之夜文艺演出等项目。宝鸡市各县区及周边城市上千名车友和驴友参加此次活动。

【央视《远方的家》在凤县拍摄】 2014年6月23日，央视中文国际频道（CCTV-4）“远方的家·江河万里行”嘉陵江源头部分拍摄工作在凤县完成。“远方的家·江河万里行”摄制组于6月17日进驻凤县，历时7天采取以纪录片形式，探索凤县良好的生态环境，优美的自然风光，独特的人文风情，品尝民间特色小吃，先后对凤县嘉陵江及凤县的生态美景、特色美食、人文风情、文化留存进行全方位拍摄，全面阐释了嘉陵江渊源文化。

【凤县羌舞亮相十五届省运会开幕式】 2014年8月15日，陕西省第十五届运动会开幕式上，身着民族盛装的400名羌舞演员，跳起具有丰富的羌文化底蕴和浓郁的羌族民俗风情的大型羌族舞蹈，赢得了2.7万名现场观众的齐声喝彩。经过前期层层筛选，凤县羌舞表演从全市各县区参演节目中脱颖而出，成为开幕式三大团体表演节目之一。全体演员精湛的表演展示了凤县11万人民奋发有为、激情干事的精神面貌，提升了“秦岭花谷美丽凤县”旅游品牌的知名度和美誉度。

【凤县举办2014年“凤县杯”钓鱼大赛】 2014年8月24日，凤县教育体育局主办的2014年“凤县杯”钓鱼大赛在凤州镇龙口鱼塘举行。来自全市境内102名钓鱼爱好者参赛。经过激烈角逐，产生冠、亚军等前三名获胜选手，分别获得价值1668元、698元、398元的台钓竿一支。10月19日，来自西安市、宝鸡市、汉中市、甘肃省等地110余名垂钓爱好者齐聚凤凰湖参加“百里嘉陵”垂钓大赛。钓鱼大赛不仅丰富了钓鱼爱好者的实战经验，而且为钓鱼爱好者提供了一个比拼技能、切磋交流的平台。

【凤县羌族舞蹈《羊皮鼓舞》获“山花奖”银奖】 2014年9月23—24日，凤县羌族艺术团代表陕西省在广西田东县参加了第十二届中国民间文艺山花奖·民间艺术表演奖（简称“山花奖”）评奖活动，凤县羌族艺术团表演的羌族舞蹈《羊皮鼓舞》荣获银奖。中国民间文艺山花奖是中国文联和中国民协联合主办的综合性民间文艺大奖，是中宣部批准设立的国家级文艺大奖，每两年举办一次。凤县羌族艺术团创作并改编的《羊皮鼓舞》与来自全国其他14个省份的15支民间艺术团的参赛节目同台竞技，将羌民族的“魂”、羌文化的“古”、羌风俗的“韵”，淋漓尽致地展现给全国观众，让他们感受到了粗犷、豪迈、浓厚的羌族文化和特色的艺术魅力。

【凤县入列全国县级文明城市提名城市】 2014年10月13日，在江苏省张家港市召开的全国县级文明城市创建工作现场会上，凤县入列全国县级文明城市提名城市。凤县自2005年开始全面启动文明县城创建工作，2009年获得省级文明县城称号，2011年成功创建为全国文明县城。凤县在巩固提升全国文明县城建设成果中，始终把解决关系群众切身利益的实际问题作为重点和着力点，坚持从群众关心的热点问题抓起，从反映强烈的难点问题改起，围绕市容环境、餐饮卫生、交通秩序等，先后开展了公益广告规范、集贸市场整治、公共环境设施整治、公共秩序集中整治等行动，启动12年免费教育、大学教育保障、中小学寄宿生交通费全资助、提高村组干部待遇、提高医保和低保标准、实施人人安居工程等“十大幸福工程”，提升了群众的文明素质和幸福指数。

【古凤州金秋红叶观赏节暨羌历新年庆典】 2014年10月27日，凤县“金秋红叶观赏节暨羌历新年庆典”活动开幕。来自四川茂县、理县、陕西宁强等羌区的代表、新闻媒体、各地游客和本地群众万余人参加庆典活动。每年10月至11月，凤县公路两旁山上红叶延绵100多公里，被游人称为“百里云霞”，成为大秦岭最佳红叶观赏区和周边省市摄影爱好者的红叶定点拍摄基地。庆典活动当日，县体育馆举行第七届羌族萨朗大赛暨推杆比赛，全县机关、学校、社区、企事业单位的18支代表队1200余名干部群众参加比赛，18支代表队依次上场比赛，并展示了大型羌族集体舞表演。同时，对羌舞大赛和推杆比赛获胜代表队和评选出的2014年度10名“羌舞之星”进行了表彰。当晚，羌历年庆典仪式在羌文化示范园举行。庆典仪式之后的《凤飞羌舞·古羌新韵》演出将整个庆典活动推向了高潮，让游客感受到庆典的热烈和浓郁的羌风羌韵。市政府副市长丁琳，市政协副主席张宗智，四川省羌学会会长、阿坝师范高等专科学校副厅级调研员陈兴龙，县委书记张校平等市县领导和嘉宾参加庆典活动。2014年的金秋红叶观赏节历时一个半月，期间开展了“金秋红叶观赏节暨羌历新年庆典”活动，“2014穿越大秦岭汽车集结赛”新闻发布会，《凤县印象》陕甘作家文学笔会，中国首部羌族母语微电影《莫朵格依》展演，金秋书画展等活动。

【凤县举办“穿越大秦岭”汽车集结赛新闻发布会】 2014年10月28日，穿越大秦岭汽车集结赛新闻发布会在凤县体育馆举行。“2014穿越大秦岭汽车集结赛”于10月27日启动，从西安出发，途经西安市、宝鸡市、汉中市、安康市、商洛市五大文化名城，穿越“大唐文化、大秦文化、大周文化、大汉文化”，感悟体验大秦岭沿线的自然景观、旅游风光、民俗风情。参赛车队于10月27日进入凤县赛段，在凤县停留期间参加了羌寨入园仪式、羌历新年庆典等活动，并观看了《凤飞羌舞》演出。整个赛程观看比赛活动的群众和车迷将超过1000万人次。

【凤县消灾寺景区跻身国家4A级旅游景区】 2014年12月，经陕西省旅游景区质量等级评定委员会推荐，国家旅游景区质量等级评定委员会组织评定，凤县消灾寺景区以902分的高分被批准为国家4A级旅游景区。消灾寺古寺，始建于北魏，兴盛于隋唐，坐落于嘉陵江北岸的豆积山上，与凤州古城隔江相望，距凤县县城双石铺镇10公里。嘉陵江、安河、南岐湖三水在此交汇。在豆积山的绝壁之上，既有道教上仙“通玄先生”张果老隐居修炼的洞穴遗迹，又有唐玄宗避祸安史之乱在此祈福消灾得以灵验的历史典故，更有孔子文庙与之遥相呼应，在整个景区形成了“儒释道三教同聚一山”的独特人文景观。

【凤县创建为西北首个国家生态县】 2014年12月20日，凤县创建国家生态县工作，经国家环保部、省环保厅专家组成的考核组明察暗访后，正式通过评审验收，成为陕西省乃至西北地区首个国家生态县。凤县坚持“生态立县”战略，坚持把生态建设与经济转型、社会管理紧密结合、协调推进，发展生态工业、生态农业、生态旅游，实施生态绿化造景，开展农村环境综合整治，推进节能减排，建设“秦岭花谷，美丽凤县”，打造美丽乡村，全县9个镇全部成为国家级生态镇。通过开展创建活动，凤县全县生态环境质量不断提升，城镇人均绿地面积达到36.4平方米，城镇生活垃圾无害化处理率和城镇污水集中处理率分别达到96%和81.3%，地表水水质合格率100%，空气环境质量和优于国家二级标准天数达到320天以上，噪声环境质量达到功能区标准，森林覆盖率79.8%，在全县形成了全覆盖、多层次、多样化的绿化景观体系。

【秦岭云顶冰上乐园开园迎宾】 2014年12月31日，凤县秦岭云顶冰上乐园正式开园迎宾。凤县秦岭云顶冰上乐园，位于黄牛铺镇东河桥村，拥有3万平米冰面。设有各类惊险刺激的冰上飞驰，也有老少皆宜的滑冰车、冰上陀螺、冰上碰碰车等项目，同时也是摄影爱好者拍摄雪景的好去处。该项目的正式运营，填补了凤县冬季旅游项目的空白，再次吸引了周边地区喜爱户外运动的游客。

【凤县启动扶贫托底工程】 2014年3月，凤县为彻底解决贫困问题，在全县启动领导干部下基层扶贫托底工程活动。在扶贫托底工程中，全县33名县级领导每人联系1个镇、包抓1个贫困村、包扶2户特困户；50个县级部门帮扶全县50个贫困村；543名副科级以上领导、54名企业负责人“一对一”帮扶全县630户特困户。计划从2014年开始，利用3年时间，采取“三扶、四帮、五送”（即创业扶贫、就业扶贫、救济兜底扶贫，帮就学、帮就业、帮安居、帮脱贫，送科技、送项目、送信息、送资金、送政策），因村因户施策，使帮扶镇农民人均可支配收入年增长10%以上；使贫困村农民人均可支配收入达到8000元以上；使特困户人均可支配收入达到6000元以上。

【凤县汽车客运站开工建设】 2014年6月25日，凤县汽车客运站开工建设。凤县汽车客运站位于县城东部，南临212省道，西临汽车修配城，占地40亩，按部颁二级标准建设。工程由综合大楼、汽车修理厂、停车场、站前广场、绿化区和辅助设施等组成，总投资3000万元，工期290天，由宝鸡市宝运汽车运输集团有限公司投资建设。该项目的破土动工，对于完善凤县道路客运体系，构建科学合理的交通布局，改善交通环境和交通秩序，增强吸引力、竞争力、辐射力和载体功能，创造良好的投资环境，推动全县经济增长具有深远意义。

【凤县县城新水源供水工程通水】 2014年12月31日，凤县县城新水源供水工程通水仪式在第二水厂举行。县委副书记张新科主持，县长郑维国宣布供水工程通水，副县长刘谆致辞。县人大常委会主任王传中、县政协副主席唐兴汉等县级领导参加通水仪式。此项工程累计投资3048万元，日供水能力1.2万吨，工程包括凤州白石铺水源井、输配管网和第二水厂建设。新水源供水工程正式通水能够满足凤州镇、双石铺镇五个村及县城3.2万群众的安全用水需求，彻底解决县城水源单一，存在安全隐患等问题。

【凤县人民政府门户网站手机版正式上线】 2014年8月8日，凤县人民政府门户网站手机版正式上线。这是宝鸡市首家手机版政府门户网站，主要包括“政务信息”“招标采购”“腾讯微博”“微信平台”“招商引资”“网上服务”“凤县旅游”七大栏目。政府门户网站手机版的上线，是凤县打造智慧旅游，发展智慧政务的重要举措，拓展了政府信息公开渠道，丰富了信息公开的内容形式，增强了信息公开的时效性、便民性和互动性。

【凤县检察院获“全省人民满意的政法单位标兵”称号】 2014年3月19日，凤县检察院获得陕西省委、省政府联合授予的“全省人民满意的政法单位标兵”称号。凤县检察院坚持“一年争进位、两年创先进、三年树品牌”的奋斗目标，把检察业务作为立院之本，构建“全院大品牌引领、部门小特色支撑”齐头并进的发展格局。同时，以检察院门户网站为依托，构建行政执法机关与司法机关信息资源共享网络平台，实现行政执法与刑事司法之间案件信息的流程跟踪和监控，建成以来录入案件信息120件，监督移送刑事案件9件。该院还开展“送法进课堂”活动，成功举办陕甘毗邻四县检察机关公诉论辩赛，提高检察干警的业务水平。凤县检察院先后荣获全国百优警示教育基地、省精神文明单位标兵、全省卫生示范单位等60余项荣誉。

【央视聚焦凤县林麝】 2014年10月12日，中央电视台七套《科技苑》栏目组、陕西省动物研究所在凤县平木镇刘家庄村进行林麝专题拍摄，并就林麝食物的种类、饲喂方法、圈舍日常管理、人工取香、麝香质量鉴别、佩戴耳标、养殖技术推广等内容进行深入采访，还对养殖场进行无人机航拍。凤县发展林麝养殖，坚持“在保护中发展，在发展中保护”，采取“科研+公司+基地+协会+养殖户”的养殖模式，累计发放林麝扶持资金300余万元，对新建养殖场、新繁仔麝给予资金补助，先后引进四川逢春制药公司、片仔癀麝业有限公司等企业，投资实施林麝基地建设项目，发展成立7家林麝养殖公司，全县林麝规范化养殖场314座，其中，50只以上规模的标准化养殖场80座，林麝存栏总数3620只，实现收入3120万元，全县农民人均养麝收入422元，成为凤县农村经济发展、农民收入增加的一项重要的特种养殖产业。

【中国红色文物保护专项基金会考察凤县革命纪念馆项目】 2014年3月19日，中国文物保护基金会红色文物保护专项基金管理委员会秘书长杨一波、副秘书长赵中平在副县长陈新陪同下考察凤县革命纪念馆项目及文化旅游资源开发保护工作。杨一波一行先后到凤县革命纪念馆项目施工现场、两当起义策划地、灵官峡宝成铁路主题公园、古羌文化产业示范园，实地了解凤县红色文物保护及文化产业发展情况。

【陕西省侨联向凤县捐赠60万元助听器】 2014年7月8日，陕西省侨联羊卫东一行到凤县调研，并为听力残障人群捐赠助听器。县委副书记张新科出席捐赠仪式。这次捐赠活动是陕西省侨联受澳大利亚华人魏基成天籁列车慈善机构的委托，向凤县地区的听力残疾群众捐赠300套共价值60万元的助听器。县委副书记张新科就加强侨联基层组织建设、创新工作方法等问题与省侨联进行了座谈交流。省侨联对县侨办在工作开展方面取得的成绩给予肯定。

【凤县第一家3D影院试营业】 2014年1月25日，凤县第一家3D影院——凤县中影·金凤凰影城试营业。该影城位于金凤凰购物中心四楼，设1个IMAX3D观影厅，2个2D观影厅，可同时容纳260人观影，上映的《大闹天宫》《神偷奶爸2》《安德的游戏》《太空一号》等多部国内外精彩大片，丰富群众文化生活，填补了凤县电影文化市场空白。

【凤唐苹果喜获殊荣】 在2014年中国·陕西（洛川）国际苹果博览会优质苹果评选中，凤县唐藏镇庞家河村凤唐果品专业合作社选送的红富士被评为优质苹果银奖。作为全县知名的苹果专业村庞家河村，该村苹果2005年顺利完成了无公害苹果产地认证；2007年又被省果业管理局确定为全省100个生态示范果园之一。全村耕地面积1870亩，苹果园1497亩，人均果园2.9亩，农民果品收入人均达到4700元，果品种植已成为全村农民增收的主导产业。全县已经建成以双石铺、凤州、唐藏、河口、平木、三岔为中心的苹果生产基地，苹果种植面积发展到8万亩以上，农民人均1.3亩。凤县的“凤唐”、“凤州金果”等优质红富士、秦冠苹果远销俄罗斯、马来西亚、越南、缅甸等国，深受广大客商和消费者的喜爱。

【凤县第四届机关运动会】 2014年10月15—17日，凤县第四届“安信杯”机关运动会在凤县体育中心举办。县委书记张校平、县人大主任王传中、县长郑维国、县政协主席张斌、县委副书记张新科、安信房地产有限责任公司董事长马红强出席开幕式。这次机关运动会为期3天，竞赛项目除设有短跑、接力、跳绳、踢毽子等常规项目外，还设置了趣味保龄球、端乒乓球跑、三人四足跑等趣味项目。来自全县各条战线的53个代表队，共计964名运动员参加了6个集体项目和30个个人项目的精彩角逐，最终，县公安局、凤州中学、县人社局、县财政局、县金融联队、县教体局分别取得了团体总分前六名。县教体局、县财政局获得优秀组织奖，河口镇人民政府、宏峰实业有限责任公司获得体育道德风尚奖。

【嘉陵江沿线10城市联袂寻找“最美女儿”】 凤县与嘉陵江沿线川渝陕甘的汉中、南充、天水等10个城市联袂举办“寻美嘉陵江”旅游推广活动。该活动将连续举办5年，2014年的主题是寻找“嘉陵江边最美女儿”。这次活动已在天水、凤县、汉中、广元、南充、广安、合川区、北碚区、九龙坡区、大渡口区等10个城市发出“寻找美女征集令”。参加比赛的选手必须是出生或成长于嘉陵江畔，年满16周岁的女孩。各地方初选出来的选手在四川省南充市参加复赛和决赛，最后评出冠军、亚军和季军，冠军将当选为“嘉陵江旅游形象小姐”。

【凤县举行烈士公祭活动】 2014年9月30日是中国第一个烈士纪念日。凤县在谭家山革命烈士纪念塔下举行公祭烈士活动，深切缅怀烈士的不朽功勋，向人民英雄致以崇高敬意。张校平、郑维国、袁宏斌、胡佑宏、辛元平、韩晓等县级领导以及党政机关、军队、学校和社会各界群众代表约400余人出席公祭活动。公祭活动由县长郑维国主持。县委书记张校平代表县委、县人大、县政府、县政协及各界群众向烈士纪念碑敬献花篮并发表讲话。最后，参加活动的领导绕塔一周瞻仰纪念塔，并与参加活动的烈士家属一一握手致意。各界干部群众、驻凤解放军和武警官兵人们依次瞻仰烈士纪念塔，并向烈士陵摆放鲜花，追思先烈，感恩幸福。

【凤县举行第五届儿童“挑花灯·赛花灯”活动】 2014年2月14日，

凤县举行第五届儿童“挑花灯·赛花灯”活动，300余名儿童与近万名群众、游客齐聚凤县，共庆元宵佳节。晚7时许，孩子们手持用纸盒、饮料瓶、柚子皮等废弃材料制作的花灯，在家人和老师的陪同下沿县城主干道进行游演，队伍最后游演到体育场参加一年一度的挑灯大赛，参赛儿童按照报名序号，20人一组进行花灯展示，评委现场打分，评选出了20名最佳制作奖和最佳创意奖，其余参赛的孩子每人获得了一份小礼品。他们挑的花灯不仅造型新颖，而且节约环保，为节日里的七彩凤县增添了一抹喜庆的色。

【西安至凤县“星旅号”旅游专列首发】 2014年4月26日上午8时，西安至凤县“星旅号”旅游专列首发仪式在西安火车站广场盛大开启，来自西安周边地区的682名游客登上了这趟陕西省唯一西安直通县区的旅游专列Y701次，开启了“凤县两日游”。同时，省内50家旅行社代表随行体验，感受“最美小城”的无穷魅力。县委书记张校平，县委常委、宣传部长袁宏斌身披“秦岭花谷氧吧凤县”绶带，为广场上准备乘车的群众发放县区旅游景点宣传资料，热情推介凤县文化旅游资源。专列驶入凤州火车站，县长郑维国、副县长陈新热情迎接，给游客代表们戴上了寓意“吉祥·如意”的羌红，带领他们畅游凤县。

2014年4月26日，西安至凤县“星旅号”旅游专列首发现场，县委书记张校平（右一）与县委常委、宣传部长袁宏斌（右二）现场推介凤县旅游

【免费WIFI信号县城全覆盖】 2014年5月5日，凤县实现县城公共区域和主要景区免费WIFI信号全覆盖。2014年凤县将“免费WIFI信号县城全覆盖”作为十大惠民实事之一，此工程从3月份开始规划建设，投资170余万元建成31个基站点，免费WIFI信号覆盖县城和消灾寺、灵官峡、古羌产业示范园、紫柏山、通天河森林公园、嘉陵江源头等7个景区。当地群众和游客在上述公共场所通过手机、平板电脑、笔记本电脑等智能终端，可免费接入互联网，上网方式也很简便：使用智能终端搜索以“I-fengxian”为标识的无线上网信号，通过个人手机获得上网口令，即可在有WIFI的区域内免费上网。而且，同一个注册用户登录一次最长可免费使用72小时的网络。实现县城公共区域和主要景区覆盖，全力打造智慧旅游，为当地群众和游客提供更加便捷、高效的服务。

【凤县首期基层党组织书记专题培训班开班】 2014年4月15日，凤县举办首期基层党组织书记专题培训班。凤县县委书记张校平作动员讲话，县委副书记张新科主持会议，全县200多名基层党支部书记参加集中培训。此次专题培训共分2期，每期2天，通过学习习近平总书记系列讲话精神、中央八项规定等必学科目，观看《群众是真正英雄》《四风之害》专题片，分组召开专题座谈会、听取意见等形式，促进基层党组织书记对群众路线的正确认识和高度重视，提高深入开展群众路线教育实践活动的主动性，确保教育实践活动取得实效。

【90辆“爱心助考车”为凤县考生保驾护航】 2014年6月7日上午，由县文明办、县运输公司出租车分公司联合发起的“爱心助考”志愿服务活动启动，90辆贴有“凤县爱心助考车”车贴的出租车免费为凤县参加高考的学生提供接送服务。高考期间，90辆贴有“凤县爱心助考车”车贴的出租车，分别在县城通往双中考点的交通要道路口对高考学生实行挥手即停的免费送考志愿服务，帮助考生及时安全到达考点，迎接人生中重要的一次挑战。

【凤县“风电观光”景点对外开放】 2014年8月23日，凤县正式对外推出凤县生态工业观光旅游区、风电观光景点——龙源风电马头滩风电场。凤县生态工业观光旅游区“风电观光”景点，结合原有的石佛寺、关刀石，建设了河口沙坝风电观光自驾游营地和上白马场露营地，开发了老场风电景点、龙源风电景点、嘉陵江源头观日台景点和大西沟探险区，引导沿途村民开办农家乐、农家宾馆，售卖当地的花椒、木耳、核桃、土蜂蜜、土鸡、大鲵等绿色生态食品，前来旅游的游客们不但能欣赏着高耸入云的风塔、变幻莫测的云海；享受到原生态自然景观带来的寻幽览胜；还能够体验到进农家院、吃农家饭，睡农家炕的自然、质朴的农家生活。形成了一个生态、环保、休闲的成熟旅游线，实现风电与凤县旅游的对接。

【“凤县映象”文学笔会成功举办】 2014年10月27—28日，凤县举办“凤县映象”文学创作笔会，来自宝鸡、陇南两市，徽县、两当、凤县的40余名作家诗人参加了文学笔会。作家诗人们首先参加了2014年古凤州金秋红叶观赏节开幕式暨羌历新年庆典仪式，游览了凤县的美景，即兴进行创作交流。随后又召开座谈会，进行文学创作交流。陕西省青年文学协会副会长、市职工作协主席白麟，中国作协会员、市杂文散文家协会会长张丛笑，徽县文联副主席岳克荣，宝鸡市杂文散文家协会理事、《秦岭文学》执行编辑陈新明，及其他参会作家胡云林、周海仁、许吉荣等分别发言，赞叹凤县之美。凤县县委常委、宣传部长袁宏斌到会祝贺并发言。

【国家安监总局检查指导凤县金属非金属矿山安全生产工作】 2014年4月24日至25日，国家安监总局监管一司副司长李峰一行到凤县督查指导金属非金属矿山安全生产攻坚克难工作。督导组一行先后到陕西震奥鼎盛矿业有限公司等矿山企业进行现场检查和指导。检查期间，国家安监总局督导组对全县矿山主要负责人、安全管理人员近260人进行安全培训，培训会上，国家安监总局监管一司综合处处长刘瑾从非煤矿山的基本情况及安全形势、法律法规及标准、攻坚克难工作的主要任务等三个方面进行培训。

【陕西省文化界专家到凤县考察中国铁路博物馆建设工作】 2014年11月16—18日，西北大学陕西文化产业研究院、陕西社科院文化产业与现代传播研究院等部门联合组织的省内文化界专家组，来凤县考察中国铁路博物馆建设工作。专家组对灵官峡景区和宝成铁路隧道遗迹进行了实地考察，对中国铁路博物馆建设的可行性进行了充分探讨。专家组认为，凤县灵官峡景区自然风光秀美，三线文化氛围浓厚，隧道遗迹全国罕见，建设中国铁路博物馆具有得天独厚的地理优势和资源优势。开发铁路文化系列旅游产品，打造旅游文化、休闲体验项目，全面建设铁路文化旅游综合体，能够有效补充解决凤县旅游季节性明显、客源市场半径不大、游客消费能力不足等问题，从而加快提升凤县旅游综合效益。县委常委、宣传部长袁宏斌，副县长陈新参加了考察活动。

【《凤县革命纪念馆布展方案》通过评审】 2014年8月22日，凤县召开《凤县革命纪念馆布展方案》评审会。陕西省委党史研究室副主任姚文琦，省委党史研究室一处调研员汤彦宜，省委党史研究室宣传教育处副处长李兵，陕西师范大学教授、博士生导师王继，市委党史研究室主任张建兴，市委党史研究室副主任刘鹏军等8位专家组成了评审组，对送审的凤县革命纪念馆布展方案进行了评审。专家组认为，革命纪念馆是凤县革命历史的文化符号，它记载了习仲勋等老一辈革命领导人在凤县留下的足迹和凤县人民战斗不息革命史，意义重大。专家组成员与县级领导对纪念馆陈列大纲给予了充分肯定，并提出了具体修改意见建议，为下一步纪念馆布展明确了思路。县委常委、宣传部长袁宏斌、县人大常委会主任王传中、县政协主席张斌等领导在专家组意见建议基础上也提出了意见和希望，会议原则通过了凤县革命纪念馆布展方案。

【凤县举办《百姓问政》节目】 2014年全年举办《百姓问政》电视节目10期。先后对县教体局、县住建局、县公安局、县综合执法局、县民政局、县人社局、凤州镇等10家单位的工作职能、干部工作作风、工作履行情况进行现场问政，征集问题146条，已整改146条。录制现场主持人通过播放短片，聚焦社会事务和群众关心的热点、难点问题，向问政单位连连发问，追根溯源。百姓问政团通过现场提问和问题点评等形式，表达群众诉求，被问政单位现场一一解答，对现场不能立即解答的，罗列为整改问题，随后立即进行整改。节目充分利用县广播电视、县政府网站、县新闻网站、县城LED屏、县纪检监察网、《凤县周刊》等平台播放节目。凤县《百姓问政》节目既是解决问题的平台，也是沟通政府与百姓的平台，在拉近干部与群众之间的距离的同时，又为群众监督政府工作开辟了新渠道，增强了干部的尽责意识。

【省、市领导到凤县调研】 2014年3月20—21日，宝鸡市市长钱引安带领市政府秘书长贺东以及市农业局、文物旅游局主要领导到凤县检查调研县域经济社会发展情况。钱引安一行先后查看了“秦岭花谷”建设、石材产业园、凤县中学迁建和古羌文化旅游产业示范园等9个项目。在调研中，钱引安对凤县经济社会发展取得的各项成绩，特别是文化旅游产业的快速发展给予充分肯定。4月23日，省安监局局长赵政才一行到凤县检查非煤矿山安全生产工作。检查组一行，先到四方金矿井下一线作业现场详细检查了“六大系统”运行情况，随后对八方山铅锌矿尾矿库安全运行情况进行了检查。6月19日，省文化厅文化产业处处长王凤翱等领导和专家到凤县检查指导凤县藏羌彝文化产业走廊带建设情况。王凤翱一行检查了古羌文化旅游产业示范区，观看了凤飞羌舞，参与了新建路羌舞互动，对凤县藏羌彝文化产业走廊带建设进行了座谈交流。6月24日，市委书记上官吉庆到凤县检查调研项目建设，党的群众路线教育实践活动和县域经济社会发展情况。上官吉庆先是到龙源风电二期观日台项目现场，查看项目进展，调解决项目建设中的难题，又到红花铺镇草凉驿村，入户走访群众，听取群众呼声，了解镇村群众路线教育实践活动开展情况。他听取了凤县2014年以来经济社会发展及党的建设情况汇报后对凤县各项工作均给予充分肯定。12月1日至2日，陕西省文化厅副厅长黄炜带领省级文化先进县检查组对凤县创建省级文化先进县工作进行测评验收。县委书记张校平、县长郑维国参加创建省级文化先进县工作汇报会。市文化广电新闻出版局局长张辉，县委常委、宣传部部长袁宏斌，副县长杨建平等市县领导陪同检查。

（苏　伟、赵莉宏）

凤县县委、人大、政府、政协领导成员

县委书记　张校平
副书记　郑维国　张新科
常　委　张校平　郑维国
　　张新科
　　王传中（5月离任）
　　张选会　曹乃生
　　袁宏斌　胡佑宏
　　辛元平
　　魏　莉（女，5月离任）
　　樊宝明
　　韩　晓（5月离任）

县人大常委会主任　王传中（2月任职）
副主任　尉贵忠　王英杰
　　翟国良　汤巧玲

县　长　郑维国
副县长　张选会　辛元平
　　薛占斌　王桂山
　　杨建平　刘　谆（女）
　　陈　新
　　程世斌（11月任职）

县政协主席　张　斌
副主席　赵升志　纪建国
　　唐兴汉

获国家、省级表彰

2014年度宝鸡市各县区获得陕西省省委、省政府以上表彰奖励情况一览表

单　位	获　奖　名　称
凤翔县	全国第一批地质灾害防治高标准“十有县” 全省平安建设先进县 全省安全文化建设示范县 全省深化医药卫生体制改革工作先进县 首批陕西省传统文化示范县 陕甘两省千山十三县护林联防先进县
岐山县	岐渭水利风景区被评为国家水利风景区 全国“平安农机”示范县 旅游业最美中国榜 全省政协文史工作先进县 陕西省电子商务示范县 首批陕西省传统文化示范县
扶风县	全国放心农资下乡进村示范县 质量兴省先进县 陕西省双高双普教育县 全省县域工业集中区发展先进单位 全省“六五”普法中期先进县 全国珍贵树种培育示范县 全国民生改善优秀示范县
眉　县	国家猕猴桃生物产业基地 国家卫生县城 国家农业标准化示范区 全国计划生育优质服务单位 陕西省社会主义精神文明建设先进集体 陕西省加快发展中小企业先进单位 全省县域工业集中区发展先进单位 全省学前教育三年行动计划先进县

续表

单　位	获　奖　名　称
陇　县	第三批国家慢性病综合防控示范县 陕西省加快发展中小企业先进单位 陕西省县城建设工作先进县 陕西省双高双普教育县 陕西省“六五”普法中期先进县
千阳县	全国文化先进县 第二批全国农村集体“三资”管理示范县 全省县域经济社会发展先进县 全省保障性安居工程建设工作“十佳县” 全省学前教育三年行动计划先进县 全国义务教育发展基本均衡县 中国苹果现代化种植技术示范基地 全国苹果生产机械化示范基地
凤　县	全省县域经济社会发展十强县 凤县嘉陵江湿地公园被评为国家湿地公园 中国传统建筑文化旅游目的地 省级文化旅游古镇（街区）建设先进街区 《羊皮鼓舞》获“中国（百色·田东）民间广场歌舞大赛”银奖
太白县	全国义务教育发展基本均衡县 青峰峡景区荣获国家 AAAA 级旅游景区 青峰峡水利区被评为国家水利风景区 太白石头河湿地公园被评为国家湿地公园 全省义务教育三年行动计划先进县 省级依法行政示范县
麟游县	全省县域经济社会发展先进县 中国核桃之乡 陕西省社会主义精神文明建设先进集体
金台区	全国“六五”普法中期先进县区 全省城区经济社会发展争先进位奖 全省学前教育三年行动计划先进县区 全省规范性文件监督管理示范单位 陕西省双高双普教育区 全省平安建设先进县区 第一批陕西省创新型试点县区
渭滨区	全国市县防震减灾工作考核先进单位 全国残奥会预赛体育道德风尚奖 全省党委系统信息工作先进单位 全省民族团结进步模范集体 全省发展中小企业贡献奖
陈仓区	第三批国家现代农业示范区 第三届平安中国防灾宣导系列公益活动优秀组织奖 全省发展中小企业贡献奖 全省城区经济社会发展争先进位奖
高新区	陕西省社会主义精神文明建设先进集体 火炬统计工作先进单位 全国和谐社区建设示范社区

说明：所列奖项获奖单位为县区本级。

2014年度宝鸡市市直部门(单位)获得陕西省省委、省政府以上表彰奖励情况一览表

单　位	获　奖　名　称
市委办	全省党委系统信息工作先进单位 全省密码工作先进单位
市人大办	全省人大系统宣传工作先进单位
市政府办	全省依法行政示范市 全国仲裁工作“两化”试点市 全省政务信息工作先进单位 人民网全国网民留言办理工作先进单位
市政协办	全省反映社情民意信息工作先进集体
市中级法院	陕西省社会主义精神文明建设先进集体 全省法院调研工作先进集体
市检察院	全国检察机关文明接待示范窗口
市委政法委	第四届陕西省“人民满意的公务员集体” 全省综治及平安建设优秀市 陕西省流动人口服务管理先进集体 全省维稳信息工作先进集体
市委政研室	《宝鸡通讯》被评为“双十佳城市党刊”
市教育局	全国职业教育先进单位
市科技局	第五批国家技术转移示范机构 全省知识产权战略实施工作先进集体
市工信局	全省加快发展中小企业先进单位 中国城市信息化50强
市公安局	全国“五十百千”示范单位
市民政局	全国和谐社区建设示范城市 全国社会组织建设创新示范区
市司法局	全国“六五”普法中期先进集体 全国人民调解宣传工作先进单位
市审计局	全国政府性债务审计公务员集体三等功 全国审计机关先进集体
市人社局	全国职业教育先进单位 全国人社系统宣传工作先进单位
市住建局	首批民生改善十佳典范城市 全省保障性安居工程建设一等奖

续表

单　位	获　奖　名　称
市规划局	“美丽中国”第二届全国国家版图知识竞赛优秀组织奖
市水利局	第三批全国节水型社会建设示范区称号 全省夏季农田水利基本建设先进单位
市文广局	全国文化系统先进集体 “宝鸡文化志愿者克拉玛依行”列为全国“文化志愿服务”示范项目 全省“扫黄打非”工作先进集体
市卫生局	全省深化医药卫生体制改革综合先进市
市药监局	陕西省社会主义精神文明建设先进集体
市体育局	第十五届省运会突出贡献单位 全国全民健身示范城市（区）试点单位
市民宗局	全省民族团结进步模范集体
市安监局	全国职业病防治知识竞赛优胜单位
市质检局	全国质检系统首批依法行政示范单位
市工商局	陕西省社会主义精神文明建设先进集体 全国消协组织消费维权先进集体
市地震局	全国地市级防震减灾工作综合考核先进单位 全国市级应急指挥系统先进单位 全省防震减灾工作综合评比优秀
市供销社	全国供销合作社系统先进集体
市机关事务局	全国节约型公共机构示范单位
市粮食局	全国粮食系统先进集体
西山建委	国家农民合作社示范社
法门寺管委会	法门寺佛文化景区荣获国家AAAAA级旅游景区 最佳文化旅游度假目的地 旅游业最美中国榜
市文管会	中国最具潜力文化旅游区

续表

单　位	获　奖　名　称
蔡家坡经开区管委会	陕西省社会主义精神文明建设先进集体
人行宝鸡市中心支行	人行西安分行办公室工作先进集体 人行西安分行保密工作先进集体 人行西安分行政务信息工作先进单位
市银监局	中国银监会系统学习型组织标兵单位
市地税局	全国税务系统先进集体 “全国公益微税收”宣传推广活动一等奖
市国安局	陕西省社会主义精神文明建设先进集体 全省人民群众满意的政法单位（标兵）
宝鸡供电局	全国电力行业用户满意服务单位 全国系统“贯彻落实八项规定实施细则”优秀成果单项奖
市气象局	省级绿色文明示范单位
市总工会	全国工会经审工作先进集体 全国工会系统省级工会财务会计工作竞赛评比先进单位
团市委	未成年人健康成长法治保障制度创新最佳事例 “关爱青少年彩虹行动示范项目”优秀试点城市
市妇联	全国妇女宣传舆论阵地建设先进单位
市社科联	全国先进社科组织
市残联	全国残奥会预赛第六名 全省残疾人工作先进单位第一名
市科协	全国青少年科技创新大赛优秀组织单位
市侨联	第十五届世界华人学生作文大赛组织奖
市民盟机关	民盟全国社会服务工作先进集体
九三学社	九三学社第二十五届“国际科学与和平周”活动突出贡献奖

国家级荣誉

2014年度全国妇幼健康服务工作先进集体

宝鸡市妇幼保健院

2014年度全国妇幼健康服务工作先进个人

武雅俐　宝鸡市妇幼保健院
郑长萍　宝鸡市金台区妇幼保健院

第三批国家慢性病综合防控示范区

陇县

2014年度全国疾病预防控制工作先进集体

宝鸡市疾病预防控制中心传染病防制科

2014年度全国妇幼健康技能竞赛妇女保健项目个人三等奖

黄　玮　宝鸡市妇幼保健院

2014年度全国残联系统先进工作者

段寅生　宝鸡市残联党组书记、理事长

2014年度全国优秀教师

董永哲　宝鸡职业技术学院凤翔师范分院

2014年度全国高校优秀思想政治教育工作者

董永哲　宝鸡职业技术学院凤翔师范分院

省级荣誉

陕西省第一届“十大修志能手”

毋乃强　凤翔县地方志办公室史志组科员
杨虎平　眉县地方志办公室副主任

第四届陕西省“人民满意的公务员”

李虎勤　宝鸡市审计局企业科科长

2014年度省级文明机关

麟游县人民政府机关

2014年度省级文明村镇

麟游县酒房镇

2014年度陕西省优秀教师

张维杰　宝鸡职业技术学院中医药学系

2014年度陕西省教育系统办公室工作先进工作者

李兵科　宝鸡职业技术学院党政办公室

2014年度陕西省深化医药卫生体制改革工作先进集体

先进市：宝鸡市
先进县：岐山县

2014年度陕西省市（区）卫生工作优秀等次

宝鸡市

2014年陕西省卫生计生政务信息报送先进单位

宝鸡市卫生局

2014年省级慢性病综合防控示范县

凤翔县

2014年度陕西省“明星护理科室”

宝鸡市人民医院泌尿外科
宝鸡市中医医院脊柱骨病二科
凤翔县医院心内护理
宝鸡市第三人民医院呼吸消化内科
宝鸡市妇幼保健院新生儿科
宝鸡市中心医院麻醉手术科

2014年度陕西省“百名护理之星”

邓艳妮　扶风县人民医院急诊科护士
朱　丽　宝鸡高新人民医院综合内科护士
令婷婷　宝鸡市康复医院精神科护士
张元娥　解放军第三医院结核科护士长
杨　眉　陕西电子四〇九医院妇产科护士
蒲　娟　麟游县医院五病区护士

2014年度省级卫生先进单位

眉县人民医院
凤县疾病预防控制中心（凤县卫生局卫生监督所）
陈仓区卫生局卫生监督所
陈仓区妇幼保健院
扶风县绛帐镇中心卫生院

2014年度陕西省直属机关优秀党务工作者

赵建强　陕西电子四〇九医院院长助理、骨科主任

2014年度“陕西省优秀共青团干部”

郭海蓉　宝鸡市卫生局团委书记

市　级　荣　誉

荣获陕西省第十五届运动会各项称号

一、参赛工作突出贡献单位称号(9个)
宝鸡市体育局
宝鸡市体育运动学校
宝鸡市游泳学校
西虢文武学校
宝鸡市乒乓球训练基地
宝鸡市体育运动管理中心
渭滨区教育体育局
金台区教育体育局
陈仓区教育体育局
二、“宝鸡市级优秀教练员”称号(10名)
赵永刚　赵拥军　赵志芬
严少龙　李　喆　倪　杰
李　凤　李建平　林江华
吴　均
三、“宝鸡市级优秀运动员”称号(10名)
张雪宁　耿沙沙　冯子梅
张　伟　陈　婧　王烨岚
晏曦杰　赵美佳　吴　康
曾文文
四、“宝鸡市级优秀体育工作者”称号(10名)
冯召林　刘立新　刘芳平
王卫华　刘为深　段　毅
李德赋　李晓明　李　强
郑春福

荣获第十七届亚洲运动会荣誉

一、“体育工作突出贡献单位”(5个)
宝鸡市体育局
宝鸡市体育运动学校
岐山县教育体育局
陇县教育体育局
金台区教育体育局
二、“宝鸡市优秀运动员”称号(3个)
郭　帅　张　欢　王　峥

2014年度宝鸡市招商引资先进单位

一、招商引资先进县区(6个)
扶风县　眉　县　千阳县
渭滨区　岐山县　太白县
二、招商引资先进单位(7个)
市工信局
市国资委
市文化旅游产业开发建设管委会
市文物旅游局
市住建局
市工商局
市财政局

2014年度宝鸡市争取中省资金工作先进单位

一、先进县区(6个)
眉　县　金台区　渭滨区
扶风县　陇　县　麟游县
二、先进部门(10个)
市水利局
市环保局
市规划局
市交通运输局
市金融办
市工信局
市住建局
市扶贫办
市商务局
市公安局
三、突出贡献单位(2个)
市人防办
市食品药品监督管理局

2014年度宝鸡市重点项目建设先进单位

一、固定资产投资暨重点项目建设先进县区(6个)
金台区　眉　县　高新区
岐山县　麟游县　陇　县
二、重点项目建设先进单位(11个)
1. 先进部门(6个)
市住建局
市发改委
市交通运输局
市水利局
市环保局
蟠龙新区管委会
2. 先进业主单位(5个)
宝鸡阜丰生物科技有限公司(阜丰生物搬迁技改项目)
陕西东岭房地产开发有限公司(新东岭城市综合体项目)
千阳地球卫士环保新材料股份有限公司(千阳县环保新材料建设项目)
宝鸡吉利汽车有限公司(吉利汽车产业基地建设项目)
青岛啤酒汉斯宝鸡有限公司(青岛啤酒宝鸡工业园项目)

2014年度宝鸡市工业发展先进单位

一、工业突破发展奖(19个)
陕西汽车控股集团有限公司(宝鸡部分)
陕西有色金属矿山公司
宝鸡供电局
陕西烽火通信集团有限公司
宝鸡市育才玻璃(集团)有限公司
陕西宝鸡第二发电有限责任公司
陕西长岭电气有限责任公司
陕西郭家河煤业有限责任公司
中铁电气化局集团宝鸡器材有限公司
陕西长青能源化工有限公司
安徽合力股份有限公司宝鸡合力叉车厂
蒙牛乳业(宝鸡)有限公司
陕西凌云电器集团有限公司
大唐宝鸡热电厂
陕西宝光集团有限公司
冀东海德堡(扶风)水泥有限责任公司
宝鸡陕丰淀粉有限公司
宝鸡市中燃城市燃气发展有限公司

陕西宝成航空仪表有限责任公司

二、中小企业发展优秀奖（17个）

宝鸡市鑫华信机械制造有限公司

宝鸡同盛食品有限公司

宝鸡华辰新型节能材料有限公司

眉县京城建材机械有限公司

陕西岐山石羊饲料有限公司

宝鸡市振兴纺织有限责任公司

宝鸡市通程石油钻采设备有限公司

陕西辰济药业有限公司

陕西百利包装科技有限公司

凤县福鑫铅锌矿

宝鸡市盟泰石油机械有限公司

岐山天缘食品有限公司

陕西宏福工贸（集团）有限责任公司

陕西中铁华博实业发展有限公司

凤县坪坎镇采矿队

宝鸡市斯比德汽车齿轮有限公司

宝鸡鑫诺新金属材料有限公司

三、发展“三上企业先进县区”（3个）

渭滨区

眉　县

千阳县

2014年度宝鸡市纳税先进企业

一、工业企业（12户）

宝钛集团有限公司

宝鸡卷烟厂

陕西东岭集团

陕西郭家河煤业有限责任公司

中铁宝桥集团有限公司

陕西法士特汽车传动集团有限责任公司

陕西凌云电器集团有限公司

秦川机床工具集团股份公司

宝鸡石油钢管有限责任公司

中铁电气化局集团宝鸡器材有限公司

陕西长青能源化工有限公司

陕西西凤酒股份有限公司

二、服务业企业（6个）

陕西省烟草公司宝鸡市公司

宝鸡市育才玻璃（集团）有限公司

长安银行宝鸡分行

宝鸡嘉隆房地产开发有限公司

宝鸡市轩苑房地产开发有限公司

陈仓区农信社

三、新增企业（3个）

陕西宝成航空仪表有限责任公司

陕西北辰房地产开发有限公司宝鸡分公司

宝鸡先行电力（集团）有限责任公司

2014年度宝鸡市金融业支持地方发展先进单位

一、金融管理部门（2个）

人行宝鸡市中心支行

宝鸡银监分局

二、辖内银行机构（8个）

长安银行宝鸡分行

省农信社宝鸡办事处

农行宝鸡分行

工行宝鸡分行

民生银行宝鸡分行

中行宝鸡分行

中信银行宝鸡分行

建行宝鸡分行

三、外阜银行机构（3个）

国开行陕西分行

中信银行西安分行

浦发银行西安分行

四、保险机构（3个）

市保险行业协会

人保财险宝鸡市分公司

人寿保险宝鸡分公司

2014年度宝鸡市目标责任考核优秀单位

一、县区

1. 平原县

眉县

2. 山区县

千阳县、麟游县

3. 城区

金台区

二、市直部门（单位）

1. 党群部门

优秀（9个）：

市纪委（监察局）

市委组织部

市委政法委

市委宣传部

市残联

市委政研室

市总工会

市委老干局

市编办

2. 民主党派机关

优秀（3个）：

市民进机关

市民盟机关

市工商联

3. 经济建设部门

优秀（6个）：

市住建局

市工信局

市林业局

市交通运输局

市招商局

市国资委

4. 社会事业部门

优秀（6个）：

市教育局

市园林环卫局

市体育局

市卫生局

市文化广电新闻出版局

市文物旅游局

5. 政务管理部门

优秀（6个）：

市环保局

市统计局

市信访局

市机关事务管理局

市安监局

市政府研究室

6. 执法监督部门

优秀（4个）：

市公安局

市食品药品监督管理局

市城市管理综合执法局

市审计局

7. 派出机构

优秀（2个）：

法门寺佛文化景区管委会

西山建委

8. 双管单位

优秀（5个）：

市地税局

宝鸡供电局
市烟草专卖局
市国税局
市气象局
9. **金融单位**
优秀（7个）：
人行宝鸡市中心支行
宝鸡银监分局
长安银行宝鸡分行
省信用联社宝鸡办事处
农业银行宝鸡分行
农发行宝鸡分行
西安银行宝鸡分行

2014年宝鸡市承办陕西省第十五届运动会工作先进单位和先进个人

一、先进单位（12个）
市体育局
市公安局
市住建局
市园林环卫管理局
市教育局
市财政局
市食品药品监督管理局
市规划局
渭滨区人民政府
陈仓区人民政府
金台区人民政府
21军司训大队
二、先进个人（105个）
马平科　曹亚文　李晓毅
翟宏广　王云祥　王峻庆
陈雍翰　冯小勇　任正社
方　芳　吴燕玲　王合礼
沈春怀　李天柱　谭红专
宋继伟　刘国辉　刘宝力
高　军　何峰军　裴书贵
蔺培滋　康建军　杨向仁
景　科　贾亚孝　孙文浩
白　洁　张　鑫　党　奇
刘永新　孙亚斌　梁书芳
张彦平　张　莉　高安东
邓云华　白志敏　王海军
王　飞　陈　毅　杨　兰
仝凤琴　李冠芳　赵　辉
任爱军　张永鸿　李功仓
徐志魁　任小康　王宝林
付亚丽　赵林军　张　春
张红周　崔梦麟　淮宏斌
温健康　陈　庆　任建勋
解选民　张晓红　孙明强
胡安文　郑建伟　朱建荣
张湛林　段晓华　刘慧萍
王少侠　何海玲　刘小莉
张　立　唐军科　李西强
赵红霞　李德祥　马天利
卫起堂　刘　辉　刘绍辉
杨　兴　周天福　韩　申
苏黎明　苏海甫　何卫兵
张冬肖　刘国才　唐永林
李芳军　郭　宏　庞　翻
庞文渊　阚静洁　陈国立
罗宝华　方　勇　王明峰
景常荣　高宗世　朱小强
陈　莉　王保荣　王德元

2014年度宝鸡市服务保障第27届世佛联大会工作先进单位和先进个人

一、先进单位（12个）
法门寺佛文化景区管委会
市政府办公室
市民宗局
市接待办
市公安局
市委宣传部
市城市管理综合执法局
市交通运输局
团市委
扶风县人民政府
法门寺博物馆
陕西省扶风县法门寺
二、先进个人（109人）
毛建录　张卫东　陈占华
王伯让　羊国义　陈双琪
胡秋生　谭鸿彬　张怀顺
刘新龙　王勇刚　高宽宁
雷少华　戴　智　陈　超
邓拴岐　姜　捷　王岁录
刘中洋　释学诚　王颖亮
代　昕　释智超　释贤空
释慧慈　汤厚亮　石大伟
罗　楠　辛　博　李　伟
张宏强　杜　全　韩学敏
释圣悦　张小娟　茹显洪
解　颖　赵肃平　周　伟
刘　义　李科峰　王建平
赵宗平　陈宏伟　吕文科
张立华　高　莹　谭阿芳
严佳鑫　魏雨农　赵　辉
王晓东　王小让　邵文君
田　青　贾小勇　孙　霞
侯成俊　张周礼　景红民
贺　昊　周保君　宋世明
唐　炜　邓智勋　杨爱军
李　伟　王峰杰　王　辉
白海斌　梁小兵　赵俊军
薛　君　李瑞林　惠周科
王建林　康军建　邵卫青
杨文博　冯　蓓　苟利军
王　娜　刘　震　刘亚媚
刘轶群　任　勇　王　斌
卢胜宏　程鸿斌　李正文
赵晓伟　刘增武　王　存
李淑娟　王　峰　卢　巍
雒永兴　张根选　郭　力
胡文涛　安建峰　陈　斌
刘　艺　郭宗保　刘明英
李坤琨　李丰安　李　宁
程晓军

2014年宝鸡市城市环境整治工作先进单位和先进个人

一、先进单位（15个）
高新区管委会
市园林环卫管理局
市环保局
市卫生局（爱卫办）
市住建局
市规划局
市城市管理综合执法局
市城管办
渭滨园林环卫管理处
金台园林环卫管理处
陈仓园林环卫管理处
高新区城市管理办公室
市垃圾清运中心
市固体废弃物处理中心
市交警支队
二、先进个人（40人）
高纳海　孙　毅　张新文
高　欣　李建伟　雒步云

邓　芳　张力中　孔宪策
段　维　张满利　卫起堂
师　清　杨引巧　穆水桃
张凤芳　杨乖课　封小林
胡赞党　李改平　齐玉翠
徐顺莲　朱小芹　车小红
周彦明　杨玉梅　高喜萍
刘喜英　赵亚梅　李会娟
刘金海　张根勤　苏　乐
田建红　刘新华　王丽平
李小平　康艳梅　李宗明
段建华

宝鸡市创建第四届全国文明城市工作先进单位和先进个人

一、先进单位（96 个）

市委办公室
市人大常委会办公室
市政府办公室
市政协办公室
68210 部队
宝鸡军分区
市纪委（市监察局）
市委组织部
市委政法委
市委宣传部（市文明办）
市教育局
市公安局
市园林环卫局
市城市管理综合执法局
市工商局
市住建局
市食品药品监督管理局
市卫生局（市爱卫办）
市文化广电新闻出版局
市文物旅游局
市直机关工委
市民政局
市规划局
市文联
市慈善总会
国家统计局宝鸡城调队
宝鸡日报社
宝鸡电视台
宝鸡广播电台
宝鸡新闻网
市广场管理处
市公安局交警支队
武警宝鸡市消防支队
解放军第三医院
市道路运输管理处
市公交公司
宝运汽车运输（集团）有限公司出租车分公司
秦龙运输（集团）有限公司出租车分公司
宝鸡海泰出租车公司
市卫生监督所
市中心医院
市中医医院
金台区消防大队
渭滨区消防大队
金台综合执法大队
金台区市民中心
市工商局渭滨分局
宝鸡中学
市青少年宫
宝鸡思源心理研究所
宝鸡商场
宝鸡天下汇国际购物中心
开元商城宝鸡有限公司
怡和酒店
万利酒店
金台区人民街综合市场
渭滨区宝桥综合市场
渭滨区相家庄综合市场
陈仓区木梁市书香巷市场

金台区委
金台区委宣传部（区文明办）
金台区中山东路街道办事处
金台区群众路街道办事处
市公安局交警支队金台大队
金台高级中学
金台区东仁堡小学
金台区中心敬老院
金台区群众路办事处宝平路社区
金台区卧龙寺街道办事处行政西路社区
金台区西关街道办事处西关社区

渭滨区委
渭滨区委宣传部（区文明办）
渭滨区食品药品监督管理局
渭滨区经二路街道办事处
渭滨区姜潭街道办事处姜谭街社区
渭滨区金陵新村社区
渭滨区火炬路社区
渭滨区长岭社区
渭滨区金陵小学
渭滨区宝桥小学

陈仓区委
陈仓区委宣传部（区文明办）
陈仓区千渭街道办事处
陈仓区教育体育局
陈仓区食品药品监督管理局
陈仓区虢镇街道中街社区
陈仓区千渭街道千渭星城社区
陈仓区青少年校外活动中心
陈仓区实验小学

高新区党工委
高新区党工委宣传部（高新区文明办）
高新区城建局
高新区渭水苑社区
高新区和谐路社区
高新区学子路社区
高新二小

二、先进个人（313 名）

市直机关及市属单位：

李卫华　于品琪　王丹红
杨向仁　李文军　王永涛
王文涛　刘虎宁　史立波
翟　莉　周慧煜　李林洲
吕卫芳　张云昉　刘新龙
庞　欣　龚战辉　吕晓娴
周振喜　王军平　岳　廷
王军涛　冯发科　谭广勋
许慧峰　张　滨　辛刚旗
赵林军　齐耀峰　魏松选
张云亮　朱国瑞　李周祥
刘军力　李文昌　齐海龙
李新龙　王吉荣　付　华
王　伟　宋继伟　蔡苏科
张俊峰　弓　辉　郭宗保
李凤祥　白志敏　强根林
陈　斌　史可宾　姚宏江
郑尤民　王斌强　张　毅
朱亚芳　杨力海　高　峰
王建昌　魏　丽　宁红军
妙宏哲　柳东利　邱丽萍
王春燕　任　丽　段积仓
雷晓虎　强峻峰　张新文
张铁群　吴雅利　徐红斌

谢克强　邱　苗　惠建学
郭子龙　虎晓艳　张全锋
谢　蕊　张怀顺　王海军
邓智勋　吕双绪　王爱玲
贺术峰　阚永清　朱廷峻
侯建中　于存良　徐满财
李天省　翟立新　孙新虎
赵文亮　孙连红　谢亚辉
海保刚　冯建斌　段亚茹
李益宗　祝师斌　李　静
王　勇　张喜春　宋新伟
韩　君　马玉燕　李小平
刘书芳　李　帅　李小奎
马亚国　薛彩花　杜会平
任宗辉　贾　瑛　王武军
刘晓勇　陶　翔　车　宁
殷军贤　李国权　杜雨薇
李金科　阴学军　董延岭
张雅婷　李宝民　田　卓
高飞雪　谢飞雪　陈　婷
张继军　刘志秦　张东英
李小奋　范武彬　陈　丽
郝建宁　庞伟明　丁建文
田建衡　李　晔　冯晓伟
魏文斌

金台区：

毕小平　赵一鸣　张德元
翟　冬　朱明科　王掌才
王立权　陈宏伟　王　洪
赵丽明　李庆武　梁　爽
明国亮　张津武　霍宝安
戴笑庆　赵文宏　王伟民
杨菲菲　周雅萍　裴　陆
张红玲　赵亚红　侯秀红
张胜利　董天林　何新胜
何新武　王晓莲　张建平
刘卫锋　杨宏博　王　敏
赵冰冰　崔亚荣　王小杰
徐红娟　李应生　郝向斌
刘建荣

渭滨区：

孙西军　李宝平　王文哲
王明洲　王莉莉　王建强
徐振华　解　静　刘利军
赵红霞　罗光伟　刘胜利
张满玲　郭　秦　李淑娟
汶均刚　陈亚宁　李晓军
范彩明　赵　刚　戴新春
侯虎勤　曹晓宁　孙　毅
孙宗发　龚志德　雷　鸣
兰宏斌　赵智兵　邹小华
吕建林　蒲利芳　李文艳
李　亚　江宏伟　闫全善
韩关友　高建利　刘海生
袁雅红　吴　萍

陈仓区：

王万庆　魏　林　裴振强
魏晓军　李　杰　白海明
王录平　姚亮强　杨继晓
杨军礼　张二虎　蔺亚琴
杨军堂　王晓峰　冯建波
强　毅　白振清　刘安才
王东岗　董让怀　张永礼
冯红博　潘金凤　郭佩义
辛　雷　张　平　郑荣华
齐继龙　晁应仓　杨建甑
董建新　马长征　卫玲玲
韦晓宁　李　勇　张建伟
魏哲鑫　刘少安　田皓园
杨勇超　李设宏

高新区：

张满利　唐　宏　卫起堂
孙玉善　秦文虎　杨海翔
张永峰　任晓旭　房淑英
于红艳　李素琴　段春红
邓　炜　那　玮　李明全
席　静　梁　亮　梁晓明
李　莹　张　枫　李小乐
唐小录　王　涛　陈　光
李晓勇　李荣发　徐小红
牛伟军　刘玉平　李少春
何永峰　宋殷斌　王锦涛
李小军　殷兴龙　鲁天升
刘志锋　高海林　谭　锋
叶小玲　达勃龙　乔新科
赵少雄　蔺培滋　江　瑜
刘明春

2014年宝鸡市农业农村和统筹城乡发展工作先进单位

一、新农村建设工作先进县区(6个)

陈仓区　岐山县　扶风县
凤　县　千阳县　金台区

二、统筹城乡发展工作先进县区(5个)

眉　县　凤翔县　太白县
麟游县　渭滨区

三、农业重点工作先进县区(6个)

眉　县　陈仓区　千阳县
扶风县　岐山县　太白县

四、新农村建设工作先进部门(15个)

市委宣传部
市委政研室
市扶贫办
市农业局
市发改委
市水利局
市民政局
市环保局
市教育局
市供销社
市审计局
市统计局
市规划局
市体育局
省农信社宝鸡办事处

五、统筹城乡发展工作先进部门(15个)

市委组织部
市委政法委
市统筹办
市编办
市财政局
市住建局
市卫生局
市交通运输局
市人社局
市林业局
市科技局
市公安局
市文化广电新闻出版局
市商务局
市国土资源局

六、农业重点工作先进部门(6个)

市农业局
市林业局
市水利局
市烟草专卖局
市财政局
市发改委

七、农民增收工作先进镇(34个)

凤翔县：范家寨镇　城关镇　南指挥镇
岐山县：凤鸣镇　益店镇　蔡家坡镇
扶风县：法门镇　天度镇　召公镇

眉　县：首善镇　金渠镇
　　　　齐　镇
千阳县：水沟镇　城关镇
陇　县：固关镇　东南镇
　　　　火烧寨镇
麟游县：酒房镇　丈八镇
凤　县：唐藏镇　河口镇
　　　　凤州镇
太白县：桃川镇　咀头镇
陈仓区：周原镇　香泉镇
　　　　凤阁岭镇　千渭街道
渭滨区：高家镇
金台区：金河镇　硖石镇
　　　　西关街道
高新区：千河镇　磻溪镇

2014年宝鸡市新农村建设五星村

凤翔县（3个）：
城关镇三里河村
彪角镇石落务村
柳林镇孔家庄村
岐山县（3个）：
蔡家坡镇郑西村
祝家庄镇戢武村
枣林镇仝寨村
扶风县（3个）：
天度镇侯李村
绛帐镇凤鸣村
城关镇黄甫村
眉县（3个）：
齐镇官村菴村
槐芽镇槐西村
横渠镇豆家堡村
千阳县（2个）：
城关镇安坡村
柿沟镇纸坊沟村
陇县（3个）：
固关镇殿咀村
温水镇坪头村
李家河镇李家河村
麟游县（2个）：
酒房镇大庄村
崔木镇三义村
凤县（2个）：
留凤关镇南凤村
红花铺镇永生村
太白县（1个）：
太白河镇兴隆村
金台区（2个）：
金河镇石桥村
卧龙寺街道代家湾村
渭滨区（1个）：
神农镇太平庄村
陈仓区（4个）：
周原镇南王村
慕仪镇孙家村
东关街道五一村
虢镇街道西堡村
高新区（2个）：
马营镇郭家村
钓渭镇北村

2014年度宝鸡市调研工作先进单位

一、先进县区（6个）
凤　县　陈仓区　凤翔县
扶风县　金台区　太白县
二、先进单位（20个）
市委办公室
市人大常委会办公室
市政府办公室
市政协办公室
市纪委
市委组织部
市委宣传部
市委政法委
市委政研室
市委党校
市中级法院
市发改委
市财政局
市国资委
市统计局
人行宝鸡中心支行
市文管会
市政府研究室
市社科联
国家统计局宝鸡调查队

2014年度宝鸡市优秀调研成果

序号	研　究　课　题	获奖人员
一等奖（9篇）		
1	宝鸡城镇贫困人口调查	市委政研室： 蔡广林　安鲤军　王育哲
2	发展夜间经济　提升三产实力 ——关于我市发展夜间经济的调研报告	市政府研究室： 田　晶　张芳文　赵选民
3	关于宝鸡市产业发展和项目建设对财税增收的分析报告	市发改委： 刘焕勋　李国军　宋俊海 田华锋　鲜建强　郃晓卫 李　峰　马　健　董超超 刘　玮

续表

序号	研 究 课 题	获奖人员
4	宝鸡就业增长与经济协调发展的现状、问题和对策	宝鸡调查队： 段积仓　尹永平　郭虎林 杨　靖
5	关于宝鸡市财源建设情况的调查报告	市财政局： 张拴科　冯　涛　张小科 杨敏霞
6	宝鸡市“十三五”社会保障体系建设研究	市人社局： 陈留根　陈小林　杨天明
7	关于凤翔县打造宝鸡副中心的调研报告	凤翔县委
8	宝鸡市新型农业经营主体发展现状与对策	市农业局： 张晓军　孙兆军　王随民
9	推进农村居民有序进城　加快山区县城镇化建设步伐的调研与思考	陇县县政府：许道平

二等奖（12 篇）

1	关于我市健全城乡发展一体化体制机制调研报告	市委政研室： 王亚勤　桑　妮　党锦春
2	对宝鸡经济转型升级的思考	市统计局：张　宁
3	关于招商引资工作的调研报告	市政府办公室： 彭　磊　马海东　李晓攀
4	关于加强我市特种设备安全监管的调查	市质监局
5	宝鸡如何构建丝绸之路经济带新的战略枢纽城市	市委办公室：杨曙明
6	宝鸡市公安机关警力状况调查	市委政法委
7	宝鸡银行业支持战略新兴产业发展情况的调查	宝鸡银监分局：孙　平
8	党的建设制度改革问题研究	市委组织部
9	千阳农村土地流转情况调查	千阳县政协
10	搭建平台　筑巢引凤　打造互联网产业发展新高地	渭滨区政府：李晓阳
11	关于全县农产品品牌化建设情况的调查报告	麟游县政协：杨士钊
12	以法治思维和创新举措破解农民工讨薪难 ——关于健全完善农民工工资支付保障机制的调查与思考	太白县政府：许海峰

续表

序号	研究课题	获奖人员
三等奖（15篇）		
1	宝鸡市城市公立医院人事分配制度改革的做法与启示	市卫生局：宁建国　赵永怀　张军林
2	构建丝路新枢纽　建设和谐新宝鸡——宝鸡在丝绸之路经济带目标定位的思考	市委政研室：王亚勤　王　军　张晓丽
3	关于我市水资源配置情况的视察	市政协人口与资源环境委员会：毛亚莉　王拴虎　李宝瑞
4	宝鸡市法院系统审理未成年人犯罪案件的调研报告	市中级法院：张彩霞　杨旭东
5	宝鸡市毒情形势及治理策略	市公安局：李　民　汪红波
6	关于深化税收征管改革的思考	市地税局：杨林泉　王怀宇　张卫峰
7	文化视域下打造丝路经济带宝鸡新战略枢纽地位的思考	市委党校：宋婉琴　刘平海　贾占军
8	农村基层干部违纪违法问题的调研	市纪委：王小龙
9	关于加强和改进代表工作扩大人大工作民意基础的调查报告	市人大常委会人事代表工作委员会
10	创建“六美”乡村　添彩美丽岐山	岐山县委：高清苗
11	农村土地进入抵押贷款“新时代”——眉县首笔农村土地承包经营权抵押贷款情况调查	眉县县委农工部：黄文哲　刘　刚
12	加快“城中村”改造　力促一体化发展	金台区委农工部：贾文仓　杨会义　朱发宁
13	增强改革创新动力　推动农村持续发展	扶风县委：齐军建
14	统筹城乡发展　破解三农难题	陈仓区委：王万庆
15	构建民生保障体系　提升群众幸福指数	凤县县委农工部：张　策

2014年度宝鸡市平安建设示范区、平安镇（街）、平安村（社区）、平安单位

一、平安建设示范区

渭滨区

二、平安镇（街）（9个）

金台区西关街道

陈仓区坪头镇

凤翔县虢王镇

陇县曹家湾镇

麟游县九成宫镇

千阳县南寨镇

凤县红花铺镇

扶风县天度镇

眉县金渠镇

三、平安村（12个）

金台区陈仓镇东岭村

渭滨区石鼓镇窑院村

凤翔县横水镇尹家坞村

岐山县凤鸣镇八角庙村

陇县城关镇穆家寨村

麟游县崔木镇三义村

千阳县高崖镇高明村

扶风县杏林镇杏林村

眉县首善镇岳陈村

高新区千河镇田胥崖村

太白县鹦鸽镇柴胡山村、瓦窑坡村

四、平安社区（3个）

金台区东风路街道东社区

陈仓区千渭街道千渭新城社区

陇县城关镇东城社区

五、平安单位（32个）

市农技推广中心

市金河强制隔离戒毒所

市军事供应站

渭滨区石鼓镇中心幼儿园

市综合执法局

市疾控中心

渭滨区财政局

市综合执法局陈仓综合执法大队

市交警支队陈仓大队

凤翔县卫生局

凤翔县电信局

岐山县人社局

岐山县总工会

陇县农村商业银行股份有限公司

人行陇县支行

凤县市民中心

凤县人民检察院

凤县国土局

麟游县人大办

麟游县教体局

千阳县林业局

千阳县食品药品监督管理局

扶风县人民检察院

扶风县文广局

眉县人民法院

眉县电力局

太白县供电分公司

太白县教体局

市食品药品监督管理局

市房屋征收管理办公室

高新区西城高中

高新区钓渭初级中学

2014年度宝鸡市维稳工作先进县区、社会稳定风险评估工作先进县区和维稳工作先进单位、先进个人

一、维稳工作先进县区（4个）

金台区　渭滨区

岐山县　麟游县

二、社会稳定风险评估工作先进县区（5个）

金台区　陇　县　眉　县

千阳县　陈仓区

三、维稳工作先进单位（22个）

市委办公室

市政府办公室

市委政法委

市委宣传部

市中级人民法院

市人民检察院

市发改委

市公安局

市国家安全局

市民政局

市工信局

市国资委

市教育局

市住建局

市规划局

市信访局

市司法局

市工商局

市卫生局

市民宗局

市人社局

市综合执法局

四、维稳工作先进个人（15名）

李兴安　金台区委书记

周宇松　扶风县委书记

陈天仓　市政府副秘书长、市信访局局长

范根科　市委统战部副部长、市民宗局局长

刘一良　市工商局局长

王万庆　陈仓区委副书记

张志华　太白县委常委、政法委书记

王炳绪　市发改委副主任

祁鹏程　市民政局副局长

王宗焕　市住建局副局长

靳录平　市国资委调研员

巨洲岐　岐山县委政法委副书记、维稳办主任

廖忆才　市委政法委协调督查科科长

雷少华　市公安局治安支队副支队长

张永斌　市处理非法集资问题协调领导小组办公室副主任、市政府办公室干部

2014年度宝鸡市人民群众满意的政法单位、政法干警

一、人民群众满意的政法单位（10个）

凤翔县公安局城关派出所

岐山县公安局

陇县公安局交警大队车辆管理所

凤县人民法院

太白县人民检察院

渭滨区人民法院刑事审判庭

市中级人民法院立案庭

市人民检察院侦查监督处

市公安局交警支队122调度指挥中心

市金河强制隔离戒毒所

二、人民群众满意的政法干警（10名）

卢林祥　扶风县人民法院绛帐人民法庭庭长

张军伟　眉县司法局首善司法所所长

张　兰　千阳县公证处副主任

雷将利　麟游县公安局崔木派出所教导员

邓思文　金台区人民检察院副检察长

冯勤绪　陈仓区人民法院民事审判第二庭庭长

张　炜　市公安局高新分局刑侦大队大案中队中队长

任中元　市人民检察院检察员

井　聪　市公安局技术侦察支队七大队副大队长

市国家安全局干警1名

文　件

中共宝鸡市委
关于全面推进各项改革的实施意见

（2014年7月25日中共宝鸡市委十一届六次全会通过）

宝发〔2014〕12号

为深入贯彻党的十八届三中全会、省委十二届四次全会和市委十一届五次全会精神，认真落实《中共中央关于全面深化改革若干重大问题的决定》和《中共陕西省委贯彻落实党的十八届三中全会精神全面推进各项改革的意见》，全面推进我市各项改革工作，现结合实际，提出如下实施意见。

一、认真领会和准确把握全面深化改革的总体要求

（一）重大意义。党的十八届三中全会科学描绘了全面深化改革的新蓝图、新愿景、新目标。省委十二届四次全会系统规划了当前和今后一个时期陕西全面深化改革的路线图、时间表和任务书。全面深化改革开放，是各项事业不断取得胜利的重要法宝，是破解发展难题的关键一招，是实现转型升级的必由之路，是全面建成小康社会的动力源泉。全市各级要充分认识深化改革的重要意义，自觉把思想和行动统一到中央及省、市委的决策部署上来，牢固树立进取意识、机遇意识、责任意识，以更大的决心冲破思想观念的障碍，以更大的勇气突破利益固化的藩篱，切实增强改革的责任感、使命感，全力做好深化改革的各项工作。

（二）指导思想。深入贯彻落实党的十八大、十八届三中全会，省委十二届四次全会和市委十一届五次全会精神，坚持社会主义市场经济改革方向，以经济体制改革为重点，紧紧围绕使市场在资源配置中起决定性作用和更好发挥政府作用这个核心，注重改革的系统性、整体性、协同性，进一步解放思想，凝聚共识，统筹谋划，协同推进，加快构建和完善有利于科学发展、突破发展的体制机制，解放和发展社会生产力，解放和增强社会活力，促进社会公平正义，增进人民福祉，加快打造关天副中心、建设和谐新宝鸡，努力走在建设“三个陕西”的前列。

（三）总体目标。按照中央全面深化改革总目标，紧紧围绕省委的统一部署，积极探索创新，着力破解难题，不断实现突破，走出一条富有时代特征、具有宝鸡特色的改革创新之路。力争到2015年，一批重点改革项目取得突破性进展；到2018年，在一些重要领域和关键环节改革上取得决定性成果；到2020年，全面完成各项改革任务，形成更加健全的体制机制和更加完善的制度体系。

（四）基本原则

1. 坚持顶层设计和实践探索相结合。坚持把握大局、总体谋划与注重实践、先行先试相结合。按照正确、准确、有序、协调推进的要求，对一些重大领域的改革，要保持与中省步调一致、同频共振。对必须取得突破的改革，要采取试点探索、典型引路的方法，取得经验再全面推开。

2. 坚持协调推进和因地制宜相结合。对中省已经推出的改革举措，要加大工作力度，有力有序有效推进；对新启动的改革举措或改革试点，要加大组织落实力度；对条件不具备、暂不启动的改革任务，要创造条件，抓紧做好前期准备，争取适时启动。同时，要坚持立足宝鸡实际，因地制宜，讲求方法策略，稳扎稳打，稳妥慎重，步步为营推进各项改革。

3. 坚持整体推进和重点突破相结合。坚持全局和局部相配套，治本和治标相结合，渐进和突破相衔接，注重改革措施的整体效果。突出重要领域和关键环节改革，围绕经济发展、民生改善、生态建设等问题攻坚克难，找准突破口和着力点，以点带面牵引带动其他领域改革。

4. 坚持改革创新和发展稳定相结合。坚持把改革的力度、发展的速度和社会可承受的程度统一起来，统筹兼

顾不同利益群体的合理诉求，广泛凝聚各方共识，在社会稳定中推进改革发展，通过改革发展促进社会稳定，确保人民安居乐业。

二、我市全面推进各项改革的重点工作

（一）完善经济转型升级体制机制

1. 深化国有企业和政府经营性资产改革。准确界定不同国有企业功能，加快国有企业分类改革，确保国有资本按照市场机制有序进退。根据全市工业发展和产业规划进行合理布局，将市属集体企业和商贸流通企业下划到各企业所在县区；将公交、燃气、供热等公益性企业，向国有控股投资型企业转变。完善国有资产管理体制，以管资本为主加强国有资产监管，改革国有资本授权经营体制，探索组建市级国有资本运营投资公司，支持有条件的大企业大集团改组为国资运营公司，全面梳理经营性、非经营性国有资产，对国有资本完全退出的企业非经营性资产及党政团等组织全部移交企业所在县区或相应部门管理。加大并购重组力度，实施大公司、大集团战略，促进国有资本向关键行业、优势产业集聚。强化完善国有资本经营预算，完善国有资本考核体系，确保国有资产保值增值。完善国有企业法人治理结构，强化国有企业内部用人、工资制度等改革，按照相关规定合理确定并严格规范国有企业管理人员薪酬水平、职务待遇、职务消费。加快职业经理人队伍建设，全面推行职业经理人制度，加大市场化选聘比例，职业经理人执行年薪制。加快政府经营性资产整合改革，推进政府部门管理企业脱钩，整合盘活政府经营性资产，推进公务用车制度改革。

2. 支持非公有制经济健康发展。坚持权利平等、机会平等、规则平等的原则，废除各种不合理规定，制定非公有制企业进入特许经营领域具体办法。完善支持非公有制经济健康发展的政策措施。建立扶持即小微企业发展的配套政策和落实机制，健全促进非公有制经济发展综合协调机制。鼓励、支持和引导民营企业采取联合、参股、并购等方式实行资产重组。支持民营企业以股权、知识产权等非货币方式扩大投资。实施民营企业素质提升工程，抓好企业家培育和中小企业成长工程。健全非公有制经济服务体系，建设县（区）中小企业服务平台。

3. 积极发展混合所有制经济。鼓励国有企业引入战略投资者，支持民间资本参与国有企业改革重组，大力发展国有资本、集体资本和非公有资本等交叉持股、相互融合的混合所有制经济。国有资本投资项目允许非国有资本参股。鼓励混合所有制经济实行企业员工持股、专业技术人员技术入股，形成资本所有者和劳动者利益共同体。支持非公有制资本通过出资入股、收购股权、认购可转债、融资租赁以及组建股权投资基金等多种形式参与国有企业改制重组和合资经营。

4. 完善产业升级改造机制。制定差异化产业扶持政策和承接东部产业转移支持政策，健全传统产业改造升级、先进装备制造业和战略性新兴产业培育发展机制，提高产业科技化、信息化水平，推动九大产业集群提质增效。健全企业亩产质量和效益评价体系，引导生产要素合理流动和高度集聚。组建工业企业行业协会，为同行业内企业间交流搭建平台。完善落后产能退出淘汰机制，加快淘汰高能耗、高污染、低产出企业，努力实现资源要素合理、优质、合法、高效配置。推进服务业综合改革，完善促进服务业发展体制机制，完善总部经济、网络经济、创意经济等新型经济发展机制，促进生产性服务业培育升级。搭建全市信息化共建共享平台，加快打造宝鸡智慧城市。

（二）推进资源配置市场化改革

1. 完善市场规则和价格机制。统一市场准入和市场监管，建立负面清单管理制度，推进工商注册制度便利化，建立“宽进严管”的市场监管新格局。统筹准入管理与事中、事后管理，对妨碍统一市场和公平竞争的各种规定进行清理。建立统一规范的公共交易平台，加快建设我市资源综合交易中心，整合工程建设项目招投标、土地使用权和矿业权出让、国有产权交易、政府采购等。凡是能由市场形成价格的都交给市场，政府不进行不当干预。积极推进能源资源类产品价格改革，完善居民水、电、气等阶梯价格制度。

2. 构建城乡统一的建设用地市场。加快推进宅基地、集体建设用地使用权确权登记发证工作，推进不动产统一登记。在符合土地总体规划和用途管制的前提下，探索农村集体经营性建设用地与国有土地同等入市、同权同价的具体措施。严格区分公益性和经营性用地，缩小征地范围，规范征地程序，减少非公益性用地划拨，完善对被征地农民合理、规范、多元保障机制。建立兼顾国家、集体、个人的土地增值收益分配机制，合理提高农民在土地增值收益的分配比例。

3. 积极稳妥推进财税体制改革。落实好中省深化财税改革的各项措施，实施全面规范、公开透明的预算制度。改进年度预算控制方式，建立跨年度预算平衡机制，清理规范重点支出挂钩制度，建立权责发生制政府综合财务报告制度，建立事权和支出相适应的制度。推进税收制度改革，分步将铁路运输、邮政服务、电信通讯等行业纳入“营改增”范围。全面规范财税优惠政策。进一步优化征管流程，简化办税环节，整合纳税服务资源，建立一体化纳税服务平台。在全省率先探索“免填单”服务方式，提升服务效率。进一步加强财税部门和相关部门的信息沟通和分工协作，建立涉税信惠共享机制和税收征管协作机制。健全政府债务管理和风险预警机制。

4. 健全金融市场体系。引导支持民间资本进入金融领域，支持民间资本参与农信社改制农村商业银行工作；吸收民间资本扩大中小企业担保公司资本金，扩大担保范围；继续吸引股份制金融机构在我市设立分支机构。提高直接融资比重，拓宽企业多层次、多元化融资渠道，推进企业在主板、中小板、创业板和新三板等场内市场上市、挂牌，在各类股权交易中心等场外市场进行股权交易、融资；引导企业通过发行债券、信托、私募等方式进行融资；发挥创业投资基金引导示范作用，推进宝鸡不同类型优势企业快速发展。支持保险业发展。研究出台进一步加快资本市场发展的政策措施。发展普惠金融，鼓励金融产品和工具创新，延伸金融服务，加强金融知识普及教育。加大金融风险防范处置力度，维护地区金融稳定。

5. 完善科技创新体制机制。坚持技术创新市场导向，建立市场对技术研发方向、路线选择、要素价格、各类创新要素配置的导向机制。打破行政主导和部门分割，探索建立由市场决定技术创新项目、科技创新资金统筹、经费分配和评价成果机制。完善产学研协同创新机制，强化企业在技术创新中的主体地位，发挥大中型企业创新骨干作用，激发小微企业创新活力，引导创新要素向企业集聚。健全技术转移机制，构建多层次的科技投融资体系，促进科技成果资本化、产业化。构建公开透明的科研资源管理和项目评价机制。积极引进高等教育机构和科研院所在我市设办分校或科研点，带动提升整体科技创新水平。创新宝鸡高新技术产业开发区管理体制，建设创新驱动发展的先行区。

（三）健全城乡发展一体化体制机制

1. 构建新型农业经营体系。大力培育家庭农场、专业大户、农民合作社、农业企业等新型农业经营主体。加快发展新型农村金融组织，鼓励设立村镇银行，健全农业社会化服务体系。加大对新型农业经营主体的金融支持，规范提升农民合作社，做大做强全国示范社、省级百强社，巩固提升市级十佳和优秀社，引导同业合作社开展联合与合作，建立联合社，增强发展实力。大力扶持家庭农场，制定认定标准，出台扶持政策，推动家庭农场、联户经营、专业大户发展壮大。在年度建设用地指标中单列一定比例，专门用于新型农业经营主体配套辅助设施建设。健全国有林场经营管理体制，增强国有林场经营活力。

2. 赋予农民更多财产权利。加快对农村土地承包经营权确权颁证，稳妥推进农村宅基地和居民房屋产权确权颁证。坚持最严格的耕地保护制度，在不改变土地用途、不破坏农业综合生产能力的前提下，鼓励农民以转包、出租、互换、转让、股份合作等形式，将土地承包经营权向新型农业经营主体流转，发展多种形式规模经营。加强农村土地流转管理，积极开展农村土地承包经营权抵押试点，成立农业担保公司，解决农民融资难问题。稳妥推进农民住房财产权抵押、担保、转让，探索农民增加财产性收入渠道。完善镇（街）土地站所职能，构建以县为主覆盖镇（街）的土地流转服务和土地纠纷仲裁体系。新增农业补贴向专业大户、合作社、家庭农场和农业企业倾斜。深化集体林权配套改革，规范林地流转和林权抵押贷款，推动适度规模经营；促进增绿增收。

3. 推进城乡要素平等交换和公共资源均衡配置。制定基本公共服务均等化规划，加快构建城乡一体的基本公共服务体系，建立城乡公共服务差距逐步缩小机制。改革就业和劳动报酬制度，保障农民工同工同酬。建立机制，保障金融机构农村存款主要用于农业农村，支持商业银行在农村增加网点。扩大政策性农业保险范围，提高保费补贴和赔付标准。支持企业和社会组织在农村兴办各类事业，加快基础设施和公共服务设施向农村延伸，实现城乡资源要素均等共享。

4. 完善城镇化发展体制机制。推进以人为本、科学布局、绿色发展、文化传承的新型城镇化。以市域中心区为龙头，统筹副中心和县城、重点示范镇、文化旅游名镇（街区）建设发展，加快完善一主三副五级城镇体系，打造关中西部城镇群和渭河沿线统筹城乡示范带，促进产业和城镇融合发展，促进城镇化和新农村建设协调推进。规范完善城市（镇）基础设施的投融资机制。加快户籍制度改革，全面放开县城和建制镇户籍限制，有序放开市区落户限制。稳步推进城镇基本公共服务常住人口全覆盖，把进城落户农民完全纳入城镇住房和社会保障体系。建立财政转移支付同农业转移人口市民化挂钩机制。

（四）构建开放型经济新体制

1. 构建宝鸡全方位开放新格局。深入研究中亚、西亚和东南亚国家的资源、产业和市场情况，加强和深化农业产业、文化旅游、科技信息、物流仓储等重点领域合作，促进互利共赢，力争把我市打造成为丝绸之路经济带新的战略枢纽。争取宝鸡与丝路沿线国家城市建立友好城市，出台相关政策举措，支持我市企业加强与丝绸之路沿线国家经贸合作，鼓励企业走出去引进来，加快产业合作，扩大进出口贸易。运用好“长安号”货运班列，加大向西输出引入力度，实现商贸物流新突破。进一步巩固提升东南亚、欧美市场占有份额，深度对接中原、成渝、长三角、珠三角等经济区，共建承接产业转移园区、打造精品文化旅游走廊、合办国际国内有影响的大型活动。

2. 加快宝鸡综合保税区建设。加快宝鸡综合保税区的调研论证和前期准备工作，创造条件引进一批外向型支撑企业和支柱产业，打造关天经济区经济发展的海关特殊监管区域平台，在新一轮扩大开放的机遇中，抢占先机、聚集资源、积累优势，形成一个服务陕西、辐射甘宁川北的充分开放的保税物流和保税加工运营示范区，在全省乃至关天经济区对外经济活动中起到重要的引领作用，成为关天经济区区域经济发展的排头兵、助推器。

3. 完善开放型经济发展体制机制。加快外贸体制机制改革，建立外贸企业重点联系制度，打造出口基地公共服务平台，实现“三外”互动，推动进出口协调发展。设立外经贸发展促进专项资金，加大支持力度。健全开放型经济服务体系，创建国家、省、市三级外贸出口示范基地，建立外贸公共服务平台和外派劳务中介服务平台，带动我市产品出口和境外劳务输出。加强知识产权保护，引进500强跨国集团和支持本地优势企业并重，带动我市外向型经济发展。深化利用外资工作机制，大力引进优质外资项目、海外先进技术、管理经验和高层次人才，鼓励外资以参股、并购等方式参与企业改组改造和兼并重组。创新对外投资方式，完善支持“走出去”政策体系，鼓励优势企业将总部留在宝鸡，到境外建立生产基地、销售网点。

（五）推进文化体制机制创新

1. 完善文化管理体制。按照政企分开、政事分开原则，推动政府部门由办文化向管文化转变，规范发展民间文化机构和团体。深化公益性文化事业单位内部体制创新，尽快建立符合实际的管理制度和运行机制。健全坚持正确舆论导向的体制机制，整合新闻媒体资源，推动传统媒体和新兴媒体融合发展。完善新闻发布制度，建立网上政策解读、澄清事实、释疑解惑、疏导情绪、化解矛盾的长效机制，形成正面引导和依法管理相结合的网络舆论工作格局。

2. 培育现代文化市场体系。继续推进国有经营性文化单位转企改制，建立完善现代企业制度。加快文化产业与旅游、金融、信息、物流等产业融合发展。积极推进媒体优化重组，鼓励和支持报业、广播电视、出版、互联网等不同业态媒体之间的重组合作，打造综合性文化传媒集团。健全文化产品创作、评价、奖励和传播体系。建立发展文化产业的投融资渠道，成立或引进影视制作公司等艺术创作团队，将有鲜明宝鸡文化符号的作品转化为影视剧、戏剧、文艺表演等文化产品推向市场。

3. 构建现代公共文化服务体系。建立公共文化服务经费保障机制，完善财政扶持体系。加大面向基层群众的公益性演出财政补贴力度和各类文艺演出团体的扶持力度。统筹规划公共文化服务设施，整合基层宣传文化、党员教育、科学普及、体育健身等设施，建设综合性文化服务中心。加强非物质文化遗产的保护与传承，推进非物质文化遗产的展示、传习、陈列等场所和示范基地建设。建立重大文化活动委托承办运作机制，引导和鼓励社会力量、民间资本参与公共文化服务体系建设。

（六）推进社会事业改革发展

1. 完善就业创业和收入分配制度。建立经济发展和扩大就业联动机制，推进国家级创业型城市建设。促进以高校毕业生为重点的青年就业和农村转移劳动力、城镇困难人员、退役军人就业。建立统一规范的人力资源市场，完善城乡均等的公共就业创业服务体系，构建劳动者终身职业培训体系。完善就业失业监测统计制度，增强失业保险制度预防失业、促进就业、激励创业功能。健全劳动关系协调机制，畅通职工表达合理诉求的渠道，构建和谐稳定的劳动关系。落实收入分配制度改革措施，兼顾劳动生产率和就业密集型特点，推进初次分配向低收入行业倾斜。规范收入分配秩序，多渠道增加居民财产性收入。

2. 稳妥推进社会保障制度改革。建立城乡居民收入与经济增长、财政增长的联动机制。认真研究制定民生托底的机制、政策、范围，建立起全市民生政策兜底线。建立更加公平可持续的社会保障制度，完善宝鸡“大社保”体系。落实城镇职工基本养老保险政策，推进机关事业单位养老保险制度改革，提升完善城乡居民基本养老保险统筹水平。完善全民医保体系，健全大病医疗保险制度，深化医保付费方式改革，建立重大疾病救助制度。落实社会保险关系转移接续政策，研究降低社会保险费率政策。加强市县镇村四级社会公共服务平台建设，推进社保卡建设工程。完善城乡最低生活保障、社会救助政策，实现农村最低生活保障与扶贫政策对接。健全残疾人权益保障和困境儿童分类保障制度，构建农村留守儿童、妇女、老年人关爱服务体系。强化保障性住房建设和管理。

3. 深化医药卫生体制改革。推进医药卫生体制综合改革试点，强化基层医疗机构建设，加强区域公共计生卫生服务资源整合共享。加快公立医院改革，落实政府责任，破除以药补医机制，建立科学合理补偿机制。鼓励和支持多元化办医。建立分级诊疗模式，逐步形成社区医生与城乡居民契约服务关系。提升中医药服务能力。逐步提高公共卫生和居民医保补助标准。落实单独两孩政策，改善人口结构和质量，促进人口长期均衡发展。

4. 加快教育领域综合改革。加强政府教育统筹，坚持分类指导，推动管办评分离。加强和改进中小学德育工作，落实立德树人根本任务。普及学前教育，规范办园行为，提高保教质量。加快县城以上城区中小学建设，缓解择校热、大班额问题。统筹城乡义务教育均衡发展，实行学校标准化建设和校长教师交流轮岗，逐步缩小区域、城乡和校际差距。深化招生入学制度改革，落实义务教育划片免试就近入学政策，扩大优质普通高中向薄弱农村初中定向招生比例。整合中等职业教育资源，构建现代职业教育体系。推进中小学课堂教学改革，减轻学生课业负担。开展教育现代化先进县区创建，梯次推进教育创强工程。强化教育督导，鼓励社会力量兴办教育，推进教育治理能力现代化。坚持分类指导、因地制宜、规范管理、加大投入，进一步加强老年教育工作。

（七）加快生态文明制度改革

1. 构建完整的生态文明体系。坚持政府主导、企业主体、多方参与、全民行动的基本工作格局，成立市生态文明建设委员会，整合部门职能，全面履行生态建设和环境保护职能。完善生态文明建设考评机制，制订出台全市生态文明建设考核办法，把森林资源保护、资源消耗、污染排放、生态效益纳入经济社会发展评价体系，实行一票否决。将生态文明建设任务完成情况考核结果作为财政转移支付、生态补偿等资金安排的重要依据。

2. 加强生态文明制度建设。科学编制耕地、林地、湿地、水域、物种等生态资源保护和利用规划，在城市、城镇规划体系中增加生态基础设施规划项目，实行最严格的资源总量控制和管理。划定生态保护红线，实施差别环境准入和环境管理政策。坚定不移实施主体功能区制度，建立国土空间开发保护制度，严格按照主体功能区定位推动发展。扎实推进建立空间规划体系试点工作，划定生产、生活、生态空间开发控制界限，落实耕地、林地、湿地、水域等生态资源用途管制。健全自然资源产权制度、资源有偿使用制度和生态补偿制度，建立林地征占用保护制度，健全能源、水、土地、森林资源节约集约使用制度。建立资源环境承载能力监测预警机制，对水土资源、环境容量等超载区域实行限制性措施。实行最严格的源头保护制度、损失赔偿制度、责任追究制度，完善环境治理和生态修复制度，建立生态环境损害责任终身追究制，对领导干部实行自然资源资产离任审计，对造成生态环境损害的责任者严格实行赔偿制度，依法追究法律责任。

3. 加大生态环境治理力度。完善污染治理、节能减排激励机制，加大对企业污染治理力度，促进单位生产总值能耗、水耗和主要污染物排放总量“三个下降”。加强空气质量的监测治理，继续实施空气质量 PM2.5 数据监测并向社会公布，自觉接受群众监督。推行节能量、碳排放权、排污权、水权交易制度，推进环境污染第三方治理。健全污染治理和环境保护区域联防联控机制，建立完善农业面源污染减排和治理机制，完善农村污染防治机制。完善覆盖全市的环境预警监测网络，完善最严密的环境监控机制，完善噪声、大气污染防治机制，实行环境监控和污染治理全覆盖。加快生态建设综合利用。

（八）加快行政体制改革

1. 推进市县政府机构改革。按照中省统一部署和精简、统一、效能的原则，切实转变政府职能，推进市县政府机构改革，统筹党政群机构改革。继续稳妥实施大部门制，进一步优化机构设置、理顺部门职责关系，最大限度地解决部门职责交叉和职责分散问题。从严规范和管理合署办公机构，政府派出机构、开发区管理机构、挂牌机构、议事协调机构和临时机构，挂牌机构不设为实体机构，议事协调机构不单设办事机构，具体工作由相关职能部门承担。严格控制机构编制和财政供养人员，减少机构数量和领导职数，将编制资源重点向基层和一线倾斜。加快推进镇村综合改革，合理调整镇村规模，着力转变乡镇职能，健全新型社区管理和服务体制。

2. 推进事业单位分类改革。加快事业单位分类改革，推动公办事业单位与主管部门理顺关系和去行政化。对承担行政职能的，逐步将其行政职能划归行政机构或转为行政机构；对从事生产经营活动的，逐步将其转为企业；对从事公益服务的，继续将其保留在事业单位序列、强化其公益属性。今后不再批准设立承担行政职能的事业单位和从事生产经营活动的事业单位。逐步理顺我市各类开发区（景区、工业园区）管理机构职责关系。

3. 深化行政审批制度改革。做好国务院和省政府取消和下放行政审批事项的承接工作，进一步简政放权，除涉及国家安全、公共安全等重大项目外，最大限度减少和下放投资审批事项，下放核准权限，落实企业和个人投资自主权，加强诚信体系建设，把政府工作着力点放在提供公共服务、加强市场监管上。对于市场机制能有效调节、企业能自主决定、行业组织能自律管理的经济活动，一律取消审批；社会组织能够承担的事项，一律转给社会组织；面向基层且由地方管理更方便有效的经济社会事项，一律下放基层管理；对确需保留的行政审批事项，进一步规范管理，建立部门行政审批事项目录清单制度。实施电子政务工程，建设政府网上审批系统。

（九）加快民主法制建设

1. 加强民主政治建设。健全人大讨论、决定重大事项制度，改革财政预算和“三公”经费预算审查监督。完善地方人大监督工作机制，通过询问、质询、特定问题调查、专题调研、执法检查、工作评议等方式积极回应社会关切。积极探索充分发挥党代表、人大代表作用的机制，健全代表联络机构和网络平台，完善人大代表联系选民、定期听取选民意见制度，创新人大议案和代表建议办理工作机制。发挥统一战线在民主协商中的重要作用，发挥人民政协在政治协商中的重要渠道作用。完善各级党委同民主党派的政治协商，完善与各民主党派、工商联、无党派人士政治协商规程和民主党派、工商联、无党派人士列席市委常委会议制度，确保其享有提出意见建议的权利。推进协商民主广泛多层制度化发展，拓宽协商民主渠道，制定协商计划，增加协商密度，健全政协就重大问题广泛协商常态化制度。完善政协组织联络委员，政协委员联系各界群众制度。加强智库建设，建立健全决策咨询制度。

2. 夯实基层民主制度。坚持以扩大基层民主为重点，畅通民主渠道，健全基层选举、议事、公开、述职、问责等机制，完善基层党组织领导的充满活力的基层群众自治机制。进一步完善村民监督委员会制度，推进社区居民监督委员会制度，促进群众在城乡社区治理、基层公共事务和公益事业中依法自我管理、自我服务、自我教育和自我监督。完善村级重大事务决策工作机制，进一步探索村（社区）务公开的新途径新方法。健全以职工代表大会为基本形式的企事业单位民主管理制度，加强社会组织民主机制建设，保障职工参与管理和监督的民主权利。

3. 深入推进法治社会建设。推进法治宝鸡建设，完善执法制度体系，加强执法管理监督，深入推进执法规范化建设，实现执法行为标准化、执法管理系统化、执法流程信息化。推进司法公开改革，运用现代化技术措施和装备手段，推进审判公开、检务公开、警务公开。推进涉法涉诉信访工作机制改革，实行诉、访分离，依法处理涉法涉诉信访问题。健全司法权力运行机制，推行主任检察官制度，建立健全法官办案终身责任制，广泛实行人民监督员制度。完善人权司法保障制度，推进我市“假释一体化”工作稳步实施。健全司法权力分工负责、互相配合、互相制约机制，加强和规范对司法活动的法律监督和社会监督。健全社会普法教育机制、保障机制，增强全民法治观念，提高公民法律素质。整合执法主体，相对集中执法权，减少行政执法层级，加强食品药品、安全生产、环境保护、劳动保障等重点领域基层执法力量。

（十）深化社会治理体制改革

1. 创新社会治理方式。加强党委领导，发挥政府主导作用，鼓励和支持社会各方面参与，实现政府治理和社会自我调节、居民自治良性互动。完善特殊人群服务管理体系，健全社区矫正制度，建立留守儿童、空巢老人、严重精神障碍患者等群体帮扶管控制度，帮助他们更有尊严、更加自立地生活。创新流动人口管理服务机制，积极推行“以证管人、以房管人、以业管人、以网管人”的管理模式。健全重大决策的社会稳定风险评估机制。建立畅通有序的诉求表达、心理干预、矛盾调处、权益保障机制。

2. 激发社会组织活力。加强社会组织管理队伍建设，加大执法监察力度，完善政策机制。优化社会组织发展环境，实行“政社分开”，推进政府购买社会组织服务。建立社会组织直接登记和备案登记相结合的新型登记模式，降低社会组织准入门槛。建立社会组织孵化基地，大力培育和发展社会组织。优先培育和发展行业协会商会类、科技类、公益慈善类、城乡社区服务类社会组织。完善社会组织内部治理机制，加强社会组织规范化建设，加强社会组织诚信建设，促进各类社会组织健康有序发展。

3. 健全公共安全体系。建立健全食品药品动态监测、质量追溯和举报查实奖励制度，夯实生产企业食品药品安全主体责任，建立食品药品企业诚信机制，引导企业加强行业自律，从严从快打击食品药品违法犯罪行为，形成来源可追溯、去向可查证、责任可追究的安全责任链。推行平安建设网格化管理，广泛开展各种形式的群防群治活动，加快完善社会治安巡逻防控机制，健全立体化治安防控体系。积极推进安全生产政府监管网格化、行业直管专业化、企业管理精细化的工作格局。大力实施“科技兴安”战略，提高综合应急救援能力，完善和运用防范自然灾害引发事故灾难的预警预报工作和应急联运机制。深入打击非法生产经营和治违章作业行为，强化生产安全事故隐患排查整治的全过程监管。

三、切实加强全面深化改革组织领导

（一）加强组织领导。市委全面深化改革领导小组负责对全市改革的总体设计、统筹协调、整体推进、督促落实。建立重大改革项目市领导分工负责制，各县（区）、各部门、各单位明确一名领导分管改革。要充分发挥各级党委总揽全局、协调各方的领导核心作用，切实履行对改革的领导责任，完善科学民主决策机制，加强对重大改革问题的统筹协调和总体指导。各县（区）全面深化改革领导机构，抓好涉及本县（区）重大改革措施的组织实施。宣传部门要加强对深化改革的舆论宣传，为全面深化改革营造良好社会环境。

（二）提高改革能力。深化领导班子和领导干部队伍建设，不断提高领导班子和领导干部推动改革能力。完善干部考核评价制度，改革和完善发展成果考核评价体系，纠正单纯以经济增长速度评定政绩的偏向。创新基层党建工作，健全党的基层组织体系。深入开展党员服务进社区活动。深化干部人事制度改革，进一步健全干部激励约束机制，深入推进人才发展改革试验区建设。坚持党的群众路线，建立社会参与机制，充分的发挥工会、共青团、妇联等人民团体作用，齐心协力推进改革。鼓励县区、基层和群众大胆探索，加强重大改革试点工作。

（三）严肃纪律要求。各级各部门要切实增强全局观念、大局意识，按照中省和市委要求积极推进改革。要强化监督检查，抓好跟踪督办，建立定期评估机制，细化改革措施，对确定的重点工作，要逐项列出时间表，督促抓好落实，对推进改革工作不力的要严肃追究责任。要把深化改革开放、促进科学发展纳入对领导干部实绩考核的内容，推动各项改革顺利进行。充分发挥全社会支持和参与改革的积极性、主动性、创造性，建立有利于社会广泛参与的相关机制。

（四）落实廉政责任。不断强化权力运行和制约机制，加强纪委对同级党委特别是常委会成员的监督，健全下级纪委向上级纪委定期述职和报告工作制度，推动党的纪律检查工作双重领导体制具体化、程序化、制度化。实行查办腐败案件以上级纪委领导为主，建立完善案件线索管理和查办监督体系，落实纪委书记、副书记提名和考察以上级纪委会同组织部门为主的具体实施办法，健全反腐败体制机制创新和制度保障。落实党风廉政建设责任制，党委负主体责任，纪委负监督责任，实施责任追究制度；完善惩治和预防腐败、廉政风险防控、防止利益冲突和试点推行新提任科级领导干部财产申报公示制度等，为我市扎实推进各项改革任务保驾护航。

中共宝鸡市委
宝鸡市人民政府
关于进一步加强督促检查
推动工作落实的意见

宝发〔2014〕16号

（2014年10月18日）

各县、区委，县、区人民政府，市委和市级国家机关各部门，各人民团体：

为巩固深化党的群众路线教育实践活动成果，建立健全扫“四风”、抓落实的长效机制，以作风转变、效率提升推动发展转型、改革攻坚，现就进一步加强督促检查推动工作落实，提出如下意见：

一、强化抓督查落实的主体责任

1. 提高认识，增强抓督查落实的责任意识。近年来，全市各级各部门狠抓督促检查和工作落实，有力地推动了各级重大决策的贯彻实施，促进了经济社会持续快速协调发展。但也存在一些突出问题，主要是一些领导同志对督促检查工作重要性认识不足，领导和指导力度不大；一些县区、部门和单位还存在重决策轻落实、重安排轻检查等问题，影响了党委、政府的公信力和执行力。实现打造关天副中心、建设和谐新宝鸡、走在建设“三个陕西”前列的奋斗目标，加强督促检查、推动工作落实是重要保证。各级党委、政府和领导干部要深刻认识抓督查促落实的重要性，切实把督查工作牢牢抓在手上，抓紧抓好、抓出成效。

2. 夯实各级领导班子抓落实的主体责任。督促检查首先是领导行为、领导环节、领导方法和领导责任。各级党委、政府是抓督查落实的责任主体，要把督查落实与科学决策摆在同等重要的位置，研究决策时明确督促检查事项，部署工作时提出督促检查要求，开展督促检查时保证落实效果。党委、政府主要负责同志对抓督查落实负总责，要坚持抓落实与抓决策并重，扑下身子、亲临一线、直接主抓；分管领导同志对抓落实负直接责任，要抓好分管领域的专项督查，每季度至少组织开展一次督促检查。

3. **明确“一把手”的第一责任人职责**。各级“一把手”是抓督查落实的第一责任人。对上级作出的重大决策、重点工作部署、下发的重要文件和领导的重要批示，各级“一把手”要带头抓督查落实；对基层干部、人民群众和投资客商来信来访反映的重要问题、投诉举报的主要线索、提出的合理诉求和建设性意见建议，各级“一把手”要亲自了解掌握，督促办理回复；对各级领导班子重大问题决策、重要干部任免、重大项目投资决策、重要政策落实、大额资金使用、重大紧急事项请示报告、党风廉政建设党委主体责任履行等情况进行监督检查时，首先督查各级“一把手”履职尽责的情况。

4. **切实落实工作部门的具体责任**。市、县区党委、政府的工作部门是决策部署、政策方针的重要执行层，承担着督查落实的具体任务，要守土有责、守土尽责，确保把上级的决策部署与政策措施坚决贯彻落实到位。同时要深入实际，调查研究，抓好本部门、本单位决策事项的落实，力争工作在行业、系统有影响，在全省、全市有位次。

5. **发挥督查机构职能作用**。各级党委、政府督查部门是抓落实的专门机构，负责督查落实工作的具体实施和组织协调。要把握关键、抓住重点、分清主次，定期不定期对重大工作部署、重点项目推进、年度目标任务完成情况等开展督促检查，及时发现问题、提出对策建议，推动工作落实。

二、明确抓督查落实的重点

6. **围绕贯彻落实中央和省市重大决策部署抓督查落实**。坚持围绕中心，服务大局，把推动中央和省市重大决策部署作为督查落实的重点，切实抓好上级重要会议和重要文件精神贯彻执行情况的督查落实，认真做好党委常委会、政府常务会议定事项落实情况的督促检查，并及时准确向党委、政府反馈情况。着力解决贯彻落实中央和省市决策重视不够、措施不力、行动迟缓、效率不高以及打折扣、做选择、搞变通等问题，确保政令畅通、令行禁止。

7. **围绕推进改革发展稳定重点工作抓督查落实**。围绕市委年度工作要点和市政府工作报告，突出做大总量、做优质量“两大要务”，对年度目标任务完成情况、重点项目建设、阶段性重点工作进展情况进行督促检查。着力解决履责不实、为官不为、目标不高、标准不严、大项目好项目不多、任务推进缓慢、保障服务不优等问题，千方百计督进度、查措施、促落实。

8. **围绕严明纪律转变作风抓督查落实**。坚持严格执行中央八项规定精神和省市委《实施意见》，重点督促检查政治纪律“八个决不允许”、组织纪律“四个服从”和落实党风廉政建设责任制情况。着力解决执行纪律松弛、作风漂浮、不严不实、监督不力等问题。

9. **围绕中、省、市领导批示、交办事项和群众关注的热点难点问题抓督查落实**。对各级领导批示、交办事项，人大代表建议和政协提案，基层干部、人民群众和投资客商来信来访反映的重要问题、投诉举报的重要线索、提出的合理诉求和建设性意见建议的落实和回应情况加强督促检查。着力解决“中梗阻”、不作为、乱作为和落实惠民政策缩水走样、损害群众利益等问题。

三、健全完善抓督查落实的制度机制

10. **建立督查任务分解立项和跟踪督查制度**。各级党委、政府在作出决策、部署工作的同时，要对各项任务进行分解立项，明确责任单位和落实时限，并组织开展经常性的跟踪督查活动，推动决策和工作部署落实。

11. **完善领导同志批示、交办事项督办机制**。严格执行各级领导同志批示件、交办事项统一归口党委、政府督查机构办理的规定，全程抓好交办、催办、核实、回访、反馈等工作。

12. **建立工作落实情况报告制度**。各级党委、政府领导班子成员要定期向党委、政府报告所负责和分管工作的落实进展情况。各县区、市级各部门要及时向市委和市政府报告贯彻落实上级决策部署的成效、存在问题及工作建议。市委常委会、市政府常务会根据工作需要，定期安排听取县区和市级部门的工作汇报。

13. **建立健全督查情况通报制度**。定期对各级各部门贯彻上级重要决策部署及领导同志批示交办事项办理情况进行通报。对重点项目建设、争取中省资金、招商引资等完成情况，市发改委、财政局、招商局每季度通报一次。对抓落实工作成效显著的单位和个人，予以通报表扬；对敷衍塞责、久拖不办、落实不力的单位和个人，要进行督查约谈和通报批评，并限期整改。

14. **完善推动督查落实的监督问责机制**。充分发挥人大法律监督、政协民主监督、纪委纪律监督和媒体舆论监督的作用，推动决策落实。对重要工作部署、重大项目推进、目标任务完成等情况定期在媒体公开，接受社会监督评价。坚持问题导向，对工作落实过程中责任不清、标准不高、效率低下、推诿扯皮等“懒政”行为以及工作不落实造成严重后果的，督查部门要建议有关部门严肃追究问责。持续推动“百姓问政”、“万名干部评百名科长”等工作常态化，促进干部作风转变，推动工作落实。

15. **坚持市级领导干部联系包抓重点工作制度**。严格落实市级领导干部联系包抓县区、部门和重大项目、重点工作制度。包抓领导同志要坚持深入一线现场办公、现场调查、现场解决问题，带头抓落实。对重要事项可以召开专题办公会议研究推进落实措施，根据需要可形成书面专题纪要，由市委、市政府督查室负责跟踪督查。

16. **完善“大督查”落实机制**。发挥党委统揽全局、协调各方的作用，着力构建党委统一领导、党委督查部门牵头协调、有关部门齐抓共管、社会力量积极参与的“大督查”工作新格局。对市委、市政府重大决策部署、省市领导批示需要督促落实的重大事项、涉及多个方面的全局性重点任务，由市委督查工作领导小组牵头，督查、考核、纪委、组织、人事等部门参与，强化督查合力，共同推进落实；对工作长期落实不到位、效果不明显的单位，可成立联合督查组或专门工作组入驻督促落实。

17. **严格落实考核制度**。由市考核办负责，对各县区、各部门目标任务完成情况，每季度全面检查一次，并进行通报，年终兑现奖惩。市委、市政府督查室要对各县区、各部门的年度督查工作进行考核，考核结果纳入年度目标责任考核。

四、加强抓督查落实的组织领导

18. **完善抓督查落实工作的体制**。各级党委、政府的督促检查工作在党委统一领导下，由同级党委和政府分管领导同志具体负责。市、县党委督促检查工作领导小组要履行牵头抓总、统筹协调的职责。由市委督查工作领导小组办公室召集，每季度召开一次联席会议，对全市重大督查活动统一研究、安排。

19. **不断改进督查方式方法**。着眼于发现问题、掌握实情、推动落实，综合运用各种督查手段和方式，进一步加大抽查、暗访和实地检查力度，加强对基层上报的督查情况报告的复核和回访工作，增强督查工作的针对性、实效性，不断提高督查效能。

20. **加强督查队伍建设**。各级各部门要根据工作需要，在不增加编制的情况下，通过内部调剂，充实和加强督查人员，配齐配强督察专员。要加强督查部门自身建设，提高其综合协调、把握政策、调查研究、决策参谋等能力，造就一支勇于担当、敢于负责、善抓落实的督促检查干部队伍。

21. **改善督查条件**。各级党委要赋予督查部门组织协调、调查核实、情况通报、问题处理建议等方面必要的职能权限。督查部门主要负责人根据党委、政府安排，列席相关重要工作会议，查阅相关重要文件和资料。财政部门要为督查部门开展工作提供必要的经费保障，积极解决督查部门办公和交通等方面存在的问题。

中共宝鸡市委
宝鸡市人民政府
关于进一步加强社会组织管理的意见

宝字〔2014〕26号

（2014年5月23日）

各县、区委，县、区人民政府，市委和市级国家机关各部门，各人民团体：

为进一步加强社会组织管理，规范社会组织行为，优化社会组织发展环境，促进我市社会组织健康有序发展，根据国务院《社会团体登记管理条例》《民办非企业单位登记管理暂行条例》和中共陕西省委组织部、陕西省监察厅、陕西省民政厅《关于清理规范党政领导干部兼任社会团体领导职务的通知》（陕民发〔2014〕2号）要求，结合我市社会组织发展实际，特提出如下意见。

一、严格社会组织登记管理

（一）严格社会组织的审批和登记，切实把好“入口”关。按照培育发展和监督管理并重的原则，鼓励支持经济类、公益慈善类和城乡社区服务类社会组织发展。对党政机关、参公事业单位主导发起成立、且行政色彩浓厚的各类社会组织，原则上不予审批登记。

（二）扎实开展社会组织规范管理和清理整顿工作。准确把握社会团体的性质和宗旨，按行业性、专业性、学术性和联合性四种分门归类，为规范管理提供可靠依据。依法取缔非法社会组织，坚决淘汰不参加年检、不发挥作用的社会组织，严格规范社会组织从业行为。

（三）认真开展社会组织等级评估工作。严格等级评估的程序和标准，将获得3A级以上等级作为承接政府转移职能、政府购买服务、政府委托事项、政府或公共资金支持的项目申请和获得政府奖励的资格条件，不断促进社会组织能力建设。

二、从严控制党政领导干部兼任社会团体职务

在职领导干部（含非领导职务）不得兼任社会团体领导职务。因特殊情况确需兼任的，必须按照干部管理权限严格进行审批。兼任社会团体领导职务的干部，不得领取社会团体的任何报酬。

（一）在职领导干部确需在学术性、专业性社会团体兼任职务的，所兼任的领导职务应与本职业务工作相关。

（二）已退休领导干部只能在一个社会团体担任领导职务，任期不超过2届，年龄不超过70周岁。

（三）领导干部兼职的社会团体，必须是承担一定的政府行业管理职能，并经民政部门正式批准成立的组织。

（四）市委管理的干部，不得兼任境外社会团体的领导职务（包括荣誉职务）。对违反规定兼任或未履行审批手续兼任社会团体领导职务的，将依照有关规定，予以批评教育、组织处理或纪律处分。

三、严格落实“政社分开”要求

对党政机关、参公事业单位和人民团体主导发起成立、且行政色彩浓厚的各类社会组织，要严格落实“政社分开”要求。合署办公的要限期分开，财务不分的要限期分离，切实做到机构、人事、财务与党政机关、参公事业单位和人民团体相分离，使社会组织尽快回归“民间”属性。

四、建立完善政策机制

建立完善领导协调机制，形成各部门各司其职、协调配合、共同推进的社会组织发展促进机制。制定政府转移职能目录和政府购买社会组织服务工作实施细则，实行费随事转，通过项目购买、项目补贴、项目奖励等方式，为社会组织提供发展平台和空间，促进社会组织不断发展壮大。

五、加强社会组织管理队伍建设

适应社会组织快速发展的形势和社会组织登记管理制度改革的需要，按照建立“相对独立、统一协调、力量匹配”的社会组织登记管理机构要求，切实加强社会组织管理队伍建设，提高管理人员的政治思想素质和业务素质，强化社会组织登记管理和执法监察工作，推动我市社会组织健康有序发展。

中共宝鸡市委
宝鸡市人民政府
关于建立健全百姓问政制度的意见

宝市发〔2014〕6号

（2014年2月26日）

各县、区委，县、区人民政府，市委和市级国家机关各部门，各人民团体：

按照市委、市政府关于开展“转作风、提效能、优环境、促发展，干部作风群众评”系列活动的要求，2013年市纪委监察局、市政府纠风办、宝鸡电视台联合开办了我省首个电视问政节目《百姓问政——干部作风大家谈》。节目将社会治理与现代传媒相结合，开辟了党委、政府联系群众的新平台、新途径，对于密切党群干群关系、转变干部作风、推动经济社会发展起到了重要的促进作用。省委、省政府明确要求，要在全省推广我市做法，建立健全百姓问政制度。为进一步巩固提升我市百姓问政工作成果，充分发挥人民群众和新闻媒体在作风建设中的监督作用，不断完善干部作风建设长效机制，现就在全市建立健全百姓问政制度提出如下意见。

一、指导思想

以党的十八届三中全会和市委十一届五次全会精神为统领，结合党的群众路线教育实践活动，以建立为民、务实、清廉、高效的服务型政府为目标，以社会各界广泛参与为基础，以解决群众关注的突出问题为抓手，依托新闻媒体平台，组织群众面对面对政府部门和行业单位干部作风进行质询评议，通过群众参与、群众监督、群众评议，促进部门、行业改进作风、提升效能，为推动全市经济社会又好又快发展、实现走在建设“三个陕西”前列提供有力保障。

二、基本原则

群众性原则。围绕群众关注的热点难点问题开展质询监督，真正做到让群众参与、请群众监督、由群众评议。

广泛性原则。以与群众生产生活密切相关的政府部门和行业单位（含服务窗口）为主，将涉及行政管理、执法和公共服务职能的单位全部纳入问政范围。

公开性原则。问政对象机构设置、职能职责、服务承诺、办事流程、工作标准等情况及时向社会公开。

直接性原则。坚持面对面质询评议，群众当场提问、现场评议，部门单位直接回答、公开承诺、限时办理。

实效性原则。坚持“问题”导向，突出对群众反映问题的整改落实，促进政风行风建设和干部作风转变。

三、主要内容

1. **深化提升《百姓问政》电视直播节目。**学习借鉴外地先进经验，在坚持突出百姓问政、突出干部作风转变、突出群众反映的困难与问题有效解决的基础上，调整节目结构，优化节目流程，强化现场互动，拓宽征集渠道，拓展节目深度，以扫“四风”、转作风为契机，使节目更贴近群众，更好服务于群众。2014年《百姓问政》节目继续坚持每两周一期，全年计划播出20期。

2. **开办《百姓热线》节目。**宝鸡人民广播电台在继续办好《行风热线》栏目基础上，开办《百姓热线》节目。热线每周开播一期，以替百姓说话、为政府分忧为宗旨，围绕市委、市政府重点工作和当前群众关注的热点难点，通过热线与群众直接对话，广纳民言、集中民智、凝聚共识，及时解决群众关注问题，化解社会矛盾，推动作风转变。

3. **开辟《百姓问事》栏目。**在宝鸡日报、政府门户网站开辟《百姓问事》栏目。栏目每周一到两期，让老百姓就身边事、关心事，随时发问，一事一议。各部门、各单位及时回应群众诉求，做到有问必答、有问必果。

4. **开展百姓评议活动。**在搞好一年一度的政风行风测评工作的基础上，开展万名群众评百名科长活动。对政府部门中具有行政执法权、审批权、收费权的科长，由市政府纠风办、市纪委效能监察室统一组织进行评议。评议分内部、外部评议两种方式进行（具体办法另行制定）。测评得分前10名科长授予群众满意科长，提交组织人事部门作为提拔任用干部和所在单位竞争上岗、轮岗交流、年度考核评优依据；后5名为群众不满意科长，由市监察局集体约谈，并函告所在单位党组，列为下年度重点评议对象。

四、组织领导

为确保百姓问政制度有效落实以及系列活动的扎实推进，建立市委、市政府统一领导，纪检监察机关牵头，组织、宣传、人社、文广部门协调，纠风、考核、督查部门督促，电视台、电台、报社、网络等媒体具体负责的运行工作机制。成立市推行百姓问政制度工作领导小组，指导协调相关事项，组成人员如下：

组　长：上官吉庆　市委书记、市人大常委会主任

副组长：田筱虎　市委常委、市纪委书记

张敬原　市委常委、常务副市长

成　员：宁怀彬　市委副秘书长、办公室主任

王宝强　市政府副秘书长

李侠侠　市纪委副书记、市监察局局长

张存刚　市纪委副书记

陈留根　市委组织部副部长（兼）、市人社局局长

米军瑞　市委组织部副部长（兼）、考核办副主任

赵周荣　市委宣传部常务副部长

吕向阳　市委宣传部副部长（兼），宝鸡日报社社长、党委书记、总编辑

张　辉　市委宣传部副部长（兼）、市文化广电新闻出版局局长

宁新远　市监察局副局长、市政府纠风办主

任（兼）
强　勇　市纪委常委、效能监察室主任，市监察局副局长
蔡鸿飞　市纪委常委、市监察局副局长
王登科　市委督查室副主任
李周祥　市政府督查室主任
樊　红　市政务信息办主任
谢一民　宝鸡人民广播电台台长
贾雷鸣　宝鸡电视台台长

领导小组办公室设在市政府纠风办，负责评议活动具体事宜，宁新远同志任办公室主任。

领导小组各成员单位职责分工如下：

市纪委监察局、市政府纠风办统筹协调百姓问政制度的落实，负责年度总体活动方案制定及督促落实。

市委宣传部、市文化广电新闻出版局负责督促协调市电台、电视台、宝鸡日报社开展百姓问政系列活动，做好系列活动相关报道、舆论引导及对外宣传工作。

市委督查室、市政府督查室、市纪委效能监察室负责问政单位群众意见的整改、督办、问责。其中，市委督查室负责《百姓热线》问题督查督办，市政府督查室负责《百姓问事》问题督查督办，市纪委效能监察室负责《百姓问政》、百姓评议问题督查督办。

市人社局、市考核办负责百姓问政系列活动的考核，制定落实有关奖惩措施。

宝鸡电视台、宝鸡人民广播电台分别负责《百姓问政》《百姓热线》的节目制作播出、现场组织协调、整改跟踪报道。

市政务信息办、宝鸡日报社负责《百姓问事》栏目的策划编撰、问题受理、转交办理、跟踪报道。

五、工作要求

1. **严格责任落实**。推行百姓问政制度是开展党的群众路线教育实践活动的重要举措。各县区要参照市上实施意见，及时制定相应工作方案，做好辖区内百姓问政制度和系列活动的落实；市级各部门、各单位要按照实施意见要求出台具体落实措施，主动参与，扎实开展问政活动；各成员单位要按照职责分工，细化工作方案，规范工作流程，确保各项任务落到实处。

2. **深化政务公开**。将政务公开作为百姓问政系列活动的基础性工作，通过推行百姓问政制度全面深化政务公开，强化对权力运行的监督制约。各部门、各行业要通过公示牌、网络、报纸等多种方式公告职能职责，公开服务承诺，公示办事流程、办结时限，所有与群众密切相关的行政事务公开透明，让群众办事有明确标尺，在什么地方办、怎么办、何时办，做到一目了然、痕迹清晰。公示结果列入问政活动重要内容，由群众评议，纳入政风行风测评。此项工作3月底前完成，由市政务信息办、市监察局负责督查。

3. **保证问政质量**。百姓问政活动要与党的群众路线教育实践活动相结合，紧扣为民务实清廉主题，以“关注民生、促进发展”为重点，突出对部门工作作风的质询和批评，立足于解决问题、提高效能，切实解决关系民生、影响环境、阻碍发展的问题。

4. **强化督促整改**。将群众意见建议整改放在突出位置，倾听群众呼声，举一反三，立行立改，建立长效机制，及时回应群众诉求，接受群众监督，以积极整改的实际行动赢得群众的信赖和支持。市、县（区）纪委、监察局、纠风办、考核办和督查部门要认真履行职责，强化督促检查和跟踪督办问责，确保群众关心的问题得到有效解决。整改情况要向社会进行公示。

中共宝鸡市委
宝鸡市人民政府
关于命名宝鸡市十大美丽乡村的
决　　定

宝函〔2014〕11号

（2014年12月1日）

各县、区委，县、区人民政府，市委和市级国家机关各部门，各人民团体：

近年来，全市各级深入贯彻党的十八大精神，深化提升新农村晋星创建，按照“协调发展家园美，村强民富生活美，生态宜居环境美，文明和谐乡风美”的建设要求，大力开展美丽乡村创建活动，村容村貌显著改善，农民收入有效增加，农村公共服务和社会保障水平不断提高，促进了农村经济社会全面协调发展。

为了树立标杆、典型示范，以点带面、整体推进，市委、市政府在全市开展了宝鸡市十大美丽乡村评选活动。经自下而上推荐、评审组现场考察、社会网络投票、公众媒体公示等环节，市委常委会研究审定，评选出凤翔县城关镇周家门前村等十个村为宝鸡市十大美丽乡村、陈仓区周原镇杜赵村等五个村为宝鸡市十大美丽乡村提名村，现予以命名表彰。市委、市政府希望，受命名表彰的村要发扬成绩、再接再厉，更好地发挥示范辐射作用，带动各类村升阶晋星谋发展、因地制宜求突破，推动全市新农村建设不断上台阶。全市各级要切实重视和支持“三农”发展，整合资源要素，加大资金投入，深化晋星创建，狠抓农民增收，加强综合整治，改善人居环境，强化乡村治理，倡导文明乡风，全力打造“天蓝、地绿、水净，安居、乐业、幸福”的美丽乡村，建设农民幸福家园，为持续推进新农村建设、促进城乡一体发展做出新的更大贡献。

附件：宝鸡市十大美丽乡村、宝鸡市十大美丽乡村提名村名单

一、宝鸡市十大美丽乡村

凤翔县城关镇周家门前村

岐山县凤鸣镇北郭村

扶风县法门镇美阳村
太白县黄柏塬镇黄柏塬村
金台区中山西路街道胜利村
凤县黄牛铺镇东河桥村
陇县温水镇团结村
眉县汤峪镇闫家堡村
千阳县南寨镇朝阳村
陈仓区东关街道双碌礴村

二、宝鸡市十大美丽乡村提名村

陈仓区周原镇杜赵村
凤翔县陈村镇庞家务村
渭滨区石鼓镇石咀头村
麟游县酒房镇卞坡村
高新区天王镇八庙村

宝鸡市人民政府关于推进信息化和工业化深度融合的意见

宝政发〔2014〕16号

（2014年4月22日）

各县、区人民政府，市政府各工作部门、各直属机构：

为认真贯彻落实国家《信息化和工业化深度融合专项行动计划（2013～2018年）》（工信部信〔2013〕317号），顺应新一轮技术和产业革命潮流，以信息化带动工业化，以工业化促进信息化，加快全市经济结构调整，推进工业转型升级，保持工业持续稳定增长，根据《陕西省信息化和工业化深度融合专项行动实施计划（2013～2018年）》（陕工信发〔2014〕11号），现就全市信息化和工业化（以下简称两化）深度融合提出如下意见：

一、深刻领会两化深度融合的总体要求

1. **指导思想**。深入贯彻党的十八大提出的关于"坚持走中国特色新型工业化、信息化、城镇化、农业现代化道路，推动信息化和工业化深度融合"的重要精神，按照"需求牵引，创新驱动；分类推进，协调发展；结合实际，突出重点"的原则，政府引导、市场主导、发挥企业主体作用，调动各方参与积极性，大力推进信息技术在产品内涵、产品设计、生产过程控制、物流与供应链管理、企业管理决策等各个层面上的应用、渗透和融合，实现工业设计数字化、装备智能化、生产自动化、管理网络化、商务电子化、服务定制化，不断完善产业链，提升价值链，促使两化融合的红利最大释放，打造全市工业经济升级版。

2. **发展目标**。到2018年，全市两化深度融合取得显著成效，工业转型升级实质性突破，产业结构根本性调整，新型企业发展模式应运而生，企业内生动力和核心竞争力普遍增强。通过两化深度融合，企业年销售收入平均提高20%以上，年利润增长平均提高10%，生产成本在原有基础上降低10%，万元GDP能耗年均下降6%，信息技术应用创新在工业科技创新中占比达到50%。基本形成智能工业与智慧城市相适应、相促进的格局。

3. **工作重点**。抢抓"三个机遇"（国家级两化深度融合试验区创建、信息消费试点市和国家智慧城市建设），推进"四个转型"（从传统制造转向先进智造、从生产制造转向服务制造、从"粗放"制造转向"绿色"制造、从粗放管理转向精益管理），建设"三个平台"（产业集群信息服务平台、中小企业信息服务平台、工业园区信息化服务平台），实现"四个提升"（生产自动化、产品附加值、安全清洁生产、电子商务营销水平），努力争创两化深度融合示范市。

二、抢抓两化深度融合的发展机遇

4. **创建两化深度融合试验区**。认真贯彻中省两化深度融合专项行动计划，对照两化融合管理体系标准，对接"八个专项行动"，从区域、行业、企业三个层面，深入开展试点工作。在区域层面整体推进，培育100户两化融合转型升级示范企业，规范和提升500户企业，发展10个具有一定规模的商贸物流信息化平台，建成面向企业的工业云和"三个平台"。在行业层面分类实施，推动传统产业关键环节信息技术应用，推动特色优势产业向综合集成发展，推动新兴产业围绕产品价值链实现协同创新。在企业层面突出主营业务，龙头骨干企业关键工序数控化率达到80%以上，工业产品信息技术含量和附加值显著提高；规模以上工业企业数控技术应用率达到70%以上；60%以上中小企业实现主营业务信息化。

5. **狠抓促进信息消费试点的机遇**。国家实施促进信息消费战略，对加快两化深度融合，推进产业结构调整具有重要意义。我市作为国家试点城市，要抓住国家促进信息消费的"五大任务"、"六大支持政策"，从完善信息基础设施、加快互联网产业发展、开发智能信息产品、培育信息消费示范项目等方面进行实践探索，促进两化融合向深度发展。

6. **借助智慧城市试点的推动作用**。按照智慧城市试点要求，立足智慧政务、智慧城管、智能交通、智慧医疗等信息惠民工程，加大智能化产品开发生产力度，加快产业结构调整，实现高端制造业产值占制造业产值比重达到50%以上。引进、转化、培育、壮大一批以通信和互联网、物联网为重点的新兴产业和现代服务业，使新产品产值占规模以上工业总产值比重达到30%。

三、大力推进百户企业两化融合转型升级工程

7. **从传统制造转向先进智造**。以12户大企业大集团为重点，围绕自主创新能力提升，引入嵌入式控制技术、数控技术，推广智能感知、工艺分析等设计方式，提高产品信息技术含量和附加值，实现产品向价值链高端跨越。引进集散控制系统（DCS）、制造执行系统（MES），推广人机智能交互、柔性敏捷生产方式，对现有生产装备特别

是关键装备进行数字化改造、网络化集成和上档升级。鼓励有条件的企业开展智能工厂试点或数字化车间试点，探索全业务链综合集成的路径和方法。

8. **从生产制造转向服务制造**。以中小企业为主，指导企业树立“以消费者为中心”的服务理念，通过信息技术在企业各个环节的充分利用，为客户提供高增值服务和高质量的消费体验，使传统制造业发展成面向群众消费的服务业，推动基于消费需求动态感知的研发、制造和产业组织方式变革，形成个性化定制生产新模式。

9. **从“粗放”制造转向“绿色”制造**。围绕煤化工、有色冶金等产业，抓住企业生产经营的用能耗材排污关键环节，推广流程工业能源在线仿真系统等节能减排信息技术，建立生产过程能耗管理、环境监测和污染源监控。重点支持电力、煤化工、有色冶金等有条件的企业建立能源管控中心；支持造纸、化工、冶金、医药、建材等有条件的企业，建立工业主要污染物排放监测和工业固体废弃物综合利用信息管理系统，推进重点行业节能减排。

10. **从粗放管理转向精益管理**。以九大产业集群龙头骨干企业为引领，指导大企业大集团实施信息系统整合，推进研产供销、经营管理与生产控制全业务流程的综合集成，实现信息共享和业务协同，促进企业组织扁平化、决策科学化和运营一体化。支持大、中型企业建立信息共享的集团财务管理、分销管理、决策分析、制造执行等系统。鼓励小微企业建立以客户为中心，全面管理公司业务的信息管理系统。

四、积极应用信息技术提升产业发展水平

11. **壮大特色优势产业**。汽车及零部件产业以陕汽集团、吉利汽车、法士特集团为龙头，以通力公司、通家公司、宝华公司、汉德车桥、宝石特车、合力叉车、宝鸡专用汽车、凌云消防车等企业为骨干，推广供应链管理（SCM）、产品生命周期管理（PLM）等，加强协作配套，壮大汽车及零部件产业集群。石油装备产业以石油钢管和石油机械公司为龙头，加大研发中的信息技术应用，推广协同生产线，保持行业领先水平。轨道交通装备产业以中铁宝桥、中铁电气化、南车时代为骨干，加强三维辅助设计、数控装备在轨道交通中的应用，提高制造企业的产品数据管理和客户关系管理，提升企业生产效率和市场竞争力。机床工具产业以秦川集团、宝鸡机床为龙头，以关中工具、渭河工具、秦川格兰德等企业为骨干，按照数控化、智能化、专业化的方向扩大产业规模，打造数字化工厂或数字化车间。有色金属冶炼及加工产业以宝钛集团、东岭集团为龙头，以民营钛企业和铅锌、黄金企业为重点，突出节能减排和安全生产信息化系统建设，加大资源整合和技术改造力度，提高资源综合利用率，实现可持续发展。煤及煤化工产业依托麟北煤田开发，以“六大系统”为重点，创建数字化矿山，形成自动化、智能化程度较高的煤炭工业及煤化工产业体系。

12. **推动传统产业提质增效**。在淘汰落后产能的基础上，重点推动建材、食品、医药、纺织服装等产业，购置信息化系统和软件，对产品设计、产品工艺、生产环节等进行技术改造，提高产品设计和开发能力，提高生产过程自动化控制水平。水泥等建材行业要合理布局，实现规模化发展，大力发展新型节能环保建材。食品工业重点支持企业上规模、上档次、创名牌，进一步做大做强。医药产业要充分利用资源条件，走特色化发展道路。纺织服装产业要着力推广新型、高效、节能的棉纺织技术装备，以功能性服装产业为重点，创建一批行业名牌产品，打造功能服装产业基地。

13. **支持战略性新兴产业创新发展**。在新能源、新材料及航空航天等战略性新兴产业领域，要抓住国家大力发展信息产品有利机遇，加快推进基础软件、工业软件及电子信息产品的广泛应用，加大信息产品在整个产品体系中的份额和整机中的占比，提升产品附加值和竞争力。新能源产业要借助信息技术，在成套装备生产工艺技术上实现突破，形成规模化生产能力，打造风电增速机、并网逆变器、大功率 LED 单元、太阳能电池等生产配套基地。航空和电子信息工业，要依托宝成仪表、凌云电器、长岭科技、烽火通信、陕西航天导航设备有限公司等优势骨干企业，大力提升自动定向仪、高频及甚高频导航设备、测距器、无线电高度表、多普勒雷达、惯性导航、北斗导航系统应用终端等设备生产水平。

14. **促进生产性服务业加快发展**。支持电子商务平台建设，推动龙头企业电子商务应用的深入开展，扩大网购规模和网销覆盖率，逐步向网上交易、物流配送、信用支付集成方向升级。支持装备制造企业建立电子商务平台，开展本地化电子结算试点，以电子商务为纽带提高供应链协同水平，带动上下游企业发展。以陈仓物流园区为龙头建设综合物流信息平台，支持铁路物流、煤炭物流、金属材料物流等行业物流信息平台建设。推广无线射频识别、北斗定位系统在物流领域的应用，实现商贸流通各环节的全程控制和管理，有效降低物流成本。支持金融机构信息化，形成信贷、现金管理、财务规划、咨询顾问、风险管理综合配套的金融服务体系。积极发展基于互联网和信息系统的工业设计、咨询策划等创意产业。

15. **拓宽中小微企业发展空间**。重点引导企业在公共服务平台上收集、发布产品信息和宣传企业形象；开展企业财务管理信息化、办公自动化等应用；鼓励企业利用互联网开展网上客户服务和网上贸易洽谈等商务活动，利用第三方商务平台开展电子商务活动。通过信息系统应用，破解企业因资金少、规模小而导致的技术研发能力弱、市场开拓能力有限等发展难题，推动企业在产业链上加强配套和创新，培育和维护平等竞争的发展环境。

16. **推进工业产品优化升级**。强化信息技术和系统应用，大力发展八类高端制造业产品：钛金属材料、数控机床、石油钻采设备、连续输油管、输配电设备、专用汽车、轨道交通装备和航空安全装备等，实现产品由价值链低端走向价值链高端。加大信息技术渗透和融合，大力发展十类高附加值产品：高性能钛合金材料、系列工程自卸车、数控成型磨齿机、智能化精密齿轮、高速铁路道岔、高速铁路和客运专线接触网器材、大吨位叉车、真空灭弧室、纺机配套电控设备、高品质高档防伪烟酒等产品。突出信息技术在关键环节的应用，大力发展十类新兴产业产品：传感器、关节机器人柔性加工单元、光伏发电逆变器、光伏储能蓄电池、多线切割机、风电齿轮箱、风电专用铸件、成套机组、凸型叶片模具、核级锆材等产品。

17. **加快互联网产业发展**。落实“宽带中国”战略，着眼打造“无线城市”，实施“光纤入企”、“4G 覆盖”工程，支持各电信运营公司加快光纤宽带网和 TD-LTE 网建设，分步推进热点地区 WiFi 无线网络建设，力争三年内实现主城区全覆盖。围绕移动互联网、物联网与工业融合，制定全市互联网产业发展规划，指导渭滨区建设移动互联网产业园，支持西普网络等本地互联网企业做大做强，引进西安网赢、央视网商城、58 同城、紫光软件等省内外互联网企业来宝鸡发展，打造我市工业经济新的增长极。

五、加强重点领域特殊行业信息化建设

18. **加快食品药品安全信息化追溯系统建设**。搭建食品、药品质量安全信息可追溯公共服务平台，面向消费者提供企业公开法定信息实时追溯服务，强化企业质量安全主体责任。鼓励企业建立基于物联网的数码追溯防伪系统，杜绝假货，防止窜货，最大限度地减少对消费者和产品品牌的损害。

19. **抓好民爆、农药及危险化学品安全监管系统建设**。按照民爆行业安全管理规范，建设覆盖民爆主管部门、民爆企业的行业综合管理服务平台，建立民爆企业生产、流通全过程安全管控体系，实现民爆物品动态全程监控，生产要素闭环化管控。按照农药、危险化学品安全管理要求，建立农药生产信息数据库、危险化学品特性基础数据库和相应的在线报送、查询系统，有效控制危险化学品在生产和流通环节中存在的健康与环境风险。

20. **加强安全生产监管系统建设**。按照不同行业对安全生产的要求，围绕安全信息管理分析、安全生产动态监测监控、安全隐患排查、安全事故应急管理、安全生产调度指挥、特种设备管理、人员安全管理、高危工业产品运输监控和管理等，建设安全生产信息化系统，促进生产安全。

六、抓好两化深度融合措施落实

21. **加强组织领导**。成立由市政府分管副市长任组长，市政府联系工信工作的副秘书长、市工信局主要负责同志任副组长，市发改委、工信局、科技局、财政局、环保局、商务局、药监局、安监局、质监局等单位分管负责同志为成员的“宝鸡市两化深度融合工作领导小组”，领导小组办公室设在市工信局。领导小组职责是：贯彻中省两化深度融合发展的相关政策，制订发展计划和措施；制定两化融合项目管理办法和绩效考评标准；负责两化深度融合相关数据统计，开展两化深度融合绩效评估，推进两化深度融合向更高层次发展。

22. **发挥企业主体作用**。把两化深度融合作为企业发展战略工程来抓，着眼企业长远发展，舍得在信息技术应用上投资；着眼主营业务增长，舍得购置信息系统；着眼生产经营关键环节，舍得进行信息化改造。健全企业信息主管（CIO）制度，完善工作机制，强化信息化职能，增强企业自我积累、自我发展能力。

23. **加大资金支持**。每年从市级产业集群专项资金中安排 500 万元用于支持两化深度融合，重点用于创新项目、示范项目、公共信息服务平台和重点领域建设项目的贴息和奖励。完善两化深度融合投融资政策，积极争取中省相关专项资金支持和项目推广应用，引导社会资源投入，形成以政府投入为引导、企业投入为主体、其他投入为补充的多元化投融资体系。

24. **完善人才培养体系**。开展企业管理人员、政府工作人员两化深度融合专项培训；建立企业 CIO 协作机构，加强两化深度融合交流与研究；组织 IT 服务商开展两化深度融合专业技术培训；积极与高校、职业院校合作，推进信息技术专业人才定向培养机制，形成常态化的信息技术人才输送渠道。

25. **做好信息安全保障**。认真贯彻落实国家工信部《关于加强工业控制系统信息安全管理的通知》，建立局域网隔离、路线检测与防护、杀毒软件、专用防火墙等安全策略。强化重要信息系统安全管理检查，加强信息产品和服务的安全检测和认证，确保工业网络与信息安全。要强化国家安全教育，提高信息安全意识，做好网络“反窃密，防泄密”工作，确保国家秘密和经济利益安全。

附件：宝鸡市两化深度融合重点项目汇总表

宝鸡市两化深度融合重点项目汇总表

项目类别	项目名称	项目建设单位	项目主要内容	建设期限	预期收益
移动互联网产业类	宝鸡4G网络建设项目	宝鸡移动公司、宝鸡电信公司、宝鸡联通公司	按照4G网络的标准，建设覆盖宝鸡市市区、县城区及热点地区的4G网络。	2014年至2016年	满足4G网络用户100M无线上网的需求，为我市移动互联网相关产业的发展奠基基础。项目总体投资约10亿元。
	宝鸡无线城市（WiFi）建设项目	宝鸡移动公司、宝鸡电信公司、宝鸡联通公司、西普网络公司等	在我市的车站、公园、体育场馆、图书馆、公共停车场等人流量较大的公共室外空间，按照WiFi的标准建设无线网络。	2014年至2016年	满足市民在热点公共地区的免费无线上网需求，提升城市信息服务能力。项目投资约2亿元。
	渭滨区移动互联网产业园项目	渭滨区政府、园区管委会	建设能够承载我市移动互联网产业发展的渭滨区移动互联网产业园，能够满足引进人才技术和龙头企业的需要，提供优质的网络体验，搭建并完善移动互联网产业链条，形成相对优势的、自主可控的移动互联网产业。	2014年至2020年	支撑地区产业升级、转型发展。
	基于云计算技术的移动互联网数字媒体开发与应用项目	陕西西普网络科技有限公司	建设云计算中心、开展大数据收集、实现大数据分析。	2014年至2015年	预计营业收入16000万元，实现利税7462万元，将建成云计算移动互联网数字媒体示范基地一个。
工业企业转型升级、提质增效类	企业生产制造MES改造项目	宝鸡石油钢管有限责任公司	利用云终端技术实现系统终端管理，并配套改造PLC等自动化控制设施，实现生产制造全过程信息化管理。购置设备及软件包括服务器、交换机、网络设施布置以及MES软件。	2014年至2015年	运用信息技术提升生产线现场管理水平，提高生产效率，降低生产成本。
	MES推广项目配套改造项目	宝鸡石油机械有限责任公司	配套设施改造：其中办公PC机、工业一体机、普通扫描设备、条码打印机、无线AP、网络交换机、防火墙、网闸、电子看板、PLC改造、机房建设、综合网络布线工程等。	2014年	提高效率，降低成本。
	ERP、办公协同（OA）、网上商城项目	陕西西凤酒股份有限公司	金蝶EAS平台实施应用于财务、供应链，建立办公信息化自动化、人力资源、产销计划深度融合，供应商一体化系统；在电商平台合作基础上开发自有的电子商城。	2014年至2018年	节约成本2250万，新增销售收入2000万元。
	食品全过程溯源系统		通过二维码（或RFID）形式建立全面产品溯源、防伪、防窜体系。	2014年	新增销售收入2000万元。
	涉密信息载体监控与管理系统	陕西烽火通信集团	基于RFID技术的涉密计算机和移动存储识别管理系统。	2014年	年新增收入3000万元。
	研发信息化管理平台项目		电子元器件数据库、PDM建设。	2014年至2015年	节约成本1000万元。
	集团管控信息化平台项目		集团财务的集中监管和管控。	2014年	节约成本500万元。

续表

项目类别	项目名称	项目建设单位	项目主要内容	建设期限	预期收益
工业企业转型升级、提质增效类	中低压配电设备产业基地信息化平台建设项目	西电宝光宝鸡有限责任公司	在中压配电设备产业基地建设 EAS 系统、PDM 系统、ERP 系统以及信息安全系统的升级与扩充等。	2014 年	年新增销售收入 2550 万元。
	SAP-ERP 软件实施应用项目	宝鸡合力叉车厂	通过 SAP 七大模块（FI、CO、SD、PP、MM、QM）的全面上线实施应用，提升企业财务管理、质量管理、采购与库存管理、生产计划管理、销售管理、工厂设备维护等七大方面管理水平。	2014 年	创新管理，提高效率。
	汽车生产制造执行系统	宝鸡华山工程车辆有限责任公司	针对制造现场的执行层面管理，结合上下游信息系统，形成完整的制造业管理信息链，能够灵活应对多变的生产定案、管理复杂的产品工艺、实时监控生产现场、即时反馈订单执行状态，提供完整准确的制造数据，帮助企业实现制造追溯，降低质量及管理成本，增强企业市场竞争力。	2014 年至 2016 年	提高效率。
	汽车产品供应链管理系统		根据生产系统分解出的物料需求计划及仓储中物料的存储量，自动生成物料采购计划，各供应商根据自己的配送计划自主安排生产、配送，并根据要求将生产、配送计划和进度即时反馈至主机厂，主机厂根据供给情况合理安排装配，压缩准备时间，提高生产能力和效率。	2017 年	供应链协同水平大幅提高，生产准备周期缩短 5 天；新增销售收入 2 亿元，新增利税 2000 万。
	婴幼儿乳粉生产线两化融合升级建设项目	陕西和氏乳品有限公司	新安装婴幼儿乳粉在线生产电子追溯系统 1 套；生产线自动监控产品质量设备 18 台套；婴幼儿乳粉质量指标检验信息管理设施 1 套。	2014 年	年新增销售收入 4400 万元。
	产品信息追溯系统和服务平台建设项目	陕西关山乳业有限责任公司	购置检测设备 18 台（套），购置电脑 20 台（套），配套购置软件开发、信息采集及系统维护设施。实现每一单品奶粉在奶源、采购、生产、出厂、运输到销售终端的全程有效监管，在任何环节均可快速辨别真伪，确保购入产品来源正规、渠道可靠、责任清晰。	2014 年	年新增销售收入 1800 万元。
	SIMATIC 新技术在制砖成型工艺的研究应用项目	陕西皇城机械（集团）有限公司	开展“SIMATIC 新技术在制砖成型工艺的研究应用”降低投资成本，替代国外进口，与同类型设备相比提高产量 35%，实现整个生产工艺过程智能自动化运行。	2014 年	项目完成后，新增产值 6500 万元。

续表

项目类别	项目名称	项目建设单位	项目主要内容	建设期限	预期收益
公共服务平台类	SIMATIC 新技术在制砖成型工艺的研究应用项目	陕西皇城机械（集团）有限公司	开展“SIMATIC 新技术在制砖成型工艺的研究应用”降低投资成本，替代国外进口，与同类型设备相比提高产量35%，实现整个生产工艺过程智能自动化运行。	2014 年	项目完成后，新增产值 6500 万元。
	宝鸡工业园区信息服务平台	市工信局、各工业园区	面向我市 17 个省级工业园区，建设以三维地理信息为基础，以园区规划、招商、园区管理、企业服务为目标，集成 12 项具体功能的工业园区信息服务平台。	2014 年至 2015 年	实现工业园区的精细化管理和精准服务。
	宝鸡市中小企业信息服务平台	市工信局	依托现有中小企业服务体系，建设面向我市中小企业服务的信息平台，实现行业资讯、服务咨询等功能，拓展电子商务等服务内容。	2014 年至 2015 年	实现平台的服务企业超过 500 户。

全市非私营单位分行业在岗职工平均工资

项　　目	在岗职工平均工资（元）
（全部单位）总计	45250
二、按国民经济行业分组	
（一）农、林、牧、渔业	39586
（二）采矿业	64590
（三）制造业	43851
（四）电力、热力、燃气及水的生产和供应业	63200
（五）建筑业	37701
（六）批发和零售业	33548
（七）交通运输、仓储和邮政业	37778
（八）住宿和餐饮业	24583
（九）信息传输、软件和信息技术服务业	66268
（十）金融业	73031
（十一）房地产业	33964
（十二）租赁和商务服务业	37144
（十三）科学研究、技术服务业	48915
（十四）水利、环境和公共设施管理业	36146
（十五）居民服务、修理和其他服务业	40229
（十六）教育	49575
（十七）卫生和社会工作	52520
（十八）文化、体育和娱乐业	38795
（十九）公共管理、社会保障和社会组织	50497

全市非公有制经济增加值

单位：亿元,%

行　　业	非公增加值	占 GDP 比重
总　　计	830.40	50.07
第一产业	62.08	38.48
第二产业	565.10	52.41
工业	419.38	48.49
规模以上工业企业	85.61	93.20
规模以下工业企业	83.80	93.55
建筑业	145.72	68.30
第三产业	203.23	48.50
交通运输、仓储和邮政业	33.00	46.20
批发和零售业	77.07	78.15
住宿和餐饮业	14.83	83.62
金融业	3.76	9.50
房地产业	21.51	92.04
其他服务业	50.36	31.20

分县区非公有制经济增加值

单位：亿元,%

县　区	非公增加值		第一产业		第二产业		第三产业	
	总量	占比	总量	占比	总量	占比	总量	占比
渭滨区	216.41	48.55	1.05	26.10	157.35	48.65	58.01	49.05
金台区	136.34	46.15	1.03	40.19	90.87	46.35	44.44	45.88
陈仓区	105.31	60.65	14.28	59.71	66.34	70.12	24.69	44.79
凤翔县	94.82	52.15	11.22	46.41	62.87	53.06	20.74	52.96
岐山县	80.73	54.15	8.54	37.87	53.00	61.31	19.19	47.85
扶风县	57.43	57.10	9.08	46.07	32.00	64.30	16.34	52.58
眉　县	74.34	71.05	8.41	41.30	51.93	85.34	13.99	59.80
陇　县	27.26	47.70	7.73	46.54	12.24	50.96	7.29	44.12
千阳县	16.94	48.31	3.43	37.35	10.98	58.58	2.53	35.44
麟游县	22.92	41.11	3.97	60.30	16.36	37.20	2.58	49.92
凤　县	85.32	58.60	2.46	38.68	70.32	61.05	12.54	52.15
太白县	7.63	44.61	2.04	38.54	4.28	54.58	1.31	32.99

规模以上工业总产值

单位：亿元

分组	工业总产值	比上年增长（%）	销售产值	产销率（%）
全市总计	2242.63	7.0	2057.04	91.7
其中：大中型工业企业	1855.55	5.0	1695.30	91.4
按轻重工业分				
轻工业	520.68	9.3	470.09	90.3
重工业	1721.95	6.3	1586.95	92.2
按经济组织类型分				
国有企业	194.16	-20.6	177.88	91.6
集体企业	4.83	-8.8	4.57	94.6
股份合作企业	1.94	31.0	1.54	79.5
股份制企业	1866.86	13.2	1710.26	91.6
外商及港澳台商投资企业	167.72	-9.3	156.05	93.0
其他经济类型企业	7.12	-28.6	6.73	94.6
按隶属关系分				
中央企业	453.06	-10.1	416.15	91.9
省属企业	567.41	15.1	556.24	98.0
市属企业	359.92	7.6	288.92	80.3
县属企业	862.24	12.8	795.73	92.3

保险事业

单位：亿元

指标	2014年	比上年增长（%）
保险公司个数（个）	35	6.1
一、全年保费收入	48.52	18.5
1. 财产保险费	9.8	11.5
2. 寿险保险费	36.24	19.3
3. 健康和意外伤害险	2.48	37.8
二、支付各类赔款及给付	14.88	29.3
1. 财产险赔款	6.1	23.2
2. 人身险赔付与给付	8.78	33.8
三、保险深度（%）	2.93%	
四、保险密度（元/人）	1294.42	

注：1. 保险深度：保险深度是指某地保费收入占该地区国内生产总值（GDP）之比，反映了该地保险业在整个国民经济中的地位。保险深度取决于一国经济总体发展水平和保险业的发展速度。
2. 保险密度：保险密度是指按当地常住人口计算的人均保险费额。

2014 年税收收入统计表

单位：万元

项　目	入库数小计	国　税	地　税	财　政	海　关
合　计	1456316	1007146	428962	14195	6013
市本级	688376	581698	87545	13120	6013
渭滨区	157170	85660	71595	-85	
金台区	126148	44927	81411	-190	
陈仓区	65403	42243	23240	-80	
凤翔县	147723	108527	39196		
岐山县	64254	35609	28645		
扶风县	31209	14714	16495		
眉　县	35793	12481	21882	1430	
陇　县	22053	8289	13764		
千阳县	15027	5038	9989		
麟游县	63412	46164	17248		
凤　县	39748	21796	17952		
太白县	8682	2222	6460		
高新区	128192	73127	55065		

全市财政收支情况

单位：万元

指　标　名　称	绝　对　量		增速（%）
	2014 年	2013 年	
财税总收入	1881057	1716761	9.57
地方财政收入	780571	720196	15.60
各项税收	483293	463841	4.19
增值税	88089	78274	12.54
营业税	116234	119900	-3.06
企业所得税	38760	27708	39.89
个人所得税	7501	6078	23.41
非税收收入	297278	256355	15.96
地方财政支出	2356018	2203859	6.90
一般公共服务	237958	270513	-12.03
教育	521354	539407	-3.35
社会保障和就业	316487	286020	10.65
医疗卫生	211239	202148	4.50
节能环保	71620	63986	11.93
城乡社区事务	143624	105447	36.20
农林水事务	351854	327410	7.47

地区生产总值及构成

单位：亿元，%

指　　标	生产总值	比上年增长	构　成
地区生产总值	1658.54	10.8	100.00
农、林、牧、渔业	168.26	5.1	10.15
#农、林、牧、渔服务业	6.93	9.6	0.42
工业	864.82	11.9	52.14
规模以上工业	772.96	12.2	46.61
规模以下工业	91.86	8.6	5.54
建筑业	213.35	12.5	12.86
批发和零售业	98.62	7.9	5.95
批发业	63.10	7.0	3.80
零售业	35.51	9.7	2.14
交通运输、仓储和邮政业	71.42	6.7	4.31
住宿和餐饮业	17.73	7.9	1.07
住宿业	5.49	8.2	0.33
餐饮业	12.24	7.7	0.74
金融业	39.55	16.8	2.38
房地产业	23.37	7.5	1.41
房地产业（K门类）	9.19	11.5	0.55
居民自有住房服务	14.18	5.0	0.86
其他服务业	161.42	9.7	9.73
营利性服务业	26.77	7.9	1.61
信息传输、计算机服务和软件业	12.42	8.7	0.75
其他营利性服务业	14.35	7.1	0.87
非营利性服务业	134.65	10.1	8.12
公共管理和社会组织	68.08	11.3	4.11
其他非营利性服务业	66.57	8.8	4.01
第一产业	161.33	4.9	9.73
第二产业	1078.17	11.9	65.01
第三产业	419.03	9.2	25.27

注：地区生产总值及分项指标增长速度按可比价计算。

全市工业主要产品产量

产品名称	计量单位	产　量	比上年增长（%）
纱	万吨	11.98	17.0
布	万米	24208.85	17.9
乳制品	万吨	27.08	4.2
啤酒	万千升	20.46	35.1
卷烟	亿支	367.75	1.9
白酒（折65度，商品量）	万千升	5.97	5.4
中成药	吨	3400.92	17.5
发电量	亿千瓦小时	135.80	2.7
农用氮、磷、钾化学肥料总计（折纯）	吨	72508.00	-32.4
陶质砖	万平方米	25852.17	20.6
机制纸及纸板	万吨	23.71	4.0
水泥	万吨	1215.78	8.2
钢材	万吨	438.85	5.1
锌	万吨	18.27	-8.1
黄金	千克	4097.46	32.0
金属切削机床	台	12515.0	8.8
#数控金属切削机床	台	8439.0	16.0
汽车	辆	5085.0	0.5
内燃叉车	台	33688.0	-6.2
石油钻井设备	台套	16811.0	-3.0
工业自动调节仪表与控制系统	万台（套）	37.32	2.9
塑料制品	万吨	11.35	64.9
粗钢	万吨	14.31	50.0
金属切削工具	万件	808.93	10.1
原煤	万吨	651.70	7.7
小麦粉	万吨	117.13	7.5
硫酸（折100%）	万吨	14.41	5.3
高压开关板	面	6031	-17.9
低压开关板	面	3253	-38.0
泵	台	29381	-70.7

全市耕地面积

单位：亩

指标名称	数　量	比上年增长（%）
一、年初耕地总资源	5346716	-0.03
二、年内增加耕地	21754	-43.41
其中：新开荒地面积	9801	-48.36
园地改为耕地	8701	-27.88
三、年内减少耕地	41363	3.81
其中：耕地改为园地	23286	9.18
退耕还林还草占地	5941	155.53
国家基建占地	11222	-5.94
四、年末耕地总资源	5327107	-0.37
（一）常用耕地面积	4475411	-0.54
1. 水田	6705	-1.72
2. 旱地	4468706	-0.54
其中：水浇地	1712091	0.56
（二）临时性耕地	851696	0.56
其中：25 度以上的陡	225804	3.06
五、农业用地情况		
1. 耕地	5410350	0.03
其中：基本农田	4900588	0.00
其中：高标准农田	308786	0.00
2. 园地	620456	-1.07
3. 林地	17670278	-0.06
4. 草地	1345749	1.48
5. 设施农业用地	26807	-67.02
补充：沟、渠、路、田埂占用耕地	178440	19.94

分县区粮食油料产量

单位：吨

县区	粮食		油料	
	产量	比上年增长（%）	产量	比上年增长（%）
渭滨区	20000	-9.17	1074	29.71
金台区	33019	-2.61	1097	19.63
陈仓区	224800	-2.72	2769	10.01
凤翔县	256353	-1.42	5168	11.76
岐山县	265783	0.27	2445	19.44
扶风县	265514	-2.76	944	-11.28
眉县	126173	0.11	1037	13.46
陇县	100101	-3.67	1936	-9.28
千阳县	56297	2.26	842	7.81
麟游县	66326	10.11	919	-2.96
凤县	22389	1.65	670	1.98
太白县	6405	0.55	335	9.48

全市主要农作物播种面积和产量

指标名称	播种面积		总产量	
	面积（亩）	比上年增长（%）	总产（吨）	比上年增长（%）
农作物播种面积总计	6184947	-1.64		-0.87
一、粮食作物合计	4994553	-1.35	1443160	8.47
1. 夏粮合计	2842832	-0.22	797251	-10.40
2. 秋粮合计	2151721	-2.80	645909	-0.53
（一）谷物	4759153	-1.50	1409935	8.47
1. 小麦	2808581	-0.16	789224	-9.71
2. 玉米	1893874	-2.83	608499	-98.76
（二）豆类	157786	2.38	14919	-16.93
（三）薯类	77614	0.54	18306	-2.02
二、油料合计	162030	-4.56	19236	-32.26
三、棉花	651	-26.44	60	-1.05
四、麻类	2985	0.13	189	
五、烟叶	49450	-20.26	6283	-25.19
六、药材	103413	3.64	38458	5.57
七、蔬菜	757879	-1.33	1363597	4.68
八、瓜果类	67791	-1.34	212991	4.13
九、其他农作物	46195	-13.01		

全社会固定资产投资完成情况

单位：亿元

指　　标	投资额	比上年增长（%）
全社会固定资产投资额	2105.59	26.1
一、固定资产投资	1979.17	21.8
#房地产开发企业投资	93.14	14.6
1. 按隶属关系分		
部省属	67.90	14.3
市县属	1911.27	25.6
2. 按产业活动分		
第一产业	159.64	46.0
第二产业	672.97	21.1
第三产业	1146.56	25.1
二、农村农户投资	49.04	0.1
三、其他投资	77.38	96.6
附：新增固定资产	1555.27	21.0
固定资产交付使用率	78.58%	回落2.7个百分点
施工项目个数（个）	4052	34.9
建设项目投产率	83.88%	提高6.02个百分点

全市人口情况

县　区	常住人口（万人）	公安户籍人口				出生率（‰）	死亡率（‰）	自增率（‰）
		总户数（户）	户籍人口（万人）	男性	女性			
全　市	375.32	1150185	383.84	197.49	186.34	9.66	6.11	3.55
渭滨区	45.26	146258	43.48	21.91	21.57	8.37	4.53	3.84
金台区	39.84	131183	38.26	18.08	20.18	8.48	4.77	3.71
陈仓区	60.09	168743	60.46	31.33	29.12	10.07	5.94	4.13
凤翔县	48.82	155446	52.26	26.96	25.30	9.38	6.52	2.85
岐山县	46.36	139236	47.70	24.57	23.12	8.78	5.74	3.04
扶风县	42.05	119430	45.18	23.88	21.31	10.30	5.76	4.53
眉　县	30.29	92229	32.64	16.86	15.79	10.27	5.84	4.43
陇　县	25.14	78988	27.14	14.27	12.88	11.43	7.66	3.77
千阳县	12.52	41618	13.39	7.02	6.37	11.39	9.19	2.20
麟游县	9.16	26526	8.74	4.94	3.80	10.49	9.24	1.25
凤　县	10.65	33330	9.64	5.03	4.61	10.70	9.20	1.50
太白县	5.14	17198	4.96	2.66	2.30	10.64	9.19	1.45

2014 年全市人口出生、死亡、自增等情况统计表

县区	期 末 总人口	出生数	死亡数	自增数	已婚育 龄妇女	领取独生 子女证	一孩妇 女比例
合 计	3815884	35346	18293	17053	709260	134283	49.59
渭滨区	345839	2936	1250	1686	69829	31634	76.83
金台区	384655	3249	1369	1880	70362	26878	76.25
陈仓区	445971	4555	2331	2224	82073	13350	45.62
凤翔县	514673	4509	2451	2058	90719	13668	43.35
岐山县	477233	3954	2175	1779	88859	14145	47.63
扶风县	447182	3970	1915	2055	78122	7052	37.42
眉 县	310679	3131	1591	1540	59645	6646	44.39
陇 县	261468	2828	1548	1280	51342	5028	38.52
千阳县	131418	1188	739	449	26000	2925	38.94
麟游县	89562	834	460	374	15499	1218	32.52
凤 县	103072	905	640	265	20522	3504	45.90
太白县	51260	509	294	215	9474	1320	42.42
高新区	252872	2778	1530	1248	46814	6915	45.39

2014 年全市计生率、出生率、增长率、性别比等情况统计表

县区	计生率	出生率	死亡率	自增率	性别比	二孩性别比	农村双女 绝育数
合 计	95.17	9.29	4.81	4.48	105.33	106.51	25829
渭滨区	97.17	8.50	3.62	4.88	104.46	109.17	1293
金台区	97.23	8.48	3.57	4.90	106.68	107.75	1117
陈仓区	94.03	10.24	5.24	5.00	103.89	101.64	4071
凤翔县	95.14	8.76	4.76	4.00	104.03	102.18	3826
岐山县	95.65	8.30	4.57	3.74	104.02	109.56	1376
扶风县	93.48	8.91	4.30	4.61	107.53	103.66	2118
眉 县	95.59	10.09	5.13	4.96	105.99	108.16	3323
陇 县	93.00	10.84	5.94	4.91	109.64	108.80	1553
千阳县	94.02	9.05	5.63	3.42	104.12	106.86	1396
麟游县	99.28	9.33	5.14	4.18	107.46	111.72	1114
凤 县	99.56	8.76	6.19	2.56	105.68	113.87	1692
太白县	99.61	9.96	5.75	4.21	100.39	96.15	654
高新区	93.05	11.12	6.13	5.00	103.67	110.72	2296

注：数据来源于 2014 年度统计年报表。

全市物价指数

类　　别	上年同期=100		
	全市	城市	农村
一、居民消费价格总指数	101.9	101.9	101.6
（一）食品	103.6	103.7	102.5
其中：1. 粮食	104.2	104.1	104.3
2. 淀粉及制品	100.4	100.4	101.0
3. 干豆类及豆制品	109.2	108.9	113.7
4. 油脂	91.8	91.5	93.8
5. 肉禽及其制品	96.0	95.8	99.2
6. 蛋	105.4	105.1	110.8
7. 水产品	108.2	108.1	110.2
8. 菜	98.8	98.7	99.8
9. 调味品	101.7	101.7	102.0
10. 糖	90.7	88.9	102.8
11. 茶及饮料	99.2	99.0	102.2
12. 干鲜瓜果	118.4	119.6	107.8
13. 糕点饼干面包	103.6	103.6	103.3
14. 液体乳及乳制品	114.0	114.2	110.5
15. 在外用膳食品	106.5	106.8	102.1
16. 其他食品	94.9	94.6	97.4
（二）烟酒	98.5	98.3	100.3
（三）衣着	99.7	99.7	100.3
（四）家庭设备用品及维修服务	99.6	99.4	101.4
1. 耐用消费品	97.1	96.8	102.5
2. 室内装饰品	100.7	100.4	102.9
3. 床上用品	100.1	100.0	101.2
4. 家庭日用杂品	99.8	100.0	95.4
5. 家庭服务及加工维修服务	110.3	110.3	109.9
（五）医疗保健和个人用品	103.1	103.2	101.4
1. 医疗保健	102.2	102.3	101.9
2. 个人用品及服务	105.1	105.4	100.0
（六）交通和通信	100.3	100.4	99.7
1. 交通	102.2	102.4	100.7
2. 通信	98.7	98.6	99.0
（七）娱乐教育文化用品及服务	100.2	100.2	99.4
1. 文娱用耐用消费品及服务	95.9	95.9	96.5
2. 教育	100.9	101.0	99.6
3. 文化娱乐类	100.7	100.6	103.2
4. 旅游	101.6	101.8	97.9
（八）居住	101.8	101.7	103.0
二、商品零售价格总指数	100.3		
三、农业生产资料价格指数	99.4		
四、工业生产者出厂价格指数	98.7		
五、工业生产者购进价格指数	98.1		

全市分行业用电情况

单位：万千瓦时

指标名称	本年用电量	增速（%）
全社会用电总计	750360.64	3.24
A、全行业用电合计	631264.11	2.34
第一产业	23701.69	-17.40
第二产业	472818.93	2.97
第三产业	134743.48	4.49
B、城乡居民生活用电合计	119096.53	8.30
城镇居民	66433.03	12.34
乡村居民	52663.50	3.61
全行业用电分类	631264.11	2.34
一、农、林、牧、渔业	23701.69	-17.40
二、工业	459997.54	2.83
轻工业	73501.12	-12.33
重工业	386496.42	6.32
（一）采矿业	43024.61	5.18
（二）制造业	364297.05	2.49
（三）电力、燃气及水的生产和供应业	52675.88	3.28
三、建筑业	12821.39	8.24
四、交通运输、仓储和邮政业	57800.68	-6.03
五、信息传输、计算机服务和软件业	6299.33	27.53
六、商业、住宿和餐饮业	32432.65	26.13
七、金融、房地产、商务及居民服务业	14659.26	1.17
八、公共事业及管理组织	23551.56	5.60

“四上”及房地产法人单位户数

单位：户

县区	合计	规上工业企业	限上批零住餐企业		资质建筑企业	规上服务业	房地产企业数
			限上批发零售业	限上住宿餐饮业			
全市	1607	556	422	174	155	113	187
渭滨区	420	99	99	52	55	23	92
金台区	298	59	82	30	38	32	57
陈仓区	170	71	50	7	23	9	10
凤翔县	126	65	35	11	8	5	2
岐山县	129	56	30	23	8	7	5
扶风县	114	51	35	7	7	7	7
眉县	130	59	30	17	6	10	8
陇县	48	13	18	7	2	4	4
千阳县	44	18	16	3	2	5	0
麟游县	22	6	5	5	4	2	0
凤县	81	50	13	10	1	5	2
太白县	25	9	9	2	1	4	0

全市各县区财政支出情况

单位：万元

单位名称	宝鸡市	市级市本级	宝鸡财政局	高新区财政局	宝鸡市区县小计	太白县	陈仓区	凤翔县	岐山县	麟游县	陇县	千阳县	凤县	扶风县	眉县	金台区	渭滨区
一般预算支出	2356018	725691	670627	55064	1630327	73927	183899	190019	172759	90789	138954	97571	82366	176399	164704	126698	132242
一般公共服务支出	237958	68612	59126	9486	169346	8636	20986	18051	16043	8845	16426	8899	9331	12779	10927	20323	18100
国防支出	1996	1895	1895		101						35		21		45		
公共安全支出	102414	49163	48583	580	53251	2854	3055	5984	6550	2547	5099	3896	3465	6313	6046	3614	3828
教育支出	521354	42471	36841	5630	478883	10844	67590	54483	49410	22895	39137	25536	18961	45859	51330	44828	48010
科学技术支出	24172	11729	11271	458	12443	763	861	538	412	1248	1498	310	823	134	1696	2544	1616
文化体育与传媒支出	54550	30323	30217	106	24227	1299	1074	2130	2816	2056	2669	1018	2526	1672	4634	1277	1056
社会保障和就业支出	316487	125986	121710	4276	190501	9131	12393	18413	29060	12115	17511	10311	8422	20577	19416	17525	15627
医疗卫生与计划生育支出	211239	29846	27272	2574	181393	4740	27000	26604	21999	5910	15172	9406	6522	24193	17553	9489	12805
节能环保支出	71620	20926	19627	1299	50694	8279	3830	5321	2632	3615	2610	3029	3245	9613	4746	2844	930
城乡社区支出	143624	88385	79950	8435	55239	3323	1696	5812	8000	1020	1843	1419	4376	4570	2194	6390	14596
农林水支出	351854	64801	51202	13599	287053	14907	38500	38748	27862	22778	21690	19017	17940	33784	28775	12451	10601
交通运输支出	38734	29642	29641	1	9092	1173	906	177	1775	228	2192	574	650	492	538	190	197
资源勘探信息等支出	42712	27409	23110	4299	15303	409	372	2130	1330	175	985	2566	807	1885	883	829	2932
商业服务业等支出	15830	10982	10982		4848	372	195	161	766	46	425	123	125	493	1414	476	252
金融支出	174	35	9	26	139				45		74	20					
国土海洋气象等支出	12800	4689	4649	40	8111	1901	55	393	100	205	1541	234	810	1608	485	561	218
住房保障支出	195365	110757	106522	4235	84608	5162	5089	10669	3238	6960	9903	10786	4136	11741	13616	3012	296
粮油物资储备支出	6600	2185	2185		4415	120	160	320	667	129	102	388	178	553	352	306	1140
国债还本付息支出	4437	3893	3893		544	14	137	65	54	17	42	39	20	63	26	29	38
其他支出（类）	2098	1962	1942	20	136			20					8	70	28	10	0
财政支出	2356018	725691	670627	55064	1630327	73927	183899	190019	172759	90789	138954	97571	82366	176399	164704	126698	132242
其中：教科文社卫农和住房支出	1675021	415913	385035	30878	1259108	46846	152507	151585	134797	73962	107580	76384	59330	137960	137020	91126	90011
教科文社卫农和住房支出占财政支出的比重%	71.10	57.31	57.41	56.08	77.23	63.37	82.93	79.77	78.03	81.47	77.42	78.29	72.03	78.21	83.19	71.92	68.07
2013年财政支出	2203859	675685	621735	53950	1528174	68601	195173	176949	164799	76031	130086	84702	80489	162189	149695	116692	122768
一般预算支出较上年增长（%）	6.9	7.4	7.9	2.1	6.7	7.8	-5.8	7.4	4.8	19.4	6.8	15.2	2.3	8.8	10.0	8.6	7.7

全市各县区财政收入情况

单位：万元

单位名称	宝鸡市	宝鸡市级	宝鸡市本级	高新区财政局	宝鸡市区县合计	太白县	陈仓区	凤翔县	岐山县	麟游县	陇县	千阳县	凤县	扶风县	眉县	金台区	渭滨区
一般预算收入	780571	406781	351471	55310	373790	9043	36868	44915	32262	19188	26805	10353	37655	27579	29963	47402	51757
税收收入	483293	259257	222328	36929	224036	4545	18088	29140	21884	16452	10576	7338	12241	14121	18602	32461	38588
增值税	88089	47722	42619	5103	40367	193	4766	5578	4405	5295	1340	617	2905	1764	1235	3942	8327
营业税	116234	48420	42563	5857	67814	1788	6166	4545	5248	3660	2751	2093	3218	5599	3728	16439	12579
企业所得税	38760	26734	26054	680	12026	293	927	3116	648	1012	739	164	385	1296	391	644	2411
个人所得税（款）	7501	4872	4580	292	2629	106	206	312	163	155	163	34	173	132	77	568	540
资源税	7241	1223	1222	1	6018	522	239	306	393	1753	263	316	1772	352	100		2
城市维护建设税	82911	68164	51975	16189	14747	190		4532	2575	2321	399	461	2127	958	1184		
房产税	14540	6675	5801	874	7865	124	746	1169	786	400	214	139	103	371	394	1169	2250
印花税	16514	7208	6208	1000	9306	95	575	1626	652	188	121	101	622	325	284	1473	3244
城镇土地使用税	18400	8299	6459	1840	10101	194	1652	1349	1483	247	219	197	64	445	468	1569	2214
土地增值税	22959	12061	12056	5	10898	68	4	357	840	20	145	244	90	478	481	3033	5138
车船税（款）	7546	3340	3340		4206	74		201	117	64	82	49	104	170	184	1930	1231
耕地占用税（款）	24746	3717		3717	21029	551	283	4767	1567	846	834	2441	211	1400	6275	1580	274
契税（款）	35088	20822	19451	1371	14266	347	2524	1282	3007	191	842	482	467	831	3801	114	378
烟叶税（款）	2764				2764					300	2464						
非税收入	297278	147524	129143	18381	149754	4498	18780	15775	10378	2736	16229	3015	25414	13458	11361	14941	13169
专项收入	118156	52610	47108	5502	65546	121	678	2994	1477	1228	2521	1409	22588	5566	4734	10186	12044
排污费收入（项）	2881	2881	2881														
教育费附加收入（项）	39020	25134	19632	5502	13886	113	678	2994	1447	1228	334	239	792	575	414	1898	3174
矿产资源专项收入	660				660						615	41			4		
行政事业性收费收入	76827	37629	30289	7340	39198	2422	15240	1047	5948	1159	3064	698	1996	3141	357	3514	612
罚没收入	18153	7088	6761	327	11065	661	2126	1356	1279	23	1306	524	579	1419	629	664	499
国有资本经营收入	16940	16940	11740	5200													
国有资源(资产)有偿使用收入	64557	31313	31301	12	33244	1046	736	10378	1674	322	9106	384	219	3294	5638	433	14
其他收入（款）	2645	1944	1944		701	248				4	232		32	38	3	144	
2013年地方财政收入	720196	387858	337727	50131	332338	7439	29136	41000	27402	16881	23157	8616	41153	24384	26049	41905	45216
地方财政收入同口径增长（%）	15.6	18.2	19.5	10.3	12.5	21.6	26.5	9.5	17.7	13.7	15.8	20.2	-8.5	13.1	15.0	13.1	14.5

分县区地区生产总值

单位：亿元,%

县 区	生产总值		第一产业		第二产业		第三产业	
	总量	比上年增长	增加值	比上年增长	增加值	比上年增长	增加值	比上年增长
渭滨区	445.70	8.5	4.01	4.7	323.44	8.1	118.25	9.6
金台区	295.45	12.0	2.56	4.8	196.04	12.8	96.85	10.1
陈仓区	173.64	8.8	23.92	5.3	94.61	9.6	55.11	8.6
凤翔县	181.81	10.5	24.17	4.6	118.49	12.0	39.15	8.7
岐山县	149.10	12.1	22.54	5.2	86.46	14.5	40.10	8.7
扶风县	100.57	12.0	19.72	5.1	49.76	15.6	31.09	8.8
眉 县	104.63	16.1	20.37	5.1	60.86	21.1	23.40	8.4
陇 县	57.16	13.0	16.61	4.9	24.03	22.8	16.52	8.6
千阳县	35.06	16.9	9.18	5.0	18.75	25.5	7.13	8.7
麟游县	55.75	18.9	6.59	5.4	43.99	28.0	5.17	9.1
凤 县	145.61	15.7	6.37	4.7	115.19	17.9	24.05	8.8
太白县	17.11	12.1	5.29	4.9	7.85	17.8	3.97	9.6

注：地区生产总值及分项指标增长速度按可比价计算。

2014 年宝鸡市大事记

1 月

1 日

上官吉庆等市领导与近万名机关干部职工、学生、公安民警及市民群众在市行政中心广场参加庆元旦、迎新年升国旗仪式。

市委书记上官吉庆为“迎省运·体彩杯”关天经济区万人长跑暨 2014 年宝鸡市全民健身活动鸣枪发令，并与陈光明、黄超、白升安、富君、刘桂芳、王琳、景耀平、宋建国等市领导及万名干部群众一起参加长跑。

宝鸡市第三次经济普查启动，5000 多名普查员参与，普查对象涉及 12 万户从事第二产业和第三产业的单位、个体经营户。

2 日

宝鸡市投入 3952 万元，对全市 3.13 万户、6.23 万名城市低保对象按照人均补差 259.8 元标准，对 7.89 万户、17.8 万名农村低保对象按人均 128 元补差标准，加发一个月低保金。对城市低保户按每户 600 元标准，农村低保户按每户 200 元标准，农村五保户按每人 200 元标准发放取暖补助。对采用集中供热方式和燃气炉集中供暖方式的低保对象，按每户 517.2 元标准减免。

2—3 日

副省长白阿莹一行到宝鸡，就宝鸡市对省政府工作报告的意见、报请省政府协调解决问题的落实情况和筹备省十五届运动会、筹备“世界佛教徒联谊会”以及周文化景区建设等情况进行调研。

3 日

市总工会 2014 年春节送温暖活动在职工帮扶大厅启动。活动为全市 1.5 万名困难职工送去 1100 万元慰问金和 9.5 万公斤慰问品。

5 日

市委书记上官吉庆出席第 27 届世佛联大会筹备联席会并讲话。会议确定第 27 届世界佛教徒联谊会大会于 2014 年 10 月在宝鸡举行。

宝鸡市出台《宝鸡市水体污染补偿考核办法》，对全市各县区 38 个断面进行监测。

6 日

市委书记上官吉庆会见以秘书长攀洛·泰阿利为团长的“世佛联”考察团一行。

代市长钱引安检查石鼓山西周墓地考古发掘工作。

7 日

省委常委、纪委书记郭永平到宝鸡，调研中央八项规定和反腐倡廉制度建设落实情况。

关中五市两区纪委书记座谈会在宝鸡召开。省委常委、纪委书记郭永平出席会议并讲话。

市委副书记、代市长钱引安在市行政中心接待厅会见安徽叉车集团董事长张德进一行。

7—8 日

市人大常委会组织全市选举的省十二届人大代表开展集中视察活动。

8 日

全市 2013 年度目标责任考核测评大会召开，省政协医药卫生体育委员会主任、第七考核组组长李荣杰出席大会。会议对市级党政领导班子和市级领导干部进行了民主测评，对省级部门 2013 年工作满意度进行了民主评议。

市委副书记、代市长钱引安到市财政局，就壮大财源规模、增加财政税收进行调研。

9 日

代市长钱引安、副市长丁琳及市发改委、招商局、文物旅游局负责人，在陇县调研经济社会发展情况，并慰问困难群众。

省第十五届运动会会徽、会歌、吉祥物和主题口号正式发布。会徽为宝鸡苗波涛作品，会歌为商子秦和鲍方作词、于洋作曲的《追梦》；吉祥物为河北秦皇岛李伟创作的“宝宝”；主题口号为广东汕尾刘建伟创作的“相约魅力宝鸡，共享生命活力”。

市委对外宣传办公室召开新闻发布会，通报 2013 年反腐倡廉情况，违反“八项规定”受到党政纪处分 23 人。全年共受理群众信访举报 1050 件，立案 358 件，给予党纪政纪处分 377 人，其中县处级 13 人，科级以下 364 人。

9—10 日

省委常委、延安市委书记姚引良

率延安市考察团莅临宝鸡，对千阳县苹果矮化密植管理新技术进行考察。

10日

市委举行2014年第一次中心组学习（扩大）会，学习《市委中心组学习制度》和中央农村工作会议精神。

代市长钱引安在市行政中心接待厅会见卓达集团副总裁杨继刚一行。

11—12日

宝鸡市分系统、分部门机关干部志愿服务活动启动。数百名机关干部在市区主要路段开展志愿服务。

市委、市政府筹措1.87亿元资金，开展节前大慰问、春节送温暖活动。

13日

参加省十二届人大二次会议的宝鸡代表团召开预备会议。

14日

参加省十二届人大二次会议的宝鸡市代表团55名省人大代表，围绕全省和宝鸡经济发展、社会建设、改善民生等方面建言献策，形成议案建议44件。

15日

省委书记、省人大常委会主任赵正永参加省人代会宝鸡代表团全体会议，与代表们一起审议省政府工作报告。

中央农村工作领导小组办公室副主任唐仁健，在省委政研室负责人陪同下，考察宝鸡统筹城乡工作。

16日

2013年全市300个市级重点项目完成投资546.97亿元，完成率106.18%；第三产业和民间投资分别增长38.6%和42.4%。

17日

宝鸡市召开中组部第十四批在陕博士服务团座谈会。

市领导李春红、黄超、张敬原、白升安、袁军晓、景耀平、武军、倪宝生等分别到农村、社区及企事业单位，开展慰问活动。

20日

代市长钱引安到西宝高速宝鸡出入口、连霍高速清姜出入口、宝鸡南出入口、峪泉南路、宝鸡体育场等处，对城市建设管理和创文工作进行调研。

21日

市委书记上官吉庆及市委常委、市委秘书长白升安，带领市委组织部相关负责人，到周原博物馆看望北京大学考古文博学院教授雷兴山，并前往岐山慰问部分道德模范、困难党员。

代市长钱引安，市人大常委会副主任、市总工会主席乔春芳带领相关部门负责人，看望慰问困难职工和老干部。

市政协主席张民义一行先后走访慰问优秀运动员、困难职工和离退休老干部，并前往宝鸡军分区走访慰问部队官兵。

宝鸡首届春联文化节大型公益活动在宝鸡展览馆举行，近百位热爱公益事业的书画家现场为群众义务书写对联。

22日

市委书记上官吉庆应邀在新华网演播室，就构建丝绸之路经济带新起点、打造关天经济区副中心等话题与广大网友开展交流。

市政协主席张民义带领相关部门负责人到市区包抓片区，检查创文工作。

23日

省政府在眉县横渠镇李魏村举行农村生活垃圾转运车送车下乡启动仪式，省财政厅、环保厅向眉县45个村赠送了45辆垃圾转运车。

市十四届人大常委会召开第十三次会议，审议通过市人大常委会2014年工作要点；宝鸡市十四届人民代表大会第四次会议议程（草案）；市人大常委会工作报告（草稿），确定报告人；宝鸡市十四届人民代表大会第四次会议主席团和秘书长名单（草案）、议案审查委员会名单（草案）、计划和预算审查委员会名单（草案）；宝鸡市十四届人民代表大会第四次会议列席人员名单。

市政协主席张民义到扶风新区环城东路、法门镇美阳村、县中心敬老院、城关镇黄甫村上咀组走访慰问贫困群众，并在扶风城关镇黄甫村开展党的群众路线教育实践活动调研工作。

23—24日

市委书记上官吉庆在市委常委、市委秘书长白升安陪同下，先后到凤翔县、市中心医院、秦机社区等慰问干部群众、离退休老干部、困难职工、交友帮扶对象及市消防支队全体官兵。

24日

市委副书记、代市长钱引安到眉县调研项目建设、招商引资、城市发展、旅游开发等情况。

市领导上官吉庆、陈光明、白升安、马鲜萍、刘桂芳和1300余名机关干部职工在宝鸡高新区高新零路至高新十四路之间，开展大规模卫生清洁活动。

市委书记上官吉庆在宝鸡石油机械有限责任公司出席“我们的中国梦”文化进万家活动启动仪式并讲话。

26日

省委常委、政法委书记安东在市领导上官吉庆、黄超等陪同下，到陈仓区慰问部分低保户、残疾人、困难职工，并走访贫困企业。

市委副书记、代市长钱引安，市委常委、常务副市长张敬原对法门寺佛文化景区建设工作进行调研。并就法门寺文化景区春节安保工作进行安排部署。

省委宣传部副部长、省文明办主任龚晓燕到宝鸡慰问任立新和李岳宝两名道德模范。

市委副书记、代市长钱引安一行到扶风县，对县域经济发展情况进行专题调研。

27日

市委书记上官吉庆，市委副书记、代市长钱引安，市委常委、宝鸡军分区司令员李春红，市委常委、市委秘书长白升安，慰问驻宝部队官兵。

市委副书记、代市长钱引安带领市级相关部门负责人，检查春节期间安全生产、食品安全和市场供应情况。

市领导张民义、田筱虎、牟林乐、袁军晓一行看望慰问宝鸡高新区坚守一线的基层综合执法人员、公安民警、环卫工人。

团市委举办活动启动“亲青暖心 圆梦行动”，50余名爱心人士现场伸出援手，帮助留守儿童圆梦。

28日

市委、市政府举行2014年各界迎新春团拜会。

全省2013年公众安全感调查评测结果公布，宝鸡社会治安满意率、平安建设知晓率和公检法司队伍形象满意度（简称“两率一度”）三项指标均列全省第一。

29日

市领导上官吉庆、黄超、张敬原、白升安一行到金台区，看望慰问坚守在一线的环卫工人、公安民警和综合执法人员。

市委副书记、代市长钱引安及市委常委、宣传部长马鲜萍，到宝鸡电视台看望新闻工作者。

30—31日

市领导钱引安、王琳、倪宝生一行到渭滨区，看望慰问一线公安民警、综合执法人员、环卫工人。

2013年全市实现地区生产总值1545.91亿元，比上年增长13%，增速高于全省2个百分点。

31日

市委书记上官吉庆到高新区，慰问正在执勤的交警、坚守岗位的环卫工人。

2月

1—7日

全市共接待游客182.3万人次，旅游综合收入达7.56亿元，同比分别增长19%和20%。

7日

市委书记上官吉庆走访慰问金台区返乡的外出务工人员和困难群众。

市委、市政府在市行政中心广场举行宝鸡市机关干部“做文明有礼宝鸡人”誓师大会。3000余名机关干部参加宣誓，市委书记上官吉庆宣布活动启动，市委副书记、代市长钱引安发表讲话。

市委召开副市级以上领导干部会议，学习传达习近平总书记在中纪委三次全会上的重要讲话和李克强总理来陕西考察慰问时的讲话精神。

8日

市委、市政府举行2013年度目标责任考核总结表彰暨2014年重点工作部署动员大会。

市委召开市人大、市政府、市政协领导班子中不是中共党员的领导干部，各民主党派、工商联负责人、无党派代表人士，市级各人民团体负责人及有关方面人士座谈会，对将提请市十四届人大四次会议补选的市人大常委会主任、市人民政府市长人选进行民主协商。

由市文广局主办、市群艺馆承办、市艺术剧院协办的“宝鸡市2014年春节广场文化周”活动，在市区炎帝园广场开幕。

9日

政协宝鸡市十一届三次会议在市区城际酒店开幕。386名政协委员参加会议，市政协主席张民义作工作报告，市政协副主席黄哲作提案工作情况的报告。

市委举行市十四届人大四次会议和市政协十一届三次会议中共党员负责人会议。市委书记、市人大常委会党组书记上官吉庆主持会议并讲话。

10日

宝鸡市第十四届人民代表大会第四次会议在市工人文化宫开幕。大会应到代表380名，实到代表363名。主席团常务主席上官吉庆主持会议，代市长钱引安代表市政府向大会作工作报告。出席市政协十一届三次会议的委员和列席人员列席会议。

12日

政协宝鸡市十一届三次会议闭幕。市政协主席张民义主持闭幕大会并讲话，上官吉庆、钱引安、李春红、马赟、黄超、张敬原、马鲜萍等市领导出席大会

13日

宝鸡市第十四届人民代表大会第四次会议闭幕。大会选举上官吉庆为宝鸡市第十四届人大常委会主任，钱引安为宝鸡市人民政府市长。通过了宝鸡市人民政府工作报告、宝鸡市2013年国民经济和社会发展计划执行情况与2014年国民经济和社会发展计划、宝鸡市2013年财政预算执行情况和2014年财政预算、宝鸡市人大常委会工作报告、宝鸡市中级人民法院工作报告、宝鸡市人民检察院工作报告。

市委召开常委会议，听取市纪委监察局关于省纪委三次全会精神及贯彻意见的汇报，研究部署2014年全市党风廉政建设和反腐败工作任务。

14日

市委中心组集体学习中央和省委领导关于群众路线教育实践活动的讲话精神。

2014·陇州社火艺术节开幕。钱引安等市领导参加开幕式。

15日

2014年春季新学期起金台、渭滨两区1.79万名农村义务教育阶段中小学生开始享受营养改善计划，全市12县区实现全覆盖。

17日

市纪委十一四次全会召开。全会通过了田筱虎代表市纪委常委会所作的工作报告，表彰2013年全市纪检监察工作先进集体。扶风县纪委等进行了交流发言。市委书记上官吉庆与各县（区）委书记签订2014年党风廉政建设责任书。

18日

陕西省暨宝鸡市2014年文化、科技、卫生“三下乡”主题示范活动启动仪式在陈仓区周原镇举行。省委常委、宣传部长景俊海出席活动。

市委召开党的群众路线教育实践活动领导小组第一次会议。

市长钱引安到高新区国核宝钛锆业股份公司、宝鸡专用汽车有限公司、陕西银河消防科技装备公司等企业就经济社会发展情况进行调研。

全市“新春送温暖、真心解民忧”活动共为困难群众送去慰问金和生活困难救济金1.2亿元，累计走访群众46819人，征求意见建议19368条，举办政策宣讲会404场、培训36830人，发放宣传资料114890份，为群众解难题办实事3450件。

19日

省人大常委会副主任张迈曾一行莅临宝鸡，就召开省委人大工作会议进行调研。

市长钱引安到渭滨区就经济社会发展情况进行调研。

19—20 日

副省长祝列克带领省级相关部门负责人到陇县温水镇、关山乳业有限责任公司，就推动扶贫开发工作开展调研。

20 日

市委召开全市党的群众路线教育实践活动部署动员会议。

21 日

市委作出决定，号召全市广大党员向在押解犯罪嫌疑人途中遭车祸时为保护犯罪嫌疑人英勇牺牲的眉县公安局刑侦大队副大队长耿永红学习。

市政府召开全体会议，就全面完成2014年政府工作报告提出的重点任务进行安排，市长钱引安讲话并提出要求。市政府第三次廉政工作会议与全体会议合并召开，会议印发2014年政府廉政工作安排。

市长钱引安到陈仓区物流园区、东门十字改造项目、陈仓科技工业园、青啤宝鸡工业园和陈仓区北坡森林公园等项目现场调研。

25 日

市委召开党的群众路线教育实践活动督导组组长、副组长会议。

市委召开全市宣传部长暨精神文明建设工作会议。总结2013年全市宣传思想文化和精神文明建设工作，并对2014年工作进行安排。会议对2013年度全市精神文明建设和对外宣传工作先进集体进行了表彰。

市工商联、总商会召开十四届三次执（常）委会议。

26 日

市委、市政府召开全市农村（绿化、扶贫）工作会议。副市长景耀平与各县区签订造林绿化和森林防火责任书。

市长钱引安在市行政中心接待厅会见中国工程院院士、南车株洲电力机车研究所有限公司执行董事、总经理丁荣军一行。

27 日

市委、市政府召开全市“双创”、“双迎”工作动员大会。

市委召开中心组第四次集体学习会，围绕开展党的群众路线教育实践活动进行专题学习讨论。

市政协召开党的群众路线教育实践活动动员会议。

3 月

1 日

宝钛锆业股份公司等4家企业设立省级院士工作站，全市院士工作站增至6个。

3 日

宝鸡市被水利部、全国节约用水办公室联合授予“第三批全国节水型社会建设示范区”称号。

市长钱引安带领市级相关部门负责人到金台区调研经济社会发展情况。

4 日

千阳、陇县等8个县（区）在19个村建成全市首批农村幸福院。

由省绿化委员会、省林业厅联合主办的全省千里绿色长廊建设现场会在宝鸡召开。各地市林业局长就如何学习宝鸡经验作了表态发言。

5 日

市委中心组进行2014年第五次集体学习，省委党校巡视员郑志飚应邀作《党章》专题辅导报告。

全市大气污染防治工作会议召开。

团市委组织金台、渭滨、陈仓志愿者千余人，开展学雷锋宣传活动。

6 日

市长钱引安在行政中心会见中航工业沈飞集团董事长、党委书记谢根华一行。

市长钱引安到岐山县调研经济社会发展情况。

应市环保局邀请，中国科学院西安地球环境研究所派出专家小组来宝鸡研究分析雾霾污染防治。

由市妇联、市体育局主办的“庆三八·迎省运”健身展示活动在市体育馆举行，全市5000余名妇女群众参加活动。

7 日

市长钱引安到翔县调研经济社会发展情况。

宝鸡第22届“科技之春”宣传月农村科普示范活动启动。科技、卫生、农业、林业等单位300多名专家在眉县汤峪镇现场解答农民在生产、生活上的困难和问题。

9 日

3500多名市民携子女在市区北坡森林公园参加植树活动。

10 日

市委中心组举行2014年第六次学习会。学习习近平在河北调研时的讲话心得。

11 日

市长钱引安到千阳县调研经济社会发展情况。

市政府召开全市财政工作会议。市长钱引安与市财政局、国税局、地税局主要负责人签订了2014年财税收入目标任务书。会议表彰奖励了2013年度全市财政工作先进县区和财政收入完成工作先进部门。

市政府召开全市防震减灾工作会议。

市级党政群机关600余名志愿者，在金台区硖石镇董家村开展义务植树活动。

11—13 日

市政协主席张民义带领市政协部分委员对宝鸡市非公经济发展情况进行专题调研。

12 日

钱引安等市领导与上百名机关干部在金台区团结村北坡开展义务植树活动，种下600多棵桧柏。

13 日

市长钱引安到蟠龙新区进行专题调研。

14 日

市长钱引安带领相关部门负责人，就千渭之会国家湿地公园景观绿化、生态造林、环境整治、湿地修复等情况进行调研。

市食品药品稽查支队在长寿沟垃圾处理场，集中销毁935千克假劣食品药品。

市委党的群众路线教育实践活动督导组组长、副组长第二次会议召开。传达学习全省各市区组织部长、教育实践办主任会议精神。

15 日

“3·15”国际消费者权益日，全市现场受理消费者投诉案件104起、咨询1250起。

17 日

市委召开座谈会，听取市级老领导对市委常委班子及成员在贯彻群众路线、加强作风建设等方面的意见建议。

18日

副省长王莉霞一行到宝鸡部分县区，调研医改进展情况并检查卫生、计生工作。

省委常委、纪委书记郭永平到陈仓区，检查指导党的群众路线教育实践活动。

市委召开市级工青妇组织、各民主党派、工商联主要负责人、宝鸡全国人大代表和部分省市“两代表一委员”及有关方面代表座谈会，听取社会各界对市委常委班子及成员和群众路线教育实践活动的意见和建议。

19日

副省长庄长兴带领有关部门负责人，就绛帐至法门寺高速公路改扩建等计划年内建成通车的项目，以及西宝高速改扩建宝鸡过境线项目现场调研，并现场协调解决有关问题。

市委举行全市副县级以上领导干部大会，市委书记上官吉庆围绕学习贯彻习近平总书记系列讲话精神，就坚定理想信念、化解本领恐慌两个问题讲了党课，并对抓好全市县处级领导干部集中轮训提出了要求。

市长钱引安检查金台区包抓片区创文工作整改情况。

19—20日

省委第一督导组组长、杨凌农业高新技术产业示范区陕西省建设领导小组专职副组长张光强率督导组先后到陇县、千阳县、陈仓区、岐山县检查督导并向社会各界征求意见建议。

20日

以省委宣传部副部长、省委党的群众路线教育实践活动领导小组办公室副主任龚晓燕为组长的教育实践活动专题调研组一行调研宝鸡开展教育实践活动情况。

上官吉庆、钱引安、张民义等市领导到高新区马营镇朴西村五组敬老爱亲道德模范杨腊秀家中，与见义勇为道德模范李岳宝、敬业奉献道德模范王东鹏、全国劳模王汝运进行座谈交流。

市委书记上官吉庆，市委常委、市委秘书长白升安，调研高新区和陈仓物流园区项目建设情况。

20—21日

市长钱引安先后到凤县、太白县调研县域经济社会发展情况。

21日

市委书记上官吉庆与金台区干部群众一起参加北坡植树活动。

市委书记上官吉庆带领市级有关部门负责人到岐山县检查工作。

24日

市长钱引安会见陕西华兴石油化工产品有限公司董事长兼总经理尚晓军。双方就陕西华兴公司在长青工业园建设甲醇下游产品生产线和西北成品油储运销售中心项目进行了磋商。

25日

市政府召开大气污染防治工作紧急会议。

陕西省暨宝鸡市第22届“科技之春”宣传月城区科普示范活动在市区炎帝园广场启动。

28日

市委召开党的群众路线教育实践活动督导组组长（扩大）会议。

宝鸡市第十四届人大常委会召开第十四次会议，听取审议有关报告，通过了对康巨淋副市长的决定任命。

29日

市人大常委会召开党的群众路线教育实践活动征求意见建议座谈会。各县区人大常委会领导、部分市人大代表和市民代表共40余人参加了会议。共提出意见建议31条。

31日

市委书记上官吉庆调研蟠龙新区开发建设情况。

4月

1日

市委书记上官吉庆到渭滨区石鼓镇调研指导党的群众路线教育实践活动，面对面征求群众对领导干部“四风”和全市改革发展方面的意见建议。

市长钱引安带领市级有关部门负责人，对麟游县经济社会发展情况进行调研。

2日

宝鸡市教育创强工作推进会召开。

3日

市委常委会组成人员到扶眉战役烈士陵园，举行主题党日暨清明扶眉战役烈士悼念活动。

市委全面深化改革领导小组召开第一次会议。市委书记、市委全面深化改革领导小组组长上官吉庆主持会议并讲话。市委全面深化改革领导小组副组长及成员，领导小组办公室主任、副主任等参加会议。

渭滨区9条道路启用新命名，南北走向道路3条：炎帝园西路、姜水路、石鼓西路；东西走向道路6条：国道巷、炎帝陵路、益门北路、益门南路、姜谭西路、峪石路。

4日

全国政协副主席卢展工一行，在省政协副主席千军昌及市长钱引安、市政协主席张民义陪同下，到法门寺文化景区视察。

市长钱引安在眉县调研重点示范镇建设与美丽乡村建设工作。

副省长祝列克带领省级有关部门负责人到宝鸡，调研渭河综合整治工作。

5日

上万民众在炎帝祠广场和炎帝园举行首次民间祭祀炎帝活动。

7日

中国国民党副主席林丰正一行到宝鸡参观法门寺文化景区。

由原陕西文学研究所所长冯肖华教授主编、宝鸡文理学院文传院13位学者参著的46万字的《宝鸡文学六十年》一书，由陕西人民出版社出版发行。

8日

市长钱引安到市级离退休老领导毛明发、李均家中，征求对市政府党组班子及班子成员开展党的群众路线教育实践活动的意见、建议。

全市城乡居民大病医疗保险政策有关内容调整。居民大病筹资标准提高到每人每年25元，所需资金从城乡居民年度筹资新增的政府补助资金中提取，农村居民大病报付起付线调整为8000元。大病医疗保险报付区间从五段调整为三段：农村居民个人自付合规费用8000元以上到3万元以下报付50%，城镇居民个人自付合规费用1万元以上到3万元以下报付50%；城乡居民个人自付合规费用3万元（含3万元）以上到10万元以下报付70%；城乡居民个人自付合规费用10万元（含10万元）以上报付90%；年度个人累计报付补助封顶线维持原30万元标准。

8—13日

世界银行中国贫困农村地区可持续发展项目检查团到宝鸡，对世行五期扶贫项目实施情况进行检查。截至4月，该项目已在全市60个项目村投入资金5582万元，受益群众达4.2万人。

9日

市委书记上官吉庆，市委常委、市委秘书长白升安与高新区干部群众一起，在高新区三期滨河大道开展植树造林活动。

市委书记上官吉庆检查连霍高速宝鸡段沿线造林绿化、环境整治工作。

市长钱引安到岐山县蔡家坡镇，调研蔡家坡城区及重点示范镇建设，并召开党的群众路线教育实践活动征求意见座谈会。

宝鸡石鼓山西周墓地荣获“2013年度全国十大考古新发现”，并排在首位。

10日

市委召开全市副县级以上领导干部大会，邀请延安市委理论讲师团团长安振华教授作“弘扬延安精神、践行群众路线”专题辅导报告。

市委召开党的群众路线教育实践活动督导组组长（扩大）会议。

市食品药品监督管理局走进宝鸡电视台《百姓问政——干部作风大家谈》直播现场，听取群众意见建议。市委书记上官吉庆参加节目并现场点评。

11日

全市物业管理工作会议召开。

市委书记上官吉庆对包抓的渭滨区金陵街道办事处片区创文工作进行检查。

中国社科院重大国情调研组一行到宝鸡调研。

12日

宝鸡市国学研究会成立，市作协副主席李巨怀当选会长。

14日

国家宗教局副局长蒋坚永及中国佛教协会副会长学诚一行到宝鸡，考察第27届世界佛教徒联谊会大会筹备工作。

15—17日

省政协副主席冯月菊带领部分省政协委员到宝鸡市部分县区，就探索混合所有制医疗机构发展、规范医疗秩序问题进行调研。

16日

市委书记上官吉庆、市委副书记陈光明，市委常委、政法委书记黄超，以普通党员的身份到所居住的金台区三迪社区，报到登记，开展“在职党员进社区，服务群众零距离”活动。

市长钱引安到茵香河文化旅游区，对旅游区开发建设进行专题调研。

省纪委“三转”工作调研组莅临宝鸡，就纪检监察机关转职能、转方式、转作风工作进行调研。

市政协召开社会稳定风险评估座谈会。提出2014年要把市县两级所有重点项目纳入社会稳定风险评估，实行一对一、点对点考核，提高考核针对性、科学性。

17日

市政协主席张民义对包抓的渭滨区经二路办事处片区创文工作进行暗访。针对检查中发现的问题，要求限期解决。

在第二届中国文化旅游品牌建设与发展峰会暨“影响世界的中国文化旅游知名品牌”发布会上，凤县荣膺“影响世界的中国文化旅游名县”称号，法门寺佛文化景区荣膺“影响世界的中国文化旅游名景”称号。

17—18日

省委书记赵正永到千阳县、陇县调研。

18日

省委书记赵正永在宝鸡主持召开工业企业稳增长座谈会。强调要把稳定工业增长摆在突出位置，进一步开拓市场、调整结构、振奋精神、深化改革，巩固全省经济持续健康发展的良好势头。

第一季度，全市340个重点项目共完成投资150.32亿元，完成率达到25.50%，实现了首季开门红。其中新建项目开工率达68.54%，完成投资85.35亿元，占年度计划的26.52%。

在泰国曼谷“世佛联”总部举行的第27届世界佛教徒联谊会大会新闻发布会上，攀洛·泰阿利秘书长宣布由中国承办的第27届“世佛联”大会，将于2014年10月16—18日在中国陕西省宝鸡市举行。

21日

市长钱引安到市中心医院，调研医疗窗口单位党的群众路线教育实践活动开展情况。

市长钱引安到金台区检查创文工作。

22日

市委书记、市委党的群众路线教育实践活动领导小组组长上官吉庆主持召开市委常委会，学习中央和省委督导组在宝鸡调研督导时的反馈意见和省委书记赵正永在宝调研时讲话精神，研究宝鸡贯彻意见，对全市党的群众路线教育实践活动进行再部署。

23日

2014年中国·宝鸡丘陵山区暨高新农业机械演示会在宝鸡会展中心开幕。副省长祝列克出席并宣布演示会开幕。

市委召开县区委党的群众路线教育实践活动办公室主任、市委督导组副组长会议，学习中央和省委督导组在宝鸡调研督导反馈意见和省委书记赵正永在宝调研时讲话精神，贯彻落实市委常委会讨论研究意见。

23—24日

市委书记、市委党的群众路线教育实践活动领导小组组长上官吉庆与市委常委、市委秘书长白升安到麟游县调研指导教育实践活动，并就做好当前和今后一个时期教育实践活动提出要求。

24日

一季度经济运行分析暨重点项目

重点工作推进会召开。

市纪委召开市级部门重要岗位中层干部警示教育大会。

市政府党组书记、市长钱引安在市委党校，为350余名干部作了题为“改革创新，转型突破，奋力推进宝鸡经济社会跨越发展”的党课辅导报告。

25日

市委书记上官吉庆主持市委中心组集体学习会，领学习近平总书记在兰考县委常委扩大会上的讲话。市长钱引安领学了省委书记赵正永在延安市和洛川县党的群众路线教育实践活动汇报会上的讲话。

市政协主席张民义带领市政协经济科技委员会部分委员到陈仓物流园区，对园区发展情况进行专题调研。

市委办公室、市政府办公室发出《关于开展慈善“一日捐”活动的通知》，决定从2014年起，每年5月在全市开展慈善“一日捐”活动。

中国首套具有自主知识产权的垂直钻井工具在宝鸡石油机械有限责任公司试验成功。

28日

省委常委、省纪委书记郭永平到陈仓区，检查指导党的群众路线教育实践活动。

北京理工大学副校长赵平一行四人到宝鸡考察产学研合作情况。

市长钱引安带领市国土局、住建局等相关部门负责人，到中铁宝桥集团、宝鸡石油钢管有限责任公司调研。

市政协主席张民义带领市政协主席会成员调研全市教育工作。

市委举行中心组（扩大）法制报告会，邀请中国著名经济学家和经济政策研究专家、北京大学博士何学彦作了题为《宏观经济变化的新趋势与法治建设方式的创新》的专题辅导报告。

宝鸡市建立企业诚信“红黑榜”发布制度，定期通过媒体发布诚信企业“红名单”和失信企业“黑名单”，并制定失信企业和个人惩戒措施，提高全社会对诚信建设的关注度。

29日

全市庆“五一”暨第三届宝鸡市十大杰出工人、2014年宝鸡市“五一”劳动奖状、奖章获得者和2013年度宝鸡市知识产权工作先进集体和个人表彰大会在工人文化宫举行。

市委书记、市委党的群众路线教育实践活动领导小组组长上官吉庆主持召开市委常委会“学习焦裕禄精神、践行‘三严三实’、加强党性修养”专题学习交流会。省委第一督导组成员应邀出席指导会议并提出要求。

市直机关“迎省运 庆五一”千人登山健身活动在市行政中心对面的北坡广场举行。共有1800余名市直机关干部职工参加千人登山健身活动。

30日

全市大气污染防治工作进展情况汇报会召开，市长钱引安出席会议并讲话。

全市第一茬次党的群众路线教育实践活动县区经验交流会召开。

5月

1—3日

全市累计接待国内外游客179.67万人次，实现旅游综合收入8.426亿元，同比分别增长52.65%和46.28%。

4日

市委书记上官吉庆主持召开市级四大班子、县区领导班子教育实践活动整改问题征求意见梳理分析交办清单会议。

石头河引水工程正式通水。

共青团宝鸡市委举行“十大杰出青春榜样”表彰大会，纪念五四运动95周年。王军、王文军、孙军锁、闫敏、宋雪浩、李默、李昕东、杨珺、陈红军、郭梓新受表彰，单永健、耿永红获杰出青春榜样特别奖。

4—5日

副省长李金柱带领省国资委、省工信厅等负责人到宝鸡，调研工业经济运行情况。先后到长青能化、宝石机械等6家企业视察。

5日

市委书记上官吉庆参加渭滨区区委常委会党的群众路线教育实践活动专题学习交流会。

6日

全市民营企业家座谈会召开，市长钱引安出席并讲话。

7日

市委书记上官吉庆调研石鼓文化城项目，并召开项目建设协调会。

市委书记上官吉庆主持召开市委中心组学习会。

8日

全市党的群众路线教育实践活动第一茬次第一环节总结暨第二环节部署动员大会召开。省委第一督导组组长、杨凌农业高新技术产业示范区陕西省建设领导小组专职副组长张光强参加会议并讲话。

市委书记上官吉庆到吉利、青啤宝鸡工业园项目现场检查建设情况。

市委召开预防青少年违法犯罪和未成年人保护工作会议。

9日

全市创建省级双拥模范城视频动员大会召开。

市政协主席张民义到眉县检查包抓重点项目进展情况。

宝鸡市第六个防震减灾宣传月活动在周礼文化广场启动。

全市创建国家生态园林城市市区园林绿化现场会召开。

10—12日

金台检察院荣立全国检察系统集体一等功，凤县检察院周喜玲被记个人一等功。

市长钱引安出席市审计局成立30年座谈会并讲话。

13日

市委书记上官吉庆到市区检查调研创文工作。

市长钱引安检查火车南客站拆迁改造项目进展情况。

14日

咸阳市市长卫华率团到宝鸡考察。

市长钱引安到高新区天王镇调研指导党的群众路线教育实践活动。

“爱心牵手、慈善宝鸡”2014年（首届）慈善一日捐活动月在市行政中心启动。

市委书记上官吉庆到渭滨区石鼓镇石嘴头村，了解镇村党的群众路线教育实践活动开展情况。

市委召开常委（扩大）会议，学习贯彻习近平总书记兰考重要讲话精神。

15日

市委召开市级窗口服务单位整改问题交办会议，对市委常委会党的群众路线教育实践活动党员代表监督小组暗访发现的问题进行集中交办。

市委召开常委会，听取市纪委对关中五市两区党风廉政建设和反腐败工作情况汇报会精神的汇报，研究贯彻落实措施。

15—16日

全国政协外事委员会副主任杨多良率调研组到宝鸡，就推进“丝绸之路经济带”建设开展专题调研。

16日

全市农村环境综合整治现场会在岐山县召开。

17日

省政府授予宝鸡2013年度“加快发展中小企业先进单位”称号。截至2013年底，全市中小微企业数量达18.4万户，从业人数达106万人，非公经济增加值占全市GDP比重达50.02%。

18日

2014年宝鸡市文化旅游节暨太白山开园旅游文化周在太白山旅游景区开幕。省人大常委会副主任李晓东宣布活动启动，省政协副主席郑小明出席启动仪式。

19日

中共中央政治局常委、中央书记处书记刘云山到宝鸡调研。参观了宝鸡青铜器博物馆，并到宝鸡机床集团有限公司、石鼓镇石嘴头村调研基层党建和教育实践活动情况。中组部常务副部长陈希，中宣部常务副部长雒树刚，中央政研室副主任江金权，省委书记赵正永，省长娄勤俭，省委常委、组织部长毛万春，市委书记上官吉庆陪同调研。

20日

市委召开常委会班子对照检查材料讨论会。

全市“治污降霾·保卫蓝天”集中供热燃煤锅炉拆除爆破仪式举行。市长钱引安下达起爆令爆破市热力公司代家湾热源站热水锅炉烟囱。

21日

市委书记上官吉庆、市长钱引安会见徐矿集团董事长、党组书记吴志刚一行，就推进煤化工项目合作、规划修编、相关基础设施建设等问题进行商谈。

22日

宝鸡·丝绸之路旅游产业项目合作推介会暨签约仪式在西安曲江国际会议中心举行，签约9大项目，引资34.5亿元。

“海升杯”宝鸡市第八届农民运动会在千阳县体育馆开幕。

23日

市长钱引安陪同全国人大常委会副委员长张宝文、省委书记赵正永、省长娄勤俭等参观第十八届中国东西部合作与投资贸易洽谈会暨丝绸之路国际博览会宝鸡展馆。

市委召开常委（扩大）会议，专题研究讨论市委常委会班子对照检查材料，查摆“四风”方面存在的问题。

“新丝路 新起点”2014中国网络媒体宝鸡行活动在法门寺广场启动。新华网、人民网、央视网、凤凰网等50余家网络媒体参加活动。

市长钱引安在西安曲江国际会议中心出席“宝鸡·中国钛谷”创新发展项目推介会，并会见湖北卓越集团董事长刘雁飞一行。

23—24日

教育部副部长刘利民率国务院义务教育均衡发展工作督查组到宝鸡督导检查。

24日

第十八届西洽会暨丝博会宝鸡专场招商项目集中签约仪式在西安曲江国际会议中心举行，共签约项目16个，总投资160亿元。

26日

市委常委会召开专题学习会。学习习近平总书记给延川县文安驿镇梁家河村的复信和刘云山在礼泉县委常委班子专题民主生活会上的讲话，并研究市委常委班子民主生活会工作方案。

28日

市长钱引安、副市长刘桂芳到金台区三迪小学，向少年儿童送去节日祝福和礼物，并慰问一线教职工。

全市“三夏”工作电视电话会议召开。

市长钱引安到千阳县海升苹果建设项目基地调研。

29日

市委书记上官吉庆，市委常委、市委秘书长白升安，副市长刘桂芳到市特殊教育学校看望残障儿童，送去祝福和节日礼物，并慰问一线特教老师。

市长钱引安到宝鸡峡林家村渠首水库、市抗旱物资储备仓库、金台区卧龙寺段水毁堤防修复工程现场和冯家山水库，检查防汛准备情况。

30日

市直机关“喜迎省运”千人健步行活动在上马营渭河生态公园举行。

6月

1—3日

“三夏”战役全面打响，15600多台农机准备就绪，全市280.86万亩小麦开始收割。

4日

市委首次对党内规范性文件进行集中清理，438份文件被废止或宣布失效。

7—8日

全市36374名考生参加高考，比2013年减少2792人。

8日

市委书记上官吉庆主持召开市委中心组学习会议，并领学《洛川县委常委班子专题民主生活会情况通报》，传达省委书记赵正永讲话精神，就做好专题民主生活会等工作提出要求。

9日

市长钱引安到宝鸡海浪锅炉设备有限公司调研。

渭滨区女子轮椅篮球队代表陕西参加2014年全国轮椅篮球锦标赛暨全国第九届残疾人运动会暨第六届特殊奥林匹克运动会轮椅篮球预赛，荣获第六名，获得2015年进军全国第九届残疾人运动会入场券，并被授予“体育道德风尚奖”。

9—10日

省委常委、省纪委书记郭永平全程参加指导陈仓区委常委班子党的群众路线教育实践活动专题民主生活会。

10—11日

省委常委、省纪委书记郭永平全程参加指导宝鸡市委常委班子党的群众路线教育实践活动专题民主生活会并作重要讲话。

11日

全市已建成农村幸福院71个，1500多名农村空巢、独居、留守老人居住幸福院。

12日

市委书记上官吉庆到凤翔县检查“三夏”及防汛工作。

市长钱引安出席市政府与陕西建工集团总公司座谈会，市委常委、常务副市长张敬原主持座谈会。

13日

市政府出台《2014年工业稳增长实施意见》。

全市社会稳定风险评估工作领导小组（扩大）会议召开。

市政协主席张民义带领市政协主席会成员视察十五届省运会场馆建设、渭滨区河道综合治理工程。

15日

《宝鸡市2014年新型农村合作医疗补偿实施方案（暂行）》6月起执行。农村合作医疗补偿标准、14岁以下儿童的住院起付线、80岁以上老人的住院补偿比例，以及特殊慢性病补偿范围和补偿标准等作适度调整。

16日

市长钱引安与到宝鸡考察的国家开发银行陕西分行行长黄俊、副行长陈孙蛟一行座谈。

17日

以省住建厅厅长杨冠军为组长的省政府第八督查组莅临宝鸡，督查稳增长、促改革、调结构、惠民生政策措施落实情况。

市人大常委会领导班子召开党的群众路线教育实践活动专题民主生活会。市委书记、市人大常委会主任、党组书记上官吉庆主持专题民主生活会。省委第一督导组部分成员全程指导会议。

18日

市委书记上官吉庆到渭滨区检查创文工作。

市政府领导班子召开党的群众路线教育实践活动专题民主生活会。市长钱引安主持，省委第一督导组部分成员指导会议。

19日

全市招商引资工作联席会议召开，集中研究解决宝鸡·中国钛谷（东区）、中国·岐山普宁国际服装商贸产业园、扶风英利光伏农业发电等一批重大招商项目推进过程中遇到的困难和问题。

市长钱引安到宝鸡南车时代工程机械有限公司调研。

市长钱引安会见中国进出口银行陕西分行行长徐联升一行。

20日

市级四大班子举行联席会议，专题研究重点项目建设工作。

市委全面深化改革领导小组召开第二次会议，审议《市委关于全面推进各项改革的实施意见》和《市委全面深化改革领导小组2014年工作要点》。

23日

市委书记上官吉庆检查金台区创文工作。

市长钱引安调研吉利汽车、渭河市区段生态治理项目建设情况。

为期4天的2014年全国残疾人射击锦标赛在宝鸡落幕。

24日

市委书记上官吉庆到凤县调研。

市长钱引安到蔡家坡经开区慰问调研。

市政府召开上半年经济形势分析会。

25日

全省党员到社区为群众志愿服务推进会在宝鸡召开。

市委、市政府召开全市干部驻村联户扶贫暨建档立卡扶贫工作电视电话会议。

25—26日

省委常委、组织部长毛万春先后到高新区、陇县、扶风县调研党建工作。

26日

中央维稳办副主任夏诚华一行三人，在省委政法委副书记、维稳办主任邢解放陪同下，调研宝鸡维稳工作。

26—27日

省委常委、省委宣传部长景俊海，省委宣传部副部长、省文明办主任龚晓燕调研宝鸡创建全国文明城市情况。

27日

市委召开纪念建党93周年党员代表座谈会。

市委书记上官吉庆主持召开全市文明城市创建工作会。

30日

市委组织部、市安监局在市工人文化宫大礼堂联合举办第52期宝鸡大讲坛。特邀省安监局局长赵政才作题为《认真学习习近平总书记对安全生产的重要论述 加快实现我省安全生产形势根本好转》的专题报告。

7月

1日

市长钱引安到蟠龙新区、火车南客站片区和部分互联网企业检查调研。

2014年高考全市本科上线人数26110人，上线率79.71%，高出全省平均水平10.02个百分点，居全省第一。一本上线人数6760人，上线率20.64%。二本上线人数14455人，上线率44.13%。每万人口二本上线人数38.89人，高出全省平均比率6.55个百分点，继续位居全省第一。

1—2日

中央第五巡回督导组副组长、全国政协文史和学习委员会副主任、中央党校原副校长孙庆聚，省委第一督导组组长、杨凌农业高新技术产业示范区陕西省建设领导小组专职副组长张光强，省委组织部副部长、省非公党建工委书记冯力军，省委第二巡视组组长姚毅参加指导眉县县委常委班子党的群众路线教育实践活动专题民主生活会。

3日

市委书记上官吉庆到市中医医院呼吸内科病房，看望慰问英勇救人的青年民警张雷、刘加宝。

市委书记上官吉庆检查蟠龙新区重点项目建设情况。

5日

《宝鸡日报》发起的“去城郊捡垃圾”大型志愿服务活动开展首次活动，800多名志愿者参加活动。

宝鸡被确定为全省肉类蔬菜流通追溯体系建设试点城市。省财政将给予3000万元支持建设肉类蔬菜流通追溯管理平台。

7日

2014年全国青年游泳锦标赛在市游泳跳水馆开赛。这是宝鸡首次承办全国性游泳赛事。

7—8日

国家卫计委体制改革司司长梁万年带领国家评估组莅宝，评估宝鸡城市公立医院改革试点工作情况。

8日

市委书记上官吉庆主持召开市委常委会，组织学习省委教育实践办《关于认真传达学习刘云山同志批示精神的通知》和《关于印发中央第五巡回督导组〈关于参加陕西省有关市、县（区）党委班子专题民主生活会的意见反馈〉的通知》，观看眉县县委常委班子民主生活会纪实专题片。

宝鸡重点旅游招商项目推介会在西安举行。

市委书记上官吉庆，市委副书记陈光明，市委常委、市委秘书长白升安以在职党员的身份同市委办30多名志愿者一起参加金台区卧龙寺三迪社区志愿者义务劳动活动。

9日

全国人大常委会副委员长艾力更·依明巴海率领全国人大常委会《大气污染防治法》执法检查组莅宝检查。

市长钱引安主持召开2014年第8次政府常务会议，研究通过了《宝鸡市煤炭生产经营使用监督管理办法》《宝鸡市扬尘污染防治管理办法》和《宝鸡市建设高污染燃料禁燃区实施方案》。

市公安局交警支队车管所被公安部评为“全国一等车辆管理所”。这是全省唯一获此殊荣的车管所，填补了西北地区无一等车管所的空白。

10日

省委常委、省纪委书记郭永平到第二批党的群众路线教育实践活动联系点陈仓区调研并参加区委班子专题民主生活会情况通报会。

省委常委、省纪委书记郭永平，副省长白阿莹到渭河卧龙寺段调研防汛工作。

全市党委系统办公室工作电视电话会议召开。市委书记上官吉庆就学习贯彻习近平总书记“五个坚持”重要讲话精神作讲话，市委常委、市委秘书长白升安部署相关工作。

10—11日

市委副书记、市长钱引安主持召开岐山县委常委班子党的群众路线教育实践活动专题民主生活会。

11日

市长钱引安到岐山县和蔡家坡经开区，调研副中心城市建设和重点项目推进情况。

宝鸡市第三届公民道德公益大讲堂在宝烟俱乐部举行。

由团市委、市关工委联合西安、宝鸡等地的青少年公益组织共同发起的“爱与和谐”大型公益活动在渭滨区宝成体育馆举行，千余名青少年和家长参与活动。

14日

由省文化厅和宝鸡市政府主办、宝鸡市文化广电新闻出版局承办、克拉玛依市文化广播影视局协办的“春雨工程——宝鸡文化志愿者边疆行”《丝路新风·渭水歌韵》文艺演出在新疆拉玛依市文化馆举行。

市委书记上官吉庆主持召开渭滨区委常委班子专题民主生活会。

截至6月底，全市340个重点项目完成投资321.15亿元，完成率54.42%，实现时间任务“双过半”。

15—16日

市委书记上官吉庆主持召开太白县委常委班子专题民主生活会。

15—17日

以省住建厅厅长杨冠军为组长、副厅长张文亮为副组长的省住建厅考核组一行13人莅临宝鸡，就国家园林城市复查暨国家生态园林城市初审进行考核验收。宝鸡市国家园林城市复查通过考核，国家生态园林城市各项指标基本达标，具备申报条件。

16日

市委副书记、市长钱引安主持召开高新区领导班子党的群众路线教育实践活动专题民主生活会。

18日

市委书记上官吉庆主持召开市委中心组学习会，传达全省党委中心组学习贯彻习近平总书记系列重要讲话精神座谈会议精神，集体学习习近平在中央政治局第十六次集体学习时的讲话和中央新修订的《党政领导干部选拔任用工作条例》、省委从严管理干部五项制度，以及中办、省委办公厅关于贯彻落实省部级领导干部秘书管理规定的通知。

全市环保工作推进会召开。市长钱引安出席会议并讲话。

全市夏粮喜获丰收。夏粮总产达79.73万吨，比2013年增加6.22万吨，增长8.5%；全市水地最高亩产达605.05公斤。

21日

西北首家公安民生云警务平台在宝鸡正式上线运行，市民不出家门可办理256项业务。

22日

全省社会稳定风险评估工作现场经验交流会在宝鸡召开。省委常委、政法委书记安东出席会议并讲话，副省长庄长兴主持会议。

全市“勤俭节约”工作座谈会召开。

23—25日

市委十一届六次全体（扩大）会议召开。会前，参会人员观摩了各县区项目建设的新亮点。审议通过了《市委常委会2014年上半年工作报告》《中共宝鸡市委关于全面推进各项改革的实施意见》《中国共产党宝鸡市委员会工作规则》。

25日

由市委组织部、市工信局联合举办的第53期宝鸡大讲坛在市工人文化宫大礼堂举行。全国著名经济学家、中国社会科学院学部委员金碚教授，作了题为《中国经济走势与高端装备制造业发展》的报告。

1—6月，全市规模以上工业实现增加值341.25亿元，比上年同期增长14.6%。

28日

市政府下发抗旱保秋紧急通知，派8个检查组到各县区督促指导抗旱。冯家山水库、宝鸡峡、石头河、段家峡、千丰渠、东风水库和横水河等7座大型水库开闸放水，全市万眼机井启动，投入灌溉保秋。

29日

全市庆"八一"暨双拥表彰大会召开。

政府·社会·新闻媒体联手"为环卫工人找个温暖的家"活动在市行政中心广场举行。

30日

市委书记上官吉庆主持召开市委中心组学习会，邀请省委党校李晓燕教授作题为《培育和践行社会主义核心价值观，凝聚起实现中国梦的强大精神力量》的专题辅导报告。

市政府召开全市渭河综合整治暨水污染防治工作会议。

30—31日

由省委宣传部、省政府办公厅举行的全省百姓媒体问政活动经验交流暨工作推进会在宝鸡召开。

31日

市委书记上官吉庆到岐山县、凤翔县检查指导抗旱工作。

市长钱引安到扶风县、眉县检查抗旱夏灌工作。

8月

2日

市委书记上官吉庆，市委常委、市委秘书长白升安等市领导以志愿者的身份参加"去城郊捡垃圾"大型志愿服务活动。

由国家互联网信息办公室、文化部指导，中国国际广播电台国际在线主办的"2014中国城市榜——全球网民推荐的最中国十大美食城市"网络投票环节结束。宝鸡以162万票入围，成为陕西唯一入围城市。

市长钱引安会见青岛啤酒公司总裁黄克兴一行。

4日

市委书记上官吉庆在省委召开的"学习贯彻习近平总书记重要讲话，扎实搞好全省群众路线教育实践活动视频会议"上，作了题为《坚持问题导向 推动整改落实》的经验报告。

省委第一督导组组长张光强主持召开宝鸡市党的群众路线教育实践活动进展情况汇报会。

5日

省委副书记孙清云到扶风县检查抗旱供水工作。

在香港世贸中心举行的2014中国城市分类优势排行榜暨香港下半年经济预测新闻发布会上，宝鸡市以83.21分的成绩位列2014"中国十佳最干净城市排行榜"第七位，成为西北地区唯一上榜的城市。

5—6日

副省长祝列克到宝鸡检查抗旱灌溉和美丽乡村建设。

6日

市委召开全市党的群众路线教育实践活动督导工作会议。省委第一督导组组长张光强出席并讲话。

市委书记上官吉庆主持召开全市教育实践活动整体推进会，传达省委十二届五次全会精神，就抓好教育实践活动提出要求。

市委召开市委常委班子专题民主生活会情况通报会。省委第一督导组组长张光强出席会议并讲话。

市长钱引安、副市长刘桂芳检查十五届省运会筹备工作。

市长钱引安到高新区检查党风廉政建设工作。

7日

市委书记上官吉庆，市委常委、政法委书记黄超，市委常委、市委秘书长白升安，副市长刘桂芳检查省十五运会筹备工作。

市长钱引安主持召开2014年第9次市政府常务会议，研究和审议通过了《宝鸡市优待残疾人规定》《宝鸡市无偿献血管理办法》《2009—2013年招商引资调研情况汇报》等7个议题和事项。

市委、市政府在陈仓区召开全市新农村暨统筹城乡发展工作现场推进会。

11日

市委书记上官吉庆，市长钱引安，市委常委、常务副市长张敬原，副市长刘桂芳等观看并指导十五届省运会开幕式彩排。

陈仓区阳平镇、周原镇、县功镇，凤翔县柳林镇，岐山县凤鸣镇、蔡家坡镇，扶风县城关镇、绛帐镇、法门镇，眉县常兴镇，陇县东南镇，麟游县招贤镇，凤县凤州镇，太白县咀头镇，共14个镇列入第二批全国重点镇。

截至6月底，全市实现工业总产值521.55亿，同比增长24%。

12日

市委书记上官吉庆主持召开市发改委领导班子专题民主生活会。

13日

市委书记上官吉庆，市委常委、市委秘书长白升安，副市长武军出席在宝鸡市的维吾尔族群众代表座谈会。

市长钱引安主持召开市财政局领导班子专题民主生活会。

14—15日

省年度目标责任考核检查组到宝鸡考核检查上半年目标任务完成情况。

15日

陕西省第十五届运动会在宝鸡体育场开幕。省委书记赵正永出席开幕式并宣布开幕，省长娄勤俭出席开幕式。运动会组委会主任、副省长白阿莹致开幕词，组委会副主任、市委书记上官吉庆致欢迎词。省人大常委会副主任李晓东、省政协副主席冯月菊、市长钱引安等出席开幕式。省体育局局长姚金荣主持开幕式。全省44个代表团7200多名运动员，参加35个项目的角逐。

宝鸡首届青岛啤酒节在市会展中心开幕。

18日

省委常委、省纪委书记郭永平到陈仓区就教育实践活动第一茬次整改落实情况、第二茬次民主生活会召开情况、第三茬次集中轮训和集中整风工作调研。

市长钱引安会见黎巴嫩中国友好合作联合会主席马苏德·达赫尔率领的黎巴嫩地方政府代表团一行。

市长钱引安、副市长刘桂芳等市领导在市体育馆观看并指导十五届省运会闭幕式彩排。

19 日

市长钱引安到陇县检查市政府全体会议精神落实情况。

19—21 日

省政协主席马中平一行莅临宝鸡，就食品安全工作进行专题调研。

20 日

省第十五届运动会闭幕。宝鸡代表队取得总分 25122.2 分、金牌总数 314 枚，总分位列全省第一、金牌数位列第二。

市委书记上官吉庆主持召开市级机关副县级以上领导干部大会，传达学习省委常委会〔2014〕26 号会议纪要精神，通报西安市有关领导干部违纪处理情况。

21 日

市政府新闻办召开新闻发布会，向全市发布产品质量“红黑榜”名单。宝钛、中铁宝桥等 8 家企业登上红榜，宝鸡科尔夫肥业科技有限公司、凤翔县世通加油站 2 家企业上黑榜。

22 日

市委书记上官吉庆到渭滨区检查党的群众路线教育实践活动和创文工作情况。

市委、市政府召开推进农村“三无户”移民搬迁工作会议。

25 日

宝鸡市蟠龙塬上塬路上跨陇海铁路立交桥 9600 吨重的转体桥顺时针旋转 30 度与上塬路顺利实现对接。

市委书记上官吉庆参加第二茬次联系点渭滨区石鼓镇党委领导班子专题民主生活会。

全市年度目标任务完成情况分析推进会召开，通报上半年目标任务完成情况。

在全国对口支援西藏工作 20 周年电视电话会议上，宝鸡援藏干部张宇被追授为“全国对口支援西藏先进个人”。

26 日

宝鸡市创建第四届全国文明城市推进会召开。

市政府召开第 10 次常务会议，研究审议市政府 2014 年第一批行政审批事项清理意见等 7 个议题。

27 日

市长钱引安、副市长刘桂芳到宝鸡职业技术学院、高新第一中学、市中医医院等处调研文教卫生工作。

28 日

市长钱引安到市区多个建筑工地实地检查扬尘治理工作。

市委、市政府召开全市市区集贸市场创文综合整治现场推进会。

市长钱引安在行政中心会见攀枝花市市长张剡一行。

29 日

中国宝鸡陇县·龙门洞道文化论坛在陇县龙门洞景区开幕。国家宗教事务局副局长蒋坚永、中国道教协会会长任法融、省宗教事务局党组书记张宁岗、市委书记上官吉庆等出席开幕式。

市长钱引安到“龙山雅居”保障房安居小区及集中供热工程、龙山路、三合村城中村改造、植物园改造提升工程等项目建设现场对城建口工作调研。

市长钱引安到金台区检查创文工作。

30—31 日

张载关学思想研讨会在眉县召开。来自国家行政学院、中国人民大学等高等院校及科研单位的 20 多名专家学者参加会议。

9 月

1 日

全市农村土地承包经营权确权登记颁证工作电视电话会议召开。

市长钱引安到宝光集团、宝钛集团调研。

2 日

“古今人士赞颂太白山诗书画展览”在市展览馆开幕。

全市督查工作会议召开。

市长钱引安到西山调研。

3 日

全市地震应急抢险救援综合演练启动仪式在千阳县体育场举行。

4 日

全国经济运行调节工作培训班在宝鸡开班。国家发改委经济运行调节局局长李仰哲出席开班仪式。

5 日

2000 余名志愿者参加宝鸡日报社组织的“去城郊捡垃圾”第 8 季活动。市领导上官吉庆、陈光明、黄超、马鲜萍、刘桂芳到活动现场，为活动举办以来表现突出的十大明星志愿者和五个先进单位颁奖。

第七届西部文化产业博览会在西安曲江国际会展中心开幕。省长娄勤俭，省委常委、西安市委书记魏民洲，副省长白阿莹一同参观宝鸡展馆。

全市百日社会治安大排查暨千警交通秩序大整治活动誓师大会在市行政中心广场举行。1300 余名干警参加誓师大会。

6 日

市文化广电新闻出版局与昆明华晋炜业游乐有限公司签约共同打造西北最大的文化主题休闲游乐公园——宝鸡市大型综合游乐文化主题公园。

全市开展中秋、国庆“节日病”集中整治专项行动。

9 日

全市庆祝第 30 个教师节暨表彰大会在市教育中心大礼堂召开。

10 日

市委书记上官吉庆参加指导渭滨区石鼓镇石嘴头村党支部班子专题组织生活会和石鼓镇党委领导班子专题民主生活会。

全市防汛视频会议召开。

11—12 日

全国人大常委会副委员长严隽琪带领全国人大常委会旅游执法检查组一行 20 余人莅宝检查。

12 日

中央档案馆副馆长、国家档案局副局长许士平莅临宝鸡调研档案工作。

13 日

由农业部农村经济中心和中国村社发展促进会举办、金台区东岭村承办的“2014 中国经济强村峰会”在东岭集团总部召开。国务院研究室宏观司司长郭克莎、农业部农村经济研究中心主任宋洪远出席会议并发言。

15 日

市委书记上官吉庆检查防汛工作。

市长钱引安调研市区夜间经济发展情况。

15—16 日

市政协主席张民义带领社会与法制委员会部分委员，调研残疾人社会保障情况。

16 日

全市庆祝全国人民代表大会成立60周年大会在市工人文化宫举行。市领导上官吉庆、钱引安、张民义等出席会议，全市各界代表800余人参加会议。

市委书记上官吉庆主持召开全市领导干部大会，传达学习中共中央办公厅、国务院办公厅《关于上半年贯彻执行中央“八项规定”情况的报告》，并就进一步落实好“八项规定”、抓好作风建设作了讲话。

17 日

千阳县千湖国家湿地公园举行朱鹮放飞仪式。副省长祝列克、国家林业局原局长王志宝共同掀开网笼放飞30只朱鹮。

2014年上半年全省社会治安状况及政法队伍满意度调查测评结果揭晓：宝鸡“两率一度”再次获全省第一，连续四年被表彰为全省综治工作优秀市。

18 日

由市创文办、市委宣传部联合举办的聚丰·香树湾杯“进基层社区·讲中国故事”大赛颁奖仪式暨“弘扬社会主义核心价值观”专场汇报会在市工人文化宫举行。

全市2014年全国科普日暨科技、文化、法律、卫生“四进社区”活动在高新区渭水苑社区广场启动。

18—19 日

陇海兰新经济促进会第十四次年会暨丝绸之路经济带发展论坛在宝鸡举行。

19 日

2014首届中国西安丝绸之路国际旅游博览会在西安曲江国际会展中心开幕。省长娄勤俭、副省长白阿莹视察宝鸡展馆。

全市招商引资工作促进大会召开。

23 日

市委、市政府召开全市庆祝老年节老干部座谈会。

“陕西—环渤海项目合作推进活动”宝鸡项目投资座谈会召开。

截至8月底，全市共完成招商引资项目761个，实现到位资金557.21亿元，占年度任务的71.44%，比2013年同期增长18.23%。其中新引进项目361个，新增到位资金246.17亿元，比2013年同期增长15.72%，引进亿元以上产业化项目125个，占年度任务的67.93%。

24 日

市委书记上官吉庆到高新区、陈仓区，就加快重点项目建设进行调研。

市委举办落实党风廉政建设主体责任专题培训，市委书记上官吉庆作辅导报告。

市委中心组（扩大）学习会暨第13期宝鸡教育大讲堂在市教育中心报告厅举行。北京师范大学教育学部基本理论研究院院长郑新蓉教授受邀作了题为《我国教育改革的新趋势、新举措》的主题报告。

市委书记上官吉庆看望慰问李均等老干部和部分高龄老人。

25 日

市委书记上官吉庆到蟠龙新区和渭滨区，检查重点项目建设和创文工作，并看望慰问执勤的公安民警。

在2014年韩国仁川亚运会上，宝鸡籍运动员郭帅、陈乐分别获得赛艇女子轻量级四人双桨和赛艇女子轻量级双人双桨金牌。

市政府召集12户大企业大集团负责人，召开重点企业稳增长座谈会。

26 日

市长钱引安慰问毛明发等老干部和部分高龄老人。

全市“以城带乡、共建美丽乡村”现场会在扶风召开。

市长钱引安在行政中心会见攀枝花市市长张剡一行。

27 日

市委书记上官吉庆赴青海格尔木市慰问开展外训的驻宝某部官兵。

29 日

省委常委、省纪委书记郭永平参加指导陈仓区东关街道西秦村群众路线教育实践活动专题组织生活会。

市长钱引安在行政中心会见韩国醴泉郡郡守李铉濬一行。

市委、市政府召开“十大陋习”专项整治动员大会。

市政协召开纪念人民政协成立六十五周年座谈会。

30 日

宝鸡市暨眉县烈士公祭活动在扶眉战役烈士陵园举行。

市委书记上官吉庆与韩国醴泉郡郡守李铉濬，在石鼓山宝鸡市国际友好城市林种下一棵银杏树，以见证两地友好关系。

10月

1 日

市领导上官吉庆、钱引安、马鲜萍、牟林乐、富君、刘桂芳、袁军晓、武军、宋建国等与近千名干部群众在市行政中心广场参加国庆升国旗仪式。

宝鸡与韩国庆尚北道醴泉郡签订建立友好城市意向书。

1—7 日

“十一”黄金周全市累计接待游客246.03万人次，实现旅游总收入12.23亿元，同比增长18.5%和20.3%。

9 日

全市秋冬季造林绿化暨关中大地园林化建设动员会召开，安排部署秋冬造林绿化工作。

宝鸡市第三届百名孝子颁奖仪式在市工人文化宫举行。

10 日

前三季度，全市完成招商引资项目799个，实现到位资金607.31亿元；其中新引进项目407个，新增到位资金280.76亿元。

11 日

全市2014—2015年冬季大气污染防治工作会议召开。

2014全国射击团体、个人锦标赛（女子手枪项目）在宝鸡市射击射箭馆开赛，来自全国各地34支代表队207名运动员、教练员等参加比赛。

13日

市委召开常委会，专题学习中央、省委党的群众路线教育实践活动总结大会精神。

前三季度，全市340个重点项目完成投资463.89亿元，完成率78.61%，超过正常进度3.6个百分点，286个项目完成投资超过序时进度。

14日

法门寺佛文化景区荣膺国家5A级旅游景区。

第三届中国·陕西（眉县）猕猴桃产业发展大会在眉县召开。农业部原党组成员、国务院政策研究室特约研究员、中国农产品市场协会会长张玉香宣布大会开幕。副省长祝列克出席会议。

市长钱引安会见到宝鸡调研的中国保监会党委委员、纪委书记陈新权一行。

16日

中国残疾人福利基金会向宝鸡残疾人福利基金会捐赠价值100万元的15万份“儿童蜜儿餐”。

16—18日

第27届世界佛教徒联谊会大会在宝鸡召开。来自30多个国家和地区的高僧大德、中外嘉宾和佛教四众弟子在法门寺参加大会。

17日

全国政协副主席何厚铧率澳门特别行政区全国政协委员一行40余人到宝鸡考察。

市长钱引安到西部山区慰问贫困群众，看望驻村联户扶贫工作队。

市政协主席张民义带领市工商局等相关部门负责人，检查渭滨区经二路街道办事处辖区创文工作。

18日

市委书记上官吉庆检查金陵河整治情况和金台区创文工作，并慰问交友帮扶对象。

18—19日

宝鸡市第三届“众盛”杯羽毛球混合团体赛在市区烽火体育馆举行，省内外51支代表队的近600名选手参加比赛。市一建一队获得第一名。

19日

太白县黄柏塬景区观鱼台附近发现野生大熊猫。

20日

市委召开全市党的群众路线教育实践活动视频会议，安排全市教育实践活动重点工作。

全市宣传文化系统召开座谈会，学习习近平总书记在文艺工作座谈会上的讲话精神。

20—22日

省委常委、省委政法委书记安东到宝鸡调研。

21日

市政府召开蔡家坡规划修编研讨会。省人大常委会副主任李晓东，省决策咨询委员会副主任、省政协原副主席田源，市长钱引安就全力加快蔡家坡跨越发展提出要求。

21—28日

市委书记上官吉庆率市政府外事办、市发改委、工信局和眉县县委主要负责人组成的代表团，对哈萨克斯坦、吉尔吉斯斯坦进行友好访问。

22日

人力资源和社会保障部副部长孔昌生一行莅临宝鸡，对人社工作进行调研。

副省长张道宏带领省环保厅等部门相关负责人，检查宝鸡环境保护情况。

23日

全省大气污染防治工作现场推进会在宝鸡召开。副省长张道宏出席会议并讲话。

全市“平安建设集中宣传、治安隐患集中整治”活动动员部署视频会议召开。

24日

省委第三巡视组巡视宝鸡市工作动员会召开，省委第三巡视组组长徐宗一作动员讲话，省委巡视办副主任乔林就做好巡视工作提出要求。

26日

陕西省政府和四川省政府共同主办的宝鸡市与攀枝花市深化钒钛产业合作洽谈会在成都举行。陕西省副省长王莉霞、四川省副省长王宁出席钒钛产业战略合作备忘录签字仪式并致词。

28日

省委第一督导组组长张光强一行，对宝鸡开展党的群众路线教育实践活动进展情况进行督导检查。

29日

市委副书记、市长钱引安主持召开市委常委（扩大）会议，传达学习党的十八届四中全会和10月24日省委常委（扩大）会议精神，对全市贯彻落实工作进行安排部署。

30日

市领导钱引安、陈光明、马赟、白升安、马鲜萍、刘桂芳、景耀平、武军、倪宝生、张望等与100余名金台区干部群众在金台区团结村北坡参加第四次全民义务植树造林活动。

渭滨公安分局金陵派出所荣获“全国公安机关爱民模范”，成为公安系统唯一获此荣誉的集体。

31日

“东岭地产”杯首届中国宝鸡微电影节颁奖典礼在市工人文化宫举行。

11月

3日

市长钱引安到千阳县就陶瓷工业园建设、天然气长输管道建设、千湖湿地开发保护等进行调研。

全市创文督导检查工作会议召开。

从国家民政部获悉，经第三方独立评审和民政部部长办公会议研究，确定14座城市为全国和谐社区建设示范城市，宝鸡市成为西北地区唯一入选城市。

4日

全市加强市级机关离退休干部党员教育管理工作会议召开。

副市长丁琳会见德国拉腾市市长卡尔·海因里希·韦伯一行。

5日

市长钱引安检查杨凌农高会宝鸡展馆。

全市城乡发展一体化现场推进会

在眉县召开。

市委书记上官吉庆、市长钱引安赴陕汽控股集团总部考察，并与企业董事长方红卫和总经理袁宏明等进行座谈。

“陕西省城市道路缓堵保畅工作满意度”调查结果显示，宝鸡城市道路缓堵保畅工作满意度为88.43%，高出全省平均值近12个百分点，名列全省第一。

6日

农高会宝鸡展团集中签约仪式举行，共16个项目签约，签约金额38.09亿元。

宝鸡市与西北农林科技大学、杨凌示范区管委会在杨凌国际会展中心举行“两地三方”农业科技战略合作2014年年会。

全市小餐饮小作坊小杂食店专项整治现场会召开。即日起至年底，在全市范围内集中开展专项整治行动。

10日

市委召开市级四大班子联席会议，通报党的群众路线教育实践活动“两方案一计划”落实情况。

市委、市政府召开全市2015年度党报党刊发行工作电视电话会议。

11日

市委副书记陈光明到岐山县、凤翔县检查农村土地确权登记、“三无户”移民搬迁、农民减负等工作。

2014年全市共计26家单位对燃煤锅炉进行了“煤改气”，每年可替代燃煤约3万吨。

12日

市委书记上官吉庆到太白县、眉县、岐山县调研重点项目建设情况。

党的十八届四中全会精神省委宣讲团宣讲报告会在市工人文化宫举行。

全市全面深化改革工作座谈会召开。

麟游县天堂循环经济科技工业园、蔡家坡经济技术开发区、太白县生态工业园区、陇县新型建材产业园4个园区，被列入陕西省重点建设县域工业集中区。全市省级重点建设县域工业集中区达到20家。

17日

市委书记上官吉庆到蟠龙新区重点项目、金台区金陵河综合整治现场检查。

18日

市委书记上官吉庆到凤翔县、千阳县，调研县域经济社会发展情况。

市长钱引安主持召开市政府第16次常务会议，听取南客站片区开发建设项目进展情况汇报，研究审议《宝鸡市质量工作考核办法》等七个议题和事项。

市政府与市政协领导联席会议召开，围绕全市农业和农村经济社会发展问题进行协商讨论。

“宝鸡交警”频道在宝鸡日报移动客户端“掌上宝鸡”栏目上线，可手机查询违章、交管动态等信息。

19日

陈仓区绿丰源蔬果专业合作社等59家农民合作社被认定为省级农民合作社示范社。全市共注册登记农民专业合作社达2070个，其中市级十佳合作社60个，省级百强社25个。

全省道德模范、身边好人巡讲活动在渭滨区政府会议室举行首场报告会。300多名党员干部和市民参加报告会。

截至10月底，全市重点项目完成投资510.42亿元，完成率86.49%，超正常进度3.2个百分点。

20日

全国人大常委会副委员长、全国妇联主席沈跃跃在省人大常委会、省妇联有关领导的陪同下莅临宝鸡，对基层妇联组织建设、妇女信访代理工作、平安家庭创建、妇女维权工作等进行视察。

省人防办与市人防办举行经二路30号地下公共停车场人防工程项目签字仪式。

据市统计局调查，2014年全市居民绿色交通出行分担率为85.6%，比2013年提高3个百分点。乘公交车、步行和骑自行车成为大多数市民选择的出行方式。

市委依法治市办公室组织全市县处级干部、公职人员等统一进行无纸化学法用法考试，全市4万余人参加了考试。

全市共有138户无证照或证照不全的非法煤炭经营企业被依法取缔。

宝鸡工人刘娟、张林康在西安举行的陕西省第四届“十大杰出工人”表彰大会上荣获“十大杰出工人”称号。

20—21日

市委书记上官吉庆率宝鸡党政代表团一行前往河南省洛阳市，考察城市规划建设管理、文化旅游产业发展、乡村旅游开发等方面工作。河南省委常委、洛阳市委书记陈雪枫陪同考察并主持召开座谈会。

省政府环境保护督查组、环保部西北督查中心大气污染防治“国十条”督查组到宝鸡检查环保工作。2014年全市共确定工业企业污染源治理项目63个，已完成48个治理项目，占年度目标任务的76.2%。

22日

1—10月份，全市共完成招商引资项目826个，实现到位资金698.81亿元，占年度计划任务的89.59%，同比增长19.2%。

1—10月份，全市城区环境空气质量达标天数达200天，空气质量达标率65.8%。

经市计量测试所对市区多家市场的计量器检测，各家市场内的公平秤合格率达100%。

24日

全市2014年科级年轻干部能力提升培训班在市委党校开班。市委常委、组织部长马赟出席开班典礼，并以《年轻干部要树立正确的人生观》为题作辅导报告。

截至10月底，2014年全市“三无户”移民搬迁工程计划的1300户建房任务全部启动，其中已经入住213户，主体完工758户，占总任务量的75%。

全市完成秋冬造林面积18.9万亩，栽种各类树木1925万株。其中，以渭河北坡为重点的直观坡面完成绿化15万亩，种树1150多万株。

26日

中共宝鸡市第十一届纪律检查委员会第五次全体会议召开。市委书记上官吉庆出席会议并讲话。省委第三巡视组组长徐宗一应邀指导会议。市委常委、纪委书记田筱虎主持会议。

1—10月，全市规模以上工业实

现总产值1795.11亿元，实现增加值595.8亿元，同比增长12.6%。

1—11月，全市纪检监察机关共处置案件线索1390件，立案574件，结案546件，给予党政纪处分581人，同比分别上升了125.6%、105.7%、103%、104.6%。

由市文联、市书协共同举办的“宝鸡市第二届刻字艺术展”在市展览馆开展。

宝鸡市第九届职业技能竞赛决赛开幕。12家企业和5所院校的136名选手参赛。

27日

市政府召开“十三五”规划前期重大问题及发展思路汇报会。

1—11月，全市共抽检685家企业共727个批次产品，涉及13类54种，合格655个批次，合格率为90.1%。

2014年交管部门在市区道路新施划交通标线28万米，安装隔离护栏1.2万米，设置各类交通标志牌450面、交通信号灯72处、人行横道灯576处，施划出租车专用车位停靠点50余处。

宝鸡东岭集团带头人李黑记获得“全国非公经济优秀社会主义建设者”荣誉称号。

28日

市委书记上官吉庆在全市年轻干部能力提升培训班上，作了题为《新常态下年轻干部如何健康成长》的专题辅导报告。

30日

太白县在“第六届中国绿色生态农业发展论坛”上，荣获“中国绿色生态蔬菜十强县”称号。

2014年全市侦办230起网络犯罪案件，共抓获、处理各类违法犯罪人员126人。

12月

1日

以省政协常委、科技委员会主任欧阳克刚为组长的省委第三巡回督导组一行莅临宝鸡，督导检查教育实践活动整改落实工作情况。

市长钱引安走访省电力公司，与总经理卓洪树座谈。

1—10月，全市完成固定资产投资1641.69亿元，比2013年同期增长21.7%，增速高于全省3.7个百分点。

2日

市委书记上官吉庆带领市级相关部门负责人到眉县、岐山县、麟游县，调研重点项目建设和扶贫开发工作。

市长钱引安到高新区调研重点项目建设进展情况。

3日

市政府与深圳福开莱投资管理有限公司正式签约，计划投资40亿元的飞雳士安全轮胎项目正式落户宝鸡。

凤翔县周家门前村、太白县黄柏塬村、金台区胜利村等10个村被市委、市政府命名为2014年宝鸡十大美丽乡村，陈仓区杜赵村等5个村被命名为美丽乡村提名村。

经市统计局问卷调查，公众对全市园林绿化的总体满意率达92%，高于2014年0.2个百分点。

4日

市长钱引安到蟠龙新区调研重点项目建设情况。

5日

市纪委、市委组织部联合制定下发《全市规范党和国家工作人员婚丧喜庆事宜暂行办法》。

6日

宁夏回族自治区石嘴山市市委书记、市人大常委会主任彭友东带领党政考察团一行到宝鸡考察。

7日

宝鸡市互联网大会在渭滨区举行。国家信息中心副主任李凯、副市长袁军晓和省市有关部门领导参加大会。

8日

市长钱引安主持召开2014年第17次政府常务会议，研究“千名干部联系千户企业”活动，审定第二批行政审批事项清理等事项。

8—9日

省委省政府联合督查组督查宝鸡市落实中央第七巡视组反馈意见整改情况、中省出台重大决策部署情况。

9日

市委书记上官吉庆会见到宝参观访问的联合国驻哈萨克斯坦国际信息学院副院长马西莫夫一行。

市长钱引安到武警宝鸡支队调研，并召开现场办公会协调解决有关问题。

市政协组织驻宝省政协委员视察重点项目建设和交通网络建设情况。市政协主席张民义参加视察。

9—11日

省教育厅厅长李兴旺到宝鸡调研考察。

10日

市委书记上官吉庆到岐山县周原博物馆，看望慰问正在考古挖掘的北京大学师生，并就北大周原国际考古基地、西周文化景区两个重点项目前期规划筹备情况进行调研。

宝鸡文理学院25名师生代表应邀走进市政府，参加第27期“邀请公民代表走进市政府”活动，并与市委常委、副市长康巨淋座谈交流。

截至11月底，全市340个重点项目完成投资563亿元，完成率达95.52%，新建项目开工率达99.06%，65个项目完成投资计划建成投运。

10—11日

副省长李金柱到宝鸡调研工业经济运行情况。

11日

全市农村幸福院建设工作推进会在千阳县召开。

宝鸡市青年联合会第十一届委员会第一次全体会议召开。魏莉当选市青联第十一届委员会主席。

13日

由市委宣传部、市文明办、市志愿者协会主办的“情暖冬日·关爱他人”系列志愿服务活动在市区市民广场启动。

全市完成关中大地园林化建设25.9万亩，植树2695万株，超额完成秋冬造林任务。

2014年全市12.76万名农民进城落户和进城居住，提前3个月超额完成了陕西省下达的目标任务。

15日

市委书记上官吉庆应邀出席在北

京“水立方”举办的浙江吉利控股集团新车型“吉利博瑞”发布会，并与吉利集团总裁李书福会谈。

16日

宝鸡钛谷有色金属交易中心正式运营。

17日

市级部门、企事业单位退居二线县级党员干部教育实践活动集中培训班在市教育中心正式开班。70余名退居二线县级党员干部集中学习党的群众路线教育实践活动相关理论。

市长钱引安参加《百姓问政》节目并作现场点评。

18日

全市创建全国文明城市领导小组扩大会议召开。

20—21日

市委书记上官吉庆到渭滨区、陈仓区、高新区检查创文工作。

21日

测评结果显示，宝鸡市2014年度政府工作群众综合满意度为88.34%，比2013年提高2.87个百分点。

22日

市委书记上官吉庆到金台区检查创文为民服务情况。

22—23日

省政府渭河流域水污染防治三年行动方案第二检查评估组到宝鸡检查。渭河干流出境水质COD平均浓度较3年前下降近30%，氨氮平均浓度下降达40%，各项指标均达省考要求。

23日

市长钱引安，市委常委、宣传部长马鲜萍到市区部分街道、集贸市场、老旧小区检查创文工作。

24日

市委召开2014年第20次中心组学习会，邀请西安交通大学教授、省科技厅原厅长孙海鹰作题为《整合创新资源、推动服务经济、发展现代农业》的报告。

25日

法门寺佛文化景区被人民网、国际旅游学会等单位联合主办的“2014国际旅游度假目的地评选”活动授予“2014年度最佳文化旅游度假目的地”称号。

国家发改委等七部委联合下发《关于实施乡村旅游富民工程推进旅游扶贫工作的通知》，陇县、扶风、千阳、太白、麟游的37个村分两批入选全国乡村旅游扶贫重点村。

由市创文办、市直机关工委、市机关事务局、市直机关书画家协会等单位共同主办的“我与文明城市同行”市级机关书画展在行政中心广场开展。

26日

市委召开民主协商会，听取各民主党派、市工商联主要负责人和无党派人士代表对市委2015年《工作要点》、上官吉庆代表市委常委会在市委十一届七次全体（扩大）会议上的报告、《市委全面推进依法治市实施意见》的建议和意见。

全市选人用人问题整改工作安排部署会召开。

全市2015年“双节”送温暖活动在市总工会职工帮扶大厅启动。市总工会将给全市1.4万名困难职工送去1100万元慰问金和9.6万公斤米面油等慰问品。

2014年全市新开通和改造农村公交线路29条，投放天然气公交车140辆，全市县域20公里范围班线公交化运行率达到30%。

27日

中国计算机用户协会等举办的“2014中国智慧城市建设推进大会暨第四届中国城市信息化50强发布会”上，宝鸡市被评选为“中国城市信息化50强城市”。

“情暖冬日·关爱他人”系列志愿服务活动第三季“关爱公交司机”公益行动在市区开元商城门前广场启动。

29日

宝鸡市2015年新年合唱音乐会在市教育中心学术报告厅举行。省委宣传部常务副部长薛保勤，市领导上官吉庆、钱引安等和各界群众共1000余人观看了音乐会。

29—30日

市委十一届七次全体（扩大）会议召开。会议审议通过了《中共宝鸡市委2015年工作要点》《中共宝鸡市委关于全面推进法治宝鸡建设的实施意见》《关于递补王建民等6名同志为市委委员的决定》。市委书记上官吉庆主持会议，并就贯彻落实全会精神提出要求。市委副书记、市长钱引安安排部署全市2015年经济社会发展工作。

30日

市委全面深化改革领导小组召开第4次会议。

市创建全国文明城市领导小组召开督导检查工作会议。

市长钱引安主持召开2014年市政府第18次常务会议，研究困难群众生活安排，审定通过了《宝鸡市促进农村居民收入倍增规划》和《宝鸡市城市排水（雨水）防涝综合规划》。

说 明

1. 本索引采用主题分析法，按款目首字的汉语拼音字母（同音字按声调）顺序排列。用拉丁字母、阿拉伯数字开头的款目排在汉字开头款目后面。

2. 特载、人物·荣誉榜、大事记、统计资料、文件选录内容不做索引。

3. 索引款目后的阿拉伯数字表示内容所在的页码，数字后的拉丁字母 a、b、c 表示版面的左栏、中栏、右栏。表格注有（表）字样。

A

A 级景区创建　247a
爱心助学　118b
爱婴医院复核创建工作　346a
安全生产长效机制建设　242c
安全稳定持续巩固　146a

B

白阿莹检查宝鸡市防震减灾工作　178b
百万元奖补村级阵地建设　401c
办理网民投诉咨询 438 条　387b
宝鸡·中国钛谷 6 户钛材企业率先投产　419b
宝鸡 11 位作家作品入选陕西省作协文学年选　325b
宝鸡被命名为全国全民健身示范城市　360a
宝鸡创威水务有限责任公司挂牌成立　165c
宝鸡灯谜代表队获中国谜语大会铜奖　332b
宝鸡电视台《宝鸡新闻》栏目建设　338b
宝鸡电视台创建全国文明城市宣传　337c
宝鸡电视台省十五运会宣传　337c
宝鸡电视台世佛联大会宣传　337c
宝鸡电网系列工程投资 3.31 亿元　190a
宝鸡电影公司电影放映情况　338c
宝鸡钢管建成国家工程技术研究中心　183a
宝鸡钢管荣获用户满意企业称号　182c
宝鸡钢管研制成功 CT100 钢级连续管　183a
宝鸡机床降本增效活动见成效　184b
宝鸡机床入选机械工业百强企业　184c
宝鸡技师学院邀请德国专家开展学术交流　86b
宝鸡卷烟厂杨安礼荣获“陕西省优秀班组长”称号　188a
《宝鸡军分区军史》出版发行　142b
宝鸡连云港“交换夏天”旅游宣传　248b
宝鸡人民广播电台开展舆论宣传　338a
宝鸡人民广播电台抓好新闻广播　338b
《宝鸡森林动植物》出版发行　200b
宝鸡社火　42c
宝鸡市 11 件刻字作品国展分别获奖、入选　329a
宝鸡市 2013—2014 年度校园足球联赛表彰奖励名单（表）　359a
宝鸡市 2014 年百岁老人名单（表）　369a
宝鸡市 2014 年财政收入完成情况（表）　258a
宝鸡市 2014 年财政支出完成情况（表）　259a
宝鸡市 2014 年环境质量状况公报　176b
宝鸡市 2014 年获陕西省科技奖项目（表）　321a
宝鸡市 2014 年市级及县（区）级科技

经费投入(表)　320a
宝鸡市 2014 年重大科技专项计划项目安排及经费补助(表)　318a
宝鸡市 3 位诗人到北京参加座谈会　325c
宝鸡市 3 位作家获全国小说奖　324a
宝鸡市 5 位作家入围第六届鲁迅文学奖　324b
宝鸡市财险类公司人员(表)　299a
宝鸡市参加陕西省第十五届运动会成绩(表)　354a
宝鸡市成立生物治疗中心　343b
宝鸡市党政主要领导“六一”前夕看望慰问少年儿童　126c
宝鸡市第七届社区文艺汇演活动　333c
宝鸡市第十四届人大常委会第十八次会议　68a
宝鸡市第十四届人大常委会第十六次会议　67b
宝鸡市第十四届人大常委会第十七次会议　67c
宝鸡市第十四届人大常委会第十三次会议　66b
宝鸡市第十四届人大常委会第十四次会议　66c
宝鸡市第十四届人大常委会第十五次会议　67a
宝鸡市第十四届人大常委会会议　66b
宝鸡市第十四届人民代表大会第四次会议　66a
宝鸡市第十四届人民代表大会及其常委会 2014 年度任免人员名单(表)　74a
宝鸡市第十一届运动会 2014 年青少年年度比赛暨第六届“奥运争光”选材运动会总分榜(表)　358a
宝鸡市赴北大清华引进优秀毕业生来宝就业创业　86b
宝鸡市关心下一代工作功勋奖评选　374a
宝鸡市国家税务局 2014 年纳税 500 万元以上企业统计(表)　265a
宝鸡市国家税务局 2014 年组织收入统计(表)　265a
宝鸡市获地理标志保护产品名单(表)　238a
宝鸡市获第一届全国青年运动会参赛资格　356b
宝鸡市获陕西服务名牌名单　238b
宝鸡市获陕西省名牌产品企业名单(表)　238a
宝鸡市获陕西省质量管理奖名单　238a
宝鸡市获中国名牌产品企业名单(表)　237a
宝鸡市暨眉县烈士公祭活动在扶眉战役烈士陵园举行　418a
宝鸡市前兆观测台站及主要测项(表)　179a
宝鸡市人大与商洛市人大互相开展执法检查　72c
宝鸡市人民代表大会及其常委会决议、决定目录(表)　73a
宝鸡市荣获全国节水型社会建设示范区称号　195c
宝鸡市寿险类公司人员(表)　300a
宝鸡市调整部分城镇基本医疗保险政策　86a
宝鸡市通过国家森林城市建设工作复检　200b
《宝鸡市文化产业发展规划(2014—2020)》出台　335b
宝鸡市文化馆(站)群文干部培训班　335b
宝鸡市文化旅游节　249a
宝鸡市文化旅游节暨太白山开园文化活动周开幕　420b
宝鸡市文化志愿者走进克拉玛依　334a
宝鸡市文联 2014 年文艺作品出版情况一览(表)　325a
宝鸡市新添 11 处省级文保单位　245a
宝鸡市与格尔木市举行区域文化联动活动　334b
宝鸡市运动员参加国际赛事创造历史成绩　355c
宝鸡市运动员参加全国大赛取得佳绩　356a
宝鸡书法家作品入国展　328b
宝鸡体彩大乐透中出 6317 万元巨奖　363b
宝鸡体彩销量创历史新高　363b
宝鸡文艺界 48 人次 48 部(篇)作品获得或入选全国性文艺大奖　133b
宝鸡小选手捧回全省少儿曲艺大赛金奖　331a
宝鸡新八景评选　247c
宝鸡新闻发布会　18b
宝鸡中国画院开展送文化下乡活动　328a
宝石机械 13 项国产海洋石油装备集中展示　183b
宝石机械 2500 马力压裂泵研制成功　183c
宝石机械参加东欧最大石油展会　183c
宝石机械泥浆泵出口创新高　183b
宝钛股份通过中核集团合格供应商现场评审　187b
保持反腐高压态势　155c
保密调研和通联工作成效明显　65a
保险、股票和期货市场　288c
保障性住房建设　398b
保障性住房项目资金　170b
保障业务稳健发展　294c
保障重点领域机构编制需求　60a
报社领导带头采写重头稿件　339c
暴雪　36c
暴雨　37a
北京新闻发布会　18a
编辑出版《宝鸡山水文化》　135a
编写《中国共产党宝鸡历史》(第二卷)大纲　60c
编印《宝鸡市哲学社会科学规划课题成果汇编》和《社科论集》　135a
编制棚户区改造规划　170a
便民利民 70 项措施新闻发布会召开　153b
表彰后备人才先进单位和个人　358a
殡葬事业　90c
秉承诚信　302c
不良贷款实现清零　291c
部署“十百千万”工程活动　152b
8 名缅甸籍人非法入境被遣送　152c
8 人获“最美宝鸡人”称号　393c

C

财政收支总量平稳增长　255b
财政支农投入稳定增长　256c
财政资金审计　235a
蔡家坡经济技术开发区发展情况视察　104b
参加第 18 届西洽会　26b
参加第二届中国南亚博览会　27a

参加第十五届中国西部国际博览会 27a
参加第四届陕粤港澳经济合作周活动 27b
参加第四届中国—亚欧博览会 26c
参加“华人学生作文赛” 129c
参加陕西省文物普查骨干培训 245a
参加省人大代表履职培训班 69b
参加市长热线访谈节目 355a
参加“文明风采”竞赛 308a
参与创新社会治理 156a
参与民主协商 115c
参与全省系列活动夺魁 95b
参与社会公益活动 213a
参与世佛联大会、道文化论坛组织工作 52b
参与中心工作 107a
参展第七届西部文化产业博览会 335c
参政议政 119a
参政议政工作培训 114a
参政议政工作制度化 112a
参政议政为助推发展谏言 120b
餐饮服务食品安全监管 352b
残疾人社会保障情况调查 106a
差别运用各项政策调控工具 289b
产能过剩风险得到防控 290b
产品创新取得实效 295b
产品质量监督 237a
产权产籍管理获全国表彰 172a
产业化扶贫项目和园区建设 201b
场馆建设及改造 20c
陈仓分局破获跨省系列电信诈骗案 152a
陈仓苹果再次获奖 389c
陈仓物流园区发展情况视察 104a
陈光明调研市流动人口服务管理工作 92a
成功创建全省首批社会组织管理创新示范区 381a
成功创建为“国家慢性病综合防控示范区” 395a
成功举办宝鸡第一届青岛啤酒节 389c
成功举办中国·宝鸡丘陵山区暨高新农业机械演示会 194c
成立爱粮节粮志愿者服务队 226b
成立宝鸡市组委会 17b
成立保障性住房资产运营管理公司 171a
成立燃气、供水应急抢险队 166a
成人教育 309a
承办进基层讲中国故事大赛活动 338b
承办全国“羽林争霸”2014 红牛城市羽毛球赛 360b
承办全市城乡居民大病医疗保险 301b
承办陕西省社科普及 365 行动暨宝鸡市社科界创文宣传咨询活动 135c
承办陕西省政协系统乒乓球友谊比赛 362b
城市改造提升工程 162b
城市规划编制 162a
城市规划制度建设 162a
城市化进程加快 386b
城市建设 77c
城市居民健康档案项目 346b
城市内涝治理项目 163c
城市照明及亮化美化 162c
城乡建设步伐加快 412b
城乡建设加速推进 378b
城乡交通 397a
城乡客运公交化取得新突破 203b
城乡面貌得到改善 407a
城乡一体化步伐加快 387a
城乡义务教育新机制 312a
城镇建设加快 391a
城镇居民收入 364b
城镇居民消费 364a
持续改善民生 45a
持续开展“和谐岐山建设提升年”活动 407b
持续开展晋星创建 54b
持续推进陕西省钛及钛合金科技产业示范基地建设 317a
持续推进生态文明建设 437c
持续抓好“强军优属办好九件实事”活动 142a
筹备第 27 届世佛联大会 366c
出版《2013’宝鸡党委工作纪事》 61a
出版《宝鸡革命遗址通览》 61a
出版《宝鸡历史文化历史名人剪纸艺术》 95b
出版《中共党史知识读本》三册 61a
出台便民措施 173c
出台城乡居民社会养老保险丧葬补助金制度 85c
出台市级四大班子联席会议议事规则 46a
出土宋金文物 17 件 427a
初霜冻 37b
除尘脱硫改造 165a
传染病防治工作 344a
传统文化公益频道《文明之窗》开播 415a
传统主业日益巩固 227a
床位数 349c
创建关心下一代工作新载体 373b
创建国家生态园林城市 166c
创建全国文明城市 47b
创建示范住宅小区 172b
创建“五好”关工委 373c
创立渭滨农村商业银行 384c
创新供电服务措施 190a
创新监管机制 235c
创新检验监管方式 229c
创新金融服务 292c
创新农业科技服务 195a
创新青少年社会管理工作机制 125a
创新社会治理方式 55b
创新社会治理模式开展“三进五解决”活动 417a
创新提案督办形式 103a
创新学生管理工作推进招生就业 314a
春联义写活动 114c
从严管理干部 47c
促进非公有制经济发展 53a
促进结构调整 292c
促进区域信贷资源合理配置 289a
促进祖国统一工作新内容 112c
崔西公路改建工程建成通车 428b
村民代代护古松 435c

D

搭建产销平台 194c
搭建服务企业平台 207a
搭建提案协商平台 103a
打非治违专项行动 242b
打击文物违法犯罪 246a
打牢商会组织基础 131a
打造“秦岭花谷”升级版 438a
打造社会服务品牌 116a
打造“西秦大姐”和“西秦巧娘”品牌 126a

打造宣传载体　54a
代维工作再呈亮点　213b
党的群众路线教育实践活动查找出问题 21 条　61c
党的群众路线教育实践活动取得实效　435c
党的群众路线教育实践活动整改问题 6895 条　393a
党风廉政建设　398c
党史专题研究　61b
党史资料征集　61b
道德讲堂开讲　217c
德国拉腾市市长到宝鸡考察　27b
地震短临跟踪　179a
地震活动概况　178c
地震科普宣传培训　180c
地震应急　180a
地震应急演练　180a
地震应急预案　179a
地质、地貌　35a
地质灾害防治　241c
第 27 届世佛联大会开幕式及系列活动筹办工作　251c
第 27 届世界佛教徒联谊会在扶风县举行　412c
第三产业日益繁荣　391c
第三产业提速发展　378a
第十八届广场纳凉晚会活动　333c
第五大道东扩工程全面完工　379c
调查研究　114b
调查研究成果受重视　128b
调查研究建箴言　117c
调研非公有制经济发展情况　71c
调研耕地保护情况　72a
调研贯彻落实交通安全相关法律情况　72a
调研水污染防治情况　72b
调研现代农业园区发展情况　71b
调研依法治市情况　71b
调研预防青少年违法犯罪工作　71b
调研重点建设项目进展情况　71c
电子工业存在的问题　186b
电子监管平台建设　351b
电子商务和会展经济发展迅速　223a
电子商务快速发展　227a
东湖柳浪等 3 景点跻身“宝鸡新八景”　402a
东岭村举办全国经济强村峰会　379b
东岭集团荣登 500 强排行榜　187b
东岭集团总收入 758 亿元　187b
东岭集团总收入突破 750 亿元　379a
督办化解信访突出问题　97b
督查督办 65 项重点工作　250c
对口帮扶工作　347a
对口协商活动　102b
对农村电影放映实行目标责任管理　339a
兑现“三无户”及困难群众建房款 894 万元　429b
多措并举，推动非公企业和直属商会转型升级　130c
多件作品在陕西民间文艺山花奖活动中获奖　331c
多举措纠正“四风”　110b
多项措施加强税收征管　271a
多项改革举措得到国省肯定　347c
多种形式提供优质统计调研信息服务　233a
多种形式宣传海关政策规定　228b

E

2000—2014 年各项社会保险及基金收入完成情况统计(表)　279a
2013 年 10 月至 2014 年 9 月宝鸡市 ML≥1.0 级地震统计(表)　178a
2014 年 SYB 创业师资培训班　87a
2014 年宝鸡高新区市级重点建设项目(表)　220a
2014 年宝鸡高新区主要经济指标一览(表)　220a
2014 年宝鸡市部分重点企业为地方财政纳税贡献统计(表)　262a
2014 年宝鸡市春节广场文化周活动　333c
2014 年宝鸡市高考清华、北大考生录取情况统计(表)　309a
2014 年宝鸡市金融机构人员、机构统计(表)　288a
2014 年宝鸡市新引进的亿元以上产业化项目一览(表)　28a
2014 年宝鸡市用电结构(表)　189a
2014 年宝鸡市用电特点　189a
2014 年宝鸡市政协其它调查视察活动简(表)　106a
2014 年宝鸡市主要金融指标情况统计(表)　288a
2014 年宝鸡市主要快递企业分专业出口快件量情况(表)　205b
2014 年宝鸡市主要快递企业分专业业务收入情况(表)　205b
2014 年宝鸡市主要邮政业务完成情况(表)　205b
2014 年陈仓区国民经济和社会发展主要指标一览(表)　386a
2014 年城镇居民可支配收入构成(表)　364a
2014 年城镇居民生活消费支出情况(表)　365a
2014 年度缴纳养老保险费 200 万元以上企业统计(表)　280a
2014 年凤县国民经济和社会发展主要指标一览(表)　436b
2014 年凤翔县国民经济和社会发展主要指标一览(表)　400a
2014 年扶风县国民经济和社会发展主要指标一览(表)　412a
2014 年高职毕业生就业地区分布情况(表)　315a
2014 年河流断面主要污染指标年均值统计汇总(表)　177a
2014 年计划执行情况　230a
2014 年金台区国民经济和社会发展主要指标一览(表)　377b
2014 年麟游县国民经济和社会发展主要指标一览(表)　425b
2014 年陇县国民经济和社会发展主要指标一览(表)　391a
2014 年眉县国民经济和社会发展主要指标一览(表)　416b
2014 年农村居民生活消费支出情况(表)　366a
2014 年农民居民人均纯收入构成(表)　365a
2014 年岐山县国民经济和社会发展主要指标一览(表)　406b
2014 年气候特点及评价　36b
2014 年千阳县国民经济和社会发展主要指标一览(表)　396a
2014 年市级及各县区财政收支完成情况(表)　260a
2014 年市级重点监控企业纳税额 300 万元以上税收收入比对(表)　273a
2014 年太白县国民经济和社会发展主要指标一览(表)　430a
2014 年渭滨区国民经济和社会发展主要指标一览(表)　382a

“2014暖冬行动”走进岐山慰问　411a
“2014秦剑行动”战果辉煌　155a
2014少儿暑期免费培训　335b
2014中国·宝鸡人才招聘会暨创业博览会　86c
2所学校荣获“陕西最美校园”称号　388a

F

发放新式武干服装　142c
发行国债14期　287b
发挥海关统计进出口监测预警作用　228c
发挥群团组织优势　59a
发挥原产地政策惠企作用　229c
“法门·梵音·慈悲心”主题晚会　17a
法门佛光入选“宝鸡新八景”　413a
法门寺佛文化景区成功创建国家5A级景区　413a
法门寺活动　16c
法门寺景区（5A）　41c
法士特重大科技专项获批　217a
繁荣职工文化　123a
反映保险行业利益的诉求　299a
反映民意务实效　118a
反映社情民意　102b
反映社情民意　116a
范怀智短篇小说获陕西省作协年度奖　325a
防护工程建设快速发展　144a
防汛工作　196a
防灾减灾　90b
房地产贷款风险保持较低水平　290c
非公经济发展情况调查　103b
非公企业党建　236a
非物质文化遗产保护情况调查　105c
分类推进事业单位改革　46b
分区两项普查迎接上级军区抽查　143b
丰富企业文化内涵　295c
烽火产品参加陕西省互采互用交流洽谈会　186c
烽火光伏进入《光伏制造行业规范条件》企业名单　186b
烽火两项目跻身国家火炬计划产业化示范项目　186c
凤唐苹果喜获殊荣　441b
凤县《羊皮鼓舞》获中国民间文艺山花奖银奖　332a
凤县参加2014陕西春季营销大会　438b
凤县参展2014中国·宝鸡创业博览会　438c
凤县创建为西北首个国家生态县　440a
凤县第四届机关运动会　441b
凤县第一家3D影院试营业　441b
凤县“风电观光”景点对外开放　442c
凤县凤凰湖景区（4A）　42b
《凤县革命纪念馆布展方案》通过评审　443b
凤县公安局破获特大入室抢劫案　153c
凤县检察院获“全省人民满意的政法单位标兵”称号　440c
凤县举办《百姓问政》节目　443b
凤县举办2014年“凤县杯”钓鱼大赛　439b
凤县举办“穿越大秦岭”汽车集结赛新闻发布会　439c
凤县举行第五届儿童“挑花灯·赛花灯”活动　441c
凤县举行烈士公祭活动　441c
凤县举行“秦岭与黄河对话”之取水嘉陵江活动　438c
凤县启动扶贫托底工程　440b
凤县汽车客运站开工建设　440b
凤县羌舞亮相十五届省运会开幕式　439a
凤县羌族舞蹈《羊皮鼓舞》获“山花奖”银奖　439b
凤县人民政府门户网站手机版正式上线　440c
凤县荣获“影响世界的中国文化旅游名县”称号　438c
凤县荣膺“中国最美文化生态旅游名县”称号　438b
凤县入列全国县级文明城市提名城市　439b
凤县首期基层党组织书记专题培训班开班　442b
凤县县城新水源供水工程通水　440c
凤县消灾寺景区跻身国家4A级旅游景区　440a
“凤县映象”文学笔会成功举办　443a
“凤香经典西凤酒”荣获酒类销售领军品牌称号　188a
凤翔豆花泡馍被评为宝鸡十大美食之一　404a
凤翔泥塑成功申请地理标志证明商标　401c
凤翔兔获农高会“金兔奖”　405a
凤翔县档案馆晋升国家二级综合档案馆　404a
《凤翔县书画作品集》发行　402b
凤翔县医院远程会诊中心启用　402c
凤翔县在第十四届全国多媒体课件大赛中获佳绩　405a
凤翔县在第十五届世界华人学生作文大赛中获佳绩　404b
凤翔小伙走上《星光大道》　403c
凤翔学生喜获全国青少年艺术竞赛金蛙奖　403b
凤翔中学延安体育馆开馆　405a
佛教文化系列展览　17b
佛教文化与艺术展　246c
佛教与公益慈善论坛　17a
扶持妇女创业就业　125c
扶持小微企业　295a
扶风进入“全国2014民生改善优秀示范城市”行列　414b
扶风学生苟帅琪勇救落水人员被评为“陕西好人”　415b
扶眉战役　40c
扶贫开发　192a
扶贫开发工作取得显著成效　429b
扶贫贴息与整村推进　201c
扶贫移民搬迁　201b
扶贫移民搬迁情况视察　105a
服务建筑业发展　167b
服务经济持续发展　155b
服务经济社会　237b
服务能力增强　294b
服务侨资企业　129b
服务全市发展大局　55a
服务生态文明建设　156b
服务重点项目　301c
福彩事业　89c
妇女儿童民生项目与留守妇女儿童特别关爱　127a
妇女维权工作　126b
妇幼健康技能竞赛　345b
赴21军司训大队协调开幕式节目展

演　20c
副省长王丽霞调研卫生计生工作　342a

G

改革创新彰显亮点　271b
改革完善统计调查业务体系　232c
改革职业招生教育　307c
改革专项财政管理制度　257a
改善城市生态环境　383a
改造供热设施　164c
概述　155a、163a、170a、171a
干旱　37a
高温　37a
高新大道三期全线通车　217c
高新区跻身“中国100强产业园区排行榜”　218b
高新区生态体育公园开园　362c
高新四小开工建设　219c
高新渭河生态公园建成投用　218a
搞好信访投诉调处工作　299a
各地宗亲到岐山寻根祭祖　410a
各级领导到扶风视察调研情况　415b
各级领导慰问救人受伤民警　153a
各类学校招生良好　383c
各项业务稳健发展　296b
耕地保护　241a
工程质量安全监管　167c
工业发展明显加快　418c
工业和建筑业　75c
工业环保　396c
工业经济平稳增长　386b
工业经济稳步增长　378a
工业园区建设迈入新阶段　429b
公布会徽会歌吉祥物主题口号　19a
公共场所卫生监督　344b
公共卫生风险评估　345a
公路交通网络　41a
公路养管常态化　203c
公务自行车骑出干部好作风　415b
公众满意度持续增强　297b
巩固和完善食品药品安全长效机制　350c
巩固卫生创建成果　343c
供热设施维护　165b
供水项目建设　165c
供销社服务“三农”　192b
构建大调研工作格局　53a
构建抵御假冒专利商品防火墙　323b
构建多元化融资体系　289b
构建信息化现代化警务模式体系　149a
古代铜镜展　246a
古凤州金秋红叶观赏节暨羌历新年庆典　439c
古籍整理和地方文献征集　333a
固定资产投资　230b
固定资产投资　76a
关爱青少年特殊群体　373a
关爱一线园林环卫工人　167b
关山草原风景区创建为国家4A级景区　394b
关心服务会员发展　116a
“关中—天水经济区城市人才合作联盟”第六届年会　87a
关注公益事业　296a
管理保障效能凸显　297a
贯彻地方志工作会议精神　95c
贯彻落实稳健货币政策　289a
广泛征集精品提案　102c
规范癌痛治疗　343b
规范管理　89a
规范和整顿法律服务市场　161a
规范户外广告门头牌匾　169a
规范人事管理　87c
规范社区矫正执法　161c
规范事业单位领导职数　60a
规范完善学会管理有关制度　136b
规范性文件监督管理　80c
规范业余无线电台管理　214b
规范印刷业市场　336b
规范自身执法行为　157b
规划建设执法管理　162c
规模以上工业实现产值36.84亿元　391c
规模以上工业实现增加值182.47亿元　383c
郭帅亚运会上夺得金牌　410c
国核锆业一校两站挂牌　216c
国际交流活动　93c
国家5A级景区创建“零”突破　251b
国家矮砧苹果综合标准化示范区建设　396b
国家安监总局检查指导凤县金属非金属矿山安全生产工作　443a
国家地震局领导到宝鸡调研　178b
国家级小麦良种繁育标准化示范区建成　413b
国家粮食局局长任正晓视察指导宝鸡粮食工作　224c
国家农业综合开发办检查验收农业综合开发项目　402c
国家人社部养老保险司副司长贾江到宝鸡调研　85b
国家三类城市语言文字工作达标　394b
国家生态市建设　175c
国家司法考试安全平稳进行　161b
国家卫计委对宝重大政策落实情况督查　341c
国家卫生计生委到宝鸡调研　91b
国家卫生计生委综合督查组到宝鸡指导工作　92c
国家宗教局、中国佛教协会考察法门寺佛文化景区　252c
国内贸易、对外经济和旅游　76a
国企改革　243a
国税收入突破100亿元大关　261b
国土执法监察　241c
国有可移动文物普查　245b
国资监管　243b
果农王雨嘉、曹铭元被评为首批全省高级职业农民　402b

H

夯实基础管理工作　206a
行风评议活动　102c
和谐劳动关系　88b
河流、水资源　35b
狠抓教育质量提升　311a
狠抓“两个责任”落实　109c
狠抓学科实力提升　312c
狠抓战备工作整治　146c
“弘扬好家风”活动　372b
红旗民爆产品出口刚果　188b
洪涛入选《当代中国山水画名家》丛书　328a
洪涛山水画作品集出版　329b
互助资金协会运行　201c
环境、资源和安全生产　78a
“环境整治”“绿化提升”两项工程取得显著成效　431c
黄柏塬村获两项殊荣　434c
黄柏塬镇海棠河、大箭沟先后发现2只大熊猫　435a
黄菜花种植专业合作社荣获“中国50佳合作社”称号　433a

会前氛围营造　17b
会员企业参与社会服务活动　130c
惠民政策支持三农产业建设　301b
婚姻管理　91a
获全省安全文化建设示范县称号　403a
获全省残疾人工作示范县称号　400c
获生态典范园区称号　219a
获省级平安建设先进县称号　404b

J

机构编制核查和实名制管理工作　59c
机构编制专项督查　60b
机械智能控制系统生产建设项目合同签订　408b
基本和重大公卫服务妇幼卫生项目　345c
基层建设得到加强　146a
基层政权建设　90c
基层组织建设　126a
基层组织建设　48b
基层组织全面提升　227a
基础网扩容改造　209a
基金会到宝鸡捐赠助学　130a
激励引导信贷投入　256a
集贸市场整治　236b
集体林权制度改革　199b
纪念宝鸡斗鸡台考古80周年座谈会　244b
加大大气污染防治工作力度　182a
加大党风廉政建设力度　58c
加大对市区城市影院检查指导　339b
加大公益广告播出　338c
加大广告监管力度　337b
加大环保宣传力度　176b
加大技术创新力度　181c
加大监管力度　205a
加大粮油执法力度　226a
加大民生项目投入力度　428a
加大品牌宣传力度　250b
加大全国文明城市创建力度　379a
加大生态环境治理　24c
加大营业窗口建设力度　211c
加快城乡基础建设　382c
加快城乡一体步伐　54c
加快发展高新技术企业　316c
加快服务业项目建设　386c
加快加气站建设　165b
加快快递场所规范化建设　206b
加快农产品物流精深加工中心　194a
加快社会化养老　367c
加快卫生信息化建设　348c
加快项目贷款营销　291c
加快“一言九鼎·诚信宝鸡”建设　22c
加快邮政金融发展　206c
加强安全监管　204c
加强保密行政执法与技防建设　65c
加强产科建设　346a
加强场站建设　164c
加强大学文化建设　313a
加强档案执法检查和业务指导　62c
加强督促检查推动工作落实　46c
加强队伍建设　210a
加强对外经济合作　227c
加强对新注册外贸公司的服务　227c
加强法院信息化建设　159b
加强房地产市场监管　171c
加强非法出版物检查　340c
加强非公经济人士思想建设　52c
加强风险防控工作　229a
加强干部队伍建设　262a
加强干部理论学习和业务培训　122a
加强歌舞娱乐场所管理　336c
加强公安队伍建设　151a
加强公共自行车系统管理　164c
加强供气管网建设　165b
加强行业监管　172b
加强行业监管调控　223a
加强合规管理开展宣传　303b
加强宏观质量管理　229a
加强环境卫生整治　343c
加强环卫基础设施建设　167a
加强机关党的建设　64a
加强机关建设　383b
加强基层党组织建设　303c
加强基层干部培训　55a
加强基层基础工作　158a
加强技术分中心建设　229b
加强警备工作　138c
加强理赔管理　303b
加强联系交流　108b
加强民兵军事训练　139c
加强农产品质量安全　195b
加强普通高中教育　307b
加强企业诚信管理　229c
加强青年就业创业技能培训　125a
加强全民健身基础设施建设　426a
加强生态环境治理　413b
加强实践问题研究　63c
加强市场监管　224a
加强市民道德教育　23c
加强提案办理考核　103b
加强体育艺术及特殊教育　307b
加强调查研究工作　53b
加强网络建设　212a
加强未成年人思想道德建设　51b
加强文献资源建设　333a
加强污水处理费收缴管理　166a
加强无线电台(站)管理　214a
加强新时期科协工作　46b
加强烟叶收购管理　223c
加强业务管理　303b
加强疫情防控力度　345a
加强应急指挥信息系统建设　147a
加强有害生物监测　229c
加强政法队伍建设　55c
加强政治协商工作　46c
加强政治协商工作　52a
加强职业教育品牌建设工程　308b
加强中小学德育工作　307a
加速推进工业经济转型　437a
嘉陵江沿线10城市联袂寻找“最美女儿”　441c
假日旅游协调　248c
价格服务　234c
价格改革　233c
价格调控　234a
坚持从严治党　45b
坚持工资集体协商工作制度　123b
坚守防止冤假错案底线　157b
监督检查　234b
监理市场专项整治　167c
检查软件正版化工作　340a
检验检疫数据　229a
建成国家一级看守所　398a
建立宝鸡党史网　61b
建立大服务机制　209b
建立分级诊疗双向转诊机制　348a
建立技术转诊制度　347a
建立健全百姓问政制度　46a
建立医疗纠纷调解新机制　343a
建立长效工作机制　126b
建设乡镇卫生院远程会诊系统　347a
建言献策参政议政　131b
建筑工程招投标管理　168a

建筑节能和墙材革新 168a
建筑施工安全管理 167b
健全财政补偿机制 348a
健全财政监督管理机制 257c
健全基本公共卫生绩效考核机制 348b
健全矛盾纠纷排查化解机制 57a
健全农村流通网络体系 222b
健全社会保障体系 88a
健全社会综合治税体系 255b
健全审判管理体制 159b
健全外事管理制度 94b
健全长效管理机制 169c
降水 36b
绛法高速公路建成通车 412c
交强险案件实行分项限额判决 298c
交通地位 40c
交通和邮电 76b
缴纳地方税金超 4400 万元 211a
教学及科研工作取得新成绩 314a
教育编制调整 60a
教育和科学技术 76c
教育培训和应急演练 242b
接待保障 20a
节能减排 231a
节约集约用地 241b
借智引智发挥决策咨询作用 100b
金融、证券和保险业 76c
金融消费者权益保护 288c
金台分局破获特大贩毒案 151c
金台籍选手王铮年内两度夺冠 380c
《金台区志》率先通过终审 380b
金钻石油公司揭牌 216a
紧扣全市工作主线开展调查研究 99c
经二路 30 号公共停车场人防工程开工奠基 145a
经济发展质量稳中向好 406c
经济广播、音乐广播和交通旅游广播 338c
经济普查和专项调查 232b
经济调研 231b
经济运行监测 231a
经济责任审计 235a
经济总量稳中有增 411c
经营效益稳步增长 295c
精神文明建设 126c
景区旅游整治秩序 252a
景区项目建设 251c
竞赛组织 20a
就业创业工作 88a
举办《百姓问政》节目 415b
举办《创文进行时》大型广场热线直播活动 338a
举办《奋力开创陆桥经济与丝绸之路经济带的新格局》学术报告会 135c
举办 2014 宝鸡少儿绘画精品展 327b
举办 2014 年《关陇回望》写生作品展 329c
举办 2014 年“春风行动”大型就业招聘洽谈会 84c
举办 2014 年全国残疾人射击锦标赛 361a
举办 2014 年全国青年游泳锦标赛 356b
举办 2014 年“西凤杯”新春摄影大展 330a
举办“2014 中国·宝鸡首届葫芦丝巴乌全国邀请赛” 132c
举办“八一电影制片”厂建军历程影片展映活动 339a
举办宝鸡·丝绸之路旅游产业项目合作推介会 248a
举办宝鸡市爱心助残书画捐赠义卖会 329c
举办宝鸡市第八届国际标准舞锦标赛 330c
举办宝鸡市第二届刻字艺术展 329b
举办宝鸡市第三届迎新春征联大赛 324a
举办宝鸡市民间社火培训班 332b
举办宝鸡市社科界培育和践行社会主义核心价值观座谈会 134c
举办“宝鸡市新年合唱音乐会” 133b
举办宝鸡文艺界 2014 年“海棠迎春”文艺活动 132a
举办宝鸡文艺界“践行社会主义核心价值观”大型签名活动 132c
举办“创文改变生活”宝鸡市大型摄影比赛 133a
举办党史知识竞赛 61b
举办“到群众中去”宝鸡文联文艺志愿服务活动 132c
举办第 23 届中华杯 B 组足球比赛 362a
举办第三届公民道德公益大讲堂 136a
举办第四届“秦岭文学奖”评选活动 132b
举办第四届陕西音乐奖器乐比赛宝鸡赛区选拔赛 330c
举办第四届社区运动会 362b
举办符浩书画作品展 329b
举办妇女“庆三八·迎省运”健身展示活动 125c
举办高新一中落成典礼 219c
举办公益创业论坛 217a
举办古今人士赞颂太白山诗书画展 328b
举办国情和形势政策教育 124c
举办侯希安摄影展 330b
举办环保车载绿桶发放活动 115a
举办李骅刻字艺术展 328c
举办廉政灯谜竞猜活动 332c
举办“普天同乐庆华诞·盛世金秋游法门”系列活动 254b
举办庆“七一”宝鸡市反腐倡廉漫画作品展 327a
举办“庆七一”廉政灯谜大家猜活动 403a
举办全省工商系统乒乓球比赛 362b
举办省十五运会青少年组比赛 21a
举办十八届三中全会辅导讲座 144c
举办市第二十一届木兰拳比赛 361c
举办首届农民门球邀请赛 380c
举办首届青年科技新星暨科技进校园活动 401b
举办“谁是球王”中国足球民间争霸赛陕西赛区海选赛 361b
举办丝绸之路经济带建设与宝鸡外向型经济发展研讨会 134b
举办“丝路行·雍州情”凤翔首届商贸文化博览会 402a
举办王卫东剪纸艺术展 332c
举办文化、卫生、科技“三下乡”活动 108a
举办“我们的中国梦”文化进万家惠民活动 132b
举办习近平总书记系列重要讲话学习报告会 135c
举办习主席系列重要讲话精神理论培训班 141a
举办“孝行天下”老年书画摄影展 328c

举办新社员培训班 120b
举办“学习贯彻三中全会精神我们怎么办”专题辅导报告会 135b
举办“与文明同行”宝鸡书画摄影作品邀请展 133a
举办张宝文书法篆刻展 329b
举办张永红书画篆刻展 329a
举办张载关学思想研讨会 134c
举办职业学校学生技能竞赛 308a
举办中国宝鸡陇县·龙门洞道文化论坛 367a
举办中国宝鸡陇县·龙门洞道文化论坛 393b
举办周宝良书法艺术展 328b
举行《宝鸡市公安志》首发式 154c
举行“百合杯”乒乓球赛 360c
举行第九届“法门之光”福慧营活动 254b
举行第六届全市体育健身大会 361a
举行公安机关“三大体系”建设新闻发布会 155a
举行烈士纪念园落成仪式暨烈士纪念日公祭活动 410c
举行“庆三八·迎省运”活动 360b
举行庆祝人民代表大会成立60周年大会 68b
举行丘陵山区高新农业机械演示会 389a
举行全国射击(女子手枪)锦标赛 356c
举行全民健身体育志愿者进社区大拜年活动 360b
举行省十五运会闭幕式 21c
举行省十五运会开幕式 21b
举行市老体协成立30周年庆祝活动 361a
举行市十一运会年度赛 357a
举行“丝绸之路万里行”法门寺站活动 253c
举行探秘千年珍宝·瞻礼万世舍利——纪念佛指舍利安奉五周年暨第五届佛文化艺术节 253b
举行万人长跑活动 360a
举行“王延安教育筑梦基金”启动仪式 400c
举行微电影《警缘》首映式 154b
举行“相约春天·共植希望”——2014年春季植树祈福活动 253b
举行“新丝路·新起点”2014全国网络媒体宝鸡行大型采访活动启动仪式 253c
卷烟市场状态良好 223b
军分区机关大门工程竣工 143c
军民共建进村路 219a
“9000米海洋钻井包研制”课题通过国家验收 184a
90辆“爱心助考车”为凤县考生保驾护航 442c

K

开办县区艺术创作人员辅导培训班 334c
开辟保密宣传教育新途径 64c
开设专栏增强社会新闻可读性 339c
开展2014年陈仓环保世纪行活动 70c
开展爱国主义教育活动 129c
开展百日社会治安排查整治专项行动 56a
开展“宝鸡人大新闻奖”评选活动 70b
开展便民惠民服务 222c
开展财务清查整治工作 144a
开展车辆安全教育活动 140a
开展畜禽标准化示范场创建 193a
开展打击非法广播电台及非法设置无线电台(站)专项活动 213c
开展打击“三假”“三非”集中行动 340b
开展大型主题宣传活动 49c
开展代表活动 69b
开展党的群众路线教育实践活动 107a、134a、140c、147c、176a、46c、47c、51c
开展党员志愿者活动 58c
开展对台交流合作 53a
开展多项老年活动 368a
开展多项助学帮困活动 409a
开展房地产项目推介活动 171b
开展非公经济人士理想信念教育实践活动 130b
开展扶贫帮困工作 108a
开展扶贫济困 121b
开展公务用车治理封存 143b
开展公益电影进社区活动 219b
开展冠军进校园活动 356a
开展规范性文件备案审查工作 71a
开展国防教育知识竞赛 142c
开展海关监管工作 228a
开展环保执法专项行动 174b
开展“黄丝带”监狱帮教活动 114c
开展坚持和发展中国特色社会主义学习实践活动 114a
开展“净网2014”行动 340b
开展军事设施保护立法调研 138c
开展科技文化卫生三下乡活动 218c
开展空余房地产整治 143b
开展理论征文活动 61a
开展联谊交流活动 129b
开展乱建庙宇专项治理工作 52c
开展绿色文明示范单位创建活动 176b
开展美丽乡村创建 54c
开展农业科技园区认定工作 317b
开展平安建设责任大落实活动 56a
开展评选“陇县美德少年”活动 394a
开展“千名干部进百村扶贫帮困送温暖”活动 405b
开展青工创新创效活动 124c
开展青年志愿者服务行动 125a
开展庆“八一”建军节系列活动 141c
开展“秋风2014”行动 340c
开展去城郊捡垃圾活动 339c
开展全民健康教育活动 343c
开展全省无线电管理行政执法程序及文书修订工作 214c
开展全市保密委主任讲党课活动 65b
开展群众路线教育实践活动 111a
开展群众路线教育实践活动 96a
开展“三下乡”服务群众 121a
开展“三线”环境综合整治 176a
开展社会治理调查研究 56c
开展省级示范小区创建活动 170c
开展实物配租和租赁补贴发放 170c
开展首个烈士纪念日公祭活动 403c
开展数字图书馆体验活动 333b
开展“双创双迎” 44c
开展司法为民百日专项活动 160c
开展“四支队伍”教育整训活动 139a
开展体育场馆经营活动 363c
开展土地确权登记 195a
开展卫生应急培训 345a
开展卫生应急知识宣教 345b

开展卫星广播电视地面接收设施专项整治活动　337b
开展文化市场执法宣传　336c
开展文化市场专项整治　336a
开展文化先进县创建　397b
开展文化信息资源共享工程　333b
开展文化志愿服务　333c
开展文明城市创建活动　136c
开展文明创建工作　212c
开展无线电管理宣传月活动　214c
开展“五个一”活动　108a
开展献爱心、送温暖活动　129a
开展新媒体引导青少年工作　124c
开展星级社区卫生服务机构创建活动　346b
开展宣传，提升知名度　304a
开展宣讲教育活动　124c
开展“学条令、训队列、整秩序”活动　138a
开展“学习贯彻三中全会精神我们怎么办”大讨论活动　47a
开展“邀请公民代表走进县政府”活动　394c
开展医疗质量安全服务督查　342b
开展医师多点执业　348c
开展义务植树活动　218a
开展义诊活动　129b
开展迎“创文”千警交通秩序大整治　153c
开展邮政文化活动　206c
开展阅读推广活动　333b
开展运输市场专项整治　204a
开展战备条令学习月活动　138b
开展知识产权维权援助服务　323b
开展职工科技创新　122c
开展治污降霾　45a
开展“中国梦·农工情”演讲比赛和征文活动　119c
开展中国足球元老进校园活动　362a
开展重点课题调研　53b
开展主题教育活动　140c
开展专场电影放映　339a
开展转作风接地气惠民生活动　426a
开展“最美科学技术推广人”评选活动　317b
开展最美千阳人评选活动　398c
开展“最美社科理论工作者”评选活动　136c
抗菌药物专项整治活动　343a
抗御伏旱灾害　196a
抗震设防管理　180b
科技创新服务活动成效显著　128c
科技服务系统日臻完善　296c
科技新城两条道路开建　218a
科技兴检　236c
科技展教活动受欢迎　128b
科普惠农项目获国家奖补资金 230 万元　128c
科研成果　99a
控烟工作　343c
快递企业基础建设得到加强　206a
快递人员队
伍素质稳步提升　206b
矿产资源　36a
矿政地政管理　241b
扩大保险宣传效果　299b
扩大工会规范化建设覆盖面　123a
扩大新闻宣传　108b

L

劳动保障监察“两网化”管理现场会　87b
老干部工作队伍建设呈新貌　57c
老年社团工作　369c
“老少共筑中国梦”活动　372a
雷雨冰雹、大风　37a
李茂贞与朱温争帝之战　40a
理论研究　115c
理论研究获佳绩　135b
历代名人　38c
《历史的记忆——宝鸡精品档案集锦》出版发行　62a
历史沿革　38a
“立德·读书育人”活动　371a
“立式铣车复合加工中心”课题通过国家验收　184a
连续第八年为全市残疾人办好十件实事　374b
连阴雪　36c
连阴雨　37a
廉政建设　241c
廉政文化“三秦行”走进麟游文艺巡演举行　427a
粮食大灾之年取得丰收　193c
粮食宣传工作丰富多彩　226a
粮油加工业实现产值 20.1 亿元　225a
粮油市场平稳有序　225c
粮油质量抽检合格率 100%　225a
两个重点项目获国家立项　216a
两会提案　114a
林特水产业彰显特色　431b
林业产业发展　199a
林业科技服务　199c
林业生态建设　191c
麟游县被列为“爱心包裹”项目县　428a
麟游县境内出现强降雨　428c
《麟游县志（1990—2010）》通过终审　429a
领导视察法门寺佛文化景区　252a
领导视察调研　387c
领导调研　426b
刘邦“明修栈道，暗度陈仓”　39c
刘克俭摄影作品获全国奖　330b
流动性信息科技风险防控加强　290c
流浪救助　91a
柳林镇列入全国重点镇名单　403a
《陇县志（1990—2010）》通过终审　394a
路桥建设及改造项目　163a
落实便民诉讼举措　159a
落实党风廉政建设“两个责任”　46b
落实惠农政策　195b
落实教育资助金 1213.79 万元　384a
落实经常性战备工作　138a
落实控编减编目标　59c
落实老干部政治待遇　57b
落实离退休干部两项待遇　368b
落实市级保障性住房项目建设　170b
落实文化产业振兴工程　336a
落实招商合同项目 85 个　382c
落星湾国家湿地公园通过国家林业局审查　408b
旅游安全会议　248c
旅游安全应急培训　248c
旅游产业强势推进　420a
旅游发展　397c
旅游黄金周接待游客 50 万人次　379c
旅游商品发展　247a
旅游微信微博　248c
旅游总规划　247b
律师为人大代表、政协委员提供法律服务　160c
律师为重点项目、中小企业建设提供法律服务　160c

率先推行大气污染防治网格化管理 379b
绿色宝鸡建设 197c
绿色文明工地管理 167c
6.5 万居民喝上了放心水 389c

M

马氏宗亲祭祖 245c
“慢城”新姿初步显现 431b
眉县 400 名孔子后裔祭奠先祖 423c
眉县 8 个 4A 级项目开工 419c
眉县滨河新区逸城渭水乐园“过山车”“摩天轮”通过安全检测 421b
眉县常兴镇发现一座汉代古墓 423b
眉县车管所再获全国优秀 424b
眉县打造超亿美元外贸强县 422b
眉县凤泉路渭河大桥建成通车 424c
眉县获省级文明县城称号 424a
眉县加快美化高铁沿线村容村貌 424a
眉县交警大队将 300 顶头盔免费发放给摩托车驾驶人 424b
眉县旅游再获殊荣 421b
眉县煤炭物流园显露雏形 419b
眉县投资 8000 万元打造汤峪河生态美景 422a
眉县推广节水灌溉面积 13.3 万亩 418c
眉县营头镇万霞村村民自费修建伟人纪念堂 423b
眉县砖机沿“新丝路”出口乌兹别克斯坦 419a
美鸿合唱团参演台北国际合唱艺术节 334b
美鸿合唱团国际音乐节获大奖 330c
美沙酮维持治疗工作 344b
免费 WIFI 信号县城全覆盖 442b
免疫规划工作 344a
民兵训练基地学员宿舍楼主体工程竣工 143c
民革宝鸡市委员会志出版 113b
民间文艺作品获省级奖项 404c
民警王乐等获“最美宝鸡人”荣誉称号 154c
民生资金审计 235a
民族经济社会事业 367a
民族宗教领域社会和谐稳定 367b

N

凝聚交通正能量 204b
农村办起互助幸福院 398b
农村改厕工作 344a
农村改革稳步推进 54a
农村环保基础设施全面提升 175c
农村环境综合整治情况调查 106b
农村教育烛光行动 114c
农村居改 398a
农村居民收入 365a
农村居民消费 365a
农村老人健康体检、农村居民健康档案项目 347b
农村“三无户”安全住房建设 201b
农村危房改造和美丽乡村建设 168b
农村卫生院辖区内门诊医疗费实现互通报销 398c
农村养老保险领取实现镇级全面覆盖 394c
农村养老服务情况调查 106c
农村医疗卫生基础设施建设情况视察 104b
农林牧渔业实现增加值 4.179 亿元 382a
农民技术教育培训形式多样 128c
农民收入持续增加 54b
农民张芝娟获全国种粮售粮大户称号 400b
农民张子君自创“墙皮画” 405b
农田水利灌溉情况调查 105a
农田水利基础设施 196a
农业 75b
农业产业化项目签约 410a
农业产业实现园区化转型升级 431a
农业生产保持平稳 418a
暖居工程卓有成效 431c

P

培育创新型企业和民营科技企业 317a
培育高新技术企业 216c
培育和践行社会主义核心价值观 50c
培育新型农业经营主体 194c
培育壮大九大产业集群 181c
配合中心工作进行宣传 339b
配合重点项目建设 169b
鹏程爆破河南汝阳泉水沟尾矿坝工程成功起爆 188b
片区规划项目实施 201a
贫困户能力建设 201c
平战结合开发利用效益显著 144c
评估高水平后备人才基地 359a
破解大班额、择校热 306c
普惠金融得到发展 291a
普通高等教育 308b
磻溪河大桥开工建设 218b
磻溪河旅游项目启动 219a

Q

七星河国家湿地公园一期工程建设项目启动 413c
岐山—马召断裂两侧农居普查 180b
岐山县与西农大签订四项合作协议 411a
企村结对持续开展 202b
企业党建 243b
企业管理精益化 224a
企业合力持续加强 213c
启动“德润宝鸡·书香陈仓”中小学德育行动 305b
启动龙山雅居保障性住房集中供热工程 165a
启动实施普优行动 306c
启动优质教育普及行动 306a
气候 36a
气候对交通等方面的影响 38a
气候对经济作物的影响 37c
气候对农业生产的影响 37b
气温 36b
气象防灾减灾 98c
气象工作政府化 98a
气象基层综改 99a
气象现代化建设 98a
千湖国家湿地公园举行朱鹮放飞活动 200a
千里绿色长廊景观带建设情况视察 105b
千亩无公害蔬菜成熟上市 426c
千阳刺绣展 249b
钱引安调研人口计生工作 92b
强博画作入选国际生态艺术展 328c
强化档案基础业务建设 62c
强化房地产中介服务机构监管 172a
强化风险控制 292c
强化服务型党组织建设 58b
强化个人贷款投放 295a
强化骨干体系建设 310a
强化基层基础建设 57a
强化检查监督 201a

强化建设项目环境管理　174c
强化教学质量建设　312b
强化金融风险监测与评估　289c
强化理论宣传　64a
强化临床路径管理　342b
强化目标责任考核工作　48b
强化司法鉴定机构执业监管　161a
强化诉讼活动监督　157a
强化卫星电视节目监管　337a
强化新闻宣传　117b
强化应急措施　344c
强化质量管理　204a
强化自身建设,激发干事热情　124a
强降温　36c
秦川被认定为中国驰名商标　185b
秦川集团工程专业学位研究生联合培养基地获授牌　184b
秦川集团获两项国家重大专项立项　185a
秦川集团机械工业复杂型面数控磨床工程技术研究中心获授牌　184c
秦川集团进入铸造企业准入名单　185a
秦川集团实现整体上市　184a
秦川铸造进入海工装备制造领域　184c
秦公大墓车马坑保护大棚竣工　246a
秦岭云顶冰上乐园开园迎宾　440b
秦穆公霸西戎之战　39c
青峰峡国家森林公园成功获评国家4A级旅游景区　433c
青少年法制教育　372c
青少年机器人竞赛取得好成绩　385a
青少年科技大赛获佳绩　128b
清姜河两岸改造　162b
清洁能源公司成立　165c
庆"六一"儿童动画电影展映月活动　338c
秋淋　37a
区划地名　90c
区域经济合作　27c
渠道网点全覆盖　208c
取缔露天烧烤　168c
全国、省人大常委会在宝鸡调研情况　72c
全国残疾人射击锦标赛开赛　389a
全国环艺书画展在扶风县举行　415a
全国人大副委员长到法门寺博物馆调研　246b
全国周公后裔代表寻根祭祖　409b
全国周文化景区精品旅游线路专家研讨会召开　409b
全力支持经济建设　295a
全面加强残疾人各专门协会工作　376a
全面开展"三合理"检查活动　346c
全面深化农村改革加快推进农业现代化　46a
全面推进各项改革　46b
全省打击传销专项行动现场推进会在宝鸡召开　153a
全省人防综合训练基地落户宝鸡　145a
全省十市人大常委会秘书长联席会第十五次会议　69a
全省首家"省级有机农业示范基地"创建成功　388a
全省首家县级法学会成立　401c
全市残疾人体育工作取得新突破　375c
全市防震减灾工作会议召开　178a
全市工业经济运行主要情况　181a
全市规模以上工业企业完成总产值2242.63亿元　181b
全市青少年比赛中再创佳绩　429a
全市人力资源和社会保障工作会议召开　84c
全市人民防空工作会议召开　144c
全市三项工作现场会在岐山召开　409b
全市首家社区"托老所"诞生　381a
全市首批家庭农场诞生　379c
全市舞蹈编舞培训班　335a
全市运动会上太白运动员取得好成绩　435a
确保辖区现金安全供应　290a
群测群防工作　179b
群众保护文物　245c
群众路线教育实践活动　127a
群众文保员培训　245c
群众性精神文明创建活动　51a

R

人才引进开发　87c
人防信息化和指挥通信全面加强　144b
人防宣传教育创新发展　144b
人防招待所冬季消防安全演练成功举行　145c
人工影响天气　98c
人口、人民生活和社会保障　77b
人民幸福指数不断提高　387a
人员数　350a
认真履职　302c
日常信访工作　96c
日照　36c
荣获多项荣誉　207c
荣获"国家绿色核桃生产标准化示范区"称号　393a
荣获"陕西省双高双普区"称号　380a
荣获省级"双高双普县"称号　414c
荣誉　215b
融资平台贷款风险缓释　290c
柔性引进人才　48a

S

三部县区志通过省级终审　94c
"三大管理"取得新突破　64b
三个镇列入全国重点镇　389b
"三公"经费减少2959万元　257c
"三农"经济支持力度加大　296b
"三下乡"活动启动仪式在陈仓区举行　388b
森林抚育　199b
森林资源管护　198c
陕甘川宁毗邻地区经联会　27c
陕汽集团全年总产值536亿元　185b
陕汽集团推出"国四标准"全系列重卡　185b
陕西法士特并联液力缓速器实地测试获成功　185c
陕西千渭之会国家湿地公园　199c
陕西瑞科登上新三板　216c
陕西省侨联向凤县捐赠60万元助听器　441a
陕西省文化界专家到凤县考察中国铁路博物馆建设工作　443a
陕西省小戏小品大赛宝鸡市多件作品获奖　331b
陕西省政府批准眉县科技工业园升级为省级经济技术开发区　419a
陕西太白黄金矿业责任有限公司在职业技能竞赛中获多项殊荣　434b
商标品牌建设　236b
商会组织　27c

商贸服务提档升级　382c
商业贿赂治理工作　349c
上百人北坡植新绿　418c
上官吉庆调研人口计生系统党的群众路线教育实践活动　92a
上官吉庆慰问道德模范董彩霞和困难老党员　408a
上级领导到岐山视察调研情况　407c
上级领导视察档案工作　61c
设立陕西宝鸡科达法医司法鉴定所　161b
社会保障覆盖率达91%　378c
社会保障覆盖率达98.2%　384b
社会保障日趋完善　383b
社会保障提标扩面　432a
社会服务　119c
社会服务工作形成特色　113a
社会福利　89c
社会救助　89a
社会事业持续提升　414a
社会事业平稳发展　407a
社会事业全面发展　392a
社会事业稳步推进　438a
社会稳定风险评估工作情况视察　103c
社会治安防控体系建设　56c
社会治理特色突出　56a
社会主义新农村档案工作示范县创建成功　415a
社会组织管理　90a
《社火——脸谱大师的传奇》在陈仓剧院举行首发式　389b
社火脸谱绘制技艺参展全国非物质文化遗产博览会　332b
社情民意　114b
社情民意为推动工作献策　121a
社区管理服务区域网格融合对接成效显著　384c
社区建设　89b
社区卫生服务模式改革　346b
社有企业持续向好　227b
涉农金融服务水平提升　290c
涉外管理　94b
深化党建带团建工作机制　125b
深化反腐倡廉宣传教育　110c
深化服务“三农”　293b
深化理论武装工作　58a
深化绿色陈仓建设　387b
深化平安建设　149a
深化平安医院建设　343a
深化人事薪酬制度改革　348a
深化习近平系列重要讲话精神教育培训　47c
深化信息技术应用　311a
深化职务犯罪预防工作　156c
深入开展特殊人群帮扶“雨露”行动　161c
深入调研为和谐宝鸡尽智　120c
审计队伍建设　235b
审计信息化建设　235b
生产发展项目　201b
生活饮用水和学校卫生监督　344c
省、市领导到凤县调研　443c
省公安厅长杜航伟到宝鸡检查全国“两会”安保工作　152a
省级“两联一包”扶贫　202a
省级生态县通过检查验收　432a
省级示范性高职院校建设通过验收　313c
省级文化旅游街区建设　168b
省军区工作组到分区检查财务工作　143a
省人大代表到宝鸡市视察调研　70a
省人口计生领导小组考核宝鸡市人口计生工作　93a
省十五运会倒计时牌揭幕仪式　19c
省十五运会行业组比赛　20a
省十五运会列入“双迎双创”重点内容之一　19b
省市领导视察调研　392c
省司法厅厅长乌永陶到宝鸡视察　160b
省卫计委副主任陈昭到宝鸡调研　91b
省卫计委副主任吴相国到宝鸡检查卫生计生安全生产工作　91c
省运会配套基础设施改造提升项目　163c
十天送戒208名吸毒人员　152a
石坝河片区综合改造　162b
石鼓山商周墓地考古发掘入选全国十大考古新发现　244b
石头河国家湿地公园通过国家林业局考察验收　432c
石头河引水工程建成通水　195c
实行商品房合同备案管理　172a
实施安全监管网格化　427c
实施残疾人千户万人缩距奔小康工程　375a
实施城市增姿添彩工程　167a
实施城乡体育惠民工程　362c
实施放心粮油全覆盖工程　224c
实施钢网玉米仓储粮　225b
实施供热管道工程　165a
实施老旧小区维修整治　172c
实施民生警务　150b
实施名牌战略　237a
实施汽车及零部件产业、石油钻采装备产业创新工程　317b
实施商事制度改革　235c
实施“四大文明行动”　23a
实施“四统一”稽查模式　261c
实施外贸特色出口基地创建工程　227c
实施污水处理厂提标改造　166b
实施应急集中保电管理新模式　190b
实施“优质护理服务示范工程”　342c
实施园林绿化重点工程　166c
实施云上警务　150a
实施增绿提质工程　24b
实施职教师资素质提高计划　308a
实施“治霾降霾·保卫蓝天”行动　175a
实现地税收入90.04亿元　270c
实现虹膜生物技术精准认证全覆盖　433a
实现经营收入稳增长　208a
实现社区电子阅览室全覆盖　385a
实现学前教育全覆盖　426c
实现征地拆迁零上访　250a
实验幼儿园开园　395a
食品生产经营监管　352b
食品药品安全示范创建活动　351a
食品药品抽验检验　353b
食品药品专项整治　351c
“世佛联”代表团考察法门寺佛文化景区　252b
市电视台开展多项文化活动　337a
市工信局概况　181a
市公安局环境安全保卫大队挂牌成立　152c
市公安局技侦支队荣获集体一等功　152c
市公安局连续七年荣获目标责任考核优秀单位　151c
市级广电单位多项作品获奖　337a

市级行政职权清理　80b
市级领导出访　94a
市级驻村联户扶贫　202a
市侨联全委会议召开　129a
市区保障性住房分配　170c
市群众艺术馆展厅常年免费开放　334a
市人大常委会领导走访人大代表　70b
市人防办在检验评估中成绩优异　145b
市“扫黄打非”工作领导小组召开会议　340a
市摄影家协会举办摄影讲座　330a
市诗词学会举办诗词朗诵会　325a
市书法家协会被表彰为全国先进集体　328a
市属医院法人治理结构试点　60b
市委、县(区)人大工作座谈会　68c
市委常委会研究档案工作　62a
市委号召广大党员向耿永红学习　417b
市委十一届六次全会　45c
市委十一届七次全会　45c
市文艺评论家协会举办文学创作学术研讨会　324c
市县党政群机构改革　59b
市县政府职能转变和机构改革　46b
市艺术剧院作品获奖　331c
市音乐家协会举办原创音乐作品研讨会　331a
市杂文散文家协会举办成立20周年座谈会　325c
市招商局率队赴新疆开展小分队招商　27b
市政府第八次常务会议　79b
市政府第二次常务会议　78c
市政府第二次全体会议　78b
市政府第九次常务会议　79b
市政府第六次常务会议　79a
市政府第七次常务会议　79b
市政府第三次常务会议　79a
市政府第三次全体会议　78b
市政府第十八次常务会议　80b
市政府第十次常务会议　79b
市政府第十二次常务会议　79c
市政府第十六次常务会议　80a
市政府第十七次常务会议　80a
市政府第十三次常务会议　79c
市政府第十四次常务会议　79c
市政府第十五次常务会议　80a
市政府第十一次常务会议　79c
市政府第四次常务会议　79a
市政府第五次常务会议　79a
市政府第一次常务会议　78c
市政府第一次全体会议　78b
市政府与市政协领导联席会议　101c
市政基础设施管理和养护　164a
市政协十一届三次全体会议　101a
市政协十一届十二次常委会议　101b
市政协十一届十三次常委会议　101b
市政协十一届十四次常委会议　101c
市政协十一届十一次常委会议　101a
市政协委员视察全民健身工作　361c
市中心医院接受国家卫计委评审　341b
市作家协会举办“华厦情·金秋诗会”　324c
事业单位分类改革　59c
事业单位年度检验　60b
收费管理　234b
首个村史馆建成并对外开放　389c
首个少年科普馆落户三迪小学　380b
首家农村商业银行成立　393c
首届道德模范表彰大会召开　403b
首届祭拜伏波将军马援大典举行　413a
首届劳动模范受表彰　402a
首善镇民房被火灾烧毁干群关爱送温暖　417c
蜀魏陈仓、五丈原之战　40a
树典立样弘扬社会正能量　375c
树立服务理念　301c
树立优秀典型传递行业正能量　349c
“双创双迎”工作扎实推进　386c
“双高双普”工作通过省政府评估考核　394c
双拥工作　90a
双拥援建工作不断深化　146c
双职奉献　116b
双职奉献回报社会　121b
双职奉献建新功　118b
水产养殖推广　197a
水利各项任务完成　196c
水利事业发展　192a
水资源配置情况视察　104a
司法鉴定管理局局长霍宪丹到宝鸡调研　160a
思想教育活动　116c
思想政治建设富有成效　145c
孙应祥获“全国优秀教师”称号　403c
3家小额贷款公司开业　287a
400位眉县籍知名人士回乡参加“情系眉县　感恩桑梓”活动　417b
45辆垃圾转运车眉县上岗　423c
4G客户超过40万户　210b
4个猕猴桃产业项目落户眉县　418b

T

太白高山蔬菜走进宝商超市　434b
太白山国家森林公园(4A)　41c
太白山国家森林公园获全市首家陕西服务名牌殊荣　421a
太白山滑雪场建成　421a
太白山获“陕西服务名牌”　247a
太白山景区举办首届露营登山大会　421b
太白山旅游产业发展情况视察　105b
太白山祈雨铁碑失而复得　423a
太白山水上世界对外开放　420c
太白山“五一”旅游接待创历史新高　420b
太白山系列文化活动好戏连台　422c
太白县成功入选西部地区生态文明示范工程试点县　433c
太白县第二届“激情户外”狂欢节　249b
太白县建成宝鸡市首个蓝莓基地　432c
太白县教育信息化走在全省前列　435b
太白县老干部活动中心获得省级示范中心称号　435a
太白县免费为贫困残疾人发放辅助器具　434c
太白县荣获全国义务教育发展基本均衡县称号　434a
太白县荣获全省学前教育三年行动计划先进县称号　435b
太白县荣获亚洲金旅奖成为中国十佳生态旅游目的地　433c
太白县荣获中国绿色生态蔬菜十强县殊荣　432b
太白县实现镇气象工作站全覆盖　434a
钛产业新技术国内领先　215c

钛谷有色金属交易中心开始运营　216a
钛谷与钒都共建友好园区　218b
泰国新闻发布会　17c
探索发展互联网产业　384c
探索现代医院管理制度　347c
桃川朝邑蔬菜制种示范园发展壮大　432c
桃川镇獭兔养殖协会获中国"基层科普行动计划"表彰　433b
特色农业快速发展　437a
特殊教育　309a
特种设备安全监察　237a
提案办复率达到100%　102c
提高服务能力　229b
提高服务质量　303c
提高公共文化服务水平　50a
提高经营管理水平　291c
提高社保覆盖面　25b
提高社会救助标准　256b
提高医保和新农合标准　256b
提升保密监管能力　64c
提升风险管理水平　296a
提升服务能力　295b
提升服务品质　293a
提升服务质量　210c
提升金融服务水平　293c
提升科技创新服务能力　316b
提升科技服务能力　317c
提升科学管理水平　64a
提升客户服务标准　213b
提升老干部生活待遇　57b
提升旅游产业质量　437b
提升民生保障水平　392b
提升企业管理水平　190b
提升市容管控水平　168c
提升消费维权效能　236a
提升业务质量　228b
提升邮政服务能力　207a
提升执法能力　157c
提升中医药基层能力　349a
体育比赛成绩优异　384b
体制改革　231b
天然林保护工程　198a
贴心帮教　118b
铁路交通网络　41a
听证评议化解信访积案　97c
通过国家卫生县城复审　414b
"通天河杯"第五届汽摩大赛暨户外露营节举行　439a
同心扶贫　118a
统计服务　232a
统计改革　232b
统计监测和预警　231c
投入189万元改善小区安全设施　385a
投入2300万元支持现代农业发展　428b
投资9.64亿元办十件惠民实事　405c
透雨　36c
突出现代农业园区示范作用　194a
突发事件医疗急救演练工作　345a
突破产业化发展　200c
土地供应　241a
土地和人口　43b
土壤、动植物　35c
推动教研一体发展　63c
推动文旅互动发展　383c
推行法治警务　150c
推行"五个不出村"社会养老保险机制　428b
推进保密组织机构建设　65c
推进部门预决算及"三公经费"公开　427c
推进厂务公开职代会星级创建活动　123b
推进城乡一体化　421c
推进党的创新理论进基层　50b
推进服务型国库建设　290a
推进高标准农田项目　200c
推进公共法律服务体系建设　161a
推进"馆点线"制服务体系　333a
推进规模养殖　192c
推进果业规模扩张　193c
推进行政体制改革　392a
推进戒毒场所管理规范化建设　161b
推进金融管理服务　290a
推进精神文明建设　414c
推进科技创业示范基地建设　317c
推进课程改革　310c
推进跨境贸易人民币业务　289b
推进快递服务向乡村延伸　206b
推进劳动就业　383c
推进老干部学习活动阵地建设　57c
推进两化融合　182a
推进名师大篷车计划　310b
推进农村土地经营权流转　195b
推进农民体育健身工程　434c
推进品牌科普活动　127c
推进企业技术创新体系建设　316c
推进企业文化上台阶　209c
推进企业文化体系建设　212a
推进全国文明城市创建　50a
推进人才强校战略　312c
推进"三转"工作　111b
推进生态环境保护建设　176a
推进田园镇村建设　431c
推进县区档案馆建设和档案管理认证工作　63a
推进校园文化和安全工作　314c
推进依法行政示范市创建工作　161c
推进征信系统建设　289c
推进政府机关信息化项目建设　210c
推进执法规范化建设　55b
推进志愿服务制度化　22c
推进重点项目建设　249c
推进专业执法　169a
退耕还林工程　198c
退伍安置　90b
拓宽报业经营新领域　340a
拓展供气市场　165b
拓展休闲农业　194b

W

外汇收支规模下降　287c
外联上挂提升服务能力　349a
外资扶贫项目　202c
完成0—6岁儿童残疾筛查试点与新生儿疾病筛查工作　345c
完成2089名新兵征集任务　139c
完成6名退休职工移交任务　143a
完成畜禽屠宰职能划转移交　193a
完成地情网站全覆盖项目　95a
完成分区老武器库营区及党家村划拨土地评估工作　143a
完成粮食购销任务　225c
完成两项普查影像拍摄制作　143a
完成人工造林1.4万亩　427b
完成市级储备粮油新增和轮换任务　225b
完成无线电安全保障任务　214b
完成无线电频谱监测任务　214a
完成项目投资24.01亿元　225a
完成医疗防疫应急救援分队野外驻训任务　147b
完成"知史爱党、知史爱国"党史宣传

教育活动 61b
完成智慧宝鸡顶层设计 211b
完成专利申请1804件 322a
完善创建工作机制 22a
完善环境保护长效管理机制 174b
完善基础设施建设 140b
完善“三公”经费管理 387c
完善市场体系基础建设 222b
完善市政基础设施 24c
完善学生管理机制 312c
完善药品“三统一”机制 348a
完善住房保障政策体系 170a
王斌小小说获全国奖 324a
网络建设提质扩面 226c
网络质量全省排名第一 213a
为搬迁移民免费安装太阳能热水器1120套 385b
为川塬镇(街)发放公务自行车179辆 388c
为会员单位提供政策导向 298a
为老年人送温暖办实事 369a
围绕服务职工,创新帮扶方式 123b
围绕中心服务全市发展大局 99b
维护群众合法权益 156b
维护社会稳定 55a
委员议政日活动 102a
卫生机构 349c
卫生计生服务能力提升 380c
卫生事业稳步发展 384a
位置、面积 35a
渭滨分局为警务室配置电动车 154b
渭滨区救助中心成立 385a
渭滨陶艺展举行 332a
渭河流域水污染治理 175a
渭河旅游联盟年会 248a
渭河卧龙寺水毁堤防工程竣工 379b
渭河综合治理 195c
渭水苑社区获和谐社区称号 219c
慰问赴新疆反恐维稳归来的公安特警154c
慰问优秀运动员家属 355b
魏基成“天籁列车”到宝鸡捐赠130a
文化、卫生和体育 77a
文化产业招商引资工作成效显著335c
文化建设上台阶 213b
文明旅游 248c
文艺社团发展与管理情况视察 104a
乌干达客人到红旗民爆考察交流188c
污水处理安全达标 166b
污水监管情况 166a
无偿献血工作 342c
无主题约谈活动 102b
吴玠、吴璘和尚原抗金 40b
五保供养 89b
物业管理量化考核 172b
雾霾 36c

X

西安市粮食局考察学习宝鸡市“粮食银行”业务 226a
西安至凤县“星旅号”旅游专列首发442a
西北机器获得4项发明专利 187a
西北机器荣获“先进企业称号”186c
西北最大的儿童职业体验馆开馆运营380a
西凤酒公司荣获“三秦善星”企业奖188a
西凤酒品牌价值达330.88亿元187c
西凤酒品牌价值位列中国白酒行业第五位 401a
西府战役 40b
西虢文化广场建成投用 389a
“西洽会”岐山县引资114亿元 409c
西洽会签约149亿元 388a
西山扶贫开发工作情况调查 104c
希望工程服务活动 125b
县城夜景照明工程获国家照明行业最高奖项 412c
县档案馆通过“国家三级档案馆”测评验收 429a
县救助站获国家三级救助管理站称号403b
县区帮扶工作 202c
县区人大工作座谈会第十六次会议68c
县域旅游品牌 249a
县域首家农村幸福院挂牌成立 401b
县中学荣获“首届陕西最美中学20强”称号 428c
现代农业发展 395c
现代农业发展成效显著 386c
现代农业建设 191a
现代农业提质增效 378a
现代农业提质增效 391c
现代农业园区建设 432b
乡村医生年度审核工作 347b
乡镇邮政局所补建工程全部竣工206b
香泉镇被授予“宝鸡市白皮松苗木繁育基地”称号 388a
项目建设 243b
项目建设 396c
项目建设成绩突出 203a
项目建设成效显著 407a
项目建设和招商引资取得重大突破391a
项目建设实行效能问责 422c
项目建设扎实推进 437b
项目准备 26a
消防安全监管工作情况视察 105c
消防技能比赛暨消防综合演练 245c
小微企业金融服务优化 290b
协调成立宝鸡市茶文化研究会 136b
协调成立宝鸡市国学研究会 136b
协调成立宝鸡市铜镜文化研究会136c
协调成立宝鸡市文化创意协会 136b
新编秦腔历史剧《班超》获奖 331b
新材料领域创投基金成立 217a
新春祈福拜舍利·幸福安康一整年——法门寺佛文化景区举办2014年新春祈福之旅 252c
新家庭计划——家庭发展能力建设项目督查组到宝鸡调研 93a
新建住宅物业保修金 173a
新年音乐会在市工人文化宫举行330b
新农村建设提档升级 432a
新社会组织和新经济组织党建工作情况调查 104c
“新丝路、新起点”全国网络媒体宝鸡行 248a
新闻宣传 115b
新型8000米超深井钻机首出国门183c
新型农村合作医疗 346b
新一轮行政执法证件申领 80c
新增集中供热面积100多万平方米390a
新增市级“一站式”定点医疗机构11家 427b

信访和维稳工作　243c
星级宾馆饭店复核　247b
“星耀香江”亚洲青少年艺术人才盛典获殊荣　380b
行政复议应诉　81a
行政区划　43a
行政审批制度改革　59b
行政许可和职业卫生监管　242c
行政执法和刑事司法衔接工作　80c
兴麟房地产宝鸡分公司合同诈骗被查处　153b
休闲旅游产业快速发展　431a
休闲渔业形成规模化　197b
湑水河秦岭细鳞鲑人工繁殖获得重大成果　433b
宣传工作与对外交流工作　70b
宣传老年工作　369b
学前教育　397a
学生资助管理　311c
学习贯彻全军政治工作会议精神　147c
学习“新国十条”　303c
学子路社区开通微信服务平台　219b

Y

烟叶种植提质增效　223b
延伸邮政服务触角　207b
严把房地产市场准入关　171b
严查违纪违法案件　109c
“严打突击月”专项行动成效显著　151b
严打整治“春雷行动”结硕果　153a
严抓网吧管理　336b
央视《远方的家》在凤县拍摄　439a
央视聚焦凤县林麝　441a
阳光信访拓宽群众诉求表达渠道　97a
杨全文作品获省小戏小品大赛二等奖　404c
养老保险参保率达到99.8%　256b
药品化妆品生产经营监管　352c
药械不良反应监测与评价　353c
医疗服务情况　350a
医疗救助　89a
医疗联合体建设　348c
医疗器械生产经营监管　352c
医疗卫生监督　344b
医师资格考试　343c
医学科研、评奖　343b
医学重点专科建设　343b
依法管理宗教事务　367b
以文辅政完成重要文稿起草　100a
以信访改革规范信访工作　97a
议案提案献良策　118a
因公出国(境)管理　93c
银行汇票同比增长　287c
银行间债券市场　287b
银行业组织体系完善　291a
银行资产质量提高　287b
引导企业融合发展　205a
引导外贸企业加强知识产权海关保护　228c
引进多种新型农用机械　431b
引进项目84个　387a
迎省十五运会倒计时一百天纪念活动　19c
“营改增”纳税人达到2498户　261b
营区基础设施有所改善　146b
营造创建氛围　22b
营造企业发展和谐环境　212b
应急办荣膺全省应急管理先进单位　399c
应急救援队伍自建　179c
应邀参加国务院城市公立医院改革座谈会　347b
雍城大剧院月月有秦腔,周周有电影　402b
用心服务　302a
优抚工作　90a
优化公交线网布局　164b
优化行政许可办理成效　169b
优化教学布局　63b
优化外汇管理　289c
游“最干净城市,品最中国美食”旅游宣传　248b
友好城市交流　94b
有效化解社会矛盾纠纷　155c
幼儿教育　308b
渔业扶持资金增长　197a
渔业增殖放流活动　197b
与陕西师范大学开展文化人才培训合作　334c
玉全集团造出搬砖机器人　420a
圆满完成第27届世界佛教徒联谊会安保任务　154b
圆满完成全国“两会”安保工作　152b
圆满完成省十五届运动会开幕式安保任务　153c
圆满完成中省多项会议安保任务　154a
100万台中轻卡变速器项目签约　216b
130个区级重点项目全面完成　378b
1994—2014年地税部门组织各项收入统计(表)　272a
1号店·特产中国·岐山馆开馆　410b

Z

在陕西省第五届小戏小品大赛中获奖　331b
在首届陕西省群文干部业务大赛中获佳绩　335a
增强组织活力　117a
扎实开展专项治理　110c
翟四虎到宝鸡调研社会保障卡建设试点工作　85a
战备训练落实有力　145c
张海建做客新华网　408b
张秋里2部作品获奖　331c
长青工业园“七大项目”集中开工　401a
招待所完成市政集中供暖改造　143c
招商引资、项目建设加力提速　412a
招商引资成效显著　437c
招商引资到位资金5.3亿元　250a
招商引资有新突破　171c
招商引资与争取资金再创新高　431a
招商引资再创新高　422a
召开2014年教育工作会议　305c
召开2014年剧本创作研讨会　331b
召开宝鸡市科学技术协会第七次代表大会　127c
召开城市建设管理提升工作会　217c
召开“创文”工作立责任状大会　153b
召开打击文物违法犯罪工作会　245b
召开代表建议办理情况现场督办会　70a
召开单兵训练阶段党委议训会　147b
召开第三十个教师节暨师德先进表彰大会　306b
召开第十七届“群星奖”小戏小品曲艺类作品评审会　331b
召开法门寺佛文化景区2015年旅游产品推介会　254c

召开防汛工作联席会议 139b
召开纪念人民代表大会成立 60 周年理论研讨会 68c
召开教育创强工作推进会 306a
召开全市保密工作会议 64b
召开全市档案工作会议 61c
召开全市体育工作座谈会 355a
召开全市医改暨卫生计生工作会议 341a
召开省十五运会记者招待会 21a
召开省十五运会新闻发布会 21a
召开十一届纪律检查委员会全体会议 2 次 109a
召开石鼓山遗址考古公园座谈会 244a
召开市射击射箭项目发展座谈会 358c
召开体育彩票发行销售工作表彰大会 363a
召开卫生信息平台与市直市管各医院横向互联互通工作会议 341a
召开五届四次全体(扩大)会议 120a
召开校园足球工作总结表彰会 359b
召开校园足球工作座谈会 357c
召开"最美档案人"先进事迹报告会 62b
赵林祥、朱宏让、曹豫龙获陕西省慈善文艺创作奖 325a
赵正永娄勤俭接见全省体育工作先进代表 21b
着力建设过硬队伍 159c
镇村综合改革试点工作 60a
争取科技项目资金 1439 万元 384a
争取完善惠残政策 375b
争先进位激发活力 54c
征求代表对建议办理情况的意见 69c
整村推进项目 201a
整合 20.76 亿元资金促发展 255c
整治城市环境卫生 167a
整治校园周边环境 336c
政府重大投资项目审计 235a
支持地方经济发展 293b
支持地方经济发展 295c
支持地方经济和社会事业发展 296c
支持地方经济建设 292b
支持经济发展 294c
支持老干部参与社会活动 57c
支持社会资本办医 348c
支持丝绸之路经济带建设和现代农业发展 229b
支持外贸龙头企业发展 227b
支付结算环境改善 288c
支付制度改革 346c
执行世佛会安保任务 140a
直管公房清理 173c
直管公房维修服务 173b
直管公房小区卫生整治 173b
直属单位实现收入 2100 万元 250c
职业卫生和放射卫生监管 344c
指导民主党派开展社会服务活动 52a
志愿服务 20b
制定 2013-2017 年干部教育培训规划 46a
中低速磁浮交通系统新产品通过鉴定 186a
中国残疾人福利基金会检查验收"集善嘉年华"项目 408c
中国佛教协会副会长班禅额尔德尼·确吉杰布参观法门寺佛文化景区 252c
中国红色文物保护专项基金会考察凤县革命纪念馆项目 441a
中国旅游总评榜陕西分榜揭晓 249b
中国钛谷专利导航规划项目启动 216c
中华礼乐城(4A) 42b
中水源热泵采暖系统建成投用 145b
中铁宝桥参加"2014 跨座式单轨交通系统应用与发展研讨会" 185c
中铁宝桥参建的三项工程获全球工程大奖 186a
中铁宝桥承建的大桥获詹天佑奖 185c
中小企业及园区工作成效显著 181b
中小学德育工作情况调查 106a
中央第五巡回督导组参加指导眉县县委常委班子专题民主生活会 416b
中央定点扶贫 201c
中央纪委领导到宝鸡调研 109b
中央媒体聚焦宝鸡高新区 218a
中医药人才队伍建设 349b
重大疾病防治工作 344a
重大理论宣传与阐释 49b
重大水利工程项目 196c
重点旅游项目推介会 248b
重点项目建设 230b
重点镇建设 168b
重奖金融支持地方经济发展先进单位 401a
重性精神疾病管理工作 344b
《重修凤翔县志》整理校注出版 405c
周公庙风景名胜区(4A) 42a
"周末度假哪里去,一个小时到宝鸡"旅游宣传 247c
周文王拓疆战争 39c
周野鹿鸣文物特展 246c
周原出土铜车马 244c
周原青铜器特展 246b
《诸葛亮》特种邮票在岐山首发 410c
主办首届"国中杯"文学书法绘画大赛 136a
主动接受社会监督 160a
主要污染物减排 175b
主要指标 215a
助力小微企业 292b
助推企业外贸发展 228c
住房维修资金管理 172c
住房制度改革 171a
抓党建促工作 250b
抓好"九个方面深化整改" 141b
抓好重大动物疫病防控 193a
抓好重大项目的策划与资金支持 336a
抓紧编辑《宝鸡年鉴》 95a
抓学习转作风 96a
专利保护工作取得新突破 323a
专利产品和技术的培育转化再上新台阶 323c
转变作风加强自身建设 131c
转作风强管理 117b
装备制造业存在的主要问题 182c
壮大无公害蔬菜基地 194a
资助项目与金额 311b
自身建设工作取得新成绩 113b
综合改革有序推进 226c
综述 174a、222a、244a、287a、316a
《走进扶风这里不仅仅有法门寺》旅游专题片播出 413a
足额保障教育支出资金 256a
"组织 12·4"首个国家宪法日宣传活动 160b
组织宝鸡籍新兵与家长远程视频互动

交流活动　142b
组织代表跨地区开展视察活动　72b
组织第三次全国经济普查个体户抽样和宝鸡市投资环境满意度专项调查工作　233a
组织房地产从业人员培训　171c
组织房地产开发企业诚信考核　171a
组织管理人员培训班　19c
组织建设　119b
组织教师校长交流　310b
组织经济考察与项目合作　129c
组织旧版地图销毁工作　139b
组织开展宝鸡市 2014 年度哲学社会科学课题研究　135a
组织开展大型科技宣传活动　317b
组织开展公益电影放映　339a
组织开展“社科专家进校园”活动　135b
组织开展学术讨论活动 206 场次　128a
组织跨区驻训联训　138c
组织领导干部办公用房整治　143b
组织民兵报废弹药调运工作　139b
组织民兵整组　138a
组织年度军事训练考核　140b
组织企业参加投资推广研讨会　130a
组织侨胞参政议政　129a
组织“三项军事工作”集训　139a
组织市国动委综合演练　140b
组织首长机关实战化训练　138b
组织首长机关战备拉动演练　146c
组织战训法集训暨野外驻训　147b
组织政策宣传及培训　172b
组织直招士官和定向培养直招士官工作　139b
组织指挥能力集训暨参谋业务比武竞赛活动　139a
组织主题教育试点　147c
作风建设整改成效明显　146b
做大经济总量、做优发展质量　44a
做好干部工作　141a
做好粮棉油收储工作　291b
做好枪爆物品清理清查　142c
做好争创全国文明城市工作　142c